Die Sexualität des Menschen

E. J. Haeberle

Die Sexualität des Menschen

Handbuch und Atlas

2., erweiterte Auflage

Das Standardwerk

Nikol
Nikol Verlagsgesellschaft mbH & Co. KG
Hamburg

Titel der Originalausgabe:
E. J. Haeberle: The Sex Atlas. The Seabury Press, New York, 1978. Deutsche Übersetzung unter Mitwirkung von Ilse Drews. Juristische Beratung: Thomas Niering.

Autor:
Prof. Erwin J. Haeberle, Ph. D., Ed. D.
Institute for Advanced Study of Human Sexuality
1523 Franklin Street
San Francisco, Ca. 94 109, USA

Das Buch enthält 295 Abbildungen und 7 Tabellen

Photographien - soweit im Bildnachweis nicht anders angegeben - von Laird Sutton, Ph. D.

Die Sexualität des Menschen
Sonderausgabe „Die Sexualität des Menschen", 2., erweiterte Auflage
ISBN 3-933203-22-8

Sonderausgabe „Die Sexualität des Menschen": für Nikol Verlagsgesellschaft mbH & Co. KG, D-22399 Hamburg. Mit freundlicher Genehmigung des Verlages Walter de Gruyter.

Satz: Wagner GmbH, Nördlingen
Einbandgestaltung: Callena Creativ GmbH, Jülchendorf
Abbildung auf dem Einband: Gustav Klimt, Der Kuß, 1907/1908 (Artothek, Peissenberg)
Druck: Milanostampa S.P.A., Caleppio di Setala (Milano)
Printed in Italy.

Vorwort zur deutschen Ausgabe

In diesem Buch sind die Erkenntnisse der heutigen Sexualwissenschaft knapp, kritisch und allgemeinverständlich zusammengefaßt. Es wendet sich nicht nur an Fachleute, sondern auch an ein breiteres Publikum, an jeden Leser, der sich ernsthaft für die Probleme menschlicher Sexualität interessiert und der ihre geschichtliche und gesellschaftliche Dimension besser verstehen will.

Als deutscher Autor, der seit Jahren in den Vereinigten Staaten lebt, freue ich mich besonders, daß mein zunächst in englischer Sprache geschriebenes Lehrbuch nun in dieser deutschen Ausgabe erscheint, denn man kann die heute weltweit und schnell wachsende Sexualwissenschaft mit gutem Recht als eine ursprünglich deutsche Wissenschaft bezeichnen. Ihre Wurzeln lassen sich eindeutig nach Deutschland und in die ehemalige Hauptstadt Berlin zurückverfolgen.

Der Begriff der „Sexualwissenschaft" selbst wurde im Jahre 1906 von dem Berliner Hautarzt Iwan Bloch geprägt. Nur zwei Jahre später, im Jahre 1908, erschien dann – im gleichen Verlag wie das hier vorliegende Buch – die erste Zeitschrift für Sexualwissenschaft in Berlin, herausgegeben von Magnus Hirschfeld, Hermann Rohleder und Friedrich S. Krauss. (Die erste Nummer dieser Zeitschrift enthielt unter anderem einen Artikel des damals noch recht umstrittenen Sigmund Freud.) Im Jahre 1913 erfolgte bereits die Gründung der ersten Ärztlichen Gesellschaft für Sexualwissenschaft und Eugenik durch Bloch, Hirschfeld, Albert Eulenburg, Karl Abraham und andere. Magnus Hirschfeld gründete im Jahre 1919 das erste Institut für Sexualwissenschaft in Berlin und organisierte dort im Jahre 1921 den ersten internationalen Kongreß für Sexualreform auf sexualwissenschaftlicher Grundlage. Ein weiterer internationaler Kongreß für Sexualforschung wurde 1926 in Berlin von Albert Moll organisiert, dessen eigene Internationale Gesellschaft für Sexualforschung als die zweitälteste ihrer Art ebenfalls vor dem Ersten Weltkrieg entstanden war.

Alle wesentlichen Impulse für die Begründung und frühe Entwicklung der Sexualwissenschaft kamen also aus Berlin. Das gilt auch für die ersten Standardwerke der neuen Wissenschaft. Das von Iwan Bloch herausgegebene „Handbuch der gesamten Sexualwissenschaft in Einzeldarstellungen" (3 Bände, 1912-1925) blieb wegen seines frühen Todes unvollendet, aber Albert Molls „Handbuch der Sexualwissenschaften" (2 Bände, 1911 und 1926), Max Marcuses „Handwörterbuch der Sexualwissenschaft" (1923 und 1926) und besonders Magnus Hirschfelds „Geschlechtskunde" (5 Bände, 1926-1930) faßten zum ersten Male das sexuelle Wissen ihrer Zeit für jedermann leicht begreifbar zusammen. Gleichzeitig erfüllten sie dabei aber auch höchste wissenschaftliche Ansprüche und hätten so zweifellos nicht nur volksaufklärerisch, sondern auch akademisch weitergewirkt, wenn sie nicht, wie die Sexualwissenschaft selbst, der nationalsozialistischen Herrschaft zum Opfer gefallen wären.

Seit dem Ende des Zweiten Weltkriegs spielen bekanntlich die Vereinigten Staaten in der Sexualwissenschaft die führende Rolle. Besonders die Arbeiten von Alfred C. Kinsey, William Masters und Virginia Johnson haben der Forschung neue Wege gewiesen, die auch in Deutschland bald aufgegriffen wurden. Heute gibt er erfreulicherweise wieder mehrere deutsche wissenschaftliche Gesellschaften, die sich vornehmlich mit Fragen der Sexualität befassen, einige deutsche Universitäten haben nun sexualwissenschaftliche Abteilungen oder zumindest Forschungs- und Beratungsstellen. Die einschlägigen deutschen Leistungen finden nun auch zunehmend wieder internationale Anerkennung, und so ist, nach jahrzehntelanger Verspätung, der wissenschaftliche Anschluß wieder hergestellt.

Leider haben mehrere Umstände bisher die Publikation eines wissenschaftlich soliden und doch leicht lesbaren deutschen sexualwissenschaftlichen Handbuchs verhindert. Vor der Machtergreifung Hitlers gab es eine Anzahl solcher Werke, die, jedes auf seine Weise, diesem doppelten Anspruch genügten. Das vorliegende Buch maßt sich nicht an, eine zeitgemäße Entsprechung dieser großen Vorbilder zu sein. Seine Ziele sind zunächst viel bescheidener. Es will aber einen Anfang machen und, in einem einzigen Band, wenigstens die hauptsächlichen wissenschaftlichen Ergebnisse so klar und systematisch wie möglich referieren. Es versucht nicht, eigene Forschungen vorzulegen oder in alle möglichen Details zu gehen. Statt dessen liegt die Betonung auf Übersichtlichkeit und guter Lesbarkeit. In dieser Hinsicht stellt der Text allerdings eine gewisse Neuheit dar. Er setzt kein Spezialwissen voraus, sondern erklärt das Thema der Reihe nach und sozusagen ,,von Grund auf". Alle Fachausdrücke sind bei der ersten Erwähnung erläutert, alle methodischen Ansätze unauffällig, aber genau beschrieben. Andererseits ist gewissen traditionellen Fragestellungen nicht mehr der gewohnte Raum gewidmet, die sonst die Behandlung sexueller Fragestellungen komplizieren.

Das mag einige Leser zunächst befremden, die nur mit der heutigen deutschen Fachliteratur vertraut sind. Diese ist zum Beispiel noch sehr weitgehend von der Psychoanalyse geprägt, die aber in der internationalen Sexualwissenschaft kaum noch eine Rolle spielt. Das heißt natürlich nicht, daß psychoanalytische Methoden veraltet sind oder daß der wissenschaftliche Beitrag Sigmund Freuds unwichtig geworden ist. Es bedeutet aber, daß man ihm bei der Beschreibung der menschlichen Sexualität nicht mehr unbedingt die Schlüsselstellung einräumen muß. Das Buch reflektiert diesen neueren Konsens. Man kann im übrigen auch vermuten, daß die deutsche Sexualwissenschaft sich schon früher selbst von dem theoretischen Ansatz Freuds entfernt hätte, wäre ihr eine eigene organische Entwicklung gestattet gewesen. Albert Moll lehnte die Psychoanalyse ausdrücklich ab, war aber dennoch einer der bedeutendsten Sexualforscher seiner Zeit, der auch international weit in die Zukunft hätte weiterwirken können. Bloch und Hirschfeld erwiesen Freud und seinen Theorien stets respektvolles Interesse, zeigten aber in ihren Werken immer wieder, daß sie lieber eigene Wege gingen. Nur Max Marcuse war psychoanalytisch orientiert, hatte aber keine Schüler. Freud selbst stand der Sexualwissenschaft, nach anfänglicher Anteilnahme, recht reserviert gegenüber. Er nahm an keinem ihrer Kongresse teil und trug auch nur selten etwas zu ihren Standardpublikationen bei (Hirschfelds frühe ,,Zeitschrift für Sexualwissenschaft" und Marcuses späteres ,,Handbuch der Sexualwissenschaft" sind hier wichtige Ausnahmen). Sein für die Sexualwissenschaft bedeutendster Schüler, Wilhelm Reich, schließlich brach so vollständig mit der psychoanalytischen Orthodoxie, daß man ihn als ganz eigene Größe betrachten muß. Wie all dem aber sei, die deutsche Sexualwissenschaft, wie sie vor Hitler bestand und blühte, wurde brutal und radikal zerstört. Ihre Weiterentwicklung wurde verhindert, und ihre Leistungen sind heute selbst unter Fachleuten leider vergessen. Ihre Geschichte ist immer noch ungeschrieben, ein Umstand, der um so trauriger wirkt, wenn man die Flut der neueren deutschen psychoanalytischen Literatur betrachtet. Hier ist ein gehöriges Stück wissenschaftlicher Wiedergutmachung zu leisten.

Der vorliegende Text stützt sich hauptsächlich auf die amerikanische empirische Forschung, wie sie von Kinsey, Masters und Johnson, John Money und anderen betrieben worden ist. Diese ist natürlich an sich in Deutschland bekannt, hat aber bisher noch keine umfassende, einheitliche Darstellung erfahren. Darüber hinaus habe ich versucht, wenigstens ein Minimum neuerer anthropologischer, soziologischer, kriminologischer und kulturhistorischer Erkenntnisse mit zu berücksichtigen. All das gehört zum Verständnis der menschlichen Sexualität, ist also notwendiger Bestandteil der Sexualwissenschaft. Diese Wissenschaft braucht aber auch, wie jede andere, ein gewisses Maß ständiger kritischer Selbstbesinnung, wenn sie sich weiter gesund entfalten will. Aus diesem Grunde bietet mein Text am passenden Ort auch einige ideologiekritische Beobachtungen.

Was den rein technischen Aufbau des Buches betrifft, so habe ich mich hauptsächlich von didaktischen Gesichtspunkten leiten lassen. Zum Beispiel geht die Diskussion des männlichen Geschlechts immer der des weiblichen voraus. Strikt biologisch betrachtet, wäre es wohl sinnvoller, das weibliche Geschlecht als das ,,primäre" an den Anfang zu stellen, aber wenn es um praktische Probleme geht wie Empfängnisverhütung, Unfruchtbarkeit und sexuelle Störungen, ist es vielleicht lehrreicher, gegen heutige Denkgewohnheiten anzugehen und mit der männlichen Seite zu beginnen. Didaktischen Zielen dient auch die mehrfache Wiederholung der gleichen Grundtatsachen an verschiedenen Stellen des Buches. Das gilt auch für die Gleichbehandlung einiger Themen, für häufige Parallelformulierungen und Textentsprechungen (zum Beispiel bei der Behandlung der männlichen und weiblichen Anatomie und des heterosexuellen und homosexuellen Geschlechtsverkehrs). Diese bewußte Systematik kann nicht nur als Gedächtnisstütze dienen, sondern auch in sich selbst aufklärend wirken. Auf jeden Fall soll sie die Auseinandersetzung mit dem Buch erleichtern. Für diesen Zweck liest man es am besten ,,der Reihe nach" von Anfang bis Ende durch. Es soll aber auch für den flüchtigen oder gelegentlichen Leser brauchbar bleiben. Deshalb enthält es zahlreiche Querverweise, und selbst die kürzesten Abschnitte sind in einen leicht überschaubaren Kontext eingefügt, der wieder auf größere Zusammenhänge verweist.

Schließlich noch ein Wort zu den Abbildungen: Werke mit wissenschaftlichem Anspruch haben bisher kaum Fotographien von Menschen bei sexuellen Handlungen gezeigt, da die Autoren nicht zu Unrecht befürchteten, in die Nähe von ,,Pornographie" zu geraten und somit ,,unseriös" zu wirken. Wenn ich mich entschlossen habe, solche Bedenken hier zu überwinden, so vor allem aus der Überlegung heraus, daß es an der Zeit ist, die menschliche Sexualität auch visuell wie jeden anderen wissenschaftlichen Gegenstand zu behandeln. Klare und unbefangene Illustrationen erscheinen daher überall dort, wo sie dazu beitragen können, den Text besser zu verstehen. Dabei gehe ich von der Voraussetzung aus, daß in sexuellen Dingen ein rein zerebrales Verständnis nicht ausreicht. Wirkliche Aufklärung muß auch tiefere seelische Schichten zu erreichen suchen. Deutliche Bilder mögen manchen Leser und Betrachter zu einer befreienden Selbstprüfung führen. Vielleicht ist die Konfrontation mit der eigenen sexuellen Haltung für viele sogar der größte Gewinn, den sie aus diesem Buch ziehen. Unbedingte Zustimmung ist dabei nicht mein Ziel. Wenn es mir aber hier und da gelingen sollte, durch sachliche Informationen ein wenig Klarheit zu schaffen, so wäre der wichtigste Zweck des Buches erreicht.

In diesem Sinne fühle ich mich den deutschen Pionieren der Sexualwissenschaft besonders verpflichtet. Dieses Jahr beschert uns ein doppeltes Jubiläum, das an ihre Leistung erinnert: Vor 75 Jahren wurde die erste Zeitschrift für Sexualwissenschaft publiziert, vor 70 Jahren die erste Gesellschaft für Sexualwissenschaft gegründet. (Außerdem sind es gerade 50 Jahre seit der Zerstörung des ersten Instituts für Sexualwissenschaft durch die Nationalsozialisten.)

Seither hat sich, trotz aller Rückschläge, aus den deutschen Anfängen eine bemerkenswerte internationale Bewegung entwickelt. Ebenfalls in diesem Jahr findet in Washington D. C. der 6. Weltkongreß der Sexualwissenschaft seit dem Zweiten Weltkrieg statt. Dieser Kongreß beweist erneut ein unvermindertes Forscherinteresse an der Sexualität des Menschen und gibt uns die Hoffnung, daß wir sie eines Tages alle sehr viel besser verstehen werden als heute.

San Francisco, im Frühjahr 1983 *Erwin J. Haeberle*

Vorwort zur zweiten Auflage

Die vorliegende zweite Auflage der deutschen Ausgabe wurde um einen Anhang ergänzt, der einige aktuelle Themen behandelt, die in der Sexualwissenschaft seit dem Erscheinen der ersten Auflage breit diskutiert werden. Daneben wird auf einige neuere Entwicklungen in der Sexualwissenschaft insgesamt eingegangen.

In einem zweiten neuen Abschnitt wird ein sexualwissenschaftlicher Test-Fragebogen vorgestellt, der es dem einzelnen Leser ermöglichen soll, seine eigenen sexualwissenschaftlichen Kenntnisse besser einzuschätzen.

San Francisco, im August 1985 *Erwin J. Haeberle*

Inhalt

I.	**Der menschliche Körper**	1
1.	Die Entwicklung der Geschlechtsunterschiede	9
1.1	Die Entwicklung der männlichen und weiblichen Anatomie	11
1.1.1	Die primären Geschlechtsmerkmale	11
1.1.2	Die sekundären Geschlechtsmerkmale	13
1.2	Die Bedeutung der Hormone	22
2.	Der männliche Körper	27
2.1	Die männlichen Geschlechtsorgane	27
2.1.1	Die äußeren Geschlechtsorgane	29
2.1.2	Die inneren Geschlechtsorgane	31
2.2	Die sexuelle Reaktion beim männlichen Geschlecht	34
2.2.1	Die vier Phasen der sexuellen Reaktion	36
2.2.2	Die sexuelle Reaktion älterer Männer	40
3.	Der weibliche Körper	45
3.1	Die weiblichen Geschlechtsorgane	45
3.1.1	Die äußeren Geschlechtsorgane	47
3.1.2	Die inneren Geschlechtsorgane	49
3.1.3	Der Menstruationszyklus	53
3.1.4	Die Brüste	57
3.2	Die sexuelle Reaktion beim weiblichen Geschlecht	58
3.2.1	Die vier Phasen der sexuellen Reaktion	60
3.2.2	Die sexuelle Reaktion älterer Frauen	64
4.	Die Fortpflanzung	71
4.1	Die Empfängnis	72
4.1.1	Die männliche Geschlechtszelle (Samenzelle)	73
4.1.2	Die weibliche Geschlechtszelle (Eizelle)	74
4.1.3	Der Koitus	75
4.1.4	Die Befruchtung	75
4.1.5	Die Zellteilung (Segmentation)	76
4.1.6	Die Einnistung (Implantation)	77
4.1.7	Mehrfachschwangerschaft	78
4.2	Die Schwangerschaft	78
4.2.1	Die Entwicklung vom Embryo zum Fötus	79
4.2.2	Die Frau während der Schwangerschaft	80
4.2.3	Geschlechtsverkehr während der Schwangerschaft	84
4.3	Die Geburt	85
4.3.1	Wehen und Entbindung	88
4.3.2	Die Zeit nach der Entbindung	89
4.4	Empfängnisverhütung	96
4.4.1	Methoden der Empfängnisverhütung	99
4.5	Der Schwangerschaftsabbruch	113
4.5.1	Methoden des Schwangerschaftsabbruchs	116
5.	Körperliche Probleme	119
5.1	Unfruchtbarkeit	119

5.1.1 Unfruchtbarkeit beim Mann 120
5.1.2 Unfruchtbarkeit bei der Frau 120
5.1.3 Künstliche Befruchtung 121
5.2 Genetische Defekte 121
5.3 Sexuelle Fehlbildungen 122
5.3.1 Hodenhochstand 122
5.3.2 Hermaphroditismus 122
5.4 Schmerzen beim Geschlechtsverkehr 124
5.4.1 Schmerzen des Mannes beim Geschlechtsverkehr 124
5.4.2 Schmerzen der Frau beim Geschlechtsverkehr 125
5.5 Die Geschlechtskrankheiten 125
5.5.1 Gonorrhoe 128
5.5.2 Syphilis 129
5.5.3 Tropische Geschlechtskrankheiten 130
5.5.4 Weitere sexuell übertragbare Krankheiten 131
5.5.5 Filzläuse 133
5.5.6 Skabies (Krätze) 133

II. Das menschliche Sexualverhalten 135

6. Die Entwicklung des Sexualverhaltens 146
6.1 Das Säuglings- und Kindesalter 155
6.1.1 Die sexuelle Reaktion bei Kleinkindern 159
6.1.2 Das Erlernen der Geschlechtsrolle 163
6.1.3 Sexuelle Spiele von Kindern 165
6.2 Das Jugendalter 170
6.2.1 Körperliche Veränderungen in der Pubertät 174
6.2.2 Das Sexualverhalten Jugendlicher 175
6.3 Das Erwachsenenalter 187
6.3.1 Der ledige Erwachsene 188
6.3.2 Die sexuelle Anpassung in der Ehe 190
6.3.3 Sexualität im Alter 191

7. Formen des Sexualverhaltens 195
7.1 Sexuelle Selbststimulierung 197
7.1.1 Orgasmus im Schlaf 201
7.1.2 Die Masturbation 202
7.2 Heterosexueller Geschlechtsverkehr 206
7.2.1 Manueller Verkehr 210
7.2.2 Oralverkehr 214
7.2.3 Genitalverkehr 220
7.2.4 Analverkehr 226
7.3 Homosexueller Geschlechtsverkehr 235
7.3.1 Manueller Verkehr 246
7.3.2 Oralverkehr 247
7.3.3 Genitalverkehr 251
7.3.4 Analverkehr 252
7.4 Sexueller Kontakt mit Tieren 253

8. Sexuelle Störungen 258
8.1 Grundprobleme der Sexualtherapie 259
8.1.1 Unbefragte Voraussetzungen 260
8.1.2 Mängel der heutigen Fachsprache 264
8.2 Sexuelle Funktionsstörungen 271
8.2.1 Sexuelle Funktionsstörungen beim Mann 274
8.2.2 Sexuelle Funktionsstörungen bei der Frau 282

8.2.3 Sexualtherapie in den USA – Einfache Verfahren für die Praxis . . . 287
8.3 Problematisches Sexualverhalten . . . 290
8.3.1 Beispiele für problematisches Sexualverhalten . . . 294
8.4 Transsexualität . . . 297

III. Sexualität und Gesellschaft . . . 303

9. Die sozialen Rollen von Mann und Frau . . . 309
9.1 Geschlecht und Geschlechtsrolle . . . 311
9.2 Die doppelte Moral . . . 315
9.3 Die Emanzipation der Frau . . . 325
9.3.1 Der Beginn des Feminismus in Europa . . . 325
9.3.2 Die Frauenbewegung in Deutschland . . . 328
9.3.3 Der Status der Frau – heute . . . 336

10. Anpassung und Abweichung . . . 339
10.1 „Natürlich“ – „Widernatürlich“ . . . 347
10.1.1 Sexualität und Religion . . . 348
10.1.2 Naturrecht und Naturgesetz . . . 367
10.2 Legal – Illegal . . . 381
10.2.1 Sexualität und Gesetz . . . 382
10.2.2 Das moderne Recht . . . 393
10.2.3 Das geltende Sexualstrafrecht in der Bundesrepublik Deutschland . . . 401
10.3 Gesund – Krank . . . 405
10.3.1 Sexualität und Psychiatrie . . . 408
10.3.2 Das medizinische Modell sexueller Abweichung . . . 422

11. Ehe und Familie . . . 440
11.1 Formen und Bedeutung der Ehe . . . 443
11.1.1 Die Geschichte der Ehe im Abendland . . . 448
11.1.2 Die Ehe in nichtwestlichen Gesellschaften . . . 455
11.1.3 Die Ehe – heute . . . 457
11.1.4 Die Zukunft der Ehe . . . 459
11.2 Die Familie in historischer Sicht . . . 463
11.2.1 Die traditionelle Großfamilie . . . 467
11.2.2 Die moderne Kleinfamilie . . . 470
11.2.3 Neue Familienmodelle . . . 474

12. Die sexuell Unterdrückten . . . 477
12.1 Kinder und Jugendliche . . . 484
12.2 Ältere Menschen . . . 488
12.3 Homosexuelle . . . 490
12.4 Geistig und körperlich Behinderte . . . 497
12.5 Menschen mit besonderen sexuellen Neigungen . . . 499
12.6 Menschen in psychiatrischen Anstalten . . . 501
12.7 Strafgefangene . . . 503

13. Die „sexuelle Revolution“ . . . 505
13.1 Die Sexualforschung . . . 508
13.1.1 Pioniere der Sexualforschung . . . 511
13.1.2 Die Zukunft der Sexualforschung . . . 518
13.2 Sexuelle Aufklärung und Erziehung . . . 519
13.2.1 Pioniere der Sexualerziehung . . . 523
13.2.2 Die Zukunft der Sexualerziehung . . . 526

13.3 Das Problem der Sexualethik 531
13.3.1 Die religiöse Tradition 531
13.3.2 Die moderne Herausforderung 532
13.3.3 Eine „Neue Moral“ für die Zukunft 534

Anhang (Aktuelle Themen) 539
AIDS – „Aufgegriffenes“ Immun-Defekt-Syndrom 539
Audiovisuelle Hilfsmittel in der Sexualtherapie 551
Die Gräfenberg-Zone („G-Spot“) 557
Sexualwissenschaft: Neuere Entwicklungen 561
Sexuelle Menschenrechte 565

Sexualwissenschaftliche Testfragen. 575

Anmerkungen 583
Anschriften von AIDS-Beratungsstellen 585
Anschriften der Beratungsstellen von PRO FAMILIA. 589
Ausgewählte Bibliographie. 593
Bildnachweis. 599
Register 601

I. Der menschliche Körper

Man kann den Körper des Menschen auf mancherlei Weise betrachten. Man kann ihn als die vornehmste Schöpfung Gottes bewundern, ihn als Kerker der Seele verachten, ihn als Tempel der Liebe verehren, ihn als Quelle der Versuchung fürchten, oder man kann ihn zum Gegenstand wissenschaftlicher Forschung machen. Eines ist dabei ganz sicher: Was immer wir in ihm sehen spiegelt unsere eigenen Einstellungen und Ansichten wider.

Moderne Gesellschaften zeigen meist eine eher negative Einstellung gegenüber dem menschlichen Körper, besonders gegenüber seinen sexuellen Funktionen. Dies zeigt sich beispielsweise auch an der großen moralischen Besorgnis um „unzüchtige" Kleidung, „schmutzige" Bücher und Filme, um die Sexualaufklärung in den Schulen. So ist die Meinung weit verbreitet, die Welt werde von einer Welle der Sexualität und Nacktheit überschwemmt, die die Grundfesten unserer Kultur bedrohe.

Man hat sich aber nicht zu allen Zeiten derartige Sorgen gemacht. Für die Griechen und Römer der Antike zum Beispiel war der nackte menschliche Körper ein ganz vertrauter Anblick. Sportler trainierten und kämpften nackt in den Gymnasien (von griech. gymnos: nackt). Die Teilnehmer der klassischen Olympischen Spiele (wie auch aller anderen Sportveranstaltungen) waren nackt. Öffentliche und private Gebäude waren mit Skulpturen und Gemälden nackter Männer und Frauen geschmückt. Der sexuelle Aspekt der Nacktheit wurde dabei nicht unterschlagen. Statuen bestimmter Gottheiten, des Hermes und Priapus zum Beispiel, zeigten einen erigierten Penis als Symbol der Stärke und Fruchtbarkeit. Künstlerische Darstellungen von Geschlechtsorganen wurden als Schmuck oder Talisman getragen. Bei den Darstellern der klassischen Komödien gehörte ein riesiger Phallus zum Kostüm. Kurzum, der menschliche Körper und die menschliche Sexualität fanden offen und fröhlich Beifall. Der Kontrast zu unserer heutigen Welt könnte kaum größer sein.

Viele Menschen vertreten heute die Meinung, das Christentum sei für diesen Wandel der Einstellung verantwortlich. Einige christliche Autoren geben dies gegenüber ihren weltlichen Kritikern sogar zu. Dennoch ist diese Ansicht eine unzulässige Vereinfachung. Viele vermeintlich christliche Einstellungen zum menschlichen Körper sind erst wenige hundert Jahre alt und wären dem Denken früherer Jahrhunderte ganz unverständlich gewesen. So etwa die scharfe Verurteilung von Masturbation oder die Vorstellung, Kinder seien „unschuldig" und sollten deshalb über Sexualität nichts wissen; bis in das 18. Jahrhundert war von solchen Sorgen eigentlich nie die Rede. Der berühmte Humanist Erasmus von Rotterdam schrieb noch im frühen 16. Jahrhundert einen sehr beliebten Text für Kinder, in dem es um die Themen wie Sexualität vor, in und außerhalb der Ehe ging, um Schwangerschaft, Geburt, Prostitution, Aphrodisiaka, Kastration und Geschlechtskrankheiten (Erasmus: Colloquia familiaria). Ein paar Jahrhunderte später hielt man dann diese Texte sogar für Erwachsene für zu gewagt.

Schamgefühl oder Entrüstung beim Anblick des nackten menschlichen Körpers, wie sie in unserem Kulturkreis so verbreitet sind, sind ebenfalls eine relativ neue Erscheinung. Noch im Europa des Mittelalters hielt man Nacktheit nicht für eine Frage der Moral. Die ganze Familie schlief nackt in einem

Raum, oft in einem einzigen Bett. Es war selbstverständlich, daß Gäste beiderlei Geschlechts in Herbergen mit anderen, ihnen fremden Gästen das Bett teilten. Hätte sich ein Gast geweigert, oder seine Kleider nicht abgelegt, so wäre er in den Verdacht geraten, krank oder mißgestaltet zu sein. Öffentliche Nacktheit war auch in Badehäusern üblich, einem beliebten Platz geselligen Beisammenseins für Männer und Frauen jeden Alters. An bestimmten Feiertagen konnte man hübsche Mädchen nackt in den Festumzügen sehen. Selbst Geistliche nahmen gelegentlich völlig nackt an religiösen Prozessionen teil.

Erst im 16. und 17. Jahrhundert, als die Syphilis epidemische Ausmaße annahm, und zu einer Zeit, da sich allmählich der Mittelstand bildete, begann man, Nacktheit als unanständig zu betrachten. Insgesamt veränderte sich die Einstellung gegenüber menschlicher Körperlichkeit sehr nachhaltig. Was bisher vertrauter Umgang war, wurde nun als ekelerregend und gesundheitsschädlich abgelehnt. Menschen aßen nicht mehr aus derselben Schüssel, tranken nicht mehr aus dem gemeinsamen Krug. Statt mit den Fingern, begann man nun, mit Messern und Gabeln zu essen. Wer es sich leisten konnte, trug jetzt zum Schlafen eine besondere Kleidung, ein Nachthemd. Die Privatsphäre gewann zunehmend an Bedeutung. Das Bett verschwand aus dem Wohnzimmer und wurde in einem abgetrennten Schlafzimmer versteckt. Die Badehäuser wurden geschlossen, in Flüssen und Seen durfte nur noch nach Geschlechtern getrennt gebadet werden, schließlich wurde öffentliches Nacktbaden insgesamt verboten. So verwandelte sich die positive Einstellung gegenüber dem Körper und seinen Funktionen nach und nach in Prüderie. Die Gesellschaft des 19. Jahrhunderts war schließlich gegenüber allen körperlichen Funktionen so überempfindlich geworden, daß es bereits als anstößig galt, Worte auch nur zu erwähnen, die etwas mit Geschlecht, Fortpflanzung, Verdauung oder Schwitzen zu tun hatten. In einer höflichen Unterhaltung konnten jetzt selbst Worte wie „Schenkel“ oder „Brust“ nicht mehr benutzt werden. Der ganze menschliche Körper war tabu.

Im Gefolge der Eroberung der Welt durch die westliche Zivilisation wurde diese Prüderie oftmals gewaltsam Völkern aufgezwungen, die bis dahin in völliger oder teilweiser Nacktheit gelebt hatten und die daher mit Unwillen und Unverständnis reagierten. Noch heute versucht man in bestimmten Teilen Asiens und Afrikas, Menschen zu „zivilisieren“, indem man sie in Kleider zu zwängen versucht, die ihnen völlig fremd sind. Dies wirkt besonders absurd, wenn man bedenkt, daß gleichzeitig die reichen und fortschrittlichen Länder des Westens beginnen, sich ihrer weniger prüden Vergangenheit zu besinnen. (Diese historischen Aspekte werden im Abschnitt III dieses Buches „Sexualität und Gesellschaft“ ausführlicher diskutiert.)

Unsere moderne Kultur brachte zwar eine erhebliche sexuelle Unterdrükkung mit sich, sie leistete aber auch einen wichtigen Beitrag zu einem besseren Leben: die wissenschaftliche Erforschung des menschlichen Körpers und seiner Funktionen.

Unsere Vorfahren im Altertum und Mittelalter verfügten nur über ein sehr begrenztes biologisches und medizinisches Wissen. Wurden sie einmal krank, waren sie weitgehend auf volkstümliche Heilmittel, überlieferten Aberglauben oder Zauberkräfte angewiesen. Magische und mystische Vorstellungen bestimmten auch ihre Sexualität und Fortpflanzung. So waren die meisten Menschen jener Zeit davon überzeugt, mit dem richtigen Liebestrank die Zuneigung eines noch so abgeneigten Partners gewinnen zu können. Man glaubte auch, bestimmte Erfahrungen einer schwangeren Frau würden ihr Kind zeichnen und Koitus während der Nacht führe zur Zeugung blinder Kinder. Man wußte nichts vom Blutkreislauf, von Hormonen, von männlichen und weiblichen Geschlechtszellen (Samenzelle und Ei) und anderen

Entdeckungen unserer Zeit. Nach Ansicht bedeutender damaliger Gelehrter produzierte nicht nur der Mann, sondern auch die Frau eine samenhaltige Flüssigkeit, und man nahm allgemein an, daß das Vermischen dieser beiden Flüssigkeiten im Mutterleib zur Zeugung führe. Man war weiterhin der Auffassung, der Fötus beginne erst im fünften Schwangerschaftsmonat zu leben, dann, wenn die Mutter die ersten Kindsbewegungen spürt.

Solche und andere Fehlannahmen wurden durch die moderne Wissenschaft richtiggestellt. Der Weg zum heutigen Wissensstand war jedoch lang und beschwerlich. Um bestimmte biologische Gesetze und Ursachen bestimmter Krankheiten zu erkennen, bedurfte es teilweise jahrhundertelanger geduldiger Beobachtungen. Gelegentlich führte die wissenschaftliche Forschung zu so unerwarteten Ergebnissen, daß sich die Menschen für lange Zeit weigerten, sie anzuerkennen. Bis auf den heutigen Tag stellt die Wissenschaft immer wieder unser traditionelles Denken, manchmal auch unsere Lebensweise in Frage.

Ein Beispiel aus jüngerer Zeit ist die Beobachtung menschlichen Sexualverhaltens im Labor. Die Entdeckungen, die dort gemacht wurden, widerlegten viele weit verbreitete Auffassungen. So wurde beispielsweise festgestellt, daß das sexuelle Leistungsvermögen von Frauen mindestens ebenso groß ist wie das von Männern, in bestimmter Hinsicht sogar größer. Solche Entdekkungen bleiben nicht ohne Folgen für die Beziehungen der Geschlechter untereinander. So kann hier wie auf anderen Ebenen wissenschaftliche Erkenntnis zu grundlegenden gesellschaftlichen Veränderungen führen.

Sicher sind solche Veränderungen manchmal notwendig, sie werden aber nicht immer positiv aufgenommen. Es ist daher kaum verwunderlich, daß die Wissenschaft im Laufe der Geschichte immer wieder auf heftigen Widerstand gestoßen ist. Wissenschaftler wurden immer dann angegriffen und verlacht, wenn sie überkommenes Wissen in Frage stellten, oftmals wurden ihre Entdeckungen totgeschwiegen oder ignoriert. Häufig widersetzte sich die Gesellschaft nicht nur bestimmten Entdeckungen, sondern dem Ziel der Wissenschaft selbst. Das hat sich bis heute nur wenig geändert: Viele Menschen verspüren eine unwillkürliche Abwehr gegen die humorlose, rücksichtslose und schamlose Art und Weise, in der Wissenschaftler die letzten „Geheimnisse des Lebens“ enträtseln wollen.

Man kann tatsächlich nicht leugnen, daß die wissenschaftliche Methode einen Anschein von Frevel haben kann. Im Bemühen um neues Wissen mißachten Wissenschaftler nicht nur Gott, sie zeigen auch wenig Respekt vor geheiligten menschlichen Traditionen. Fragen der Moral, des Rechts oder des guten Geschmacks berühren sie kaum. Nichts ist ihrer Neugier heilig und sie betrachten alles mit derselben, unbeteiligten Objektivität.

Eine solche unbeteiligte Neutralität der Wissenschaft erfordert eine besondere Disziplin des Gefühls und des Verstandes, eine Geistesverfassung, die man als typisch „modern“ bezeichnen kann. In der griechisch-römischen Antike und im Mittelalter verstanden sich die Menschen als festen Bestandteil der Welt, von der sie sich nicht distanzieren wollten oder konnten. Es war ihnen fremd, ihre Gefühle oder moralischen Bedenken auszuschalten, sie reagierten auf alles mit ihrer ungeteilten Persönlichkeit. Sie sahen sich selbst nicht nur als Mittelpunkt des Universums, wo sich Sonne, Mond und Sterne um sie drehten, sondern dieses Universum hatte für sie auch einen ganz persönlichen Bezug, war auf geheimnisvolle Weise mit ihrem eigenen Schicksal verknüpft. Alles geschah nach dem Willen der Götter oder Gottes, um Menschen zu belohnen oder zu bestrafen. Gesundheit wurde so als Lohn für Rechtschaffenheit angesehen; Tod und Krankheit waren die Vergeltung für Sünde. Zwischen kausalen und normativen Gesetzen wurde nicht unterschieden. Das Naturgesetz war göttlicher Wille. Erklärung und Rechtfertigung waren ein und dasselbe.

Die moderne Wissenschaft begann in dem Augenblick, als man zum erstenmal zwischen Erklärung und Rechtfertigung unterschied. So lange Gesundheit und Krankheit, Sonne und Regen, gute und schlechte Ernten als Belohnung oder Strafe für menschliches Verhalten interpretiert wurden, erschienen auch tatsächliche Ursache und moralische Folge als Einheit. Wissenschaft konnte erst entstehen, als der Mensch begann, übernatürliche Einflüsse und ihre Bedeutung in Frage zu stellen und schließlich zu ignorieren. Erst dann konnte die Natur „an sich" studiert werden, ohne Bezug auf göttlichen oder menschlichen Willen.

Wissenschaftler betrachten den menschlichen Körper „objektiv", das heißt, sie untersuchen ihn als ein Objekt, das man beobachten, wiegen und messen kann. Hierbei interessiert sie nicht, ob er schön ist oder sündig, nicht einmal, ob er gesund ist. Einziges Ziel ist, seine Funktionen zu erkennen, nicht, sie als gut oder schlecht zu werten. Ein Wissenschaftler stellt lediglich fest, was *ist,* nicht, was sein *soll.* Der Wissenschaftler beschreibt, aber er schreibt nicht vor. Wenn er also feststellt, daß ein Körper krank ist, kann er die Symptome der Krankheit registrieren und nach den Ursachen forschen, als Wissenschaftler wird er jedoch nicht den Versuch unternehmen zu heilen. Jeder Heilungsversuch ist wesentlich eine moralische Entscheidung. Sie wird von Menschen gefällt, die sich wissenschaftlicher Erkenntnisse bedienen, um anderen zu helfen. Natürlich wird heute die Rolle des Wissenschaftlers und die des Heilenden oft von ein und derselben Person übernommen, zum Beispiel von einem Arzt. Ein guter Arzt weiß jedoch, daß er in Wirklichkeit zwei verschiedene Funktionen erfüllt und daß er sie manchmal trennen muß. So mag er als Wissenschaftler wissen, daß starkes Rauchen bei einem bestimmten Patienten zum Tode führen kann. Als Heilender wird er deshalb dem Patienten vorschlagen, das Rauchen aufzugeben. Das wäre eine moralische (keine wissenschaftliche) Entscheidung, die auf der Annahme beruht, daß der Wert des Lebens höher anzusetzen sei als der des Rauchgenusses. Wenn diese Wertung nun aber von dem Patienten nicht geteilt wird – er also lieber sterben will, als das Rauchen aufzugeben –, hätte der Arzt sich auf seine Rolle als Wissenschaftler zu beschränken, der die Auswirkungen des Rauchens auf einen sterbenden Menschen beobachtet. (Ein Beispiel ist der Fall Sigmund Freuds. Als Wissenschaftler wußte er, daß sein Rauchen ihn töten würde. Als Heilender hätte er nach dieser Einsicht handeln und seine Zigarren aufgeben können. Als Patient weigerte er sich, dies zu tun, und starb an Mundhöhlenkrebs.)

Nicht-Wissenschaftlern fällt es oft schwer, den Standpunkt von Wissenschaftlern zu verstehen. Ganz besonders in den frühen Anfängen moderner Wissenschaft wurde die moralische Neutralität der Wissenschaftler von manchem als Gleichgültigkeit, ja als Verantwortungslosigkeit mißverstanden. Als im 16. und 17. Jahrhundert Anatomen damit begannen, menschliche Körper zu sezieren, um so zu wissenschaftlichen Erkenntnissen zu gelangen, waren ihre Zeitgenossen entsetzt. Sie wären niemals auf die Idee gekommen, ihren Körper der Wissenschaft zu übereignen, im Gegenteil: Diese Art der Forschung wurde oft kurzerhand verboten. Daher mußten viele Anatomen ihre Arbeit geheimhalten. Sie waren gezwungen, kriminelle Leichenräuber zu bezahlen, die ihnen die Körper vom Friedhof oder direkt vom Galgen weg stahlen. (Noch in jüngster Vergangenheit begannen manche Sexualforscher ihre Arbeit im geheimen und mußten Prostituierte dafür bezahlen, ihnen als Studienobjekte zu dienen.)

Dennoch haben die Menschen im Laufe der Jahrhunderte begriffen, daß die objektive Untersuchung des Körpers und seiner Funktionen für sie von großem Nutzen sein kann. Wenngleich das Wesen der Wissenschaft in moralischer Neutralität liegt, kann wissenschaftliche Erkenntnis doch zu moralischen Zwecken genutzt werden. Die Heilung und Vorbeugung von Krankheiten ist eines der überzeugendsten Beispiele. Ebenso notwendig ist die Befreiung des Menschen von unnötigen Ängsten und kleinlichen Vorurteilen, die ihn daran hindern, sich frei zu entfalten. Dank der Wissenschaft wurden in dieser Richtung schon beachtliche Fortschritte gemacht, und jede neue Entdeckung verschafft dem Menschen mehr Einfluß auf sein eigenes Schicksal.

In jüngerer Zeit waren die Fortschritte in der Sexualforschung besonders eindrucksvoll. Fast täglich werden von Wissenschaftlern neue Erkenntnisse über die Sexualfunktionen und Zeugungsfunktionen des Menschen erarbeitet. Beide waren in der Vergangenheit sehr eng verbunden, und man konnte sie nur wenig beeinflussen. Geschlechtsverkehr führte zur Zeugung, und ohne Geschlechtsverkehr war keine Zeugung möglich. Ohne Enthaltsamkeit zu üben, waren Partner nicht in der Lage, die Zahl ihrer Kinder zu beschränken; viele Frauen starben, erschöpft von zu vielen Geburten. Kinderlose Paare mußten andererseits ihre Unfruchtbarkeit als Willen der „Natur" hinnehmen. – Heute ist die Fortpflanzung eine Frage bewußter Entscheidung geworden. Wissenschaftliche Einsicht in den Prozeß der Fortpflanzung machte die Entwicklung wirksamer Empfängnisverhütung möglich, ungewollte Schwangerschaften können heute leicht verhindert werden. Weiterhin können Fälle von Unfruchtbarkeit, die früher als hoffnungslos galten, erfolgreich durch künstliche Befruchtung – also ohne unmittelbaren sexuellen Kontakt – behandelt werden. Erstmals in der Geschichte der Menschheit können so die Sexualfunktionen und die Fortpflanzungsfunktionen des Menschen ganz voneinander getrennt werden.

Diese moderne Entwicklung hat auch tiefgreifende gesellschaftliche Folgen: Sie unterstützt die wachsende Forderung nach sexueller Gleichberechtigung. Es war früher üblich, die biologischen Unterschiede zwischen den Geschlechtern als Rechtfertigung dafür heranzuziehen, daß man Männer und Frauen in unterschiedliche soziale Rollen zwängte. So meinten die Männer, die „Natur" selbst bestimme die Frauen zur Mutterrolle und mache sie somit für alle anderen Aufgaben untauglich. (Aus unerfindlichen Gründen kam allerdings niemand auf die Idee, Vaterschaft könne die gleiche beschränkende Wirkung haben.) Diese Vorstellungen sind heute, da sich Frauen freiwillig für oder gegen eine Mutterschaft entscheiden können, nicht mehr aufrechtzuhalten. Die Vorstellung von der „natürlichen" Unterlegenheit der Frauen erweist sich heute als Ideologie von Männern, die eine Rechtfertigung für ihre privilegierte Stellung suchen.

Die Wissenschaft wird sicherlich auch noch viele andere Vorstellungen, die heute unbestritten sind, in der Zukunft widerlegen. Gerade wenn es um Sexualität geht, sind wir nicht immer so unvoreingenommen und objektiv, wie wir glauben. Unsere Wahrnehmungen werden oft von unbewußten Vorurteilen und unbefragten Moralvorstellungen getrübt, und wir laufen dadurch Gefahr, Wertungen mit Tatsachen zu verwechseln. Kurz gesagt, wir sind nach wie vor versucht, unsere eigenen Konventionen da mit der „Natur" zu verwechseln, wo unsere eigenen Interessen und Bedürfnisse im Spiel sind. Die Geschichte der modernen Wissenschaft zeigt jedoch, daß unser eigenes Interesse auf lange Sicht durch strenge Objektivität am besten gewahrt bleibt. Wissenschaft begann, als der Mensch anfing, die göttliche und menschliche Dimension der Dinge außer acht zu lassen, die er untersuchte. Gerade dies führte erst zu einem tiefgreifenderen Verständnis. Nur wenn wir bereit sind, über unsere engen persönlichen Interessen hinwegzudenken, dürfen wir hoffen, die Wahrheit über uns selbst zu finden. Erst dann werden wir wirklich frei sein.

Im Zeitalter der Massenkommunikationsmittel haben heute mehr Menschen als je zuvor die Möglichkeit, neue wissenschaftliche Erkenntnisse über die Funktionen des menschlichen Körpers zu erfahren. Die meisten Menschen verstehen heute mehr von Anatomie und Physiologie als je ein Arzt im Altertum oder im Mittelalter. Aber trotz all dieses theoretischen Wissens sind viele mit sich selbst unzufrieden. Im Gegensatz zu ihren Vorfahren fühlen sie sich ihrem eigenen Körper entfremdet. Wie es scheint, hat eben dieselbe historische Entwicklung, die dem Menschen eine wissenschaftlich-distanzierte Erforschung seiner selbst erlaubte, ihm auch seine frühere Vertrautheit sich selbst gegenüber genommen.

In unserer von der Technik beherrschten Gesellschaft wird uns allen ein Höchstmaß an Disziplin auferlegt. Es wird uns nicht gestattet, Gefühle zu zeigen, spontanen Wünschen zu folgen oder unsere Bedürfnisse zu befriedigen. Im Gegenteil: im Interesse unserer Arbeit sind wir gezwungen, Arbeit und Freizeit festen Zeitplänen zu unterwerfen, immer guter Laune zu sein, jedes Anzeichen von Spontaneität zu unterdrücken und uns ständig im Zaum zu halten. So sind wir gezwungen, uns zu wohlfunktionierenden Arbeitsgeräten zu machen. Das hat dazu geführt, daß wir unseren Körper nun oft als Maschine zu betrachten gewohnt wurden, und das ständig zunehmende Wissen um seine Funktionen nutzen wir nur dazu, ihn als Maschine noch „effizienter" zu machen.

Diese Einstellung wird von vielen Menschen auch auf ihre sexuellen Beziehungen übertragen. Das wird besonders deutlich an der Überbetonung von Jugend und körperlicher Vitalität. So versuchen viele jede neue Diät, experimentieren mit Medikamenten und Drogen, erproben jeden neuen Apparat und jede „neue" sexuelle Technik, die eine Steigerung der erotischen Leistungsfähigkeit versprechen. Es gibt heute zahllose „technisch" orientierte sexuelle Ratgeber und Ehehandbücher, die versprechen, den Leser zu einem Virtuosen der Liebe zu machen.

Die Nützlichkeit solcher Bücher soll nicht grundsätzlich in Frage gestellt werden. Nach Jahrhunderten der Unterdrückung kann eine offene Beschreibung der menschlichen Sexualfunktionen und der möglichen Variationen beim Geschlechtsverkehr Männer und Frauen von unnötigen Hemmungen befreien. Bedauerlicherweise kann so jedoch auch der Eindruck entstehen, sexuelles Glück setze besondere Erfahrung und athletisches Können voraus; wenn es dem Leser dann an Talent oder Übung zu fehlen scheint, kann er sich leicht überfordert fühlen. Tatsächlich stellen auch viele Menschen, die alle erotischen Tricks meistern, schließlich fest, daß die bloße Sexualtechnik nicht zur Erfüllung führt. Sie entdecken, daß sie nur zu seelischen Krüppeln werden, wenn sie ihren Körper ständig um größerer Leistungen willen zu kontrollieren oder manipulieren suchen. Es führt dies zu einer Versachlichung menschlicher Beziehungen, die schließlich die Unfähigkeit zu wirklicher Befriedigung zur Folge hat.

Aus diesem Grunde lehnen in jüngerer Zeit immer mehr (insbesondere jüngere) Menschen es ab, Geschlechtsverkehr als bloßen mechanisch-technischen Kraftakt anzusehen, und sie entwickeln eine weniger leistungsorientierte Einstellung gegenüber ihrem Körper. Sie beginnen zu verstehen, daß die moderne Welt der Disziplin und des Wettbewerbs ihre Wahrnehmungen verzerrt hat, und sie versuchen, die Sensibilität vergangener Zeiten durch bewußtes Üben („sensitivity training") wieder zu erlangen. Auf diese Weise kommen sie – im Wortsinn – wieder mit sich selbst in Berührung und erreichen es so, ihren eigenen Körper zu akzeptieren und zu schätzen, ohne ihn auszubeuten. Die meisten jungen Männer und Frauen können heute wieder einen nackten menschlichen Körper anschauen, ohne verlegen zu werden. Vielen ist Nacktheit wieder ein vertrauter Anblick, dem sie keine besondere Bedeutung zumessen. Unglücklicherweise besteht jedoch nach wie vor ein weit verbreitetes Unwissen über die Körperfunktionen, vor allem über die Sexualfunktionen des Menschen. Nicht nur ältere, sondern auch jüngere Menschen sind oft bedenklich falsch informiert über die physiologischen Vorgänge, die ihrem Verhalten zugrunde liegen. Daher erscheint es gerechtfertigt und notwendig, die prinzipiell vorhandene erfreuliche Offenheit gegenüber der Sexualität zu nutzen, um einen ungehinderten, wenn auch manchmal noch oberflächlichen Einblick zu vermitteln.

Die folgenden Ausführungen bieten zunächst einige grundlegende Informationen über den menschlichen Körper und seine Sexualfunktionen, das heißt die männlichen und weiblichen Geschlechtsorgane, die sexuelle Reaktion des Menschen, die Fortpflanzung, die Empfängnisverhütung und den Schwangerschaftsabbruch. Es folgt eine kurze Darstellung bestimmter körperlicher Störungen, die die normalen Sexualfunktionen beeinträchtigen können. Psychologische Aspekte des menschlichen Sexualverhaltens werden im zweiten Teil des Buches („Das menschliche Sexualverhalten") behandelt. Im dritten Teil des Buches wird ausführlich auf die gesellschaftliche Dimension von Sexualität eingegangen.

1. Die Entwicklung der Geschlechtsunterschiede

Das Geschlecht eines Menschen wird bei der Befruchtung festgelegt. Allerdings sind in den ersten Wochen ihres Lebens männliche und weibliche Embryos noch nicht zu unterscheiden. Ihre Geschlechtszugehörigkeit wird erst im Laufe der Zeit erkennbar.

Ob ein neugeborenes Kind ein Junge oder ein Mädchen ist, erkennen wir gewöhnlich an den äußeren Geschlechtsorganen. Von diesen Organen abgesehen, sehen Jungen und Mädchen sich jedoch sehr ähnlich. Das typische männliche oder weibliche Aussehen von Erwachsenen ist Ergebnis von Entwicklungen, die erst Jahre später beginnen. Die Geschlechtsunterschiede beim Menschen werden erst dann in vollem Umfang deutlich, wenn Mann und Frau ihre geschlechtliche Reife erreicht haben, das heißt, wenn sie selbst wieder Kinder zeugen können.

Die meisten von uns halten das ,,Geschlecht" für das erste und einfachste aller Unterscheidungsmerkmale zwischen Menschen. Diese Annahme spiegelt sich auch in unserem Sprachgebrauch wider: Die Worte ,,Sexus" und ,,Sexualität" leiten sich vom lateinischen Wort ,,secare" ab, das schneiden, trennen, teilen bedeutet. Diese Begriffe beziehen sich also ursprünglich auf eine Teilung der Menschheit in zwei verschiedene Gruppen – eine männliche und eine weibliche. Jeder Mensch (und die meisten höheren Tiere und einige Pflanzen) gehören zu einer von diesen beiden Gruppen, also zu einem der beiden Geschlechter. Jeder ist entweder männlichen oder weiblichen Geschlechts.

Das alles scheint ganz einfach. Die wissenschaftliche Forschung hat jedoch in jüngster Zeit gezeigt, daß die üblichen einfachen Definitionen von Männlichkeit und Weiblichkeit völlig unzureichend sind und daß – zumindest in bestimmten Fällen – die Angelegenheit sehr kompliziert sein kann. Wenn ein heutiger Wissenschaftler jemanden dem männlichen oder weiblichen Geschlecht zuordnen soll, berücksichtigt er zumindest sieben verschiedene Faktoren:

1. Das chromosomale Geschlecht
Die Zellen des männlichen Körpers enthalten ein X- und ein Y-Chromosom, während die Zellen des weiblichen Körpers zwei X-Chromosomen enthalten. Allerdings wurden in neuerer Zeit auch verschiedene andere Kombinationen von Geschlechtschromosomen entdeckt.

2. Das gonadale Geschlecht
Das männliche Geschlecht hat Hoden (männliche Gonaden), das weibliche Geschlecht Eierstöcke (weibliche Gonaden). Allerdings kann in seltenen Fällen ein Mensch gleichzeitig Gewebe der Hoden und der Eierstöcke haben.

3. Das hormonale Geschlecht
Die Hormone, die von Hoden und Eierstöcken produziert werden, spielen eine wichtige Rolle bei der Entwicklung des männlichen oder weiblichen Körpers vor der Geburt und während der Pubertät. Ein Mangel, eine Unausge-

wogenheit oder ein Überschuß dieser Hormone kann einen entscheidenden Einfluß auf Anatomie und Physiologie eines Menschen haben.

4. Die inneren Geschlechtsorgane
Das männliche Geschlecht hat Samenleiter, Samenbläschen, eine Prostata usf., während das weibliche Geschlecht Eileiter, einen Uterus, eine Vagina usf. aufweist. In seltenen Fällen sind diese Organe unterentwickelt oder sie fehlen ganz.

5. Die äußeren Geschlechtsorgane
Das männliche Geschlecht hat einen Penis und einen Hodensack; das weibliche Geschlecht eine Klitoris, große und kleine Schamlippen usf. In seltenen Fällen sind diese Organe unterentwickelt oder sie fehlen ganz.

6. Das zugewiesene oder anerzogene Geschlecht
Ein Kind, das männliche Geschlechtsmerkmale aufweist, wird gewöhnlich als Junge erzogen. Ein solches Kind könnte aber auch als Mädchen erzogen werden und umgekehrt.

7. Die geschlechtliche Selbstidentifizierung
Ein Kind, das männliche Geschlechtsmerkmale aufweist und das dazu erzogen wird, eine männliche Rolle anzunehmen, wird sich auch meist selbst als männlich identifizieren. Es ist jedoch möglich, daß sich ein solches Kind trotz aller elterlichen Einflußnahme im Laufe der Zeit als weiblich begreift. Umgekehrt ist es möglich, daß ein Kind, das weibliche Geschlechtsmerkmale aufweist und das dazu erzogen wird, eine weibliche Rolle anzunehmen, sich selbst dennoch als männlich idenfiziert.

Wissenschaftler haben jetzt festgestellt, daß diese sieben Variablen unter Umständen voneinander unabhängig sind. Beispielsweise kann ein neugeborenes Kind weibliche innere Geschlechtsorgane haben, während die äußeren Geschlechtsorgane „unvollständig männlich" erscheinen. Dieses irreführende äußere Erscheinungsbild kann dazu führen, daß man das Kind für einen Jungen hält und so erzieht. (Vgl. Kap. 5.3 „Sexuelle Fehlbildungen".) Ein anderes Beispiel sind Menschen, deren geschlechtliche Selbstidentifizierung dem Geschlecht widerspricht, das ihnen zugewiesen wurde. (Vgl. Kap. 8.4 „Transsexualität".) Solche Widersprüchlichkeiten bringen natürlich unter Umständen erhebliche medizinische und soziale Probleme mit sich. Glücklicherweise können die meisten Menschen nach allen sieben Kriterien klar als männlich oder weiblich eingeordnet werden, und sie benötigen daher keiner besonderen Beratung und Hilfe im Verlauf ihrer sexuellen Entwicklung.

Aber selbst dort, wo Männlichkeit oder Weiblichkeit außer Zweifel stehen, kann Unsicherheit über die angemessenen sozialen Rollen von Männern und Frauen bestehen bleiben. So nahm man in der Vergangenheit oft an, Männer und Frauen hätten wenig gemeinsam. Man erwartete nicht nur, daß sie unterschiedlich aussahen, sie sollten sich auch unterschiedlich verhalten. Solche Rollenerwartungen führten in den meisten Gesellschaften zur Entwicklung verschiedener sozialer Rollen und Sittengebote für beide Geschlechter.

Die neuere Forschung hat erhebliche Zweifel an diesen früheren Selbstverständlichkeiten aufgeworfen; ein wesentlicher Unterschied zwischen den Geschlechtern bleibt jedoch unumstritten: derjenige der Zeugungsfunktion. Zwar bedarf es zur Zeugung neuen menschlichen Lebens beider Geschlechter, aber die Frauen allein empfangen, gebären und nähren Kinder. In jeder anderen Hinsicht sind die Unterschiede zwischen den Geschlechtern aber längst nicht so grundlegend, wie es manchmal scheint. Viele männliche und weibliche Eigenschaften, die man früher als angeboren und unveränderlich betrachtet hat, haben sich als anerzogen erwiesen, das heißt als Ergebnis kultureller Einflüsse. Es ist natürlich nicht immer einfach, biologisches Erbe von sozialem Einfluß zu trennen. Die wissenschaftliche Untersuchung dieser Fragen steht erst am Anfang. Einstweilen sollten wir uns aber auf die vielen Gemeinsamkeiten der Geschlechter besinnen. Männer und Frauen würden sich sicher viel besser verstehen, wenn sie wüßten, wie vieles sie anatomisch und physiologisch gemeinsam haben.

1.1 Die Entwicklung der männlichen und weiblichen Anatomie

Der anatomische Unterschied zwischen Männern und Frauen ist nicht sehr groß. Auch die Struktur ihrer Geschlechtsorgane ist sehr ähnlich, und in den frühen Entwicklungsstadien sind sie kaum voneinander zu unterscheiden. Erst spätere strukturelle Veränderungen führen dazu, daß männliche und weibliche Geschlechtsorgane einander ergänzen, aber selbst dann kann man ihre gemeinsame ursprüngliche Struktur noch erkennen. Das bedeutet also, daß, obwohl die Unterschiede zwischen den Geschlechtern (wie alle übrigen Körpermerkmale des Menschen) bereits im befruchteten Ei festliegen, sie sich doch erst im Laufe der Zeit manifestieren. In bestimmten seltenen Fällen kann diese Entwicklung aufgehalten werden und unvollendet bleiben (vgl. Kap. 5.3 „Sexuelle Fehlbildungen“).

Wie oben ausgeführt, ist es in bestimmten Fällen schwierig, einen Menschen als männlich oder weiblich einzuordnen. Im täglichen Leben geben wir uns jedoch meist damit zufrieden, das Geschlecht eines Menschen nach gewissen offensichtlichen körperlichen und psychischen Merkmalen zu bestimmen. Solche Eigenschaften werden herkömmlicherweise als Geschlechtsmerkmale bezeichnet und man kann sie in drei Gruppen zusammenfassen:

1. Die primären Geschlechtsmerkmale sind die äußeren Geschlechtsorgane. Sie sind bei der Geburt bereits vorhanden und sie erlauben es, das Geschlecht eines neugeborenen Kindes zu bestimmen.

2. Die sekundären Geschlechtsmerkmale entwickeln sich während der Pubertät und verstärken die körperlichen Unterschiede zwischen männlichem und weiblichem Geschlecht.

3. Die tertiären Geschlechtsmerkmale sind die psychischen Qualitäten, die bei dem einen Geschlecht gefördert, bei dem anderen unterdrückt werden.

Primäre und sekundäre Geschlechtsmerkmale sind biologisch festgelegt, sie bestimmen, ob ein Mensch männlich oder weiblich ist. Tertiäre Geschlechtsmerkmale sind kulturell festgelegt, sie bestimmen, ob ein Mensch maskulin oder feminin ist.

Die folgenden Abschnitte beschränken sich auf die Beschreibung körperlicher Merkmale. Psychologische Aspekte der geschlechtlichen Differenzierung werden in Kap. 6 „Die Entwicklung des Sexualverhaltens“ und Kap. 9 „Die sozialen Rollen von Mann und Frau“ behandelt.

1.1.1 Die primären Geschlechtsmerkmale

Die äußeren Geschlechtsorgane, das deutlichste Geschlechtsmerkmal, erlauben es, ein neugeborenes Kind als männlich oder weiblich zu bezeichnen.

Obwohl männliche und weibliche Geschlechtsorgane äußerlich sehr unterschiedlich sind, sind sie sich in Anlage und Struktur sehr ähnlich. Sie entwickeln sich aus den gleichen embryonalen Strukturen. Unterschiede entstehen erst nach und nach im Verlauf der vorgeburtlichen Entwicklung (vgl. Kap. 4.2 „Die Schwangerschaft"). Ihre volle Funktion erreichen die Geschlechtsorgane erst nach der Pubertät, wenn ihr Wachstum durch hormonelle Einflüsse zum Abschluß gekommen ist (vgl. Kap. 1.2 „Die Bedeutung der Hormone").

Das männliche Geschlecht

In den ersten Wochen nach der Empfängnis sind das männliche wie das weibliche Embryo winzige Organismen ohne erkennbare menschliche Züge. Sie haben jedoch einen Kopf und Ansätze von Gliedmaßen, die sich zu Armen und Beinen zu entwickeln beginnen. Das Embryo besitzt außerdem eine Gewebeleiste, die sich zu Geschlechtsorganen entwickeln kann. Man kann schon in diesem Stadium frühe Formen von Keimdrüsen (oder Gonaden) nachweisen, jedoch zu diesem Zeitpunkt noch ohne geschlechtliche Differenzierung, das heißt sie sehen für beide Geschlechter gleich aus. Äußerlich kann man an der Stelle, an der später die Geschlechtsorgane wachsen, eine Ausbuchtung (die die männliche Differenzierung andeutet) mit einer Einbuchtung (die die weibliche Differenzierung andeutet) erkennen. Gegen Ende des dritten Schwangerschaftsmonats nimmt das Embryo mehr und mehr menschliche Züge an. Beim männlichen Embryo entwickeln sich aus den bis dahin undifferenzierten Gonaden die Hoden. Die Ausbuchtung nimmt die Form eines Penis an, die Einbuchtung schließt sich. (Einen Hinweis auf diese ursprüngliche Einbuchtung stellt die leicht gerötete „Narbe" dar, die beim Mann an der Unterseite des Penis, von der Glans bis zum Anus verläuft.) Zwei Hautfalten auf jeder Seite der Ausbuchtung entwickeln sich zum Hodensack. (Beim weiblichen Embryo bilden sie die großen Schamlippen.)

Im weiteren Verlauf der Embryonal- und Fötalentwicklung wachsen die Geschlechtsorgane mit dem gesamten Körper mit. Zwischen dem siebten und neunten Entwicklungsmonat senken sich die Hoden normalerweise in den Hodensack ab.

Zwischen Geburt und Pubertät vollziehen sich an den Geschlechtsorganen keine entscheidenden Veränderungen. Erst im Alter zwischen 12 und 17 Jahren stellen Jungen im Normalfall eine merkliche Vergrößerung ihrer Geschlechtsorgane fest, und sie haben dann auch meist ihren ersten Samenerguß. Um den Penis herum beginnen die ersten Schamhaare zu wachsen. Das weist darauf hin, daß die Geschlechtsorgane ihren Reifeprozeß abschließen. (Vgl. a. Kap. 2.1 „Die männlichen Geschlechtsorgane".)

Das weibliche Geschlecht

Weibliche und männliche Embryonen sind in den ersten Lebenswochen sexuell undifferenziert. Sie verfügen über eine für beide Geschlechter gleiche Genitalleiste. Äußerlich zeigt sich beim weiblichen Embryo, wie beim männlichen, eine Ausbuchtung mit einer Einbuchtung an der Stelle, an der die Geschlechtsorgane sich entwickeln werden. Beim weiblichen Embryo entwickelt sich die Ausbuchtung zur Klitoris, die Einbuchtung bleibt offen und bildet die kleinen Schamlippen und den vorderen Teil der Vagina (das Vestibulum). Zwei Hautlappen auf jeder Seite entwickeln sich zu den großen Schamlippen (beim männlichen Embryo bilden sie den Hodensack). Die Genitalleisten, die beim männlichen Embryo zu Hoden werden, entwickeln sich beim weiblichen zu Ovarien.

Von der Geburt bis zur Pubertät vollziehen sich an den Geschlechtsorganen von Mädchen keine entscheidenden Veränderungen. Zwischen dem elften und dreizehnten Lebensjahr beginnt die Schambehaarung zu wachsen,

Entwicklung der männlichen und weiblichen Geschlechtsorgane

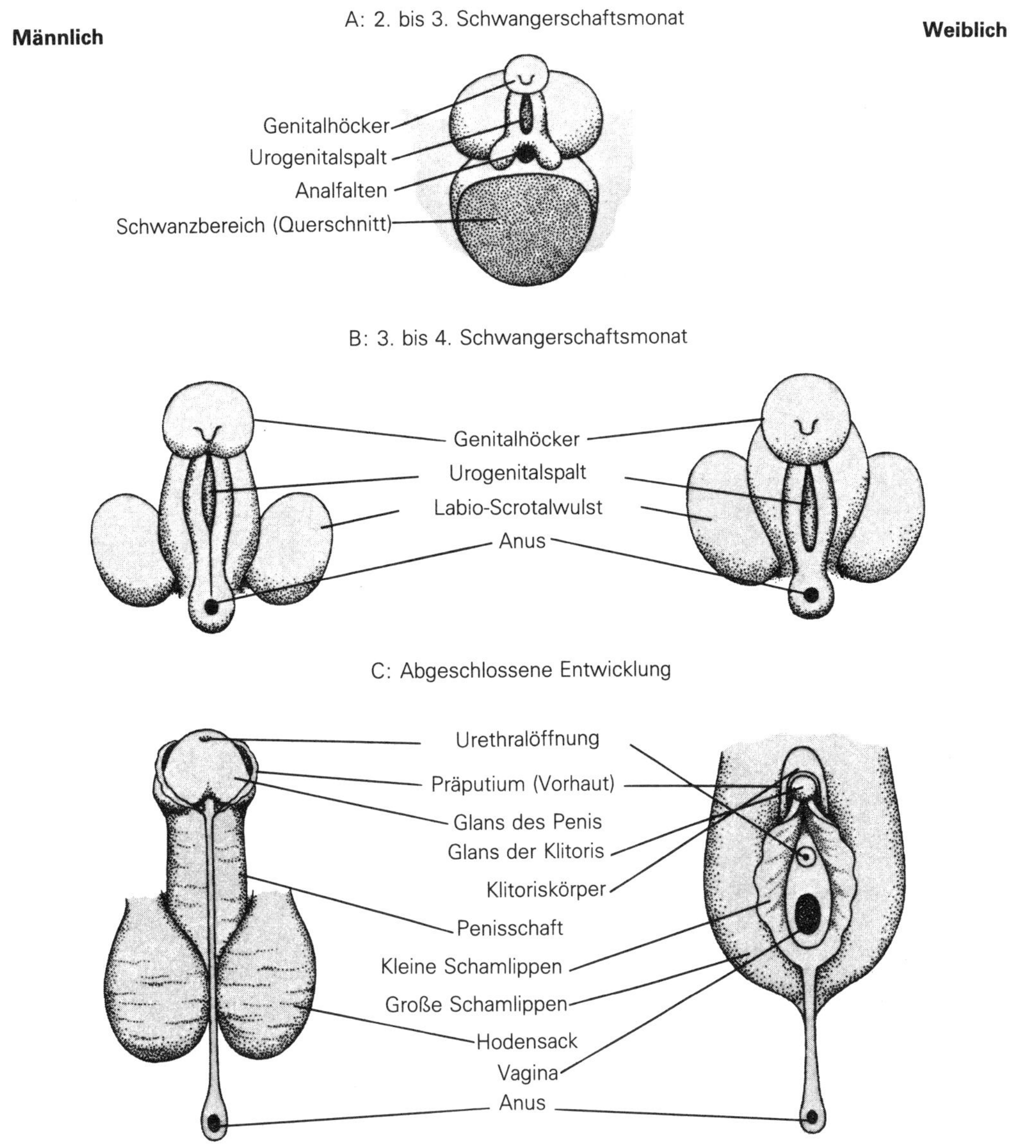

und es ist die erste Menstruation zu erwarten. Dies sind äußere Hinweise auf die sich abschließende sexuelle Reife. (Vgl. a. Kap. 3.1 „Die weiblichen Geschlechtsorgane".)

1.1.2 Die sekundären Geschlechtsmerkmale

Die sekundären Geschlechtsmerkmale bilden sich während der Pubertät unter dem Einfluß von bestimmten Hormonen aus. Sie werden zuerst beim weiblichen Geschlecht sichtbar, etwas später beim männlichen. Nach Abschluß des körperlichen Wachstums sind die physiologischen Unterschiede zwischen Männern und Frauen deutlich sichtbar. (Vgl. a. Kap. 1.2 „Die Bedeutung der Hormone".)

Die folgenden Abschnitte fassen die körperlichen Veränderungen während der Pubertät zusammen. Diese Veränderungen vollziehen sich manchmal nur

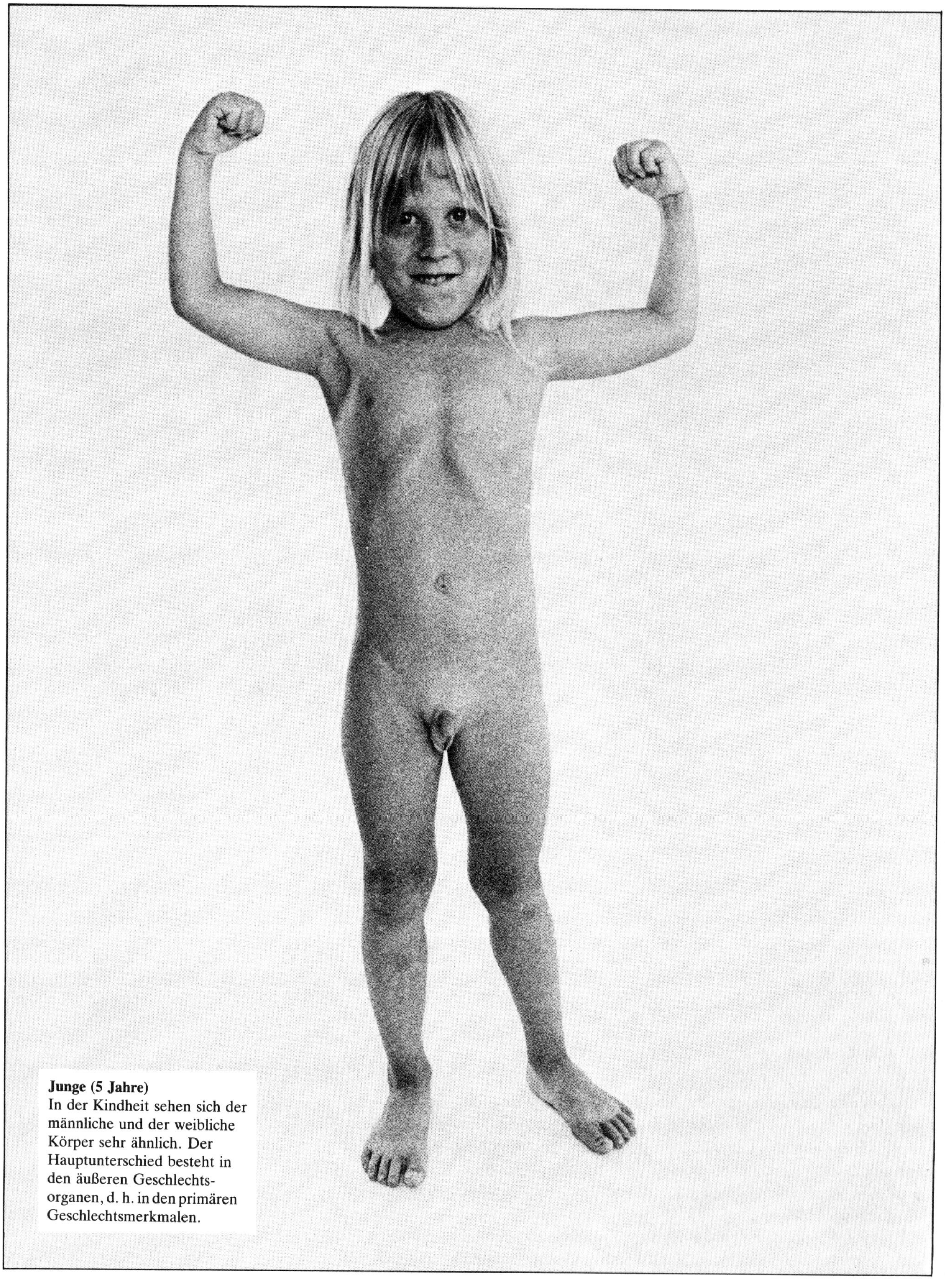

Junge (5 Jahre)
In der Kindheit sehen sich der männliche und der weibliche Körper sehr ähnlich. Der Hauptunterschied besteht in den äußeren Geschlechtsorganen, d. h. in den primären Geschlechtsmerkmalen.

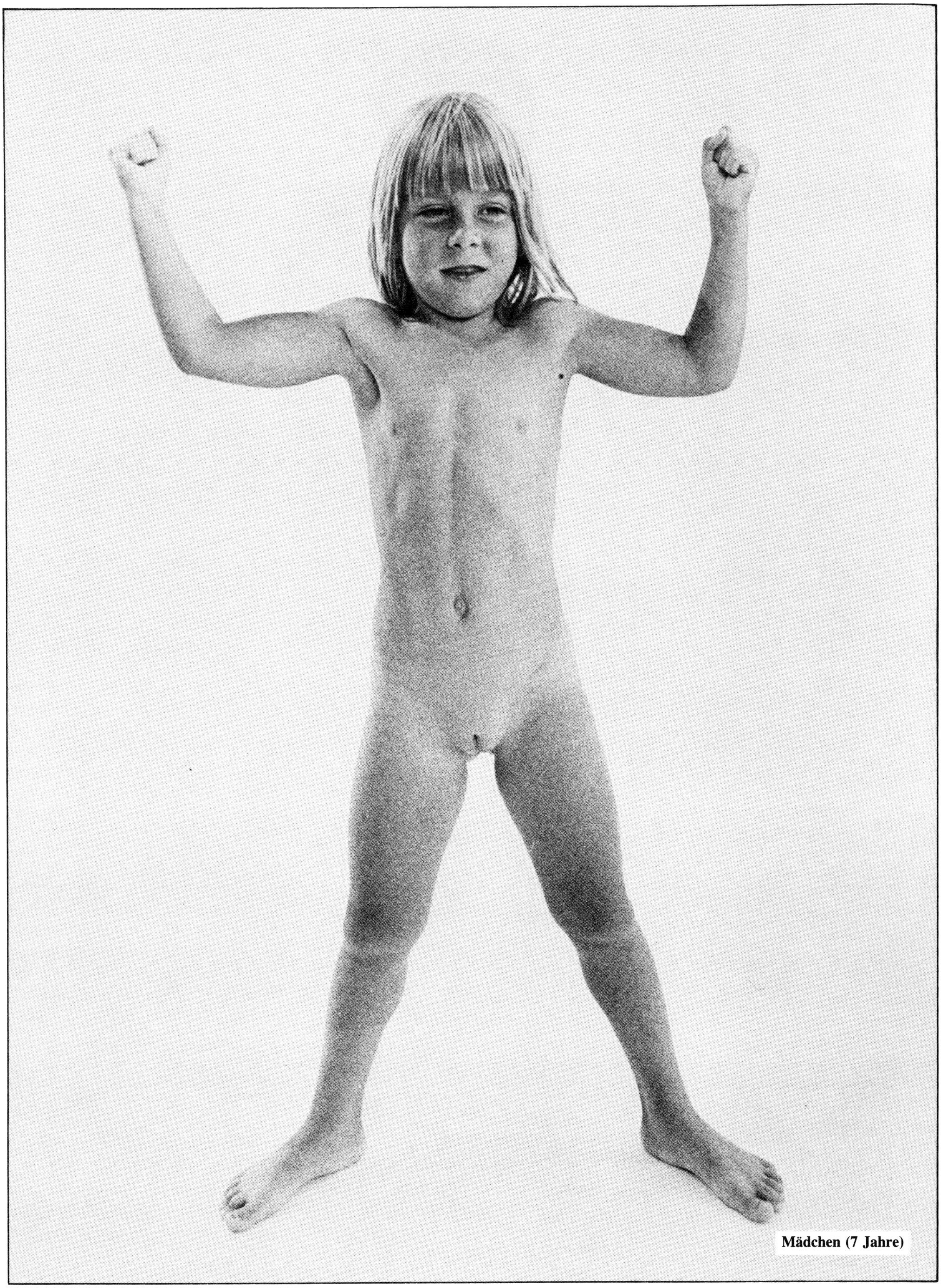

Mädchen (7 Jahre)

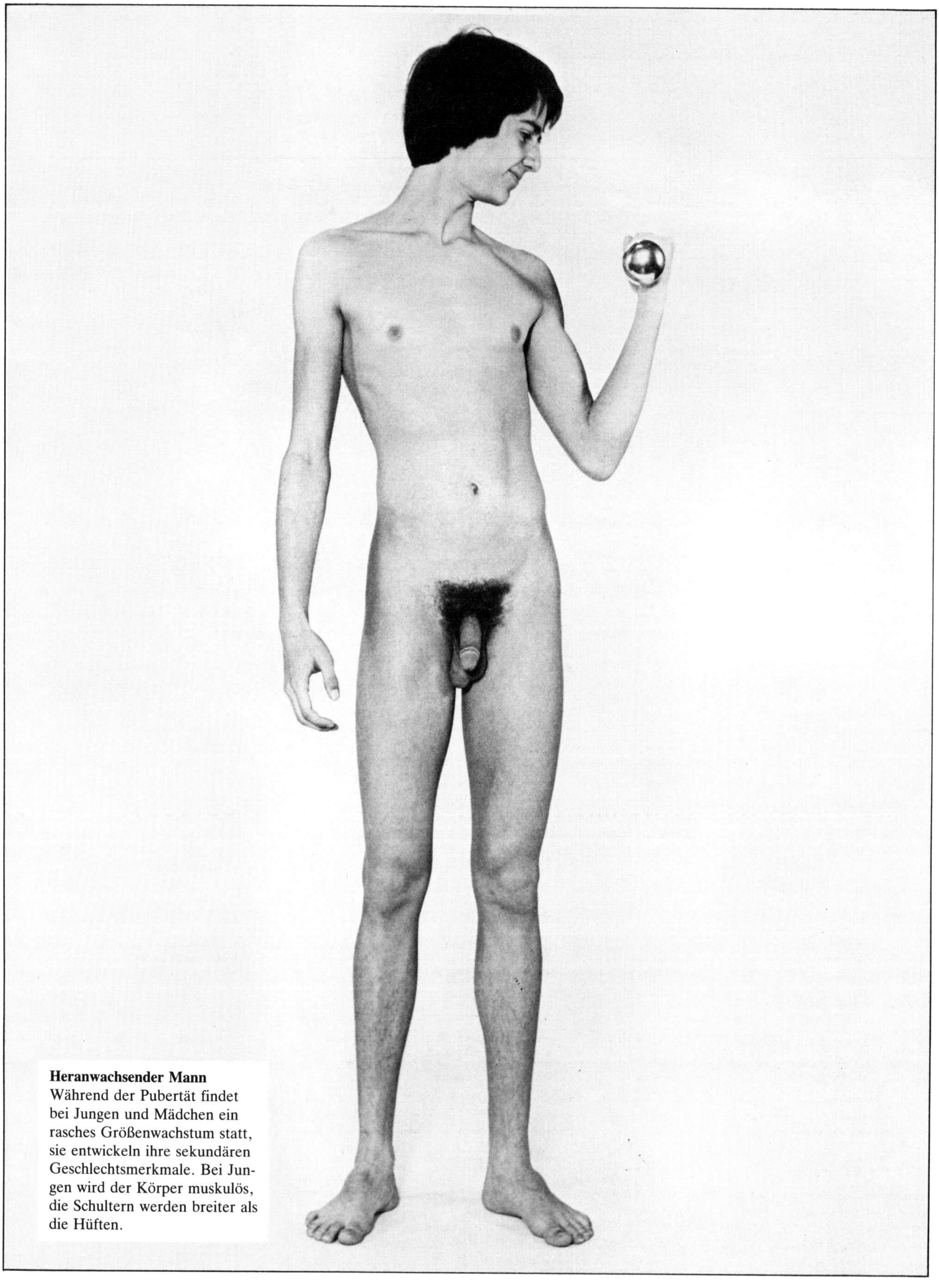

Heranwachsender Mann
Während der Pubertät findet bei Jungen und Mädchen ein rasches Größenwachstum statt, sie entwickeln ihre sekundären Geschlechtsmerkmale. Bei Jungen wird der Körper muskulös, die Schultern werden breiter als die Hüften.

Heranwachsende Frau
Während der Pubertät entwickeln Mädchen ihre sekundären Geschlechtsmerkmale, von denen die Brüste am auffälligsten sind. Gleichzeitig werden die Hüften breiter als die Schultern.

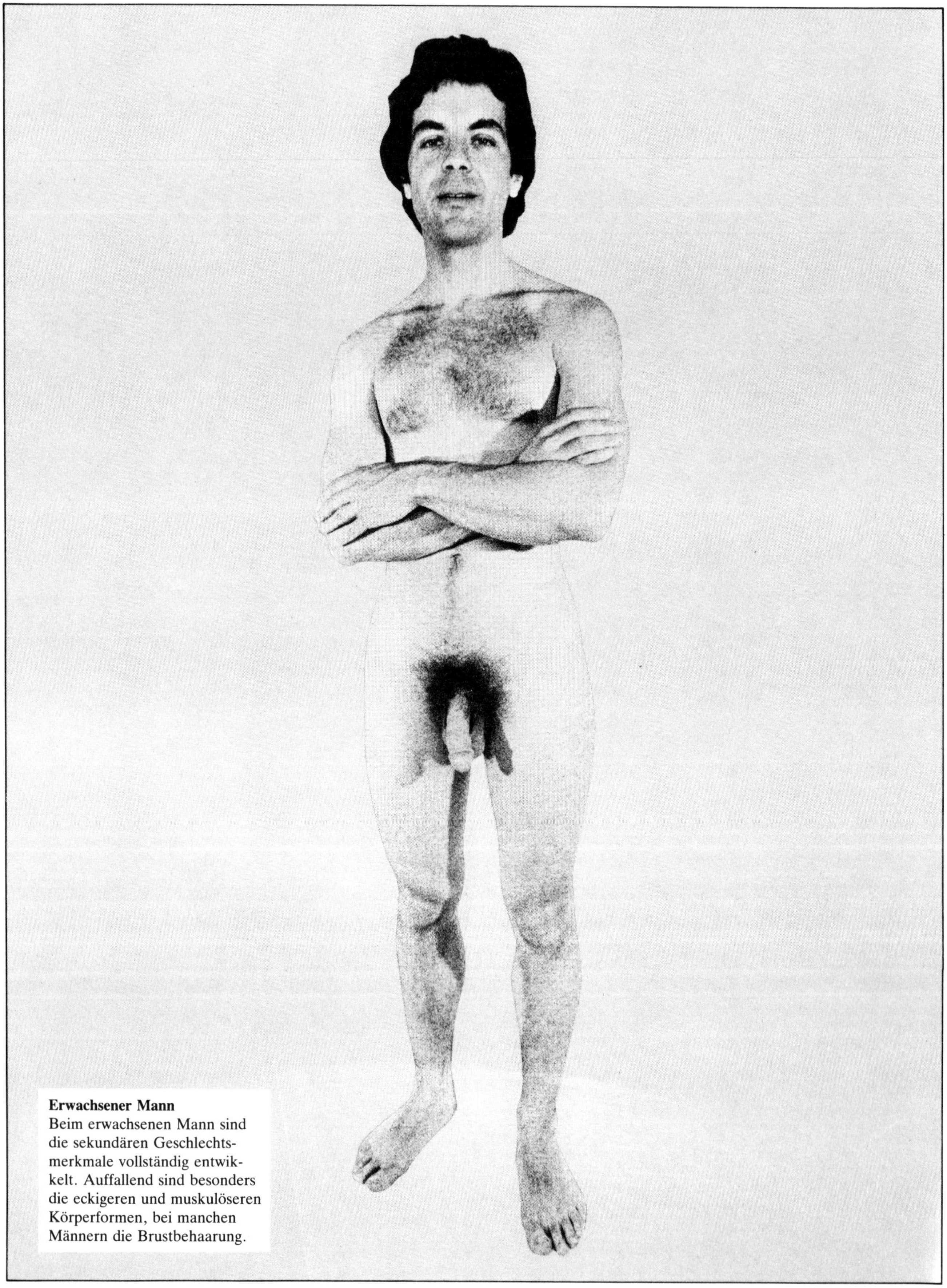

Erwachsener Mann
Beim erwachsenen Mann sind die sekundären Geschlechtsmerkmale vollständig entwickelt. Auffallend sind besonders die eckigeren und muskulöseren Körperformen, bei manchen Männern die Brustbehaarung.

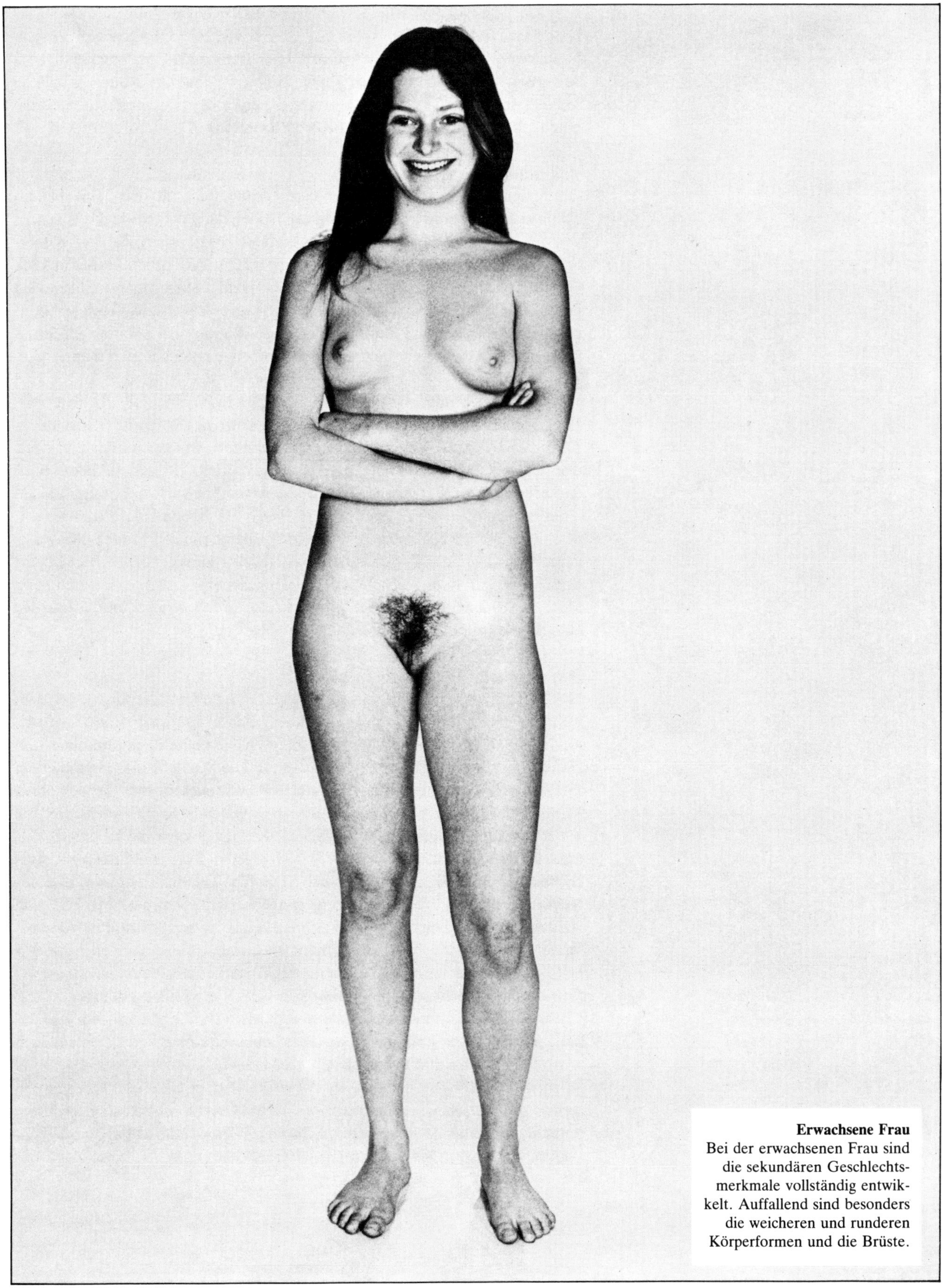

Erwachsene Frau
Bei der erwachsenen Frau sind die sekundären Geschlechtsmerkmale vollständig entwickelt. Auffallend sind besonders die weicheren und runderen Körperformen und die Brüste.

sehr langsam, über einen Zeitraum von bis zu einem Jahrzehnt, oder sie treten ganz plötzlich auf und sind nach einem oder zwei Jahren abgeschlossen. Gesellschaftliche Lebensbedingungen, Ernährung und Klima können dies beeinflussen, Erbanlagen spielen ebenfalls eine wesentliche Rolle. Asiatische Männer sind zum Beispiel meist weniger muskulös als europäische, und haben auch weniger Gesichts- und Körperhaare.

Das männliche Geschlecht

Die ersten körperlichen Veränderungen in der Pubertät sind beim männlichen Geschlecht eine Vergrößerung von Hoden und Penis sowie das Wachsen von Schamhaaren. Diese Entwicklungen deuten darauf hin, daß der körperliche Reifeprozeß seinem Abschluß entgegengeht. Zu diesem Zeitpunkt kann auch der erste Samenerguß erfolgen. Das Ejakulat enthält unter Umständen noch keine Samenzellen, sondern besteht hauptsächlich aus Prostatasekret. (Der erste Samenerguß kann bei der Masturbation oder spontan im Schlaf vorkommen. Letzteres liegt dem Begriff der „feuchten Träume" zugrunde.)

Während der Pubertät wächst der Körper rasch zur endgültigen Größe heran. Die Schultern werden breiter als die Hüften, der Brustumfang nimmt zu, die Muskeln an Armen, Beinen und Schultern werden stärker und deutlich sichtbar. Die Schambehaarung wird dichter und krauser, sie bildet nach und nach ein Dreieck, dessen Spitze auf den Nabel zeigt. In den Achselhöhlen – bei manchen Männern auch auf der Brust – beginnen Haare zu wachsen. Männer haben im allgemeinen eine stärkere Behaarung als Frauen. Am deutlichsten ist dies bei der Gesichtsbehaarung, die unrasiert einen Bart bildet. Gleichzeitig mit dem Wachstum der Geschlechtsorgane vergrößert sich beim Mann auch der Kehlkopf (der „Adamsapfel"). Männer haben daher meist eine tiefere Stimme als Frauen.

Das weibliche Geschlecht

Die körperlichen Veränderungen während der Pubertät verlaufen bei dem weiblichen Geschlecht in folgender Reihenfolge: Zunächst vergrößern sich die Brüste. Dann zeigen sich um die äußeren Schamlippen herum die ersten Haare, die zunächst glatt, später kraus sind. Die Schambehaarung bildet ein Dreieck, das nach unten zeigt. Später wachsen auch in den Achselhöhlen Haare. Gleichzeitig vollzieht sich das abschließende Körperwachstum, die Hüften werden breiter als die Schultern. Fettgewebe um die Brüste, Schultern, Hüften und am Gesäß geben dem weiblichen Körper ein runderes Aussehen. Die erste Menstruation (auch Menarche genannt) zeigt an, daß der Reifeprozeß seiner Vollendung entgegengeht. Die Menstruationszyklen sind zunächst unregelmäßig, und es muß noch kein Eisprung stattfinden. Das bedeutet, daß ein Mädchen eine Zeitlang zwar menstruiert, aber noch weitgehend unfruchtbar sein kann. Die meisten Frauen erlangen erst ein oder zwei Jahre nach der ersten Menstruation ihre volle Fortpflanzungsfähigkeit.

Bei Frauen kommt es zu keinem wesentlichen Kehlkopfwachstum und daher auch nicht zum Stimmbruch wie bei Männern. Frauen sind allgemein auch weniger muskulös und etwas kleiner als Männer.

Die Brüste haben am Ende der Pubertät ihre typische Form erreicht und stellen das auffälligste sekundäre weibliche Geschlechtsmerkmal dar. Sie können jedoch bis nach der ersten Schwangerschaft keine Milch produzieren (vgl. a. Kap. 4.3 „Die Geburt").

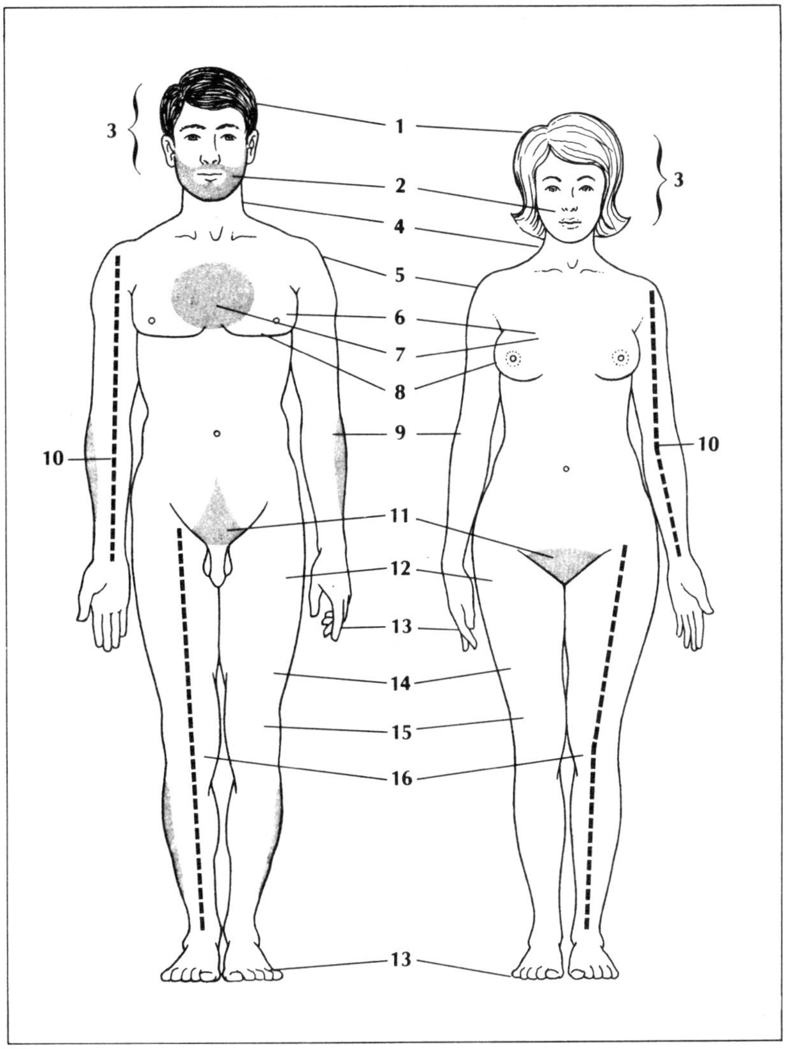

Die sekundären Geschlechtsmerkmale

Männer: meist größer und schwerer als Frauen.
1. Haupthaar: Haarausfall mit fortschreitendem Alter; **2.** Gesichtshaar: ständiges Wachstum beim Erwachsenen; **3.** Gesichtszüge: kantiger, Gesicht länger, Längsumfang des Kopfes (Stirn–Nacken) länger; **4.** Hals: stärker, länger, Kehlkopf um ein Drittel größer; **5.** Schultern: breiter, kantiger; **6.** Brustkorb: in allen Richtungen größer; **7.** Körperbehaarung: ausgeprägter, besonders an Brust und Armen; **8.** Brüste: kaum entwickelt; **9.** Muskeln: stärker und ausgeprägter; **10.** Arme: länger und dicker, Streckachse gerade; **11.** Schambehaarung: nach oben spitz zulaufendes Dreieck; **12.** Hüften: schmaler; **13.** Hände und Füße: größer, Finger und Zehen kräftiger und gröber; **14.** Oberschenkel: eher zylindrisch, mit ausgeprägter Muskulatur; **15.** Beine: länger, deutlich hervortretende Waden; **16.** Oberschenkel-Unterschenkel-Achse: wie die Streckachse des Armes bildet sie eine gerade Linie vom Hüftgelenk zum Knöchel.

Frauen: allgemein kleiner und leichter als Männer.
1. Haupthaar: wenig Haarausfall; **2.** Gesichtshaar: sehr dünn, meist erst mit fortschreitendem Alter sichtbar; **3.** Gesichtszüge: feiner, rundere Gesichtsform, Kopf kleiner und (von oben gesehen) runder; **4.** Hals: kürzer und rundlicher, Kehlkopf kleiner; **5.** Schultern: gerundeter, nach den Seiten hin abfallend; **6.** Brustkorb: kleiner, schmaler; **7.** Körperbehaarung: wenig und dünn; **8.** Brüste: deutlich sichtbar, ausgeprägte Brustwarzen mit Warzenhof; **9.** Muskeln: unter einer Schicht Fettgewebe weitgehend verborgen; **10.** Arme: Streckachse gebeugt; **11.** Schambehaarung: bildet ein mit gerader Linie nach oben abschließendes Dreieck; **12.** Hüften: breiter, gerundeter; **13.** Hände und Füße: kleiner und schmaler; **14.** Oberschenkel: oben breiter, insgesamt kürzer; **15.** Beine: kürzer, in den Konturen weicher; **16.** Oberschenkel-Unterschenkel-Achse: wie die Streckachse des Armes bildet sie einen nach außen offenen Winkel über dem Kniegelenk.

1.2 Die Bedeutung der Hormone

Die gesunde anatomische und physiologische Entwicklung von Mann und Frau sowie die Fähigkeit zur Fortpflanzung werden von bestimmten Drüsen gesteuert. Die wissenschaftliche Erforschung dieser Drüsen und der durch sie produzierten Stoffe ist noch nicht abgeschlossen, und vieles ist noch nicht abschließend geklärt.

Einige der auffälligeren Drüsen (wie die der Mundhöhle, der Haut oder der weiblichen Brust), die ihre Sekrete (Speichel, Schweiß, Milch) durch Ausführungsgänge an die Oberfläche führen, sind den Menschen seit langem bekannt. Diese Sekrete können einfach entdeckt, verfolgt und gemessen werden, und sie erfüllen eine klare Funktion an einer bestimmten Stelle. Der menschliche Körper verfügt aber auch über Drüsen ohne Ausführungsgänge, die ihre Sekrete unmittelbar in die Blutbahn abgeben. Man nennt diese Drüsen endokrin (von griech. endokrinein: nach innen absondern). Die Sekrete dieser Drüsen, die stimulierend und regulierend auf bestimmte, oft weit entfernte Organe wirken, werden als Hormone bezeichnet (von griech. hormaein: antreiben, erregen). Der menschliche Körper hat eine Reihe verschiedener endokriner Drüsen, die eine Vielzahl von Hormonen mit unterschiedlichen Funktionen produzieren. Der folgende Abschnitt beschränkt sich auf eine Darstellung der Hormone, die auf die menschlichen Sexual- und Fortpflanzungsfunktionen Einfluß nehmen.

Bezogen auf Sexualität und Fortpflanzung sind die wichtigsten endokrinen Drüsen die Hirnanhangsdrüse (Hypophyse) und die männlichen und weiblichen Keimdrüsen (die Gonaden). Die Hirnanhangsdrüse, die sich unter dem vorderen Teil des Großhirns befindet, spielt eine übergeordnete Rolle, da ihre Hormone andere endokrine Drüsen stimulieren und koordinieren. Von den Hormonen der Hypophyse sind in unserem Zusammenhang das „Follikel-stimulierende Hormon" (FSH) und das „Luteinisierende Hormon" (LH) von besonderem Interesse. Diese Hormone stimulieren die Hormonproduktion in den männlichen und weiblichen Gonaden. (Beim Mann wird LH gewöhnlich als „Zwischenzellen-stimulierendes Hormon" (engl. Abk. ICSH) bezeichnet, da es auf die Zwischenzellen wirkt, die in den Hoden Sexualhormone produzieren.)

Als Keimdrüsen oder Gonaden werden beim männlichen Geschlecht die Hoden, beim weiblichen Geschlecht die Eierstöcke bezeichnet (vgl. a. Kap. 2.1 „Die männlichen Geschlechtsorgane" und Kap. 3.1 „Die weiblichen Geschlechtsorgane"). Die von den Keimdrüsen produzierten Hormone werden auch als Gonadenhormone bezeichnet und in bestimmte Gruppen eingeteilt. Eine Gruppe, die besonders beim männlichen Geschlecht eine Rolle spielt, sind die Androgene. Eine Gruppe, die vor allem beim weiblichen Geschlecht eine Rolle spielt, sind die Östrogene. (Die weiblichen Keimdrüsen produzieren darüber hinaus ein weiteres Hormon, das Progesteron, das für die Fortpflanzungsfunktion eine wesentliche Rolle spielt.) Obwohl im männlichen Körper überwiegend Androgene, im weiblichen Körper überwiegend Östrogene vorhanden sind, sind für jeden Menschen beide Hormongruppen von Bedeutung. Die Gonadenhormone spielen eine wesentliche Rolle beim geschlechtlichen Reifeprozeß, sie haben sogar vor der Geburt bereits einen entscheidenden Einfluß.

Wie bereits erwähnt, ist das menschliche Embryo in den ersten Lebenswochen sexuell undifferenziert, und die frühen Anlagen der Gonaden sind in beiden Geschlechtern gleich. Dort wo die äußeren Geschlechtsorgane sich entwickeln werden, findet sich eine Ausbuchtung (als Hinweis auf das männliche Geschlecht) und eine Einbuchtung (als Hinweis auf das weibliche Geschlecht) . Deutliche Geschlechtsunterschiede treten erst gegen Ende des zweiten Schwangerschaftsmonats auf. Bei männlichen Embryonen führt die beginnende Produktion des Hormons Testosteron (eines der Androgene) zur schrittweisen Umwandlung des embryonalen Genitalhöckers zum Penis. Der urogenitale Spalt, auf der Unterseite des Penis, schließt sich und bildet eine Röhre: die Harnröhre. Die Gonaden werden jetzt als Hoden erkennbar, und sie senken sich in den letzten Wochen vor der Geburt in den Hodensack ab. Ohne diese vorgeburtliche Einwirkung von Testosteron ist eine normale anatomische Entwicklung beim männlichen Geschlecht nicht möglich.

Bei weiblichen Embryonen benötigt die embryonale Entwicklung keine besonderen Steuerungsmechanismen, da ihre äußeren und inneren Geschlechtsorgane sich sozusagen ,,von selbst" entwickeln. (In diesem Sinn könnte man daher das weibliche Geschlecht auch als das ,,fundamentale" oder ,,ursprüngliche" bezeichnen.) Wenn also eine spezifische Steuerung durch Androgene ausbleibt, verwandeln sich die zunächst undifferenzierten Gonaden in Ovarien. Der Genitalhöcker entwickelt sich zur Klitoris. (Im Vergleich zum Penis bleibt die Klitoris wesentlich kleiner, da sie nicht von Testosteron in ihrem Wachstum beeinflußt wird.) Der Urogenitalspalt bleibt offen und vertieft sich und bildet die kleinen Schamlippen und den Vorhof der Vulva.

In der Zeit zwischen Geburt und Pubertät findet beim Menschen keine wesentliche sexuelle Entwicklung statt. Androgen- und Östrogenspiegel sind niedrig und bei beiden Geschlechtern fast gleich. Ungefähr im Alter von acht Jahren beginnen die Hormonspiegel zu steigen. Im Alter von zehn oder elf Jahren wird dieser Anstieg noch deutlicher, besonders bei Mädchen. Die Hirnanhangsdrüse schüttet große Mengen von FSH und LH (ICSH bei Jungen) aus, die die Sekretion von Gonadenhormonen und die Produktion von Spermien in den Hoden und von Eizellen in den Ovarien steuern. Bei Jungen liegt die Androgenproduktion etwas höher als die Östrogenproduktion, Mädchen haben deutlich höhere Östrogen- als Androgenspiegel. Ergebnis dieser starken hormonellen Beeinflussung ist die Entwicklung der sekundären Geschlechtsmerkmale. In diesem allgemeinen körperlichen Reifeprozeß entwikkelt sich auch das Nervensystem weiter. Es werden so die Voraussetzungen für die volle sexuelle Reaktion von Männern und Frauen geschaffen.

In den seltenen Fällen, in denen Jungen oder Mädchen keine oder nur unterentwickelte Gonaden haben, wird hiervon ihre gesamte körperliche Entwicklung beeinträchtigt. Die sexuelle Reaktion bleibt bei ihnen sehr begrenzt, sekundäre Geschlechtsmerkmale bilden sich natürlich nur geringfügig aus. Ein Junge, dessen Hoden sich nicht in den Hodensack absenken oder der vor der Pubertät kastriert wird, behält den Körperbau eines Knaben und hat kein Kehlkopfwachstum, also auch keinen Stimmbruch. Im Europa des 18. Jahrhunderts machten sich Musikfreunde diese Tatsache zunutze und führten für die Oper einen besonderen Stimmklang ein, die Kastratenstimme. Viele Jungen mit vielversprechenden Stimmen wurden kastriert, um ihre klangvolle hohe Stimme zu erhalten. Sie wurden dann einer intensiven musikalischen Schulung unterzogen, als Erwachsene wurden einige von ihnen Sopranisten oder Altisten von überragender Stimmgewalt und Virtuosität, denen ein Leben in Ruhm und Reichtum sicher war. Berühmte Komponisten wie Händel, Gluck und Mozart schrieben in ihren Opern umfangreiche Rollen für Kastraten. Da es diese Stimmen heute nicht mehr gibt, müssen solche Opern für heutige Stimmlagen umgeschrieben oder umbesetzt werden, oder sie werden nicht mehr aufgeführt.

Die Kastration von Erwachsenen hat nicht so deutliche Auswirkungen wie die von Kindern. Dies ist in vielen Ländern Asiens und des mittleren Ostens bekannt, wo in der Vergangenheit erwachsene männliche Sklaven oder Diener kastriert wurden, damit sie als Haremswächter nicht die Frauen ihrer Herren schwängern konnten. (Eine Sterilisation hätte allerdings dafür ausgereicht.) Abgesehen von ihrer Zeugungsunfähigkeit waren diese sogenannten Eunuchen oft körperlich in keiner Weise beeinträchtigt. Unsere heutige Vorstellung von kahlköpfigen und fettwanstigen Eunuchen mit Fistelstimmen ist falsch. Die Gesellschaft des 18. Jahrhunderts hatte eine bemerkenswert realistische Vorstellung von dieser biologischen Tatsache: In Mozarts Oper „Die Entführung aus dem Serail" ist die Rolle des Haremswächters für einen tiefen Baß geschrieben, er wird darüber hinaus als ausgesprochener Lüstling dargestellt. Der Körper eines erwachsenen Menschen kann sich auf einen Mangel an Gonadenhormonen innerhalb weniger Monate einstellen, in manchen Fällen besteht allerdings die Möglichkeit vorzeitigen körperlichen Abbaus. Andererseits ist es heute jedoch möglich, die Folgen einer Kastration durch hormonelle Behandlung fast vollständig zu beheben.

Wie bereits erwähnt, sind noch immer viele Probleme im Zusammenhang der Hormone und ihrer Wirkungen ungelöst. Dennoch hat heute eine immer größere Zahl von Menschen eine allgemeine, wenn auch nicht sehr präzise Vorstellung von diesen Problemen. Man diskutiert Hormoneinflüsse heute schon fast so beiläufig und zwanglos wie eine Diät. Eine ganze Reihe verbreiteter Ansichten über die Bedeutung von Hormonen ist jedoch ausgesprochen verfehlt, besonders wenn es um sie in Verbindung mit Sexualität geht.

Ein Teil dieser Irrtümer hat seinen Ursprung in der Geschichte der Endokrinologie (der Wissenschaft von den endokrinen Drüsen und ihren Sekreten). Zu den ersten Hormonen, die man überhaupt entdeckte, gehörten die aus den Keimdrüsen. Da man aber schon wußte, daß die Keimdrüsen männliche und weibliche Keimzellen produzieren, bezeichnete man die Gonadenhormone ganz einfach auch als die Geschlechtshormone und teilte sie dann in männliche und weibliche Geschlechtshormone ein. Diese schlichte Analogie ist jedoch falsch. Während männliche Geschlechtszellen (Spermien) nur von Männern produziert werden (und mit dem Begriff „männlich" also richtig benannt sind), werden die sogenannten „männlichen" Sexualhormone (Androgene) von beiden Geschlechtern produziert. Entsprechend wird die weibliche Eizelle nur von Frauen produziert (und sie ist also mit dem Begriff „weiblich" charakterisiert), während die sogenannten „weiblichen" Sexualhormone (Östrogene) im männlichen wie im weiblichen Körper eine wichtige Rolle spielen. Die Unterscheidung zwischen „männlichen" und „weiblichen" Sexualhormonen ist daher irreführend. Es ist bedauerlich, daß die Gonadenhormone überhaupt zunächst als „Sexualhormone" bezeichnet wurden, weil das zu der irrigen Vorstellung geführt hat, daß sie das sexuelle Verhalten bestimmten. So sind manche Menschen der Ansicht, daß die Sexualhormone die unmittelbare Ursache für sexuelles Verlangen seien, daß also eine Zunahme dieser Hormone auch zu einer Zunahme des sexuellen Verlangens führe und eine Abnahme der Hormonspiegel den umgekehrten Effekt habe. So ist die Meinung weit verbreitet, man könne die sexuelle Aktivität eines Menschen unterbinden, indem man seine Geschlechtsdrüsen entfernt und ihn damit seiner „Geschlechtshormone" beraubt. In einigen Ländern werden Sittlichkeitsverbrecher kastriert, in der Annahme, dies allein würde ihr Verhalten bereits verändern. Neuere wissenschaftliche Untersuchungen haben jedoch bewiesen, daß bei einem erwachsenen Mann die Entfernung oder der Verlust der Hoden nicht unbedingt sofort einen Einfluß auf seine sexuelle Leistungsfähigkeit hat. (Er wird natürlich zeugungsunfähig. Das gilt auch für die Frau, deren Eierstöcke nach der Menopause nicht mehr aktiv sind, deren sexuelle Reaktion dadurch jedoch keineswegs gemindert wird.) Allerdings kann eine zwangsweise Kastration zu erheblichen psychischen Schäden führen, vor allem wenn der Betroffene an die entscheidende Bedeutung der Gonaden glaubt. Auf diesem indirekten Weg kann es dann tatsächlich zu einer erheblichen Beeinträchtigung des sexuellen Leistungsvermögens kommen. Der Mangel an Androgenen allein bedeutet jedoch keinesfalls notwendig auch den Verlust sexueller Interessen. Oft ist die Häufigkeit sexueller Aktivität herabgesetzt, entscheidende Veränderungen treten jedoch unter Umständen erst Jahre später zutage.

Die breite Öffentlichkeit begreift vielfach noch nicht, daß beim Menschen die Fähigkeit zur Fortpflanzung und zur sexuellen Betätigung zwei verschiedene Dinge sind. Während die Keimdrüsen für die Fortpflanzung unerläßlich sind, sind sie dies nicht unbedingt für die sexuelle Reizbarkeit beim Erwachsenen. Das heißt, ohne Geschlechtszellen (Spermien und Eizellen) ist keine Fortpflanzung möglich; sexuelle Aktivität ist jedoch auch ohne die „Geschlechtshormone" (Androgene und Östrogene) sehr wohl möglich.

Weiterführende Literatur

Avers, C. J.: Einführung in die Sexualbiologie. Stuttgart (UTB), 1976.
Bischof, N., Preuschoft, H. (Hrsg.): Geschlechtsunterschiede, Entstehung und Entwicklung. Mann und Frau in biologischer Sicht. München (Beck), 1980.
Hubert, W.: Sexual- und Entwicklungsbiologie des Menschen. München (dtv), 1978.
Keller, H. (Hrsg.): Geschlechtsunterschiede. Psychologische und physiologische Grundlagen der Geschlechtsdifferenzierung. Weinheim (Beltz), 1979.
Money, J., Ehrhardt, A.: Männlich, weiblich. Die Entstehung der Geschlechtsunterschiede (Man and woman, boy and girl, dt.). Reinbek (Rowohlt), 1975.
Money, J., Tucker, P.: Sexual signatures. On being a man or a woman. Boston (Little, Brown), 1975.

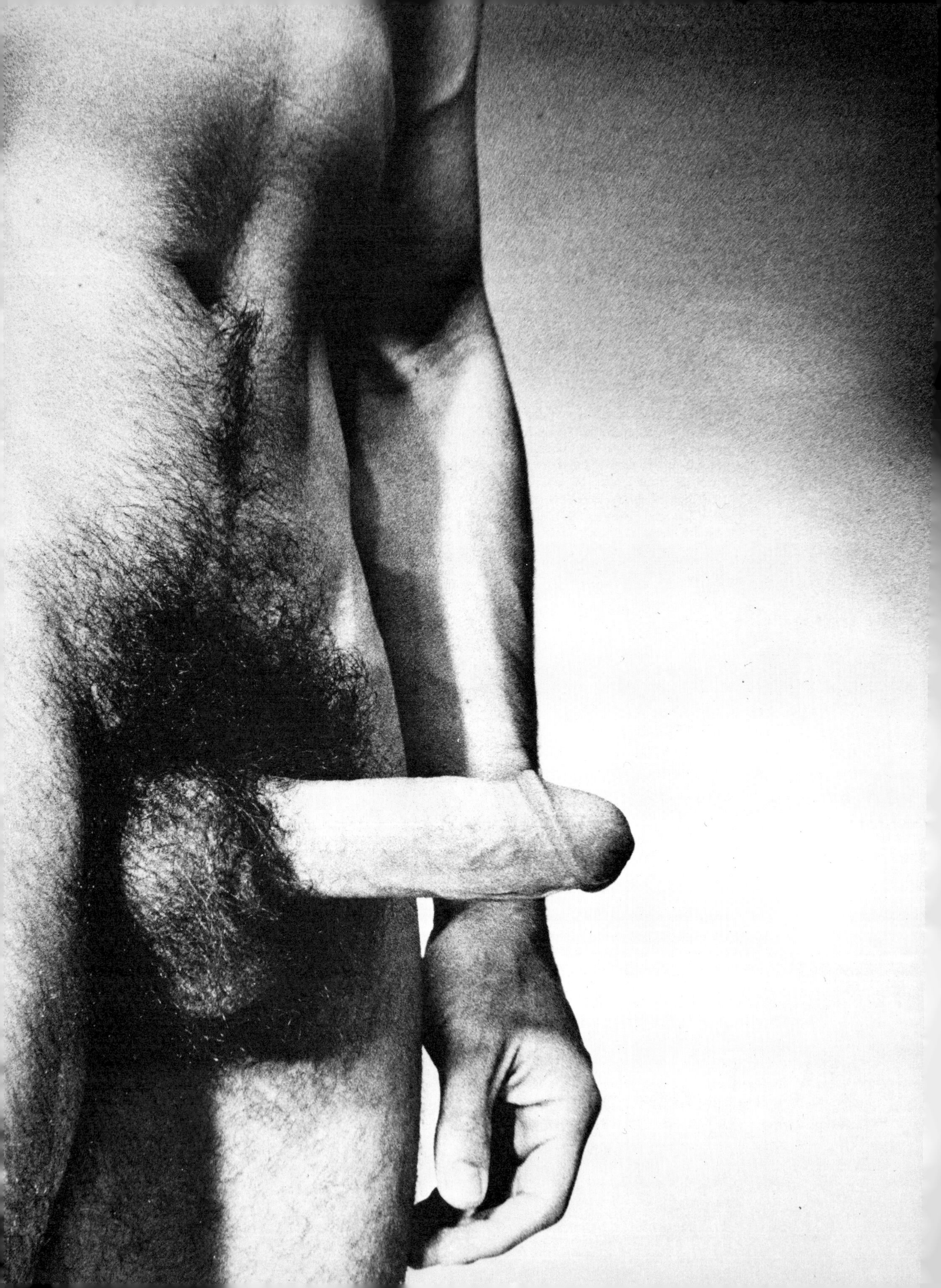

2. Der männliche Körper

Männer und Frauen gelten als geschlechtsreif, wenn sie fähig sind, Kinder zu zeugen. Da beide Geschlechter verschiedene Rollen bei der Entstehung neuen Lebens spielen, weisen auch ihre Körper eine Reihe wesentlicher Unterschiede auf. Diese Unterschiede (aber auch die Ähnlichkeiten) zu verstehen, kann Männern und Frauen dazu verhelfen, eine glückliche Liebesbeziehung zu entwickeln und sich ihrer besonderen Verantwortung als mögliche Eltern bewußt zu werden. Daher scheint es sinnvoll, die sexuelle Anatomie und Physiologie von Mann und Frau in zwei verschiedenen Abschnitten zu betrachten. Auf den folgenden Seiten wird der männliche Körper unter denjenigen Gesichtspunkten besprochen, die für sexuelle Aktivität und Zeugung relevant sind.

2.1 Die männlichen Geschlechtsorgane

Seit den frühen Tagen der Menschheit hat man den Geschlechtsorganen eine besondere Bedeutung zugemessen und sie als wesentlich verschieden von allen übrigen Körperteilen interpretiert. In früheren Kulturen wurden sie religiös verehrt, und man glaubte, daß sie magische Kräfte besäßen. Das Gegenteil ist in unserem Kulturkreis der Fall; man hielt Geschlechtsorgane lange Zeit eher für eine Peinlichkeit. Es gab sogar Zeiten, zu denen die Geschlechtsorgane für so abstoßend, beschämend und schmutzig galten, daß man sie überhaupt nicht erwähnen durfte. Im Lauf der Zeit wurde schon der Gedanke an sie unanständig; schließlich schien man übereinzukommen, daß es sie gar nicht gäbe.

Während heute die wenigsten Menschen noch so übertrieben reagieren, ist eine offene Aussprache über sexuelle Dinge für viele nach wie vor ungewohnt. Man muß auch zugeben, daß unsere Umgangssprache für sexuelle Fragen bemerkenswert ungeeignet zu sein scheint. Die meisten Begriffe enthalten eher moralische Wertungen als wissenschaftliche Beobachtungen. Rein beschreibende, genaue Begriffe sind eher selten. In medizinischen Fachbüchern und Unterrichtswerken zum Beispiel werden die Geschlechtsorgane als ,,Genitalien" (von lat. genitalia: Zeugungsorgane) oder ,,Reproduktionsorgane" bezeichnet. Diese Bezeichnungen betonen die Fortpflanzungsfunktion der Geschlechtsorgane und unterschlagen dabei ihre Lustfunktion. Eine so einseitige Wortwahl kann leicht zu einseitigen Anschauungen führen. Denn tatsächlich dienen die sogenannten ,,Fortpflanzungsorgane" nicht überwiegend der Fortpflanzung, sondern der sexuellen Lust. Das wird besonders bei Kindern deutlich, die Orgasmen haben können, lange bevor sie fortpflanzungsfähig sind. Daß die Geschlechtsorgane auch eine Fortpflanzungsfunktion haben, ist tatsächlich erst relativ spät entdeckt worden. Es gab Naturvölker, die diese Verbindung nicht herstellten, obgleich sie offensichtlich ein befriedigendes Geschlechtsleben führten.

Auch der in diesem Buch verwandte Ausdruck ,,Geschlechtsorgane" ist nicht sehr genau, da er eine Doppelbedeutung hat. In erster Linie bezeichnet

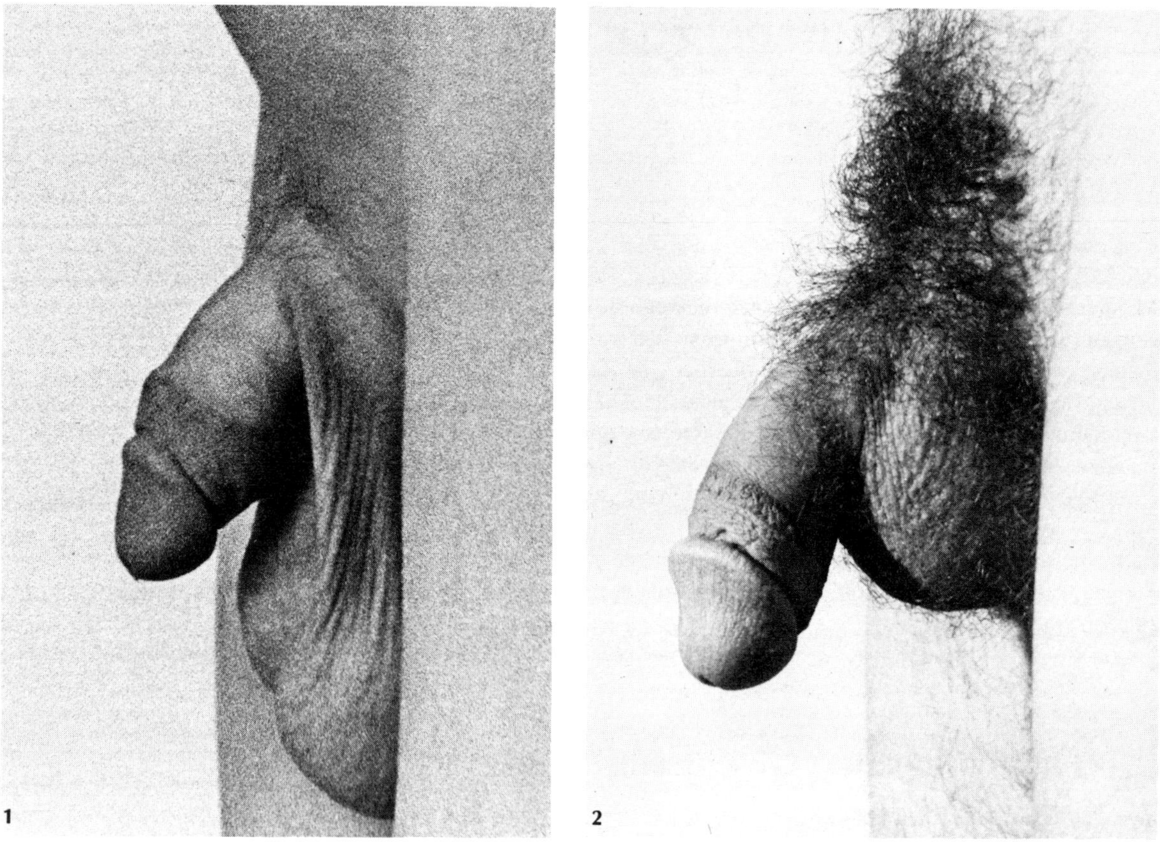

Die äußeren männlichen Geschlechtsorgane vor (1) und nach (2) der Pubertät

dieser Begriff die Organe, die das Geschlecht eines Menschen bestimmen. In diesem Sinne bezeichnen die Geschlechtsorgane den größten Unterschied zwischen den Geschlechtern, und man nennt sie deshalb die primären Geschlechtsmerkmale. Zum anderen weist das Wort „Geschlechtsorgane" aber auch darauf hin, daß sie beim Geschlechtsleben des Menschen eine Rolle spielen. Manche Menschen sind so immer noch der Auffassung, daß nur diese Organe etwas mit dem Geschlechtsverkehr zu tun haben. Die sexuelle Reaktion des Menschen ist jedoch nicht auf einige wenige Organe beschränkt, sondern ist eine Reaktion des ganzen Körpers. Mund und Haut beispielsweise sind ebenfalls als „Geschlechts"-Organe anzusehen, weil sie sexuelle Reize übermitteln und empfangen. Nur wenn man sich dieser wichtigen Tatsache bewußt ist, ist es vertretbar, den Begriff „Geschlechtsorgane" in dem hier gewählten engeren Sinn zu gebrauchen.

Für manche Menschen klingen die gängigen medizinischen Fachausdrücke zu technisch und zu eindeutig. Sie ziehen es vor, umschreibend von ihrem „Intimbereich" zu reden. Diese Wortwahl legt es nahe, die Geschlechtsorgane als etwas nicht zu Benennendes und zu Versteckendes zu betrachten, etwas Persönlicheres als zum Beispiel den Mund, die Augen und die Ohren. Diese Einstellung ist jedoch Ausdruck eines moralischen Wertsystems, das keineswegs immer so gegolten hat. Es gab Kulturen, in denen diese sogenannten „intimen Organe" vollkommen öffentlich waren, wo riesige Darstellungen männlicher und weiblicher Geschlechtsorgane Tempel, Theater und öffentliche Plätze schmückten. Darüber hinaus gab es Kulturen, in denen nicht nur die Nacktheit gefördert wurde, sondern wo auch Geschlechtsorgane mit kunstvollen Ornamenten geschmückt und so besonders hervorgehoben wurden.

Junge Menschen von heute haben ebenfalls eine relativ offene Haltung gegenüber der Sexualität. Sie erschrecken oder ekeln sich im allgemeinen vor keinem bestimmten Körperteil; statt dessen sind sie einfach neugierig. Für sie ist Sexualität einfach ein Aspekt des Lebens, mit dem sie vertraut werden müssen. Besonders während der Pubertät, wenn sie ihre eigene sexuelle Reifung beobachten, empfinden sie allerdings ihren Körper manchmal fremd und ungewohnt. Sie fordern daher eine objektive Aufklärung. Da solche Aufklärung immer leichter zu erhalten ist, werden auch die Geschlechtsorgane mehr und mehr ihre frühere Aura des Geheimnisvollen verlieren. Andererseits kann das richtige Verständnis von den eigenen Geschlechtsorganen, ihrer Anatomie und ihrer Funktion erheblich dazu beitragen, ein gesundes und produktives Leben zu führen.

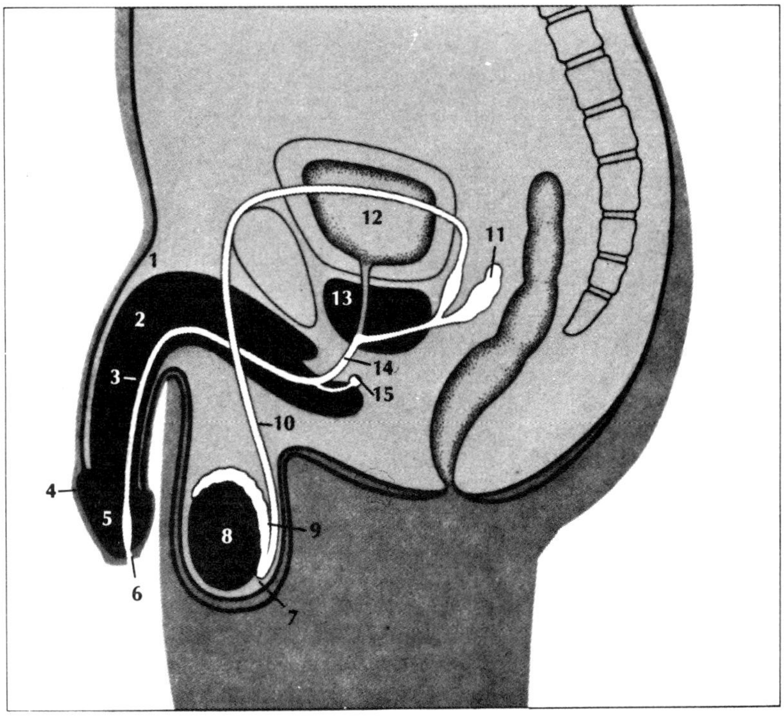

Die männlichen Geschlechtsorgane

1. Penis
2. Corpus cavernosum (ein Paar)
3. Corpus spongiosum
4. Vorhaut (Präputium)
5. Eichel (Glans)
6. Öffnung der Harnröhre (Urethra)
7. Hodensack (Skrotum)
8. Hoden (ein Paar)
9. Nebenhoden (Epididym; ein Paar)
10. Samenleiter (Vas deferens; ein Paar)
11. Samenblase (ein Paar)
12. Harnblase
13. Vorsteherdrüse (Prostata)
14. Harnröhre (Urethra)
15. Bulbourethraldrüse (Cowper-Drüse; ein Paar)

Die folgenden Seiten geben eine eingehende Beschreibung der männlichen Geschlechtsorgane. Dabei werden zunächst die äußeren Geschlechtsorgane beschrieben, denn ihnen gilt gerade seitens junger Menschen anfänglich das größte Interesse. Um jedoch ihre Funktion zu verstehen, muß man auch die inneren Geschlechtsorgane genauer betrachten, obwohl deren Existenz vielen Menschen niemals bewußt wird.

2.1.1 Die äußeren Geschlechtsorgane

Die männlichen äußeren Geschlechtsorgane bestehen aus Penis und Hodensack (Skrotum). Die Hoden und Nebenhoden, die im Hodensack liegen, werden im allgemeinen als innere Geschlechtsorgane bezeichnet, obwohl sie außerhalb der Bauchhöhle liegen.

Der Penis

Der Penis (von lat. penis: Schwanz, Glied) ist ein zylindrisches Organ, das ein schwellfähiges Gewebe besitzt. Das bedeutet: Über die ganze Länge des Penis erstrecken sich drei Schwellkörper; zwei verlaufen auf der Oberseite (die Corpora cavernosa) und einer entlang der Unterseite (das Corpus spongiosum). In letzterem verläuft die Harnröhre (Urethra), die nicht nur zur Ausscheidung von Harn, sondern auch von Samenflüssigkeit dient. Große Arterien können diese Schwellkörper innerhalb sehr kurzer Zeit mit Blut füllen und dadurch vergrößern und versteifen. So kommt es zur Erektion des Penis. Umgekehrt läßt die Erektion nach, wenn das Blut abfließt. Erektionen des Penis werden gewöhnlich durch sexuelle Erregung ausgelöst, es gibt jedoch auch andere Ursachen (vgl. Kap. 2.2 ,,Die sexuelle Reaktion beim männlichen Geschlecht").

Bei einer Erektion vergrößert sich der Penis. Das ist möglich, weil seine Haut sehr elastisch und locker ist. An der Spitze des Penis hängt die Haut so locker, daß sie eine Hautfalte bildet, die man Vorhaut nennt. Diese Vorhaut bedeckt normalerweise die Spitze des Penis, die Eichel (lat. glans). Sie tritt während der Erektion ganz unter der Vorhaut hervor und ist in vielen Fällen dicker als der Peniskörper. Die Eichel ist die Verlängerung des Corpus spongiosum, und an ihrer Spitze tritt die Harnröhre aus. Ihre glatte Oberfläche ist mit zahllosen Nervenendigungen übersät und daher äußerst berührungsempfindlich, insbesondere an ihrem äußeren Rand. So spielt sie auch eine große Rolle für die sexuelle Lustempfindung beim männlichen Geschlecht.

Die Unterseite der Eichel ist durch ein dünnes Gewebeband (das Frenulum) mit der Vorhaut verbunden. Am Rande der Eichel und unter der Vorhaut liegen Drüsen, die eine käse-ähnliche Substanz absondern, das Smegma. Wenn die Vorhaut eng ist, kann sich dieses Smegma ansammeln und Reizungen hervorrufen. Zur täglichen Körperpflege gehört deshalb auch die Reinigung der Glans nach Zurückschieben der Vorhaut.

Eine zu enge Vorhaut (Phimose) ist einer der Gründe für die Beschneidung (einen verbreiteten chirurgischen Eingriff). Sie besteht darin, daß man die Vorhaut operativ entfernt. Unter Juden und Moslems hat die Beschneidung aus religiösen Gründen eine lange Tradition. Sie wird jedoch inzwischen auch sonst sehr häufig vorgenommen; in den Vereinigten Staaten wird fast jeder männliche Säugling kurz nach der Geburt beschnitten, unabhängig von seiner Religionszugehörigkeit. Die Beschneidung hat keinen Einfluß auf die sexuellen Fähigkeiten eines Mannes.

Beim erwachsenen Mann ist der Penis in schlaffem Zustand ungefähr 7,5 bis 10 cm lang, in erigiertem Zustand 13 bis 18 cm. Von dieser Regel gibt es jedoch Abweichungen. Im Gegensatz zu einem verbreiteten Irrglauben hat die Länge des Penis keinerlei Zusammenhang mit Körperbau, Hautfarbe oder der sexuellen Leistungsfähigkeit eines Mannes. Ein sehr kleingewachsener Mann hat manchmal einen längeren Penis als ein großer Mann (und umgekehrt), ein weißer Mann hat manchmal einen längeren Penis als ein schwarzer (und umgekehrt), ein Mann mit einem kleinen Penis hat manchmal mehr Orgasmen als ein Mann mit einem großen Penis (und umgekehrt). Daneben können sich Größenunterschiede des schlaffen Penis durch die Erektion ausgleichen.

Aus nicht ganz einsichtigen Gründen sind viele Männer unseres Kulturkreises in großer Besorgnis über die Größe ihres Penis. Zu einer solchen Besorgnis besteht jedoch überhaupt kein Anlaß. Selbst wenn ein Penis während der Erektion relativ klein bleibt, erfüllt er genau die gleichen Voraussetzungen wie ein größerer. Die Vagina der Frau paßt sich der Größe des Penis an, und da in den Vaginawänden selbst nur wenige Nervenenden verlaufen, hängen ihre Empfindungen in erster Linie von der Festigkeit der Muskeln der Scheidenöffnung und von psychischen Faktoren ab (vgl. Kap. 3.2 ,,Die sexuelle Reaktion beim weiblichen Geschlecht"). Entsprechendes gilt für die Empfindungen beim Analverkehr. Innerhalb des Schließmuskels des Anus gibt es so gut wie kein Gefühl. (Das ist nebenbei bemerkt auch der Grund, weshalb manche Menschen, die sich lange, harte Gegenstände in den Anus einführen, nicht merken, wenn sie sich dabei verletzen.)

Der Hodensack (Skrotum)
Der Hodensack ist eine Hauttasche, die die Hoden enthält. Er hängt zwischen den Schenkeln an der Peniswurzel. Die Haut des Hodensacks ist etwas dunkler gefärbt und enthält viele Schweißdrüsen. Das Innere ist in zwei getrennte Räume aufgeteilt, die je einen Hoden und die dazugehörigen Samenwege enthalten, die im Samenstrang in die Bauchhöhle führen. Im Samenstrang verläuft ein dünner Kanal, durch den die Spermien wandern, die Vas deferens. Diese Vas deferens wird bei der Vasektomie durchtrennt (vgl. a. Kap. 4.4 ,,Empfängnisverhütung"). Der Samenstrang enthält daneben Blutgefäße, Nerven und Muskeln. Diese Muskeln ziehen sich auf bestimmte Reize, besonders auf niedrige Temperatur, zusammen und ziehen die Hoden dichter an den Bauch heran. Ähnlich reagiert die Haut des Hodensacks, sie sieht dann dick und faltig aus. Gewöhnlich hängt der Hodensack jedoch lokker, die Haut sieht glatt und weich aus. So reagiert der Hodensack gewissermaßen wie ein Thermostat, der eine gleichbleibende Temperatur für die Spermienbildung sichert. Diese Temperatur soll etwas niedriger als die des übrigen Körpers sein.

2.1.2 Die inneren Geschlechtsorgane

Die männlichen inneren Geschlechtsorgane bestehen aus den Hoden, die Hormone und Samenzellen produzieren, einem Netz von Kanälen, die Samenzellen transportieren und speichern, sowie weiteren zusätzlichen Organen, deren Sekrete Bestandteile der Samenflüssigkeit sind.

Die Hoden
Die Hoden (die männlichen Geschlechtsdrüsen oder Gonaden) werden während der Entwicklung des Embryos innerhalb der Bauchhöhle herangebildet. Sie senken sich jedoch gewöhnlich noch vor der Geburt des Kindes in den Hodensack ab. Beim geschlechtsreifen Mann sind die Hoden zwei ovale Körper von etwa 4 cm Länge, die in zwei getrennten Hüllen im Skrotum, außerhalb der Bauchhöhle, hängen. Obwohl beide Hoden ungefähr die gleiche Größe haben, hängt der linke gewöhnlich etwas tiefer, wodurch er größer wirken kann.

Die Hoden haben eine doppelte Funktion:
- Sie produzieren die Samenzellen (Spermien), die durch ein System von Kanälen weitertransportiert und schließlich ejakuliert werden;
- sie produzieren Hormone, die unmittelbar in die Blutbahn abgegeben werden.

Die Produktion von Samenzellen
Ein Hoden besteht aus Hunderten von kleinen Abteilungen, die dichtgedrängte haarfeine Kanälchen enthalten. In diesen Hodenkanälchen findet die Spermienbildung (die Spermatogenese) statt. Dieser Prozeß beginnt beim männlichen Geschlecht mit der Pubertät und hält das ganze Leben lang an. Die Bildung von Spermien vollzieht sich in drei Schritten:
1. Die erste Stufe beginnt mit den Zellen, die die Innenauskleidung der Hodenkanälchen bilden. Diese Zellen heißen Spermatogonien oder Ursamenzellen und besitzen, wie jede andere Zelle des Körpers, 46 Chromosomen, einschließlich eines X- und eines Y-Chromosoms. Durch Zellteilung entstehen aus diesen Ursamenzellen zwei identische Tochterzellen. Eine dieser Zellen tritt an die Stelle der alten Zelle. Die andere wandert in die Mitte des Kanals und wird dann ,,Primärspermatozyt" genannt.
2. Die Primärspermatozyten teilen sich nicht wie andere Zellen, sondern in der Weise, daß zwei neue Zellen mit je 22 Chromosomen und einem X-

oder einem Y-Chromosom entsteht (Reduktionsteilung). Die zwei entstehenden neuen Zellen werden ,,Sekundärspermatozyten" genannt, sie enthalten jeweils nur den halben Chromosomensatz einer normalen Zelle, nämlich 23 statt 46 Chromosomen.

3. Die Sekundärspermatozyten wandern weiter zum Zentrum des Kanals und vollziehen eine normale Zellteilung, das heißt, sie verdoppeln sich. Die vier entstehenden Zellen werden ,,Spermatiden" genannt. Diese Spermatiden verändern ihre Form, bilden einen langen Schwanz aus (die Geißel) und werden so zu einer reifen Samenzelle. Für alle drei Stufen der Entwicklung werden insgesamt 64 Tage benötigt. Aus dem beschriebenen Verlauf wird deutlich, daß zwei Varianten der Samenzellen entstehen: eine, die ein X-Chromosom enthält (neben 22 weiteren Chromosomen), und eine andere, die ein Y-Chromosom enthält (neben 22 weiteren Chromosomen). Bei einer Befruchtung wird durch das X-Chromosom ein Mädchen gezeugt, durch das Y-Chromosom ein Junge (vgl. a. Kap. 4.1 ,,Die Empfängnis").

Die Produktion von Hormonen

Wie oben beschrieben, produzieren männliche und weibliche Gonaden (Hoden und Eierstöcke) auch Hormone. Diese Gonadenhormone werden in männliche Hormone (Androgene) und weibliche Hormone (Östrogene) eingeteilt. Diese Bezeichnung darf allerdings nicht mißverstanden werden, da sowohl die ,,männlichen" als auch die ,,weiblichen" Hormone in jedem männlichen und jedem weiblichen Körper vorkommen. Nur die Menge dieser Hormone ist unterschiedlich. Vor der Pubertät sind die Androgen- und Östrogenspiegel bei Jungen und Mädchen fast gleich hoch. Während der körperlichen Reifung verschiebt sich dieses Gleichgewicht: Im männlichen Körper steigt der Androgenspiegel etwas höher als der Östrogenspiegel, im weiblichen Körper steigt der Östrogenspiegel sehr viel höher als der Androgenspiegel.

Dieser Androgenanstieg beim männlichen Geschlecht während der Pubertät bewirkt die Entwicklung der sekundären Geschlechtsmerkmale, ähnlich wie die erhöhte Östrogenbildung beim weiblichen Geschlecht. Über die Rolle, die Hormone im menschlichen Körper spielen, bleibt noch viel zu forschen. Es gibt jedoch heute schon einige grundlegende Tatsachen, die als gesichert gelten können:

Während die Gonadenhormone zur körperlichen Reifung von jungen Menschen eine notwendige Voraussetzung sind, sind sie für die sexuelle Aktivität von Erwachsenen nicht unabdingbar. Das bedeutet, daß Gonadenhormone für das männliche und weibliche Geschlecht während des Heranwachsens notwendig sind, damit diese sich sexuell vollständig entwickeln. Ist diese Entwicklung jedoch einmal vollzogen, sind die Hormone für die sexuellen Funktionen nicht unentbehrlich. Seit langem ist bekannt, daß Frauen, deren Ovarien in der Menopause ihre Funktion vermindern, keine entsprechende Veränderung ihrer sexuellen Reaktion empfinden. Bezogen auf Männer, die beispielsweise infolge einer Kastration keine Gonadenhormone produzieren können, ist dies längst nicht so allgemein bekannt. Es gibt immer noch Länder, in denen erwachsene Männer kastriert werden in der Vorstellung, sie dadurch ,,von ihrem Trieb zu befreien". Die zugrundeliegende Annahme ist jedoch irrig. (Vgl. a. Kap. 1.2 ,,Die Bedeutung der Hormone".)

Das System der Genitalkanäle

Die in den Hoden produzierten Spermien werden bis zu dem Punkt, wo sie aus dem Körper ausgeschieden werden, durch ein System von Kanälen transportiert. Diese Kanäle sind paarweise angelegt und bestehen der Reihe nach aus: Nebenhoden (Epididymis), Samenleiter (Vas deferens) und Samenausführungsgang. Sie führen von den Hoden bis in die Bauchhöhle und münden in die Harnröhre. Die Harnröhre ist also ein gemeinsamer Gang, durch den zu verschiedenen Zeiten Harn und Samen ausgeschieden werden.

Die Nebenhoden (Epididymides)
Die Samenzellen, die in den Hodenkanälchen ständig produziert werden, wandern in Sammelgänge, die an der Oberfläche des Hoden liegen. Diese Sammelgänge heißen Epididymides (Einzahl: Epididymis). Jeder von beiden ist insgesamt etwa 6 m lang. Da sie jedoch ein dichtes Knäuel bilden, wirken sie nicht größer als die Hoden. Die Samenzellen benötigen mehrere Wochen, um durch diese Sammelgänge hindurchzuwandern. In dieser Zeit entwickeln sie auch die Fähigkeit, sich selbst fortzubewegen.

Die Samenleiter (Vasa deferentia)
Wenn die Samenzellen die Sammelgänge durchwandert haben, erreichen sie einen kürzeren, verhältnismäßig geraden Gang, den Samenleiter (lat.: vas deferens). Dieser Gang führt vom Hodensack bis in das kleine Becken. Der untere Teil des Samenleiters kann durch die Haut des Hodensackes getastet werden. Da man seine Lage so einfach feststellen kann, ist es relativ einfach, ihn mittels Vasektomie zu durchtrennen (vgl. a. Kap. 4.4 ,,Empfängnisverhütung").

Innerhalb des kleinen Beckens beschreibt jeder der beiden Samenleiter eine weite Kurve bis hinter die Harnblase, vergrößert sich und bildet dann eine Art Beutel, die Ampulla (Plural: Ampullae). Hier werden die Samenzellen bis zur Ejakulation gespeichert. Die Ampullae treffen jede auf einen weiteren Gang, den Ausführungsgang der Samenblase (Vesicula seminalis), und bilden dann jeweils einen relativ kurzen geraden Gang, den Ejakulationsgang. Diese Ejakulationsgänge verlaufen durch die Vorsteherdrüse (Prostata) in die Harnröhre. Die Samenzellen sind, bevor sie die Ejakulationsgänge erreichen, noch relativ unbeweglich. Sie werden nicht so sehr durch die Eigenbewegung, sondern durch Flimmerhaare in der Innenauskleidung der Kanälchen und durch Muskelkontraktionen fortbewegt. Sofort nach der Ejakulation beginnen sie jedoch, sich lebhaft zu bewegen. Dieser plötzliche Wechsel wird durch die Sekrete verschiedener Drüsen verursacht, die zusammen die Samenflüssigkeit bilden. Erst in der Samenflüssigkeit entwickeln die Samenzellen ihre volle Beweglichkeit.

Die Harnröhre (Urethra)
Die Harnröhre ist ein Rohr, das von der Blase bis zur Spitze des Penis führt. (Sie sollte nicht mit den Harnleitern, den Uretern, verwechselt werden, die von den Nieren in die Blase führen.) Beim Mann erfüllt die Urethra zwei wichtige Funktionen: die Ausscheidung von Harn und Samen. (Aufgrund bestimmter Muskeln können Harn und Samen nicht gleichzeitig ausgeschieden werden.) Während der Harn direkt aus der Blase in die Harnröhre kommt, setzt sich die Samenflüssigkeit aus verschiedenen Sekreten zusammen, die durch verschiedene Öffnungen in der Wand der Harnröhre (hauptsächlich nahe der Prostata) in die Harnröhre gelangen.

Zusätzliche innere Geschlechtsorgane

Um nach der Ejakulation zu überleben, benötigen die Spermien eine dicke, nährende und schützende Flüssigkeit, die Samenflüssigkeit. Sie setzt sich aus Sekreten zusammen, die an mehreren Stellen in die Urethra eintreten. Die wichtigsten dieser Sekrete werden von den nachstehend beschriebenen Organen gebildet.

Die Samenblasen (Vesiculae seminales)
Die Samenblasen sind zwei Beutel, die dicht neben den Ampullae hinter der Blase liegen, nahe der Spitze der Prostata. Ursprünglich nahm man an, die Samenblasen seien zum Aufbewahren der neugebildeten Spermien da. Heute ist man jedoch überwiegend der Auffassung, daß ihre Hauptaufgabe darin besteht, eine Flüssigkeit zu produzieren, die zusammen mit dem Prostatasekret die Beweglichkeit der Spermien nach der Ejakulation gewährleistet.

Die Vorsteherdrüse (Prostata)
Die Prostata ist ein fester, runder Körper von der Größe einer Kastanie, sie liegt unmittelbar unter der Blase. Sowohl die Urethra als auch die Ejakulationsgänge führen durch sie hindurch. Die Prostata produziert ständig ein Sekret, das zum Teil mit dem Harn ausgeschieden wird. Es bildet jedoch vor allem den Großteil der Samenflüssigkeit.

Bei manchen älteren Männern vergrößert sich die Prostata und verursacht einen Druck auf den Teil der Harnröhre, den sie umschließt; das kann zu Schwierigkeiten beim Wasserlassen führen. In diesem Fall kann eine chirurgische Entfernung von Teilen der Prostata notwendig werden.

Die Bulbourethraldrüsen (Cowper-Drüsen)
Unterhalb der Prostata liegen zwei erbsengroße Drüsen, die bei sexueller Erregung eine klare Flüssigkeit in die Urethra absondern. Oft kann man einen winzigen Tropfen dieser Flüssigkeit schon geraume Zeit vor der Ejakulation am Harnröhrenausgang sehen. Dieser Tropfen kann unter Umständen einzelne Samenzellen enthalten. (Dies wäre eine Erklärung für die seltenen Fälle, in denen es ohne Samenerguß zur Schwangerschaft kommt.)

Die Samenflüssigkeit, die bei einer Ejakulation ausgeschieden wird (meist nicht mehr als ein Teelöffel voll), setzt sich aus Samenzellen und dem Sekret von Nebenhoden, Samenblasen, Prostata und Cowper-Drüsen zusammen. Keines dieser Sekrete enthält irgendwelche schädlichen Substanzen. Wer Samenflüssigkeit versehentlich oder absichtlich verschluckt, muß sich deshalb keine Sorgen machen. Samen ist meist dickflüssig und von grauweißer Farbe, er kann aber auch dünn und wäßrig aussehen. Die Menge, Konsistenz und Zusammensetzung der Samenflüssigkeit hängt unter anderem von der Häufigkeit der Ejakulationen ab.

2.2 Die sexuelle Reaktion beim männlichen Geschlecht

Jeder gesunde Mensch ist zur Reaktion auf sexuelle Reize fähig. Diese Reaktion ist bei keinem Menschen genauso wie bei einem anderen, das physiologische Grundprinzip ist jedoch bei allen Menschen sehr ähnlich.

Sexuelle Aktivität verursacht im Körper eine Reihe charakteristischer Veränderungen: Pulsbeschleunigung, Blutdruckanstieg, Anschwellen bestimmter Organe, Muskelkontraktionen, Sekretion von Drüsen und eine Reihe weiterer Anzeichen steigender Erregung, bis sich die Spannung schließlich in einer lustvollen, anfallsähnlichen Reaktion entlädt, die man Orgasmus nennt.

Diese körperlichen Veränderungen sind den Menschen seit jeher bewußt. Einzelheiten waren jedoch bis vor kurzem weitgehend unerforscht. Es gab einfach keine objektiven, wissenschaftlichen Studien. Man empfand im Gegenteil schon die Idee, sexuelle Reaktionen zu beobachten und zu untersuchen, als absurd. Inzwischen hat sich die Situation aber entscheidend verändert. Die Pionierarbeiten von Wissenschaftlern wie Kinsey, Masters und Johnson haben uns zu neuen Einsichten verholfen und viele herkömmliche Auffassungen und Annahmen revidiert. Heute gibt es auf der ganzen Welt viele Wissenschaftler, die durch ihre Forschungen unser Verständnis der sexuellen Reaktion weiter vervollständigen.

Beim Menschen kann sexuelle Erregung fast jederzeit, auf unterschiedlichste Weise und durch viele verschiedene Ursachen entstehen. So kann zum Beispiel ein Mann zu jeder Tages- und Nachtzeit durch den Anblick oder das Berühren einer bestimmten Person, durch bestimmte Gerüche oder Töne oder ganz einfach durch Gedanken, Erinnerungen oder Phantasien erregt werden. Die Möglichkeiten sexueller Erregung sind so vielfältig, daß man sie nicht leicht systematisieren kann; ein solcher Versuch wird deshalb hier nicht unternommen. Trotzdem kann es sinnvoll sein, die wichtigsten, zu sexuellen Reaktionen führenden Reize kurz zu besprechen.

Von den fünf Sinnen des Menschen scheint der Tastsinn am häufigsten zur sexuellen Erregung zu führen. Der Tastsinn wird von Nervenenden in der Haut und tiefer im Gewebe vermittelt. Bestimmte Regionen des Körpers weisen besonders viele solcher Nervenendigungen auf, sie sind also berührungsempfindlicher und daher auch empfänglicher für sexuelle Stimulierung. Man hat diese Körperregionen deshalb auch ,,erogene" Zonen genannt (wörtlich: ,,Liebe produzierende" Zonen, von griech. eros: Liebe und -genes: entstehen lassend).

Die bekanntesten erogenen Zonen sind die Eichel beim Mann, die Klitoris und die kleinen Schamlippen bei der Frau, der Bereich zwischen den Geschlechtsorganen und dem Anus, der Anus selbst, das Gesäß, die Innenflächen der Oberschenkel, die Brüste (besonders die Brustwarzen), der Nacken, der Mund und die Ohren. Berührung, Streicheln, Kitzeln, Reiben, Klopfen, Lecken oder Küssen dieser Bereiche kann sexuelle Erregung auslösen oder verstärken. Dies ist allerdings keine automatische Reaktion. Es hängt viel davon ab, welche früheren Erfahrungen ein Mensch gemacht hat und unter welchen Umständen diese Stimulierung erfolgt. Wenn zum Beispiel ein Arzt einen Patienten untersucht und dabei dessen erogene Zonen berührt, führt dies meist nicht zu einer sexuellen Reaktion. Das gilt auch für Vergewaltigungen. Psychische Faktoren spielen also für über das Tastgefühl vermittelte Reaktionen eine entscheidende Rolle. (Von dieser Regel gibt es einige Ausnahmen, insofern als der Körper auch reflektorisch auf Berührung reagieren kann. Ein querschnittsgelähmter Mann kann zum Beispiel bei Berühren seines Penis eine Erektion haben, ohne daß dieser Reiz das Gehirn erreicht.)

Unterschiedliche Erfahrungen führen bei verschiedenen Menschen zu einer unterschiedlichen Sensibilität. Negative Erinnerungen können dazu führen, daß jemand überhaupt nicht auf Berührungen reagiert. Es gibt Menschen, die sogar während des Geschlechtsverkehrs möglichst wenig berührt werden wollen. Andererseits können lustvolle sexuelle Begegnungen dazu führen, daß man an seinem Körper ganz neue erogene Zonen entdeckt. Alles in allem muß jeder für sich selbst herausfinden, wo er selbst (oder sein Partner) auf Berührungsreize am besten reagiert.

Den meisten Menschen ist bewußt, daß sie nicht nur durch Berührung sexuell erregbar sind, sondern auch durch das, was sie sehen, hören, riechen oder schmecken. Der Anblick eines schönen Körpers, der Klang einer verführerischen Stimme, der Geruch eines Parfüms, der Geschmack bestimmter Gerichte oder die Drüsensekretionen eines geliebten Menschen können sehr wirksame Reize sein. Ihre Wirkung hängt jedoch ganz wesentlich davon ab, was geistig damit assoziiert wird. Ein bestimmter Anblick, ein Geräusch, ein Geruch oder ein Geschmack erregen einen Menschen dann, wenn damit eine vorangegangene lustvolle sexuelle Erfahrung in Verbindung gebracht werden kann. (Unerfreuliche Assoziationen haben andererseits eine negative Reaktion zur Folge, und sie können sexuelle Erregung vermindern.)

Aus diesen Ausführungen folgt, daß es erotische Anblicke, Töne oder Gerüche als solche nicht gibt. Dazu werden sie erst in der Folge bestimmter erotischer Erfahrungen. Daraus wird verständlich, daß verschiedene Epochen und Kulturen sehr unterschiedliche Schönheitsideale hatten, daß etwa ein bestimmtes Musikstück die einen stark erregt, andere dagegen nicht. (Vgl. a. Kap. 6 ,,Die Entwicklung des Sexualverhaltens".)

Die sexuelle Reaktion des Menschen wird stark von psychischen Faktoren bestimmt, und viele Menschen können allein durch Phantasien erregt werden. Manche erreichen so sogar einen Orgasmus. Männer scheinen durch erotische Gedanken, Phantasien und Vorstellungen leichter beeinflußbar zu sein als Frauen. Beim Geschlechtsverkehr erreichen die meisten Frauen den Orgasmus vor allem durch körperliche Reize (vgl. Kap. 3.2 ,,Die sexuelle Reaktion beim weiblichen Geschlecht").

Es soll nicht unerwähnt bleiben, daß manche scheinbar sexuellen Reaktionen keine sexuellen Ursachen haben. Viele Männer wissen beispielsweise, daß das Heben schwerer Gewichte oder eine gefüllte Harnblase zu einer Erektion führen kann. Es gibt auch seltene Fälle von krankhafter Dauererektion (Priapismus), einem äußerst schmerzhaften Zustand, der den Penis erheblich schädigen kann.

Wenn ein Mann stark erregt ist, versucht er, sich durch sexuelle Aktivität Befriedigung zu verschaffen. Welche Aktivität er dann wählt, hängt natürlich von den äußeren Umständen ab. Ganz gleich aber, wofür er sich entscheidet, das Grundmuster seiner körperlichen Reaktion ist immer das gleiche. Das bedeutet, daß es vom physiologischen Standpunkt keinen Unterschied macht, ob die sexuelle Reaktion durch Masturbation oder irgendeine Form von Geschlechtsverkehr ausgelöst wurde (vgl. a. Kap. 7 ,,Formen des Sexualverhaltens"). Die psychische Dimension des Erlebnisses kann ganz unterschiedlich sein, die körperlichen Vorgänge bleiben dieselben.

Man muß allerdings berücksichtigen, daß auch körperliche Reaktionen bei zwei Menschen niemals identisch sind, nicht einmal bei derselben Person zu zwei verschiedenen Gelegenheiten. Menschen sind eben keine Maschinen vom Fließband. Jede allgemeine Beschreibung der sexuellen Reaktion des Menschen kann daher auch nur genau das sein – allgemein. Die jeweiligen Reaktionen bestimmter Individuen zeigen zwangsläufig individuelle Varianten. (Manche Männer können zum Beispiel auch mit schlaffem Penis einen Orgasmus haben und ejakulieren.) Die folgende Zusammenfassung darf deshalb nicht als Norm oder Vorbild für sexuelles Verhalten verstanden werden. Ihr Ziel ist es lediglich, einige grundlegende Kenntnisse bestimmter körperlicher Funktionen zu vermitteln.

2.2.1 Die vier Phasen der sexuellen Reaktion

Wie oben beschrieben, sind die anatomischen Unterschiede zwischen Männern und Frauen nicht groß. Ihre sexuellen Reaktionen sind sich daher sehr ähnlich. Es gibt einige wichtige Unterschiede, aber sie sind nicht entscheidend. Man kann daher ohne weiteres von der allgemeinen sexuellen Reaktion des Menschen und ihren männlichen und weiblichen Varianten sprechen.

Sexuelle Aktivität führt zu bestimmten physiologischen Veränderungen im Körper, die nach einem bestimmten typischen Muster verlaufen. Man kann dieses Muster am einfachsten als Auf- und Abbau von Spannungen beschreiben. Um die Vorgänge jedoch besser zu verstehen, haben Wissenschaftler die sexuelle Reaktion in drei oder vier verschiedene Phasen eingeteilt. Dabei ist zu berücksichtigen, daß natürlich jede menschliche sexuelle Erfahrung ein Ganzes bildet, daß also alle Aufteilungen in Phasen oder Stadien künstlich und willkürlich sind. Auf diese Weise wird jedoch möglicherweise besser verständlich, wie der Körper auf sexuelle Stimulierung reagiert. Der folgenden Beschreibung der sexuellen Reaktion beim männlichen Geschlecht liegt ein von Masters und Johnson erarbeitetes Vier-Phasen-Schema zugrunde. Obwohl sicherlich feinere Unterscheidungen denkbar sind, ist das Modell von Masters und Johnson für den hier verfolgten Zweck ausreichend. (Bezogen auf das weibliche Geschlecht wird dieses Modell in Kap. 3.2.1 beschrieben.)

1. Erregungsphase

Sexuelle Erregung kann ganz unerwartet und schnell auftreten, besonders bei jüngeren Männern, sie kann aber auch nach und nach über eine längere Zeitspanne hin entstehen. Manche Menschen lenken ihre Aufmerksamkeit bewußt immer wieder ab, um so die Erregungsphase länger genießen zu können. Besonders im Anfangsstadium kann die sexuelle Erregung leicht durch Einflüsse von außen oder durch plötzlich aufkommende Ängste und Besorgnisse vermindert werden. Mit steigender Erregung verlieren solche negativen Einflüsse aber an Wirksamkeit. Die Fähigkeit zur Selbstkontrolle schwindet, und die gewohnten Hemmungen werden abgebaut.

Das auffälligste Zeichen sexueller Erregung ist beim männlichen Geschlecht die Erektion des Penis. Die drei Schwellkörper (zwei Corpora cavernosa und ein Corpus spongiosum) füllen sich mit Blut, wodurch der Penis sich hebt und versteift. Gleichzeitig zieht sich die glatte Muskulatur des Hodensacks zusammen, seine Haut verdickt sich, die Hoden werden durch die Muskeln der Samenstränge aufwärts zur Bauchhöhle gezogen.

Mit zunehmender sexueller Erregung steigt die Muskelspannung. Pulsfrequenz und Blutdruck erhöhen sich. Zusätzlich kommt es bei einzelnen Männern zu einem „sex flush"-Phänomen, einer Hautrötung, die gewöhnlich am Unterleib beginnt, auf Nacken und Gesicht, gelegentlich auch auf Schultern und Schenkel übergreift. Der „sex flush" tritt manchmal erst gegen Ende der Erregungsphase oder in der Plateauphase auf. In vielen Fällen bleibt diese Erscheinung jedoch aus.

Dies gilt auch für ein anderes mögliches Phänomen: die Erektion der Brustwarzen. Auch sie findet nicht bei allen Männern statt. Bei einigen kann sie durch direkte Stimulation der Brustwarzen herbeigeführt werden. Eine spontane Erektion findet am ehesten gegen Ende der Erregungsphase statt und hält dann durch alle weiteren Phasen an.

Ein weiterer Sachverhalt sollte hier noch erwähnt werden: Manchmal kann ein Mann keine Erektion bekommen oder behalten, obwohl er erregt ist und ein deutliches Verlangen nach sexueller Betätigung hat. Er kann dann natürlich die weiteren Phasen der sexuellen Reaktion nicht durchlaufen. Ein solches gelegentliches Fehlen der Erektion kann vielerlei Gründe haben, meist ist es auf besondere Umstände oder eine bestimmte Situation zurückzuführen. Beide Partner sollten dieses Ereignis nicht überbewerten und sich sexuellen Praktiken zuwenden, bei denen es keines erigierten Penis bedarf. Auf alle Fälle besteht kein Grund zur Beunruhigung. Wenn das Problem jedoch häufiger oder regelmäßig auftritt, ist es empfehlenswert, fachlichen Rat einzuholen. (Vgl. a. Kap. 8.2 „Sexuelle Funktionsstörungen".)

2. Plateauphase

Die Plateauphase ist nichts anderes als die Fortsetzung der Erregungsphase. Das Wort „Plateau" weist darauf hin, daß ein bestimmter Grad der Erregung erreicht ist, der eine bestimmte Zeit bestehen bleibt, bis es zum Orgasmus kommt. Wenn die sexuelle Erregung einmal diesen Punkt erreicht hat, wird man nicht mehr leicht abgelenkt, die Umgebung wird nebensächlich. Mit zunehmender sexueller Stimulierung steigt auch die Spannung der willkürlichen und unwillkürlichen Muskulatur. Pulsfrequenz und Blutdruck steigen weiter, die Atmung wird schneller.

In der Plateauphase verändert sich der erigierte Penis nicht wesentlich. Die Hoden dagegen werden merklich dicker und werden noch dichter an den Unterleib herangezogen. Die Bulbourethraldrüsen (Cowper-Drüsen) sondern ein paar Tropfen klarer Flüssigkeit ab, die aus der Harnröhre austreten können. (Diese Tropfen können auch Samenzellen enthalten. Daran sollte gedacht werden, wenn eine Schwangerschaft verhindert werden soll. Vgl. a. Kap. 4.4 „Empfängnisverhütung – Koitus interruptus".)

Das oben erwähnte „sex flush"-Phänomen kann in dieser Phase erstmals auftreten, oder es verstärkt sich. Es muß noch einmal betont werden, daß nicht alle Männer einen „sex flush" haben. Das gilt auch für die Erektion der Brustwarzen. Wenn diese Erektion jedoch während der Plateauphase stattfindet, hält sie durch die weiteren Phasen an.

3. Orgasmusphase

Der Orgasmus (von griech. orgasmos: lustvolle Erregung) ist das plötzliche Nachlassen der Muskel- und Nervenanspannung auf dem Höhepunkt sexueller Erregung. Dieses Erlebnis stellt den intensivsten körperlichen Genuß dar, dessen ein Mensch fähig ist. Er ist beim männlichen und weiblichen Geschlecht prinzipiell gleich. Ein Orgasmus dauert nur wenige Sekunden und er wird wie ein kurzer krampfartiger Anfall oder eine schnelle Folge von Zukkungen erlebt, die den ganzen Körper ergreifen und dann rasch zu völliger Entspannung führen. Bei geschlechtsreifen Männern kommt es gleichzeitig mit dem Orgasmus zur Ejakulation (von lat. eiaculare: herausschleudern) der Samenflüssigkeit.

Beim männlichen Geschlecht beginnt der Orgasmus mit rhythmischen, unwillkürlichen Kontraktionen der Genitalgänge und der dazugehörenden Organe (Samenleiter, Samenblase, Prostata), der Urethra, der Muskeln an der Peniswurzel und schließlich des Penis selbst. Die ersten drei oder vier Kontraktionen erfolgen in Abständen von weniger als einer Sekunde, danach werden sie schwächer und die Abstände länger. Im Gefolge der Kontraktionen wird der Samen durch die Harnröhre in mehreren schnellen Schüben herausgeschleudert. Die Wucht der Ejakulation kann von einem Mal zum anderen sehr unterschiedlich sein, sie hat nichts mit der Kraft oder Virilität eines Mannes zu tun. Die Menge ejakulierter Samenflüssigkeit entspricht etwa einem Teelöffel voll. Kommt es zu wiederholten Ejakulationen innerhalb kurzer Zeit, wird die Menge jedes Mal geringer.

Die Kontraktionen der Geschlechtsorgane und die Ejakulation der Samenflüssigkeit sind die deutlichsten Zeichen des Orgasmus. Man darf jedoch nicht vergessen, daß auch der übrige Körper einbezogen ist. Die Schließmuskeln der Harnröhre und des Anus beispielsweise kontrahieren sich im gleichen Rhythmus wie die Geschlechtsorgane. Alle Muskeln sind stark angespannt, die Atmung wird rascher, Pulsfrequenz und Blutdruck steigen noch höher an als in der Plateauphase. Das plötzliche, krampfartige Nachlassen dieser allgemeinen Anspannung ist für den Orgasmus charakteristisch. Die Ejakulation von Samenflüssigkeit ist im Vergleich zu dieser Entspannung von nachrangiger Bedeutung.

Orgasmus und Ejakulation sind zwei verschiedene Vorgänge. Ein Mann kann zwar ohne Orgasmus nicht ejakulieren, aber es kann sehr wohl ohne Ejakulation zum Orgasmus kommen. Das einfachste Beispiel ist der Orgasmus von Jungen vor der Pubertät: Ihre inneren Geschlechtsorgane sind noch nicht hinreichend entwickelt, um Samenflüssigkeit zu produzieren, sie können also auch nicht ejakulieren; trotzdem können Jungen einen Orgasmus haben.

Es gibt aber auch erwachsene Männer, die erst Sekunden nach dem Orgasmus ejakulieren, die also beide Vorgänge getrennt wahrnehmen. Andere Männer haben, nach mehreren Orgasmen innerhalb kurzer Zeit, Orgasmen ohne Ejakulation, da vorübergehend keine Samenflüssigkeit mehr verfügbar ist. Es muß jedoch betont werden, daß es nur wenige – meist junge – Männer gibt, die innerhalb kurzer Zeit mehrere Orgasmen haben können. Mehrfacher Orgasmus ist bei Frauen demgegenüber viel häufiger.

Manche Männer behaupten, einen Orgasmus ohne Ejakulation zu haben, indem sie eine Form des Geschlechtsverkehrs praktizieren, die man „Carezza“ oder „Coitus reservatus“ nennt. Dabei versucht der Mann, seinen erigierten Penis nach dem Eindringen in die Vagina möglichst wenig zu bewegen. Das Ziel ist eine vor allem geistige Vereinigung der Partner, und man sagt, sie erreichten auf diese Weise eine verlängerte Lustphase mit mehreren Orgasmen. Jedenfalls bleibt der Mann wohl länger in der Plateauphase, was für beide befriedigend sein kann. Ihre „Orgasmen“, die sicher für beide Partner besondere Höhepunkte dieser Form des Geschlechtsverkehrs darstellen, sind jedoch nicht mit den physiologischen Vorgängen identisch, von denen hier die Rede ist.

Ein ganz spezielles Phänomen bildet die retrograde Ejakulation: Bei manchen Männern funktionieren die an der Ejakulation beteiligten Muskeln so, daß die Samenflüssigkeit nicht nach außen ejakuliert, sondern in die Harnblase abgegeben und später mit dem Harn ausgeschieden wird. Äußerlich wirkt das, als sei es bei solchen Männern überhaupt nicht zur Ejakulation gekommen. Einige Männer behaupten, diese Muskelreaktion bewußt herbeiführen und als Empfängnisverhütungsmittel einsetzen zu können.

4. Rückbildungsphase

Nach dem Orgasmus kehren die Geschlechtsorgane (und mit ihnen der ganze Körper) in relativ kurzer Zeit wieder zum vorherigen, nicht-erregten Zustand zurück. Die Dauer der Rückbildungsphase ist proportional zur Dauer der Erregungsphase. Die deutlichste körperliche Veränderung während dieser Phase ist das Nachlassen der Erektion, das in zwei Stadien verläuft. Der hauptsächliche Rückgang der Erektion findet unmittelbar nach der Ejakulation statt. Der Penis behält jedoch zunächst noch eine gewisse Steife, die einige Zeit anhalten kann, besonders wenn die Erregungs- und Plateauphase lang war. Nicht-sexuelle Handlungen und Ablenkungen können den Verlust der Erektion rasch herbeiführen.

Das zuvor erwähnte „sex flush“-Phänomen verschwindet rasch. Die Erektion der Brustwarzen, falls sie überhaupt vorhanden war, bleibt noch eine gewisse Zeit bestehen. Die Muskelspannung im Körper läßt nach. Atmung, Pulsfrequenz und Blutdruck normalisieren sich wieder. Manche Männer schwitzen unmittelbar nach der Ejakulation, diese Reaktion beschränkt sich dann jedoch meist auf Handflächen und Fußsohlen.

Abschließend soll hier noch angemerkt werden, daß beim männlichen Geschlecht unmittelbar nach dem Orgasmus eine Phase sexueller Reizunempfindlichkeit eintritt (Refraktärperiode). Während dieser Zeit, die bereits in der Rückbildungsphase beginnt, ist keine Reaktion auf sexuelle Reize möglich, das heißt, es kann zu keiner neuen Erektion und keinem weiteren Orgasmus kommen. Die Refraktärperiode ist bei manchen Menschen sehr kurz, besonders in jungen Jahren, sie nimmt aber gewöhnlich mit dem Alter zu. Auch beim weiblichen Geschlecht gibt es manchmal eine solche Refraktärperiode, obwohl viele Frauen mehrere Orgasmen in schneller Folge haben können.

2.2.2 Die sexuelle Reaktion älterer Männer

Bei uns herrscht vielfach die Ansicht, sexuelle Betätigung sei ein Privileg der Jugend. Manche können sich Sexualität bei älteren Menschen kaum vorstellen. Eine so eingeschränkte Sichtweise steht jedoch in deutlichem Gegensatz zu den biologischen Tatsachen.

Weder Männer noch Frauen müssen ihre geschlechtlichen Beziehungen aus Altersgründen aufgeben. Die sexuelle Reaktion – wie oben beschrieben – bleibt prinzipiell die gleiche. Sicher läßt bei älteren Menschen ihre frühere körperliche Kraft nach, wodurch sich auch ihre Reaktion verlangsamen kann. Ein 60jähriger Mann kann auch nicht mehr so weit und so schnell laufen wie ein 20jähriger. Das heißt aber nicht, daß er überhaupt nicht mehr laufen kann. Wenn er regelmäßig trainiert hat, kann er bei einem Dauerlauf besser abschneiden als mancher junge Mann, der keine Übung hat. Das gleiche gilt für sexuelle Aktivitäten. Männer, die ihr Leben lang sexuell aktiv waren, können Geschlechtsverkehr bis ins hohe Alter haben. Sie und ihre Partner sollten sich jedoch darüber im klaren sein, daß es bei gleichbleibendem Grundmuster sexueller Reaktion zu bestimmten geringfügigen Veränderungen kommen wird.

Die deutlichsten Veränderungen betreffen die Erregungsphase. Ältere Männer brauchen in der Regel länger, um eine Erektion zu bekommen. Die Erektion kann außerdem weniger stark als früher sein. Das muß jedoch keine Verminderung der Lust am Geschlechtsverkehr bedeuten. Tatsächlich ist ein älterer Mann dem jüngeren in der Plateauphase überlegen, weil seine Erektion jetzt länger anhält. Der Drang zur Ejakulation wird mit zunehmendem Alter weniger heftig. Orgasmus (und damit auch Ejakulation) kann öfter ganz ausbleiben. Das bedeutet aber andererseits, daß ältere Männer den Zeitpunkt ihres Orgasmus besser kontrollieren können, was für ihre Partner höhere Befriedigung bedeuten kann.

Weitere Unterschiede der sexuellen Reaktion junger und älterer Männer sind natürliche Folge der nachlassenden körperlichen Kräfte. Das muß aber das Ausmaß sexueller Befriedigung nicht mindern. So wie die physischen Reaktionen in den anderen Phasen nicht mehr so deutlich sind wie früher, wird auch der Orgasmus weniger vehement und kraftvoll. Die Ejakulationen werden schwächer, und der nachfolgende Verlust der Erektion erfolgt sofort. Dafür verlängert sich die Refraktärphase, das bedeutet, daß ein älterer Mann viel längere Zeit braucht, bis er wieder sexuell erregbar ist.

Weiterführende Literatur

Brecher, R., Brecher, E. (Hrsg.): Analysis of human sexual response. New York (New American Library), 1974.

Diagram Group: Man's body. An owner's manual. New York (Paddington Press – Two Continents Publishing Group), 1976.

Lehrman, N.: Masters and Johnson explained. 2. Aufl., Chicago (Playboy Press), 1976.

Masters, W. H., Johnson, V. E.: Die sexuelle Reaktion (Human sexual response, dt.). Reinbek (Rowohlt), 1980

Die sexuelle Reaktion beim männlichen Geschlecht

Wilhelm Reich war einer der ersten, die den Ablauf der sexuellen Reaktion untersuchten. Er nannte sie die ,,Orgasmusformel" und schlug vor, sie in vier Hauptphasen zu unterteilen: 1. mechanische Spannung, 2. bio-elektrische Ladung, 3. bio-elektrische Entladung, 4. mechanische Entspannung*. In neuerer Zeit wurden diese vier Phasen von Masters und Johnson neu benannt als 1. Erregungsphase, 2. Plateauphase, 3. Orgasmusphase, 4. Rückbildungsphase. Sie führten zusätzlich eine fünfte Phase ein, die Refraktärperiode. Im folgenden wird die sexuelle Reaktion der männlichen Geschlechtsorgane nach Masters und Johnson beschrieben. Es sei noch einmal darauf hingewiesen, daß es sich eigentlich um eine Reaktion des ganzen Körpers handelt.

Bei sexueller Erregung erweitern sich die Arterien, die erhöhte Blutzufuhr zum Penis führt zur Erektion. Die Venen enthalten vermutlich einen Mechanismus, um den Blutabfluß aus dem Penis zu drosseln.

Schwellkörper:

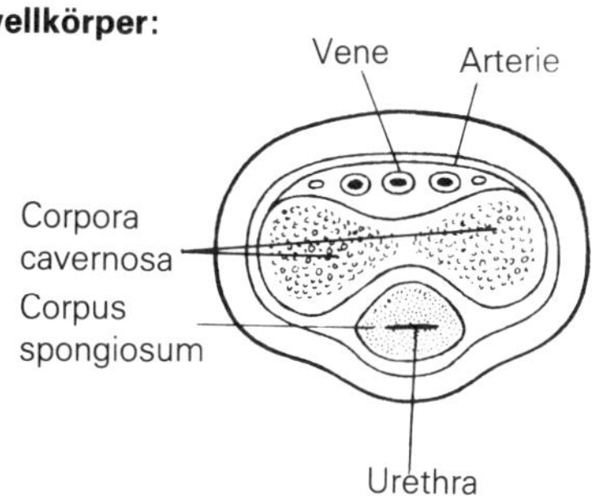

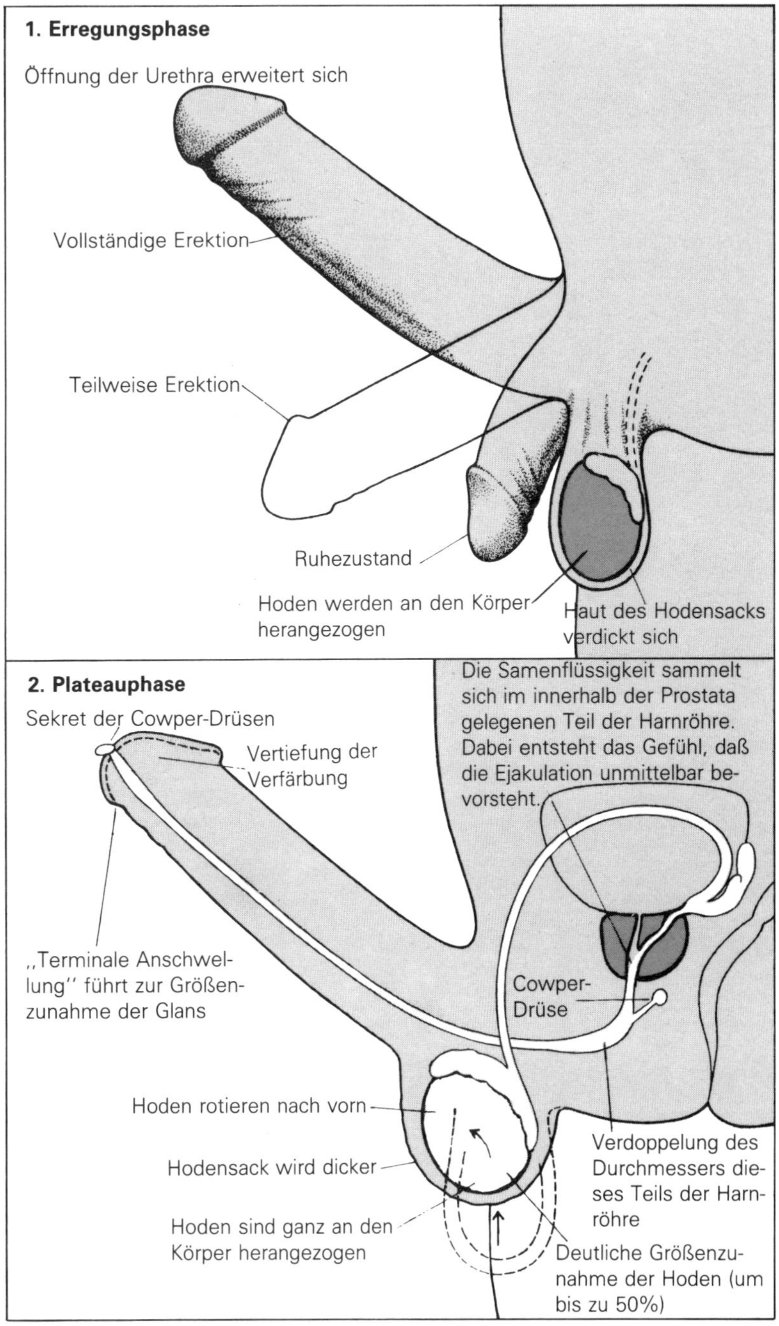

* Vgl. das – in englischer Sprache erschienene – Buch von W. Reich: The Function of the Orgasm. New York (Noonday), 1942.

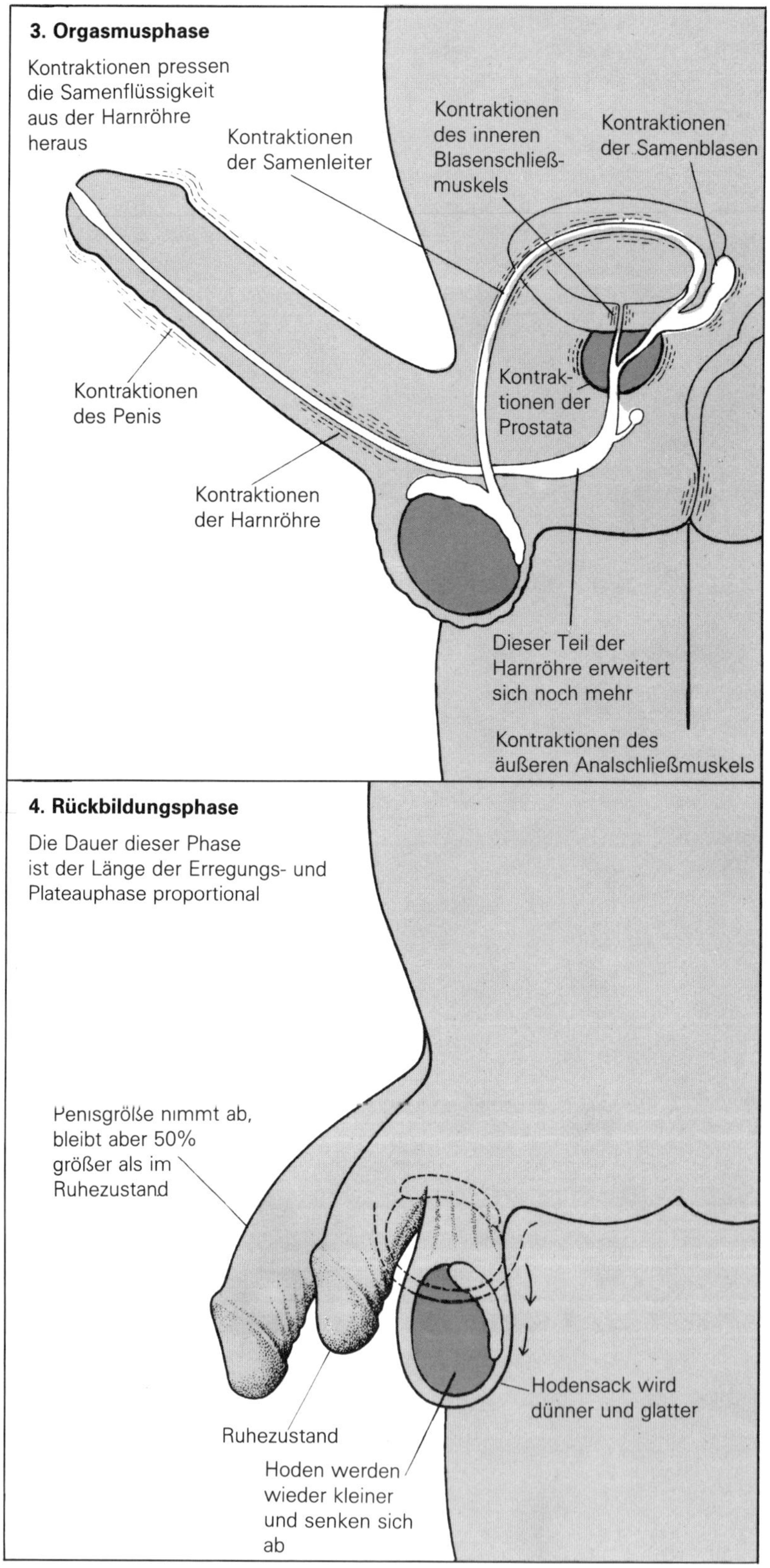
3. Orgasmusphase
Kontraktionen pressen die Samenflüssigkeit aus der Harnröhre heraus
Kontraktionen der Samenleiter
Kontraktionen des inneren Blasenschließ-muskels
Kontraktionen der Samenblasen
Kontraktionen des Penis
Kontrak-tionen der Prostata
Kontraktionen der Harnröhre
Dieser Teil der Harnröhre erweitert sich noch mehr
Kontraktionen des äußeren Analschließmuskels
4. Rückbildungsphase
Die Dauer dieser Phase ist der Länge der Erregungs- und Plateauphase proportional
Penisgröße nimmt ab, bleibt aber 50% größer als im Ruhezustand
Hodensack wird dünner und glatter
Ruhezustand
Hoden werden wieder kleiner und senken sich ab

(5. Refraktärperiode)

Auf den Orgasmus folgt eine Periode, in der beim männlichen Geschlecht auf weitere sexuelle Reize keine Reaktion möglich ist. Diese sogenannte „Refraktärperiode" kann in jungen Jahren relativ kurz sein, ihre Dauer nimmt jedoch mit fortschreitendem Alter zu.

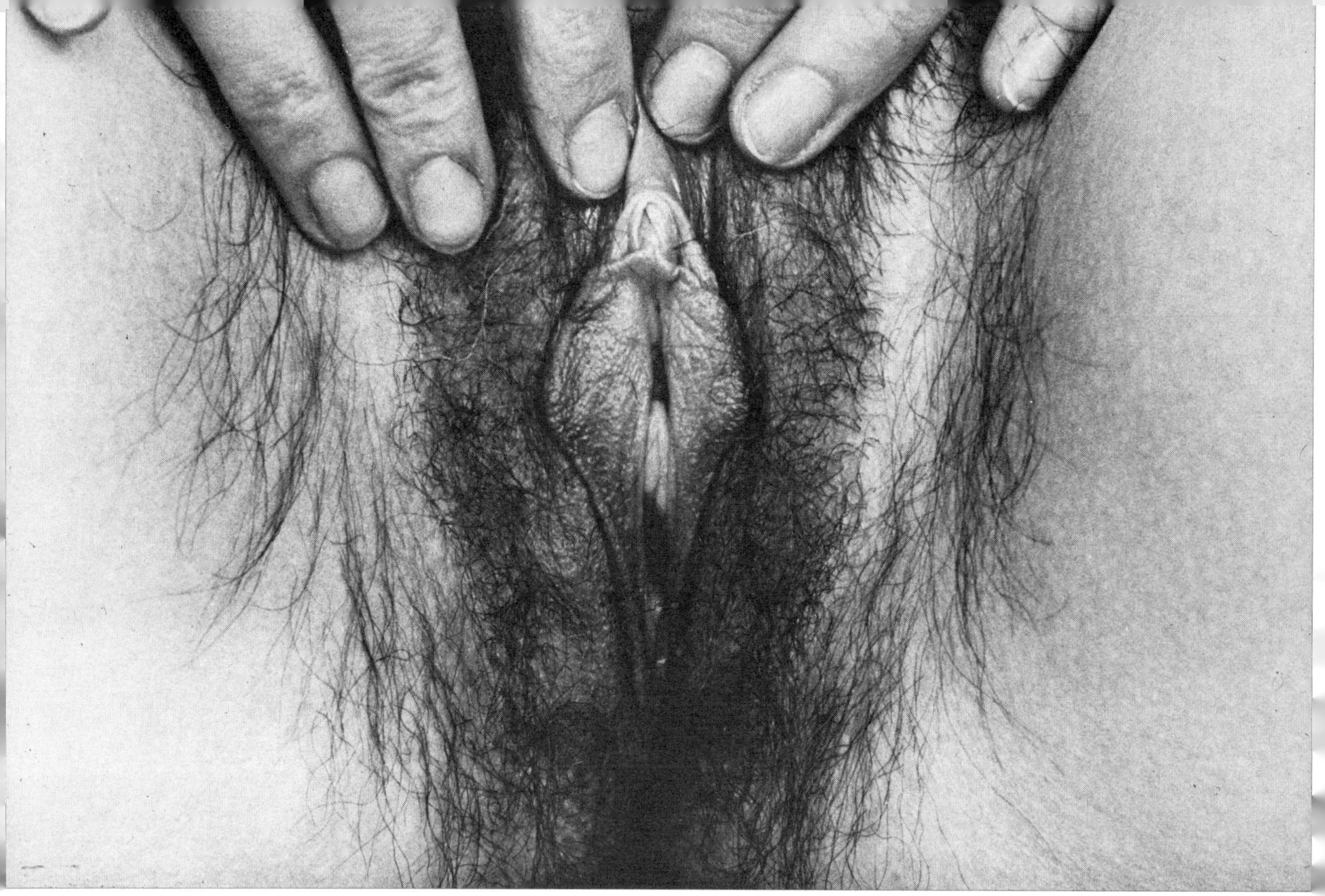

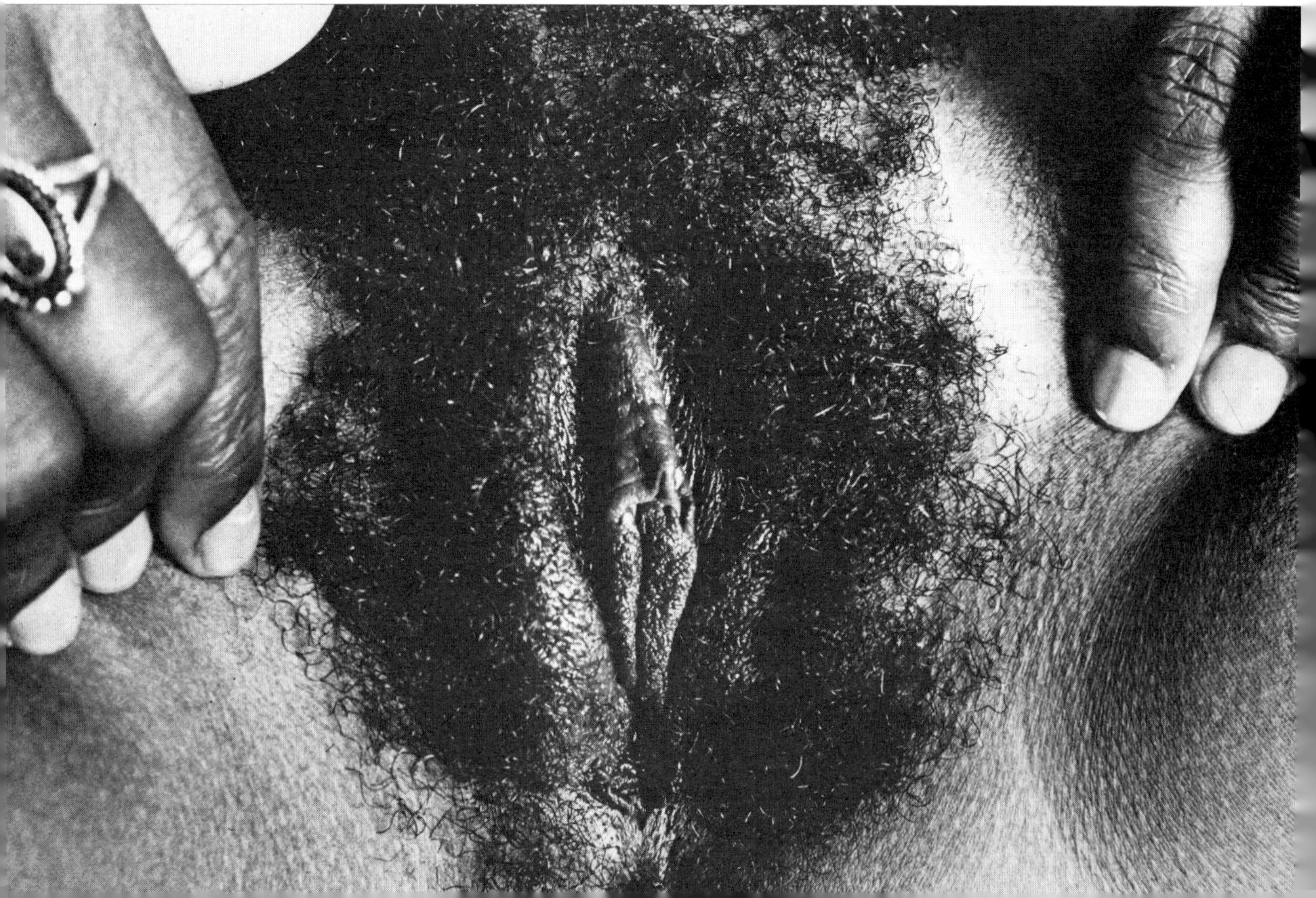

3. Der weibliche Körper

Frauen und Männer gelten als geschlechtsreif, wenn sie fähig sind, Kinder zu zeugen. Da beide Geschlechter verschiedene Rollen bei der Entstehung neuen Lebens spielen, weisen auch ihre Körper eine Reihe wesentlicher Unterschiede auf. Diese Unterschiede (aber auch die Ähnlichkeiten) zu verstehen, kann Frauen und Männern dazu verhelfen, eine glückliche Liebesbeziehung zu entwickeln und sich ihrer besonderen Verantwortung als mögliche Eltern bewußt zu werden. Daher erscheint es sinnvoll, die sexuelle Anatomie und Physiologie von Frau und Mann in zwei verschiedenen Abschnitten zu betrachten. Auf den folgenden Seiten wird der weibliche Körper unter denjenigen Gesichtspunkten besprochen, die für sexuelle Aktivität und Zeugung relevant sind.

3.1 Die weiblichen Geschlechtsorgane

Seit den frühen Tagen der Menschheit hat man Geschlechtsorganen eine besondere Bedeutung zugemessen. Dies drückte sich in verschiedenen historischen Zeitabschnitten und unterschiedlichen geographischen Räumen ganz verschieden aus. (Vgl. a. Kap. 2.1 ,,Die männlichen Geschlechtsorgane".) In unserem Kulturkreis scheinen die meisten Menschen dem sexuellen Aspekt ihres Körpers mit gemischten Gefühlen gegenüberzustehen. Das schlägt sich auch in unserem Sprachgebrauch nieder. Eine häufig verwendete Bezeichnung für Geschlechtsorgane ist beispielsweise das Wort ,,Intimbereich". Damit soll angedeutet werden, daß bestimmte Körperteile als persönlicher als andere anzusehen seien und daß man sie deshalb in der Öffentlichkeit nicht bei ihrem Namen nennen solle. Eine solche verheimlichende Einstellung, die sich hier noch mit einer besonderen Geringschätzung gegenüber Frauen verbindet, hat zu einem Sprachgebrauch geführt, der häufig im Zusammenhang mit weiblichen Geschlechtsorganen angewendet wird: die ,,Scham" oder ,,Pudenda", also die Organe, deren man sich schämen muß. Diese letztere Bezeichnung war früher seltsamerweise gerade unter Medizinern sehr beliebt.

Die Ausdrucksweise der modernen Medizin ist nicht wesentlich besser. Bezeichnungen wie ,,Genitalien" (von lat. genitalia: Zeugungsorgane) oder ,,Reproduktionsorgane" sind ebenfalls wenig treffende Beschreibungen der menschlichen Geschlechtsorgane. Es stimmt, daß einige dieser Organe (zum Beispiel die Eileiter der Frau) nur dem Zweck der Fortpflanzung dienen, andere jedoch (wie zum Beispiel die Klitoris) sind Organe, die hauptsächlich sexueller Lust dienen. Es gibt immer noch Völker oder ethnische Gruppen, die dieser Lustfunktion so ablehnend gegenüberstehen, daß sie bei ihren Frauen eine sogenannte ,,weibliche Beschneidung" vornehmen. Dieser irreführende Ausdruck bezeichnet eine Klitoridektomie, also die operative Entfernung der Klitoris. Diese Operation beeinträchtigt das sexuelle Lustemp-

◁ Äußere Geschlechtsorgane einer weißen (oben) und einer schwarzen Frau (unten) finden der Frau außerordentlich, mindert jedoch ihre Fortpflanzungsfähigkeit in keiner Weise.

Auch der in diesem Buch verwandte Ausdruck ,,Geschlechtsorgane" ist nicht sehr genau, da er eine Doppelbedeutung hat. In erster Linie bezeichnet dieser Begriff die Organe, die das Geschlecht eines Menschen bestimmen. Zum anderen weist das Wort ,,Geschlechtsorgane" aber auch darauf hin, daß sie beim Geschlechtsleben des Menschen eine Rolle spielen. Manche Menschen sind so immer noch der Auffassung, daß nur diese Organe mit dem Geschlechtsverkehr zu tun haben. Die sexuelle Reaktion des Menschen ist jedoch nicht auf einige wenige Organe beschränkt, sondern ist eine Reaktion des ganzen Körpers. Mund und Haut beispielsweise sind ebenfalls als ,,Geschlechts"-Organe anzusehen, weil sie sexuelle Reize übermitteln und empfangen. Nur wenn man sich dieser wichtigen Tatsache bewußt ist, ist es vertretbar, den Begriff ,,Geschlechtsorgane" in dem hier gewählten engeren Sinn zu gebrauchen.

Eine genaue Untersuchung der weiblichen Geschlechtsorgane war seit jeher schwierig; deshalb war man auch über deren Funktion sehr viel weniger gut unterrichtet als über die der männlichen Geschlechtsorgane. Ein Grund dafür war die soziale Betonung oder Überbetonung der weiblichen Rolle bei der Fortpflanzung. Es bestand einfach nicht genug Interesse dafür, etwas über das orgasmische Potential der weiblichen Geschlechtsorgane zu erfahren. Ein weiterer Grund ist in der anatomischen Tatsache zu sehen, daß die weiblichen Geschlechtsorgane zum Großteil von außen kaum sichtbar in der Bauchhöhle verborgen sind. Die äußeren Geschlechtsteile der Frau, die man leicht untersuchen kann, lassen nicht auf die physiologischen Abläufe schließen, die sich weiter innen abspielen. Deshalb ist es auch für viele Frauen schwierig, ihre eigenen körperlichen Funktionen zu verstehen. Die moderne Forschung hat dies wesentlich vereinfacht. Obwohl viele Fragen nach wie vor offen bleiben, ist es heute möglich, jeder Frau das für ihr tägliches Leben erforderliche Wissen zur Verfügung zu stellen. Eine solche, sachliche Information kann viele Ängste und althergebrachte Vorurteile ausräumen und beiden Geschlechtern eine vernünftige Einstellung gegenüber den weiblichen Geschlechtsorganen vermitteln.

Die weiblichen Geschlechtsorgane

1. Venushügel (Mons Veneris)
2. Große Schamlippe (ein Paar)
3. Kleine Schamlippe (ein Paar)
4. Klitoris
5. Öffnung der Harnröhre (Urethra)
6. Harnblase
7. Scheideneingang
8. Scheide (Vagina)
9. Gebärmutterhals (Zervix)
10. Gebärmutter (Uterus)
11. Eileiter (ein Paar)
12. Eierstock (Ovar; ein Paar)

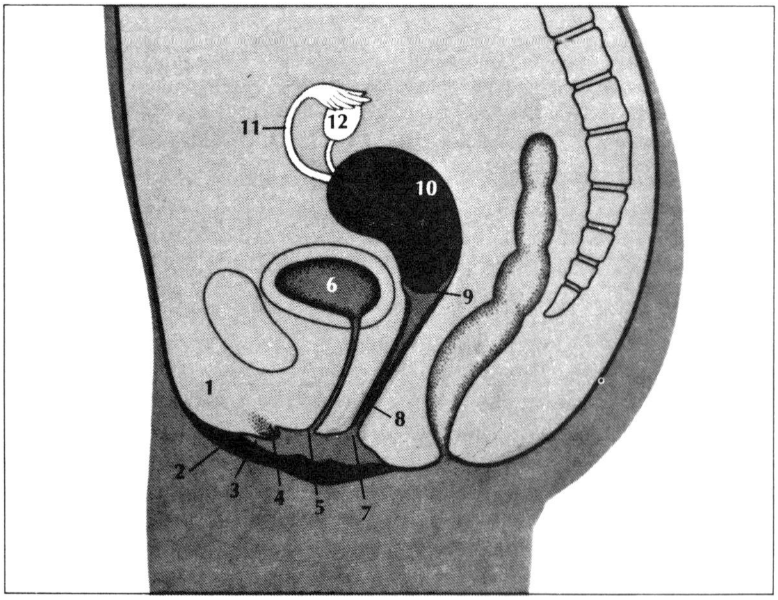

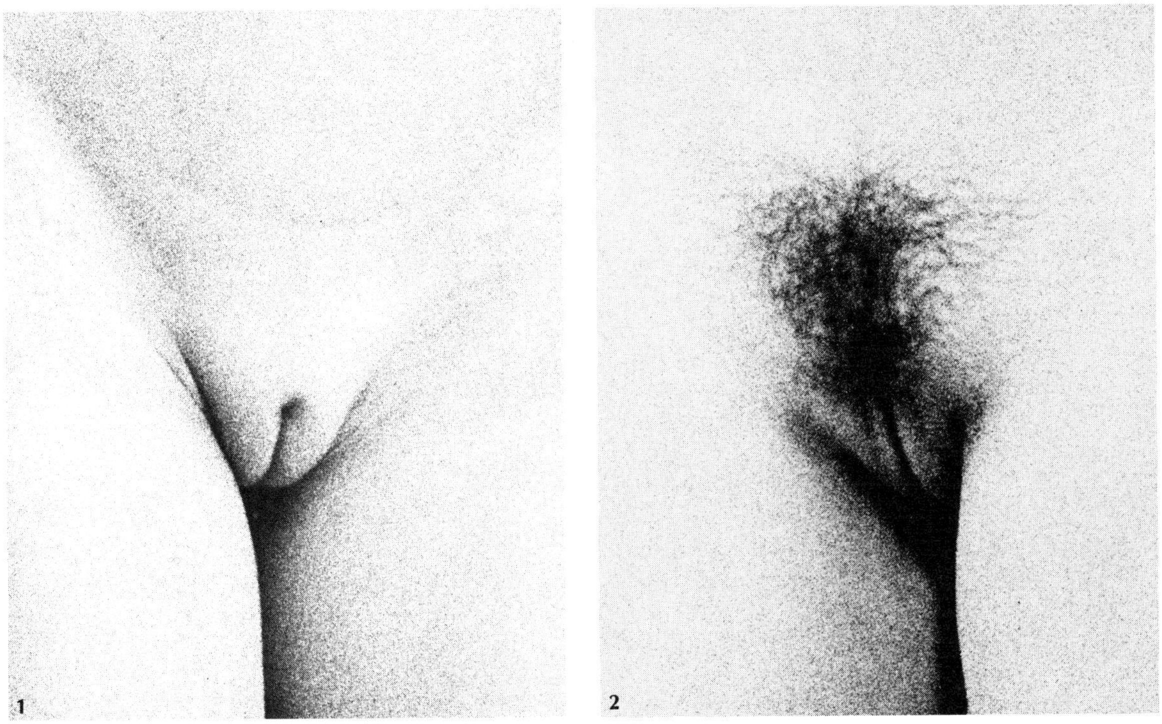

Die äußeren weiblichen Geschlechtsorgane vor (1) und nach (2) der Pubertät

3.1.1 Die äußeren Geschlechtsorgane

Die äußeren weiblichen Geschlechtsorgane bestehen aus dem Venushügel, den großen und kleinen Schamlippen, der Klitoris und dem Scheideneingang. Alle diese Organe zusammen werden auch mit dem Oberbegriff Vulva bezeichnet.

Der Venushügel (Mons Veneris)
Der Venushügel besteht aus Fettgewebe, das unter der Haut unmittelbar über dem Schambein liegt. Seine Oberfläche ist mit Schamhaaren bewachsen, die sich während der Pubertät entwickeln und die den Venushügel zum auffälligsten Teil der Vulva machen.

Die großen Schamlippen (Labia maiora)
Die großen Schamlippen sind zwei dicke Hautfalten aus Fettgewebe, die vom Venushügel abwärts verlaufen und die äußere Begrenzung der Vulva bilden. Sie sind außen ebenfalls mit Schamhaaren bewachsen. Da die großen Schamlippen normalerweise dicht nebeneinander liegen, scheinen sie die übrigen Teile der Vulva zu bedecken.

Die kleinen Schamlippen (Labia minora)
Unter den großen Schamlippen liegen die kleinen Schamlippen. Sie werden von zwei dünnen Hautfalten gebildet, die ein dichtes Netz von Blutgefäßen und Nervenendigungen durchzieht. Daher sind sie sehr berührungsempfindlich. Die kleinen Schamlippen wachsen nach oben hin zusammen und bilden eine Hautfalte, die die Klitoris bedeckt. Diese Hautfalte wird auch als Vorhaut oder Präputium der Klitoris bezeichnet.

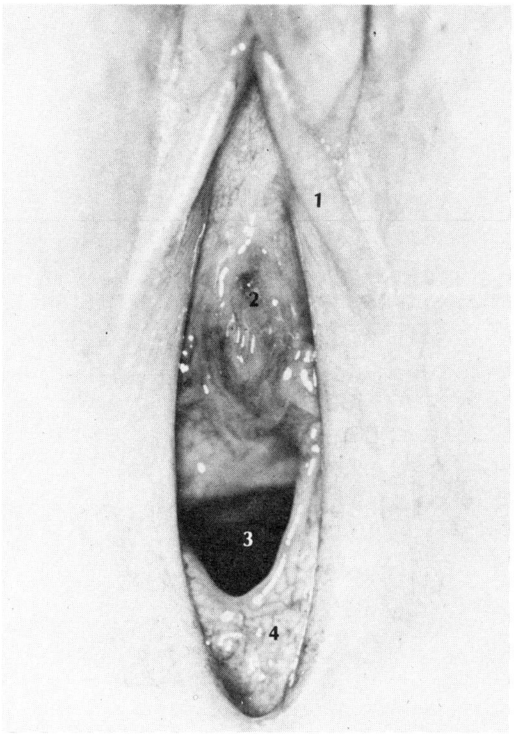

Äußere Geschlechtsorgane eines jungen Mädchens
Der Hymen erstreckt sich deutlich sichtbar über einen Teil der Öffnung der Vagina. 1. Kleine Schamlippen. 2. Harnröhrenöffnung. 3. Öffnung der Vagina. 4. Hymen

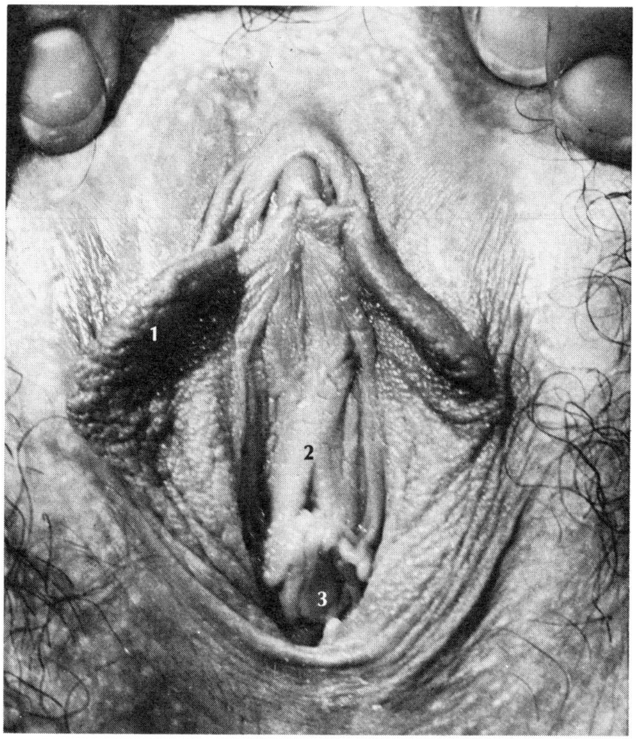

Äußere Geschlechtsorgane einer erwachsenen Frau
Der Hymen ist zerrissen worden und fehlt deshalb. 1. Kleine Schamlippen. 2. Harnröhrenöffnung. 3. Öffnung der Vagina

Die Klitoris (der Kitzler)

Die Klitoris (von griech. kleitoris: kleiner Hügel) liegt unterhalb des Venushügels, an dem Punkt, wo die kleinen Schamlippen zusammengewachsen sind. Die Klitoris ist ein kurzes zylindrisches Organ, das hauptsächlich aus zwei Schwellkörpern (Corpora cavernosa) besteht, die sich in kurzer Zeit mit Blut füllen können, wodurch sich das ganze Organ vergrößert und versteift.

Die Klitoris ist zum Teil von einer Vorhaut bedeckt. Es kommt vor, daß sich Sekrete (Smegma) unter dieser Vorhaut ansammeln, was zu Reizungen und anderen Problemen führen kann (vgl. a. Kap. 5.4.2 ,,Schmerzen der Frau während des Geschlechtsverkehrs“).

Die durchschnittliche Länge der Klitoris im Ruhezustand beträgt weniger als 2,5 cm und der größte Teil davon liegt verdeckt. Im Erregungszustand kann sich ihr Umfang jedoch fast verdoppeln. In gewisser Hinsicht kann man die Klitoris mit einem kleinen Penis vergleichen; denn auch ihre Glans (die Spitze der Klitoris) wird von unzähligen Nervenendigungen versorgt, was sie besonders berührungsempfindlich macht. Anders als der Penis tritt die Klitoris jedoch im Erregungszustand nicht hervor, sondern sie zieht sich hinter ihre Vorhaut zurück. Die Klitoris ist durch mechanische Reize sehr leicht erregbar und spielt eine wesentliche Rolle in der sexuellen Reaktion der Frau (vgl. a. Kap. 3.2 ,,Die sexuelle Reaktion beim weiblichen Geschlecht“).

Der Scheideneingang

Der Scheideneingang liegt unterhalb des Harnröhrenausgangs, der beim weiblichen Geschlecht unabhängig von den Geschlechtsorganen ist und ausschließlich zur Entleerung der Harnblase dient. Der Ausgang der Harnröhre ist sehr klein und liegt ungefähr in der Mitte zwischen Klitoris und Scheideneingang, der im Gegensatz relativ groß ist, allerdings zu einem Teil von einer Haut verschlossen sein kann, dem Hymen (Jungfernhäutchen).

Eine physiologische Funktion des Hymens ist nicht bekannt; trotzdem wurde ihm in der Vergangenheit erhebliche Bedeutung zugemessen. Viele Menschen sahen in einem unverletzten Hymen – wie es auch die Bezeichnung im Deutschen nahelegt – den Beweis für Jungfräulichkeit. Das ist allerdings nichts als ein Aberglaube. Der Hymen hat gewöhnlich ein oder mehrere Löcher, die so dehnbar sein können, daß ein Finger oder auch ein Penis eingeführt werden kann, ohne daß der Hymen dabei zerreißen muß. Bei anderen Frauen zerreißt demgegenüber der Hymen ohne Koitus, zum Beispiel durch anstrengende sportliche Betätigung. Manche Frauen haben überhaupt keinen Hymen. Hieraus folgt auf alle Fälle, daß aus dem Zustand des Hymens in keiner Form Rückschlüsse auf die sexuelle „Unschuld" oder Erfahrung einer Frau gezogen werden können. In den meisten Fällen zerreißt sicher der Hymen beim ersten Koitus, das kann aber ebenso durch Masturbation oder Petting geschehen oder durch die erste Anwendung von Tampons. Das Zerreißen des Hymens kann im Augenblick unangenehm sein und eine leichte Blutung auslösen, die Schmerzen sind jedoch keinesfalls so erheblich, daß Frauen Angst davor haben müßten.

Auf beiden Seiten der Scheidenöffnung, am Rande des Hymens und der kleinen Schamlippen, liegen die Bartholin-Drüsen, die den Bulbourethral-Drüsen (oder Cowper-Drüsen) beim männlichen Geschlecht entsprechen. Diese Drüsen sondern kleine Mengen einer Gleitflüssigkeit ab. Die größere Menge der für den Koitus wichtigen Gleitflüssigkeit wird jedoch nicht von den Bartholin-Drüsen abgegeben, sondern direkt aus der Scheidenwand.

3.1.2 Die inneren Geschlechtsorgane

Die weiblichen inneren Geschlechtsorgane bestehen aus den Eierstöcken (Ovarien), den Eileitern, der Gebärmutter (Uterus) und der Scheide (Vagina).

Die Eierstöcke (Ovarien)

Die Eierstöcke (die weiblichen Keimdrüsen oder Gonaden) sind zwei walnußgroße Organe, die auf beiden Seiten des Uterus im Unterleib liegen.

Die Ovarien haben eine doppelte Funktion:

- Sie produzieren Eizellen (ova), die in die Eileiter aufgenommen werden.
- Sie produzieren Hormone, die direkt in die Blutbahn abgegeben werden.

Die Produktion von Eizellen

Bereits vor der Geburt eines kleinen Mädchens sind in dessen Ovarien alle Zellen gebildet, die sich später zu Eizellen weiterentwickeln. Sie heißen in dieser frühen Phase Ureier (Oogonien), die sich zu primären Oozyten und später zu reifen Eizellen weiterentwickeln.

Der Vorgang der Produktion von Eizellen (die Oogenese) beginnt beim weiblichen Fötus, kommt aber schon vor der Geburt zum Stillstand. So sind bei jedem neugeborenen Mädchen 400 000 Eibläschen (Primärfollikel) vorhanden, die bis zur Pubertät auf diesem Entwicklungsstand bleiben. (In dieser Zeit werden keine neuen Oozyten gebildet. Im Gegenteil, die meisten sterben nach und nach ab. Bis zum Beginn der Pubertät sind noch ungefähr 30 000 primäre Oozyten vorhanden, die sich weiterentwickeln könnten. Bis zum 30. Lebensjahr sinkt diese Zahl weiter auf ungefähr 10 000 ab; mit dem Erreichen der Menopause sind keine Primärfollikel mehr vorhanden.) Wenn der Prozeß der Oogenese während der Pubertät wieder beginnt, werden monatlich eine oder mehrere Eizellen von einem der Eierstöcke gebildet, bis sie im Verlauf der Menopause ihre Funktion verlieren. Eine Frau kann so im Verlauf der Jahre, in denen sie fruchtbar ist, etwa 400 reife Eizellen bilden, von denen allerdings nur eine sehr kleine Anzahl eine Rolle für die Empfängnis spielt.

Die Entwicklung zur reifen Eizelle erfolgt in mehreren Stufen: Jeder Primärfollikel ist von einer Gruppe von Hilfszellen umgeben. Diese Zellgruppen liegen in die äußere Schicht der Ovarien eingebettet. Unter dem Einfluß von Hormonen wächst jeden Monat ein Primärfollikel heran, bis es als relativ großes Bläschen an der Oberfläche des Eierstocks sichtbar wird. Ein solches Bläschen nennt man nach dem Anatomen de Graaf (1641–1673) einen Graaf-Follikel (Tertiärfollikel). In der Entwicklung, die zu diesem Tertiärfollikel führt, teilt sich zunächst der primäre Oozyt, der wie alle Zellen des menschlichen Körpers 46 Chromosomen (davon zwei X-Chromosomen) enthält, in zwei Zellen von sehr unterschiedlicher Größe: in einen relativ großen sekundären Oozyten und ein Polkörperchen, das wesentlich kleiner ist und kein Zellplasma enthält. Bei dieser Zellteilung werden die 46 Chromosomen zu gleichen Teilen auf die beiden neuen Zellen verteilt. So enthält jede der neuen Zellen, der sekundäre Oozyt und das Polkörperchen, jeweils 23 Chromosomen einschließlich eines X-Chromosoms.

Das Polkörperchen stirbt ab und wird aufgelöst, der sekundäre Oozyt entwickelt sich weiter. Er befindet sich zunächst innerhalb des wachsenden Follikels, das eine Flüssigkeit enthält. Schließlich platzt der Follikel und schleudert den Oozyten hinaus. Dieser Vorgang ist als Eisprung bekannt. Der Oozyt wird dann vom Eileiter aufgenommen und durchwandert ihn bis zur Gebärmutter. Noch im Eileiter teilt sich der Oozyt wiederum in zwei Zellen unterschiedlicher Größe: in eine relativ große reife Eizelle und in ein kleines zweites Polkörperchen. Bei dieser Teilung findet keine Verminderung des Chromosomensatzes mehr statt, so daß jede neue Zelle 23 Chromosomen einschließlich eines X-Chromosoms enthält. Diese letzte Zellteilung findet jedoch nur nach einer Befruchtung statt. Während das zweite Polkörperchen – wie das erste – abstirbt, vereinigen sich im Fall einer Befruchtung die 23 Chromosomen der Eizelle mit den 23 Chromosomen einer Samenzelle zu einer neuen Zelle (Zygote), die wie alle Zellen des menschlichen Körpers 46 Chromosomen enthält. (Vgl. a. Kap. 4.1 „Die Empfängnis“).

Die Produktion von Hormonen

Wie oben beschrieben, werden in den weiblichen und männlichen Gonaden (Eierstöcken und Hoden) auch bestimmte Hormone gebildet. Diese Gonadenhormone wurden früher in weibliche Hormone (Östrogene) und männliche Hormone (Androgene) unterteilt. Diese Begriffe sind jedoch irreführend insofern, als „weibliche“ und „männliche“ Hormone vom weiblichen und männlichen Körper gebildet werden. Lediglich die vorhandene Menge dieser Hormone ist unterschiedlich.

Neben Östrogenen und Androgenen produzieren die Ovarien der geschlechtsreifen Frau ein weiteres Hormon, das Progesteron. Die Bildung von Progesteron findet vor allem im sogenannten Gelbkörper (lat.: corpus luteum) statt, der aus den Zellen des Follikels nach dem Eisprung entsteht. Gewöhnlich bleibt ein Gelbkörper zwei Wochen in Funktion und bildet sich zurück, falls keine Schwangerschaft zustande gekommen ist.

Während für die körperliche Entwicklung eines jungen Menschen die Gonadenhormone unerläßlich sind, sind sie für die weitere sexuelle Aktivität des erwachsenen Menschen nicht unbedingt notwendig. Das bedeutet, daß beim männlichen und weiblichen Geschlecht die Gonadenhormone zum Erreichen der Geschlechtsreife erforderlich sind. Nach Abschluß des Reifeprozesses sind jedoch beide Geschlechter auch ohne Hormone sexuell funktionsfähig.

Eine Frau muß deshalb nicht fürchten, sie könne nach der Menopause ihre sexuelle Ansprechbarkeit verlieren. Auch wenn die Ovarien ihre Funktion nach und nach einstellen, ändert dies die sexuellen Möglichkeiten nicht. Entsprechendes gilt für Frauen, deren Ovarien aufgrund einer Krankheit operativ entfernt werden mußten. (Vgl. a. Kap. 1.2 ,,Die Bedeutung der Hormone".)

Die Eileiter (Tubae uterinae)

Die Eileiter führen von den Eierstöcken in die Gebärmutter. Sie dienen als Weg für die Eizelle zu dem Ort, wo sie sich im Falle einer Befruchtung einnistet. Gleichzeitig sind die Eileiter der Gang, durch den die Samenzellen wandern, um die Eizelle zu befruchten. An ihrem den Eierstöcken zugewandten Ende haben die Eileiter fingerähnliche Fortsätze (Fimbrien), die sich beim Eisprung an die Stelle des Eierstocks legen, an der sich der reife Follikel befindet, um die Eizelle aufzunehmen. Das andere Ende der Eileiter mündet in den Uterus.

Die Befruchtung einer Eizelle findet meistens im oberen Teil des Eileiters statt. In seinem Inneren befinden sich unzählige haarähnliche Fortsätze (Zilien), deren Bewegungen, zusammen mit den Kontraktionen der Muskeln in der Wand des Eileiters, das Ei in die Gebärmutter bewegen. (In vergleichbarer Weise findet der Transport der Samenzellen im Samenleiter des Mannes statt, da Samenzellen ihre Beweglichkeit erst in einem späteren Entwicklungsstadium erreichen.)

Die Gebärmutter (Uterus)

Die Gebärmutter ist ein muskuläres Organ, das ungefähr in der Mitte des Unterleibes liegt. Sie ist etwa 7 cm lang und hat die Form einer auf dem Kopf stehenden Birne. Die Eileiter münden rechts und links am oberen Ende in die Gebärmutter. Der Körper der Gebärmutter berührt nach vorne das Dach der Harnblase und grenzt sich von seinem schmaleren unteren Teil durch eine leichte Verengung ab. Dieser untere Teil wird als Gebärmutterhals oder Zervix bezeichnet, er reicht in das Innere der Scheide hinein. Er besitzt eine kleine Öffnung, den Muttermund, durch den die Samenzellen aus der Scheide in die Gebärmutter gelangen können. Mit Ausnahme einer kurzen Phase um den Eisprung herum ist diese Öffnung jedoch für Samenzellen durch einen zähen Schleimpfropf verschlossen.

Die Wand der Gebärmutter setzt sich aus drei Gewebeschichten zusammen: einer äußeren Schicht, dem Perimetrium; der eigentlichen Muskelschicht, dem Myometrium; und der inneren Schleimhautschicht, dem Endometrium. Das Gewebe des Endometriums besitzt die Fähigkeit, sich jeden Monat teilweise neu aufzubauen, um so die Aufnahme eines möglicherweise befruchteten Eies zu gewährleisten (vgl. a. Kap. 4.1 ,,Die Empfängnis"). Wenn es nicht zu einer Befruchtung kommt, löst sich der größte Teil dieses Gewebes ab und wird während der Menstruation durch Gebärmutterhals und Scheide ausgeschieden (vgl. a. Kap. 3.1.3 ,,Der Menstruationszyklus").

Im Falle einer Schwangerschaft dehnt sich die Gebärmutter mit dem wachsenden Fötus aus. Eine einzigartige Muskelstruktur des Myometriums ermöglicht nicht nur eine derart große Dehnung, sie sorgt auch für die Preßwehen bei der Geburt (vgl. Kap. 4.3 ,,Die Geburt"). Auch beim Orgasmus ziehen sich die Muskeln der Gebärmutter zusammen (vgl. Kap. 3.2 ,,Die sexuelle Reaktion beim weiblichen Geschlecht").

Die Scheide (Vagina)

Die Vagina ist ein 8 bis 10 cm langes muskulöses Rohr, das sich vom Muttermund bis zur Öffnung nach außen in die Vulva erstreckt.

Die Vagina erfüllt drei hauptsächliche Funktionen:

- Sie bildet den Kanal, durch den die Menstruationsflüssigkeit ausfließt.
- Sie nimmt Penis und Ejakulat auf, so daß die Samenzellen zum Gebärmutterhals gelangen können.
- Sie stellt von der Gebärmutter einen Weg nach außen für das Kind bei der Geburt dar.

Unter gewöhnlichen Umständen hat die Vagina die Form einer zusammengefallenen Röhre, sie bildet also keinen wirklichen Hohlraum. Auf der Innenfläche gewährleisten bestimmte physiologische Bedingungen und verschiedene Mikroorganismen ein ökologisches Gleichgewicht. Dieses Gleichgewicht kann jedoch durch chemische Einflüsse gestört werden. Aus diesem Grunde sollte man mit der Anwendung von Vaginalsprays und -duschen äußerst zurückhaltend sein. Die Vagina reinigt sich durch eigene Sekretionen selbst. Darüber hinaus besitzt sie einen besonderen Schutz gegen Infektionen (vgl. a. Kap. 5.5 ,,Die Geschlechtskrankheiten").

In den dicht aneinander liegenden Scheidenwänden befinden sich zahlreiche schleimproduzierende Zellen und Blutgefäße, aber keine Drüsen und wenige Nervenendigungen. Während sexueller Erregung sondern die Scheidenwände eine wäßrige Substanz ab, die beim Koitus als Gleitflüssigkeit dient. Ohne diese Gleitflüssigkeit würde das Eindringen des Penis für beide Partner schmerzhaft sein (vgl. a. Kap. 5.4 ,,Schmerzen beim Geschlechtsverkehr").

Bei manchen Frauen tritt während des Orgasmus eine geringe Menge Flüssigkeit aus der Urethra aus. In der Vergangenheit nahm man meist an, diese Flüssigkeit könne nur Urin sein, und viele Frauen empfanden dies als unangenehm. Manchmal wurde auch die Erklärung gegeben, die Flüssigkeit stamme aus der Scheide selbst und es handle sich dabei um ungewöhnlich große Mengen Gleitflüssigkeit oder eine Sekretion der Bartholin-Drüsen. Beide Erklärungen waren jedoch falsch. Die Flüssigkeit stammt tatsächlich aus der Urethra, aber es handelt sich dabei nicht um Urin. Neuere Forschungen haben ergeben, daß die Flüssigkeit von verschiedenen urethralen (oder paraurethralen) Drüsen produziert wird, das heißt von Drüsen, die um die Urethra gelegen sind und ihre Sekrete dahin abgeben. Dieses Drüsensystem ist bei manchen Frauen stärker ausgebildet als bei anderen. Auf alle Fälle entspricht es der Prostata beim männlichen Geschlecht, die ebenfalls um die Urethra gelegen ist. Einige Wissenschaftler sprechen deshalb in diesem Zusammenhang von ,,weiblicher Prostata". In Analogie wurde das Austreten von Flüssigkeit aus diesem Drüsensystem im Zusammenhang des Orgasmus als ,,weibliche Ejakulation" bezeichnet, was eine gewisse Berechtigung auch dadurch erhält, daß die Flüssigkeit selbst der männlichen Prostataflüssigkeit ähnelt.

Vermutlich ,,ejakulieren" nur relativ wenige Frauen auf diese Weise. Viele Frauen (vielleicht alle) haben jedoch eine bestimmte sehr sensible Zone, die um die Urethra gelegen ist und die durch die vordere Wand der Vagina getastet und gereizt werden kann. Dieses Gewebe (das vermutlich mit dem System der urethralen Drüsen in enger Beziehung steht) schwillt durch intensive Reizung an und trägt dann zu einem besonders intensiven Gefühl des Orgasmus bei. Anatomisch wird diese besonders empfindliche Zone heute als ,,Gräfenberg-Zone" bezeichnet, nach Ernst Gräfenberg, der sie als erster im Jahre 1950 beschrieb.

Die Scheide paßt sich in ihrer Größe jedem Penis an. Es kommt jedoch in einigen Fällen vor, daß der äußere Teil der Scheide so erschlafft ist, daß er den Penis nicht mehr fest umschließen kann. Das kann die Folge einer Geburt oder einfach des Alterungsprozesses sein. Andererseits ist es auch möglich, daß der Scheideneingang sich so verkrampft, daß das Einführen des Penis nicht möglich ist. Man nennt solche Scheidenkrämpfe ,,Vaginismus". In beiden Fällen sollte man sich vor Augen halten, daß eine Frau die Funktionen ihrer Vaginalmuskeln sehr gut steuern lernen und durch geeignetes Training beherrschen kann. Einige dieser Übungen, die nach dem Gynäkologen Kegel benannt sind, kann man jederzeit und an jedem Ort durchführen. (Vgl. a. Kap. 8.2.2 „Sexuelle Funktionsstörungen bei der Frau".)

Einige homologe Strukturen im System der weiblichen und männlichen Geschlechtsorgane

Beim männlichen Embryo entwickeln sich die ursprünglich undifferenzierten Strukturen unter dem Einfluß von Testosteron (dem „männlichen" Hormon) zu einem männlichen Körper mit männlichen Geschlechtsorganen.
Beim weiblichen Embryo führt das Fehlen von Testosteron dazu, daß sich „von selbst" ein weiblicher Körper mit weiblichen Geschlechtsorganen entwickelt.
Da jedoch männliche und weibliche Geschlechtsorgane sich aus der gleichen embryonalen Zellmasse entwickeln, entsprechen sie sich in verschiedener Hinsicht, was wissenschaftlich mit dem Begriff „homolog" bezeichnet wird.

Weiblich	**Männlich**
Eierstöcke	Hoden
Urethra	In der Prostata gelegener Anteil der Urethra
Kleine Schamlippen	Im Penis gelegener Anteil der Urethra
Große Schamlippen	Hodensack
Klitoris	Penis
Bartholin-Drüsen	Cowper-Drüsen
Urethrale Drüsen („weibliche Prostata")	Prostata

3.1.3 Der Menstruationszyklus

Frauen erreichen ihre Fortpflanzungsfähigkeit mit der Pubertät und verlieren sie in den Wechseljahren, anfangs des fünften Lebensjahrzehnts. Sie sind aber auch während ihrer fruchtbaren Jahre nur dann empfängnisfähig, wenn einmal im Monat die Ovarien eine reife Eizelle ausstoßen. Die monatliche Wiederholung dieses Vorgangs in Begleitung mit anderen regelmäßigen körperlichen Veränderungen bildet den weiblichen Zyklus. Das deutlichste äußere Anzeichen ist die monatliche Blutung oder Menstruation (von lat. mensis: Monat). Daher wird dieser Zyklus auch als Menstruationszyklus bezeichnet.

Bei Mädchen tritt die erste Menstruation, die Menarche, zwischen dem 11. und 13. Lebensjahr auf. Die zweite Menstruation tritt dann allerdings möglicherweise erst mehr als einen Monat später auf, da der Zyklus während der Entwicklungsphase noch sehr unregelmäßig ist. Erst im Verlauf des Heranwachsens stellt sich ein regelmäßiger Rhythmus ein. Bei einer reifen Frau dauert der Menstruationszyklus zwischen 28 und 35 Tagen. Gewisse Schwankungen sind jedoch häufig und ganz normal. Sie nehmen mit dem Alter der Frau wieder zu, bis der Menstruationszyklus nach der Menopause schließlich ganz aufhört.

In medizinischen Lehrbüchern ist es üblich den Menstruationszyklus in zwei, drei, vier oder noch mehr verschiedene Phasen einzuteilen. Solche Einteilungen, die immer etwas willkürlich sind, können dazu beitragen, die biologischen Vorgänge besser zu verstehen. Im Rahmen dieses Buches scheint eine Einteilung in drei Phasen ausreichend.

Die drei Phasen des Menstruationszyklus

Die Grundfunktion des Menstruationszyklus ist einfach zusammenzufassen: Er bereitet die Schleimhaut des Uterus auf die mögliche Aufnahme eines befruchteten Eies vor. Kommt es nicht zur Einnistung, wird das Schleimhautgewebe abgestoßen und durch die Vagina ausgeschieden. Diese Ausscheidung wird Regelblutung, Menstruationsblutung oder auch einfach Menstruation genannt. Wenn diese Blutung aufgehört hat, wird die Uterusschleimhaut neu gebildet, und der gesamte Zyklus beginnt von neuem.

Im Zusammenhang medizinischer Überlegungen geht man oft davon aus, daß der Zyklus mit dem ersten Tag der Blutung beginnt, er also mit dem letzten Tag vor der nächsten Blutung endet. Im Zusammenhang des vorliegenden Buches erscheint es jedoch sinnvoller, mit dem Heranwachsen der Eizelle und dem Aufbau der Uterusschleimhaut, des Endometrium, zu beginnen.

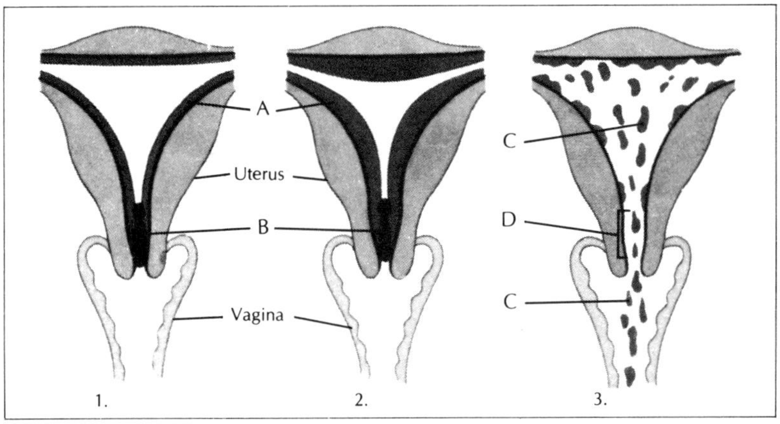

I. Die drei Phasen des Menstruationszyklus
(Gerechnet ab dem ersten Tag nach Ende der Menstruation)

1. Die Vorbereitung der Ovulation
Nach der Menstruation beginnt das Endometrium erneut zu wachsen

2. Die Vorbereitung der Implantation
Das Endometrium ist zur Aufnahme einer Blastozyste bereit.

3. Menstruation
Wenn keine Implantation stattfindet, wird das Endometrium abgebaut und in der Menstruation ausgeschieden.

Schlüssel:
A. Endometrium
B. Schleimpfropf im Gebärmutterhals
C. Endometrium löst sich ab und wird ausgeschieden
D. Gebärmutterhals öffnet sich, Schleimpfropf wird ausgestoßen.

1. Die Vorbereitung der Ovulation

Das Gewebe des Endometriums ist nach der Menstruation sehr dünn. Unter dem Einfluß von Östrogen beginnt es zu wachsen. Östrogen ist ein in den Ovarien gebildetes Hormon, das direkt in die Blutbahn gegeben wird. Durch den Anstieg des Östrogenspiegels wird das Wachstum der Eizellen in den Graaf-Follikeln angeregt. Nur einer dieser Follikel entwickelt sich bis zum Eisprung, die anderen bilden sich wieder zurück. Nach ungefähr zwei Wochen platzt er und setzt eine Eizelle frei. Dieser Vorgang wird als Ovulation oder Eisprung bezeichnet. Zum Zeitpunkt des Eisprungs ist die Uterusschleimhaut bereits deutlich dicker geworden und bietet bereits annähernd die zur Implantation erforderlichen Bedingungen.

Der Eisprung erfolgt ungefähr zwei Wochen vor Beginn der nächsten Menstruation. Das heißt, wenn keine Befruchtung und keine Implantation stattfinden, löst sich dieses Gewebe ab und wird nach zwei Wochen ausgeschieden. Bei einem Menstruationszyklus von 28 Tagen kann man also davon ausgehen, daß der Eisprung am 14. Tag stattfindet; bei einem Zyklus von 35 Tagen wird es nach dieser Berechnung am 21. Tag zum Eisprung kommen. Während der Zeitraum zwischen Eisprung und nächster Menstruation relativ konstant bleibt, kann die Zeitspanne zwischen Menstruation und dem erneuten Eisprung erheblich variieren. Dies muß berücksichtigt werden, wenn eine Empfängnis mit Hilfe der Basaltemperatur-Methode (Rhythmus-Methode) verhütet werden soll.

2. Die Vorbereitung der Implantation

Der Follikel, der die reife Eizelle enthält, beginnt kurz vor der Ovulation ein neues Hormon zu bilden, das Progesteron. Diese Hormonbildung nimmt nach der Ovulation noch erheblich zu, während sich der geplatzte Follikel zum Gelbkörper (Corpus luteum) umwandelt. Neben Progesteron, das eine erhebliche Rolle in der letzten Entwicklungsphase der Uterusschleimhaut spielt, bildet das Corpus luteum auch Östrogen. Unter dem Einfluß dieser Hormone erreicht die Uterusschleimhaut ihre größte Dicke und die Fähigkeit, eine befruchtete Eizelle aufzunehmen.

Nachdem die Eizelle vom Eierstock freigesetzt worden ist, wird sie von den Fimbrien aufgenommen und in Richtung Uterus transportiert. Innerhalb weniger Stunden vollziehen sich die letzten Reifungsschritte, und die Eizelle kann nun befruchtet werden. Nach der Befruchtung wächst das Ei zu einer Gruppe von Zellen heran, die weiter durch den Eileiter in den Uterus wandern und diesen nach ungefähr drei Tagen erreichen. Nach drei bis vier weiteren Tagen beginnt der entstandene Zellenball schließlich, sich in das schützende und nährende Gewebe der Uterusschleimhaut einzunisten. Damit hat die Schwangerschaft begonnen.

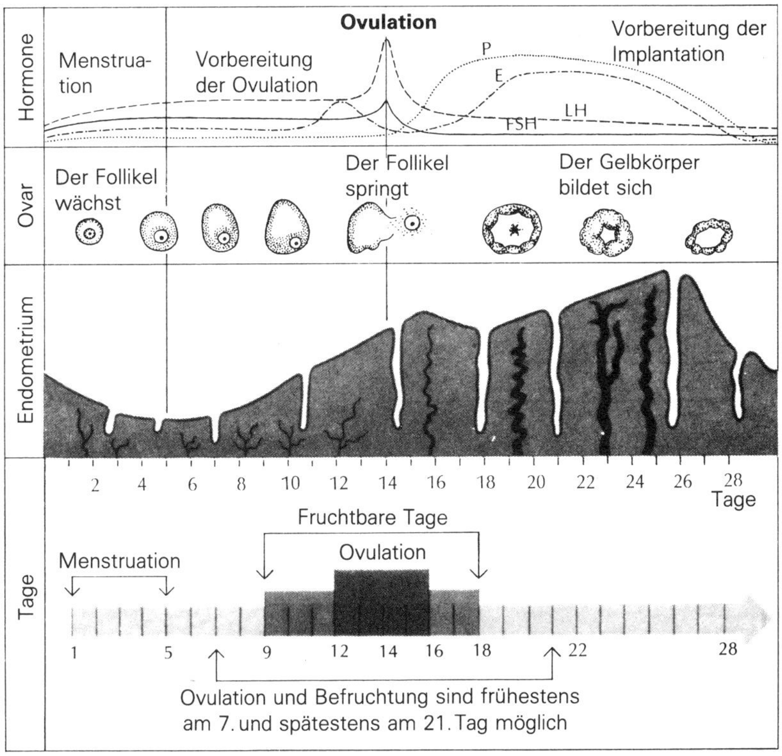

II. Die drei Phasen des Menstruationszyklus
(Gerechnet ab dem ersten Tag der Menstruation)

Schlüssel:
FSH: Follikel-stimulierendes Hormon
Ö: Östrogen
LH: Luteinisierendes Hormon
P: Progesteron. Man beachte den erheblichen Anstieg des Progesteronspiegels in den ersten 24 Stunden nach der Ovulation.

Das Corpus luteum und seine Progesteron- und Östrogenbildung erhalten die Schwangerschaft aufrecht. Dadurch kommt es nicht zu einer erneuten Ovulation, und die Uterusschleimhaut wird nicht abgebaut. Das bedeutet, daß im Falle einer Schwangerschaft der Menstruationszyklus unterbrochen wird und nicht in die dritte Phase eintritt.

3. Menstruation

Eine Befruchtung ist nur innerhalb der ersten 24 Stunden nach der Ovulation möglich. Wenn das Ei innerhalb dieser Zeit nicht auf Samenzellen trifft, stirbt es ab und wird aufgelöst. Natürlich findet in diesem Fall auch keine Einnistung in das Gebärmuttergewebe statt. Deshalb ist nun dieses Gewebe nicht weiter nötig und löst sich ab – es kommt zur Menstruation. Die bei der Men-

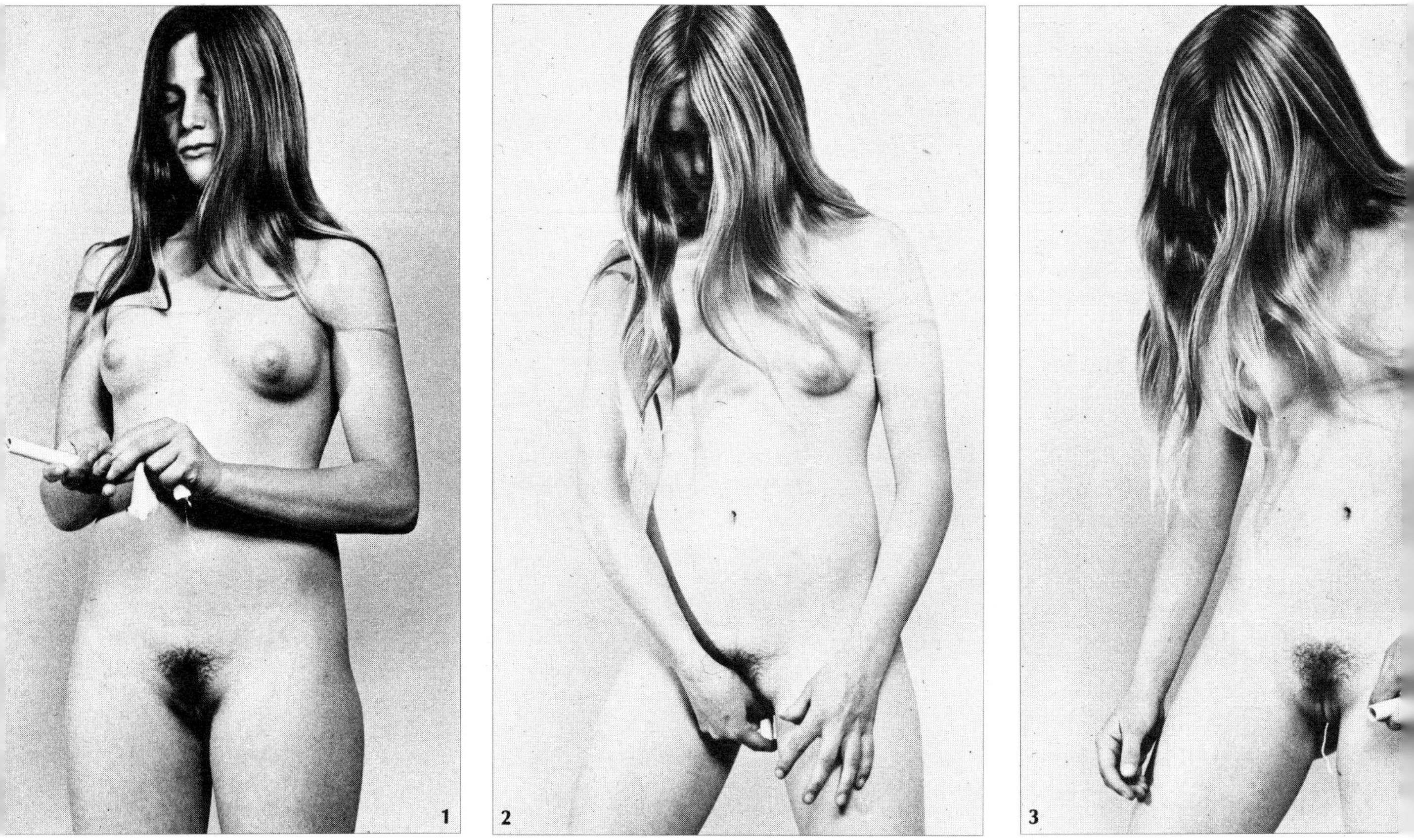

Anwendung eines Tampons
1. Der Tampon wird aus der Schutzhülle genommen. 2. Der Tampon wird in die Vagina eingeführt. 3. Der Tampon ist eingesetzt und nimmt nun die Menstruationsflüssigkeit auf. (Der kurze Faden, der außerhalb der Scheide verbleibt, erlaubt ein einfaches späteres Entfernen des Tampons.)

struation abgesonderte Flüssigkeit besteht in der Hauptsache aus Schleim, Geweberesten und einer unterschiedlichen Menge Blut. Normalerweise dauert die Menstruation drei bis fünf Tage. In der Umgangssprache werden diese Tage auch einfach als „Periode" bezeichnet.

Während dieser „Periode" kann eine Frau sich auch körperlich unwohl fühlen. Es können Rückenschmerzen, Kopfschmerzen und Krämpfe im Unterleib vorkommen. Manchmal leiden Frauen auch bereits ein paar Tage vor der Menstruation unter solchen Beschwerden. Solche prämenstruellen Spannungszustände und Beschwerden können meist durch Medikamente behoben werden. Nur in seltenen Fällen muß jedoch deswegen der übliche Tagesablauf unterbrochen werden. Während der Menstruation kann zum Beispiel jederzeit Sport betrieben werden, ohne daß dies irgendwelche gesundheitlichen Schäden nach sich zieht.

Frauen tragen heute vielfach Tampons während ihrer Menstruation. Diese Tampons werden aus Baumwolle oder anderen saugfähigen Materialien hergestellt. Sie werden in die Vagina eingeführt, wo sie die Menstruationsflüssigkeit aufsaugen. Weil dies allerdings ausgesprochen unphysiologisch ist und weil bei Tampongebrauch gelegentlich gefährliche bakterielle Infektionen aufgetreten sind, empfehlen Ärzte neuerdings wieder eher saugfähige Binden, die, äußerlich auf die Vulva aufgelegt, das Einwandern von Krankheitserregern bei entsprechender Hygiene verhindern.

Geschlechtsverkehr während der Menstruation

Bei vielen Völkern war in der Vergangenheit Geschlechtsverkehr während der Menstruation streng untersagt. Ganz allgemein sah man Frauen während ihrer Regelblutungen als ,,unrein" an. In einigen Kulturkreisen herrschte der Glaube, daß ein Mann krank würde, wenn er mit einer menstruierenden Frau Geschlechtsverkehr ausübte. Die moderne Forschung hat jedoch ergeben, daß solche Ansichten nur Vorurteile und Aberglaube sind. Vom rein medizinischen Standpunkt aus besteht kein Grund, zu irgendeiner Zeit während des Menstruationszyklus den Geschlechtsverkehr einzustellen. Tatsächlich sind viele Frauen gerade vor oder während ihrer Periode für sexuelle Reize besonders empfänglich. Manche Paare lehnen jedoch Koitus während der Blutungen aus ästhetischen Gründen ab. In diesem Fall könnte ein Diaphragma verwendet werden; es hält nicht nur das Blut zurück, sondern stellt gleichzeitig eine Empfängnisverhütung dar. Spermien können schließlich noch einige Tage lang im Körper der Frau weiterleben, und Menstruationszyklen können sehr unregelmäßig sein. Eine frühe Ovulation ist also nie ganz auszuschließen (vgl. a. Kap. 4.4 ,,Empfängnisverhütung").

Menopause

Normalerweise stellt eine Frau zwischen dem 45. und 50. Lebensjahr fest, daß ihr Zyklus unregelmäßig wird, bis sie schließlich ganz aufhört zu menstruieren. Dieses endgültige Aufhören von Menstruation wird Menopause genannt (von griech. men: Monat und pauomai: aufhören). Die umfassendere Bezeichnung ,,Klimakterium" (von griech. klimakter: Leitersprosse) weist darüber hinaus auf die allgemeinen körperlichen und psychischen Veränderungen hin, die sich zu dieser Zeit im Leben einer Frau abspielen. Wie bereits beschrieben, sinkt die Anzahl der Oozyten bei der Frau im Laufe der Jahre auf Null ab. Gleichzeitig läßt die Bildung der für den Menstruationszyklus notwendigen Hormone nach. Die sich daraus ergebenden hormonellen Umstellungen können bei manchen Frauen vorübergehend Symptome wie Kopfschmerzen, Schwindelgefühle, Müdigkeit, Schlaflosigkeit und Depressionen mit sich bringen. Ein anderes häufig auftretendes Symptom ist ,,aufsteigende Hitze", Hitzewellen, die plötzlich den ganzen Körper erfassen. Eine solche Hitzewelle kann wenige Sekunden, aber auch Minuten andauern, kurzes Frieren und Schweißausbrüche können folgen. Solche Beschwerden der Menopause können durch Hormonbehandlung verringert oder vermieden werden.

Das Klimakterium dauert meist nicht länger als zwei Jahre. Während dieser Zeit wird die Menstruation immer seltener, Ovulationen – und damit auch Schwangerschaften – sind jedoch durchaus noch möglich. Eine Frau, die in dieser Zeit nicht schwanger werden will, ist deshalb gut beraten, empfängnisverhütende Mittel weiterhin zu verwenden. Erst ein Jahr nach der letzten Menstruation kann sie sicher sein, nicht mehr fruchtbar zu sein.

Der Verlust der Fruchtbarkeit hat keinen Einfluß auf die sexuelle Ansprechbarkeit der Frau. Oft zeigt sich bei vielen Frauen ein erneutes, verstärktes Interesse am Geschlechtsverkehr, wenn keine Schwangerschaften mehr zu befürchten sind. (Vgl. a. Kap. 1.2 ,,Die Bedeutung der Hormone".)

3.1.4 Die Brüste

Wenngleich man die Brüste der Frau nicht als Geschlechtsorgane im engeren Sinn bezeichnen kann, spielen sie doch eine wichtige Rolle nicht nur für ihr erotisches Empfinden, sondern auch für die Ernährung von Neugeborenen.

In diesem Sinne kann man sowohl von erotischen als auch von reproduktiven Funktionen der Brüste sprechen.

Die Brüste der erwachsenen Frau bestehen aus zwei Polstern aus Fett- und Bindegewebe, in denen die Milchdrüsen liegen. Nach der Geburt eines Kindes beginnen diese Drüsen, Milch zu bilden und sie durch Ausführungsgänge in den Brustwarzen abzugeben. Die Warzen enthalten glattes Muskelgewebe und viele Nervenendigungen, sie sind daher sehr berührungsempfindlich und können auf Berührungsreize erigieren. Der Hof, der die Brustwarzen umgibt, ist hellrot; er wird – und bleibt – durch eine Schwangerschaft etwas dunkler.

Während der Pubertät entwickeln sich die Brüste unter dem Einfluß von Hormonen zu ihrer endgültigen Größe. Form und Größe der Brüste sind weitgehend erblich bedingt.

Für viele Menschen haben die Brüste eine besondere sexuelle Bedeutung. Aber wie in allen sexuellen Fragen gehen auch hier die Meinungen weit auseinander. Bei manchen Völkern gelten lange, hängende Brüste als besonders schön, andere bevorzugen eher runde, feste Formen. In einigen Kulturen gelten kleine Brüste als außerordentlich begehrenswert, andere bevorzugen volle Busen. Auch in ein und derselben Gesellschaft verändern sich Schönheitsideale häufig von einer Generation zur nächsten.

Männer haben auch Brüste, wenngleich sie weniger entwickelt sind. Trotzdem sind auch die Brustwarzen beim männlichen Geschlecht sehr empfindsam. Auch sie können erigieren und eine wichtige Rolle beim Zustandekommen sexueller Erregung spielen (vgl. Kap. 2.2 ,,Die sexuelle Reaktion beim männlichen Geschlecht"). Es besteht jedoch ein wichtiger Unterschied: Die männliche Brust enthält nur andeutungsweise angelegte Drüsen. Allerdings gibt auch die männliche Brustdrüse einmal im Leben etwas Milch ab, und zwar bei der Geburt. Beim Neugeborenen sind noch bestimmte mütterliche Hormone vorhanden, also auch solche, die die Milchproduktion bei der Mutter anregen. Daher kann auch in den Brüsten des Neugeborenen sogenannte ,,Neugeborenen-Milch" vorhanden sein. Dieser nur sehr kurz anhaltende Zustand findet sich sowohl bei weiblichen als auch bei männlichen Neugeborenen.

3.2 Die sexuelle Reaktion beim weiblichen Geschlecht

Alle gesunden Frauen und Männer reagieren in irgendeiner Form auf sexuelle Reize. Diese Reaktion ist bei verschiedenen Individuen immer unterschiedlich, es besteht jedoch, unabhängig vom Geschlecht, ein einheitliches physiologisches Grundmuster.

Sexuelle Aktivität führt im Körper zu einer Reihe von Veränderungen, zum Beispiel zu Muskelanspannungen, zum Anschwellen bestimmter Organe, zur Steigerung von Blutdruck und Pulsfrequenz und weiteren Zeichen steigender Erregung, bis eine lustvolle, krampf- oder zuckungsähnliche Reaktion, der Orgasmus, Befriedigung und Entspannung bringt. Die Menschen waren sich natürlich dieser körperlichen Veränderungen immer bewußt, aber ihre wahre Natur und ihr Ausmaß waren lange Zeit unbekannt, bis erst in jüngerer Zeit Wissenschaftler die sexuelle Reaktion des Menschen im Labor zu beobachten und zu messen begannen. Hier sind die Pionierarbeiten von Kinsey, Masters und Johnson besonders wichtig.

Man kann nicht genug betonen, wie wichtig diese Forschung gerade für

Frauen ist. In unserer westlichen Kultur hatten Frauen lange an gesellschaftlichen Einstellungen zu leiden, die es ihnen unmöglich machten, ihre volle Sexualität zu entdecken und auszuleben. Man nahm allgemein an, Männer seien von einem kraftvollen „Sexualtrieb" besessen, der nach Befriedigung verlange. Frauen dagegen seien intensiver sexueller Empfindungen nicht fähig. Ihre einzige anerkannte biologische Funktion war es, Kinder zu gebären. Deshalb wurden Männern meist erhebliche sexuelle Freiheiten eingeräumt, während man Frauen von jeder sexuellen Erfahrung abhielt, die nicht der Fortpflanzung diente. Männer wurden dazu ermuntert, ihren sexuellen Interessen nachzugehen; Frauen wurde eingeredet, sexuelle Lust sei unschicklich oder erniedrigend. (Vgl. a. Kap. 9 „Die sozialen Rollen von Mann und Frau".)

Diese doppelte Moral hatte verhängnisvolle Auswirkungen nicht nur für das Zusammenleben der Menschen in der Gesellschaft, sondern auch für das körperliche Wohlbefinden der einzelnen Frauen. So haben Frauen oftmals Schwierigkeiten, ihre sexuelle Reaktionsfähigkeit zu entwickeln, und viele Frauen erfahren während ihres ganzen Lebens nicht, welche sexuellen Fähigkeiten sie eigentlich haben. Fast alle Männer kommen nach ausreichender sexueller Reizung problemlos zum Orgasmus, während es viele Frauen gibt, die verzweifelt und vergeblich versuchen, dieses Ziel zu erreichen. Manche Frauen erleben ihren ersten Orgasmus erst nach vielen Jahren des Geschlechtsverkehrs.

Abgesehen von seltenen Fällen körperlicher Behinderung oder Krankheit, liegen die Ursachen für diese merkwürdigen und oft überflüssigen Schwierigkeiten eindeutig in der Art und Weise, in der Frauen in unserer Gesellschaft erzogen werden. Diese Gesellschaft zwingt Mädchen in ihren Entwicklungsjahren, sexuelle Wünsche nicht einmal sich selbst einzugestehen, um Anforderungen wie „Anstand", „Sittsamkeit" und „Ehrbarkeit" zu genügen. Man gestattet ihnen, in romantischen, symbolischen Phantasien zu schwelgen, hindert sie aber gleichzeitig daran, die Sinnlichkeit zu entwickeln, die allein solche vagen Sehnsüchte in praktische Erfahrung verwandeln könnte. Es entstehen daraus Hemmungen, die so gravierend sein können, daß jede normale sexuelle Reaktion unmöglich wird. (Vgl. a. Kap. 8.2 „Sexuelle Funktionsstörungen".)

Jahrhundertelang wurde dieser beklagenswerte Zustand als „normal" hingenommen. Die sexuelle Befriedigung und damit Befreiung der Frau schien ein unerreichbares, aber auch wenig erstrebenswertes Ziel. Wer die doppelte Moral in Frage stellte, sah sich dogmatisch belehrt, daß die Ungleichheit der Geschlechter gottgegeben sei, oder es wurde vom „Geheimnis des Ewig-Weiblichen" und vom „Mysterium Frau" gefaselt. Allerdings ist es in den letzten 50 Jahren zu einer gewissen Emanzipation der Frau gekommen. Zu einem Teil ist dies wohl auch Ergebnis der Sexualforschung. Unwiderlegbare Fakten haben bewiesen, daß das sexuelle Vermögen der Frauen dem des Mannes zumindest gleichkommt, ihm in mancher Hinsicht sogar überlegen ist. Es ist auch erwiesen, daß die sexuelle Reaktion bei beiden Geschlechtern im wesentlichen nach dem gleichen Grundmuster verläuft. In einer vorurteilsfreien Welt hätten diese Entdeckungen wohl kaum Aufsehen erregt, denn sie bestätigen ja nur, was seit langem hätte klar sein sollen: daß die meisten Unterschiede zwischen Mann und Frau nicht angeboren, sondern anerzogen sind, daß besonders das Sexualverhalten erheblichen sozial bedingten Einflüssen unterliegt.

Heute wissen wir, daß Frauen und Männer für die gleichen sexuellen Reize empfänglich sind. Berühren, Sehen, Riechen und Schmecken spielen eine erhebliche Rolle für die sexuelle Erregbarkeit aller Menschen. Frauen und Männer haben vergleichbare Zonen besonderer körperlicher Sensibilität, und sie können die gleichen erogenen Zonen entwickeln. Diese Aspekte wurden oben bereits besprochen, deshalb soll dies hier nicht weiter ausgeführt werden (vgl. Kap. 2.2 „Die sexuelle Reaktion beim männlichen Geschlecht").

Die folgende Zusammenfassung der sexuellen Reaktion beim weiblichen Geschlecht soll keine Norm oder Idealform sexuellen Verhaltens darstellen. Es ist lediglich beabsichtigt, einige grundlegende Kenntnisse über körperliche Vorgänge zu vermitteln, die mit sexueller Aktivität verbunden sind. Individuelle Unterschiede sind aber in jedem Fall zu erwarten. Die grundlegenden Reaktionen einer Frau sind allerdings ein Leben lang dieselben, unabhängig davon, ob sie durch Masturbation oder die verschiedenen Arten des Geschlechtsverkehrs hervorgerufen werden (vgl. a. Kap. 7 „Formen des Sexualverhaltens"). Wenn diese Erfahrungen auch psychisch ganz unterschiedlich erlebt werden mögen, bleiben die Reaktionen des Körpers die gleichen.

3.2.1 Die vier Phasen der sexuellen Reaktion

Wie oben erwähnt, sind die sexuellen Reaktionen beim männlichen und weiblichen Geschlecht im großen und ganzen die gleichen. Es gibt einige wichtige, aber nicht entscheidende Unterschiede. So kann man von einer allgemeinen menschlichen sexuellen Reaktion und ihren männlichen und weiblichen Varianten sprechen.

Das Grundmuster der physiologischen Veränderungen im menschlichen Körper, die sich während sexueller Aktivität vollziehen, kann man am einfachsten als Aufbau und Nachlassen von Spannungen beschreiben. Um die begleitenden Vorgänge besser verständlich zu machen, haben Wissenschaftler jedoch die sexuelle Reaktion in drei oder vier verschiedene Phasen eingeteilt. Die folgende Beschreibung der sexuellen Reaktion beim weiblichen Geschlecht folgt der Einteilung in vier Phasen nach Masters und Johnson.

1. Erregungsphase

Früher nahm man an, Frauen reagierten auf sexuelle Reize langsamer als Männer. Diese Annahme ist jedoch falsch. Nicht nur bei Männern, sondern auch bei Frauen kann die sexuelle Erregung sehr plötzlich auftreten, und manche Menschen haben einen oder mehrere Orgasmen innerhalb weniger Minuten. Manche Frauen erreichen tatsächlich schon 15 bis 30 Sekunden nach dem Beginn des Geschlechtsverkehrs einen Orgasmus. Es scheint jedoch, daß Frauen in den Anfangsstadien der Erregung leichter abgelenkt werden können als Männer und daß sie einer unmittelbaren körperlichen Stimulation eher bedürfen. Deshalb hat es manchmal den Anschein, daß viele Frauen eine längere Zeit brauchen, um beim Koitus den Orgasmus zu erreichen, während die Erregung ihrer männlichen Partner oft von psychischen Faktoren unterstützt und beeinflußt wird. Frauen scheinen allgemein weniger leicht durch optische und akustische Reize, erotische Phantasien und Vorstellungen erregt zu werden. Wenn andererseits eine Frau die von ihr bevorzugte Form sexueller Stimulation erfährt (zum Beispiel durch Masturbation), erreicht sie ebensoschnell den Orgasmus wie der Mann.

Zu den ersten und deutlichsten Anzeichen sexueller Erregung zählt beim weiblichen Geschlecht das Feuchtwerden der Vagina. Als Reaktion auf sexuelle Reizung beginnen die Wände der Scheide, eine klare Flüssigkeit abzusondern, die sich als Feuchtigkeitsfilm über die Oberfläche der Scheide verteilt und sie auf den Koitus vorbereitet. Ohne diese Gleitflüssigkeit wäre das Einführen des Penis in die Vagina für beide Partner möglicherweise schmerzhaft. (Das entsprechende erste Anzeichen sexueller Erregung beim männlichen Geschlecht ist die Erektion des Penis. Zum gleichen Zeitpunkt, wo der Penis die Fähigkeit erreicht, in die Vagina einzudringen, wird diese dazu bereit, ihn aufzunehmen.) Mit fortschreitender Erregung vergrößern sich die

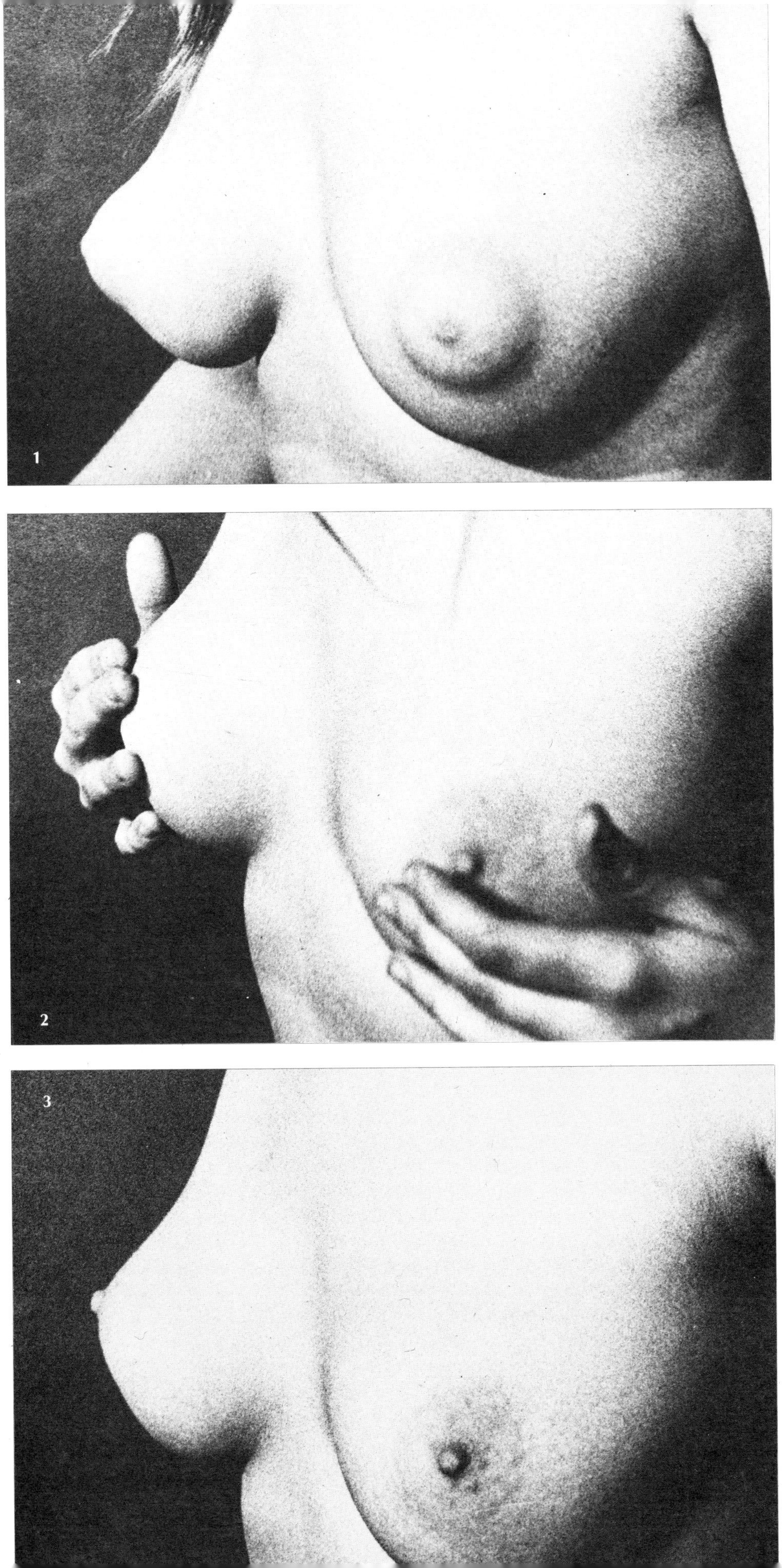

Anschwellen der Brüste infolge einer Stimulation

1. Nichtstimulierte Brüste
2. Stimulation der Brüste
3. Brüste nach Stimulation

inneren zwei Drittel der Vagina in der Breite und in der Länge, sie beginnt sich also leicht aufzublähen. Gleichzeitig verändert sich die Färbung der Scheide von Hellrot zu Dunkelrot, was sich in den folgenden Phasen noch verstärkt.

Die großen Schamlippen reagieren unterschiedlich, je nachdem, ob eine Frau bereits Kinder geboren hat oder nicht. Wenn sie noch nicht geboren hat, flachen die großen Schamlippen bei sexueller Erregung ab und legen so die Scheidenöffnung frei. Die großen Schamlippen von Frauen, die schon eine Geburt hatten, sind ohnehin vergleichsweise größer und sie schwellen nun infolge eines Blutstroms weiter an. Auch hier wird jedoch die Scheidenöffnung freigelegt. Die kleinen Schamlippen schwellen bei allen Frauen deutlich an und bekommen eine zunehmend rote Farbe. Die Klitoris nimmt (wie der Penis) an Umfang und Größe zu, indem sich die Schwellkörper mit Blut füllen. Gleichzeitig beginnt der Uterus anzuschwellen und sich in den Unterleib hineinzuziehen. Daraus ergibt sich die zuvor beschriebene Verlängerung der Vagina.

In der Erregungsphase erigieren die Brustwarzen und behalten diese Erektion während aller folgenden Phasen bei. Da jedoch im weiteren die dunklen Höfe um die Brustwarzen und schließlich die ganze Brust an Größe zunehmen, sind die erigierten Brustwarzen nach und nach weniger auffällig. Mit zunehmender Erregung kommt es zu willkürlichen und unwillkürlichen Muskelkontraktionen in verschiedenen Teilen des Körpers, Pulsfrequenz und Blutdruck steigen an.

Neben diesen Anzeichen steigender Erregung kommt es bei den meisten Frauen auch zum „sex flush"-Phänomen, einer Hautrötung, die in der Magengegend beginnt und sich auf Brust und Nacken ausbreitet. Diese Hautrötung hält bis nach der Orgasmusphase an.

2. Plateauphase

Die Plateauphase ist eine Verlängerung der Erregungsphase. Mit dem Wort „Plateau" soll ausgedrückt werden, daß ein bestimmter Grad der Erregung erreicht ist, der eine Zeitlang anhält, bis der Orgasmus erreicht wird.

In dieser Phase vergrößern und erweitern sich die inneren zwei Drittel der Vagina nur unwesentlich, während sich die Wand des äußeren Drittels mit Blut füllt. Dieser Teil der Scheide, der sich in der Erregungsphase geringfügig erweitert hat, verengt sich hierdurch um ungefähr ein Drittel. Das stark durchblutete und sich verengende äußere Drittel der Scheide wird deshalb auch plastisch als „orgastische Manschette" bezeichnet.

Die großen Schamlippen verändern sich im Laufe der Plateauphase nicht mehr. Die Rotfärbung der kleinen Schamlippen wird jedoch noch intensiver, besonders bei Frauen, die bereits Kinder geboren haben. Dieser auffallende Farbwechsel zeigt das Bevorstehen des Orgasmus an. Wenn ein bestimmter Grad der Erregung erreicht ist, zieht sich die Klitoris unter ihre Vorhaut zurück und wird so für direkte Stimulation durch die Frau oder ihren Partner unerreichbar. (Man hat in der Vergangenheit dieses Zurückziehen unzutreffenderweise nicht als Intensivierung, sondern als Verminderung der sexuellen Erregung interpretiert.) Die Bartholin-Drüsen können in der späten Erregungsphase oder in der Plateauphase etwas Flüssigkeit absondern. Der Uterus wird weiter in den Unterleib hineingezogen und nimmt an Umfang zu.

Auch die Brüste erreichen ihren größten Umfang in der Plateauphase, das „sex flush"-Phänomen – wenn es aufgetreten ist – intensiviert sich und breitet sich aus. Willkürliche und unwillkürliche Muskulatur wird zunehmend angespannt. Pulsfrequenz und Blutdruck steigen an, die Atmung wird rascher.

3. Orgasmusphase

Der Orgasmus ist ein plötzliches Nachlassen der Muskel- und Nervenanspannung auf dem Gipfel sexueller Erregung. Dieses Erlebnis ist wohl der intensivste körperliche Genuß, zu dem ein Mensch fähig ist, er wird von beiden Geschlechtern grundsätzlich auf gleiche Weise erlebt. Ein Orgasmus dauert nur einige Augenblicke und wird wie ein krampfartiger Anfall, eine Reihe von Zuckungen empfunden, die den ganzen Körper erfassen und die von vollständiger Entspannung gefolgt sind. Bei geschlechtsreifen Männern kommt es dabei zur Ejakulation von Samenflüssigkeit. Wie oben erwähnt, kann es bei manchen Frauen in ähnlicher Weise zu einer „Ejakulation" von „Prostata"-Sekret aus den urethralen Drüsen (der „weiblichen Prostata") durch die Urethra kommen. (Vgl. a. den obigen Abschnitt „Die Scheide".)

Während also Orgasmen von Männern und Frauen prinzipiell ähnlich erlebt werden, sind Frauen eher zu mehreren aufeinanderfolgenden Orgasmen fähig. Zwar gibt es seltene Fälle, in denen Männer – vor allem in jungen Jahren – zu mehreren Orgasmen in rascher Folge in der Lage sind. Dies ist jedoch sehr viel öfter bei Frauen der Fall.

Es gibt noch einen weiteren Unterschied: Während das Grundmuster des Orgasmus beim männlichen Geschlecht kaum variiert, können Frauen Orgasmen auf sehr verschiedene Arten erleben. Bei manchen Frauen ist der Orgasmus eher kurz und sanft; bei anderen ist er länger und heftiger. Eine Frau kann auch in unterschiedlichen Situationen verschiedene Arten des Orgasmus erleben. Der grundlegende physiologische Vorgang, der diesen möglichen Varianten zugrunde liegt, ist indes immer der gleiche.

Beim weiblichen Geschlecht beginnt der Orgasmus mit heftigen, rhythmischen Kontraktionen im äußeren Drittel der Vagina, der „orgastischen Manschette". Diese Kontraktionen, deren Anzahl zwischen drei und 15 liegen kann, wiederholen sich anfangs in Abständen von weniger als einer Sekunde, sie werden dann schwächer und erfolgen in größeren Abständen. Fast gleichzeitig beginnt der Uterus sich zusammenzuziehen. Diese Kontraktionen sind jedoch unregelmäßig. Sie beginnen in der oberen Hälfte des Uterus und sind nach unten gerichtet, ähnlich den Geburtswehen. Auch die Schließmuskeln des Anus kontrahieren sich während des Orgasmus entsprechend der „orgastischen Manschette". Die große Muskelanspannung erfaßt nicht nur den gesamten Raum des kleinen Beckens, sondern den gesamten Körper, Nakken, Arme, Hände, Beine und Füße. Pulsschlag und Blutdruck steigen noch geringfügig über das Niveau der Plateauphase an, die Atmung wird sehr rasch. Natürlich ist die Intensität all dieser körperlichen Reaktionen auch vom Grad und der Dauer der sexuellen Erregung abhängig.

4. Rückbildungsphase

Nach dem Orgasmus benötigen die Geschlechtsorgane (und mit ihnen der ganze Körper) eine bestimmte Zeit, bis sie ihren Ruhezustand wieder erreichen. Während dieser sogenannten Rückbildungsphase läßt der Blutstau im äußeren Drittel der Scheide rasch nach. Die großen und kleinen Schamlippen nehmen wieder ihre ursprüngliche Form an. Die Klitoris tritt wieder unter ihrer Vorhaut hervor. Der Uterus kehrt zur Normalgröße zurück, und indem er aus seiner aufgerichteten Position in das kleine Becken zurücksinkt, verschwindet die oben beschriebene Erweiterung der inneren zwei Drittel der Vagina. Das „sex flush"-Phänomen verschwindet. Die Brustwarzen und die Brüste selbst kehren langsam in den Ruhezustand zurück. Mit dem Nachlassen der Muskelanspannung nehmen auch Pulsfrequenz und Blutdruck ab, die Atmung normalisiert sich.

Frauen scheinen im Gegensatz zu Männern keine „Refraktärperiode" zu haben, jedenfalls ist sie nicht so deutlich. Eine Fortsetzung der Stimulation kann in vielen Fällen bei Frauen unmittelbar nach dem ersten Orgasmus zu einem zweiten oder dritten führen. Zu einer solchen raschen Folge vieler Orgasmen scheint eine große Zahl von Frauen in der Lage zu sein. In diesen Fällen setzt die hier beschriebene Rückbildungsphase natürlich erst nach dem letzten Orgasmus ein.

3.2.2 Die sexuelle Reaktion älterer Frauen

Viele Menschen glauben immer noch, Frauen würden nach der Menopause ihre sexuelle Ansprechbarkeit verlieren. Andere sind der Auffassung, ältere Frauen sollten keinen Geschlechtsverkehr mehr haben, um Würde und Anstand zu wahren. Solche Vorurteile trifft man glücklicherweise in jüngerer Zeit seltener, da die Ammenmärchen vergangener Zeiten moderner wissenschaftlicher Erkenntnis zu weichen beginnen. Weder Frauen noch Männer müssen befriedigende sexuelle Beziehungen aufgeben, nur weil sie älter werden. Die sexuelle Reaktion – wie sie oben beschrieben wurde – bleibt im wesentlichen die gleiche. Natürlich sind ältere Menschen nicht mehr so kräftig wie in ihrer Jugend, so daß viele Reaktionen langsamer verlaufen.

Bei der älteren Frau kommt es zu bestimmten Veränderungen ihrer Geschlechtsorgane, die auch ihre Reaktion beeinflussen. Die deutlichste Veränderung betrifft die Funktion der Vagina. Das Feuchtwerden der Vagina, das sich bei einer jungen Frau innerhalb von 15 bis 30 Sekunden vollzieht, entwickelt sich nun unter Umständen erst innerhalb von Minuten und ist weniger stark. Hinzu kommt, daß infolge fehlender Hormonzufuhr die Scheidenwände dünner und weniger elastisch werden können. Dies kann durch eine Hormonbehandlung jedoch behoben werden. Unzureichender Bildung von Gleitflüssigkeit kann man durch künstliche Gleitmittel begegnen.

Da der Uterus nach der Menopause kleiner wird, richtet er sich bei sexueller Erregung nicht mehr so deutlich auf. Die Erweiterung der inneren zwei Drittel der Vagina ist daher weniger ausgeprägt. Die Kontraktionen beim Orgasmus werden sanfter und weniger zahlreich. Die Rückbildungsphase ist wesentlich kürzer.

Keine dieser möglichen Veränderungen muß die Freude am Geschlechtsverkehr mindern. Frauen, die ihr Leben lang sexuell aktiv waren, können dies bis ins hohe Alter bleiben.

Weiterführende Literatur

Boston Women's Health Book Collective: Unser Körper, unser Leben. Handbuch von Frauen für Frauen (Our bodies, ourselves, dt.). 2 Bände. Reinbek (Rowohlt), 1980.

Brecher, R., Brecher, E. (Hrsg.): Analysis of human sexual response. New York (New American Library), 1974.

Cyran, W.: Sexuelle Probleme der Frau. Leitfaden für Ärzte. Köln-Lövenich (Dt.-Ärzte-Verlag), 1981.

Diagram Group: Die Frau und ihr Körper. Ein Handbuch (Woman's body, dt.). München (Goldmann), 1979.

Fischer, S.: Orgasmus. Sexuelle Reaktionsfähigkeit der Frau (The female orgasm, dt.). Stuttgart (Hippokrates), 1976.

Lehrman, N.: Masters and Johnson explained. 2. Aufl., Chicago (Playboy Press), 1976.

Masters, W. H., Johnson, V. E.: Die sexuelle Reaktion (Human sexual response, dt.). Reinbek (Rowohlt), 1980.

Sigusch, V.: Physiologie des Orgasmus. Versuch einer Definition. In: Sigusch, V. (Hrsg.): Sexualität und Medizin. Köln (Kiepenheuer & Witsch), 1979.

Die sexuelle Reaktion beim weiblichen Geschlecht

Wilhelm Reich war einer der ersten, die den Ablauf der sexuellen Reaktion untersuchten. Er nannte sie die „Orgasmusformel“ und schlug vor, sie in vier Hauptphasen zu unterteilen: 1. mechanische Spannung, 2. bio-elektrische Ladung, 3. bio-elektrische Entladung, 4. mechanische Entspannung*. In neuerer Zeit wurden diese vier Phasen von Masters und Johnson neu benannt als 1. Erregungsphase, 2. Plateauphase, 3. Orgasmusphase, 4. Rückbildungsphase. Sie führten zusätzlich eine fünfte Phase ein, die Refraktärperiode. Im folgenden wird die sexuelle Reaktion der weiblichen Geschlechtsorgane nach Masters und Johnson beschrieben. Es sei noch einmal darauf hingewiesen, daß es sich eigentlich um eine Reaktion des ganzen Körpers handelt.

Veränderungen der äußeren Geschlechtsorgane

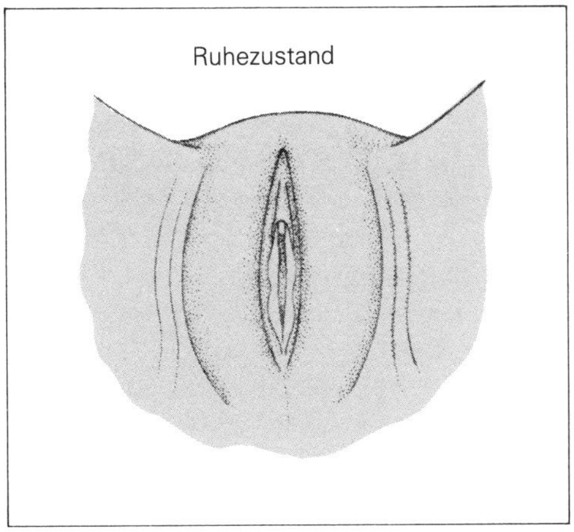

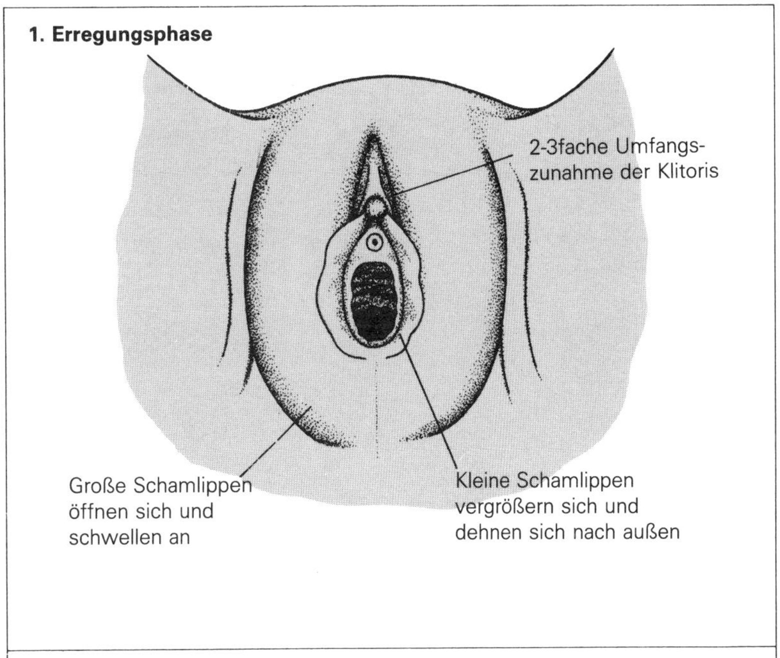

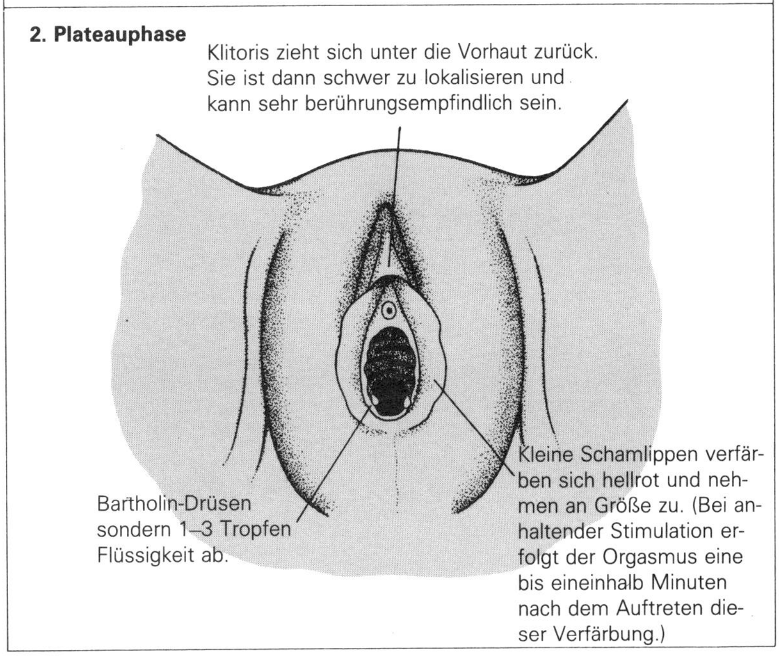

* Vgl. das – in englischer Sprache erschienene – Buch von W. Reich: The Function of the Orgasm. New York (Noonday), 1942.

3. Orgasmusphase

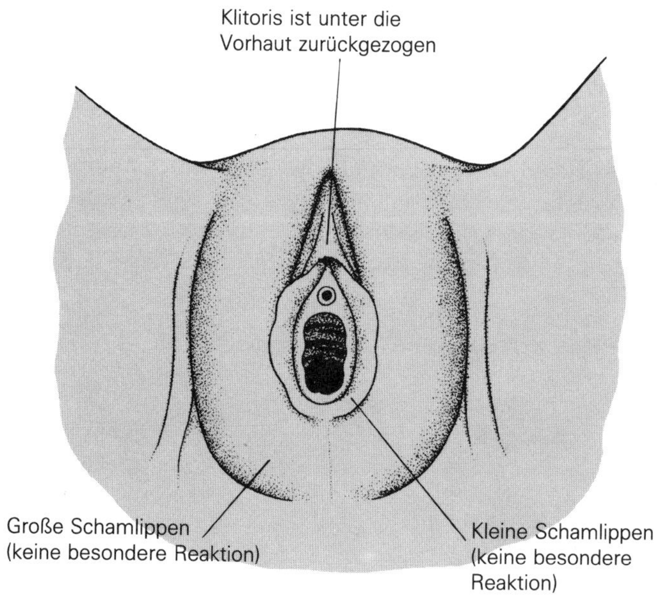

4. Rückbildungsphase

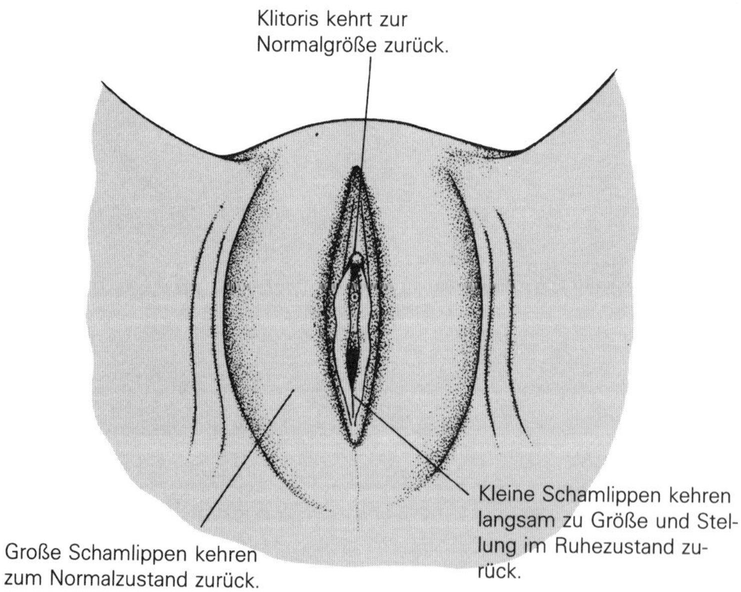

(5. Refraktärperiode)

Es gibt einige Hinweise darauf, daß auch beim weiblichen Geschlecht eine sogenannte „Refraktärperiode“ besteht, d. h. eine Zeitspanne nach dem Orgasmus, in der auf weitere sexuelle Reize keine Reaktion möglich ist. Dieses Phänomen wird allerdings nicht immer bemerkt, da viele Frauen zu mehreren Orgasmen in rascher Abfolge fähig sind.

Veränderungen der inneren Geschlechtsorgane

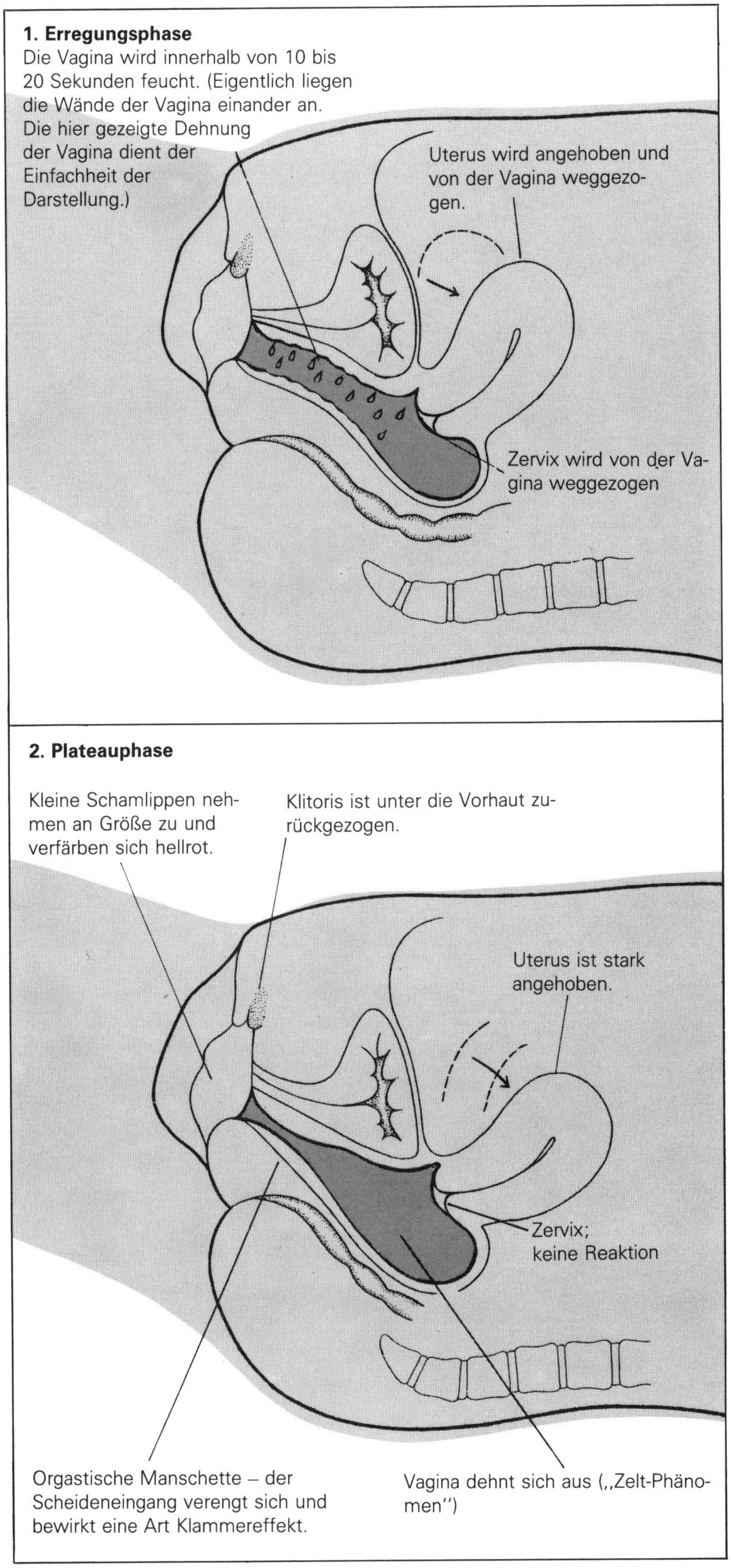

3. Orgasmusphase

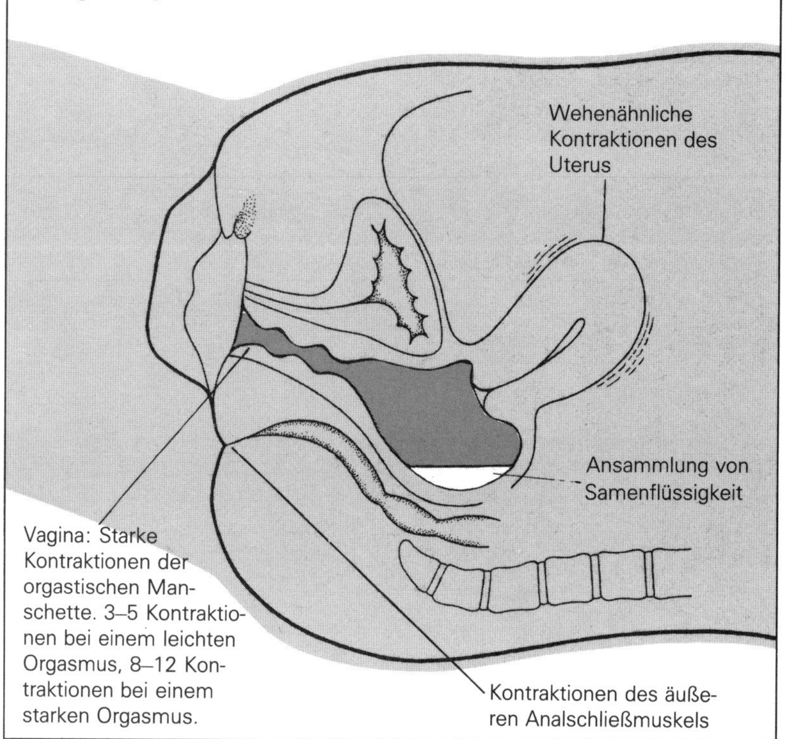

4. Rückbildungsphase

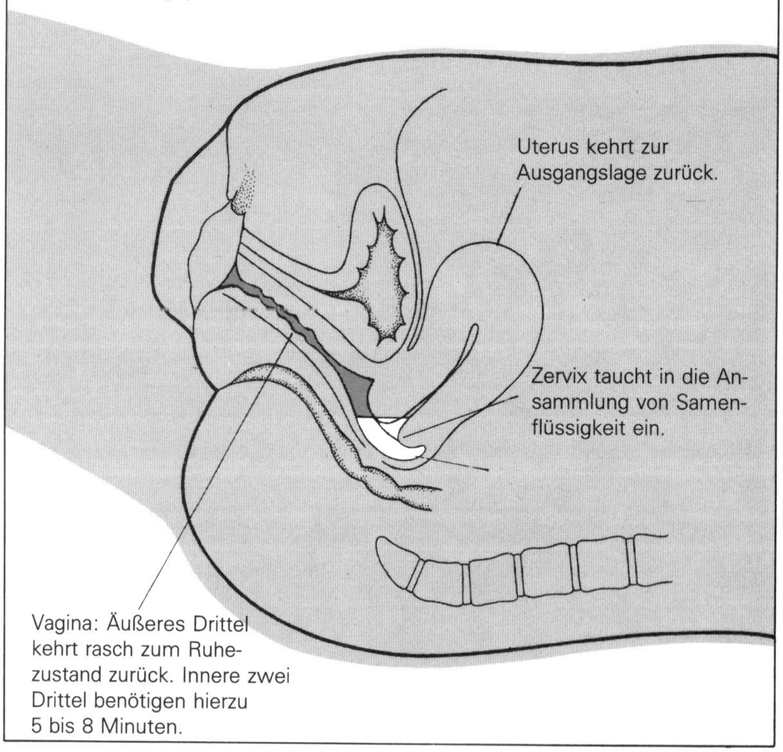

(5. Refraktärperiode)

Es gibt einige Hinweise darauf, daß auch beim weiblichen Geschlecht eine sogenannte „Refraktärperiode“ besteht, d. h. eine Zeitspanne nach dem Orgasmus, in der auf weitere sexuelle Reize keine Reaktion möglich ist. Dieses Phänomen wird allerdings nicht immer bemerkt, da viele Frauen zu mehreren Orgasmen in rascher Abfolge fähig sind.

4. Die Fortpflanzung

Menschliches Leben pflanzt sich durch eine bestimmte Form des Geschlechtsverkehrs zwischen Männern und Frauen fort. Die Geschlechtsorgane der Partner können so vereinigt werden, daß infolge dieser Vereinigung (Kopulation oder Koitus) männliche und weibliche Keimzellen (Samenzelle und Eizelle) miteinander verschmelzen können. Aus dieser Verschmelzung entsteht eine neue Zelle, die sich zu einem neuen Menschen entwickeln kann.

Fortpflanzung ist in der Regel zwar ohne geschlechtliche Aktivität nicht möglich, sehr wohl jedoch Geschlechtsverkehr ohne Fortpflanzung. Männer und Frauen sind jederzeit zu sexuellen Reaktionen fähig und sie können vielerlei Formen nicht-koitalen Geschlechtsverkehrs ausüben. Zur Fortpflanzung bedarf es jedoch, außer in Fällen medizinischer Eingriffe, des Koitus, der zudem nur in einer kurzen Phase, wenn eine Eizelle verfügbar ist, zur Befruchtung führt.

Trotz dieser biologischen Tatsachen glaubte man in unserem Kulturkreis lange Zeit, Zweck und Rechtfertigung sexueller Handlungen sei ausschließlich die Fortpflanzung. Religiöse Dogmen, die Rechtsprechung, selbst bestimmte traditionelle medizinische Theorien sind Ausdruck dieser Vorstellung. Wir alle sind eigentlich dazu erzogen worden, jede Art der Sexualität, die nicht der Fortpflanzung dient, als sündhaft, strafbar oder krankhaft anzusehen.

Allerdings gab es in der Vergangenheit auch Völker, die nicht wußten, daß eine Schwangerschaft Folge von Geschlechtsverkehr ist. Sie waren statt dessen der Ansicht, ein „Geist“ müsse in den Körper der Frau fahren und wüchse dort zum Kind heran. Diese Auffassung führte natürlich zu einer Sexualmoral, die mit der unseren nichts gemeinsam hatte.

Ein Beispiel mag dies veranschaulichen: Ein Mann, der nie etwas von der Verbindung zwischen Sexualität und Fortpflanzung gehört hat, kann natürlich den Geschlechtsverkehr ohne Hemmungen, nur um der Lust willen, genießen. Wenn man ihm jedoch die Zusammenhänge erklärte, könnte sich möglicherweise seine Einstellung ändern. Dann würde das Ende seiner Unwissenheit auch eine neue moralische Einstellung bewirken. Das könnte sogar dahin führen, daß er schließlich die in unserer Gesellschaft gültigen sexuellen Normen annähme. Sollte er jedoch andererseits nach einiger Zeit entdecken, daß er unfruchtbar ist, könnte er seine neue Moral als für sich irrelevant abtun und zu seinem früheren Wertsystem zurückkehren. Er würde einfach feststellen, daß in seinem besonderen Fall eben doch kein Zusammenhang zwischen Sexualität und Fortpflanzung besteht.

Dieses theoretische Beispiel ist nicht so weit hergeholt, wie es vielleicht scheinen mag. Ja, man kann mit seiner Hilfe ein recht verbreitetes Problem illustrieren. Wir wissen, daß es in jeder Gesellschaft Männer und Frauen gibt, bei denen Geschlechtsverkehr nicht zur Schwangerschaft führt. Das kann daran liegen, daß sie zu jung oder zu alt oder vielleicht unfruchtbar sind, oder daran, daß sie gleichgeschlechtliche Interessen haben. Auf jeden Fall haben sie alle eines gemeinsam: sie müssen eine sexuelle Moral entwickeln, die sich nicht von einem Fortpflanzungsgebot ableitet. In der Vergangenheit fanden sich nur wenige Menschen in dieser Lage. Durch die Einführung wirksamer Verhütungsmittel wurde jedoch in unserer Zeit Geschlechtsverkehr ohne folgende Schwangerschaft für fast jeden möglich. Andererseits können Paare zur Fortpflanzung auch auf künstliche Befruchtung zurückgreifen, bei der es überhaupt keines sexuellen Kontaktes mehr bedarf. Beides führte dazu, daß Sexualität und Fortpflanzung ein für alle Male voneinander getrennt wurden, und es stellen sich nun ganz neue moralische Fragen. In der Öffentlichkeit beginnt man, diesen Tatsachen bereits Rechnung zu tragen. Ein gutes Beispiel ist die öffentliche Auseinandersetzung um die Sexualerziehung. Die herkömmliche sexuelle Aufklärung betonte überwiegend die wesentlichen Fakten über die Fortpflanzung. Was Lehrer mit ihren Schülern als sogenannte ,,Fragen des Lebens" besprachen, ging meist nicht über die Information hinaus, wie Kinder gezeugt und geboren werden. So gut wie nie wurde erklärt, wie man diese Zeugung verhindern kann. Die meisten Menschen hatten vermutlich Sorge, daß das Verbreiten solcher Kenntnisse zu breiter Unmoral führen würde. Heute hat sich jedoch die Auffassung weitgehend durchgesetzt, daß es noch weniger moralisch ist, jungen Menschen diese Kenntnisse vorzuenthalten. Daneben hat die Überbevölkerung in vielen Ländern der Welt dazu geführt, daß ganz offiziell moralische Wertsysteme überdacht und die Trennung von Sexualität und Fortpflanzung allgemein gefordert wurde. In fast allen Ländern gibt es heute öffentliche oder private Einrichtungen, die Informationen zu Empfängnisverhütung durch Bücher, Filme, Flugblätter Werbungen und persönliche Beratung erteilen.

Es steht außer Zweifel, daß die Trennung von Sexualität und Fortpflanzung unser aller Leben grundlegend verändern wird. Wenn Geschlechtsverkehr nicht länger zu unerwünschten Schwangerschaften führt, wenn die Zeugung eines Kindes eine Frage bewußter Entscheidung wird, muß sich auch das Verhältnis der Partner zueinander verändern. Sehr wahrscheinlich führt dies zu einem besseren Verstehen und Zusammenleben der Geschlechter. Viele Paare planen heute ihre Familien gemeinsam und erleben die Schwangerschaft der Frau gemeinsam bis zur Geburt des Kindes. Viele Krankenhäuser machen dem werdenden Vater Mut, bei der Geburt anwesend zu sein und bieten Säuglingspflegekurse für beide Partner an. Ein solches Verständnis gemeinsamer Interessen und gemeinsamer Verantwortung kann in naher Zukunft dazu führen, daß die überkommenen engen sozialen Rollen von Männern und Frauen überwunden werden und erstmals in der Geschichte der Menschheit vollkommene sexuelle Gleichberechtigung erreicht wird.

Zunächst ist es jedoch wichtig, daß sich beide Geschlechter mit den grundlegenden biologischen Tatsachen vertraut machen. Die Wissenschaft hat in der Erforschung der menschlichen Fortpflanzung große Erfolge zu verzeichnen gehabt, und obwohl viele Fragen noch ungeklärt sind, konnten viele zeitbedingte Vorstellungen und Irrtümer bereits widerlegt werden. Für Männer und Frauen, die die Fortpflanzungsfunktion ihrer Körper verstehen, gibt es heute bessere Möglichkeiten denn je, glückliche Eltern von gesunden Kindern zu werden. Die folgenden Ausführungen geben eine Zusammenfassung des gegenwärtigen biologischen und medizinischen Wissens über die menschliche Fortpflanzung. Zwei gesonderte Kapitel sind der Empfängnisverhütung und dem Schwangerschaftsabbruch gewidmet. Die verschiedenen sozialen Aspekte dieser Themen werden im dritten Teil des Buches behandelt.

4.1 Die Empfängnis

Man pflegte früher von einer schwangeren Frau zu sagen, sie habe ,,empfangen" oder eine ,,Empfängnis" habe in ihrem Körper stattgefunden. In der Umgangssprache kann man diese Begriffe heute kaum noch hören, viele Menschen halten sie heute für hochtrabend. Trotzdem greifen Wissenschaftler immer wieder auf das Wort „Empfängnis" zurück, wenn sie vom „Beginn eines neuen Lebens" oder dem „Anfang der Existenz eines neuen Individuums" sprechen. Diese auf den ersten Blick einfachen Umschreibungen umfassen ein sehr komplexes Phänomen, das man selbst heute noch kaum ganz verstanden hat. Daher benutzen auch nicht alle Wissenschaftler das Wort „Empfängnis" im gleichen Sinn.

Die Schwangerschaft einer Frau entsteht durch das Zusammenwirken verschiedener biologischer Prozesse. Hierzu gehören vor allem:

- die Vereinigung von männlichen und weiblichen Geschlechtszellen, aus denen eine neue Zelle, die Zygote, entsteht. Dieser Vorgang heißt **Befruchtung.**
- die Entwicklung der Zygote durch Zellteilung, deren Ergebnis ein hohler Zellenball ist, den man Blastozyste nennt. Dieser Vorgang heißt **Segmentation.**
- das Einnisten der Blastozyste in der Innenwand des Uterus. Dieser Vorgang heißt **Implantation.**

Wenn auch nur bei einem einzelnen dieser Vorgänge Störungen auftreten, kommt es nicht zur Schwangerschaft.

Aus bestimmten wissenschaftlichen Gründen sprechen Entwicklungsbiologen von Empfängnis, sobald der Vorgang der Befruchtung abgeschlossen ist. Aus anderen wissenschaftlichen Gründen gehen Reproduktionsphysiologen davon aus, daß neues Leben mit der Implantation beginnt. Für sie gibt es keine Empfängnis, wenn die Befruchtung nicht zur Schwangerschaft führt.

Diese unterschiedlichen wissenschaftlichen Auffassungen können einen Laien gelegentlich verwirren, wenn er festzustellen versucht, zu welchem genauen Zeitpunkt neues Leben entsteht. In diesem Zusammenhang sollte man sich daran erinnern, daß die moderne Wissenschaft auch viele andere traditionelle Annahmen umgestoßen hat. Dies gilt zum Beispiel auch für die genaue Bestimmung des Zeitpunkts des Todes. Mit dem Fortschritt der Wissenschaft ist die Bestimmung von Anfang und Ende menschlichen Lebens immer schwieriger geworden. Wir müssen noch sehr viel mehr lernen (und genauere Bezeichnungen entwickeln), bevor wir diese komplizierten Fragen tatsächlich beantworten können.

Im folgenden Kapitel wird daher der heutige Wissensstand über die biologischen Vorgänge bei der Entstehung neuen menschlichen Lebens zusammengefaßt.

4.1.1 Die männliche Geschlechtszelle (Samenzelle)

Um sich fortzupflanzen, müssen Mann und Frau geschlechtsreif sein; das heißt: ihre Körper müssen so weit entwickelt sein, daß sie Geschlechtszellen (Gameten) produzieren.

Die männliche Geschlechtszelle heißt Samenzelle oder Spermie. Spermien werden in den männlichen Keimdrüsen, den Hoden, produziert. Sie sind die kleinsten Zellen des menschlichen Körpers. Mit dem bloßen Auge sind sie nicht sichtbar, man kann sie aber unter dem Mikroskop untersuchen. In ihrer Form gleichen die Spermien ganz entfernt einer Kaulquappe, sie bestehen aus drei Teilen: Kopf, Körper und Schwanz. Ihre Gesamtlänge beträgt etwa 0,042 mm. Der Kopf, der nur ein Zehntel der Gesamtlänge ausmacht, enthält die 23 Chromosomen, die die Erbmerkmale des Mannes tragen. Eines dieser Chromosomen bestimmt das Geschlecht des Kindes, wenn sich die Samenzelle mit einer weiblichen Eizelle vereint. Spermien kommen also in zwei Arten vor: solche, die das X-Chromosom enthalten und die die Zeugung eines Mädchens bewirken, und solche mit einem Y-Chromosom, durch die

Die Festlegung des Geschlechts

Die Übersicht vergleicht zunächst die Produktion männlicher und weiblicher Keimzellen und zeigt dann die möglichen Ergebnisse einer Befruchtung.

1. Spermatogenese und Oogenese
Ein primärer Spermatozyt entwickelt sich zu vier reifen Samenzellen weiter, während aus einem primären Oozyten nur eine Eizelle entsteht. Die winzigen Polkörperchen, die bei der Oogenese gebildet werden, gehen zugrunde und werden aufgelöst.

2. Befruchtung
Alle reifen Eizellen enthalten jeweils ein X-Chromosom, während Samenzellen ein X- oder ein Y-Chromosom enthalten können. Die Vereinigung von Ei- und Samenzelle bei der Befruchtung kann also zu zwei verschiedenen Kombinationen dieser Chromosomen führen: Zellen mit der Kombination XY ergeben männliche Nachkommen, Zellen mit der Kombination XX ergeben weibliche Nachkommen.

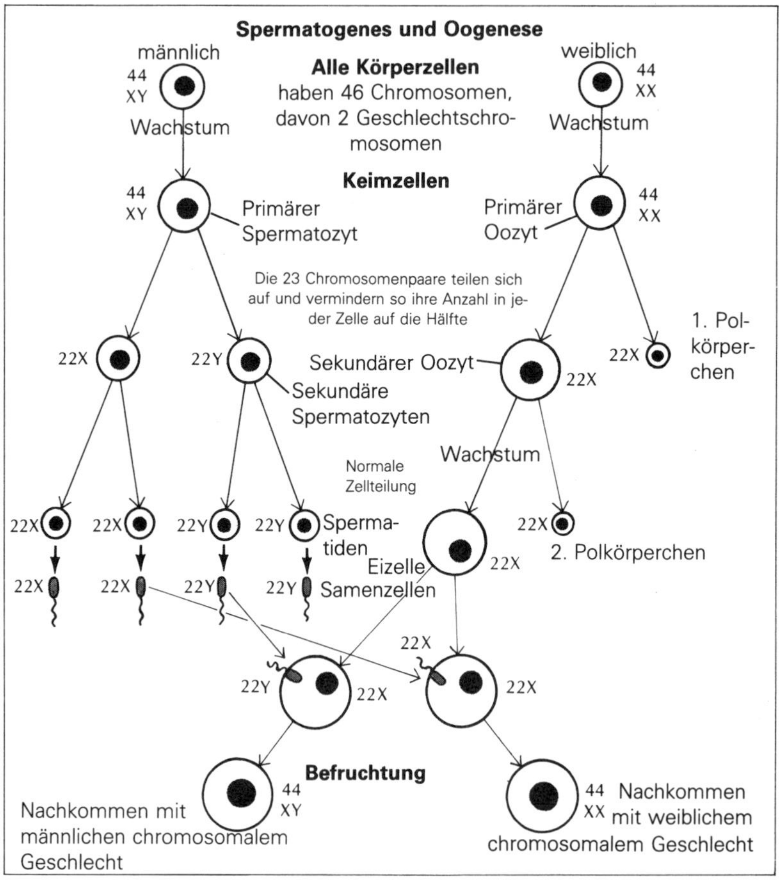

ein Junge gezeugt wird. Unterhalb des Kopfs liegt der Körper der Samenzelle, dem die wichtige Rolle zukommt, der ganzen Zelle die Kraft zur Fortbewegung zu geben. Die Bewegung selbst wird durch kräftiges Schlagen mit dem Schwanz hervorgerufen. Unter günstigen Umständen kann eine Samenzelle bis zu 2 cm in der Minute wandern. Diese Fortbewegung ist sehr wichtig, da die Samenzelle die Eizelle tief im Körper der Frau (in einem der Eileiter) erreichen muß.

4.1.2 Die weibliche Geschlechtszelle (Eizelle)

Die weibliche Geschlechtszelle heißt Eizelle (lat. ovum). Eizellen (oder Ova) werden in den weiblichen Keimdrüsen, den Ovarien, gebildet. Sie sind die größten Zellen des menschlichen Körpers. Man kann sie mit dem bloßen Auge sehen, denn sie sind ca. 0,15 mm groß. Der Größenunterschied zwischen Ei- und Samenzelle ist ungeheuer. Die Länge von drei aneinandergereihten Samenzellen entspricht zwar dem Durchmesser einer Eizelle, aber ihr Volumen ist 85 000mal größer als das der Samenzelle. Die Eizelle ist rund, ihr Zellkern enthält 23 Chromosomen, die die Erbmerkmale der Frau tragen. Im Gegensatz zu den Spermien gibt es nur eine Art Eizelle: solche mit X-Chromosomen. Wenn sich eine Eizelle mit einer Samenzelle, die ein X-Chromosom hat, verbindet, wird das Kind ein Mädchen. Wenn sich die Eizelle mit einer Samenzelle verbindet, die ein Y-Chromosom trägt, entsteht ein Junge. Das bedeutet: das Geschlecht eines Kindes wird nicht durch die Eizelle, sondern durch die Samenzelle bestimmt.

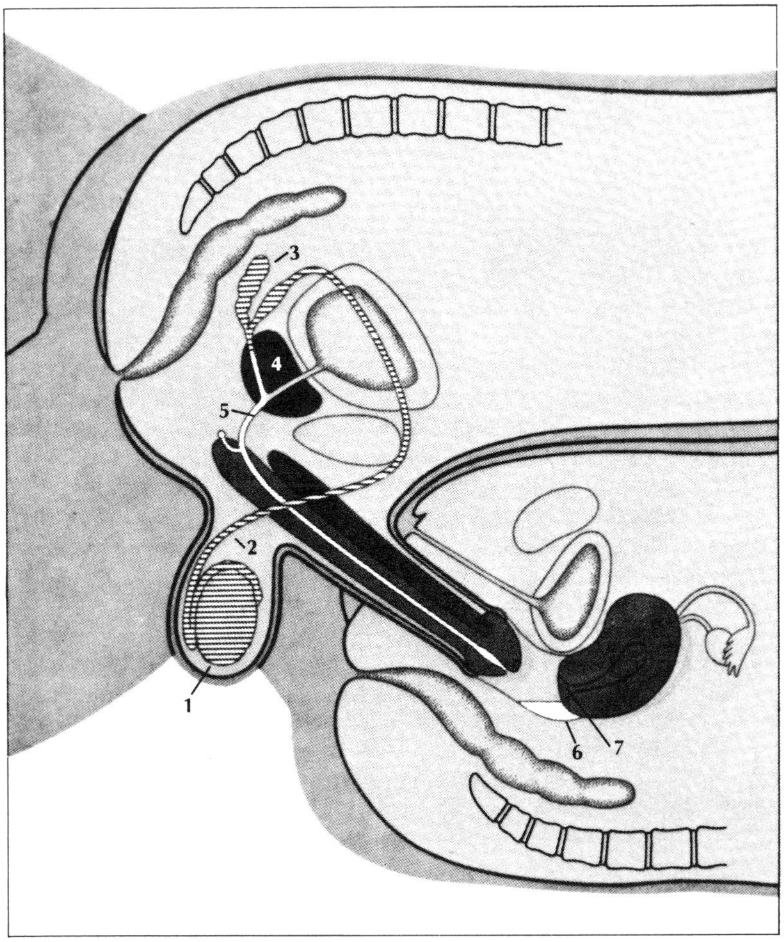

Koitus
Die Abbildung zeigt den Weg der Samenzellen aus den Hoden durch die Samenleiter. Beim Koitus treten die Samenzellen in die Prostata ein und werden dann als Teil der Samenflüssigkeit in die Vagina, nahe der Zervix, ejakuliert.

1. Hoden
2. Samenleiter (Vas deferens)
3. Samenblase
4. Prostata
5. Urethra
6. Ansammlung von Samenflüssigkeit
7. Zervix

4.1.3 Der Koitus

Das Wort Koitus (von lat. coire: zusammengehen) bezieht sich auf die Art von Geschlechtsverkehr, bei der der Penis in die Vagina eingeführt wird. Andere Bezeichnungen für Koitus sind Kopulation oder Genitalverkehr.

Der Höhepunkt des Koitus ist der Orgasmus, der normalerweise für den Mann mit der Ejakulation von Samenflüssigkeit in die Vagina der Frau zusammenfällt. Da die Samenflüssigkeit die Samenzellen enthält, ist der Orgasmus des Mannes für die menschliche Fortpflanzung sehr wichtig. Nur während des Orgasmus treten die Muskelkontraktionen in seinen Geschlechtsorganen auf, die für den Samenausstoß notwendig sind. Es gibt hier jedoch Ausnahmen. Einige wenige Samenzellen können auch bereits vor dem Orgasmus oder ohne Orgasmus ausgeschieden werden. Eine Frau kann natürlich ohne Orgasmus schwanger werden.

Es sei auch noch darauf hingewiesen, daß es auch durch künstliche Befruchtung, also ohne Koitus, möglich ist, die Befruchtung einer Eizelle durch eine Samenzelle herbeizuführen (vgl. a. Kap. 5.1 „Unfruchtbarkeit").

4.1.4 Die Befruchtung

Wenn eine Eizelle aus einem der Eierstöcke freigesetzt wird, wird sie von dem dazugehörigen Eileiter aufgenommen und wandert in Richtung der Gebärmutter. Innerhalb weniger Stunden, während die Eizelle noch im oberen

Drittel des Eileiters ist, vollziehen sich ihre letzten Reifungsschritte. Zu diesem Zeitpunkt müssen dort Spermien vorhanden sein, wenn es zur Befruchtung kommen soll. Der gesamte Zeitraum, in dem sich Ei und Samenzelle vereinigen können, beträgt weniger als 24 Stunden. Kommt es nicht zu dieser Vereinigung, stirbt das Ei ab und wird aufgelöst. Es besteht jedoch die Möglichkeit, daß eine Eizelle auf dem Weg durch den Eileiter auf lebende Samenzellen trifft, die noch von einem mehrere Tage zuvor stattgefundenen Koitus stammen. (Man hat lebende Spermien im Eileiter nachweisen können, die bereits fünf Tage alt waren.)

Nach der Ejakulation schwimmen die Samenzellen in einer zähen, grauweißen Samenflüssigkeit, die oft kurz als Samen bezeichnet wird. Nach dem Koitus befindet sich der Samen dicht vor dem Gebärmuttermund. In der Regel enthält das Ejakulat zwischen 200 und 500 Millionen Samenzellen, die nun versuchen, durch die Gebärmutter aufwärts in die Eileiter zu gelangen. Der Gebärmuttermund ist von einer dicken, undurchdringlichen Schleimmasse verschlossen, die nur während der Ovulation dünnflüssig genug wird, daß sie von den Samenzellen durchdrungen werden kann. Aber auch dann gelingt dies nur ungefähr einem Prozent der Samenzellen. Die anderen sterben innerhalb weniger Stunden in dem leicht sauren und damit für Samenzellen ungünstigen Milieu der Vagina. Die Samenzellen, die in die Gebärmutter gelangen, treffen dort auf eine leicht alkalische Umgebung, die ihre Beweglichkeit fördert. Darüber hinaus werden sie in ihrer Bewegung von Muskelkontraktionen des Uterus und der Eileiter unterstützt. Trotzdem erreichen immer nur wenige hundert, höchstens ein paar tausend Samenzellen den oberen Teil des Eileiters, in dem die Befruchtung stattfinden kann. (Natürlich wandern die Samenzellen in beide Eileiter, unabhängig davon, ob dort eine Eizelle vorhanden ist oder nicht.) Gewöhnlich erreichen mehrere Samenzellen die Eizelle gleichzeitig, aber nur eine einzige Samenzelle dringt in das Ei ein, da unmittelbar danach eine chemische Veränderung in der Zellwand der Eizelle stattfindet, die jedes Eindringen weiterer Samenzellen verhindert. Unmittelbar nach dem Eindringen in die Eizelle stößt die Samenzelle ihren Schwanz ab. Die übrige Zelle schwillt an und bildet einen Kern, der sich mit einem gleichartigen Kern der Eizelle vereinigt. Dieser ganze Prozeß wird als Befruchtung bezeichnet. Er ist dann abgeschlossen, wenn sich die 23 Chromosomen der Samenzelle mit den 23 Chromosomen der Eizelle vereint haben und so eine neue Zelle mit 46 Chromosomen im Zellkern entstanden ist. Diese Zelle, die zusammen die Erbfaktoren des Mannes und der Frau enthält, heißt Zygote.

4.1.5 Die Zellteilung (Segmentation)

Wenige Stunden, nachdem sich die Kerne von Ei- und Samenzelle vereinigt haben, beginnt der Prozeß der Zellteilung oder Segmentation. Zunächst teilt sich die Zygote in zwei Zellen, dann in vier, acht, sechzehn und so weiter, so daß sich die Zahl der Tochterzellen bei jeder neuen Teilung verdoppelt. Die Zygote entwickelt sich so zu einer Kugel aus Zellen, die man als Morula (Furchungskugel) bezeichnet und die, durch ein Mikroskop betrachtet, einer Maulbeere ähnlich sieht. Die Morula wandert langsam durch den Eileiter in die Gebärmutter, die sie nach ungefähr drei Tagen erreicht. Bis zu diesem Zeitpunkt hat sich die Morula in einen hohlen Zellenball verwandelt, der Blastozyste (Keimblase) genannt wird.

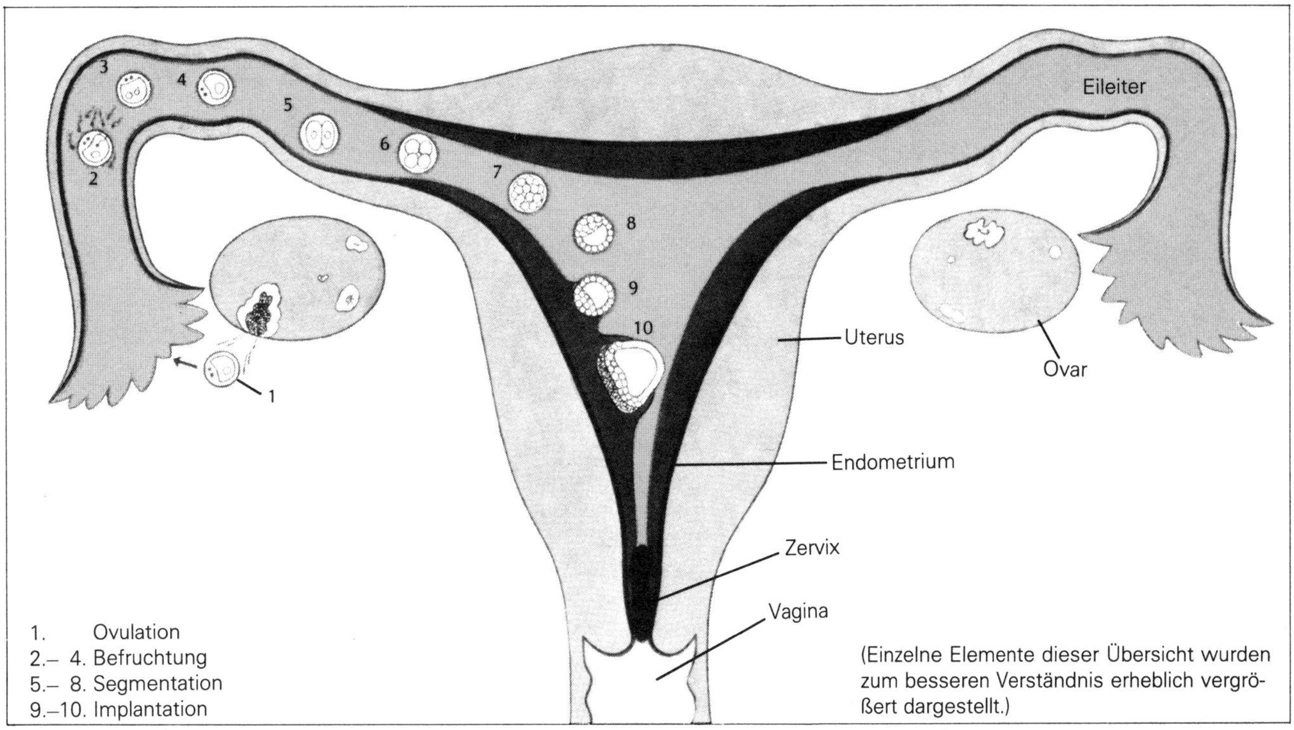

Von der Ovulation zur Implantation

4.1.6 Die Einnistung (Implantation)

Die Blastozyste entwickelt sich, nachdem sie in den Uterus gelangt ist, weitere drei bis vier Tage lang, um sich dann in der Schleimhaut der Gebärmutter einzunisten. Dies beginnt also ungefähr eine Woche nach der Befruchtung, nach einer weiteren Woche ist die Blastozyste gänzlich in die nährende Gewebeschicht eingebettet, die die Gebärmutter innen auskleidet (das Endometrium). Der gesamte Prozeß heißt Einnistung (Implantation), und mit seinem Abschluß hat die Schwangerschaft endgültig begonnen.

Damit eine Implantation stattfinden kann, müssen bestimmte Voraussetzungen erfüllt sein. Wenn zum Beispiel die Zygote die Gebärmutter erreichen sollte, bevor sie sich in eine Blastozyste verwandelt hat, kann keine Implantation und keine Schwangerschaft zustande kommen. Das gilt auch für den Fall, daß das Endometrium nicht reif für die Aufnahme sein sollte. In beiden Fällen stirbt die Blastozyste ab und löst sich auf.

In einigen sehr seltenen Fällen kann es vorkommen, daß die Blastozyste sich nicht in der Uterusschleimhaut, sondern im Eileiter oder an einer anderen Stelle außerhalb der Gebärmutter einnistet, zum Beispiel in der Bauchhöhle. In diesem Fall wird von einer Tuben- oder Bauchhöhlenschwangerschaft gesprochen. In der Regel kann sich aus einer solchen Schwangerschaft kein lebendes Kind entwickeln, sie ist zudem für die Frau lebensbedrohend. Der medizinische Fachausdruck hierfür heißt ektopische Schwangerschaft (von griech. ek: aus und griech. topos: Ort; also außerhalb des richtigen Orts stattfindend). Solche Schwangerschaften müssen operativ abgebrochen werden.

4.1.7 Mehrfachschwangerschaft

Es kann vorkommen, daß sich die Zygote bei einem ihrer Teilungsschritte vollständig spaltet und zwei neue Zygoten entstehen. Jede der beiden Zygoten entwickelt sich dann unabhängig, jede vollzieht ihre eigene Segmentation. Sie gelangen in die Gebärmutter und setzen sich dort an verschiedenen Stellen fest. So kommt es zu einer Zwillingsschwangerschaft. Da beide von der gleichen Ei- und Samenzelle abstammmen, sind solche ,,eineiigen" Zwillinge von der Anlage her identisch. Sie haben deshalb das gleiche Geschlecht und sind sich äußerlich und in anderer Hinsicht sehr ähnlich.

Dieser Vorgang der Entstehung eineiiger Zwillinge muß nicht unbedingt bereits im Eileiter stattfinden, sondern er kann sich noch zwischen dem 2. und 14. Tag nach der Befruchtung ereignen. Die Blastozyste kann sich auch noch während der Implantation teilen, so daß zwei getrennte Embryos entstehen.

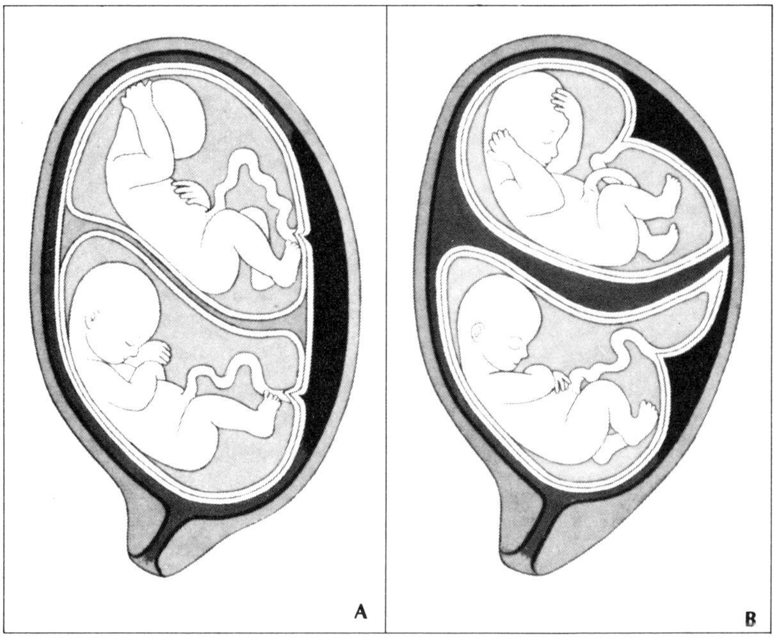

Zwei Beispiele für Mehrlingsschwangerschaften

A. Eineiige Zwillinge: Die Foeten haben das gleiche Geschlecht und sind mit einer einzigen Plazenta verbunden. Die äußere Eihaut umschließt beide Amnionhöhlen.

B. Zweieiige Zwillinge: Die Foeten können ein verschiedenes Geschlecht haben. Es sind zwei Plazenten und zwei völlig getrennte Fruchtblasen vorhanden.

In seltenen Fällen können mehrere Eizellen gleichzeitig reif werden (multiple Ovulation). Werden diese Eier befruchtet, kommt es ebenfalls zu einer Mehrfachschwangerschaft. Man nennt Mehrlinge, die nach einer solchen Schwangerschaft geboren werden , ,,zweieiige" Zwillinge, Drillinge, Vierlinge usw. Da jeder von ihnen aus einer anderen Eizelle und verschiedenen Samenzellen entstanden ist, können sie ein verschiedenes Geschlecht haben und müssen sich auch sonst nicht ähnlicher sein, als es Geschwister allgemein sind.

4.2 Die Schwangerschaft

Die Schwangerschaft einer Frau beginnt mit der Implantation eines befruchteten Eies in der Gebärmutter und endet, unter normalen Umständen, neun Monate später mit der Geburt des Kindes. Aus verschiedenen Gründen wird in der Medizin jedoch die Dauer einer Schwangerschaft nicht vom Zeitpunkt der Implantation an, sondern vom ersten Tag der letzten Menstruation an gerechnet. (Der Hauptgrund dafür ist, daß eine Frau die Implantation nicht bemerkt, sich jedoch an das Datum der letzten Menstruation meist erinnern kann.) Setzt man diesen letzteren Zeitpunkt als Beginn der Schwangerschaft fest, findet die Geburt 280 Tage (40 Wochen) später statt. Nach der gleichen Berechnung kann der Tag der Geburt auch mit folgender Faustregel festgesetzt werden: ,,Tage + 7, Monate – 3."

Ein Beispiel soll das verdeutlichen: Erster Tag der letzten Menstruation sei der 10. Dezember; dann errechnet sich das Geburtsdatum wie folgt:
,,Tage + 7": 10 + 7 = 17
,,Monate – 3": 12 – 3 = 9
Datum der Geburt ist demnach der 17. September.

Bis zur Geburt eines gesunden Kindes findet im Körper der Frau ein faszinierender und sehr komplizierter Wachstumsprozeß statt. Die genauen Details dieses Prozesses sind bis zum heutigen Tage noch nicht vollständig erforscht. Den Ablauf der wichtigsten Vorgänge kann man jedoch beschreiben. Die folgenden Abschnitte geben eine Zusammenfassung der Entwicklung, die das befruchtete Ei durchläuft, bis es ein lebensfähiger, unabhängiger Mensch geworden ist. Darüber hinaus wird beschrieben, wie die schwangere Frau diese Entwicklung erlebt.

4.2.1 Die Entwicklung vom Embryo zum Fötus

Die Entwicklung vom befruchteten Ei bis zum lebensfähigen Kind vollzieht sich in drei hauptsächlichen Entwicklungsstufen:

1. Das Stadium der Zygote (von der Befruchtung bis zur Implantation)
2. Das Stadium des Embryo (in den ersten drei Monaten der Schwangerschaft)
3. Das Stadium des Fötus (in den letzten sechs Monaten der Schwangerschaft).

Das erste Stadium wurde bereits beschrieben (vgl. Kap. 4.1 ,,Die Empfängnis"). Im folgenden soll nun die weitere Entwicklung des neuen Organismus in der Gebärmutter beschrieben werden.

Das Embryo

Mit dem Wort ,,Embryo" (von griech. embryon: das ungeborene Kind) bezeichnet man den wachsenden Organismus bis zum Ende der zwölften Schwangerschaftswoche. In diesem Zeitraum entwickelt es sich von einer winzigen Zellansammlung zu einem fast 10 cm großen Gebilde. Gleichzeitig wächst ein besonderes Barriere- und Austauschorgan, die Plazenta, zwischen Embryo und Gebärmutter heran. Das Embryo ist mit der Plazenta durch die Nabelschnur verbunden. (Diese Verbindung bleibt bis nach der Geburt bestehen. Dann wird die Plazenta ebenfalls ausgestoßen. Aus diesem Grund nennt man die Plazenta auch ,,Nachgeburt".) Die Plazenta funktioniert wie ein Schutzfilter. Sie ermöglicht dem Embryo (und später dem Fötus), Nahrung und Sauerstoff aus dem Blut der Mutter aufzunehmen und gegen Kohlendioxyd und Abfallstoffe auszutauschen. Die Blutkreisläufe von Mutter und Kind bleiben jedoch während der ganzen Zeit voneinander getrennt.

Während der ersten Lebensmonate unterscheidet sich ein menschliches Embryo kaum von den Embryonen anderer höherer Säugetiere. Erst nach dem zweiten Monat nimmt es menschliche Züge an. Man kann nach und nach ein Gesicht erkennen, aber auch Arme und Finger, Beine und Zehen. Zwischen den Beinen werden die ersten – noch undifferenzierten – Entwicklungsstufen der Geschlechtsorgane erkennbar. Wenn das ungeborene Kind vom

Stadium des Embryos in das Stadium des Fötus eintritt, ist es eindeutig als menschliches Wesen zu identifizieren, und alle späteren Organe sind bereits angelegt.

Der Fötus

Das Wort „Fötus" (von lat. fetus: Nachkomme) bezeichnet den wachsenden Organismus vom vierten Monat an bis zur Geburt. Während dieser Zeit entwickelt er sich von einem nicht ganz 10 cm großen und wenige Gramm schweren Lebewesen zu einem Kind von etwa 50 cm Länge und einem Gewicht von ungefähr sieben Pfund. In den ersten Wochen dieser Entwicklung findet die Differenzierung der inneren Geschlechtsorgane statt. Etwas später entwickeln sich die äußeren Geschlechtsorgane. Etwa im fünften Monat werden die Bewegungen des Fötus so kräftig, daß die Mutter sie wahrnehmen kann. Dieser Zeitpunkt der ersten Kindsbewegungen wurde früher für den Augenblick gehalten, zu dem das ungeborene Kind zu leben anfange.

Während seiner gesamten Entwicklung wird der Fötus dadurch geschützt, daß er fast schwerelos in einem mit Flüssigkeit gefüllten Beutel, der Amnionhöhle, liegt. Gegen Ende des sechsten Schwangerschaftsmonats ist der Fötus ungefähr 30 cm lang und etwas über 1000 Gramm schwer. Zu diesem Zeitpunkt beginnt die Entwicklung des Atemzentrums im Gehirn. Es ist nicht absolut unmöglich (allerdings sehr unwahrscheinlich), daß ein Fötus in diesem Stadium eine Frühgeburt überlebt. Die Gefahr eines Hirnschadens ist dann allerdings groß, da die Atmung noch nicht ausreichend funktioniert. In die letzten Schwangerschaftsmonate fallen wichtige Entwicklungsschritte des Fötus, zum Beispiel die Ausbildung des Gehirnzentrums, das die Temperaturregelung steuert. Außerdem bildet sich unter der Haut eine Schutzschicht aus Fett. Beim männlichen Fötus senken sich in dieser Zeit die Hoden in den Hodensack ab. Falls dieser Vorgang nicht stattfindet, muß nach der Geburt eingegriffen werden. Andernfalls wäre Sterilität die Folge.

In den letzten Wochen vor der Geburt wächst der Fötus nicht nur erheblich, er nimmt vor allem rasch an Gewicht zu. Wird ein Kind geboren, das weniger als 2500 Gramm wiegt, ist es untergewichtig oder zu früh geboren.

4.2.2 Die Frau während der Schwangerschaft

Nach der Darstellung von Entwicklung und Wachstum des neuen Lebens vor der Geburt soll im folgenden die Schwangerschaft aus der Sicht der Mutter dargestellt werden.

Anzeichen der Schwangerschaft

Die Plazenta, die sich nach der Implantation des Embryo entwickelt, bildet ein Hormon, das Choriongonadotropin. Dieses Hormon beeinflußt die Eierstöcke und bewirkt eine anhaltende Östrogen- und Progesteronproduktion. Infolgedessen reifen in den Eierstöcken keine neuen Eizellen mehr, und die Menstruation bleibt aus, da die Uterusschleimhaut während der Schwangerschaft nicht den Einflüssen des Menstruationszyklus unterworfen ist. Aus diesem Grund kann eine Frau, wenn sie Geschlechtsverkehr hatte, eine Schwangerschaft vermuten, sobald ihre erwartete Menstruation ausbleibt. Das Ausbleiben der Menstruation allein ist jedoch kein schlüssiger Beweis, denn dies kann auch aus anderen Gründen, manchmal sogar über längere Zeit hin, der Fall sein. Die Wahrscheinlichkeit, daß eine Schwangerschaft vorliegt, wächst, wenn zusätzlich eine Vergrößerung der Brüste festgestellt wird und der Hof um die Brustwarzen sich dunkler färbt, wenn morgendliche Übelkeit auftritt und häufiger Harndrang festzustellen ist. Trotzdem bedeuten alle diese sogenannten wahrscheinlichen Schwangerschaftszeichen noch nicht unbedingt, daß eine Frau tatsächlich schwanger ist.

Ein größeres Maß an Sicherheit bieten folgende Anzeichen: Vergrößerung des Uterus, ein weicher Gebärmutterhals, eine Umfangsvergrößerung des Unterleibes etwa im dritten Monat. Drei Wochen nach der Implantation (also etwa sechs Wochen nach der letzten Menstruation) ist im Urin das Choriongonadotropin nachweisbar. So kann ganz einfach innerhalb weniger Minuten beim Arzt oder in der Apotheke ein Schwangerschaftstest durchgeführt werden. Dieser Test ist bei positivem Ergebnis fast immer verläßlich, er kann jedoch falsch negativ sein, das bedeutet, daß vorhandene Hormone nicht nachgewiesen werden. Ein negativer Test sollte deshalb etwas später wiederholt werden.

Es gibt drei sichere Anzeichen für eine Schwangerschaft:

1. Den Herzschlag des Fötus, den der Arzt etwa vom fünften Schwangerschaftsmonat an durch ein Stethoskop hören kann.
2. Die Bewegungen des Fötus, die etwa um die gleiche Zeit fühlbar werden.
3. Das Bild des Fötus, das bei einer Ultraschalluntersuchung gesehen werden kann.

Das Erste Schwangerschaftsdrittel

Ärzte teilen die neun Monate in drei Drittel zu je drei Monaten. Im Ersten Drittel (das am ersten Tag der letzten Menstruation beginnt) stellt die werdende Mutter die ersten Anzeichen der Schwangerschaft fest. Das Ausbleiben der Menstruation und morgendliche Übelkeit sind meist der Anlaß, daß eine Frau ihren Hausarzt oder ihren Gynäkologen aufsucht. Der Arzt wird durch eine körperliche Untersuchung und einen Hormontest festzustellen versuchen, ob tatsächlich eine Schwangerschaft vorliegt. Wie bereits erwähnt, ist der Nachweis einer Schwangerschaft durch einen Labortest etwa sechs Wochen nach der letzten Menstruation möglich. Dieser Schwangerschaftest wird allerdings in der Regel nicht von den deutschen Gesetzlichen Krankenkassen bezahlt.

Wenn eine Schwangerschaft vorliegt, sollte die Frau bis zur Geburt ihres Kindes medizinisch betreut werden. Anhand ihrer medizinischen Vorgeschichte und einer gründlichen Untersuchung muß zunächst festgestellt werden, ob Risiken bestehen oder Komplikationen im Verlauf der Schwangerschaft zu erwarten sind. Daneben müssen verschiedene Laboruntersuchungen vorgenommen werden. Anhand einer Blutprobe muß zum Beispiel untersucht werden, welche Blutgruppe die Frau hat und ob das Blut Rh-positiv oder Rh-negativ ist, ob Abwehrstoffe gegen Röteln (Röteln-Antikörper) oder Hinweise auf eine bestehende Syphilis vorhanden sind. Diese Maßnahmen sollen dazu beitragen, daß die Schwangerschaft ohne Komplikationen verläuft und schließlich ein gesundes Kind geboren wird.

Das Zweite Schwangerschaftsdrittel

Die Zeit vom Beginn des vierten bis zum Ende des sechsten Schwangerschaftsmonats ist unter normalen Umständen die angenehmste Zeit für die schwangere Frau. Die vorher häufige Übelkeit tritt jetzt nicht mehr auf, und der Fötus, der noch sehr klein ist, bereitet keine körperlichen Beschwerden. Um den fünften Monat herum werden die ersten Bewegungen des Kindes spürbar und man kann seine Herztöne ohne Hilfsmittel hören. Mit dem fortschreitenden Wachstum des Fötus nimmt auch der Bauch der Mutter an Umfang zu, so daß gegen Ende des zweiten Schwangerschaftsdrittels die Schwangerschaft deutlich sichtbar ist.

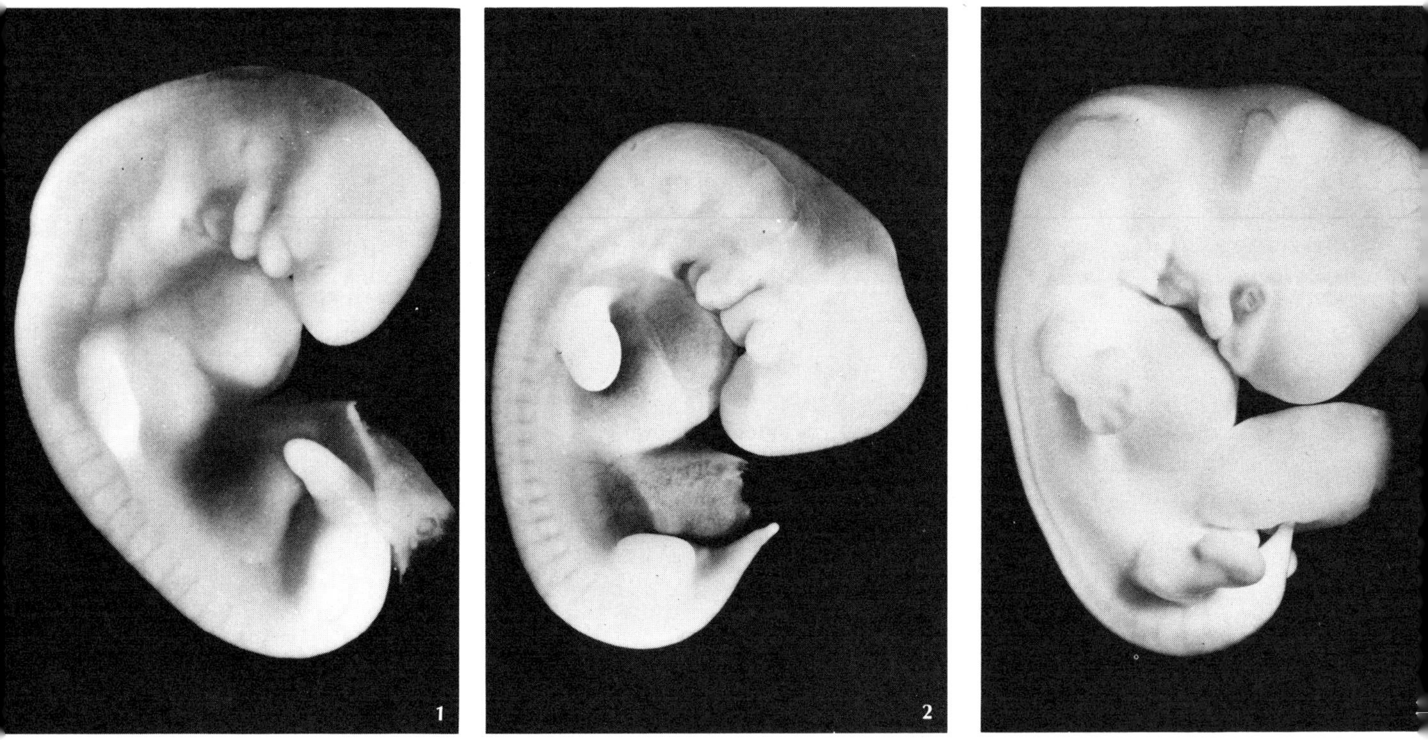

Das Dritte Schwangerschaftsdrittel

In den letzten drei Schwangerschaftsmonaten sollte jede Frau ihren Arzt häufiger aufsuchen, um mögliche Komplikationen auszuschließen. Das zunehmende Wachstum des Fötus wird nun noch deutlicher, denn der Uterus reicht nun in der Bauchhöhle der Schwangeren bis in Höhe des Bauchnabels. Etwa bis zur 38. Woche hat der Fötus sein Wachstum abgeschlossen, man bezeichnet ihn als ,,ausgetragen".

Die genaue Dauer von Schwangerschaften ist variabel, selbst bei mehreren Schwangerschaften derselben Frau. Frauen, die aktiv Sport treiben, gebären meist früher als andere, Mädchen werden oft früher geboren als Jungen; in seltenen Fällen dauert eine Schwangerschaft auch länger als 280 Tage.

Mögliche Komplikationen

Der Körper einer Frau verändert sich im Laufe der Schwangerschaft in vielerlei Weise. Einige dieser Veränderungen können als beunruhigend oder unerfreulich wahrgenommen werden. Übelkeit, Verstopfung, Rückenschmerzen, Wadenkrämpfe und Krampfadern treten bei schwangeren Frauen nicht selten auf. Solche Beschwerden haben jedoch nicht den Stellenwert von Komplikationen, sondern sie sind normale Begleiterscheinungen einer Schwangerschaft. Es gibt demgegenüber Komplikationen, bei denen ärztliche Hilfe erforderlich ist. Jede schwangere Frau kann selbst dazu beitragen, diesen Schwierigkeiten zu begegnen oder vorzubeugen, indem sie regelmäßige ärztliche Betreuung in Anspruch nimmt.

Fehlgeburt (Spontanabort)

Fast 25 Prozent aller Schwangerschaften enden mit dem Absterben des Fötus innerhalb der ersten zwei Schwangerschaftsdrittel, das heißt als Fehlgeburt oder Spontanabort. Die Gründe hierfür sind meist Fehlentwicklungen des Fötus infolge von Defekten der Ei- oder Samenzellen oder auch Komplikationen bei der Implantation. Anatomische Fehlbildungen oder funktionelle

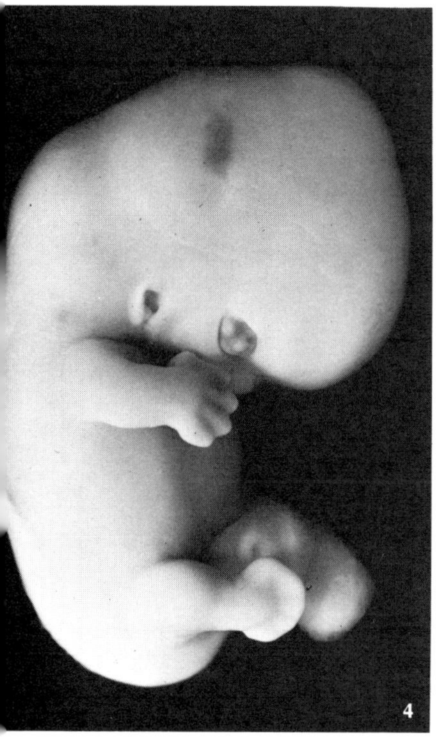

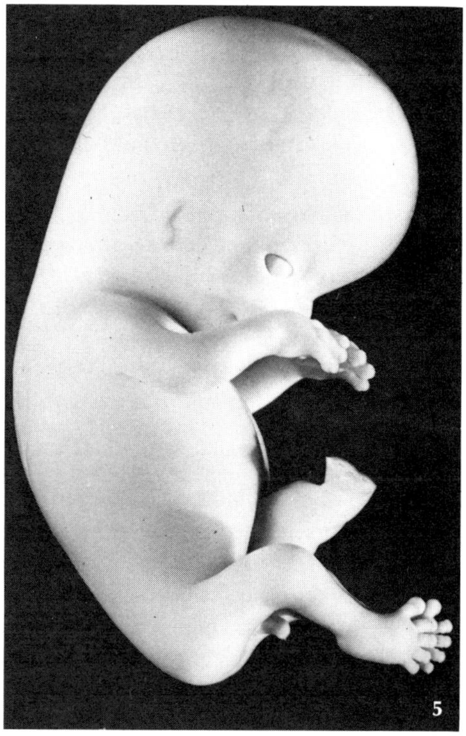

Entwicklung des Embryos

1. 4 Wochen
2. 5 Wochen
3. 6 Wochen
4. 7 Wochen
5. 8 Wochen

Störungen der Frau können gleichfalls die Ursache sein. Weitere Gründe können in unzureichender Ernährung, Krankheit oder psychischen Problemen liegen. Anstrengendes körperliches Training oder Gymnastik haben in der Regel keinen negativen Einfluß. Entgegen einer weitverbreiteten Auffassung führen Springen, Fallen, Schläge oder Tritte in den Unterleib in der Regel nicht zur Fehlgeburt.

Frühgeburt
Wenn ein Kind mit einem Gewicht unter 2500 Gramm geboren wird, spricht man von einer Frühgeburt. Je näher am eigentlichen Schwangerschaftsende ein frühgeborenes Kind zur Welt kommt, um so größer sind natürlich seine Überlebenschancen. Zwar kommt es vor (wenngleich sehr selten), daß ein Fötus überlebt, der gegen Ende des sechsten Monats geboren wird. Die Chance des Überlebens ist bereits im siebten Monat wesentlich günstiger, und sie steigt natürlich im achten Monat weiter an. Bei einer drohenden Frühgeburt muß man selbstverständlich einen Facharzt oder eine Klinik aufsuchen. Die Ursachen für Frühgeburten sind nicht immer einfach zu klären. Man sagt, bestimmte Krankheiten, Belastungen und konstitutionelle Faktoren der Mutter seien hierfür ein Grund. Es gibt aber auch Hinweise darauf, daß zum Beispiel fortgeschrittenes Alter, starkes Rauchen der Schwangeren oder soziale Faktoren eine Rolle spielen.

Der Rhesusfaktor
Der Rh-Faktor (Rhesusfaktor), der im Blut der meisten Menschen vorhanden ist, wirkt im Körper von Menschen, die ihn nicht haben, wie ein Fremdkörper (Antigen) und ruft bestimmte Abwehrreaktionen (Antikörperreaktionen) hervor. Die Befruchtung einer Frau, die diesen Faktor nicht hat (Rh-negativ) durch einen Rh-positiven Mann kann zu Komplikationen in der Schwangerschaft führen. Denn es ist möglich, daß der Fötus Rh-positives Blut hat und die Frau darauf mit der Bildung von Antikörpern reagiert, die dem Fötus

schaden. Im Falle einer ersten Schwangerschaft muß dies auch ohne Diagnose und Behandlung nicht unbedingt zu einer Schädigung des Fötus führen. Dies wird in den nachfolgenden Schwangerschaften bei gleicher Rh-Faktorenkonstellation wahrscheinlicher. Man kann diese Probleme jedoch mit den Mitteln der modernen Medizin gut beherrschen.

Schwangerschaftstoxikose (EPH-Gestose)
Eine Erkrankung in der Schwangerschaft, die durch die Symptome erhöhten Blutdruck, geschwollene Knöchel (Ödeme) und Eiweißausscheidung im Urin gekennzeichnet ist, kann zu ernsten Komplikationen (Krämpfen, Bewußtseinsstörungen) und zu einer Verschlechterung der Überlebensprognose des Kindes führen. Die Ursachen hierfür sind bis heute noch nicht geklärt. Auf jeden Fall können korrekte Diagnose und rasche Behandlung diese Risiken reduzieren.

Eingebildete Schwangerschaft
In sehr seltenen Fällen kann es vorkommen, daß eine Frau Symptome einer Schwangerschaft entwickelt, ohne schwanger zu sein. Ihre Menstruation kann monatelang ausbleiben, sie leidet unter morgendlicher Übelkeit, nimmt an Gewicht zu, ihr Leibesumfang nimmt vielleicht sogar zu und sie bekommt Wehen – aber es gibt keinen Fötus, der geboren werden könnte. Man kann eine solche eingebildete Schwangerschaft natürlich am Fehlen der sicheren Schwangerschaftszeichen erkennen: der Bewegungen des Fötus, seiner Herztätigkeit oder des Nachweises des Skeletts im Ultraschallbild.

4.2.3 Geschlechtsverkehr während der Schwangerschaft

Es gibt Frauen, die besonders während der Schwangerschaft gerne Geschlechtsverkehr haben. Bei anderen ist das sexuelle Verlangen eher geringer. Im allgemeinen besteht ein höheres sexuelles Verlangen am ehesten im zweiten Schwangerschaftsdrittel, während es im letzten Drittel sehr wohl wieder abnehmen kann.

Ob eine Frau während der Schwangerschaft Geschlechtsverkehr haben sollte, hängt natürlich vor allem von ihren eigenen Bedürfnissen ab. Vom rein medizinischen Standpunkt aus gibt es keine Einwände, es sei denn, der Arzt müßte in besonderen Fällen davon abraten. Das wird er normalerweise nur unter folgenden Bedingungen tun:

1. wenn der Geschlechtsverkehr Unterleibsschmerzen verursacht;
2. wenn Blutungen aus dem Uterus festgestellt wurden;
3. wenn die Fruchtblase gesprungen ist;
4. wenn aufgrund der Uteruskontraktionen beim Orgasmus die Gefahr einer Früh- oder Fehlgeburt besteht. (Hierbei spielt es keine Rolle, wie es zum Orgasmus kommt. Das bedeutet, daß in diesem Fall Masturbation gleichfalls vermieden werden sollte.)

Man hat festgestellt, daß es dem Fötus und der Mutter schaden kann, wenn Luft in die Vagina gelangt. Es sollte deshalb möglicherweise eine bestimmte Art des oralen Geschlechtsverkehrs (Cunnilinctus) während der Schwangerschaft vermieden werden.

Mit dem Fortschreiten der Schwangerschaft werden durch den zunehmenden Bauchumfang der Frau bestimmte Stellungen beim Geschlechtsverkehr beschwerlich oder unmöglich. Ein Koitus, bei dem der Mann auf der Frau liegt, mag sich aus diesem Grund verbieten. Die Seitenposition beider Partner oder eine Position, bei der der Mann sich hinter der Frau oder die Frau sich auf dem Mann befindet, erscheinen eher angebracht. Auch sollte man besonders jetzt daran denken, daß der Koitus nur eine der vielen Möglichkeiten sexueller Betätigung ist. Vielleicht sollte man sich – wenigstens für eine bestimmte Zeitspanne – anderen Formen des Geschlechtsverkehrs zuwenden (vgl. Kap. 7.2 „Heterosexueller Geschlechtsverkehr“).

4.3 Die Geburt

Die Geburt eines Kindes bedeutet große körperliche, emotionale und soziale Veränderungen für das Leben einer Frau. Hat sie sich bewußt für die Mutterschaft entschieden, wird sie diesen Veränderungen positiv entgegensehen. Sie wird jedoch in jedem Fall in größerem Maß als Frauen vergangener Generationen ihr Schicksal selbst beeinflussen können.

Noch im 19. Jahrhundert ließ man Frauen über ihre körperlichen Funktionen bewußt im unklaren. Alles war tabu, soweit es die menschliche Fortpflanzung betraf. Noch nicht einmal der eigene Körper sollte genau betrachtet werden. Empfängnis, Schwangerschaft und Geburt waren für viele Frauen dunkle, bedrohliche Geheimnisse. Viele Frauen hatten daher Angst, Mütter

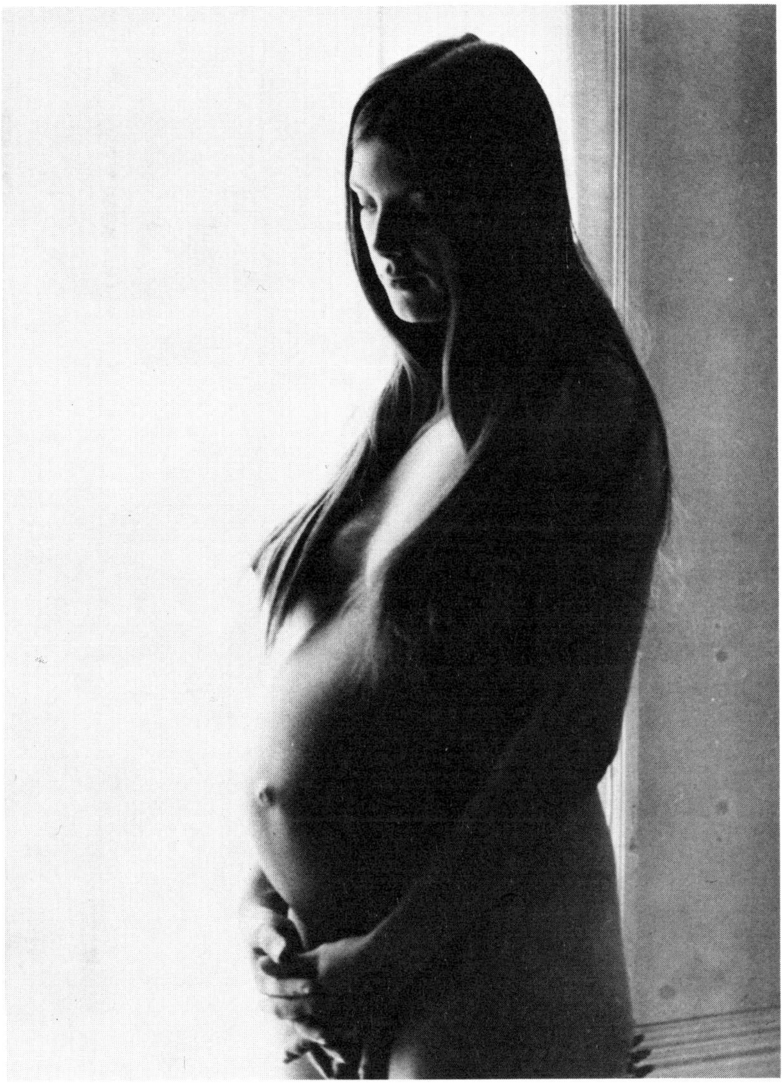

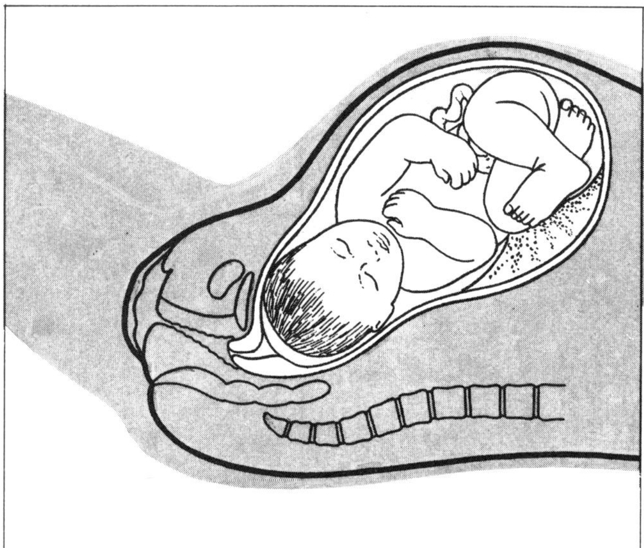

1. Der Fötus unmittelbar vor der Geburt.

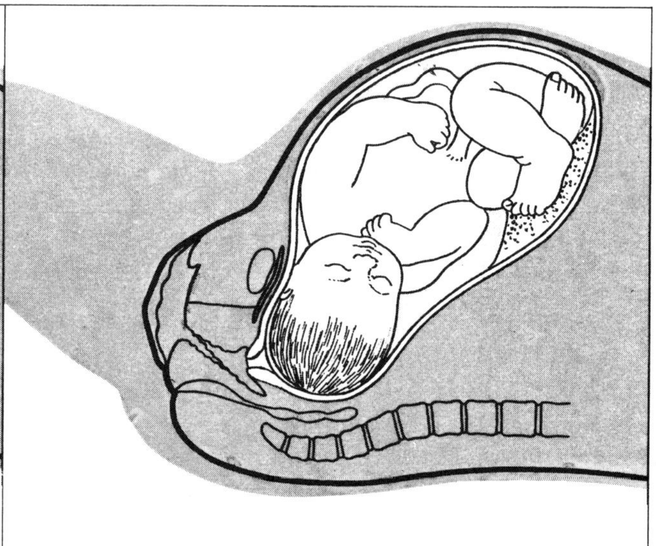

2. Die Zervix dehnt sich.

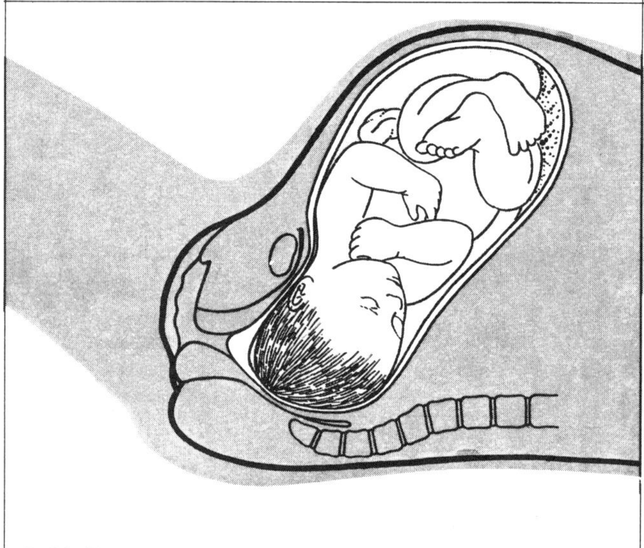

3. Die Zervix ist vollständig gedehnt.

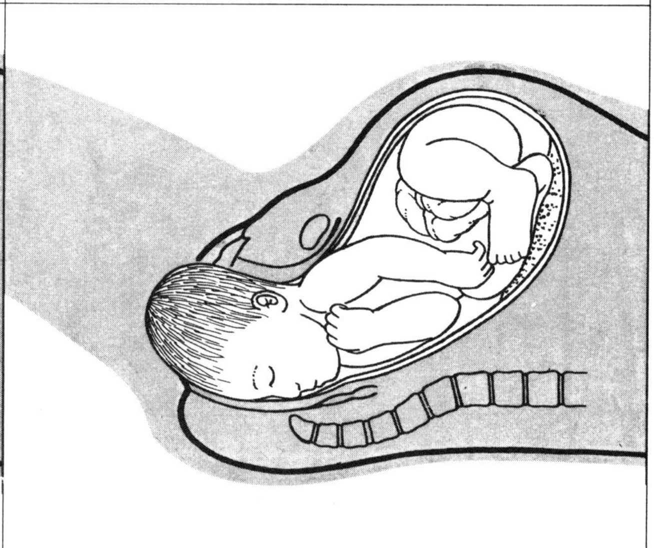

4. Der Kopf tritt aus.

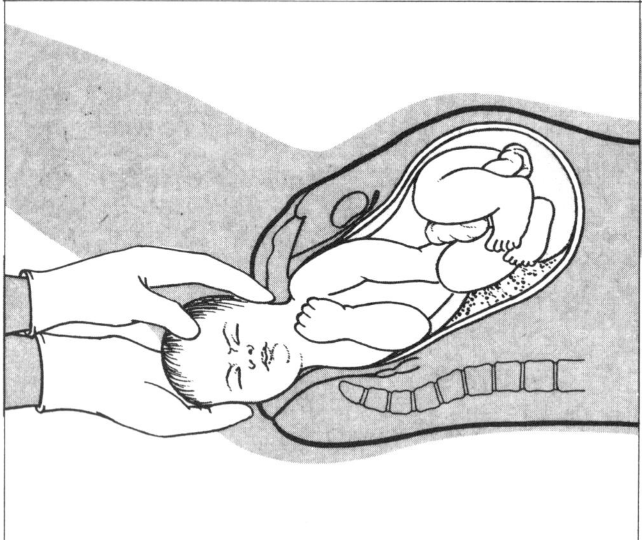

5. Die Schultern erscheinen.

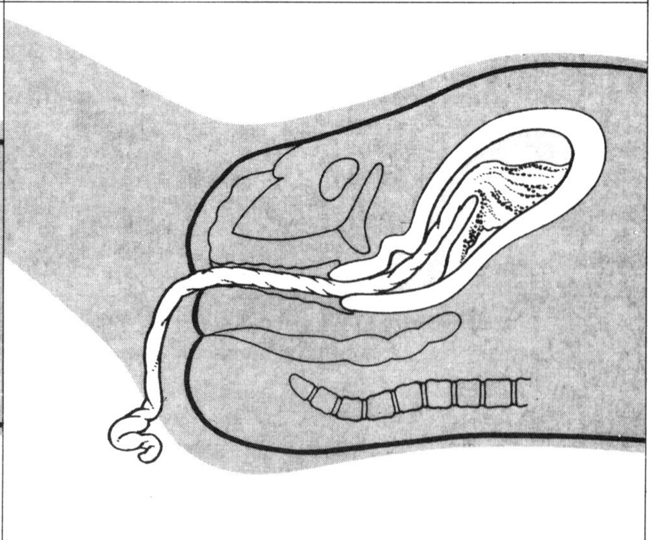

6. Die Plazenta löst sich ab.

Die Geburt eines Kindes. 1. Vor Beginn der Wehen. 2.–3. Eröffnungsperiode. 4.–5. Austreibungsperiode. 6. Nachgeburtsperiode zu werden – sie hatten wirklich kaum noch eine Beziehung zu ihrem eigenen Körper.

Eine Geburt konnte in diesen Tagen eine erschreckende, entwürdigende und gefährliche Angelegenheit sein. So war man allgemein der Auffassung, es sei die Bestimmung der Frau, ihre Kinder unter Schmerzen zu gebären, und diese Qualen seien nützlich, weil sie die mütterlichen Gefühle nur vertieften. Man erwartete von der Gebärenden, eine reine Dulderrolle zu spielen. Da sie die Vorgänge bei der Geburt nicht genau verstand, wußte sie auch kaum, wie ihr geschah. Darüber hinaus setzten die hygienischen Zustände zu Hause oder im Hospital Mutter und Kind schwersten Infektionsgefahren aus. So starben viele Mütter im Kindbett; viele Kinder überlebten die ersten Wochen nicht.

Der Fortschritt der Medizin hat in der Zwischenzeit einen erheblichen Rückgang der Säuglingssterblichkeit gebracht. Heute ist die gebärende Frau im Kreißsaal wahrscheinlich sicherer als auf der Straße, die zum Krankenhaus führt. Ein ähnlicher Fortschritt ist auch hinsichtlich der Sexualerziehung zu verzeichnen. Die moderne Frau kann sich aktiv auf die Geburt vorbereiten und so dazu beitragen, daß diese zu einem großen und schönen Erlebnis wird.

Ein Wegbereiter solcher Geburtsvorbereitung war Dick-Read, ein englischer Geburtshelfer, der Schmerzen unter der Geburt vor allem auf unnötige Muskelanspannung zurückführte. Seine Methode der „natürlichen Geburt" zielte darauf ab, sich durch körperliches und geistiges Training zu entspannen.

In jüngster Zeit ist die Methode der „bewußten Geburt" des Franzosen Lamaze sehr populär geworden. Sie beruht auf der Annahme, daß Wehen anderen Streßsituationen gleichgesetzt werden können und daß also eine bewußte, aktive Beteiligung der Gebärenden die besten Voraussetzungen für eine Bewältigung von Schmerzen und Streß bietet.

Eine andere Methode basiert darauf, den Ehemann in die aktive Vorbereitung der Geburt einzubeziehen. Sie wurde von dem nordamerikanischen Geburtshelfer Bradley entwickelt. Diese Methode basiert auf einer umfassenden Schulung, in der die werdende Mutter lernt, sich unter Mithilfe ihres Partners zu entspannen. Das Training nimmt wesentlich mehr Zeit in Anspruch als die Lamaze-Methode, aber viele Eltern empfinden es als sehr hilfreich. Ziel ist es, eine neue körperliche und seelische Nähe zwischen den Eltern des Kindes herzustellen und eine Geburt ohne begleitende Medikamente zu ermöglichen.

Schließlich gibt es noch die Methode der „sanften Geburt", die von dem französischen Geburtshelfer Leboyer entwickelt wurde. Hier konzentriert man sich ganz auf das Kind und bemüht sich, ihm kurz nach der Geburt noch für eine Weile die Lebensbedingungen des Mutterleibes zu erhalten: Dunkelheit, Stille und Kontakt zur Mutter. Der Kreißsaal ist deshalb nur sparsam beleuchetet, ein Bad mit warmem Wasser wird vorbereitet, und das medizinische Personal ist angehalten, geräuscharm zu arbeiten. In dieser Umgebung werden Kinder meist ruhig, mit weitgeöffneten Augen und glücklich murmelnd geboren. Unmittelbar nach der Geburt werden sie auf den Bauch der Mutter gelegt. Die Nabelschnur bleibt zunächst in Funktion und wird erst abgetrennt, wenn das Kind kräftig atmet. Es wird dann eine Zeitlang von seiner Mutter gestreichelt und danach in warmem Wasser gebadet. Diese Art der Geburt soll ein „Geburtstrauma" so weit als möglich vermeiden. Sie berücksichtigt, daß das neugeborene Kind ein sehr empfindlicher Mensch ist, der rücksichtsvolle Behandlung verdient.

Es gibt noch eine Reihe weiterer neuer Geburtsmethoden, die alle das Ziel haben, die Geburt eines Kindes von einer quälenden, passiven Erfahrung in ein bewußtes und aktives Erleben zu verwandeln. Immer häufiger wollen auch Männer sich hieran unterstützend beteiligen, und Krankenhäuser machen den werdenden Vätern zunehmend auch Mut, während der gesamten Geburt dabeizusein. Vorbereitungskurse werden von Krankenhäusern, Arbeitsgruppen, öffentlichen Gesundheitsdiensten und Ärzten für beide Elternteile angeboten. Diese Art Vorbereitung bringt die Partner oft auch einander näher, und sie wird so ein wichtiges Element bewußter Elternschaft.

In der letzten Zeit nehmen auch bei uns Hausgeburten wieder etwas zu, weil viele Frauen mit ihrem Neugeborenen so früh als möglich zusammensein und dieses Erlebnis mit ihrer Familie teilen wollen. Daneben gibt es neue Geburtszentren, die keine Krankenhäuser im traditionellen Sinn mehr sind und die versuchen, eine übermäßige Technisierung des Geburtsvorgangs und die unnötige Trennung von Mutter und Kind zu vermeiden. Alle diese Entwicklungen sind zu begrüßen und zu unterstützen, so lange eine fachlich qualifizierte Betreuung im Notfall gewährleistet ist.

In den folgenden Abschnitten werden die biologischen Vorgänge bei der Geburt zusammengefaßt.

4.3.1 Wehen und Entbindung

Ärzte teilen den Geburtsvorgang in drei Abschnitte ein:
1. die Eröffnung des Gebärmuttermundes (Eröffnungsperiode)
2. die eigentliche Geburt des Kindes (Austreibungsperiode)
3. die Ablösung und Ausstoßung der Nachgeburt (Nachgeburtsperiode).

Eröffnungsperiode
Dieser erste Abschnitt der Geburt dauert am längsten: bei einer Erstgebärenden normalerweise zehn bis zwölf Stunden, bei anderen Frauen ungefähr sechs bis acht Stunden. In dieser Zeit beginnen die Wehenschmerzen langsam, werden dann häufiger und intensiver. Sie werden durch Muskelkontraktionen der Gebärmutter verursacht, die in einem bestimmten Rhythmus auftreten und jeweils von vollkommener Entspannung gefolgt sind.

Anfangs dauern diese Kontraktionen ungefähr 30 Sekunden und treten in Abständen von 15 bis 20 Minuten auf. Mit fortschreitender Wehentätigkeit nehmen die Phasen der Entspannung auf drei bis vier Minuten ab, während die Wehen bis zu 60 Sekunden oder länger dauern. Eine Frau, die sich auf die Geburt richtig vorbereitet hat, kann diese körperliche Belastung durch Entspannen und richtiges Atmen entscheidend erleichtern und dadurch die Vorgänge in ihrem Körper unterstützen, statt sich gegen sie zu wehren. Durch diese Wehen wird der Gebärmuttermund erweitert, bis der Kopf des Kindes in die Vagina eintreten kann. Damit ist der erste Abschnitt, die Eröffnungsperiode, beendet und die eigentliche Geburt kann beginnen.

Spätestens wenn die Wehen alle fünf Minuten einsetzen und etwa eine halbe Minute dauern, sollte sich die werdende Mutter ins Krankenhaus begeben. Ein weiteres Zeichen der bevorstehenden Geburt ist das Ausstoßen eines Schleimpfropfs, der als Barriere zwischen Uterus und Vagina diente. Er kann leichte Blutspuren aufweisen. Ein weiteres Anzeichen für die bevorstehende Geburt ist das Zerspringen der Fruchtblase. Dadurch kommt es zum Herausfließen von Fruchtwasser aus der Vagina.

Austreibungsperiode
Dieser Abschnitt ist wesentlich kürzer als der erste, er beansprucht etwa eine Stunde bei erstgebärenden Frauen, eine halbe Stunde bei anderen Frauen. In dieser Phase wird das Kind – meist mit dem Kopf voran – aus der Gebärmutter durch die Vagina zur Welt gebracht. Diesen Prozeß kann die Mutter durch Kontraktionen der Unterleibsmuskeln und durch kräftiges Pressen unterstüt-

zen. Wenn der Kopf des Kindes geboren ist, folgt der Rest des Körpers meist mühelos.

Das neugeborene Kind ist mit der Plazenta, die zunächst im Uterus verbleibt, durch die Nabelschnur verbunden. Diese Verbindung, die zur Ernährung und zum Sauerstoffaustausch diente, ist jedoch jetzt nicht mehr notwendig. Der plötzliche Temperaturwechsel und der atmosphärische Druck, gelegentlich auch ein leichter Klaps auf das Hinterteil, führen dazu, daß das Kind zu atmen beginnt. Sobald die Atmung sich stabilisiert hat, kann die Nabelschnur abgetrennt werden. Da die Nabelschnur keine Nerven enthält, verursacht dies keine Schmerzen. Nach einer bestimmten Zeit trocknet der am Nabel des Säuglings verbleibende Teil ein und löst sich von selbst ab.

Nachgeburtsperiode

In der dritten Phase der Geburt werden die Plazenta und die Eihäute etwa 15 Minuten nach der Geburt des Kindes ausgestoßen. Die Entbindung der sogenannten Nachgeburt dauert nur ein paar Minuten, danach beginnt die Gebärmutter, sich zusammenzuziehen und im Laufe der folgenden Wochen ihre vorherige Form und Größe wieder anzunehmen.

Mögliche Komplikationen

Eine Geburt ist eine normale Funktion für den weiblichen Körper. Die meisten Gefahren und Komplikationen, die allgemein mit einer Geburt in Verbindung gebracht werden, gehören der Vergangenheit an. Sie wurden zumeist nicht durch die Geburt selbst, sondern durch die primitiven und unhygienischen Umstände verursacht, unter denen sie stattfand. Eine moderne Frau, die während der Schwangerschaft regelmäßig zum Arzt gegangen ist und sich auch während der Geburt fachlicher Hilfe versichert, hat keinen Anlaß zu ernsthaften Befürchtungen. Mögliche Komplikationen können heute meist rasch und fachgerecht behoben werden. Es kommt zum Beispiel häufig vor, daß beim Austreten des Kopfes der Scheidenrand einzureißen droht. In diesem Fall nimmt der Arzt einen kleinen Einschnitt vor (Episiotomie), um das Einreißen zu verhindern. Dieser Einschnitt wird nach der Geburt genäht und verheilt innerhalb kurzer Zeit. Ein weiteres Problem kann entstehen, wenn das Kind mit den Füßen oder dem Gesäß zuerst erscheint (statt, wie in den meisten Fällen, mit dem Kopf). Diese sogenannte Beckenendlage kann den Geburtsvorgang verzögern und damit zur Gefahr für das Kind werden. Eine weitere Gefahr für alle Kinder ist eine Augeninfektion durch Gonokokken. Um derartigen Infektionen vorzubeugen, werden die Augen jedes Neugeborenen mit einer Silbernitrat-Lösung behandelt.

Es gibt Fälle, in denen eine normale Geburt aus dem einen oder anderen Grund unmöglich ist und ein Kaiserschnitt notwendig wird. Dabei werden Bauchdecke und Uterus der Mutter aufgeschnitten und das Kind herausgeholt, bevor es in die Vagina gelangt. Der Begriff „Kaiserschnitt“ geht darauf zurück, daß der römische Kaiser Julius Cäsar auf diese Weise geboren worden sein soll.

4.3.2 Die Zeit nach der Entbindung

Mutter und Kind sind nach der Entbindung erschöpft und brauchen zunächst Ruhe. Obwohl die meisten Frauen nach wenigen Tagen wieder aufstehen und das Krankenhaus verlassen können, benötigen sie noch einige Zeit, um wieder zu Kräften zu kommen und sich an ihre neue Rolle als Mutter zu gewöhnen. Einige Aspekte dieses Prozesses werden im folgenden erörtert.

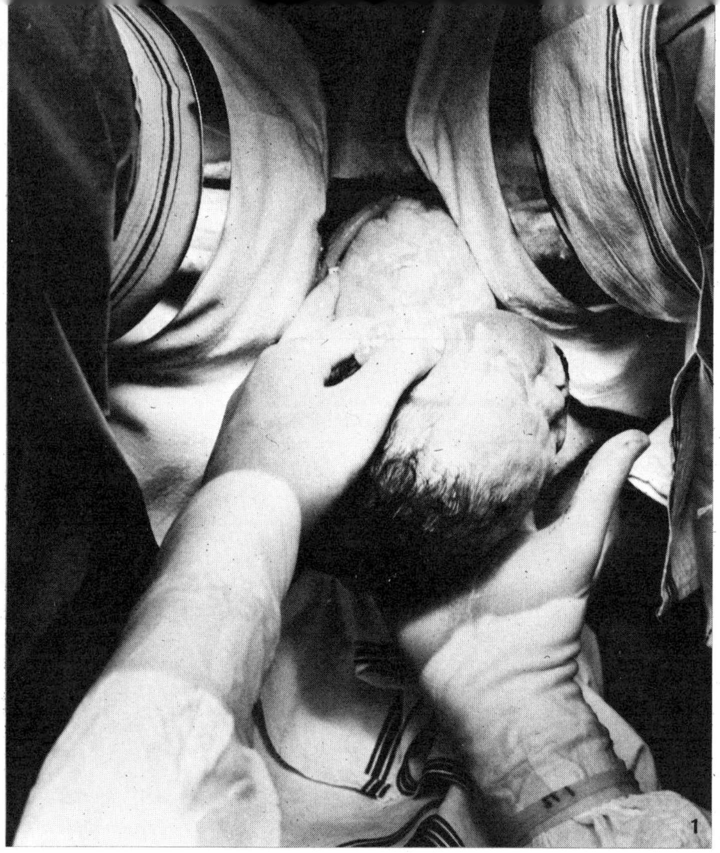

1

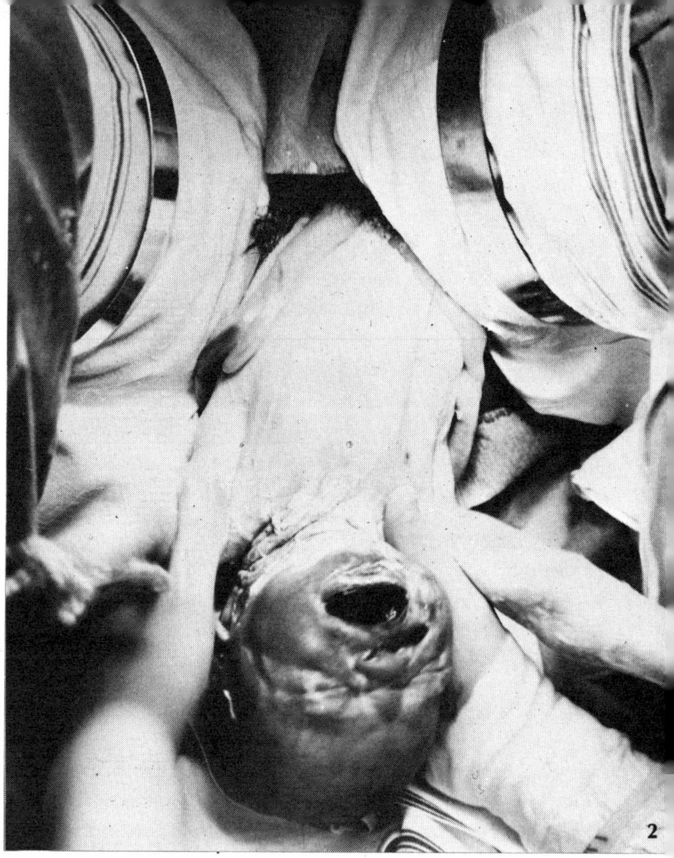

2

Geburt im Krankenhaus
Heute werden bei uns die meisten Kinder im Krankenhaus geboren. Intensive medizinische Versorgung und die Möglichkeit zum raschen Eingreifen im Notfall, zum Beispiel bei Komplikationen, haben mögliche Gefahren der Geburt für Mutter und Kind erheblich verringert.

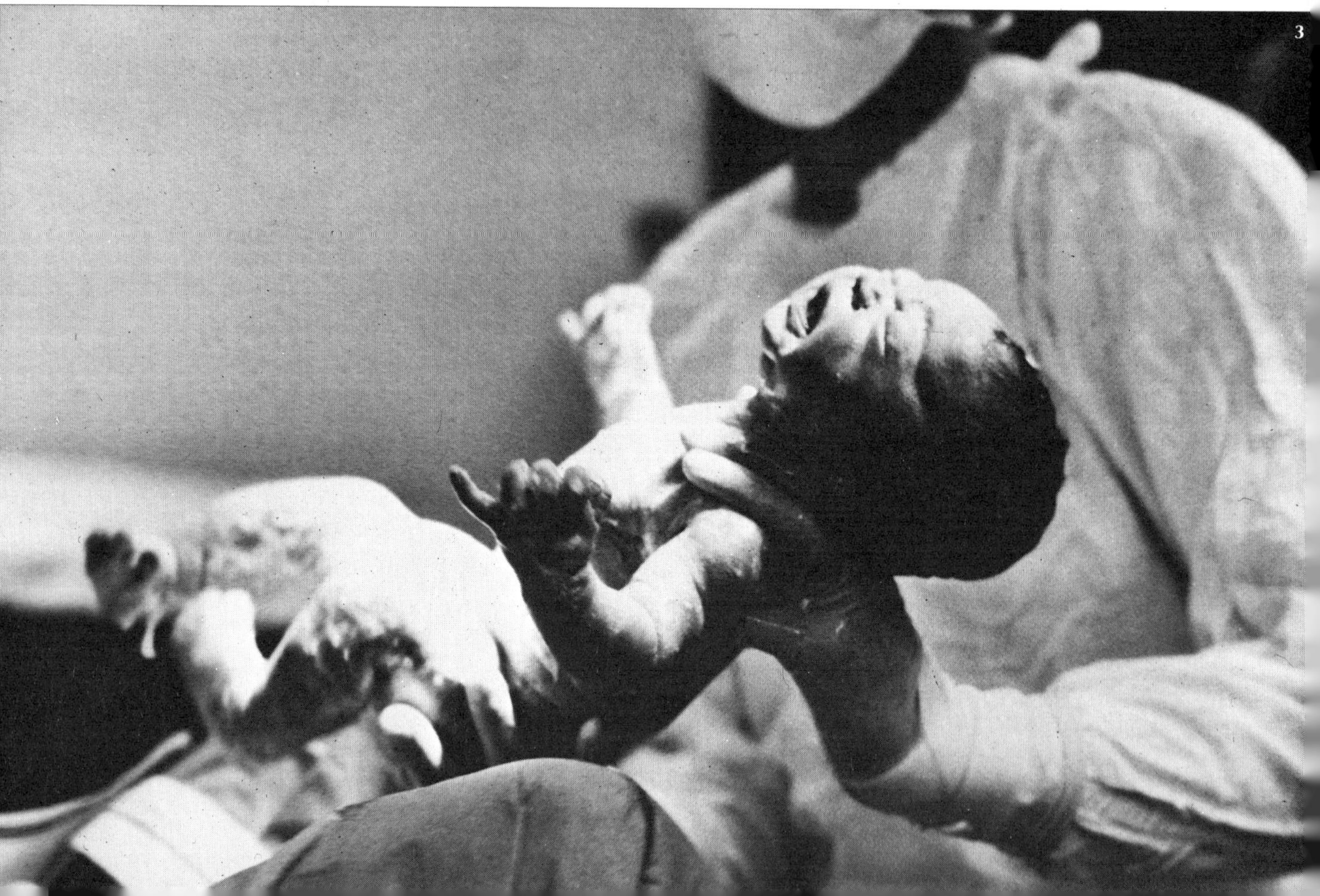

3

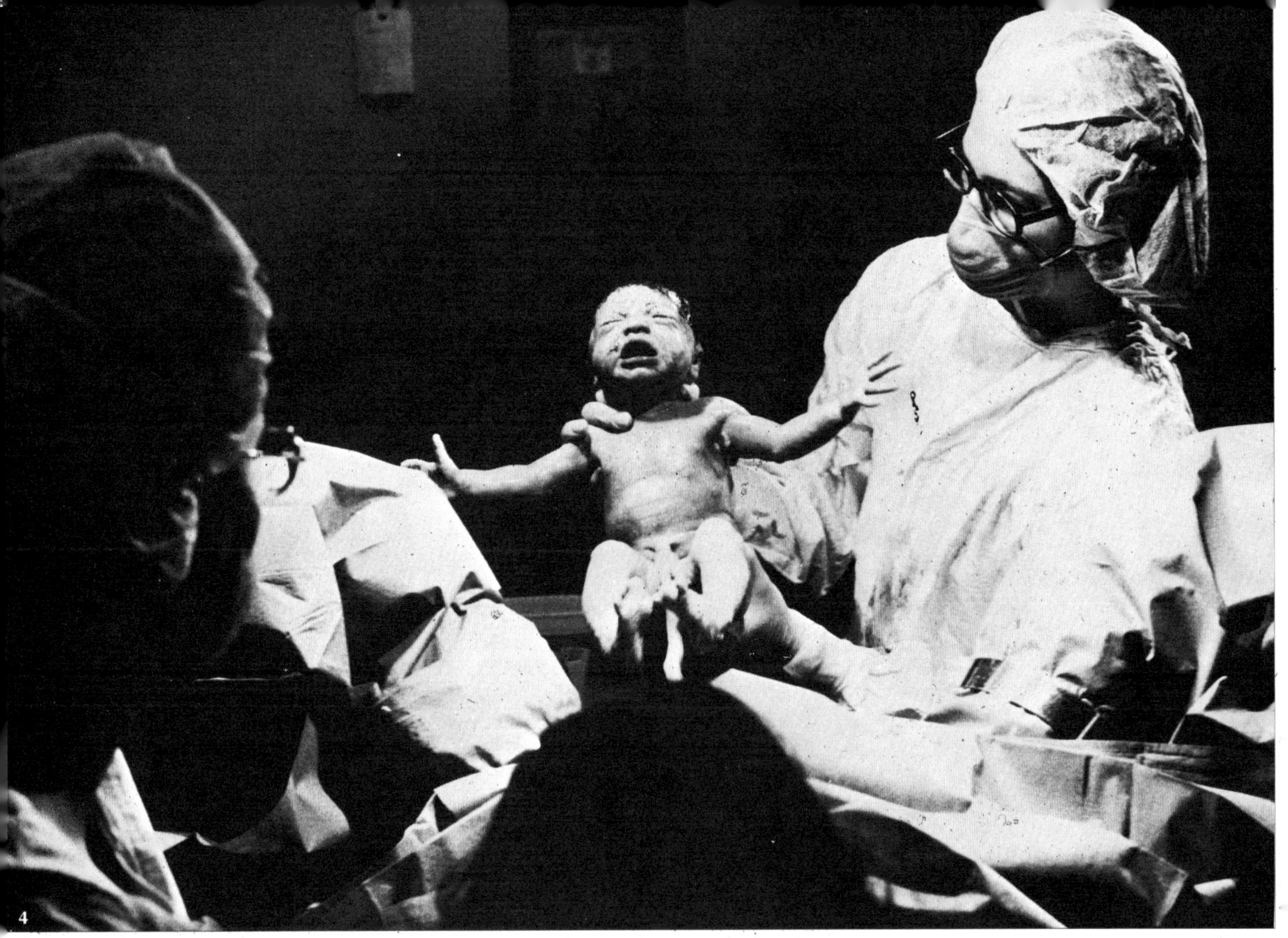
4

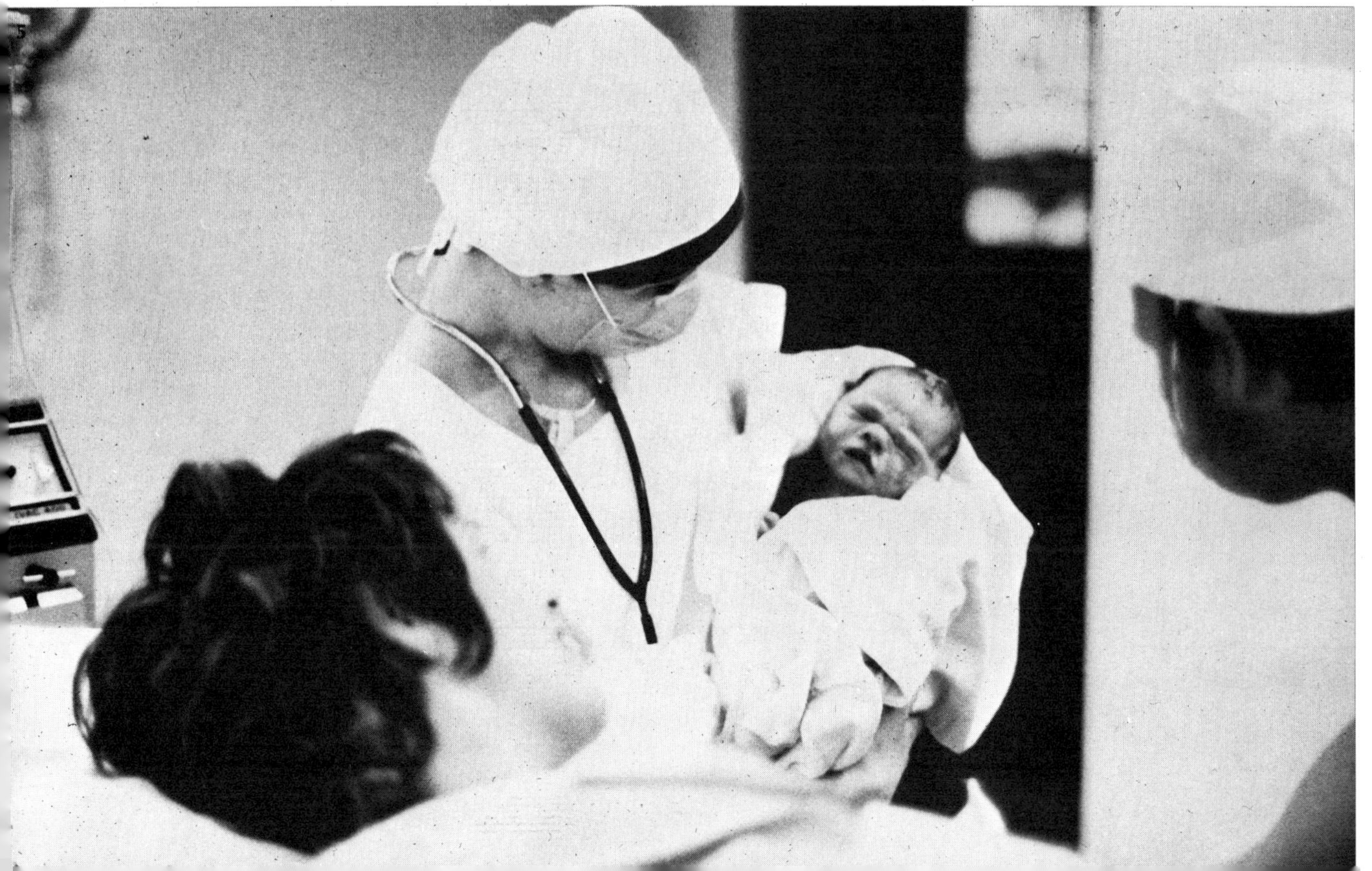
5

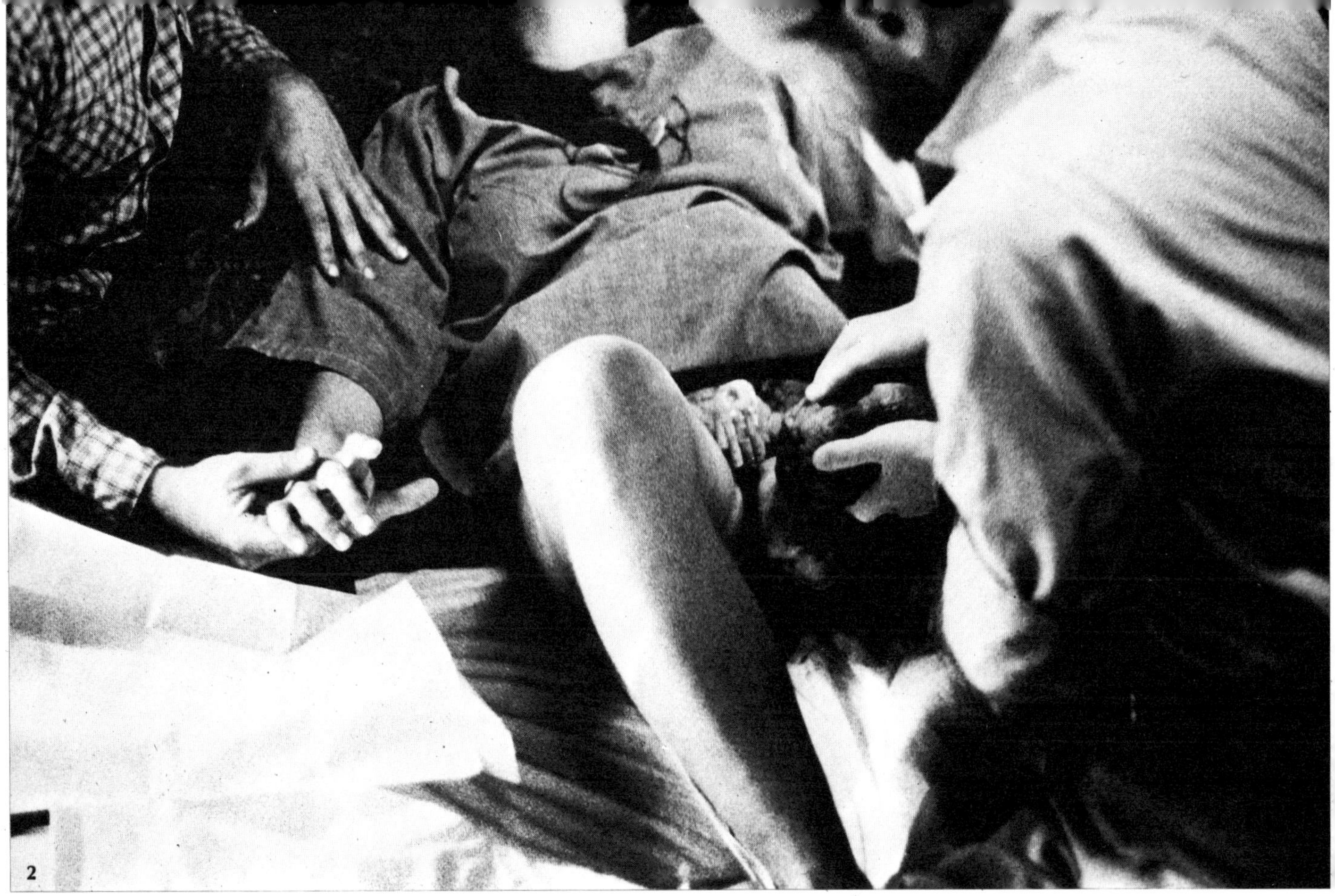

2

Hausgeburt
In jüngerer Zeit bevorzugen immer mehr Frauen eine Hausgeburt, um so der ganzen Familie die Möglichkeit zu geben, an dem Ereignis teilzuhaben. Solange fachliche Betreuung gewährleistet ist, stellt die Hausgeburt kein höheres Risiko dar. Die hier gezeigte Geburt wurde von einem Geburtshelfer geleitet.

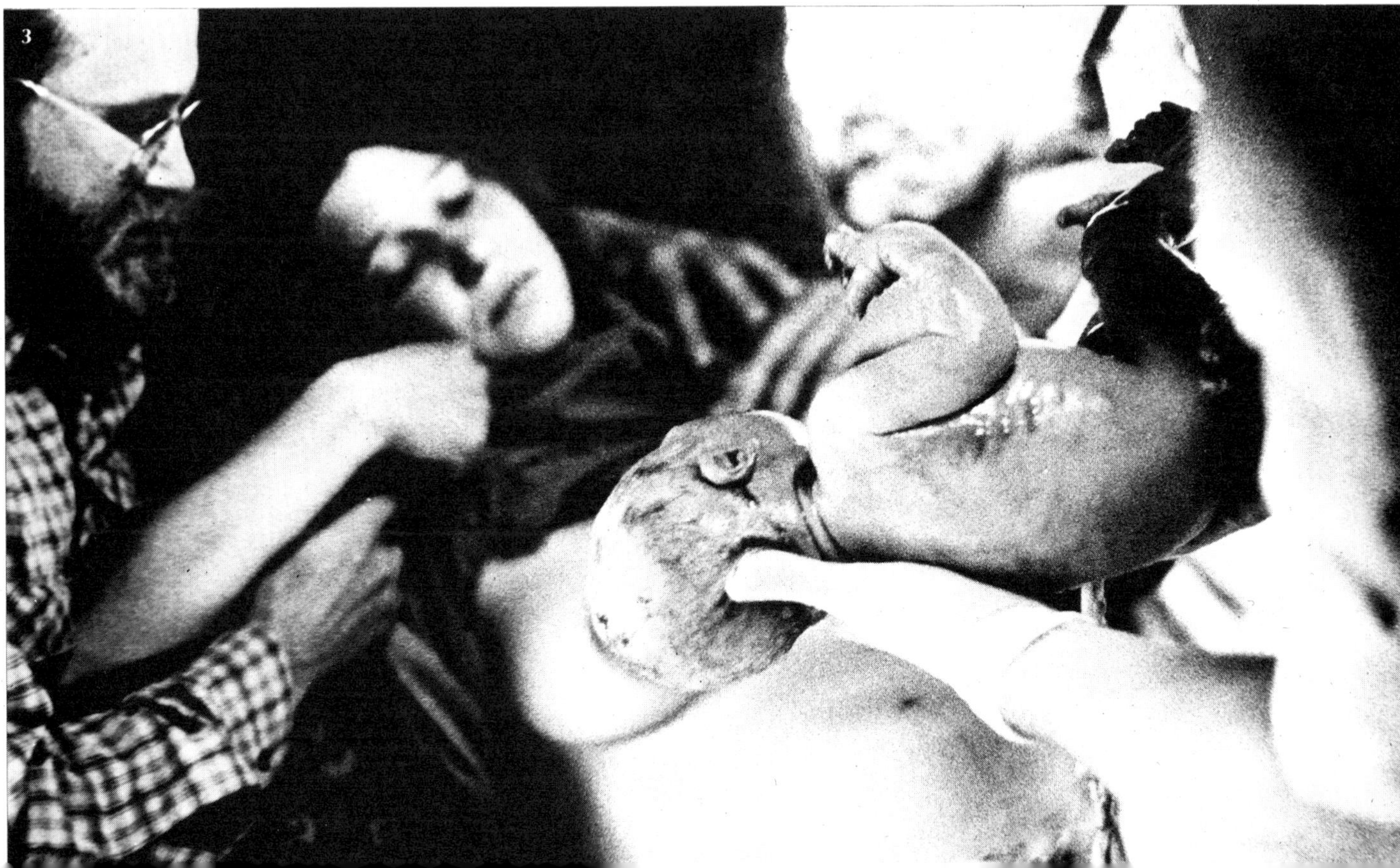

3

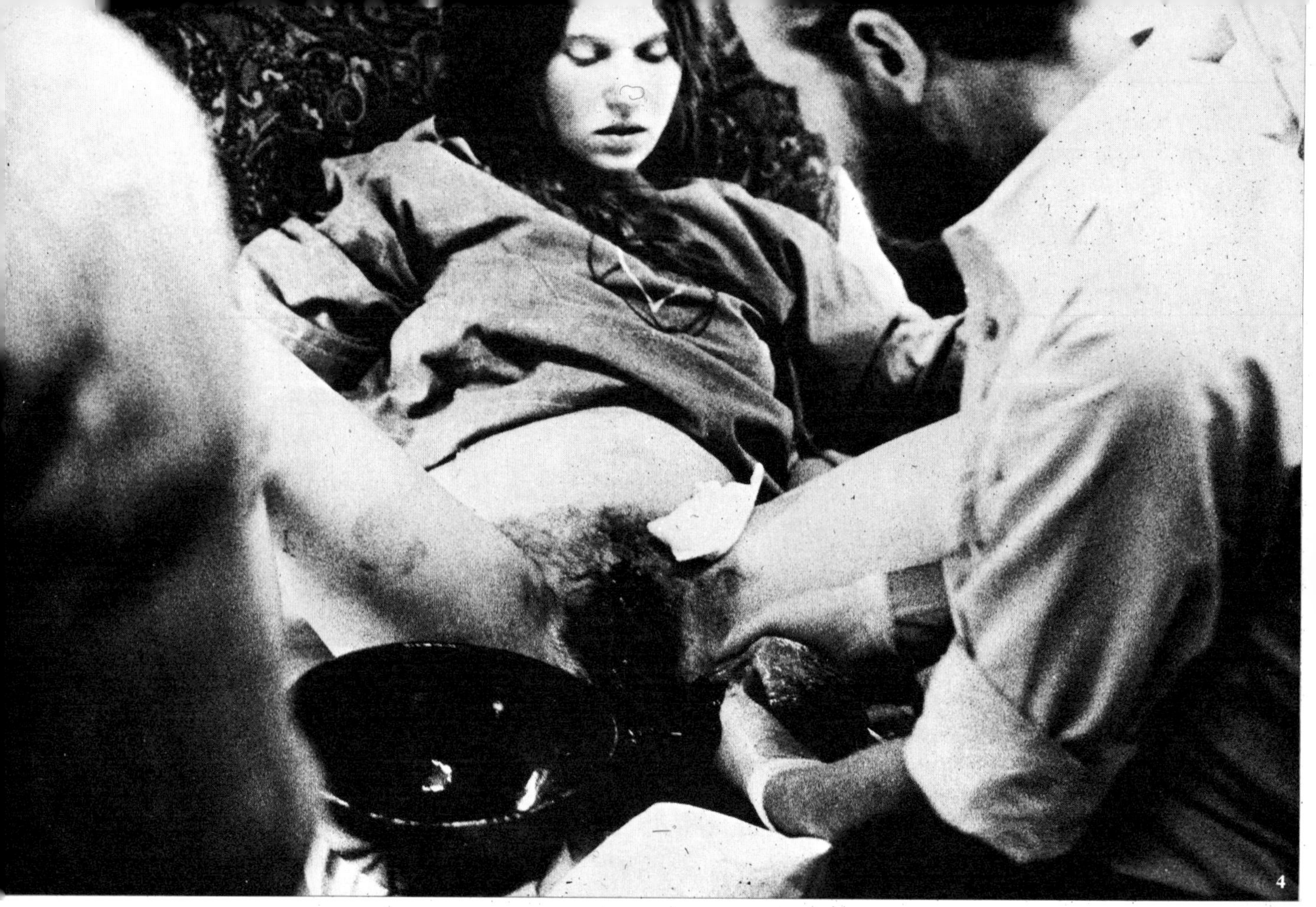
4

5
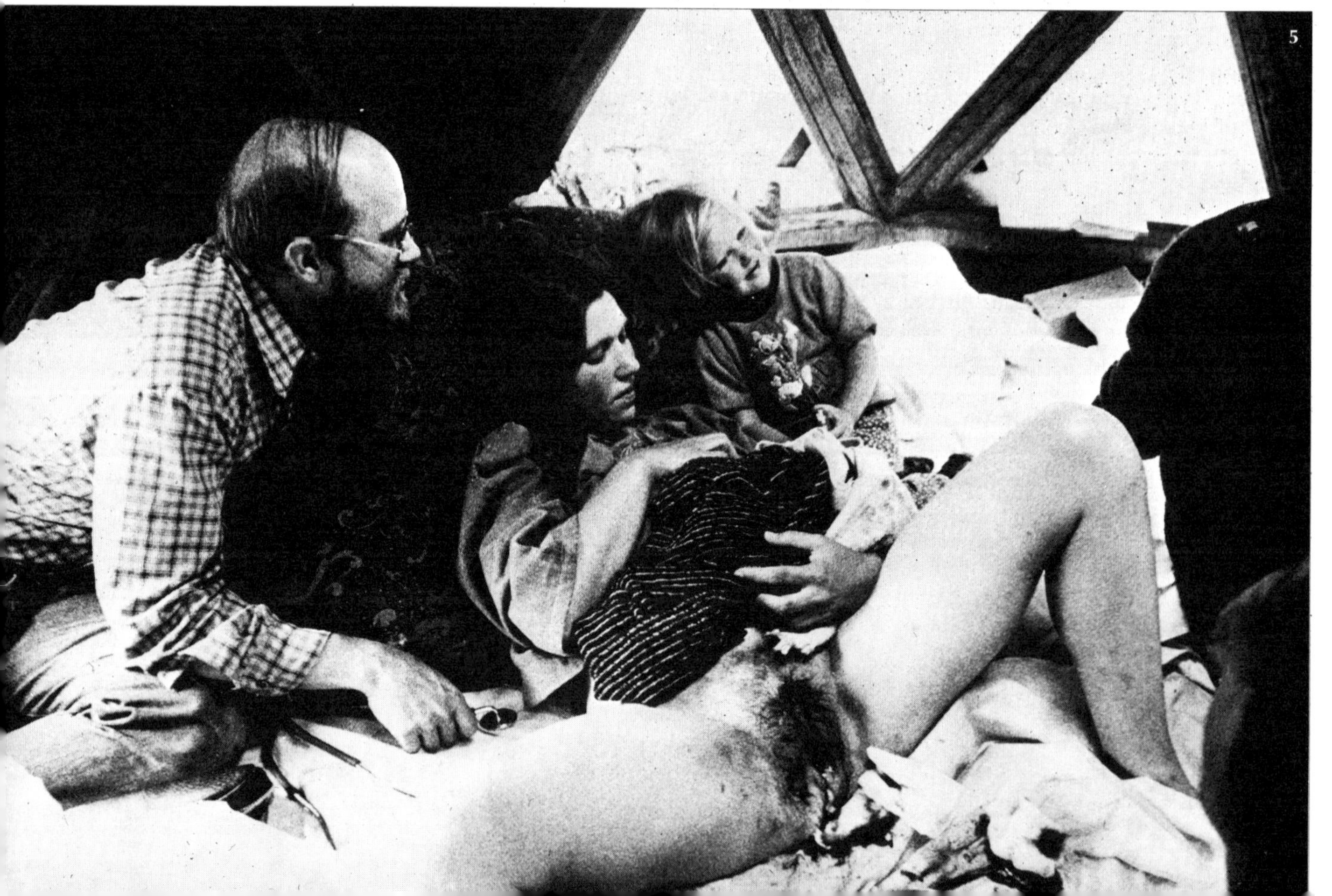

Das Wochenbett

In den Wochen nach der Geburt bildet sich der Uterus langsam wieder zu seiner vorherigen Größe zurück. Während dieser Zeit löst sich auch die Uterusschleimhaut ab und wird ausgestoßen. Diese Ausscheidung (der ,,Wochenfluß“) ist zunächst dickflüssig und blutig, wird dann aber dünnflüssig und gelblich oder weißlich, bis nach etwa drei Wochen alle abgestoßenen Gewebe ausgeschieden sind. Nach sechs Wochen hat der Uterus seine ursprüngliche Form wiedergewonnen. Dieser Prozeß kann durch körperliche Übungen entscheidend unterstützt werden, die sich auch auf andere Beschwerden dieser Zeit, wie Appetitlosigkeit und Verdauungsstörungen, günstig auswirken.

Bei manchen Frauen kann es zu leichten Depressionen kommen. Sie sind dann sehr sensibel und reizbar und weinen oft ohne ersichtlichen Grund. Leider wird diese meist unerwartete Verzweiflung nicht immer so ernstgenommen, wie es notwendig wäre. Viele Menschen können offenbar nicht nachvollziehen, was es bedeutet, wenn zu den körperlichen Anstrengungen der Geburt die weiteren Belastungen der neuen Mutterrolle hinzutreten. Diese Eindrücke können so überwältigend sein, daß sich die Frau dem allen plötzlich nicht mehr gewachsen fühlt. Ob man es wahrhaben will oder nicht, eine Elternschaft bringt starke Veränderungen des Lebens im Sinn einer echten Krise mit sich. Aber wie in jeder Krise bietet auch sie eine Gelegenheit zur persönlichen Reifung. In dieser Situation kann die Familie der jungen Mutter eine große Stütze sein, vor allem aber ihr Partner. Es ist dies eine der Gelegenheiten, in denen gegenseitiges Verständnis der Partner von unschätzbarem Wert ist.

Das Stillen

Unmittelbar nach der Geburt beginnen die Brustdrüsen der Mutter zunächst, eine wäßrige Flüssigkeit zu produzieren, die man Kolostrum nennt und die auf den Säugling in besonderer Weise schützend wirkt. Nach etwa drei Tagen bildet sich dann die normale Muttermilch. Die Milchproduktion heißt in der Fachsprache Laktation (von lat. lac: Milch). Hat eine Frau sich entschieden, ihr Kind zu stillen, und liegen keine körperlichen Hemmnisse vor, wird die Milchproduktion über viele Monate anhalten.

Es ist ganz natürlich, daß eine Frau durch das Saugen des Kindes an ihrer Brust sexuell erregt wird. Dies ist kein Grund, beunruhigt oder ängstlich zu sein. Im Gegenteil, sie sollte diese Erfahrung begrüßen, da sie eine wichtige körperliche und psychische Funktion hat.

Bei den meisten Frauen kommt es in den ersten Monaten nach der Geburt infolge hormoneller Veränderungen nicht zur Ovulation (und entsprechend auch nicht zur Menstruation). Während dieser Zeit kann also auch keine erneute Befruchtung stattfinden. Man sollte sich jedoch keineswegs auf diesen ,,natürlichen Schutz“ verlassen. Das Stillen ist kein Ersatz für Empfängnisverhütung.

Geschlechtsverkehr nach der Entbindung

Manche Frauen benötigen nach der Geburt eines Kindes eine gewisse Zeit, bis sie wieder sexuell ansprechbar sind. Herkömmlicherweise wird deshalb jungen Eltern geraten, den Koitus für mindestens sechs Wochen nach der Geburt zu vermeiden. Nach neueren wissenschaftlichen Erkenntnissen sollte man diese Regel aber nicht verallgemeinern, sondern jeden Fall individuell entscheiden. Sehr oft kann schon wesentlich früher wieder Geschlechtsverkehr stattfinden, ohne daß es der Frau in irgendeiner Weise schadet. Vom rein medizinischen Standpunkt aus kann der Geschlechtsverkehr wieder aufgenommen werden, sobald die Blutungen aus dem Uterus aufgehört haben und alle Wunden verheilt sind. Ein leicht bräunlicher Ausfluß ist kein Hinderungsgrund.

Umfassende Kommunikation (auch sexueller Art) zwischen den Eltern ist natürlich auch für das neugeborene Kind sehr wichtig. Trotzdem sollten die persönlichen Gefühle und Wünsche der Frau in dieser Zeit an erster Stelle stehen.

4.4 Empfängnisverhütung

Die einfachste und sicherste Methode, eine Schwangerschaft zu verhindern, ist Verzicht auf Koitus. Schon immer haben die Menschen jedoch nach Methoden gesucht, die es ihnen gestatten sollten, trotz Koitus eine Schwangerschaft zu vermeiden. Für Jahrtausende blieben diese Methoden aber unzureichend und unsicher. Erst die moderne Wissenschaft hat neue Methoden entdeckt (und alte verbessert), so daß heute ein breites Spektrum guter Verhütungsmittel zur Verfügung steht. Unerwünschte Schwangerschaften können heute mit größtmöglicher Sicherheit vermieden werden. Die Suche nach zuverlässigen, nebenwirkungsarmen, einfachen und billigen Verhütungsmitteln geht jedoch weiter.

Die Entwicklung sicherer Methoden zur Empfängnisverhütung hatte einen nachhaltigen Einfluß auf das Sexualverhalten der Menschen. In der Vergangenheit waren Sexualität und Fortpflanzung unmittelbar miteinander verknüpft. Geschlechtsverkehr zwischen Mann und Frau beschränkte sich weitgehend auf den Koitus, und dabei bestand immer die Möglichkeit, daß ein Kind gezeugt wurde. In diesem Fall war es offensichtlich im Interesse der Kinder, daß die Eltern zusammenblieben, um es zu versorgen. Deshalb versuchte die Sexualmoral der meisten Gesellschaften, den Geschlechtsverkehr auf die Ehe zu beschränken. Geschlechtsverkehr vor und außerhalb der Ehe galt als unmoralisch und wurde oft streng bestraft. Innerhalb der Ehe selbst aber sollten so viele Kinder als möglich gezeugt werden. Fortpflanzung wurde zur wahren „Natur" und zum einzigen Zweck sexueller Betätigung erklärt, und alle Formen der Sexualität, die nicht diesem Zweck dienten, wurden als widernatürlich angesehen.

Inzwischen ist dieser Auffassung durch die Entwicklung wirksamer Methoden der Empfängnisverhütung der Boden weitgehend entzogen worden. Durch sie wurde die früher unlösbare Verbindung zwischen Sexualität, Elternschaft und Ehe aufgehoben. Eheleute können sich heute sehr wohl dafür entscheiden, kinderlos zu bleiben oder erst Jahre nach der Eheschließung Kinder zu haben. Aus demselben Grund werden heute weniger junge Menschen als früher durch eine unerwünschte Schwangerschaft in eine ungewollte Ehe hineingedrängt. Damit beginnt auch die Funktion der Ehe sich zu verändern. Heute wird eine Ehe nicht mehr unbedingt mit dem Ziel geschlossen, Kinder zu bekommen. Liebe, Kameradschaft, berufliche Zusammenarbeit oder soziale Sicherheit sind oft ausreichende Gründe, die die Ehepartner zusammenbringen oder zusammenhalten. Hinzu kommt, daß vor- und außerehelicher Geschlechtsverkehr völlig von der Fortpflanzungsfunktion getrennt werden kann. Statt dessen hat er eine neue Bedeutung als Mittel der persönlichsten, intimsten Kommunikation gewonnen.

Dies alles hat zu einer grundlegenden Veränderung zwischenmenschlicher Beziehungen geführt. Neue Freiheiten sind entstanden und neue Forderungen nach persönlicher Verantwortlichkeit. Der Herausforderung dieser veränderten Situation kann nicht mit dogmatischer Moralphilosophie, Verboten oder Repressionen begegnet werden. Im Gegenteil: es sollten alle Chancen genutzt werden, daß die Menschen sich selbst bestimmen und ihre neuen Möglichkeiten voll ausschöpfen lernen.

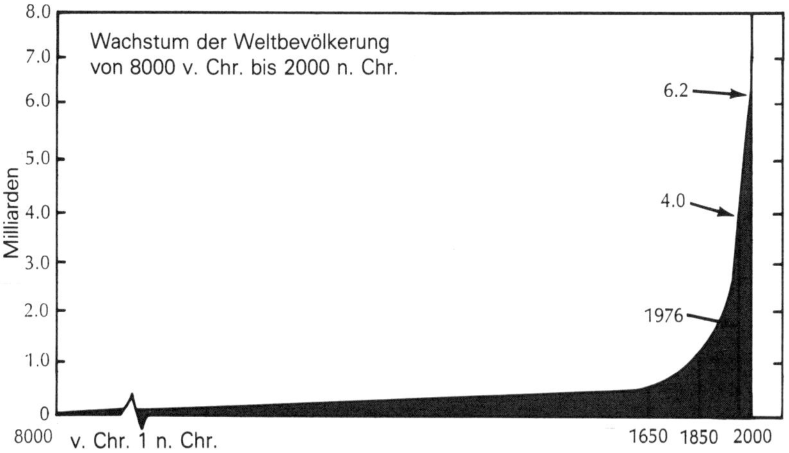

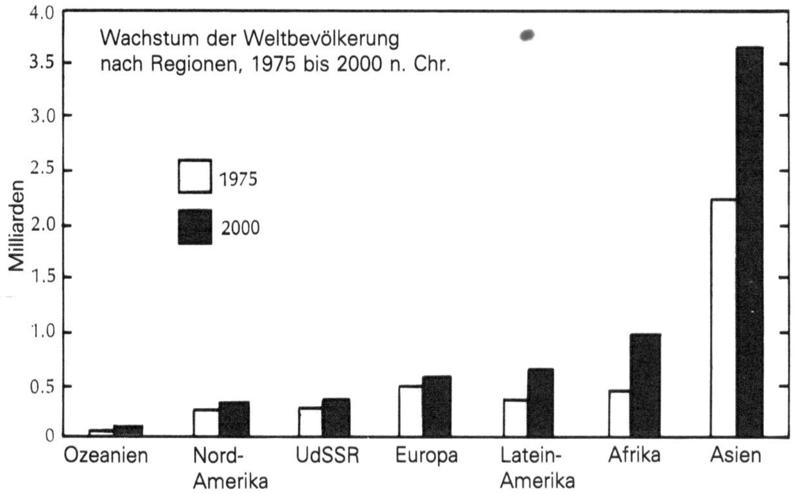

Die „Bevölkerungsexplosion“
In den letzten Jahrhunderten ist die Weltbevölkerung in einem ungeheuren Ausmaß gewachsen, eine noch bedrohlichere Zunahme ist zu erwarten. Wie aus der Abbildung weiter hervorgeht, wird der größte Bevölkerungszuwachs die ärmsten Regionen der Welt betreffen. Angesichts dieser Entwicklung werden Maßnahmen der Empfängnisverhütung heute von immer zahlreicheren Regierungen propagiert.

Es ist natürlich schwer, mit überkommenen Sitten und Gebräuchen aufzuräumen. Es gibt immer noch viele Menschen, die die weitreichenden Möglichkeiten und Folgen der Empfängnisverhütung nicht sehen wollen oder die ganz einfach Angst vor ihr haben. So ist zum Beispiel die Auffassung noch immer verbreitet, eine einfache und sichere Schwangerschaftsverhütung begünstige sexuelle Ausschweifung und moralischen Verfall. Andererseits wird die Gefahr einer Überbevölkerung der Erde immer bedrohlicher. Es besteht kein Zweifel, daß ein unkontrolliertes Anwachsen der Bevölkerung in vielen Teilen der Erde zu immer größeren Problemen führen wird.

Diese widersprüchlichen Ansichten über die Empfängnisverhütung haben in einer Reihe von Ländern ganz unterschiedliche Auswirkungen auf die staatliche Bevölkerungspolitik gehabt. Bestimmte Regierungen begünstigen Empfängnisverhütung bei Verheirateten, nicht aber bei Alleinstehenden oder Minderjährigen. In anderen Ländern wird die Anwendung von Empfängnisverhütungsmitteln gefördert, um – nach wie vor verbotene – Schwangerschaftsabbrüche zu vermeiden. Andere sehen Abtreibung als ein akzeptables Mittel zur Bevölkerungskontrolle an. Allgemein gilt, daß dort, wo die Empfängnisverhütung erschwert wird, die Zahl der Schwangerschaftsabbrüche steigt. Ist der Abbruch einer Schwangerschaft jedoch erlaubt, wird der Empfängnisverhütung unter Umständen nicht die notwendige Beachtung geschenkt. Es gibt aber auch Länder, in denen sowohl Schwangerschaftsabbrüche als auch Empfängnisverhütung verboten sind. Wieder andere zögern, eine freiwillige Empfängnisverhütung öffentlich zu unterstützen, haben aber andererseits wenig Skrupel, bestimmte Menschen zur Sterilisation zu zwingen. Diese Sterilisationen werden meist damit gerechtfertigt, daß es die Vererbung bestimmter genetischer Defekte zu verhindern gelte (vgl. a. Kap. 5.2 „Genetische Defekte"). Manchmal werden diese Zwangssterilisationen aber weniger aus medizinischen Gründen als aus Gründen der sozialen Kontrolle durchgeführt, das heißt, gesunde Männer und Frauen werden gegen ihren Willen unfruchtbar gemacht, weil sie arm oder aus anderen Gründen „unerwünscht" sind.

Schon die Sprache, in der sich staatliche Stellen mit dem Thema Empfängnisverhütung auseinandersetzen, spiegelt ihre ideologische Einstellung dazu wider. So sprechen heute zum Beispiel viele Leute lieber von „Geburtenkontrolle". Dies ist ein Begriff, der auch den Schwangerschaftsabbruch einbezieht. In den meisten Fällen geht es jedoch nicht darum, Geburten zu verhindern, sondern Schwangerschaften, daher sind auch Begriffe wie „Schwangerschaftsverhütung", „Konzeptionsverhütung" (oder kurz „Kontrazeption") treffender. Manche Menschen bestehen auf der Bezeichnung „Familienplanung". Diese Wortwahl legt nahe, Empfängnisverhütung sei lediglich ein Mittel, um die Größe einer Familie zu bestimmen, was gleichzeitig bedeutet, daß sie nur bei Verheirateten statthaft ist. Ein Begriff wie „Schwangerschaftsplanung" wäre hier ohne Zweifel neutraler. Eine andere Bezeichnung, „verantwortungsbewußte Elternschaft", betont die moralische Verantwortung von Männern und Frauen, die möglichen Schwangerschaften vielleicht zu fatalistisch und passiv gegenüberstehen. Der etwas neutralere Begriff „geplante Elternschaft" wird weltweit von einer Organisation („Planned Parenthood") benutzt, die Empfängnisverhütung all denen anbietet, die sie wünschen, ob sie verheiratet sind oder nicht.

Diesem Vorgehen liegt die Feststellung zugrunde, daß langfristig die Anwendung empfängnisverhütender Mittel nicht bestimmten sozialen Gruppen oder Individuen vorbehalten bleiben darf, obwohl es in den meisten Gesellschaften noch so ist. Und so wächst die Zahl der Menschen, die umfassende Selbstbestimmung über ihre Fortpflanzungsfunktion als Grundrecht fordern. Die Anerkennung dieses Rechts würde einen weiteren Schritt zu einem würdigeren und menschlicheren Leben bedeuten. Menschen, die wissen, daß sie krank sind oder die sich durch eine Elternschaft überfordert fühlten, können sich dafür entscheiden, keine Kinder zu bekommen. Andere werden so lange keine Kinder bekommen wollen, bis die familiären, beruflichen oder finanziellen Voraussetzungen dafür bestehen. Junge Leute werden nicht länger „in Schwierigkeiten geraten" oder „heiraten müssen". Jedes Kind könnte dann ein Wunschkind sein und in einer optimalen Umgebung aufwachsen.

Die meisten Menschen werten diese Errungenschaften positiv, andere betonen jedoch die Kehrseite der Medaille: Es könnte ja sein, daß mehr unverheiratete Paare und sehr junge Menschen Geschlechtsverkehr miteinander haben. Aus diesem Grunde vermeidet der Sexualkundeunterricht in Schulen, Kirchen und Jugendorganisationen häufig das Thema „Empfängnisverhütung". Außerdem geraten die meisten Erzieher, obwohl sie wenig Schwierigkeiten haben, Grundwissen über die menschliche Fortpflanzungsfunktion zu vermitteln, in Verlegenheit, wenn es um die Beschreibung von Methoden der Empfängnisverhütung geht, weil sie dabei über Einzelheiten sexueller Handlungen sprechen müßten. Auch Eltern haben da ihre Probleme. Wenn sie ihren Kindern Verhütungsmittel zugänglich machen, kann das so aussehen, als würden sie sie zum Geschlechtsverkehr ermuntern; ignorieren sie das Problem, könnte eine unerwünschte Schwangerschaft die Folge sein.

Die Rechtslage in bezug auf Empfängnisverhütung bei Minderjährigen ist in der Bundesrepublik Deutschland heute weitgehend der Beurteilung des verschreibenden Arztes überlassen. Dabei wird von Juristen und Ärzten die Auffassung vertreten, daß die fehlende Geschäftsfähigkeit der Jugendlichen kein wesentliches Kriterium sein kann, sondern daß die Einsichtsfähigkeit der Patientinnen entscheidend ist. Sie sollten also die Problematik der Verordnung von Ovulationshemmern verstehen. Unter dieser Voraussetzung kann die „Pille" ohne Einwilligung der Eltern auch Mädchen über 14 Jahre verordnet werden.

Verantwortungsbewußtere Eltern sollten allerdings dafür Sorge tragen, daß ihre Kinder sich bei der Verwendung von Verhütungsmitteln aller Vorteile – aber auch möglicher Nachteile – bewußt sind. Kinder, die auf diesem Gebiet keine befriedigende Auskünfte von ihren Eltern bekommen, sollten sich an die hierfür eingerichteten Beratungsstellen, zum Beispiel der Organisation „Pro Familia", wenden. (Die Anschriften von „Pro Familia" sind vor dem Sachregister am Ende dieses Buches verzeichnet.)

Die meisten Organisationen, die Beratungen für Jugendliche über Empfängnisverhütung anbieten, sind sich der Problematik durchaus bewußt. Sie stellen deshalb nicht kurzerhand irgendwelche Verhütungsmittel zur Verfügung, sondern versuchen auch, zu einem selbstverantwortlichen Umgang mit dieser Problematik anzuleiten.

Es muß immer wieder darauf hingewiesen werden, daß Empfängnisverhütung die Aufgabe *beider* Partner ist. Grundsätzlich gilt:

- Jedes Kind sollte ein Wunschkind sein.
- Ungewollte Schwangerschaften können durch gewissenhafte Anwendung von Verhütungsmitteln verhindert werden.
- Empfängnisverhütung liegt in der Verantwortung **beider** Partner.
- Nicht jede Verhütungsmethode ist bei jedem gleich wirksam und gleich empfehlenswert.
- Verhütungsmethoden können nur dann wirksam sein, wenn sie richtig angewandt werden.

4.4.1 Methoden der Empfängnisverhütung

Die verschiedenen Verhütungsmethoden unterscheiden sich deutlich in ihrer Anwendbarkeit und Zuverlässigkeit. Das Prinzip der Empfängnisverhütung ist jedoch relativ einfach: Wie bereits beschrieben, besteht der Prozeß der Befruchtung darin, daß eine Eizelle nach ihrer Reifung (Ovulation) im Eileiter mit einer Samenzelle verschmilzt. Die befruchtete Eizelle nistet sich danach in der Uterusschleimhaut ein (Implantation) und wächst zu einem Zellenverband heran, womit die Schwangerschaft beginnt. Das Verhüten einer Empfängnis oder das Abwenden einer Schwangerschaft ist also dadurch zu erreichen, daß man in diesen Prozeß eingreift. Dies kann geschehen, indem man entweder die Ovulation, die Befruchtung oder die Implantation verhindert, was auf verschiedene Art erfolgen kann:

1. Man verhindert das Reifen und Freisetzen einer Eizelle in den Ovarien („Pille", Ovulationshemmer).
2. Man verzichtet auf Koitus, wenn eine reife Eizelle wahrscheinlich vorhanden ist (Messung der Basaltemperatur, Rhythmus-Methode).
3. Man verhütet, daß Spermien in die Vagina gelangen (Unterbrechen des Geschlechtsverkehrs, „Koitus interruptus"; Präservativ, Kondom).
4. Man verhindert, daß lebensfähige Spermien aus der Vagina in die Gebärmutter gelangen (Spermizide; Pessar, Diaphragma).
5. Man verhindert die Implantation der befruchteten Eizelle (Spirale; die „Pille danach", „morning-after pill").
6. Man verhindert, daß die Eizelle durch den Eileiter gelangt (Tubenligatur).
7. Man verhindert, daß das Ejakulat Samenzellen enthält (Vasektomie).

Die hier aufgeführten Verhütungsmethoden sind das Ergebnis langer, intensiver Beobachtungen von Fortpflanzungsabläufen. In den meisten Fällen werden Medikamente oder Chemikalien angewandt sowie spezielle Gegenstände und Vorrichtungen, wie zum Beispiel ein Thermometer oder ein Kalender. In jedem dieser Fälle greift menschliche Überlegung in den natürlichen Ablauf ein. Empfängnisverhütung ist so immer Ergebnis einer bewußten Entscheidung, die bestimmte Naturgesetze benutzt, um andere außer Kraft zu setzen.

Diese einfache Tatsache ist von manchen Autoren dadurch verschleiert worden, daß sie zwischen „natürlicher" und „künstlicher" Empfängnisverhütung unterscheiden wollten. Eine solche Unterscheidung ist aber willkürlich und unwissenschaftlich. Für die praktische Anwendung ist es jedoch sinnvoll, zwischen den Methoden zu unterscheiden, deren Anwendung eine ärztliche Beratung voraussetzt und solchen, bei denen dies nicht erforderlich ist.

Im Falle einer Sterilisation (also bei Vasektomie und Tubenligatur) bedarf es sogar eines chirurgischen Eingriffes. Auch für die „Pille", die Pille für „den Morgen danach", Pessare und Intrauterinpessare bedarf es einer ärztlichen Untersuchung und Verordnung. Die Basaltemperatur-Methode bedarf zumindest ärztlicher Anleitung. Hierzu gibt es aber inzwischen auch brauchbare Literatur. Drei Methoden der Schwangerschaftsverhütung können ohne fremde Hilfe angewandt werden: Koitus interruptus, Kondome und Spermizide.

Einige Verhütungsmittel sind verschreibungspflichtig, da ihre unkontrollierte Anwendung gefährlich sein kann. Das gilt heute vor allem für Ovulationshemmer (die „Pille"). In jedem Fall ist es ratsam, über die Art der Verhütungsmethode gemeinsam mit dem Arzt zu entscheiden. Solche Beratungen bieten auch Institute für Familienplanung und Kliniken an.

Genauso wichtig ist es, die Funktionsweise der gewählten Verhütungsmethode genau zu verstehen, um sie richtig anwenden zu können. Oft kommt es zu ungewollten Schwangerschaften, weil Methoden, die prinzipiell als sicher gelten, nicht richtig angewendet wurden.

Um die Zuverlässigkeit verschiedener Verhütungsmethoden vergleichen zu können, hat man in wissenschaftlichen Untersuchungen ermittelt, wie oft es bei den einzelnen Methoden trotz regelmäßiger Anwendung zu einer Schwangerschaft kommt. Diese „Versagerquote" wird ausgedrückt als „Schwangerschaften je 100 Jahre der Anwendung". Wenn also 100 Frauen oder Männer eine bestimmte Methode ein Jahr lang anwenden (oder wenn 50 Frauen und Männer eine bestimmte Methode zwei Jahre lang anwenden usw.), spricht man z. B. von einer „Versagerquote" von 5, wenn in dieser Zeit 5 Frauen schwanger geworden sind. (Bei diesem Beispiel hätte also eine Frau, die diese Methode 20 Jahre lang anwendet, mit einer Versagerquote von 1 zu rechnen; sie würde also in diesen 20 Jahren – statistisch – einmal ungewollt schwanger werden können.)

Bei den folgenden Beschreibungen der verschiedenen Methoden der Empfängnisverhütung wird jeweils nach dieser Definition die durchschnittliche „Versagerquote" angegeben (die man in der Medizin auch als „Pearl-Index" bezeichnet), um die Wirksamkeit der einzelnen Methoden zu verdeutlichen.

Einige Experten haben in der Vergangenheit die Ansicht vertreten, irgendeine Verhütungsmethode sei besser als überhaupt keine. Einige Methoden sind jedoch so wenig zuverlässig, daß man sie eigentlich als nutzlos bezeichnen kann. Zu ihnen gehört der „Coitus reservatus" (Carezza), bei dem der Mann versucht, eine Ejakulation zu vermeiden. Ein solcher Versuch mag sicher seinen emotionalen, vielleicht sogar geistigen Wert haben, er ist jedoch kaum dazu geeignet, eine Schwangerschaft zu verhindern. Eine weitere bedenkliche Methode besteht darin, ein Pulver oder eine Flüssigkeit in die Vagina einzubringen, die die Samenzellen abtöten sollen. Dies ist nicht nur praktisch wirkungslos, sondern kann auch beim Koitus störend und unangenehm sein. Eine andere Methode stellt die Vaginaldusche nach dem Koitus dar, also das Auswaschen der Vagina mit einer Flüssigkeit, in der Hoffnung, dabei auch Samenflüssigkeit zu entfernen. Diese Prozedur ist sinnlos, da sie niemals rechtzeitig angewandt werden kann. Dann gibt es noch bestimmte Produkte für die ,,weibliche Intimhygiene", bei denen die Werbung auf eine empfängnisverhütende Wirkung abhebt. In dieser Hinsicht sind sie jedoch im allgemeinen völlig wirkungslos, und sie schaden nicht selten der Scheidenschleimhaut. Generell sollte man Vaginalduschen und -sprays vermeiden, weil sie überflüssig, wenig wirksam und möglicherweise schädlich sind. Die Vagina reinigt sich durch ihre eigenen Sekretionen selbst. Zu viele Eingriffe können höchstens das natürliche Gleichgewicht in der Vagina stören und zu Reizungen und Entzündungen führen (vgl. a. Kap. 5.5 ,,Die Geschlechtskrankheiten").

Verhütungsmethoden für Männer

Coitus interruptus

Diese Methode, die man auch als ,,Rückzieher" bezeichnet, ist die wohl älteste Verhütungsmethode. Hierbei wird der Penis aus der Scheide gezogen, bevor es zum Samenerguß kommt. Auf diese Weise gelangen die Samenzellen nicht in den Körper der Frau.

Dies klingt theoretisch sehr überzeugend, ist jedoch in der Praxis nicht

Kondome
Kondome sind hervorragende Verhütungsmittel, die auch einen gewissen Schutz vor Geschlechtskrankheiten bieten. Die verschiedensten Fabrikate werden in Apotheken, Drogerien oder Automaten angeboten. Die meisten Fabrikate sind heute mit einem Gleitmittel versehen.

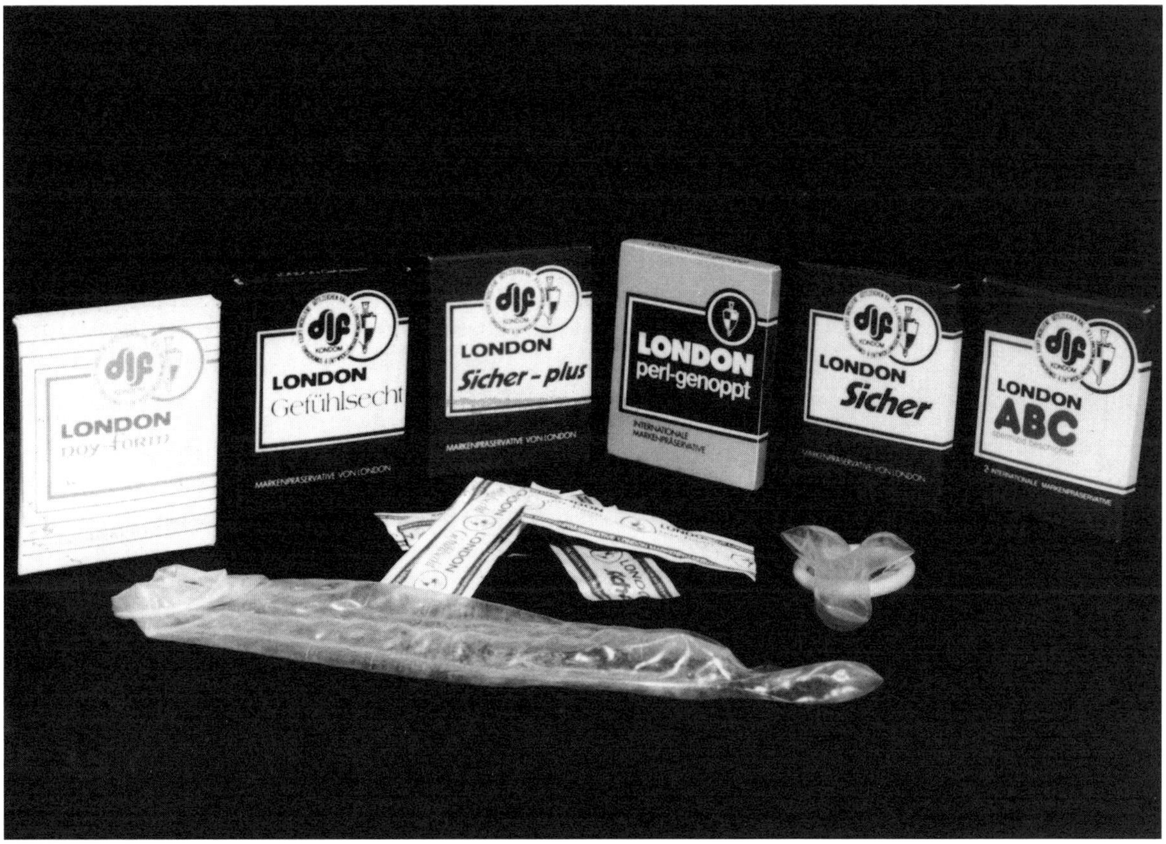

immer wirksam. Die beim Coitus interruptus entstehenden Beunruhigungen und das Gefühl, sich während des Koitus ständig kontrollieren zu müssen, können zu erheblichen Spannungen zwischen den Geschlechtspartnern führen. Außerdem können bereits geraume Zeit vor der eigentlichen Ejakulation Samenzellen ausgeschieden werden. Daneben können selbst Samenzellen, die außerhalb der Vagina ejakuliert werden, aus eigener Kraft in die Vagina hineingelangen, solange sie für ihre Fortbewegung eine feuchte Oberfläche finden. Deshalb kann der Koitus interruptus nicht als zuverlässige Verhütungsmethode angesehen werden. Sein einziger Vorteil liegt darin, daß er keiner Vorbereitung bedarf und jederzeit anwendbar ist. Seine Nachteile sind jedoch so gravierend, daß er von den meisten Menschen nur angewendet wird, wenn sich gar keine andere Möglichkeit bietet.

Versagerquote (Pearl-Index): über 25.

Kondom (Präservativ)

Das Kondom ist eine Haut aus dünnem Gummi, die die Form eines Fingerlings hat und während des Geschlechtsverkehrs über den Penis gezogen wird. Da es die Samenflüssigkeit des Mannes nach der Ejakulation auffängt und zurückhält, kann die Frau nicht schwanger werden.

Das Kondom stellt eine relativ sichere Verhütungsmethode dar, wenn es richtig benutzt wird. Es muß vor dem Koitus – nicht erst kurz vor der Ejakulation – über den erigierten Penis gezogen werden. An der Spitze des Penis darf es nicht zu eng anliegen; es muß ein Raum für die Aufnahme der Samenflüssigkeit bleiben, da das Kondom sonst zerreißen könnte. Unmittelbar nach der Ejakulation muß der Mann seinen Penis aus der Scheide der Frau herausziehen, bevor die Erektion nachläßt; dabei muß das Kondom am unteren Rand festgehalten werden, damit es nicht herunterrutschen kann. Die Wirksamkeit kann gesteigert werden, indem man ein spermizides Präparat von außen auf das übergezogene Kondom aufträgt oder die Frau gleichzeitig einen Verhütungsschaum benutzt.

Trotz dieser eindeutigen Vorteile haben manche Menschen eine Abneigung gegen Kondome, weil ihnen der Vorgang des Überstreifens während des Liebesspiels unangenehm sei oder weil das Gummi angeblich ihre Empfindungen vermindere. Aber selbst unter Berücksichtigung dieser Einwände ist das Kondom immer noch ein einfaches und sicheres Verhütungsmittel. Darüber hinaus bietet es einen gewissen Schutz vor Geschlechtskrankheiten. Kondome sind nicht teuer und können in Apotheken und Drogerien gekauft oder aus Automaten gezogen werden.

Versagerquote (Pearl-Index): 3. Die Versagerquote liegt noch niedriger, wenn die Frau gleichzeitig einen spermiziden Schaum verwendet.

Verhütungsmethoden für Frauen

Basaltemperatur-Methode (Rhythmus-Methode)

Die Verhütungsmethode der Temperaturmessung besteht darin, die fruchtbaren Tage der Frau festzustellen und dann auf den Koitus zu verzichten. Obwohl diese Methode im Prinzip einfach und wirksam erscheinen mag, ist sie in der Anwendung kompliziert und unzuverlässig.

Zunächst muß die genaue Anzahl der fruchtbaren oder „unsicheren" Tage der Frau herausgefunden werden, an denen kein Koitus stattfinden darf. Eine Frau kann nur so lange schwanger werden, als sich eine Eizelle in einem der Eileiter befindet. Das heißt, daß die Tage kurz vor, während und kurz nach der Ovulation die fruchtbaren oder „unsicheren" sind. Das Vermeiden eines Koitus vor der Ovulation ist notwendig, weil die Spermien im Körper der Frau einige Tage überleben können. Nach der Ovulation ist Enthaltsamkeit wichtig, weil die Befruchtung auch noch einige Zeit danach stattfinden könnte. Da der Menstruationszyklus oft recht unregelmäßig ist und man den

Tag der Ovulation nicht genau voraussehen kann, muß zumindest der Zeitraum einer Woche angenommen werden, indem eine Eizelle befruchtet werden könnte. Hinzu kommt eine mögliche Überlebenszeit der Samenzellen (innerhalb der Eileiter bis zu drei Tage) und zusätzlich zwei Tage Sicherheitsspielraum. Alles in allem belaufen sich somit die fruchtbaren oder ,,unsicheren" Tage im Durchschnitt auf etwa zwei Wochen jedes Menstruationszyklus.

Dann ist festzustellen, wann genau diese zwei Wochen beginnen. Wie oben erwähnt, hängt alles vom Zeitpunkt der Ovulation ab. Könnte man diesen Zeitpunkt genau bestimmen, würden die ,,unsicheren" Tage weniger als zwei Wochen betragen. Normalerweise findet die Ovulation in der Mitte eines 28tägigen Menstruationszyklus statt; um es genauer zu sagen: zwei Wochen, bevor der nächste Zyklus beginnt. Bedauerlicherweise läßt sich jedoch der Beginn des nächsten Zyklus nur schwer vorhersehen. Viele Frauen, besonders wenn sie jung sind oder kurz vor der Menopause stehen, haben unregelmäßige Zyklen. Aber selbst bei Frauen mit regelmäßigem Zyklus ist eine Schwankung um zwei bis fünf Tage normal (vgl. a. Kap. 3.1 ,,Die weiblichen Geschlechtsorgane").

Um zumindest eine gewisse Sicherheit zu haben, kann eine Frau zwei unterschiedliche Berechnungen anstellen (und viele Frauen, die die Temperaturmethode anwenden, bedienen sich beider Möglichkeiten gleichzeitig): Als erstes kann sie ihre Körpertemperatur mit einem (Spezial-)Thermometer jeden Morgen vor dem Aufstehen messen (Basaltemperatur). Vor jeder Ovulation kommt es zum geringfügigen Absinken der Körpertemperatur, dem ein leichter Temperaturanstieg folgt, der für den Rest des Zyklus anhält. Durch Vergleich der Temperaturkurven mindestens der letzten sechs Monate kann die Frau ihre nächste Ovulation schätzen. Die zweite Möglichkeit, ihre ,,unsicheren" Tage herauszufinden, ist, daß die Frau mindestens acht Monate lang die Daten des Menstruationszyklus auf einem Kalender vermerkt. Unter Verwendung dieser Aufzeichnungen kann sie den längsten und den kürzesten Zyklus errechnen. Dann müssen 18 Tage vom kürzesten Zyklus abgezogen werden, um den ersten ,,unsicheren" Tag für den gegenwärtigen Zyklus zu bestimmen. Weiterhin werden elf Tage des längsten Zyklus abgezogen, um den letzten ,,unsicheren" Tag des gegenwärtigen Zyklus zu bestimmen. Wenn zum Beispiel der kürzeste Zyklus 25 Tage dauerte, bedeutet das $25-18 = 7$ (dann ist der siebte Tag des gegenwärtigen Zyklus ihr erster ,,unsicherer" Tag). Wenn der längste Zyklus 31 Tage dauerte, bedeutet das $31-11 = 20$ (der 20. Tag ist also der letzte ,,unsichere" Tag des gegenwärtigen Zyklus). Jede dieser beiden Methoden (Temperatur- und Kalendermethode) ist jedoch, selbst unter Anleitung eines Fachmannes, nicht zuverlässig. Diese Methode ist erheblich unzuverlässig bei Frauen, deren längster und kürzester Zyklus um mehr als zehn Tage auseinanderliegen. Körperliche und emotionale Belastungen können sich auf die Länge des Zyklus auswirken. Außerdem gibt es Hinweise, daß es als Reaktion auf den Koitus zur Ovulation kommen kann. Abgesehen von diesen Unsicherheitsfaktoren, bringt diese Methode noch einen weiteren Nachteil mit sich: Der Koitus wird den Normen von Kalender und Thermometer unterworfen. Trotzdem verwenden manche Leute diese Methode aus religiöser Überzeugung, da sie die einzige ist, die von der Katholischen Kirche gebilligt wird.

In neuerer Zeit wurde eine weitere Methode der Empfängnisverhütung bekannt, die sich ebenfalls auf den Rhythmus des Menstruationszyklus bezieht. Man bezeichnet sie als ,,Zervikalschleim-Methode" oder (nach ihrem Erstbeschreiber) als ,,Billings-Methode". Sie macht sich die Tatsache zunutze, daß der gewöhnlich zähe, undurchsichtige Schleimpfropf in der Zervix zum Zeitpunkt der Ovulation durchsichtig und dünnflüssig wird. Durch sorgfältige Selbstuntersuchung mit einem Spekulum und einem Spiegel kann eine

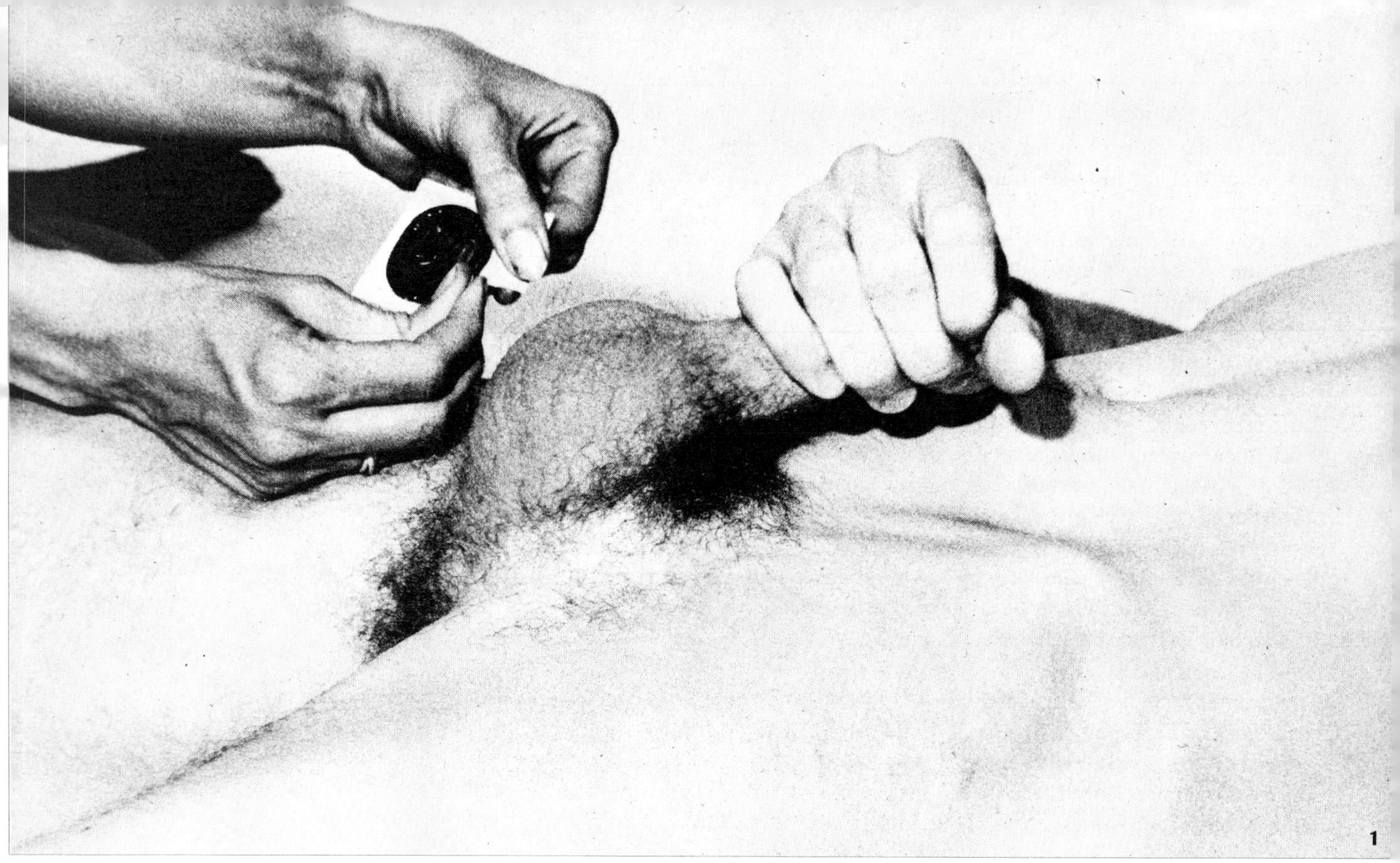

1

Das Anlegen eines Kondoms. Das Anlegen des Kondoms muß keine unangenehme Unterbrechung des intimen Zusammenseins darstellen, sondern es kann auch zu einem angenehmen gemeinsamen Erlebnis werden. Viele Paare machen es heute zum Bestandteil ihres Liebesspiels. Das kann auch dazu beitragen, beiden Partnern ihre gemeinsame Verantwortung zur Verhütung bewußt zu machen. Abweichend von der hier dargestellten Vorgehensweise ist es allerdings sicherer, das Kondom an der Spitze festzuhalten, damit ein ausreichend großes Reservoir für die Samenflüssigkeit bleibt.

2

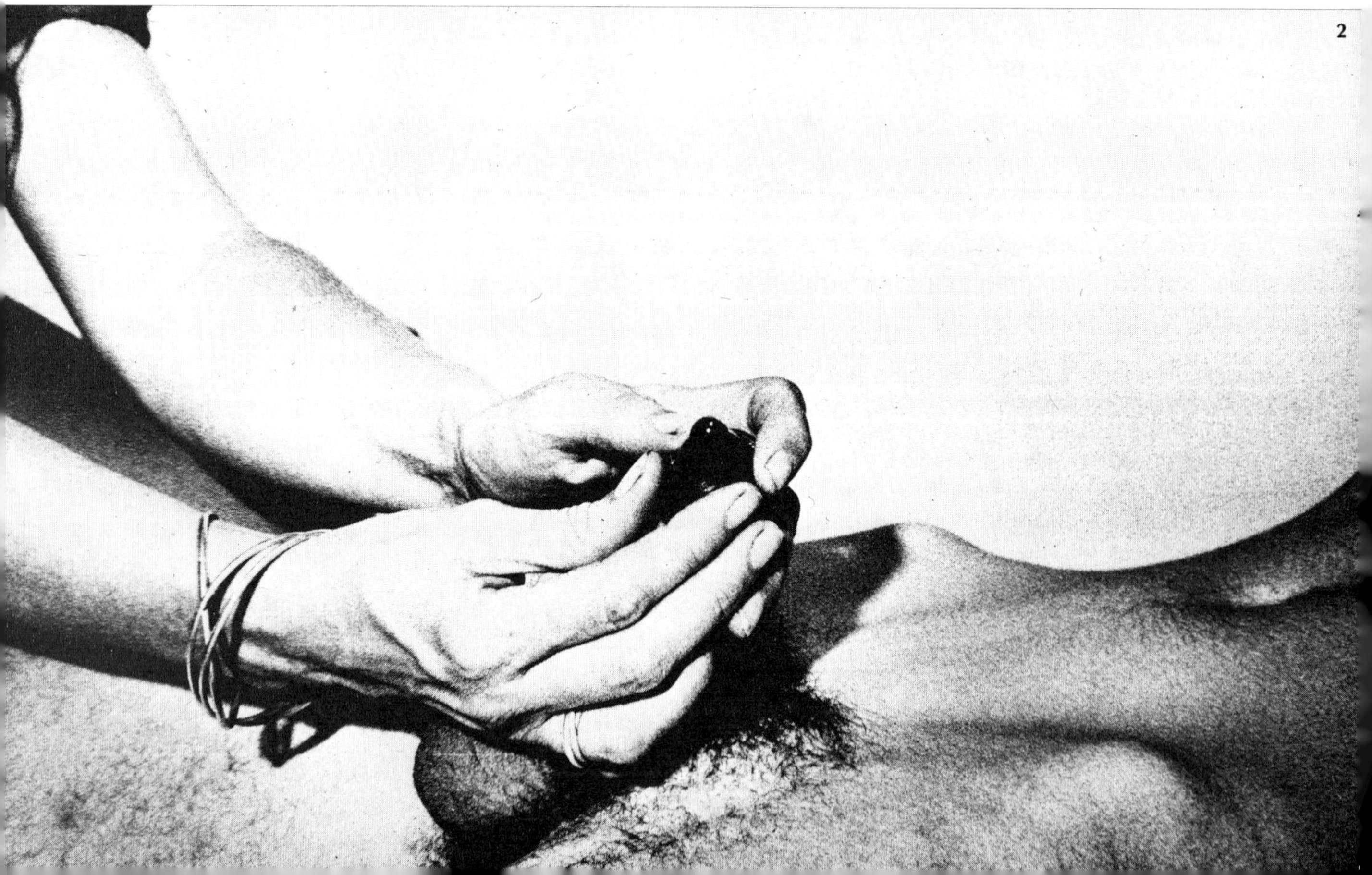

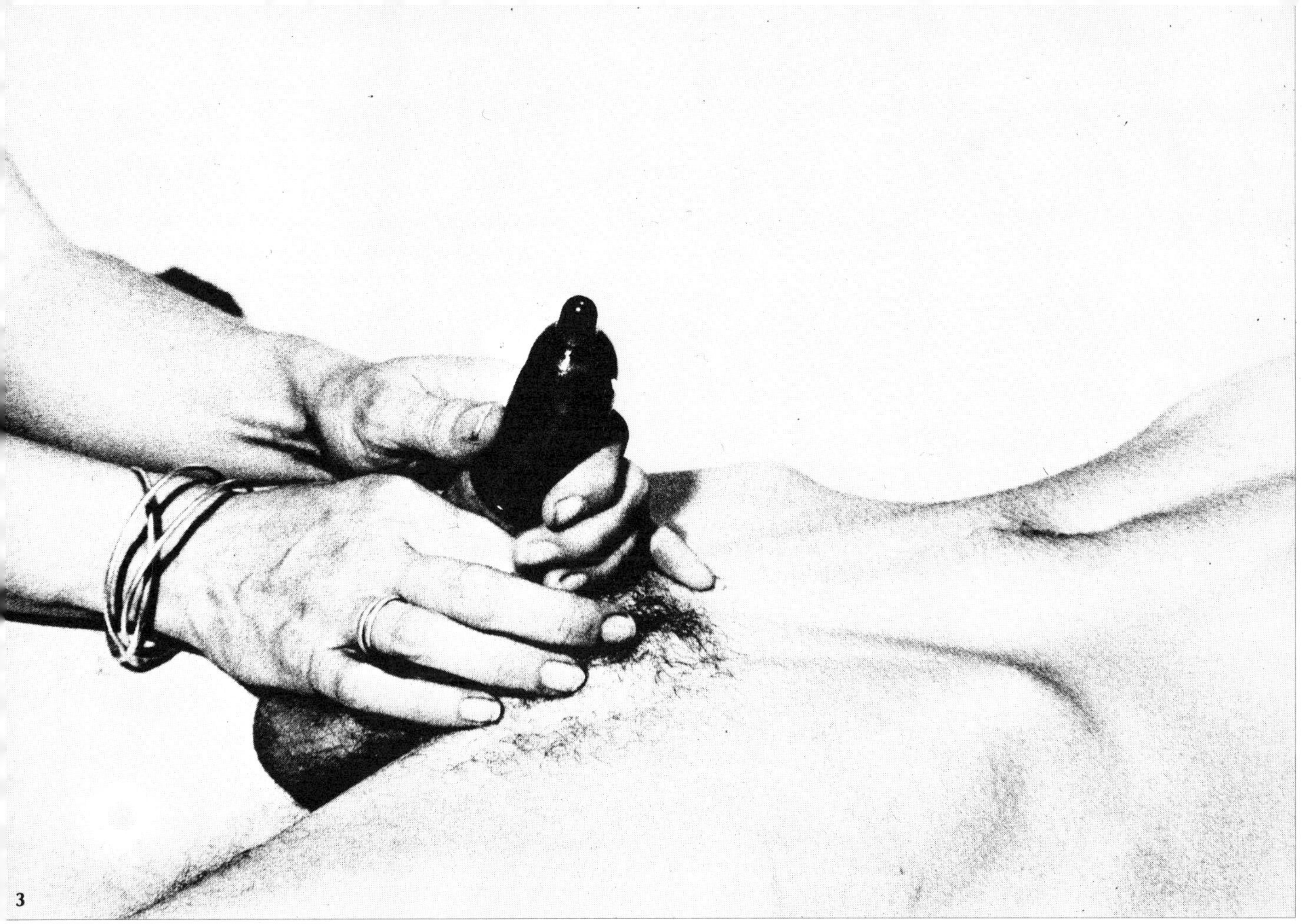
3

4
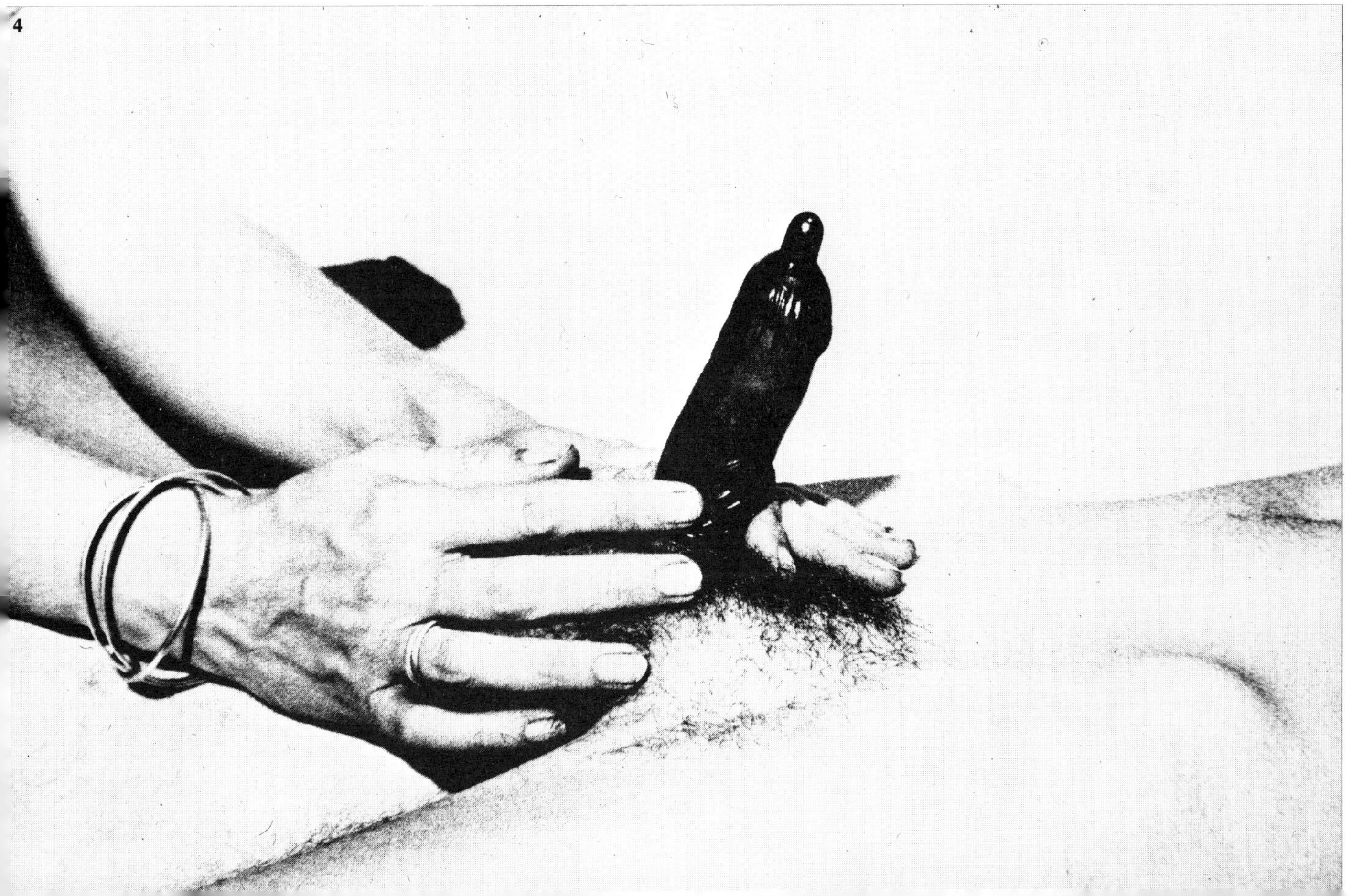

Frau deshalb feststellen, ob eine Ovulation stattgefunden hat. Hieraus kann im Laufe der Zeit auch abgeleitet werden, wann die Phase der ,,unsicheren" Tage beginnt. Damit die Methode sicher angewandt werden kann, ist die Überwachung durch Fachleute sehr wichtig, und sie ist deshalb nur von begrenztem Nutzen. Man kann sie jedoch mit der Basaltemperatur-Methode kombinieren, um die Genauigkeit zu erhöhen. Dennoch sind alle drei genannten Rhythmus-Methoden nicht absolut sicher, auch wenn sie kombiniert angewandt werden.

Die Versagerquote (der Pearl-Index) der Basaltemperatur-Methode liegt bei 1–3, die Versagerquote der Billings-Methode liegt demgegenüber nach bisherigen Erfahrungen bei 15–25.

Die Rhythmus-Methode (Kalendermethode). Bestimmung der ,,unsicheren" Tage

Kürzester Zyklus		Erster ,,unsicherer" Tag nach Beginn eines Zyklus	Längster Zyklus		Letzter ,,unsicherer" Tag nach Beginn eines Zyklus
21 Tage	–18 =	3. Tag	21 Tage	–11 =	10. Tag
22 Tage	–18 =	4. Tag	22 Tage	–11 =	11. Tag
23 Tage	–18 =	5. Tag	23 Tage	–11 =	12. Tag
24 Tage	–18 =	6. Tag	24 Tage	–11 =	13. Tag
25 Tage	–18 =	7. Tag	25 Tage	–11 =	14. Tag
26 Tage	–18 =	8. Tag	26 Tage	–11 =	15. Tag
27 Tage	–18 =	9. Tag	27 Tage	–11 =	16. Tag
28 Tage	–18 =	10. Tag	28 Tage	–11 =	17. Tag
29 Tage	–18 =	11. Tag	29 Tage	–11 =	18. Tag
30 Tage	–18 =	12. Tag	30 Tage	–11 =	19. Tag
31 Tage	–18 =	13. Tag	31 Tage	–11 =	20. Tag
32 Tage	–18 =	14. Tag	32 Tage	–11 =	21. Tag
33 Tage	–18 =	15. Tag	33 Tage	–11 =	22. Tag
34 Tage	–18 =	16. Tag	34 Tage	–11 =	23. Tag
35 Tage	–18 =	17. Tag	35 Tage	–11 =	24. Tag
36 Tage	–18 =	18. Tag	36 Tage	–11 =	25. Tag
usw.			usw.		

Die Rhythmus-Methode (Basaltemperatur-Methode)

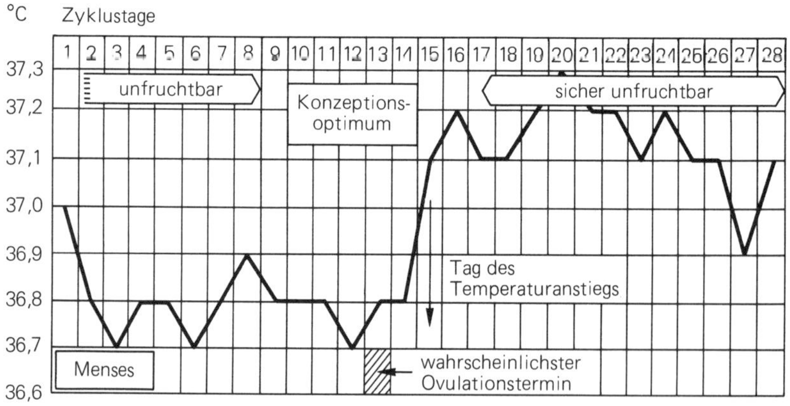

Spermizide

Spermizide sind chemische Substanzen, die die Samenzellen lähmen oder abtöten und damit eine Befruchtung verhindern. Spermizidpräparate gibt es in Drogerien und Apotheken ohne Rezept als Vaginalschaum, Cremes, Gelees oder Zäpfchen. Einige Spermizide können manchmal allergische Reaktionen hervorrufen. Wenn das der Fall ist, sollte man einen Arzt aufsuchen. Sollte ein Spermizidpräparat versagen und es deshalb zu einer Schwangerschaft kommen, ist das Kind dadurch nicht gefährdet.

Vaginalschaum: Spermizider Schaum, der in die Vagina gesprüht wird, wird in kleinen Sprühdosen verkauft, denen ein spezieller Applikator beiliegt. Die Dose muß kräftig geschüttelt werden, danach kann man den Applikator mit Schaum füllen und tief in die Vagina einführen. Das sollte nicht länger als eine halbe Stunde vor dem Koitus geschehen. Zwei Anwendungen sind dabei sicherer als eine. Die Samenzellen werden durch den Schaum abgetötet; gleichzeitig verschließt sich der Gebärmuttermund, und es wird so verhindert, daß möglicherweise überlebende Samenzellen in den Uterus gelangen können. Der Schutz kann noch erhöht werden, wenn der Mann gleichzeitig ein Kondom benutzt.

Versagerquote (Pearl-Index): etwa 5, bei gleichzeitiger Anwendung eines Kondoms deutlich niedriger.

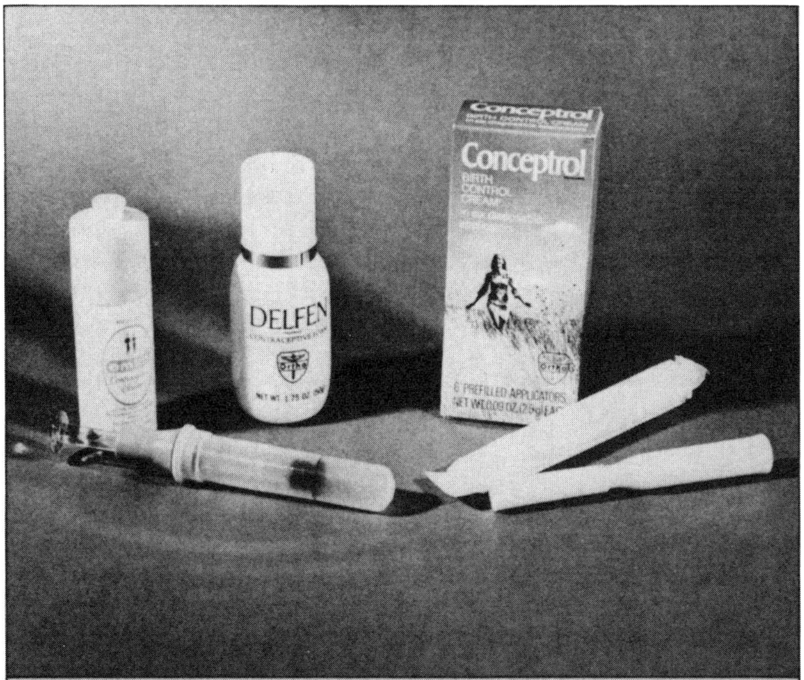

Verschiedene Marken spermizider Schäume
Links: Behälter und Applikator
Rechts: Gefüllt käuflicher Applikator für den Einmalgebrauch

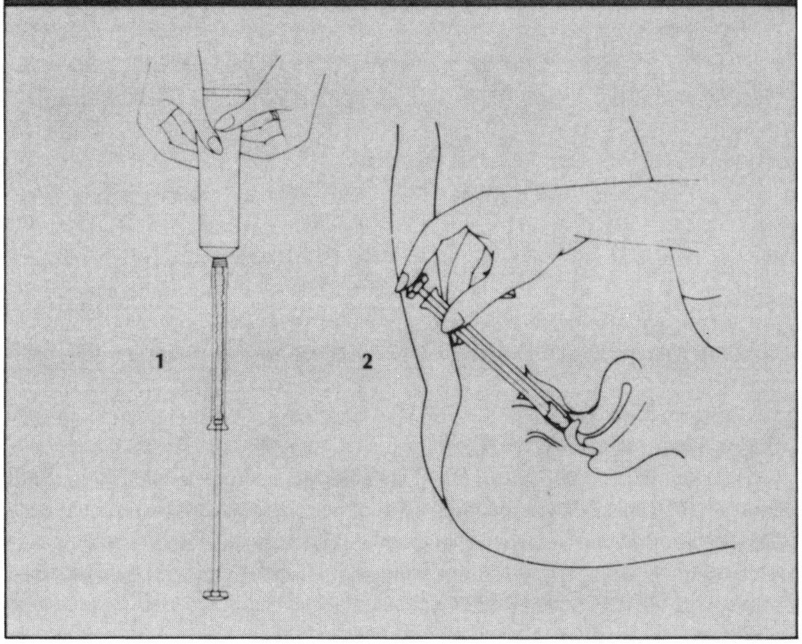

Anwendung von spermizidem Schaum
1. Füllen des Applikators
2. Einführen des Applikators in die Vagina und Ausdrücken des Schaums

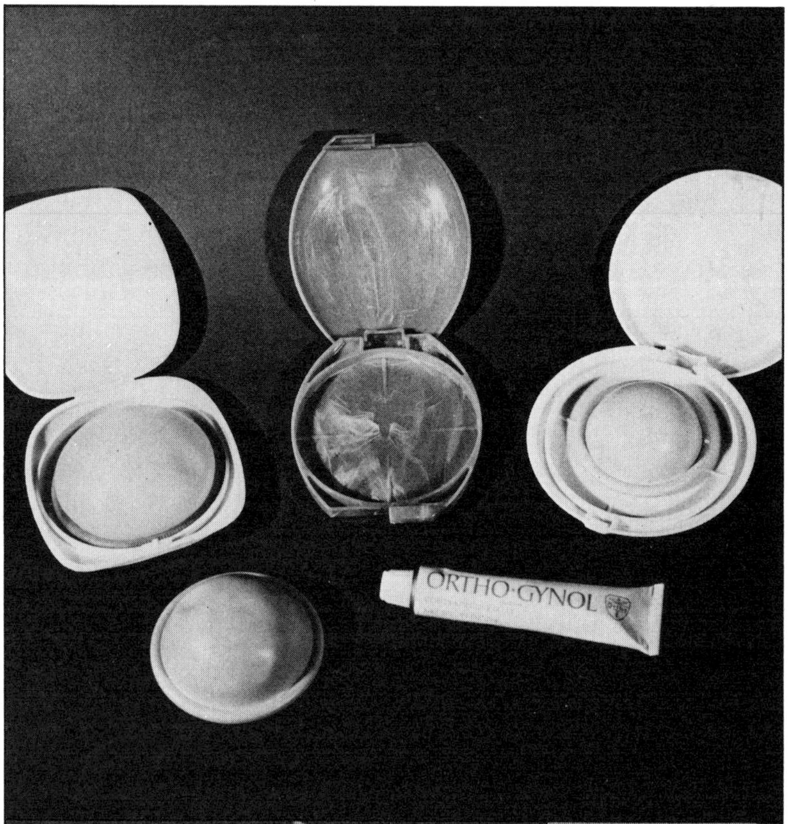

Pessare verschiedener Größe
Im Vordergrund: spermizides Gel

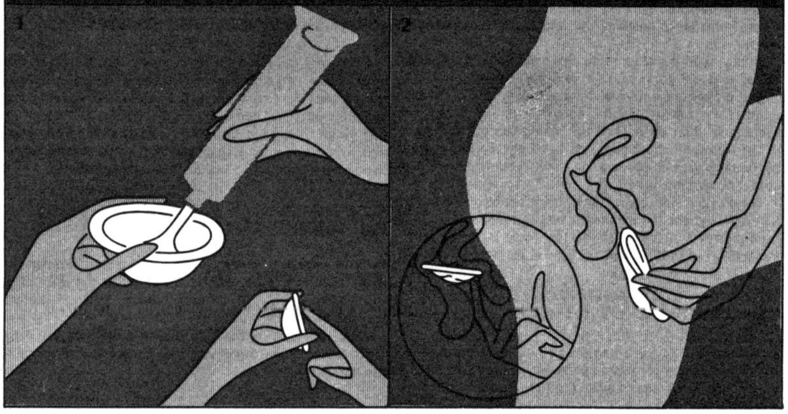

Auftragen des spermiziden Gels und Einsetzen des Pessars
1. Auftragen des Gels auf das Pessar
2. Einsetzen des Pessars in die Vagina

Spermizide Cremes und Gelees: Spermizide Cremes oder Gelees sind weniger wirksam als Vaginalschaum, weil sie sich manchmal nicht so gleichmäßig verteilen lassen. Einige können – wie Vaginalschaum – für sich alleine verwendet werden. Der Schutz ist jedoch sehr viel sicherer, wenn gleichzeitig ein Diaphragma benutzt wird. Ist dies nicht möglich, sollte der Mann ein Kondom tragen. Die Wirksamkeit ist ohne Diaphragma oder Kondom nicht sehr hoch.

Versagerquote (Pearl-Index) ohne gleichzeitige Verwendung von Diaphragma oder Kondom: etwa 25.

Vaginaltabletten oder -zäpfchen: Vaginaltabletten und -zäpfchen sind nur dann sinnvoll, wenn sie so zeitig angewandt werden, daß sie sich in der Vagina vollständig auflösen können. Sie müssen deshalb zehn bis 15 Minuten vor dem Koitus eingeführt werden. Allein benutzt, bieten sie jedoch nicht sehr viel Schutz vor einer Schwangerschaft.

Versagerquote (Pearl-Index): etwa 25.

Diaphragma (Pessar) und Spermizides Gel

Ein Diaphragma ist eine kleine, flexible Gummikappe, die sich ganz dicht an den Muttermund legt und damit die Samenzellen hindert, in den Uterus zu gelangen. Um die Wirksamkeit noch zu erhöhen, wird gleichzeitig ein spermizides Gel oder eine Creme verwendet, die man innen und am Rande des Diaphragmas aufträgt. Ein Diaphragma muß vom Arzt angepaßt werden, da ein exakter Sitz für die Wirkung entscheidend ist. Alle zwei Jahre und nach jeder Schwangerschaft muß ein neues Diaphragma angepaßt werden. Der Arzt zeigt der Frau auch, wie sie das Diaphragma richtig einführt.

Ein Diaphragma kann bis zu sechs Stunden vor dem Geschlechtsverkehr eingeführt werden und sollte für mindestens acht Stunden danach verbleiben. Wenn die Partner vor Ablauf dieser Zeit einen weiteren Koitus wünschen, sollte nochmals Gelee oder Creme in die Vagina eingeführt werden (natürlich ohne dabei das Diaphragma zu entfernen). Wenn man das Diaphragma herausgenommen hat, wäscht man es mit Wasser und Seife; danach kann es wieder benutzt werden. Zusammen mit einem spermiziden Gel oder einer Creme angewandt, ist diese Methode sehr wirksam.

Versagerquote (Pearl-Index): 7.

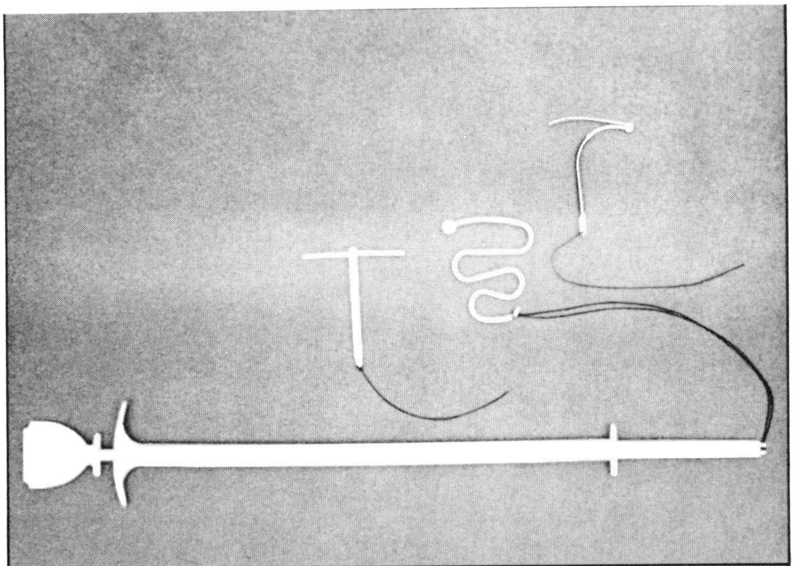

Drei moderne Intrauterinpessare (IUD)

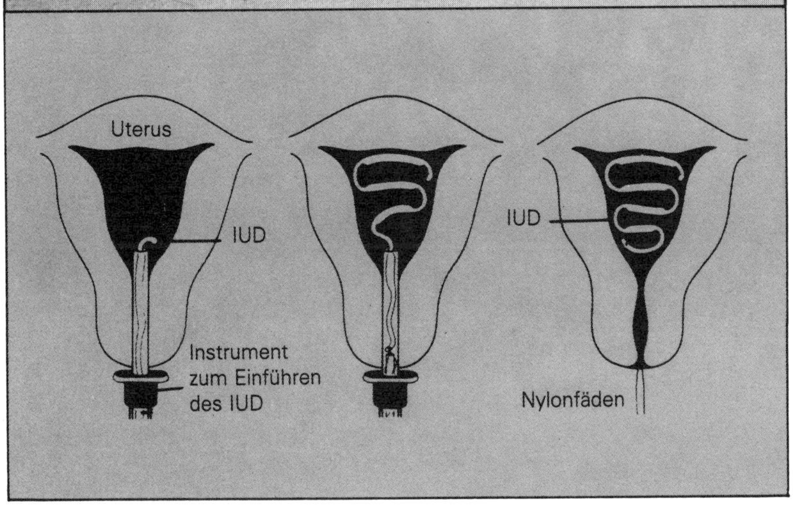

Einsetzen des IUD

Intrauterinpessar (IUD)

Intrauterinpessare (die man nach ihrer englischen Bezeichnung als IUD abkürzt) gibt es schon seit langer Zeit. In den letzten Jahren sind jedoch neue Arten von Pessaren entwickelt worden. Das moderne Intrauterinpessar ist ein kleiner biegsamer Gegenstand aus Metall oder Plastik mit einem Nylonfaden am Ende. Wie der Name bereits andeutet, wird er vom Arzt in den Uterus der Frau eingelegt, um dort Schwangerschaften zu verhüten. Intrauterinpessare gibt es in verschiedenen Formen und Größen (,,Spirale“, ,,Sieben“, ,,Schlinge“). Es gibt gegenwärtig noch keine vollständige Erklärung der Wirkung von Intrauterinpessaren. Wahrscheinlich verhindern sie, daß sich das befruchtete Ei in der Uterusschleimhaut einnistet. Es wurden aber auch verschiedene andere Erklärungen vorgeschlagen. Eines ist jedoch sicher, das IUD ist ein ziemlich zuverlässiges Verhütungsmittel, solange es richtig liegt. Es kann jahrelang ohne Unterbrechung getragen werden. Wünscht die Frau, schwanger zu werden, so kann es jederzeit entfernt werden. In den letzten Jahren wurde ein IUD entwickelt, das Hormone enthält, die denjenigen in der ,,Pille“ ähnlich sind. Das (zum Beispiel als ,,Progestasert“ bekannte) IUD verbindet damit gleichzeitig zwei Methoden der Empfängnisverhütung. Anders als die übrigen IUD muß es jedoch einmal im Jahr ausgetauscht werden.

Ein Nachteil der IUD ist, daß sie herausrutschen können, ohne daß die Frau etwas davon merkt. Es ist deshalb wichtig, sich nach jeder Menstruation davon zu überzeugen, daß das Pessar an seinem Platz ist, indem man die Nylonfäden ertastet, die ein Stück weit in die Vagina hineinreichen. In bestimmten Fällen, meist bei Frauen, die noch kein Kind geboren haben, kann es allerdings zu heftigen Krämpfen und Blutungen kommen. Das kann dazu führen, daß das IUD wieder entfernt werden muß. Nach anfänglichen Schwierigkeiten gewöhnen sich jedoch viele Frauen an das IUD, und seine Wirkung ist, abhängig vom verwendeten Typ, als relativ hoch anzusetzen.

Versagerquote (Pearl-Index): etwa 2.

Die ,,Pille“ (Ovulationshemmer)

Empfängnisverhütende Medikamente werden aus synthetischen Hormonen hergestellt (Östrogenen und Gestagenen), die denen sehr ähnlich sind, die die

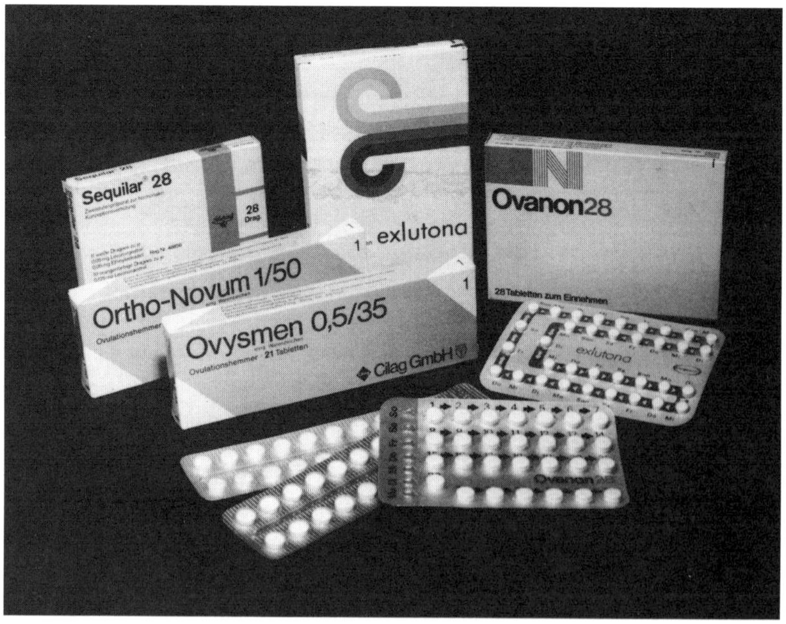

Verschiedene Ovulationshemmer (,,Pillen“-Präparate)

Frau in ihren Ovarien produziert. Diese Medikamente bewirken, daß keine Eizelle in den Ovarien reift und freigesetzt wird. Daneben haben sie weitere Wirkungen, zum Beispiel auf die Beschaffenheit des Schleims im Gebärmuttermund. Dies könnte es wiederum den Spermien erschweren, in den Uterus zu gelangen.

Ovulationshemmer gibt es in Monats-Packungen. Man nimmt täglich eine Pille vom fünften Zyklustag an während der folgenden 20 bis 21 Tage. Wenn die 21-Dragee-Packung aufgebraucht ist, wird bis zum fünften Tag des neuen Zyklus ausgesetzt. Einige Packungen enthalten 28 Pillen, wobei die letzten sieben keine Wirkstoffe enthalten.

Ovulationshemmer sind nur wirksam, wenn sie regelmäßig eingenommen werden. Daher ist es ratsam, sie jeden Tag zur gleichen Zeit zu nehmen (zum Beispiel zum Frühstück, zum Abendessen oder vor dem Zubettgehen). Diese tägliche Routine soll verhindern, daß die Pille vergessen wird. Ist dies einmal geschehen, so kann die Einnahme je nach dem verwendeten Präparat innerhalb von 24 Stunden (Einphasenpräparate) oder innerhalb von zwölf Stunden (Mehrphasenpräparate) nachgeholt werden. Dies gilt nicht für die sehr exakt einzunehmende „Minipille". Ist der Einnahmezeitpunkt länger überschritten worden, als es bei dem Präparat zugelassen ist, so wird die vergessene Pille ausgelassen und die übrige Packung aufgebraucht. Die Frau sollte sich dann zusätzlich für den Rest des Zyklus einer anderen Verhütungsmethode bedienen.

Da es sich bei den Ovulationshemmern um hochwirksame Medikamente handelt, sind sie verschreibungspflichtig. In letzter Zeit wurden verschiedene Nebenwirkungen bekannt, besonders bei Frauen über 30 Jahren, die zusätzlich weitere gesundheitliche Risiken aufweisen. Eine ärztliche Untersuchung muß deshalb darüber entscheiden, ob eine Einnahme der Pille jeweils ratsam ist.

Bei manchen Frauen, die Ovulationshemmer nehmen, kommt es anfangs zu Symptomen, die denen einer Schwangerschaft ähnlich sind: Gewichtszunahme, leichte Übelkeit und Überempfindlichkeit sowie Vergrößerung der Brüste. Diese unerwünschten Wirkungen verschwinden normalerweise in den ersten Monaten. Sollte dies nicht der Fall sein, ist es angebracht, ärztliche Beratung aufzusuchen und möglicherweise das Präparat zu wechseln.

Die Versagerquote (der Pearl-Index) liegt bei den höher dosierten Präparaten zwischen 0,2 und 0,5, bei den niedrigdosierten Präparaten (der „Mini-Pille") etwa bei 3.

Die Pille für „den Morgen danach"

Wenn eine Frau Koitus ohne Verhütungsmittel hatte oder wenn sie sich sicher ist, daß die Verhütung unwirksam war und sie daher schwanger sein könnte, kann sie sich vor einer Schwangerschaft schützen, indem sie die sogenannte „Pille danach" nimmt. Ein solches Präparat verhindert, daß ein eventuell befruchtetes Ei zur Implantation kommt. Es handelt sich bei der „Pille danach" – ähnlich wie bei Ovulationshemmern – um Medikamente, die bestimmte Hormone enthalten. Sie müssen je nach Art des Präparats einen bis mehrere Tage nach dem Koitus verabreicht werden. Wie Ovulationshemmer sind sie verschreibungspflichtig. Ehe ein Arzt diese sehr wirksamen Präparate verschreiben kann, muß er verschiedene gesundheitliche Faktoren berücksichtigen. Selbst wenn medizinisch keine Einwände bestehen, können diese Präparate vorübergehend sehr unangenehme unerwünschte Wirkungen haben, so zum Beispiel Übelkeit und Erbrechen. Es sind jedoch auch ernste und langandauernde Nachwirkungen bekannt. Im Sinne einer Verhütungsmethode sollten diese Präparate in keinem Falle eingenommen werden.

1. Samenleiter (Vas deferens)
2. Hoden
3. Eileiter (Tuba uterina)
4. Ovar
5. Uterus

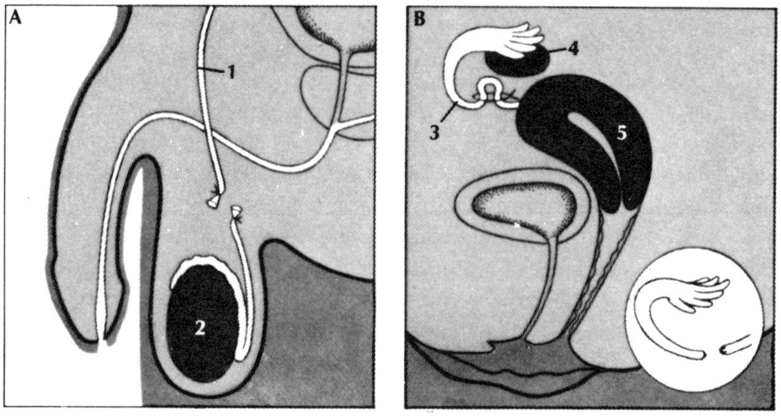

Vasektomie und Tubenligatur
A. Vasektomie: Aus jedem Samenleiter wird ein Stück herausgeschnitten, die Enden werden abgebunden.
B. Tubenligatur: Ein Abschnitt jedes Eileiters wird abgebunden und herausgeschnitten. Nach einigen Wochen sind die Enden zugeheilt und voneinander getrennt (kleine Abbildung).

Verhütungsmethoden für Männer und Frauen

Sterilisation

Männer und Frauen, die endgültig beschlossen haben, keine Kinder (mehr) haben zu wollen, können die sicherste, aber endgültige Verhütungsmethode wählen, die Sterilisation. Die Folgen dieses Eingriffs, der endgültig unfruchtbar macht, sollte man sehr genau überdenken. Ärzte arbeiten an einer chirurgischen Methode, um die Sterilisation wieder rückgängig und die Patienten wieder fruchtbar zu machen. Die gegenwärtigen Ergebnisse sind jedoch noch nicht als völlig befriedigend zu bezeichnen.

Sterilisation beim Mann – Vasektomie: Die Sterilisation eines Mannes, die Vasektomie, ist eine relativ einfache und sichere Operation, die ein Arzt auch ambulant in seiner Praxis vornehmen kann. Dabei werden die Samenleiter, durch die normalerweise die Samenzellen transportiert werden, durchtrennt und abgebunden. Danach werden keine Spermien ejakuliert, sie werden vom Körper absorbiert. Andere Veränderungen zieht dieser Eingriff nicht nach sich; Erektion, Orgasmus und Ejakulation bleiben unbeeinflußt. Die Vasektomie hat also keine Auswirkungen auf die sexuelle Ansprechbarkeit und Leistungsfähigkeit eines Mannes. Für manchen sterilisierten Mann ist Geschlechtsverkehr eher befriedigender, denn er braucht jetzt keine ungewollten Schwangerschaften mehr zu fürchten.

Sterilisation bei der Frau – Tubenligatur: Die Sterilisation bei einer Frau besteht darin, daß man die Eileiter, durch die die Eizellen in den Uterus gelangen, durchtrennt und abbindet oder verödet. Da die Eileiter innerhalb der Bauchhöhle liegen, ist die Operation etwas schwieriger als beim Mann. Ein Krankenhausaufenthalt von mindestens einem Tag ist deshalb erforderlich. Einige Kliniken wenden eine neue chirurgische Technik, die Laparoskopie, an und vereinfachen und verkürzen so die Operation. Nach einer Tubenligatur können Eizelle und Samenzelle nicht mehr aufeinandertreffen. Andere Veränderungen zieht dieser Eingriff nicht nach sich; die Empfindsamkeit und Orgasmusfähigkeit bleiben unbeeinflußt. Die Tubenligatur hat also keine Auswirkungen auf die sexuelle Ansprechbarkeit und Leistungsfähigkeit einer Frau, außer vielleicht in positivem Sinn, da sie nun keine ungewollte Schwangerschaft zu fürchten braucht.

Die Verhütungsmethoden der Zukunft
Seit Jahren sucht die medizinische Forschung nach der ,,Pille für den Mann". Wenngleich erste Erfolge vorliegen, sind doch noch umfangreiche Tests erforderlich, bevor solche Produkte breit angewandt werden können. Inzwischen wird auch an neuen Verhütungsmethoden für die Frau gearbeitet. Dazu zählt auch jene Pille, die nicht jeden Tag eingenommen werden muß, sondern nur vor dem Geschlechtsverkehr. Ein anderer Versuch besteht darin, eine kleine Kapsel unter die Haut zu verpflanzen, von wo aus sie monate- oder jahrelang ihre Wirksubstanz in den Körper abgibt. Bei einer anderen Methode kommen Prostaglandine zur Anwendung (das sind Substanzen, die zum Beispiel das Zusammenziehen der glatten Muskulatur des Uterus bewirken). Mit ihnen könnte eine Schwangerschaft trotz Befruchtung verhindert werden. Darüber hinaus gibt es noch die Möglichkeiten von Hormonspritzen, die alle drei oder sechs Monate injiziert würden und die die heutigen Ovulationshemmer ersetzen könnten.

Wie aus diesem kurzen Überblick deutlich wird, liegt die Verantwortung und Anwendung der meisten Verhütungsmethoden bei der Frau. Es wäre wünschenswert, daß die Forschung in Zukunft vermehrt Anstrengungen unternimmt, Verhütungsmethoden für den Mann zu entwickeln. Was wir wirklich brauchen, ist ein umfassendes Angebot von sicheren, nebenwirkungsfreien und leicht anwendbaren Verhütungsmethoden, die der Forderung nach sexueller Gleichberechtigung Rechnung tragen.

4.5 Der Schwangerschaftsabbruch

Eine Schwangerschaft kann infolge einer spontanen Entwicklung vorzeitig enden. Das vorzeitige Ende einer Schwangerschaft kann jedoch auch absichtlich herbeigeführt werden. Die unbeabsichtigte Beendigung einer Schwangerschaft wird als Abort bezeichnet, wenn das Embryo oder der Fötus nicht lebt und weniger als 37 cm Körperlänge mißt. Danach spricht man von einer Frühgeburt oder Totgeburt. In der nicht-medizinischen Umgangssprache wird mit dem Wort Abort jedoch oft der absichtlich herbeigeführte Abbruch einer unerwünschten Schwangerschaft bezeichnet.

Für unerwünschte Schwangerschaften gibt es viele Ursachen. Manchmal wissen Menschen, die Koitus miteinander haben, nichts von Verhütung, sie haben keine Verhütungsmittel zur Verfügung oder sie verwenden solche, die wirkungslos sind. Was immer die Ursache sein mag, eine unerwünschte Schwangerschaft stellt Menschen oft vor sehr ernste Probleme.

Wenn Eltern bereits Schwierigkeiten haben, ihre vielen Kinder ausreichend zu ernähren, bedeutet eine weitere Geburt unter Umständen Elend und Verzweiflung für die ganze Familie. Eine werdende Mutter, die körperlich schwach ist oder die unter bestimmten Krankheiten leidet, die vielleicht alkohol- oder drogenabhängig ist, kann ihrer Gesundheit durch eine Schwangerschaft erheblich schaden oder sie kann ein krankes oder behindertes Kind bekommen. Eine junge ledige Frau kann unvorbereitet, nicht fähig oder willens sein, die Verantwortung einer Mutterschaft auf sich zu nehmen. So kann eine unerwünschte Geburt nicht nur für die Mutter, sondern auch für das Kind zur Katastrophe werden.

In solchen Fällen entscheidet sich eine Frau möglicherweise zu einem Schwangerschaftsabbruch als einzigem Ausweg. Leider greifen manche Frauen in ihrer Verzweiflung und in Unkenntnis möglicher Hilfen zu unüberlegten Mitteln und setzen dabei ihre Gesundheit oder ihr Leben aufs Spiel, indem sie versuchen, allein oder mit Hilfe eines unfähigen, kriminellen Abtreibers die Schwangerschaft zu beenden. Sie tun dies, weil es ihnen die Gesellschaft oft schwer macht, einen legalen und risikoarmen Abbruch vornehmen zu lassen. Nach wie vor besteht eine heftige Auseinandersetzung zwischen Frauen, Ärzten und Politikern, Repräsentanten der Kirche und der Rechtsprechung, ob und in welcher Weise man Schwangerschaftsabbrüche zulassen sollte.

Manche Gegner des Schwangerschaftsabbruchs sehen sich selbst als Hüter ungeborenen Lebens, die die ,,Unantastbarkeit menschlichen Lebens" schützen müssen. Dieses Argument muß man sehr ernst nehmen. Und dennoch hat eben dieses Argument andere Menschen dazu veranlaßt, sich auf die Seite der Frau zu stellen, die eine Schwangerschaft abbrechen will und für dieses Recht kämpft. Vertreter dieser beiden Positionen stehen sich heute noch wenig dialogbereit gegenüber, und es erscheint sicher, daß man diesen Konflikt nicht mit wissenschaftlichen Argumenten lösen kann. Es gibt einfach keine eindeutige wissenschaftliche Antwort auf die Frage, wann menschliches Leben beginnt, oder unter welchen Voraussetzungen es beendet werden darf. Dies sind grundsätzliche ethische Probleme, die jedem einzelnen eine persönliche Gewissensentscheidung abverlangen.

In der Vergangenheit haben die etablierten Religionen und Philosophien für diese Fragen immer moralische Orientierungen geboten. Sie stimmen heute in ihren Ansichten jedoch nicht immer überein. Einige zeitgenössische religiöse Gruppen akzeptieren den Schwangerschaftsabbruch unter bestimmten Voraussetzungen im Anfangsstadium der Schwangerschaft, während andere unter allen Umständen dagegen sind, ja, ihn als Mord betrachten, es sei denn, es gelte, das Leben der Mutter zu retten. Die Katholische Kirche vertritt heute die Ansicht (im Gegensatz zu ihren eigenen Lehren im Mittelalter), daß ein Embryo ,,vom Augenblick der Empfängnis an" menschliches Leben sei. Wissenschaftler sind sich jedoch keineswegs einig, ob sich ein solcher Augenblick definieren läßt und wann er anzusetzen wäre. Das scheint vor allem eine Frage der Definition zu sein. Wissenschaftlich wird die Empfängnis beim Menschen am besten nicht als plötzliches Ereignis dargestellt, sondern als langsamer und komplizierter Prozeß, der mit der Vereinigung von Eizelle und Samenzelle beginnt und über die verschiedenen Entwicklungsstadien weiterführt, bis sich der Zellverband schließlich in der Uterusschleimhaut einnistet. Dieser Prozeß ist von einer ganzen Reihe besonderer Umstände abhängig, die nicht immer gegeben sind. In manchen Fällen nimmt die Entwicklung einen völlig anderen Verlauf, es kommt nicht zur Implantation, und das befruchtete Ei löst sich auf. Deshalb spricht man in der allgemeinen medizinischen Fachsprache erst von einer Schwangerschaft, wenn die Implantation im Uterus stattgefunden hat.

Bis vor wenigen Jahren waren eingeleitete Schwangerschaftsabbrüche verboten. Aber selbst die restriktiveren Strafgesetze haben üblicherweise die weniger enge wissenschaftliche Auslegung des Begriffs der Empfängnis akzeptiert. So wurde die Benutzung der ,,Pille danach" oder von Intrauterinpessaren nicht bestraft, obwohl sie erst nach einer möglichen Befruchtung eine Schwangerschaft verhindern. Auch die Tatsache, daß solche Mittel allgemein als Verhütungsmittel und nicht als Abtreibungsmittel eingeschätzt werden, läßt darauf schließen, daß die breite Öffentlichkeit die Auffassung der Katholischen Kirche nicht teilt. Unsere Gesetze haben auch niemals nach der Auffassung argumentiert, Abtreibung sei Mord. Wenn das der Fall gewesen wäre, hätte man Menschen, die eine Schwangerschaft abgebrochen haben, mit wesentlich höheren Strafen belegen müssen: mit dem Tode oder lebenslanger Haft. In der Realität fielen die Strafen jedoch immer weniger hart aus. Darüber hinaus stand oft die zentrale Person in dieser Straftat, die abtreibende Frau selbst nicht im Zentrum des Strafverfahrens. Solche Ungereimtheiten und Widersprüchlichkeiten in der Rechtspraxis zeigen, daß ein moderner weltlicher Staat nicht für einzelne moralische oder religiöse Auffassungen eintreten kann, sondern versuchen muß, einen Kompromiß zu finden. Ein Staat, der sich mit vielen Anhängern verschiedener, oft gegensätzlicher Auffassungen auseinandersetzen muß und ihre Interessen schützen will, kann diese Aufgabe nur dadurch bewältigen, daß er seine Rechtsprechung auf rationalen Grundlagen aufbaut. In der Frage des Schwangerschaftsabbruchs orientieren solche Entscheidungen ganz klar dahin, daß diese Frage ausschließlich sachkundiger medizinischer Beurteilung und dem Gewissen des einzelnen unterliegen sollte.

Man sollte sich in diesem Zusammenhang daran erinnern, daß die Verbotsgesetze gegen den Schwangerschaftsabbruch erst im späten 19. Jahrhundert erlassen wurden und daß dies vor allem medizinische Gründe hatte. Zu dieser Zeit war ein Schwangerschaftsabbruch eine gefährliche Operation, die sehr leicht zum Tode der Frau führen konnte. Die Möglichkeiten der Medizin sind in der Zwischenzeit erheblich verbessert worden, daß ein Abbruch zu Beginn der Schwangerschaft ein deutlich geringeres Risiko bedeutet als früher. Daher kann der Staat diese Schwangerschaftsabbrüche zulassen, was jedoch keineswegs bedeuten soll, daß Schwangerschaftsabbrüche empfohlen werden. Wer davon überzeugt ist, ein Schwangerschaftsabbruch sei Mord, kann ihn für sich persönlich ablehnen. Das erscheint unbedingt richtig, denn ein erzwungener Schwangerschaftsabbruch bedeutet, ebenso wie erzwungene Mutterschaft, einen Verstoß gegen die Grundsätze von Gleichheit, Freiheit und Selbstbestimmung. In der Vergangenheit war tatsächlich, bezogen auf Schwangerschaftsabbruch, eine offensichtliche Ungerechtigkeit an der Tagesordnung. Frauen, die finanziell in der Lage dazu waren, konnten in andere Länder fahren, wo sie jederzeit einen fachgerechten und legalen Schwangerschaftsabbruch vornehmen lassen konnten. Es waren in der Mehrzahl die Armen und Unaufgeklärten, die die Konsequenzen einer unerwünschten Schwangerschaft oder eines gefahrvollen kriminellen Schwangerschaftsabbruchs zu tragen hatten.

Wenngleich die Rechtslage zum Schwangerschaftsabbruch inzwischen klar ist, sieht die Praxis noch sehr unterschiedlich aus. Es gibt immer noch Personen und Organisationen, die „das Recht auf Leben“ für das Ungeborene verlangen und für eine verfassungsrechtliche Veränderung eintreten. Es steht außer Frage, daß vieles in dieser Bewegung hohen Idealen entspringt, denn prinzipiell sind Schwangerschaftsabbrüche nichts Erfreuliches und sie sollten nicht leicht genommen werden. Wer sich für oder gegen einen Schwangerschaftsabbruch entscheiden muß, trifft immer eine zweischneidige Entscheidung. Außerdem ist, selbst wenn man Embryo und Fötus außer acht läßt, eine Abtreibung immer ein operativer Eingriff, der für die Frau mit der Gefahr von Komplikationen verbunden ist. Nur wenige kompetente Fürsprecher einer liberalen Handhabung der Abtreibung würden sie deshalb als Routineeingriff empfehlen. Es wäre demgegenüber viel sinnvoller, Voraussetzungen zu schaffen, die Schwangerschaftsabbrüche überflüssig machten. Dieses Ziel könnte jedoch nur durch eine planmäßige und breite Anwendung von Verhütungsmitteln erreicht werden.

So bleiben die Menschen, die den Schwangerschaftsabbruch mit Strafgesetzen bekämpfen wollen, wenig überzeugend, solange sie nicht bereit sind, Empfängnisverhütung zu unterstützen. Die derzeit gültige Rechtslage scheint jedoch vernünftig und praktikabel und eine vertretbare juristische Lösung eines nach wie vor ungelösten moralischen Zwiespalts.

Trotz aller moralischen Vorbehalte ist eines heute sicher: Jede Frau, die hierzulande legal ihre Schwangerschaft abbrechen lassen will, hat hierfür die Möglichkeit, wenn sie sich ausreichend bemüht. Unter keinen Umständen sollte sie sich in die Hände eines unausgebildeten, kriminellen Abtreibers begeben oder gar versuchen, selbst abzutreiben. Der einzig vernünftige Weg zu einem legalen und fachgerechten Schwangerschaftsabbruch ist der Weg zum Arzt. In vielen Städten bieten daneben Familienplanungseinrichtungen, Initiativen, kirchliche Verbände, Frauenverbände und medizinische Beratungseinrichtungen Rat und Hilfe.

Folgendes gilt es zu bedenken:

- Wenn es um einen Schwangerschaftsabbruch geht, wendet man sich an Fachleute.
- Je früher ein Abbruch vorgenommen wird, desto günstiger ist der Verlauf.
- Ein legaler und risikoarmer Abbruch kann im Krankenhaus oder in einer Arztpraxis durchgeführt werden.
- Ein unqualifizierter krimineller Abtreiber sollte in keinem Fall aufgesucht werden.
- Es sollte nie der Versuch unternommen werden, selbst abzutreiben.

4.5.1 Methoden des Schwangerschaftsabbruchs

Es ist ein großer Unterschied, ob man einen Schwangerschaftsabbruch zu Beginn oder bei fortgeschrittener Schwangerschaft vornehmen läßt. Je früher der Eingriff vorgenommen wird, desto besser ist es. Während der ersten zwölf Wochen der Schwangerschaft ist ein Abbruch relativ ungefährlich. Er kann meist sogar ambulant vorgenommen werden. Nach der zwölften Woche können erhebliche Komplikationen entstehen, da in diesem Stadium schon sehr viel eingreifendere Operationstechniken angewandt werden müssen. Hier ist ein stationärer Krankenhausaufenthalt unerläßlich. Der Abbruch einer fortgeschrittenen Schwangerschaft nach der 20. Woche ist medizinisch kaum noch vertretbar, es sei denn, es handle sich um eine ganz extreme Ausnahmesituation. Denn einige Wochen später ist der Fötus bereits so weit entwickelt, daß er bei einer Frühgeburt bereits überleben könnte.

Man muß sich immer vor Augen halten, daß jeder Schwangerschaftsabbruch, auch wenn er frühzeitig stattfindet, ein medizinischer Eingriff ist, der unter bestimmten Umständen zu Komplikationen führen kann. Daher hält die Suche nach neueren und sichereren Methoden an. Eine dieser Methoden beruht auf der Verwendung von Prostaglandinen. Das sind Substanzen, die unter anderem das Zusammenziehen der Uterusmuskulatur bewirken. Mit ihnen kann zu jedem Zeitpunkt der Schwangerschaft eine „Geburt“ ausgelöst werden. Bis heute ist diese Methode jedoch noch nicht so zufriedenstellend, daß man sie für eine Routineanwendung freigeben sollte. Zudem ist sie mit erheblichen unerwünschten Wirkungen behaftet. Aber auch andere Arten von Tabletten, Spritzen oder anderen Abortivmitteln, die über oder unter dem Ladentisch gehandelt werden, bergen erhebliche Risiken in sich und sind außerdem oft unwirksam.

Eine Frau, die vor der Entscheidung steht, ihre Schwangerschaft abzubrechen, sollte sich – auch im Gespräch mit ihrem Arzt – mit den verschiedenen medizinisch gebräuchlichen Methoden vertraut machen. Sie weiß dann, was sie in der Praxis des Arztes oder im Krankenhaus erwartet und, was noch wichtiger ist, sie wird sich dann auf keinen Fall in die Hände eines kriminellen Abtreibers begeben.

Methoden des frühzeitigen Schwangerschaftsabbruchs

Menstruationsregulierung

Bisher übliche Schwangerschaftstests sind bis zu 40 Tage (manchmal mehr) nach der letzten Menstruation unzuverlässig. Wenn eine Frau vermutet, schwanger zu sein, sie aber nicht so lange warten will, kann sie, um Gewißheit zu erlangen, in den USA den Gynäkologen bitten, eines der verschiedenen

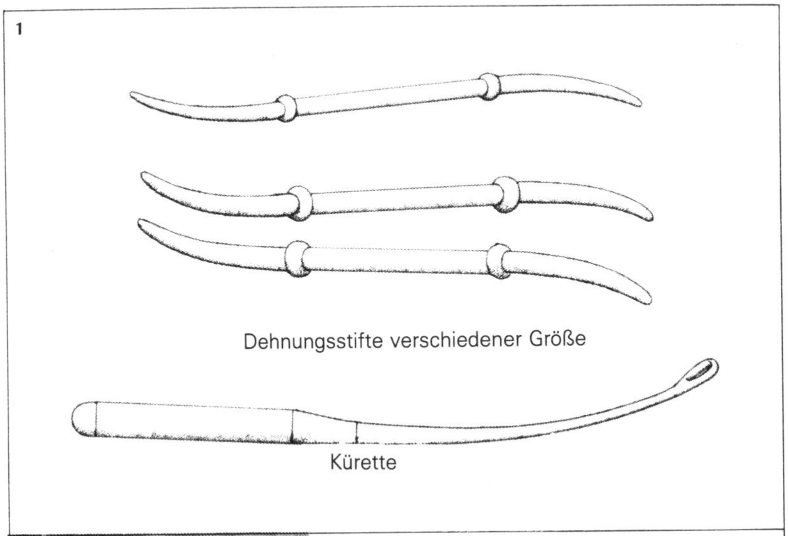

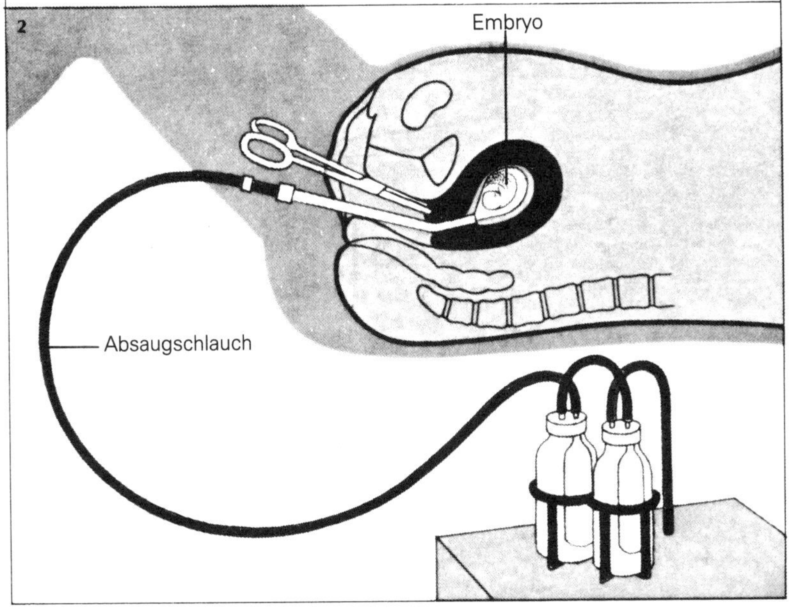

Methoden des Schwangerschaftsabbruchs

1. Erweiterung der Zervix und Kürettage
Die Abbildung zeigt einige Dehnungsstifte zur Erweiterung der Zervix und eine Kürette. Dehnungsstifte werden sowohl bei der Kürettage als auch bei der modernen Absaugmethode (s. unten) angewandt, um die Zervix zu erweitern. Bei dieser Methode wird das Embryo und die Plazenta mit der Kürette von der Wand der Gebärmutter abgeschabt.

2. Absaugmethode
Die Zervix wird mit einer Klemme festgehalten, dann wird ein Absaugrohr durch die erweiterte Zervix in den Uterus eingeführt und das Embryo abgesaugt.

Verfahren der Menstruationsregulierung anzuwenden: die Absaugmethode, Extraktion oder Ausschabung. Diese Eingriffe sind dem Vorgehen beim Einlegen eines Intrauterinpessars ähnlich. Auch hier führt der Arzt ein kleines Instrument durch den Gebärmutterhals in den Uterus ein. Statt ein IUD einzulegen, löst er die Uterusschleimhaut durch Anlegen eines Unterdrucks ab und saugt sie heraus. Der ganze Vorgang dauert nur wenige Minuten und kann in einer Arztpraxis durchgeführt werden. Natürlich ist das Wort „Schwangerschaftsabbruch" hier nur dann richtig angewandt, wenn es sich tatsächlich um eine frühe Schwangerschaft gehandelt hat. Ist die Frau jedoch nicht schwanger gewesen und ihre Menstruation aus einem anderen Grunde ausgeblieben, ist die Bezeichnung Menstruationsregulierung genauer. Diese Methode nimmt eine Zwischenstellung zwischen Schwangerschaftsverhütung und Schwangerschaftsabbruch ein.

Absaugmethode
In der Bundesrepublik setzt die Einleitung eines Schwangerschaftsabbruchs in jedem Fall zunächst den Nachweis einer Schwangerschaft voraus. Beim Vorliegen einer frühen Schwangerschaft kann der Arzt zu einer schonenden

Methode der Unterbrechung raten: der Absaugmethode, die auch unter den Bezeichnungen „Absaugkürettage" oder „Uterusabsaugung" bekannt ist. Sie wird heute als die schonendste und risikoärmste Methode angesehen. Nach Dehnung des Gebärmutterhalses wird ein Tubus, der an eine Absaugpumpe angeschlossen ist, in den Uterus eingeführt. Embryo und Plazenta werden von einem Unterdruck durch den durchsichtigen Tubus aus dem Uterus in eine Auffangflasche gesaugt.

Kürettage
Die Kürettage ist eine ältere Methode; sie unterscheidet sich jedoch im Prinzip nicht wesentlich von der Absaugmethode. Wiederum wird zunächst der Gebärmutterhals erweitert. Ein löffelähnliches Instrument (die Kürette) wird in den Uterus eingeführt. Mit der Kürette schabt der Arzt dann Embryo, Plazenta und Schleimhaut von der Uteruswand ab. Die Operation wird in Narkose in einer Klinik durchgeführt.

Methode des Schwangerschaftsabbruchs bei fortgeschrittener Schwangerschaft – die Hysterotomie
Die Hysterotomie stellt eine Art kleinen Kaiserschnitt dar. Durch einen Schnitt in den Unterleib wird die Gebärmutter geöffnet und Fötus und Plazenta herausgenommen. Da es sich hierbei um einen chirurgischen Eingriff handelt, ist ein Krankenhausaufenthalt unerläßlich. Eine Frau, bei der eine Hysterotomie vorgenommen worden ist (was nicht mit einer Hysterektomie, dem Entfernen des Uterus, verwechselt werden darf), kann wieder schwanger werden. Bei jeder weiteren Geburt wird jedoch in der Regel ein Kaiserschnitt notwendig sein.

Weiterführende Literatur

Bing, E., Colman, L.: Sex während der Schwangerschaft (Making love during pregnancy, dt.). Berlin (Ullstein), 1979.
Blume, A.: Andere Umstände. Eine Orientierungshilfe für Vorsorge, Geburtsvorbereitung und Geburt. Reinbek (Rowohlt), 1981.
Boston Women's Health Book Collective: Unser Körper, unser Leben. Handbuch von Frauen für Frauen (Our bodies, ourselves, dt.). 2 Bände. Reinbek (Rowohlt), 1980.
Bradley, R. A.: Husband – Coached childbirth. New York (Harper & Row), 1974.
Colman, A. D., Colman L.: Pregnancy. The psychological experience. New York (Seabury Press), 1972.
Demarest, R., Sciarra, J.: Zeugung, Geburt und Verhütung (Conception, birth, and contraception, dt.). Frankfurt/M. (Fischer), 1970.
Dick-Read, G.: Der Weg zur natürlichen Geburt (Natural childbirth primer, dt.). 6. Aufl., Hamburg (Hoffmann und Campe), 1965.
Döring, G. K.: Empfängnisverhütung. Stuttgart (Thieme), 1981.
Eser, A., Hirsch, H. A. (Hrsg.): Sterilisation und Schwangerschaftsunterbrechung. Eine Orientierungshilfe zu medizinischen, psychologischen und rechtlichen Fragen. Stuttgart (Enke), 1980.
Group for the Advancement of Psychiatry: Human reproduction. New York (Scribner's), 1974.
Guillebaud, J.: Die Pille. Reinbek (Rowohlt), 1982.
Hall, R. E. A.: A doctor's guide to having an abortion. New York (New American Library), 1971.
Hoche, K.: Über Liebe. Ihr Kindlein kommet nicht. Geschichte der Empfängnisverhütung. Frankfurt/M. (Bucher), 1979.
Lamaze, F.: Painless childbirth. The Lamaze method. Chicago (Henry Regnery Company), 1970.
Leboyer, F.: Geburt ohne Gewalt (Pour une naissance sans violence, dt.). München (Kösel), 1981.
Noonan, J. T. (Hrsg.): Morality of abortion. Legal and historical perspectives. Cambridge (Harvard University Press), 1970.
Shapiro, H. J.: Alle Methoden der Empfängnisverhütung (The birth control book, dt.). Rüschlikon-Zürich (Müller), 1980.

5. Körperliche Probleme

Nur sehr wenige Menschen sind ihr Leben lang gesund. Wir alle benötigen früher oder später einmal, wenn auch nur vorübergehend, medizinische Hilfe. Viele Krankheiten haben natürlich auch Auswirkungen auf die sexuellen Fähigkeiten der Betroffenen. Dazu gehören Unfallverletzungen, die die Geschlechtsorgane betreffen oder die zu einem Verlust über die Kontrolle der Geschlechtsorgane führen. Oder bestimmte Krankheiten, die die Reaktionen eines Menschen beeinflussen oder den Körper so schwächen, daß Geschlechtsverkehr schwierig oder unmöglich wird. Meist sind die sexuellen Schwierigkeiten in diesen Fällen nur Nebenerscheinungen der Krankheit und man schenkt ihnen deshalb wenig Beachtung. Nach der Genesung kehren auch die sexuellen Kräfte wieder zurück. Aber auch bei dauernden gesundheitlichen Problemen sollte man dies nicht unbedingt als hoffnungslos betrachten. Viele behinderte und chronisch kranke Menschen können heute trotz ihrer Leiden ein befriedigendes Sexualleben führen. (Vgl. a. Kap. 12 „Die sexuell Unterdrückten".)

Es gibt jedoch bestimmte körperliche Beschwerden und Behinderungen, die das sexuelle Verhalten und die Fortpflanzungsfähigkeit direkt beeinflussen. Manche von ihnen sind sehr verbreitet, wie zum Beispiel Unfruchtbarkeit oder Geschlechtskrankheiten. Viele dieser früher als hoffnungslos betrachteten Situationen kann man heute erfolgreich behandeln, in vielen Fällen ist eine Heilung innerhalb kurzer Zeit problemlos möglich. Weil diese Störungen insgesamt nicht selten sind, sollte jeder erwachsene Mensch hierüber informiert sein. Die folgenden Seiten geben einige grundlegende Informationen über die häufigsten körperlichen Erkrankungen und Behinderungen, die die menschlichen Sexualfunktionen beeinträchtigen können. Sexuelle Schwierigkeiten von körperlich gesunden Menschen werden im Kap. 8 „Sexuelle Störungen" behandelt.

5.1 Unfruchtbarkeit

Man schätzt, daß fast jedes fünfte Paar keine Kinder bekommen kann. Manchmal wird diese Unfruchtbarkeit einer Beziehung nicht zum Problem, häufig ist sie jedoch Anlaß zu Unzufriedenheit oder Enttäuschungen, besonders bei Männern und Frauen, deren Selbstverständnis die Fähigkeit zur Elternschaft unabdingbar einbezieht. Der Fortschritt der modernen Medizin erlaubt es glücklicherweise, vielen von ihnen zu helfen.

Wenn ein Paar keine Kinder bekommt, kann das verschiedene Gründe haben, die den Mann, die Frau oder beide betreffen. Sie reichen von sexueller Unerfahrenheit, mangelhafter Ernährung, psychischen Problemen bis hin zu Störungen der männlichen und weiblichen Fortpflanzungsorgane. Ein offensichtlich gesundes junges Paar (beide Partner unter 35 Jahren) sollte daher fachlichen Rat einholen, wenn länger als ein Jahr vergeblich versucht wurde, ein Kind zu bekommen. (Ist einer der Partner bereits über 35 Jahre alt, sollte man schon nach sechs Monaten einen Spezialisten konsultieren.) Bei einer sorgfältigen medizinischen Untersuchung beider Partner wird oft die Ursache des Scheiterns festgestellt. Manchmal sind Diagnose und Therapie ausgesprochen einfach. So bleiben zum Beispiel manchmal Paare nur deshalb kinderlos, weil sie niemals während der fruchtbaren Tage der Frau Geschlechtsverkehr hatten. Manchmal erweist sich das Problem aber auch als wesentlich schwieriger und erfordert intensive Behandlung, zum Beispiel psychologische Beratungen, Hormonbehandlungen oder chirurgische Eingriffe. Eine neuere und immer verbreitetere Methode der Behandlung von Unfruchtbarkeit ist die künstliche Befruchtung. In manchen Fällen (etwa bei jedem zehnten Paar) kann trotz aller medizinischen und psychologischen Maßnahmen eine Fruchtbarkeit nicht erreicht werden. Diese Paare können jedoch ihre Erfüllung als Eltern dennoch finden, indem sie ein Kind adoptieren.

5.1.1 Unfruchtbarkeit beim Mann

Wenn ein Arzt die Gründe der Unfruchtbarkeit eines Paares feststellen will, wird er zunächst den Mann untersuchen. Dies nicht nur, weil das männliche Fortpflanzungssystem einfacher zu untersuchen ist, sondern auch, weil die Ursachen der Probleme häufig beim Mann liegen. Unfruchtbarkeit bei einem Mann kann die Folge bestimmter angeborener Defekte sein, manchmal ist sie aber auch erst später entstanden. Bestimmte Krankheiten, zum Beispiel Mumps in der Jugend oder Gonorrhoe, können zur Sterilität führen. Ein anderer Grund für Unfruchtbarkeit oder unzureichende Fruchtbarkeit kann eine zu geringe Anzahl von Samenzellen sein: Das heißt, der Mann produziert lebende Samenzellen, ihre Zahl ist jedoch für eine Befruchtung nicht ausreichend. Letzten Endes ist für die Befruchtung der weiblichen Eizelle zwar nur eine Samenzelle notwendig, es müssen aber mehrere Millionen Samenzellen ejakuliert werden, damit die Wahrscheinlichkeit groß genug ist, daß eine einzelne Zelle dieses Ziel erreicht. Manchmal ist die Anzahl der Samenzellen zwar ausreichend, ihre Entwicklung oder ihre Beweglichkeit sind jedoch gestört. Sehr viel häufiger noch finden sich diese verschiedenen Störungen der Bildung von Samenzellen jedoch gemeinsam. Natürlich beeinträchtigt dies alles nicht die sexuelle Erregbarkeit oder Leistungsfähigkeit eines Mannes. Er ist also nicht „impotent", sondern nur unfruchtbar.

Es gibt allerdings auch Männer, die unfruchtbar sind, weil sie impotent sind. Sie können trotz normaler Produktion von Samenzellen keine Schwangerschaft bewirken, da ihre Unfähigkeit zur Erektion einen Koitus nicht erlaubt. Zumindest das Problem der Unfruchtbarkeit kann bei diesen Menschen durch künstliche Befruchtung meist gelöst werden.

5.1.2 Unfruchtbarkeit bei der Frau

Wenn sich bei der medizinischen Untersuchung herausgestellt hat, daß der Mann fruchtbar ist, wird der behandelnde Arzt eine Untersuchung der Frau vornehmen. Auch ihre Sterilität kann auf angeborenen Defekten beruhen oder die Folge bestimmter Infektionskrankheiten, zum Beispiel der Gonorrhoe, sein. Solche Infektionen können zu einem dauernden Verschluß der Eileiter führen, der eine Befruchtung unmöglich macht. Manchmal besteht Unfruchtbarkeit, weil infolge fehlender Ovulation keine befruchtungsfähigen Eizellen produziert werden. In anderen Fällen findet eine Befruchtung statt, aber das befruchtete Ei nistet sich nicht in der Uterusschleimhaut ein. Schließlich gibt es Fälle, in denen sowohl Befruchtung als auch Implantation stattfinden, anschließend aber ein früher Spontanabort oder eine Fehlgeburt folgen. Der Grund dafür kann in einer Anomalie des Uterus oder der Zervix liegen. Bei manchen Frauen ist auch der Zervixschleim so beschaffen, daß er von Samenzellen nicht durchwandert werden kann, oder die Vaginal- oder Zervikalflüssigkeit läßt die Samenzellen nicht lange genug überleben. Gelegentlich entwickeln Frauen auch Antikörper gegen Samenzellen im allgemeinen oder gegen Samenzellen eines bestimmten Mannes.

Da die möglichen Ursachen der Unfruchtbarkeit von Frauen so verschieden und zahlreich sind, ist auch eine Behandlung oft sehr schwierig. Sie kann eine große Anzahl verschiedener Maßnahmen erfordern, von der Behandlung mit Hormonen bis zum chirurgischen Eingriff. In jüngster Zeit werden jedoch immer häufiger Fälle, die früher als hoffnungslos galten, mit Hilfe von künstlicher Befruchtung gelöst.

5.1.3 Künstliche Befruchtung

Künstliche Befruchtung ist ein Vorgang, bei dem der Arzt mittels einer feinen Sonde die Samenflüssigkeit in die Vagina dicht vor dem Muttermund injiziert. Dies muß während der fruchtbaren Tage der Frau geschehen. Die Samenflüssigkeit wird durch Masturbation gewonnen, und sie stammt bei verheirateten Paaren in der Regel vom Ehemann. Sollte der Ehemann steril sein, kann unter bestimmten rechtlichen Voraussetzungen auch die Samenflüssigkeit eines anonymen Spenders verwendet werden. Hier sind allerdings noch vielfältige rechtliche und ethische Probleme zu lösen.

5.2 Genetische Defekte

„Niemand ist vollkommen" sagt ein Sprichwort – und das trifft im Hinblick auf Form und Funktion unseres Körpers besonders zu. Fast alle Menschen haben irgendwelche ererbten Schwächen und Mängel. Diese Mängel sind oft relativ belanglos, wie zum Beispiel die vorzeitige Ausbildung einer Glatze oder Plattfüße. Manche Fälle sind jedoch erheblich schwerwiegender: zum Beispiel Hämophilie (Bluterkrankheit), Sichelzell-Anämie oder bestimmte Formen von Muskeldystrophie. Zweifellos könnte viel menschliches Leid verhindert werden, wenn solche genetischen Defekte nicht von einer Generation auf die nächste übertragen würden.

Leider werden bestimmte genetische Defekte durch gesunde Merkmalsträger vererbt, das bedeutet, daß diese Menschen selbst von der Krankheit nicht betroffen sind und daher oft nichts von der möglichen Gefahr für ihre Nachkommen wissen.

Genetische Defekte können in zwei große Gruppen zusammengefaßt werden: solche mit dominanter und solche mit rezessiver Erbfolge. Ein dominanter genetischer Defekt wird von einem Elternteil allein übertragen. Das bedeutet: Auch wenn nur ein Elternteil diesen genetischen Defekt aufweist, wird er rein rechnerisch auf die Hälfte der Kinder übertragen. Ein rezessiver genetischer Defekt kann nur von beiden Eltern übertragen werden. Wenn nur ein Elternteil einen rezessiven genetischen Defekt hat, wird dieser bei keinem der Kinder sichtbar. Haben jedoch beide Eltern den gleichen rezessiven genetischen Defekt, wird er folgendermaßen vererbt: durchschnittlich wird von je vier Kindern eines in keiner Weise betroffen sein, zwei Kinder werden gesunde Merkmalsträger sein, bei einem wird der Defekt sichtbar werden.

Angesichts dieser Tatsachen lassen sich manche Menschen hinsichtlich ihrer Erbanlagen beraten, bevor sie sich dazu entschließen, Kinder zu bekommen. Eine gründliche Untersuchung des Paares und der medizinischen Familienvorgeschichte beider Partner kann wertvolle Hinweise geben, ob die Vererbung schwerer genetischer Defekte wahrscheinlich ist. Bei den meisten Paaren wird sich herausstellen, daß kein Grund zur Beunruhigung besteht, manche werden jedoch feststellen müssen, daß sie kein eigenes gesundes Kind bekommen können, und sie werden mit einem adoptierten Kind wesentlich glücklicher sein. Es ist auch in seltenen Fällen möglich, daß schwere genetische Defekte oder Abnormitäten des ungeborenen Kindes erst im Laufe der Schwangerschaft entdeckt werden. Dies kann ein Grund sein, die Schwangerschaft abzubrechen. Untersuchungen und Beratungen in diesen Fragen werden durch humangenetische Beratungsstellen vorgenommen, die meist Universitätskliniken angeschlossen sind.

5.3 Sexuelle Fehlbildungen

Für die meisten Menschen ist die gesunde Entwicklung und die störungsfreie Funktion ihres Körpers eine Selbstverständlichkeit. Sie gehen nur dann zum Arzt, wenn sie krank werden oder Störungen körperlicher Funktionen auftreten. Dies gilt auch für Fragen der Sexualität. Es gibt jedoch auch Menschen, die bestimmte sexuelle Fehlbildungen und Behinderungen aufweisen, die medizinisch behandelt werden müssen, bevor befriedigende sexuelle Aktivität möglich wird. Solche Behinderungen können Ergebnis chromosomaler oder hormonaler Anomalien sein; sie können innere oder äußere Geschlechtsorgane betreffen. Solche Anomalien können zu einer Reihe komplexer Probleme führen, die gelegentlich als ,,geschlechtliche Irrtümer des Körpers" zusammengefaßt werden, und die meisten so selten sind, daß sie hier nicht erwähnt werden müssen. Heute ist man glücklicherweise in der Lage, die Mehrzahl dieser Behinderungen durch medizinische Behandlung zu beseitigen. Auf die beiden auffallendsten sexuellen Fehlbildungen soll in den folgenden Abschnitten eingegangen werden.

5.3.1 Hodenhochstand

Die Hoden, die männlichen Keimdrüsen, werden im Verlauf der embryonalen Entwicklung im Unterleib gebildet. Vor der Geburt müssen sich diese Drüsen jedoch in den Hodensack hineinentwickeln. In seltenen Fällen findet diese Verlagerung der Hoden nach außen nicht statt, und man spricht dann allgemein von ,,Hodenhochstand". Die Ursache dafür kann unter anderem eine Hormonstörung sein. Ein Junge, bei dem diese Fehlentwicklung nachträglich festgestellt wird, muß möglichst früh behandelt werden. Er würde sonst später unfruchtbar werden. Meist kann diese Anomalie durch Hormonbehandlung oder einen chirurgischen Eingriff problemlos behandelt werden.

Es gibt – deutlich seltenere – Fälle, in denen die Hoden nicht richtig entwickelt sind oder fehlen. In diesem Fall kann man den Jungen hormonell behandeln, so daß er sich körperlich wie andere Jungen entwickelt (mit der Ausnahme, daß er steril bleibt). Ein normales äußeres Erscheinungsbild kann man erreichen, indem künstliche Hoden chirurgisch in den Hodensack eingesetzt werden.

5.3.2 Der Hermaphroditismus

Während ein Kind im Mutterleib heranwächst, entwickeln sich seine inneren und äußeren Organe, auch seine Geschlechtsorgane, bis zu der Vollkommen-

Hermaphrodit
Ein Hermaphrodit ist ein Mensch, dessen Körper männliche und weibliche Geschlechtsmerkmale aufweist. In der Antike schrieb man solchen Menschen häufig besondere magische Kräfte zu. In manchen Gesellschaften waren sie auch gesuchte Sexualpartner. Diese alte griechische Vasenmalerei zeigt einen jungen Hermaphroditen, der vor einem Bewunderer tanzt.

heit, die wir bei der Geburt sehen. In seltenen Fällen können Störungen dieser Entwicklung auftreten, die dazu führen, daß das Kind mit unvollständig entwickelten Geschlechtsorganen geboren wird. In solchen Fällen ist das Geschlecht des Neugeborenen oft schwer bestimmbar, da unvollständig entwickelte Geschlechtsorgane bei Jungen und Mädchen sehr ähnlich aussehen können. Man bezeichnet das Kind als männlichen (Pseudo-) Hermaphroditen, wenn zwei Hoden vorhanden sind; als weiblichen (Pseudo-) Hermaphroditen, wenn zwei Ovarien vorhanden sind; als sogenannten echten Hermaphroditen, wenn sowohl Hoden- als auch Ovariengewebe vorhanden ist. Das äußere Erscheinungsbild kann dabei unter Umständen ganz unauffällig sein, es kann jedoch zu psychischen Problemen hinsichtlich der sexuellen Identität kommen (vgl. hierzu a. Kap. 1 ,,Die Entwicklung der Geschlechtsunterschiede").

Mit dem Wort ,,Hermaphrodit" bezeichnet man von alters her Menschen, die männliche und weibliche Geschlechtsmerkmale gleichzeitig aufweisen. In der griechischen Mythologie war Hermaphroditos, der Sohn des Hermes und der Aphrodite, ein hübscher, aber sehr prüder Jüngling. Als er die Liebe einer Nymphe zurückwies, umarmte ihn diese so leidenschaftlich, daß ihre Körper verschmolzen und sie buchstäblich ,,ein Fleisch" wurden.

Heute ist es mit Hilfe von Hormonbehandlungen und chirurgischen Eingriffes möglich, die Entwicklung eines ,,sexuell unfertigen" Kindes weitgehend zu vervollständigen. Eine psychologische Beratung der Eltern muß gleichzeitig gewährleisten, daß sie ihr Kind entgegen dessen anfänglicher äußerer Erscheinung in der richtigen Geschlechterrolle erziehen. Wenn dies alles berücksichtigt wird, kann das Kind sein ,,richtiges" Geschlecht finden und mit der Zeit eine endgültige sexuelle Identität entwickeln. Wenn also auch in manchen Fällen eine Sterilität nicht verhindert werden kann, können heute doch Menschen, die als Hermaphroditen geboren werden, unter Nutzung aller Möglichkeiten der Medizin und Psychologie als normale Männer und Frauen aufwachsen.

Manche Männer oder Frauen, über deren biologisches Geschlecht keinerlei Zweifel besteht, haben den Wunsch, eine ,,Geschlechtsumwandlung" vornehmen zu lassen. Dieses seltene Phänomen, das als Transsexualität bezeichnet wird, ist eher ein psychologisches als ein physiologisches Problem. Es wird deshalb in Kap. 8 ,,Sexuelle Störungen" behandelt.

5.4 Schmerzen beim Geschlechtsverkehr

Die rein körperliche Seite der Sexualität ist für einen gesunden Menschen gewöhnlich kein großes Problem. Nach einer gewissen anfänglichen Unsicherheit und ersten Erfahrungen wird auch die sexuelle Reaktion zu einer normalen Funktion, über die eingehend sich Gedanken zu machen in der Regel kein Anlaß besteht. Aber es gibt auch Ausnahmen. Manche Menschen stellen zum Beispiel fest, daß sie beim Geschlechtsverkehr Schmerzen haben. Dies kann sehr belastend sein und dazu führen, daß kein Geschlechtsverkehr mehr ausgeführt werden kann. Eine sorgfältige ärztliche Untersuchung kann jedoch oft die Ursache dieser Schmerzen feststellen und so den Weg zu erfolgreicher Behandlung aufzeigen. Die folgenden Abschnitte befassen sich mit den möglichen körperlichen Ursachen für Schmerzen beim Geschlechtsverkehr. (Mögliche psychische Ursachen werden in Kap. 8.2 ,,Sexuelle Funktionsstörungen" behandelt.)

5.4.1 Schmerzen des Mannes beim Geschlechtsverkehr

Neben Verletzungen oder bestimmten Erkrankungen der Geschlechtsorgane, bei denen ein Bezug zu Schmerzen beim Geschlechtsverkehr offensichtlich ist, ist die häufigste Ursache hierfür beim Mann eine zu enge Vorhaut (Phimose). Hierbei ist die Vorhaut so eng, daß sie nicht über die Eichel zurückgeschoben werden kann. Dadurch kann jede Erektion unangenehm oder schmerzhaft sein. Mit einem einfachen chirurgischen Eingriff, bei dem auch eine Beschneidung vorgenommen werden kann, ist das Problem gut zu lösen.

Beschneidung, also die Entfernung der gesamten Vorhaut, kann auch ein anderes, bei unbeschnittenen Männern auftretendes Problem lösen: Wenn die Vorhaut nicht regelmäßig über die Eichel zurückgeschoben und gründlich gewaschen wird, können sich bestimmte Sekrete ansammeln, die Reizungen oder Infektionen hervorrufen. Andere Infektionen des Penis können beim Geschlechtsverkehr erworben werden (vgl. Kap. 5.5 ,,Die Geschlechtskrankheiten").

Manche Männer entwickeln eine Überempfindlichkeit der Eichel durch eine allergische Reaktion gegenüber dem Scheidenmilieu oder bestimmten Spermiziden oder Präparaten zur vaginalen Hygiene. Hier besteht eine Behandlung darin, diese Mittel nicht mehr zu verwenden und sich anderer Verhütungsmethoden zu bedienen. Die Benutzung von Kondomen bietet sich – wenn vielleicht auch nur vorübergehend – zur Lösung des Problems an.

5.4.2 Schmerzen der Frau beim Geschlechtsverkehr

Neben Verletzungen oder bestimmten Erkrankungen der Geschlechtsorgane, bei denen ein Bezug zu Schmerzen beim Geschlechtsverkehr offensichtlich ist, ist die häufigste Ursache hierfür bei der Frau eine mangelnde Bildung von Gleitflüssigkeit in der Vagina. Die Ursache kann im natürlichen Alterungsprozeß liegen und kann eine hormonelle Behandlung notwendig machen. In anderen Fällen zeigt eine unzureichende Sekretion von Gleitflüssigkeit an, daß die Frau noch nicht hinreichend erregt und noch nicht zum Koitus bereit ist. (Der entsprechende Zustand beim Mann wäre eine unzureichende Erektion.)

Manche Frauen haben Schmerzen beim Geschlechtsverkehr, weil ihr Hymen zu fest ist und der Penis nur schwer in die Vagina eingeführt werden kann. In solchen seltenen Fällen kann durch einen kleinen chirurgischen Eingriff Abhilfe geschaffen werden. (Die erste Koituserfahrung ist für viele Frauen etwas unangenehm. Die Penetration des Hymens ist jedoch meist problemlos und das Unbehagen schnell vergessen.)

Andere Schmerzen, Brennen und Juckreiz im Scheidenbereich, können durch Geschlechtskrankheiten hervorgerufen sein. Trichomonaden oder Pilzerkrankungen (zum Beispiel Candidose) können solche Symptome ebenfalls hervorrufen. Diese Symptome können auch dann auftreten, wenn zunächst Analverkehr und dann Vaginalverkehr ausgeübt wird, ohne den Penis dazwischen zu waschen. In solchen Fällen werden mit dem Penis Darmbakterien in die Vagina übertragen, die dort eine Infektion hervorrufen. Koitus kann auch schmerzhaft sein, wenn eine Frau an Blasenentzündung leidet. In einem solchen Fall ist natürlich eine ärztliche Behandlung erforderlich.

Überempfindlichkeiten der Scheide können auch als Reaktion auf chemische Verhütungsmittel oder Produkte der vaginalen Hygiene hervorgerufen werden. In solchen Fällen sollte die Anwendung dieser Mittel unterlassen werden. (Diese Produkte sind ohnehin nicht notwendig und gelegentlich sogar schädlich.)

Eine weitere Ursache für Schmerzen beim Koitus kann bei älteren Frauen eine Schwäche der Scheidenwand sein. Dieser Zustand kann durch Hormonbehandlung gebessert werden.

Schließlich kommt es vor, daß die Klitoris eine Überempfindlichkeit entwickelt, die entweder darauf zurückzuführen ist, daß unter der Vorhaut der Klitoris sich Sekrete angesammelt haben und eine Reizung hervorrufen, oder darauf, daß die Klitoris infolge zu intensiver Stimulierung durch den Partner überreizt ist.

5.5 Die Geschlechtskrankheiten

Geschlechtsverkehr gehört zu den gesündesten und beglückendsten Erfahrungen, die ein Mensch machen kann. Manchmal ist er jedoch auch die Ursache von ernsthaften Beschwerden und Krankheiten, die in seltenen Fällen sogar zum Tode führen. Daß diese Erkrankungen, die man gemeinhin unter dem Sammelbegriff „Geschlechtskrankheiten“ zusammenfaßt, nicht seit langem ausgerottet sind, hat unter anderem mit der Einstellung zu tun, die ihnen von der Gesellschaft entgegengebracht wird.

Man faßt unter dem Begriff „Geschlechtskrankheiten" solche Krankheiten zusammen, die nur durch intimen Körperkontakt übertragen werden, also vor allem durch Geschlechtsverkehr. Es gibt natürlich eine große Zahl von Krankheiten, die durch intimen Kontakt auf andere Menschen übertragen werden. Dazu gehören Erkältungskrankheiten, Tuberkulose oder andere Infektionskrankheiten. Trotzdem wurden die Geschlechtskrankheiten zu einer besonderen Gruppe zusammengefaßt, weil sie fast ausschließlich durch engen Kontakt der betroffenen Partner übertragen werden und in erster Linie die Geschlechtsorgane befallen.

In der Medizin wird heute der Begriff „Geschlechtskrankheiten" gelegentlich durch den Begriff „sexuell übertragbare Krankheiten" übersetzt. Dieser Begriff ist allerdings nicht wesentlich genauer als der bisherige, so daß er hier nicht verwendet werden soll. Denn – wie bereits erwähnt – es können nahezu alle Infektionskrankheiten durch engen Körperkontakt übertragen werden, also auch durch Geschlechtsverkehr. Die Entscheidung, welche infektiösen Krankheiten man also in die Gruppe der sexuell übertragbaren Krankheiten einschließt, ist also immer etwas willkürlich. In den folgenden Abschnitten werden deshalb nicht nur die vier „klassischen" Geschlechtskrankheiten behandelt, sondern auch einige Infektionskrankheiten, die neben anderen Infektionswegen auch durch Geschlechtsverkehr übertragen werden können.

Geschlechtskrankheiten führen zu sehr unterschiedlichen Symptomen, der Übertragungsweg ist jedoch immer ähnlich. Sie werden durch Viren, Bakterien oder andere Mikrobien verursacht, die sich im warmen und feuchten Milieu der Schleimhäute der Geschlechtsorgane, des Mundes und des Rektums besonders gut entwickeln. Außerhalb dieses Milieus sind sie nicht lebensfähig. Deshalb ist es kaum möglich, sich an Türklinken, Toilettendeckeln oder ähnlichem zu infizieren (wenngleich es in seltenen Fällen vorkommt, daß Geschlechtskrankheiten durch schmutzige Handtücher, Unterwäsche oder Bettwäsche übertragen werden). Beim Geschlechtsverkehr bieten sich ideale Möglichkeiten der Übertragung von solchen Mikroorganismen. Man kann sich verschiedene Geschlechtskrankheiten gleichzeitig zuziehen. Obwohl sie fast alle heilbar sind, entwickelt sich keine Immunität gegen sie. Man kann deshalb immer wieder angesteckt werden.

Die verbreitetsten und gefährlichsten Geschlechtskrankheiten sind heute noch in fast allen Ländern Gonorrhoe und Syphilis. Beide haben eine lange Geschichte, und man war viele Jahrhunderte lang gegen sie machtlos. Sie waren nicht nur unheilbar, sondern die zunehmenden sexuellen Tabus der letzten Jahrhunderte führten dazu, daß man über sie auch nicht mehr sprach. 1910 wurde endlich ein zumindest teilweise wirksames Mittel gegen Syphilis entdeckt (das Salvarsan, ein arsenhaltiges Medikament). Aber erst das Penicillin, das in den 40er Jahren dieses Jahrhunderts in die Therapie eingeführt wurde, war ein sicheres Mittel gegen Syphilis und Gonorrhoe. Inzwischen wurde allerdings deutlich, daß auch medizinische Erfolge ohne eine Veränderung der gesellschaftlichen Einstellung gegenüber Geschlechtskrankheiten diese nicht beseitigen können.

Solange die Ursachen für Geschlechtskrankheiten noch unbekannt waren, interpretierte man sie eher als moralisches denn als medizinisches Problem. Man bezeichnete sie als „Lustseuchen" und war der Meinung, sie seien die gerechte Strafe für sexuelle Zügellosigkeit. Man war der Ansicht, „anständige" Menschen hätten hiermit ohnehin keine Probleme, und junge Menschen sollten deshalb nicht zu viel über sie wissen. Man hielt Angst und Unwissenheit für ein geeignetes Mittel, einen züchtigen Lebenswandel zu gewährleisten. Es wurde sogar gelegentlich geäußert, die Ausrottung dieser Krankheiten würde Ausschweifungen nur förderlich sein und würde daher die Gesellschaft moralisch bedrohen. Im Vergleich zu dieser Drohung schien die Gefahr für die körperliche Gesundheit einzelner Menschen weniger wesentlich.

Darüber hinaus hat in den letzten Jahren die Einführung neuer Verhütungsmittel die Benutzung von Kondomen immer mehr verdrängt, die doch zumindest in gewissem Maße die Übertragung von Geschlechtskrankheiten verhindern konnten. Schließlich haben wirkungslose Selbstbehandlung und unzureichende medizinische Betreuung in einigen Teilen der Welt dazu geführt, daß sich zum Beispiel neue und resistentere Gonorrhoe-Erreger entwickeln konnten, die im Zeitalter des Massentourismus zu immer ferneren Zielen alsbald in anderen Ländern auftreten. Diese und andere Faktoren haben dazu geführt, daß man heute von einer epidemischen Verbreitung der Geschlechtskrankheiten sprechen kann.

Diese Epidemie trifft Jugendliche heute besonders. Die größte Zunahme der Erkrankungsraten findet sich unter den Jugendlichen. Infolge unzulänglicher Aufklärung sind auch heute noch viele Jugendliche völlig uninformiert über Ursachen und Symptome von Geschlechtskrankheiten. Deshalb erkennen viele von ihnen nicht, daß sie sich angesteckt haben, und sie übertragen die Erkrankung weiter. Manche Jugendlichen lassen sich auch aus Angst oder Scham nicht behandeln, weil sie nicht wollen, daß ihre Eltern erfahren, daß sie Geschlechtsverkehr hatten. Die Folgen einer unbehandelten Geschlechtskrankheit sind jedoch – selbst gemessen an einer vorübergehenden familiären Krise – ungleich größer.

In den meisten Städten stehen glücklicherweise öffentliche Einrichtungen zur Diagnose und Behandlung von Geschlechtskrankheiten zur Verfügung. Diese Behandlungen können absolut vertraulich vorgenommen werden. Dem Arzt ist lediglich vorgeschrieben, jeden Fall von Geschlechtskrankheiten dem Gesundheitsamt ohne Nennung des Namens zu melden. Eine Kenntnis von Kontaktpersonen ist wichtig, da diese gleichfalls behandelt werden müssen. Aber auch deren Privatsphäre bleibt unangetastet, soweit sie sich einer Behandlung nicht widersetzen.

Der Kampf gegen die Geschlechtskrankheiten kann nur dann erfolgreich sein, wenn jeder Infizierte sich diesen Maßnahmen beugt. Das Gesetz sieht für Geschlechtskranke eine Pflicht zur Behandlung vor. Das schließt natürlich ein, daß Menschen, die sich angesteckt haben, so lange keinen Geschlechtsverkehr haben, bis die Krankheit ausgeheilt ist. Sie sollten auch ihre jeweiligen Partner zu einer Untersuchung und Behandlung veranlassen. Neben diesen Pflichten jedes einzelnen ist es jedoch vor allem wichtig, daß jeder sexuell reife Mensch, also auch jeder Jugendliche, über Geschlechtskrankheiten genau informiert ist.

In den letzten Jahren ist im Hinblick auf dieses Ziel eine Reihe von Fortschritten zu verzeichnen. In den Vereinigten Staaten gibt es eine Organisation, die man gebührenfrei aus allen Teilen des Landes anrufen kann und wo Informationen über Behandlungsmöglichkeiten gegeben werden. In der Bundesrepublik Deutschland bieten Gesundheitsämter und Kliniken Beratung in diesen Fragen an. Bei ihnen stehen auch Informationsmaterialien zur Verfügung, die von der Bundeszentrale für gesundheitliche Aufklärung und anderen Einrichtungen erarbeitet wurden.

Zusammenfassend ist bei Geschlechtskrankheiten zu beachten:

- Geschlechtskrankheiten sind nach wie vor gefährlich.
- Geschlechtskrankheiten können ohne jedes Symptom auftreten.
- Man kann sehr wohl verschiedene Geschlechtskrankheiten gleichzeitig haben.
- Frühzeitig behandelt, können Geschlechtskrankheiten am besten geheilt werden.
- Kostenlose Untersuchungen und Behandlungen werden von Gesundheitsämtern und manchen Kliniken angeboten.
- Jede Behandlung von Geschlechtskrankheiten unterliegt der ärztlichen Schweigepflicht.

- Eine Selbstbehandlung ist zwecklos und gefährlich. (In der Bundesrepublik Deutschland ist sie darüber hinaus gesetzlich verboten.)
- Geschlechtskrankheiten kann man immer wieder bekommen.

Die folgenden Kapitel bieten einige grundlegende Informationen über die verschiedenen Geschlechtskrankheiten.

5.5.1 Gonorrhoe

Die Gonorrhoe (der „Tripper") ist heute die am weitesten verbreitete Geschlechtskrankheit. Sie wird durch Bakterien verursacht, die Gonokokken, die sich auf den Schleimhäuten der Geschlechtsorgane, des Mund- und Rachenraumes sowie des Rektums vermehren können und von einem Menschen auf den anderen übertragen werden. Außerhalb dieses warmen, feuchten Milieus sind Gonokokken nur kurze Zeit lebensfähig. Daher ist es nahezu unmöglich, sich an Toilettenbrillen, Türklinken, Handtüchern oder anderen Gegenständen anzustecken.

Symptome

Eine Gonokokken-Infektion der männlichen Geschlechtsorgane wird gewöhnlich innerhalb von zwei bis zehn Tagen durch Schmerzen und Brennen beim Wasserlassen bemerkt. Gleichzeitig tritt ein grüngelblicher Ausfluß auf. Eine Infektion der weiblichen Geschlechtsorgane wird oft über längere Zeit nicht bemerkt. Frühsymptome sind ähnlich: Brennen und Ausfluß; sie können jedoch auch fehlen. Deshalb ist es möglich, daß Frauen nicht bemerken, daß sie sich angesteckt haben. Das führt nicht nur zu komplizierten Krankheitsverläufen, sondern auch zu unbemerkter Übertragung der Krankheit auf andere.

Eine Infektion des Rachenraumes durch Gonokokken (nach Oralverkehr) kann Symptome verursachen, die einer Halsentzündung ähnlich sind, vom einfachen Juckreiz bis zu heftigen Schluckbeschwerden. Sehr oft treten jedoch auch keinerlei Symptome auf.

Eine Infektion des Rektums durch Gonokokken (nach Analverkehr) kann Jucken, Brennen oder Bluten, einen gelblichen Ausfluß oder Schmerzen beim Stuhlgang verursachen. Die Symptome werden oft irrtümlicherweise für leichten Durchfall oder für Hämorrhoiden gehalten, und die notwendige Diagnostik und Behandlung wird verzögert. Manchmal treten leider überhaupt keine Symptome auf.

Bei unbehandelter Gonorrhoe können die Anfangssymptome wieder verschwinden. Die Krankheit kann sich jedoch dann im Körper verbreiten und zu Abszessen, Gelenkentzündungen oder zu Sterilität führen (letzteres besonders bei Frauen). Wenn eine an Gonorrhoe erkrankte Frau ein Kind bekommt, kann dieses während der Geburt angesteckt werden. Um eine Infektion der Augen durch Gonokokken zu verhindern, werden die Augen jedes Neugeborenen mit einer Lösung aus Silbernitrat behandelt.

Diagnose

Eine genaue Diagnose der Gonorrhoe ist nur einem Arzt möglich. Dazu werden Abstriche von den befallenen Schleimhäuten gemacht und mikroskopisch untersucht, oder es wird eine bakteriologische Kultur angelegt.

Behandlung

Gonorrhoe ist eine ernste Krankheit, die so früh wie möglich behandelt werden muß. Für die moderne Medizin ist eine solche Behandlung einfach, rasch und wirkungsvoll. Frühzeitig behandelt, ist die Gonorrhoe innerhalb weniger Tage ausgeheilt. Hierfür werden Penicilline, gelegentlich auch andere Medikamente, angewandt. Eine erfolgte Ausheilung bedeutet jedoch nicht Immunität. Man kann also Gonorrhoe immer wieder bekommen. (An der Entwicklung eines Impfstoffs wird intensiv gearbeitet, er ist jedoch noch nicht verfügbar.)

Vorbeugung
Die einzig sichere Methode, sich gegen Gonorrhoe zu schützen, ist das Vermeiden von Geschlechtsverkehr mit einem infizierten Partner. Da diese Krankheit jedoch heute sehr weit verbreitet ist und die Symptome manchmal nicht bemerkt werden oder fehlen, würde dieser Rat eigentlich bedeuten, sexuell ganz abstinent zu leben. Wer genitalen oder analen Geschlechtsverkehr ausführt, kann sich entweder durch ein Kondom schützen oder dadurch, daß er unmittelbar nach dem Geschlechtsverkehr uriniert und sich wäscht. Dies müßte jedoch bereits wenige Minuten danach erfolgen, um eine Wirkung zu haben. Beim Koitus stellen Spermizide, Schäume oder Gelees einen gewissen Schutz dar. Alle diese Maßnahmen sind in ihrer schützenden Wirkung jedoch allenfalls dürftig. Sexuell aktive Frauen sind daher gut beraten, wenn sie sich regelmäßig untersuchen lassen. Es ist auch wichtig, den untersuchenden Arzt darauf hinzuweisen, welche Formen des Geschlechtsverkehrs man ausgeübt hat.

In jedem Fall scheint es angebracht, folgendes zu berücksichtigen: Wer eine sexuelle Beziehung zu nur einem Partner unterhält, begibt sich weitaus weniger in Gefahr, eine Gonorrhoe zu erwerben, als jemand, der seine Geschlechtspartner häufig wechselt.

5.5.2 Syphilis

Syphilis (auch Lues oder „harter Schanker“ genannt) ist die gefährlichste Geschlechtskrankheit. Obwohl sie nicht so verbreitet wie Gonorrhoe ist, ist sie keineswegs selten. Syphilis wird durch ein Bakterium aus der Gruppe der Spirochäten (das Treponema pallidum) übertragen. Hierzu ist enger Körperkontakt erforderlich, denn außerhalb des menschlichen Körpers können diese Bakterien nur wenige Sekunden überleben. Auch diese Erkrankung kann man sich kaum an Toilettendeckeln, Handtüchern, Bettlaken oder ähnlichem zuziehen. Die Krankheit kann unverletzte Haut nicht befallen. Spirochäten können jedoch durch kleinste Verletzungen der Haut eindringen und sich vermehren.

Symptome
Das erste Symptom einer Syphilisinfektion ist der Primäraffekt, ein schmerzloses Knötchen oder ein kleines, hartes Geschwür, das sich etwa sechs Wochen (zehn bis 90 Tage) nach der Infektion an der Stelle bildet, an der die Krankheitserreger in den Körper eingedrungen sind. Je nach Art des Geschlechtsverkehrs kann dies überall sein: an oder in der Nähe der Geschlechtsorgane, im Mund, im Rektum oder an anderen Stellen. Der Primäraffekt kann groß und auffällig sein oder klein und kaum sichtbar. Wenn er sich in der Vagina oder im Rektum bildet, wird er oftmals nicht bemerkt. In diesem Stadium der Erkrankung fehlen oft weitere äußere Anzeichen. Der Primäraffekt heilt auf alle Fälle nach einiger Zeit von selbst ab. Manche Menschen glauben dann, sie seien gesund. In Wirklichkeit ist die Krankheit jedoch in ihr zweites Stadium eingetreten.

Im zweiten Stadium der Syphiliserkrankung ist der Erreger in die Blutbahn eingedrungen und hat sich im ganzen Körper ausgebreitet. Durchschnittlich neun Wochen nach der Infektion (wiederum mit großen Abweichungen) entsteht ein nicht-juckender Ausschlag, der sehr unterschiedlich aussehen kann.

Syphilis an einer nordamerikanischen höheren Schule. Jede abgebildete Figur stellt mindestens einen sexuellen Kontakt dar. 40 Prozent derer, die mit Erkrankten Kontakt hatten, wurden nicht infiziert. Wieviele der vorbeugend Behandelten tatsächlich infiziert waren, ist nicht bekannt.

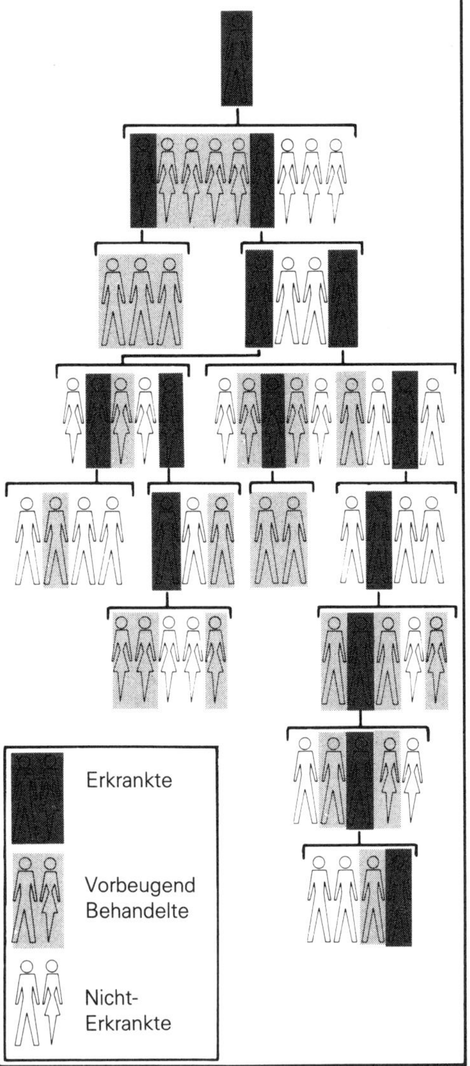

Es ist zu bemerken, daß die Erkrankung durch heterosexuellen und homosexuellen Kontakt übertragen wurde. Insgesamt sind hier 63 Personen aufgeführt. Von diesen hatten 44 ausschließlich heterosexuellen Kontakt, 16 ausschließlich homosexuellen Kontakt und 3 Personen sowohl heterosexuellen als auch homosexuellen Kontakt.

Er kann auf einige Stellen begrenzt sein oder auch große Flächen bedecken. In einigen Fällen fehlt dieser Ausschlag. Primäraffekt und die Hauterscheinungen des zweiten Stadiums der Syphilis sind ansteckend. Im zweiten Stadium kann es auch zum büschelweisen Ausfall von Haaren kommen.

Nachdem der Ausschlag verschwunden ist, beginnt das dritte Stadium der Krankheit, das zwischen ein paar Monaten und mehreren Jahren dauern kann. Es kann sein, daß über längere Zeit keine Symptome auftreten. Dieses Stadium ist jedoch das gefährlichste, da die Krankheit nun verschiedene Organe im Körper angreift. Dabei wird Gewebe zerstört, es kann zu schweren Erkrankungen der großen Blutgefäße kommen, zu Blindheit, Lähmungen, Gehirnschädigungen, sogar zum Tode.

Syphilis kann während der Schwangerschaft von der Mutter auf das Kind übertragen werden. Daher werden alle Frauen in der Frühschwangerschaft auf Syphilis untersucht.

Diagnose

Eine Syphilis kann nur vom Arzt – meist durch eine Blutuntersuchung – festgestellt werden.

Behandlung

Die Syphilis ist eine sehr gefährliche Krankheit, die so früh wie irgend möglich behandelt werden muß. Man kann sie heute gut behandeln, wenngleich Schäden, die vor der Entdeckung entstanden sind, meist bestehen bleiben. Die Behandlung besteht gewöhnlich aus einer Reihe von Penicillininjektionen, gelegentlich auch von anderen Medikamenten. Um eine sichere Heilung zu gewährleisten, müssen anschließend Blutkontrollen durchgeführt werden. Auch führt eine erfolgreiche Behandlung keineswegs zur Immunität. Syphilis kann man immer wieder bekommen.

Vorbeugung

Der einzig sichere Weg, sich gegen Syphilis zu schützen, ist das Vermeiden von Geschlechtsverkehr mit infizierten Partnern. Da jedoch keine äußeren Symptome sichtbar sein müssen und Menschen ohne ihr Wissen Syphilis haben können, ist jedem, der sexuell aktiv und infektionsgefährdet ist, zu raten, sich regelmäßig einer vorsorglichen Blutuntersuchung zu unterziehen. Eigentlich müßte dies in Abständen von drei bis sechs Wochen geschehen. Aber auch Blutuntersuchungen im Abstand von drei bis sechs Monaten sind eine sehr sinnvolle Vorbeugungsmaßnahme.

Die Benutzung von Kondomen, Wasserlassen und Waschen mit Wasser und Seife unmittelbar nach genitalem oder analem Geschlechtsverkehr sind ratsam und gewähren zumindest einen gewissen Schutz. Ähnliches gilt auch für spermizide Schäume und Gelees.

5.5.3 Tropische Geschlechtskrankheiten

Es gibt noch einige weniger bekannte Geschlechtskrankheiten, die hier erwähnt werden sollen. Obwohl sie meist in tropischen Ländern auftreten, kann es im Zeitalter des Massentourismus nützlich sein, sie zu kennen.

Ulcus molle

Das Ulcus molle (der „weiche Schanker“) ist eine bakterielle Infektion, die innerhalb weniger Tage zu großen, schmerzhaften, weichen Geschwüren führt. Die Erkrankung kann mit Antibiotika gut behandelt werden.

Lymphogranuloma inguinale
Es handelt sich hierbei um eine Infektion durch Chlamydien (eine Art Bakterien). Dabei entsteht ein kleines Geschwür und eine Schwellung der Lymphknoten der Leiste. Eine erfolgreiche Behandlung ist gut möglich.

Granuloma venereum
Es handelt sich hierbei um eine weitere bakterielle Infektion, die fast nur in den Tropen vorkommt. Auch sie wird erfolgreich mit Antibiotika behandelt.

5.5.4 Weitere sexuell übertragbare Krankheiten

Neben den ,,klassischen" Geschlechtskrankheiten gibt es eine Reihe weiterer Krankheiten, die durch sexuellen Kontakt verbreitet werden. Einige davon sind sehr ernst zu nehmen. Dazu gehören Salmonellen-Infektionen, Typhus, Amöben, Ruhr oder Hepatitis. Infektiöse Hepatitis kann zum Beispiel bei oral-analem Verkehr (Anilinctus) übertragen werden. Außerdem werden Hepatitisviren in Samenflüssigkeit und Speichel ausgeschieden und können so übertragen werden. In all diesen Fällen ist selbstverständlich sofortige medizinische Behandlung unerläßlich. Diese schweren Infektionen sind jedoch relativ selten. Die folgenden Abschnitte behandeln bekanntere und weniger schwere Krankheiten.

Candidose
Bei manchen Frauen ist das ökologische Gleichgewicht der Mikroorganismen in der Scheide gestört. Dies kann die Folge von Vaginalduschen oder der Einnahme von Antibiotika und der ,,Pille" sein. So kommt es zum vermehrten Wachstum eines Hefepilzes (Candida, Monilia). Die Symptome sind Juckreiz und Brennen, weißlicher Ausfluß mit eigenartigem Geruch und häufig eine trockene Scheide. Der Pilz kann beim Geschlechtsverkehr auf den Mann übertragen werden und zu einer Infektion der Spitze des Penis führen. Wenn nur die Frau die Candidose behandeln läßt, kann sie dann vom Mann erneut angesteckt werden. Candidose ist recht verbreitet, sie hat bei weitem keine so ernsten Folgen wie Gonorrhoe oder Syphilis. Sie sollte jedoch behandelt werden. Hierzu werden Medikamente lokal angewandt.

Trichomoniasis
Die Erreger der Trichomoniasis (Trichomonaden) sind einzellige Organismen, die bei vielen Menschen in Urethra und Harnblase vorkommen. Bei Männern führen sie nur selten zu Symptomen, bei Frauen können sie unter Umständen zu Brennen beim Wasserlassen oder Ausfluß führen. Der Ausfluß ist weiß und schaumig und hat einen besonderen Geruch. Es kann auch zu Rötungen und Schwellungen im Bereich der Scheidenöffnung kommen. Die Behandlung erfolgt durch Medikamente, die von beiden Partnern eingenommen werden müssen, um eine erneute Infektion der Frau durch den – symptomfreien – Mann zu verhindern. Trichomonaden sind sehr verbreitet und sie führen nicht zu so ernsten Komplikationen wie Gonorrhoe oder Syphilis.

Feigwarzen
Feigwarzen (spitze Kondylome) sind Folge einer Virusinfektion. Da die Infektion meist durch Geschlechtsverkehr übertragen wird, erscheinen die Warzen entweder an den Geschlechtsorganen, in deren näherem Umfeld oder am Anus bei Männern und Frauen. Die Behandlung ist relativ einfach und erfolgreich, wenn sie konsequent durchgeführt wird.

Geschlechtskrankheiten

Eine Übersicht über die häufigsten Symptome

Man kann durchaus Gonorrhoe oder Syphilis haben, ohne daß man Symptome bemerkt. Wer sexuell aktiv ist, sollte sich deshalb regelmäßig ärztlich untersuchen lassen. Wenn Symptome auftreten, handelt es sich dabei vor allem um folgende Krankheitszeichen:

Allgemeinsymptome
Leichtes Fieber und Krankheitsgefühl kann ein Symptom für *Syphilis* (im zweiten Stadium) oder für *Gonorrhoe* des Rachens sein.

Hauterscheinungen
Juckende Knötchen oder kleine gerötete Quaddeln, die wie Mückenstiche aussehen, aber nicht von selbst abheilen, können durch *Skabies* verursacht sein. Primäreffekte einer *Syphilis* können überall auf dem Körper an Stellen körperlichen Kontakts auftreten. Ein nicht juckender Ausschlag kann ein Symptom für *Syphilis* im zweiten Stadium sein. Dieser syphilitische Ausschlag befällt oftmals Handflächen und Fußsohlen.

Kopfhaut
Plötzlicher büschelweiser Haarausfall kann ein Symptom für *Syphilis* im zweiten Stadium sein.

Mundschleimhaut und Zunge
Ein harmlos aussehendes „Bläschen“ kann in Wirklichkeit ein *syphilitischer Primäraffekt* sein.

Rachenraum
Halsschmerzen oder nur ein leichtes Kratzen im Hals können Folge einer *Gonorrhoe* nach Oralverkehr sein. In den meisten Fällen verursacht die Gonorrhoe im Rachen jedoch überhaupt keine Symptome.

Penis
Eine schmerzlose offene Wunde kann ein *syphilitischer Primäraffekt* sein. Brennen beim Wasserlassen und gelblicher Ausfluß können auf *Gonorrhoe* oder *unspezifische Urethritis* hinweisen. Kleine schmerzhafte Bläschen, die nach einiger Zeit wieder verschwinden, aber später erneut auftreten, können Zeichen einer *Herpesinfektion* sein. Die Bläschen sind hochinfektiös! Kleine, blumenkohlartig wachsende Warzen können *Feigwarzen* sein.

Vulva und Vagina
Schmerzlose offene Wunden an den großen oder kleinen Schamlippen können auf *Syphilis* hinweisen, obwohl diese Erkrankung an den weiblichen Geschlechtsorganen meist schwierig festzustellen ist. Weißlicher Ausfluß und Krämpfe im Unterleib können auf *Gonorrhoe* hinweisen. Ausfluß geht aber häufiger auf Candidose oder Trichomonaden-Infektion zurück. Die Vulva kann ebenfalls Symptome einer Herpesinfektion, von Feigwarzen oder Filzläusen aufweisen.

Anus
Kleine blumenkohlartig wachsende Warzen können *Feigwarzen* sein. Blut oder Schleim im Stuhl, besonders verbunden mit starkem Juckreiz am Anus, kann Anzeichen einer *analen Gonorrhoe* sein. Die Gonorrhoe des Anus weist jedoch oft überhaupt keine Symptome auf. Auch im Analbereich können sich nach Analverkehr *syphilitische Primäraffekte* entwickeln.

Herpes simplex

Herpes simplex wird durch Herpesviren verursacht, wobei ein Virusstamm Haut und Mundschleimhaut befällt, ein anderer vor allem die Geschlechtsorgane. Die Symptome des genitalen Herpes simplex sind schmerzhafte kleine Geschwüre auf oder um die Genitalien oder am Anus. Diese Geschwüre können wochenlang schmerzen, nach und nach abheilen und dann verschwinden. Leider kann es auch zu wiederholtem Befall kommen. Es gibt bis heute keine einfache erfolgreiche Behandlungsmethode. Man kann zwar die Abwehrkräfte des Körpers gegen diese Viren durch bestimmte Medikamente verbessern, es wurden auch unlängst Substanzen entwickelt, die in frühen Stadien das Auftreten des Herpes unterdrücken sollen. Die Behandlung bleibt jedoch nach wie vor ein Problem. Jeder, der irgendwelche Bläschen oder Geschwüre an den Geschlechtsorganen oder am Anus feststellt, sollte deshalb den Arzt aufsuchen, um eine genaue Diagnose zu ermöglichen und andere schwerwiegende Krankheiten auszuschließen.

Unspezifische Harnröhrenentzündung

Die ,,unspezifische" Harnröhrenentzündung hat ihre Bezeichnung daher erhalten, daß sie durch verschiedene Erreger hervorgerufen werden kann, die Symptome ähnlich denen der Gonorrhoe (der ,,spezifischen" Harnröhrenentzündung) auslösen: Ausfluß und Brennen beim Wasserlassen. Die Erkrankung ist weniger gefährlich als Gonorrhoe und kann oft innerhalb weniger Tage erfolgreich behandelt werden.

5.5.5 Filzläuse

Filzläuse leben und vermehren sich überwiegend in den Schamhaaren. Daher sind sie fast ausschließlich durch engen sexuellen Kontakt übertragbar. In seltenen Fällen können sie jedoch durch verschmutzte Wäsche oder Bettwäsche weitergegeben werden. Auf jeden Fall wird man auf sie rasch aufmerksam, da sie einen hartnäckigen Juckreiz im Schambereich verursachen. Sie werden durch äußerlich aufgetragene, rezeptfreie Mittel beseitigt. Vor der Anwendung dieser Mittel sollte der Körper mit Wasser und Seife gründlich gewaschen werden. Unerläßlich ist es, nach der Anwendung die gesamte Wäsche zu wechseln und die alte Wäsche, auch Bettwäsche und Handtücher, zu reinigen oder zu waschen.

5.5.6 Skabies (Krätze)

Skabies wird von einer winzigen Milbe verursacht, die sich in die Haut bohrt. Die Milbe kann durch sexuellen Kontakt von einer Person auf die andere übertragen werden, aber auch durch verschmutzte Kleidung oder Bettwäsche. Skabies wird wie Filzläuse durch die lokale Anwendung rezeptfrei erhältlicher Mittel behandelt.

Weiterführende Literatur

Grover, J. W., Grace, D.: VD. The ABC's. Englewood Cliffs, N. J. (Prentice-Hall), 1971.

Kaden, R. (Hrsg.): Allgemeine Pathologie der Sexualfunktionen. Störungen der Reproduktion und der Kohabitation. Köln-Lövenich (Dt.-Ärzte-Verlag), 1980.

Money, J., Ehrhardt, A.: Körperlich-sexuelle Fehlentwicklungen (Sex errors of the body, dt.). Reinbek (Rowohlt), 1969.

Morton, R. S.: Geschlechtskrankheiten (Veneral diseases, dt.). Reinbek (Rowohlt), 1969.
Nicholas, L.: How to avoid social diseases. A practical handbook. New York (Stein & Day), 1973.
Petzoldt, D.: Geschlechtskrankheiten heute. Marburg/Lahn (Hess. Arbeitsgemeinschaft für Gesundheitserziehung), 1969.
Rosebury, T.: Microbes and morals. The strange story of veneral disease. New York (Ballantine Books), 1973.

II. Das menschliche Sexualverhalten

Der Begriff ,,menschliches Sexualverhalten" ist heute so verbreitet, daß man sich kaum noch vorstellen kann, daß er erst in neuerer Zeit entstanden ist. Schließlich hat es schon immer zwei menschliche Geschlechter gegeben, die sich zueinander hingezogen fühlten. Menschen haben immer intimen körperlichen Umgang miteinander gehabt und so neues Leben gezeugt. Man kann auch annehmen, daß sie dies immer sehr bewußt taten, und so scheint es, als sei das ,,menschliche Sexualverhalten" eine einfache und allgemeingültige Bezeichnung für einen Vorgang, der so alt ist wie die Menschheit selbst.

Wenn wir feststellen, daß Menschen immer schon bestimmte Dinge getan haben, so dürfen wir daraus nicht unbedingt schließen, daß sie diese Dinge auch immer gleich interpretierten. Wie jeder Historiker und Anthropologe weiß, unterliegt die Wahrnehmung auch der einfachsten Vorgänge erheblichen historischen und regionalen Einflüssen. Die Linguisten wissen, daß auch scheinbar einfache Wörter in anderen Sprachen oft keine genaue Entsprechung finden und daß sie im Verlauf der Jahre ihre Bedeutung erheblich ändern können.

Dies gilt ganz besonders für das Wort ,,Sex" und alle Wörter, die davon abgeleitet sind. Natürlich kannten die Menschen im Altertum und im Mittelalter Dutzende oder sogar Hunderte von Wörtern für die männlichen und weiblichen Geschlechtsorgane und für den Akt der Kopulation. Sie sprachen davon, ,,fruchtbar" zu sein und ihr ,,eigen Fleisch und Blut" zu zeugen. Sie wußten, was es bedeutete, einen Menschen zu küssen, zu umarmen oder zu liebkosen. Sie kannten sinnliche Freude, körperliche Reize und Erregung. Sie sprachen ganz offen von Liebe, Begehren, Hingabe, Zärtlichkeit, Leidenschaft, Minne, Amor, Eros, Cupido und Venus. Manche zeigten sich gerne nackt oder bewunderten die Nacktheit anderer. Manche versuchten, ihre ,,Sinneslust" zu zügeln und sprachen mit Abscheu von Lüsternheit, Geilheit, Unzucht, Wollust oder Versuchungen des Teufels. Sie warnten davor, ,,unrein" zu werden, sich zu ,,beflecken" oder den ,,Samen zu vergeuden". Manche priesen Keuschheit, Sittsamkeit, Enthaltsamkeit, Unschuld und Jungfräulichkeit, und sie verdammten Fleischeslust, Schande, Versündigung gegen Gott und Verbrechen wider die Natur. Bei näherer Betrachtung können wir jedoch feststellen, daß unsere Vorfahren all dies noch nicht zu einem einheitlichen Begriff des ,,Sexualverhaltens" zusammenfaßten. Sie interpretierten diese ganz unterschiedlichen menschlichen Erfahrungen, Handlungen und Einstellungen noch nicht als miteinander in Beziehung stehende Ausdrucksformen einer und derselben Sache.

Auch gab es in der Vorstellung unserer Ahnen im weiten Spektrum menschlicher Gefühle noch keinen isoliert zu betrachtenden ,,Sexualtrieb". Dies hätte auch ihrer (vorwissenschaftlichen) Einstellung widersprochen, in der das menschliche Leben noch nicht in Systeme und Kategorien aufgeteilt war. Die Körperfunktionen wurden nicht als getrennte Einheiten interpretiert, es gab noch keine genauen Unterscheidungen zwischen verschiedenen Arten körperlicher Bedürfnisse. Sinnliche Impulse wurden wie andere, vorübergehende Gefühle gesehen, die plötzlich auftauchten und von selbst wieder verschwanden. Das gelegentliche Verlangen, sich zu berühren und zu umarmen, mit jemandem zu schlafen, wurde nicht als Ausdruck eines unabhängigen Triebes aufgefaßt, sondern eher als integraler Bestandteil der menschlichen Existenz. Männer und Frauen hatten den gleichen Erfahrungshintergrund, lebten in einer Welt und waren Glieder der großen „Kette des Seins", bescheidene Elemente eines ewigen Planes. Ein großes göttliches Gesetz regierte die Sterne, die Jahreszeiten, tote Materie und lebendige Wesen. Alle Dinge standen zueinander in Beziehung. Alle Neigungen und Vorgänge waren Bestandteil eines zusammenhängenden Ganzen; es bestand daher wenig Veranlassung, ihnen eine jeweils gesonderte Bedeutung zuzuschreiben.

So läßt sich wohl erklären, warum der Begriff „Sexualverhalten" in den europäischen Sprachen erst in jüngerer Zeit zu finden ist. Er ist nirgendwo in der Bibel erwähnt und fehlt in der klassischen westlichen Literatur von Homer bis Dante, Shakespeare, Voltaire und Goethe. Selbst das Wort „sexuell", das nun schon einige hundert Jahre alt ist, erhielt erst im Laufe der Zeit seine heutigen unterschiedlichen Bedeutungen. Am Anfang war es nichts weiter als die enge, technische Bezeichnung dafür, ob jemand männlich oder weiblich war.

Das Eigenschaftswort „sexuell" konnte natürlich nicht vor den Hauptwörtern „Sexus" und „Sex" entstehen. In der englischen Sprache wurde dies letztere Wort erstmals in einer Übersetzung der lateinischen Bibel aus dem Jahre 1382 verwendet. In dieser berühmten Übersetzung, die von dem Reformator John Wiclif veranlaßt worden war, befiehlt Gott Noah, zwei Vertreter jeder Tierart in die Arche aufzunehmen: „The maal sex and femaal" (1. Mose 6,19). Hier bedeutete das Wort „Sex" lediglich Geschlecht, Sorte, Art, Typ oder Rasse. Bis weit in das 18. Jahrhundert hinein wurde das Wort so auch häufig im gleichen Sinne wie das Wort „Sekte" verwendet, das sich auf eine Gruppe Gleichgesinnter, eine Glaubensgemeinschaft, eine Partei, eine Kaste oder eine Schule beziehen konnte. Bis ins 19. Jahrhundert wurde das Wort „Sex" im Englischen auch als Synonym für „Frau" verwendet, und es gibt daneben das englische Zeitwort „to sex", das heißt: „jemanden oder etwas als männlich oder weiblich bestimmen".

So hatte auch das Adjektiv „sexuell" zunächst nur eine sehr begrenzte Bedeutung und beinhaltete nichts weiter als eine Kategorisierung. Erst im 18. Jahrhundert erweiterte sich die Bedeutung des Wortes und schloß dann auch den Prozeß der Fortpflanzung ein. Dies war, zumindest teilweise, Folge des wissenschaftlichen Fortschritts. So entwickelte beispielsweise 1735 der schwedische Botaniker Linné eine Systematik, die er „Methodus sexualis" nannte, also eine Systematik nach Geschlechtsmerkmalen, in der Pflanzen nach der Art und Anzahl ihrer reproduktiven Strukturen eingeordnet wurden. Diese (heute überholte) Methode beeindruckte viele Gelehrte und Laien seiner Zeit. Aber es gab auch merkwürdigen Widerstand. Linnés System wurde von bestimmten Religionsführern heftig angegriffen, denn es war ihnen nicht verborgen geblieben, daß – wenn man sich Linnés Sichtweise anschloß – männliche Staubgefäße und mehrere weibliche Stempel in einer einzigen Blüte gewissermaßen „kohabitierten". Das war zweifelsfrei unsittlich und eine Schmähung Gottes, der unmöglich etwas derart Lasterhaftes geschaffen haben konnte. Biologielehrer wurden deshalb beschworen, dieses System gegenüber ihren Schülern erst gar nicht zu erwähnen.

Aus heutiger Sicht ist es natürlich einfach, diese besorgen Moralisten zu belächeln, aber ihr Einspruch war zu einem gewissen Grade verständlich. Es schien ihnen, als versuchten Linné und andere Wissenschaftler, die Natur zu „sexualisieren" und dem Wachstum jedes Grashalms ein wollüstiges Ziel zu unterstellen. Dieser Vorwurf war natürlich unzutreffend, aber er drückte einen damals gültigen Eindruck aus. Im Zuge der raschen Fortschritte der Biologie und der Medizin wurden immer neue Lebensgebiete unerschrocken erforscht. Die anatomische Beschaffenheit und das Verhalten wurden miteinander verglichen, und es konnten Verbindungen hergestellt werden, wo niemand sie je zuvor bemerkt hatte. Als man erst einmal begonnen hatte, Rosen und Veilchen als sexuelle Wesen anzusehen, erhielt der Begriff des ,,Sex" eine völlig neue Dimension. Sexualität wurde plötzlich allgegenwärtig, und dies schien eine ernste Bedrohung für das leicht erregbare Gemüt Jugendlicher darzustellen. (Paradoxerweise griffen die Moralisten selbst nach einiger Zeit diese erweiterte Sichtweise von Sexualität auf: Um ihren Kindern menschliche Fortpflanzung zu erklären, sprachen sie dann über ,,die Blumen, die Vögel und die Bienen".)

Auf jeden Fall zeigt die Kontroverse um Linnés ,,sexuelles" Klassifikationssystem, daß der früher neutrale und in seiner Bedeutung begrenzte Begriff ,,Sex" sich zu erweitern begann. Er umfaßte nun nicht nur das Geschlecht, sondern auch den Vorgang der Fortpflanzung und der verschiedenen mit ihm verbundenen körperlichen und psychischen Reaktionen. Im Verlauf der nächsten 150 Jahre wurde so eine Reihe neuer und immer präziserer Bezeichnungen geprägt, die rasch in die meisten europäischen Sprachen Eingang fanden. Dieser allgemeine Trend spiegelt sich auch in der englischen Sprache wider. Das ,,Oxford English Dictionary" weist die folgenden Begriffe und das Datum ihres ersten Nachweises aus: ,,sexual intercourse" (1799), ,,sexual function" (1803), ,,sexual organs" (1828), ,,sexual desire" (1836), ,,sexual instinct" (1861), ,,sexual impulse" (1863), ,,sexual act" (1888) und ,,sexual immorality" (1911).

Es ist interessant, daß viele dieser neuen Begriffe bald nach ihrer Einführung eine erweiterte Bedeutung erhielten. Der Begriff ,,sexual organs" bedeutete zunächst nichts als ,,männliche oder weibliche Organe" (also Organe, die mit dem Geschlecht als anatomischem Unterscheidungsmerkmal zu tun haben). Nach einiger Zeit verstand man darunter auch die Organe, die der erotischen Lust dienten. Aus diesem Grunde wurde bald jede Betätigung, die eine Stimulierung dieser Organe einschloß, als ,,sexuell" bezeichnet. Es wurde so sogar möglich, von ,,sexuellem" Kontakt zu sprechen, wenn die Beteiligten dem gleichen Geschlecht angehörten.

Zu Beginn des 19. Jahrhunderts tauchte in der wissenschaftlichen Terminologie ein weiterer neuer Begriff auf: ,,Sexualität". Dieses Wort bezeichnete zunächst ebenfalls nur die Eigenschaften ,,männlich" oder ,,weiblich". Nach wenigen Jahrzehnten wurde mit diesem Wort bereits die Beschäftigung mit sexuellen Dingen bezeichnet, schließlich umfaßte es auch die sexuellen Kräfte oder die Fähigkeit zu erotischen Gefühlen ganz allgemein. So wurde dieses Wort nach und nach von einem relativen, vergleichenden zu einem absoluten Begriff. Ungefähr seit 1880 konnte man so von der ,,Sexualität" eines Menschen als einem eigenständigen Phänomen sprechen. Dieses Phänomen war durch mehr als schlichte ,,Männlichkeit" oder ,,Weiblichkeit" gekennzeichnet, und es bezog sich nicht notwendig immer auf männlich-weibliche Begegnungen. So bezog sich der Begriff der ,,Sexualität" nicht mehr ausschließlich auf die Anziehung zwischen den Geschlechtern oder die Fortpflanzungsvorgänge, auch Masturbation eines Einzelnen konnte nun als ,,sexuelles" Verhalten bezeichnet und als Ausdruck der menschlichen ,,Sexualität" interpretiert werden.

Zu Beginn unseres Jahrhunderts wurde der Begriff der Sexualität unter dem wachsenden Einfluß psychoanalytischen Denkens noch umfassender. Er bezog sich nun nicht mehr nur auf Fortpflanzung und erotische Lust, sondern auch auf das Bedürfnis nach Liebe und persönlicher Erfüllung, das heißt, auf die ,,Lust am Leben" selbst. Die Sexualität von Männern und Frauen wurde nun als wesentlicher Aspekt ihrer Persönlichkeit gesehen, als grundlegende und allumfassende Eigenschaft, als Inbegriff der Gefühle und Handlungen, derer sexuell reagierende Menschen fähig sind. Freud und seine Schüler entdeckten so sexuelle Elemente in fast allen menschlichen Handlungen und beschrieben dies als Ausdruck eines „Urinstinkts“, als Wirkung eines grundlegenden, machtvollen inneren „Triebes“.

Fraglos spiegelten diese Verschiebungen der Wortbedeutung und die Entdekkung menschlicher „Sexualität“ als Trieb mit eigener Dynamik eine bedeutende Veränderung im Selbstverständnis der Menschen wider. Seit dem Ende des Mittelalters hatte die Lebenssituation der Menschen in Europa durchgreifende und immer raschere Wandlungen erfahren. Der Übergang von der feudalistischen zur kapitalistischen Wirtschaft, die Ausweitung des Handels und der Fortschritt der Technik ließen auch neue Einstellungen, Lebensgewohnheiten und Moralbegriffe entstehen. Der nun hervortretende bürgerliche Mittelstand, die Bourgeoisie, forderte ein nie zuvor gekanntes Ausmaß an Selbstdisziplin, Selbstkontrolle und Selbstverleugnung von sich und anderen. Tüchtigkeit, Pünktlichkeit, Produktivität und Profit wurden zu neuen Idealen. Der menschliche Körper wurde zunehmend als Maschine begriffen, die ebenso präzise und rational zu funktionieren hatte. Spontane körperliche Reaktionen und Wünsche, die ein störungsfreies Funktionieren hätten gefährden können, wurden strikt unterdrückt. Verschwendung und Müßiggang konnten nicht toleriert werden. Auch Liebe hatte ihre Berechtigung nur noch als Mittel zum Zweck: zur Zeugung von Kindern, also von neuen Arbeitern, Soldaten oder anderen „nützlichen“ Mitgliedern der Gesellschaft. Im 18. Jahrhundert wurde erklärt, Masturbation stelle eine ernste Gefährdung der Gesundheit dar. Zunehmende Prüderie entfremdete Männer und Frauen von sich selbst und voneinander, in der Mitte des 19. Jahrhunderts waren schließlich alle natürlichen Körperfunktionen faktisch tabuisiert. Merkwürdigerweise lenkte gerade diese Unterdrückung, Unterjochung, Ausbeutung und Kontrolle des Körpers die Aufmerksamkeit zunehmend auf seine „sexuellen“ Eigenschaften. So sehr die Menschen sich auch dagegen wehrten, die Fähigkeit ihrer Körper zu Sinneslust und „nutzloser“ Ekstase blieb erhalten. So wurde die Versuchung, sich dieser Lust hinzugeben, immer größer, je mehr man sie verurteilte. Als die allgemeine Prüderie schließlich ihren Höhepunkt erreicht hatte, wurde die verbotene Fleischeslust zur machtvollen, geheimen Besessenheit. Die Menschen des 19. Jahrhunderts vermuteten fast überall in irgendeiner Form „das Sexuelle“.

Gleichzeitig mußten diese Menschen jedoch feststellen, daß in ihrer Sprache ein großer Mangel an Bezeichnungen für Sinnliches oder Erotisches bestand. Die große Vielfalt des mittelalterlichen Englischen, Französischen oder Deutschen an Wörtern für die Geschlechtsorgane, Körperfunktionen und die verschiedenen Formen des Geschlechtsverkehrs waren nach und nach durch einige verschämte Euphemismen und unverständliche griechische und lateinische Begriffe ersetzt worden. Die reichhaltige Volkssprache wurde als „vulgär“ und „schmutzig“ strikt abgelehnt. Die wenigen „akzeptablen“ Wörter mußten aus diesem Grund in ihrem Sinngehalt erheblich erweitert werden, um die im Sprachschatz entstandenen Lücken zu füllen. Das Wort „sexuell“ erlangte dadurch zum Beispiel immer neue Bedeutungen, nur um damit ein terminologisches Vakuum auszufüllen. Den modernen Europäern oder Amerikanern blieb oft keine andere Wahl, als sich des Wortes „sexuell“ zu bedienen, wenn sie von Dingen reden wollten, die vormals klar definierte, voneinander unabhängige Phänomene waren. Ein solcher Wortgebrauch konnte allerdings nicht ohne Einfluß auf das Bewußtsein der Menschen bleiben. Die Menschen begannen, in allen möglichen Verhaltensformen einen sexuellen Bedeutungsgehalt zu sehen. So entwickelten Männer und Frauen gegeneinander eine äußerst empfindsame, hypersexuelle Einstellung. Man kann diese veränderte Wahrnehmung an einem einfachen Beispiel veranschaulichen: Es ist eine häufige Erfahrung in der Psychotherapie, daß in gemischten Gruppen zwischenmenschliche Probleme häufig als sexuelle Probleme interpretiert werden. Die gleichen Probleme werden oft ganz anders definiert, wenn in der Gruppe nur Männer oder nur Frauen vertreten sind. Im letzteren Fall wird das Sexuelle allgemein weniger wichtig genommen, und die Beteiligten sind in der Lage, auch ganz andere Interpretationen für ihre Schwierigkeiten zu finden.

Es ist auch bekannt, daß viele sogenannte primitive Völker das „sexuelle" Element in bestimmten – für den westlichen Beobachter eindeutig sexuellen – Situationen überhaupt nicht wahrnehmen. Ähnliches gilt für Menschen, die auf sexuelle Befriedigung im engeren Sinn großen Wert legen. Sie machen sich weniger Gedanken um mögliche Nebenbedeutungen oder einen möglichen symbolischen Stellenwert ihres Verhaltens, da für sie Sexualität zwar subjektiv sehr wichtig ist, aber insgesamt eine eher begrenzte Rolle spielt.

Ähnliches gilt für „sexuelle" Handlungen kleiner Kinder in unserem Kulturkreis. Diese Handlungen werden von ihnen selbst oft gar nicht als sexuell empfunden. Vielmehr nehmen sie die scheinbar evidenten „erwachsenen" Interpretationen erst nach und nach und oft nur widerstrebend an.

Solche Beobachtungen zeigen, daß es einer bestimmten Grundeinstellung bedarf, um überall „sexuelle" Signale zu entdecken und „Sex" als grundlegende und allgegenwärtige Kraft zu interpretieren. Diese Einstellung ist nicht notwendig Ausdruck größerer Lustfähigkeit oder eines intensiveren Liebeslebens. Sie kann im Gegenteil durchaus ein Zeichen für eine behinderte, verarmte Sinnlichkeit sein. Ständige Beschäftigung mit Sexualität ist nicht identisch mit einem erfüllten Sexualleben. So scheint es sinnvoll, diesen Themenbereich zumindest sehr zurückhaltend zu diskutieren. Man muß sich immer vor Augen halten, daß man bei der Beschäftigung mit menschlichem „Sexual"-Verhalten nicht einfach einige schlichte Tatsachen vorträgt. Sondern man wählt immer auch gleichzeitig einen bestimmten Blickwinkel, aus dem man diese Tatsachen betrachtet. Das bedeutet, daß man immer gleichzeitig eine bestimmte persönliche, vielleicht beschränkte, Interpretation des Gesamtzusammenhangs vornimmt.

Eine Analyse des heutigen wissenschaftlichen Sprachgebrauchs zeigt, daß der Begriff „Sexualverhalten" drei verschiedene Grundbedeutungen haben kann, die vom Ausgangspunkt und vom wissenschaftlichen Ziel des jeweiligen Autors abhängig sind:

1. Der Begriff „Sexualverhalten" bezieht sich auf alle Handlungen und Reaktionen, die zu einer Befruchtung führen können.

Dies ist die älteste, einfachste und engste Definition. Sie ist Ausdruck der Beobachtung, daß alle höheren Tiere in zwei Gruppen verschiedenen Geschlechts eingeteilt werden können, männliche und weibliche Tiere, und daß sie sich „sexuell" fortpflanzen. Das bedeutet, daß vom männlichen und weiblichen Geschlecht verschiedene sich ergänzende Geschlechtszellen (Gameten) produziert werden, die sich vereinigen müssen, damit neues Leben entsteht. Um diese Vereinigung zu erzielen, müssen die beiden beteiligten Individuen eine Folge ganz bestimmter, sehr spezifischer Verhaltensweisen und Reaktionen durchlaufen. Diese Folge (oder ein Teil davon) wird im engeren Sinn als Sexualverhalten bezeichnet.

Bei niederen Tieren wird Sexualverhalten durch bestimmte physiologische Mechanismen streng kontrolliert. Zu bestimmten Zeiten, in denen eine Befruchtung möglich ist, reagieren Männchen und Weibchen auf ein bestimmtes „Signal" des anderen, wodurch ein Verhalten ausgelöst wird, das das Zusammenkommen der männlichen und weiblichen Geschlechtszellen ermöglicht. Das Männchen besteigt dann beispielsweise das Weibchen, ihre Geschlechtsorgane werden vereinigt, und das Männchen ejakuliert im Körper des

Weibchens, so daß eine Befruchtung resultiert. Diese Abfolge von Handlungen und Reaktionen kann nur stattfinden, wenn alle notwendigen Signale von beiden Partnern empfangen werden. Die sexuellen Verhaltensweisen des Männchens und des Weibchens müssen sich auf jeder Stufe sehr spezifisch gegenseitig verstärken. Tiere sind zwar darauf ,,programmiert", eine Befruchtung durchzuführen, das Programm bricht jedoch ab oder läuft überhaupt nicht an ohne diese gegenseitige Verstärkung. Das bedeutet, daß unter anderem das Sexualverhalten dieser Tiere nicht ,,instinktiv" ist, das heißt nicht ausschließlich aus ihnen selbst heraus bestimmt. Es ist vielmehr das Ergebnis einer Rückkoppelung, ein ,,aufgebautes" oder ,,zusammengesetztes" Verhalten als Reaktion auf gewisse Reize zu einem bestimmten Zeitpunkt.

Bei den höheren Säugetieren genügen die angeborenen physiologischen Kontrollen des Sexualverhaltens nicht, um ,,erfolgreiche" Paarung zu sichern, sondern es sind hierfür auch Lernprozesse erforderlich. Affen, die isoliert aufwachsen und keine Gelegenheit haben, Paarungsverhalten zu sehen oder zu lernen, haben zwar die Fähigkeit, auf Signale plötzlich erscheinender anderer Tiere zu reagieren, wissen aber unter Umständen nicht, wie sie sich ihnen gegenüber verhalten sollen. Ihre Körperbewegungen wirken dann plump und ungelenk und eine Befruchtung kann nicht stattfinden. Man kann daraus sehen, daß ,,normales" Sexualverhalten bei diesen Tieren in hohem Maß von Übung und Erfahrung abhängt. Außerdem wird deutlich, daß das Sexualverhalten vieler höherer Tiere sehr differenziert ist und nicht nur eine reproduktive Funktion erfüllt. Es dient auch dazu, soziale Strukturen und Zusammenhänge zu erhalten.

Beim höchsten Säugetier – dem Menschen – sind solche Verhaltensmuster noch flexibler und komplexer. Menschen ist die Fähigkeit zu bestimmten grundlegenden sexuellen Reaktionen angeboren, sie sind aber nicht spezifisch auf Paarung ,,programmiert". Sie sind daher fast ganz auf Beobachtung und Erfahrung angewiesen. Ihr Sexualverhalten ist außerordentlich variabel, und Befruchtung ist unter Umständen nicht mehr die zentrale Funktion. Demgegenüber können persönliche Befriedigung und bestimmte soziale Komponenten an Gewicht gewinnen. Wenn wir also über Menschen sprechen, können wir Sexualität nicht einfach mit Fortpflanzung gleichsetzen. Menschliches Sexualverhalten ist mehr als Fortpflanzungsverhalten, es erfordert deshalb eine andere, weiter gefaßte Definition.

2. Der Begriff ,,Sexualverhalten" bezieht sich auf jedes Verhalten, bei dem eine ,,sexuelle Reaktion" des Körpers zu beobachten ist.
Dies ist eine neuere, ziemlich pragmatische Definition. Sie ist Ausdruck der Beobachtung, daß bei der Paarung der meisten höheren Tiere bestimmte körperliche Veränderungen stattfinden, die ein charakteristisches Muster haben und die als ,,sexuelle Reaktion" zusammengefaßt werden können. Eine zweite Beobachtung war, daß diese Reaktion auch in Fällen stattfinden kann, in denen eine Befruchtung nicht möglich ist. So hat man Tiere beobachtet, die, allein gelassen, ihre eigenen Geschlechtsorgane stimulierten, oder die Partner ihres eigenen Geschlechts bestiegen oder die eine Paarung mit Tieren einer fremden Spezies versuchten. In all diesen Fällen findet eine deutliche sexuelle Reaktion statt.

Sexualverhalten kann nach dieser Definition also nicht nur im Sinn von Reproduktionsverhalten oder männlich-weiblicher Beziehungen gesehen werden. In manchen Fällen könnte man dieses sogenannte Sexualverhalten sogar ganz anders und wesentlich besser als ,,Warnverhalten", ,,Begrüßungsverhalten", ,,Versöhnungsverhalten", ,,Dominanzverhalten" oder ähnliches bezeichnen. Bestimmte Affen warnen zum Beispiel Eindringlinge in ihr Territorium durch einen erigierten Penis; sie grüßen oder beschwichtigen höherrangige Tiere, indem sie sich ihnen zur Paarung anbieten; sie demonstrieren ihren eigenen Rang, indem sie untergeordnete Tiere besteigen. Wenn wir ein solches Verhalten als Sexualverhalten bezeichnen, bleiben wir also auf der deskriptiven Ebene und sagen nichts über seine wirkliche Bedeutung aus. Wir vermitteln damit lediglich, daß das Verhalten eine – vielleicht auch nur rudimentäre – sexuelle Reaktion beinhaltet. Wir treffen also keine Aussage darüber, was diese Reaktion *bedeutet.* Bei manchen Tieren ist es so unter Umständen nur nach langer Beobachtung möglich, diese Bedeutung des Verhaltens herauszufinden.

Bei Menschen ist die Bedeutung des Sexualverhaltens in diesem Sinne manchmal noch weniger deutlich. Die sexuelle Reaktion als solche ist unter Umständen offensichtlich, aber die Motivation und das Ziel bleiben im dunkeln. Dies wird gelegentlich mit dem Ausdruck beschrieben, daß jemand „Sex für nicht-sexuelle Ziele" gebraucht. Die Frage, was diese Ziele im einzelnen sind, bleibt jedoch oftmals ungelöst. (Der Ausdruck „Sex für nicht-sexuelle Ziele" zeigt im übrigen sehr genau die Schwierigkeiten, die bei der Definition sexuellen Verhaltens entstehen können. Denn genaugenommen ist der Satz sinnlos. Es ist, als spräche man von „Politik für nicht-politische Ziele". Offenbar hängt eben alles davon ab, was man unter „politisch" versteht.)

Es hat selbstverständlich Vorteile, von Sexualverhalten ohne Bezug auf seine mögliche Bedeutung zu sprechen. Ein so neutraler Wortgebrauch kann voreilige Wertungen vermeiden helfen. Deshalb wird dieser Wortgebrauch heute von vielen Sexualforschern bevorzugt, die eine objektive und detaillierte Beschreibung dessen vornehmen wollen, was ein Mensch tut, bevor sie zu erklären versuchen, warum er es tut. Die Definition umfaßt jede Form von Sexualverhalten des Menschen (sexuelle Selbststimulierung, heterosexuellen und homosexuellen Geschlechtsverkehr, sexuellen Kontakt mit Tieren), ohne eine bestimmte Form höher zu werten als die andere. Darüber hinaus bleibt für eine Interpretation dieser Handlungen genügend Raum. Die oben genannte Definition setzt also Sexualität nicht mit Reproduktion oder mit irgendeinem anderen Zweck gleich. Sie ist lediglich Ausdruck der Feststellung, daß bestimmte gleiche körperliche Reaktionen bei einer Reihe verschiedener Handlungen stattfinden. Darüber hinaus wissen wir aber, daß zumindest beim Menschen diese Reaktion oft mit starken Lustempfindungen verbunden ist. Deshalb ist noch eine dritte Definition denkbar.

3. Der Begriff „Sexualverhalten" bezieht sich auf alle Handlungen und Reaktionen, die der Lustbefriedigung dienen.

Dies ist eine moderne, sehr weit gefaßte Definition, die auf Sigmund Freud und seine psychoanalytische Theorie zurückgeführt werden kann. Es war Freud, der das Konzept der „Libido" (lat.: Lust) entwickelte.

Bei ihm faßte es zunächst die mit sexuellen Bedürfnissen verbundene körperliche Energie zusammen, später alle konstruktiven Bestrebungen des Menschen. In seiner Theorie wird das menschliche Leben insgesamt von zwei entgegengesetzten grundlegenden Trieben bestimmt: Eros (der Lebenstrieb) und Thanatos (der Todestrieb). Nicht alle seiner Schüler teilten diese Ansicht, aber der Begriff eines starken, angeborenen erotischen Triebes wurde weitgehend aufgenommen und sogar Bestandteil des Alltagswissens. Für viele wurde „Sexualtrieb" gleichbedeutend mit jedem Streben des Menschen nach Befriedigung. „Sex" wurde zum grundlegenden Motiv jeder das Leben steigernden oder verschönenden Handlung.

Man kann also feststellen, daß das Wort „Sexualverhalten", wenn es in dieser Form gebraucht wird, ein sehr umfassender Begriff ist. Er bezieht sich dann nicht nur auf jede Form intimer Beziehungen zwischen Männern und Frauen, sondern auf alle möglichen menschlichen Handlungen. Er kann ebenso auf das Saugen eines kleinen Kindes an der Mutterbrust und auf das Daumenlutschen angewandt werden, wie auf Essen, Trinken, Rauchen, Tanzen, Singen, Fahrradfahren, Sammeln von Kunstwerken oder Beifallspenden bei Erwachsenen. Auch Jagen, Ringen, Kämpfen oder Schießen können hierzu gezählt werden. Bei all diesen Handlungen stellt sich lediglich die Frage der Motivation: Wenn das Verhalten in irgendeiner Form mit dem Wunsch verbunden ist, Lust zu erleben, wenn es aus dem Bedürfnis nach Selbsterfüllung resultiert, wenn es einen Menschen befriedigt oder sein Lebensgefühl verstärkt, dann ist es eindeutig ein sexuelles Verhalten.

Man könnte noch darüber hinausgehen und von Sexualverhalten auch bei Menschen sprechen, die sexuelle Tagträume haben oder die ihre erotischen Phantasien auf kaum erkennbare, symbolische Art und Weise ausagieren. Man könnte auch sagen, daß der ,,Sexualtrieb" bei manchen Menschen gehemmt oder gestört ist und daß sie deshalb andere Menschen beleidigen, angreifen, verletzen, schlagen oder sogar töten, im ,,perversen" Versuch, sexuelle Befriedigung zu erlangen. In manchen dieser Fälle können offensichtliche sexuelle Inhalte fehlen. Sie könnten jedoch unter Umständen von einem Psychoanalytiker gefunden und so als ,,wirkliches" Motiv erkannt werden.

Diese Beispiele mögen genügen, um zu zeigen, daß die oben genannte Definition des Sexualverhaltens problematisch ist. Sie ist sicherlich nicht ausschließlich beschreibend und deshalb nicht so neutral wie die ersten beiden. Im Gegenteil. Sie wertet und läßt weiten Raum für persönliche Interpretationen. Man muß sich auch fragen, ob diese Definition, auf Tiere angewandt, irgendeinen Sinn ergibt. Auf alle Fälle hat sie sich für die wissenschaftliche Anwendung als nicht sehr brauchbar erwiesen. Sie hat jedoch auf Moralisten und Philosophen immer große Anziehungskraft ausgeübt.

Die Ausführungen machen deutlich, daß selbst auf der theoretischen Ebene Sexualität keine einfache Sache ist. Darüber hinaus wird deutlich, daß die Art und Weise, in der gewöhnlich über ,,Sexualität", ,,Sexualverhalten" oder ,,Sexualtrieb" gesprochen wird, äußerst ungenau ist. Für eine objektive Analyse reicht dies mit Sicherheit nicht aus. Wenn zum Beispiel so etwas wie ein ,,Sexualtrieb" existiert, was genau ist darunter zu verstehen? Ist es ein ,,Vermehrungstrieb"? Ist es ein Trieb, eine bestimmte Spannung auf bestimmte Art und Weise abzubauen? Ist es ein Trieb, lustvolle Erlebnisse zu suchen? Oder, zuallererst, was eigentlich ist ein ,,Trieb"?

Das Wort ,,Sexualtrieb" wurde zu Beginn unseres Jahrhunderts geprägt, und man sagte, Instinkte oder ,,Triebe" seien angeborene Kräfte oder Energien, die die Tiere ,,trieben", sich auf eine bestimmte, vorhersehbare Art und Weise zu verhalten. Im einzelnen ging man davon aus, daß Triebe dafür sorgten, daß ein Tier Unangenehmes, wie Hunger oder Durst, vermeidet und daß es körperliche Anspannung durch sexuelle Aktivität abbaut. So wurde zum Beispiel die Futtersuche eines Tieres als Wirkung eines Freßtriebes interpretiert, die Suche nach Wasser als Wirkung eines Dursttriebes und sexuelle Handlungen als Wirkung des Sexualtriebes.

Ursprünglich war also das Wort ,,Trieb" ein eng gefaßter biologischer Begriff. Wie oben beschrieben, erlangte jedoch für Sigmund Freud das Konzept des Sexualtriebs im Laufe der Zeit eine wesentlich breitere Bedeutung. Unter dem Begriff der Libido und später des Eros wurde er Teil einer immer umfassenderen psychoanalytischen Theorie, die versuchte, die – weitgehend unbewußten – Motive jedes menschlichen Verhaltens zu erklären. Bis heute verwenden die Anhänger der Freudschen Schule daher den Begriff ,,Sexualtrieb" auf sehr spezifische Weise, die sich nur im Gesamtzusammenhang der Grundannahmen der Psychoanalyse verstehen läßt. Auch muß angemerkt werden, daß die Psychoanalyse insgesamt bis zum heutigen Tag mehr eine Frage des Glaubens als des wissenschaftlichen Beweises geblieben ist.

In der heutigen wissenschaftlichen Diskussion wird das Wort „Trieb" nicht mehr so häufig verwendet wie früher. Viele Wissenschaftler haben dieses Konzept insgesamt beiseite gelegt. Sie sehen keinen Vorteil darin, Hunger als „Freßtrieb" zu beschreiben, und statt vom „Dursttrieb" eines Tieres zu sprechen, sagen sie lieber einfach, daß das Tier durstig ist. Trotzdem übt das „Trieb"-Konzept nach wie vor eine gewisse Anziehung auf Psychologen aus, die die Beweggründe bestimmter Handlungen beschreiben wollen. In Lehrbüchern der Psychologie wird deshalb der Begriff „Trieb" gewöhnlich definiert als „dringendes Grundbedürfnis, das seine Wurzel in irgendeiner körperlichen Spannung, einem Mangel oder einer Unausgeglichenheit hat und das den Organismus zu einer Handlung treibt". Manchmal wird „Trieb" auch definiert als „Erregungszustand, in dem das Verhalten eines Organismus darauf gerichtet ist, Unbehagen oder eine physiologische Unausgewogenheit zu vermeiden". Triebe dieser Art sind beispielsweise Hunger und Durst, Schlafbedürfnis oder das Bedürfnis nach ausgeglichener Umgebungstemperatur. Ein Mangel an Nahrung, Flüssigkeit oder Schlaf, eine zu hohe oder zu niedrige Temperatur wecken den entsprechenden Trieb. Je größer die Unausgeglichenheit ist, um so stärker äußert sich dieser Trieb. Wenn umgekehrt genügend Nahrung, Flüssigkeit oder Schlaf oder eine mäßige Umgebungstemperatur erzielt wurden, ist der Trieb befriedigt, bis er von einer neuen Unausgeglichenheit erneut erregt wird. Solche Triebe haben für den Organismus natürlich eine lebenswichtige Funktion. Ohne Nahrung, Flüssigkeit oder Schlaf, in sehr heißer oder sehr kalter Umgebung würde der Organismus in Kürze zugrunde gehen.

Wie bereits erwähnt, äußern Wissenschaftler gelegentlich die Frage, ob selbst in so „einfachen" Zusammenhängen das Triebkonzept einen wesentlichen Gewinn darstellt. Wie dem auch sei, zumindest im Fall der Sexualität hilft es tatsächlich wenig weiter. Denn erstens ist sexuelle Aktivität für das individuelle Überleben eines Organismus nicht notwendig. Ein Mangel an Nahrung oder Flüssigkeit führt sicher zum Tode, ein Mangel an sexueller Betätigung aber hat noch niemanden umgebracht. Zweitens hängt die Stärke des sexuellen Verlangens nicht notwendigerweise vom Ausmaß des sexuellen Mangels ab. Sexuelle Enthaltsamkeit erhöht nicht immer das sexuelle Verlangen, häufige sexuelle Aktivität vermindert es nicht immer. Im Gegenteil, Menschen, die für lange Zeit enthaltsam gelebt haben, können jedes Interesse an sexuellen Dingen verlieren; andere, sexuell sehr aktive Menschen, sind dagegen manchmal besonders leicht erregbar. Im Gegensatz zu Hunger und Durst kann sexuelle Erregung auch durch ausschließlich psychische Faktoren verursacht oder verstärkt werden. Außerdem ist es bemerkenswert, wie leicht sexuelle Erregung störbar ist. Oft kann die kleinste Ablenkung sie zum Erlöschen bringen. Hunger und Durst werden schließlich als unangenehm empfunden, während sexuelle Erregung angenehm und in sich lohnend erlebt wird, selbst wenn sie „unbefriedigt" bleibt.

Angesichts dieser Tatsachen haben die heutigen Sexualforscher das allgemeine Konzept eines Sexualtriebes verlassen. Statt dessen wurde zunehmend versucht, einzelne seiner Bestandteile getrennt zu beschreiben. Schon 1940 differenzierte R. L. Dickinson zwischen „sexueller Begabung, sexueller Leistung und sexuellem Trieb". 1948 definierte Alfred C. Kinsey die sexuelle „Fähigkeit" als Gegensatz zu „sexueller Leistung". 1958 schlug Lester A. Kirkendall vor, zwischen „sexueller Fähigkeit, sexueller Leistung und sexuellem Trieb" zu unterscheiden. Dieser letztgenannte Ansatz scheint besonders günstig, und wir schließen uns deshalb der Einteilung Kirkendalls (mit bestimmten begrifflichen Modifikationen) an. Wenn also von menschlichem Sexualverhalten gesprochen wird, sollte man zwischen drei grundlegenden Faktoren unterscheiden:

1. Sexuelle **Fähigkeit,** das heißt das, was ein Mensch tun *kann.*

2. Sexuelle **Motivation,** das heißt das, was ein Mensch tun *möchte.*
3. Sexuelle **Leistung,** das heißt das, was ein Mensch tatsächlich *tut.*

Sexuelle *Fähigkeit* (also die Fähigkeit, sexuell erregt zu werden und einen Orgasmus zu erreichen) hängt von der allgemeinen körperlichen Verfassung eines Menschen ab, besonders von seinem Nerven- und Muskelsystem. Diese Fähigkeit ist von einem Menschen zum anderen sehr verschieden, selbst bei ein und demselben Menschen ist sie nicht gleichbleibend. So hat beispielsweise ein Mensch als Kind, als Jugendlicher, als Erwachsener oder als alter Mensch sehr unterschiedliche sexuelle Fähigkeiten.

Sexuelle *Motivation* (das heißt das Bedürfnis, sexuell aktiv zu werden) kann vom Vorhandensein bestimmter Hormone im Körper abhängig sein, scheint jedoch weitgehend psychischen Einflüssen zu unterliegen. Soziale Konditionierung und die bestimmten Umstände einer konkreten Situation spielen eine entscheidende Rolle. Sexuelle Motivation ist also von einem Individuum zum anderen sehr verschieden. Sie ist bei ein und demselben Menschen nicht gleichbleibend.

Sexuelle *Leistung* (das heißt das tatsächliche Ausmaß sexueller Aktivität) hängt nicht nur von körperlichen und psychischen Faktoren ab, sondern auch von der Gelegenheit. Das Ausmaß sexueller Leistung wird natürlich nach oben durch die sexuelle Fähigkeit begrenzt.

Es ist evident, daß sexuelle Fähigkeit, Motivation und Leistung nicht immer übereinstimmen. Bezogen auf Sexualität haben die wenigsten Menschen die Möglichkeit, all das zu tun, was sie tun könnten oder möchten. So wurde zum Beispiel von der Sexualforschung nachgewiesen, daß beim männlichen Geschlecht die größte sexuelle Fähigkeit gewöhnlich viele Jahre vor dem Gipfel der sexuellen Leistung erreicht wird. Oder, um ein anderes Beispiel zu erwähnen, es konnte gezeigt werden, daß beim weiblichen Geschlecht die sexuelle Fähigkeit oft wesentlich größer ist als die sexuelle Motivation. Bei manchen Menschen wird man eine hohe sexuelle Leistung in Verbindung mit einer geringen sexuellen Motivation feststellen. Die Motivation kann statt dessen weitgehend finanzieller Art sein (zum Beispiel im Fall der Prostitution), oder sie kann sozialer Art sein (zum Beispiel im Fall einer ehemüden Frau, die dennoch ihren Mann nicht verlieren will).

Nach dem bisher gesagten, erscheint es nicht länger gerechtfertigt, einfach von einem menschlichen „Sexualtrieb" zu sprechen. Ein so globaler Ansatz wird nicht sehr weit führen. Statt dessen erscheint es erfolgversprechender, bestimmte klar definierte Aspekte menschlicher sexueller Aktivität zu untersuchen. Solche Untersuchungen wurden inzwischen in großer Zahl durchgeführt und sie haben sinnvolle, manchmal überraschende Ergebnisse gezeitigt. Kinsey begann, sexuelle Leistung in Einheiten zu zählen („total outlets"), William H. Masters und Virginia E. Johnson maßen die sexuellen Fähigkeiten des Menschen im Labor. Solche Studien haben zum Verständnis der Zusammenhänge erheblich beigetragen. Gegenwärtig führen Wissenschaftler genauere Untersuchungen über die sexuelle Motivation durch. Ein vielversprechender Anfang wurde vor einigen Jahren hierzu von R. E. Whalen gemacht, der die sexuelle Motivation in zwei Einzelkomponenten unterteilte: Erregung und Erregbarkeit. Nach dieser Unterscheidung hängt die Erregung der Menschen von spezifischen Reizen in spezifischen Situationen ab, während ihre Erregbarkeit von ihrer körperlichen Verfassung abhängt. (Das heißt zum Teil vom Vorhandensein bestimmter Hormone, zum Teil von bestimmten Lernerfahrungen. Letztere sind besonders wichtig, weil die sexuelle Erregbarkeit von Menschen mit gleichem Hormonspiegel sehr unterschiedlich sein kann.) Whalens Zwei-Komponenten-Modell kann natürlich auch als vereinfachte Fassung des Kirkendallschen Modells verstanden werden. Denn zwar ist „Erregung" offensichtlich eine Frage der Motivation, „Erregbarkeit" hängt aber auch von der Fähigkeit ab. All diese differenzierteren Modelle haben die früher sehr wenig verständlichen Zusammenhänge durchschaubarer gemacht, und es ist zu hoffen, daß zukünftige Forschung ein noch besseres Verständnis der manchmal verwirrenden Vielfalt menschlichen Sexualverhaltens ermöglichen wird.

Im vorliegenden Buch wird der Begriff „menschliches Sexualverhalten" in einem weiteren und einem engeren Sinn verwendet. Im weiteren Sinn bedeutet er all das, was Menschen als sexuelle Wesen tun. Dies schließt auch ein, in welcher Weise sie ihre maskuline oder feminine Geschlechterrolle spielen und wie sie ihre Partner wählen. Dieser Wortgebrauch mag zwar unbestimmt sein, er wird aber allgemein akzeptiert und verstanden. Er bietet deshalb keine besonderen Schwierigkeiten.

Wie wir gesehen haben, ist demgegenüber der Begriff im engeren Sinn schwierig zu definieren. Zweifellos hat Sexualverhalten mit Fortpflanzung zu tun, oder es hat sich zumindest in Verbindung mit dem Fortpflanzungsverhalten entwickelt. Aber wir wissen, daß bei höheren Tieren und vor allem beim Menschen Sexualverhalten sich hierauf nicht beschränkt. Wir wissen schließlich, daß Freud und seine Schüler davon ausgehen, daß jeder Mensch einen machtvollen Sexualtrieb besitzt.

Im begrenzten Zusammenhang dieses Buches muß nicht entschieden werden, ob diese Annahme gerechtfertigt ist. Wir können uns statt dessen auf praktische Aspekte beschränken. In den folgenden Abschnitten bedeutet deshalb Sexualverhalten im engeren Sinn dasjenige Verhalten, das die Stimulierung und Erregung der Geschlechtsorgane beinhaltet. Wir lassen es dabei offen, welche Gründe, Motive oder Ziele diesem Verhalten zugrunde liegen.

6. Die Entwicklung des Sexualverhaltens

Im ersten Teil dieses Buches wurde gezeigt, daß die anatomischen Unterschiede von Mann und Frau, ihre sexuelle Reaktion und die Fähigkeit zur Fortpflanzung nicht plötzlich und gleichzeitig entstehen, sondern daß sie Ergebnis einer allmählichen Entwicklung sind. Es wurde auch erklärt, daß diese Entwicklung auf verschiedenen Stufen beeinträchtigt werden kann. Chromosomale oder hormonale Anomalien können zum Beispiel das normale Wachstum des Fötus stören; das kann dazu führen, daß ein Kind geboren wird, dessen geschlechtliche Entwicklung noch nicht abgeschlossen ist. Aber auch Kinder, die ohne sexuelle Fehlbildungen geboren werden, entwickeln unter Umständen später nicht das typische Erscheinungsbild eines erwachsenen Menschen, wenn ihnen infolge von Verletzungen oder Krankheit Gonadenhormone fehlen. In diesem Fall bleiben auch ihre sexuellen Fähigkeiten eher begrenzt, und sie werden natürlich niemals eigene Kinder haben. Schließlich gibt es auch Erwachsene, die unfruchtbar sind, obwohl ihre Entwicklung sonst normal verlaufen ist.

Was für das körperliche Wachstum gilt, trifft auch auf die Entwicklung des Sexualverhaltens beim Menschen zu. Maskulines und feminines Verhalten, die Bevorzugung bestimmter Sexualpartner oder bestimmter Formen des Sexualverhaltens werden nicht zu einem bestimmten Zeitpunkt ein für alle Male festgelegt, sondern entwickeln sich nach und nach. Das Ergebnis dieses Prozesses ist nicht so sehr von angeborenen Eigenschaften eines Kindes abhängig, sondern vor allem von sozialen Einflüssen, wie zum Beispiel von den Reaktionen der Eltern, Lehrer, Spielkameraden und Freunde. Diese Einflüsse können unter Umständen ausgesprochen negativ sein. Wenn zum Beispiel ein sehr kleiner Junge ständig wie ein Mädchen behandelt wird, wird er sich selbst als weiblich begreifen lernen. Diese frühe Rollenzuweisung ist dann eines Tages nicht mehr rückgängig zu machen und kann zu lebenslangen Schwierigkeiten führen. Selbst Jungen und Mädchen, die sich mit der ihnen gemäßen sexuellen Rolle identifizieren, können später traumatische Erlebnisse haben, die sie daran hindern, ihre sexuellen Möglichkeiten auszuleben und die sie in enge Verhaltensmuster problematischen Sexualverhaltens pressen. Schließlich gibt es viele Erwachsene, die trotz eines normalen Entwicklungsverlaufs gehemmt oder sexuell funktionsgestört sind.

Die Erkenntnis, daß das erwachsene menschliche Sexualverhalten Ergebnis eines langen, komplizierten und oft risikoreichen Entwicklungsprozesses ist, ist relativ neu. Bis zum Beginn unseres Jahrhunderts glaubte man, das Sexuelle „verstehe sich von selbst“, das heißt, es sei einfach angeboren. Die meisten Menschen nahmen an, daß einige Zeit nach der Pubertät sexuelles Verlangen und sexuelle Aktivität „natürlich“ beim männlichen und beim weiblichen Geschlecht entstünden und daß die sozialen Bedingungen dabei keine Rolle spielten. Sexualität galt als „Naturkraft“, die plötzlich auftaucht und dann, ganz von selbst, ihren „natürlichen“ Ausdruck findet. Die Gesellschaft konnte diese Kraft zwar unterdrücken, war jedoch an ihrer Ausformung oder individuellen Prägung nicht beteiligt.

Erste Zweifel an dieser traditionellen Vorstellung wurden von Sigmund

Freud (1856–1939) und seinen Schülern geäußert. Während seiner Tätigkeit als Arzt hatte er viele Patienten getroffen, die unter „Hysterie" litten, das heißt, an einer schweren Behinderung, wie Lähmung oder Blindheit, für die eine körperliche Ursache nicht festgestellt werden konnte. In lang dauernden Gesprächen mit diesen Menschen stellte Freud fest, daß ihre Behinderung mit schmerzlichen, belastenden Kindheitserfahrungen in Beziehung stand. Er stellte außerdem fest, daß diese frühen Erfahrungen, die dem Patienten meist nicht mehr bewußt waren, sexueller Natur waren. Schließlich stellte er fest, daß die geheimnisvollen Behinderungen verschwanden, wenn solche frühkindlichen Erinnerungen einmal wieder ins Bewußtsein gerufen und von den Patienten verstanden worden waren.

Auf der Grundlage dieser Befunde entwickelte Freud im Laufe der Zeit die psychoanalytische Theorie, die seitdem einen großen Einfluß auf das europäische und amerikanische Denken gewann. Als er seine Theorie allerdings das erste Mal vorstellte, wurde sie von der Öffentlichkeit mit Entsetzen kommentiert. Man hielt es für vollkommen unvorstellbar, daß eine längst vergessene Kindheitserfahrung irgendeinen wesentlichen Einfluß auf das Leben Erwachsener haben könnte, und man geriet außer sich bei der Vorstellung, daß derartige Erfahrungen sexueller Natur sein könnten. Kinder galten als „unschuldig" und „von Natur aus" unfähig zu sexuellen Gefühlen und Reaktionen. Für Freud stellte dagegen die Sexualität von Kindern – und sogar von Säuglingen – eine unbestreitbare Tatsache größter Wichtigkeit dar.

Nach psychoanalytischer Vorstellung gibt es in jedem Menschen einen grundlegenden sexuellen Instinkt oder Trieb, der von Geburt an vorhanden ist. Dieser Trieb, der nach sinnlicher Lust und Befriedigung strebt, ist zunächst unspezifisch und erhält seine endgültige Richtung erst im Verlauf eines „psychosexuellen Reifungsprozesses". Säuglinge streben zunächst nach unmittelbarer und uneingeschränkter Triebbefriedigung, bis sie im Zuge sozialer Lernprozesse ihre triebhaften Bedürfnisse zu modifizieren und zu kontrollieren lernen. Menschliche Sexualität entfaltet sich also unter dem Einfluß zweier entgegengesetzter Kräfte: dem „Lustprinzip" und dem „Realitätsprinzip". Die Entwicklung der Persönlichkeit eines Kindes kann also auch beschrieben werden als Ergebnis des Widerspruchs zwischen biologischem Trieb und kultureller Unterdrückung. Diese Entwicklung vollzieht sich in drei Abschnitten, die sich parallel zur körperlichen Reifung des Kindes vollziehen: von der oralen Phase über die anale Phase zur phallischen Phase.

In der oralen Phase (von lat. os: der Mund) wird Lust vor allem über den Mund erlebt. An der Brust der Mutter zu saugen, bedeutet für ein Kind nicht nur Ernährung, sondern auch körperliche und psychische Befriedigung. In dieser Phase dient der Mund auch als Organ, mit dem die Welt erforscht werden kann. Das Kind nimmt alles in den Mund, um es genauer kennenzulernen. Die Welt „in sich aufzunehmen", ist der erste Schritt, sie zu erfahren und zu meistern.

In der darauf folgenden, analen Phase (von lat. anus: der Darmausgang) verschiebt sich die hauptsächliche Quelle sinnlicher Befriedigung vom Mund in die Analregion. Das Kind beginnt nun, seine Ausscheidungsvorgänge zu kontrollieren, es gewinnt gleichzeitig Kontrolle über die Erwachsenen, da es ihnen jetzt nach Belieben gefallen oder mißfallen kann, indem es seinen Stuhlgang zurückhält oder nicht. Gleichzeitig lernt das Kind, Zuneigung zu gewähren oder nicht, ja oder nein zu sagen, also die Welt dadurch zu bewältigen, daß es sich verweigert oder sich hingibt.

Auf die orale und die anale Phase, die bei beiden Geschlechtern ungefähr gleich verlaufen, und die sich etwa über die ersten drei Lebensjahre erstrekken, folgt die phallische (infantil-genitale) Phase (von griech. phallos: der Penis). In dieser Phase entwickelt sich das Bewußtsein für das eigene Geschlecht, den Unterschied zwischen den Geschlechtern und die männlichen und weiblichen Geschlechtsorgane. Für den Lustgewinn entscheidende Körperzonen sind nicht länger Mund und Anus, sondern Penis (bei Jungen) und Klitoris (bei Mädchen). In dieser Phase entwickeln Kinder ihre Neugier für die Umgebung, nehmen Dinge in die Hand, zerlegen ihr Spielzeug in seine Einzelteile, um hineinzusehen, oder untersuchen den eigenen Körper oder den anderer Kinder. Der wichtigste Aspekt in dieser Phase ist die Entwicklung des sogenannten ,,Ödipus-Komplexes", das heißt die enge erotische Beziehung zu dem Elternteil des anderen Geschlechts, und ein Gefühl der Rivalität gegenüber dem Elternteil des eigenen Geschlechts. (Der Begriff ,,Ödipus-Komplex" spielt auf den legendären griechischen König Ödipus an, der unwissentlich seinen Vater tötete und seine Mutter heiratete.) So ist es für einen vierjährigen Jungen beispielsweise ganz normal, in seine Mutter sehr verliebt zu sein. Sie ist für ihn die einzige Frau, die er kennt und die er kennen will. Diese Frau hat allerdings schon einen Mann – den Vater. Der Junge ist deshalb auf ihn eifersüchtig und möchte ihn beiseite schieben, um seine Position einzunehmen. Dieses Bedürfnis wird gewöhnlich ganz offen und spontan ausgesprochen, wie zum Beispiel, wenn der Junge zu seiner Mutter in das Bett klettert und dabei erklärt: ,,Wenn ich groß bin, heirate ich dich." Diese Situation kann mit der des Ödipus verglichen werden, wenngleich es natürlich einen entscheidenden Unterschied gibt: Ödipus verdrängte tatsächlich seinen Vater von der Seite seiner Mutter, und er heiratete sie wirklich. Die normale Entwicklung eines Kindes nimmt einen anderen Verlauf. Der Junge ersetzt den Wunsch, seine Mutter zu heiraten, durch den Wunsch, eine Frau ,,wie seine Mutter" zu heiraten, er ersetzt seinen Wunsch, den Platz des Vaters einzunehmen, durch den Entschluß, ,,wie sein Vater" zu werden. Dies wird dem Jungen um so leichter, wenn der Vater ein positives Vorbild ist und er seinen Sohn darin unterstützt, ein Mann zu werden. Gleichzeitig muß die Mutter ihm vermitteln, daß sie sich schon entschieden hat und als sexuelles Objekt nicht mehr zur Verfügung steht. Eine solche Einstellung der Eltern wird dem Jungen dazu verhelfen, daß er seine sexuelle Erfüllung an anderer Stelle sucht. (Bei Mädchen nimmt die Entwicklung einen anderen, aber entsprechenden Verlauf: Sie liebt ihren Vater und ist eifersüchtig auf ihre Mutter. Der entsprechende psychoanalytische Begriff heißt ,,Elektra-Komplex", nach Elektra, einer legendären griechischen Prinzessin, die nach dem Tod ihres geliebten Vaters bei der Tötung ihrer Mutter half, die diesen ermordet hatte. Es soll allerdings nicht unerwähnt bleiben, daß der Begriff des Elektra-Komplexes von Schülern Freuds entwickelt wurde, nicht von Freud selbst, der ihm nicht zustimmte.)

Freud ging davon aus, daß ein Kind sich normalerweise von der oralen über die anale zur phallischen Phase weiterentwickelt, es sei denn, negative Einflüsse störten diese Entwicklung. Wenn zum Beispiel die besonderen Bedürfnisse des Kindes in einer dieser Phasen zu wenig oder zu sehr befriedigt würden, könne ein Kind ,,fixiert" und so in seiner psychosexuellen Entwicklung behindert werden. Eine zu restriktive oder zu nachsichtige Sauberkeitserziehung könnte zum Beispiel zu einer analen Fixierung führen. Als Erwachsener würde man ein solches Kind dann als ,,analen Charakter" bezeichnen, das heißt als jemanden, für den Disziplin, Ordnung und Sauberkeit besondere Werte darstellen, der geizig ist oder der anale Stimulierung jeder anderen Form des Geschlechtsverkehrs vorzieht. Ein ,,oraler Charakter" andererseits würde sexuelle Befriedigung vor allem in oralen Reizen suchen, oder er könnte ein übertriebener Esser, Raucher oder Trinker werden.

Kinder, die diese Phasen ohne Fixierungen durchlaufen haben, erreichen ihre ,,genitale Reife". Das bedeutet, nachdem sie durch die sogenannte Latenzphase gegangen sind – in der ihre sexuellen Interessen im großen und ganzen unausgedrückt bleiben –, wird ihre Sexualität während der Pubertät erneut geweckt und verlangt nach Befriedigung durch genitalen Geschlechtsverkehr. Orale und anale Stimulierungen können nach wie vor in einem gewissen Ausmaß gesucht werden, aber diese Formen des Geschlechtsverkehrs treten hinter dem Koitus zurück, der bei Erwachsenen die einzige wirklich „reife" Form sexueller Betätigung ist.

Wie man aus dieser kurzen und oberflächlichen Darstellung des Freudschen Konzeptes menschlicher Sexualität ersehen kann, umfaßt es einen außerordentlich weiten Bereich. Es werden hiervon auch Reaktionen und Handlungen erfaßt, die vor Freud als ausgesprochen nicht-sexuell galten. Selbst heute wird es manchem schwerfallen, den sexuellen Bedeutungsgehalt im Trinken eines Säuglings oder im zwanghaften Essen eines Erwachsenen zu sehen. Viele Wissenschaftler stellen daher die psychoanalytische Theorie nach wie vor in Frage. Anthropologen schließen beispielsweise aus dem Studium verschiedener primitiver Kulturen, daß der Ödipus-Konflikt nicht eine allgemein menschliche Erfahrung sein muß. Sozialpsychologen haben ernsthafte Zweifel geäußert, ob es einen angeborenen Sexualtrieb überhaupt gibt. Viele Verhaltenswissenschaftler und Lerntheoretiker schließlich halten dafür, daß die Freudsche Theorie unnötig kompliziert sei und daß es einfachere (und also auch überzeugendere) Erklärungen für menschliches Verhalten gibt. Daneben bleibt die Tatsache bestehen, daß diese Theorie niemals in ausreichendem Maß wissenschaftlich geprüft wurde, um sie zu beweisen oder zu verwerfen.

Man kann daher die Freudsche Theorie nicht einfach als Dogma akzeptieren, sondern muß sie im kulturellen Gesamtzusammenhang seiner Zeit untersuchen und beurteilen. Eine solche kritische Auseinandersetzung kann möglicherweise auch zu einem besseren Verständnis unserer eigenen, von Freud stark beeinflußten Kultur führen. Freud war einer der hervorragendsten und konsequentesten Denker seiner Zeit. Er war daneben ein großer Schriftsteller, und seine Werke ermöglichen wichtige Einblicke nicht nur in die Phänomene menschlicher Sexualität, sondern auch in Geschichte und Wesen der westlichen Kultur.

Einige der Schüler Freuds sind allerdings seiner kritischen Denkart nicht gefolgt, sondern haben statt dessen aus der Freudschen Theorie ein praktisches Werkzeug für soziale Kontrolle gemacht. Die befreienden Ansätze des psychoanalytischen Denkens wurden so in der Folge oft in ihr Gegenteil verkehrt. Diese Tendenz hat sich vor allem in den USA gezeigt, wo einige der Hypothesen Freuds – im klaren Widerspruch zu seinen eigenen Absichten – dazu verwandt wurden, um die Verfolgung und Unterdrückung sexueller Minderheiten zu rechtfertigen. (Vgl. a. Kap. 10 „Anpassung und Abweichung" und Kap. 12 „Die sexuell Unterdrückten").

Im Rahmen des vorliegenden Buches können die verschiedenen psychoanalytischen Schulen und selbst Freuds eigene Theorie nicht im einzelnen diskutiert werden. Andererseits hat die Erfahrung auch gelehrt, daß diese Theorie keinesfalls vereinfacht oder populärwissenschaftlich dargestellt werden sollte, weil die Gefahr ernster Mißverständnisse groß ist. Viele Begriffe Freuds haben natürlich seit langem Eingang in unserer Alltagssprache gefunden. So können wir über den „Ödipus-Komplex" und über „das Unbewußte" in Zeitungen und Zeitschriften lesen, wir hören von „Freudschen Fehlleistungen", vom „Ich", vom „Über-Ich", von „Libido" und „Sublimation" in Filmen, im Radio und im Fernsehen. Aber wenn diese Wörter aus ihrem theoretischen Zusammenhang herausgelöst werden, können sie eben erhebliche Verwirrung stiften.

Inzwischen ist es allerdings gut möglich, die Entwicklung des Sexualverhaltens ohne Bezug auf psychoanalytische Konzepte zu beschreiben. Die neuere empirische Sexualforschung hat viel neues Material darüber zusammengetragen, wie die Menschen lernen, sich so zu verhalten, wie sie es tun. Auch die statistische Häufigkeit bestimmter Verhaltensweisen ist heute eher bekannt als früher. Dies hat dazu geführt, daß viele traditionelle Annahmen über die ,,Natur" der menschlichen Sexualität revidiert werden mußten. Im Ergegnis können wir heute das Thema unter ganz neuen Gesichtspunkten analysieren.

In den fünfziger Jahren veröffentlichten Kinsey und seine Mitarbeiter vom Institut for Sex Research in Bloomington (Indiana, USA) zwei große Studien zum menschlichen Sexualverhalten, die auf der persönlichen Befragung Tausender von Probanden aller Altersgruppen und sozialer Schichten beruhten. Früher hatten sich derartige Untersuchungen immer auf relativ kleine Gruppen von Patienten oder von Sexualverbrechern bezogen, die Dimensionen ,,normaler" Sexualität waren deshalb weitgehend unbekannt. Kinseys Arbeiten vermittelten die ersten zuverlässigen statistischen Daten über das Verhalten von gesunden, durchschnittlichen Männern und Frauen.

Ungefähr gleichzeitig schrieben Clellan S. Ford und Frank A. Beach, ein Anthropologe und ein Psychologe, eine vergleichende Studie, in der sexuelle Verhaltensweisen von 191 verschiedenen Gesellschaftsformen verglichen wurden. J. Money von der Johns-Hopkins-Universität und seine Kollegen führten in neuerer Zeit wichtige Forschungsarbeiten über sexuelle Fehlbildungen und Probleme der Geschlechtsidentität durch. Masters und Johnson von der Reproductive Biology Research Foundation in St. Louis (Missouri, USA) führten darüber hinaus ausführliche wissenschaftliche Untersuchungen über die menschlichen Sexualfunktionen und ihre Störungen durch. (Vgl. Literaturangaben am Ende des Buches.)

Trotz grundlegender Verschiedenheit im Ansatz bestätigen diese Studien zumindest einige Ergebnisse der Freudschen Theorie. So geht man beispielsweise heute generell davon aus, daß das Sexualverhalten beim Menschen nicht ,,von Natur aus" festgelegt ist, sondern daß es von sozialen Bedingungen und sozialen Lernprozessen abhängt. Heute besteht auch kein Zweifel mehr darüber, daß Kinder zu sexuellen Reaktionen fähig sind und daß bestimmte frühe Kindheitserlebnisse einen entscheidenden Einfluß auf die spätere sexuelle Entwicklung eines Menschen haben können.

Es ist aber weniger klar denn je, was mit ,,sozialen Bedingungen" oder ,,sozialen Lernprozessen" (sozialer ,,Konditionierung") genau gemeint ist. Freud war in erster Linie Arzt, sein Ziel war es hauptsächlich, bestimmten Patienten zu helfen. Für ihn und seine Schüler konnten deshalb sexuelle Erfahrungen in der Kindheit relativ klar definiert werden als positiv oder negativ im Hinblick auf ein bestimmtes Kriterium: sie waren positiv, wenn sie die ,,genitale Reife" eines Menschen förderten, sie waren negativ, wenn sie sie behinderten. Sexualverhalten wurde also in den Dimensionen ,,Reife – Unreife", ,,Gesundheit – Krankheit" und ,,Norm – Abweichung" beschrieben.

Inzwischen ist die Sexualforschung hier vorsichtiger geworden. Man hat inzwischen erkannt, daß sexuelle Normen je nach Zeit und Ort erheblich verschieden sein können und daß Begriffe wie ,,Reife" oder ,,Gesundheit" bezogen auf menschliches Verhalten, eher Werturteile als Tatsachenbehauptungen sind. Zur Zeit Freuds ging man davon aus, daß sexuelle Gesundheit und Reife sich in einer monogamen Ehe mit dem Ziel der Zeugung von Kindern äußerten. Sexualität, Liebe, Ehe und Fortpflanzung wurden aus diesem Grunde als untrennbar angesehen. Sexuelle Handlungen ohne irgendwelche ,,gesellschaftlich wertvollen" Ziele wurden negativ eingeschätzt: Sexualität ohne Liebe (Masturbation und Prostitution), Sexualität ohne Ehe (vorehelicher und außerehelicher Geschlechtsverkehr), Sexualität ohne Fortpflanzung (sexuelle Spiele von Kindern, Sexualität nach der Menopause, Homosexualität). Heute wissen wir, daß dieses besondere Wertsystem keine allgemeine Gültigkeit besitzt und daß es lediglich in einem bestimmten historischen Zeitabschnitt für das Bürgertum typisch war. Mittelalterliche Bauern oder Feudalherren lebten in einem ganz anderen Wertsystem, dasselbe gilt für die traditionellen afrikanischen und asiatischen Kulturen. In unserer eigenen Gesellschaft kann man heute feststellen, daß immer mehr Menschen sich von dem tradierten Denken lösen und neue moralische Werte suchen. Wir müssen daher sehr vorsichtig sein, wenn es darum geht, zu einer neuen Definition von spezifischen Zielen, Normen und Werten für das Sexualverhalten zu kommen. Dabei sind wir in erster Linie dazu verpflichtet, es einfach zu verstehen. Wir brauchen deshalb zunächst eine objektive Beschreibung und dürfen uns nicht schon durch die Wortwahl ideologisch festlegen.

Objektivität ist jedoch nicht die einzige Bedingung. Die Beschreibung muß auch klar und unmißverständlich sein, und schon darin liegt eine schwierige Aufgabe. Nirgends ist die Verwirrung in der Terminologie größer als im Bereich menschlicher Sexualität. Genaugenommen beginnt die Verwirrung bereits bei der bloßen Definition.

Wir wissen, daß das Wort „Sex" sich auf den Unterschied und die gegenseitige Anziehung von männlichem und weiblichem Geschlecht bezieht, aber die Ausmaße dieser Unterschiede und die Art der Anziehung sind noch sehr umstritten. Die moderne Forschung hat allerdings dazu beigetragen, den Sachverhalt zu klären, und sie hat besonders in Untersuchungen zur Kindesentwicklung wertvolle Hinweise erzielt. So wurde zum Beispiel beobachtet, daß hermaphroditische Kinder, sowohl als Jungen wie auch als Mädchen erzogen werden können, und daß sie dabei schließlich alle „typischen" männlichen und weiblichen Eigenschaften entwickeln, einschließlich der Wahl des Geschlechtspartners. Auch Kinder, deren Geschlecht bei der Geburt falsch bestimmt worden ist, lernen es, sich mit der zugewiesenen Geschlechterrolle zu identifizieren. Diese Identifikation ist nach einer bestimmten Zeit endgültig, wenn also der Irrtum später entdeckt wird, kann er nicht mehr rückgängig gemacht werden. Von einem bestimmten Lebensalter an wird ein Junge, der als Mädchen erzogen wurde, sich auch weiterhin als weiblich erleben, und er wird sich in den meisten Fällen sexuell vom männlichen Geschlecht angezogen fühlen, während ein Mädchen, das als Junge erzogen wurde, sich weiterhin als männlich begreifen wird und in den meisten Fällen sich vom weiblichen Geschlecht angezogen fühlt. Wenn also „Sex" etwas mit dem Unterschied zwischen männlich und weiblich zu tun hat, dann ist die „sexuelle" Entwicklung eines Menschen unter mindestens drei Aspekten zu sehen:

1. Die männlichen oder weiblichen Merkmale des Körpers (biologisches Geschlecht).
2. Die männliche oder weibliche soziale Rolle (Geschlechtsrolle).
3. Die Vorliebe für männliche oder weibliche Geschlechtspartner (sexuelle Orientierung).

Man kann einige Verwirrung vermeiden, wenn man diese drei Aspekte der menschlichen Sexualität voneinander getrennt betrachtet; es erscheint daher sinnvoll, die folgenden Definitionen festzuhalten:

Das biologische Geschlecht

Das biologische Geschlecht ist definiert als Männlichkeit oder Weiblichkeit eines Menschen. Es wird auf der Grundlage von fünf körperlichen Kriterien bestimmt: chromosomales Geschlecht, gonadales Geschlecht, hormonales Geschlecht, innere und äußere Geschlechtsorgane.

Menschen sind in dem Maße männlich oder weiblich, in dem sie die körperlichen Kriterien für Männlichkeit oder Weiblichkeit erfüllen.

Die meisten Menschen sind nach allen fünf Kriterien eindeutig männlich oder weiblich.

Eine Minderheit läßt sich jedoch nicht eindeutig zuordnen, ihr biologisches Geschlecht ist daher nicht eindeutig zu bestimmen (Hermaphroditismus).

Geschlechtsrolle

Die Geschlechtsrolle ist definiert als Maskulinität oder Feminität eines Menschen. Sie wird auf der Grundlage bestimmter psychischer Eigenschaften bestimmt, die bei einem Geschlecht gefördert, beim anderen unterdrückt werden.

Menschen sind in dem Maße maskulin oder feminin, in dem sie mit ihrer Geschlechtsrolle übereinstimmen.

Die meisten Menschen übernehmen die ihrem biologischen Geschlecht entsprechende Geschlechtsrolle.

Eine Minderheit steht jedoch mit ihrer Geschlechtsrolle im Widerspruch zu ihrem biologischen Geschlecht (Transvestismus), bei einer noch kleineren Minderheit findet ein vollständiger Rollentausch statt (Transsexualität).

Die sexuelle Orientierung

Die sexuelle Orientierung ist definiert als Heterosexualität oder Homosexualität eines Menschen. Sie wird auf der Grundlage der Vorliebe für sexuelle Partner bestimmt.

Menschen sind in dem Maße heterosexuell oder homosexuell, in dem sie von Partnern des anderen oder des gleichen Geschlechts angezogen werden.

Die meisten Menschen entwickeln eine deutliche Bevorzugung von Partnern des anderen Geschlechts (Heterosexualität).

Eine Minderheit fühlt sich jedoch von beiden Geschlechtern angezogen (Ambisexualität), eine noch kleinere Minderheit wird hauptsächlich von Partnern des eigenen Geschlechts angezogen (Homosexualität).

Es ist wichtig festzustellen, daß nicht nur das biologische Geschlecht, sondern auch die Geschlechtsrolle und die sexuelle Orientierung in den verschiedensten Zwischenstufen vorkommen können und daß alle drei Eigenschaften unabhängig voneinander variieren können. Die folgenden Beispiele – die sich alle auf biologisch männliche Menschen beziehen – sollen dies verdeutlichen:

- *Männlich – maskulin – heterosexuell*
  Ein Mensch mit männlichem Geschlecht nimmt gewöhnlich eine maskuline Geschlechtsrolle an und entwickelt eine heterosexuelle Orientierung. Dieser Mensch stimmt dann mit unserer Vorstellung vom ,,typischen" Mann überein.
- *Männlich – maskulin – homosexuell*
  Ein Mensch mit männlichem Geschlecht, der eine maskuline Geschlechtsrolle übernommen hat, kann auch eine homosexuelle Orientierung entwikkeln. Dieser Mensch unterscheidet sich möglicherweise in keinem Punkt von anderen ,,typischen' Männern bis auf einen: die Wahl des Sexualpartners.
- *Männlich – feminin – heterosexuell*
  Ein Mensch mit männlichem Geschlecht kann eine weibliche Geschlechtsrolle annehmen. Ein solcher Mensch kann vieles versuchen (einschließlich einer Operation zur ,,Geschlechtsumwandlung"), um seinen Körper mit seinem femininen Selbstbild in Einklang zu bringen. Würde sich dieser Mensch erotisch zu Männern hingezogen fühlen, muß er natürlich als heterosexuell betrachtet werden.
- *Männlich – feminin – homosexuell*
  Ein Mensch mit männlichem Geschlecht kann eine weibliche Geschlechtsrolle übernehmen und alles versuchen, um seinen Körper mit seinem femininen Selbstverständnis in Einklang zu bringen. Wenn dieser Mensch sich dann erotisch zum weiblichen Geschlecht hingezogen fühlt, kann man seine sexuelle Orientierung nur als homosexuell bezeichnen.

Natürlich stellen die beiden letzten Beispiele eher Extremfälle dar, und man sollte sich auch daran erinnern, daß selbst dort, wo ein Mann sich mit einer weiblichen Geschlechtsrolle identifiziert, diese Identifikation nicht vollständig sein muß. Er kann diese Rolle unter Umständen nur gelegentlich oder nur teilweise annehmen und sich selbst vielleicht gar nicht ausgesprochen weiblich fühlen. Er nimmt unter Umständen nur ein gewisses weibliches Betragen, an, zieht es dann vor, Frauenkleider zu tragen oder einen ,,Frauenberuf" zu ergreifen. Es sei auch darauf hingewiesen, daß in jedem dieser Fälle die sexuelle Orientierung heterosexuell, ambisexuell oder homosexuell sein kann. Die vier genannten Beispiele haben also nicht das Ziel, neue Normen, Klassifikationen oder Klischees einzuführen. Sie sollen lediglich das weite Spektrum und die erstaunliche Vielfalt menschlichen Lebens verdeutlichen. Dabei darf nie vergessen werden, daß jeder einzelne Mensch einmalig ist, daß wenig Menschen in eine präzise sexuelle Kategorie eingeordnet werden können und daß es zahllose Zwischenstufen und Varianten gibt.

Schon die Unterscheidung zwischen biologischem Geschlecht, Geschlechtsrolle und sexueller Orientierung kann dazu beitragen, übereilte Beurteilungen und unberechtigte Verallgemeinerungen zu vermeiden. Sie kann uns beispielsweise vor Augen halten, daß nicht jeder ,,effeminierte" Mann auch homosexuell ist und nicht alle Homosexuellen ,,effeminiert" sind. Sie verdeutlicht auch, warum jemand Schwierigkeiten haben kann, sich als ,,richtigen Mann" zu begreifen, obwohl er sehr wohl weiß, daß er männlichen Geschlechts ist. Und schließlich zeigt sie uns die Reichweite und die Grenzen einer ,,Geschlechtsumwandlung".

Mit dem Verständnis der Bedeutung sozialer Lernprozesse für die männliche und weibliche Entwicklung ist der erste Schritt zum besseren Verständnis der Entwicklung ,,sexuellen" Verhaltens vollzogen. Darüber hinaus kann jedoch eine weitere sinnvolle Unterscheidung vorgenommen werden. Bis hierher wurde das Wort ,,sexuelle Orientierung" ganz allgemein benutzt, um eine Bevorzugung männlicher oder weiblicher Partner zu bezeichnen. Die meisten Menschen wissen jedoch, daß erotische Bevorzugungen meist wesentlich spezifischer sind. Ein ,,typischer" Mann fühlt sich beispielsweise nicht von allen Frauen angezogen, sondern nur von solchen eines bestimmten Alters, einer bestimmten Größe, mit bestimmtem Gewicht, bestimmter Haarfarbe und so fort. Er bevorzugt unter Umständen nicht nur eine bestimmte Art Frau, sondern auch eine bestimmte Art des Geschlechtsverkehrs unter bestimmten Bedingungen. Diese besonderen Vorlieben im Rahmen der sexuellen Orientierung eines Menschen werden am besten als persönliche sexuelle Interessen bezeichnet. Auch sie sind das Ergebnis von Lernprozessen.

Menschen werden natürlich mit der Fähigkeit zur Reaktion auf viele Arten sinnlicher Reize geboren. Wir wissen, daß Erektionen des Penis, das Feuchtwerden der Scheide, muskuläre Kontraktionen und rhythmische Bewegungen des Beckens bereits bei ganz kleinen Kindern beobachtet werden können. Das heißt, niemand muß die körperlichen Reaktionen lernen, die zum Orgasmus führen. Aber jeder lernt, unter welchen besonderen Umständen diese Reaktionen ausgelöst werden können. Kinder lernen von Anfang an, positiv auf bestimmte Reize und negativ auf andere zu reagieren. Als Ergebnis persönlicher Erfahrungen entwickeln sie dann ihre eigenen Verhaltensmuster. In ähnlicher Weise lernen – wie bereits erwähnt – Menschen, maskulin oder feminin, heterosexuell oder homosexuell zu sein. Sie lernen zu masturbieren, Koitus zu haben, sich in ihrer Sexualität glücklich oder schuldig zu fühlen. Sie lernen, ältere oder jüngere Partner zu bevorzugen, blonde oder braunhaarige, Europäer, Afrikaner oder Asiaten. Manche Menschen entwickeln eine starke Bindung an einen bestimmten Partner und sind fast unfähig, auf andere Personen zu reagieren; andere wiederum wechseln ihre Partner häufig. Manche lieben in ihren erotischen Techniken die Abwechslung; andere bleiben ihr

Leben lang bei einer einzigen Technik. Manche Menschen brauchen vollkommene Abgeschiedenheit, um sexuell reagieren zu können; andere empfinden es als sehr reizvoll, sich beobachtet zu fühlen. Es gibt Menschen, deren sexuelle Annäherungen leidenschaftlich, rücksichtslos oder sogar brutal ist; andere bevorzugen ein zärtliches, langsames und bedächtiges Vorgehen. Manche Menschen bevorzugen es sogar, alleine zu masturbieren, statt Geschlechtsverkehr zu haben, wieder andere suchen sexuellen Kontakt zu Tieren.

Da diese und andere persönlichen sexuellen Interessen, Entscheidungen und Bevorzugungen durch Lernprozesse erworben werden, erscheinen sie den Betroffenen natürlich, vernünftig und vielleicht sogar unausweichlich. Auch Verhalten, das für die meisten Menschen unerhört, phantastisch, unverständlich oder absurd erscheint, kann für einen bestimmten Menschen sehr sinnvoll und vernünftig sein, weil er eben bestimmte Lernerfahrungen gemacht hat. Ein Mann, der beim Anblick eines Holzpferdes sexuell erregt wird, drückt damit vielleicht ein frühes Erlebnis aus, bei dem sexuelle Lust mit einem Karussell zusammenhing. Sein Verhalten wäre dann nicht schwieriger zu erklären als das eines anderen Mannes, den es erregt, eine Striptease-Show zu sehen. Die letztere Reaktion hat vielleicht gegenüber der ersteren gewisse Vorteile, beide geben aber keinen Anlaß zu gesellschaftlicher Besorgnis. Trotzdem sind offenbar viele Menschen der Auffassung, es gäbe immer nur einen richtigen Weg, etwas zu tun. Sie finden die unendliche Vielfalt menschlichen Sexualverhaltens keineswegs erfreulich, sondern sehen hierin einen klaren Widerspruch zu ihrem Bedürfnis nach Stabilität und Ordnung. Solche Menschen laufen dann auch Gefahr, ihre eigenen Vorlieben als gültige Normen hinzustellen und jeden zu verurteilen, der diesen nicht zustimmt.

Andererseits ist es selbstverständlich, daß jede Gesellschaft das Recht hat, sich gegen sexuelle Handlungen zur Wehr zu setzen, die Gewalt beinhalten oder vor unfreiwilligen Zeugen stattfinden. Diese Handlungen mögen für die Person, die sie ausführt, befriedigend sein, aber da sie ganz offensichtlich die Grundrechte anderer verletzen, sind sie gesellschaftlich nicht akzeptabel. Traditionsgemäß werden solche Handlungen als ernste Verbrechen behandelt und entsprechend bestraft. Erst in neuerer Zeit besteht zunehmend die Tendenz, solche Handlungen eher als Symptome von geistiger Krankheit zu interpretieren. Im 19. Jahrhundert begannen Psychiater, vor Gericht die Ansicht zu vertreten, daß bestimmte Sexualtäter nicht ins Gefängnis, sondern in ein psychiatrisches Krankenhaus eingewiesen werden sollten, daß man sie also nicht bestrafen, sondern behandeln sollte. Um diese Argumentation zu stützen, wurden zahllose Versuche unternommen, sexuelle Handlungen als normal oder abnorm, gesund oder krank zu klassifizieren. Der bekannteste dieser Versuche ist der von Richard von Krafft-Ebing, einem Wiener Psychiater. In seinem Buch „Psychopathia sexualis" (1886) veröffentlichte er eine lange Liste angeblich pathologischer sexueller Interessen, die er mit einer großen Zahl bunter Bezeichnungen belegte. Viele andere Psychiater sind seither seinem Beispiel gefolgt. Die Liste ist länger geworden, und die Fachwörter werden immer merkwürdiger. Leider beschränken sich solche Listen meist nicht auf gesellschaftlich schädliche Handlungen, sondern sie umfassen viele Verhaltensweisen, die nur selten, unkonventionell oder bei den Autoren nicht beliebt waren. In Wirklichkeit sind Studien über „Sexualpsychopathologie" bis zum heutigen Tage kaum mehr gewesen als moralische Traktate in wissenschaftlicher Verkleidung. Sie sind als historische Dokumente wichtig, die die sexuellen Normen und moralischen Zwangsvorstellungen einer bestimmten Zeit widerspiegeln. (Vgl. a. Kap. 10 „Anpassung und Abweichung".)

Trotzdem ist nicht zu leugnen, daß manche Menschen Verhaltensweisen entwickeln, die nicht einmal für sie selbst annehmbar sind. Ein Mensch kann zum Beispiel feststellen, daß seine sexuellen Handlungen anderen schaden, er aber größte Schwierigkeiten hat, sich zu kontrollieren. In anderen Fällen mag ein solches Zwang ausübendes Verhalten nicht unbedingt gesellschaftlich schädlich sein, aber es schafft auf alle Fälle ein Gefühl der Hilflosigkeit bei den Betroffenen und wird deshalb zumindest als störend empfunden. Es gibt auch Männer und Frauen, die bei jeder Art sexueller Handlung Schuldgefühle und Hemmungen entwickeln, andere sind so stark gehemmt, daß ihre sexuellen Reaktionen verkümmern.

Es ist wohl nicht ungerecht, all diese Menschen als sexuell gestört zu bezeichnen. Damit ist gemeint, daß ihre persönlichen Lernerfahrungen sie unfähig zu voller sexueller Kommunikation gemacht haben. Sie wurden entweder für die Bedürfnisse anderer unempfänglich oder unfähig, diese zu erfüllen. Sie können ihren Geschlechtspartner nicht als ganze Person erleben und ihr eigenes Verlangen nicht verschiedenen Umständen und Situationen anpassen. Sie scheinen dazu verurteilt, immer die gleichen frustrierenden und selbstzerstörerischen Handlungen zu wiederholen. Das heißt, es gelingt ihnen nicht, sich in dem Umfang körperlich und emotional zu befriedigen, in dem es den meisten Menschen möglich ist. (Eine ausführliche Diskussion dieser Probleme findet sich in Kap. 8 „Sexuelle Störungen".) Auf den folgenden Seiten wird der gegenwärtige Wissensstand hinsichtlich der „normalen" Entwicklung des menschlichen Sexualverhaltens von der Kindheit bis ins Alter zusammengefaßt. Natürlich kann eine solche Zusammenfassung nicht all die unzähligen Faktoren berücksichtigen, die diese Entwicklung beeinflussen können. Einige Beispiele müssen hier genügen. Zusätzliche Informationen zu diesem Thema sind im dritten Teil des Buches („Sexualität und Gesellschaft") zu finden.

6.1 Das Säuglings- und Kindesalter

Als Freud zu Beginn unseres Jahrhunderts begann, über Sexualität von Kindern zu schreiben, wurde er heftig angegriffen und als ein Mensch hingestellt, der es auf die Zerstörung von Reinheit und Unschuld abgesehen habe. Die meisten seiner Zeitgenossen waren überzeugt, daß Kinder keinerlei sexuelle Gefühle oder Fähigkeiten besäßen. Selbst heutzutage gibt es immer noch Menschen, die die Vorstellung, daß Kinder ein „Sexualleben" vom Augenblick ihrer Geburt an haben, in größte Schwierigkeiten stürzt.

Aber auch in unserer westlichen Welt haben Menschen nicht immer so gedacht. Die Vorstellung von der Kindheit als einen „reinen", zu schützenden Lebensabschnitt ist erst wenige hundert Jahre alt. Im Europa des Altertums und des Mittelalters wurden Kinder nicht viel anders als Erwachsene behandelt und konnten an den meisten ihrer Beschäftigungen teilhaben. Sie verrichteten die gleichen Arbeiten, spielten die gleichen Spiele, sangen die gleichen Lieder und trugen alle die gleichen Kleider. Maler des Mittelalters porträtierten Jungen und Mädchen als kleine Erwachsene mit kräftigen Körpern und ernsten Gesichtern. Mittelalterliche Poeten und Dichter schenkten den Kindern keine besondere Beachtung, sondern erwähnten sie nur in Verbindung mit Erfahrungen und Problemen Erwachsener. Es gab keine besondere Kinderliteratur. Wenn sie überhaupt lesen konnten, lasen Kinder die klassischen griechischen und lateinischen Autoren im Original. Es gab nicht einmal besondere Schulen für Kinder. Die meisten erhielten ohnehin keine formelle Ausbildung, sondern arbeiteten für ihre Eltern, wurden in einem Handwerk unterwiesen oder lebten als Pagen bei vornehmen Familien. Nur wenige Kinder hatten private Hauslehrer, alle anderen besuchten Klassen zusammen mit Kindern aller Altersstufen. Erst im 16. Jahrhundert gründeten bestimmte religiöse Orden Schulen ausschließlich für Jugendliche.

Die Sexualität von Kindern wurde nicht als Problem betrachtet. Sexualität war ganz allgemein mit Reproduktion gleichgestellt, daher schenkten die Menschen sexuellen Handlungen vor der Pubertät wenig Beachtung. Solange Jungen und Mädchen zu Fortpflanzung unfähig waren, wurden ihnen auch keine sexuellen Beschränkungen auferlegt. An dieser Stelle sollte man sich auch daran erinnern, daß sich niemand die Mühe machte, das genaue Alter einer Person festzustellen. Kinder und ihre Eltern wußten oft nicht genau, wie alt sie waren. Auf alle Fälle war man der Ansicht, daß ein Mädchen reif für die Ehe sei, sobald es seine erste Menstruation hatte.

Diese traditionellen Einstellungen begannen sich gegen Ende des Mittelalters zu verändern. Technischer Fortschritt, zunehmende Spezialisierung des Handwerks, das Wachstum der Städte und die Entstehung eines Mittelstandes brachten eine neue Familienstruktur und neue Lebensweisen mit sich. Die Kirchen begannen, genaue Geburtsregister zu führen. Altersunterschiede gewannen zunehmend an Bedeutung, wie es auch nach und nach bedeutsam wurde, seine Zeit nicht zu vergeuden und Zeitpläne strikt einzuhalten. Zwischen dem 16. und dem 18. Jahrhundert begann man, die Kindheit als eigenen Lebensabschnitt mit ganz spezifischen Bedürfnissen zu begreifen. Die Menschen bauten Schulen, schrieben Bücher, erfanden Spiele und Spielsachen, die für Kinder besonders geeignet sein sollten. Der Zeitpunkt emotionaler, intellektueller und sozialer Reife von Jungen und Mädchen verlagerte sich so in einen späteren Lebensabschnitt. Mit dem Beginn des 18. Jahrhunderts wurde dieses ,,Beschützen" der jungen Menschen noch auf einen weiteren Lebenszeitraum ausgedehnt – auf die Adoleszenz oder das Jugendalter. So lebten junge Menschen schließlich in einer ganz anderen Welt als Erwachsene.

Diese neue Welt war durch wachsende sexuelle Unterdrückung gekennzeichnet. Wie bereits oben erwähnt, verlangte die moderne Zeit mit ihrem Streben nach Leistungsfähigkeit und Tüchtigkeit von jedem einzelnen ein Höchstmaß an Selbstkontrolle. Die Menschen konnten es sich nicht länger leisten, einfach zu tun, wonach ihnen zumute war, und so wurden sie hinsichtlich ihrer spontanen körperlichen Funktionen äußerst empfindlich. Husten, Schneuzen, Gähnen, Rülpsen und Furzen in der Öffentlichkeit, das bis dahin als gesund und natürlich gegolten hatte, war in der vornehmen Gesellschaft jetzt unmöglich geworden. Nacktheit wurde nicht länger geduldet. Man begann, die Ausscheidungs- und Fortpflanzungsorgane als schmutzig und ekelerregend zu betrachten und tabuisierte sie schließlich ganz.

Im 18. Jahrhundert behaupteten die Ärzte plötzlich, sie hätten eine neue, entsetzliche Gefahr für die Gesundheit des Geistes und des Körpers entdeckt – das Masturbieren der Kinder. Aus der Sicht medizinischer Bücher jener Zeit war Masturbation die Ursache fast aller menschlichen Behinderungen und Krankheiten, und sie konnte sogar zum Tode führen. Eltern brachten das Leben ihrer Kinder in Gefahr, wenn sie sie nicht daran hinderten. Unter den ,,verzogenen" Kindern der Reichen gab es nur wenige zwischen sechs und zwölf Jahren, die nicht dem ,,einsamen Laster" frönten. (Das sind übrigens die Jahre, die man später als ,,Latenzperiode" bezeichnete.) Nur eingreifende Maßnahmen konnten diese unglücklichen Jungen und Mädchen vor Geisteskrankheit und Tod bewahren.

Der Kreuzzug gegen die Masturbation dauerte länger als 200 Jahre und führte zu vielen grotesken Erziehungsmethoden. Das Ziel war immer dasselbe: Kinder gegen ihre eigene Sexualität zu schützen, indem man deren Existenz überhaupt verleugnete. In Sachen Sexualität mußten Kinder unwissend bleiben, man mußte sie von allen ,,schlechten" Einflüssen fernhalten. Also mußten sie ständig überwacht werden, aus Furcht, ihre ,,Reinheit" könne durch ,,Schmutz" befleckt werden. (Zur gleichen Zeit fanden allerdings die Erwachsenen nichts dabei, Kinderarbeit zu dulden. Selbst im viktorianischen England waren arme Kinder gezwungen, täglich mehr als zwölf Stunden in Kohlebergwerken und Fabriken zu arbeiten.) Im Laufe der Zeit wurde über kindliche Masturbation in der Öffentlichkeit überhaupt nicht mehr gesprochen. Eltern und Lehrer bestärkten sich gegenseitig in der Annahme, es sei nichts weiter als eine ,,unnatürliche" Angewohnheit gottloser oder kranker Kinder, an der ,,normale" Jungen und Mädchen ohnehin keinen Spaß hätten. Gegen Ende des 19. Jahrhunderts hatten die meisten Erwachsenen sich erfolgreich eingeredet, daß die Kindheit der einzige Lebensabschnitt sei, in dem ein Mensch kein sexuelles Verlangen habe.

Es ist leicht einzusehen, daß viele Leute, die diese Meinung teilten, auf die Schriften Freuds schockiert und bestürzt reagierten. Hatte es doch den Anschein, daß er genau das Gegenteil behauptete. Nach seiner Theorie wurde jedes Kind mit einem ausgeprägten sexuellen Trieb geboren, und die ersten Jahre waren für die spätere Richtung dieses Triebes entscheidend. Trotz der großen Anzahl von Gegnern gewann diese psychoanalytische Ansicht nach und nach eine breite Gefolgschaft. Dies änderte jedoch nichts an der ängstlichen Haltung von Eltern und Lehrern. Im Gegenteil, da sie die Sexualität ihrer Kinder nicht länger ignorieren konnten, waren sie jetzt um so mehr um mögliche Einflüsse auf ihre Entwicklung besorgt. Darüber hinaus wurden sie sich der eigenen Verantwortung in diesem Zusammenhang bewußt, und dieses Bewußtsein erzeugte nur neue Befürchtungen.

Heute scheint der Einfluß Freuds seinen Höhepunkt überschritten zu haben. Viele Sexualforscher der Gegenwart messen seinen Auffassungen keine zentrale Rolle mehr zu und halten im großen und ganzen Kindheitserlebnisse für nicht so ungeheuer entscheidend. Man ist sich heute mehr denn je bewußt, daß Männer und Frauen die Fähigkeit haben zu lernen, zu vergessen und wieder zu lernen und so ihre sexuellen Einstellungen und Reaktionen im Laufe ihres Lebens zu verändern. Trotzdem wird die Bedeutung sexueller Lernprozesse im Säuglings- und Kleinkindesalter nach wie vor anerkannt. Es besteht kein Zweifel, daß Eltern und enge Verwandte einen erheblichen Einfluß auf die sexuelle Entwicklung eines Kindes nehmen können. Die Disziplin, die sie fordern, die Gewohnheiten, die sie einführen, die Beispiele, die sie geben, vermitteln Jungen und Mädchen einen ersten Begriff vom Unterschied zwischen den Geschlechtern und davon, wie sie mit ihrem eigenen Körper umgehen können. Erwachsene vermitteln Kindern ihre sexuelle Einstellung auf vielen verschiedenen Wegen: durch ihren Sinn für Achtung und Vertraulichkeit, durch die Art und Weise, in der Fragen nach sexuellen Dingen beantwortet werden, durch die Begriffe, die sie für die Geschlechtsorgane und für sexuelle Handlungen benutzen, durch den Ausdruck ihrer Stimme, durch Gesten und Mienenspiel.

Leider fühlen sich viele Erwachsene in unserem Kulturkreis in ihrer Sexualität eher unwohl, und das macht es ihnen unmöglich, ihre Kinder als glückliche und gesunde sexuelle Wesen anzuerkennen. Daher entwickelt sich häufig eine Kommunikationslücke zwischen den Generationen. Kinder, die man so erzieht, daß sie sich wegen ihrer normalen Körperreaktionen schämen oder schuldig fühlen, verlieren das Vertrauen in ihre Eltern und hören bald auf, ihnen Fragen über Sexualität zu stellen. Wenn dies geschieht, fühlen sich viele Eltern insgeheim erleichtert, und schließen vielleicht sogar daraus, ihre Kinder hätten das Interesse an sexuellen Dingen verloren. Die meisten Erwachsenen haben sich ja ohnehin heute daran gewöhnt, die Jahre der späten Kindheit als sexuelle ,,Latenz"-Phase zu betrachten, das heißt als Lebensphase, in der die sexuelle Entwicklung vorübergehend zum Stillstand kommt.

Es trifft auch zu, daß Kinder einige Jahre vor der Pubertät ihre sozialen Interessen und Verpflichtungen erheblich erweitern. Ihre sexuelle Aktivität mag dann vorübergehend vermindert sein. Außerdem gehen ältere Kinder häufig nach Geschlechtern getrennt ihren Freizeitaktivitäten nach. Die Gelegenheit zu körperlichem Kontakt zwischen Jungen und Mädchen wird dadurch geringer. Besonders Mädchen werden gewarnt, sich küssen oder umarmen zu lassen, sich nackt zu zeigen oder Geschlechtsverkehr zu haben. Dennoch werden Kinder, die einmal angefangen haben, bis zum Orgasmus zu masturbieren, dies auch weiterhin tun. Das heißt also, wenn es eine Latenzperiode tatsächlich gibt, dann scheint sie nicht biologischer Natur zu sein. Diese Schlußfolgerung wird durch verschiedene anthropologische Studien gestützt. Kinder in sexuell freizügigen „primitiven" Gesellschaften geben ihre sexuellen Spiele im späten Kindesalter nicht auf. (Weitere Beispiele für die soziale Einstellung gegenüber kindlichen sexuellen Spielen sind im Kap. 12 „Die sexuell Unterdrückten" zu finden.)

6.1.1 Die sexuelle Reaktion bei Kleinkindern

Moderne Sexualforscher haben die Entwicklung des Sexualverhaltens oft mit dem Erlernen einer Sprache verglichen. Dieser Vergleich ist durchaus einleuchtend. Wir wissen zum Beispiel, daß Menschen verschiedener Kulturen ein unterschiedliches Sexualverhalten zeigen, ebenso, wie sie eine andere Sprache sprechen. Darüber hinaus gibt es Unterschiede innerhalb ein und derselben Kultur. Genau wie es jemand in seiner Muttersprache zu außerordentlicher Meisterschaft bringen kann, können manche Menschen sexuell reaktionsfähiger sein als andere. Wie manche Menschen an Sprachfehlern leiden, sind andere sexuell gehemmt oder sexuell reaktionsunfähig. Schließlich können Menschen es lernen, auf eine Vielzahl verschiedener sexueller Reize zu reagieren, wie sie es lernen können, verschiedene Sprachen zu verstehen. Das bedeutet, daß jedes gesunde Kind mit der Fähigkeit geboren wird, jede nur mögliche menschliche Sprache zu erlernen und jede nur mögliche Form menschlichen Sexualverhaltens anzunehmen. In beiden Fällen hängt die Entwicklung von kulturellen Lernprozessen (kultureller Konditionierung) ab.

Säuglinge bezeichnet man im Englischen als „infants" (von lat. infans: jemand, der noch nicht sprechen kann). Obwohl Säuglinge alle körperlichen Voraussetzungen zum Sprechen haben (Mund, Zunge, Stimmbänder usf.), sind sie noch nicht in der Lage, Wörter zu bilden, die für andere Menschen verständlich sind. Sie produzieren eine wahllose Folge von Lauten verschiedener Art, d. h. auch Vokale oder Konsonanten, die in der Sprache gar nicht vorkommen, die sie zu lernen haben. Diese „zusätzlichen" Vokale und Konsonanten werden später unterdrückt und vergessen, wenn das Kind lernt, seine Muttersprache richtig zu sprechen. Wenn es dann später tatsächlich eine Fremdsprache lernt, muß es möglicherweise eine Menge Zeit und Energie darauf verwenden, eben diese Laute wieder zu lernen, die man ihm einst ausgetrieben hat.

Die frühe Entwicklung kindlichen Sexualverhaltens verläuft sehr ähnlich. Alle Kinder werden mit bestimmten körperlichen Anlagen geboren, die sie befähigen, auf sexuelle Reize zu reagieren. Männliche Säuglinge können häufige Erektionen des Penis haben, bei weiblichen Säuglingen kann es zum Feuchtwerden der Vagina kommen. Sie empfinden es als angenehm, wenn man ihre Geschlechtsorgane oder andere erogene Zonen berührt, und sie können schon relativ früh Orgasmen haben. Trotzdem sind Säuglinge noch „sexuell unartikuliert". Sie reagieren eher wahllos auf jede Art Reize, und ihre Reaktionen sind noch nicht aufeinander abgestimmt und koordiniert. Erst nach und nach, im Verlauf sozialer Lernprozesse, beginnen Kinder ihr Sexualverhalten in solche Bahnen zu lenken, die den kulturellen Voraussetzungen ihrer Umgebung entsprechen. Das bedeutet, sie erlernen nicht nur die „richtige" Reaktion, sondern lernen es auch, die „falsche" Reaktion zu unterdrücken und zu vergessen. Wenn sie dann später einmal versuchen, ihre sexuelle Reaktionsfähigkeit zu erweitern, kann es sein, daß sie eine Menge Zeit und Energie darauf verwenden müssen, eben diese Reaktionen neu zu erlernen, die man ihnen einst ausgetrieben hat.

Für Säuglinge ist die hauptsächliche Quelle sinnlicher Reize die Mutter. Indem sie gestreichelt, umarmt und gestillt werden, lernen sie, geliebt und akzeptiert zu werden und Vertrauen zu fassen. Körperliche Nähe gibt ihnen ein Gefühl der Sicherheit, das sie brauchen, um sich gesund zu entwickeln. Daher ist es bedauerlich, daß in einigen Krankenhäusern Säuglinge immer noch von ihren Müttern getrennt werden und so beide der ersten wichtigen Chance zur Kommunikation beraubt werden. Dieser anfängliche Fehler kann dann später von den Müttern noch fortgesetzt werden, indem sie Hautkontakt zu ihren Kindern vermeiden und z. B. das Kind auch dann nicht ausziehen, wenn sie mit ihm spielen. Aus diesem Grunde entgeht auch einer Mutter, die nicht stillt, eine wichtige Gelegenheit zum Aufbau einer engen Beziehung zu ihrem Kind. Ein Kind will mehr, als nur ernährt werden. Es hat auch Verlangen nach menschlicher Wärme und Geborgenheit. Manche Mütter bemerken zwar dieses Verlangen ihrer Kinder, sind jedoch bereits nach kurzer Zeit nicht mehr bereit, es zu erfüllen. Aber genau wie ein Kind nicht sprechen lernen kann, wenn nicht mit ihm gesprochen wird, kann es auch nicht lernen, Liebe zu zeigen, ohne daß es von seinen Eltern oder anderen Erwachsenen gestreichelt, umarmt, geküßt oder gekitzelt wird. Eltern, die ihren Kindern

Entdecken des eigenen Körpers in der Kindheit
Wenn die natürliche Neugierde der Kinder nicht von den Eltern eingeschränkt wird, beginnen Kinder sehr früh, ihren eigenen Körper zu untersuchen. Auf diesem Bild untersucht ein kleines Mädchen seine Geschlechtsorgane, während es mit seiner Mutter spielt.

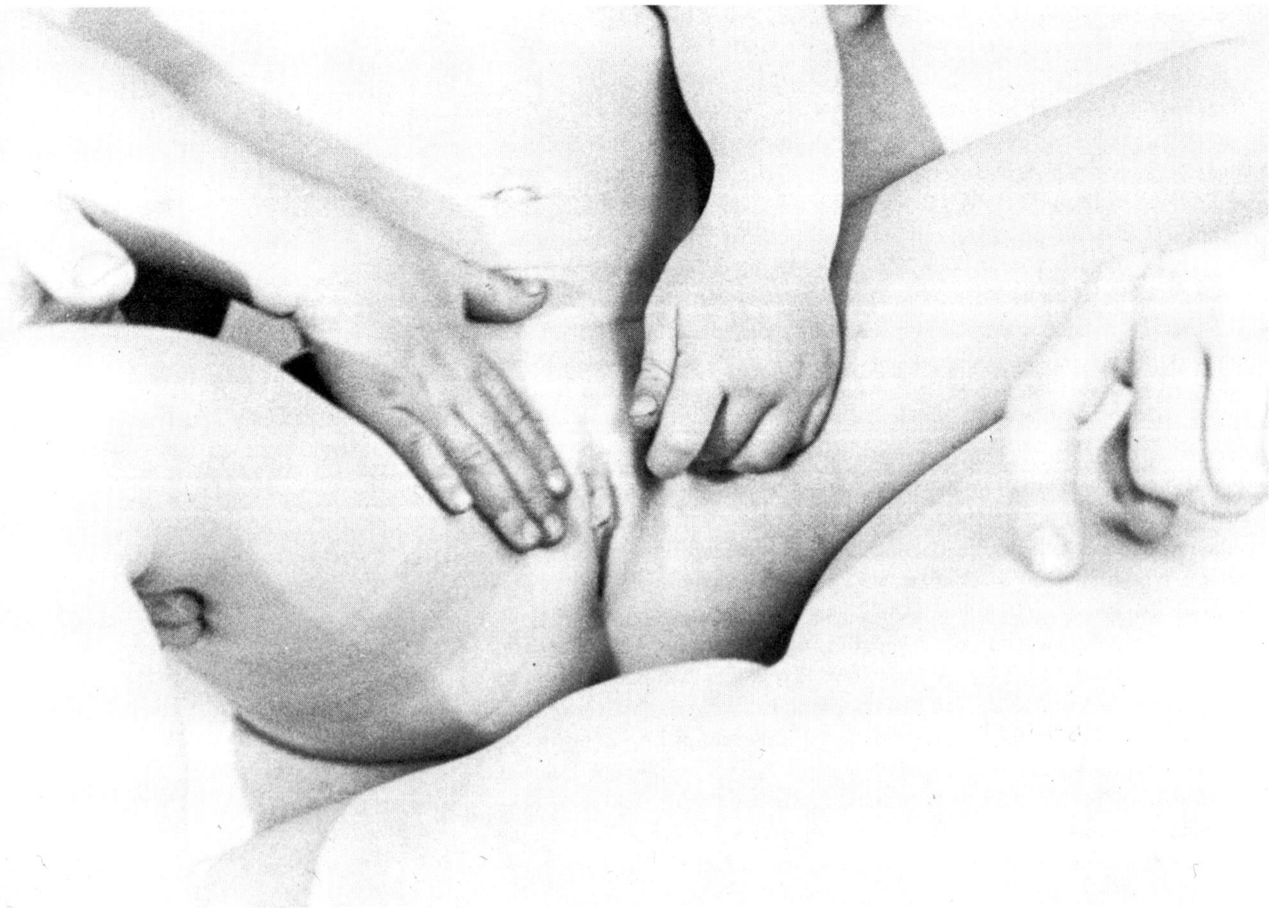

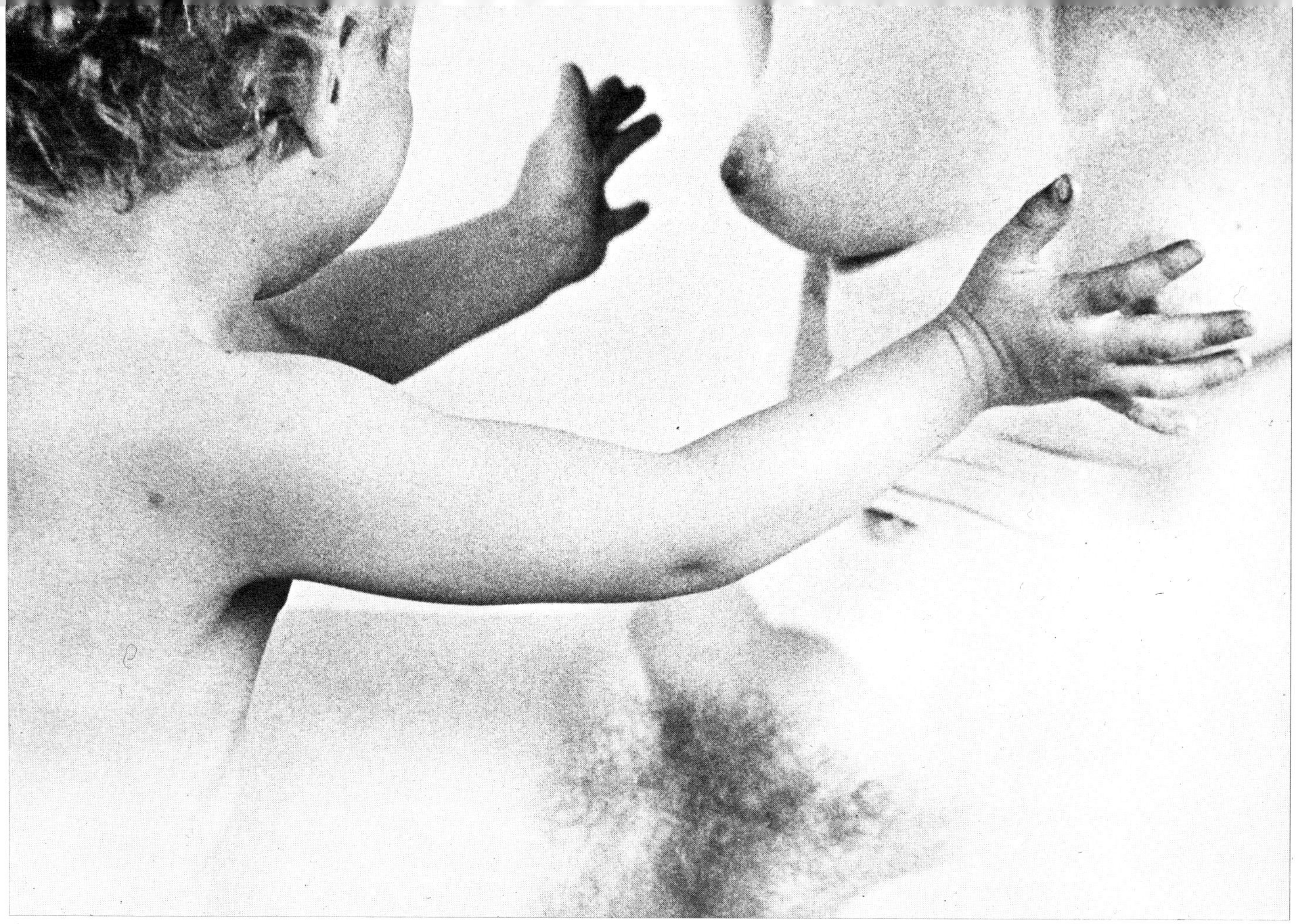

diese körperliche und emotionale Zuwendung versagen, erzeugen in ihnen Enttäuschung, sie erziehen sie dazu, sich in ihrem eigenen Körper unwohl zu fühlen. Es besteht kein Zweifel, daß solche negativen Kindheitserlebnisse einen tiefen Eindruck auf die spätere Einstellung des Kindes gegenüber der Sexualität hinterlassen.

6.1.2 Das Erlernen der Geschlechtsrolle

Kinder lernen bereits in frühem Alter, sich mit dem männlichen oder dem weiblichen Geschlecht zu identifizieren. Zur gleichen Zeit lernen sie auch, sich in bestimmten Situationen „wie ein Mann" oder „wie eine Frau" zu verhalten, das heißt sie lernen, eine männliche oder weibliche Geschlechtsrolle anzunehmen.

Der Begriff „Geschlechtsrolle“ wurde von Money, einem der führenden Forscher auf diesem Gebiet, so erklärt: „Alle die Dinge, die ein Mensch sagt oder tut, um sich, je nachdem, als Junge oder Mann, Mädchen oder Frau darzustellen. Das schließt Sexualität im Sinne von Erotik ein, ist aber nicht darauf beschränkt. Die Geschlechtsrolle wird nicht bei der Geburt festgelegt, sondern nach und nach durch Erfahrungen aufgebaut und vervollständigt; das geschieht durch zufälliges und ungeplantes Lernen, durch gezieltes Unterweisen und Einschärfen.“

Nach der Geburt eines Kindes wollen die Eltern, Verwandten, Freunde und Nachbarn als erstes wissen, ob es ein Junge oder ein Mädchen ist. Ein Blick auf die äußeren Geschlechtsorgane des Kindes klärt diese Frage gewöhnlich, und die Antwort hat unmittelbar soziale Konsequenzen.

Ein Erwachsener tritt gewöhnlich Jungen und Mädchen sehr unterschiedlich entgegen. So fällt es ihm zum Beispiel meist leichter, ein männliches Kind seiner Stärke wegen zu loben und ein weibliches Kind wegen eines hübschen Gesichts, als umgekehrt. In unserem Kulturkreis werden Jungen meist blau gekleidet, Mädchen rosa. (Für die meisten Amerikaner ist Rosa eine ausge-

sprochen feminine Farbe.) Den Jungen gibt man andere Namen als den Mädchen, und man schneidet ihre Haare unterschiedlich. Man schenkt ihnen unterschiedliche Spielsachen und leitet sie zu unterschiedlichen Spielen an. Selbst in den ersten Monaten seines Lebens wird ein Junge unter Umständen anders berührt, aufgenommen und gehalten, und er erhält andere, auch zurückhaltendere Liebkosungen als ein Mädchen. Wenn er heranwächst, wird ihm gesagt, daß „große Jungen" nicht weinen dürfen und daß er lernen soll, seine Gefühle zu kontrollieren. Von einem Mädchen dagegen erwartet man Zärtlichkeit und Zuneigung. Kinderspiele und Kinderlieder betonen auf ganz verschiedene Weise, daß Jungen ruppig oder laut sein dürfen, während Mädchen zerbrechlich und zurückhaltend sind. Jungen lernen deshalb rasch, daß man sie für sanftes, leises Auftreten nicht belohnt, Mädchen lernen, ihre aggressiven Impulse zu unterdrücken. (Vgl. a. Kap. 9 „Die sozialen Rollen von Mann und Frau".)

Unter dem Einfluß solcher Einstellungen, Beispiele und Erwartungen Erwachsener begreifen sich Jungen und Mädchen nach und nach auch selbst als sexuelle Wesen. Und sie lernen, wie die beiden Geschlechter miteinander in Beziehung stehen. Wenn sie anfangen, das Sprechen zu beherrschen (im Alter zwischen 18 Monaten und zwei Jahren), ist die Festlegung ihrer Geschlechtsrolle bereits weitgehend vollzogen. Zu dieser Zeit identifizieren sie sich sehr stark mit dem Elternteil gleichen Geschlechts, nach ungefähr zwei weiteren Jahren ist ihre Selbstidentifikation als männlich oder weiblich normalerweise unwiderruflich festgelegt. Es sei noch angemerkt, daß vier- bis fünfjährige Kinder die männlichen und weiblichen Geschlechtsorgane immer noch verwechseln können und daß sie Männer und Frauen nach ganz anderen Kriterien unterscheiden, zum Beispiel nach ihrer Größe, Gestalt, Kleidung oder Frisur. Das bedeutet jedoch nicht, daß sie sich über ihre eigene Männlichkeit oder Weiblichkeit im unklaren sind. Es bedeutet lediglich, daß für Kinder in diesem Alter die Geschlechtsorgane noch keine wichtigen Unterscheidungsmerkmale darstellen.

In seltenen Fällen werden Kinder bei ihrer Geburt aufgrund sexueller Mißbildungen falsch beurteilt und in einer Geschlechtsrolle erzogen, die nicht mit ihrem biologischen Geschlecht übereinstimmt. Wird dieser Fehler später entdeckt, kann eine Umkehrung der Geschlechtszuordnung notwendig werden. In den ersten Lebensmonaten ist eine solche Umkehrung oft möglich, wenn alle Erwachsenen, die mit dem Kind Kontakt haben, in dieser Sache konsequent und standhaft sind. Ist das Kind älter als 18 Monate, wird ein solcher Versuch schon schwieriger; nach dem vierten Geburtstag ist sicher, daß er mißlingt. (Vgl. a. Kap. 5.3 „Sexuelle Fehlbildungen".)

Es gibt auch bestimmte Fälle, in denen Kinder, die eindeutig männlichen oder weiblichen Geschlechts sind, eine unklare, gestörte oder falsche Geschlechtsrolle annehmen. Diese Probleme werden in Kap. 8.4 „Transsexualität" behandelt.

6.1.3 Sexuelle Spiele von Kindern

Kinder entwickeln erst nach und nach eine Vorstellung davon, was Sexualität bedeutet. Natürlich werden sie angewiesen – wie bereits erwähnt –, sich als männlich oder weiblich zu identifizieren und sich entsprechend zu verhalten. Aber man muß sich vor Augen halten, daß das Trainieren einer Geschlechtsrolle viele Dinge beinhaltet, die erst nach der Pubertät eine sexuelle Bedeutung bekommen. Man kann deshalb sagen, daß Kinder zum Teil „sexuelle" Verhaltensmuster lernen, lange bevor sie ihre eigentliche Bedeutung begreifen. Kleine Mädchen tragen beim Baden in Europa und Nordamerika oft zweiteilige Badeanzüge, während Jungen nur eine Badehose anzuziehen

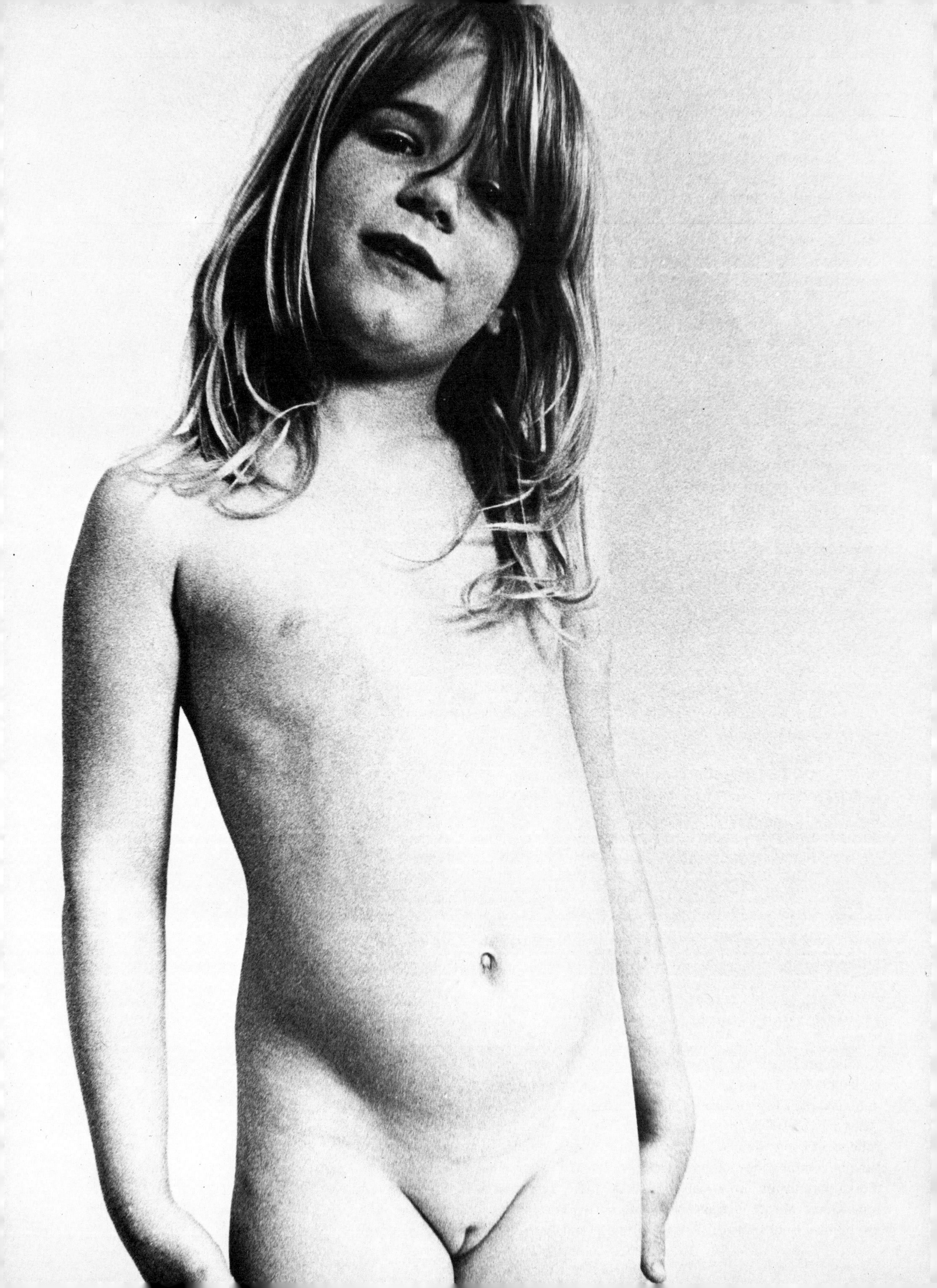

brauchen. Vom rein logischen Standpunkt aus ist dieser Unterschied auf den ersten Blick kaum verständlich. Schließlich sieht die männliche und die weibliche Brust vor der Pubertät gleich aus. Trotzdem lernen Mädchen schon früh, gewissermaßen im Vorgriff auf zukünftige Unterschiede, sich – bezogen auf diesen Teil ihrer Anatomie – „sittsam" zu verhalten. Auf diese Weise werden die weiblichen Brüste „erotisiert", die männlichen nicht. (In bestimmten nicht-westlichen Kulturen ist im Gegensatz hierzu die weibliche Brust niemals bedeckt und hat keine besondere erotische Bedeutung.)

Dieses Beispiel zeigt, daß Kinder bestimmte Einstellungen in sexuellen Fragen annehmen, lange bevor sie tatsächlich sexuelle Erlebnisse haben. Sie können jedoch auch intimen Körperkontakt mit anderen Menschen haben, ohne dies als sexuell zu empfinden. Die Erwachsenen oder ältere Kinder müssen ihnen vermitteln, daß bestimmte Dinge oder bestimmte Handlungen etwas mit „Sex" zu tun haben und daß sie deshalb besonders wichtig, geheimnisvoll, rätselhaft, aufregend oder ungezogen sind. Es ist offensichtlich, daß Eltern einen entscheidenden Einfluß auf die sexuelle Entwicklung eines Kindes haben. Wenn Eltern in ihrer eigenen Sexualität gehemmt sind oder sich schuldig fühlen, werden sie diese negativen Gefühle zwangsläufig auf ihre Umwelt übertragen; dadurch kann sich ein Kind verwirrt oder verunsichert fühlen. Diese Entwicklung wäre bedauerlich, denn Kinder können sich nicht richtig entwickeln, wenn man ihnen nicht Mut macht, eigene Erfahrungen zu machen und ihre Möglichkeiten zu erproben. Mit solcher Ermutigung und der richtigen Führung können ihre „sexuellen Spiele" jedoch zu sinnvollem, verantwortungsbewußtem Verhalten führen.

Selbststimulierung

Wie bereits erwähnt, sind auch sehr kleine Kinder schon zu sexuellen Reaktionen fähig. Manche Jungen werden sogar mit erigiertem Penis geboren. Säuglinge beiderlei Geschlechts können dabei beobachtet werden, wie sie ihre Geschlechtsorgane am Bett, am Boden oder an irgendeinem Spielzeug reiben, was ihnen ohne Zweifel körperliches Vergnügen bereitet. Sie sind zunächst noch eine Zeitlang unfähig, ihre Bewegungen zu koordinieren und ihre Hände für eine direkte Erregung zu benutzen. Später können sie das jedoch lernen und zu masturbieren beginnen. Oft wird diese Masturbation bis zum Orgasmus betrieben.

Die Orgasmusfähigkeit eines Kindes steigert sich mit dem Alter. Bis zum fünften Geburtstag haben mehr als die Hälfte aller Jungen bereits einen Orgasmus gehabt, in der Altersgruppe von zehn bis 13 Jahren sind es annähernd 80 Prozent. Die Orgasmen dieser Jungen führen natürlich nicht zur Ejakulation, da vor der Pubertät keine Samenflüssigkeit produziert wird. (Auch dann enthält die ejakulierte Samenflüssigkeit eine Zeitlang noch keine Samenzellen.) In diesem Alter sind manche Jungen auch zu mehreren Orgasmen in schneller Folge fähig. Gewöhnlich verlieren sie diese Fähigkeit jedoch, wenn sie älter werden.

Insgesamt gesehen scheint es, daß weniger Mädchen als Jungen während ihrer Kindheit bis zum Orgasmus masturbieren. Ein Grund dafür kann in der unterschiedlichen Anatomie der beiden Geschlechter liegen. Eine zweite Ursache mag die passive Einstellung sein, die Mädchen aufgrund ihrer sozialen Prägung anzunehmen lernen. In unserer Gesellschaft werden kleine Mädchen normalerweise nicht dazu angehalten, sich als sexuelle Wesen zu begreifen.

Eltern, die ihre Söhne oder Töchter masturbieren sehen, machen einen schweren Fehler, wenn sie darüber erschrecken und es ihren Kindern – womöglich unter Androhung von Strafe – verbieten. Sie erzeugen dadurch nur sinnlose Schuldgefühle bei den Kindern, die ihre Handlungen dann im Verborgenen fortführen. Sexuelle Reaktionen sind eine normale Funktion des menschlichen Körpers in jedem Alter und können als solche keine körperlichen Schäden verursachen. Sie können auch das Wachstum eines Kindes nicht negativ beeinflussen. Im Gegenteil, für viele Kinder ist Masturbation ein Teil ihres Heranwachsens, und medizinische Einwände dagegen gibt es nicht. Trotzdem können und sollten Kinder lernen, daß in unserer besonderen Kultur Masturbation eine ganz persönliche und private Sache ist, die daher in der Öffentlichkeit nicht geduldet werden kann. Sie sollten gleichzeitig lernen, daß das, was man nur privat tut, deshalb nicht schlecht sein muß oder gar beschämend, sündig und schmutzig. Solange solche negativen Assoziationen vermieden werden, ist Masturbatin bei Kindern kein Problem.

Sexuelle Spiele mit anderen Kindern

Kinder sind von Natur aus neugierig und sie versuchen im Laufe ihres Heranwachsens, alles über sich selbst und über die Welt, in der sie leben, herauszufinden. Wenn sie den eigenen Körper erforscht haben, wollen sie wissen, ob er sich von dem anderer Kinder unterscheidet. Dies gilt vor allem für Kinder, die ihre Eltern oder Geschwister nie nackt gesehen haben.

Wie Jungen und Mädchen ihre Größe und körperliche Gewandtheit vergleichen, stellen sie auch Vergleiche über die verschiedenen Körperteile an, einschließlich derjenigen, die von Kleidung bedeckt sind. Das geschieht normalerweise, indem sie ,,Doktor" oder ,,Vater und Mutter" spielen. Diese Spiele geben ihnen die Gelegenheit, ihre Körper gegenseitig in Ruhe zu untersuchen, ihre Geschlechtsorgane zu berühren, abzutasten oder möglicherweise gemeinsam zu masturbieren. Sie legen sich dabei manchmal aufeinander und ahmen einen Koitus oder Analverkehr nach. Jungen oder Mädchen nehmen manchmal den Penis eines Jungen in den Mund und saugen daran.

Dieses Verhalten ist nicht unbedingt als sexuell im Sinne der Erwachsenen zu bezeichnen. Kinder lernen nur nach und nach, bestimmten Handlungen und sozialen Situationen einen erotischen Gehalt zu geben. Zunächst sind kindliche sexuelle Spiele nur eine andere Art und Weise, mit der menschlichen Anatomie vertraut zu werden. Jungen spielen nicht nur mit Mädchen in dieser Weise, sondern auch mit anderen Jungen, auch Mädchen spielen oft so miteinander. Statistisch gesehen haben Jungen bis zu ihrem zehnten Lebensjahr wesentlich häufiger sexuelle Spiele mit Jungen als mit Mädchen. Es ist jedoch Unsinn, in solchen Ereignissen die ersten Anfänge von Homosexualität sehen zu wollen. Während die Bezeichnung ,,homosexuelles Verhalten" immer dann technisch richtig ist, wenn Partner gleichen Geschlechts daran beteiligt sind, ist sie in diesem Zusammenhang ausgesprochen irreführend, da diese kindlichen sexuellen Spiele in keiner Weise eine heterosexuelle Orientierung im Erwachsenenalter ausschließen. Eine voreilige Etikettierung des Verhaltens von Kindern schafft nur unnötige Probleme. Ähnlich ist es auch unklug, von einer ,,homosexuellen Phase" in der Persönlichkeitsentwicklung jedes Jungen zu sprechen. Es kann sehr wohl sein, daß viele Jungen eine bestimmte Zeitlang ,,alle Mädchen hassen" und sie ausschließlich mit anderen Jungen zusammen sind. Dies läßt sich jedoch wesentlich besser dadurch erklären, daß der Junge sich in seine männliche Rolle einzuleben versucht. (Die Theorie, daß Kinder nach der Liebe zu sich selbst diejenige zum gleichen Geschlecht und erst dann die zum anderen Geschlecht entdecken, ist nie bewiesen worden. Neuere Untersuchungen deuten jedoch darauf hin, daß dies falsch ist.)

Fast alle Kinder spielen irgendwann einmal sexuelle Spiele, die für sie oft wohltuende und beglückende Erlebnisse sind. Sie müssen nicht immer gleich die erotischen Möglichkeiten dieser Spiele erkennen, früher oder später werden sie sich ihrer jedoch wohl bewußt. Wenn sie dann auch weiterhin Freude an ihren sexuellen Spielen haben können, wird ihnen dies dabei helfen, ihren eigenen Körper anzunehmen und ohne sexuelle Ängste und Schuldgefühle heranzuwachsen.

Leider ist ein so positiver Ausgang nicht garantiert. Unter bestimmten Umständen können kindliche sexuelle Spiele sehr belastend sein. So zum Beispiel, wenn ein Kind von älteren Kindern oder Anführern auf dem Spielplatz dazu gezwungen oder ausgenutzt wird. Kinder können sehr brutal sein und sind durchaus in der Lage, schüchterne und schwache andere Kinder zu mißhandeln. Selbstverständlich ist jedes sexuelle Spiel, in das nicht alle Beteiligten einwilligen, als schädlich anzusehen.

Eine andere mögliche Ursache für Probleme ist die Reaktion der Eltern. Viele Eltern sind entsetzt, wenn sie entdecken, daß ihr Kind sich an einem sexuellen Spiel beteiligt, und manchmal sind sie dann der Meinung, solch „schlechtes" Verhalten müsse hart bestraft werden. Diese Einstellung ist für Kinder zunächst überhaupt nicht verständlich und sie fühlen sich dann – vielleicht zum erstenmal in ihrem Leben – mißverstanden, betrogen und verlassen. Oder sie werden ängstlich und mißtrauisch gegenüber allem, das mit Sexualität zu tun hat, so daß ihre weitere Persönlichkeitsentwicklung ernste Störungen erfahren kann. Sensible Kinder überwinden ein solches dramatisches Kindheitserlebnis möglicherweise nie. Es ist daher erfreulich, daß in jüngerer Zeit die sexuelle Aufklärung der Eltern große Fortschritte gemacht hat und Eltern im großen und ganzen in diesen Dingen aufgeklärter und toleranter reagieren.

Sexueller Kontakt mit Erwachsenen

Wie oben dargestellt, war man in unserer westlichen Zivilisation nicht von jeher der Auffassung, Kinder sollten vor jeglichem sexuellen Kontakt geschützt werden. Noch im Europa des Mittelalters wurden Kinder von allen Mitgliedern eines Haushalts offen liebkost, umarmt und gestreichelt. Besonders in ländlichen Gebieten war es üblich, daß Eltern, Ammen oder Dienstboten kleine Kinder masturbierten, um sie zu erfreuen oder um sie zu beruhigen. (Diese Praxis findet sich noch heute bei manchen nicht-europäischen Gesellschaften. In Nordamerika ist sie noch immer bei den Hopi-Indianern Brauch.) Mit Beginn der Moderne neigte man immer mehr dazu, Kinder als asexuelle Wesen zu betrachten. Erst in unserem Jahrhundert hat die Sexualität von Kindern unter dem Einfluß von Freud und seinen Schülern wieder eine gewisse Anerkennung gefunden. Trotzdem sind heute noch die meisten Menschen der Auffassung, es könne keine unschädlichen sexuellen Kontakte zwischen Kindern und Erwachsenen geben.

Sicherlich gibt es Erwachsene, die Kinder sexuell mißbrauchen, und Eltern sehen diese Gefahr zu Recht. Leider führt dies bei manchen Eltern dazu, daß sie übervorsichtig und allzu fürsorglich werden. Kinder, die ständig vor Fremden gewarnt werden und die man dazu erzieht, jeder freundlichen Geste dieser Erwachsenen mißtrauisch zu begegnen, können nervös, feindselig oder kommunikationsunfähig werden. Sie lernen dann möglicherweise alle Erwachsenen und jedes sexuelle Gefühl fürchten und verarmen emotional. Dies kann auch geschehen, wenn sie ein beglückendes sexuelles Erlebnis mit einem Erwachsenen gehabt haben, das dann entdeckt und von anderen Erwachsenen falsch ausgelegt wird. Selbst wenn das Erlebnis unbefriedigend war, wird es meist selbst einen geringeren psychischen Schaden anrichten als die Überreaktion von Eltern, Nachbarn und Vertretern der Öffentlichkeit. Das beste Beispiel hierfür ist die Reaktion der Öffentlichkeit gegenüber Exhibitionisten. Kinder, denen der Anblick eines nackten menschlichen Körpers vertraut ist, sind vielleicht verwundert, aber sicher nicht ernstlich schockiert beim Anblick eines Mannes, der seinen Penis zeigt. Da ein solcher Mann darüber hinaus gewöhnlich ganz harmlos ist, wird kein großer Schaden entstehen, wenn die Eltern gelassen bleiben und den Vorgang richtig erklären.

Trotzdem sind Jungen und Mädchen in der Regel in unserer Gesellschaft gut beraten, wenn sie sich von Fremden fernhalten und sexuellen Kontakt zu Erwachsenen oder wesentlich älteren Kindern vermeiden. Es ist für ein Kind sicher allgemein besser, wenn es seine sexuellen Spiele mit guten Freunden gleichen Alters spielt.

6.2 Das Jugendalter

Als Jugendalter wird der Lebensabschnitt zwischen Pubertät und Erwachsensein bezeichnet. Dieser Zeitabschnitt wurde erst im Verlauf der letzten Jahrhunderte relativ lang, er war bis dahin in der Menschheitsgeschichte immer nur eine kurze Phase gewesen. Selbst heute gibt es in verschiedenen Teilen der Welt noch Naturvölker, bei denen es Jugendliche in unserem modernen Sinn gar nicht gibt. Diese Völker haben statt dessen zeremonielle Einführungsriten, bei denen ihre Kinder gleich nach Erreichen der Pubertät den Status von Erwachsenen erhalten.

Pubertät ist genaugenommen ein körperlicher Reifeprozeß, bei dem sich die sekundären Geschlechtsmerkmale entwickeln und der zu Fruchtbarkeit führt. Im Gegensatz dazu wird das Jugendalter besser als ein psychischer und sozialer Reifeprozeß beschrieben, der unter anderem zur vollen gesellschaftlichen Verantwortung führt. Pubertät ist ein biologisches Phänomen, das Jugendalter eine kulturell bestimmte Phase. Die Pubertät beginnt beim Menschen normalerweise mit dem zehnten Lebensjahr und endet ein paar Jahre später. Das Jugendalter beginnt mit der Pubertät und kann heute ein Jahrzehnt oder auch länger dauern.

Viele Menschen sind sich nicht bewußt, daß dies selbst in unserer westlichen Kultur nicht immer so gewesen ist. Im Europa des Mittelalters waren Jungen und Mädchen zum Beispiel rechtlich relativ früh erwachsen. Die meisten mitteleuropäischen Stämme erklärten ihre Kinder im Alter von zwölf Jahren zu Erwachsenen; Angeln und Sachsen sogar schon mit elf Jahren. Nach einem Gesetzeswerk des 13. Jahrhunderts, dem Schwabenspiegel, konnten Jungen mit 14 Jahren und Mädchen mit zwölf Jahren ohne die Einwilligung des Vaters heiraten.

Um diese Gesetze und Bräuche richtig zu verstehen, müssen wir uns daran erinnern, daß sie den Bedürfnissen einer weitgehend ländlichen Kultur entsprachen, daß die allgemeine Lebenserwartung sehr kurz war und daß Jung und Alt praktisch ihr gesamtes tägliches Leben teilten. Unter diesen Umständen bestand keine Notwendigkeit für eine längere besondere Zeitspanne als Übergang von der Kindheit zum Erwachsenenalter. Damals war der soziale Unterschied zwischen einem Kind und einem Erwachsenen weit weniger ausgeprägt als heute. Man sah Kinder nicht sentimental als die Schwachen, Reinen und Unschuldigen an; sie arbeiteten ganz einfach mit ihren Eltern und älteren Geschwistern zusammen und übernahmen so nach und nach Einstellungen und Verantwortlichkeiten von Erwachsenen.

Es wurde zuvor bereits erwähnt, daß mit dem Beginn der Neuzeit dem Menschen Generationsunterschiede zunehmend bewußt wurden. Kinder wurden kindlicher und Erwachsene „ernster". Erwachsen zu sein bedeutete jetzt, sich unter Kontrolle zu haben und sich einer strengen Disziplin zu unterwerfen. Die Spezialisierung und Mechanisierung der Arbeit in den sich entwickelnden Städten machten es unumgänglich, neue exakte Methoden der Zeitmessung zu finden. Arbeit und Freizeit wurden klar getrennt. Junge Leute wurden in einem Handwerk oder Gewerbe nach festen Zeitplänen ausgebildet, oder sie wurden in Schulen nach einem genauen Lehrplan unterrichtet. Die Jahre, die sie in einer solchen Ausbildung zubrachten, nahmen zu. Mit der Gründung von Schulen für Jugendliche entstanden Orte, an denen man für eine bestimmte Zeit den Anforderungen des erwachsenen Lebens entzogen war. Schüler hatten viele Pflichten und wenig Rechte; sie blieben lange Zeit von Eltern und Lehrern abhängig. Mit Beginn des 16. Jahrhunderts entwickelte sich die Kindheit als ein besonderer, behüteter Lebensabschnitt. Im 18. Jahrhundert definierte man zusätzlich einen zweiten solchen Lebensabschnitt – das Jugendalter.

So vollzog sich innerhalb weniger Jahrhunderte eine starke Veränderung der gesellschaftlichen Einstellung gegenüber jungen Menschen. Diese Veränderung wurde auf dem Gebiet der Sexualität besonders deutlich, wie anhand eines Vergleichs zweier bedeutender pädagogischer Werke aus dem 16. und 18. Jahrhundert gezeigt werden kann: der „Colloquia familiaria" von Erasmus von Rotterdam (1522) und des „Emile" von Jean Jacques Rousseau (1763). Erasmus schrieb die „Colloquia" für seinen sechsjährigen Patensohn, „um ihn gutes Latein zu lehren und für die Welt zu erziehen". Daher befaßt sich der Text mit den verschiedensten alltäglichen Erfahrungen und Problemen, einschließlich solcher sexueller Art. Es gibt dort sehr eingehende und offene Abhandlungen über sexuelles Verlangen, sexuelle Freuden, Geschlechtsverkehr, Empfängnis, Schwangerschaft, Geburt, Heirat, Scheidung, Prostitution und Geschlechtskrankheiten. Das Buch ist in offener und gelegentlich humorvoller Sprache gehalten. Die Sexualität wird als ein natürlicher und angenehmer Bestandteil des Lebens dargestellt, dem es sich mit Verständnis und gesundem Menschenverstand zu nähern gilt.

Für Rousseau dagegen, dessen Ziel es war, eine utopische, ideale Erziehung zu beschreiben, bedeutete Sexualität ein höchst problematisches, möglicherweise gefährliches Thema. Daher schreibt er nicht mehr für Kinder oder für deren Eltern, sondern nur noch für hauptberufliche Erzieher. Seine Sprache legt sich wenig fest und bleibt undeutlich, wichtige Gesichtspunkte werden absichtlich nicht erklärt, und alle möglichen negativen Begleiterscheinungen von Sexualität werden mit Nachdruck hervorgehoben. Im Gegensatz zu Erasmus unterscheidet Rousseau sehr deutlich zwischen Kindheit, Jugend und Erwachsensein. Nach seiner „modernen" Auffassung müssen Kinder hinsichtlich der Sexualität vollkommen uninformiert bleiben, Heranwachsende sollten darüber so wenig wie möglich erfahren. Nur direkte und beharrliche Fragen seien zu beantworten, die Antworten sollten den großen Ernst des Themas nachdrücklich betonen. Die „Unschuld" eines jungen Menschen soll so lang wie irgend möglich erhalten bleiben, Jugendliche müssen vor dem Wissen um Sexualität unbedingt geschützt werden. Daher belehrt das Buch aufgeklärte Erwachsene, wie dieser Schutz zu bewerkstelligen sei.

Dabei sollten wir uns jedoch daran erinnern, daß Rousseau, ebenso wie vor ihm Erasmus, nichts anderes als den damaligen Zeitgeist zum Ausdruck brachte. Das neue Leitbild war der „reine" asexuelle, idealistische Jüngling, der „seine Kräfte bewahrte", um den schweren Aufgaben des Erwachsenenlebens gewachsen zu sein. Es ist kein Zufall, daß zu Beginn des Jahrhunderts in England und Deutschland die ersten medizinischen Schriften auftauchten, die die Gefahren der Masturbation darstellten. Wenige Jahre bevor „Emile" veröffentlicht wurde, eröffnete der angesehene schweizerische Arzt Tissot eine Kampagne, die sich bald in ganz Europa ausbreitete und die eine nie dagewesene Hysterie bei den Erwachsenen über die angebliche „moralische und körperliche Korruption der Jugend" hervorrief. In diesem Klima wachsender Prüderie verloren die jungen Menschen bald nicht nur ihr Recht auf sexuelle Information, sondern vor allem auch auf jedwede sexuelle Aktivität. (Vgl. a. Kap. 7.1 „Sexuelle Selbststimulierung".)

Es muß allerdings betont werden, daß zuerst Kinder der bürgerlichen Mittelschicht von dieser Entwicklung betroffen wurden. Die Aristokratie und die unteren Sozialschichten, wie Bauern, Arbeiter, Soldaten und Bedienstete, blieben weiterhin bei ihren traditionellen Gewohnheiten und Einstellungen. Erst nach der Industriellen Revolution, als die bürgerliche Mittelschicht ihre führende Position bekam, wurde ihr Lebensstil zum Vorbild für die gesamte Gesellschaft. Selbst heute gibt es in unserer Gesellschaft noch soziale Gruppen, die dieses Vorbild nicht anerkennen. In den Vereinigten Staaten sind diese Gruppen oft durch ihre ethnische Herkunft definierbar. So haben zum Beispiel die Indianer in ihren Reservaten, die Schwarzen in den Ghettos der Städte, die Eskimos in Alaska und die Polynesier auf den verschiedenen Pazifikinseln der USA ihre eigene sexuelle Moral und ihre eigenen Auffassungen von der Jugend. (In geringerem Ausmaß findet man solche kulturellen Unterschiede auch zwischen verschiedenen ethnischen Gruppen der Weißen.) Darüber hinaus sind viele Mitglieder der sozialen Mittelschichten in jüngster Zeit „ausgestiegen" und leben nach den – historisch älteren – Wertsystemen der sozialen Unterschicht.

Trotzdem spiegeln, insgesamt gesehen, die sexuellen Sitten der Industrienationen immer noch die Bedürfnisse, Hoffnungen und Ängste der Mittelschichten wider, die sich zu Beginn des modernen Zeitalters entwickelten. Daher wurde das Jugendalter zu einer verhältnismäßig langen Periode der Anpassung, in der junge Menschen nicht nur vor den Härten des Lebens, sondern auch vor ihrer eigenen Unreife zu schützen sind. Die Rechte, Privilegien und Verantwortungen der Erwachsenen werden ihnen nicht von heute auf morgen zeremoniell übertragen, sondern müssen nach und nach im Laufe vieler Jahre erworben werden. Manche Menschen werden heute sogar erst Mitte oder Ende des vierten Lebensjahrzehnts zu völlig unabhängigen Erwachsenen.

In den Vereinigten Staaten wird heute der erste kleine Schritt des Erwachsenwerdens im Alter von zwölf Jahren vollzogen, wenn Kinder keinen Preisnachlaß mehr erhalten und im Kino, im Museum, im Zoo, beim Busfahren oder beim Fliegen wie Erwachsene behandelt werden. Der nächste Schritt folgt dann nach weiteren vier Jahren. Mit 16 Jahren können Jungen und Mädchen einen Führerschein erwerben, und viele Einschränkungen der Gesetze gegen die Kinderarbeit entfallen für sie. In einigen Staaten erhalten sie dann auch die gesetzliche Erlaubnis, in Geschlechtsverkehr einzuwilligen. Eine weitere entscheidende Veränderung tritt im Alter von 18 Jahren ein: Frauen sind dann ehemündig; Männer können zur Armee einberufen werden. In den meisten Staaten können Männer und Frauen ohne die Einwilligung ihrer Eltern heiraten. Sie erhalten jetzt auch das Wahlrecht und können sich um öffentliche Ämter bewerben. Tatsächlich gelten sie jetzt in den meisten Staaten rechtlich als Erwachsene. In einer Reihe von Staaten müssen sie jedoch noch bis zum 21. Lebensjahr warten, bis sie Alkohol trinken oder eine Bar besuchen dürfen, in der Alkohol ausgeschenkt wird. Aber selbst dann kann es noch sein, daß sie unter bestimmten Aspekten nicht erwachsen sind. So können sie zum Beispiel als Schüler weiterhin finanziell von ihren Eltern abhängig sein. Wenn sie sich dann auch noch für einen hochspezialisierten Beruf entscheiden, kann es sein, daß sie ein weiteres Jahrzehnt oder noch länger nicht in der Lage sind, für sich selbst aufzukommen.

Man kann also davon ausgehen, daß junge Menschen, je nach sozialem Hintergrund und Lebensziel, in unserem Kulturkreis erst fünf, zehn oder 20 Jahre nach der Pubertät zu volllständiger rechtlicher und wirtschaftlicher Unabhängigkeit gelangen. Diese Verzögerung ist aufgrund der wachsenden Anforderungen, die unsere komplexe moderne Welt an das Wissen und Können der Menschen stellt, nicht immer zu vermeiden. Sie kann auch gewisse Vorteile haben, da sie eine allmähliche Annäherung an die Anforderungen des Erwachsenenlebens zuläßt. Es können hieraus jedoch ernsthafte Probleme entstehen, auch solche sexueller Natur.

In unserer allgemeinen Moralvorstellungen ist der Geschlechtsverkehr verheirateten Paaren vorbehalten. Körperlich reife Männer und Frauen können jedoch oftmals nicht heiraten, ehe sie 20 bis 30 Jahre alt sind, weil sie es sich nicht leisten können oder einfach nicht heiraten wollen. So kann es sein, daß sie durch eine schwierige Zeit sexueller Frustration gehen müssen. Natürlich hat das Vorurteil gegen die Masturbation, das noch in den beiden letzten Jahrhunderten bestand, mittlerweile an Einfluß verloren. Vorehelicher Koitus wird jedoch oft noch von vielen Menschen verurteilt. So ist für viele Jugendliche die Masturbation der einzig mögliche Ausweg. Manche versuchen sich in verschiedenen ,,Petting"-Techniken, andere suchen – meist als vorübergehenden Ersatz – homosexuelle Kontakte.

Zweifellos schafft die sexuelle Unterdrückung junger Menschen oft wirkliches Unglück. Wissenschaftler der Gegenwart haben klar belegt, daß männliche Jugendliche den Höhepunkt ihrer sexuellen Reaktionsfähigkeit während ihres zweiten Lebensjahrzehnts erreichen und daß sie in dieser Zeit nur schwer ohne irgendeine Art regelmäßiger geschlechtlicher Aktivität auskommen können. Für eine junge Frau mag es leichter sein, abstinent zu leben, aber die Wahrscheinlichkeit sexueller Erfüllung in der Ehe ist ungleich größer, wenn sie in jungen Jahren die Erfahrung des Orgasmus gemacht hat.

So hat die moderne Wissenschaft wiederentdeckt, was in früheren, weniger repressiven Zeiten längst bekannt war. Wie Kinsey vor Jahrzehnten betonte, stellen viele der großen Liebesgeschichten der Weltliteratur Beziehungen zwischen Jugendlichen dar. Eros und Psyche, Acis und Galatea, Pyramos und Thysbe, Daphne und Cloe, Floir und Blancheflor, Aucassin und Nicolette, Romeo und Julia – all diese berühmten Liebenden waren nach heutigen Maßstäben minderjährig. Gretchen war es, als sie sich in Faust verliebte, Helena war erst zwölf Jahre alt, als sie ihren Gatten Menelaos verließ, um dem Paris nach Troja zu folgen. Narziß war 16, ,,als viele Jünglinge und Jungfrauen seine Liebe suchten". Ganymed war sogar jünger, als Zeus ihn zu seinem Liebling machte. Hyazinth war ein Heranwachsender, als Apollo und Zephir um seine Gunst stritten, auch Hylas, als Herkules ihn seinen Eltern entführte. Kurzum, wie jeder Student der Kulturgeschichte weiß, es gibt in der westlichen Mythologie und Dichtung vielfältige Hinweise auf jugendliche ,,Liebesobjekte". Sollte auch nur einer von ihnen heute auferstehen, so würde man ihn als einen ,,gestrauchelten" Jugendlichen betrachten und seinen Liebhaber wegen ,,Verführung Minderjähriger" ins Gefängnis sperren.

Man kann nur hoffen, daß unsere Gesellschaft diese negativen und wirklichkeitsfremden Einstellungen fallenläßt. Es ist ein gutes Zeichen, daß eine wachsende Zahl von Erwachsenen die sexuellen Rechte Jugendlicher akzeptiert und verteidigt. Selbst einige öffentliche und private Schulen, Stiftungen und Gesundheitsorganisationen haben die überkommenen Vorwände fallenlassen und nehmen heute ein gewisses Maß sexueller Aktivität unter Jugendlichen als selbstverständlich hin. Vielerorts erhalten Jugendliche eine angemessene Sexualaufklärung, und man bietet ihnen praktische Hilfe bei persönlichen sexuellen Problemen an. Trotz solcher neueren Entwicklungen gibt es immer noch viele Männer und Frauen, für die das Jugendalter die bedrükkendste Phase ihres Lebens ist. (Diese Gesichtspunkte werden in Kap. 12 ,,Die sexuell Unterdrückten" ausführlicher behandelt.)

Auf den folgenden Seiten werden zunächst die körperlichen Veränderungen während der Pubertät zusammengefaßt. Anschließend werden einige Möglichkeiten beschrieben, wie Jugendliche in unserer Gesellschaft es lernen können, sich sexuell zu begreifen und auszudrücken.

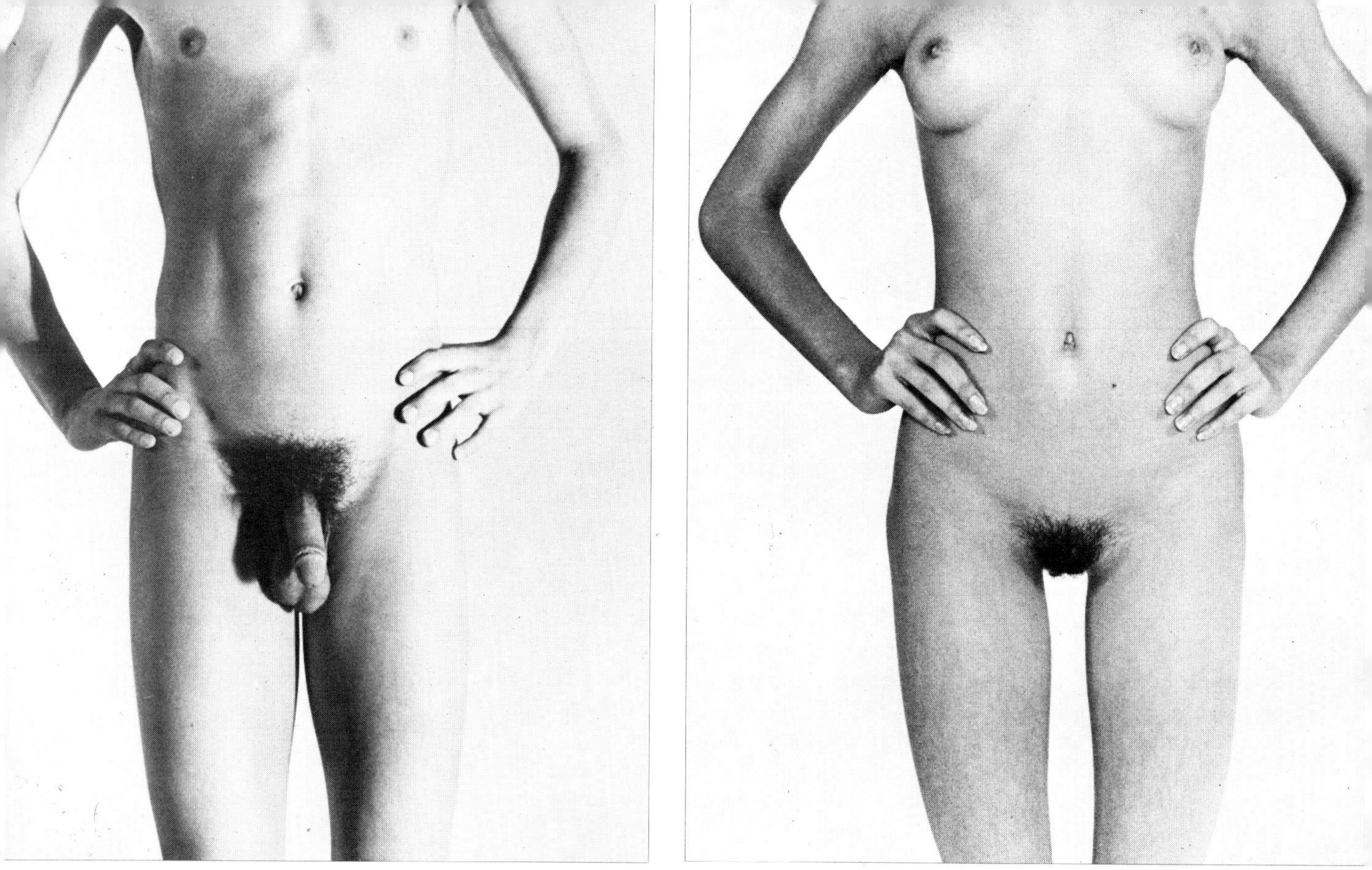

Körperliche Veränderungen in der Pubertät
In der Pubertät entwickeln sich beim männlichen und beim weiblichen Geschlecht die sekundären Geschlechtsmerkmale. Die Schambehaarung beginnt zu wachsen; beim männlichen Geschlecht vergrößern sich die äußeren Geschlechtsorgane; beim weiblichen Geschlecht entwickeln sich die Brüste.

6.2.1 Körperliche Veränderungen in der Pubertät

Mit Pubertät (von lat. puber: geschlechtsreif entwickelt) wird der Lebensabschnitt bezeichnet, in dem Jungen und Mädchen zu jungen Männern und jungen Frauen werden. Es beginnen sich dann die sekundären Geschlechtsmerkmale zu entwickeln, und die Fähigkeit zur Fortpflanzung wird erreicht. Diese physiologischen Veränderungen vollziehen sich unter dem Einfluß verschiedener Hormone, vor allem der Gonadenhormone. (Vgl. dazu a. Kap. 1 „Die Entwicklung der Geschlechtsunterschiede".)

Die Pubertät beginnt bei verschiedenen Menschen zu verschiedenen Zeitpunkten und kann von einem bis zu mehreren Jahren dauern. Vieles hängt dabei von der Abstammung, Ernährungsweise, klimatischen Bedingungen, kulturellen Einflüssen und emotionalen Voraussetzungen ab. Bei beiden Geschlechtern scheint die Pubertät in den letzten Jahrzehnten früher einzusetzen. Der körperliche Reifungsprozeß beginnt jedoch heute wie in der Vergangenheit beim weiblichen Geschlecht früher als beim männlichen. Bei Mädchen beginnt die Vergrößerung der Brüste und das Wachstum von Schamhaaren durchschnittlich im Alter von neun bis elf Jahren; zur ersten Menstruation kommt es im Alter von elf bis 13 Jahren. Bei Jungen beginnt das Wachstum der Hoden und der Schamhaare gewöhnlich im Alter von zwölf bis 16 Jahren, zur ersten Ejakulation kommt es meist im Alter von 13 bis 17 Jahren.

Die physiologischen Veränderungen in der Pubertät können früh oder spät, schnell oder langsam eintreten, und Menschen gleichen Alters können sich daher in ganz verschiedenen Stadien der Entwicklung befinden. Dies ist für Jugendliche oftmals Anlaß großer Verunsicherung. Jungen sind dann besorgt um ihre Größe oder ihre Schulterbreite, die Stärke ihrer Muskeln oder die Länge ihres Penis. Mädchen sind oft in Sorge, daß sie zu groß werden, oder sie vergleichen ängstlich die Größe ihrer Brüste und den Umfang ihrer Hüften. In dieser Zeit werden junge Menschen ganz besonders sensibel und befangen, was ihre Erscheinung angeht. In vielen Fällen entsteht durch die hormonelle Umstellung eine Akne, eine Hautkrankheit, die zwar harmlos ist, aber Gesicht, Hals und Rücken vorübergehend verunstalten kann. Manche Jugendliche glauben auch, daß sie aufgrund ihrer Gewichtszunahme weniger attraktiv werden könnten. Eine weitere mögliche Ursache von Befangenheiten ist ihre zunehmende sexuelle Reaktionsfähigkeit. Für Jungen ist es zum Beispiel oft peinlich, daß sie im ungünstigsten Augenblick plötzlich eine Erektion haben. In begrenztem Maße kann das auch schon in der Kindheit vorgekommen sein. Mit Beginn der Pubertät ist es jedoch häufiger, und es ist jetzt auch deutlicher als sexuell zu verstehen. Merkwürdigerweise dauert es bei Mädchen länger als bei Jungen, bis sie sich ihrer sexuellen Gefühle bewußt werden. Die sekundären Geschlechtsmerkmale treten beim weiblichen Geschlecht wesentlich früher in Erscheinung als beim männlichen Geschlecht, aber die Fähigkeit zu sexueller Erregung und Orgasmus wird Mädchen erst wesentlich später bewußt. Das mag biologische Gründe haben, soziale Lernprozesse spielen hier jedoch sicher ebenfalls eine wichtige Rolle.

6.2.2 Das Sexualverhalten Jugendlicher

Wie oben beschrieben, sind Kinder bereits lange Zeit vor der Pubertät zu sexuellen Reaktionen fähig. Sie werden beispielsweise durch Spiele oder andere körperliche Betätigungen sexuell erregt. Sie können sogar beim Fahrradfahren, Bäumeklettern, Rutschen auf dem Treppengeländer oder bei einem Ringkampf mit einem Spielkameraden einen Orgasmus haben. Zunächst definieren sie diese Erlebnisse jedoch nicht als sexuell nach dem Wortgebrauch der Erwachsenen. Sie lernen dies erst nach und nach, wenn sie älter werden. Jungen und Mädchen werden sich gewöhnlich ihrer Sexualität erst richtig bewußt, wenn sie die Pubertät erreichen.

Das Jugendalter kann daher als die Phase bezeichnet werden, in der sexuelle Einstellungen und Reaktionen, die in der Kindheit erworben wurden, ihre wirkliche Bedeutung enthüllen. Das Entscheidende an dieser Phase ist jedoch, daß die bisher spielerischen und ungerichteten sexuellen Spiele der Kindheit zu zielgerichtetem erwachsenem Sexualverhalten werden.

Unglücklicherweise werden junge Menschen in unserer Gesellschaft in ihren sexuellen Möglichkeiten erheblich eingeschränkt. Den meisten Jugendlichen ist es infolge sozialer und religiöser Tabus kaum möglich, Geschlechtsverkehr mit einem Partner des anderen Geschlechts zu haben. Selbst wenn sie einen solchen Partner finden, müssen sie sich meist auf „Petting“ beschränken, das heißt auf sexuellen Kontakt, der kurz vor dem Koitus endet. Die hauptsächliche Möglichkeit zu sexueller Betätigung ist für die große Mehrheit der Heranwachsenden, allein zu masturbieren, wobei Jungen gelegentlich auch gemeinsam in kleinen Gruppen masturbieren. In seltenen Fällen haben Jungen, die auf dem Lande leben, auch sexuellen Kontakt mit Tieren.

Insgesamt ist bei heranwachsenden Mädchen sexuelle Aktivität weit seltener als bei heranwachsenden Jungen. Ein wesentlicher Grund hierfür ist zweifellos die herrschende doppelte Moral, die für Mädchen sehr viel härtere Sanktionen für sexuelle Verfehlungen vorsieht als für Jungen (vgl. a. Kap. 9 „Die sozialen Rollen von Mann und Frau“). Mädchen werden auch gewöhnlich nicht gerade ermutigt, sexuelle Bedürfnisse zu entwickeln. Es ist zwar richtig, daß sie dazu erzogen werden, sexuell anziehend zu sein, sich anmutig zu bewegen und verführerisch zu kleiden, modische Frisuren zu probieren und sich zu schminken. Ihre sexuellen Gefühle bleiben jedoch gleichzeitig eher schwach und wenig konkret. Statt dessen richten sich ihre Phantasien ganz allgemein auf ihre zukünftige Rolle als Braut, Ehefrau und Mutter. Sie träumen manchmal noch sehr verschwommen von einem idealen Liebhaber oder von irgendwelchen romantischen Situationen. Die körperlichen Aspekte der Sexualität beschäftigen sie also in dieser Phase weniger als deren soziale Komponenten.

Im Gegensatz dazu sind die sexuellen Phantasien von Jungen bereits wesentlich konkreter. Sie interessieren sich in der Hauptsache für die sexuelle Aktivität selbst. Für die meisten von ihnen ist sexuelles Verlangen und sexuelle Befriedigung eine unmittelbare körperliche Erfahrung, die keinen Bezug zu einer bestimmten sozialen Situation haben muß. Ihre Sexualität steht eher für sich und ist auf sie selbst bezogen. So vollzieht sich die persönliche Entwicklung bei beiden Geschlechtern für eine Weile asynchron. Wo junge Mädchen kokett, angepaßt oder unzugänglich erscheinen, treten junge Männer eher rücksichtslos, verantwortungslos und egoistisch auf. Meist dauert es bis zum Ende des Jugendalters, daß Männer beginnen, Sexualität auch als Mittel menschlicher Kommunikation zu entdecken, und daß Frauen beginnen, sich der sexuellen Fähigkeiten ihres Körpers bewußt zu werden.

Sexuelle Selbststimulierung

Die hormonellen Veränderungen der Pubertät bewirken eine rasch zunehmende sexuelle Reaktionsfähigkeit. Das gilt besonders für Jungen. Ihr Körper beginnt, Samenflüssigkeit zu bilden, die ejakuliert werden kann. In manchen Fällen erfolgt die Ejakulation der Samenflüssigkeit spontan im Schlaf. Man sagt dann, der Junge habe einen „feuchten Traum". Viele Jungen erleben so ihre erste Ejakulation.

Auch Mädchen haben Orgasmen im Schlaf, obwohl dies seltener vorkommt als bei Jungen.

Das gleiche gilt für bewußte Masturbation. Bis zum Alter von 15 Jahren haben nur 25 Prozent aller Mädchen bis zum Orgasmus masturbiert, während die Vergleichszahl für Jungen fast 100 Prozent beträgt. Masturbation ist für Jungen also eine sehr verbreitete Erfahrung. Es bestehen jedoch große Unterschiede in bezug auf die Häufigkeit und die angewandte Technik. Manche Jungen masturbieren regelmäßig und häufig, während andere es nur gelegentlich in bestimmten Phasen ihres Lebens tun. Was die Technik angeht, benutzen die meisten Jungen eine oder beide Hände, um ihren Penis zu reiben und zu drücken. Einige reiben ihn an der Matratze, am Bettuch oder an einem Kissen, Manche versuchen auch, das Gefühl des Koitus zu haben, indem sie ihren Penis in einen weiten Flaschenhals, eine Papierrolle oder ein aufgerolltes Paar Socken einführen. Wieder andere versuchen, ihren eigenen Penis in den Mund zu nehmen, wobei sie meist feststellen, daß dies anatomisch kaum möglich ist. (Das kann nur ungefähr ein Prozent aller Männer.) Es ist bei Jungen nicht ungewöhnlich, daß sie ganz verschiedene Masturbationstechniken probieren und je nach Gegebenheit von der einen zur anderen wechseln. Gleich, welche Methode angewandt wird, lernt ein junger Mann rasch, einen Orgasmus willentlich herbeizuführen. Die Reaktionen seines Körpers werden

Beginn der Pubertät beim männlichen Geschlecht ▷
Die Pubertät beginnt nicht immer im gleichen Alter. Das Bild zeigt fünf Jungen im Alter von 10, 12, 14, 12 und 9 Jahren (von links nach rechts). Der 14jährige Junge in der Mitte befindet sich bereits deutlich in der Pubertät, der 12jährige Junge links zeigt erste Anzeichen der Pubertät. Demgegenüber haben der 12jährige Junge rechts und die zwei Jüngeren noch die Geschlechtsorgane von Kindern.

ihm vertraut, und er gewinnt nach und nach die Kontrolle über sie. Er entwickelt so die nötige Erfahrung, um seine neuen sexuellen Fähigkeiten zu meistern.

Mädchen bedienen sich ebenfalls verschiedener Masturbationstechniken. Meist bewegen sie einen Finger oder die ganze Hand auf der Klitoris und ihrer Umgebung. Da eine längere direkte Stimulation der Klitoris schmerzhaft sein kann, ziehen es viele Mädchen vor, die ganze Vulva zu streicheln. Manche führen einen Finger oder einen runden, zylindrischen Gegenstand in die Vagina ein, um so das Gefühl des Koitus zu haben. Manche reiben auch ihre Vulva an einer Stuhlkante, einem festen Kissen oder einem ausgestopften Tier. Manche Mädchen kommen zum Orgasmus, indem sie ihre Oberschenkel dicht aneinanderpressen und gleichzeitig ein Bein rhythmisch bewegen oder ihre Gesäßmuskeln zusammenpressen. Kaum zwei Mädchen masturbieren auf die gleiche Art.

Während vielen Jungen das Masturbieren von anderen (meist älteren) Jungen beigebracht wird, entwickeln Mädchen ihre Praktiken meist allein. Es kommt sogar vor, daß Mädchen jahrelang masturbieren, ohne sich bewußt zu sein, was sie eigentlich tun. Sie sind dann unter Umständen entsetzt und schuldbewußt, denn schließlich sind die meisten Menschen bei uns immer noch der Ansicht, Masturbation sei schädlich. Obwohl das Gegenteil immer wieder nachdrücklich versichert wird, lassen sich noch viele Jugendliche von den falschen Vorstellungen der Älteren beeinflussen.

Da nahezu alle jungen Männer masturbieren, ist für sie das moralische Problem besonders akut. Bis vor ein paar Jahrzehnten wurde ihnen nicht nur beigebracht, Masturbation sei sündig, sondern auch, daß sie zu schweren körperlichen und geistigen Krankheiten führe. Selbst heute wird manchmal noch davor gewarnt, daß „exzessives" Masturbieren den Körper schwäche. (Dabei wird bewußt offengelassen, was unter „exzessiv" zu verstehen sei.) Viele Jungen fühlen sich deshalb zweifach schuldig: Sie glauben, etwas Sündiges zu tun und gleichzeitig ihrer Gesundheit zu schaden.

Angesichts dieser verbreiteten Sorgen haben verantwortungsbewußte Erwachsene die Pflicht, jungen Menschen die wissenschaftlich bewiesenen Fakten zu vermitteln: Masturbation kann keinerlei Schaden anrichten; sie kann auch nicht „übertrieben" werden. Manche Menschen haben eine größere Anzahl von Orgasmen innerhalb einer bestimmten Zeit als andere, niemand kann jedoch zu intensiv masturbieren, da der Körper ganz einfach nicht mehr reagiert, wenn man ihm keine Pause gönnt.

Manche Jugendlichen werden auch von den sexuellen Phantasien verwirrt, die sie beim Masturbieren haben. Das trifft besonders auf Jungen zu. Sie phantasieren dann beispielsweise sexuelle Erlebnisse mit einem oder mehreren Mädchen, mit anderen Jungen, mit Geschwistern oder sogar mit den eigenen Eltern. Sie stellen sich selbst in außergewöhnlichen oder unbegreiflichen Situationen vor, oder sie träumen davon, jemanden zu vergewaltigen oder selbst vergewaltigt zu werden. Dies bedeutet überhaupt nicht, daß der Junge krank ist oder daß er seine Phantasien im tatsächlichen Leben ausführen würde. Viele Jungen träumen ja auch davon, Millionär zu sein, ein berühmter Filmstar, ein römischer Feldherr oder der stärkste Mann der Welt. Tagträume dieser Art bedeuten nichts Bestimmtes und sollten nicht ernst genommen werden. Auf alle Fälle können aber beglückende sexuelle Phantasien für Ideenreichtum und Kreativität förderlich sein. Sie können deshalb auch Vorbereitungen für eine zukünftige Beziehung zu einem wirklichen Partner sein.

Alles in allem kann man Masturbieren in der Jugend aus vielen Gründen befürworten. Es macht Freude, baut Spannungen ab und regt die Phantasie an. Es ist nicht ungesetzlich, immer möglich und keine Gefahr für die Gesundheit. Man kann dadurch nicht schwanger werden und keine Geschlechtskrankheiten bekommen. Außerdem kann es Jungen und Mädchen dazu verhelfen, bessere Liebhaber zu werden. Ein Junge, der regelmäßig masturbiert, lernt es besser, seine Ejakulation hinauszuzögern, indem er seine Bewegungen unterbricht oder verlangsamt. Diese Fähigkeit kann ihm später helfen, seinen Partnerinnen ein höheres Maß an Befriedigung zu bereiten. Ein Mädchen kann andererseits lernen, rascher zum Orgasmus zu kommen. Das kann später beim Koitus hilfreich sein.

Argumente gegen die Masturbation leiten sich weitgehend von religiösen Vorstellungen ab. Traditionsgemäß lehnen Juden und Christen solche Praktiken ab, wenngleich diese Ablehnung nie so stark war wie in den letzten beiden Jahrhunderten. Auf alle Fälle wird ein Jugendlicher, dem aus religiösen Gründen Masturbation nicht erlaubt ist, aus ihr auch keinen Nutzen ziehen. Masturbation ist immer dann schlecht, wenn sie Ängste, Scham, Besorgnis und Schuldgefühle verursacht. Zum Glück haben einige christliche Kirchen in jüngerer Zeit ihre Einstellung geändert und sind in dieser Hinsicht wesentlich toleranter geworden.

Abschließend sollte vielleicht noch angemerkt werden, daß Jugendliche gelegentlich fast wie besessen masturbieren, weil sie frustriert, einsam oder gelangweilt sind. Sie stehen möglicherweise zu Hause oder in der Schule unter starkem Druck, oder sie haben ein anderes Problem, das nichts mit Sexualität zu tun hat. Dann kann Masturbation zur Scheinlösung werden und dazu beitragen, daß eine wirkliche Lösung nicht gesucht wird. Offensichtlich ist es in diesen Fällen wichtig, das zugrundeliegende Problem zu klären. Hierfür sollte unter Umständen auch auf psychologische Beratung zurückgegriffen werden.

Homosexueller Kontakt

Bei heranwachsenden Jungen ist es nicht unüblich, in Gruppen zu masturbieren. Sie probieren unter Umständen zu zweit oder zu mehreren auch oralen oder analen Geschlechtsverkehr aus. Dieses Verhalten kann man als homosexuell bezeichnen, da es unter Personen gleichen Geschlechts stattfindet. Daraus folgt jedoch nicht unbedingt, daß diese Jungen Homosexuelle sind und kein sexuelles Interesse an Mädchen haben. Genaugenommen sind es zwei verschiedene Dinge, homosexuell zu sein und sich homosexuell zu verhalten. Es gibt viele Homosexuelle (das heißt Menschen, die sich hauptsächlich in Partner gleichen Geschlechts verlieben), die nie irgendeinen sexuellen Kontakt haben. Andererseits gibt es viele Heterosexuelle, die aus dem einen oder anderen Grunde homosexuelle Kontakte haben. Im Gefängnis oder an Bord eines Schiffes haben Männer oftmals vorübergehend sexuellen Kontakt untereinander, da keine Gelegenheit zu Kontakten mit Frauen besteht.

Heranwachsende Jungen befinden sich oft in einer sehr ähnlichen Situation. Wenn zum Beispiel ihr sexueller Kontakt zu Mädchen stark eingeschränkt ist, wenden sie sich den nächsten erreichbaren Personen zu – ihren männlichen Freunden. Solche Beziehungen können für eine Weile befriedigend sein, bis sie älter werden und bessere Gelegenheiten zu heterosexuellem Geschlechtsverkehr finden. Homosexueller Kontakt unter Jugendlichen ist jedoch meist auf kürzere Episoden begrenzt. In den meisten Fällen haben die Jungen ganz einfach Spaß daran, ihren Kameraden ihre sexuelle Leistungsfähigkeit zu beweisen, oder sie rebellieren gegen die Moralauffassungen der Erwachsenen, indem sie an „verbotenen" Abenteuern teilnehmen. Eine große Anzahl von Jungen hat solche Erlebnisse, aber die meisten von ihnen werden später zu „typisch" heterosexuellen Männern.

Angesichts dieser Tatsachen ist es vernünftig, jedes voreilige Abstempeln gleichgeschlechtlichen Sexualverhaltens zu vermeiden. Es ist töricht, einen Jungen homosexuell zu nennen, nur weil er sexuellen Kontakt zu einem anderen Jungen hat. Eine solche Etikettierung hat unter Umständen ernste soziale Konsequenzen und kann ein Grund dafür sein, daß dieser Junge später heterosexuell versagt. Wenn man einem Jungen suggeriert, er sei „andersherum", sieht er sich möglicherweise genötigt, nach dem Bild zu leben, das ihm die Gesellschaft aufzwingt, selbst wenn es nicht zutrifft.

Aufgrund der weit verbreiteten Angst vor Homosexualität in unserer Gesellschaft dürfen Männer gewöhnlich keine Liebe und Zärtlichkeit füreinander zeigen. Während Männer anderer Kulturkreise sich als Zeichen der Freundschaft in der Öffentlichkeit ganz offen die Hände halten, sich küssen und umarmen, sind Europäer und Nordamerikaner dazu erzogen, in solchem Verhalten eine sexuelle Bedeutung zu sehen. Wenn sie so etwas in ihrem eigenen Land entdecken, werden sie solche Männer wahrscheinlich wegen „grob anstößigen" Verhaltens offen oder versteckt diskriminieren. In dieser vergifteten Atmosphäre stellen viele Jungen früher oder später ihre eigene normale sexuelle Entwicklung in Frage. Wenn sie sich zum Beispiel zu einem anderen Jungen besonders hingezogen fühlen, könnten sie sich fragen, ob sie homosexuell werden. Solche unnützen Sorgen können für Jugendliche zur Qual werden und manche Freundschaft zerstören.

In dieser Hinsicht haben Mädchen gegenüber Jungen einen klaren Vorteil.

Wenn man zwei Mädchen sieht, die sich berühren, umarmen und küssen, denkt sich kaum jemand etwas dabei. Deshalb ist es für Mädchen einfacher, enge Freundschaften zu entwickeln. Selbst Beziehungen, die einen deutlich erotischen Charakter haben, erregen keine besondere Aufmerksamkeit, und es wird ihnen kein sozialer Stempel aufgedrückt. Manche Mädchen haben tatsächlich sexuellen Kontakt zu anderen Mädchen. Da sie eine solche Beziehung jedoch normalerweise von sich aus nicht dramatisieren, wird davon selten etwas bekannt. Die soziale Verurteilung der Homosexualität bei Frauen ist ohnehin nicht so streng, und eine spätere heterosexuelle Entwicklung wird fast nie von vornherein ausgeschlossen.

Wenn unsere Gesellschaft die gleiche Einstellung gegenüber männlichen Jugendlichen hätte, würde deren Leben zweifellos einfacher. Gelegentliche homosexuelle Kontakte würden nicht mehr als Gefahr für ihre sexuelle Entwicklung angesehen werden. Viele, die heute versuchen, sich starren sexuellen Klischees anzupassen, würden es lernen, selbstbewußt mit ihrer Individualität umzugehen. Eine allgemein entspanntere Haltung dieser Problematik gegenüber würde natürlich auch der Minderheit von Jugendlichen zugute kommen, die sich später tatsächlich homosexuell entwickelt.

(Weitere Ausführungen zum Thema Homosexualität finden sich in Kap. 7 ,,Formen des Sexualverhaltens", Kap. 10 ,,Anpassung und Abweichung" und Kap. 12 ,,Die sexuell Unterdrückten".)

Heterosexueller Kontakt

Mit dem Ende der Kindheit fängt man in unserer Gesellschaft an, Jungen und Mädchen in zunehmendem Maße in ihrem Alltag voneinander zu trennen. Selbst wenn sie die gleiche Schule besuchen und den gleichen Unterricht erhalten, findet der Sportunterricht nach Geschlechtern getrennt statt, wird bei Freizeitaktivitäten nach ,,männlichen" und ,,weiblichen" Beschäftigungen unterschieden. Wenn sie dann die Pubertät erreichen, leben sie bereits in verschiedenen Welten mit unterschiedlichen Wertsystemen und Interessen. Daher wissen heranwachsende Jungen und Mädchen oft nur wenig voneinander, und sie müssen dann eine schwierige Zeit der Wiederherstellung persönlicher Kontakte und Beziehungen durchmachen.

Vielerorts in den Vereinigten Staaten findet dies relativ formalisiert als ,,Verabredungen" (dating) statt. Ein Junge bittet ein Mädchen, sich mit ihm zu verabreden, leiht sich den Wagen des Vaters, holt sie zu Hause ab, geht mit ihr ins Kino oder zum Tanzen und bringt sie zu einer bestimmten Uhrzeit zu ihren Eltern zurück. Allen Beteiligten ist klar, daß der Junge und das Mädchen, wenn sie allein sind, engen körperlichen Kontakt haben können, wie Hände halten, Umarmen und Küssen. In manchen Fällen sind auch intimere Kontakte erlaubt, solange sie nicht zum Koitus führen. Mit dem Koitus wäre nach Meinung der Familien, und meist auch des Mädchens, eine einzuhaltende Grenze überschritten.

Die einzelnen Formen dieser ,,Verabredungen" sind je nach Gegend, sozialer Schicht und ethnischem Hintergrund sehr unterschiedlich. Darüber hinaus ist in jüngster Zeit eine allgemeine Veränderung im Lebensstil der Jugend zu beobachten. Eine zunehmende Zahl Jugendlicher ist nicht mehr daran interessiert, die beinahe rituellen Vorschriften des ,,Verabredens", wie es bei ihren Eltern noch üblich war, nachzuahmen. Sie bevorzugen demgegenüber unorganisierte Treffen und Zusammenkünfte. Es ist nicht zu leugnen, daß die traditionelle Form des ,,Verabredens" eine Vielzahl unerfreulicher Aspekte hatte, in manchen Fällen sogar den Charakter eines Wettbewerbs annahm, bei dem es um besondere Beliebtheit oder sozialen Erfolg ging. Dies konnte leicht zur Geringschätzung des Partners führen – statt zum besseren Verstehen zwischen den Geschlechtern –, mit dem man sich nicht mehr um seiner

selbst willen, sondern zur eigenen Bestätigung traf. Es kann sehr wohl sein, daß junge Menschen zukünftig versuchen, neue und inhaltsvollere Formen des Kontaktes und des Sich-Treffens zu finden. In der einen oder anderen Form wird jedoch wahrscheinlich der Brauch des Rendezvous überleben, da er einige sehr brauchbare Zwecke erfüllt: Er gibt Jungen und Mädchen Gelegenheit, sich zu treffen, stärkt ihr Selbstvertrauen und entwickelt ihren Sinn für Höflichkeit und gutes Benehmen und kann helfen, den passenden Partner zur Ehe zu finden.

Manche Jungen und Mädchen fürchten sich vor der ersten Verabredung, weil sie nicht wissen, wie sie sich verhalten sollen. Sie fürchten, in eine peinliche Situation zu geraten und so die Achtung ihres Partners zu verlieren. Dieses Problem ist dadurch zu lösen, daß man sich paarweise oder in Gruppen trifft. Wenn mehrere Jungen und Mädchen zusammen ausgehen, fällt es ihnen leichter, sich zu unterhalten und peinliche Augenblicke zu überbrücken. Wenn sie erst einmal etwas Erfahrung gesammelt haben, bereitet ihnen eine Verabredung zu zweit kaum noch Schwierigkeiten.

Bei Verabredungen lernen Jungen und Mädchen eine Menge übereinander, und das hilft ihnen gleichzeitig, sich selbst besser zu verstehen. Sie entdecken dann zum Beispiel, daß sie mit Partnern ganz unterschiedlichen Charakters zurechtkommen können. Darüber hinaus können sie lernen zu akzeptieren, daß sie nicht jeder mag, daß dies aber kein Grund zur Beunruhigung sein muß. Mit gelegentlicher Zurückweisung umgehen zu können, ist eine wichtige Eigenschaft von Erwachsenen. Sie können auch lernen, daß manche Menschen sie mögen, weil sie sind, wie sie sind und nicht, wie sie zu sein vorgeben. Diese Erfahrung kann sie vor vielen grundlosen Befürchtungen bewahren und ihnen helfen, sich selbst gegenüber ehrlich zu sein.

Nach einer gewissen Zeit kommen manche jungen Paare zu dem Entschluß, ,,feste Freunde" zu werden. Sie treffen keine anderen Partner mehr und verbringen einen Großteil ihrer Freizeit gemeinsam. Eine solche Entscheidung hat Vor- und Nachteile, die man berücksichtigen muß. Für eine solche feste Beziehung spricht eindeutig, daß sie emotionale Sicherheit bietet. Junge und Mädchen brauchen sich wegen ihrer Verabredungen keine Sorgen mehr zu machen, sie wissen, daß ihr Partner für sie da ist. Andererseits hindert sie ein festes Verhältnis möglicherweise daran, interessante und bereichernde Erlebnisse zu haben. Es könnte vielleicht dazu führen, einen noch besseren Partner zu versäumen. Für und Wider müssen von den Jugendlichen selbst beurteilt werden. Erfahrene Erwachsene können ihnen jedoch vielleicht zu verstehen geben, daß es in der Regel besser ist, sich nicht zu früh festzulegen.

Menschen, die eine feste Beziehung haben, wissen oft nicht, wie weit sie in ihren körperlichen Beziehungen gehen können. Es gibt nur wenige Eltern, die es gerne sehen, wenn ihr heranwachsender Sohn oder ihre heranwachsende Tochter Koitus haben. Andere Formen sexuellen Kontaktes wie das ,,Petting" werden jedoch oft toleriert und manchmal sogar unterstützt. ,,Petting" oder ,,Necking" bedeuten nicht für alle Jugendlichen dasselbe, und die Begriffe klingen heute schon ziemlich verstaubt und überholt. Ursprünglich bezeichnete man damit Liebkosungen, die den ,,richtigen Geschlechtsver-

kehr" vermieden. („Necking" bezog sich gewöhnlich nur auf Gesicht und Brüste, „Petting" auf den ganzen Körper einschließlich der Geschlechtsorgane; intensives Petting bedeutete auch, daß man zum Orgasmus kam. Die Absicht dabei war immer die gleiche: die „Jungfräulichkeit" des Mädchens zu bewahren.)

Es gibt immer noch viele Männer (wenngleich ihre Zahl wohl geringer wird), die darauf bestehen, nur ein jungfräuliches Mädchen zu heiraten. Leider ist der Begriff der „Jungfräulichkeit" nicht so einfach zu definieren, wie es auf den ersten Blick scheinen mag. In der Vergangenheit benutzte man das Wort „Jungfrau", um ein Mädchen oder eine Frau zu bezeichnen, die noch keinen Geschlechtsverkehr hatte und also sexuell „unschuldig" war. Als Beweis hierfür galt ein intakter Hymen (die dünne Membran, die sich über den Scheideneingang spannt). Heute wissen wir, daß ein solcher Beweis nicht zwingend ist, da der Hymen nicht nur durch Geschlechtsverkehr zerstört werden kann, sondern auch durch Masturbation oder bei bestimmten Sportarten. In manchen Fällen fehlt der Hymen ganz. Darüber hinaus ist der Hymen bei manchen Mädchen so dehnbar, daß sie Koitus haben können, ohne daß er zerreißt. Es gibt auch Mädchen, die ihre Jungfräulichkeit „technisch" erhalten, indem sie Koitus vermeiden und dafür oralen und analen Geschlechtsverkehr ausüben. (Die Franzosen bezeichnen solche Mädchen als „demivierges", Halb-Jungfrauen.)

Angesichts dieser Tatsachen ist das traditionelle Bestehen auf dem intakten Hymen ziemlich unsinnig. Im Grunde genommen ist es ein Relikt aus früheren Zeiten, als ein Mann seine Braut wie einen Gegenstand einkaufte und einen körperlichen Beweis dafür verlangte, daß sie „unbeschädigt" sei. Wie wir jedoch gesehen haben, beruht diese Forderung auf falschen Voraussetzungen. Andererseits scheint eine Neudefinition der Jungfräulichkeit auch keinen Sinn zu haben. Das wird besonders dann klar, wenn man diese Bezeichnung auf Männer anwendet, wie man das heute manchmal tut. Zu welchem Zeitpunkt verliert ein Junge seine „Jungfräulichkeit"? Wenn er seinen ersten Orgasmus hat? Wenn er zum erstenmal im Schlaf ejakuliert? Wenn er zu masturbieren beginnt? Wenn er mit anderen Jungen gemeinsam masturbiert? Wenn er, während er ein Mädchen streichelt und küßt, einen Orgasmus hat? Oder bei seinem ersten Koitus? Eine Antwort darauf kann nur willkürlich sein.

Wie diese Beispiele zeigen, endet die Diskussion um Jungfräulichkeit oft in technischer Haarspalterei. Wesentlich sinnvoller scheint es, diese Angelegenheit von einem anderen Standpunkt aus zu betrachten. Statt sich über die Unterschiede zwischen Necking, Petting, versuchtem und vollendetem Geschlechtsverkehr den Kopf zu zerbrechen, sollte man jungen Menschen lieber raten, Gefühl und Motive kritisch prüfen zu lernen. Denn ein Junge kann schon zu weit gehen, wenn er ein Mädchen küßt, obwohl er weiß, daß sie dazu noch nicht bereit ist und daß es sie verwirrt. Was zählt, ist also nicht die Art sexueller Aktivität, sondern die Absicht, die dahinter steckt.

Man muß sich auch vergegenwärtigen, daß nicht jeder die gleichen sexuellen Bedürfnisse hat und daß manche Menschen sehr wohl ohne Sexualität leben können. Jugendliche sind oft noch zu sehr auf sich selbst bezogen, um solche individuellen Unterschiede zu respektieren. Darüber hinaus kann es sein, daß sie sich ihre gleichaltrige Bezugsgruppe als Vorbild nehmen und versuchen, „alles" zu erreichen, weil sie gehört haben, daß „es schließlich jeder tut". Selbstverständlich gibt diese Art von Zwang manchen Jungen und Mädchen das Gefühl, sie seien unzulänglich oder schwach, weil sie es den anderen nicht gleichtun. Konformität ist jedoch nie eine gute Basis für persönliche Reifung gewesen, und die Konformität in sexuellen Dingen ist hiervon nicht ausgenommen. Jede Form von Geschlechtsverkehr ist ein Mittel der Kommunikation zwischen Menschen. Aus diesem Grunde müssen deren individuelle Bedürfnisse, Wünsche, Hoffnungen und Ängste in erster Linie berücksichtigt werden. Wenn ein Junge zum Beispiel entdeckt, daß seiner Freundin weniger an Koitus als an menschlicher Wärme, Verständnis, Zärtlichkeit und Empfindsamkeit liegt, dann sollte er versuchen, solche Eigenschaften zu entwickeln. Nur dann kann er erwarten, daß seine Freundin von sich aus Anstrengungen machen wird, auch seine Wünsche zu erfüllen. Das bedeutet: eine intime, persönliche Beziehung verlangt wechselseitiges Entgegenkommen und gemeinsame Verantwortung.

So betrachtet, ist jede Form und jedes Ausmaß sexuellen Kontaktes auf seine Art inhaltsvoll und lohnend. Ein junges Paar kann für eine Zeitlang mit wenigen, einfachen Zärtlichkeiten vollauf zufrieden sein. Wenn sie sich dann aneinander gewöhnt haben, können sie nach und nach zu intimeren Formen der Liebe kommen, ohne sich unbedingt mit anderen vergleichen zu müssen oder wegen abstrakter Regeln und Vorschriften in Sorge zu geraten. Eine solche überlegte und individuelle Einstellung zur Sexualität gibt Jungen und Mädchen die Freiheit zu wählen und die Möglichkeit, sich besonnen zu entscheiden. Wenn sie erst einmal gelernt haben, einander als Persönlichkeiten zu achten, sind sie sehr viel besser auf die Entscheidung über den Koitus vorbereitet.

Koitus (als das Einführen des Penis in die Vagina) ist die einzige Form des Geschlechtsverkehrs, die zu einer Befruchtung führen kann. Daraus entsteht für das junge Paar ein hohes Maß an Verantwortung, da eine ungewollte Schwangerschaft sehr ernste Folgen haben kann, besonders für das Mädchen. In unserer Gesellschaft sind unverheiratete Mütter und nichteheliche Kinder nach wie vor erheblicher öffentlicher und privater Diskriminierung ausgesetzt. Ein Schwangerschaftsabbruch ist auch unter den günstigsten Umständen immer eine schlimme Erfahrung. Auch der Entschluß, ein Kind zur Adoption freizugeben, ist keinesfalls eine erfreuliche Entscheidung. Und die einzige andere Lösung, die frühe „Muß"-Ehe, kann die mit Abstand schlechteste Lösung sein.

Wie bereits erwähnt, können Jungen auch nach der ersten Ejakulation noch eine Weile unfruchtbar sein. Bei Mädchen kann diese Sterilität sogar noch Jahre nach der ersten Menstruation bestehen. Darauf sollte sich jedoch niemand verlassen. Viel sicherer ist es für Jugendliche, davon auszugehen, daß sie fruchtbar sind, sobald sie die Pubertät erreicht haben. Spätestens zu diesem Zeitpunkt sollten sie auch in angemessener Form über Verhütungsmethoden unterrichtet werden. Zum Glück vermitteln heute viele Eltern, Schulen und kirchliche Einrichtungen jungen Menschen die notwendigen Informationen. Daneben bieten Einrichtungen wie „Pro Familia" in fast allen Städten Hilfen an. Unter diesen Umständen müssen verantwortungsbewußte Jugendliche das Risiko einer unerwünschten Schwangerschaft nicht mehr eingehen.

Ein weiterer Punkt, den es zu berücksichtigen gilt, ist die Gefährdung Jugendlicher durch Geschlechtskrankheiten. Obwohl Geschlechtskrankheiten natürlich auch durch oralen oder analen Geschlechtsverkehr – in seltenen Fällen auch durch Küssen – übertragen werden, findet die Übertragung der Erreger am häufigsten durch Koitus statt. Geschlechtskrankheiten sind unter jungen Leuten heute leider nicht selten, und sie nehmen eher zu. Daher sollten alle Jugendlichen über die Symptome, Behandlungsmethoden und Vorbeugung von Gonorrhoe, Syphilis und Herpes möglichst genau Bescheid wissen. (Vgl. a. Kap. 5.5 „Die Geschlechtskrankheiten".)

Ein weiteres Problem ist die oftmals repressive, angstgeladene Atmosphäre, in der Jugendliche miteinander Geschlechtsverkehr haben müssen. Solange junge Menschen bei ihren Eltern oder in Studentenheimen leben, besteht selten die Möglichkeit zu wirklicher Intimität. Ihre ersten Erfahrungen beim Koitus werden so leicht zu gehetzten, frustrierenden und letztendlich enttäuschenden Erlebnissen. Religiöse Verurteilung und die starke gesellschaftliche Mißbilligung der Sexualität vor der Ehe lösen häufig schwere Schuldgefühle aus. Auch muß daran erinnert werden, daß Jugendliche beiderlei Geschlechts auch Verkehr aus nicht-sexuellen Beweggründen haben: um ihre Partner zu beeinflussen, sie zu verletzen oder zu erniedrigen. Ein solches Verhalten führt zu Mißtrauen und seelischer Not; es verurteilt sich daher von selbst.

Abschließend sei noch einmal gesagt, daß viele Jugendliche alle Formen des sexuellen Kontaktes, einschließlich des Koitus, haben und daß dies für sie keineswegs negative Folgen haben muß. Im Gegenteil, wer damit in reifer und verantwortungsvoller Weise umgeht, kann eine starke und glückliche Partnerbeziehung haben. Es gibt auch wenig Zweifel, daß beide Geschlechter ihre sexuellen Fähigkeiten am besten erproben und sich aneinander gewöhnen können, solange sie noch jung sind. Deshalb kann man den frühen regelmäßigen Koitus als eine ausgezeichnete Vorbereitung auf die Ehe ansehen.

Alles in allem gibt es also nicht nur Argumente gegen, sondern auch für einen unreglementierten Geschlechtsverkehr unter Jugendlichen. Es ist letzten Endes ihre eigene Entscheidung. Den Erwachsenen bleibt nur zu hoffen, daß sie diese Entscheidung im Bewußtsein aller damit verbundenen Konsequenzen treffen.

Sexueller Kontakt mit Erwachsenen

Zu allen Zeiten hat es Geschlechtsverkehr zwischen Partner sehr unterschiedlichen Alters gegeben. Über Jahrtausende hinweg heirateten Männer mittleren Alters sehr junge Mädchen, und Jungen, die gerade in die Pubertät gekommen waren, wurden häufig von erfahrenen älteren Frauen in die „Kunst der Liebe" eingeführt. Bei vielen Naturvölkern ist dies heute noch üblich. Sie kennen keine Jugendlichen in unserem Sinne, denn sie geben ihren Kindern den Status von Erwachsenen, sobald sie zur Fortpflanzung fähig sind. Ihr Status verändert sich damit relativ abrupt, der Wechsel wird meist in einem magischen Zeremoniell oder mit Initiationsriten gefeiert. Diese Riten können bereits sexuelle Kontakte mit Erwachsenen einschließen. Mädchen werden beispielsweise von einem Priester oder dem Häuptling „defloriert", Jungen können „passive" Partner beim Analverkehr mit älteren Mitgliedern des Stammes sein. Eine Abwandlung dieses zuletzt genannten Brauches finden wir auch im klassischen Griechenland, wo ein männlicher Jugendlicher manchmal eine sexuelle Beziehung zu einem Mann aufnahm, der dann sein geistiger Mentor wurde. Ähnliches gab es auch in einigen traditionellen asiatischen Gesellschaften. In jüngerer Zeit herrschte in Ländern des Mittelmeerraums und Lateinamerikas oft der Brauch, daß heranwachsende Jungen durch einen Besuch bei Prostituierten „zu Männern" gemacht wurden.

In den letzten 200 Jahren sind jedoch die meisten westlichen Gesellschaften zu der Auffassung gelangt, körperliche reife Jugendliche seien vor sexuellem Kontakt mit älteren Personen zu schützen. Viele Länder haben deshalb gesetzliche Altersgrenzen für sexuelle Beziehungen festgelegt. Das bedeutet, daß außerhalb der Ehe ein Erwachsener mit Minderjährigen keinen Geschlechtsverkehr haben darf. Das Alter, in dem ein Minderjähriger zu einem Erwachsenen wird, ist von Land zu Land unterschiedlich definiert.

In der Bundesrepublik Deutschland und in Österreich macht sich ein Erwachsener strafbar, wenn er mit einem Jungen oder Mädchen unter 14 Jahren Geschlechtsverkehr ausübt. In der Schweiz ist diese Altersgrenze 16 Jahre. Diese Bestimmungen werden jedoch durch zusätzliche Bestimmungen über die „Verführung Minderjähriger" (Altergrenze für Mädchen: 16 Jahre) und „homosexuelle Handlungen" (Altersgrenze für junge Männer: 18 Jahre) ergänzt. Ausnahmen werden gestattet, wenn es sich um ein echtes Liebesverhältnis (zum Beispiel zwischen einem 18jährigen Jungen und einem 13jährigen Mädchen) handelt. In solchen Fällen kann das Gericht das Strafmaß erheblich herabsetzen oder auf eine Bestrafung verzichten. (Weitere Informationen hierzu im Kap. 10.2 „Legal – illegal".)

Jungen und Mädchen, die mit ihrer eigenen Sexualität vertraut sind und die verschiedene Arten von Verhütungsmethoden kennen, können nicht so leicht von Erwachsenen ausgenutzt werden. Wo Geschlechtsverkehr zwischen Jugendlichen und älteren Menschen dennoch Probleme aufwirft, kann oft eine Beratung helfen. Anders als starre Rechtsvorschriften kann eine Beratung auf die besondere Lage jedes Falles eingehen und so verhindern, daß Personen oder Handlungen in ein falsches Licht geraten. Wenn sich zum Beispiel ein junges Mädchen in ihren Lehrer verliebt oder sie ein Verhältnis mit einem Mann mittleren Alters anfängt, kann ein persönliches offenes Gespräch mit einem außenstehenden Berater sinnvoll sein.

Beratungen können auch dazu beitragen, Mißverständnisse und unnötige Ängste auszuräumen. Viele Eltern sind zum Beispiel in großer Sorge, ihr heranwachsender Sohn oder ihre Tochter könnten infolge der Verführung durch einen erwachsenen Homosexuellen selbst homosexuell werden. Nach den meisten wissenschaftlichen Erkenntnissen ist dies jedoch zu bezweifeln. Vereinzelte sexuelle Handlungen in der Jugend scheinen die spätere sexuelle Orientierung durchaus nicht festzulegen; es kann lediglich sein, daß eine solche Orientierung bereits besteht, die sich früher oder später – auch ohne diese Jugenderfahrung – manifestiert hätte. Darüber hinaus bestätigt die überwiegende Mehrzahl der Homosexuellen selbst, daß eine „Verführung" für ihre eigene Entwicklung nicht entscheidend gewesen ist. Einige wenige homosexuelle Handlungen (mit Erwachsenen oder anderen Jugendlichen) sind also weder unbedingt Ursache noch Symptom einer homosexuellen Orientierung.

6.3 Das Erwachsenenalter

Es wurde bereits ausgeführt, daß die sexuelle Entwicklung eines Menschen weder mit seiner körperlichen Reife beginnt noch damit abgeschlossen ist. Viele sexuellen Einstellungen und Fähigkeiten erlangt der Mensch schon lange vor der Pubertät, viele neue kann er noch im Laufe seines Lebens dazugewinnen. Bestimmte Fähigkeiten können Menschen aber auch im Laufe ihres Lebens wieder verlieren. Sie können auch einen neuen sexuellen Geschmack oder neue Gewohnheiten entwickeln, und sie können im Laufe der Jahre durch verschiedene Perioden vermehrter oder verminderter sexueller Aktivität gehen.

Diese Veränderungen, Anpassungen und Neuorientierungen sind nicht nur Folge natürlicher, biologischer Ursachen, sondern auch Reaktionen auf sich verändernde gesellschaftliche Anforderungen. In unserer Gesellschaft werden Menschen in ihrer Sexualität nach sehr unterschiedlichen Maßstäben beurteilt. Das hängt davon ab, ob sie männlichen oder weiblichen Geschlechts, heterosexuell oder homosexuell, alleinstehend oder verheiratet, jung oder alt sind. Menschen verändern unter Umständen bestimmte sexuelle Angewohnheiten, wenn sich zum Beispiel ihre wirtschaftlichen Verhältnisse ändern, wenn sie von einer Kleinstadt in eine Großstadt umziehen oder wenn sie in ein anderes Land auswandern. Menschen, die den Erwartungen ihrer Umwelt nicht entsprechen, entwickeln möglicherweise Gefühle von Schuld oder Unzulänglichkeit, in manchen Fällen laufen sie sogar Gefahr, strafrechtlich verfolgt oder zwangsweise „behandelt" zu werden. Selbst Menschen, die versuchen, solchen Konflikten zu entgehen, und die ein unauffälliges Leben führen, werden vielleicht von größeren sozialen Bewegungen oder Ereignissen beeinflußt. So haben die Einführung verläßlicher Verhütungsmittel und die gesetzliche Gleichstellung der Frauen viele Erwachsene dazu veranlaßt, ihr Verhalten zu ändern und nach neuen sexuellen Wertsystemen zu suchen.

Das bedeutet, daß die sexuelle Entwicklung im ganzen Leben weitergeht und daß es daher unmöglich ist, eine vollständige Beschreibung dessen zu geben, was Sexualität im Erwachsenenalter bedeutet. Ein grober Überblick der sexuellen Probleme in dieser Lebensphase muß an dieser Stelle genügen. Eine eingehendere Diskussion bestimmter Sachverhalte ist in anderen Kapiteln dieses Buches zu finden.

6.3.1 Der ledige Erwachsene

Die heute gültige Moral bindet Geschlechtsverkehr an die Ehe; daher stehen junge Männer und Frauen unter einem enormen moralischen und sozialen Druck sich zu verheiraten. Tatsächlich heiraten heute mehr Menschen als je zuvor, und dies trotz der Tatsache, daß viele dieser Ehen mit Scheidung enden. Die betroffenen Männer und Frauen ziehen aus der Scheidung in der Regel aber nicht die Schlußfolgerung, daß mit der Institution der Ehe irgend etwas nicht stimmt oder daß sie persönlich dafür nicht geeignet sind. Im Gegenteil, die meisten von ihnen glauben, daß sie nur mit einem geeigneten Ehepartner bleibendes Glück finden können. Deshalb gibt es Menschen, die sich im Laufe ihres Lebens vier-, fünf- oder sechsmal verheiraten und wieder scheiden lassen. So herrscht in unserer Gesellschaft nach wie vor die unerschütterliche Überzeugung, daß jeder heiraten sollte und daß man nur in der Ehe die vollkommene sexuelle Erfüllung finden kann.

Diese Überzeugung ist allerdings eher neueren Datums. Selbst bis weit in das 19. Jahrhundert hinein nahm man als selbstverständlich hin, daß bestimmte Leute für die Ehe nicht geschaffen waren. Menschen, die für ihren eigenen Lebensunterhalt nicht aufkommen konnten, durften oft von Gesetzes wegen nicht heiraten. Andere, denen kein Gesetz im Wege stand, hatten dennoch keine Möglichkeit, passende Partner zu finden: So bestanden viele Eltern darauf, daß zumindest eine Tochter im Hause bleiben müsse, damit sie im Alter versorgt waren. Bis die Eltern dann starben, war diese Tochter eine „alte Jungfer", die nicht mehr hoffen konnte, einen Ehemann zu finden.

Es wäre aber falsch zu glauben, daß diese „alten Jungfern" oder „ewigen Junggesellen" der Vergangenheit immer mit ihrem Schicksal unzufrieden waren. Zum einen wurde ganz allgemein die Ehe nicht so sehr im heutigen romantischen Licht gesehen. Darüber hinaus waren alleinstehenden Erwachsenen die Freuden und Vorteile des Familienlebens nicht unbedingt verwehrt. Die traditionelle Großfamilie bestand aus Kindern, Eltern, Großeltern, Urgroßeltern und verschiedenen näheren oder entfernteren Verwandten einschließlich der Hausangestellten. In einem solchen Haushalt war dann auch Raum für unverheiratete Männer und Frauen. (Weitere Einzelheiten über die Großfamilie finden sich in Kap. 11 „Ehe und Familie".)

Heute leben die meisten unverheirateten Erwachsenen allein. Obwohl dies sicher gelegentlich deprimierend sein kann, hat es auch seine Vorteile. Alleine zu leben ist vor allem in unseren großen Städten unter Umständen erstrebenswert. Es gibt besondere Apartmenthäuser, Altenheime und Wohnanlagen, die speziell auf Alleinstehende zugeschnitten sind. Auch die Städte selbst mit ihren Büchereien, Museen, Theatern, Klubs, Sporteinrichtungen, Schwimmbädern, Restaurants, Cafés usw. bieten viele Annehmlichkeiten, die vermutlich nur ein Alleinstehender wirklich nutzen kann. Am wichtigsten ist jedoch, daß die Anonymität des Stadtlebens zu relativ großer sexueller Freiheit führt. Unverheiratete Männer und Frauen treffen sich in verschiedenen Gruppeneinrichtungen, auf Partys, in besonderen Bars für Ledige oder sie lernen sich durch Inserate kennen. Sie können für längere oder kürzere Zeit zusammenleben, sich dann wieder trennen und ohne allzu große Schwierigkeiten neue Partner kennenlernen. All das trifft für Unverheiratete, Verwitwete oder Geschiedene zu, für Junge und Alte, für Heterosexuelle und Homosexuelle. Es scheint deshalb, daß ein moderner Alleinstehender – zumindest in sexueller Hinsicht – in einer ausgesprochen günstigen Situation lebt.

In vielen Fällen trügt dieser Eindruck jedoch. Die unverheirateten Erwachsenen, die am Rande der Städte, in Kleinstädten oder auf dem Lande wohnen, sind oft in ihren sexuellen Möglichkeiten sehr eingeschränkt, besonders im mittleren Alter. Selbst in Großstädten geraten ältere Männer und Frauen häufig in Schwierigkeiten, wenn sie sich offen gegen die sexuellen Normen ihrer Nachbarn stellen. Manchmal hat ein Paar dennoch gar nicht die Möglichkeit zu heiraten, weil dadurch eine Pension oder andere finanzielle Ansprüche verlorengehen würden. Aus diesem Grunde leben heute viele ältere Paare zusammen, ohne verheiratet zu sein. Als Alleinstehende müssen sie dann jedoch eine Reihe von Benachteiligungen hinnehmen. Sie bezahlen meist höhere Steuern, und es ist für sie häufig schwieriger, eine berufliche Beschäftigung zu finden. Diese berufliche Diskriminierung wird unter Umständen noch wesentlich offener und unverblümter, wenn ein Bewerber homosexuell ist. Alleinstehenden drohen darüber hinaus in den meisten Staaten der USA, aber auch in anderen Ländern, infolge einer antiquierten Sexualgesetzgebung strafrechtliche Konsequenzen, wenn sie sich sexuell betätigen. Dies gilt besonders für Homosexuelle, in manchen Staaten aber auch für Heterosexuelle. Man sollte sich auch daran erinnern, daß viele Menschen unverheiratet bleiben, weil sie wenig attraktiv, behindert oder chronisch krank sind. Wieder andere leiden unter sexuellen Funktionsstörungen, oder sie haben ungewöhnliche sexuelle Interessen, die sie als Ehepartner wenig geeignet erscheinen lassen. Solche Erwachsenen haben unter Umständen ein sehr unglückliches Leben. Einige von ihnen finden vielleicht bei Prostituierten zumindest ein gewisses Maß an Befriedigung, aber auch das versuchen die Gesetzgeber oder die Polizei in manchen Ländern zu verhindern.

Zumindest in den Vereinigten Staaten kann man die alleinstehenden Erwachsenen heute als unterprivilegierte Gruppe betrachten. Man begegnet ihnen eher mit Mißtrauen und Ablehnung, denn in der amerikanischen Gesellschaft (und in vielen westeuropäischen Ländern) genießen nur der „Familienvater“ und die „Ehefrau und Mutter“ das volle Ansehen des „verantwortungsbewußten“ Bürgers. So bleibt ein sozialer Druck zur Eheschließung bestehen. Es wird sicher noch eine Weile dauern, bis die Menschen begreifen, daß dieser Druck nicht unbedingt im Interesse der Allgemeinheit ist. Mancher Mensch kann in der Ehe einfach nicht glücklich werden, wieder andere sind als Eltern ganz und gar ungeeignet. In einer sexuell weniger konformistischen Kultur fühlten sie sich vielleicht weniger verpflichtet, Kinder zu bekommen. Da die Welt heute von Überbevölkerung bedroht ist, muß eine Reihe von Ländern vielleicht dazu übergehen, den staatlichen Schutz der Ehe zurückzunehmen (oder zumindest das Heiraten in jungen Jahren zu erschweren) oder Bürger zu belohnen, die unverheiratet bleiben.

Dank moderner Verhütungsmethoden ist es möglich geworden, daß Männer und Frauen Geschlechtsverkehr haben können, ohne unerwünschte Schwangerschaften befürchten zu müssen. Daher gibt es keinen vernünftigen Grund mehr, warum ein alleinstehender Erwachsener sexuell abstinent leben sollte. (Weitere Gesichtspunkte zu den Problemen Alleinstehender finden sich in Kap. 9 „Die sozialen Rollen von Mann und Frau“.)

6.3.2 Die sexuelle Anpassung in der Ehe

Die meisten Männer und Frauen suchen ihre sexuelle Erfüllung heute in der Ehe. Sie sind sich jedoch oft nicht bewußt, daß man für die Erfüllung auch kämpfen muß. Eine dauerhafte sexuelle Beziehung verlangt ein hohes Maß an Toleranz, Geduld und gemeinsamer Anstrengung. Die Freuden der Ehe ergeben sich keineswegs von selbst.

Es ist deshalb wichtig, daß Menschen eine realistische Vorstellung von ihren eigenen sexuellen Interessen und Möglichkeiten entwickeln. Darüber hinaus sollten sie akzeptieren, daß sie sich an ihren Partner anpassen müssen. Auch sollte jedes Paar zumindest einige grundlegende Kenntnisse über die körperliche Seite des Ehelebens haben. Dazu gehören zum Beispiel Kenntnisse des Geschlechtsverkehrs und seiner Varianten, der Schwangerschaft, der Geburt und der verschiedenen Verhütungsmethoden.

Aber auch Paare, die sich in diesen Punkten auf die Ehe vorbereitet haben, erleben manchmal große Sorgen und Enttäuschungen. Das beginnt damit, daß sich die sozialen Rollen von Mann und Frau durch politische, ökonomische und technologische Entwicklungen verändern können. Die traditionelle Auffassung von Männlichkeit und Weiblichkeit kann dann in Frage gestellt und zur Ursache ehlicher Auseinandersetzungen werden. Ein solcher Konflikt mündet möglicherweise in Beeinträchtigung oder Blockierung der normalen sexuellen Reaktion. So treten unter Umständen sexuelle Funktionsstörungen auf, weil Männer um ihre Vorherrschaft bangen, oder weil Frauen diese Vorherrschaft ablehnen. Es kann dann erhebliche gemeinsame Bemühungen kosten (manchmal bedarf es dabei auch professioneller Hilfe), eine befriedigende sexuelle Beziehung wieder herzustellen.

Eine andere mögliche Ursache für Enttäuschungen ist die heute verbreitete Besorgnis über sexuelle Potenz und Leistung. Heute ist man einer ständigen Flut kommerzieller Werbung ausgesetzt, die davon überzeugen möchte, daß jeder jederzeit romantisch und schön sein könne, daß Sexualität immer mit vollkommener Ekstase verbunden sei und daß nur solche Ekstase die Ehe lohnend mache. Das tägliche Leben sieht aber eben nicht so aus. So müssen sich zum Beispiel die Partner erst einmal aneinander gewöhnen, es sei denn, sie hätten schon vor der Ehe zusammen gelebt. Sie lieben sich unter Umständen hingebungsvoll und ausdauernd, aber es kann dennoch sein, daß sie erst nach Monaten oder Jahren ihrer Ehe wirkliche gegenseitige Befriedigung erlangen. Die Ehepartner können auch hinsichtlich ihres sexuellen Verlanges sehr unterschiedlich reagieren. Zu Beginn der Ehe sind es häufig die Männer, die ein intensives Verlangen nach Geschlechtsverkehr haben. Später haben dann die Frauen ihre Hemmungen abgebaut und fühlen sich sicherer. Dann kann die Situation sich umkehren. Tatsächlich stellen Männer, wenn sie in die mittleren Jahre kommen, oft ein erhebliches Abklingen ihrer sexuellen Fähigkeiten fest. Dies hat selten biologische Ursachen, sondern hängt meist damit zusammen, daß der Mann zunehmend von seiner Arbeit in Anspruch genommen wird. Aber auch fehlende Phantasie, Langeweile und Eintönigkeit können Ursachen dafür sein. Eine Frau hingegen fühlt sich vielleicht durch die Menopause endlich von den Ängsten einer unerwünschten Schwangerschaft befreit, und sie kann dadurch sexuell aktiver werden als zuvor.

Unter Ehepartnern ist es nicht ungewöhnlich, daß über die Häufigkeit und die Technik des Geschlechtsverkehrs Uneinigkeit herrscht. Manchmal entspringen diese Uneinigkeiten einfach der Unterschiedlichkeit der Temperamente. Ursache kann indes auch Unsicherheit oder Prüderie sein, in vereinzelten Fällen liegen andere, sehr viel kompliziertere Ursachen zugrunde.

Paare sehen sich möglicherweise sexuellen Schwierigkeiten ausgesetzt, weil sie unfähig sind, offen über ihre wirklichen Wünsche und Gefühle zu sprechen. Sie folgen dann beim Geschlechtsverkehr immer einem bestimmten

Schema, und die völlige Monotonie ihres Zusammenlebens läßt nach und nach auch ihr Interesse an der Sexualität ersterben. Andererseits gibt es Menschen, die plötzlich ganz außergewöhnliche sexuelle Bedürfnisse entwickeln, die innerhalb des ehelichen Lebens nicht zu befriedigen sind. Wieder andere machen immer verzweifeltere Versuche, etwas Abwechslung in ihre Beziehung zu bringen, mit dem Erfolg, von ihrem Partner ausgelacht oder abgewiesen zu werden. Es gibt auch Menschen, die sich in außerehelichen Abenteuern ihre Anregungen suchen. Solche Entwicklungen können ernsthafte Belastungen für die eheliche Beziehung mit sich bringen, und oftmals können die Partner selbst hierüber keine Verständigung herbeiführen. Wenn sie ernsthaft umeinander bemüht sind, können sie ihre Ehe oft dadurch retten, daß sie sich an eine geeignete Beratungsstelle wenden. (Vgl. hierzu a. Kap. 8 ,,Sexuelle Störungen".)

Auch wenn Ehepartner Eltern werden, müssen sie möglicherweise ihre sexuellen Gewohnheiten ändern. Gegen Ende der Schwangerschaft und für einige Zeit nach der Geburt müssen sie unter Umständen ihre Stellung beim Koitus ändern oder ihn zugunsten anderer Formen des Geschlechtsverkehrs vermeiden. Mutter- und Vaterrolle stellen schon bald schwierige Anforderungen. Kinder müssen als sexuelle Wesen begriffen werden und bedürfen einer entsprechenden sexuellen Erziehung. Viele Eltern fühlen sich jedoch in ihrer eigenen Sexualität so unwohl, daß sie Fragen der Sexualität mit ihren Kindern offen nicht besprechen können. Während die Kinder heranwachsen und die Eltern älter werden, fühlen sie sich möglicherweise an alte, lange unterdrückte Konflikte erinnert, und entwickeln neue sexuelle Ängste. Viele Eltern sehen daher dem Heranwachsen und der zunehmenden sexuellen Reife ihrer Kinder mit Unsicherheit entgegen. Auch hier kann eine kompetente Beratung nützlich sein (vgl. a. Kap. 13.2 ,,Sexuelle Aufklärung und Erziehung").

Die bisherigen Ausführungen sollen nicht den Eindruck vermitteln, Ehe und Elternschaft seien nicht erstrebenswert. Im Gegenteil, die aufgezeigten ehelichen Konflikte bieten die Möglichkeit zu persönlicher Reifung. Aus Konflikten können auch neue Kräfte erwachsen, die zu einem erfüllteren und inhaltsreicheren Leben beitragen. Partner, die eine Verhärtung von Standpunkten vermeiden und die den anderen nicht als ihr Eigentum betrachten, können in der Ehe sehr wohl ein beständiges Glück finden. (Eine eingehendere Betrachtung dieser Fragen findet sich in Kap. 11 ,,Ehe und Familie".)

6.3.3 Sexualität im Alter

Früher war man der Auffassung, sexuelle Aktivität sei ein Privileg der Jugend. Man war der Ansicht, daß eine Frau ihre sexuellen Fähigkeiten nach der Menopause verlöre und daß Männer sich damit abzufinden hätten, beim Erreichen der mittleren Jahre ihre ,,Manneskraft" einzubüßen. Die moderne Sexualforschung hat jedoch gezeigt, daß diese Auffassung falsch ist und daß Menschen bis ins hohe Alter sexuell aktiv bleiben können.

Dennoch stellen viele Menschen mit fortschreitendem Alter ein Nachlassen ihres sexuellen Verlangens fest. Manchmal vermindern andere befriedigende Erfahrungen, zum Beispiel Freude an Kindern und Enkeln, beruflicher Erfolg oder die Beschäftigung mit einem Hobby, das Interesse am Geschlechtsverkehr. Zuweilen empfinden es ältere Menschen auch als unwürdig oder lästig, sich Sexualpartner zu suchen. Manche Männer glauben, das Nachlassen ihrer körperlichen Kräfte bedeute das Ende des Sexuallebens, und sie geben deshalb einfach auf. Das bedeutet, daß Menschen sich häufig sexuelle Freuden versagen, lange bevor es biologisch notwendig wäre.

Das ist in vieler Hinsicht sehr bedauerlich. Geschlechtsverkehr kann älte-

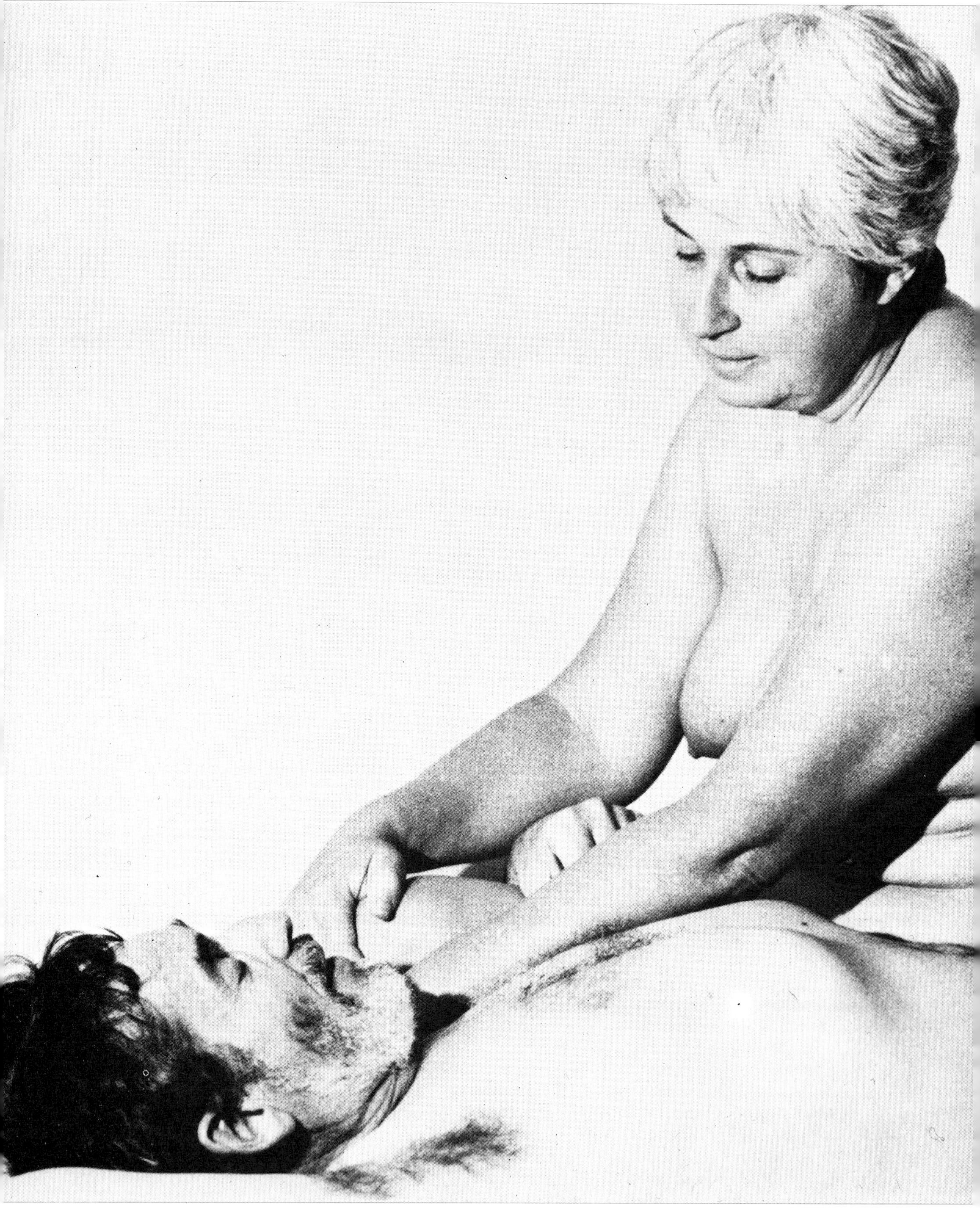

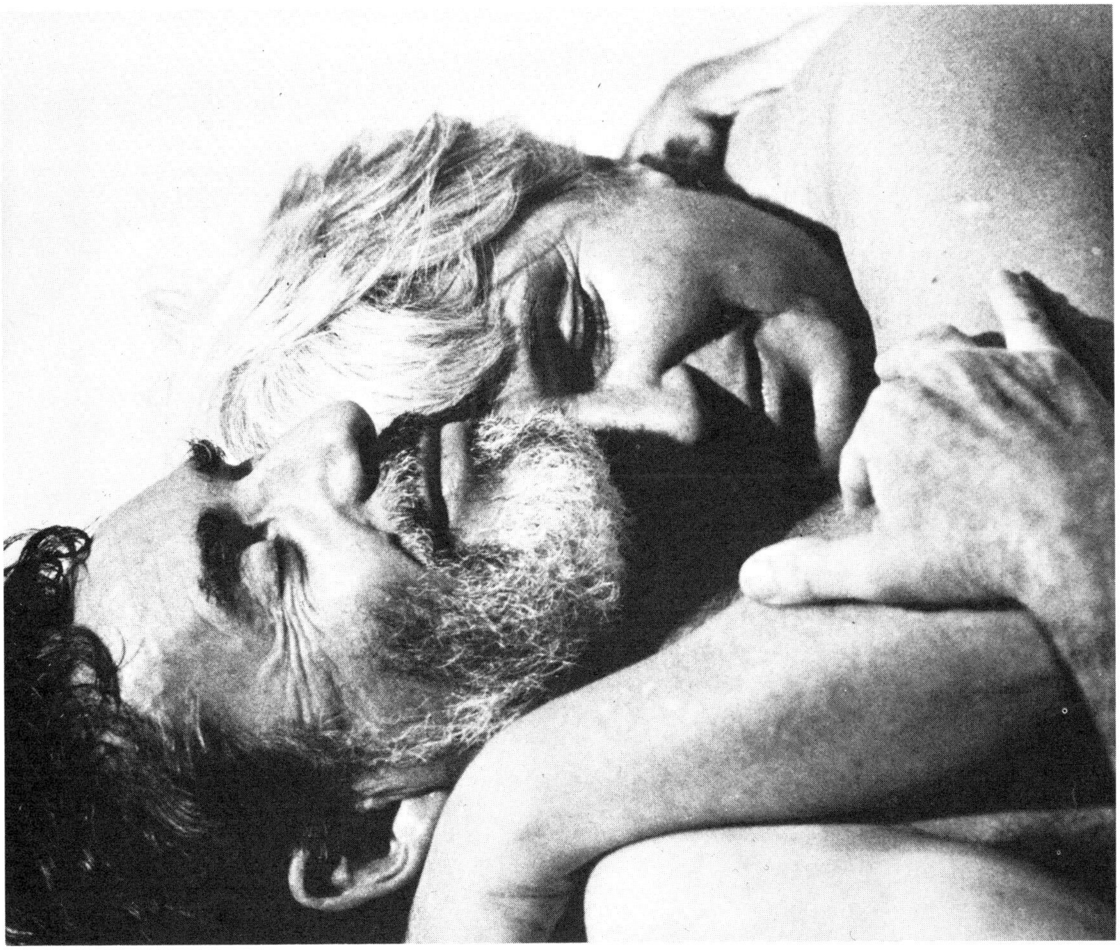

ren Menschen helfen, ihr Selbstvertrauen und ihre Zufriedenheit zu bewahren. Er kann Wohlbefinden geben, Lebensinteressen erneuern und so frühzeitiges Altern verhindern. Ein gewisses Nachlassen der Kräfte und die Gebrechen des Alters bedeuten kein Hindernis für sexuelle Befriedigung. Besondere körperliche Probleme können darüber hinaus durch Hormonbehandlung und andere therapeutische Maßnahmen gelindert werden.

Die Gründe, aus denen ältere Männer und Frauen sich nicht mehr sexuell betätigen, sind meist psychischer Natur. Es erscheint jedoch fast sicher, daß die verschiedenen Bewegungen zur sexuellen Befreiung früher oder später auch ältere Menschen erreichen und es ihnen dann möglich sein wird, eine neue Einstellung zur Sexualität zu entwickeln.

Weiterführende Literatur

Bornemann, E.: Sexuelle Entwicklungspsychologie. Bd. 1: Reifungsphasen der Kindheit. Frankfurt/M. (Diesterweg), 1981.

Croissier, S.: Kognitive und soziale Faktoren in der Entwicklung kindlicher Geschlechtsrolleneinstellung. Weinheim (Beltz), 1979.

Ford, C. S., Beach, F. H.: Das Sexualverhalten von Mensch und Tier (Patterns of sexual behavior, dt.). Reinbek (Rowohlt), 1971.

Freud, S.: Drei Abhandlungen zur Sexualtheorie und verwandte Schriften. (1905). Frankfurt/M. (Fischer), 1981.

Group for the Advancement of Psychiatry (Hrsg.): Normal adolescence. Its dynamics and impact. New York (Scribner's), 1968.

Kinsey, A. C. u. a.: Das sexuelle Verhalten der Frau (Sexual behavior in the human female, dt.). Frankfurt/M. (Fischer), 1970.

Kinsey, A. C. u. a.: Das sexuelle Verhalten des Mannes (Sexual behavior in the human male, dt.). Frankfurt/M. (Fischer), 1970.

Le Shan, E. J.: Teenager-Sex und Elternsorgen (Sex and your teenager, dt.). Genf (Keller), 1972.

Masters, W. H., Johnson, V. E.: Die sexuelle Reaktion (Human sexual response, dt.). Reinbek (Rowohlt), 1980.

Masters, W. H., Johnson, V. E.: Spaß an der Ehe (The pleasure bond, dt.). Wien (Molden), 1976.

Masters, W. H., Johnson, V. E.: Impotenz und Anorgasmie. Zur Therapie funktioneller Sexualstörungen (Human sexual inadequacy, dt.). Frankfurt/M. (Goverts), 1973.

Money, J., Tucker, P.: Sexual signatures. Boston (Little, Brown), 1975.

Money, J., Ehrhardt, A.: Körperlich-sexuelle Fehlentwicklungen (Sex errors of the body, dt.). Reinbek (Rowohlt), 1969.

Pomeroy, W. B.: Boys und Sex (Boys and sex, dt.). Oldenburg (Stalling), 1969.

Pomeroy, W. B.: Girls and sex. New York (Dell), 1973.

Rousseau, J.-J.: Emile oder über die Erziehung (1762). 2 Bände, Stuttgart (Reclam), 1965.

Schneider, H.-D.: Sexualverhalten in der zweiten Lebenshälfte. Stuttgart (Kohlhammer), 1980.

Schumann, H. J. v.: Erotik und Sexualität in der zweiten Lebenshälfte. Leitfaden für Gesunde und Kranke sowie für Ärzte und Psychotherapeuten. Stuttgart (Hippokrates), 1979.

Sherfey, M. J.: Die Potenz der Frau. Wesen und Evolution der weiblichen Sexualität (The nature and evolution of female sexuality, dt.). Köln (Kiepenheuer & Witsch), 1974.

Sigusch, V., Schmidt, G.: Jugendsexualität. Dokumentation und Untersuchung. Stuttgart (Enke), 1973.

Tiefer, L.: Die menschliche Sexualität. Einstellungen und Verhaltensweisen. Weinheim (Beltz), 1981.

Whalen, R. E.: Sexual motivation. In: Psychological Review. Vol. 73 (1966), S. 151–163.

7. Formen des Sexualverhaltens

Man kann menschliches Sexualverhalten auf sehr verschiedene Weise klassifizieren. Man kann zum Beispiel eine bestimmte Art sexueller Aktivität als Standard oder Norm definieren und alle anderen Arten dann als ,,Varianten" oder ,,Abweichungen" bezeichnen. Dieses Vorgehen wird traditionellerweise von der Kirche, den Gesetzgebern und der Psychiatrie gewählt.

Die sexuellen Normen, die so festgelegt werden, sind jedoch Veränderungen unterworfen und nicht immer deckungsgleich. So kann ein bestimmtes Sexualverhalten in einer bestimmten historischen Periode als normal gelten, während es in einer anderen als abnorm betrachtet wird. Theologen, Gesetzgeber und Ärzte haben darüber hinaus unterschiedliche Auffassungen davon, was im sexuellen Verhalten eines Menschen richtig oder falsch ist. Das bedeutet: man kann nicht davon ausgehen, daß jede moralisch einwandfreie sexuelle Handlung zugleich auch als legal und als gesund gilt. Ebenso ist nicht jede sexuelle Sünde auch ein Sexualverbrechen, nicht jedes Sexualverbrechen deutet gleichzeitig auf eine ,,Sexualstörung" hin. (Vgl. a. Kap. 10 ,,Anpassung und Abweichung".)

Angesichts dieser Tatsachen erscheint es sinnvoll, eine andere, neutralere Sicht anzustreben. Wenn man sich dem Problem unvoreingenommen nähern will, muß man Werturteile vermeiden und rein technische Ausdrücke wählen. Man könnte so zum Beispiel das Sexualverhalten einfach danach einteilen, auf welche ,,Objekte" es sich bezieht. Man könnte dann etwa unterscheiden zwischen Handlungen, die eine Person alleine ausführt, und solchen, die des Kontakts mit anderen bedürfen. Ein solcher Kontakt wiederum kann mit einem Partner des anderen Geschlechts stattfinden, mit einem Partner des gleichen Geschlechts oder mit einem Tier. Wir kommen dann auf vier Grundformen des Sexualverhaltens:

1. Sexuelle Selbststimulierung
2. Heterosexueller Geschlechtsverkehr
3. Homosexueller Geschlechtsverkehr
4. Sexueller Kontakt mit Tieren.

Natürlich beziehen sich diese Unterscheidungen lediglich auf verschiedene Formen des Verhaltens, nicht auf verschiedene Arten von Menschen. Das bedeutet: eine und dieselbe Person kann sehr wohl alle vier Formen des Sexualverhaltens ausüben. Es gibt Menschen, die zunächst vor allem sexuelle Selbststimulierung wählen, dann durch eine kurze Phase sexueller Erfahrungen mit Tieren gehen und danach ihr Interesse Menschen des anderen Geschlechts zuwenden. Andere pflegen ihr Leben lang sowohl heterosexuelle als auch homosexuelle Kontakte. Wieder andere machen unterschiedliche sexuelle Erfahrungen während ihrer Jugend und finden schließlich vollkommene Befriedigung in einer traditionellen Ehe. Es kann aber auch sein, daß der Verlust des Ehepartners durch Tod oder Scheidung manche Männer und Frauen dazu veranlaßt, frühere Verhaltensformen wieder aufzunehmen.

Die moderne Sexualforschung hat gezeigt, daß das menschliche Sexualverhalten nicht von einem bestimmten und unbeirrbaren biologischen Instinkt geleitet wird, sondern in hohem Maße sozialen Einflüssen und Lernprozessen unterliegt. Außerdem haben historische und anthropologische Studien ergeben, daß unterschiedliche Gesellschaftsformen ihre Mitglieder in dieser Hinsicht ganz unterschiedlich prägen. Insgesamt ist man heute deshalb der Ansicht, daß Menschen ihre sexuellen Objekte nach den jeweiligen Umständen auswählen und ihr sexuelles Verhalten ein Ergebnis ihrer individuellen Lernerfahrungen ist.

Zweifellos begünstigen die meisten Gesellschaften eine ganz bestimmte Objektwahl gegenüber allen anderen: die eines erwachsenen Partners des anderen Geschlechts. So ist der heterosexuelle Verkehr die bei weitem verbreitetste Form des Sexualverhaltens. Der Grund hierfür ist offensichtlich, daß nur sexueller Kontakt zwischen Männern und Frauen zur Fortpflanzung führen und dadurch das Überleben der Art und der sozialen Gruppe gewährleisten kann. Jede Gesellschaft, die eine Vorliebe für Masturbation, homosexuellen Geschlechtsverkehr oder sexuellen Kontakt mit Tieren entwickelte, würde damit ihr eigenes Überleben in Frage stellen.

Dennoch ist bekannt, daß das Überleben der Menschen auch dadurch bedroht sein kann, daß sich die Menschen im Übermaß vermehren. In diesem Fall kann der Gesellschaft unter Umständen keine andere Wahl bleiben, als ihre sexuellen Angewohnheiten zu ändern. So berichtet der griechische Philosoph Aristoteles in seiner Schrift „Politika", daß die Bewohner der Insel Kreta unter dem Druck der Überbevölkerung gezwungen waren, offiziell homosexuelles Verhalten einzuführen, um so die Geburtenrate zu senken. Dieser Bericht mag wahr sein oder nicht, er zeigt auf alle Fälle, daß sich schon vor über 2000 Jahren Menschen der Tatsache bewußt waren, daß die Wahl des sexuellen Objektes zu einem gewissen Grad auch von den Bedürfnissen der Gesellschaft diktiert wird.

Diese Feststellungen sollen nicht zur Auffassung führen, menschliches Sexualverhalten sei von biologischen Faktoren unabhängig. Im Gegenteil: Die überwiegende Neigung zum heterosexuellen Geschlechtsverkehr ist aus der Abstammung des Menschen vom Säugetier leicht zu erklären. Obwohl viele höhere Säugetiere die Fähigkeit besitzen (und sie auch nutzen), sexuelle Selbststimulierung, homosexuellen Geschlechtsverkehr oder Kontakte mit Tieren anderer Spezies auszuüben, besteht ihre überwiegende sexuelle Ausdrucksweise in der heterosexuellen Kopulation innerhalb der eigenen Spezies. Man kann davon ausgehen, daß bei den Menschen wie bei den höheren Säugetieren zumindest ein Teil dieses allgemeinen Verhaltensmusters angeboren ist. Allerdings muß man berücksichtigen, daß die Gesellschaft gleichzeitig alles daran setzt, um die natürliche Vorliebe für den heterosexuellen Geschlechtsverkehr zu unterstützen und andere, genauso natürliche Arten des Sexualverhaltens zu unterdrücken. Insgesamt legen die heutigen Erkenntnisse zwei Schlußfolgerungen nahe: In einer Gesellschaft ohne Tabus und Verbote würde der heterosexuelle Geschlechtsverkehr immer noch die häufigste Form des Sexualverhaltens sein. Andererseits würden die übrigen Formen des Sexualverhaltens sehr viel weiter verbreitet sein, als sie es zur Zeit in den meisten Gesellschaften sind.

In den letzten Jahren hat die sexuelle Freizügigkeit in unserer Gesellschaft erheblich zugenommen. Infolgedessen sind sich heute mehr Menschen als je zuvor der Vielfalt menschlichen Sexualverhaltens bewußt. Man kann jedoch kaum feststellen, ob das Verhalten selbst sich verändert hat, da statistische Daten erst seit ein paar Jahrzehnten gesammelt werden. Wir wissen, daß zumindest theoretisch unsere Vorfahren im 19. Jahrhundert wesentlich stärker beschränkt waren. Dennoch könnte ihr Verhalten in der Praxis dem unseren sehr ähnlich gewesen sein.

Heute sind die Menschen offensichtlich besser informiert, und sie haben eher Gelegenheit, ihre sexuellen Möglichkeiten zu erforschen. Die Einführung zuverlässiger Verhütungsmittel hat viele Paare von den Ängsten unerwünschter Schwangerschaft befreit. Die soziale Emanzipation der Frau hat mehr Aufrichtigkeit in die Beziehungen zwischen Frau und Mann gebracht. Die Massenmedien sorgen für intensive Sexualinformation, die Jung und Alt auch darin unterstützen kann, sich als sexuelle Wesen zu verstehen und zu akzeptieren.

Diese Entwicklungen werden hoffentlich bald zu der allgemeinen Einsicht führen, daß Liebe nur in einem Klima der Toleranz gedeihen kann, daß eine einzelne, strikt durchzusetzende sexuelle Verhaltensnorm nicht notwendig ist und daß die Interessen der Gesellschaft am besten gewahrt werden, wenn jedem das Recht auf sexuelle Selbstbestimmung zuerkannt wird.

Die folgenden Abschnitte geben einige allgemeine Informationen über die vier Grundformen des Sexualverhaltens und eine kurze Beschreibung der gebräuchlichen Techniken. Die soziale Bedeutung dieser Verhaltensweisen wird im dritten Teil des Buches in den Kap. 10 „Anpassung und Abweichung" und 12 „Die sexuell Unterdrückten" eingehender dargestellt.

7.1 Sexuelle Selbststimulierung

Menschen können (ebenso wie viele Tiere) auch ohne Partner sexuell erregt werden und zum Orgasmus kommen. Diese Selbststimulierung ist in jedem Alter möglich. Sie kann absichtlich durch Masturbation herbeigeführt werden oder sie ereignet sich unbeabsichtigt, zum Beispiel im Schlaf. Unser Körper ist also jederzeit zu sexuellen Reaktionen fähig, ob wir in Gesellschaft anderer sind oder allein.

In früheren Zeiten wurde oft angenommen, es käme zum unbeabsichtigten Orgasmus, weil ein Engel, ein Geist oder ein Dämon Menschen im Schlaf besuchte. Im Mittelalter glaubte man, daß der Teufel selbst gute Christen verführte, indem er nachts in Gestalt eines Incubus (lat.: „der auf einer Frau liegt") oder als Succubus (lat.: „der unter einem Mann liegt") erschien. Interessanterweise waren jüdische und christliche religiöse Autoritäten weit weniger um unbeabsichtigte Orgasmen bei Frauen besorgt als bei Männern. Der Grund hierfür lag zweifellos in ihrer Überzeugung, männlicher Samen dürfe nicht „vergeudet" werden und habe ausschließlich der Fortpflanzung zu dienen. Einige Ärzte des Mittelalters erklärten auch, der Samen sei eine überaus wichtige, lebenserhaltende Flüssigkeit, noch wertvoller als Blut, und zu viele Ejakulationen könnten daher den Körper schwächen. Ein Verlust an Samen sei nur unter ganz bestimmten Umständen gesund, ähnlich wie ein Aderlaß nur bei bestimmten Krankheiten als Therapie anzusehen sei. Da Frauen keinen Samen ejakulieren, trafen auf sie diese Überlegungen nicht zu, und man schenkte ihren Orgasmen deshalb nicht viel Beachtung.

Die jüdisch-christliche Auffassung von der „Vergeudung" von Samen führte auch zur allgemeinen Mißbilligung männlicher Masturbation. Wenngleich die Masturbation in der Bibel niemals erwähnt wird, wurde sie in der rabbinischen Überlieferung immer als schwere Sünde angesehen und war – zumindest nach einer Auslegung des Talmud (Nidda 13 a) – ein Verbrechen, das mit dem Tod bestraft werden mußte. Diese negative Einstellung der Juden haben die Christen später übernommen.

Trotzdem war für das mittelalterliche Europa die Masturbation noch kein großes Problem. Während sie in bestimmten Bußbüchern erwähnt wird, gehen andere theologische Schriften der damaligen Zeit kaum oder nur in versteckter Form auf sie ein. Auch die volkstümlichen Katechismen, die im 16. Jahrhundert aufkamen, befaßten sich nicht mit diesem Thema. Dies mag zunächst befremdlich erscheinen, wird jedoch verständlicher, wenn man sich daran erinnert, daß die mittelalterliche Auffassung von der Sexualität noch recht eingeschränkt war. Der Begriff ,,Sexualität" selbst war ja noch unbekannt. Statt dessen sprachen die Menschen von Liebe, Begehren oder vom ,,Dienst der Venus". Man erkannte nur eine Form des Sexualverhaltens als tatsächlich sexuell an: den Koitus unter Erwachsenen. Daher scheint es, daß zumindest Frauen und Kinder kein besonderes Schuldgefühl beim Masturbieren entwickelten, sondern darin lediglich ein Mittel sahen, sich von körperlichen Spannungen zu befreien.

Diese Einstellung begann sich aber im 18. Jahrhundert zu verändern. 1710 erschien in England ein anonymes Pamphlet unter dem Titel ,,Onanie – oder die abscheuliche Sünde der Selbstbefleckung und all ihre schrecklichen Folgen für beide Geschlechter, betrachtet mit Ratschlägen für Körper und Geist". Der Autor Bekker, ein Wunderheiler und früherer Pfarrer, lieferte seinen Lesern einen breiten Aufguß der alten Theorien von den Gefahren des ,,vergeudeten" Samens. Dieses Verhalten benannte er nach Onan, von dem die Bibel erzählt, wie er von Gott wegen seiner Weigerung gestraft wurde, die Witwe seines Bruders zu schwängern. Onan genügte zwar den Forderungen der Tradition, indem er mit ihr Koitus ausführte, verhinderte aber eine Schwangerschaft, indem er ,,seinen Samen zur Erde fallen ließ", d. h. sich der Methode des Coitus reservatus bediente (1. Buch Mose, 38:8–10). Leider fanden Bekkers absurde Ideen und seine irreführende Ausdrucksweise alsbald weite Anerkennung. Das Pamphlet wurde rasch in verschiedene europäische Sprachen übersetzt und erlebte im Laufe der Zeit über 80 Auflagen.

Im Jahre 1760 veröffentlichte ein angesehener Schweizer Arzt namens Tissot ein noch einflußreicheres Buch unter dem Titel ,,Onanismus – oder eine Abhandlung über Krankheiten, die durch Masturbation entstehen". Der Autor behauptete, daß Masturbation nicht nur eine Sünde und ein Verbrechen sei, sondern daß sie auch viele schreckliche Krankheiten verursache wie ,,Schwindsucht, Minderung der Sehkraft, Störungen der Verdauung, Impotenz . . . und Wahnsinn". Der Erfolg Tissots war spektakulär. Überall wurde er als Autorität auf dem Gebiet der Masturbation anerkannt, und man lobte ihn allgemein als Wohltäter der Menschheit. Innerhalb weniger Jahrzehnte wurden seine Ansichten zur offiziellen medizinischen Lehrmeinung. Ärzte der gesamten westlichen Welt begannen, die Wurzel fast aller körperlichen Probleme in der Masturbation zu sehen.

Als 1812 Benjamin Rush, der ,,Vater der amerikanischen Psychiatrie", sein Buch ,,Medizinische Untersuchungen und Beobachtungen der Geisteskrankheiten" herausbrachte, galten die schädlichen Auswirkungen der Masturbation bereits überall als erwiesen. Nach Rush verursachte der ,,Onanismus" nicht nur Wahnsinn, sondern auch ,,Samenschwäche, Impotenz, Schmerzen beim Wasserlassen, Rückenmarksschwindsucht, Lungenschwindsucht, Verdauungsstörungen, Sehschwäche, Schwindelgefühle, Epilepsie, Hypochondrie, Gedächtnisschwund, Mannesschmerz, Verblödung und Tod".

Wie diese Beispiele zeigen, waren die ersten Kämpfer gegen das Übel der Masturbation Ärzte, ihre Argumente waren weitgehend medizinischer Art. Sehr bald sahen sie sich jedoch von ,,aufgeklärten" Erziehern unterstützt, die um die moralische Gesundheit ihrer Schützlinge bangten. Die Kirchen zeigten ihrerseits zunächst wenig Interesse, sich an dem Feldzug zu beteiligen. Einige Kirchenmänner wiesen darauf hin, daß sie keinen einzigen Hinweis auf die Masturbation in der Heiligen Schrift finden könnten und sich daher außerstande sähen, sie zu verdammen. Es schien, daß nur eine neue und wesentlich breitere Auslegung des biblischen Gebots gegen den Ehebruch die einzige Lösung sein könnte. Dies allerdings hätte die Dinge leicht noch schlimmer machen können. Es hätte dann einer umfassenden und eingehenden sexuellen

Aufklärung bedurft, und besonders die Jungen und Unschuldigen hätten plötzlich etwas über Sünden erfahren müssen, von denen sie bis dahin nie gehört hatten. Darüber hinaus erschien eine genaue Definition der Masturbation alles andere als einfach. Schließlich hatte man den Begriff zunächst nur auf erwachsene Männer angewandt. Die Entdeckung, daß auch Frauen und Kinder masturbierten, war neu. Aus den Pamphleten gegen die Masturbation geht hervor, daß die Autoren der damaligen Zeit erhebliche Schwierigkeiten hatten, den Lesern genau zu erklären, worüber sie überhaupt schrieben. Nach einigem anfänglichen Widerstand waren jedoch auch die Vertreter der Kirche ,,fortschrittlich" genug, die Gefahren der Masturbation zu erkennen, und bald war jedermann davon überzeugt, daß diesen Gefahren nur mit drakonischen Maßnahmen begegnet werden konnte.

Wiederum wiesen die Ärzte den richtigen Weg. Sie wußten zunächst vor allem, wie man Masturbierende entdecken konnte. Allgemeine Teilnahmslosigkeit und Faulheit, schwache oder flackernde Augen, eine blasse Hautfarbe, schlechte Haltung und zitternde Hände waren Symptome heimlicher ,,Selbstbefleckung". Wo immer sich diese Symptome fanden, schien eine gründliche Untersuchung angezeigt. Glücklicherweise führte die sofortige Konfrontation mit Beweisen die armen Sünder immer dahin, ein Geständnis abzulegen. Sowie die Tatsache einmal festgestellt war, konnte man mit der ,,Therapie" beginnen.

Im 18. Jahrhundert gab man einem überführten Masturbierenden eine besondere Diät. (Verschiedene Ärzte empfahlen hierbei unterschiedliche Diäten, nicht unähnlich ihren modernen Kollegen im Kampf gegen die Fettleibigkeit.) Auch war man der Auffassung, daß eine harte Matratze, eine dünne Decke und ständiges Waschen mit kaltem Wasser, dazu eine allgemein niedrige Raumtemperatur, helfen würden, mit dem Laster zu brechen. Darüber hinaus wurde einfache und praktische Kleidung gefordert. Es gab sogar eine Kampagne, für Männer Röcke einzuführen und Hosen abzuschaffen, ,,weil sie zu warm sind und die Geschlechtsorgane reizen". Schließlich, und das lag auf der Hand, mußte der ,,Patient" ständig überwacht werden.

Diese noch relativ harmlosen Behandlungsmethoden wurden im 19. Jahrhundert verfeinerter und grausamer. Die Psychiater fanden, daß der durch die Masturbation hervorgerufene Schwachsinn von ganz besonders schlimmer Art sei. So beschrieb im Jahre 1867 Maudsley, der größte britische Psychiater seiner Zeit, daß die Krankheit charakterisiert sei ,,durch . . . besondere Perversion der Gefühle und entsprechende Verwirrung des Geistes in den frühen Stadien, später durch Versagen der Intelligenz, nächtliche Halluzinationen, mörderische und selbstmörderische Neigungen". Wer masturbierte, war mit anderen Worten ein wahnsinniger potentieller Mörder, und es schien nur ein Zeichen von Vorsicht, ihn in einem Asyl hinter Schloß und Riegel zu bringen.

Die Angelegenheit wurde noch dadurch wesentlich verschlimmert, daß der ,,Masturbationswahnsinn" im fortgeschrittenen Stadium als unheilbar galt. Das einzige, was die Kunst der Medizin noch tun konnte, war der Versuch, das Leiden zu verhüten oder früh zu entdecken. Eltern wurden daher angewiesen, ihren Kindern die Hände am Bett festzubinden oder ihnen Fausthandschuhe mit eisernen Dornen anzuziehen. Besondere Bandagen und ,,Keuschheitsgürtel" sollten das Berühren der Geschlechtsorgane verhindern. Ärzte mit einer Vorliebe für Feinmechanik erfanden sinnreiche Vorrichtungen, die die Menschen davor ,,schützten", sich ,,selbst zu beflecken". Zu den groteskeren dieser Erfindungen gehörte ein ,,Erektionsdetektor", der eine kleine Glocke im elterlichen Schlafzimmer auslöste, wenn das Kind im Schlaf eine Erektion hatte. Wenn alle diese Methoden nicht ,,halfen", empfahl man chirurgische Eingriffe. Die am häufigsten angewandte Operation war die Infibulation bei Männern (das heißt, das Einsetzen eines Metallringes in die Vorhaut, um so eine Erektion zu verhindern) und die Klitoridektomie bei Frauen (das heißt, das Herausschneiden der Klitoris). Daneben wurden die Geschlechtsorgane auch durch Verbrennen, Verätzen oder Durchtrennen der Nerven gefühllos gemacht.

Natürlich wurde durch diese mechanischen Vorrichtungen und chirurgischen Eingriffe den Geschlechtsorganen und ihrer Funktion ständiges Augenmerk geschenkt. Das machte es den „Patienten" fast unmöglich, ihre „Krankheit" auch nur für einen Augenblick zu vergessen. Kein Wunder also, daß für viele von ihnen die Masturbation zur Besessenheit wurde.

Offensichtlich waren die Ärzte, die für diese schmerzhaften, gefährlichen und nutzlosen „Behandlungen" verantwortlich waren, nicht so sehr an der Verhütung der Masturbation, als an der Bestrafung der Masturbierenden interessiert. Andererseits schienen die unglücklichen Opfer oft fast auf die Bestrafung zu warten. Einige verzweifelten an ihren Schuldgefühlen und bestraften sich selbst, indem sie sich verstümmelten oder Selbstmord begingen.

Es ist erstaunlich, daß eigentlich intelligente Menschen solche Einstellungen entwickeln konnten. Mit gesundem Menschenverstand oder einfach durch die Beobachtung von Mensch und Tier hätten sie jederzeit erkennen können, daß Masturbation eine weitverbreitete, harmlose Handlung ist, die in keinem Fall weniger gesund sein kann als der Geschlechtsverkehr. Selbst wenn man darüber hinaus wider alle Erfahrung der Meinung gewesen wäre, der Samenverlust könne den Körper schwächen, so hätte diese Gefahr doch nie den Frauen und Kindern drohen können. Die medizinischen Einwände gegen die Masturbation waren also von Anfang an unlogisch und unhaltbar. Die Tatsache, daß man ihnen dennoch Glauben schenkte, bedarf also offensichtlich einer Erklärung.

Es scheint, daß die Kampagne gegen die Masturbation in der wachsenden sexuellen Prüderie jener Zeit zu suchen war. Es kann kein Zufall sein, daß die Ärzte, Erzieher und Vertreter der Kirche – also die Hauptfiguren in dieser Kampagne – Angehörige des Bürgertums waren. Es wurde an anderer Stelle in diesem Buch darauf hingewiesen, daß das Entstehen der bürgerlichen Mittelschicht in Europa und Nordamerika die gesellschaftliche Rolle von Kindern und Jugendlichen stark veränderte und zu einer neuen Einstellung gegenüber dem menschlichen Körper und seinen Funktionen führte. In den Augen dieser bürgerlichen Mittelschicht war der Körper vor allem eine Maschine und ein Arbeitsinstrument, das auf das genaueste und wirtschaftlichste zu funktionieren hatte. Mangelnde Rentabilität, Müßiggang und Verschwendung, die in der Antike und im Mittelalter nicht als wesentliche Probleme gesehen wurden, galten jetzt als besondere Laster. Sexuelle Handlungen wurden lediglich gestattet, solange sie der Zeugung von Kindern dienten und damit die Arbeitskraft vermehrten. Reine Sinnlichkeit ohne konkreten Zweck wurde jedoch als subversiv und gefährlich betrachtet. Masturbation stellte eine ganz besondere Gefahr dar, da sie nicht einmal der Mitwirkung eines Partners bedurfte. Darüber hinaus war sie allen Männern und Frauen jeden Alters und aus allen sozialen Schichten jederzeit möglich und konnte diese daran erinnern, daß der Körper auch ein Instrument der Lust sein kann. So betrachtet, waren die pseudowissenschaftlichen Theorien gegen die Masturbation nichts anderes als eine intellektuelle Verbrämung und Entschuldigung der zunehmenden Unterdrückung nicht-reproduktiver Sexualität.

Diese Unterdrückung war offensichtlich auch mit dem Prozeß der Industrialisierung und dem zunehmenden Bedarf an disziplinierten und willigen Arbeitern verbunden. Daher überrascht es nicht, daß die Verfolgung der Masturbation im 19. Jahrhundert einen Höhepunkt erreichte. Erst als gegen Ende des 19. Jahrhunderts die meisten westlichen Gesellschaften industrialisiert waren und begannen, die Früchte ihres neuen Reichtums zu genießen, setzte ein langsamer Prozeß der sexuellen Liberalisierung ein.

Man kann beobachten, wie sich die starre Haltung der Psychiatrie gegenüber der Masturbation im Laufe der letzten 100 Jahre nach und nach abschwächte. Zunächst begannen sich einige Psychiater zu fragen, ob Masturbation nicht eher Folge als Ursache von Geisteskrankheit sei. Dann wurde überhaupt bezweifelt, daß es Zusammenhänge gebe. ,,Selbstbefleckung" war womöglich nur eine ,,schlechte Angewohnheit" oder ein Symptom von ,,Entwicklungsstörungen". Dennoch blieb die Masturbation immer noch eine potentielle Gefahr, zumindest beim männlichen Geschlecht. Manche Ärtze vertraten nach wie vor die Ansicht, daß eine frühzeitige Verschwendung von Samen den Körper schwäche. Natürlich muße man auch diese Theorie aufgrund fehlender Beweise wieder verwerfen. Es kam daher in Mode, nur noch vor ,,exzessivem Masturbieren" zu warnen, ein Argument, das eine Weile lang aus der Verlegenheit half. Da der ,,Exzeß" niemals klar definiert wurde, bedurfte er auch keines wissenschaftlichen Beweises, und jeder mögliche Masturbierende war dennoch abgeschreckt. Erst die moderne Sexualforschung bewies, was jeder hätte wissen können: daß Masturbation keinerlei körperlichen oder geistigen Schaden verursacht und daß ,,Exzeß" ein relativer Begriff ist. Während manche Menschen ihr ganzes Leben lang nicht ein einziges Mal masturbieren, tun es andere über Jahrzehnte mehrmals täglich. Das eine Verhalten ist genauso ,,natürlich", ,,normal" und ,,gesund" wie das andere.

Leider bedarf es jedoch nicht nur der einfachen Darlegung von Tatsachen, um die Vorurteile vieler Jahrhunderte zu überwinden. Selbst heute haben noch viele Menschen Zweifel und Ängste hinsichtlich der Masturbation. Die meisten können dafür gar keine triftigen Gründe angeben, aber sie werden ihre Befürchtungen einfach nicht los. So gibt es immer noch Autoren von Aufklärungsschriften, die die Masturbation als ,,unproduktiv", ,,unkreativ" und ,,parasitär" anprangern. Zwar geben sie zu, daß die Masturbation keinen körperlichen Schaden anrichten kann, fahren aber gleichzeitig fort, davor zu warnen, weil jede Art von ,,Exzeß" – ähnlich wie Alkoholismus und Spielleidenschaft – auf die ,,schiefe Bahn" führe. Einige Autoren deuten sogar an, daß Masturbation zu Egoismus, zu Vereinsamung oder zum Haß auf das andere Geschlecht führen könne.

Diese Art Aberglauben kann in unserer Gesellschaft nur deshalb bestehen bleiben, weil sie sich noch nicht vollständig von der sexuellen Unterdrückung der Vergangenheit gelöst hat. Es scheint jedoch, daß in Zukunft immer mehr Menschen lernen werden, in der Masturbation nur eine andere Form des Sexualverhaltens zu sehen, die ihnen dabei helfen kann, ihr erotisches Potential zu erweitern und auszuschöpfen.

7.1.1 Orgasmus im Schlaf

Es war seit jeher bekannt, daß der Mensch auch im Schlaf zu sexuellen Erlebnissen fähig ist. In bestimmten Kulturkeisen und historischen Zeitabschnitten schrieb man diese Fähigkeit nur Männern zu. So steht zum Beispiel in der Bibel, daß bei den Hebräern ein Mann, der im Schlaf einen Orgasmus hatte, sich zur Reinigung eines rituellen Bades unterziehen mußte. Seine ungewollte Ejakulation wurde als ,,Verunreinigung" bezeichnet (5. Mose 23).

Es gab keine vergleichbare Vorschrift für Frauen. Bis vor gar nicht allzu langer Zeit wurde in unserer Kultur von religiösen und medizinischen Fachleuten die ganze Angelegenheit unter den Begriffen ,,nächtliche Pollution" oder ,,nächtlicher Samenerguß" diskutiert. Erst Mitte unseres Jahrhunderts legten Kinsey und seine Mitarbeiter einige verläßliche Statistiken zur Häufigkeit dieses sexuellen Erlebnisses vor. Diese Untersuchungen belegten, daß nicht nur Männer, sondern auch Frauen im Schlaf Orgasmen haben, wobei der Anteil bei Frauen jedoch etwas geringer ist. Aus diesem Grunde begann Kinsey, nicht mehr von ,,nächtlichen Pollutionen" zu sprechen, sondern von ,,nächtlichen sexuellen Träumen". Diese Bezeichnung konnte auf beide Geschlechter angewandt werden. Darunter fielen aber auch Fälle, bei denen es nicht zum Orgasmus kam. Um die Beschreibung zu präzisieren, wurde deshalb Kinseys Bezeichnung von anderen Sexualforschern durch den Begriff ,,nächtlicher Orgasmus" ersetzt. Dieser heute viel verwendete Ausdruck ist allerdings sehr irreführend, denn in unserer Gesellschaft ereignen sich die meisten Orgasmen ohnehin bei Nacht, einschließlich derer, die durch Koitus erreicht werden. Sexuelle Träume kann man andererseits auch beim Mittagsschlaf haben, und man müßte sie dann als ,,sexuelle Träume bei Tage" bezeichnen. Es scheint, daß ,,Orgasmus im Schlaf" die genaueste verfügbare Bezeichnung ist.

Unbeabsichtigte Orgasmen stehen fast immer mit sexuellen Träumen in Verbindung, besonders beim männlichen Geschlecht. Diese Träume können ungewöhnliches oder verbotenes Verhalten ausdrücken, wie zum Beispiel Geschlechtsverkehr mit nahen Verwandten, Kindern, Gruppensex, Exhibitionismus oder sexuelle Handlungen mit Tieren. Die normalen Hemmungen und Zwänge sind während des Schlafes weniger wirksam, und viele unserer unbewußten Wünsche kommen so in einer bildlichen Art zum Ausdruck. Das Fehlen bewußter Kontrollmechanismen hat auch noch eine weitere Auswirkung: Viele Menschen kommen im Schlaf wesentlich schneller zum Orgasmus (besonders Frauen), als es im wachen Zustand der Fall ist.

Die religiöse und medizinische Einstellung diesen Ereignissen gegenüber ist heute allgemein toleranter. Einige christliche Kirchen kümmern sich überhaupt nicht mehr darum, und die Katholische Kirche betrachtet sie nur dann als Sünde, wenn sie bewußt geplant oder als angenehm und lustbetont empfunden werden. Bestimmte Psychiater pflegten unwillkürliche Orgasmen bei Frauen früher als neurotische Störung zu betrachten. Diese merkwürdige Einstellung ist jedoch inzwischen endgültig verworfen worden. Statt dessen gilt heute weitgehend die Meinung, daß unbewußte Orgasmen im Schlaf notwendig und gesund sind, daß sie sogar eine ,,natürliche " Kompensation für sexuelle Abstinenz sein können. Menschen, die bewußt sexuell nicht aktiv sind, können statt dessen im Schlaf sexuelle Entspannung finden. Diese verbreitete Auffassung scheint jedoch falsch zu sein. So haben die Untersuchungen von Kinsey zum Beispiel ergeben, daß Frauen, denen plötzlich die Gelegenheit genommen wird, mehrere koitale Orgasmen pro Woche zu haben, im Laufe eines ganzen Jahres nur wenige Orgasmen mehr während des Schlafes hatten. Tatsächlich nahmen bei einigen Frauen die unbewußten Orgasmen nur dann zu, wenn sie auch häufiger bewußte Orgasmen hatten. Das bedeutet, ein Orgasmus im Schlaf ist möglicherweise eine normale Funktion des menschlichen Körpers, aber er ist kein Ersatz für bewußte sexuelle Aktivität.

7.1.2 Die Masturbation

Das Wort ,,Masturbation" leitet sich von dem lateinischen Verb masturbare ab (lat. manus: Hand und entweder lat. stupare: besudeln oder lat. turbare: stören). Das Wort wurde erst vor 200 Jahren in die deutsche Sprache übernommen. Heute ist das Wort Masturbation in fast allen europäischen Sprachen zu finden, und in Lehrbüchern hat es inzwischen alle anderen Ausdrücke ersetzt. Wir müssen uns hier deshalb wohl oder übel diesem allgemeinen Gebrauch anschließen.

Dennoch sollte man nicht vergessen, daß die Bezeichnung im Grunde genommen sehr unpräzise und irreführend ist, weil Männer und Frauen masturbieren können, ohne ihre Hände zu benutzen. Daher ist auch, wenn im Sprachgebrauch moderner Sexualforscher von Masturbation die Rede ist, ,,jede bewußte körperliche Selbststimulierung, die eine sexuelle Reaktion hervorruft" gemeint. Eine solche bewußte Stimulierung kann viele unterschiedliche Formen haben. In vielen Fällen werden hierzu natürlich die Hände benutzt. Beim männlichen Geschlecht kann hierzu der Penis gerieben oder gestreichelt werden, bis ein Orgasmus erreicht wird. Gleichzeitig kann die andere Hand dazu benutzt werden, weitere erogene Zonen des Körpers zu stimulieren. Um die sexuelle Erregung insgesamt zu intensivieren, wird manchmal der Hodensack in die Hand genommen oder ein Finger in den Anus eingeführt. Es gibt auch seltene Fälle, in denen Männer sich einen festen Gegenstand, zum Beispiel einen Draht, in die Harnröhre einführen, um sich zu stimulieren. (Es muß nicht betont werden, daß dies eigentlich schmerzhaft und unter Umständen gefährlich ist.) In jüngerer Zeit sind auch einige mechanische und elektrische Masturbationsgeräte für Männer auf dem Markt erschienen. Diese Vorrichtungen, die durch rhythmisches Luftansaugen auf den Penis einwirken, haben für körperlich behinderte Männer einen gewissen therapeutischen Wert. Darüber hinaus scheinen sie jedoch gegenüber den ,,traditionellen" Formen der Masturbation keine Vorteile zu haben. Sie sind außerdem relativ teuer.

Mädchen und Frauen können eine oder beide Hände zum Masturbieren benutzen. Sehr häufig werden die ganze Vulva oder die Klitoris und die kleinen Schamlippen gestreichelt. Manche Frauen stimulieren gleichzeitig ihre Brustwarzen, und manchmal löst allein diese Stimulierung einen Orgasmus aus.

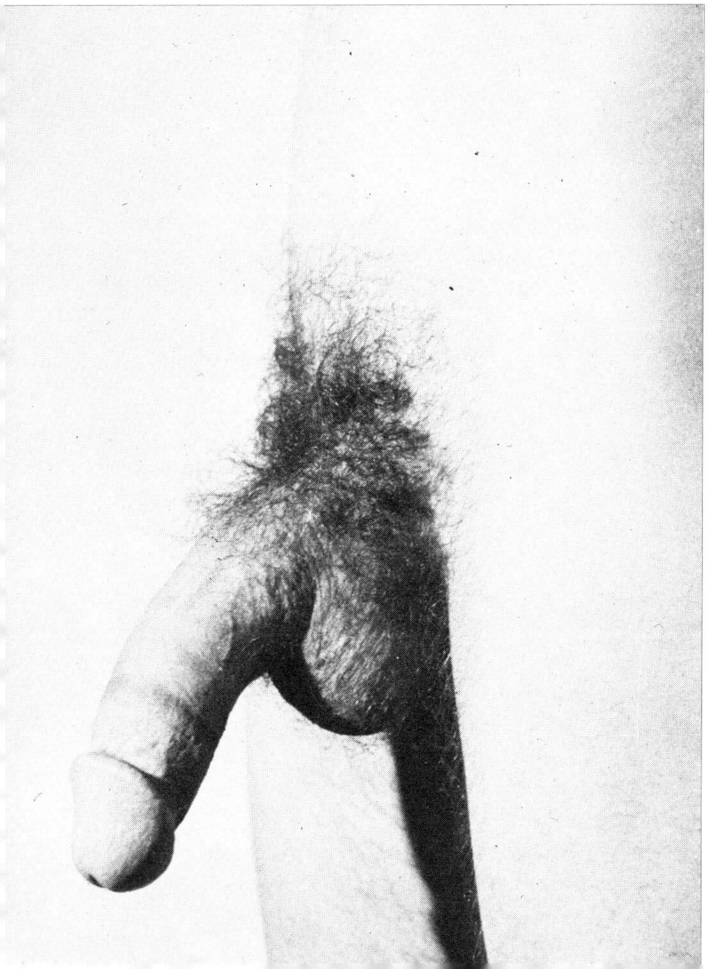

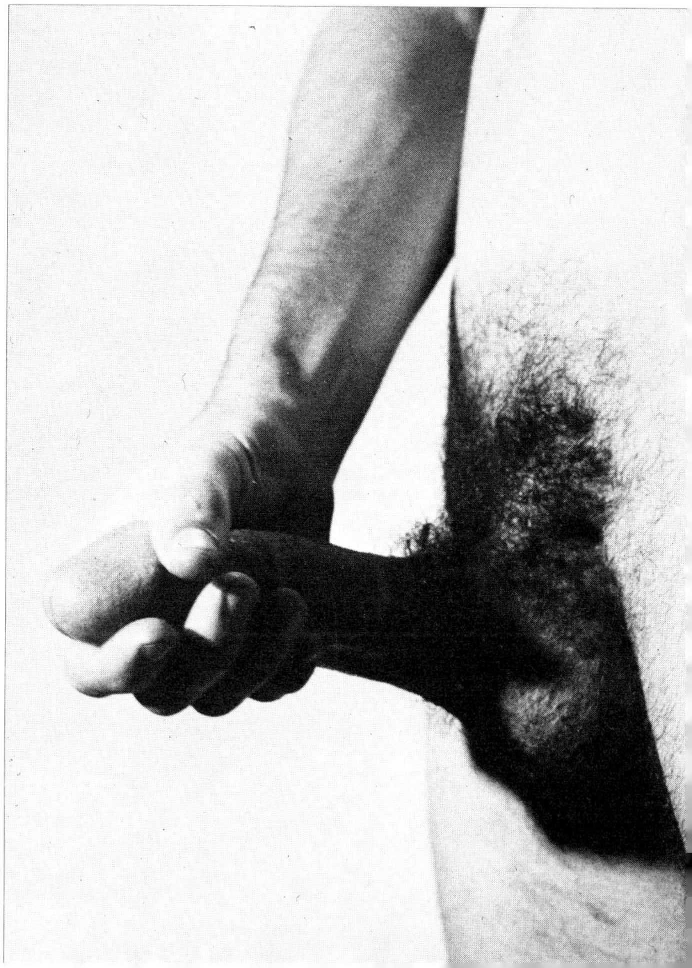

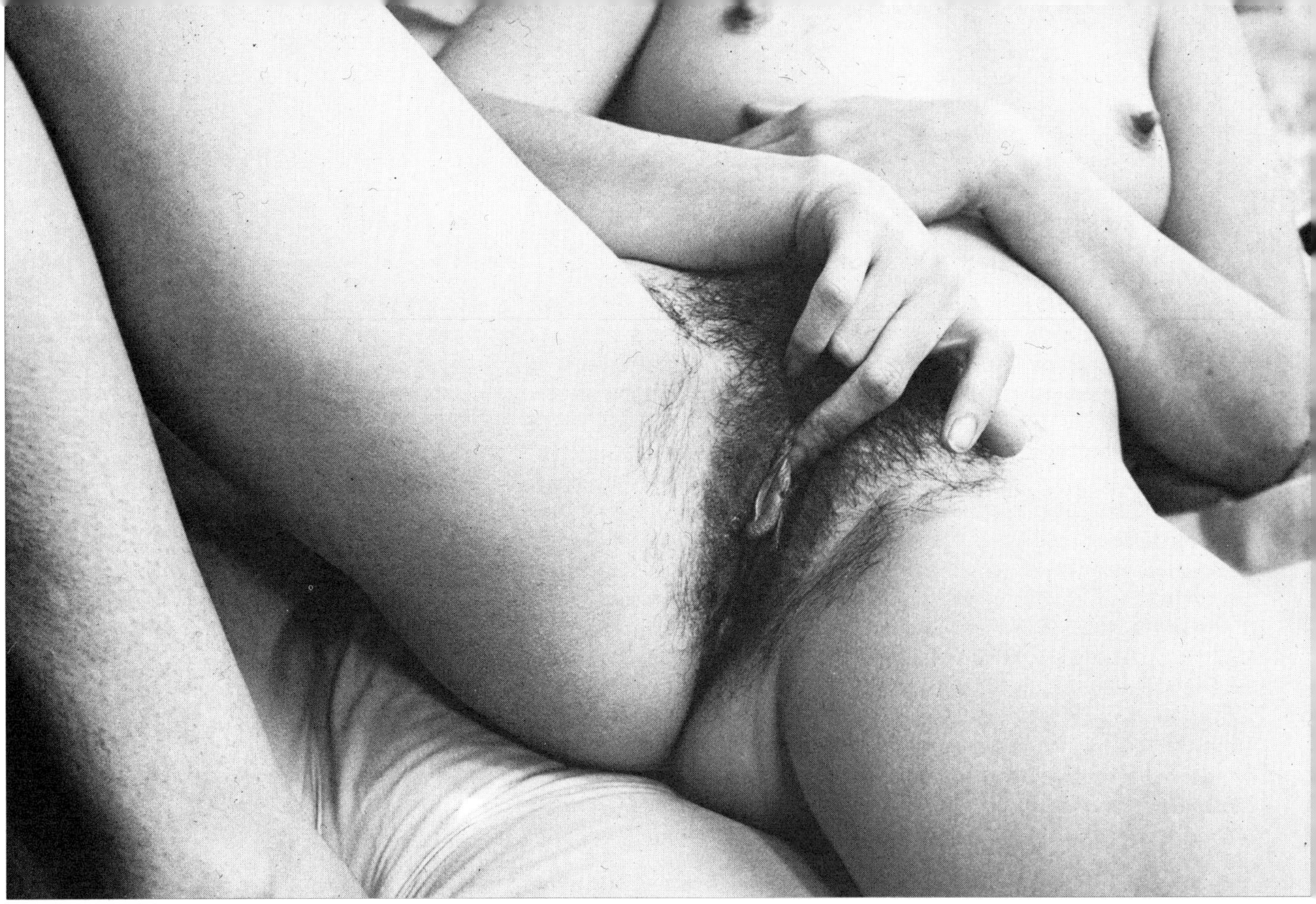

Statt die Hände zu benutzen, können bei beiden Geschlechtern die Geschlechtsorgane auch an einem Gegenstand gerieben werden, zum Beispiel an einem Kissen, einem Handtuch, einem Bettbezug oder der Matratze. Manche Frauen können sogar beim Fahrradfahren einen Orgasmus bekommen. Viele Mädchen und Frauen können masturbieren, indem sie die Schenkel dicht zusammenpressen und sich rhythmisch vor- und rückwärts bewegen. Unter bestimmten Umständen reicht auch rhythmische Muskelkontraktion aus, um zum Orgasmus zu kommen.

Viele Männer glauben, daß Frauen beim Masturbieren ihre Finger oder einen zylindrischen Gegenstand in die Vagina einführen. Dies tun jedoch nur wenige Frauen. In der Vagina haben Frauen kaum ein Gefühl, da die Wände der Vagina nur wenige Nervenendigungen enthalten. Demgegenüber sind Klitoris und kleine Schamlippen die empfindlichsten Organe beim weiblichen Geschlecht. Deshalb werden Frauen allenfalls einen Finger in den Scheideneingang einführen, um einen festen Halt für die Hand zu bekommen, mit der dann die äußeren Geschlechtsorgane stimuliert werden.

Frauen, die bestimmte Gegenstände tief in die Vagina einführen, tun dies meist nur, um Männern zu gefallen. Meist werden hierfür Gegenstände aus dem Haushalt verwendet, Kerzen, Gurken oder Bananen. Es gibt jedoch auch für Frauen Masturbationsgeräte zu kaufen. Das bekannteste ist der künstliche Penis, der aus Holz, Gummi oder Plastik hergestellt wird. Manchmal können diese sogenannten ,,Dildos" (vermutlich von ital. diletto: Lust) auch mit einer warmen Flüssigkeit gefüllt werden, mit der auch eine Ejakulation simuliert werden kann. Darüber hinaus gibt es in jüngster Zeit elektrische Vibratoren, die die Form eines Penis haben. Die Japaner haben einen anderen Gegenstand entwickelt, den man ,,Ben-wa" oder ,,Rin-notama" nennt. Er besteht aus zwei hohlen Metallkugeln, von denen die eine eine kleinere Kugel aus Blei oder Quecksilber enthält. Beide Kugeln werden in die Vagina eingeführt und durch einen Tampon festgehalten. Die Körperbewegungen der Frau stoßen die Kugeln aneinander und verbreiten so angenehme Vibrationen im ganzen Unterleib. Es ist jedoch zu bezweifeln, daß sie so stark erregen können, daß es zum Orgasmus kommt, denn die Klitoris wird von ihnen nicht direkt stimuliert, und die Vagina enthält nur sehr wenige Nervenendigungen.

Schließlich gibt es noch verschiedene elektrische Vibratoren und Massagegeräte, die für die äußeren weiblichen Geschlechtsorgane benutzt werden sollen. Ein solcher Vibrator besteht aus einem Elektromotor in einer kleinen Plastikkapsel mit einer vibrierenden Gummispitze. Diese Gummispitze wird in der Nähe der Klitoris und des Scheideneingangs angesetzt. Sie kann hier sehr intensive Stimulationen auslösen. (Vgl. hierzu a. Kap. 8.2.2 ,,Sexuelle Funktionsstörungen bei der Frau".)

Bei beiden Geschlechtern wird die Masturbation möglicherweise schon im frühen Kindesalter gelernt. Jungen und Mädchen entdecken beim Spielen mit ihren Geschlechtsorganen ein angenehmes Gefühl, und sie versuchen dann, dieses Erlebnis zu wiederholen. In den meisten Fällen beginnt jedoch ein bewußtes Masturbieren kaum vor dem Jugendalter. Jungen lernen häufig von anderen Jungen, wie man masturbiert, oder sie hören davon in Gesprächen. Es hat den Anschein, daß Jungen über sexuelle Dinge sehr viel offener miteinander reden als Mädchen, so daß sie früher über sexuelles Wissen verfügen. Im Gegensatz dazu entdecken Mädchen die Masturbation eher allein oder durch Zufall. Manchen wird sie durch ,,Petting" mit einem Jungen beigebracht, andere lesen darüber in Büchern oder Zeitschriften. Es gibt manchmal Fälle, in denen Mädchen jahrelang masturbieren, ohne sich dessen wirklich bewußt zu sein.

In vielen bekannten Aufklärungsbüchern (selbst in einigen medizinischen Lehrbüchern) wird die Masturbation als Phänomen fast ausschließlich des

Jugendalters angesehen. In Wirklichkeit wird sie jedoch auch von vielen – auch verheirateten – Erwachsenen praktiziert. Besonders ältere Männer und Frauen stellen fest, daß Masturbation für sie eine wachsende Bedeutung gewinnt, wenn sie alleine leben, ihre Partner krank, körperlich schwach oder aus anderen Gründen nicht verfügbar sind. In solchen Fällen kann Masturbation ein sehr befriedigender Ersatz für Geschlechtsverkehr sein, der von Spannungen befreit, den Körper beweglich hält, die Phantasie anregt und die sexuellen Fähigkeiten lebendig erhält.

Dennoch kann man ganz allgemein sagen, daß es in unserer Gesellschaft nur die aufgeklärteren Erwachsenen sind, die die Vorteile der Masturbation ausnützen. Viele Menschen der weniger aufgeklärten Schichten scheinen irgendwann gegen Ende des Jugendalters aufzuhören zu masturbieren, da sie außer dem Koitus jede andere Form des Sexualverhaltens als kindisch, unschicklich, unmoralisch oder ungesund betrachten.

Wir wissen, daß Masturbation in unserem Kulturkreis für viele Jugendliche die gebräuchlichste, möglicherweise die einzige Form der sexuellen Betätigung ist. Das heißt jedoch nicht, daß sie „typisch" für die frühen Phasen der menschlichen sexuellen Entwicklung ist oder nur während des Heranwachsens als „angemessen" anzusehen ist. Es bedeutet lediglich, daß Heranwachsende keine ausreichenden Möglichkeiten zum Geschlechtsverkehr haben. Erwachsene, die masturbieren, um einem Partner zu gefallen, oder die es tun, wenn sie keinen Partner finden, haben keinen Grund, sich als „unreif" zu betrachten.

7.2 Heterosexueller Geschlechtsverkehr

Das Wort „Verkehr", auf zwischenmenschliche Beziehungen angewandt, kann jede Form der Kommunikation meinen. So kann von allgemein gesellschaftlichem „Verkehr" gesprochen werden, vom „Schriftverkehr" oder vom „Besucherverkehr" in einer Firma. Im Sprachgebrauch von Ärzten, Juristen und ähnlichen Berufen ist demgegenüber heute die Bedeutung des Wortes stark eingegrenzt. Wenn sie das Wort „Verkehr" benutzen, ist immer nur eins gemeint: Geschlechts-Verkehr. Und meist meinen sie damit nur eine bestimmte Form des Geschlechtsverkehrs: den Koitus.

Dieser stark eingeschränkte Gebrauch des Begriffs hat sich inzwischen leider auch in der Umgangssprache durchgesetzt. So wird zum Beispiel in manchen Eheberatungs-Büchern heute nur noch „Geschlechtsverkehr" (gleichbedeutend mit Koitus) und „Petting" (gleichbedeutend mit allen anderen Formen des Sexualverhaltens) unterschieden. Gleichzeitig wird dann erklärt, daß dem erregenden Ereignis des Geschlechtsverkehrs selbst ein „Vorspiel" vorauszugehen und ein „Nachspiel" zu folgen habe. Dieser Sprachgebrauch legt es also nahe, als Geschlechtsverkehr nur eine bestimmte Form der Intimität zu betrachten: den Kontakt von Penis und Vagina.

Diese Auffassung greift jedoch wesentlich zu kurz. Nicht ohne Grund haben wir im ersten Teil des Buches festgestellt, daß die sexuelle Reaktion des Menschen den ganzen Körper einschließt und daß ein Orgasmus auf vielerlei Weise erreicht werden kann (vgl. Kap. 2.2 und 3.2). Statistisch gesehen ist der Koitus sicher die verbreitetste Form des sexuellen Kontakts, er ist jedoch keinesfalls die einzige. Tatsächlich ist er für viele Männer und Frauen nicht einmal die bevorzugte Form. Darüber hinaus gibt es Menschen, die aufgrund körperlicher Gebrechen, Verletzungen oder Krankheiten nicht in der Lage sind, Koitus zu haben. Trotzdem unterhalten viele von ihnen glückliche sexuelle Beziehungen.

Da der Koitus die einzige Form des Geschlechtsverkehrs ist, die zur Zeugung von Kindern führt, wurde diesem in unserer Kultur lange Zeit ein hoher Stellenwert zugemessen. In der jüdischen und christlichen religiösen Tradition waren eben Sexualität und Fortpflanzung untrennbar miteinander verbunden. Jede sexuelle Handlung, die nicht zu einer Schwangerschaft führen konnte, wurde als sündig verurteilt und abgelehnt. In vielen westlichen Ländern folgte auf diese religiöse Verurteilung auch die Bestrafung solcher sexueller Handlungen. Nicht-koitaler Geschlechtsverkehr wurde zur ernsten Verfehlung, und die Strafen konnten sehr hart sein. Schließlich wurden diese „Verbrechen" von der modernen Psychiatrie zu „Krankheiten" umdefiniert. Erwachsene, die nicht den Koitus jeder anderen Form des Sexualverhaltens vorzogen, galten als seelisch krank oder zumindest „unreif".

Heute wird uns langsam bewußt, daß diese negative Einstellung gegenüber jeder Art des nicht-koitalen Geschlechtsverkehrs viele Menschen unnötig belastet hat. Es besteht auch kein Zweifel, daß die ständige Überbetonung von Penis und Vagina bei gleichzeitiger Vernachlässigung der anderen „erogenen Zonen" des Körpers dazu führt, Männer und Frauen sinnlich abzustumpfen und damit ihre sexuelle Entfaltung zu behindern (vgl. a. Kap. 8.2 „Sexuelle Funktionsstörungen"). Aus diesem Grunde betonen moderne „Sexualexperten" die Bedeutung von „Petting" und „Vorspiel". Aber selbst diese wohlmeinenden Menschen verkennen die wirklichen Zusammenhänge. Solange der Koitus als entscheidende Form des Geschlechtsverkehrs angesehen wird, sind alle anderen Formen eindeutig abgewertet. Sie werden bestenfalls als „Varianten" oder „Ersatzhandlungen" angesehen, deren Hauptfunktion es ist, „Vor"- oder „Nachspiel" für das „Hauptereignis" zu sein. Die Partner werden sich also immer verpflichtet fühlen, ihren spontanen sexuellen Spielen einen Koitus folgen zu lassen. Sie werden damit fortfahren, den Geschlechtsverkehr in Akte, Kapitel und eskalierende Phasen einzuteilen und dabei die Fähigkeit nie erwerben, ihr volles erotisches Potential zu entwickeln.

Aus diesem Grunde verfolgt dieses Buch auch nicht die Ansätze anderer Sexual- und Ehehandbücher, sondern behandelt dieses Thema in einer weniger spezifischen Form. Es wird zunächst mit einer sehr einfachen Begriffsbestimmung begonnen und nicht der Versuch gemacht, dem Leser den Vorzug irgendeiner bestimmten Art sexuellen Verhaltens aufzuzwingen:

Geschlechtsverkehr ist jede Kommunikation zwischen Menschen, bei der eine sexuelle Reaktion mitspielt.

Diese Kommunikation kann natürlich auf vielfältige Weise stattfinden. Menschen können sexuell aufeinander reagieren, wenn sie sich umarmen und küssen; aber auch, wenn sie sich nur in die Augen sehen oder miteinander telefonieren. Anders ausgedrückt: man muß die Geschlechtsorgane des anderen nicht berühren, und es braucht nicht einmal zu einem direkten körperlichen Kontakt zu kommen. Und dennoch kann es „Geschlechtsverkehr" im wahren Sinne des Wortes sein, wenn es zu einem Austausch und gemeinsamen Bewußtsein sexueller Gefühle kommt.

Damit könnte man die ganze Angelegenheit als geklärt ansehen, gäbe es nicht Geistliche, Juristen und Ärzte, die das sexuelle Verhalten des Menschen spezifizieren, klassifizieren und kategorisieren zu müssen glauben. Selbstverständlich hat jeder Berufszweig seine eigenen Anschauungen und Ansichten, und wenn man gerne in Ausdrücken der Fachsprache redet, kann man auch eine große Zahl neuer Spezialausdrücke erfinden. Selbst Geschlechtsverkehr ohne direkten Körperkontakt läßt sich in unterschiedlichste Begriffe fassen. So kann man zum Beispiel von einem Menschen, der durch einen obszönen Telefonanruf erregt wird und den Anrufer zum Fortfahren auffordert, sagen, er habe „vokalen und auralen Geschlechtsverkehr". In gleicher Weise wäre die Beziehung zwischen einem Exhibitionisten und einem Voyeur ganz schlicht als „visueller Geschlechtsverkehr" zu bezeichnen. Und man könnte

durchaus von „postalischem Geschlechtsverkehr" sprechen, wenn Menschen sich Briefe und Fotos schicken, die sie sexuell anregen.

Solche Beispiele zeigen, daß diese Begrifflichkeit ins Lächerliche abgleiten kann. Für die praktische Anwendung sind die Fachleute daher übereingekommen, sich nur einer einzigen Terminologie zu bedienen, die solche Formen von Geschlechtsverkehr beschreibt, bei denen körperlicher Kontakt mit den Geschlechtsorganen zumindest einer der teilnehmenden Personen eingeschlossen ist. Diese Kompromißlösung ist zwar nicht ganz zufriedenstellend, sie vereinfacht die Sache jedoch erheblich. Da sie weitgehend akzeptiert wird, wird sie auch in den weiteren Ausführungen als Grundlage und Struktur verwendet. Nach allgemeinem modernem Sprachgebrauch kann man deshalb zwischen vier elementaren Arten des Geschlechtsverkehrs unterscheiden:

- **Manueller Verkehr** (von lat. manus: Hand), wenn die Geschlechtsorgane eines Partners mit der Hand (oder den Händen) des anderen Kontakt haben
- **Oralverkehr** (von lat. os: Mund), wenn die Geschlechtsorgane eines Partners mit dem Mund des anderen Kontakt haben
- **Genitalverkehr** (von lat. genitalia: Geschlechtsorgane), wenn die Geschlechtsorgane eines Partners mit denen des anderen Kontakt haben
- **Analverkehr** (von lat. anus: Darmausgang), wenn die Geschlechtsorgane eines Partners mit dem Anus des anderen Kontakt haben.

Dies sind natürlich nur technisch-funktionale Begriffsbestimmungen, und sie beschreiben keine Verhaltensweisen die sich gegenseitig ausschließen. Es trifft zwar zu, daß manche Männer und Frauen sich auf eine bestimmte Form des Geschlechtsverkehr beschränken; die meisten ziehen es jedoch heute vor, von einer Form des Geschlechtsverkehrs zu einer anderen zu wechseln. So kann Geschlechtsverkehr zunächst manuell, dann oral und schließlich genital sein. Wollte man die Begriffsbildung noch weiter treiben, könnte man noch einige weitere Unterscheidungen einführen und zum Beispiel von „femoralem Verkehr" (von lat. femora: Oberschenkel) sprechen, wenn ein Mann seinen Penis zwischen die Schenkel der Partnerin legt. Denn ein Paar kann möglicherweise viele Stunden mit allen Variationen des Geschlechtsverkehrs verbringen, bevor ein Orgasmus erreicht wird. Andererseits können sie sich gegenseitig stimulieren, ohne zum Orgasmus zu kommen. Für unsere Definition ist dies alles nicht erheblich. Es ist immer das Ganze einer sexuellen Wechselwirkung zwischen einem Paar, das den Ausschlag gibt, nicht die allerletzte mögliche Phase.

Andererseits muß daran erinnert werden, daß nur die sexuellen Aspekte dieser Interaktion uns hier interessieren. Die hier verwendete Definition des manuellen Verkehrs bezieht sich zum Beispiel nicht auf die Untersuchung der Geschlechtsorgane eines Patienten durch einen Arzt. Die bloße Tatsache, daß die Geschlechtsorgane eines Menschen mit den Händen, dem Mund, den Geschlechtsorganen oder dem Anus eines anderen in Berührung kommen, ist kein Grund, von Geschlechtsverkehr zu sprechen. Die Bezeichnung ist nur dann gerechtfertigt, wenn zumindest einer von ihnen eine sexuelle Reaktion zeigt, die von dem anderen bemerkt und unterstützt wird. (Das bedeutet unter anderem auch, daß Kinder, die ihre Geschlechtsorgane aus reiner Neugier gegenseitig berühren, damit noch keinen Geschlechtsverkehr haben.)

Während man über eine allgemeine Definition des Geschlechtsverkehrs relativ einfach zu einem Konsens gelangen kann, wäre es einfältig, eine allgemein gültige Beschreibung zu wagen. Die Sexualität eines Menschen ist eine ganz und gar persönliche Angelegenheit. Jeder hat andere sexuelle Interessen, und daher werden auch zwei verschiedene Paare nie auf die gleiche Weise sexuell miteinander verkehren. Manche benötigen für ihr Liebesspiel nur Minuten oder Sekunden, andere dehnen es über Stunden aus. Manche Männer und Frauen wiederholen das Erlebnis nie mehr, andere nur in großen

Zeitabständen, wieder andere haben über Jahre hinaus mehrmals täglich Geschlechtsverkehr.

Keine dieser Verhaltensformen ist falsch, solange sie die beteiligten Menschen befriedigt, und es ist vermessen, wenn irgendein Religions-, Rechts- oder Medizinexperte daran herumkritisiert. Leider haben genau dies viele solcher Experten in der Vergangenheit versucht. Statt die Menschen darin zu unterstützen, ihr Glück zu finden und ihre individuellen Fähigkeiten zu entwickeln, führten diese Experten enge Normen vom ,,natürlichen", ,,normalen" und ,,gesunden" Geschlechtsverkehr ein, denen sich jeder anpassen sollte. Alles was diesem Wunschbild nicht entsprach, wurde als ,,unnatürlich", ,,abnorm" und ,,krankhaft" abgestempelt.

In unserer Gesellschaft war man lange der Auffassung, der Koitus sei die einzige akzeptable Form des Sexualverhaltens. Noch heute gibt es einige Staaten in den USA, wo Gesetze den nicht-koitalen Geschlechtsverkehr als ,,Verbrechen wider die Natur" bestrafen. So müssen selbst verheiratete Paare, die oralen Verkehr praktizieren, mit langen Gefängnisstrafen rechnen, wenn ihre ,,Straftat" bekannt wird. Diese Gesetze werden dadurch nicht weniger absurd, daß sie selten angewandt werden. Vielmehr macht gerade die Anwendung in bestimmten Einzelfällen sie zum Skandal. Ebenso unannehmbar wie die Gesetze selbst ist die primitive Auffassung von der menschlichen Sexualität, die aus ihnen spricht. Danach ist Geschlechtsverkehr beim Menschen nichts anderes als ein Mittel zur Produktion von Nachkommenschaft, wie die Paarung beim Vieh. Jeder Versuch, etwas anderes aus ihm zu machen, soll angeblich die ,,Absicht der Natur" pervertieren. Die Menschheit soll sich also in allen anderen Lebensbereichen weiterentwickeln, nur in ihrem Sexualverhalten soll sie auf der Stufe der Tiere stehenbleiben.

Glücklicherweise sind die meisten Menschen in unserer Gesellschaft zu einer wesentlich fortschrittlicheren Einstellung gekommen. Es wurde ihnen bewußt, daß sich in einer sexuellen Beziehung jeder Partner als ganze Person einbringen muß und daß die Forderung in sich schon pervers ist, den sexuellen Kontakt auf bestimmte Teile des Körpers zu beschränken.

Trotzdem gibt es heute noch viele, die nicht in der Lage sind, ihr erotisches Potential voll zu entwickeln. Obwohl sie vielleicht keine Angst mehr haben, ihr Liebesspiel vielfältiger zu gestalten, sehen sie darin immer noch nur ein Mittel zum Zweck. Genau wie ihre Vorfahren sind sie nach wie vor mehr am Ergebnis als am Vorgang des Geschlechtsverkehrs interessiert. Die Absicht, Nachkommen zu zeugen, hat sich bei ihnen ganz einfach in die Absicht verwandelt, Orgasmen zu erzeugen. Sie besitzen noch nicht die Fähigkeit, Sexualität um ihrer selbst willen zu genießen. Es ist jedoch eben diese Fähigkeit, die Mann und Frau aneinander bindet, ihnen Befriedigung bringt und ihre sexuelle Funktionsfähigkeit bis ins hohe Alter sicherstellt.

Die folgenden Kapitel geben einen groben Überblick über einige Formen des Geschlechtsverkehrs, wobei weder die Reproduktionsfunktion noch der Orgasmus überbewertet werden sollen. Das Hauptziel ist hier vielmehr, wie in diesem Buch allgemein, einige Begriffe zu erläutern und bestimmte Techniken zu beschreiben sowie auf verschiedene Möglichkeiten hinzuweisen. Die Auswahl unter diesen Möglichkeiten muß jedem einzelnen vorbehalten bleiben. Der Text will nicht den Versuch machen, irgendeinen Richtwert, eine Norm oder ein bestimmtes Ziel zu setzen, außer dem des gemeinsamen Genusses.

7.2.1 Manueller Verkehr

Manueller Verkehr ist definiert als sexueller Kontakt zwischen den Geschlechtsorganen eines Menschen und der Hand oder den Händen eines anderen.

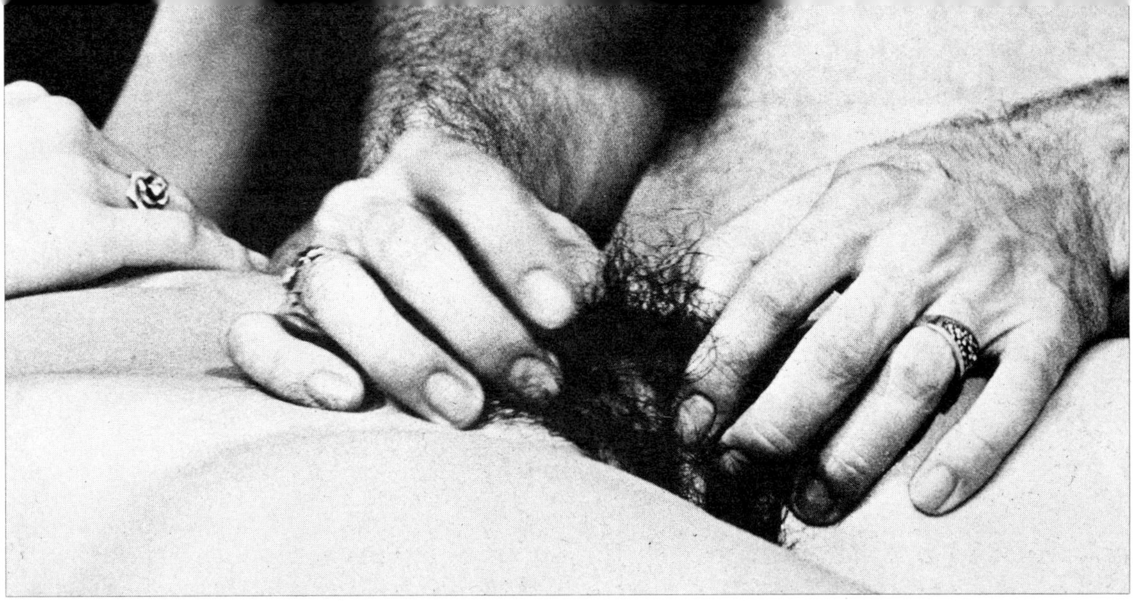

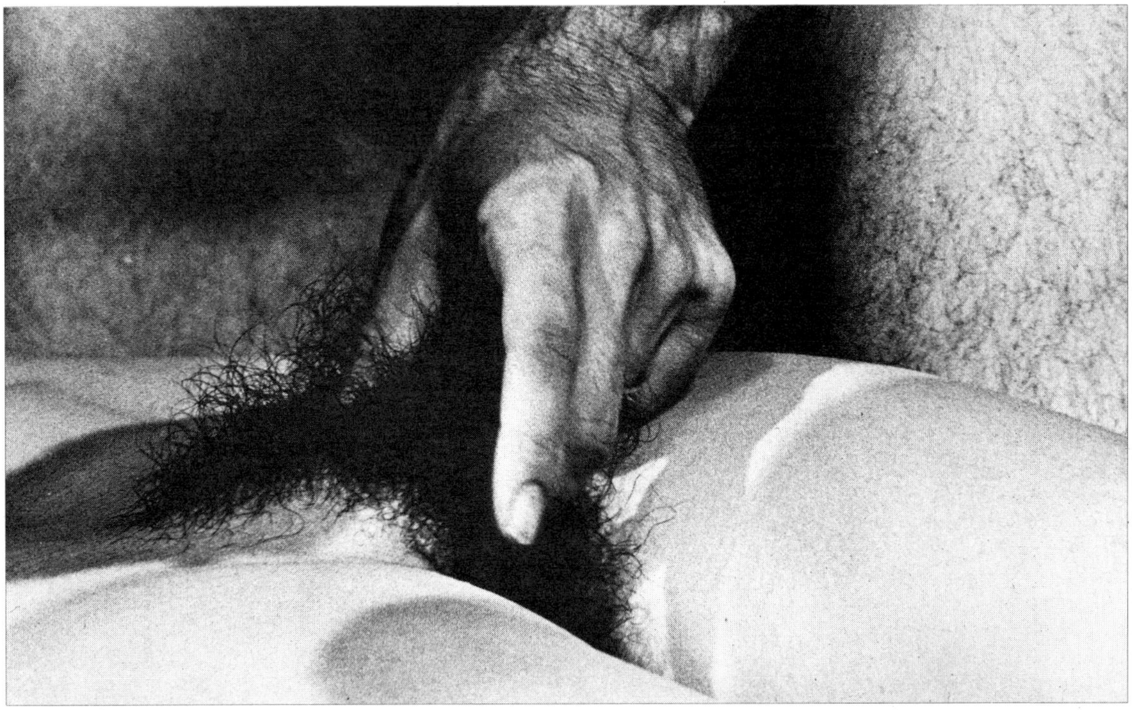

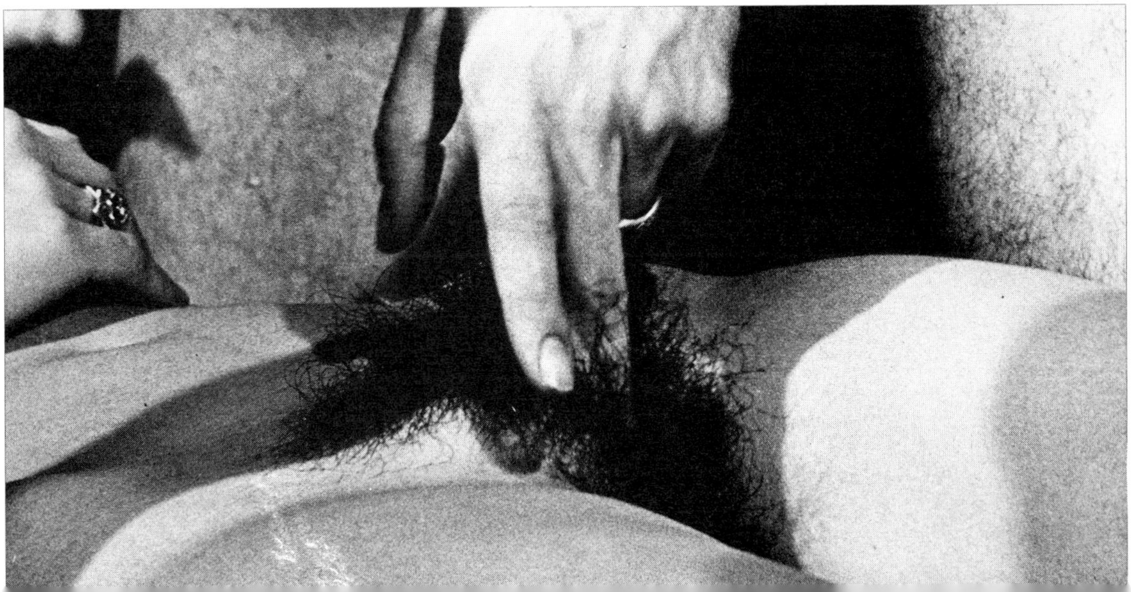

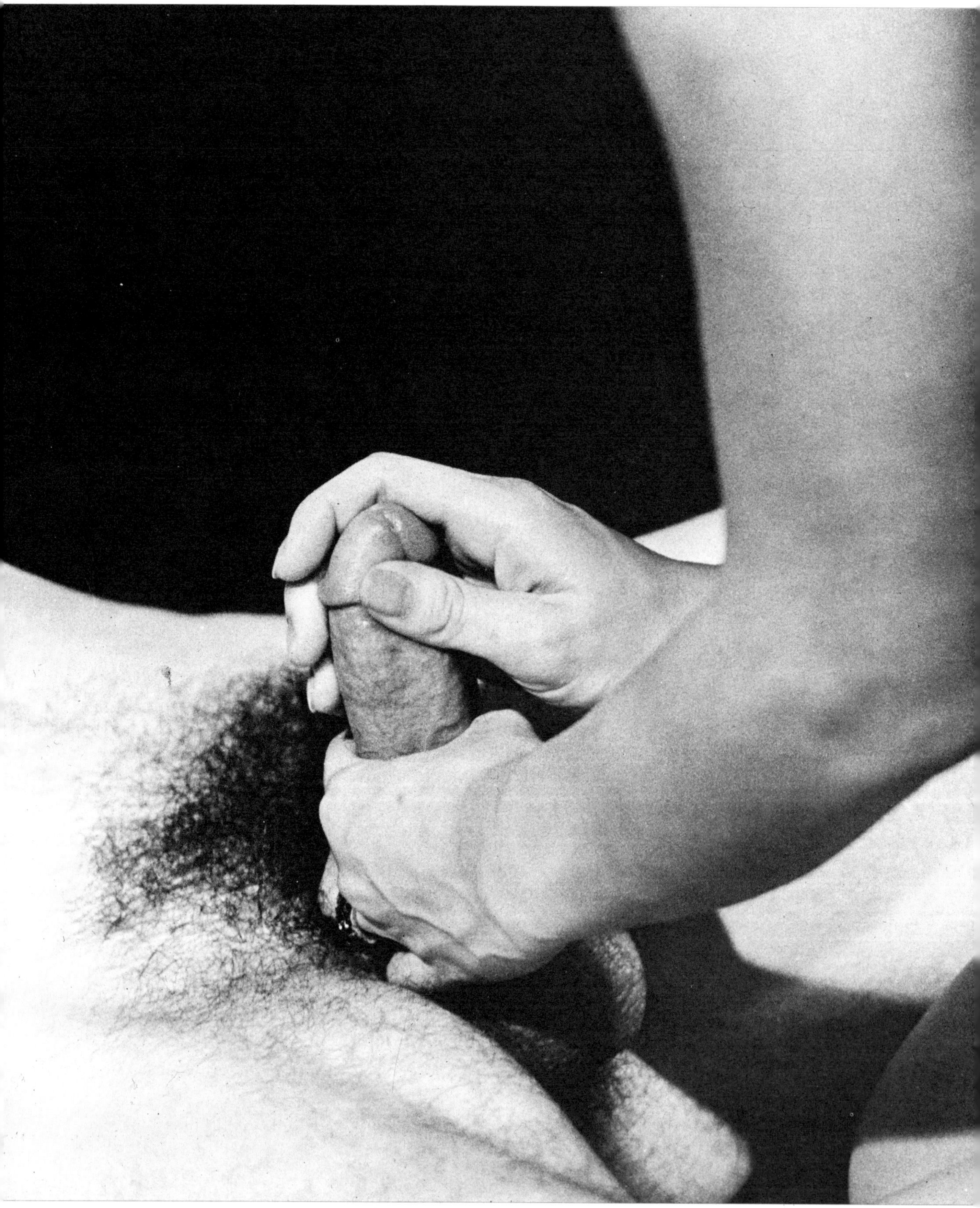

In älteren Eheberatungsbüchern wurde diese Form des Geschlechtsverkehrs oft als ,,Petting" oder ,,Vorspiel" zum Koitus bezeichnet. Intensive manuelle Stimulation der weiblichen Geschlechtsorgane wurde in ihnen als notwendig für eine ausreichende Erregung angesehen, und Ehemänner wurden deshalb dazu ermahnt, sie regelmäßig zu praktizieren, um ihre Frauen zu befriedigen. (Diese Bücher erhoben immer den Anspruch, ausnahmslos für Ehepaare geschrieben zu sein.) Leider sahen viele Männer dieses ,,Vorspiel" als eine unliebsame Pflicht an. Und da sie darüber hinaus nur wenig über die sexuelle Reaktion beim weiblichen Geschlecht wußten, überreizten sie oftmals die weibliche Klitoris und verursachten eher Schmerzen als Genuß. Frauen widerstrebte es demgegenüber häufig, die männlichen Geschlechtsorgane überhaupt zu berühren. Daher wurde der manuelle Verkehr selten als ein für sich wertvolles gemeinsames Erlebnis angesehen.

Heute scheint jedoch eine allgemeine Veränderung in der Einstellung zur Sexualität stattzufinden. Viele Männer und Frauen sagen sich offen, was ihnen sexuell am angenehmsten ist, und es besteht eine größere Bereitschaft, neue Formen des Geschlechtsverkehrs zu versuchen. So stellen immer mehr Menschen fest, daß Koitus nicht der einzige Weg zu sexueller Befriedigung ist. Viele haben entdeckt, daß man sich auch gegenseitigen Genuß bereiten kann, indem man den Körper des anderen betastet, streichelt und massiert. Moderne Sexualtherapeuten haben überdies die Erfahrung gemacht, daß solche gemeinsamen befriedigenden Erlebnisse eine lange gehemmte sexuelle Reaktion zu lösen vermögen und dazu verhelfen können, sexuelle Funktionsstörungen zu beheben. (Vgl. a. Kap. 8.2 ,,Sexuelle Funktionsstörungen".)

Beim zärtlichen Ertasten der erogenen Zonen des Partners werden beide immer wieder auf die empfindlichsten zurückkommen – die Geschlechtsorgane. So kommt es auf ganz natürliche Weise zum manuellen Geschlechtsverkehr. Dabei werden sie einem von beiden die Initiative überlassen oder beide gemeinsam handeln. In diesem Fall kann man auch von gegenseitiger Masturbation sprechen. Natürlich sollte ein Mann, wenn er eine Frau in dieser Weise befriedigen möchte, fragen, wie und wo sie am liebsten gestreichelt werden möchte. Meist wird er dabei erfahren, daß die Eichel der Klitoris zu empfindlich ist für eine direkte Stimulation und daß es als angenehmer empfunden wird, den Klitoriskörper und die kleinen Schamlippen zu berühren. Überdies beginnt die Vagina mit zunehmender Erregung der Frau, natürliche Feuchtigkeit zu entwickeln, die der Mann mit seinen Fingern über die Klitoris verteilen kann, um so eine Überreizung zu verhindern. Auch sollte er daran denken, daß die Klitoris selbst sich mit zunehmender Erregung unter ihre Vorhaut zurückzieht und unerreichbar wird. Solange er den Wünschen der Frau folgt und die Vulva vorsichtig stimuliert, kann er sie normalerweise zum Orgasmus bringen. Da manche Frauen zu mehreren Orgasmen in schneller Folge fähig sind, kann er mit vorsichtiger Stimulation fortfahren oder zum Oral- oder Genitalverkehr übergehen.

Die herkömmlichen Eheberatungsbücher beschrieben die Frau meist als den sexuell passiven Partner, und so ist in ihnen auch wenig darüber zu lesen, wie Frauen die Geschlechtsorgane von Männern sexuell stimulieren können. Viele Männer empfinden jedoch Berührungen ihres Penis als sehr angenehm. Diese Form der Stimulierung führt beim männlichen Geschlecht besonders rasch zu sexueller Erregung. Eine Frau, die einen Mann manuell befriedigen möchte, sollte ihn fragen, wie sein Penis gehalten und gestreichelt werden soll. Das Lustgefühl kann oft dadurch noch intensiver werden, daß die Finger mit Speichel oder einem Gleitmittel befeuchtet werden. (Vaseline ist nicht zu empfehlen, wenn man danach zum Koitus übergehen will, da Vaseline nicht in die Vagina gelangen sollte.) Wenn ein Mann auf diese Weise zum Orgasmus kommt, benötigt er normalerweise eine gewisse Zeit, um eine neue Erektion haben zu können. Er ist dennoch in der Lage, die Frau zu befriedigen, wenn sie es möchte. In diesem Fall ist die naheliegendste Technik der manuelle oder orale Verkehr.

Es gibt auch heute noch Frauen, denen es widerstrebt, den Penis eines Mannes in die Hand zu nehmen, weil sie zu der Ansicht erzogen wurden, ein solches Verhalten sei unweiblich, kindisch, sündhaft oder pervers. Auch nehmen manche Frauen an, ein „richtiger" Mann würde es nie zulassen, auf diese Weise „gebraucht" zu werden. Diese Frauen sollten sich daran erinnern, daß Männer schon immer für eben diesen Dienst Prostitutierte bezahlt haben und daß es heute immer noch gutbesuchte Massageinstitute gibt, die gerade diese Leistung anbieten. Leider verbieten die Gesetze der meisten westlichen Länder Massagen, die sich auf die Geschlechtsorgane erstrecken, so daß die Masseusen in ständiger Angst leben, gerichtlich belangt zu werden. Man muß sich jedoch fragen, ob eine solche gesetzliche Verfolgung einen Sinn hat. Es entsteht schließlich weder für die Frau noch für ihren Kunden irgendein Nachteil, außerdem besteht nicht die Gefahr der Übertragung von Geschlechtskrankheiten. Es ist auch unangemessen, die Masseusen mit dem häßlichen Etikett der Prostitution zu versehen. Wahrscheinlich würde unsere Gesellschaft Vorteile davon haben, wenn diese Einrichtungen ganz einfach als besondere Angebote therapeutischer Art zugänglich wären.

Für die moderne Sexualforschung steht der therapeutische Wert des manuellen Verkehrs außer Frage, und Therapeuten wie Masters und Johnson raten während der Behandlung heute allen Patienten dazu. Die Begründung für diesen Rat ist einfach: Ein Mann und eine Frau, die es gelernt haben, sich durch die Berührung mit den Händen Lustgefühle zu verschaffen, sind meist auch gut darauf vorbereitet, jede andere Form des Geschlechtsverkehrs befriedigend auszuüben.

7.2.2 Oralverkehr

Oralverkehr ist definiert als sexueller Kontakt zwischen den Geschlechtsorganen eines Menschen und dem Mund eines anderen.

Geschlechtsorgane und Mund sind diejenigen erogenen Zonen des Körpers, die am leichtesten zu stimulieren sind. Daher ist es nur natürlich, daß sie miteinander in Berührung gebracht werden. Dieses Verhalten ist bei fast allen höheren Säugetieren zu beobachten, und es leuchtet deshalb ein, daß der Mensch, als das höchstentwickelte und sensibelste Säugetier, hier keine Ausnahme macht. In verschiedenen Gesellschaftsordnungen und in bestimmten historischen Zeitabschnitten wurde oraler Verkehr jedoch als sündhaft, kriminell oder krankhaft betrachtet, und Paare, die ihn praktizierten, wurden schwer bestraft.

Dennoch ist in unserem Kulturkreis der Oralverkehr aller religiösen, juristischen und medizinischen Mißbilligung zum Trotz immer verbreitet gewesen. Das überrascht kaum, weil er für beide Partner äußerst befriedigend sein kann. Überdies kann die Frau bei Oralverkehr nicht schwanger werden, und er empfiehlt sich deshalb als natürliche Verhütungsmethode für solche Paare, die eine ungewünschte Schwangerschaft fürchten und keine geeigneten Verhütungsmittel haben. Besonders unverheiratete Jugendliche werden die Vorteile des Oralverkehrs schätzen. So wird nicht nur das Risiko einer Schwangerschaft vermieden, auch die „Jungfräulichkeit" eines Mädchens bleibt erhalten, während es gleichzeitig vollkommene sexuelle Befriedigung mit einem Jungen finden kann. Für einen Jungen kann die Ejakulation in den Mund des Mädchens ebenso befriedigend sein, wie eine Ejakulation bei Genitalverkehr. Es ist also sinnvoll, die verschiedenen Arten des oralen Verkehrs zu kennen. Wer sich die Mühe macht, sie kennenzulernen, wird darin eine große Bereicherung seiner erotischen Fähigkeiten finden.

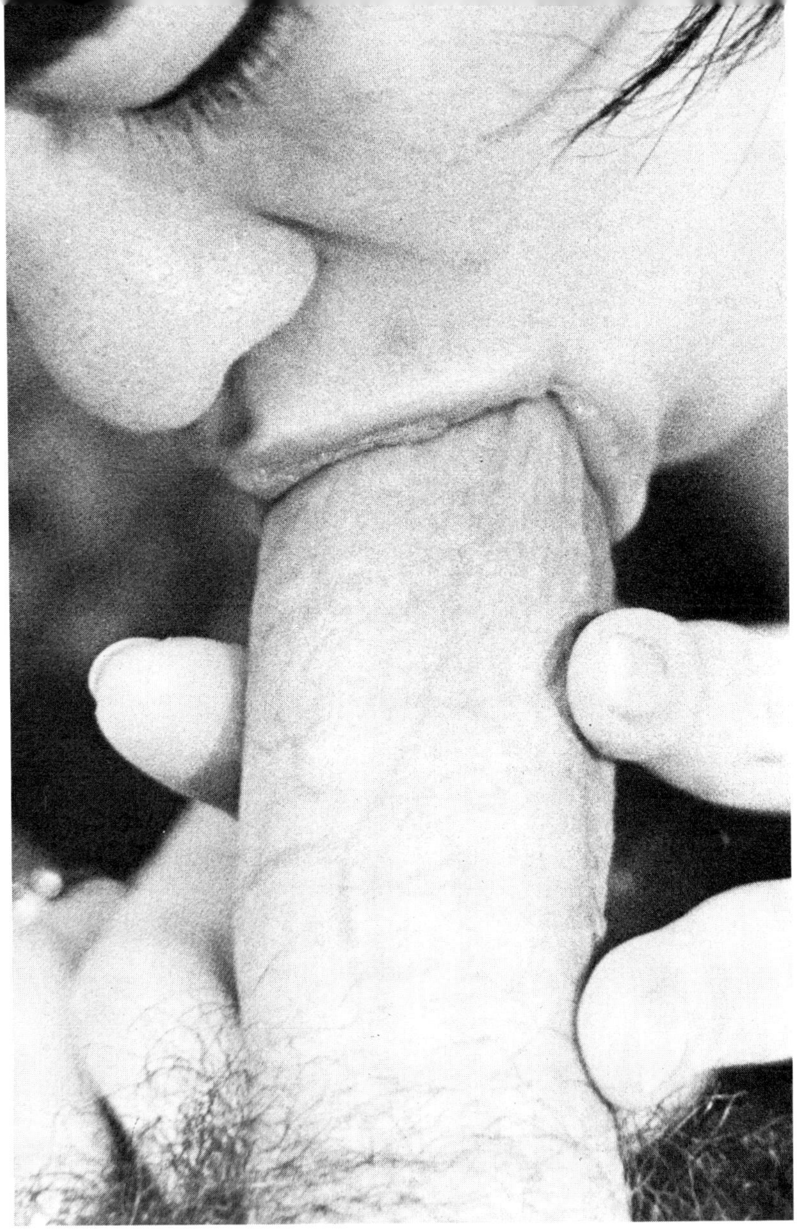

Fellatio

Mit dem Wort „Fellatio" (von lat. fellare: saugen) wird Lecken und Saugen an den männlichen Geschlechtsorganen bezeichnet.

Es ist für viele Männer angenehm, wenn an ihrem Penis gesaugt wird, und viele Frauen bringen ihren Partner gerne auf diese Weise zum Orgasmus. Die männlichen äußeren Geschlechtsorgane sind für Berührungen sehr empfänglich, Lippen und Zunge und das warme Innere des Mundes können eine sehr anregende sexuelle Stimulation sein. Eine Frau kann sogar schon dadurch den Mann sexuell erregen, daß sie die Innenseiten seiner Schenkel nahe der Leistenbeuge küßt oder den Hodensack leckt. Sie kann mit ihrem Mund auch andere erogene Zonen in diesem Bereich stimulieren, wie die Region zwischen Hodensack und Anus und den Anus selbst. Eine Frau, die mit ihrem Mann in dieser Weise verkehren will, sollte sich bewußt sein, daß sie einige Übung braucht, bis sie ihn zum Orgasmus bringen kann. Langsame, kräftige und gleichmäßige Bewegungen von Lippen und Zunge sind meist am wirkungsvollsten. Gleichzeitig sollte die Frau den Penis nicht mit ihren Zähnen berühren. Wenn sich der Mann dem Orgasmus nähert, kann sie ihre Bewegungen beschleunigen und den Penis mit den Händen masturbieren, während sie die Eichel gleichzeitig weiter leckt. Sie kann die Fellatio aber auch ledig-

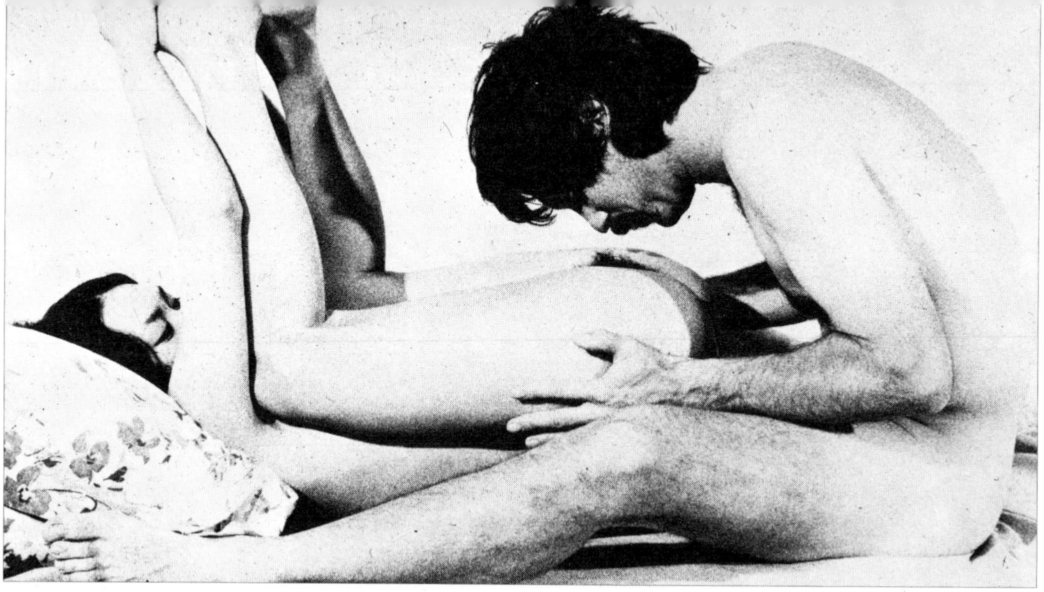

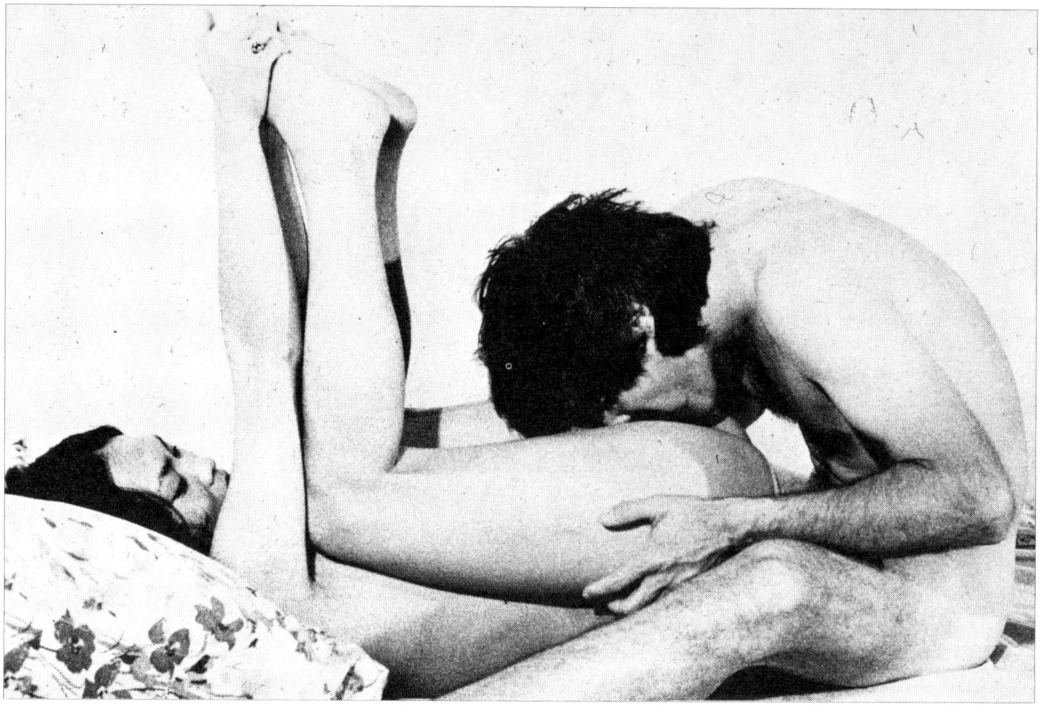

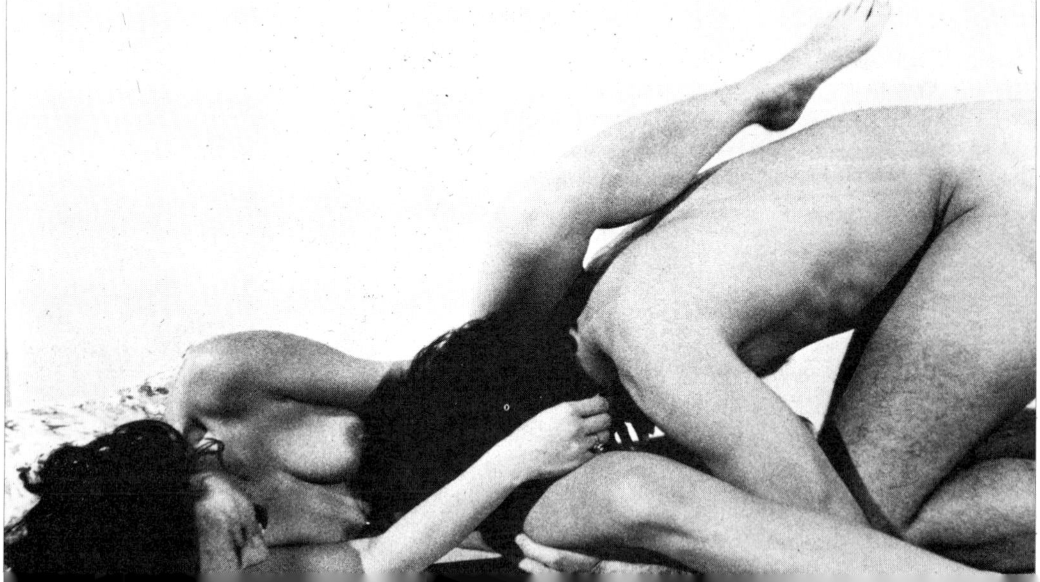

lich als Stimulierung benutzen, um nach einer gewissen Zeit zu anderen Formen des Geschlechtsverkehrs überzuwechseln.

Viele Frauen finden es angenehm, wenn der Man in ihren Mund ejakuliert, weil sie den Geschmack der warmen Samenflüssigkeit mögen. Die Samenflüssigkeit eines gesunden Mannes ist sauber und völlig harmlos, man kann sie ohne Bedenken schlucken.

Fellatio kann in vielen unterschiedlichen Stellungen praktiziert werden. Der Mann kann auf dem Rücken liegen, auf dem Bett oder auf einem Stuhl sitzen, oder er kann stehen und die Frau vor ihm knien. Es gibt noch viele weitere Möglichkeiten, die beide Partner für sich erfinden können.

Cunnilinctus

Mit dem Wort ,,Cunnilinctus" (von lat. cunnus: Vulva und linguere: lecken) wird Lecken und Saugen an den weiblichen Geschlechtsorganen bezeichnet.

Die äußeren Geschlechtsorgane der Frau und die sie umgebenden Regionen sind die empfindlichsten erogenen Zonen des weiblichen Körpers. Durch gleichmäßiges, sanftes Streicheln oder durch zarte und intensive Berührung mit den Lippen sind diese Bereiche leicht zu stimulieren. So kann ein Mann eine Frau stark erregen, indem er die Innenseite ihrer Schenkel leckt, die Region zwischen den Geschlechtsorganen und dem Anus oder den Anus selbst. Er kann das Lustgefühl noch intensivieren, indem er die kleinen Schamlippen und die Klitoris küßt oder leckt. Mit einiger Übung kann er sie so durchaus zum Orgasmus bringen. Wenn ein Mann die Geschlechtsorgane einer Frau lecken möchte, sollte er sie vorher fragen, wie es ihr am angenehmsten ist. In manchen Situationen, wenn es etwa dem Mann nicht möglich ist, eine Erektion zu bekommen, wird es ihm angenehm sein, wenn er allein durch intensive orale Stimulation die Frau vollständig befriedigen kann. Andererseits kann ein Mann den Cunnilinctus auch dazu benutzen, die Frau zu erregen, um danach zu anderen Formen des Geschlechtsverkehrs überzugehen oder nach mehreren Orgasmen der Frau diese durch Koitus zu einem weiteren Orgasmus zu bringen.

Mit zunehmender Erregung sondert die Vagina der Frau eine Gleitflüssigkeit ab. Bei einer gesunden Frau ist diese Flüssigkeit sauber und harmlos, und sie kann ohne Schaden geschluckt werden. Manche Männer finden den eigenartigen, leicht herben Geschmack sogar angenehm. Die Kosmetikindustrie hat einige Hygienesprays und süßduftende Vaginalduschen entwickelt. Diese völlig überflüssigen Produkte können die Ökologie der Vagina jedoch stören und zu Reizungen und Infektionen führen. Darüber hinaus können sie für die empfindlichen Stellen des Penis oder des Mundes schädlich sein. Daher kann man einer Frau nur raten, auf alle Vaginalduschen zu verzichten und sich auf Wasser und Seife zu beschränken. Durch ihre Sekretionen reinigt sich die Vagina selbst. Das bedeutet, daß Frau und Mann sich keine Sorgen darum machen müssen, Cunnilinctus könne unangenehm oder ungesund sein. Außergewöhnliche Sekretionen oder Gerüche der Vagina sind allerdings ein Zeichen für eine vorliegende Störung. Man sollte in einem solchen Fall den Arzt aufsuchen. Wie Fellatio kann auch Cunnilinctus in vielen verschiedenen Stellungen praktiziert werden. Die Partner müssen jeweils selbst herausfinden, welche Stellung ihnen am angenehmsten ist. Manche werden Cunnilinctus während der Menstruation vermeiden. Dies ist eine Frage der persönlichen Entscheidung. Es wird jedoch geraten, Cunnilinctus in den letzten Stadien einer Schwangerschaft nicht zu praktizieren, da die Gefahr besteht, daß Luft in die Vagina gelangt. Dies kann eine Gefahr für die Mutter und den Fötus darstellen. In den letzten Stadien der Schwangerschaft ist jedoch bei allen Formen des Geschlechtsverkehrs Vor- und Umsicht geboten. (Vgl. hierzu a. Kap. 4.2 ,,Die Schwangerschaft".)

„69“

Die umgangssprachliche Bezeichnung „Neunundsechzig“ wird für die Form des Oralverkehrs verwendet, bei der die Partner sich gegenseitig gleichzeitig oral stimulieren. Dabei ist die Stellung der Körper zueinander ähnlich den Ziffern der Zahl 69.

Gleichzeitiger gegenseitiger Oralverkehr ist für beide Partner sehr angenehm und kann zum Orgasmus führen. Die meisten Männer und Frauen werden ihn jedoch als Mittel der Stimulation benutzen, um danach zu anderen Formen des Geschlechtsverkehrs überzugehen, weil es schwierig ist, in dieser ungewöhnlichen Position längere Zeit zu verharren. Die Stellung ist nicht so mühsam, wenn die Partner sich auf die Seite legen. Aber auch dann kann es sein, daß nur einer der Partner zum Orgasmus kommt. In diesem Falle ist es besser, mit einer anderen Form des Geschlechtsverkehrs fortzufahren.

7.2.3 Genitalverkehr

Genitalverkehr ist definiert als sexueller Kontakt zwischen den Geschlechtsorganen zweier Partner.

Die Geschlechtsorgane sind die empfindlichsten erogenen Zonen des menschlichen Körpers; daher ist für die überwiegende Mehrheit von Männern und Frauen der genitale Kontakt die bevorzugte Form des Geschlechtsverkehrs. Zudem ist die Vereinigung von Penis und Vagina anatomisch einfach. In unserer Kultur war Sexualität traditionsgemäß mit dem Zweck der Fortpflanzung eng verbunden. Daher wurde die Vereinigung von Penis und Vagina (lat. copulatio) lange Zeit hindurch als die einzig natürliche Form des Geschlechtsverkehrs angesehen. Manueller und oraler Verkehr wurden gelegentlich gestattet, solange die Partner ihn unter dem Vorsatz zum anschließenden Koitus praktizierten. Ohne diese Absicht galten diese Formen des Geschlechtsverkehrs als sündig. Diese Sünde war überdies in den meisten westlichen Ländern strafbar.

Als im Laufe des 19. Jahrhunderts Psychiater begannen, ihr Augenmerk auch auf das menschliche Sexualverhalten zu richten, wagten sie anfangs nicht, die herrschende Sexualmoral in Frage zu stellen. Wenngleich ihre Wortwahl neu und anders war, die Aussage blieb dieselbe: Jede Art nichtkoitaler Sexualität war falsch. Ohne jedoch auf die ewige Verdammnis zu warten, erklärten sie eine sofortige Bestrafung zu Lebzeiten: Masturbation, „Oralismus“ und „Analismus“ wurden so von religiösen Verstößen zu psychiatrischen Störungen. Die „Sünder“ sahen sich plötzlich in Geisteskranke verwandelt.

Dennoch begann im Laufe der Zeit eine zunehmende Anzahl von Ärzten, die allgemeinen Auffassungen über den Zweck des Sexualverhaltens kritisch zu untersuchen. Im Ergebnis dieser Studien wurden sie mit ihren Ausführungen sehr viel vorsichtiger. Vieles zunächst als „pervers“ oder „abnorm“ Bezeichnete wurde jetzt nur noch „unreif“ genannt und galt nicht mehr als sicheres Zeichen von Krankheit. Man ging sogar soweit, Masturbation und Oralverkehr als gesund und therapeutisch wertvoll zu betrachten. Selbst heutzutage gibt es jedoch noch traditionelle psychiatrische Arbeiten, die eine besondere Vorliebe für nicht-koitale Sexualität als „Perversion“ beschreiben, die es zu korrigieren gelte. Die Mehrheit der modernen Psychiater teilt diese überholte Auffassung jedoch nicht. Sie sind eher an den subjektiven und objektiven Auswirkungen des Sexualverhaltens interessiert. Heute haben sich die Fachleute weitgehend darauf geeinigt, daß Bezeichnungen wie Krankheit, Perversion, Störung und Anomalie sehr eng gefaßt und nur in folgenden Fällen angewandt werden sollten: wenn eine sexuelle Handlung der

Person, die sie ausführt, Schaden zufügt oder andere durch sie geschädigt werden. Sieht man die menschliche Sexualität von diesem Standpunkt aus, ist bei nicht-koitalem Geschlechtsverkehr zur Besorgnis kein Anlaß. Andererseits kann der Koitus selbst in bestimmten Fällen, wie zum Beispiel bei einer Vergewaltigung, sehr wohl zu einem psychiatrischen (und juristischen) Problem werden (vgl. Kap. 8.3 „Problematisches Sexualverhalten").

Es ist natürlich anzunehmen, daß der genitale Geschlechtsverkehr immer die verbreitetste Form des Geschlechtsverkehrs bleiben wird. Er war dies in der Vergangenheit und wird es mit Sicherheit auch in Zukunft bleiben. Dennoch werden auch in unserer Gesellschaft, die sich erst langsam aus einer Periode der sexuellen Unterdrückung befreit, viele Paare erst lernen müssen, wie sie ihn vollkommen genießen können.

Die Apposition der Geschlechtsorgane

Wenn unverheiratete Jugendliche ihre ersten Erfahrungen mit dem Geschlechtsverkehr machen, vermeiden sie häufig das Einführen des Penis in die Vagina, weil sie eine unerwünschte Schwangerschaft fürchten oder weil das Mädchen seine „Jungfräulichkeit" erhalten will. So kann beispielsweise ein Mädchen seinen Freund dazu anregen, bekleidet auf ihr liegend Bewegungen wie bei einem Koitus durchzuführen. Die meisten Jungen kommen auf diese Weise rasch zu einem Orgasmus.

Wenn beide sich größere Freiheiten zugestehen, können sie einen Teil und schließlich fast die gesamte Kleidung ablegen. Dennoch kann das Mädchen auch weiterhin Angst vor Schwangerschaft, Zerstörung des Hymen, Blutungen, Schmerzen oder einer Infektion durch Geschlechtskrankheiten haben. Dann kann sie trotzdem ihrem Freund erlauben, seinen Penis an ihrer Vulva zu reiben, solange er nicht einzudringen versucht. Ein solches Aneinanderlegen der Geschlechtsorgane („Apposition") kann für beide Partner sehr angenehm sein. Mit etwas Übung können beide auf diese Weise zum Orgasmus kommen, denn der Penis wird direkt stimuliert, und durch seinen Druck auf bestimmte Bereiche der Vulva können die empfindliche Klitoris und die kleinen Schamlippen indirekt stimuliert werden. Selbst Paare, die normalerweise Koitus praktizieren, genießen gelegentlich diese einfache Form des Geschlechtsverkehrs.

Es wäre jedoch falsch, sie nur als Ersatz für den Koitus anzusehen. Manche Menschen betrachten sie durchaus als eine Form mit eigener Berechtigung und finden sie auf ihre Weise besonders erregend. So kann die Apposition der Geschlechtsorgane beispielsweise auf Cunnilinctus folgen, wenn die Vulva durch Speichel und vaginale Gleitflüssigkeit befeuchtet ist. Man kann jedoch auch besondere Gleitmittel verwenden, die die Geschlechtsorgane vor Überreizung schützen und die Erregbarkeit erhöhen.

Koitus

Das Wort Koitus (von lat. coire: zusammengehen) bezeichnet des Einführen des Penis in die Vagina. Der Koitus ist die am weitesten verbreitete Form des Geschlechtsverkehrs.

Es hat Gesellschaftsformen gegeben, in denen sich der sexuelle Kontakt zwischen Mann und Frau nur auf den Koitus beschränkte und jede Art von Präliminarien, Variationen und Improvisationen zu unterbleiben hatten. In diesen Gesellschaften wurde besonderer Wert auf die Fortpflanzungsfunktion der Sexualität gelegt und jede sexuelle Lust, besonders bei Frauen, mißbilligt. Selbst heute gibt es in unserer Gesellschaft noch Männer, die nur die Vereinigung von Penis und Vagina interessiert und für die jede andere Art des Geschlechtsverkehrs überflüssig ist. Bei ihnen dauert ein Koitus möglicherweise nicht länger als ein paar Sekunden. Daher empfinden sie, abgesehen von einem schnellen Orgasmus, nur wenig sexuellen Genuß. Die Partnerinnen bleiben dabei oftmals unbefriedigt. Andererseits gibt es Paare, die aus ihrem Geschlechtsverkehr ein ausgedehntes und äußerst abwechslungsreiches Ritual machen. Für sie ist der Koitus nur eine von vielen Möglichkeiten, sich gegenseitig zu befriedigen.

Die Einführung verläßlicher Verhütungsmittel hat in neuerer Zeit viele Menschen von den Ängsten einer unerwünschten Schwangerschaft befreit. Dadurch hat auch das Interesse am Koitus zugenommen. Immer mehr Frauen bestehen auf ihrem Recht auf sexuelle Befriedigung; sie geben sich nicht mehr damit zufrieden, lediglich die Rolle eines „Sexualobjekts" zu spielen. Sie wollen aber nicht nur Lust empfangen, sondern auch geben. Anstatt lediglich auf Stimulation zu warten, werden sie zu gleichwertigen Sexualpartnern. Viele Paare werden sich inzwischen auch bewußt, daß es beim Koitus nicht eine „aktive" männliche und eine „passive" weibliche Rolle geben muß, sondern daß es wesentlich befriedigender ist, gemeinsam zu agieren oder die Initiative wechselweise zu ergreifen. So kommt dem Koitus ein neuer Stellenwert als zwischenmenschlichem Kommunikationsmittel zu.

Wie bei allen Formen des Geschlechtsverkehrs ist eine vollkommene gemeinsame Befriedigung auch beim Koitus fast immer das Ergebnis von Praxis und Erfahrung. Besonders junge Menschen neigen dazu, zu viel zu früh zu erwarten. Die meisten Jungen und Mädchen denken, träumen und reden sogar über ihren ersten Koitus, lange bevor er überhaupt stattfindet. Das kann dazu führen, daß sich ihre Hoffnungen, Ängste und Phantasien in Enttäuschung verwandeln, wenn es endlich zum wirklichen Erlebnis kommt. Ein gutes Beispiel ist die große Bedeutung, die der „Defloration", dem Zerreißen des Hymen, beim Mädchen zugemessen wird. Der Hymen kann bereits durch die Benutzung von Tampons, durch Masturbation oder bestimmte Sportarten zerstört worden sein. Dennoch bleibt er bei den meisten Frauen mehr oder weniger intakt und wird erst durch das erste Einführen des Penis in die Vagina zerrissen. Viele Jugendliche haben eine übertriebene und unrealistische Vorstellung von diesem Augenblick; sie ängstigen sich manchmal sogar jahrelang davor. So kann ein Junge darum besorgt sein, ob sein Penis auch hart genug wird, um den Hymen zu durchstoßen, und ein Mädchen kann schmerzhafte körperliche Verletzungen befürchten. Keine dieser Sorgen ist gerechtfertigt. Es gibt keinen Grund für den Mann, brutal vorzugehen, weil der Hymen normalerweise leicht zerreißt. Ein allmähliches, langsames und behutsames Vorgehen ist sicher am günstigsten. Frauen können hingegen ein gewisses Unbehagen oder leichte Blutungen spüren, sie sollten sich aber nicht vor großen Schmerzen fürchten. Nur in sehr seltenen Fällen stellt sich heraus, daß der Hymen zu stark für eine Penetration ist. Dann kann ein Arzt durch einen kleinen chirurgischen Eingriff das Problem lösen.

Im allgemeinen sind die Partner am besten beraten, wenn sie den Koitus nicht unvorbereitet und übereilt beginnen, sondern sich Zeit lassen, um sich allmählich darauf einzustellen. Sie können den Genuß zum Beispiel erheblich erhöhen, indem sie zunächst eine Form des manuellen oder oralen Verkehrs praktizieren. In jedem Fall sollte man erst dann zum Koitus übergehen, wenn die Vagina genügend eigene, natürliche Gleitflüssigkeit abgesondert hat. Ohne diese Gleitflüssigkeit kann der Koitus für beide Partner schmerzhaft werden.

Ist die Vagina der Frau ausreichend angefeuchtet, kann der Mann langsam den Penis einführen. Es ist nicht notwendig, sofort tief einzudringen; denn die Frau kann trotz ihrer Erregung noch ein wenig angespannt sein. In diesem Fall kann der Mann ihr helfen, sich zu entspannen, indem er nur die Spitze des Penis im äußeren Teil der Vagina langsam vor und zurück bewegt. Wenn sich die Frau dann bereit fühlt, kann sie durch Bewegungen des Beckens die Penetration vertiefen. Spontane Bewegungen des Beckens beim Geschlechtsverkehr sind bei allen Säugetieren zu beobachten; sogar beim menschlichen

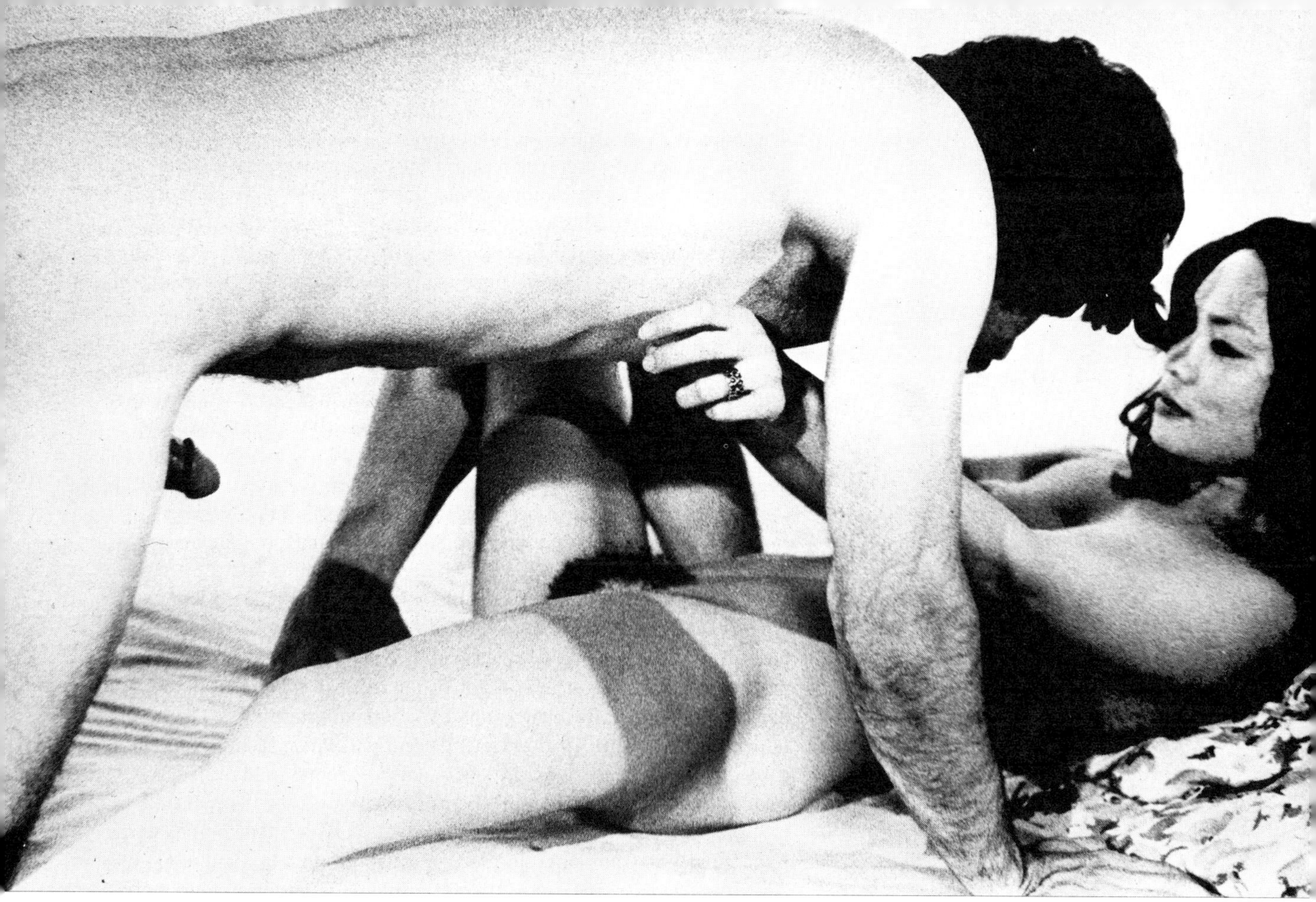

Säugling treten sie auf, wenn er beginnt, seine sexuellen Fähigkeiten zu entdecken. So instinktiv dieses Verhalten auch sein mag, erfahrene Liebhaber können es erheblich vervollkommnen.

Männer mit einer begrenzten sexuellen Erfahrung könnten annehmen, gleichmäßig tiefe und rasche Stöße hätten die größte Wirkung. Dies ist jedoch in Wirklichkeit nur selten der Fall. Zumindest zum Beginn des Koitus finden beide Partner es meist angenehmer, wenn der Mann sich langsam bewegt und ein zu tiefes Eindringen zunächst vemeidet. Er kann viel lernen, wenn er die Initiative zunächst der Frau überläßt. In den meisten Fällen werden ihr langsame Bewegungen am angenehmsten sein, bei denen der Penis jeweils aus dem Scheideneingang herausgezogen wird, bevor er erneut tief eindringt. Der Grund hierfür ist einfach: Mit steigender sexueller Erregung erweitert sich der innere Teil der Vagina, während sich das äußere Drittel durch die zunehmende Durchblutung verengt. Es ist also das äußere Drittel der Vagina (die sogenannte orgastische Manschette), das durch den Penis am stärksten stimuliert wird.

Es sollte auch erwähnt werden, daß viele Frauen lernen können, die Muskeln am Scheideneingang zu kontrollieren. Sie können so einen festen Ring um den Penis formen und dadurch die gemeinsame Stimulierung erhöhen. Frauen mit einem weiten und erschlafften Scheideneingang, denen diese Muskeln nicht bewußt sind, oder bei denen sie unterentwickelt sind, können diesen Zustand durch richtiges Training verbessern. (Vgl. Kap. 8.2.2 „Sexuelle Funktionsstörungen bei der Frau".)

Während Mann und Frau mit dem Koitus fortfahren, beschleunigen sich normalerweise auch die Bewegungen ihrer Becken, und der Penis dringt tiefer in die Scheide ein. Gelegentlich gehen diese Bewegungen nur von einem Partner aus, während der andere relativ passiv bleibt, ein andermal bewegen sich beide Partner gemeinsam. Innerhalb des allgemeinen Rhythmus werden die Bewegungen sehr unterschiedlich, einmal tief, dann wieder flach; auch kann der Penis sich tief in der Vagina durch kreisende Bewegungen der Hüften drehen.

Nur die Erfahrung lehrt ein Paar, wie beide den größten Lustgewinn beim Koitus erfahren können. Wenn jeder die Reaktionen des anderen aufmerksam beobachtet, werden beide schnell feststellen, wie sie einander am besten befriedigen können. Kein noch so erfahrener technischer Ratgeber kann so viel vermitteln, wie die unmittelbare praktische Erfahrung und die offene Kommunikation der Partner. Besonders die Frau sollte sich nie davor scheuen, dem Mann genau zu sagen, wie sie stimuliert werden möchte, und sich dabei immer bewußt sein, daß sie im gemeinsamen Interesse handelt, wenn sie sich ungezwungen ihren eigenen sexuellen Gefühlen hingibt. Während der Mann vielleicht versuchen wird, den Zeitpunkt für seinen Orgasmus zu kontrollieren und hinauszuzögern, braucht eine Frau sich nie zurückzuhalten. Denn sie kann möglicherweise, solange die Erektion eines Mannes anhält, mehrere Orgasmen haben.

Leider wird vielen Männern und Frauen die Lust am Koitus dadurch verringert, daß sie den Orgasmus überbewerten. Da ein Mann weiß, daß er relativ schnell zum Orgasmus kommen kann, muß er Rücksicht nehmen, daß auch seine Partnerin befriedigt wird. Eine Frau hingegen kann fürchten, ihr Orgasmus komme nicht früh genug oder sie werde vielleicht gar keinen Orgasmus haben. Solche Ängste können das Verständnis zweier Partner stark beeinträchtigen und eine sexuelle Beziehung schließlich ganz unmöglich machen.

Es scheint, daß die meisten Paare sehr viel mehr sexuelles Glück erfahren könnten, wenn sie sich mehr auf den Koitus selbst als auf seinen möglichen Ausgang konzentrierten. Es gibt keine Vorschrift, daß das Ziel jeder sexuellen Begegnung ein Orgasmus sein müsse. Denn wo es um die Liebe geht, sollte man sich niemals unter den Druck irgendwelcher Leistungen und Ziele setzen. Es ist das gemeinsame körperliche Erlebnis, das beim Koitus zählt, nicht der „Höhepunkt" oder ein „erfolgreiches" Finale. Für erfahrene Liebende ist der kunstvolle Aufbau von Spannung wichtiger als deren möglicher Abbau. Orgasmus ist etwas, das sich auf dem Höhepunkt sexueller Erregung ganz von selbst ergibt; er ist kein Preis, um den man kämpfen muß und den es zu gewinnen gilt.

In verschiedenen älteren Ehebüchern wurden die Partner nicht nur dazu angehalten, einen Orgasmus anzustreben, sondern der Orgasmus sollte von beiden Partnern möglichst zum gleichen Zeitpunkt erreicht werden. Die Belohnung dafür sollte dann vollkommene Ekstase sein. In der Praxis brachte dieser Rat jedoch wesentlich mehr Nach- als Vorteile. Denn zunächst lag das Hauptgewicht nicht mehr auf dem Koitus selbst, sondern auf dessen Ergebnis. Beide Partner waren dadurch unter Umständen gezwungen, beherrscht und kontrolliert zu bleiben, um sich zu synchronisieren und den richtigen Zeitpunkt nicht zu verpassen. So kamen sie dann oft überhaupt nicht zum Orgasmus. Schließlich betrachteten sich Männer und Frauen, denen es nicht gelungen war, ihre Reaktionen in Übereinstimmung zu bringen, womöglich als funktionsgestört.

Diese rein technische Einstellung zum Koitus ist glücklicherweise inzwischen etwas aus der Mode gekommen. Heute sind die meisten „Sexualexperten" der Meinung, daß gleichzeitiger Orgasmus nicht den wesentlichen Beweis einer intakten sexuellen Beziehung darstellt. So gewinnt die Erkenntnis an Boden, daß es besser ist, sich um den Orgasmus überhaupt keine Gedanken zu machen. Statt dessen lernen die Partner, jeden Augenblick ihres Zusammenseins zu genießen, ohne dabei etwas Bestimmtes leisten oder beweisen zu müssen. Es stellt sich dabei heraus, daß dieses langsame, nicht-fordernde Liebesspiel die tiefste Befriedigung bringt. Oft kann es auch dazu beitragen, sexuelle Hemmungen abzubauen und so das ganze erotische Potential eines Menschen freizulegen. Und es führt gleichzeitig zu häufigeren Orgasmen.

In der Vergangenheit verlangte man von guten Christen, daß sie beim Koitus nur eine einzige Stellung einnähmen: Die Frau hatte auf dem Rücken und der Mann, sie anblickend auf ihr zu liegen. Die weniger gehemmten „Heiden" Afrikas, Asiens und der Pazifischen Inseln machten sich über diese Stellung lustig und bezeichneten sie als „Missionarsstellung". Durch die zunehmenden Kontakte zwischen den Kulturen im 19. Jahrhundert begannen Europäer und Nordamerikaner zu verstehen, daß ihre Einstellung zur Sexualität unnötig starr war. Sie begannen, antike griechische Vasenbilder, römische Wandmalereien, chinesische Pergamentrollen, japanische Holzschnitte und indische Liebesbücher nach neuen, erregenden Koitusstellungen zu durchforschen. Ihre Entdeckungen führten bald zu dem begeisterten Glauben, man habe lange verlorene Geheimnisse wahrer sexueller Erfüllung wiedergefunden.

Aber ebenso wie Routine und starres Festhalten an bestimmten Verhaltensmustern in sexuellen Dingen schlecht sind, liegt auch in immer neuen athletischen Verrenkungen kein garantiertes Glück. Es gibt auch beim Koitus keine maximale, unübertreffliche oder auch nur natürlichste Stellung. Deshalb wird in den Eheberatungsbüchern der jüngeren Zeit der Beschreibung von Koituspositionen kein besonders breiter Raum mehr gewidmet. Phantasievolle Sexualpartner, die bemüht sind, ihre Bedürfnisse und Wünsche zu verstehen und zu befriedigen, werden ihre Stellungen spontan so wählen, wie es die Gelegenheit ergibt. Eingehende Beschreibungen solcher Stellungen sind überflüssig und können sogar nachteilig sein, weil dadurch die Vorstellung unterstützt würde, der Koitus sei ein rein mechanischer Vorgang.

Wahrscheinlich ist es unklug, überhaupt irgendwelche bestimmten Stellungen beim Koitus zu beschreiben. Ein Koitus besteht immer aus einer Folge von Bewegungen, die sich zu einem geschlossenen Ganzen verbinden. Die meisten Partner wechseln ohne Vorausplanung oder bewußte Absicht von der einen zur anderen Position. Es mutet pedantisch an, zehn, zwölf, 20 oder mehr bestimmte Positionen auszuwählen und jeder einzelnen eine besondere Bedeutung beizumessen. Natürlich kann man eine Reihe grundlegender Positionen des Koitus unterscheiden, aber ihre Anzahl ist wirklich sehr begrenzt: Die Partner können stehen, sitzen oder liegen; sie können einander zugewandt sein, oder die Frau kann dem Partner den Rücken zukehren; die Partner können aufeinander liegen, beide können aber auch auf der Seite liegen.

Man nahm früher an, bestimmte Positionen seien besonders wirkungsvoll, weil sie es dem Mann ermöglichten, die Klitoris der Frau mit seinem Penis zu stimulieren. Aus diesem Grund hielt man auch bestimmte andere Stellungen für weniger wirkungsvoll, bei denen diese Möglichkeit nicht besteht. Die moderne Sexualforschung hat herausgefunden, daß beide Auffassungen falsch sind. Wie bereits mehrfach betont, zieht sich mit zunehmender Erregung die Klitoris unter ihre Vorhaut zurück und ist dann für direkte Stimulation nicht mehr zugänglich. Sie wird jedoch indirekt, durch die Bewegungen der umgebenden Gewebe, angeregt. Dies wiederum wird durch die Bewegungen des Penis bewirkt, die sich auch auf die kleinen Schamlippen übertragen. Eine solche indirekte Stimulierung ist deshalb fast immer gegeben. Dabei ist es nicht ausschlaggebend, in welchem Winkel der Penis eingeführt wird.

Es gibt indes eine Stellung, die die Frau als besonders befriedigend empfinden kann, da sie ihr fast vollständige Kontrolle über die Bewegungsabläufe beim Koitus gibt: auf dem Mann sitzend, der in einer eher passiven Stellung auf dem Rücken liegt. Bei den Griechen und Römern war diese Stellung besonders beliebt, sie galt dort als „Normalstellung". Heute wird sie von Sexualtherapeuten häufig empfohlen, weil sie für Mann und Frau als günstige Methode zur Überwindung sexueller Störungen gilt.

Manche Frauen ziehen es jedoch vor, eher selbst passiv zu bleiben, auf dem Rücken zu liegen und das Gewicht des Mannes auf sich zu spüren. Für sie kann die „Missionarsstellung" tatsächlich am angenehmsten sein. In dieser Position mit gespreizten Beinen kann der Penis sehr tief in die Vagina eindringen. Das erhöht auch die Chancen einer Schwangerschaft, denn die ejakulierte Samenflüssigkeit bildet dicht vor der Cervix eine Ansammlung. Die Frau kann die Befruchtung noch begünstigen, indem sie nach dem Koitus für eine Weile einfach auf dem Rücken liegenbleibt. Die tiefe Penetration ist überdies für viele Frauen sexuell sehr angenehm, so daß sie sich möglicherweise spontan solchen Positionen zuwenden.

Abschließend soll noch erwähnt werden, daß Menschen, die korpulent oder schwach sind, beim Koitus am bequemsten auf der Seite liegen. Diese Stellung, bei der der Penis von hinten eingeführt wird, ist wahrscheinlich die am wenigsten anstrengende. Sie empfiehlt sich natürlich auch für hochschwangere Frauen.

7.2.4 Analverkehr

Analverkehr ist definiert als sexueller Kontakt zwischen den Geschlechtsorganen eines Menschen und dem Anus eines anderen.

Bei den meisten Menschen ist der Anus äußerst sensibel und daher eine wichtige erogene Zone. Daher überrascht es nicht, daß viele Menschen anale Stimulation in der einen oder anderen Form beim Geschlechtsverkehr angenehm finden. Bei der Masturbation können sie zum Beispiel ihre Finger oder einen zylindrischen Gegenstand in den Anus einführen, bei oralem oder genitalem Verkehr empfinden sie unter Umständen Berührungen am Anus angenehm. Manche Männer und Frauen empfinden es als erregend, wenn man ihren Anus leckt oder küßt (in der Fachsprache heißt dies Anilinctus: von lat. anus: der Darmausgang und lat. linguere: lecken). Es muß jedoch darauf hingewiesen werden, daß diese Art des Geschlechtsverkehrs zur Übertragung von Hepatitis und anderen Infektionen führen kann, wenn einer der Partner erkrankt ist.

Manche Männer versuchen, zum Orgasmus zu kommen, indem sie ihren Penis zwischen den Gesäßbacken der Frau hin und her bewegen. Obwohl in diesem Fall der Penis nicht eingeführt wird, kann die Frau dies als sehr angenehm empfinden.

Natürlich kann der Mann seinen Penis auch in den Anus der Frau einführen. Es gibt Frauen, die am analen Verkehr ausgesprochene Freude haben. Anders als die Vagina versorgt sich der Anus jedoch nicht mit eigener Gleitflüssigkeit. Daher sollte man Speichel oder ein künstliches, möglichst wasserlösliches Gleitmittel benutzen. Dies trägt man am besten direkt auf den Anus und den Penis auf. Dabei bietet sich gleichzeitig die Gelegenheit zu einer leichten Massage des Anus oder zum Einführen eines Fingers. Nach diesen Vorbereitungen kann der Penis eingeführt werden. Dies sollte sehr langsam geschehen. Nachdem der Penis eingeführt worden ist, sollte er zunächst nicht bewegt werden, bis der Schließmuskel sich völlig entspannt hat. Danach beginnen einer oder beide Partner mit vorsichtigen Bewegungen.

Eine Frau, die den Analverkehr nicht gewohnt ist, fühlt sich dabei zunächst möglicherweise unwohl oder empfindet Schmerzen. Nach einigen vorsichtigen Versuchen kann sie ihn jedoch auch als sehr angenehm empfinden, selbst wenn sie keinen Orgasmus erreicht. Natürlich kann ihr Partner sie beim Analverkehr masturbieren. Wenn sie dann einen oder mehrere Orgasmen hat, werden die daraus entstehenden Muskelkontraktionen ihres Schließmuskels zu einer zusätzlichen, sehr angenehmen Stimulation für den Penis.

Natürlich kann Analverkehr in einer Reihe unterschiedlicher Positionen ausgeführt werden. In den meisten Fällen liegt die Frau auf dem Bauch, sie kann aber auch mit angezogenen Beinen auf dem Rücken liegen.

Obwohl Analverkehr für beide Partner sehr befriedigend sein kann, ist er nicht sehr verbreitet. Das mag daran liegen, daß er jahrhundertelang in unserem Kulturkreis als sündhaft und pervers galt. In einigen Staaten der USA wird er noch heute vom Gesetzgeber als „Sodomie" oder „Verbrechen wider die Natur" angesehen und von Gefängnisstrafen bedroht. Darüber hinaus betrachten viele Menschen in unserer Gesellschaft den Anus wegen seiner Ausscheidungsfunktion als schmutzig und ekelerregend. Dies würde in gewissem Grade natürlich auch für die Geschlechtsorgane gelten, da sie mit der Harnausscheidung in Zusammenhang stehen. Solange die Ausscheidungsorgane jedoch hygienisch saubergehalten werden, gibt es für diese Auffassung keinen triftigen Grund.

Analverkehr kann ein sehr befriedigendes Erlebnis sein, wenn beide Partner ihn wollen und wirklich genießen. Es gibt nur eine hygienische Regel, die man dabei berücksichtigen sollte: Die Partner sollten niemals von Analverkehr zum Koitus wechseln, ohne den Penis vorher gründlich zu waschen. Es besteht sonst die Gefahr, daß Bakterien aus dem Rektum in die Vagina übertragen werden. Hierbei kann es zu Infektionen kommen.

Heterosexueller Geschlechtsverkehr in der Kunst

Zu allen Zeiten haben Bildhauer und Maler sexuelles Verhalten dargestellt. Oft hatten diese Kunstwerke einen religiösen Hintergrund, manchmal dienten sie der Unterweisung; oft hatten sie aber einfach den Zweck zu gefallen und den Betrachter zu erregen. Heute bietet die erotische Kunst interessante Einblicke in das Sexualverhalten vergangener Kulturen.

Erotische Kunst in Afrika
Die zwei Bronzefiguren von der Elfenbeinküste können auf verschiedene Weise zusammengebracht werden und zeigen so verschiedene Formen des Geschlechtsverkehrs.

Erotische Kunst im Klassischen Griechenland
Die alten Griechen und Römer beschränkten sich beim Geschlechtsverkehr nicht auf eine bestimmte Stellung. Meist bevorzugten sie jedoch eine Position, bei der die Frau auf dem Mann sitzt. Die Vasenbilder zeigen einige typische Stellungen.

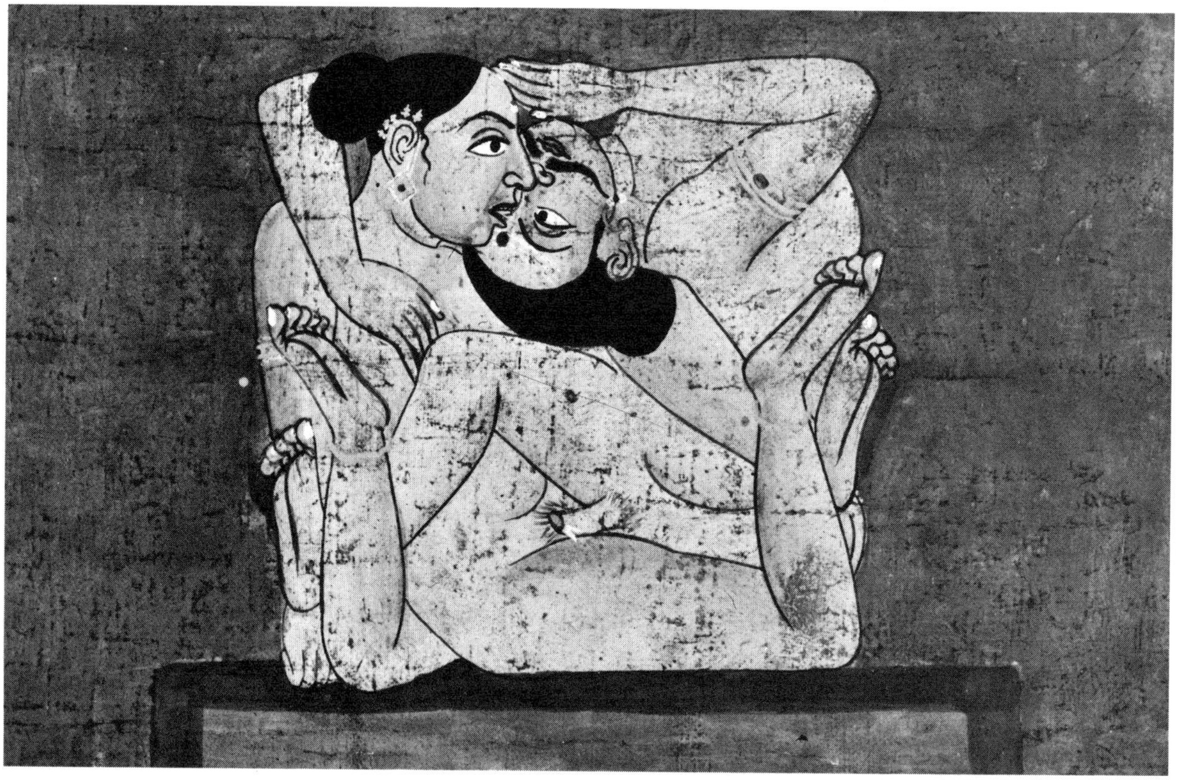

Erotische Kunst in Indien
(Oben) Indische Künstler malten oft sehr kunstvolle Positionen beim Koitus. Dieses Gemälde aus dem 18. Jahrhundert zeigt eine besonders komplizierte Stellung, die den Energiefluß in der Wirbelsäule beeinflussen soll.

(Unten) Dieses Gemälde aus dem 18. Jahrhundert zeigt einen europäischen Mann, der mit einer indischen Frau in der „Missionarsstellung" Koitus hat.

Erotische Kunst in China

Chinesische Künstler betonen meist die behutsame und zärtliche Seite des Geschlechtsverkehrs. Die anatomischen Unterschiede zwischen Männern und Frauen traten demgegenüber eher in den Hintergrund. Chinesische erotische Kunst hat deshalb oft einen ruhigen und kontemplativen Charakter. Leidenschaft wurde nur selten dargestellt.

(Oben) Diese Szene aus einem Bilderalbum zeigt einen Mann, der mit einer Frau Koitus hat und eine zweite Frau mit einem künstlichen Penis masturbiert. (Späte Ming-Dynastie)

(Unten) Eine seltene Abbildung leidenschaftlicher sexueller Handlungen. Sie stammt aus einem Album, das die Liebesabenteuer mongolischer Reiter darstellt. (Späte Ming-Dynastie)

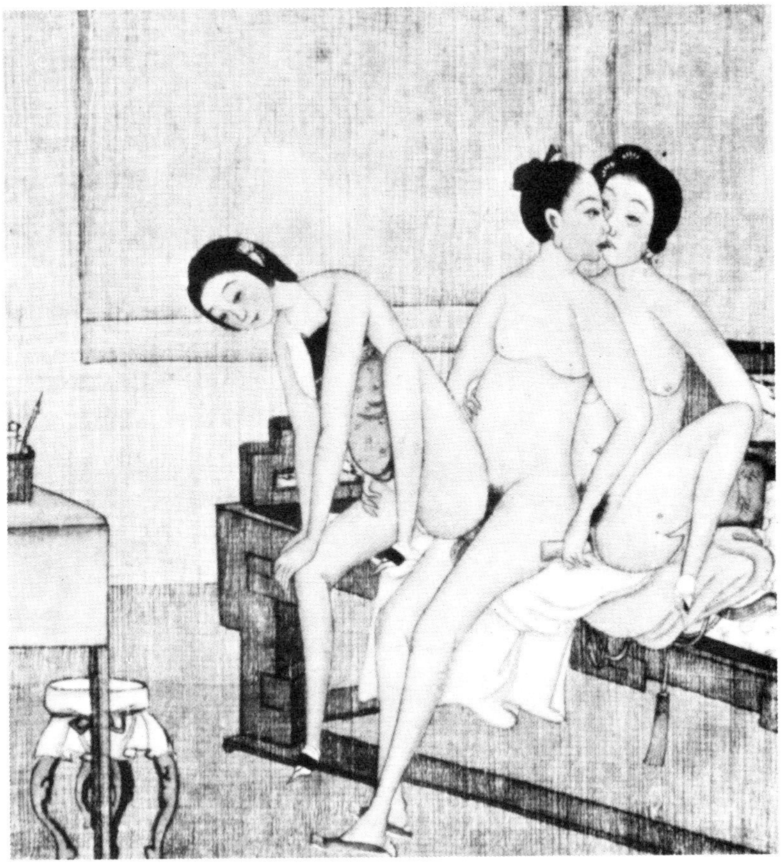

Erotische Kunst in Japan
Darstellungen auf einer Seidenrolle. Humoristische Szenen von Katushika Hokusai (1760–1849)

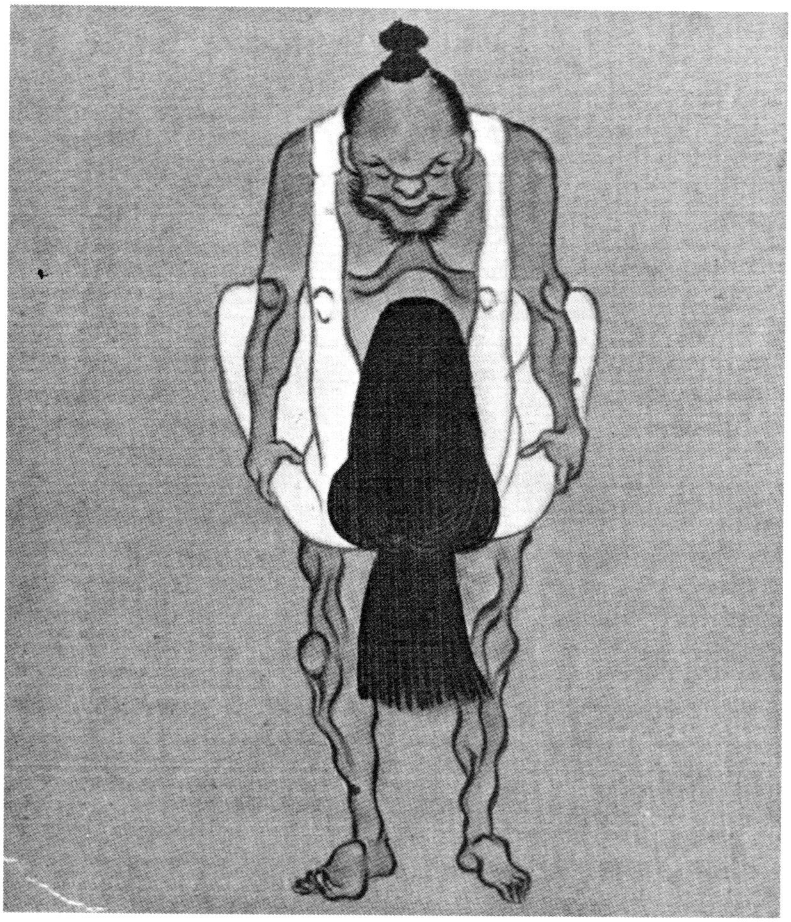

Erotische Kunst in Japan
Auf vielen japanischen Pergamentrollen wird der Geschlechtsverkehr als leidenschaftlicher, manchmal sogar gewalttätiger Kampf dargestellt. Japanische Künstler übertreiben oftmals die Größe der männlichen Geschlechtsorgane gewaltig und geben ihnen ein fast beängstigendes Aussehen.

(Oben) Darstellung einer Frau, die mit zwei Männern Geschlechtsverkehr hat.

(Unten) Darstellung einer widerstrebenden, „in Ausbildung" befindlichen Prostituierten, die von einer älteren Frau festgehalten wird.

7.3 Homosexueller Geschlechtsverkehr

Menschen können nicht nur Geschlechtsverkehr mit Partnern des anderen Geschlechts haben, sondern auch mit solchen gleichen Geschlechts. Anders ausgedrückt: Männer und Frauen können sowohl heterosexuellen als auch homosexuellen Geschlechtsverkehr haben. Die Vorsilben „hetero-" und „homo-" kommen aus dem Griechischen und bedeuten „anders-" bzw. „gleich-".

Wie bereits erwähnt, ist gleichgeschlechtliches Verhalten unter Kindern häufig und unter heranwachsenden Jugendlichen nicht ungewöhnlich. In den Jahren vor der Pubertät haben Kinder in unserem Kulturkreis häufiger sexuellen Kontakt zu Menschen gleichen Geschlechts als zu solchen des anderen Geschlechts. In dieser Zeit werden heterosexuelle Spiele sogar eher unterbunden, während homosexuelle Aktivitäten kaum Beachtung finden. Erst später kehrt sich die Situation um. Wenn Jugendliche die Pubertät erreicht haben, wird von Jungen und Mädchen erwartet, daß sie ausschließlich heterosexuelle Interessen entwickeln. Jeder Versuch homosexueller Aktivität wird streng verurteilt. Trotzdem haben viele Menschen weiterhin – auch bis ins hohe Alter – homosexuelle Kontakte. Für viele von ihnen stellen diese Kontakte nur vereinzelte Episoden in einem sonst heterosexuellen Leben dar. Für andere werden sie zu gelegentlichen Erlebnissen, für wieder andere sind sie die bevorzugte oder auch einzige Form sexuellen Verhaltens.

In ihren beiden Studien des menschlichen Sexualverhaltens haben Kinsey und seine Mitarbeiter zur Klärung des Sachverhalts eine sehr praktische Methode benutzt. Sie erfanden eine siebenteilige Skala, die das Verhältnis von heterosexuellem zu homosexuellem Verhalten in der Bevölkerung insgesamt messen sollte. Am einen Ende dieser Skala (Kategorie 0) wurden Menschen eingeordnet, die ausschließlich heterosexuelle Erfahrung hatten; am anderen Ende (Kategorie 6) wurden Menschen eingeordnet, die ausschließlich homosexuelle Erfahrungen hatten. Zwischen diesen beiden Extremen lagen Menschen, die sowohl heterosexuelle als auch homosexuelle Erfahrungen hatten (Kategorien 1–5). Es ergab sich so die folgende Einteilung:

Kategorie 0: Ausschließlich heterosexuelles Verhalten
Kategorie 1: Überwiegend heterosexuelles, gelegentlich homosexuelles Verhalten
Kategorie 2: Überwiegend heterosexuelles, jedoch häufiger als gelegentlich homosexuelles Verhalten
Kategorie 3: Heterosexuelles und homosexuelles Verhalten zu gleichen Teilen
Kategorie 4: Überwiegend homosexuelles, jedoch häufiger als gelegentlich heterosexuelles Verhalten
Kategorie 5: Überwiegend homosexuelles, gelegentlich heterosexuelles Verhalten
Kategorie 6: Ausschließlich homosexuelles Verhalten.
(Siehe auch Schaubild und Tabelle S. 237)

Diese Kategorien haben natürlich an sich nichts Neues oder Revolutionäres. Man wußte immer schon, daß es Menschen gibt, die nur heterosexuellen Verkehr haben, und andere mit ausschließlich homosexuellem Verkehr. Man wußte auch, daß einige Menschen mit Partnern beiderlei Geschlechts sexuellen Verkehr haben. Tatsächlich haben die Menschen vermutlich schon lange vor Kinsey diese grundlegende Einsicht gehabt. Aber zumindest in unserer westlichen Kultur war für die öffentliche Meinung eine solche Idee niemals akzeptabel, weil man einfach annahm, die Prozentzahl derer mit ausschließlich heterosexuellen Erfahrungen sei so groß und der Prozentsatz aller ande-

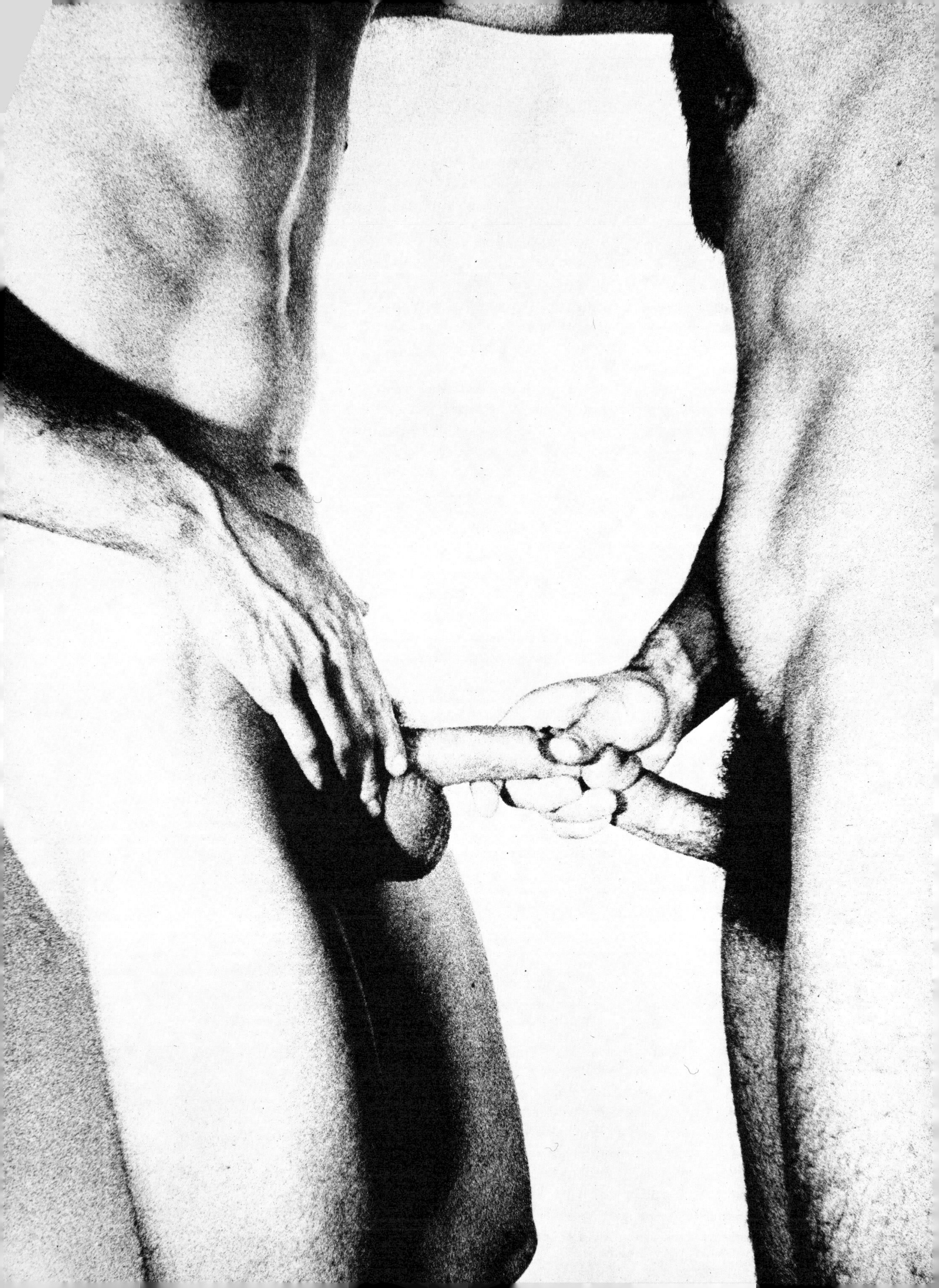

Heterosexuelles und homosexuelles Verhalten

0	1	2	3	4	5	6
Ausschließlich heterosexuelles Verhalten	Gelegentlich homosexuelles Verhalten	Häufiger als gelegentlich homosexuelles Verhalten	Heterosexuelles und homosexuelles Verhalten zu gleichen Teilen	Häufiger als gelegentlich heterosexuelles Verhalten	Gelegentlich heterosexuelles Verhalten	Ausschließlich homosexuelles Verhalten
	← Ambisexuelles Verhalten →					

Häufigkeit heterosexuellen und homosexuellen Verhaltens (Altersgruppe von 20–35 Jahren)

0	1	2	3	4	5	6
Unverheiratet: M = 52–78% F = 61–72% Verheiratet: M = 90–92% F = 89–90% Früher verheiratet: F = 75–80%						M = 3–16% F = 1–3%
					M = 5–22% F = 2–6%	
				M = 7–26% F = 3–8%		
			M = 9–32% F = 4–11%			
		M = 13–38% F = 6–14%				
	M = 18–42% F = 11–20%					

Kinsey-Skala zum Verhältnis zwischen heterosexuellem und homosexuellem Verhalten. Die Skala und die ihr zugrundeliegenden Daten stammen aus den von Kinsey im Jahre 1953 veröffentlichten Materialien über Männer (M) und Frauen (F). Die Spanne der prozentualen Angaben resultiert aus unterschiedlichen Verteilungen in bestimmten Untergruppen der sieben Kategorien. Diese Kategorien selbst sind in mancher Hinsicht etwas willkürlich, die Skala sollte deshalb eher als Kontinuum verstanden werden.

ren Gruppen so klein, daß eine solche Einteilungsskala wenig sinnvoll sei. Bevor Kinsey also seine umfangreichen Untersuchungen machte, war man der Auffassung, homosexuelle Handlungen seien nur seltene und unnatürliche Ausnahmen. Kinsey bewies, daß diese überkommene Ansicht falsch war. So zeigen seine Statistiken beispielsweise, daß etwa 50 Prozent aller Männer und 20 Prozent aller Frauen, bevor sie das mittlere Lebensalter erreichen, in irgendeiner Form eindeutige sexuelle Erlebnisse mit Partnern des gleichen Geschlechts gehabt haben. 37 Prozent aller Männer und 13 Prozent aller Frauen haben nach ihrer Pubertät zumindest ein homosexuelles Erlebnis, das zum Orgasmus führte. Dies betrifft also fast zwei von fünf Männern und mehr als eine von acht Frauen. Nach Kinseys Feststellungen verhalten sich darüber hinaus vier Prozent aller Männer (und ungefähr zwei Prozent aller Frauen) während ihres ganzen Lebens ausschließlich homosexuell.

Als diese Ergebnisse zum erstenmal veröffentlicht wurden, erregten sie in der Öffentlichkeit großes Aufsehen. Viele Menschen weigerten sich, die große Anzahl der berichteten homosexuellen Kontakte zu akzeptieren. Selbst heute noch bezweifeln verschiedene Experten, daß die Zahlen repräsentativ sind. Allerdings hat sie bis heute kein Forschungsergebnis widerlegt. Die Arbeit Kinseys mag einige Irrtümer enthalten und zeitgebunden sein, sie ist aber bis heute noch die zuverlässigste Untersuchung über die Häufigkeit homosexuellen Verhaltens.

Eine heute erstellte Studie könnte sehr wohl ergeben, daß die Zahl derer, die sich homosexuell verhalten, noch sehr viel größer ist (besonders bei den Frauen). Der größte Schock für die Öffentlichkeit war jedoch die Schlußfolgerung, die Kinsey aus seinen Erkenntnissen zog. Bis dahin war es üblich gewesen, „Heterosexuelle" und „Homosexuelle" als zwei verschiedene Menschenklassen anzusehen. Man bezeichnete „Homosexuelle" gelegentlich als „sexuell Invertierte", „psychosexuelle Hermaphroditen" oder „das dritte Geschlecht". Man glaubte, sie litten an einer besonderen Krankheit, „Homosexualität" genannt, und seien daher vom Rest der Menschheit deutlich verschieden. Homosexuelle, die sowohl mit Männern als auch mit Frauen Geschlechtsverkehr hatten, bezeichnete man als getarnte Homosexuelle, die irgendwie „mogelten". Angesichts der wissenschaftlichen Ergebnisse wurden all diese Vorurteile aber gegenstandslos. Die Statistiken zeigten einfach, daß „Heterosexualität" und „Homosexualität" keine klar umrissenen, trennbaren und unvereinbaren Eigenschaften sind. Kinsey hat es einmal so ausgedrückt, daß es falsch sei, „zwischen zwei deutlich verschiedenen Gruppen, Heterosexuellen und Homosexuellen, zu unterscheiden. Man kann die Welt nicht in Schafe und Ziegen einteilen. Nicht alle Dinge sind schwarz oder weiß ... Die Natur kennt keine scharfen Einteilungen. Nur der Mensch erfindet Kategorien und versucht, die Wirklichkeit in verschiedene Schubfächer zu zwingen. Alles Leben ist in jeder Hinsicht ein Kontinuum. Je früher wir dies im Hinblick auf das menschliche Sexualverhalten lernen, um so eher werden wir die Wahrheit über die Sexualität begreifen."

Kinsey führte weiter aus, welche Folgerungen dieser neue Ansatz nahelegt: „Man könnte über diese Dinge wesentlich präziser nachdenken, wenn Menschen nicht als heterosexuell oder homosexuell bezeichnet würden, sondern als Individuen mit einer bestimmten Anzahl heterosexueller Erfahrungen und einer bestimmten Anzahl homosexueller Erfahrungen. Statt diese Begriffe als Hauptwörter zu verwenden, mit denen Personen bezeichnet werden, oder als Adjektive, die Menschen beschreiben, sollten sie eher dazu verwandt werden, die Form der sexuellen Beziehung oder die Stimuli, auf die ein Mensch erotisch reagiert, zu charakterisieren."

Diese Feststellung trifft den Sachverhalt genau, weil das „Problem Homosexualität" zumindest zum Teil durch die Gedankenlosigkeit und die sprachliche Schlamperei derer verursacht wird, die über sie sprechen. Um nur ein Beispiel zu geben: In der Armee, im Gefängnis, in psychiatrischen Anstalten werden Menschen manchmal als „Homosexuelle" etikettiert, wenn man feststellt, daß sie eine einzelne homosexuelle Erfahrung gemacht haben. Denjenigen, die solche Etiketten vergeben, fällt es jedoch nicht auf, daß auch jeder Mensch mit nur einer einzelnen heterosexuellen Erfahrung als „Heterosexueller" bezeichnet werden müßte, würde man sich dieser Logik anschließen.

Dabei geht es allerdings nicht nur um Wortspielereien. In einigen Ländern kann ein Mann ins Gefängnis kommen, seine Arbeit und seinen Beruf verlieren und amtlich als „sexueller Psychopath" registriert werden, und das aufgrund eines einzigen homosexuellen Kontakts. Heranwachsende, die man bei homosexuellen Handlungen ertappt, werden von ihren Freunden und Verwandten als „Schwule" bezeichnet und werden so zu sexuellen und sozialen Einzelgängern. Das kann zur Folge haben, daß man ihnen jegliche Chance nimmt, ihre heterosexuellen Fähigkeiten zu entwickeln. Ein glücklich verheirateter „Familienvater", der etwa in alkoholisiertem Zustand in einer kompromittierenden Situation mit einem anderen Mann angetroffen wird, wird so nur allzu oft von seinen Mitmenschen als ,,auch so einer" abgestempelt.

Abgesehen davon, daß eine solche Etikettierung sozial zerstörend wirkt, ist sie auch unlogisch. Wie bereits gesagt, wird niemals in umgekehrter Weise etikettiert, das heißt eine einzelne heterosexuelle Erfahrung scheint niemals auszureichen, um jemanden als ,,heterosexuell" zu bezeichnen. Darüber hinaus untergräbt ein solcher Wortgebrauch sein eigenes Ziel, indem er die Anzahl der ,,Homosexuellen" noch vergrößert und die ,,Homosexualität" als weit verbreiteten ,,Zustand" erscheinen läßt.

Andererseits ist es aber auch nicht sinnvoll, mit dem Wort ,,homosexuell" nur den relativ kleinen Personenkreis zu bezeichnen, der sich ausschließlich dem eigenen Geschlecht zuwendet (Kategorie 6). In diesem Falle müßte man logischerweise auch nur die Menschen als ,,heterosexuell" einstufen, die ausschließlich auf das andere Geschlecht reagieren (Kategorie 0). Daneben bliebe kein Raum für die große Zahl von Menschen, die sich zu beiden Geschlechtern hingezogen fühlen (Kategorien 1–5).

Schließlich müssen wir uns bewußt sein, daß sich selbst bei ein und demselben Menschen die Balance zwischen hetero- und homosexuell über eine Zeitspanne hin in die eine oder andere Richtung verschieben kann. Es gibt Menschen, die im Laufe ihres Lebens eine Zeitlang ausschließlich heterosexuelle, zu einer anderen Zeit ausschließlich homosexuelle Interessen haben. Andere Menschen zeigen beide Verhaltensweisen mit unterschiedlicher Intensität. Aus diesem Grunde ist es falsch, die Gesamtheit der Bevölkerung in ,,Heterosexuelle" und ,,Homosexuelle" einzuteilen. Genauso falsch ist es, ein Individuum als ,,heterosexuell" oder ,,homosexuell" zu bezeichnen. Es ist praktisch unmöglich anzugeben, wieviele Menschen ,,heterosexuell" und wieviele ,,Homosexuell" sind. Es ist lediglich möglich zu entscheiden, wieviele Menschen zu einem gegebenen Zeitpunkt den einzelnen Kategorien der Kinsey-Skala zuzuordnen sind. Auf die Frage, ,,Wieviele Homosexuelle gibt es?" oder ,,Bin ich ein Homosexueller?" gibt es keine sinnvolle wissenschaftliche Antwort.

Dennoch bleibt es eine Tatsache, daß in unserer Gesellschaft Menschen als Heterosexuelle oder Homosexuelle bezeichnet werden. Selten erheben die Betroffenen dagegen Einspruch. Zum Zweck des besseren Verständnisses benutzen selbst Fachleute diese Bezeichnungen noch, wenn sie sie auch möglicherweise verschieden definieren.

Wenn wir uns also von der allgemeinen Diskussion nicht ausschließen wollen, müssen wir uns für das vorliegende Buch zu einem Kompromiß entschließen. Denn diese Sprachgewohnheiten haben, so unpräzise sie auch sein mögen, doch einige Vorteile. Sie können dazu beitragen, bestimmte Auseinandersetzungen zu vereinfachen und dringende soziale Probleme zu artikulieren. Mit anderen Worten: solange ihr willkürlicher Charakter verstanden wird, kann die traditionelle Terminologie einige nützliche Zwecke erfüllen.

In diesem Sinn wird vorgeschlagen:

- Das Wort **heterosexuell** soll Menschen bezeichnen, die eine klare erotische Vorliebe für das andere Geschlecht haben (Kategorien 0–2 der Kinsey-Skala).
- Das Wort **homosexuell** soll Menschen bezeichnen, die eine klare erotische Vorliebe für das eigene Geschlecht haben (Kategorien 4–6 der Kinsey-Skala).
- Das Wort **ambisexuell** soll Menschen bezeichnen, die erotisches Interesse an beiden Geschlechtern haben (Kategorien 1–5 der Kinsey-Skala).

Es fällt auf, daß sich die dritte Definition mit den beiden anderen teilweise überschneidet. Das heißt, daß die Bezeichnung ,,ambisexuell" (von lat. ambo: beide) sich auf ,,Heterosexuelle" und auf ,,Homosexuelle" beziehen kann. Dieser Widerspruch ist unvermeidlich, es sei denn, man wollte nur solche Personen als ambisexuell bezeichnen, deren erotisches Interesse zu gleichen Teilen auf beide Geschlechter gerichtet ist (Kategorie 3). Dieser Wortgebrauch hat sich jedoch nirgends durchgesetzt. Einige Personen können also in dem einen Zusammenhang als ,,heterosexuell" (oder ,,homosexuell") und in einem anderen als ,,ambisexuell" bezeichnet werden.

Da die hier verwendeten Bezeichnungen sich an der Kinsey-Skala orientieren, muß noch einmal betont werden, daß dieser Skala nicht die Summe der möglichen sexuellen Aktivitäten zugrunde liegt, sondern daß es nur um das Verhältnis zwischen heterosexuellem und homosexuellem Verhalten geht. Das bedeutet, daß Menschen, die die gleiche Anzahl homosexueller Erfahrungen haben, in verschiedenen Kategorien eingeordnet werden können. Danach wird eine Person, die zehn homosexuelle und nur fünf heterosexuelle Erlebnisse hatte, als ,,homosexuell" bezeichnet, während eine andere Person, die gleichfalls zehn homosexuelle Erlebnisse, aber 50 heterosexuelle Erlebnisse hatte, als ,,heterosexuell" bezeichnet wird. (Je nach Zusammenhang können natürlich auch beide als ambisexuell bezeichnet werden.)

Schließlich muß noch darauf hingewiesen werden, daß das hier verwandte Wort ,,Erlebnis" sich nicht nur auf den Vollzug sexueller Kontakte, sondern auch auf die psychische Reaktion bezieht. So ist ein Mann, dessen augenscheinliche sexuelle Aktivität ausschließlich heterosexuell ist, möglicherweise dennoch als ,,homosexuell" zu bezeichnen, wenn er psychisch weit häufiger und intensiver auf Männer als auf Frauen reagiert. Aus diesem Grunde kann das Wort ,,homosexuell" auch auf jemanden angewendet werden, der überhaupt nicht sexuell ,,aktiv" ist. (In älteren Büchern wurde dies manchmal als ,,latente Homosexualität" bezeichnet (von lat. latere: verborgen sein).) Leider bezeichnete dieser Ausdruck immer wesentlich mehr als unerfüllte oder geheime Wünsche. Er wurde auch dazu benutzt, unbewußte, nicht erkannte homosexuelle Neigungen zu bezeichnen. Da jedoch diese Neigungen im Grunde genommen bei jedem Menschen vorhanden sind, ist die Bezeichnung ,,latenter Homosexueller" auch nicht sinnvoller als Ausdrücke wie ,,latenter Raucher", ,,latenter Vielfraß" oder ,,latenter Schwarzfahrer".

All diese Ausführungen muß man im Gedächtnis behalten, wenn man von ,,Homosexualität" als einer sexuellen Orientierung spricht. Die bloße Tatsache, daß solche Einschränkungen notwendig sind, bestätigt nur, was in diesem Buch bereits gesagt wurde: Die sexuelle Orientierung von Männern und Frauen wird am ehesten durch relative, nicht aber durch absolute Begriffe verständlich gemacht, genau wie ihr biologisches Geschlecht oder ihre Geschlechtsrolle. Wie in Teil I des Buches bereits beschrieben wurde, sind Männlichkeit und Weiblichkeit, Maskulinität oder Femininität, Heterosexualität oder Homosexualität immer eine Frage des Ausprägungsgrades.

Es gibt noch einen weiteren wichtigen Gesichtspunkt, der an dieser Stelle ausführlicher berücksichtigt werden sollte: Besonders in unserer Gesellschaft ist das Wort ,,homosexuell" nie ein neutraler, formaler Ausdruck gewesen. Wie vorsichtig man ihn auch immer anwendet, er weckt in jedem Menschen bestimmte persönlich und sozial gefärbte Assoziationen. Im wirklichen Leben werden Menschen nicht aufgrund der statistischen Verteilung der von ihnen geäußerten sexuellen Interessen als ,,homosexuell" bezeichnet, sondern weil sie einem gängigen Stereotyp zu entsprechen scheinen. Die meisten Leute glauben eben zu wissen, wie ein Homosexueller auszusehen und sich zu verhalten habe. Diese Auffassung ist jedoch meist von der Wirklichkeit weit entfernt. Es gibt zum Beispiel die weit verbreitete Meinung, daß Homosexualität auf der Annahme einer falschen Geschlechtsrolle beruhe. Man glaubt einfach, daß männliche Homosexuelle sich wie Frauen benehmen und weibliche Homosexuelle Männer zu imitieren versuchen. Aufgrund solch irriger Vorstellungen glauben dann einige Eltern, sie brauchten nur ihren Sohn daran zu hindern, sich „weibisch“ zu verhalten, und ihre Tochter abzuhalten, ein „Wildfang“ zu werden, um zu verhüten, daß sie homosexuell werden.

Seltsamerweise hat das Studium verschiedener Kulturen ergeben, daß diese Vorstellung nur in bestimmten Gesellschaften auftaucht. In einigen antiken griechischen Stadtstaaten wurde zum Beispiel männliche Homosexualität nicht mit Schwäche und weibischem Gebaren assoziiert, sondern mit Männlichkeit, Tapferkeit und Heldenmut. So sagt man zum Beispiel, daß die berühmteste aller griechischen Elitetruppen, die „Heilige Schar von Theben“, die schließlich von Philipp von Mazedonien besiegt wurde, nur aus Liebespaaren bestanden habe.

Dieses Beispiel zeigt, daß das soziale Klischee vom „Homosexuellen“ je nach Zeit und Ort erheblichen Veränderungen unterliegt. Hier zeigt sich auch wieder, daß es so etwas wie den „typischen“ Homosexuellen nicht gibt und daß es keinen Sinn hat, von einer „homosexuellen Persönlichkeit“ zu sprechen. Die Tatsache, daß es in verschiedenen Kulturen unterschiedliche, sogar gegenteilige Auffassungen von der Homosexualität gibt, zeigt, daß sie kein bestimmter, unveränderlicher, klar bestimmbarer Zustand ist. Homosexuelle sind nicht durch irgendwelche besonderen Wesenszüge definiert, sondern durch das Bild, das sich die Menschen von ihnen machen.

Das ist auch der Grund dafür, warum Kinsey keine andere Wahl blieb, als den Gegenstand in wertfreier, rein deskriptiver Form zu behandeln. Er war zu der Einsicht gezwungen, daß sehr viele Menschen homosexuellen Verkehr haben, von denen aber nur ein Bruchteil je als homosexuell bezeichnet wird. Kinsey sah ein, daß die Entscheidung darüber, wer als homosexuell zu betrachten sei, immer willkürlich ist und daß sie ganz und gar von sozialen Konventionen abhängt. Diese Konventionen entscheiden auch darüber, ob Homosexualität mit Schwäche oder Stärke, Sünde oder Rechtschaffenheit, Ketzerei oder Rechtgläubigkeit, Geisteskrankheit oder geistiger Gesundheit gleichgesetzt wird. Das heißt, die Homosexualität als solche kann weder ein moralisch noch rechtlich oder medizinisch definierter Zustand sein, sondern sie ist ein zugewiesener Status. Sie ist eine soziale Kategorie oder ein Etikett, mit dem bestimmte Personen in bestimmten Situationen belegt werden. Homosexuell sein heißt, die Rolle des Homosexuellen, wie sie in einer bestimmten Gesellschaft verstanden wird, zu spielen.

Interessanterweise gibt es die Rolle des „Homosexuellen“ in manchen Gesellschaften nicht, wenngleich homosexuelles Verhalten dort durchaus verbreitet sein mag. Wenn dieses Verhalten nicht als ungewöhnlich betrachtet und ausgesondert wird, dann wird es auch niemals zum Problem für den einzelnen oder die Gesellschaft. So wissen wir zum Beispiel, daß bei bestimmten Naturvölkern, wie den Siwah in Afrika, den Aranda in Australien und den Keraki in Neuguinea, im Grunde genommen alle Männer sowohl heterosexuellen als auch homosexuellen Verkehr hatten. Offensichtlich machte man bei diesen Völkern keinen Unterschied zwischen Heterosexuellen und Homosexuellen. Natürlich wäre die Kinsey-Skala immer noch anwendbar, sie würde jedoch, zumindest für die Männer, nur unterschiedliche Grade ambisexuellen Verhaltens (Kategorien 1–5) aufweisen. An den heterosexuellen und homosexuellen Extremen der Skala gäbe es einfach nichts aufzuzeichnen (Kategorien 0 und 6).

Man kann begründet annehmen, daß selbst in unserer westlichen Zivilisation die Abgrenzungen nicht immer so deutlich waren wie heute. In der griechischen Antike zum Beispiel wurde homosexueller Verkehr als Bestandteil männlichen Geschlechtsverhaltens weitgehend als normal empfunden. Vor allen Dingen sah man darin keinen Hinderungsgrund für Ehe und Vaterschaft. Selbst das Wort „Homosexualität“ war unbekannt. Statt dessen sprach man von Päderastie (wörtl.: Knabenliebe; von griech. pais: der Knabe, oder hier eher der männliche Jugendliche, und griech. erastés: der Liebhaber). Päderastie wurde als sozial löblicher und gesellschaftlich nützlicher Brauch gefördert, aber weder von dem älteren Liebhaber noch von dem jüngeren Geliebten nahm man je an, sie könnten keine Beziehung zu Frauen haben. Das bedeutet, daß das Wort ,,homosexuell" auf die alten Griechen nicht anwendbar gewesen wäre. Wenn man sie überhaupt mit einem modernen Ausdruck klassifizieren will, scheint das Wort ,,ambisexuell" noch das genaueste zu sein.

Selbst im Europa des Mittelalters, als man homosexuelle Akte als Sünde verdammte, sah man in ihnen nicht unbedingt den Beweis einer ,,homosexuellen Veranlagung". Wenn Menschen wegen Sodomie (so genannt nach der biblischen Stadt Sodom) bestraft wurden, so ging man immer davon aus, daß sie sehr wohl zu ,,ordentlichem" heterosexuellem Verhalten fähig seien. Gleichzeitig muß man auch bedenken, daß nur ganz bestimmte Handlungen, wie Anal- oder Oralverkehr, bestraft wurden. Liebe und Zärtlichkeit zwischen Männern in anderer Form riefen kaum Mißtrauen hervor. Erst in der Moderne fing man an, Personen mit gleichgeschlechtlichem Verhalten als einen grundsätzlich verschiedenen Menschentyp zu betrachten. Man nahm an, daß der Durchschnittsmann oder die Durchschnittsfrau erotischer Beziehungen zum gleichen Geschlecht nicht fähig seien. Solche Beziehungen wurden nun als Folge einer angeblich besonderen angeborenen Anlage ausgemacht. Die Psychiatrie fing an, sich mit dieser ,,Anlage" zu befassen und belegte sie mit verschiedenen exotischen Namen, bis man gegen Ende des 19. Jahrhunderts das neue Wort ,,Homosexualität" einführte. Diese Bezeichnung (wie der Gegenbegriff ,,Heterosexualität") fand alsbald weltweite Anerkennung und wurde in alle europäischen Sprachen übernommen. (Das Wort ,,Homosexualität" wurde 1869 von dem österreichischen Schriftsteller Kertbeny [Benkert] geprägt.)

Ein moderner Leser, dem weder Ursprung noch Geschichte dieses Begriffes bekannt sind, könnte seine wirkliche Bedeutung leicht mißverstehen. Wir reden heute allzu leichtfertig von Homosexualität und Heterosexualität, und jeder scheint sofort zu wissen, was wir damit meinen. Wir täten jedoch gut daran, uns darüber klar zu werden, daß solche, sich gegenseitig ausschließende Kategorien von vornherein eine unzulässige Vereinfachung und Wertung darstellen. Tatsächlich konnten sie nur in einer repressiven Kultur entstehen, die das breite Spektrum menschlicher sexueller Ausdrucksformen nicht länger gelten lassen wollte. Jede Kultur, die eine scharfe Trennung zwischen Homosexuellen und Heterosexuellen vornimmt, verrät damit eine seltsam enge Auffassung von der menschlichen Natur. Sie ist blind gegenüber der wirklichen Vielfalt des Lebens und damit den Abstufungen und Nuancen menschlichen Sexualverhaltens.

Ohne repressive Erziehung, psychischen Druck und gesellschaftliche Sanktionen sind die Menschen zu sexuellen Reaktionen gegenüber beiden Geschlechtern fähig. Menschen, deren erotisches Interesse sich nur auf ein Geschlecht richtet, sind das Produkt einer gesellschaftlichen Konditionierung. Man kann sagen, daß Männer und Frauen, die sich ihrer homosexuellen Neigungen überhaupt nicht bewußt sind, ebenso Produkte ihrer Erziehung sind wie solche, die in keiner Weise auf das andere Geschlecht reagieren können. Damit soll natürlich nicht ausgesagt sein, daß in einer idealen Welt jedermann ambisexuell wäre. Deutliche sexuelle Vorlieben und eine bestimmte Exklusivität sexueller Interessen entwickeln sich wahrscheinlich ohnehin. Außerdem kann man, wie bereits an anderer Stelle bemerkt, bei den meisten Männern und Frauen annehmen, daß sich ihre Interessen überwiegend heterosexuell entwickeln. Es gibt keinen triftigen Grund, das zu bedauern. Man muß jedoch bedauern, daß viele Menschen sich ihres ursprünglichen Potentials nicht mehr bewußt sind und sich dennoch als den einzig richtigen Maßstab ihren Mitmenschen gegenüber präsentieren. Bedauerlich ist auch die Engstirnigkeit

Päderastie
In vielen Stadtstaaten des klassischen Griechenland war Päderastie eine verbreitete Sitte. Man verstand darunter die Liebesbeziehung zwischen einem erwachsenen Mann, der die Rolle eines Lehrers hatte, und einem heranwachsenden Jungen. Eine solche Beziehung, die oft Geschlechtsverkehr einschloß, wurde jedoch niemals als Hindernis für Ehe und Vaterschaft angesehen. Das Vasenbild zeigt einen Jugendlichen, der von seinem älteren Liebhaber gestreichelt wird.

und Intoleranz, mit der so ,,einseitig" geprägte Menschen jeden behandeln, der anders ist als sie selbst. Dabei wissen wir, daß sich in unserer eigenen Kultur viele ausschließlich ,,Heterosexuelle" und ,,Homosexuelle" in Ablehnung oder Freundschaft gegenüberstehen. Die ersteren sind im allgemeinen stolz auf ihre ausschließlich heterosexuelle Orientierung, während man von den ausschließlich Homosexuellen erwartet, daß sie schuldbewußt und unterwürfig sind. Schließlich werden sie als gottlose, kriminelle und kranke ,,Abweichler" auch heute noch oft ganz selbstverständlich als Menschen zweiter Klasse behandelt. Es überrascht daher nicht, daß sie in der Vergangenheit oft wenig Selbstbewußtsein hatten. Die Wende zum Positiven ist hier relativ neu. Indem sie das frühere Schimpfwort ,,schwul" heute auf sich selbst anwenden, stellen sie das offizielle Wertsystem in Frage und fordern lang verweigerte Bürgerrechte. In mancher Beziehung ist das natürlich eine gesunde und gute Entwicklung. Sie hat aber auch negative Seiten, weil sie die bestehende Teilung der Menschen in zwei Lager bekräftigt. Einer zunehmend selbstbewußten, aber auch militanten ,,Schwulenwelt" werden vielleicht von den ,,Normalen" im Laufe der Zeit Zugeständnisse gemacht, so daß beide ein Verhältnis ,,friedlicher Koexistenz" erreichen. Aber man könnte dabei vergessen, daß diese Trennung künstlich ist und es immer war. In Wirklichkeit gehören

Männliche Homosexualität in der Griechischen Kunst
Die Abbildung zeigt einen Ausschnitt aus einem Vasenbild, auf dem heterosexueller und homosexueller Geschlechtsverkehr dargestellt ist. Hier werden drei Männer beim Oral- und Analverkehr gezeigt.

„Schwule" und „Normale" in eine und dieselbe Welt, und solange sie dies nicht einsehen, werden sie sich selbst und die „anderen" weiterhin mißverstehen.

In der Vergangenheit war es hauptsächlich die sozial dominierende heterosexuelle Bevölkerung, die sich ihre Homosexuellen schuf, indem sie bestimmte Personen so etikettierte, die ihren engen sexuellen Normen nicht entsprachen. Dies geschieht natürlich auch heute noch. Unter dem Einfluß einer homosexuellen Bürgerrechtsbewegung ergreifen neuerdings jedoch viele Männer und Frauen von sich aus die Initiative, indem sie sich selbst als „Schwule" bezeichnen. Sie entwickeln eine „schwule Identität", die es ihnen ermöglicht, selbstbewußt als Homosexuelle aufzutreten. Sie tun dies, weil sie „es satt haben, sich zu verstecken" und „ein Doppelleben zu führen".

Dennoch ist für viele „Homosexuelle" dieser Prozeß der Selbstfindung langsam und mühevoll. Während jemand, der in der Öffentlichkeit einmal als Homosexueller abgestempelt ist, keine andere Wahl hat, als das Etikett zu akzeptieren, braucht der „heimliche" Homosexuelle unter Umständen Jahre, bis er sich selbst als „schwul" begreifen kann. Zunächst mißt er seinen Neigungen vielleicht wenig Bedeutung zu und glaubt, er unterscheide sich gar nicht von seinen „normalen" Freunden. Wie wir gesehen haben, ist eine solche Auffassung ja auch durchaus berechtigt. Sie entspringt nicht fehlender Einsicht, sondern eher einer natürlichen Abneigung, abgestempelt und etikettiert zu werden. Diese Abneigung kann sich noch steigern, wenn er mit bestimmten, angeblich „typischen" Homosexuellen zusammengebracht wird, mit denen er sonst nichts gemein hat. Dieser Prozeß des „coming out" (der homosexuellen Bewußtwerdung) kann daher recht verworren sein, voller Umwege und Sackgassen, falscher Ansätze und Niederlagen. Viele Menschen werden sich deshalb tatsächlich ihrer homosexuellen Neigung nie ganz be-

Weibliche Homosexualität in der französischen und japanischen Kunst
Künstler in vielen Kulturkreisen haben Frauen in liebender Umarmung dargestellt. Oben ein Holzschnitt von Suzuki Moronoba (17. Jahrhundert), unten ein Gemälde von Gustave Courbet (19. Jahrhundert).

wußt. Einige verzichten vollständig auf sexuelle Kontakte; einige kultivieren ihre bescheidenen heterosexuellen Interessen so gut wie möglich; andere pflegen sowohl heterosexuelle als auch homosexuelle Beziehungen, halten sich aber für im Grunde ,,normal"; und wieder andere haben ausschließlich homosexuellen Geschlechtsverkehr, sind aber davon überzeugt, daß sie dies nur aus nicht-sexuellen ,,legitimen" Gründen tun, zum Beispiel um als männliche Prostituierte Geld zu verdienen.

Viele Menschen, die heute (durch sich oder andere) als Homosexuelle etikettiert sind, nehmen schließlich einen ,,schwulen Lebensstil" an, das heißt, sie integrieren sich in eine Subkultur, die ihnen verschiedene vorgefertigte Rollen und Interaktionsmuster, Ideologien, Geschmacks- und Moderichtungen anbietet. Dieser vorgeprägte Lebensstil wird dann für die Bevölkerung oft zum Definitionskriterium für ,,Homosexualität". Angesichts der bereits zuvor erklärten Sachverhalte müßte jetzt aber deutlich geworden sein, daß man das Problem nicht in so oberflächliche Begriffe fassen kann. Wenn wir die Wahrheit über die ,,Homosexuellen" in unserer Mitte herausfinden wollen, müssen wir uns selbst und unsere Kultur in ihrer Gesamtheit untersuchen.

Schließlich muß noch festgestellt werden, daß zumindest in unserer Gesellschaft die zuvor erwähnten sozialen, rechtlichen und psychischen Probleme für männliche und weibliche Homosexuelle sehr verschieden sind. Aus diesem Grunde ziehen auch viele weibliche Homosexuelle die Bezeichnung ,,Lesbierinnen" vor (nach der Insel Lesbos, der Heimat der Sappho, einer homosexuellen Dichterin im klassischen Griechenland). Worte wie ,,lesbisch" oder ,,Lesbierin" sollen darauf hinweisen, daß weibliche Homosexuelle sich nicht mit allen Problemen männlicher Homosexueller identifizieren können und daß ihre Situation in vielerlei Hinsicht anders ist. Diese Frage (und die Sinnhaftigkeit eines besonderen Etiketts für weibliche Homosexuelle) wird an anderer Stelle ausführlicher diskutiert (vgl. Kap. 12.3 ,,Die sexuell Unterdrückten – Homosexuelle").

In den folgenden Abschnitten werden die verschiedenen Arten des homosexuellen Geschlechtsverkehrs kurz dargestellt. Das Wort ,,Geschlechtsverkehr" wird hier natürlich in demselben Sinn gebraucht wie in den vorausgegangenen Kapiteln. Schließlich sind die sexuellen Techniken von Homosexuellen und Heterosexuellen die gleichen. Leute, die fragen ,,Aber was machen denn die Homosexuellen eigentlich?", beweisen damit nur, daß es ihnen in ihrer eigenen heterosexuellen Beziehung an Phantasie fehlt. Diese Beschränktheit beweist einmal mehr, wie sehr Menschen dem erotischen Potential ihres eigenen Körpers entfremdet sein können. Sie ist ein weiteres Zeichen für die sexuelle Barbarei, die beide Gruppen, die ,,homosexuelle" und ,,heterosexuelle", in unserer Gesellschaft unterdrückt.

Die gesellschaftliche Einstellung gegenüber homosexuellem Verhalten wird ausführlicher in Teil III ,,Sexualität und Gesellschaft" des vorliegenden Buches behandelt, insbesondere im Kap. 12.3 ,,Die sexuell Unterdrückten – Homosexuelle".

7.3.1 Manueller Verkehr

Manueller Verkehr ist definiert als sexueller Kontakt zwischen den Geschlechtsorganen eines Menschen und der Hand oder den Händen eines anderen.

Weibliche und männliche homosexuelle Paare empfinden das gegenseitige Berühren der Geschlechtsorgane als sehr angenehm. Manueller Verkehr kann als solcher sehr befriedigend sein, er kann auch als Stimulation vor dem Wechsel zu einer anderen Form des Geschlechtsverkehrs dienen. Das ist natürlich um so befriedigender, als ein Partner, der eine Person gleichen Geschlechts masturbiert, seine eigenen Erfahrungen einbringen kann. Der manuelle Verkehr ist also wahrscheinlich die am häufigsten angewandte Form homosexuellen Sexualverhaltens.

Männer, die sich gegenseitig masturbieren, empfinden es meist als angenehm, Speichel oder eine Gleitflüssigkeit auf den Penis aufzutragen. Damit vermeiden sie eine Überreizung der empfindlichen Regionen des Penis. Hierfür ist insbesondere ein neutrales wasserlösliches Gel zu empfehlen. Wenn genügend Gleitmittel verwendet wird, ist es einfach möglich, zum Genitalverkehr überzuwechseln. Manche Männer empfinden es auch als angenehm, neben dem eigenen Penis den Penis des Partners in der Hand zu halten. Es gibt jedoch auch Männer, die sich am liebsten masturbieren lassen, ohne dies gleich zu erwidern.

Manueller Verkehr zwischen Frauen ist sehr ähnlich. Dabei gilt jedoch, daß Frauen es meist am liebsten haben, wenn sie am ganzen Körper gestreichelt werden. Es verlangt sie nicht so sehr wie Männer danach, unbedingt auch die Geschlechtsorgane einzubeziehen. Dennoch können sie, wenn sie sich gegenseitig masturbieren, sehr wohl zum Orgasmus kommen. Frauen wissen am besten, was anderen Frauen angenehm ist; so kann manueller homosexueller Geschlechtsverkehr unter Frauen sehr befriedigend sein, da sich bei Frauen überdies durch die sexuelle Erregung ein natürlicher Feuchtigkeitsfilm in der Vagina bildet, werden keine künstlichen Gleitmittel benötigt. Im Gegensatz zu den Vorstellung vieler Männer führen Frauen bei der Masturbation keine Gegenstände in die Vagina ein, sondern berühren und streicheln die äußeren Geschlechtsorgane, die Klitoris selbst, die kleinen Schamlippen und den Scheideneingang. Diese Bereiche können auch sehr wirkungsvoll mit elektrischen Vibratoren stimuliert werden. (Näheres über elektrische Vibratoren vergleiche Kap. 7.1 „Sexuelle Selbststimulierung".)

7.3.2 Oralverkehr

Oralverkehr ist definiert als sexueller Kontakt zwischen den Geschlechtsorganen eines Menschen und dem Mund eines anderen.

Geschlechtsorgane und Mund sind diejenigen erogenen Zonen des Körpers, die am leichtesten zu stimulieren sind. Daher ist es nur natürlich, daß sie in Berührung gebracht werden. Dieses Verhalten ist bei fast allen höheren Säugetieren zu beobachten, und es leuchtet deshalb ein, daß der Mensch, als das höchstentwickelte und sensibelste Säugetier, hier keine Ausnahme macht. In verschiedenen Gesellschaftsordnungen und in bestimmten historischen Zeitabschnitten wurde oraler Verkehr jedoch als sündhaft, kriminell oder krankhaft betrachtet, und Paare, die ihn praktizierten, wurden schwer bestraft.

Dennoch wurde in unserem Kulturkreis der Oralverkehr aller religiösen, juristischen und psychiatrischen Mißbilligung zum Trotz von heterosexuellen und homosexuellen Paaren immer praktiziert. In beiden Fällen werden die gleichen Techniken angewandt.

Fellatio

Mit dem Wort „Fellatio" (von lat. fellare: saugen) wird Lecken und Saugen an den männlichen Geschlechtsorganen bezeichnet.

Männer, die miteinander Geschlechtsverkehr haben, können natürlich Fellatio praktizieren. Dabei bevorzugen manche Männer, den Penis des Partners in den Mund zu nehmen, andere verhalten sich lieber „passiv". Die meisten Männer, die homosexuellen Oralverkehr praktizieren, geben keiner der beiden Rollen einen eindeutigen Vorzug, sondern passen ihr Vorgehen den ge-

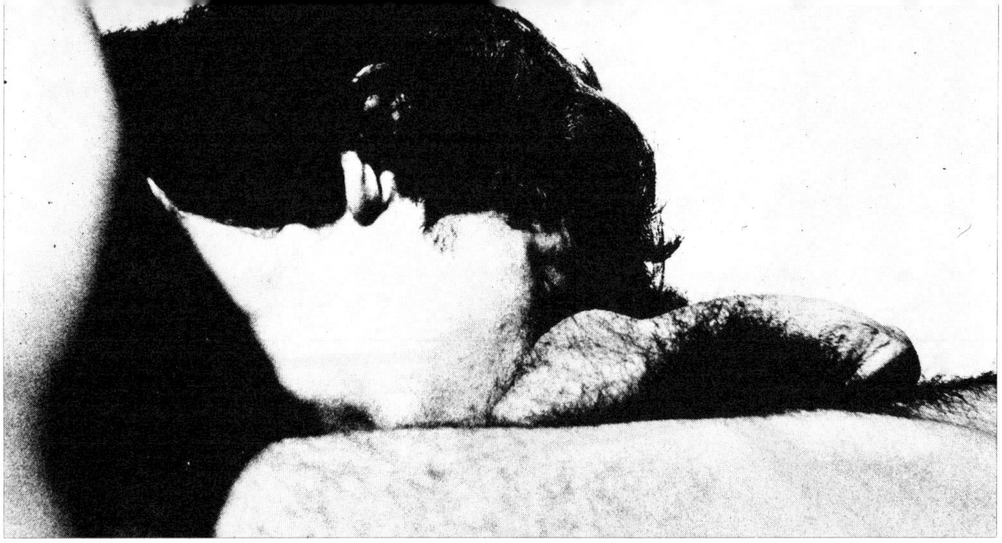

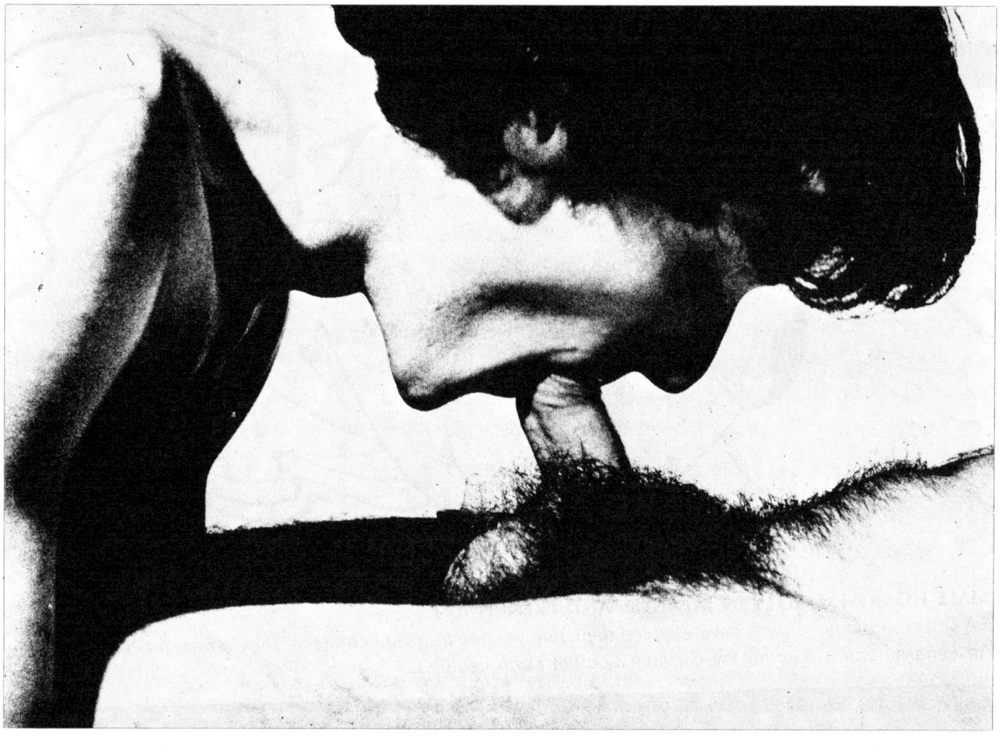

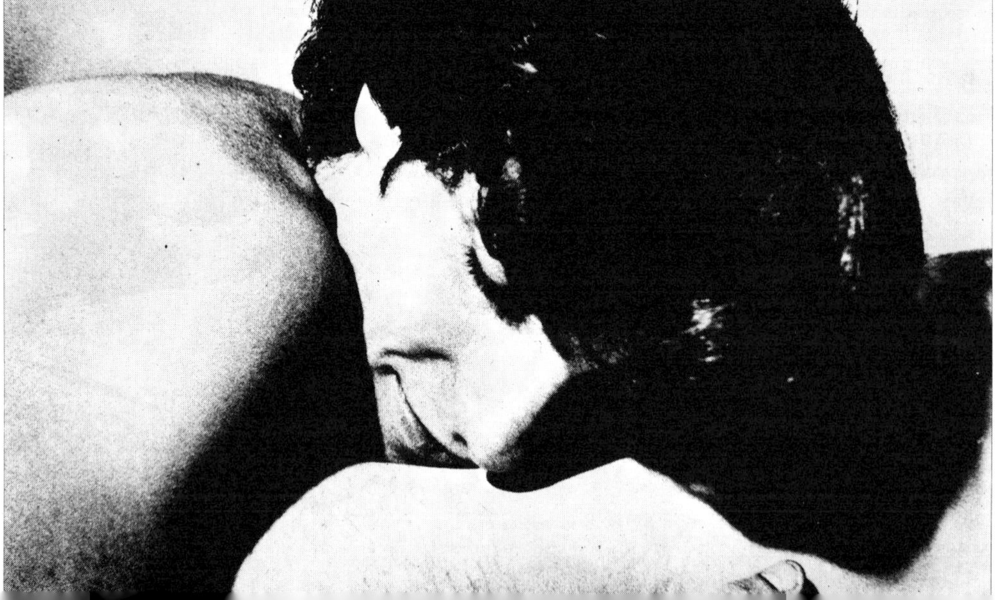

gebenen Umständen an. Natürlich können zwei Männer auch gleichzeitig Oralverkehr miteinander haben. Viele Männer verwenden Fellatio als Mittel der Stimulation, um sich dann einer anderen Form des Geschlechtsverkehrs zuzuwenden. Sie können aber auch durch Fellatio allein zum Orgasmus kommen. Auch Männer können an dem Geschmack der warmen Samenflüssigkeit Gefallen finden.

Früher hat man bei Fellatio zwischen ,,aktiven" und ,,passiven" Partnern unterschieden. Nach dieser merkwürdigen Unterscheidung spielte der ,,aktive" (saugende) Partner die weibliche Rolle, während der ,,passive" (stillhaltende) Partner seine Rolle als Mann behielt. Diese Unterscheidung, die überdies das übliche Klischee vom aktiven Mann und der passiven Frau umkehrte, führte zu der merkwürdigen Auffassung, daß nur der ,,aktive" Partner ein echter ,,Homosexueller" sei, während der ,,passive" Partner seine Heterosexualität bewahre. (Nach einer anderen Interpretation hat der ,,Annehmende" – also der Mann, der den Penis in den Mund nimmt – die weibliche Rolle, während die Rolle des ,,Einführenden" immer männlich ist. Auch hier wird die ,,weibliche" Rolle wieder als homosexuell definiert und die ,,männliche" als heterosexuell.)

Es überrascht nicht, daß männliche Prostituierte und ambisexuelle Männer mit Schuldgefühlen dieses Rollenschema oft dazu benutzen, um sich von ihrem eigenen homosexuellen Verhalten zu distanzieren. Sie bestehen darauf, die ,,passive" Rolle zu spielen, vermeiden jede eigene Körperbewegung und versuchen, so unbeteiligt und kühl wie möglich zu erscheinen. Dann behaupten sie einfach mit Sicherheit nichts ,,Schwules" getan zu haben. Damit täuschen sie – außer sich selbst – natürlich niemanden. Denn offensichtlich haben Aktivität und Passivität nichts mit dem biologischen Geschlecht oder der sexuellen Orientierung zu tun. Darüber hinaus ist durch die Tatsache, daß jemand von einem anderen Mann zum Orgasmus gebracht werden kann, erwiesen, daß er auf ihn sexuell reagiert. Dies läßt sich durch keinerlei Spitzfindigkeiten leugnen.

Cunnilinctus

Mit dem Wort ,,Cunnilinctus" (von lat. cunnus: die Vulva und lat. linguere: lecken) wird Lecken und Saugen an den weiblichen Geschlechtsorganen bezeichnet.

Vielen Frauen ist es angenehm, wenn ihre Geschlechtsorgane mit dem Mund berührt werden, und wenn Frauen miteinander Geschlechtsverkehr haben, üben sie häufig auch Oralverkehr aus. Natürlich können zwei Frauen auch gleichzeitig Oralverkehr miteinander praktizieren.

Viele Frauen verwenden Cunnilinctus als Mittel der Stimulation, um sich dann einer anderen Form des Geschlechtsverkehrs zuzuwenden. Sie können aber auch durch Cunnilinctus allein zum Orgasmus kommen. Da Frauen aus eigener Erfahrung wissen, welche Stimulation ihnen am angenehmsten ist, können sie ihre Partnerinnen meist sehr wirkungsvoll oral stimulieren. Cunnilinctus zwischen zwei Frauen kann so für beide sehr befriedigend sein.

,,69"

Die Bezeichnung ,,Neunundsechzig" wird für die Form des Oralverkehrs verwendet, bei der die Partner sich gegenseitig gleichzeitig oral stimulieren. Dabei ist die Stellung der Körper zueinander ähnlich den Ziffern der Zahl 69.

Natürlich können sowohl weibliche als auch männliche homosexuelle Paare diese Art des Geschlechtsverkehrs praktizieren. Sie ist für Männer und Frauen in gleichem Maße befriedigend. Gleichzeitiger, gemeinsamer Oralverkehr kann zum Zweck der Stimulation benutzt werden; er kann aber auch bis zum Orgasmus fortgesetzt werden, besonders wenn sich die Partner Zeit nehmen und bequem auf der Seite liegen.

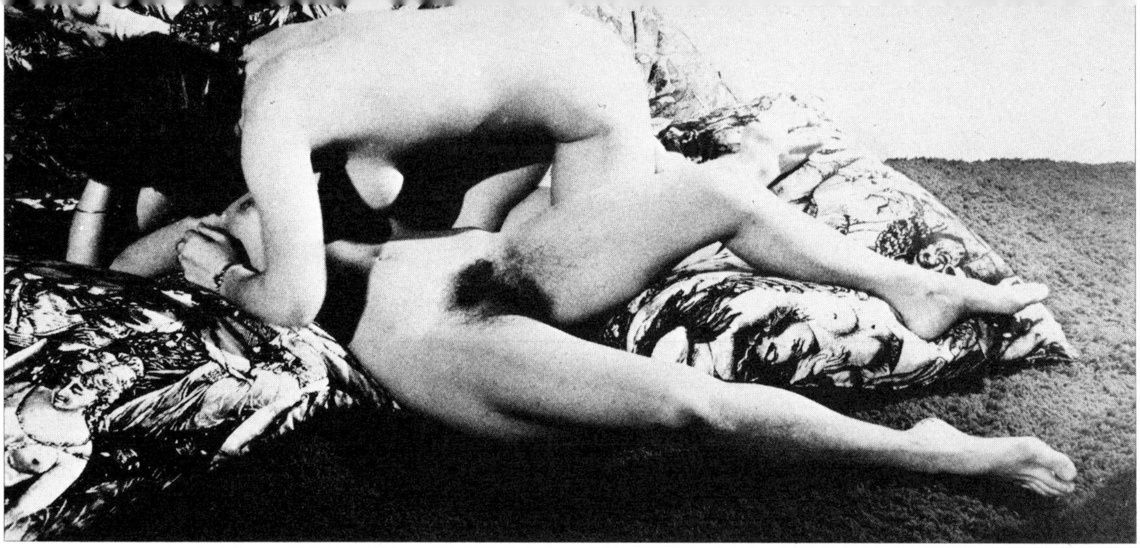

7.3.3 Genitalverkehr

Genitalverkehr ist definiert als sexueller Kontakt zwischen den Geschlechtsorganen zweier Partner.

Nach Freud und seinen Schülern ist das Ziel der sexuellen Entwicklung eines Menschen die „genitale Reife", daher gilt Genitalverkehr als einzige „reife" sexuelle Ausdrucksform. Dieser Anspruch wird jedoch nur für heterosexuelle Paare erhoben. Für Homosexuelle meint man, gelte dies nicht, denn sie haben sich nach dieser Auffassung so weit von allen Normen entfernt, daß die Art sexueller Betätigung keine Rolle mehr spielt. Ob man diese Auffassung teilt oder nicht, es erscheint absurd, daß männliche und weibliche Homosexuelle vom Genitalverkehr ausgeschlossen sein sollten. Obwohl sie häufig andere Formen des Geschlechtsverkehrs als angenehmer empfinden, praktizieren homosexuelle Männer und Frauen bisweilen Genitalverkehr. Natürlich ist der Genitalverkehr zwischen Partnern gleichen Geschlechts aus anatomischen Gründen anders als der zwischen Mann und Frau. Dieser Unterschied ist jedoch sehr viel weniger ausgeprägt, als manche Menschen auf den ersten Blick glauben.

Die Apposition der Geschlechtsorgane

Männliche und weibliche homosexuelle Paare können sich ganz eng umarmen, so daß es zum direkten Kontakt ihrer Geschlechtsorgane kommt. Rhythmische Beckenbewegungen ermöglichen dann eine intensive gegenseitige Stimulation.

Männer, die ihre Geschlechtsorgane auf diese Weise zusammenbringen, finden es meist vorteilhaft, ein Gleitmittel zu benutzen, um ihren Genuß zu vertiefen und zu verhindern, daß die empfindliche Haut des Penis verletzt wird. Ein Gel oder einfach Speichel sind die besten Gleitmittel. Viele Männer empfinden es auch als angenehm, den eigenen Penis und den Penis des Partners in die Hand zu nehmen, um so beide bis zum Orgasmus zu masturbieren.

Für zwei Frauen kann die Apposition der Geschlechtsorgane ebenfalls sehr befriedigend sein, und beide können dabei den Orgasmus erreichen. Wie bereits betont, werden selbst beim heterosexuellen Koitus in der Hauptsache die Klitoris, die kleinen Schamlippen und der Scheideneingang stimuliert. Diese können sehr wirkungsvoll stimuliert werden, indem sie am Körper einer anderen Frau gerieben werden. Es gibt jedoch auch Frauen, die eine tiefe vaginale Penetration am meisten befriedigt. Auch solche Frauen können homosexuellen Verkehr haben, sie werden jedoch weniger körperlichen Genuß als beim Koitus empfinden.

Simulierter Koitus

Zwei Frauen können Koitus simulieren, indem sich die eine einen künstlichen Penis umbindet. Viele Männer empfinden es als sehr erregend, dieser Form des Geschlechtsverkehrs zwischen Frauen zuzusehen. Der dazu notwendige künstliche Penis ist in Versandgeschäften und „Sex-shops" erhältlich. Nur ganz wenige Frauen probieren diese Form des Geschlechtsverkehrs jedoch wirklich aus. Wenn sie es tun, geschieht dies meist weniger, um sich selbst Genuß zu verschaffen, sondern vielmehr, um einem männlichen Zuschauer zu gefallen. Zu Beginn des Geschlechtsverkehrs haben es die meisten Frauen am liebsten, wenn sie überall gestreichelt werden. Wenn sie dann ein gewisses Maß der Erregung erreicht haben, ist ihnen die fortgesetzte Stimulierung der äußeren Geschlechtsorgane am angenehmsten.

7.3.4 Analverkehr

Analverkehr ist definiert als sexueller Kontakt zwischen den Geschlechtsorganen eines Menschen und dem Anus eines anderen.

Bei den meisten Menschen ist der Anus äußerst sensibel und daher eine wichtige erogene Zone. Deshalb bereitet es vielen Männern und Frauen Genuß, wenn er während ihrer sexuellen Aktivitäten in irgendeiner Weise stimuliert wird. Viele Menschen führen sich bei der Masturbation einen Finger oder einen zylindrischen Gegenstand in den Anus ein, um ihr Lustgefühl zu vertiefen. Deshalb wird natürlich beim sexuellen Verkehr zwischen Männern der Anus eines Partners mit dem Penis des anderen gelegentlich in Kontakt gebracht.

Ein Mann kann ohne Schwierigkeiten seinen Penis in den Anus des Partners einführen. Da jedoch der Anus, anders als die Vagina, keine eigene Gleitflüssigkeit produziert, muß ein künstliches Gleitmittel benutzt werden. Ein neutrales wasserlösliches Gel oder einfach Speichel eignen sich hierfür am besten. Man trägt das Gleitmittel am besten auf den Anus und den Penis direkt auf. Dabei bietet sich gleichzeitig die Möglichkeit zu einer entspannenden Massage des Schließmuskels oder zum Einführen eines Fingers. Nach diesen Vorbereitungen kann der Penis langsam eingeführt werden. Dabei sollte man sich, bis der Schließmuskel völlig entspannt ist, möglichst wenig bewegen. Dann kann einer der beiden Partner, oder auch beide, mit Bewegungen des Beckens beginnen. Viele Männer empfinden es als angenehm, wenn ihr eigener Penis masturbiert wird, während die den Penis des Partners in ihrem Rektum haben.

Analverkehr kann natürlich in vielen verschiedenen Stellungen ausgeführt werden. Meist liegt einer der Partner auf dem Bauch oder auf der Seite, und der andere nähert sich ihm von hinten. Er kann jedoch auch auf dem Rücken liegen und seine Knie neben der Brust hochziehen, wobei sein Partner sich ihm von vorne zuwendet. Er kann auch über seinem auf dem Rücken liegenden Partner knien. Es gibt auch Männer, die das Einführen des Penis in den Anus des Partners vermeiden und es statt dessen als angenehm empfinden, den Penis zwischen den Gesäßbacken des anderen bis zum Orgasmus zu reiben.

Obgleich Analverkehr für beide Partner äußerst befriedigend sein kann, wird er doch nicht so häufig praktiziert wie allgemein angenommen. Denn viele Menschen in unserem Kulturkreis sind nach wie vor der Meinung, daß der Anus aufgrund seiner Ausscheidungsfunktion schmutzig und abstoßend sei. Dazu kommen religiöse, soziale und legale Tabus, die gegen den Analverkehr bestehen. Es gibt noch immer Länder, in denen Analverkehr als „Verbrechen wider die Natur" mit empfindlichen Gefängnisstrafen bedroht ist (vgl. hierzu v. a. Kap. 10.2 „Legal – illegal").

Deshalb überrascht es kaum, daß mancher homosexuelle Mann sich heftig gegen anale Stimulation wehrt, ähnlich wie dies Heterosexuelle tun. Andere sträuben sich nur, der „passive" Partner zu sein, während sie dazu bereit sind, die „aktive" Rolle beim Analverkehr zu übernehmen. Die merkwürdige Unterscheidung zwischen „aktiven" und „passiven" Partnern ist der unter „Oralverkehr" besprochenen sehr ähnlich. Beim Analverkehr ist es der „passive" Partner, dem die weibliche Rolle zugeschrieben wird, während man von dem „aktiven" Partner behauptet, er spiele die männliche Rolle. Auch diese Beweisführung soll dazu herhalten, ersteren als den „echten" Homosexuellen zu bezeichnen; der andere bewahrt gewissermaßen seine heterosexuelle Rolle.

Rollendefinitionen dieser Art scheinen besonders den schuldgeplagten und unsicheren ambisexuellen Männern zuzusagen, die versuchen, ihre homosexuellen Handlungen zu rechtfertigen. Solche Männer können, zum Beispiel im Gefängnis, immer wieder männliche Mithäftlinge vergewaltigen, während sie sich ständig sagen, daß sie gar nichts „Schwules" tun. Die Tatsache, daß manche Männer solchen Selbstbetrug für notwendig halten, ist sicher ein Hinweis auf den nach wie vor allgegenwärtigen Männlichkeitswahn unserer Gesellschaft. In Wirklichkeit hat Aktivität oder Passivität weder mit dem biologischen Geschlecht noch mit sexueller Orientierung zu tun. So wechseln die meisten Homosexuellen, die Analverkehr ausüben, ganz frei von der einen zur anderen Rolle über, ohne in Verwirrung hinsichtlich ihrer sexuellen Identität zu geraten.

Es sollte in diesem Zusammenhang auch erwähnt werden, daß manche Männer Gefallen daran finden, wenn ihnen ihr Partner lange, harte Gegenstände, unter Umständen die ganze Hand, in den Anus einführt. Dies bezeichnet man in den USA als „fistfucking". Dabei besteht allerdings eine sehr hohe Gefahr von Verletzungen und Infektionen. Darüber hinaus kann der Schließmuskel, der sich auf langsames Einführen eines Penis hin erweitern kann, beim Einführen einer Hand oder eines großen Gegenstandes einreißen oder zerreißen. Während Analverkehr an sich zu keinen Problemen führen muß, kann „fistfucking" lebensgefährliche Verletzungen (zum Beispiel Darmperforation mit Massenblutung und Bauchfellentzündung) nach sich ziehen.

Abschließend ist noch zu sagen, daß Frauen keinen Analverkehr praktizieren können, es sei denn mit einem künstlichen Penis. Diese Möglichkeit ist jedoch eher theoretischer Art, da im Grunde alle homosexuellen Frauen andere Formen sexueller Stimulation bevorzugen.

7.4 Sexueller Kontakt mit Tieren

Die Mythen und Volkssagen vieler Kulturen enthalten Hinweise auf Geschlechtsverkehr zwischen Menschen und Tieren, zum Beispiel mit Bären, Wölfen, Pferden, Schlangen und Krokodilen. Sehr oft wurden diese Tiere zu Objekten unerwarteter menschlicher Neigungen; aber die Erzähler der griechischen und römischen Antike wissen auch von Fällen zu berichten, in denen ein Tier die Initiative ergriff. So war nach einer berühmten Erzählung von Aelian ein Delphin in Liebe zu einem schönen Knaben entbrannt, den er nach heftigem Werben zu seinem Liebhaber machte. Auch glaubten die Griechen, daß ihr oberster Gott, Zeus, gelegentlich die Form eines Tieres annahm, um die sexuelle Gunst einer für ihn sonst unerreichbaren Frau zu gewinnen. So hat er sich nach der Sage der Europa als Stier und der Leda als Schwan genähert. Aus der griechischen Mythologie wissen wir auch, daß Pasiphae, die Königin von Kreta, sich von einem Stier begatten ließ und danach den Minotaurus gebar, ein menschliches Ungeheuer mit einem Stierkopf. Ähnliche Geschichten werden von verschiedenen Naturvölkern Asiens, Afrikas und Amerikas erzählt. Zum Beispiel glaubten bestimmte Eskimostämme, daß die weiße menschliche Rasse ihren Ursprung im Geschlechtsverkehr einer Frau mit einem Hund habe.

Bis heute hat der sexuelle Kontakt zwischen Mensch und Tier immer wieder das Interesse von Malern und Bildhauern gefunden. Einige der größten Meisterwerke in der Geschichte der Kunst sind diesem Thema gewidmet. Interessanterweise wird bei der überwiegenden Mehrheit der Darstellungen eine Frau als menschlicher Teilnehmer des Aktes gezeigt. Darstellung des sexuellen Kontakts von Männern mit weiblichen Tieren sind demgegenüber selten. Das gilt auch heute noch für Vorführungen, die in verschiedenen Ländern auf der Bühne gezeigt werden. Hier sind meist Frauen zu sehen, die mit

Leda und der Schwan
Skulptur aus dem klassischen Griechenland

Hunden, Schweinen oder sogar mit Eseln und Pferden Geschlechtsverkehr haben. Vergleichbare öffentliche Darbietungen mit Männern sind so gut wie unbekannt. Es scheint, daß solche Shows, ähnlich wie Bilder und Skulpturen, hauptsächlich der Befriedigung männlicher Phantasien, nicht der Befriedigung weiblicher Bedürfnisse dienen.

In unserer Gesellschaft befaßt sich besonders das Strafrecht mit sexuellen Handlungen zwischen Mensch und Tier. Schon in der Bibel ist zu lesen, daß bei den Hebräern solche Handlungen streng verboten waren und mit dem Tode bestraft wurden. Der Talmud erlaubte nicht einmal, daß sich eine Witwe einen kleinen Hund hielt, damit sie ihn nicht zu sexuellen Zwecken benutzte. Diese negative Einstellung der Juden wurde später von den christlichen Kirchen übernommen. Dies wiederum beeinflußte die Gesetze der meisten westlichen Länder. In einer paradoxen Wendung der Geschichte wurden diese Gesetze schließlich gegen die Juden selbst verwandt. Einige Theologen des Mittelalters erklärten, der sexuelle Kontakt zwischen einem Christen und einem Juden oder Moslem sei moralisch dem ,,unnatürlichen" Verkehr mit Tieren gleichzusetzen, ,,da solche Personen sich in den Augen des Gesetzes und unseres heiligen Glaubens in keiner Weise von den Tieren unterscheiden". Insgesamt galt sexueller Kontakt zu Tieren als schweres Verbrechen. Über das Mittelalter hinaus bis weit in die Neuzeit wurden Männer und Frauen bei lebendigem Leibe begraben, auf dem Scheiterhaufen verbrannt oder gehenkt, wenn sie sexuellen Kontakt zu Tieren hatten. In manchen Fällen wurden die Tiere mit ihnen zusammen exekutiert.

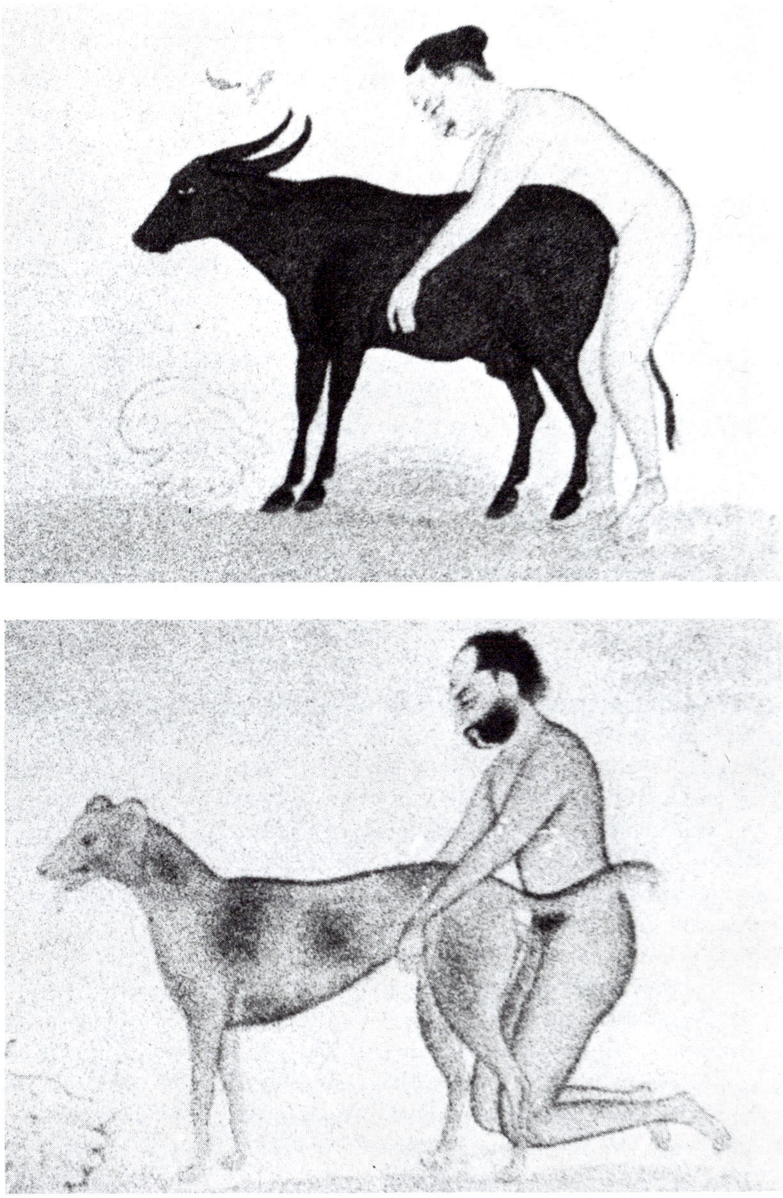

Zwei Männer beim sexuellen Kontakt mit Tieren
Ausschnitte aus einem indischen Gemälde des 19. Jahrhunderts.

In vielen europäischen Ländern und einigen Staaten der USA wurde die Gesetzgebung in den letzten Jahrzehnten liberalisiert. In einigen Staaten wurden Gesetze gegen den sexuellen Kontakt mit Tieren auch vollständig abgeschafft. In manchen Staaten ist allerdings nach wie vor die Höchststrafe lebenslängliche Haft.

Lange Zeit fanden diese religiösen und juristischen Traditionen auch in der medizinischen Lehrmeinung ihren Niederschlag. Ein Verhalten, das Vertretern der Kirche und des Gesetzes als sündhaft und kriminell erschien, wurde von Psychiatern bereitwillig als krank bezeichnet. Unzählige psychiatrische Schriften räumen dem Thema ,,Sexueller Kontakt mit Tieren“ breiten Raum ein. Er wurde als ein Symptom von ,,Verwirrung“, ,,Geistesschwäche“, ,,Anomalie“ oder ,,Perversion“ betrachtet. Was Kirche und Staat ,,Sodomie“ oder ,,Verbrechen wider die Natur“ genannt hatten, bemühten sich jetzt Psychiater als ,,Zoophilie“ oder ,,Bestialität“ zu verurteilen und als Geisteskrankheit zu interpretieren.

Heute, nachdem man die Häufigkeit sexueller Kontakte zwischen Menschen und Tieren in umfangreicheren Studien statistisch beschreiben konnte, erscheint es verwunderlich, daß kirchliche, juristische und psychiatrische Experten sich die Mühe gemacht haben, dem Thema solche Aufmerksamkeit zu schenken. Wir wissen heute, daß diese Art sexueller Handlungen sehr ungewöhnlich ist. Bei Männern und bei Frauen sind diese Handlungen so selten, daß sie von keiner wirklichen sozialen Bedeutung sind. Deshalb müssen wir davon ausgehen, daß die strenge soziale Verurteilung ursprünglich nur eine symbolische religiöse und moralische Zielsetzung verfolgte.

In den meisten Ländern kommt es – wenn überhaupt – überwiegend in ländlichen Gegenden zu sexuellem Kontakt zwischen Mensch und Tier. Ein Junge, der auf einem Bauernhof heranwächst, kann Tieren beim Begatten zuschauen und so selbst angeregt werden, dies zu imitieren. Er kann versuchen, Koitus mit Kälbern, Ponys, Schafen, Schweinen, Hunden oder gar mit Enten und Hühnern zu praktizieren. Gewöhnlich wiederholen sich derartige Versuche nur selten, es kann jedoch in wenigen Ausnahmefällen zu einer sexuellen Beziehung zwischen dem Jungen und einem bestimmten Tier kommen. Dabei ist der Koitus nicht die einzig mögliche Form des sexuellen Kontakts. Manche Jungen masturbieren ein Tier auch nur (wie es Bauern tun, um Samenflüssigkeit für die künstliche Befruchtung zu bekommen), oder sie lassen sich von dem Tier Penis oder Anus lecken. Mädchen und Frauen bedienen sich ähnlicher Techniken, wenngleich sexueller Kontakt zu Tieren bei Frauen noch seltener ist als bei Männern.

Wenn sexueller Verkehr zwischen Menschen und Tieren auch relativ selten ist, zwischen Tieren unterschiedlicher Spezies kommt er häufiger vor. In einigen Fällen (bei Pferd und Esel oder Löwe und Tiger) kann diese Begattung verschiedener Spezies sogar zur Zeugung von (allerdings unfruchtbaren) Nachkommen führen (Maulesel und Liger). Der Mensch hat demgegenüber keine so engen natürlichen Verwandten unter anderen höheren Säugetieren, so daß sexueller Kontakt schon aus diesem Grund nur selten stattfindet. Dieser Kontakt kann darüber hinaus natürlich weder beim Menschen noch beim Tier zur Schwangerschaft führen.

Es ist anzunehmen, daß Rechtsprechung und Medizin in Zukunft dem sexuellen Kontakt zwischen Mensch und Tier sehr viel weniger voreingenommen gegenüberstehen werden. Solange das Tier nicht verletzt oder mißhandelt wird, besteht eigentlich keine Notwendigkeit des Einschreitens. Es ist auch nicht sinnvoll, solche vereinzelten Handlungen zu psychiatrisieren. Nur Männer und Frauen, die Tiere einem menschlichen Partner für immer vorziehen, kann man als sexuell gestört bezeichnen. Wie in anderen Fällen problematischen Sexualverhaltens kann man auch hier nur raten, die Hilfe von Fachleuten in Anspruch zu nehmen. (Vgl. a. Kap. 8.3 „Problematisches Sexualverhalten".)

Weiterführende Literatur

Bell, A. P., Weinberg, M. S.: Der Kinsey Institut-Report über weibliche und männliche Homosexualität (Homosexualities, dt.). München (Bertelsmann), 1978

Bell, A. P., Weinberg, M. S., Hammersmith, S. K.: Der Kinsey Institut-Report über sexuelle Orientierung und Partnerwahl. München (Heyne), 1982

Boswell, J.: Christianity, social tolerance and homosexuality. Chicago (University of Chicago Press), 1980

Churchill, W.: Homosexual behavior among males. A cross cultural and cross species investigation. Englewood Cliffs, N. J. (Prentice-Hall), 1971

Comfort, A.: Joy of sex – Freude am Sex (Joy of sex, dt.). 14. Aufl., Berlin (Ullstein), 1981

Comfort, A.: More joy of sex – Noch mehr Freude am Sex (More joy of sex, dt.). Berlin (Ullstein), 1981

Dannecker, M.: Der Homosexuelle und die Homosexualität. Frankfurt/M. (Syndikat), 1978

Dover, K. J.: Greek homosexuality. Cambridge (Harvard University Press), 1978

Ford, C. S., Beach, F. A.: Formen der Sexualität. Das Sexualverhalten bei Mensch und Tier (Patterns of sexual behavior, dt.). Reinbek (Rowohlt), 1971

Frings, M., Kraushaar, E.: Männer. Liebe. Reinbek (Rowohlt), 1982

Fritz, U., Streit, A. v.: Über weibliche Homosexualität und ihre wissenschaftliche Untersuchung. In: Sigusch, V. (Hrsg.): Sexualität und Medizin. Köln (Kiepenheuer & Witsch), 1979

Kertbeny, K. M. (Pseudonym für: K. M. Benkert): Paragraph 143 des Preussischen Strafgesetzbuches vom 14. April 1851 und seine Aufrechterhaltung als Paragraph 153 im Entwurf eines Strafgesetzbuches für den Norddeutschen Bund (1869); wiederabgedruckt in: Hirschfeld, M. (Hrsg.): Jahrbuch für sexuelle Zwischenstufen. Bd. VII, (1), 1905, S. 10-66

Kinsey, A. u. a.: Das sexuelle Verhalten der Frau (Sexual behavior in the human female, dt.). Frankfurt/M. (Fischer), 1970

Tripp, C. A. u. a.: The homosexual matrix. New York (McGraw-Hill), 1975

Wolff, C.: Bisexualität (Bisexuality, dt.). Frankfurt/M. (Fischer), 1981

Wolff, C.: Psychologie des Lesbischen (Love between women, dt.). Reinbek (Rowohlt), 1973

8. Sexuelle Störungen

Worte von „Störung“ oder „Fehlanpassung“ werden in unserer Gesellschaft oft mißbraucht. Menschen, die in irgendeiner Weise als individualistisch, impulsiv, spontan, originell, neugierig, kritisch oder kreativ auffallen, werden oftmals von ängstlichen Konformisten allzu rasch als gestört bezeichnet. Tatsächlich ist jedoch oftmals eher der wohlangepaßte Mensch, der ohne Auflehnung ungerechte und bedrückende Lebensumstände auf sich nimmt, derjenige, der ein Problem hat. In manchen Situationen ist es menschlicher und richtiger, eine „Störung“ zu entwickeln.

Dies gilt besonders für die sexuelle Unterdrückung. Menschen, denen es keine Schwierigkeiten bereitet, ihre sexuellen Interessen zurückzustellen, die sich bereitwillig in enge traditionelle Rollenschemata fügen und die die öffentliche Sexualmoral nicht in Frage stellen, müßten eigentlich das Gemüt von Robotern haben; falls es solche Menschen überhaupt gibt, ist es gut vorstellbar, daß sie gefühllos oder vielleicht sogar gefährlich sind. Glücklicherweise gibt es diese vollständige Anpassung höchst selten. Selbst die frömmsten Puritaner waren nicht immer gegen Versuchungen gefeit. Wie sehr sie sich auch bemühten, sich ihrer eigenen rigiden Moral anzupassen – der Erfolg war nie von langer Dauer. Nach ihren eigenen unrealistischen Normvorstellungen hätten sie sich also durchaus manchmal als „gestört“ bezeichnen müssen, aber tatsächlich war natürlich für solche Schuldgefühle wenig Anlaß.

Unsere heutige Gesellschaft pflegt noch immer viele puritanische Traditionen, obwohl bei oberflächlicher Betrachtung der Eindruck entsteht, wir hätten uns von den meisten traditionellen Zwängen befreit. Unsere Moralvorstellungen, die Strafgesetze und die psychiatrischen Normen zeugen nach wie vor von einem unreflektierten und sehr engen Verständnis von Sexualität. So sind nach wie vor „Störungen“ in einem gewissen Ausmaß unvermeidbar. Unter den gegebenen Umständen können deshalb nur sehr wenige Menschen behaupten, in ihrem Sexualleben vollkommen angepaßt und glücklich zu sein.

Andererseits ist die Frage offen, ob vollständige sexuelle Befriedigung überhaupt möglich ist. Bis zu einem gewissen Ausmaß sind sexuelle Probleme vermutlich ein fester Bestandteil menschlicher Existenz. Sie sind vielleicht auch der Preis unserer Zivilisation. Wie dem auch sei, es scheint infantil und anmaßend, immer auf vollständiger Zufriedenheit zu bestehen. Ein erwachsener Mensch kann mit einem bestimmten Maß an Enttäuschungen umgehen. Er erwartet nicht, daß er mit seiner Umwelt in dauernder Harmonie lebt. Er muß lernen, Dinge zu verbessern, die er verändern kann, aber Dinge zu akzeptieren, die sich seinem Einfluß entziehen.

Angesichts der Unzulänglichkeiten der Welt und unter Berücksichtigung der unvermeidbaren Frustrationen, die sich aus unserer Kultur ergeben, sollte uns nicht jedes Anzeichen sexueller Gestörtheit in Aufregung versetzen. Schließlich ist gerade sie oftmals ein Ausdruck dafür, daß sich noch Leben regt. Deshalb gibt auch die freiwillige Unterdrückung aller persönlichen Bedürfnisse, ebenso wie das eigensinnige Bestehen auf ihrer vollkommenen Befriedigung, viel größeren Anlaß zur Sorge. Die meisten Menschen finden hier von sich aus ein vernünftiges Mittelmaß. Auch sie können sehr wohl an ,,Störungen" leiden. Die Hilfe von Fachleuten wollen oder benötigen sie jedoch nicht.

Es erscheint wichtig, diese Binsenweisheiten hier zu wiederholen, da die nachfolgenden Ausführungen sonst leicht mißverstanden werden könnten. Wenn wir im weiteren verschiedene Formen sexueller Störungen untersuchen, bedeutet dies nicht in jedem Fall, daß es sich hier um ,,unnatürliche" Zustände, unmoralische Taten, strafbare Handlungen oder Krankheiten handelt, sondern wir tragen einfach der Tatsache Rechnung, daß bei manchen Menschen der ,,normale" Mangel an sexueller Konformität oder Befriedigung so groß werden kann, daß die Fähigkeit selbst zu einer einfachen persönlichen Beziehung erheblich beeinträchtigt ist. Das heißt, daß also bestimmte Menschen mit ihrer Sexualität solche Schwierigkeiten haben, daß ein Eingreifen von außen gerechtfertigt und wünschenswert erscheint. Hierbei kann das Eingreifen im Interesse des Betroffenen oder im Interesse des Partners liegen.

Natürlich ist hier nicht die Rede von körperlichen Mängeln, Fehlbildungen oder Behinderungen oder von Krankheiten im üblichen Sinn. Diese werden an anderer Stelle in diesem Buch eingehend besprochen. Statt dessen ist von Menschen die Rede, die körperlich vollkommen gesund sind, ihre sexuellen Probleme sind psychischer Natur. Manche Menschen leiden zum Beispiel an einer psychisch bedingten Beeinträchtigung ihrer sexuellen Reaktion. In der Fachsprache bezeichnet man sie als ,,sexuell funktionsgestört". Vielen kann eine bestimmte Form von Sexualtherapie helfen. Andere sind in ihrem Sexualverhalten so wenig flexibel, daß sie mit sich selbst unzufrieden und rücksichtslos gegen andere werden. Ihre sexuellen Handlungen sind dann oftmals eher frustrierende, selbstzerstörerische Rituale, oder sie verwandeln sich in offene Aggression. Ein solches Sexualverhalten ist sicher problematisch. In extremen Fällen müssen solche Menschen vom Gesetz in ihre Schranken verwiesen werden. Sehr häufig kann man ihnen jedoch mit bestimmten Formen der Psychotherapie helfen.

Schließlich gibt es gelegentlich Menschen, bei denen sich die sexuelle Störung auf die gesamte eigene Anatomie bezieht. Sie haben eine Geschlechtsidentität entwickelt, die zu ihrem biologischen Geschlecht im Widerspruch steht. Sie leben mit dem Gefühl, im falschen Körper gefangen zu sein, und können meist nicht eher glücklich werden, als bis dieser ,,Fehler" korrigiert worden ist. Nur eine ,,Geschlechtsumwandlung" kann hier oftmals das innere Gleichgewicht wieder herstellen. Diese sogenannten Transsexuellen sind natürlich für jede ärztliche Hilfe dankbar, die sie ihrem Ziel näher bringt.

Die folgenden Kapitel diskutieren zunächst einige Grundfragen der Sexualtherapie, geben dann grundlegende Informationen über sexuelle Funktionsstörungen, problematisches Sexualverhalten und Transsexualität. Die psychosoziale Dimension dieser Verhaltensformen wird ausführlicher im dritten Teil dieses Buchs ,,Sexualität und Gesellschaft" behandelt.

8.1 Grundprobleme der Sexualtherapie

Sexualtherapie und Sexualerziehung sind neuerdings in unserer Gesellschaft wieder heftig umstritten. Sie werden nicht nur von konservativen ,,autoritären Persönlichkeiten" in Frage gestellt, sondern auch von radikalen Kämpfern für bürgerliche Freiheit. Vertreter einer religiös fanatischen und moralistischen Scheinmehrheit, ebenso wie humanistische Vertreter des Individualismus wie Thomas S. Szasz, sehen in der Sexualtherapie nichts als einen gefährlichen Schwindel, der von machthungrigen, marktschreierischen ,,Experten" einer vertrauensseligen Öffentlichkeit verkauft wird.

Woher kommen diese merkwürdigen Beschuldigungen? Sind sie vielleicht sogar berechtigt? Wenn ja, inwieweit ist dies der Fall? Hat und verdient Sexualtherapie eine Zukunft? Antworten auf diese Fragen können nur aus einer Analyse bisher unbefragter Grundannahmen der therapeutischen Praxis erschlossen werden.

Meistens machen sich Therapeuten natürlich über ihre Grundannahmen wenig Gedanken, sondern versuchen statt dessen, akuten Problemen und Nöten zu begegnen. Ein solcher Ansatz benötigt keine Rechtfertigung, solange die Öffentlichkeit ihn unterstützt. Heute ist diese Unterstützung aber in keinem therapeutischen Bereich mehr einhellig, weder in der Sexualtherapie noch in der Psychiatrie noch in der traditionellen somatischen Medizin. Deshalb müssen auch ,,einfache" Praktiker sich heute mit theoretischen Fragen beschäftigen. Das bedeutet vor allem eine kritische Auseinandersetzung mit dem sozialen und historischen Zusammenhang, auf den ihre Arbeit sich gründet.

8.1.1 Unbefragte Voraussetzungen

Die Geschichte der Sexualtherapie – ähnlich wie die Geschichte der Sexualforschung – ist noch zu schreiben. Bis heute liegen auf beiden Gebieten kaum vorläufige Studien vor. Das bedeutet in der Praxis, daß Sexualtherapeuten heute einen Beruf ohne Vergangenheit ausüben. Ohne die Kenntnis der Ursprünge und Traditionen ist jedoch eine kritische Selbsteinschätzung kaum möglich. Von jemandem, der seine Herkunft nicht kennt, kann man schwerlich erwarten, daß er sich über sein Ziel völlig im klaren ist. So können heute in diesem Zusammenhang nur Vermutungen angestellt werden.

Soviel kann man wohl aber sicher sagen: Von Hippokrates bis Masters und Johnson haben Therapeuten der verschiedensten Schulen sich nicht nur mit sexuellen Funktionsstörungen, sondern auch mit sexueller Abweichung beschäftigt. Sie haben nicht nur versucht, die sexuelle Potenz wieder herzustellen, zu erhöhen oder zu vermindern, sondern sie auch in sozial akzeptable Bahnen zu lenken, und sie haben dies in der Annahme getan, sie seien ,,Gehilfen der Natur", also Menschen, die anderen Menschen zu einem Zustand verhelfen, der eigentlich ,,natürlich" oder ,,von selbst" hätte eintreten sollen. Die erste und wichtigste unbefragte Grundannahme der Sexualtherapie war also der Glaube an eine ,,natürliche", gesunde Sexualität, die nur infolge negativer äußerer Einflüsse in ihrer Funktion gestört wurde oder abweichend sich entwickelte. Folglich würde auch die menschliche ,,natürliche Sexualität" wieder herzustellen sein, wenn diese äußeren Einflüsse ausgeschaltet und ihre negativen Folgen beseitigt werden.

Abgesehen von dieser Grundannahme, hatten die verschiedenen therapeutischen Ansätze jedoch wenig gemein. Sie verfolgten im Gegenteil über Jahrhunderte ganz gegensätzliche Strategien. Was einmal als natürliche Funktion verstärkt wurde, wurde zu anderen Zeiten als unnatürlicher Exzeß abgeschwächt; ein Verhalten, das von dem einen Arzt als gesund empfohlen wurde, bezeichnete ein anderer als pathologisch. So erinnert beispielsweise Szasz mit Vergnügen daran, daß die antike römische Medizin Therapeuten empfahl, ihre Patientinnen zur Erhaltung der natürlichen Gesundheit zu masturbieren. Im 19. Jahrhundert wurden demgegenüber Frauen wegen des unnatürlichen Lasters der Masturbation behandelt, oftmals mittels Klitoridektomie. Im frühen 20. Jahrhundert empfahl Wilhelm Reich seinen Patienten erneut Masturbation, um die natürliche Sexualfunktion wieder herzustellen, und nach seinen Berichten folgten sogar einige seiner Kollegen unter den Wiener Psychoanalytikern heimlich dem altrömischen Rat und masturbierten ihre Patientinnen im Rahmen der Therapie. Heute ist diese Art Therapie in den meisten Ländern aufgrund der ethischen Vorschriften der Berufsverbände für Ärzte und Therapeuten verboten.

Man kann hieraus ableiten, daß nicht nur therapeutische Verfahren, sondern auch ihre Ziele sich im Laufe der Zeit erheblich verändert haben. Die hauptsächliche Grundannahme blieb jedoch immer dieselbe: Ermutigung zur Masturbation oder ihre Unterdrückung dienten immer dazu, die „natürliche" sexuelle Reaktion wieder herzustellen und so die Gesundheit des Patienten zu fördern.

Die Tatsache, daß man mit dieser Argumentation so verschiedene und widersprüchliche Formen der Therapie rechtfertigen konnte, zeigt bereits, daß die Voraussetzungen ausgesprochen brüchig sind. Das Problem liegt in dem fragwürdigen Begriff der „Natürlichkeit", wie er hier verwendet wird. Was die verschiedenen Therapeuten jeweils als „natürlich" bezeichneten, war eher ein moralisches Urteil in medizinischem Gewand. In Wirklichkeit folgten sie also nicht dem Gang der „Natur", sondern eher ihren eigenen Moralvorstellungen. Das konnte kaum anders sein, denn der Glaube an eine „natürliche Sexualität" ist nicht auf wissenschaftliche Erkenntnisse gegründet – er kann dies auch nicht sein –, sondern er ist im Kern und unvermeidlich ideologisch.

Es ist natürlich gut zu verstehen, daß Sexualtherapeuten ihre moralischen Positionen nicht offen erläutern wollen und daß sie versuchen, so lang wie möglich scheinbar objektive Kriterien vorzuschützen, wie sexuelle Gesundheit und sexuelle Krankheit, weil sie dies vor direkter Kritik zu schützen scheint. Deshalb ist die Versuchung immer groß, auch bloße Meinungen „im Namen der Wissenschaft" zu präsentieren und auf angebliche Naturgesetze zu pochen. In Wissenschaften, die sich mit menschlichem Verhalten beschäftigen, ist ein solches Vorgehen jedoch nur bedingt nützlich. Diese Wissenschaften wurden früher nicht zufällig auch „moral sciences" (moralische Wissenschaften) genannt, im Gegensatz zu den „natural sciences" (Naturwissenschaften), die sich mit Themen befaßten, die von menschlichen Entscheidungen unabhängig sind. Die Sexologie oder „Sexualwissenschaft" – wie sie von ihren Gründern genannt wurde – ist deshalb vor allem ein interdisziplinäres Fach, das Natur- und Geisteswissenschaften in sich vereinigt. Sexualtherapie ist, ähnlich wie Medizin oder jede andere therapeutische Intervention, niemals auf eine reine Wissenschaft zu reduzieren, sondern sie erhält ihre Berechtigung aus der moralischen Anwendung naturwissenschaftlicher Einsicht. Moralische Entscheidungen zu treffen, ist daher wesentlicher Bestandteil der Tätigkeit von Therapeuten. Es bleibt dann nur zu hoffen, daß diese Entscheidungen auch auf einer soliden wissenschaftlichen Grundlage gefällt werden.

Dies gilt auch für die Behandlung sexuell abweichenden Verhaltens, wenngleich hier heute auf den ersten Blick differenzierter vorgegangen wird als in der Vergangenheit. In der neueren, „progressiven" therapeutischen Literatur wurden beispielsweise die altmodischen Bezeichnungen „Perversion", „Aberration" und „Deviation", deren moralistischer oder auch religiöser Ursprung ziemlich offensichtlich war, durch den scheinbar objektiveren Begriff der „Paraphilie" ersetzt. Bei genauer Betrachtung ist dieser Begriff allerdings nicht weniger ideologisch als alle anderen. Er setzt noch immer voraus, daß es eine „natürlich" bestehende Norm gibt, eine richtige „Philie", mit einer Reihe noch weniger erfreulicher Sonderformen. Das Verhältnis zwischen dieser „Philie" und den „Paraphilien" ist ungefähr dasselbe wie zwischen medizinischen Berufen und „paramedizinischen" Berufen. Letztere gelten allgemein als zweitklassig. Sie stehen unter oder neben den ersteren und verdienen nicht denselben Respekt.

Diese verzerrte Sichtweise wird in der heute verbreitetsten Definition der

„Paraphilie" deutlich: Das Diagnosenverzeichnis der amerikanischen Vereinigung für Psychiatrie (Diagnostic and Statistical Manual of the American Psychiatric Association, DSM III 1980) definiert Paraphilie als einen Zustand, der sexuelle Reaktionen „gegenüber Objekten und Situationen" einschließt, „die nicht Teil üblicher Erregungsmuster sind und die die Fähigkeit zu gegenseitiger liebevoller geschlechtlicher Aktivität behindern können". Die „üblichen Erregungsmuster", die in diesem Zitat erwähnt werden, sind natürlich nichts als die versteckten Wertvorstellungen der Autoren, die der Ansicht sind, daß Sexualität nur gut sein kann, wenn sie liebevoll ist. „Gegenseitige liebevolle geschlechtliche Aktivität" ist nicht eine naturgegebene Verhaltensweise, sondern ein – modernes – kulturelles Ideal. Was hier als „üblich" bezeichnet wird, spiegelt in Wahrheit die Wünsche einer Reihe von amerikanischen Psychiatern wider. All diesen neuen terminologischen Winkelzügen zum Trotz gibt es eben in der Natur keine sexuelle Norm. Daraus folgt unter anderem, daß die heute häufig verwendeten Begriffe „psychosexuelle Störung" und „Paraphilie" verlassen werden müssen, da „psychosexuelle Störungsfreiheit" oder eine „richtige Philie" auf wissenschaftlichem Weg nicht bestimmbar sind. Für die Betroffenen oder die Gesellschaft nicht akzeptables Sexualverhalten ist neu zu definieren und zu klassifizieren, ohne daß auf die bisher gelegten Grundlagen Bezug genommen werden kann.

Was all dies für die Praxis bedeutet, kann an einer jahrelangen und noch lange nicht entschiedenen Kontroverse verdeutlicht werden, an der Frage, ob Homosexualität eine Krankheit ist oder nicht. In dem erwähnten „Diagnostic and Statistical Manual" wird Homosexualität nicht mehr erwähnt, außer im Zusammenhang einer neuen Störung, die als „ego-dystonic homosexuality" bezeichnet wird, und mit der homosexuelle Tendenzen benannt werden, die der Betroffene deutlich verspürt, aber nicht akzeptiert. Andererseits gibt es noch immer viele Psychiater, die Homosexualität als eine wie auch immer geartete Störung betrachten und die die Streichung des Begriffs aus dem Diagnosenverzeichnis für einen Fehler halten. Sie bezeichnen diese Entscheidung als unwissenschaftlich und lediglich politisch motiviert und wollen sie deshalb rückgängig machen.

Merkwürdigerweise scheint in dieser Auseinandersetzung noch niemand bemerkt zu haben, wie unwissenschaftlich und lediglich politisch motiviert die Entscheidung gewesen ist, Homosexualität überhaupt als psychiatrische Diagnose einzuführen. Eine kritische Auseinandersetzung mit der Geschichte zeigt jedoch, daß Wissenschaftlichkeit und Objektivität niemals Kriterien für die Beurteilung von Homosexualität waren. Auch der Begriff der Homosexualität als einem besonderen Zustand, der auf bestimmte Menschen zutrifft oder nicht, ist eine Erfindung des 19. Jahrhunderts. So merkwürdig dies heute manchen Menschen scheinen mag, nicht nur der Begriff (der im übrigen in einem juristischen – nicht einem medizinischen – Zusammenhang von einem Vorkämpfer der „Schwulen"-Emanzipation 1869 geprägt wurde), sondern auch das Konzept der Homosexualität existiert erst seit der Industriellen Revolution. Die Frage ist also nicht, ob wir es bei der Homosexualität mit einem gesunden oder pathologischen Zustand zu tun haben, sondern ob es sich überhaupt um einen „Zustand" handelt.

Dies geht beispielsweise auch aus dem nicht-westlichen medizinischen Schrifttum hervor, wo homosexuelles Verhalten zu therapeutischen Zwecken empfohlen wird. Die umfangreiche sexologische Literatur der mittelalterlichen islamischen Gelehrten erwähnt so niemals etwas wie die moderne Homosexualität. Sie enthält jedoch einige Beobachtungen, die hiermit in Verbindung gebracht werden können und die für moderne Leser durchaus überraschend sind. Im 12. Jahrhundert schreibt beispielsweise Abu Nasr al-Isra'ili (ein jüdischer Gelehrter, der in Bagdad geboren wurde und zum Islam übertrat) in einer umfangreichen Darstellung der Sexologie, daß viele Ärzte ihren

Patienten homosexuellen Geschlechtsverkehr empfehlen, um Gesundheit und jugendliches Aussehen zu erhalten. Die Gründe hierfür werden detailliert aufgeführt, sie sind auch vom medizinischen Standpunkt aus vollkommen logisch, wenn die Grundannahme akzeptiert wird. Diese Grundannahme ist selbstverständlich, daß sexuelle Aktivität immer „natürlich" sein muß, um der Gesundheit zuträglich zu sein.

Da dieser Text nicht sehr bekannt ist, sei hier eine kurze Zusammenfassung gegeben: Die Natur verlangt, daß Männer nur dann Geschlechtsverkehr haben, wenn sie dazu körperlich wirklich bereit sind, was sich an einer sehr starken Erektion erweist. Daraus folgt, daß Analverkehr mit Jungen immer gesund ist, da er nur unter dieser Voraussetzung stattfinden kann. Demgegenüber wird Vagnialverkehr auf Verlangen der Frauen häufig in halberigiertem Zustand ausgeführt, er ist also oftmals ungesund, weil er Anforderungen an den Körper des Mannes stellt, die dieser offensichtlich nicht erfüllen kann. Männer, die also – zumindest nach Überschreiten einer bestimmten Altersgrenze – ihre sexuelle Aktivität auf Jungen beschränken, führen ein längeres, gesünderes und natürlicheres Leben als diejenigen, die weiterhin Geschlechtsverkehr mit Frauen haben.

Dieses kurze Beispiel beweist, was eigentlich kaum noch zu beweisen war: daß ein Bezug auf die „Natur" jede Form menschlichen Sexualverhaltens rechtfertigen oder verurteilen kann. Eine weitere Folgerung ist jedoch im augenblicklichen Zusammenhang noch interessanter: Offensichtlich gilt hier homosexuelles Verhalten, sogar eine ganz bestimmte Form homosexuellen Verhaltens, als eine einfache medizinische Empfehlung, der jeder vernünftige Mann folgen kann. Es wird nicht von „sexueller Orientierung" oder von einer „Abkehr" oder „Umkehr" von einer sexuellen Orientierung zu einer anderen gesprochen. Statt dessen wird das Problem zur rein praktischen Frage: Wenn heterosexueller Geschlechtsverkehr eine krankmachende Wirkung zu haben beginnt und also „ego-dystonic" wird, wenn also ein Mann beginnt, über seine schwache Gesundheit und seine infolge des Koitus nachlassenden Kräfte zu klagen, folgt er dem Rat seines Therapeuten und wechselt zu homosexuellem Geschlechtsverkehr über.

Die Tatsache, daß ein solcher Rat gegeben und in der wissenschaftlichen Literatur veröffentlicht werden konnte, zeigt, daß die mittelöstlichen Patienten dieser historischen Periode noch nichts von der modernen strikten Zweiteilung in Hetero- und Homosexualität wußten, sondern daß sie zu einem gewissen Grade ihre erotische Reaktionsfähigkeit gegenüber beiden Geschlechtern sich erhalten hatten. Deshalb war eine grundsätzliche „Reorientierung" nicht erforderlich.

Diese Feststellungen werfen ein interessantes Licht auf einige gängige Therapiegropramme in den USA. Wir sind natürlich noch nicht wieder dahin gelangt, „ego-dystonische" Heterosexualität zu behandeln, aber einige Therapeuten versuchen noch immer – auch durch das neue Diagnosenverzeichnis ermutigt –, „homosexuelle" Klienten auf Wunsch in „heterosexuelle" zu verwandeln. Oft werden noch nicht einmal die Gründe für einen solchen Wunsch erfragt, und man hält sie auch für weitgehend unwichtig, der Therapeut akzeptiert kritiklos den Willen des Klienten und stellt sich vollkommen neutral. Angesichts der nach wie vor bestehenden verzerrten Wahrnehmung vieler Psychiater erscheint diese Neutralität jedoch vielen Beobachtern unaufrichtig. Wer versucht, das gesamte Problem auf seine geschichtlichen Aspekte hin zu untersuchen, wird es nicht für unwahrscheinlich halten, daß aus dieser Haltung eine Rückkehr zur früheren Parteilichkeit resultiert.

Wenn eine solche Rückkehr stattfinden sollte, würden Therapeuten vermutlich – wie sie dies oftmals taten – in der Annahme handeln, die Interessen der Gesellschaft und ihrer Klienten seien identisch. Sie werden sich selbst – wie viele dies heute tun – als ehrliche Doppelagenten sehen, die die verlorene

Harmonie zwischen individuellem und gesellschaftlichem Interesse wieder herzustellen helfen. Sexualtherapie würde dann weiterhin die Rolle des Dieners zweier Herren spielen, in der Hoffnung, beiden gerecht zu werden.

Aber ähnlich wie der Glaube an die ,,natürliche Sexualität", kann diese zweite unbefragte Grundannahme einer kritischen Betrachtung kaum standhalten. Auch sie ist eine reine Selbsttäuschung. So schließen sich zunächst beide Grundannahmen gegenseitig aus. Kritische Therapeuten haben dies immer gewußt und haben daraus Konsequenzen gezogen. Denn wenn die Gesellschaft tatsächlich ein Interesse daran hätte, daß Menschen ein sexuell erfülltes Leben führen, könnten und würden sexuelle Funktionsstörungen nicht entstehen, und die Sexualtherapie wäre überflüssig. Die Tatsache, daß sie notwendig ist, bringt deshalb den Therapeuten mit bestimmten gesellschaftlichen Wertvorstellungen in Konflikt. Das bedeutet auch, daß diejenigen, die lediglich einem Menschen dazu verhelfen, gesellschaftlich ,,normal" zu sein, nicht wirklich therapeutisch tätig sind, sondern lediglich ein erwünschtes Verhalten trainieren.

Diese – oft unabsichtlich wahrgenommene – Funktion der Sexualtherapie als gesellschaftliche Kontrollinstanz ist vielen freiheitsliebenden Menschen unerträglich. Die neuerdings von autoritärer Seite vorgebrachten Angriffe gegenüber der Sexualerziehung und -therapie zeigen jedoch, daß diese Ängste übertrieben sind. Wenn ein radikaler Individualist wie Thomas S. Szasz sich gegen Therapeuten wie Masters und Johnson wendet, wählt er sich das falsche Ziel. Trotz ihrer ausgesprochen medizinischen Ausdrucksweise haben Masters und Johnson – wenn sie überhaupt etwas bewirkt haben – es erreicht, Sexualtherapie aus dem traditionellen, vorurteilsbeladenen psychiatrischen Zusammenhang herauszulösen und sie für offene Diskussionen zugänglich zu machen. Ihre vorsichtigen, praktischen und auf das Wesentliche beschränkten Therapieangebote gegenüber selbstverantwortlichen Klienten als medizinischen Machtmißbrauch zu bezeichnen, ist daher sicherlich verfehlt.

Wenn auch Szasz in diesem Zusammenhang das Problem nicht ganz trifft, ist seine grundlegende Besorgnis sehr ernst zu nehmen. In der Vergangenheit wurden die verschiedensten Formen der Sexualtherapie dazu verwendet, um vorgeblich ,,natürliche" Normen auch zögernden oder unwilligen ,,Patienten" aufzuzwingen, und es ist wichtig, diesen bedenklichen Aspekt der Vergangenheit der Sexualtherapie zu berücksichtigen. Diese Vergangenheit ist noch nicht zu Ende, wie aus einer Reihe mißverständlicher Begriffe, unbefragter Voraussetzungen, gedankenloser Traditionen und anderer ideologischer Überbleibsel in diesem Bereich gesehen werden kann.

Wenn wir uns andererseits die heutige Praxis der Sexualtherapie betrachten, besteht kein Grund zur Beunruhigung. Gerade der neue, verhaltensorientierte Ansatz von Masters und Johnson hat der Sexualtherapie eine vertretbare Richtung gewiesen. Sexualität ist nicht Anfang und Ende menschlichen Glücks, und Sexualtherapie kann Glück nicht garantieren. Aber in der täglichen Praxis erweist sich, daß Sexualtherapie für viele Menschen einen deutlichen Gewinn darstellt. Wenn Sexualtherapie auf einer soliden theoretischen Grundlage stattfindet und sie sich ihrer nicht haltbaren unbefragten Grundannahmen bewußt wird, verdient sie nicht nur die Unterstützung eines Thomas S. Szasz, sondern jedes vernünftigen Menschen.

8.1.2 Mängel der heutigen Fachsprache

Störungen des Sexualverhaltens hat es wahrscheinlich immer und überall gegeben. Auch wenn man in ihnen nur Zivilisationskrankheiten sieht, darf man wohl annehmen, daß sie so alt sind wie unsere Zivilisation. Natürlich war die Behandlung solcher Störungen nicht stets die gleiche wie heute, und – wie selbst ein flüchtiger historischer Rückblick zeigt – sogar die Begriffe und Definitionen von gestörtem Sexualverhalten haben sich im Laufe der Zeit erheblich geändert. Andererseits ist klar, daß die Definition eines Problems bereits darüber entscheidet, ob, wann und wie man es angreift.

Das bedeutet nichts anderes, als daß jede Sexualtherapie eine ideologische Komponente hat. Dies kann an einem Beispiel aus der griechischen Antike verdeutlicht werden: Eine der Hippokratischen Schriften behauptet, daß bei jedem Koitus die Ejakulation von Samen in die Vagina die Erregung der Frau abkühlt und auslöscht, so als ob man plötzlich kaltes in kochendes Wasser schütte. Mit anderen Worten: nachdem der Mann seinen Orgasmus erreicht hat, ist ein Orgasmus bei der Frau nicht mehr möglich.

Diese Feststellung, die zweifellos auf Beobachtung beruhte, sagt uns heute viel über das tatsächliche (nicht literarisch idealisierte) Sexualverhalten im klassischen Griechenland. Der griechische Mann, das heißt auch der Arzt, kümmerte sich offenbar wenig um die geschlechtliche Befriedigung der Frauen. Sobald er selbst befriedigt war, zog er sich zurück. Die einzige Überlegung darüber hinaus war dann die medizinische Rechtfertigung seines Egoismus: Wenn eine Frau nach dem Empfang eines Ejakulats ohne Orgasmus blieb, so war das selbstverständlich und völlig natürlich, denn ,,die Lust der Frau endet mit der Lust des Mannes".

Es versteht sich von selbst, daß in einer von solchen medizinischen Grundannahmen beherrschten Welt das Problem der ,,vorzeitigen Ejakulation" erst gar nicht entstehen konnte. Tatsächlich lehrt uns die Medizingeschichte, daß es erst im vorigen Jahrhundert eine wirkliche Bedeutung erreichte. Wahrscheinlich mußten erst bestimmte gesellschaftliche Veränderungen eintreten und neue Ansprüche und Leistungsanforderungen der Frauen gegenüber den Männern erhoben werden, bevor man hier überhaupt von einem therapeutisch relevanten Befund sprechen konnte.

Seitdem ist das medizinische Interesse an sexuellen Störungen enorm gewachsen, und so sind inzwischen fehlender weiblicher Orgasmus und fehlende Libido, die man noch in viktorianischer Zeit als biologische Norm betrachtete, zu therapeutischen Problemen geworden. Gleichzeitig hat sich die Sexualwissenschaft rasch entwickelt, die sexuelle Reaktion immer genauer studiert und bald in vier Phasen eingeteilt. Der Verlauf dieser vier Phasen, so betonen trotz Differenzen im Detail alle Forscher, ist bei beiden Geschlechtern prinzipiell identisch, ähnlich sind auch die Störungen dieses Verlaufs. Daraus ergibt sich, daß die Beseitigung dieser Störungen auch auf die gleiche Weise erfolgen kann und muß. In der Sexualtherapie wurde so die doppelte Moral zum besten der sexuellen Gesundheit überwunden. Männer und Frauen wurden endlich als gleichbefähigt und gleichberechtigt behandelt.

Seltsamerweise bleibt diese aufgeklärte Praxis aber bis heute durch eine veraltete Terminologie behindert, die teilweise in offenem Widerspruch zur wissenschaftlichen Erkenntnis steht. Einige Fachausdrücke sind einfach irreführend, andere unsinnig oder unangemessen, viele sind ideologisch verfärbt. Durch diese unangemessene Sprache wird aber letzten Endes das Verständnis der Sexualstörungen und damit die Behandlung selbst erschwert. Die Verwirrung kann nicht nur den Patienten, sondern auch den Therapeuten erfassen und zu unnötigen neuen Problemen führen. Die folgende Kritik will dies an einigen Beispielen erläutern und Wege zur Korrektur aufzeigen.

Falsche Unterscheidungen

Was die Sexualstörungen im engeren Sinne betrifft (sexuelle Funktionsstörungen), so ist die heutige Terminologie besonders von der amerikanischen Verhaltenstherapie beeinflußt. Begriffe von Masters und Johnson, Helen Singer Kaplan und anderen wurden oft einfach aus dem Englischen übersetzt, und selbst wenn die Übersetzer sehr frei verfuhren, hielten sie doch an den

Grundannahmen fest, die sich meist ohnehin mit traditionellen europäischen Vorstellungen deckten. So wurde zum Beispiel auch eine längst überholte Unterscheidung von männlichen und weiblichen Sexualstörungen unkritisch weitergeschleppt. Zur Illustration sei hier einer der besten deutschen Texte selektiv zitiert, der sich eigentlich bei der Anpassung amerikanischer Vorbilder noch die meisten Freiheiten nimmt:

Störungen beim Mann	Störungen bei der Frau
Erektionsstörungen	Erregungsstörungen
	Vaginismus
Vorzeitige Ejakulation	Orgasmusschwierigkeiten
Ausbleibende Ejakulation	
Ejakulation ohne Orgasmus	

Wie man sieht, stehen hier vier typisch männliche drei typisch weiblichen Sexualstörungen gegenüber. In der Tat, wenn wir nur die Orgasmusphase der sexuellen Reaktion betrachten, ist der Kontrast noch größer: auf der einen Seite drei männliche, auf der anderen Seite nur eine einzige weibliche Funktionsstörung.

Bei näherer Betrachtung erweist sich allerdings, daß hier kaum tatsächliche physiologische oder psychologische Unterschiede, sondern einfach vom Therapeuten willkürlich falsch gesetzte begriffliche Akzente vorliegen. Der einzige echte Unterschied betrifft den Vaginismus (also den unwillkürlichen Scheidenkrampf), für den es beim Mann kein Äquivalent gibt. Der Vaginismus ist in diesem Sinne eine ausschließlich weibliche Funktionsstörung.

Was hier aber beim Mann „Erektionsstörung" und bei der Frau „Erregungsstörung" heißt, bezeichnet im Grunde ein identisches Phänomen: mangelnde Blutfülle und damit fehlendes Steifwerden (Tumeszenz) der Geschlechtsorgane. Man könnte daher ebensogut auch von einer Erregungsstörung des Mannes sprechen, wenn das Wort „Erregung" nicht ohnehin – auch bei der Frau – unzulänglich wäre. „Erregung" kann auch ein rein psychisches Verlangen und Drängen meinen, das durchaus ohne jede körperliche Veränderung auftreten kann. In der Tat kennt fast jeder solche Momente, in denen „der Geist willig, das Fleisch aber schwach" ist. In einem solchen Fall fehlenden Anschwellens der Geschlechtsorgane bleibt bei der Frau auch die Bildung des Feuchtigkeitsfilms in der Scheide aus, und so kann ein dennoch begonnener Koitus schmerzhaft sein. Dieses Erlebnis wird dann von Therapeuten gewöhnlich als „Dyspareunie" oder „Algopareunie" in eine eigene diagnostische Kategorie abgeschoben, die auch viele andere, logisch unverbundene, ätiologisch völlig verschiedene Schmerzerfahrungen enthält. Wenn man bei Störungen der sexuellen „Erregungsphase" also eine vernünftige Einheitlichkeit herstellen will, sollte man wenigstens von fehlender **körperlicher** Erregung bei Mann oder Frau sprechen.

Wenden wir nun unseren kritischen Blick auf die „Orgasmusphase" der sexuellen Reaktion, so erkennen wir, daß es sich nicht nur bei der Frau, sondern auch beim Mann um „Orgasmusschwierigkeiten" (**nicht** um Ejakulationsschwierigkeiten) handelt. Tatsächlich sind in den Begriffen „vorzeitige Ejakulation" und „ausbleibende Ejakulation" (einige Autoren sprechen auch noch von einer „verzögerten Ejakulation") gleich mehrere Fehlvorstellungen miteinander verschmolzen. Zunächst muß man feststellen, daß hier unzulässigerweise Ejakulation mit Orgasmus gleichgesetzt wird. Das Problem bei der „vorzeitigen Ejakulation" ist eben nicht die Ejakulation, sondern der Orgasmus, den man gerne aufgeschoben hätte, weil er – wie schon im alten Griechenland – für die meisten Männer das Ende des Geschlechtsverkehrs bedeutet und deshalb die Frauen unbefriedigt läßt. Das hat aber an sich nichts mit dem Erscheinen oder Nichterscheinen einer Samenflüssigkeit zu tun. Eine Ejakulation ist normalerweise das Resultat oder Nebenprodukt des männlichen Orgasmus, muß es aber nicht sein. Es handelt sich um völlig verschiedene und oft voneinander unabhängige Vorgänge (zum Beispiel beim vorpubertären Orgasmus). Das wird noch deutlicher, wenn man daran denkt, daß auch manche Frauen als Resultat ihres Orgasmus ejakulieren, und zwar aus der Urethra, eine ,,prostatische", von paraurethralen Drüsen abgesonderte Flüssigkeit. Ob oder wann beim Mann ein Samenerguß erfolgt, ist deshalb irrelevant für die Diagnose der Störung, die eben darin besteht, daß er seinen Orgasmus früher oder später erreicht, als ihm lieb ist. Das gleiche gilt für das völlige Ausbleiben des Orgasmus; auch hier ist die Ejakulation Nebensache (es sei denn, die Partnerin will schwanger werden). Kurz gesagt, die angeblichen Ejakulationsstörungen sind genaugenommen ,,männliche Orgasmusstörungen".

Diese Kritik ist aber noch relativ unwichtig im Vergleich zu einem grundsätzlichen Einwand, den man gegen den Begriff der ,,Vorzeitigkeit" als einer Störung der Ejakulation, oder richtiger gesagt, des Orgasmus erheben muß: Der Orgasmus selbst ist durchaus nicht gestört, wenn einem der Zeitpunkt seines Eintretens nicht paßt. Das Problem liegt hier nicht in der sexuellen Reaktionsphase, die, an sich ungestört, physiologisch vollständig abläuft, sondern in der subjektiven Bewertung, ob diese Phase im Interesse einer sexuellen Begegnung ,,zeitlich richtig" stattfindet. Deshalb gibt es auch keinen ,,vorzeitigen" oder ,,verzögerten" Orgasmus bei einem einsamen Masturbierenden. Das Problem kann überhaupt nur entstehen, wenn ein zweiter Mensch als Sexualpartner hinzukommt. Erst dann kann der Eintritt des Orgasmus von dem ersten oder zweiten oder von beiden Menschen als zeitlich unpassend empfunden werden.

Im Englischen läßt sich dieses Problem einfach und direkt als ,,unsatisfactory timing of orgasm" bezeichnen. Leider ist dieser Ausdruck aber nicht leicht zu verdeutschen, da es keine deutsche Entsprechung des englischen ,,timing" gibt. Vielleicht könnte man provisorisch von einer ,,unbefriedigenden Kontrolle über den Zeitpunkt des Orgasmus" sprechen. Auf jeden Fall muß man sich darüber klar sein, daß der Orgasmus selbst grundsätzlich nicht kontrollierbar ist. Nur der Zeitpunkt seines Eintretens kann, in gewissen Grenzen, bewußt gesteuert werden. Die Fähigkeit zu einer solchen Steuerung kann oft therapeutisch gestärkt, anerzogen oder wiederhergestellt werden.

Hat man sich diesen, im Grunde einfachen Sachverhalt einmal klargemacht, dann erkennt man, daß solche Ausdrücke wie die von Masters und Johnson oder Helen Singer Kaplan benutzten ,,ejaculatory incompetence", ,,inadequate ejaculatory control" und ,,ejaculatory overcontrol" aus einem doppelten Grunde völlig an der Sache vorbeizielen.

Hält man sich statt dessen an das einzig sichere Kriterium, an die Tatsache nämlich, daß von einem Paar der Zeitpunkt eines Orgasmus als unbefriedigend empfunden wird, so versteht man sofort den subjektiven Charakter des Problems. Die nächste Frage ist dann völlig logisch: ,,Unbefriedigend für wen?", und die Antwort darauf bestimmt dann den nächsten therapeutischen Schritt. Dieses Verfahren hat außerdem noch den Vorteil, daß es fallspezifisch bleibt und nicht zur Aufstellung universaler Normen oder Leistungsvorbilder für ,,funktionsgerechten" Geschlechtsverkehr führt. Solche Normen erwecken zwar den Eindruck objektiver Wissenschaftlichkeit, sind aber im Grunde willkürlich und auf jeden Fall therapeutisch schädlich. Schließlich können doch dieselben Menschen in anderen Partnerkombinationen sexuell völlig anders reagieren. Und noch ein letzter Punkt: Wenn man sich therapeutisch auf eine befriedigende Steuerung des Orgasmuszeitpunktes konzentriert, macht man damit klar, daß man eine Zweierbeziehung behandelt, man braucht die Patienten nicht mit einem negativen Etikett wie ,,Orgasmusstörung" zu deprimieren und hat allein dadurch schon die Therapie abgekürzt.

Was nun die eigentlichen Ejakulations- und Orgasmusstörungen angeht, so bleibt davon die folgende Liste: Die Ausdrücke ,,retrograde Ejakulation" (ejaculatio retrograda) und ,,fehlende Ejakulation" (ejaculatio deficiens) bezeichnen sehr richtig objektive Störungen beim Vorgang der Samenentleerung. Die Ausdrücke ,,Anorgasmie" und ,,situative Anorgasmie" bezeichnen sehr richtig das objektive Ausbleiben eines Orgasmus. Ein eingetretener Orgasmus dagegen, dessen Zeitpunkt ein Paar oder ein Individuum subjektiv nicht befriedigt, ist, genaugenommen, nicht in sich selbst gestört. Im Interesse wissenschaftlicher Klarheit sollte man deshalb besser von einer ,,unbefriedigenden Kontrolle über den Orgasmuszeitpunkt" sprechen.

Die dritte angeblich typisch männliche Störung, die der deutsche Text erwähnt, die ,,Ejakulation ohne Orgasmus" ist – wörtlich genommen – eine physiologische Unmöglichkeit. (Das Umgekehrte ist sehr wohl möglich.) So ist es aber nicht gemeint, denn die Erläuterung versteht darunter einen ,,Samenerguß ohne Lust- und Orgasmusgefühl". Dieser ,,lustlose Orgasmus" kommt aber auch bei Frauen vor.

Was endlich die grobe Einteilung männlicher und weiblicher sexueller Funktionsstörungen betrifft, so läßt sich das eingangs erwähnte Schema folgendermaßen korrigieren:

Störungen beim Mann	Störungen bei der Frau
	Vaginismus
Tumeszenzprobleme (Fehlen körperlicher Erregung)	
Orgasmusprobleme (mangelnde Zeitpunktkontrolle; lustloser Orgasmus; fehlender Orgasmus)	

Hinzu kommen natürlich noch einige Störungen, die man von jeher bei beiden Geschlechtern gefunden hat: sexuelle Aversion, Alibidinie, Algopareunie (wenn man schon bei diesen unpräzisen Sammelnamen bleiben will) und nachorgastische Verstimmungen.

Ideologische Verfärbung

Der oben zitierte deutsche Text (wie übrigens auch seine amerikanischen Vorbilder) diskutiert alle Sexualstörungen ausschließlich in bezug auf den ,,Geschlechtsverkehr", und was damit gemeint ist zeigt ein erläuternder Satz: ,,Schematisierend lassen sich fünf Phasen der sexuellen Interaktion zweier Partner unterscheiden: Annäherung, Stimulation, Einführung des Penis und Koitus, Orgasmus und nachorgastische Phase."

Ganz abgesehen davon, daß diese Beschreibung niemals auf homosexuelle Partner paßt (und auch diese brauchen manchmal Sexualtherapie), ist sie auch unzureichend für viele heterosexuelle Paare. Schließlich spielt bei manchen wegen körperlicher Behinderung (zum Beispiel Querschnittslähmung), aber auch aus anderen Gründen der Koitus keine Rolle, obwohl sie sonst durchaus eine befriedigende sexuelle Interaktion, also ,,Geschlechtsverkehr" haben.

Das Wort ,,Geschlechtsverkehr" kurzerhand mit Koitus gleichzusetzen ist mehr als eine sprachliche Untugend, es verrät ein beschränktes Verständnis der möglichen Vielfalt menschlicher Sexualbeziehungen. Durch diesen Mißbrauch wird jedoch die herrschende unterdrückende Ideologie bestärkt, die eine Hauptursache vieler Sexualstörungen ist. Viele Therapeuten verbringen Wochen damit, ihren Patienten sexuelle Wahlmöglichkeiten aufzuzeigen und helfen ihnen, einen zu engen Begriff des Geschlechtsverkehrs auszuweiten, das heißt den ganzen Körper in die Interaktion einzubeziehen. Deshalb sind ja auch gerade die sogenannten „sensate focus"-Übungen entwickelt worden. Tatsächlich sind solche, betont nicht-genitale Berührungen oft das erste Mittel, die gestörte Sexualfunktion wiederherzustellen und so indirekt auch den Koitus wieder zu ermöglichen. Man kann daher mit gutem Grund sagen, daß die heutigen sexualtherapeutischen Übungen in ihrer Gesamtheit klar zeigen, woran es beim modernen „Geschlechtsverkehr" fehlt – er ist zur rein genitalen Interaktion verkümmert und somit auf dem Weg zur Funktionsstörung.

Ganz allgemein kann man sagen, daß der „Fetisch Genitalität" die menschlichen Sexualbeziehungen heute in dreifacher Weise verzerrt. So finden wir

- eine Überbetonung der männlichen sexuellen Initiative (auf Kosten der weiblichen Initiative),
- eine Überbetonung des Koitus (auf Kosten anderer Formen des Geschlechtsverkehrs),
- eine Überbetonung des Orgasmus (auf Kosten verspielter Zärtlichkeit oder des langsamen sinnlichen Genusses).

Die heutige Sexualtherapie versucht, die verlorene Balance wiederherzustellen, fällt aber durch ihre unreflektierte Fachsprache doch oft in die alte Ideologie zurück.

Das ist auch immer der Fall, wenn Therapeuten vom Koitus als dem „Geschlechtsakt" sprechen oder wenn sie Ausdrücke wie „Petting" oder gar „Vorspiel" gebrauchen und sie vom „eigentlichen Verkehr" unterscheiden. Damit wird eine schädliche Zielorientierung suggeriert, die sexuelle Begegnung in Akte, Kapitel oder eskalierende Phasen eingeteilt, wo doch eine Verlaufsorientierung an zwangloser Kontinuität und Spielfreude sehr viel heilsamer wäre. In der unausgesprochen vorgenommenen Abwertung von manuellem Verkehr und Oralverkehr spielen sicher auch noch alte religiöse Tabus eine Rolle.

Daß diese traditionelle Fixierung auf den Koitus eine religiöse Seite hat, wird ja auch daran deutlich, daß nichtkoitale Formen des Geschlechtsverkehrs lange als „Perversionen", „Aberrationen" oder „Deviationen" etikettiert wurden. Diese Ausdrücke stammen aus der mittelalterlichen Theologie und bezeichneten ursprünglich Häresien, das heißt Formen des falschen Glaubens. Sie wurden im Laufe des vorigen Jahrhunderts von der Psychiatrie aufgegriffen und verweltlicht, ein Verfahren, das man auch die „Medikalisierung der Sünden" genannt hat. In der Tat sah die damalige Medizin, wie die Kirche, ganz naiv im Koitus das einzig korrekte und normale Sexualverhalten, das, sozusagen tief in der Natur des Menschen angelegt, nach der Pubertät spontan zum Ausdruck drängte. Diese vorwissenschaftliche Chimäre eines einzigen „natürlichen" Geschlechtsaktes spukt selbst heute noch durch die psychiatrische Literatur, wenn auch oft in sehr verblaßter und verwaschener Form. Wo die alten theologischen Begriffe selbst noch erscheinen, werden sie nun gewöhnlich mit vielen Einschränkungen umgeben, etwa der, daß das Wort „Perversion" kein moralisches Urteil bedeute, oder daß eine „Deviation" nicht unbedingt krankhaft sein müsse. Solche gutgemeinten Abschwächungen lösen aber das eigentliche ideologische Problem nicht und stiften nur weitere Verwirrung.

Die Gefahr der Verdinglichung

Das alte System der „sexuellen Psychopathien" war aber nicht einfach nur eine Codifizierung moralischer Vorurteile. Die oft phantastischen Namen der

„Perversionen" oder „Deviationen", von der Algolagnie über die Gerontophilie und den Pygmalionismus zur Zooerastie, hatten von jeher noch eine weitere Schwäche: Sie erweckten den Eindruck, man habe es hier mit klar abgrenzbaren, einheitlichen klinischen „Krankheitsbildern" zu tun, das heißt mit echten Diagnosen und entsprechend feststehender Ätiologie und Therapie.

In Wirklichkeit aber sagten diese exotischen Bezeichnungen so gut wie nichts darüber aus. Sie waren nicht mehr als griechisch und lateinisch verfremdete Schimpfwörter. Ihr wissenschaftlicher Aussagewert war gewöhnlich gleich Null, und so mußte sich erst eine neue, eigenständige „Sexualwissenschaft" heranbilden, die den Phänomenen unvoreingenommen nachging. Wie Iwan Bloch, der Begründer dieser Wissenschaft, schon 1912 schrieb: „Die Sexualwissenschaft . . . (darf) nicht als Anhängsel irgendeiner anderen Wissenschaft aufgefaßt werden . . . Wohin das führen würde, hat die rein medizinisch-klinische Betrachtungsweise von Krafft-Ebings . . . . seiner Vorgänger und Nachfolger gezeigt, unter denen manche schon die Wissenschaft bereichert zu haben glauben, wenn sie neue Spezialfremdwörter ohne begrifflichen Inhalt bilden, während es doch gerade hier vor allem auf die kritische Untersuchung der tatsächlichen Vorgänge ankommt."

Die Gefahr der leeren Begriffsbildung besteht aber auch heute weiter. „Die kritische Untersuchung der tatsächlichen Vorgänge" hat nun zwar, dank der Sexualwissenschaft, große Fortschritte gemacht, aber diese haben sich noch nicht überall in der Fachterminologie niedergeschlagen. Während die Forschung flexibler wurde und immer weiter differenzierte, blieb die Therapie weitgehend in dem überkommenen Begriffsapparat befangen. Daraus ergibt sich eine zunehmende Spannung zwischen neuer wissenschaftlicher Einsicht und sprachlicher Routine.

Das Problem besteht aber nicht etwa nur in Ungenauigkeiten oder versteckter ideologischer Wertung, sondern sitzt teilweise sehr viel tiefer. Was damit gemeint ist, könnte man vielleicht als das Problem der Verdinglichung bezeichnen. Das heißt, es besteht in unserem Denken eine unheilvolle Tendenz, Beobachtungen von Vorgängen in „Dinge" zu verwandeln. Diese Tendenz ist in anderen Kulturen und Sprachen weniger stark ausgeprägt. In den semitischen Sprachen und im klassischen Japanischen zum Beispiel ist das Verb vorherrschend, während in den indo-europäischen Sprachen das Substantiv zumindest gleiches Gewicht hat. Schon in der griechischen Philosophie spielt das Substantiv eine größere Rolle als das Verb, und diese philosophische Erbe verleitet uns dazu, die Wirklichkeit als eine Kollektion von abgegrenzten Wesenseinheiten aufzufassen. Genaugenommen ist diese Sicht aber „unrealistisch", da sie der Vielfältigkeit menschlicher Erfahrungen nicht gerecht wird.

Auf die sexuelle Erfahrung angewandt, heißt das, daß keine therapeutische Sprache wirklich adäquat sein kann, solang sie sich an Substantive klammert. Die Vorstellung von unabhängig existierenden Einheiten wie Alibidinie, Algopareunie, Anorgasmie usw. ist kurzsichtig. Es handelt sich nicht um freischwebende „Krankheitswesen", die plötzlich gewisse Personen befallen, während sie andere verschonen. Krankheiten und Sexualstörungen haben kein eigenes Leben. Sie existieren nur als vorübergehende Teilattribute von Personen, das heißt sie sind eigentlich noch nicht einmal Attribute im Sinn von Substantiven, sondern nur im Sinn von Adjektiven. Man behandelt daher niemals Sexualstörungen, sondern immer nur Personen, die sexuell gestört sind. Kurz gesagt, es gibt keinen Vaginismus und keine Anorgasmie, sondern nur Individuen mit bestimmten problematischen Attributen, die möglicherweise nicht von Dauer sind. Aber selbst mit dieser Feststellung muß man sehr vorsichtig sein. Wenn man zum Beispiel eine Frau als „anorgasmisch" bezeichnet, so darf man nicht vergessen, daß dieses Attribut sie nicht als ganze

Person definiert, sondern nur in einem begrenzten Verhaltenszusammenhang relevant ist. Das gilt natürlich auch für Akjektive wie ,,sadistisch", ,,masochistisch", ,,transvestitisch" und ,,homosexuell". Es ist ein großer wissenschaftlicher, aber auch therapeutischer Fehler, diese begrenzten Attribute zu verabsolutieren und zu selbständigen Wesenseinheiten aufzublasen. Gewissenhafte Forscher vermeiden dies, wie zum Beispiel Alfred C. Kinsey, der sich sehr bewußt weigerte, das Substantiv ,,Homosexueller" zur Bezeichnung von Personen zu gebrauchen. Kinsey erkannte eben deutlich, daß ein solcher Sprachgebrauch nicht nur bestimmte Personen ihrer vollen Humanität beraubt, sondern auch sachlich irreführend ist.

Was endlich das Gebiet der Medizin und Hygiene betrifft, so hat man schon vor längerer Zeit vermutet, daß der nächste große Fortschritt darin bestehen wird, Krankheiten nicht mehr als Substantive, sondern als Adjektive aufzufassen. Dieser Fortschritt hat heute schon begonnen, und so dürfen wir hoffen, daß er bald auch in der Sexualtherapie fühlbar wird.

8.2 Sexuelle Funktionsstörungen

Manche Menschen sind, wie oben bereits mehrfach erwähnt, infolge körperlicher Fehlbildungen, Behinderungen, Krankheiten oder Unfallfolgen in ihrem sexuellen Ausdrucksvermögen eingeschränkt. Es gibt jedoch auch körperlich gesunde Menschen, die beim Geschlechtsverkehr wenig oder gar keine Befriedigung finden, weil ihre sexuelle Reaktion aus psychischen Gründen gehemmt oder blockiert ist. Im heutigen Sprachgebrauch bezeichnet man dies als ,,sexuelle Funktionsstörung" oder ,,sexuelle Dysfunktion".

Die Unterscheidung zwischen körperlichen und psychischen Ursachen sexueller Störungen ist sicher etwas willkürlich, denn Körper und Geist sind so eng miteinander verbunden, daß man eine Trennungslinie zwischen ihnen kaum ziehen kann. Lediglich von den sexuellen Funktionsstörungen eines einzelnen Menschen zu sprechen, wäre jedoch ebenfalls eine starke Vereinfachung, da sich diese Störungen in der Regel nur in der Beziehung zu einer anderen Person äußern. Es wäre daher in den meisten Fällen richtiger, von einem gestörten sexuellen Verhältnis zweier Personen zu sprechen. Deshalb behandeln Sexualtherapeuten heute meist nicht nur einen einzelnen Patienten, sondern bestehen auf einer Therapie beider Partner.

Man schätzt, daß heute in den Vereinigten Staaten von Amerika in mehr als der Hälfte aller Ehen zumindest ein Partner an sexuellen Funktionsstörungen leidet. Dies hat zwangsläufig auch einen Einfluß auf den anderen Partner, so daß oft beide erhebliche Frustrationen zu ertragen haben. Natürlich können solche Frustrationen auch durch dauernde Körperbehinderungen eines Partners verursacht werden. Aber selbst in diesen Fällen kann sachliche Beratung manchmal die sexuellen Möglichkeiten erweitern und so ein akzeptables Minimum an sexueller Befriedigung erreichen. In einer größeren Zahl der Fälle sind die Probleme jedoch psychologischer Natur; die moderne Sexualtherapie kann sie zu beseitigen helfen. In der Folge der bahnbrechenden Arbeiten von Masters und Johnson wurde eine Vielzahl neuer therapeutischer Techniken entwickelt, die heute in vielen Teilen der USA erfolgreich angewandt werden.

Andererseits haben aber gerade die Erfolge der Sexualtherapie und die steigende Nachfrage gezeigt, wie sehr wir alle einer veränderten Einstellung zur Sexualität bedürfen. Sexuelle Not scheint weit verbreitet zu sein, und obwohl man sich um genaue Daten streitet, zweifelt niemand mehr am hohen Stellenwert des Problems.

In der Vergangenheit schrieb man sexuelle Funktionsstörungen beim Mann oft der Zauberei oder irgendwelchen Verwünschungen zu, oder man glaubte, „Degenerierung", „Selbstbefleckung", „Unmoral" oder „Exzesse" seien verantwortlich. Heute wissen wir, daß beide Erklärungen falsch sind und man die Ursachen an anderer Stelle suchen muß. Sexualtherapeuten haben herausgefunden, daß sexuelle Störungen ihre Ursachen überwiegend in strenger Erziehung, in traumatischen sexuellen Erlebnissen, in Unwissenheit, in restriktiver Religiosität oder in falschen Anleitungen durch wenig informierte oder voreingenommene Geistliche, Eheberater, Ärzte, Psychotherapeuten oder andere Fachleute haben. Alle diese verschiedenartigen Ursachen können wiederum auf die insgesamt repressive Einstellung unserer Gesellschaft gegenüber der Sexualität zurückgeführt werden.

Die sexuelle Unterdrückung, unter der wir alle leben, hat viele Gesichter. In bezug auf die sexuellen Funktionen des Menschen können wir auf einen besonders negativen Aspekt verweisen, der bezeichnender ist als alle anderen: die nahezu ausschließliche Konzentration des Interesses auf die männlichen und weiblichen Geschlechtsorgane. Die übertriebene Bedeutung, die den Geschlechtsorganen zugemessen wird, macht nicht nur den Durchschnittsmenschen, sondern selbst bestimmte Sexualtheoretiker blind für die große Vielfalt menschlicher sexueller Fähigkeiten. Hieraus folgen Belastungen, aufgrund derer heute unzählige Männer und Frauen an sexuellen Funktionsstörungen leiden. Das Klischee vom sexuell aktiven Mann und der passiven Frau kann für manche Menschen so belastend sein, daß ein Mann, von dem immer die Initiative zum Koitus erwartet wird, diesen nicht mehr lustbetont erleben zu können fürchtet. Diese Sorge kann schließlich zu einer ausgesprochenen Versagensangst führen. Dies kann dann wiederum zu einer Blockade seiner natürlichen sexuellen Reaktion führen und dazu, daß er nicht mehr in der Lage ist, seine Partnerin zu befriedigen. Auf der anderen Seite kann eine Frau, der man beigebracht hat, daß Frauen nicht die Initiative zu ergreifen hätten, es als belastend empfinden, sich ständig diese Zwänge aufzuerlegen. Eine solche unnatürliche Passivität kann dazu führen, daß der Geschlechtsverkehr unerfreulich und belastend wird. Es verwundert nicht, wenn hieraus Funktionsstörungen resultieren. Die Therapie ist in beiden Fällen klar: Nur eine bewußt veränderte Einstellung vermag von den Ängsten und Frustrationen zu befreien und die ursprüngliche sexuelle Reaktion wiederherzustellen. Die nachfolgende Diskussion soll zeigen, daß man in der modernen Sexualtherapie hierfür oft bestimmte Übungen anwendet, bei denen die Initiative auf die Frau übertragen wird.

Die Überbewertung des Koitus führt bei vielen Männern und Frauen dazu, daß sie auf andere Arten des Geschlechtsverkehrs verzichten. Das verursacht Langeweile und Eintönigkeit. Durch die einseitige Konzentration auf den genitalen Kontakt werden darüber hinaus alle anderen erogenen Zonen vernachlässigt. Dies wiederum führt zu einer Situation, in der die Geschlechtsorgane „alleine die Verantwortung tragen" für sexuelle Befriedigung, während der übrige Körper mehr oder weniger „unbeteiligt" bleibt. Die sexuelle Reaktion kann jedoch nicht in dieser Weise eingeschränkt und aufgeteilt werden, ohne daß im Laufe der Zeit Verhaltensstörungen entstehen. Es ist allerdings bemerkenswert, wie schnell die sexuellen Fähigkeiten wieder belebt werden können, sobald sich die Partner nichtkoitalen Formen des Geschlechtsverkehrs zuwenden. Aus diesem Grunde raten viele Sexualtherapeuten ihren Patienten zu manuellem oder oralem Verkehr, um das sexuelle Selbstvertrauen wiederherzustellen. Bemerkenswert ist, daß homosexuelle Partner, die keinen Koitus haben, sehr viel seltener unter Funktionsstörungen leiden, als dies bei Heterosexuellen der Fall ist. Für männliche und weibliche Homosexuelle ist es selbstverständlich, sich auf vielfältige Weise sexuell zu befriedigen. Sie sind es gewohnt, das beste aus der jeweiligen sexuellen

Situation zu machen. Viele ,,normale" Paare könnten aus dieser Einstellung lernen. Gerade deshalb ist es grotesk, daß in manchen Ländern nichtkoitaler Geschlechtsverkehr als ,,Verbrechen wider die Natur" unter Strafe steht.

Eine weitere Ursache für sexuelle Funktionsstörungen ist die Überbewertung des Orgasmus. Durch die oft kurze Dauer des Koitus wurde Männern und Frauen viel sexueller Genuß geraubt. Der Geschlechtsverkehr wird zu einer zielorientierten Aufgabe. Dabei wird Sexualität zu Leistung und als solche zum Gradmesser für persönlichen Erfolg oder Mißerfolg. Gleichzeitig wird dem erfolgreichen Finale als vermeintlichem ,,Höhepunkt" des Geschlechtsverkehrs, nicht dem Geschlechtsverkehr selbst, die höchste Bedeutung zugemessen. Mit anderen Worten, es ist nicht mehr der Vorgang, sondern das Ergebnis, dem das Hauptinteresse gewidmet wird. Diese Fixierung führt dazu, den wirklichen Genuß des Augenblicks geringzuschätzen. Die normalen sexuellen Reaktionen können so erheblich beeinträchtigt werden. Aus diesem Grunde haben Männer dann einen Orgasmus, bevor sie befriedigt sind, und Frauen erreichen gleichzeitig keinen Orgasmus. Sexualtherapeuten haben indes gezeigt, daß diese sexuellen Funktionsstörungen verschwinden können, wenn die Partner ihre Einstellung verändern. Es gibt Therapieprogramme, bei denen dem Mann und der Frau geraten wird, jeden Orgasmus beim Geschlechtsverkehr bewußt zu vermeiden. Man kann einem Paar dabei vorschlagen, sich gegenseitig ausführlich zu stimulieren, jedoch sofort jeden Körperkontakt abzubrechen, sobald sich einer von ihnen dem Orgasmus nähert. Manche Therapeuten gehen sogar so weit, ihren Patienten den Orgasmus zu untersagen, während sie ihnen gleichzeitig raten, sich täglich mehrere Stunden gegenseitig zu streicheln und zu liebkosen. Diese einfache Anweisung führt oft zu überraschenden Ergebnissen. Von der ,,Orgasmuspflicht" befreit, können sich beide Partner zum ersten Male in ihrem Leben ungezwungen dem Liebesspiel hingeben. Dadurch kann sich auch ihre Einstellung zueinander von Grund auf ändern. Diese neue Einstellung wird dann zur Quelle erheblich gesteigerter orgastischer Fähigkeit. Wenn nach einigen Wochen die sexuelle Reaktionsfähigkeit wieder hergestellt ist, wird das Verbot vom Therapeuten aufgehoben und der Orgasmus wird zum regelmäßigen, erfreulichen Erlebnis, dessen zeitliche Bestimmung keinerlei Schwierigkeiten mehr mit sich bringt. Gleichzeitig hat sich jedoch das Ereignis von einer Pflichtübung zu einer frei gewählten Möglichkeit gewandelt. Orgasmus ist nicht mehr und nicht weniger als eine erfreuliche Unterbrechung im Verlaufe gegenseitiger Stimulierung. Sehr wichtig ist dabei, daß die Partner lernen, daß es nicht notwendig ist, bei jeder sexuellen Begegnung gleichzeitig zum Orgasmus zu kommen. Kommt es gelegentlich nicht zum Orgasmus, muß dies das gemeinsame Glück nicht beeinträchtigen. Geschlechtsverkehr zu haben ist kein Kampf, auch kein sportlicher Wettkampf. Begriffe wie Erfolg und Leistung sind in einer glücklichen sexuellen Beziehung fehl am Platz.

Es scheint, daß sexuelle Funktionsstörungen der einen oder anderen Art bei vielen Menschen in unterschiedlichsten Gesellschaften seit Beginn der Menschheitsgeschichte bestanden haben. Wir wissen zum Beispiel, daß sich die Ärzte in der Antike und im Mittelalter mit diesem Problem beschäftigt und die verschiedensten medizinischen Behandlungsmethoden versucht haben. Doch scheinen diese Funktionsstörungen in unserer Zeit schwerer und häufiger geworden zu sein. Im 19. und 20. Jahrhundert begannen Psychiater, sie zu behandeln; die ,,Heilerfolge" waren jedoch nicht immer überzeugend. Wir wissen heute, daß dies auch kaum anders sein konnte, da die mit den sexuellen Funktionen verbundenen Vorgänge noch weitgehend unbekannt waren.

Erst die gezielte Forschung von Wissenschaftlern wie Masters und Johnson ermöglichte es den Therapeuten schließlich, sexuelle Funktionsstörungen unmittelbar zu behandeln, statt sie als Symptome für andere Probleme oder Krankheiten zu sehen. Masters und Johnson waren auch wegweisend in der Methode der ,,paarweisen" Therapie durch einen männlichen und einen weiblichen Therapeuten, und sie behandelten eher zwei Partner als ein einzelnes Individuum. Ihre Patienten waren meist Eheleute oder Einzelpersonen, die ihre (heterosexuellen oder homosexuellen) Partner mitbrachten. Personen, die keinen Partner hatten, wurden für die Dauer der Therapie mit einem ,,Ersatzpartner" zusammengebracht. Die Methode von Masters und Johnson wurde inzwischen vielerorts übernommen. In den Vereinigten Staaten und in anderen westlichen Ländern gibt es heute eine große Zahl kompetenter Sexualtherapeuten, die ihren Patienten mit zunehmendem Erfolg zu helfen wissen.

Leider gibt es gegenwärtig jedoch auch noch viele wenig qualifizierte Personen, die sich Sexualtherapeuten nennen, die ihre Patienten aber eher ausnutzen und ihnen mehr schaden als helfen. Es wäre wünschenswert, die Sexualtherapie in Zukunft an eine bestimmte Form der Weiterbildung zu binden. Es sollte niemandem erlaubt sein, in einem so wichtigen Bereich zu praktizieren, der nicht die erforderlichen Kenntnisse und Erfahrungen besitzt.

In den folgenden Abschnitten werden die zur Zeit erfolgreichsten Verfahren der Sexualtherapie, besonders die von Masters und Johnson, zusammengefaßt. Bei diesen Ausführungen erschien es angebracht, statt der üblichen Fachausdrücke bestimmte umgangssprachliche Bezeichnungen zu verwenden.

8.2.1 Sexuelle Funktionsstörungen beim Mann

In den meisten Büchern über die Sexualität des Menschen wird heute zwischen drei sexuellen Funktionsstörungen beim Mann unterschieden: ,,Impotenz", ,,vorzeitiger Samenerguß" und ,,Ejakulationsunfähigkeit".

Das Wort ,,Impotenz" (von lat. impotens: machtlos) klingt finster und bedrohlich, ist aber auch seltsam vage. Die Bezeichnung ,,vorzeitiger Samenerguß" unterstellt, es gäbe einen bestimmten idealen Zeitpunkt für eine Ejakulation, also auch einen ,,rechtzeitigen" Samenerguß. Die Bezeichnung ,,Ejakulationsunfähigkeit" suggeriert, daß Ejakulation eine ,,Fähigkeit" sei, die einige Männer haben und andere nicht. Mit ,,Fähigkeit" hat dies jedoch eigentlich nichts zu tun. Eine Ejakulation ist eine unwillkürliche Reaktion. Es kann sein, daß sie ausbleibt, wenn sie jedoch auftritt, kann niemand sie unterdrücken, verzögern, kontrollieren oder mäßigen. Darüber hinaus muß daran erinnert werden, daß die Ejakulation nur eine Begleiterscheinung des Orgasmus ist, daß ein Mann jedoch sehr wohl einen Orgasmus haben kann, ohne überhaupt zu ejakulieren. Natürlich wäre es Unsinn, einen solchen Mann als sexuell funktionsgestört zu bezeichnen. Also ist das Problem bei der ,,Ejakulationsunfähigkeit" nicht eigentlich das Ausbleiben der Ejakulation, sondern das des Orgasmus.

Die traditionelle Terminologie hat noch einen weiteren Nachteil: die Wortwahl bei der Bezeichnung der Funktionsstörungen von Männern und Frauen ist völlig verschieden. Daher haben viele Menschen die falsche Vorstellung, man könne die männlichen und weiblichen körperlichen Reaktionen nicht miteinander vergleichen. Die moderne Sexualforschung hat jedoch gezeigt, daß ein solcher Vergleich durchaus sinnvoll ist. In der Tat beginnen wir jetzt zu begreifen, daß die sexuelle Reaktion – und daher auch die sexuellen Störungen – von Männern und Frauen einander sehr ähnlich sind. Daher brauchen wir neue Begriffe, die sowohl auf Männer als auch auf Frauen anwendbar sind. Die Sexualfunktionen beider Geschlechter können in dreierlei Weise behindert sein:

1. Der Koitus kann nicht beginnen, weil die Geschlechtsorgane nicht die notwendige Initialreaktion zeigen (fehlende körperliche Erregung bei beiden Geschlechtern und Vaginismus bei der Frau).
2. Der Koitus ist unbefriedigend, weil der Orgasmus nach Auffassung eines oder beider Partner zu früh oder zu spät kommt (unbefriedigende Kontrolle über den Zeitpunkt des Orgasmus).
3. Keiner der Partner kommt zum Orgasmus (fehlender Orgasmus).

Auf den folgenden Seiten werden diese drei grundlegenden Funktionsstörungen zunächst für den Mann besprochen.

Fehlen körperlicher Erregung

Dauerhaft fehlende Erregung kann natürlich durch eine Vielzahl körperlicher Unfallfolgen, Erkrankungen oder Störungen verursacht werden, von Nervenverletzungen bis hin zum Diabetes. Solche Fälle müssen vom Arzt behandelt werden. Es gibt heute vielversprechende Behandlungsmethoden, die auch Implantate oder Prothesen zum Aufpumpen einschließen und die die Situation erheblich verbessern können. Da es sich jedoch um rein körperliche Probleme handelt, werden sie in diesem Abschnitt nicht weiter diskutiert.

Es gibt aber körperlich gesunde Männer, die in ihrem Leben beim versuchten Koitus niemals eine Erektion hatten. Ihre sexuelle Reaktion ist derart gehemmt, daß sie daran zweifeln, jemals sexuelle Befriedigung mit einem Sexualpartner zu finden. Hierfür kann es vielfältige Ursachen geben. Meist kommt es hierzu durch eine Kombination unglücklicher Umstände. So kann zum Beispiel ein Junge von einer besitzergreifenden Mutter erzogen worden sein, die ihm nicht gestattete, sich selbständig zu entwickeln. Oder es wurde ihm beigebracht, daß sexuelle Handlungen sündig, schmutzig oder gefährlich seien. Versagt ein solcher Mann beim ersten Koitus, so kann er unfähig werden, die negative Erfahrung zu überwinden. Ein anderer Mann verspürt möglicherweise starke homosexuelle Tendenzen, fürchtet jedoch, sie auszudrükken. Der unbewältigte Konflikt kann dann zum Versagen führen. In solchen und ähnlichen Fällen benötigt der Betroffene mehr Hilfe, als er von seiner Freundin oder Frau erwarten kann. In diesem Fall ist eine intensive Sexualtherapie am erfolgversprechendsten.

Eine solche Therapie kann auch für eine weitere, viel größere Gruppe von Männern notwendig werden, nämlich für diejenigen, die eine Zeitlang zum Koitus fähig waren, diese Fähigkeit jedoch zum Teil oder ganz verloren haben. Entweder haben sie überhaupt keine Erektionen mehr oder nur ganz selten. Natürlich ist zu berücksichtigen, daß ein gelegentliches Fehlen der Erektion etwas ganz Normales ist. Wenn jemand müde, besorgt, zerstreut oder betrunken ist, mag er sich zwar vielleicht erregt oder liebebedürftig fühlen, sein Körper reagiert jedoch einfach nicht. Verzweifelte Bemühungen, Willenskraft oder besondere körperliche Anstrengungen können da nichts bewirken. Die Partner sind in solchen Fällen gut beraten, wenn sie die Situation zunächst akzeptieren und das beste daraus machen. Sie sollten zum Beispiel daran denken, daß ein Mann keine Erektion benötigt, um die Partnerin zu befriedigen. Selbst wenn der Penis nicht erigiert sein sollte, kann er mit der Hand in die Vagina „hineingestopft" werden, und die Partner können Koitusbewegungen ausführen. Eine Frau kann so sehr gut zum Orgasmus kommen. Darüber hinaus kann der Mann die Frau oral oder manuell befriedigen. In solchen Fällen ist es jedenfalls wahrscheinlich, daß der Mann ein anderes Mal unter günstigeren Bedingungen wieder eine Erektion haben wird.

Manche Männer sind jedoch so unsicher, daß sie Versagensängste entwikkeln. Andere verlangen einfach von sich selbst zu viel und stellen ihre eigenen Reaktionen auf die Probe, so daß sich jede sexuelle Begegnung in einen Kampf um Sieg oder Niederlage verwandelt. Andere versuchen, durch Alkohol nachzuhelfen. Diese Strategien beschwören natürlich nur Niederlagen herauf, so daß ein gelegentliches Problem zu einem chronischen Zustand werden kann. Ähnliche Probleme können bei Männern auftreten, die früher zum Orgasmus kommen als ihre Partnerinnen (vgl. a. den folgenden Abschnitt). Es gibt auch Männer, die unfähig sind, sich emotional von ihren Eltern zu lösen, oder solche, deren strenge Erziehung ihre sexuellen Gefühle hemmt. Darüber hinaus bereitet manchen Männern ein homosexuelles Interesse Schwierigkeiten; wieder anderen macht ihre Unerfahrenheit in sexuellen Dingen zu schaffen. In all diesen Fällen können Schwierigkeiten bei der Erektion resultieren. Man sagt heute, wenn Paare bei mehr als einem Viertel aller Versuche scheitern, ist das Problem so ernst, daß sie sich einer speziellen Therapie unterziehen sollten.

Behandlungsprogramme wie die von Masters und Johnson haben sich bei der Wiedererlangung der normalen sexuellen Reaktion als erfolgreich erwiesen. Der Erfolg hängt jedoch wesentlich von der Mitarbeit beider Partner ab. Eine Frau, deren männlichem Partner eine Erektion ständig versagt bleibt, ist gleichfalls davon betroffen; aus diesem Grunde muß eigentlich die sexuelle Beziehung beider behandelt werden.

Der erste Schritt der Therapie besteht gewöhnlich darin, daß beide Partner verstehen lernen, daß die Erektion eine unwillkürliche Reaktion ist. Kein Mann kann eine Erektion erzwingen; er kann sie lediglich zulassen. Er kann jedoch sicher sein, daß eine Erektion eintritt, wenn er und seine Partnerin sexuell aufeinander ansprechen. Angst und Besorgnis können jedoch zur Blockade dieser Reaktion führen. Die Partner müssen deshalb lernen, nichts als „die Furcht selbst zu fürchten". Mögliche Ursachen dieser Furcht müssen im Gespräch aufgedeckt werden. Wenn einer oder beide Partner eine negative und unsachliche Einstellung gegenüber der Sexualität haben, so muß diese verändert werden. Auch nicht-sexuelle Aspekte, die gesamte Kommunikation zwischen den Partnern, müssen dabei einbezogen werden. Denn im Grunde genommen ist es die gesamte menschliche Kommunikation zwischen Mann und Frau, die zum gemeinsamen Glück führen.

Um diese Kommunikation zu fördern, haben Sexualtherapeuten einfache Übungen zusammengestellt, die die Partner miteinander zu Hause durchführen können. Zunächst müssen Mann und Frau lernen, Lust zu geben und zu nehmen, indem sie einander nur streicheln. In diesem Stadium sind ihnen Koitus oder Orgasmus nicht erlaubt. Statt dessen werden sie angehalten, einander durch einfaches Liebkosen Genuß zu verschaffen. Dann erläutert man ihnen, wie sie diesen Genuß vertiefen können, zum Beispiel indem sie einander die Hand führen. Dabei werden keine besonderen Ziele gesetzt, so daß kein Leistungsdruck entstehen kann. Nach einiger Übung entspannen sich beide Partner gewöhnlich sehr rasch, verlieren ihre Befangenheit und können sich ihren sexuellen Gefühlen hingeben.

Nach einigen Tagen solcher Übungen können die Partner ihre Liebkosungen auf die Geschlechtsorgane und die Brüste der Frau konzentrieren. Auch hier ist es nützlich, wenn sie sich gegenseitig die Hand führen. Beide Partner sollen einander wissen lassen, in welcher Weise sie stimuliert werden wollen. Diese Offenheit der Kommunikation wird dazu führen, daß sie sich gegenseitig mehr Genuß verschaffen. Nach wie vor besteht jedoch die Anweisung des Therapeuten, Koitus und Orgasmus zu vermeiden. Tritt eine Erektion des Penis auf, so muß die gegenseitige Stimulierung unterbrochen werden, bis die Erektion zurückgeht. Erst dann darf der Mann sich wieder stimulieren lassen; kommt es erneut zu einer Erektion, wird wieder abgewartet, bis sie zurückgeht. Dies kann sich mehrmals wiederholen. Diese einfache Stimulierung des Penis zeigt dem Mann, daß der Verlust einer Erektion kein Problem ist, da er sie jederzeit wieder bekommen kann.

Nach einer weiteren Woche, wenn der Mann seine Versagensängste überwunden und Vertrauen in seine sexuelle Reaktionsfähigkeit gewonnen hat,

Verlagerung der Initiative
Der Mann muß nicht immer der ,,aktive" Partner beim Koitus sein. Männer mit sexuellen Funktionsstörungen können oft ihre sexuelle Reaktion wiederfinden, wenn sie zu einer ,,passiven" Position beim Koitus überwechseln, sich entspannt auf den Rücken legen und der Frau die Initiative überlassen.

kann das Paar besonnen und ohne sich besondere Ziele zu setzen zum Koitus übergehen. Wieder soll die Frau die Initiative übernehmen. Während der Mann passiv auf dem Rücken liegt, sitzt sie auf ihm und masturbiert ihn bis zur Erektion. Dann führt sie den erigierten Penis in die Vagina ein. Danach soll sie sich für einen Augenblick ruhig verhalten, damit der Mann sich an das Gefühl gewöhnen kann. Nach einigen Minuten beginnt sie, sich langsam zu bewegen, damit der Penis stimuliert wird und erigiert bleibt. Sollte die Erektion nachlassen, wird er erneut manuell stimuliert. Normalerweise wird der Mann jedoch seine Erektion behalten können, solange die Frau schnelle und heftige Bewegungen vermeidet.

Allmählich geht ein Teil der Initiative auf den Mann über: die Frau verharrt in ihrer Position über dem Partner, sie führt den Penis in die Vagina ein, hört jedoch nach einer Weile mit ihren eigenen Bewegungen auf und überläßt es dem Mann, sich in ihr hin und her zu bewegen. Beiden Partnern ist es jedoch nach wie vor nicht erlaubt, zum Orgasmus zu kommen. Sollte einer der Partner dennoch einen Orgasmus haben, so sollte das als angenehme Überraschung gewertet werden. Wenn ein Paar einmal gelernt hat, sich so zu entspannen, ist es meist eine außerordentlich befriedigende Erfahrung festzustellen, daß der Penis erigiert in der Vagina bleiben kann, solange sie es wünschen. Ist ihr Vertrauen erst einmal so weit gestärkt, sind sie in der Lage, den Koitus wirklich zu genießen und freizügig mit verschiedenen Positionen beim Koitus umzugehen.

Unbefriedigende Kontrolle über den Zeitpunkt des Orgasmus

Masturbation und Geschlechtsverkehr gehören zu den lustvollsten Erlebnissen im Leben eines Menschen; daher ist verständlich, daß das Bedürfnis besteht, diese so lange als möglich auszudehnen.

Was die zeitliche Dauer betrifft, ist die Frau gegenüber dem Mann im Vorteil. Da sie nicht selten zu mehreren Orgasmen in rascher Folge fähig ist, ist es ihr möglich, solange Geschlechtsverkehr zu haben, wie ihr Partner mithalten kann. Der Mann hingegen kann in der Regel nur einen Orgasmus haben, danach benötigt sein Körper eine Zeitlang Ruhe. Das bedeutet, im Gegensatz zur Frau kann ein Mann den Geschlechtsverkehr nur dadurch verlängern, daß er seinen Orgasmus verzögert.

In jungen Jahren sind Männer nicht so sehr an dieser Verzögerung interessiert, weil sie mehrere Orgasmen nacheinander haben können. Für heranwachsene Jungen ist es gar nicht ungewöhnlich, daß sie um die Wette masturbieren, um herauszufinden, wer von ihnen am schnellsten zum Orgasmus kommt. Der ,,Gewinner" solcher Wetten wird häufig bewundert, wegen seiner Männlichkeit sogar beneidet. Erst später, wenn der Junge Koitus mit einem Mädchen praktiziert, erweist sich die Schnelligkeit seiner sexuellen Reaktion plötzlich als Nachteil. Er kann sehr viel früher zum Orgasmus kommen als sie, und sie bleibt dann unbefriedigt. Geschieht dies, kann der Junge ernsthafte Zweifel an seinen sexuellen Fähigkeiten bekommen. Das kann dazu führen, daß er in Gegenwart eines Mädchens keine Erektion mehr bekommt.

Dieses Problem kann zum Glück fast immer behoben werden, wenn beide Partner zusammenarbeiten. Es kann ihnen sogar bereits entscheidend helfen, wenn sie das Problem nüchtern betrachten lernen.

Die Tatsache, daß ein Mann vor der Frau zum Orgasmus kommt, ist noch kein Grund, den Geschlechtsverkehr nicht fortzusetzen. Er muß nur vom Koitus zu einer anderen Form des Geschlechtsverkehrs übergehen. Ist sein Penis nicht mehr erigiert, so kann er die Frau durch manuelle oder orale Stimulation zum Orgasmus bringen. Wenn beide Partner verstehen, daß der ,,vorzeitige" Orgasmus des Mannes denjenigen der Frau nicht ausschließt, können viele Ängste und Frustrationen vermieden werden.

Daneben ist klar, daß die Fähigkeit, den Zeitpunkt des Orgasmus zu bestimmen, eine Frage von Übung und Erfahrung ist. Männer, die in ihrer Jugend gerne masturbiert haben, haben oft gelernt, den Orgasmus zu verzögern, indem sie ihre Bewegungen verlangsamen oder unterbrechen. Mädchen können durch Masturbation lernen, rascher den Orgasmus zu erreichen. Ein Mensch muß mit seiner eigenen sexuellen Reaktion vertraut sein, bevor er eine gewisse Kontrolle über sie bekommt.

Schließlich ist noch darauf hinzuweisen, daß es so etwas wie einen Orgasmus ,,zur falschen Zeit" nicht gibt, wenn jemand alleine ist. Das Problem entsteht erst in einer Beziehung zu einer anderen Person. Es kann daher immer aus zwei verschiedenen Blickwinkeln betrachtet werden: Erstens ,,der Orgasmus des Mannes kommt zu früh" oder zweitens ,,der Orgasmus der Frau kommt zu spät". Eine Frau empfindet vielleicht den Zeitpunkt, zu dem ein Mann den Orgasmus erreicht, als zu früh, weil er sich wenige Minuten vor dem eigenen Orgasmus ereignet. Der gleiche Mann kann jedoch sehr wohl eine andere, rascher reagierende Frau vollkommen befriedigen.

Diese Beobachtungen führen zu einer gemeinsamen Schlußfolgerung: Der ,,richtige" Zeitpunkt des Orgasmus ist im Grunde eine Frage der gegenseitigen Anpassung. In vielen Fällen kann es sehr wohl die Frau sein, die am ehesten zu diesem Ziel beitragen kann. In jedem Fall sollte sie wissen, daß mit ihrer Hilfe praktisch jeder Mann lernen kann, den Orgasmus so lange hinauszuzögern, wie es gewünscht wird.

Sexualtherapeuten haben in den letzten Jahren eine Reihe einfacher Übun-

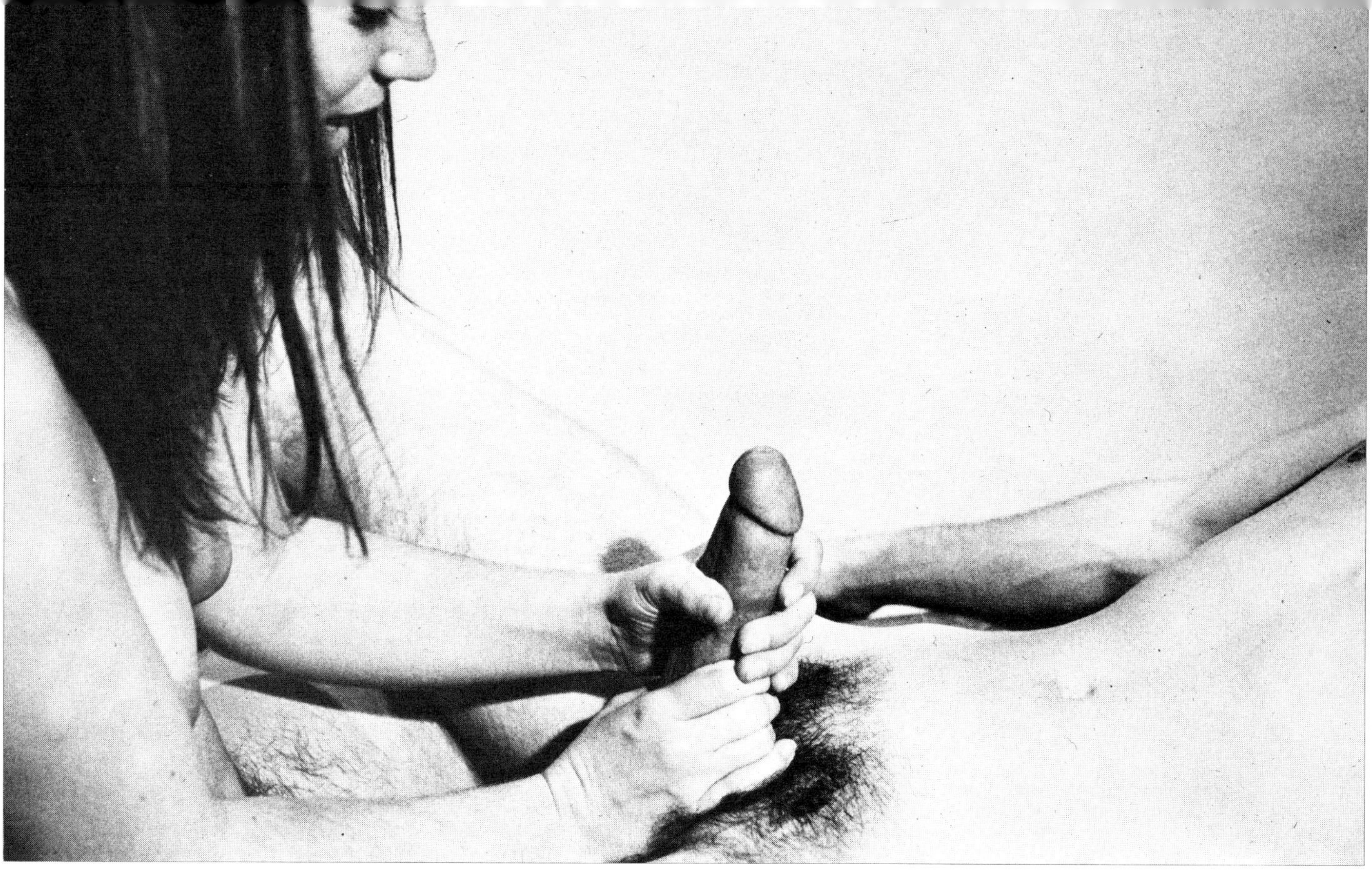

Erlernte Kontrolle über den Zeitpunkt des Orgasmus
Männer, die den Zeitpunkt ihres Orgasmus besser kontrollieren wollen, können mit ihrer Partnerin einige einfache Übungen durchführen. Hier wird die ,,Squeeze"-Technik gezeigt.
(Oben) Die Frau masturbiert den Mann bis kurz vor Erreichen des Orgasmus. (Unten) Bevor der Mann den Orgasmus erreicht, übt die Frau auf die Glans des Penis Druck aus. Man beachte die genaue Position ihrer Finger; diese ,,Squeeze"-Technik wird im Text genauer beschrieben.

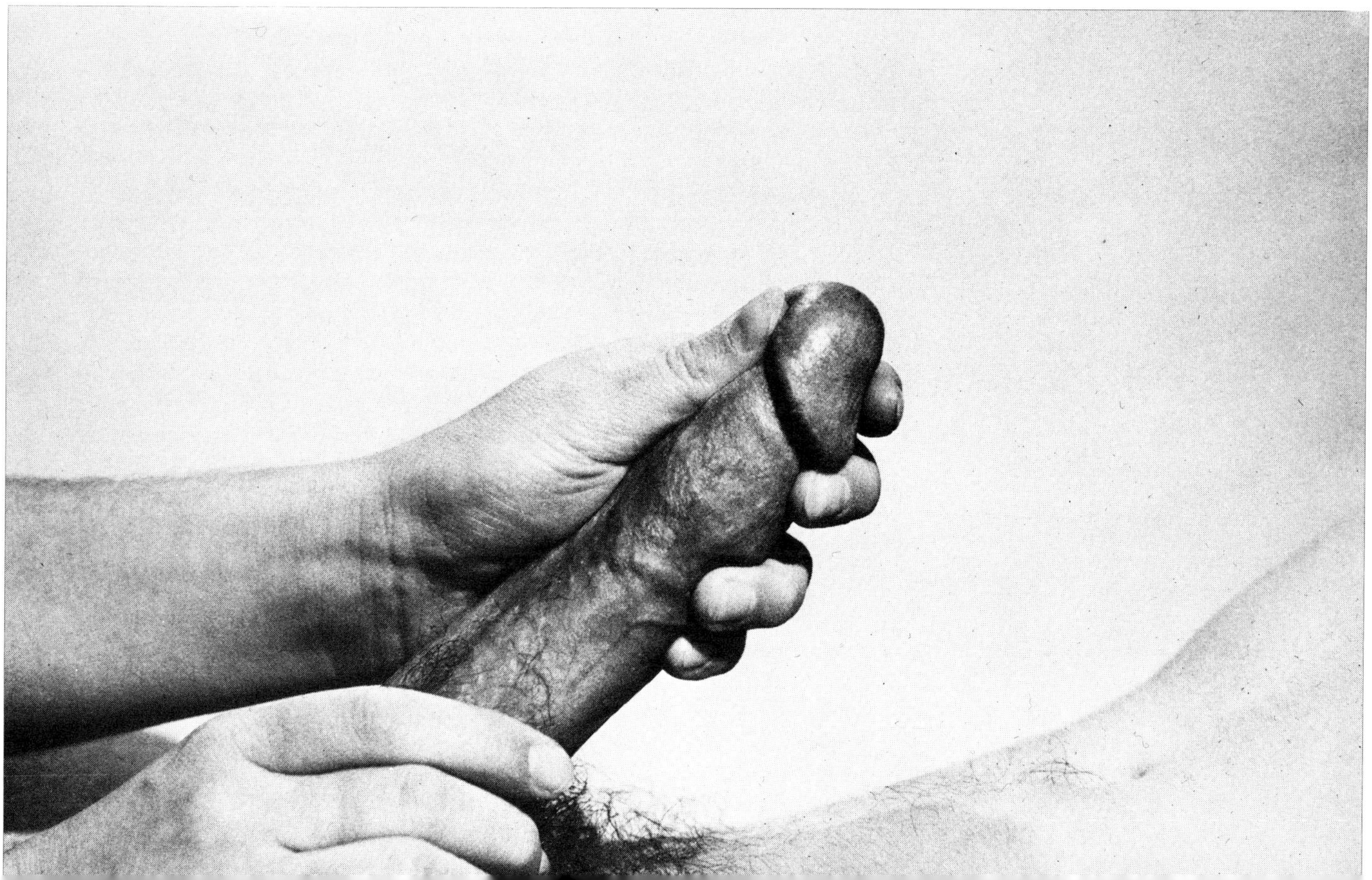

gen entwickelt, die zu einer Verlängerung des Geschlechtsverkehrs beitragen können. Nur in besonders schwierigen Fällen ist die Anleitung eines Therapeuten erforderlich, um sie zu lernen und anzuwenden. Viele Paare werden alleine damit zurechtkommen. Die häufigste Technik, die in diesem Zusammenhang gelernt werden muß, ist die sogenannte ,,Squeeze-Technik" (,,Quetsch-Technik"), die folgendermaßen durchgeführt wird: Der Mann liegt mit gespreizten Beinen auf dem Rücken. Die Frau sitzt zwischen seinen Beinen, ihre Füße liegen auf beiden Seiten seiner Brust. So kann sie seine Geschlechtsorgane mit den Händen gut erreichen. Sie streichelt seinen Penis, bis er erigiert ist. Während der Mann absolut entspannt und passiv bleibt, fährt die Frau fort, ihn so lange zu stimulieren, bis er kurz vor dem Orgasmus ist. Wenn der Mann sich dem Orgasmus nähert, gibt er der Frau das Zeichen zum ,,Quetschen". Dann drückt sie den Penis für vier bis sechs Sekunden zusammen, indem sie den Daumen auf die Unterseite der Eichel und ihren zweiten und dritten Finger ober- und unterhalb der Kranzfurche auf die Oberseite der Eichel legt. Sollte der Druck unangenehm werden, kann die Frau auch acht bis 15 Sekunden etwas vorsichtiger drücken. Die Wirkung ist in beiden Fällen die gleiche – es kommt nicht zur Ejakulation, die Erektion geht zurück. Ist der Penis weich geworden, beginnt die Frau von neuem. Erregung und ,,Quetschen" können mehrmals wiederholt werden, wobei die Frau den Mann jeweils fast bis zum Orgasmus kommen läßt, diesen aber im letzten Moment durch Druck ihrer Finger auf die Eichel verhindert.

Hat man die ,,Squeeze-Technik" drei- bis viermal angewandt, können die Partner den nächsten Schritt tun, die sogenannte ,,Stopfübung". Dabei wendet die Frau zunächst die Quetsch-Technik an. Geht die Erektion nach dem ersten Druck zurück, lehnt sie sich vorwärts und führt den schlaffen Penis in die Vagina ein. Um dies zu tun, setzt sie sich auf den Mann, der vollkommen passiv auf dem Rücken liegt. Nach ein paar Minuten beginnt sie, sich langsam zu bewegen, bis der Penis erigiert ist. Kurz vor dem Orgasmus gibt er ihr ein Zeichen, sie nimmt den Penis aus der Scheide und wendet die Quetschtechnik an. Wenn die Erektion zurückgegangen ist, führt sie den Penis wieder in die Vagina ein und beginnt die Übung von vorn. Beide Übungen sollten mehrmals wiederholt werden. Wenn die Partner die Technik beherrschen, sollten sie sie so lange regelmäßig anwenden, bis sie davon überzeugt sind, daß sie den Zeitpunkt des Orgasmus des Mannes bestimmen können. In den ersten Wochen ist es ratsam, die Koitusstellung beizubehalten, bei der die Frau auf dem Mann sitzt. Falls die früher bestehenden Probleme erneut auftreten, beginnt man wieder mit Druckübungen. Die ,,Squeeze-Technik" hat im übrigen nicht immer die gewünschte Wirkung, wenn sie der Mann selbst anwendet.

Manche Sexualtherapeuten vertreten die Auffassung, weder Mann noch Frau sollten bei den Übungssitzungen volle Befriedigung anstreben. Andere vertreten die Meinung, daß ein Orgasmus des Mannes gegen Ende der Sitzung erlaubt sein sollte, solange darauf keine besonderen Bemühungen verwandt werden. Denn für den Erfolg der Übungen ist es sehr wichtig, daß sie in absolut entspannter Atmosphäre und ohne äußeren Druck stattfinden. Ein weiteres Trainingsprogramm für Männer wurde an der medizinischen Fakultät der Universität von Kalifornien in San Francisco entwickelt. Dabei muß die ,,Squeeze-Technik" nicht unbedingt angewandt werden. Statt dessen lernt der Mann, seinen Orgasmus um 15 Minuten hinauszuzögern, indem er sich masturbiert (zuerst ohne, dann mit Gleitmittel). Nach diesem ersten Schritt läßt er sich von seiner Partnerin masturbieren (wiederum zuerst ohne, dann mit Gleitmittel), bis er den Orgasmus um 15 Minuten hinauszögern kann. Danach kann das Paar mit den zuvor beschriebenen Formen des Koitus fortfahren. Die ,,Squeeze-Technik" kann, sie muß aber nicht angewandt werden. Der Mann geht Schritt für Schritt vor, bis er den Orgasmus um 15 Minuten verzögern kann. Das Programm erscheint, so einfach es ist, recht erfolgversprechend.

Ausbleiben des Orgasmus
Fast alle Männer, die die Fähigkeit zur Erektion besitzen, sind auch zum Orgasmus fähig. Das heißt: im Gegensatz zu Frauen, die oft Schwierigkeiten haben, über die Plateauphase hinauszukommen, können sich Männer normalerweise darauf verlassen, den ganzen Zyklus der sexuellen Reaktion zu erleben. Es gibt indes einige seltene Fälle, in denen Männer nur durch Masturbation oder eine besondere Form des Geschlechtsverkehrs zum Orgasmus kommen. So sind beispielsweise manche Männer unfähig, einen Orgasmus in der Vagina oder im Mund der Frau zu haben. Ihr Partner kann zwar ohne weiteres eine Erektion haben, er erreicht jedoch den Orgasmus nur, wenn er sich ihrem Körper oder ihrer Anwesenheit entzieht. Dies ist eine Reaktion, deren Ursachen in einer psychischen ,,Sperre" begründet sein können, die den Mann daran hindert, ,,sich gehen zu lassen", wenn er es sollte. Der Mann kann unter Umständen eine übertriebene oder unbewußte Angst vor einer Schwangerschaft der Frau haben; die Frau kann ihm unsympatisch sein, oder es kann ihm Freude bereiten, sie zu frustrieren. Manchmal leidet der Mann unter einer früheren traumatischen Erfahrung. Ein Junge, der wegen Masturbation oder ,,feuchter Träume" von seinen Eltern bestraft worden ist, kann später unfähig zum Orgasmus beim Koitus sein. In anderen Fällen tritt diese Unfähigkeit erst durch eine spätere unerfreuliche sexuelle Beziehung auf, durch die der Mann die Vagina der Frau oder ihren Mund als unsauber oder abstoßend empfindet.

Wie andere sexuelle Funktionsstörungen kann man auch diesem Problem mit Offenheit der Partner untereinander und durch umfassende Kommunikation über ihre Bedürfnisse, Wünsche und Ängste, aber auch mit entsprechenden Übungen, begegnen. Eine Frau, die den Mann nach und nach manuell bis zum Orgasmus stimulieren kann, kann auf diese Weise ein angstbelastetes Verhaltensmuster durchbrechen. Sobald der Mann beginnt, sexuelle Entspannung mit ihrer Gegenwart in Verbindung zu bringen, wird ihm auch der Gedanke keine Angst mehr bereiten, in ihrer Nähe oder in ihrem Körper zu ejakulieren. Auch hier trägt eine positive Einstellung gegenüber nicht-koitalen Formen des Geschlechtsverkehrs erheblich zur Lösung der Situation bei. In einigen Fällen kann eine Sexualtherapie ratsam sein.

Man muß jedoch betonen, daß nicht alle Partner, die diese Probleme haben, eine Notwendigkeit zur Behandlung sehen. Ein Mann, der nicht in der Lage ist, in die Vagina oder in den Mund seiner Partnerin zu ejakulieren, kann sie dennoch zum Orgasmus bringen. Dann kann er selbst zum Orgasmus kommen, indem er masturbiert oder irgendeine andere ihm angenehme Form der Befriedigung wählt. Beide Partner können so eine zufriedenstellende sexuelle Beziehung haben und diese um so mehr genießen, als sie sich keine Sorgen um eine ungewollte Schwangerschaft machen müssen. Sollten sie sich dennoch ein Kind wünschen, können sie von künstlicher Befruchtung Gebrauch machen.

Es sollte vielleicht noch erwähnt werden, daß es in der Vergangenheit bestimmte religiöse Gruppen gab, die verlangten, Koitus ohne Ejakulation zu haben. Diese Art des Koitus (,,Carezza" oder ,Coitus reservatus") sollte sich über Stunden ausdehnen, und man nahm an, sie fördere die spirituelle Entwicklung.

8.2.2 Sexuelle Funktionsstörungen bei der Frau

Es gab Zeiten, zu denen alle möglichen sexuellen Funktionsstörungen der Frau mit einem einzigen Wort erfaßt wurden: Frigidität (von lat. frigidus: kalt). Heute wissen wir, daß diese ungenaue und herabsetzende Bezeichnung nicht akzeptabel ist. Die sexuelle Reaktion – und daher auch die sexuellen Störungen – von Männern und Frauen sind einander sehr ähnlich. Daher brauchen wir neue Begriffe, die sowohl auf Männer als auch auf Frauen anwendbar sind. Die Sexualfunktionen beider können in dreierlei Weise behindert sein:

1. Der Koitus kann nicht beginnen, weil die Geschlechtsorgane nicht die notwendige Initialreaktion zeigen (fehlende körperliche Erregung bei beiden Geschlechtern und Vaginismus bei der Frau).
2. Der Koitus ist unbefriedigend, weil der Orgasmus nach Auffassung eines oder beider Partner zu früh oder zu spät kommt (unbefriedigende Kontrolle über den Zeitpunkt des Orgasmus).
3. Keiner der Partner kommt zum Orgasmus (fehlender Orgasmus).

Auf den folgenden Seiten werden diese drei grundlegenden Funktionsstörungen in bezug auf die Frau besprochen.

Fehlen körperlicher Erregung und Vaginismus

Die unzureichende Erektion des Penis entspricht physiologisch mangelnder Produktion von vaginaler Gleitflüssigkeit bei der Frau. Diese Funktionsstörung ist jedoch bei der Frau einfacher zu beheben als beim Mann, da künstliche Gleitmittel verwendet werden können. Eine Frau kann so auch ohne Feuchtigkeitsfilm in der Vagina Koitus beginnen, wenn sie es möchte. Es gibt jedoch bei Frauen, wie bei Männern, Probleme, die dies nicht mehr zulassen:

Manche Frauen sind aufgrund eines nicht willentlich zu beeinflussenden Muskelkrampfs, der den Scheideneingang verschließt, nicht zum Koitus fähig. Das Einführen des Penis wird dann äußerst schwierig oder unmöglich. Man bezeichnet diesen Zustand als Vaginismus. In seltenen Fällen entwickelt sich Vaginismus als eine Art Schutzreaktion infolge früher erlebter Schmerzen beim Geschlechtsverkehr, die zum Beispiel durch Verletzungen oder Krankheiten verursacht wurden. In diesen Fällen müssen natürlich die zugrundeliegenden körperlichen Störungen zunächst behandelt werden.

Die Ursachen des Vaginismus sind jedoch sehr oft psychischer Natur. Beispielsweise kann eine Frau, deren Partner Probleme hat, eine Erektion zu bekommen oder beizubehalten, so frustriert und verängstigt von seinen zwecklosen Versuchen sein, daß sich ihre Vagina unwillkürlich verschließt. Andererseits kann auch ein Mann mit normaler sexueller Reaktion schließlich Funktionsstörungen aufweisen, wenn sich die Vagina der Frau jedesmal, wenn er eindringen möchte, verkrampft. So können die Partner in einen Teufelskreis gemeinsamer Enttäuschungen geraten. Dabei ist nicht ausschlaggebend, wie das Problém begonnen hat, beide Partner müssen behandelt werden. Eine weitere mögliche Ursache für Vaginismus kann eine strenge Erziehung sein, in der Sexualität mit etwas Schmutzigem oder Bösem identifiziert wurde. Eine solche negative Einstellung kann durchaus zu sexuellen Funktionsstörungen führen. In anderen Fällen ist der Vaginismus auf ein traumatisches Erlebnis, zum Beispiel eine Vergewaltigung oder einen Koitus mit einem rücksichtslosen Partner zurückzuführen.

Was immer der Grund sein mag, Vaginismus kann erfolgreich behandelt werden, wenn beide Partner zur Mitarbeit bereit sind. Der erste und wichtigste Schritt ist die Vermittlung von einfacher Information. Der Sexualtherapeut erläutert den Zustand und erklärt ihn auf dem Untersuchungsstuhl am Körper der Frau. Sobald er versucht, einen Finger in die Vagina einzuführen, verschließt sich die Scheidenöffnung unwillkürlich. Der Partner der Frau muß dann mit einem Untersuchungshandschuh selbst die Verkrampfung ertasten. Wenn beide Partner sich so davon überzeugt haben, daß sie es mit einem rein körperlichen Hindernis zu tun haben, können sie die entsprechenden praktischen Schritte unternehmen. Sie bekommen von ihrem Therapeuten verschiedene Instrumente (Dilatatoren) zur Erweiterung der Vagina, die sie zu Hause anwenden können. Dabei führt der Mann unter Anleitung der Frau zunächst den kleinsten Erweiterungsstift ein. Wenn sie sich etwas mehr entspannt hat, kann er größere Stifte in die Vagina einführen. Nach einigen Tagen wird die Frau einen Stift angemessener Größe während mehrerer Stunden in der Nacht in der Vagina belassen können. Schließlich kann der Mann versuchen, seinen Finger und dann den Penis anstelle des mechanischen Instruments einzuführen. Wenn die Erweiterungsstifte jede Nacht benutzt werden, verschwinden Vaginalkrämpfe gewöhnlich in weniger als einer Woche. Nur in seltenen Fällen werden die Instrumente noch vor dem Koitus für die Dauer eines Monats benötigt.

Der erfolgreichen körperlichen Therapie folgt meist eine psychologische Beratung. Zu diesem Zeitpunkt muß der Therapeut das Vertrauen seiner Klienten gewinnen und mit ihnen verbliebene Spannungen und falsche Auffassungen bearbeiten.

An dieser Stelle sollte vielleicht angemerkt werden, daß Vaginismus nach einer verbreiteten falschen Ansicht nicht nur vor, sondern auch nach dem Einführen des Penis vorkommen kann. Dabei würde dann der Penis im Körper der Frau festgehalten werden. Beim Menschen ist dies jedoch unmöglich. Das Phänomen, das man lateinisch als ,,Penis Captivus" (,,gefangener Penis") bezeichnet, ist nur bei bestimmten Tierarten bekannt.

Unbefriedigende Kontrolle über den Zeitpunkt des Orgasmus

Es gibt Frauen, die wesentlich langsamer zum Orgasmus kommen als die meisten Männer. Solange sie sich alleine sexuell betätigen, ist dies unproblematisch. Erst wenn sie beginnen, Geschlechtsverkehr zu haben, bemerken sie dies als Nachteil. Ihre männlichen Partner können wesentlich früher zum Orgasmus kommen, so daß sie selbst unbefriedigt bleiben.

In der Vergangenheit sah man dieses Problem als Versagen des Mannes an. Heute ist man jedoch der Ansicht, daß es eher eine Frage der Übereinstimmung beider Partner sei. Schließlich kann bei richtiger Stimulierung die durchschnittliche Frau ebenso rasch reagieren wie der durchschnittliche Mann. Viele Frauen können auch durch Masturbation erlernen, sexuell rascher zu reagieren. Dennoch haben viele Frauen das Gefühl, daß solche Anstrengungen wenig erstrebenswert sind und daß ein ausgedehntes Liebesspiel einem Wettlauf nach Orgasmus vorzuziehen ist. Manche Frauen würden auch gerne mehr als einen Orgasmus beim Koitus haben, so daß auch aus diesem Grund eine bessere Übereinstimmung mit dem Partner gewünscht wird.

Eine solche Übereinstimmung kann in den meisten Fällen gefunden werden, wenn beide Partner hinreichend darum bemüht sind. Moderne Sexualtherapeuten haben einfache Übungen entwickelt, die es Männern und Frauen ermöglichen, ihren Geschlechtsverkehr zeitlich auszudehnen. Mit diesen Übungen kann eine Frau sogar jeden Mann dazu bringen, den Orgasmus so lange hinauszuzögern, wie beide es wünschen. Die entstehende größere sexuelle Fähigkeit des Mannes kann auch zu einer höheren Erregbarkeit der Frau führen. Das bedeutet, daß eine unbefriedigende Kontrolle über den Zeitpunkt des Orgasmus für keinen von beiden zum Problem werden muß. (Die entsprechenden Übungen wurden im Abschnitt 8. 2. 1 ,,Sexuelle Funktionsstörungen beim Mann" ausführlich beschrieben.)

Abschließend soll noch erwähnt werden, daß nach einer verbreiteten Meinung die sexuelle Perfektion es verlangt, daß beide Partner zur gleichen Zeit zum Orgasmus kommen. Solche Ideale zu verfolgen, hat jedoch mehr Nach- als Vorteile. Die Partner sind gezwungen, ihre eigenen Reaktionen jederzeit zu beobachten und zu kontrollieren. Jede Spontaneität kann dadurch unterdrückt werden. Ein gemeinsamer Orgasmus sollte lieber als angenehmer Zufall betrachtet werden. Es gibt keine Veranlassung, ihm einen besonderen Vorzug einzuräumen.

Ausbleiben des Orgasmus

Während fast alle Männer leicht einen Orgasmus haben können, haben Frauen hiermit oft Schwierigkeiten. Die Gründe dafür sind unterschiedlich, der wichtigste Grund scheint jedoch eine negative Einstellung gegenüber sexueller Lust zu sein, die den Frauen in unserer Gesellschaft frühzeitig anerzogen wird.

Man kann in unserem Kulturkreis häufig beobachten, daß Mädchen nicht gerade Mut gemacht wird, ihre sexuellen Bedürfnisse zu entwickeln, sich als sexuelle Wesen zu akzeptieren oder sich ihres Rechts auf Sexualität bewußt zu werden. Sie werden im Gegenteil von Kindesbeinen an dazu erzogen, ,,nett", ,,gut", ,,sittsam", ,,ordentlich" und ,,anständig" zu sein. Man verlangt von ihnen, ihre sexuellen Wünsche zu kontrollieren, zu verstecken oder zu verleugnen, und man hält sie davon ab, ihren Körper zu entdecken. Man erlaubt ihnen allenfalls, in romantischen Phantasien zu schwelgen, aber sie werden daran gehindert, praktische sexuelle Erfahrungen zu machen. Man redet ihnen ein, daß Mädchen, die solche Erfahrungen suchen, Verachtung verdienten. Gleichzeitig warnt man sie vor den angeborenen ,,tierischen Instinkten" der Männer, die immer nur ,,das eine" wollen, und die Frauen als sexuelle Objekte benutzen und mißbrauchen. Es wird dabei niemals zugegeben, daß Frauen möglicherweise die gleichen Instinkte haben oder sehr wohl in der Lage sind, sich zur Wehr zu setzen.

Ergebnis solcher negativen Lernprozesse ist oftmals eine unrealistische und sehr restriktive Einstellung gegenüber der Sexualität. Viele Frauen glauben, eine besondere Erlaubnis für sexuelle Handlungen zu benötigen, und sie meinen, daß sie sich diese Erlaubnis nur unter ganz ungewöhnlichen, nahezu idealen Zuständen zugestehen können. Diese idealen Zustände sind jedoch leider im wirklichen Leben nicht oft zu finden, so daß eine Frau unter Umständen niemals entspannt genug ist, um ihre tatsächlichen sexuellen Fähigkeiten wirklich zu genießen.

Natürlich können Frauen auch individuelle Gründe haben, die ihnen die Fähigkeit zum Orgasmus nehmen. Eine Frau kann zum Beispiel dazu erzogen worden sein, Sexualität unter allzu strengen religiösen Verboten zu sehen. Manchmal haben Frauen einen Partner, den sie nicht wirklich lieben. Dann werden sie sich bei ihm niemals ,,gehen lassen" wollen. In anderen Fällen ist der Partner vielleicht sexuell funktionsgestört, was bei der Frau zu Hemmungen und Frustrationen führen kann. Es gibt auch Frauen mit uneingestandenen homosexuellen Neigungen, die heterosexuellen Geschlechtsverkehr einfach nicht mögen, die jedoch mit einem weiblichen Partner völlig ungestört reagieren könnten. Schließlich sollte man auch die Möglichkeit ins Auge fassen, daß manche Menschen an sexuellen Dingen einfach nicht besonders interessiert sind.

Es gibt Frauen, die ihr Leben lang noch keinen Orgasmus hatten, und es gibt viele, denen er sehr häufig versagt bleibt. Den meisten kann heute durch eine entsprechende Therapie geholfen werden. So gibt es zum Beispiel nun viele erfolgreiche Selbsthilfegruppen von Frauen, die gemeinsam lernen, orgasmisch zu werden. Die bis heute bekannteste Sexualtherapie wurde von Masters und Johnson beschrieben. In einem intensiven Kurzprogramm werden Frauen mit Orgasmusstörungen und ihre Partner durch intensive Beratung in Verbindung mit Übungen behandelt, die vom Therapeuten indirekt beobachtet werden. Bei den Beratungen bemüht man sich darum, das Verhältnis der Partner zueinander und zur Sexualität aufzuarbeiten und wiederherzustellen. Die Übungen zielen besonders darauf ab, die natürliche sexuelle Reaktion wieder freizulegen.

Natürlich gibt es keinen Ersatz für individuelle Behandlung. In dem vorliegenden Buch soll deshalb nicht der Versuch gemacht werden, eine ,,do-it-yourself"-Therapie anzubieten. Um jedoch einige allgemeine Informationen und ein Grundverständnis für die Therapie zu vermitteln, sollen hier einige Körperübungen beschrieben werden, die Therapeuten heute Frauen mit Orgasmusstörungen empfehlen.

Die erste Übung besteht darin, den Körper einfach entspannt und nicht fordernd zu liebkosen und zu streicheln. Dadurch können die Partner ihre erogenen Zonen entdecken und sinnliche Freude empfinden, ohne unter Handlungszwang zu stehen. Nach und nach können die Partner dabei einander vorsichtig die Hände führen und so den Genuß steigern.

Nach einigen Tagen können die Partner sich auf die Stimulierung der weiblichen Geschlechtsorgane konzentrieren. Dabei ist es am einfachsten, wenn sich der Mann hinter die Frau setzt und ihre Beine spreizt, indem er sie über seine Schenkel legt. In dieser Stellung kann der Mann die Frau beruhigend im Arm halten, während er ihre Brüste und die Vulva stimuliert. Die Frau wiederum kann die Hände ihres Partners dorthin führen, wo es ihr die meiste Lust bereitet. Dabei kann sie ihm auch vermitteln, daß es besser ist, den gesamten Bereich der Klitoris und der kleinen Schamlippen zu streicheln, statt der empfindlichen Glans der Klitoris. Mit zunehmender sexueller Erregung wird die Vagina feucht werden, die Flüssigkeit kann dann im Klitorisbereich verteilt werden, um mögliche Reizungen zu verhindern. Beiden Partnern wird vorgeschrieben, keinen Orgasmus anzustreben. Man macht ihnen statt dessen Mut, ihre sexuellen Gefühle zu genießen und sich den Freuden des Augenblicks hinzugeben. Die manuelle Stimulierung der Klitoriszone durch den Mann, durch die Frau selbst, oder mit Hilfe eines Vibrators kann auch während eines Koitus selbst oder kurz danach fortgeführt werden. Dies kann manchmal entscheidend für die Auslösung eines Orgasmus sein.

Haben die Partner erst einmal gelernt, diese einfache Übung zu genießen, sollten sie als nächstes einen Koitus versuchen, bei dem die Frau oben liegt. Während der Mann passiv auf dem Rücken liegt, setzt sich die Frau mit gespreizten Beinen auf seinen erigierten Penis. Die Frau sollte sich zunächst nicht bewegen, um sich an das Gefühl zu gewöhnen. Nach einigen Minuten kann sie dann beginnen, sich langsam zu bewegen, ohne sich ein anderes Ziel zu setzen als den eigenen Genuß. Nach einiger Zeit kann auch der Mann mit langsamen Beckenbewegungen reagieren. Noch sind beide Partner dazu angehalten, keinen Orgasmus anzustreben. Sollte es dennoch zum Orgasmus kommen, dann wertet man ihn einfach als willkommene Überraschung.

Oft ist es für das Paar ratsam, diese Art des Koitus zu unterbrechen und sich in den Armen des anderen zu entspannen, wenn es zu anstrengend wird. Liebkosungen führen dann leicht zu neuer Erregung. Wenn schließlich Mann und Frau gelernt haben, ihre sexuelle Ungeduld zu zügeln, wenn beide ihre sexuelle Reaktion als angenehm empfinden, kann man zum Koitus in Seitenlage übergehen. Der Mann bleibt für den Wechsel zunächst auf dem Rücken liegen und hebt ein Knie an. Die Frau streckt sich auf ihm aus und legt ein Bein zwischen seine Beine. Dann rollen sich beide langsam auf die Seite.

Wenn alle Übungen nach Anweisung des Therapeuten gemacht werden, befreien sie die Frau nach und nach von ihren Hemmungen, so daß sie zum Orgasmus kommen kann. Es kann allerdings sein, daß noch zusätzliche Therapieformen notwendig werden. Oft wird die sexuelle Reaktion der Frau beim Koitus dadurch beeinträchtigt, daß ihr Scheideneingang relativ weit ist.

Das heißt, die Muskeln, die den Beckenboden bilden, sind so wenig trainiert, daß zwischen dem Penis und den Wänden der Scheide zu wenig Reibung entstehen kann. Das kann so weit gehen, daß keiner der Partner genau weiß, ob der Penis eingeführt ist.

In diesem Fall müssen die wichtigsten Muskeln des Beckenbodens reaktiviert und trainiert werden. Der Pubococcygeus-Muskel kann als Hauptschließmuskel des Beckenbodens bezeichnet werden, er verläuft vom Schambein bis zum unteren Ende der Wirbelsäule, dem Steißbeinfortsatz. Der Gynäkologe Kegel hat Übungen für diesen Muskel entwickelt, die jede Frau durchführen kann. Sie muß zunächst lernen, diesen Muskel für sich zu identifizieren. Dazu sollte sie sich auf die Toilette setzen und die Beine so weit als möglich spreizen. Versucht sie dann beim Wasserlassen, den Urinstrahl zu unterbrechen, spürt sie, wie sich dabei dieser Muskel zusammenzieht. Wenn sie diesen Muskel identifiziert hat, kann sie ihn regelmäßig trainieren. Der Muskel sollte oft hintereinander für ein paar Sekunden angespannt und entspannt werden (drei- bis fünfmal täglich bis zu zehnmal hintereinander). Dadurch wird der Koitus wesentlich angenehmer, denn der Kontakt zwischen Penis und Scheide wird enger. Obwohl natürlich die Scheidenwände kaum Nervenendigungen haben und daher weitgehend gefühllos sind, vermitteln die Muskeln, die um die Vagina herum angeordnet sind, durchaus ein Gefühl von Stimulation. Die Fähigkeit, die Scheidenmuskeln zu kontrollieren, ist auf alle Fälle erstrebenswert, da dies zu einer besseren sexuellen Beziehung beitragen kann.

Eine weitere Möglichkeit, die sexuellen Fähigkeiten zu steigern, bieten sich einer Frau durch die Anwendung eines elektrischen Vibrators. Es gibt davon drei Grundtypen. Am häufigsten wird ein weniger wirksames, batteriebetriebenes Modell benutzt. Besser ist ein elektrisches Modell mit eingebautem Motor, der eine Vibration der Gummispitze bewirkt. Darüber hinaus gibt es teurere Modelle, deren Motor mit einem elastischen Band auf dem Handrükken angebracht wird. Die Vibrationen werden über die Hand direkt übertragen.

Die Frau oder ihr Geschlechtspartner berühren mit dem Vibrator die Bereiche nahe dem Scheideneingang und der Klitoris. Dies führt meist zu rascher Erregung und einem Orgasmus. Frauen, die einen Vibrator benutzen, sollten sich aber darüber im klaren sein, daß er keine Garantie bietet, jedesmal einen Orgasmus zu haben. Die Wirkung ist jedoch oft bemerkenswert, wenn die Frau richtig entspannt ist.

Einige gebräuchliche Vibratoren

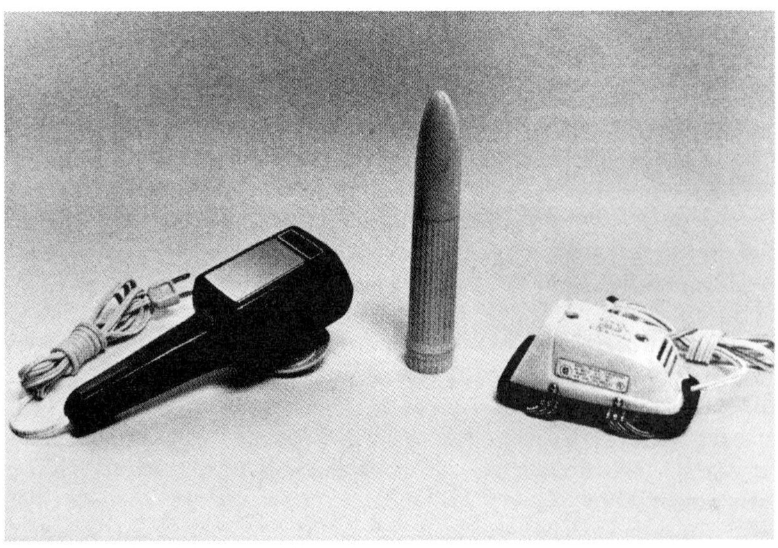

8.2.3 Sexualtherapie in den USA – Einfache Verfahren für die Praxis

Geschlechtsverhalten ist im Grunde Kommunikation. Gestörtes Geschlechtsverhalten kann man daher als gestörte Kommunikation auffassen. Es kommt in der therapeutischen Praxis also darauf an, die Kommunikation zu verbessern; nicht nur zwischen den Patienten untereinander, sondern auch zwischen Arzt und Patient.

Viele Ärzte in Amerika behaupten immer wieder, ihre Patienten stellten ihnen keinerlei sexuelle Fragen. Auch könne man sexuelle Probleme deshalb in der Sprechstunde nicht berühren, ohne künstlich und unverschämt zu wirken. Tatsächlich liegt die Sache wohl aber anders: Diese Ärzte sind nicht für sexuelle Probleme sensibilisiert und nehmen die vielfachen Signale nicht wahr, die ihre Patienten aussenden. Andererseits spüren die Patienten aber ganz deutlich, wenn einem Arzt das Thema Sexualität fremd oder unbehaglich ist, und so werden sie ihr eigentliches Anliegen gar nicht erst artikulieren. Hier kann nur eine gründliche Schulung der Ärzte in allen Aspekten menschlichen Sexualverhaltens wirklichen Fortschritt bringen.

Heute werden in den Vereinigten Staaten in der Sexualtherapie vor allem vier einfache Verfahren angewandt, die im folgenden beschrieben werden: Das sogenannte PLISSIT-Modell, das ,,Kinsey-Interview" als Mittel der sexualtherapeutischen Anamnese, einige körperliche Übungen, wie sie besonders von Hartman und Fithian in Los Angeles angewandt werden, und der SAR (Sexual Attitude Restructuring)-Prozeß für Therapeuten und Patienten.

Das PLISSIT-Modell

Das Modell wurde von Jack Annon entwickelt, einem klinischen Psychologen in Honolulu/Hawaii, um zu belegen, daß eine intensive Therapie nicht bei allen Sexualproblemen erforderlich ist. PLISSIT ist die Abkürzung für vier Stufen der Therapie.

,,P" steht für ,,Permission" (Erlaubnis oder Beruhigung), denn viele Sexualstörungen lassen sich auf Angst, Schuldgefühle und Hemmungen zurückführen. Es folgt daraus, daß eine mit ärztlicher Autorität gegebene Erlaubnis oder Beruhigung viele Schwierigkeiten löst und oft eine weitere Behandlung überflüssig macht.

Die nächste Stufe des therapeutischen Vorgehens heißt ,,LI" oder ,,Limited Information" (begrenzte Information). Oft genügen genaue anatomische und physiologische Auskünfte, um Patienten wieder sexuell funktionsfähig zu machen. Es ist durchaus nicht selten, daß Patienten falsche sexuelle Vorstellungen und Erwartungen hegen, und in diesen Fällen ist eigentlich wenig mehr als Aufklärung erforderlich.

Die folgende Stufe ,,SS" – ,,Specific Suggestions" (spezifische Anregungen oder Vorschläge) – erfordert praktische Hinweise oder Übungen, die auf ein besonderes Problem zugeschnitten sind. Sie können vom Patienten oder dem Patientenpaar selbst durchgeführt werden. (Viele der von Masters und Johnson empfohlenen Übungen gehören hierzu.)

Nur die letzte Stufe ,,IT" – ,,Intensive Therapy" (intensive Therapie) – verlangt ein langwieriges und kompliziertes Eingreifen durch Spezialisten. Annon ist jedoch überzeugt, daß solche Fälle im Vergleich zu den anderen selten sind. Das ganze PLISSIT-Modell stellt daher ein abgestuftes System von therapeutischen Sieben dar, in dem die leichteren Fälle nacheinander oben abgefangen werden, während die schweren in abnehmender Anzahl nach unten sinken.

Vorteile von PLISSIT

Das Modell stellt ein gradiertes System von therapeutischen Filtern oder Sieben dar. Die ersten drei Stufen können als Kurztherapie aufgefaßt werden. Bereits in der ersten Behandlungsstufe werden leichtere Fälle abgefangen. In der letzten Behandlungsstufe, der Intensivtherapie, sammeln sich die schweren Fälle.

1. **P**	**Permission**
2. **LI**	**Limited Information**
3. **SS**	**Specific Suggestions**
4. **IT**	**Intensive Therapy**

Das „Kinsey-Interview"

Das „Kinsey-Interview" wurde von Alfred C. Kinsey entwickelt, um damit Informationen für seine berühmten Studien zu sammeln. Mit seinen Mitarbeitern befragte er Tausende von Menschen beiderlei Geschlechts, jeden Alters, jeder Rasse und sozialen Schicht nach ihrem Geschlechtsverhalten von der frühesten Kindheit bis zum Zeitpunkt des Interviews. Alle diese Interviews mußten natürlich in gewisser Beziehung standardisiert sein, um wissenschaftlich ausgewertet werden zu können. Daher wurde ein Minimum von etwa 350 Fragen festgelegt, die alle gestellt werden mußten, deren Reihenfolge aber dem befragten Individuum angepaßt wurde. Diesem Verfahren lag die Einsicht zugrunde, daß man am besten die peinlichsten Fragen zuletzt stellt und verschiedenen Menschen verschiedene Dinge peinlich sind. Neben anderen wichtigen Eigenschaften mußten die Interviewer also eine große Menschenkenntnis und viel Feingefühl haben, um die Information auch wirklich lückenlos aufzuzeichnen.

Die Antworten wurden auf einem einzigen DIN A 4-Bogen verschlüsselt, so daß der Interviewer am Ende sozusagen das gesamte Geschlechtsleben des Befragten auf einer Seite zusammengefaßt vor Augen hatte. Im Durchschnitt lag die Dauer des Einzelinterviews etwas über einer Stunde. Die Vorteile eines solchen Interviews – auch für die therapeutische Praxis – liegen auf der Hand. Der Hauptvorzug liegt wohl darin, daß der Therapeut gleich zu Anfang einen Gesamtüberblick über das Geschlechtsleben seines Patienten erhält. Es ergibt sich dann nicht selten, daß der Patient eine falsche Selbsteinschätzung hat; sein Problem liegt also woanders, als er vermutet. (Beispiel: Ein Transvestit, der glaubt, transsexuell zu sein.) Außerdem kann der Therapeut sofort wichtige Antworten auf Fragen finden, die er sonst vielleicht nicht gestellt hätte.

Schließlich – und das ist nicht der unwesentlichste Vorteil – zwingt die ganze Struktur des Interviews dem Interviewer eine warmherzige und wachsame, dabei aber vorurteilslose Haltung auf, die für den erfolgreichen Fortgang der Therapie entscheidend sein kann. Der Patient seinerseits erkennt gleich, daß der Therapeut alle denkbaren sexuellen Tatbestände mit Gleichmut registriert und fachmännisch beurteilt. So kann sich schnell eine Vertrauensbasis herstellen, die sich sonst viel langsamer bilden würde.

Körperliche Übungen

„Kein Kontakt ohne Takt", hat man schon oft gesagt. Der Satz ist bemerkenswert wegen seiner Doppeldeutigkeit, denn das Wort „Takt" erinnert sowohl an zarte Rücksichtnahme als auch an Fingerspitzengefühl im körperlichen Sinne. Sinn für das „Taktile", das richtige Anfassen und Körperberührung sind für die Behebung von sexuellen Störungen besonders wichtig. Aber nicht nur die Patienten müssen dieses Fingerspitzengefühl lernen, sondern auch viele Sexualtherapeuten erwägen heute eine „Behandlung" im wörtlichen Sinne, das heißt ein Handauflegen oder Massieren. Traditionsgemäß bestehen im Westen der USA dagegen weniger Hemmungen als an der Ostküste.

Die Therapeuten Hartman und Fithian in Los Angeles untersuchen die Geschlechtsorgane männlicher und weiblicher Patienten mit der Hand und fordern anschließend auch das jeweilige Patientenpaar auf, sich gegenseitig genauso zu untersuchen. Es ist dann oft das erste Mal, daß ein Mann seinen Finger in der Vagina seiner Partnerin fühlt und langsam im Uhrzeigersinn herumführt, um zu erfahren, welche Stellen sich besonders angenehm oder unangenehm anfühlen. Er bekommt auch ein Scheidenspekulum, kann selbst in die Vagina hineinsehen, die Zervix betrachten usw. Eine Frau wiederum lernt, den Penis ihres Partners auf empfindliche und unempfindliche Stellen abzutasten, den richtigen Griff anzuwenden, um einen nahenden Orgasmus aufzuschieben. Dieses ,,Doktor-Spielen von Erwachsenen" hat neben dem Abbau von Hemmungen und seinem praktischen Informationswert auch einen wichtigen indirekten Zweck: Es fördert die sexuelle Kommunikation zwischen den Patienten, und zwar nicht nur die taktile, sondern auch die verbale. Sie lernen, sexuelle Lust- und Unlustgefühle präzise zu lokalisieren und vor allem zu artikulieren.

Eine zweite Übung ist ebenso einfach und nützlich: Die Patienten stellen sich nackt vor einen großen Spiegel und untersuchen sich vom Scheitel bis zur Sohle in allen Einzelheiten, während sie ihre positiven und negativen Eindrücke und Werturteile ausführlich schildern. Dem anwesenden Therapeuten sagt dieses Verfahren viel über das Körpergefühl und die Selbsteinschätzung eines Patienten, denn oft glauben körperlich sehr attraktive Menschen, daß sie häßlich seien, oder völlig normal gebaute Menschen sind ohne vernünftigen Grund mit bestimmten Körperteilen unzufrieden. Die Übung bringt also nicht selten ganz überraschende Dinge zur Sprache und wirkt dadurch entlastend oder sogar befreiend. Außerdem kann sie helfen, Mißverständnisse zwischen den Partnern aufzudecken und zu beheben. Letzten Endes wird damit auch die sexuelle Kommunikation verbessert.

Ein drittes, häufig angewandtes Verfahren ist die sogenannte Kegel-Übung für Frauen, die im vorigen Abschnitt beschrieben wurde und die zur Kräftigung des Pubococcygeus-Muskel dient.

Der SAR-Prozeß

Unter dem ,,Sexual Attitude Restructuring" (SAR) verstehen wir einen Entwicklungsprozeß, der die sexuelle Einstellung seiner Teilnehmer in Richtung größerer Toleranz ändert oder umstrukturiert. Dies geschieht besonders mit Hilfe von Filmen und Videokassetten. Ursprünglich wurde SAR vor etwa zehn Jahren in San Francisco entwickelt als Intensivkurs von acht Tagen. Er schließt neben dem audiovisuellen Material auch Vorträge ein, Gruppendiskussionen, Entspannungsübungen, Rollenspiele und viele andere intellektuelle und emotionale Erfahrungen. Solche Kurse werden nur zu besonderen Zeiten und an bestimmten Orten abgehalten, die hierfür hergestellten Filme haben aber inzwischen davon unabhängig eine große Verbreitung an Universitäten, bei Abendschulen, kirchlichen Organisationen und anderen Einrichtungen gefunden. Außerdem werden sie weithin erfolgreich in der Sexualtherapie eingesetzt. Es sind sexuelle Dokumentarfilme, aufgenommen mit gewöhnlichen Menschen (nicht mit Schauspielern), ohne Drehbuch, ohne Regie und ohne vorgefaßte Meinung irgendwelcher Art. Die Filme zeigen alle erdenklichen Arten sexuellen Verhaltens von Individuen, Paaren oder Gruppen und demonstrieren unwiderlegbar eine große individuelle Variationsbreite. Damit wirken sie unrealistischen sexuellen Normvorstellungen und stereotypen Rollenauffassungen entgegen.

Sexuelle Dokumentarfilme ,,sagen mehr als tausend Worte". Es ist durchaus nicht dasselbe, ob man sexuelle Variationen beschrieben bekommt oder sie selbst sieht. Besonders sexuell gehemmte Patienten profitieren von solchen Filmen, denn hier werden ihnen ja nicht neue sexuelle Leistungsvorbilder suggeriert. Im Gegenteil, die individuelle Verschiedenheit ermutigt jeden Betrachter dazu, seine eigene Individualität zu kultivieren. Die bei aller Verschiedenheit aber gleich eindrucksvolle ständige Kommunikation, die in diesen Filmen sichtbar wird, prägt sich als das tragende Element der glücklichen sexuellen Begegnung ein.

Die Filme haben viele denkbare, nützliche Funktionen, auch einen informativen Wert für den Arzt. Sehr wenige Ärzte haben die Gelegenheit, die ganze Vielfalt menschlichen Sexualverhaltens direkt zu beobachten. Gewöhnlich beziehen sie ihr Wissen darüber aus Büchern, Vorlesungen oder Gesprächen. Das trifft besonders auf die sozial geächteten Verhaltensweisen zu. Es ist aber durchaus nicht dasselbe, ob man diese Dinge nur beschrieben bekommt oder selber wirklich sieht. Das so miterlebend erworbene Wissen ist einer rein theoretischen Kenntnisnahme immer überlegen. Es folgt daraus, daß die erwähnten sexuellen Dokumentarfilme eine bedeutende Rolle auch in der sexualmedizinischen Ausbildung spielen können. Eine umfassende Vertrautheit mit allen Erscheinungen der menschlichen Sexualität sensibilisiert den Arzt für die sexuellen Nöte seiner Patienten und ist ein sicheres Fundament für therapeutischen Erfolg.

8.3 Problematisches Sexualverhalten

Wir wissen aus der Geschichte, daß es Kulturen gab, bei denen nahezu jedes Sexualverhalten als göttlich inspiriert und somit als natürlich galt. Diese Kulturen waren nicht liberal oder permissiv im modernen Sinn, gewährten aber Raum für sehr verschiedene erotische Geschmacksrichtungen. Man erlaubte jedem, seinen persönlichen sexuellen Interessen nachzugehen, und bestrafte ihn nur, wenn er die Rechte anderer verletzte.

Unsere eigene Kultur basiert allerdings auf anderen Traditionen. Sowohl die alten Israeliten als auch die frühen und mittelalterlichen Christen sahen in der Fortpflanzung den einzigen Zweck der Sexualität. So waren sie auch allem nicht-reproduktiven Sexualverhalten gegenüber äußerst intolerant. Im Alten Testament steht zum Beispiel auf männlichen homosexuellen Geschlechtsverkehr und sexuellen Kontakt mit Tieren die Todesstrafe. Diese Strafandrohung wurde weit über 1000 Jahre selbst im christlichen Europa aufrechterhalten.

Der Theologe Thomas von Aquin faßte im 13. Jahrhundert die überlieferte christliche Sexualdoktrin zusammen und erklärte, Gott lasse Geschlechtsverkehr nur zu, wenn er erfolge:
- zum richtigen Zweck (dem der Fortpflanzung),
- mit der richtigen Person (dem Ehepartner) und
- in der richtigen Weise (durch Koitus).

Jede sexuelle Handlung, die nicht völlig diese dreifache Bedingung erfüllte, war ,,unnatürlich" und sündhaft.

In neuerer Zeit hat der Einfluß der Kirche auf den Staat nachgelassen. Die Theologen sind durch Psychiater als die neuen Experten für sexuelles Verhalten abgelöst worden. Die alte Doktrin setzt sich in anderer Form fort. Sie wurde nur von der religiösen in die medizinische Sprache übersetzt. Was einst als unnatürlich galt, nannte man nun ungesund, und aus Sünde wurde Krankheit. Im 19. Jahrhundert führten Psychiater das Konzept der ,,Psychopathia sexualis" (das heißt der ,,Sexuellen Geisteskrankheit") ein und begannen, von ,,Aberrationen", ,,Deviationen" und ,,Perversionen" zu sprechen.

Diese Worte implizieren deutlich die Verletzung einer unbezweifelbaren Norm, ein Abweichen vom korrekten Kurs, ein Abirren vom rechten Weg und eine Wende in die verkehrte Richtung. Tatsächlich wurden diese Begriffe lange vor ihrem Einzug in die Medizin bereits von christlichen Moralisten benutzt, um Ketzerei und Unglauben anzuprangern. Daher überrascht es kaum, daß die neuen sexuellen Aberrationen, Deviationen und Perversionen den alten Ketzereien des Mittelalters entsprachen. Während der modernen Psychiatrie nicht mehr viel an der Fortpflanzung lag, hielt sie doch an der zweifachen Norm des ,,richtigen" Geschlechtsverkehrs mit der ,,richtigen" Person fest. Jede andere Art sexuellen Verhaltens wurde als pathologisch oder pervers bezeichnet. Wenn es nun auch vom Inhalt her kaum einen Unterschied gab, so hatte sich doch der Stil sehr geändert. Die verschiedenen

„Psychopathien“ und „Perversionen“ wurden nun unter neuen exotischen Namen methodisch klassifiziert und rubriziert. Das gab dem ganzen Unternehmen eine Aura wissenschaftlicher Objektivität.

Die folgende, stark gekürzte Liste mag davon einen Eindruck vermitteln: Wie zuvor konnten die Menschen von der Norm des „korrekten“ Koitus abweichen,

1. indem sie das „falsche“ Sexualobjekt wählten oder
2. indem sie die „falsche“ sexuelle Handlungsweise wählten.

So galt ein Mann als sexuell pervers, wenn er anstatt einer gleichaltrigen, nicht-verwandten Partnerin eine der folgenden Möglichkeiten wählte:

- sich selbst (Autoerotik)
- einen anderen Mann (Homosexualität)
- zwei oder mehrere Frauen gleichzeitig (Troilismus)
- eine nahe Verwandte (Inzest)
- ein Kind (Pädophilie)
- eine alte Frau (Gerontophilie)
- ein Tier (Zoophilie)
- einen Leichnam (Nekrophilie)
- eine Statue (Pygmalionismus)
- ein lebloses Objekt (Fetischismus).

Natürlich waren diese „Perversionen“ gravierender, wenn sie kombiniert auftraten, wenn etwa ein junger Mann sich für einen Knaben entschied (homosexuelle Pädophilie). Selbst wenn ein Mann das „richtige“ Sexualobjekt wählte, konnte er dennoch Gefahr laufen, sich als pervers zu erweisen, wenn er, statt durch einfachen Koitus, sexuelle Befriedigung hauptsächlich suchte, indem er

- Nacktheit und geschlechtliche Handlungen anderer beobachtete (Voyeurismus)
- seine eigenen Geschlechtsorgane vorzeigte (Exhibitionismus)
- seinen Körper an dem einer Partnerin rieb (Frottage)
- oralen Geschlechtsverkehr hatte (Oralismus)
- Analverkehr hatte (Analismus)
- der Partnerin Schmerz zufügte oder sie erniedrigte (Sadismus)
- sich selbst Schmerz zufügen oder sich erniedrigen ließ (Masochismus)
- Kleidung des anderen Geschlechts anlegte (Transvestismus)
- etwas stahl (Kleptolagnie)
- etwas anzündete (Pyrolagnie)
- mit dem eigenen oder dem Urin der Partnerin spielte (Urolagnie)
- mit dem eigenen oder dem Kot der Partnerin spielte (Koprophilie).

Auch diese Perversionen waren schlimmer, wenn sie kombiniert auftraten. Hatte also jemand gern Analverkehr, während er seinem Partner gleichzeitig Schmerz zufügte, so lag sadistischer Analismus vor. Ließ er sich gerne beleidigen, während jemand auf ihn urinierte, so nannte man das masochistische Urolagnie. Als besonders schwerwiegende sexuelle Perversion wurde angesehen, wenn jemand „falsche“ sexuelle Handlungen mit einem „falschen“ Objekt vornahm. Das war zum Beispiel der Fall, wenn jemand Oralverkehr mit verschiedenen Frauen gleichzeitig hatte (oralistischer Troilismus). Jemand, der öffentlich in die schmutzigen Windeln seiner kleinen Tochter masturbierte, war ein exhibitionistischer, koprophil-inzestuös-pädophiler Fetischist. Schließlich konnten alle diese Perversionen und ihre Kombinationen noch durch „exzessives“ sexuelles Verlangen verschlimmert werden („Erotomanie“, beim Mann auch „Satyriasis“ und bei der Frau „Nymphomanie“).

Wie gesagt, ist diese Aufzählung keineswegs vollständig. Verschiedene Psychiater führten noch andere längere Kataloge ein. Darüber hinaus war die Wortwahl nicht immer einheitlich. So wurde Homosexualität gelegentlich auch als „konträre Sexualempfindung“, „psychosexueller Hermaphroditismus", ,,Uranismus" oder ,,Inversion" bezeichnet. Auch zwischen männlicher und weiblicher Homosexualität wurde unterschieden: die Männer waren ,,Päderasten" und die Frauen ,,Tribaden" oder ,,Sapphistinnen". Andererseits rieten einige Psychiater von zu vielen Unterscheidungen ab. Entsprechend machten sie einige Unterscheidungen nicht mit. Statt dessen subsumierten sie zum Beispiel ,,Pygmalionismus" und ,,Transvestismus" unter den Oberbegriff ,,Fetischismus". Denn schließlich sind Statuen und Kleidung leblose Gegenstände und also ,,Fetische".

Es soll hier auch erwähnt werden, daß nicht alle Perversionen als gleich bedrohlich galten. Fetischismus wurde eher toleriert als Homosexualität. Diese wiederum wurde als nicht so gravierend angesehen wie Inzest. Es gab aber niemals einen Konsens darüber, worin nun die schwerste Perversion, also die schwerste sexuelle Psychopathie, bestehe. Eine Zeitlang galt ,,Autoerotik" als das größte Übel; dann war es ,,Troilismus". Heute war es der ,,Exhibitionismus", der die höchste Gefahr zu verkörpern schien, morgen war ,,Analismus" die widerlichste sexuelle Abartigkeit. Und dann gab es natürlich noch solche Perversionen, bei denen tatsächlich Menschen zu Schaden kommen konnten: ,,Sadismus" (Lustmord), ,,Kleptolagnie" (Diebstahl) und ,,Pyrolagnie" (Brandstiftung).

Dennoch, wie schwer auch immer die Krankheit oder der angerichtete Schaden gewesen sein mag, es war in der Hauptsache der ,,Perverse", der ärztliche Hilfe brauchte. Waren Perverse aber Kranke, dann konnte man sie für ihre Handlungen nicht verantwortlich machen. Die richtige soziale Reaktion auf ihr ,,abnormes Verhalten" war daher nicht moralische Verurteilung oder gesetzliche Bestrafung, sondern psychiatrische Behandlung.

Andererseits stellte sich aber bald heraus, daß jeder Mensch bis zu einem gewissen Grade an irgendeiner Art von Perversion litt. Millionen Männer und Frauen masturbierten oder hatten Phantasien von sexuellen Orgien. Unzählige Menschen verspürten homosexuelle Neigungen oder inzestuöse Wünsche. Viele sammelten Dinge wie Liebesbriefe, Haarlocken, Taschentücher oder Kleidungsstücke einer geliebten Person. Menschen erfreuten sich an Nacktheit und zeigten sich selbst nackt. Sie wurden in ihren sexuellen Beziehungen aggressiv oder unterwürfig, waren von Toiletten fasziniert oder bedienten sich ,,schmutziger" Worte.

Diese Beobachtungen führten schließlich zu der Überzeugung, daß sexuelle Perversionen keine grotesken oder absonderlichen Krankheiten seien, sondern vielmehr übertriebener Ausdruck ,,normaler" Neigungen. Es handelte sich also lediglich um graduelle Unterschiede. Immer mehr Psychiater kamen deshalb zu der Überzeugung, daß nur derjenige als pervers zu bezeichnen sei, der ausschließlich oder fast ausschließlich in sexuellen Dingen die ,,falsche" Wahl traf. Jemand, der nur gelegentlich das falsche Sexualobjekt oder die falsche sexuelle Handlung wählte, ansonsten jedoch imstande war, ,,normalen" Koitus zu genießen, war nicht wirklich pervers. In der Tat verlangten einige Psychiater eine drastische Kürzung des alten Katalogs. Sie behaupteten, daß selbst Menschen, die sich ausschließlich ,,autoerotisch", ,,homosexuell", ,,troilistisch", ,,gerontophil", ,,oral-" oder ,,anal-erotisch" oder ,,transvestitisch" verhielten, keineswegs pervers seien. Man könne sie höchstens als Personen mit besonders engen Verhaltensmustern bezeichnen, eine medizinische Behandlung sei aber überflüssig.

Auch wurde bald deutlich, daß die sogenannten sexuellen Deviationen, Aberrationen und Perversionen sehr komplex und kaum vergleichbar waren. Da gab es ganz gewöhnliches, aber auch seltsam bizarres Benehmen, zwanghafte und sehr wohlüberlegte Handlungen. Sie konnten harmlos oder gefährlich sein, so daß man zweifeln durfte, ob es gerechtfertigt war, sie alle in einen Topf zu werfen. Daß sie darüber hinaus auch noch psychopathologische Erscheinungen oder Krankheiten waren, erschien zunehmend fraglich. Die meisten kritischen Beobachter sahen bald die Notwendigkeit einer umfassenden Neuorientierung bei der Beurteilung dieser Verhaltensformen ein.

Diese Neuorientierung wurde durch die psycho-analytische Theorie Freuds geliefert. Freud bezeichnete die sexuellen Perversionen als Folge einer „fixierten" oder gehemmten „psycho-sexuellen Entwicklung". Das heißt, er ging davon aus, daß jedes Kind mit einem starken sexuellen Trieb geboren wird, der jedoch noch nicht seinen rechten Ausdruck finden kann. Statt dessen ist das Kind „polymorph pervers", das heißt „pervers" in vielfältigen Formen und verschiedenen Stadien. Reife Sexualität ist nach Freud das Ergebnis eines komplexen und weitgehend unbewußten psychischen Entwicklungsprozesses. Wird dieser Prozeß gestört, so kann es zu einer „Fixierung" kommen, der Erwachsene bleibt dann unreif, das heißt möglicherweise „pervers".

Die psychoanalytische Auffassung fand, wenngleich sie anfangs umstritten war, bald Anerkennung und hatte dann erheblichen Einfluß auf die Kindererziehung in Europa und Nordamerika. Viele empirische Sexualforscher blieben allerdings skeptisch. Sie bezweifelten die Existenz eines „korrekten" Sexualtriebs, der „pervertiert" werden kann. Als Kinsey und seine Mitarbeiter in den vierziger und fünfziger Jahren ihre umfassenden Studien über das menschliche Sexualverhalten vorlegten, fanden sie den Begriff der Perversion völlig entbehrlich. Inzwischen haben sich viele dieser nüchternen Einstellung Kinseys angeschlossen. Bei den meisten amerikanischen Wissenschaftlern sind Worte wie „Perversion", „Aberration" und „Deviation" in Verruf geraten. Ein rein formaler soziologischer Begriff wie „sexuelle Abweichung" oder „sexuelle Devianz" (sexual deviance) ist noch gebräuchlich, aber er hat eine völlig andere Bedeutung.

Wenn moderne Sexualforscher eine objektive und weniger dogmatische Betrachtungsweise annehmen, wollen sie damit aber nicht sagen, daß man nun alle sexuellen Normen oder Maßstäbe über Bord werfen sollte. In vielen Fällen ist man sich wohl darüber klar, daß bestimmte Formen von Sexualverhalten Anlaß zur Besorgnis geben. Dies trifft besonders zu, wenn das Verhalten

1. zwanghaft,
2. destruktiv und
3. belastend für den Betreffenden ist.

Es ist klar, daß sexuelle Handlungen, die den Handelnden selbst bedrükken, geändert werden sollten. Enge oder starre Verhaltensmuster, die jemanden an voller Befriedigung hindern, sind kaum erstrebenswert. Destruktives Verhalten kann, abgesehen von seinen subjektiven Auswirkungen, für andere gefährlich sein und muß daher unterbunden werden.

In vielen Fällen kann das unerwünschte Verhalten geändert oder zumindest positiv beeinflußt werden. Dies geschieht durch die eine oder andere Art der Psychotherapie, die jedoch auf freiwilliger Basis, besser noch auf ausdrücklichen Wunsch des Betroffenen erfolgen muß, wenn sie erfolgreich sein soll. Erzwungene Behandlung gibt auf diesem Gebiet zu wenig Hoffnung Anlaß. Darüber hinaus wirft die zwangsweise Änderung menschlichen Verhaltens ohne Einwilligung des Betroffenen sehr ernste ethische Fragen auf. Außer in wirklich extremen Fällen ist dies moralisch wohl nicht zu vertreten.

Ein weiteres Problem ist die Frage der Verfolgung oder Bestrafung destruktiven Verhaltens, das unbeteiligte Opfer schädigt. Gesetzlicher Schutz vor sexuellen Gewalttaten aller Art ist eine der grundlegenden Pflichten des Staates. Gleichzeitig sollte man jedoch ungewöhnliches Sexualverhalten, das nicht zu einer ausdrücklichen Beschwerde oder Anzeige eines Opfers führt, nicht in jedem Falle kriminalisieren.

8.3.1 Beispiele für problematisches Sexualverhalten

Die Sexualität des Menschen bringt ihm nicht immer Freude und Glück. Vielmehr können sexuelle Bedürfnisse manchmal einen frustrierenden, zwanghaften Charakter annehmen und sogar zu Brutalität und Gewalttätigkeit führen.

Ein zwanghaftes Sexualverhalten ist natürlich wie jedes zwanghafte Verhalten, für den Betreffenden in hohem Maße unbefriedigend. Destruktives Verhalten wiederum das andere schädigt, muß so weit wie möglich verhindert werden.

Sexuelle Zwangshandlungen kommen in mancherlei Form vor, ebenso wie sexuelle Aggressionen. Man kann darüber streiten, ob es vorteilhaft ist, alle diese Formen einzeln aufzuzählen und sie als ,,Perversionen" oder ,,sexuelle Psychopathien" zu klassifizieren. Mit einer solchen Etikettierung durch die Psychiatrie ist man in jüngster Zeit ohnehin sehr vorsichtig geworden. Trotzdem werden heute noch einige traditionelle Bezeichnungen häufiger verwendet. Da sie überdies zur Vereinfachung der Diskussion beitragen, scheint es angebracht, hier einige Beispiele aufzuführen.

Exhibitionismus

Exhibitionismus (von lat. exhibere: anbieten, zeigen) bedeutet, daß jemand seine Geschlechtsorgane ohne eine Aufforderung anderen, meist fremden Personen zeigt, um sich dadurch sexuell oder emotionale Befriedigung zu verschaffen. Nicht selten hängt diese Befriedigung dabei vom Schock oder der Überraschung der unfreiwilligen Betrachter ab. Exhibitionismus ist sehr oft zwanghaft. Die meisten Täter sind Männer. Es hat den Anschein, daß Exhibitionisten häufig sexuell gehemmt oder unbefriedigt sind. Durch ihre Handlungen versuchen sie, plötzliches Erschrecken und Abscheu hervorzurufen, um sich so von psychischen Spannungen zu befreien. Aus diesem Grunde fühlen sie sich auch frustriert und gedemütigt, wenn man mit Gelassenheit auf sie reagiert oder sie sogar auslacht. In der Regel greifen sie ihre ,,Opfer" nicht an. Sie kommen nicht einmal näher, sondern fliehen nach der Exhibition. Manche werden hochgradig erregt und masturbieren dann.

Es ist nicht bekannt, wodurch Exhibitionismus bedingt ist. Man weiß, daß sich manche senile und geistig behinderte Personen in dieser Weise zeigen. Bestimmte Gehirnschädigungen können ebenfalls Ursache dieses Verhaltens sein. Außerdem ist bekannt, daß einige Tiere ihre Geschlechtsorgane als Drohung und Aggressionsgebärde zeigen. Unter gesunden Menschen scheint der Exhibitionismus mit psychischen Konflikten und fehlgesteuerten Lernprozessen zusammenzuhängen.

Obwohl Exhibitionisten nicht so gefährlich sind, wie man früher annahm, steht es außer Frage, daß ihr Verhalten darauf angelegt ist, Ärgernis zu geben und daher nicht toleriert werden kann.

Voyeurismus

Das Wort Voyeurismus (von franz. voir: sehen) bezeichnet das zwanghafte Betrachten von Nacktheit und sexuellen Handlungen. Den ,,Opfern" ist dabei meist nicht bewußt, daß sie beobachtet werden. Wenn sie dies plötzlich bemerken, sind sie verständlicherweise empört. Der ,,Voyeur" ist meist sexuell frustriert. Er fühlt sich nicht imstande, eine eigene sexuelle Beziehung aufzubauen. Sein heimliches Beobachten stellt einen Ersatz für sexuelle Erfüllung dar. Manchmal kann man ihm durch bestimmte Formen der Psychotherapie helfen.

Zwar mag der Voyeurismus kein schweres Sexualvergehen sein, da er jedoch einen unerträglichen Eingriff in die Privatsphäre darstellt, ist er zu Recht unerwünscht.

Es muß nicht weiter betont werden, daß die Situation völlig anders ist, wenn Menschen gerne die Körper oder sexuellen Handlungen von einwilligenden Partnern betrachten. Man kann in diesen Fällen auch von „voyeuristischen" Tendenzen oder Interessen sprechen, aber die äußeren Umstände geben hier dem Begriff eine ganz unterschiedliche Bedeutung. Ein solches Verhalten ist selbstverständlich nicht problematisch.

Transvestismus

In der Vergangenheit bezeichnete das Wort „Transvestismus" (von lat. trans: über und lat. vestis: Kleid) jede Art „Verkleidung", die nicht der eigenen Geschlechtsrolle entsprach. Mit anderen Worten: alle Männer und Frauen, die typische Kleidung des anderen Geschlechts trugen, wurden Transvestiten genannt. Manchmal wurde das Wort auch für alle diejenigen verwendet, die sich zum Geschlechtsverkehr in irgendeiner Weise verkleideten, deren sexuelle Erregung davon abhing, in irgendeine seltsame Rolle zu schlüpfen, wie zum Beispiel die eines Babys, eines Spielzeugs oder eines Tieres.

In der jüngeren Vergangenheit wurde der Ausdruck „Transvestit" jedoch zunehmend nur für solche Personen verwendet, die sich durch ihre gegengeschlechtliche Kostümierung sexuell erregt fühlen, deren Verkleidung also „fetischistischen Charakter" trägt. Unter Männern gibt es sehr viel mehr Transvestiten als unter Frauen. Im Gegensatz zu einer allgemeinen Auffassung sind die meisten Transvestiten heterosexuell. Viele von ihnen gehen ihren sexuellen Interessen zu Hause mit der Zustimmung und Unterstützung ihrer Ehefrau nach. Es gibt auch männliche und weibliche Homosexuelle, die gerne Kleidung des anderen Geschlechts tragen. Da hier das Motiv jedoch oft nicht die sexuelle Erregung ist, sollte man sie besser nicht als Transvestiten bezeichnen.

Das trifft zum Beispiel auch auf männliche Unterhaltungskünstler zu, die als „Damenimitatoren" arbeiten. Sie müssen weder eine fetischistische Beziehung zu ihren Kleidern noch eine homosexuelle Orientierung haben. Oft spielen sie einfach gerne eine weibliche Rolle.

Das Hauptproblem beim Transvestismus im engeren Sinn ist gewöhnlich die fehlende gesellschaftliche Toleranz. Wenn die Ehefrau die Familie und Freunde eines Transvestiten das Verhalten akzeptiert haben (möglicherweise auf Anraten eines Therapeuten), kann es wesentlich besser in die allgemeine Lebensgestaltung einbezogen werden. Im gleichen Maß wird es dann weniger problematisch, und weitere Hilfe von außen ist dann kaum noch erforderlich.

Demgegenüber gibt es jedoch Männer und Frauen, die sich mit einer Geschlechtsrolle identifizieren, die im völligen Gegensatz zu ihrem biologischen Geschlecht steht. Wenn sie die Kleidung des anderen Geschlechts tragen, so ist das keine „Verkleidung", da ihre Aufmachung dem Geschlecht entspricht, dem sie sich wirklich zugehörig fühlen, selbst wenn dies im Widerspruch zu ihrer Anatomie steht. Diese Personen sind keine Transvestiten, sondern Transsexuelle (vgl. dazu Kap. 8. 4).

Pädophilie

Pädophilie (von griech. pais: Knabe, Kind und griech. philós: Liebhaber) im eigentlichen Sinn ist das psychische Unvermögen von Erwachsenen zu sexuellen Beziehungen mit anderen Erwachsenen und das daraus resultierende Verlangen, solche Beziehungen zu Kindern aufzunehmen. Natürlich kann man keineswegs alle Erwachsenen, die sexuellen Kontakt zu Kindern suchen, in diesem Sinne als pädophil bezeichnen.

Nur in seltenen Fällen sind pädophile Menschen rücksichtslos oder gewalttätig. Die meisten sind eher sanft und haben eine besonders strikte Sexualmoral. Sie leiden unter Einsamkeit und Mangel an Selbstachtung. In vielen Fällen sind sie den Kindern als Großonkel, Onkel, Nachbar oder Freunde der Familie vertraut. Die Kinder wiederum müssen sich nicht immer belästigt fühlen; sie können einvernehmliche und aktive Beteiligte sein. Es gibt sowohl heterosexuelle als auch homosexuelle Pädophile.

Sexueller Kontakt zwischen Erwachsenen und Kindern ist ein schwieriges Problem. In Europa wird es durch divergierende Rechtsauffassungen der verschiedenen Länder noch komplizierter. Da in manchen Ländern Kinder erst spät volljährig werden, kann hier jemand der Pädophilie bezichtigt werden, dem dies in einem anderen Land erspart bliebe. Ein Mensch, der sich zu einem sexuell reifen Jugendlichen (in oder nach der Pubertät) hingezogen fühlt, sollte nicht als ,,pädophil" bezeichnet werden. Diese Bezeichnung ist nur dann angebracht, wenn vorpubertäre Kinder die bevorzugten Sexualpartner sind.

Kinder sind gegen sexuelle Ausbeutung besonders wenig geschützt. Personen, die sich Kindern unter Ausübung von Zwang sexuelle nähern, müssen daher in ihre Schranken gewiesen werden. Sexuelle Gewalttaten sind als Verbrechen zu bestrafen. Zur Rehabilitation solcher Straftäter kann in manchen Fällen eine Psychotherapie beitragen. Man muß jedoch berücksichtigen, daß sexuelle Handlungen zwischen Erwachsenen und Kindern selten zum Koitus führen, sondern in der Regel nur Masturbation, Körperkontakt oder einfache Zärtlichkeiten beinhalten. Selbst wenn man also negative Auswirkungen auf das Kind vermuten könnte, unterscheiden sich diese von Fall zu Fall sicher erheblich.

Sadismus und Masochismus

Sadismus (nach dem französischen Schriftsteller des 18. Jahrhunderts de Sade) bezeichnet die Neigung mancher Menschen, ihre Geschlechtspartner zu beherrschen, zu fesseln, zu demütigen oder ihnen wehzutun. Das Wort ,,Masochismus" (nach dem österreichischen Schriftsteller des 19. Jahrhunderts Sacher-Masoch) weist auf das entgegengesetzte Verhalten hin – das Verlangen, vom Sexualpartner beherrscht, überwältigt oder erniedrigt zu werden. Der Sammelbegriff ,,Sadomasochismus" faßt beide Aspekte des Phänomens zusammen.

Bis zu einem gewissen Ausmaß sind diese Verhaltensformen weit verbreitet. Sie mögen vielleicht sogar eine biologische Grundlage haben, denn es ist bekannt, daß sich bestimmte Tierarten bei der Begattung erhebliche Verletzungen zufügen, die manchmal sogar zum Tode führen. Dennoch muß man unter Menschen starke sadistische oder masochistische Bedürfnisse als ungewöhnlich ansehen, wer sie fühlt, kann dadurch stark beunruhigt sein. Es muß nicht betont werden, daß Sadismus in seltenen Fällen sozial schädlich ist, da er unter Umständen zu sexueller Aggression oder sogar zum Sexualmord führen kann.

Heute machen Fachleute jedoch gewöhnlich einen Unterschied zwischen unfreiwilligem und freiwilligem Sadomasochismus. Weder für heterosexuelle noch für homosexuelle Partner ist es ungewöhnlich, eine sadomasochistische Beziehung aufzunehmen, in der ein Partner dem anderen mit dessen voller Zustimmung Schmerzen und Mißhandlungen zufügt. Gewöhnlich ist es sogar der Masochist, der den Sadismus seines Partners provoziert und kontrolliert. Solche Beziehungen können sich durch ungewöhnliches Feingefühl und große Intimität auszeichnen. In solchen Fällen ist eine Einmischung von außen, ob juristischer oder medizinischer Art, nicht gerechtfertigt.

In vielen Ländern gibt es heute sadomasochistische Klubs und Freundeskreise. Ihre Mitglieder treffen sich häufig für einvernehmliche, geplante Begegnungen. Solche Gruppen entwickeln ihre eigenen sexuellen Verhaltensweisen, die von neuen Mitgliedern übernommen werden. Auch hier gibt es keinen Grund für Eingriffe von außen, wenn diese Handlungen einvernehmlich stattfinden.

Es steht jedoch außer Frage, daß unfreiwilligen Opfern sadistischer Handlungen jeder Schutz zuteil werden muß. Jede Form sadistischen Angriffs auf Männer und Frauen, die in solche Handlungen nicht ausdrücklich einwilligen, müssen daher vom Staat verfolgt werden.

Vergewaltigung

Unter Vergewaltigung versteht man Geschlechtsverkehr, der gegen den Willen und gegen den Widerstand des Partners erzwungen wird. In der Regel ist sie deshalb mit Gewalt oder deren Androhung verbunden. Vergewaltigung ist daher nicht so sehr ein Sexual-, sondern ein Gewaltverbrechen.

Unter psychologischen Aspekten ist die Form, in der eine Vergewaltigung stattfindet, nicht erheblich. Wichtiger ist die Intention. Im Gegensatz zu Juristen sehen Psychologen und Psychiater daher nicht nur im erzwungenen Koitus eine Vergewaltigung, sondern auch in jeder Art manuellem, oralem oder analem Verkehr unter Anwendung oder Androhung von Gewalt. Nach dieser Definition können also sowohl Frauen als auch Männer vergewaltigt werden. (Die Vergewaltigung von Männern findet besonders häufig in Strafanstalten statt.)

Manche Vergewaltigungen tragen auch sadistische Züge. Bei einigen Tätern liegen schwere psychische Störungen vor; andere sind eher ,,normale" Menschen, deren Handlung einem plötzlichem Impuls oder der Fehleinschätzung von Einstellung und Verhalten des Opfers entspringt.

Man kann hieraus schließen, daß sexuelle Gewalttäter als Gruppe kein einheitliches Bild geben. Das Problem möglicher psychiatrischer Behandlung ist daher ausgesprochen komplex. Vom kriminologischen Standpunkt ist Vergewaltigung ein Gewaltverbrechen, das streng bestraft werden muß.

8.4 Transsexualität

Wie schon an anderer Stelle beschrieben, ist die sexuelle Entwicklung des Menschen unter mindestens drei Aspekten zu sehen: dem biologischen Geschlecht, der Geschlechtsrolle und der sexuellen Orientierung (vgl. Kap. 6 ,,Die Entwicklung des Sexualverhaltens"). Es wurde darauf hingewiesen, daß es Menschen gibt, die sich mit einer Geschlechtsrolle identifizieren, die im Widerspruch zu ihrem biologischen Geschlecht steht. Es gibt also Menschen mit einem männlichen Körper, die sich als Frauen fühlen, und solche mit einem weiblichen Körper, die sich selbst für Männer halten. Insbesondere nach der Pubertät fühlen sich solche Menschen mit ihren sekundären Geschlechtsmerkmalen sehr unwohl; sie versuchen daher mit allen Mitteln (auch denen der operativen ,,Geschlechtsumwandlung"), ihren Körper mit ihrer Selbsteinschätzung in Übereinstimmung zu bringen. Diesen Zustand nennt man Transsexualität.

Die Ursachen für Transsexualität sind bisher nur wenig erforscht. Wir wissen, daß die Geschlechtsrolle schon sehr früh festgelegt wird und daß es nach einer gewissen Zeit keine Möglichkeit mehr gibt, die geschlechtliche Selbstidentifikation eines Menschen zu verändern. So ist ein hermaphroditischer Junge, dessen Geschlecht bei der Geburt falsch diagnostiziert wurde, möglicherweise von seinen Eltern als Mädchen erzogen worden. Entdeckt man den Irrtum schließlich, dann ist es für eine umfassende Korrektur zu spät, so daß sich der Junge weiterhin als Mädchen versteht. Es gibt leider auch seltene Fälle, in denen die Eltern das biologische Geschlecht ihres Kindes einfach nicht akzeptieren wollen und eine entsprechende Selbstfindung verhindern. (Ein Beispiel ist die Mutter, die ihre Tochter nötigt, die Rolle des Sohnes zu spielen, den sie sich eigentlich gewünscht hat.) In anderen Fällen scheinen die Kinder von sich aus, ohne oder gegen den Einfluß der Eltern, eine konträre Geschlechtsrolle anzunehmen. Angesichts dieser Tatsachen gehen viele Sexualforscher heute davon aus, daß für Transsexualität eine Kombination biologischer und sozialer Faktoren bestimmend ist. Andere meinen, daß manche Kinder ihre transsexuelle Veranlagung vielleicht schon entwickeln, bevor sie geboren werden.

Soweit bekannt ist, ist die Transsexualität so alt wie die Menschheit, wenngleich Transsexuelle in verschiedenen Kulturen und historischen Zeitabschnitten sehr unterschiedlich behandelt wurden. In der Antike galt eine Umwandlung des Geschlechts als ein Mysterium, dem man Respekt und Hochachtung zollte. In der griechischen Mythologie wird zum Beispiel vom blinden Seher Teiresias erzählt, der sich als junger Mann wie durch ein Wunder in eine Frau verwandelte und später wieder in einen Mann. So machte er die sexuellen Erfahrungen des Mannes und der Frau, was ihm zu hohem Ansehen verhalf. Wir wissen auch, daß es bestimmten Männern in verschiedenen Gesellschaften der Vergangenheit (einschließlich einiger Indianerstämme Amerikas) erlaubt war, (oder man sie sogar darin unterstützte), eine feminine Geschlechtsrolle zu übernehmen und als ,,Schamanen" zu leben. Sie trugen Frauenkleider und heirateten große Krieger oder berühmte Männer ihrer Stämme und versorgten den Haushalt. Sie selbst waren oft sehr angesehen, weil man glaubte, sie hätten magische Kräfte. Eine solche, gesellschaftlich anerkannte Lösung war natürlich nicht nur für Transsexuelle außerordentlich günstig, sondern auch für andere sexuelle Minderheiten, wie Hermaphroditen, Transvestiten und ,,weiblich" empfindende Homosexuelle. Anderen homosexuellen Männern dagegen war es möglich, die sexuelle Erfüllung ihrer maskulinen Rolle durch die Heirat mit einem Schamanen zu finden. Sexuell weniger tolerante Gesellschaften der westlichen Welt haben eine vergleichbare Lösung nie geboten. Im Gegenteil, unsere christliche Kultur zeichnete sich immer durch fanatische Unterdrückung und Verfolgung sexueller Abweichungen aus, und so war ihre Einstellung Transsexuellen gegenüber meist durch Sanktionen bestimmt. Langsam ist es jedoch klar geworden, daß verbale Drohungen und Strafverfolgungen, Gewaltanwendung, Elektroschocks und Aversionstherapien die Situation nicht ändern oder bessern können.

Viele Fachleute sind heute der Auffassung, daß man Transsexuellen helfen sollte, ihr Ziel zu erreichen oder ihm zumindest näher zu kommen. Ein berühmter Arzt hat das Ziel so ausgedrückt: ,,Wenn man den Geist nicht so verändern kann, daß er zum Körper paßt, dann sollten wir uns vielleicht dazu entschließen, den Körper so zu verändern, daß er dem Geist entspricht." Moderne Hormonbehandlungen und neue chirurgische Techniken ermöglichen es heute, die anatomische Erscheinung eines Menschen erheblich zu verändern. So ist es durch Hormonbehandlung und ,,operative Geschlechtsumwandlung" möglich, einem Mann die Charakteristiken eines weiblichen Körpers zu geben (dazu gehören auch Brüste und eine künstliche Vagina), so daß man ihn für eine Frau halten kann. (Das Gegenteil ist in einem gewissen Umfang auch möglich. Für den Chirurgen ist es jedoch einfacher, bei einem Mann eine künstliche Vagina zu schaffen, als bei einer Frau einen künstlichen Penis.) Es gibt inzwischen verschiedene spezialisierte Kliniken, in denen Transsexuelle in dieser Weise Hilfe finden können. Diese Kliniken waren zunächst vor allem Universitäten angeschlossen. Aber auch private Chirurgen haben sich inzwischen auf diesem Gebiet spezialisiert. In den letzten sechs Jahren haben sich in den Vereinigten Staaten hunderte von Patienten einer operativen Geschlechtsumwandlung unterzogen, und hunderte mehr haben sich dafür angemeldet.

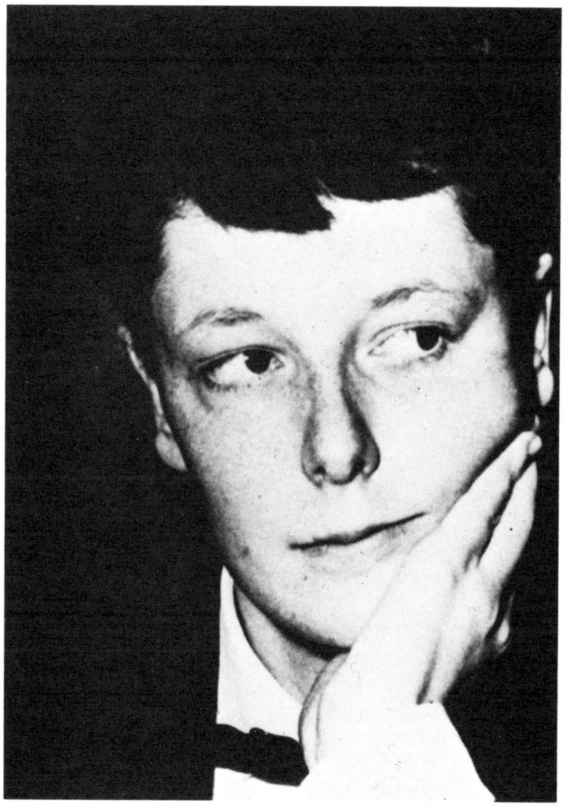

Zwei Beispiele für Transsexualität

Vom weiblichen zum männlichen Geschlecht: Annie M. an ihrem 16. Geburtstag (links) und vier Jahre später nach einer operativen „Geschlechtsumwandlung“ (rechts).

Vom männlichen zum weiblichen Geschlecht: Der englische Schriftsteller James Morris (links) war nach einer operativen „Geschlechtsumwandlung“ als Jan Morris (rechts) unvermindert erfolgreich.

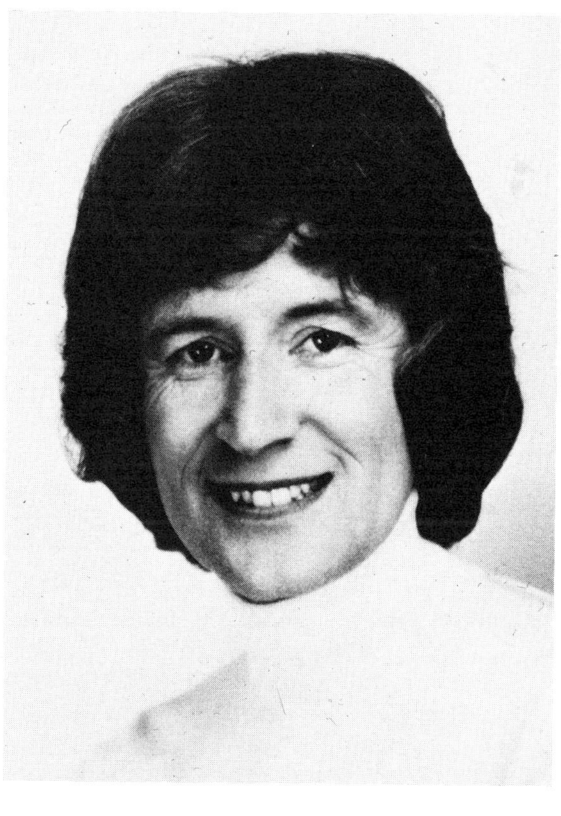

Die Geschlechtsumwandlung selbst kann sich über mehrere Jahre erstrekken. Sie beginnt mit einer längeren ,,Probezeit" und Hormonbehandlung (deren Wirkung wieder rückgängig gemacht werden kann) und führt schließlich zum chirurgischen Eingriff, der endgültig ist. Nach der Operation sollte der oder die Betroffene sich zu regelmäßigen Gesprächen einfinden, um die therapeutischen Ergebnisse und Probleme bei der Anpassung an die neue Lebenssituation zu besprechen.

Bei jedem Schritt auf diesem Weg sind fachlicher Rat und Hilfe wichtig. So wird es zum Beispiel von einem bestimmten Zeitpunkt an erforderlich, daß der Behandelte Kleidung trägt, die seinem neuen Geschlecht entspricht. Dadurch kann er zunächst mit seiner Umwelt in Konflikt geraten.

Bei alldem ist aber eine korrekte Diagnose entscheidend wichtig. Nur wirklich ,,echte" Transsexuelle sollten operiert werden. Jeder andere wird später die Operation bereuen, und dann ist es zu spät. Die Diagnose der Transsexualität ist nicht leicht und nur einem sehr erfahrenen Arzt oder Therapeuten möglich.

Ist die Behandlung abgeschlossen, werden einige rechtliche Schritte notwendig: Der ,,neue" Mann oder die ,,neue" Frau müssen einen anderen Namen haben, Ausweispapiere sind zu ändern. Ein Ortwechsel sowie Maßnahmen zur beruflichen Umschulung oder Neueingliederung können notwendig werden. In vielen Ländern Europas wird eine Geschlechtsumwandlung rechtlich noch nicht anerkannt. Die Folgen dieser amtlichen Unbarmherzigkeit sind oft verheerend. Man kann nur hoffen, daß Gesetzgeber und Richter sich bald überall mit diesen Problemen befassen und für die Zukunft vernünftige Lösungen anbieten.

Weiterführende Literatur

Addiego, F. u. a.: Female ejaculation. A case study. In: The Journal of Sex Research. Vol. 17. Nr. 1 (Febr. 1981).

Annon, J.S.: The behavioral treatment of sexual problems. Brief therapy. New York (Harper & Row), 1976.

Annon, J. S.: The behavioral treatment of sexual problems. Intensive therapy. Honolulu, Hawaii (Enabling Systems), 1975.

Arentewicz, G., Schmidt, G. (Hrsg.): Sexuell gestörte Beziehungen – Konzept und Technik der Paartherapie. Berlin (Springer), 1980.

Arentewicz, G., Pfäfflin, F.: Sexuelle Funktionsstörungen aus verhaltenstherapeutischer Sicht. In: Sigusch, V. (Hrsg.): Therapie sexueller Störungen. Stuttgart (Thieme), 1980.

Bayer, R.: Homosexuality and american psychiatry. New York (Basic Books), 1981.

Belliveau, F., Richter, L.: Understanding human sexual inadequacy. Boston (Little, Brown), 1970.

Belzer, G.: Orgasmic expulsions of women. In: The Journal of Sex Research. Vol. 17. Nr 1 (Febr. 1981).

Benjamin, H.: The transsexual phenomenon. 2. Aufl., New York (Warner), 1977.

Bloch, I.: Die Prostitution. Bd I. Berlin (L. Marcus), 1912.

Bräutigam, W.: Sexualmedizin im Grundriß. Einführung in sexuelle Konflikte und Störungen. 2. Aufl., Stuttgart (Thieme), 1979.

Feinbloom, D.: Transvestites and transsexuals. New York (Delacorte Press), 1976.

Giese, H.: Zur Psychopathologie der Sexualität. Stuttgart (Enke), 1973.

Green, R.: Sexual identity conflict in children and adults. New York (Basic Books), 1974.

Gross, F., Schretzenmayr, A. (Hrsg.): Therapie und Sexualhormone, Neue Grundlagen, Indikatoren und Möglichkeiten. Köln-Lövenich (Dt.-Ärzte-Verlag), 1981.

Hartmann, W. E., Fithian, M. A.: The treatment of sexual dysfunction. A bio-psychosocial approach. Long Beach, Ca. (Center for Marital and Sexual Studies), 1972.

Kaplan, H. S.: Hemmungen der Lust. Neue Konzepte der Psychosexualtherapie (Disorders of sexual desire and other new concepts and techniques in the sex therapy, dt.). Stuttgart (Enke), 1981.

Kaplan, H. S.: Sexualtherapie. Ein neuer Weg für die Praxis (The new sex therapy, dt.). Stuttgart (Enke), 1979.

Kinsey, A. C. u. a.: Das sexuelle Verhalten des Mannes (Sexual behavior in the human male, dt.). Frankfurt/M. (Fischer), 1970.

Masters, W. H., Johnson, V. E.: Spaß an der Ehe (The pleasure bond, dt.). Wien (Molden), 1976.

Masters, W. H., Johnson, V. E.: Impotenz und Anorgasmie. Zur Therapie funktioneller Störungen (Human sexual inadequacy, dt.). Frankfurt/M. (Goverts), 1973.

Moris, J.: Conundrum. Bericht von einer Geschlechtsumwandlung (Conundrum, dt.). München (Piper), 1975.

Perry, J. D., Whipple, B.: Pelvic muscle strenght of female ejaculators. In: The Journal of Sex Research. Vol. 17. Nr. 1 (Febr. 1981).

Reich, W.: Reich speaks of Freud. New York (Farrar, Straus, and Giroux), 1967.

Sigusch, V. (Hrsg.): Therapie sexueller Störungen. 2. Aufl., Stuttgart (Thieme), 1980.

Sigusch, V., Maack, T.: Ejakulationsstörungen. In: Sigusch, V. (Hrsg.): Sexualität und Medizin. Köln (Kiepenheuer & Witsch), 1979.

Sigusch, V., Meyenburg, B., Reiche, R.: Transsexualität. In: Sigusch, V. (Hrsg.): Sexualität und Medizin. Köln (Kiepenheuer & Witsch), 1979.

Springer, A.: Pathologie der geschlechtlichen Identität. Transsexualismus und Homosexualität. Berlin (Springer), 1981.

Stoller, R. J.: Sex and gender. Bd. II: The transsexual experience. New York (Aronson), 1976.

Szasz, T. S.: Sex by prescription. Garden City, New York (Anchor Press/Doubleday), 1980.

Vogt, H.-J.: Orgasmusstörungen des Mannes. In: Vogt, H.-J., Eicher, W. (Hrsg.): Praktische Sexualmedizin II. Wiesbaden (Medical Tribune), 1978.

Weisberg, M.: A note on female ejaculation. In: The Journal of Sex Research. Vol. 17. Nr. 1 (Febr. 1981).

III. Sexualität und Gesellschaft

Der Mensch ist ein gesellschaftliches Wesen, und seine Gewohnheiten, Wünsche, Hoffnungen und Ängste sind immer von der Gruppe mitgeprägt, in die er hineingeboren ist. Das gilt auch für seine sexuellen Einstellungen und Verhaltensweisen. Menschen werden mit der grundsätzlichen Fähigkeit zu sexuellem Ausdruck geboren, aber dieser Ausdruck kann sehr verschiedene Formen annehmen. In einer sexuell repressiven Gesellschaft kann er sogar teilweise oder ganz unmöglich sein.

Man kann dies vielleicht am besten mit dem häufig zitierten Beispiel der Sprache erläutern: Alle Kinder kommen mit potentieller Sprechfähigkeit zur Welt, sie sind jedoch nicht von vornherein auf eine bestimmte Sprache festgelegt. Kinder in England lernen englisch, Kinder in China chinesisch. Manche Gesellschaften haben neben ihrer Hauptsprache noch unterschiedliche „Geheimsprachen" für Männer und Frauen. Kinder lernen dort auch die ihrem Geschlecht entsprechende Sprache. Wenn Kinder privilegierte Eltern und gute Lehrer haben, können sie es in der Sprache zu ausgesprochener Meisterschaft bringen. Haben sie dagegen weniger gut situierte Eltern, so bleibt ihre Sprache möglicherweise unterentwickelt. Kinder, die man schlecht behandelt, lernen vielleicht, in ihrem Sprachverhalten hauptsächlich Aggressionen auszudrücken. Kinder, die sich geliebt und geborgen fühlen, können dagegen lernen, mit Worten zu liebkosen.

Menschliches Sexualverhalten entwickelt sich in ähnlicher Weise. Kinder lernen, sich so zu verhalten, wie es ihrer jeweiligen Gesellschaft entspricht. Sie erwerben, je nach Geschlecht, bestimmte Eigenschaften, die als männlich oder weiblich gelten. Bei toleranten Eltern können sich ihre erotischen Fähigkeiten entwickeln, während ihnen eine puritanische Erziehung vielleicht Schuldgefühle vermittelt und ihre sexuelle Reaktion blockiert oder behindert. Frustrierte Kinder lernen vielleicht, in ihrem Sexualverhalten nur Aggressionen auszudrücken. Andere, die mehr begünstigt sind, wählen ihre Partner sorgfältig und erweisen ihnen nur Liebe und Zärtlichkeit.

Dieser Vergleich muß sich indes nicht nur auf die individuelle Ebene beschränken. Menschliche Sexualität und Sprache sind auch generell vergleichbar. Jeder Sprachforscher weiß, daß verschiedene Sprachen auch verschiedene Weltauffassungen ausdrücken. Jede Sprache malt die Wirklichkeit in anderen Bildern und spiegelt eine ganz besondere Lebensauffassung wider, ja, sie präformiert das Empfindungsvermögen all derer, die mit ihr aufwachsen. Ganz unabhängig von eigenen, persönlichen Meinungen lernen große Gruppen von Menschen, die Welt aufgrund verschiedener Muttersprachen unterschiedlich zu sehen.

Das gilt auch für die Grundeinstellungen gegenüber der Sexualität. Das Sexualverhalten von Männern und Frauen drückt nicht nur deren persönliche Neigungen aus, sondern spiegelt zum großen Teil die Wertmaßstäbe ihrer Gesellschaft oder sozialen Gruppe wider. Wie sehr sie sich individuell auch voneinander unterscheiden mögen, ihr Moralverständnis ist, positiv oder negativ, immer von den Auffassungen ihrer gesamten Gesellschaft beeinflußt. In einer hedonistischen und toleranten Gesellschaft können sich die Menschen glücklich und sinnenfroh entfalten. In einer puritanischen und repressiven Gesellschaft neigen sie eher dazu, ängstlich und gehemmt zu sein. Im ersteren Fall gilt Sexualität als Quelle der Freude, im zweiten Fall wird sie als Schande mißbilligt und verdrängt. Wenn wir also die sexuelle Einstellung eines bestimmten Menschen betrachten, so müssen wir uns eigentlich mit zwei verschiedenen Fragen befassen. Wir fragen nicht nur: ,,Inwieweit entspricht dieser Mann oder diese Frau den sexuellen Normen seiner oder ihrer Gesellschaft?", sondern auch: ,,Was ist die Grundlage dieser Normen? Worin sieht diese Gesellschaft das oberste Ziel, die ‚Natur', die wahre Bedeutung der Sexualität?"

In den meisten Gesellschaften offenbart sich der Bedeutungsgehalt der Sexualität – wie der vieler anderer Dinge – in der Religion. Dies war zumindest bei den Gesellschaften der Vergangenheit immer der Fall. Aber selbst in modernen, ,,glaubenslosen" Gesellschaften sind die sexuellen Normen oft noch alten religiösen Lehren verhaftet. Es steht zum Beispiel außer Zweifel, daß die sexuellen Normen unserer eigenen Gesellschaft nach wie vor vom jüdisch-christlichen Erbe beeinflußt sind. Vergleichende Studien verschiedener Kulturen ergeben, daß dieses Erbe einen sehr eigentümlichen Charakter hat. Die alten Israeliten sahen die natürliche Bestimmung der Sexualität in der Fortpflanzung, und sie verurteilten daher jedes Sexualverhalten, das diesem Ziel nicht diente. Die frühen Christen übernahmen diese sehr enge Auffassung und grenzten sie noch weiter ein, indem sie Sexualität als notwendiges Übel ansahen und sexuelle Abstinenz als besondere Tugend priesen. Da sie die Wiederkunft Christi und den Weltuntergang zu ihren Lebzeiten erwarteten, hatten sie an sexuellen Freuden wenig Interesse. Statt dessen nahmen sie verschiedene asketische Philosophien ihrer Zeit in ihre eigene Religion auf. Als die Wiederkunft Christi ausblieb und die Welt nicht unterging, wurden die Christen wieder etwas toleranter; aber ihre Grundüberzeugung änderten sie nicht: Sexuelle Handlungen waren nur akzeptabel, wenn sie – innerhalb der Ehe – zu einer Schwangerschaft führen konnten, aber selbst dann waren sie eher Grund zur Verlegenheit.

Natürlich erschien die christliche Sexualethik ihren Vertretern nicht als willkürlich oder zufällig. Im Gegenteil: sie sahen in ihr die objektive, allumfassende Wahrheit. In der Tat, wohin sie auch blickten, fanden sie diese Wahrheit durch ihre Beobachtungen bestätigt. Trugen nicht anständige Männer und Frauen Kleider, um ihren Körper zu verhüllen, und erbrachten sie damit nicht den Beweis ,,angeborener" Schamhaftigkeit? Vermieden die Menschen es nicht, ihre sexuellen Phantasien öffentlich zu diskutieren, und bewiesen sie damit nicht, daß solche Phantasien ,,schmutzig" waren? Verbargen die Eltern nicht die intime Seite ihrer Ehe vor den Kindern, und war dies nicht Beweis genug, daß Geschlechtsverkehr eigentlich beschämend war? Bewies also die Natur nicht selbst überall, daß Sexualität insgesamt eine niedrige Sache war? So schrieb denn der nordafrikanische Bischof und ,,Kirchenvater" Augustinus in seinem Werk ,,Der Gottesstaat" (Buch XIV, Kap. 18) dogmatisch über ,,die Scham, die jedem Geschlechtsverkehr innewohnt":

,,Was aber die Ausübung dieser Art von Lust betrifft, so meidet dabei die Lust die Öffentlichkeit . . . und aus natürlichem Schamgefühl haben die schlechten Häuser Heimlichkeit vorgesehen . . . Die Schändlichen selbst vielmehr nennen diese Schmach eine Schändlichkeit, und so sehr sie sie lieben, wagen sie es doch nicht, öffentlich damit ans Tageslicht zu treten. Aber selbst das eheliche Beilager . . . sucht nicht auch dieses, obwohl es erlaubt und ehrbar ist, die Heimlichkeit des zeugenlosen Schlafgemaches auf? . . . und wird nicht sogar der Brautführer aus dem Gemache geschafft, bevor der Gatte die Gattin zu liebkosen beginnt? . . . Warum? Weil das, was von Natur aus völlig in Ordnung ist, doch bei seinem Vollzug aus Strafe zugleich die Scham zur Begleiterin hat."

Entsprechend dieser Überzeugung bezeichnete Augustinus die männlichen und weiblichen Geschlechtsorgane als „obscoenae partes" (obszöne Teile) und betrachtete alle „fleischlichen" Wünsche mit unverhohlener Abscheu. Darüber hinaus war er fest davon überzeugt, daß alle Menschen, gleich wo sie lebten, genauso empfanden wie er. Dennoch wurden seine Auffassungen keineswegs überall geteilt – nicht einmal zu seiner eigenen Zeit. Es gab noch Stämme in entlegenen Teilen des Römischen Reiches, die nach altem, „heidnischem" Brauch Orgien feierten oder verschiedene sexuelle Schaustellungen pflegten. Augustinus' Feststellung über „die Scham, die jedem Geschlechtsverkehr innewohnt", traf daher nicht die ganze Wahrheit. Sie wurde erst später wahr, als sich seine Ansicht aufgrund des wachsenden christlichen Einflusses in ganz Europa durchsetzte. Außerhalb Europas aber bewahrten viele Völker ganz andere Wertvorstellungen. Als schließlich christliche Entdecker nach Jahrhunderten der Isolation auf solche Völker trafen, waren sie überrascht und trauten ihren Augen kaum. Der englische Kapitän Cook, der Tahiti besuchte, war zum Beispiel äußerst verwundert, daß die Tahitianer sich in aller Öffentlichkeit dem Geschlechtsverkehr hingaben und „alle Triebe und Leidenschaften vor Zeugen befriedigten". In seiner Reisebeschreibung berichtet er:

„Ein junger, fast zwei Meter großer Mann führte die Riten der Venus mit einem jungen, etwa elf bis zwölf Jahre alten Mädchen in Gegenwart mehrerer unserer Leute und einer großen Anzahl Eingeborener aus, ohne dabei auch nur das leiseste Gefühl für unschickliches oder unanständiges Verhalten zu zeigen; es wurde vielmehr deutlich, daß er in völliger Übereinstimmung mit den Sitten des Orts handelte. Unter den Zuschauern befanden sich mehrere Frauen von hohem Rang, die . . . dem Mädchen Anweisung gaben, wie es seine Rolle zu spielen habe, wozu, trotz seiner Jugend, kaum Notwendigkeit zu bestehen schien."

Trotz seiner Bestürzung bewahrte Cook aber offensichtlich seine Gelassenheit und machte keinen Versuch, die Darbietung zu unterbrechen. Schließlich war er kein Moralapostel, sondern ein praktisch denkender Engländer, erfahrener Weltreisender und Sohn der Aufklärung. Den christlichen Missionaren späterer Zeit blieb es vorbehalten, sich zu empören und die traditionellen polynesischen Sitten auszumerzen. Man kann sich auch gut vorstellen, welchen Eindruck diese Darbietungen auf Augustinus gemacht hätten, wenn er sie hätte erleben können. Man kann aber annehmen, daß er seine Einstellung nicht geändert hätte. Anstatt zuzugeben, daß er durch die „schamlosen" Inselbewohner widerlegt war, hätte er sie wahrscheinlich alle als Sklaven des Teufels verdammt.

Wie dem auch sei, wir wissen nur zu gut, was den tahitianischen Darstellern heute bei uns passieren würde. Jeder Mann, der es wagte, in einer „Live-Sexshow" mit einem elfjährigen Mädchen aufzutreten, würde wegen Unzucht mit Minderjährigen im Gefängnis landen. Schlimmer noch: wegen „sexuellen Mißbrauchs von Kindern" und „Pädophilie" könnte man ihn zum „Triebtäter" erklären. Nach oder anstelle der Gefängnisstrafe könnte man ihn dann in eine psychiatrische Klinik überführen und „behandeln". Das Mädchen hingegen würde als gestrauchelte Jugendliche in eine Erziehungsanstalt eingewiesen. Die Zuschauer schließlich könnten alle als Zeugen und damit als Dulder und Anstifter eines „öffentlichen Ärgernisses" belangt werden.

Wie dieses Beispiel zeigt, weichen die Moralauffassungen der Gegenwart grundlegend von denen des präkolonialen Tahiti ab. Dort wurde Menschen als geschätzten Mitgliedern der Gesellschaft Beifall gezollt, die man hier als kriminell oder geisteskrank betrachten würde. Was bei uns heute als „Verführung von Minderjährigen" verabscheut wird, wurde auf Tahiti als praktische Sexualerziehung unterstützt. Was uns sündig erscheint, hatte bei ihnen oft auch einen religiösen Hintergrund. Sie unterhielten zum Beispiel einen besonderen religiösen Orden (die ,,Arioi-Gesellschaft"), dessen Hauptaufgabe in sexuellen Darbietungen bestand. Insgesamt hatten die Tahitianer eine Einstellung zur Sexualität, die ziemlich genau das Gegenteil der unsrigen darstellte.

Sollte man nun hieraus schließen, sie seien ,,dekadent", ,,degeneriert", ,,moralisch verkommen", ,,vertiert", ,,krank" oder ,,pervers" gewesen? Offensichtlich nicht. Eine solche Verurteilung wäre ganz und gar fehl am Platz, denn alle Besucher beschrieben die Tahitianer einmütig als die glücklichsten, gesündesten, freundlichsten und großzügigsten Menschen auf der Erde. Erst nach dem Kontakt mit Christen der westlichen Welt begann ihr Verfall, wenngleich sie noch heute viel von ihrem ursprünglichen freizügigen Geist bewahrt haben.

Sollten wir dann statt dessen daraus schließen, daß unsere eigenen Wertmaßstäbe falsch sind, und versuchen, die sexuellen Bräuche des alten Tahiti zu übernehmen? Nicht unbedingt. Erstens wird uns nach kurzer Überlegung klar, daß eine so plötzliche und radikale Veränderung undurchführbar ist. Zweitens würden damit – sollte sie durchführbar sein – eher soziale und sexuelle Schwierigkeiten erzeugt als abgebaut. Wie den Tahitianern die Übernahme einer fremden Moral unzuträglich war, würden auch wir das blinde Annehmen einer fremden Moral wohl bald bereuen. Die sexuellen Normen einer jeden Gesellschaft sind in ein umfangreiches Netz anderer Normen, Gesetze und Traditionen eingebettet, die sich im Laufe langer Zeiträume entwickelt haben, sich gegenseitig stützen und eine Vielfalt sozialer Funktionen erfüllen. Veränderungen des Sexualverhaltens haben aus diesem Grunde immer auch Auswirkungen auf viele andere Bereiche des Lebens. Daraus folgt, daß keine sexuelle Revolution erfolgreich sein kann, wenn nicht die entsprechenden historischen und gesellschaftlichen Hintergründe berücksichtigt und die Verflochtenheit kultureller Traditionen beachtet werden.

Genau dies wurde bei der übereilten Christianisierung der Inselbewohner des Pazifik nicht beachtet. Ein sexuelle Moral, mit der sie sehr gut gelebt hatten, wurde jäh durch eine andere ersetzt, die der Erziehung ihrer Kinder hinderlich war, die die Traditionen ihrer Beziehungs- und Eheformen störte und die die Institution der Familie, wie sie ihnen vertraut war, einfach umwarf. Das Schlimmste aber war, daß keiner dieser Veränderungen irgendeinen sichtbaren Vorteil brachte. Die neue Moral hatte daher zunächst auf große Teile der Bevölkerung vor allem einen demoralisierenden Effekt. Das gesamte Sozialgefüge geriet in Unordnung, und eine lange Zeit der Verwirrung war die Folge.

Natürlich lassen sich ähnliche Beispiele in beliebiger Zahl anführen. An dieser Stelle sollte jedoch bereits eine grundlegende Einsicht deutlich geworden sein: Wenn es um sexuelle Normen geht, gibt es keine Allgemeingültigkeit oder Beständigkeit. Im Gegenteil: betrachtet man sie im Kulturvergleich, erscheinen sie eher ganz unbeständig und wandelbar. Die Mitglieder der jeweiligen Gesellschaft mögen sie für vernünftig oder unveränderlich halten, Außenseitern hingegen erscheinen sie oftmals absurd oder unverständlich. Insgesamt ist also in sexuellen Dingen das, was die Menschen als ,,natürlich" bezeichnen, oftmals nicht mehr als Konvention.

Einsichtige Menschen haben dies schon immer gewußt und sich entsprechend verhalten. So haben wir zum Beispiel gesehen, daß Cook die Darbietungen auf Tahiti gelassen betrachtete, die in seiner Heimat Aufruhr hervorgerufen und vielleicht sogar Lynchjustiz nach sich gezogen hätten. Als aufgeklärter Forscher akzeptierte und respektierte er die Landessitten und bemühte sich, seine Gastgeber nicht zu verletzen. Ähnlich verhielt sich ein hübscher junger Tahitianer, den Cook später mit nach England nahm. Dieser ,,edle Wilde" namens Omai verhielt sich äußerst wohlerzogen, bewegte sich erfolgreich in gehobenen sozialen Kreisen und wurde von den Damen sehr geschätzt. Über sein Sexualverhalten können wir nur Vermutungen anstellen, wir wissen jedoch, daß er keinen Skandal verursachte, eine Tatsache, die vielleicht auch durch die tolerante Einstellung seiner aristokratischen englischen Bewunderer erklärt werden kann.

In diesem Fall war jedoch die Hauptursache für den gegenseitigen Respekt zwischen ,,Heiden" und Christen der Zeitpunkt ihrer Begegnung. Das England des 18. Jahrhunderts war nicht mehr so prüde wie einst unter puritanischer Herrschaft. (Das viktorianische 19. Jahrhundert muß hiervon jedoch unterschieden werden.) Das Studium griechischer und römischer Klassiker sowie verschiedener weltlicher Philosophen, der Kontakt zu fernen und fremden Kulturen hatte den Europäern eine tolerantere Einstellung gegenüber religiösen und sexuellen Dingen vermittelt. Auch die Lektüre von Berichten, wie denen des Kapitän Cook, und Begegnungen mit Menschen wie Omai führten dazu, daß viele Menschen ihre traditionellen Moralauffassungen in Frage stellten und sie etwas liberaler betrachteten. Der französische Kapitän Bougainville veröffentlichte einen eigenen Bericht über eine Reise in den Pazifik, und Denis Diderot, der große Enzyklopädist, pries die sexuelle Moral der Polynesier in seinem 1796 erschienenen ,,Ergänzungsbericht zur Reise Bougainvilles". So wurden in einigen westlichen Ländern die alten und strengen sexuellen Auffassungen nach und nach gelockert. Moralische Werte, die einst als absolut angesehen wurden, begannen sich zu relativieren. Man fing an, tradierte Lebensgewohnheiten kritischer zu betrachten. Immer mehr Menschen wollten für sich selbst entscheiden und die eigene Zufriedenheit auf ihre Weise suchen. Sie verlangten Befreiung von moralischer Bevormundung, indem sie die Einmischung der Kirche und die Vorschriften der Regierenden zurückwiesen. Die Ideale individueller Freiheit und einer geschützten ,,Privatsphäre" gewannen an Einfluß und führten in der Amerikanischen und Französischen Revolution schließlich zu politischen und sozialen Reformen.

Damit soll nicht gesagt sein, daß die westliche Prüderie im Zeitalter der Aufklärung beseitigt worden wäre. In den mittleren und unteren Schichten war sie sogar äußerst lebendig und nahm im darauffolgenden Jahrhundert noch erheblich zu. Dennoch hatte sich unter den Gebildeten das Wissen um andere, freiere sexuelle Verhaltensweisen verbreitet. Das führte auch zu einer offeneren Einstellung gegenüber der Sexualität im eigenen Land. Augustinus hatte schließlich niemals für jeden einzelnen seiner Mitchristen gesprochen. Hinter der öffentlichen Moralfassade hatte es zu allen Zeiten eine ältere, eingeboren-europäische Sinnlichkeit gegeben. Mit dem Auftreten der christlichen Askeselehren geriet diese Sinnlichkeit in Verruf, wurde verleugnet und begraben. Bei den Volksfesten des Mittelalters, in der Kunst und Literatur der Renaissance, im Prunk und Pomp des Barock, in ländlichen Bräuchen und städtischen Moden, in bodenständiger Folklore und aristokratischem Fest, im Theater, in der Musik und im Tanz kam diese Sinnlichkeit jedoch immer wieder zum Vorschein. Aus diesem Grunde ist auch das Sexualverhalten in der westlichen Welt nie so freudlos züchtig gewesen, wie es die offiziellen religiösen Dogmen und Kirchengesetze vielleicht vermuten lassen. Besonders Bauern und Feudalherrscher lebten weitgehend nach ihren eigenen, weniger eng gefaßten sexuellen Normen. Es war vornehmlich der Klerus und in der modernen Zeit das Bürgertum, die auf Mäßigung und Enthaltsamkeit bestanden.

Nach erfolgter Industrialisierung der westlichen Welt wurde selbst der sittenstrenge Mittelstand in sexuellen Dingen toleranter. Mit zunehmender materieller Sicherheit wurde ihm bewußt, daß die politische und ökonomische Freiheit, die er gewonnen hatte, ohne sexuelle Freiheit unvollkommen war. Daher kam es schon im 19. Jahrhundert zu Bewegungen, die um sexuelle Befreiung kämpften. Eingedenk ihrer Erfahrungen mit anderen Kulturen und ihrer eigenen Traditionen arbeiten heute eine große Anzahl von Wissenschaftlern, Moralphilosophen und einfachen Bürgern für eine veränderte, menschliche Welt ohne sexuelle Unterdrückung.

Seit mehr als einem Jahrhundert ist ein wichtiger Teil dieser Arbeit die wissenschaftliche Erforschung des menschlichen Sexualverhaltens und seiner sozialen Bedingungen. Die Sexualforschung versucht, als Wissenschaft eine rationale Einstellung gegenüber sexuellen Problemen zu vertreten, und sie kämpft deshalb gegen sexuelle Vorurteile, Unwissenheit und Ängste. In diesem Sinne wird auf den folgenden Seiten der gegenwärtige Wissensstand verschiedener Forschungsgebiete wiedergegeben. Es kann nicht Ziel der vorliegenden Arbeit sein, auf alle sozialen Aspekte der Sexualität einzugehen. Anhand historischer und kultureller Beobachtungen kann jedoch zumindest ein gewisses Verständnis für ihre Komplexität vermittelt werden. In diesem Teil des Buches wird daher auch auf den Kampf um die sexuelle Gleichberechtigung, das Problem der sexuellen Abweichung, neuerer Veränderungen in Ehe- und Familienstrukturen, die Lage sexuell Unterdrückter und den Einfluß der gegenwärtigen sogenannten sexuellen Revolution eingegangen.

9. Die sozialen Rollen von Mann und Frau

In jeder Gesellschaft werden die offensichtlichen biologischen Unterschiede zwischen Männern und Frauen dazu benutzt, ihnen unterschiedliche soziale Rollen zuzuweisen, durch die ihre Einstellungen und ihr Verhalten geformt werden. Das bedeutet, keine Gesellschaft gibt sich mit den natürlichen Unterschieden zwischen den Geschlechtern zufrieden, sondern fügt noch eine zusätzliche, kulturell und sozial bestimmte Unterscheidung der Geschlechter hinzu. Die einfachen körperlichen Faktoren werden so immer mit komplexen psychischen Eigenschaften in Zusammenhang gebracht. Für einen Mann reicht es nicht aus, männlichen Geschlechts zu sein, er muß auch maskulin erscheinen. Eine Frau muß, außer weiblichen Geschlechts zu sein, sich auch feminin verhalten.

Ist der Unterschied zwischen Mann und Frau jedoch einmal in dieser Weise vertieft und akzentuiert, gilt er als weiterer Beweis der biologischen Unterschiede, die wiederum die Notwendigkeit unterschiedlicher sozialer Rollen unterstreichen. Mit anderen Worten: man benutzt die natürlichen Unterschiede, um soziale Unterschiede zu definieren. Diese werden dann zu natürlichen Geschlechtsunterschieden erklärt, die nun ihrerseits weiterer sozialer Geschlechtsunterschiede bedürfen usw. Offensichtlich dreht sich die Argumentation im Kreis, sie ist jedoch gesellschaftlich sehr wirksam. So erfreut sich beispielsweise in unserer Gesellschaft das männliche Geschlecht einer sozial dominanten Rolle. Jungen werden von Kindheit an dazu erzogen, eine maskuline Rolle anzunehmen, die es ihnen ermöglicht, diese Position zu erreichen und auszufüllen. Aus dem gleichen Grunde lernen Mädchen, eine untergeordnete feminine Rolle zu übernehmen. Die daraus entstehenden Unterschiede des männlichen und weiblichen „Charakters" werden dann als angeboren bezeichnet und dazu benutzt, die bestehenden Machtverhältnisse zu sichern. Nur wer diese Verhältnisse akzeptiert, gilt als normal und kann erfolgreich sein. Die männliche soziale Rolle begünstigt maskuline Männer und die weibliche soziale Rolle bietet ihre relativen Vorteile nur femininen Frauen. (Der aggressive Mann wird die erfolgreicheren Geschäfte betreiben; die hübsche und liebenswürdige Frau wird den reicheren Ehepartner finden.) Mit anderen Worten, maskuline und feminine Eigenschaften sind Merkmale von Geschlechtsrollen, die als Reaktion auf soziale Diskriminierung entwikkelt werden. Wenn sie einmal entwickelt sind, rechtfertigen und fixieren sie diese Diskriminierung. Die maskulinen und femininen Geschlechtsrollen bestärken einander gegenseitig und verewigen dadurch die ihnen zugrunde liegende Ungleichheit.

Natürlich können diese psychischen Mechanismen nur funktionieren, solange das Verhalten von Männern und Frauen nicht gegen die allgemein anerkannten Grenzen verstößt. Daher versucht jede Gesellschaft, solche Verstöße zu verhindern, indem sie die sozial definierten Geschlechtsrollen als „natürlich", ewig und unabänderlich bezeichnet. Jeder, der sich weigert sie anzuerkennen, wird als Abweichender verurteilt, der nicht nur gegen die Gesellschaft, sondern auch gegen die „Natur" selbst verstößt. Ein historisches Beispiel solchen Abweichens ist der Fall von Jeanne D'Arc, die als junges Mädchen nicht nur die französische Armee zum Sieg über die Engländer führte, sondern auch Männerkleider trug. In ihrem späteren Gerichtsverfahren beschuldigte man sie auch sofort, damit gegen die Natur gesündigt zu haben.

Die Menschen haben sich natürlich jahrhundertelang gefragt, weshalb diese angeblich ,,natürlichen" Rollen einer so energischen sozialen Durchsetzung bedurften. Wenn sie wirklich so natürlich waren, so hätten sie doch ,,von Natur aus" Männern und Frauen einfach zufallen müssen. Es ist jedoch bemerkenswert, daß die Verfechter dieser sogenannten natürlichen Ungleichheit der Geschlechter über nichts mehr aufgebracht waren, als der ,,Natur" ihren Lauf zu lassen. Wenn ihre Argumente jedoch wirklich zuträfen, hätte keine Notwendigkeit bestanden, den Frauen gleichberechtigte Chancen zu versagen, da sie ja unfähig gewesen wären, sich mit den Männern zu messen. Wenn Frauen von ,,Natur" wirklich schwächer wären, hätten die Männer nichts zu fürchten. Die Tatsache, daß viele Männer die weibliche Gleichberechtigung fürchten, läßt deshalb berechtigte Zweifel an der Stichhaltigkeit solcher Behauptungen zu.

In Wahrheit gehen menschliche Wünsche und Fähigkeiten sehr häufig über die engen Grenzen der traditionellen Geschlechtsrollen hinaus. Und es bedarf in der Tat ständiger, gemeinsamer Anstrengungen aller gesellschaftlichen Gruppen, diese Grenzen aufrechtzuerhalten. Dies geschieht nicht nur von außen, durch elterliche Anweisungen, Druck der sozialen Bezugsgruppe oder durch gesetzliche Regelungen, sondern auch von innen durch Anschauungen und Wertvorstellungen, die das Selbstbild jedes einzelnen bestimmen. Gerade im Kopf jedes einzelnen kann eine Verwirrung über die sexuelle und soziale Geschlechtsrolle die schwerwiegendsten Probleme verursachen.

Männer und Frauen, die das Gefühl haben, nicht in das Klischee maskuliner oder femininer Rollen zu passen, sie ablehnen oder als einengend empfinden, geraten leicht auch über ihr biologisches Geschlecht in Unsicherheit. Sie könnten sich dann wünschen, einen anderen Körper zu haben, der es ihnen ermöglicht, eine ihnen eher gemäße Rolle zu spielen. Oder ein anderes Beispiel: Da Männer im Glauben erzogen werden, Frauen seien sozial und sexuell passiv, verwirrt es sie unter Umständen erheblich, auf eine Frau zu treffen, die aktiv ist und zum Beispiel beim Geschlechtsverkehr die Initiative ergreift. Angesichts so ,,unfemininen" Verhaltens kann ein Mann dann versucht sein, die Weiblichkeit einer Frau anzuzweifeln. Wenn diese Zweifel angesichts offensichtlicher Beweise nicht aufrechterhalten werden können, beginnt er möglicherweise, an seiner Männlichkeit zu zweifeln, und es kommt so zu sexuellen Störungen. Umgekehrt wird möglicherweise ein hübscher, sanfter und zurückhaltender junger Mann ausgelacht und als ,,pervers" oder ,,schwul" hingestellt. ,,Richtige Frauen" werden ihn nicht als ,,richtigen Mann" betrachten und daher als Sexualpartner ablehnen.

Die Verwirrung geht aber noch weiter. Die Meinung, daß es in jeder sexuellen Beziehung einen aktiven Partner (den Mann) und einen passiven (die Frau) geben muß, wird so beharrlich verteidigt, daß sie nicht nur viele heterosexuelle Beziehungen zerstört, sondern auch das Verhalten bestimmter Homosexueller beeinflußt, die sich gezwungen fühlen, sich nach solchen Klischees zu verhalten. Damit unterstützen sie die merkwürdige Auffassung, daß es selbst bei Beziehungen zwischen zwei Menschen gleichen Geschlechts immer einen geben muß, der den ,,Mann" spielt, und einen anderen, der die Rolle der ,,Frau" übernimmt. Allgemein herrscht bei uns die Meinung, daß es selbst bei einem (männlichen oder weiblichen) homosexuellen Paar einen aktiven, maskulinen und einen passiven, femininen Partner gibt. Wer diese Auffassung teilt, kann natürlich kaum ein Phänomen wie die berühmte homosexuelle Elitetruppe im Griechenland der Antike erklären, die ausschließlich aus männlichen Freundespaaren bestand.

All diese Ansichten beruhen auf falschen Schlußfolgerungen, die aufgrund falscher Voraussetzungen gezogen wurden. Falsch ist die Voraussetzung, eine Frau sei von Natur aus passiv, während ein Mann von Natur aus aktiv sei. Sie führt zur falschen Schlußfolgerung, daß jede passive Person eine feminine Rolle spielt und jede aktive eine maskuline. In Wirklichkeit muß jedoch weder die sexuelle noch die soziale Rolle in dieser Weise festgelegt sein, ist doch in einigen menschlichen Gesellschaftsformen die Rollenverteilung von Mann und Frau gerade umgekehrt. Das bedeutet zusammengefaßt: an unseren sexuellen Klischees ist nichts ,,natürlich" oder endgültig. Eine umfassende Gleichberechtigung zwischen den Menschen kann aus diesem Grunde nicht eher erreicht werden, als bis beiden Geschlechtern deutlich geworden ist, daß jeder sich aktiv und passiv verhalten darf und daß selbst zwei ,,aktive" oder zwei ,,passive" Partner eine beglückende Beziehung haben können.

Das soll nicht heißen, daß in einer idealen Zukunft alle Unterschiede zwischen den Menschen verschwinden werden. Sie werden sich, sobald die alten Klischees abgelegt worden sind, vor allem auch zwischen Menschen gleichen Geschlechts eher vertiefen. Wenn die Voraussetzungen sozialer Gleichberechtigung geschaffen sind, wird es weiterhin jedem einzelnen freistehen, in seiner Geschlechtsrolle Erfüllung zu finden. Denn eigentlich erübrigt sich der Hinweis, daß die unterschiedlichen Geschlechtsrollen an sich kein Problem darstellen. Sie können für unser Leben sehr bereichernd sein, solange wir uns bewußt sind, daß ,,unterschiedlich" oder ,,anders" beim Menschen nicht gleichbedeutend mit über- oder untergeordnet ist. Mit anderen Worten: wer für die Gleichberechtigung von Mann und Frau kämpft, bemüht sich damit nicht um triste Gleichmacherei, sondern um ein soziales Klima, indem sich Vielfalt ohne Herrschaft und Ausbeutung entwickeln kann.

In den folgenden Kapiteln wird zunächst das Grundkonzept von Geschlecht und Geschlechtsrolle weiterentwickelt. Dann folgt eine kurze Diskussion der sogenannten doppelten Moral für Männer und Frauen. Der abschließende Teil befaßt sich mit der Frauenbewegung und ihrem Kampf um sexuelle Gleichberechtigung.

9.1 Geschlecht und Geschlechtsrolle

An anderer Stelle des Buches wurde unterschieden zwischen

- **dem biologischen Geschlecht** (den männlichen oder weiblichen Körpermerkmalen),
- **der Geschlechtsrolle** (der sozialen Rolle als Mann oder Frau) und
- **der sexuellen Orientierung** (der Bevorzugung männlicher oder weiblicher Sexualpartner).

Dabei wurde ausgeführt, daß der Begriff ,,biologisches Geschlecht" Männlichkeit oder Weiblichkeit, der Begriff ,,Geschlechtsrolle" Maskulinität oder Femininität und der Begriff ,,sexuelle Orientierung" Hetero- oder Homosexualität bezeichnet. An dieser Stelle soll nur auf die beiden ersten Begriffe im Hinblick auf Frauen eingegangen werden. (Eine ausführlichere Diskussion dieser drei Begriffe findet sich in der Einleitung zu Kap. 6.)

Eingangs wurde erklärt, daß biologisches Geschlecht und Geschlechtsrolle nicht immer im Einklang miteinander stehen. Ein Mensch kann sehr wohl männlich und feminin oder weiblich und maskulin sein. Darüber hinaus haben wir gesehen, daß sowohl das biologische Geschlecht als auch die Geschlechtsrolle unterschiedlich stark ausgeprägt sein können: Menschen sind in dem Maße männlich oder weiblich, wie sie bestimmte Körperkriterien aufweisen. Menschen sind in dem Maße maskulin oder feminin, wie ihr Charakter und ihr Verhalten im Einklang mit bestimmten kulturellen und sozialen Normen ist. Wenn wir über das biologische Geschlecht eines Menschen befinden, also über seine Männlichkeit oder Weiblichkeit, dann untersuchen wir seinen Körper. Wollen wir seine Geschlechtsrolle bestimmen, also angeben, wie maskulin oder feminin er ist, dann untersuchen wir Charakter und Verhalten.

Ist der grundlegende Unterschied zwischen den Begriffen ,,biologisches Geschlecht" und ,,Geschlechtsrolle" einmal verstanden, ist der erste Schritt getan zum Verständnis dessen, was es heißt, ,,Mann" oder ,,Frau" zu sein. Das reicht jedoch bei weitem nicht aus. Wenn wir diesen Zusammenhang richtig verstehen wollen, müssen wir noch eine weitere Unterscheidung treffen: diejenige zwischen ,,Geschlechtsrolle" und ,,Geschlechtsidentität".

Bisher wurde ,,Geschlechtsrolle" allgemein als die männliche oder weibliche soziale Rolle definiert, das heißt wie sich Menschen maskulin oder feminin verhalten. Das ist jedoch eine zu große Vereinfachung, weil jede soziale Rolle zumindest zwei Aspekte hat: Man kann denjenigen, der eine Rolle spielt, danach beurteilen, wie er auf andere wirkt, aber auch danach, wie er auf sich selbst wirkt. Denn schließlich können Menschen eine Rolle spielen, ohne von ihr überzeugt zu sein. Sie können sich mit ihrer vorgegebenen Rolle identifizieren oder nicht.

Das gilt auch für die Geschlechtsrolle. Von Kindern mit männlichem Körper erwartet man beispielsweise, daß sie eine maskuline Rolle spielen, und in den meisten Fällen werden sie das von selbst tun. In manchen Fällen ist es jedoch möglich, daß diese Rolle nur oberflächlich und halbherzig ausgefüllt wird und daß ein männliches Kind sich trotz seiner äußeren Erscheinungsform insgeheim mit der weiblichen Rolle identifiziert. Diese feminine Selbsteinschätzung kann sich sogar im Laufe der Zeit als so stark erweisen, daß sowohl das ,,maskuline" Verhalten als auch die männlichen Körpermerkmale durch eine freiwillige ,,Geschlechtsumwandlung" aufgegeben werden. In diesen Fällen könnte man durchaus die Ansicht vertreten, daß es von Anfang an besser gewesen wäre, den ,,Jungen" als Mädchen zu erziehen. Glücklicherweise sind solche Fälle selten, aber sie zeigen, daß das hauptsächliche Kriterium weder die körperlichen Merkmale noch das Verhalten nach außen, sondern vor allem die Selbsteinschätzung des Betroffenen ist. Wenn wir daher von der ,,Geschlechtsrolle" sprechen, müssen wir von zwei verschiedenen Aspekten ausgehen:

- **der Geschlechtsrolle** (der männlichen und weiblichen sozialen Rolle) und
- **der Geschlechtsidentität** (der Einschätzung der eigenen Person als männlich oder weiblich).

Bei den meisten Menschen stimmen Geschlechtsrolle und -identität natürlich überein. So spielen zum Beispiel die meisten Frauen nicht nur eine feminine Rolle, sie fühlen sich auch als Frauen. Sie entwickeln und zeigen nicht nur feminine Eigenschaften, sondern glauben auch, daß diese der wirkliche Ausdruck ihres ,,Ichs" seien. Viele empfinden ihre Feminität aber auch als lähmend und einengend und versuchen, ihr eine neue Definition zu geben. Das bedeutet aber nicht, daß sie jede Weiblichkeit im Prinzip nicht akzeptieren; sie identifizieren sich mit ihrer Rolle und wünschen lediglich, nicht zu stark auf diese Rolle fixiert zu werden. Frauen mit wirklichen Problemen hinsichtlich ihrer Geschlechtsidentität sind selten. Wenn wir daher über soziale Zusammenhänge und ihre Auswirkungen auf Frauen im allgemeinen sprechen, können wir die Wechselbeziehung zwischen Rolle und Identität beiseite lassen und uns auf die umfassenderen Begriffe von Geschlecht und Geschlechtsrolle konzentrieren.

Wie wir gesehen haben, ist ,,Geschlecht" ein biologischer, ,,Geschlechtsrolle" ein psychologischer und sozialer Begriff. Geschlecht ist die Basis, auf der sich die Geschlechtsrolle aufbaut. Bei der Geburt eines Säuglings läßt sich durch einen Blick auf die äußeren Geschlechtsorgane sein Geschlecht meist bestimmen; unmittelbar danach beginnt die Entwicklung der Geschlechtsrolle. Zunächst mag die Geschlechtsrolle durch nichts weiter als durch den Vornamen ausgedrückt werden oder eine blaue oder rosa Decke. Bald beginnen jedoch verschiedene elterliche Verhaltensweisen, Zärtlichkeiten, Bestrafungen, Spiele, Spielzeuge, Kleidung, Haartracht, Bücher, Möbel, Schmuck usw. die verschiedenen Geschlechtsrollen von Jungen und Mädchen zu verdeutlichen. Verwandte, Freunde, Spielkameraden, Babysitter, Kinderschwestern und Lehrer zeigen dann, daß sie die Unterschiede als gegeben ansehen und verstärken sie ihrerseits. So lernen Kinder innerhalb ihrer ersten Lebensjahre nicht nur, sich selbst als männlich oder weiblich zu identifizieren, sondern sie nehmen auch das ,,richtige" maskuline oder feminine Verhalten an. Das bedeutet, daß die Geschlechtsrolle eines Menschen schon lange bevor er sich dessen bewußt wird, seinem Geschlecht ,,angepaßt" wird und dann dauerhaft bestehen bleibt.

Theoretisch müssen aus den unterschiedlichen Geschlechtsrollen nicht unbedingt Probleme erwachsen. Sie könnten ein sehr erfreulicher Aspekt des menschlichen Zusammenlebens sein, aber in der Praxis sind sie, wie immer mehr Menschen bewußt wird, der Ausdruck von Ungerechtigkeiten und fehlender Gleichberechtigung. In vielen Gesellschaftsformen, einschließlich unserer eigenen, wird dem weiblichen Geschlecht ein niedrigerer sozialer Status zugewiesen als dem männlichen, femininen Eigenschaften wird weniger Respekt entgegengebracht als maskulinen. Für Frauen wird damit ihre Geschlechtsrolle zum Zeichen eines minderen Ranges. Männer hingegen fassen ihre maskuline Geschlechtsrolle wie selbstverständlich als Garantie für ihre beherrschende Position auf. Das heißt, daß die Geschlechtsrolle auch im Zusammenhang mit sozialer Macht und Ohnmacht steht. Letzten Endes offenbart sie sich damit als eine vor allem politische Frage.

Die moderne Frauenbewegung hat daher seit langem die politische Erziehung von Frauen und ihre Beteiligung am öffentlichen Leben gefordert. Sie hat für das Frauenwahlrecht gekämpft, in der Hoffnung, hierdurch – und durch eine Reihe weiterer politischer und anderer Rechte – das herrschende Ungleichgewicht der Kräfte zwischen den Geschlechtern zu verändern. Darüber hinaus haben Feministinnen seit langem die Ansicht vertreten, daß mit der Erlangung gleicher Rechte Frauen und Männer auch unter vielen anderen Aspekten als gleich erscheinen werden. Bestimmte Unterschiede zwischen den Geschlechtern werden natürlich immer bestehen bleiben, aber die gegenwärtigen Unterschiede der Geschlechtsrolle werden sicherlich weniger deutlich und wichtig sein. Es wird jedenfalls interessant sein zu sehen, was von ihnen übrigbleibt.

Die grundlegenden biologischen Fakten sind unbestritten: Kinder gebären und stillen kann nur die Frau; Männer sind im allgemeinen größer, stärker und schneller. Der erwachsene Mann hat einen höheren Androgenspiegel als die erwachsene Frau. Die Menschen geben sich jedoch nie damit zufrieden, diese Tatsachen einfach festzustellen; sie ziehen daraus immer – oft voreilige – interpretierende Schlüsse in bezug auf psychische Auswirkungen. So ist der feminine Charakter in unserer Gesellschaft als passiv, unterwürfig, schwach, impulsiv und sentimental definiert, während der maskuline Charakter mit Aktivität, Aggression, Stärke, Selbstkontrolle und Vernunft gleichgesetzt wird. Männer gelten daher als diejenigen, die besser kämpfen, Gewichte heben, technische Probleme bewältigen und abstrakter denken können. Frauen sollen dadurch ausgezeichnet sein, daß sie Kinder erziehen, kleine komplizierte Instrumente besser handhaben, eine Wohnung dekorieren und einfühlsame Gespräche führen können. Dies sind höchst fragwürdige Verallgemeinerungen, aber selbst wenn wir sie als zutreffend annähmen, müßten wir immer bedenken, daß es zum gegenwärtigen Zeitpunkt unmöglich ist zu

Andersgeschlechtliche Kleidung in der Geschichte:
Der griechische Dichter Homer berichtet, daß Achilles als Mädchen aufgezogen wurde und Frauenkleider trug, bis er in den Krieg gegen Troja zog. Neben solchen legendären Gestalten sind viele historische Persönlichkeiten bekannt, die Kleidung des anderen Geschlechts trugen. Diese Beispiele reichen vom heidnischen römischen Kaiser Heliogabal (3. Jh. n. Chr.) bis zum christlichen Abbé de Choisy (17. Jh. n. Chr.), von der bäuerlichen Jungfrau von Orleans (15. Jh. n. Chr.) bis zur Königin Christina von Schweden (17. Jh. n. Chr.). Sicher hatten diese Menschen nicht alle die gleichen Beweggründe für ihr Verhalten, und es wäre sicher viel zu einfach, sie alle als „Transvestiten“ zu bezeichnen. Wahrscheinlich waren einige von ihnen transsexuell, anderen machte es Freude, ihre Zeitgenossen zu schockieren, anderen gefiel die andersgeschlechtliche Mode aus noch anderen, nicht-sexuellen Gründen. Manche kleideten sich nur eine Zeitlang wie das andere Geschlecht und gaben später dieses Verhalten wieder auf.

(Oben links) **Edward Hyde, Lord Cornbury,** kolonialer Gouverneur von New York und New Jersey. Er war biologisch ein Mann, liebte es jedoch, Frauenkleider zu tragen und so auch öffentlich zu erscheinen. Das hier abgebildete offizielle Portrait bezeugt die Selbstverständlichkeit, mit der er zu dieser Vorliebe stand, und die Toleranz seiner Zeitgenossen.

(Oben rechts) **George Sand** (Lucille Aurore Dupin), französische Schriftstellerin des 19. Jahrhunderts. Sie war biologisch eine Frau, nahm jedoch einen Männernamen an und kleidete sich entsprechend. Eine Zeitlang genoß sie ihre so erreichte Freiheit und ihren zwielichtigen Ruf, führte jedoch später wieder ein konventionelleres Leben.

(Unten) **Der Chevalier d'Éon,** französischer Diplomat des 18. Jahrhunderts und bekannter Degenfechter. Er war biologisch ein Mann, wechselte aber im Laufe seiner Karriere mehrmals von der männlichen zur weiblichen Geschlechtsrolle und lebte zeitweilig als Mann (links), zeitweilig als Frau (rechts). Mit seinem fechterischen Können trat er jedoch in beiden Geschlechtsrollen hervor.

sagen, ob sie auf biologisches Erbgut oder auf soziale Lernprozesse zurückzuführen sind. Denn tatsächlich werden das männliche und das weibliche Geschlecht von Geburt an unterschiedlich behandelt. Solange diese Ungleichbehandlung fortbesteht, wird der „wahre“ Charakter solcher Eigenschaften immer eine Frage von Vermutungen bleiben.

Anthropologen haben inzwischen Gesellschaften gefunden und beschrieben, in denen die maskuline und feminine Rolle fast gegensätzlich zur unsrigen ist, das heißt, wo die Frauen kämpferische Ernährer und die Männer geduldig-passive Haushalter sind. (Vgl. zum Beispiel Margaret Mead mit ihrer Untersuchung „Geschlecht und Temperament in drei primitiven Gesellschaften“.) Darüber hinaus kann man bei vielen „unterentwickelten“ Völkern beobachten, daß Frauen als Wasserträger arbeiten und daß man von ihnen verlangt, schwere Gewichte über große Strecken zu tragen. Viele von ihnen betreiben unter „Anleitung“ ihrer Männer Ackerbau und Fischfang. Die leichteren Arbeiten behalten sich die Männer selbst vor.

Auch in unserer Gesellschaft überläßt mancher Mann seiner Frau und seinen Töchtern die schwere Arbeit, während er sie gleichzeitig als das „schwache Geschlecht“ bezeichnet. Machtverhältnisse müssen eben keinen logischen Sinn ergeben, sie werden nicht schon dadurch verändert, daß sie einer rationalen Betrachtung nicht standhalten. Schon im alten Rom vertrauten die reichen Bürger die Erziehung ihrer Nachkommen Sklaven an, die sie eigentlich als minderwertig verachteten, und die späteren unumschränkten Herrscher Europas benutzten Männer von „niederer Geburt“, um ihre Länder zu verwalten und damit die Überlegenheit aristokratischer Herrschaft zu beweisen. Vom rein logischen Standpunkt aus ist es schwierig, die heute mit unseren Geschlechtsrollen verbundene Zuweisung von Eigenschaften zu rechtfertigen oder deren weitverbreitete Anerkennung zu erklären. Man kann nur feststellen, daß diese Einteilung besteht und daß sie sich oft in Verunglimpfung und Unterdrückung von Frauen ausdrückt.

Männliches Privileg und weibliche Unterdrückung haben wiederum ihre Auswirkungen auf die maskulinen und femininen Charaktereigenschaften. Viele Männer entwickeln in ihrer Maskulinität einen fanatischen und angstvollen Stolz, der sie in nahezu allen Handlungen beeinflußt und einschränkt. Diese Haltung, die auf andere bedrohlich oder lächerlich wirken kann, wird am besten mit dem spanischen Begriff „machismo“ bezeichnet (von span. macho: männliches Tier). Frauen dagegen müssen eine unrealistische Idealvorstellung „reiner Weiblichkeit“ anstreben, die sie jeglicher Initiative beraubt und sie der Ungerechtigkeit sexueller Doppelmoral preisgibt.

9.2 Die doppelte Moral

Der Begriff „doppelte Moral“ bezieht sich auf die Tatsache, daß wir unterschiedliche Normen für das Sexualverhalten von Männern und Frauen haben. Das bedeutet, daß nicht nur in unserer, sondern auch in den meisten anderen Gesellschaften über lange Zeit Frauen größere sexuelle Beschränkungen auferlegt wurden als Männern. Mädchen und Frauen wurden traditionell in ihren sexuellen Möglichkeiten erheblich eingeschränkt, um sich „rein“ und „unschuldig“ zu bewahren. Jungen und Männer hingegen wurden immer dazu angehalten, sich „die Hörner abzustoßen“, wie es ihre „animalische Natur“ verlangte. Aus diesem Grunde wurden Frauen für die kleinste sexuelle Übertretung gestraft, während man Männern erhebliche sexuelle Freiheiten zugestand.

Heute ist diese doppelte Moral vor allem in Form indirekter sozialer Unterdrückung wirksam, aber auch durch Moralvorschriften, Verhaltensregeln, Sitten, Gewohnheiten und Tabus. In der Vergangenheit fand sie direkte und brutale Anwendung, indem Männer ihre Frauen, Töchter und Schwestern wegen ,,ungebührlichen" sexuellen Verhaltens schlugen oder gar töteten. Das Gesetz, von Männern gemacht, verteidigte den männlichen Standpunkt und sorgte dafür, daß weiblicher Ehebruch und der Verlust der ,,Jungfräulichkeit" vor der Ehe hart bestraft wurden. Ehebruch und Vergewaltigung von seiten der Männer wurden nur in dem Ausmaß bestraft, in dem hierdurch die Rechte anderer Männer verletzt wurden. Das bedeutet, daß die Frauen als ,,Besitz" ihren Vätern, Ehemännern oder Brüdern gehörten. Wenn also der Wert einer Frau durch Ehebruch oder Vergewaltigung gemindert worden war, mußte man ihrem Herrn den Schaden ersetzen. Zum Beispiel war im alten Israel der Verführer eines Mädchens verpflichtet, ihrem Vater ,,Geld im Werte einer Jungfrauenmitgift" zu zahlen. Und selbst noch im England des 19. Jahrhunderts konnte ein Ehemann rechtmäßig eine finanzielle Entschädigung vom Verführer seiner Frau verlangen.

Die ,,doppelte Moral" erweist sich in diesem Zusammenhang also nicht mehr nur als eine Frage sexueller Moral. Sie weist auf einen grundlegenderen Sachverhalt hin, den man in jüngerer Zeit als ,,Sexismus" bezeichnet. Sexismus ist eine Einstellung, die das Geschlecht einer Person zur Grundlage aller möglichen sozialen Diskriminierungen macht. Moderne Frauenrechtlerinnen haben hierfür auch den Begriff des ,,männlichen Chauvinismus" geprägt (nach dem überpatriotischen Franzosen Chauvin), und sie bezeichnen damit ein fanatisches und uneinsichtiges Bestehen auf männlichen Privilegien.

Dabei haben die männlichen Privilegien eine lange Geschichte und sind mit unseren gesellschaftlichen Institutionen nach wie vor eng verflochten. Ursprünglich reflektierte die doppelte sexuelle Moral die Tatsache, daß Männer nahezu umfassende ökonomische, juristische und sexuelle Macht über die Frauen hatten. Die Gesellschaft war so organisiert, daß die Frauen von ihren Männern abhingen, die alle wichtigen Entscheidungen trafen. Die Männer hatten politische, religiöse und kulturelle Autorität, während die Frauen sich auf den häuslichen Bereich beschränkten und in öffentlichen Angelegenheiten kein Mitspracherecht hatten, das heißt, sie lebten in einem sozialen System, das man als Patriarchat (griech. wörtl. ,,Vater-Herrschaft") bezeichnet.

Dieses Patriarchat hat sich natürlich in der Zwischenzeit gewandelt. Einige der schlimmsten Auswüchse sind korrigiert worden, aber vor allem Frauen können feststellen, daß es im Prinzip bis zum heutigen Tage überlebt hat. Von vielen Männern wird es nach wie vor als ,,natürlich" und unumgänglich verteidigt. Sie führen geschichtliche und anthropologische Beweise an, daß das Patriarchat seit frühester Zeit eine universelle Einrichtung sei. Diese Ansicht ist jedoch in den letzten 100 Jahren wiederholt in Frage gestellt worden. Verschiedene Wissenschaftler haben behauptet, die gesamte Menschheit habe in einer fernen Vergangenheit unter dem menschlicheren System des Matriarchats (,,Mutter-Herrschaft") gelebt und so sei unsere patriarchalische Kultur kaum mehr als eine bedauerliche Abweichung von der gesunden Ordnung der Dinge. In dem hier vorliegenden Zusammenhang ist es nicht notwendig, in der Auseinandersetzung Partei zu ergreifen, aber man muß feststellen, daß bis heute kein endgültiger Beweis eines matriarchalischen Systems, weder in der Vergangenheit noch in der Gegenwart, gefunden worden ist. Man fand in der Tat eine Anzahl matrilinearer Systeme, das heißt Gesellschaftsformen, wo die familiäre Abstammung von der Mutter her bestimmt wird. Das gibt der Mutter zweifelsohne einen besonderen Status, muß aber nicht unbedingt heißen, daß es ihr eine beherrschende Rolle zuteilt. Eine Gesellschaft kann durchaus zugleich matrilinear und patriarchalisch sein.

Dennoch zeigt die einstmals recht große Verbreitung matrilinearer Sy-

Schönheitswettbewerbe
Schönheitswettbewerbe unter Männern und Frauen sind bei vielen Völkern von alters her bekannt.

Das Urteil des Paris (oben)
Der erste und berühmteste Schönheitswettbewerb unter Frauen im westlichen Kulturkreis fand zwischen den griechischen Göttinnen Hera, Athene und Aphrodite statt, die den trojanischen Schafhirten Paris zu ihrem Schiedsrichter machten. Weil er sich außer Stande sah, sich für eine von ihnen zu entscheiden, machten sie ihm verschiedene Versprechen. Er erwählte schließlich Aphrodite, die ihm die Liebe der Helena versprach, der Frau des Königs von Sparta, Menelaos, die damals als schönste Frau der Welt galt. So führte das Urteil des Paris zum Trojanischen Krieg. – Das hier gezeigte Gemälde stammt von Peter Paul Rubens (17. Jahrhundert).

Die Insel der Frauen (unten)
Dieses Bild von Hiroshige, einem japanischen Künstler des 19. Jahrhunderts, betont die sexuellen Aspekte von Schönheitswettbewerben. Das Bild stammt aus einer Geschichte von drei Fischern, die schiffbrüchig auf einer nur von Frauen bewohnten Insel landen. In der dargestellten Szene werden die drei von der Herrscherin der Insel begutachtet, die einen von ihnen als Liebhaber auswählen will.

steme etwas hier relevantes auf: Es ist sehr viel einfacher, ,,natürlicher" und genauer, die familiäre Abstammung von der Mutter abzuleiten als vom Vater. An der Mutter eines Kindes besteht nie ein Zweifel, während der Vater oft schwer zu ermitteln ist. Daraus folgt, daß ein patrilineares System nur dann anwendbar ist, wenn Frauen so lückenlos kontrolliert werden, daß man jede ihrer Schwangerschaften auf den richtigen Vater zurückführen kann. Das beste wäre daher, wenn sie ,,unberührt" in die Ehe gingen und ihren Partnern ,,treu" blieben. Vor- und außereheliche Beziehungen einer Frau müssen aus dem gleichen Grunde ihren Ehemann vor die Frage stellen, ob er der Vater seiner Kinder ist. Es könnte schließlich sein, daß er zwar ihr legitimer und offizieller, nicht aber ihr biologischer Vater ist. Zwar sind in manchen Gesellschaften die Väter um ihre biologische Vaterschaft wenig besorgt und geben sich mit ihrer offiziellen Rolle zufrieden, in vielen anderen Gesellschaften aber, einschließlich der unsrigen, haben Männer traditionsgemäß darauf bestanden, ihr ,,eigen Fleisch und Blut" aufzuziehen. Diese Gewißheit konnten sie indes nur erlangen, indem sie ihren Frauen jede sexuelle Freiheit untersagten. Folgerichtig waren bei uns die Gesetze und Moralvorschriften für Frauen immer strenger als für Männer.

Merkwürdigerweise hat es bis ins frühe 20. Jahrhundert noch Menschen gegeben, denen die Tatsache, daß Schwangerschaft durch Geschlechtsverkehr verursacht wird, nicht bewußt war. Für sie konnte die biologische Vaterschaft kaum zur Streitfrage werden. Sie glaubten statt dessen, daß eine Frau durch einen Geist schwanger würde, der beim Schwimmen oder Baden oder bei anderer Gelegenheit in ihren Körper fahre. Für diese Naturvölker hatten Sexualität und Fortpflanzung nichts miteinander zu tun, mit Ausnahme eines Stammes, bei dem die Menschen glaubten, der Mann müsse den Fötus ernähren, indem er seinen Samen in die Scheide der schwangeren Frau abgibt.

Wir wissen nicht, zu welchem Zeitpunkt der Entwicklung den Menschen die Verbindung zwischen Koitus und Schwangerschaft bewußt wurde. Wir können jedoch davon ausgehen, daß die meisten Gesellschaften dies schon vor langer Zeit entdeckt haben. Wir wissen auch, daß unterschiedliche Völker verschiedene Schlußfolgerungen aus dieser Entdeckung zogen. Einige waren der Auffassung, daß die weibliche Rolle bei der Fortpflanzung besonders wichtig sei. Daher spielten dann Männer auch nur eine periphere Rolle. Bei anderen Gesellschaften wurde beiden Geschlechtern gleiche Bedeutung zugemessen. Wieder andere erachteten den männlichen Beitrag als entscheidend. Dieser Standpunkt wurde in unserer westlichen Zivilisation schließlich durchgehend akzeptiert. Der weibliche Körper galt lediglich als Gefäß für den ,,Lebenssaft" des Mannes. Frauen waren der Boden, auf dem die Männer ihren ,,Samen" aussäten (auch diese Wortwahl weist noch heute auf eine solche Vorstellung).

So fanden sich Frauen alsbald in einer untergeordneten, zweitrangigen Stellung. Ihre Kinder gehörten in Wirklichkeit nicht ihnen, sondern den männlichen ,,Befruchtern", ebenso wie die Getreideernte dem Bauern gehört, der sie ausgesät hat, nicht dem Feld. Es gab in der Tat Zeiten, in denen man glaubte, jeder Tropfen Samen enthalte ein winziges Menschenwesen, einen ,,Homunculus", der nach seiner Ablagerung im Leib der Frau wie eine Blume im Blumenbeet heranwachse. Auf jeden Fall war die Frau im gesamten Fortpflanzungsprozeß kaum mehr als ein passiver Nährboden. Sie nährte das Leben lediglich, erschuf es aber nicht. Der wahre Erzeuger war der Mann. Dieser allgemeine Vorstellungswandel spiegelte sich natürlich auch in der Religion wider. Ursprünglich hatten die Menschen fast in der gesamten Antike einer großen oder einer lebensspendenden Göttin der Wiedergeburt und Fruchtbarkeit gehuldigt, wie etwa der Istar (in Babylon), Astarte (in Phönizien), Kybele (in Phrygien) und Isis (in Ägypten). Die Funktionen dieser großen weiblichen Gottheiten wurden indes nach und nach von männlichen Ebenbildern übernommen. Unter den hebräischen Nomaden entstand zum Beispiel ein neuer Glaube, der später vom Christentum übernommen wurde und so einen großen Einfluß auf die Geschichte der westlichen Zivilisation hatte: der Glaube an den männlichen Gott Jahwe, der die Welt erschuf und Adam, den ersten Menschen. Jahwe schuf auch die Frau Eva aus der Rippe Adams zu dessen Gefährtin. Eva ließ sich jedoch von der Schlange verführen und wurde damit der Grund für Adams Sündenfall.

Zwangsläufig wurde der Frau, da sie der kreativen Rolle beraubt war und ihr die Verantwortung für die Erbsünde aufgebürdet wurde, ein niederer sozialer Status zugewiesen. Im alten Israel nannte eine Ehefrau ihren Mann „Herr" ('adôn) oder „Meister" (baʿal). Während er sie verstoßen durfte, stand ihr kein solches Recht zu, sie blieb vielmehr ihr Leben lang unmündig. Die zehn Gebote registrieren die Frau als Besitz des Mannes. Daher überrascht es nicht, daß Männer in einem traditionellen jüdischen Gebet Gott bitten: „. . . wohl dem, dessen Kinder männlich, und wehe dem, dessen Kinder weiblich sind". Und froh wiederholen sie jeden Tag: „. . . gepriesen (sei Gott), daß er mich nicht als Weib geschaffen hat".

Im antiken Griechenland ging es den Frauen kaum besser. Im frühen Heldenzeitalter besaßen die griechischen Frauen ein gewisses Maß an Freiheit, aber zur Zeit des Perikles (5. Jahrhundert vor Christus) glich ihr Dasein dem der Haussklaven. Eine Ausnahme machte der militaristische Staat Sparta, in dem sich Frauen bestimmter Privilegien erfreuten. Gemeinsam mit allen Männern unterlagen sie jedoch einem totalitären Regime. In der römischen Republik wurden die Frauen ebenfalls von ihren Ehemännern und Vätern beherrscht. Erst in der Zeit der römischen Kaiser gelang ihnen ein Stück Emanzipation. Die Bekehrung Europas zum Christentum bewirkte für die Befreiung der Frauen sehr wenig. In bezug auf Ehe und Ehescheidung versagte man ihnen sogar die Rechte, die sie zuvor hatten. Lediglich in einigen „unzivilisierten" nordischen Ländern sorgte die Kirche für etwas mehr sexuelle Gleichberechtigung. Im Prinzip wurden die Frauen jedoch immer noch als minderwertig betrachtet. In den Gemeinden waren sie respektiert und gern gesehen, solange sie sich „sittsam" und „anständig" verhielten, aber sie hatten weder in religiösen noch in öffentlichen Fragen ein Mitspracherecht. Das drückte der Apostel Paulus so aus: „Ich lasse euch aber wissen, daß Christus ist eines jeglichen Mannes Haupt; der Mann aber ist des Weibes Haupt . . . der Mann aber . . . ist Gottes Bild und Ehre; das Weib aber ist des Mannes Ehre. Denn der Mann ist nicht vom Weibe, sondern das Weib ist vom Manne" (1. Korinther 11; 3–9). Paulus fährt fort: „. . . lasset eure Weiber schweigen in der Gemeinde; denn es soll nicht zugelassen werden, daß sie reden, sondern sie sollen untertan sein, wie auch das Gesetz sagt. Wollen sie aber etwas lernen, so lasset sie daheim ihre Männer fragen. Es stehet den Weibern übel an, in der Gemeinde zu reden" (1. Korinther 14; 34–35).

Im Gegensatz zu älteren, „heidnischen" Religionen schloß das Christentum die Frauen vom Priesteramt und anderen Kirchenämtern aus. Gleichzeitig erwartete man von ihnen, daß sie den Männern im Hause dienstbar seien. Das einzige und eher verspätete religiöse Zugeständnis an das weibliche Geschlecht war der Kult um die Jungfrau Maria, der im Laufe des Mittelalters entstand. Maria, unbefleckt von sexuellen Erlebnissen, diente als Gottes Werkzeug, indem sie seinen Sohn gebar. So konnte sie zur Erlösung der Menschheit beitragen und die Schuld Evas zum Teil wiedergutmachen. Dies verlieh der Frau in den Augen der Gläubigen neue Würde. In der höfischen Liebe und im Kult des Rittertums wurde das weibliche Mysterium noch weiter verehrt. In Dichtung und Gesang priesen die Troubadoure und andere sinnesfrohe Männer die Tugenden ihrer vornehmen, untadeligen und weitgehend unerreichbaren Damen. Gleichwohl standen die Jungfrau Maria und die

,,edlen Damen" der mittelalterlichen Poeten für Treue, Reinlichkeit und Schicklichkeit, und sie versinnbildlichten damit nur den passiven Aspekt des Frauseins. Der aktive, bejahende und sinnliche Aspekt wurde durch das Bild von der Frau als Verführerin und sexuell unersättlichem Tier verkörpert, das ihrem Opfer die lebenserhaltenden Säfte entzog und es in ewige Verdammnis führte. Für diese Vorstellung lieferte die Bibel, besonders das Alte Testament, die entsprechende Ideologie. Christliche Frauenverächter zitierten beifällig den Prediger Salomon: ,,. . . und fand, daß bitterer sei denn der Tod ein solches Weib, dessen Herz Netz und Strick ist und deren Hände Bande sind. Wer Gott gefällt, der wird ihr entrinnen; aber der Sünder wird durch sie gefangen" (Prediger 7; 26).

Die Angst vor der Frau als Verführerin wurde schließlich so groß, daß sie in offene Aggression umschlug. Man beschuldigte zunehmend Frauen, mit dem Teufel im Bunde zu sein, und folterte sie, bis sie gestanden. Dann wurden sie verbrannt, gehenkt oder als Hexen ertränkt. Im Jahre 1486 erklärten die Dominikaner Sprenger und Krämer in ihrer Abhandlung über Hexerei ,,Malleus Maleficarum" (der Hexenhammer):

,,Was sonst ist die Frau, als ein Widersacher der Freundschaft, eine unentrinnbare Strafe, ein notwendiges Übel, eine natürliche Versuchung . . . ein Übel der Natur, gemalt in schönen Farben! . . . Intellektuell sind Frauen wie Kinder . . . ein natürlicher Grund ist, daß Frauen fleischlicher sind als Männer . . . Und es sollte beachtet werden, daß bei der Gestaltung der ersten Frau ein Fehler gemacht wurde, denn sie wurde aus einer krummen Rippe geformt, das heißt einer Brustrippe, die so gekrümmt ist, daß sie in die entgegengesetzte Richtung des Mannes weist. Da sie aber durch diesen Mangel ein fehlerhaftes Tier ist, täuscht sie immer. Frauen haben auch ein schlechtes Gedächtnis, und ihnen wohnt ein natürlicher Feind inne, der nicht zu züchtigen ist."

Die Hexenverfolgung hielt mehrere Jahrhunderte sowohl in katholischen als auch in protestantischen Ländern an und forderte Tausende von Frauen als Opfer. Erst im Zeitalter der Aufklärung verschwand die Angst vor weiblicher Hexerei aus den Köpfen männlicher Christen.

Die ,,aufgeklärten" Philosophen und Schriftsteller des 18. Jahrhunderts versuchten, das Bild der Frau in eine humanere Dimension zu rücken. Für sie waren Frauen weder unbefleckte Heilige noch teuflische Verführerinnen, sondern eher erfreuliche und nützliche Gefährtinnen. Sie behandelten sie mit Bewunderung und Höflichkeit, wenngleich nur sehr wenige von ihnen sie als naturbedingt gleichwertig ansahen. Jean-Jaques Rousseau sprach eigentlich für die meisten Männer seiner Zeit, als er im ,,Emile" (1762) erklärte: ,,Der Mann sollte stark und aktiv sein; die Frau . . . sanft und passiv . . . Die Natur selbst sieht vor, daß Frauen . . . dem Urteil des Mannes preisgegeben sein sollten . . . geniale Werke sind außerhalb ihrer Reichweite, und sie haben weder die Genauigkeit noch die Aufmerksamkeit, um in den exakten Wissenschaften erfolgreich zu sein . . . Die Ungleichheit der von Männern gemachten Gesetze . . . rührt nicht vom Machen des Mannes her, oder ist auf jeden Fall nicht das Ergebnis bloßen Vorurteils, sondern das der Vernunft." Ihrem Wesen nach ist diese Ansicht vom weiblichen Intellekt sicher kaum anders als die der frühen Hexenjäger. Rousseaus ,,Natur" und ,,Vernunft" waren nicht natürlicher oder vernünftiger als im Mittelalter.

Unter diesen Umständen bestand für die Männer wenig Veranlassung, die sexuelle Doppelmoral aufzugeben. So erinnert sich James Boswell im Jahre 1791 in seiner Biographie über ,,Das Leben des Doktor Samuel Johnson", wie dieser bedingungslos das patriarchalische und patrilineare System verteidigte und wie folgt über den Ehebruch sprach: ,,Die Verwirrung über die Nachfahren stellt den wesentlichen Gehalt dieses Verbrechens dar. Daher ist eine Frau, die ihr Ehegelübde bricht, sehr viel schlimmer als ein Mann, der

Sexuelle Herrschaft

Zwar hat tatsächlich das männliche Geschlecht zu fast allen Zeiten über das weibliche Geschlecht die Vorherrschaft ausgeübt, die traditionelle Malerei hat jedoch viele Bilder geschaffen, in denen auch der umgekehrte Fall dargestellt wird. Die hier gezeigten Bilder sollen beides veranschaulichen.

(Oben) Der Holzschnitt von Hans Baldung Grien aus dem 16. Jahrhundert zeigt die berühmte Anekdote von dem Philosophen Aristoteles, der für die Prostituierte Phyllis ein Pferd spielt. Dieses Thema, die Schönheit, die die Weisheit besiegt und lächerlich macht, findet sich in der Literatur vieler Kulturen.

(Unten) Dieser Holzschnitt aus dem 17. Jahrhundert verspottet die nahezu absolute und gesetzlich verankerte Macht der Männer über ihre Ehefrauen. – Das Bild ist auch aus zwei weiteren Gründen bemerkenswert: 1. Es zeigt das Innere eines großen Wohnhauses der damaligen Zeit, mit seinen offenen, für verschiedenste Zwecke genutzten Räumen zum Kochen, Kartenspiel, Spinnen, Kinderwiegen und zum Empfang von Gästen (vgl. a. Kap. 11.2 „Die Familie in historischer Sicht"). 2. Das Bild zeigt auch, daß in früheren Jahrhunderten „Unterwäsche" für Frauen unbekannt war und unter den Röcken keine „Slips" oder „Höschen" getragen wurden.

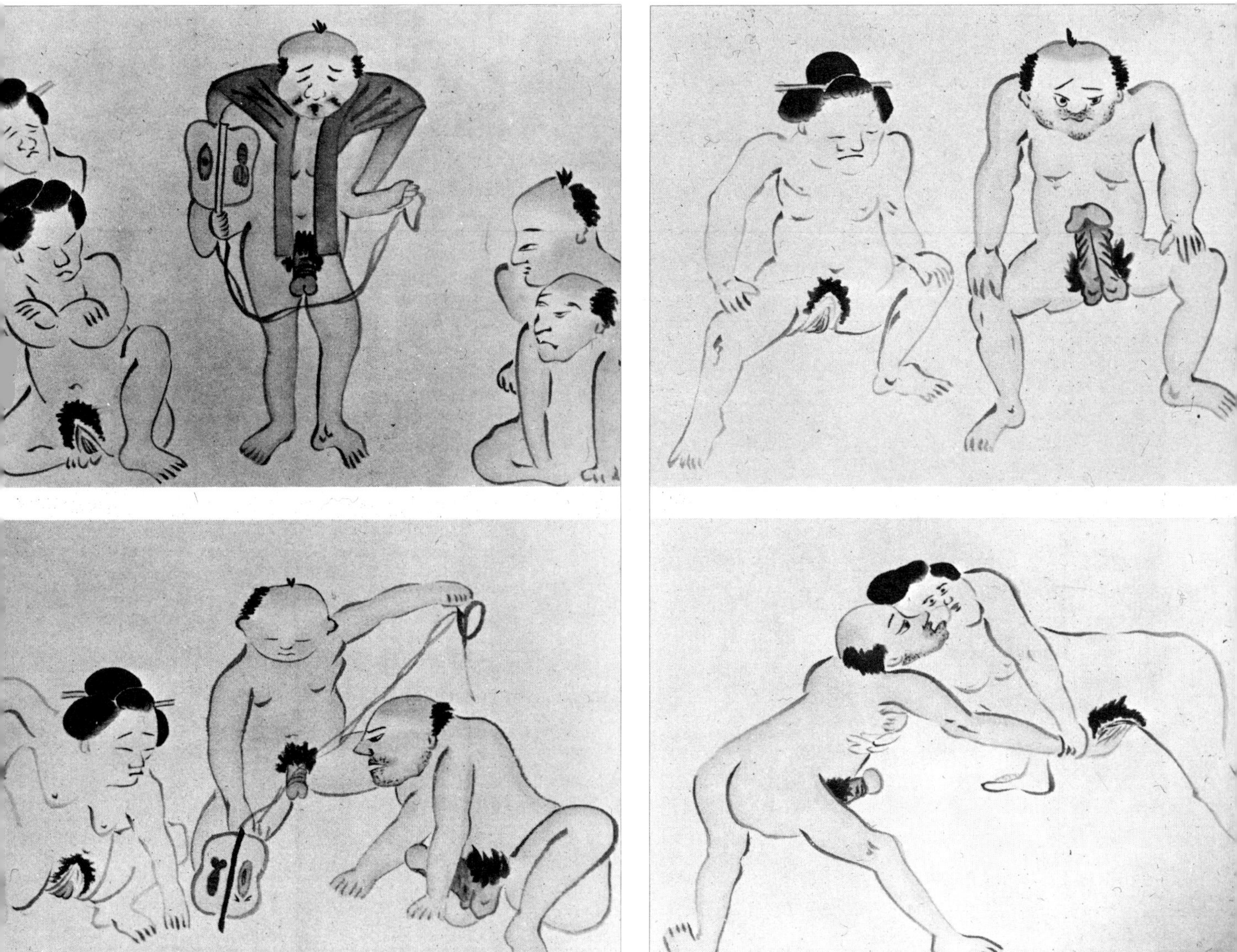

Der Kampf der Geschlechter
Die komischen Bilder einer Pergamentrolle des Malers Kuroda Seiki (1866–1924) zeigen ganz drastisch den ,,Kampf der Geschlechter" als Ringkampf im Stil des Sumo.

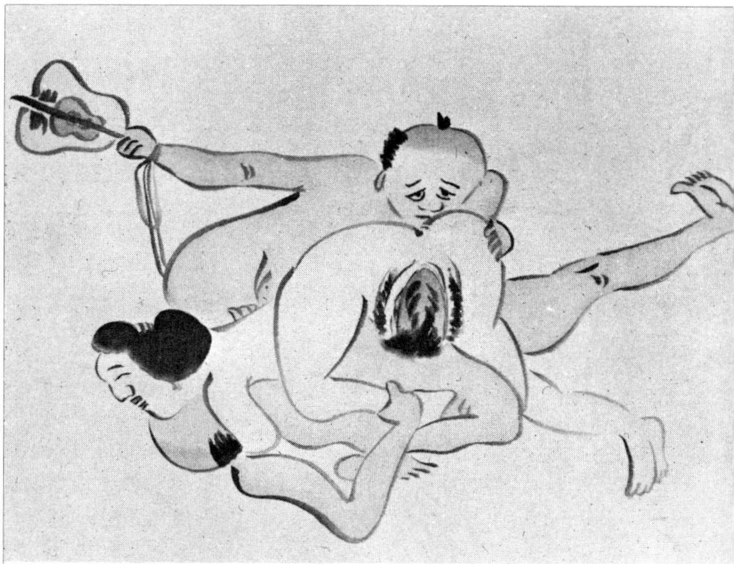

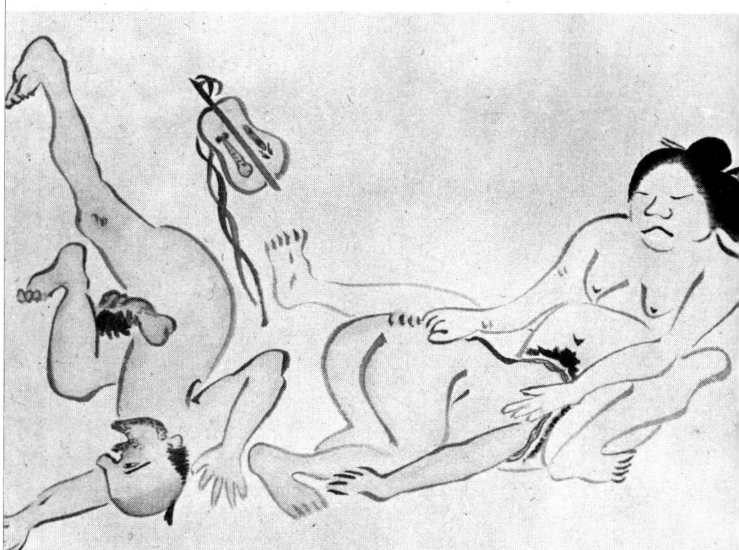

dies tut.“ Andererseits ging Doktor Johnson aber auch davon aus, daß es einer Frau leichter falle, treu zu sein, weil er annahm, daß ihr sexuelles Verlangen weniger drängend sei. Frauen mußten tugendhafter sein als Männer oder, wie er es Boswell einmal erklärte: „. . . Frauen geraten nicht in die gleichen Versuchungen wie wir: sie können immer in tugendhafter Gesellschaft leben; Männer müssen wahllos in der Welt verkehren.“

Natürlich war Doktor Johnson der Inbegriff des Bourgeois, und was seine Bemerkungen über den Mangel an Versuchung für Frauen angeht, so traf dies bis zu einem gewissen Grade für die damalige Zeit zu. Die emporsteigende Bourgeoisie fesselte ihre Frauen ans Haus und schloß ihre Töchter ein, um sie vor Einflüssen von außen zu schützen. Das Familienleben wurde intimer und ausschließlicher. Außenstehende bat man, die Privatsphäre der Familie und die „Heiligkeit der Familie“ zu respektieren. In der Folge wurden die Frauen noch abhängiger und noch mehr an die Familie gebunden als je zuvor. Tatsächlich wurde ihr Leben im Laufe des folgenden Jahrhunderts so eingeschränkt, daß man oft den Eindruck gewann, sie seien engstirnig, unverständig und leidenschaftslos. Und so entstand – in völliger Umkehr des Bildes, das man früher von ihnen hatte – der Eindruck, sie seien weniger „sinnenfroh“ als Männer. Ohne Angst vor Widerspruch versicherte daher der englische „Sexualexperte“ des 19. Jahrhunderts, Sir William Acton, in seiner Studie „Funktion und Krankheiten der Fortpflanzungsorgane“ (1875) seinen männlichen Lesern: „. . . die Mehrheit der Frauen ist (zum Glück der Gesellschaft) nicht sehr von sexuellen Gefühlen, gleich welcher Art, geplagt . . . die besten Mütter, Ehefrauen und Verwalterinnen des Haushalts wissen wenig oder gar nichts von sexueller Befriedigung. Die Liebe zu Haus, zu Kindern und zu den häuslichen Pflichten ist die einzige Leidenschaft, derer sie fähig sind.“

Ohne Zweifel akzeptierten nicht nur die englischen Männer des 19. Jahrhunderts, sondern auch viele Frauen diese „wissenschaftliche“ Auffassung. Auch wenn sie selbst nicht in dieses Klischee paßten, suchten die Frauen die Fehler bei sich selbst und bemühten sich, sie zu berichtigen oder zumindest zu verheimlichen. Dennoch machte die sexuelle Unterdrückung und Selbstunterdrückung viele von ihnen unglücklich oder krank. Das zeigte sich auch in den zahlreichen Fällen weiblicher „Hysterie“ gegen Ende des Jahrhunderts. Einige bürgerliche Frauen waren jedoch außerhalb des sexuellen Bereichs schon lange anspruchsvoller geworden. Die Französische Revolution von 1789 hatte die Hoffnung der Frauen auf volle gesetzliche Gleichberechtigung geweckt; und obwohl diese Hoffnungen später zerschlagen wurden, fuhr doch eine Reihe von Feministinnen fort, für das Stimmrecht der Frauen zu kämpfen. Tatsächlich war zur Zeit Actons der Kampf um das Frauenwahlrecht sowohl in Europa als auch in Nordamerika längst im Gange. Die meisten „Suffragetten“ waren „ordentliche“ und „respektable“ Frauen, die sich nicht länger mit ihrer häuslichen Rolle zufrieden gaben. Und sie standen nicht allein. Immer mehr Frauen entwickelten ein politisches Bewußtsein und lernten so, ihren minderwertigen Status abzulehnen. Dies wiederum verhalf ihnen zu der Erkenntnis, daß nicht nur die soziale Diskriminierung, sondern auch die geschlechtliche Doppelmoral abgeschafft werden müßte und daß dies für Männer und Frauen nützlich sein könnte. Die Frauen erkannten, daß es ohne die Emanzipation der Frau keine wirklich akzeptablen, neuen politischen, ökonomischen und sexuellen Wert-Systeme geben konnte. So wurde der Kampf um sexuelle Gleichberechtigung immer mehr auch ein Kampf um eine menschlichere Gesellschaft. Durch die Befreiung der Frauen sollten so auch ihre Unterdrücker befreit werden. Die grundlegende feministische Auffassung wurde im Laufe der Jahre immer wieder neu artikuliert. Der französische Sozialutopist Charles Fourier faßte sie zu Beginn des 19. Jahrhunderts wohl am treffendsten zusammen: „Das Maß, in dem Frauen emanzipiert sind, ist wohl der natürliche Maßstab der allgemeinen Emanzipation.“

9.3 Die Emanzipation der Frau

Die Emanzipation der Frau, ihre Befreiung von religiöser, gesetzlicher, wirtschaftlicher und sexueller Unterdrückung, ihr Zugang zu höherer Bildung und die Befreiung aus einer einengenden Geschlechtsrolle, ist nicht leicht zu erreichen. Das Bestreben nach sexueller Gleichberechtigung hat eine lange Geschichte, die voraussichtlich noch eine Weile andauern wird. Selbst wenn der Kampf in den Industrienationen bald gewonnen sein sollte, in den ,,unterentwickelten" Ländern wird er sicherlich fortdauern.

In den traditionellen patriarchalischen Gesellschaftsformen bringt jede Verbesserung des Status von Frauen weitreichende Konsequenzen mit sich und erzeugt grundlegende politische Veränderungen. Daher haben sich die Mächtigen immer dagegen verwahrt. Es hat indes den Anschein, daß sie letzten Endes werden nachgeben müssen, denn die Emanzipation der Frauen ist zugleich notwendig und wünschenswert. Durch sie wird für alle ein höheres Maß an sozialer Gerechtigkeit erreicht, die für alle Mitglieder der Gesellschaft von Vorteil ist. Die großen ,,Feministinnen" und Verfechterinnen der Frauenrechte haben immer betont, daß sie zum Wohl aller Menschen kämpften. Die Frauenbewegung ist daher immer eine humanistische Bewegung gewesen. Einige ihrer Vertreter waren Reformer, andere Revolutionäre, fast alle aber arbeiteten für eine bessere, gerechtere und humanere Welt. Aus ihren Erfahrungen ist vieles zu lernen. Oft waren sie der Lächerlichkeit oder Verfolgung preisgegeben; sie erlangten aber auch Bewunderung, Unterstützung und Siege. Nach und nach erreichten sie viele ihrer Ziele. Auf der anderen Seite lernten ihre Gegner, daß man eine gerechte Sache nicht für immer unterdrücken kann. Wo notwendige Reformen unaufhörlich verhindert werden, wird eine Revolution unvermeidlich.

Die folgenden Kapitel geben einen kurzen Überblick über die Entwicklung der Frauenbewegung in Europa. Danach werden einige Ausführungen zur Situation der Frau in der Gegenwart gemacht.

9.3.1 Der Beginn des Feminismus in Europa

Die Römer und Kelten der Antike gestanden den Frauen beachtliche Rechte zu. Aber unter dem Einfluß des Christentums verfiel ihr rechtlicher Status zunehmend. Im Mittelalter erfreuten sich alleinstehende Frauen noch vieler Rechte, auf die sie aber nach der Heirat zugunsten ihrer Ehemänner verzichten mußten. So waren Frauen generell Bürger zweiter Klasse. Trotzdem gelang es gelegentlich einzelnen Frauen, aus den üblichen Normen auszubrechen und ihre Zeitgenossen mit ihren Fähigkeiten zu beeindrucken. So bewiesen die Nonne Roswitha von Gandersheim als Dramatikerin, Wilhelmine von Böhmen als Religionsführerin und Jeanne D'Arc als Soldatin, daß Frauen selbst in ,,männlichen" Berufen nicht unterlegen waren. Königinnen im Mittelalter, wie Mathilde von Schottland (die Gemahlin Heinrichs I. von England) und Philippa von Hainault (die Gemahlin Eduards III. von England) hatten sogar einen erheblichen und sehr positiven politischen Einfluß.

In der Renaissance gab es gleichfalls mächtige Frauen, wie Diana von Poitiers, Margarete von Navarra, Katharina von Medici und Elisabeth I. von England. Einige adlige Frauen fanden auch Beachtung als Dichterinnen und Gelehrte, so zum Beispiel Margaret Roper, die Tochter von Thomas More. Die wachsende intellektuelle Unabhängigkeit der Frauen begann aber, einige Männer in Schrecken zu versetzen. Frauen wurden in Schmähschriften und Pamphleten angegriffen. Der schottische Religionsreformer John Knox führte in seinem Buch ,,Erster Trompetenstoß gegen das monströse Weiber-

regiment" (1558) aus: ,,Es ist der Natur nicht wohlgefällig und eine Beleidigung Gottes, der Frau eine Position zuzugestehen, in der sie das Zepter über irgendein Reich, eine Nation oder einen Staat schwingen kann . . . Die Frau ist in ihrer vollkommensten Art dazu geschaffen, dem Manne zu dienen und gehorsam zu sein, nicht, ihn zu beherrschen oder zu befehligen." Diese Beweisführung unter Hinweis auf das Naturrecht sollte in den folgenden Jahrhunderten noch sehr oft angewandt werden, nicht nur gegen Monarchinnen, sondern gegen alle Frauen, die nach Höherem strebten.

Es gab aber auch Verteidiger des Frauenrechts, wie Robert Vaughn, der in seinem Buch ,,Dialog zur Verteidigung der Frau, gegen böswillige Herabsetzung" (1542) die doppelte Moral verurteilte. Schließlich gingen auch einige Frauen zum Angriff über. So wurde zum Beispiel in der Schrift ,,Haec Vir, or the Womanish Man" (etwa: ,,Die Männin oder der weibliche Mann") (1620) erklärt: ,,Wir sind ebenso frei geboren wie Männer, haben die gleiche freie Möglichkeit zur Wahl und einen ebenso freien Geist, unser Körper ist aus dem gleichen Fleisch und Blut. Bei gleicher Freiheit können wir auch aus unserem Wesen Vorteile ziehen." Es ging soweit, daß man für beide Geschlechter die Gleichberechtigung forderte und die Unterdrückung der Frau mit der Sklaverei gleichsetzte.

Im 17. Jahrhundert traten einige Frauen, wie die schwedische Königin Christina, und Dichterinnen, wie die Gräfin La Fayette und Aphra Behn, als Gelehrte und als Autorinnen von Bühnenstücken hervor. In Frankreich begannen die Frauen, den ,,Salon" zu kultivieren. Darunter waren Zirkel zu verstehen, zu denen Männer und Frauen Zutritt hatten, und wo gutes Benehmen, Witz und Gelehrsamkeit geschätzt und gepflegt wurden. Daß solche Anstrengungen nicht überall Anklang fanden, wird in Molières Komödien ,,Die lächerlichen Preziösen" (1659) und ,,Die gelehrten Frauen" (1672) deutlich, in denen sich der Dichter über die Bemühungen von Frauen um ,,höhere Kultur" lustig macht. Der Einfluß der Frauen auf das intellektuelle Leben Frankreichs blieb dennoch unvermindert bestehen, er ist bis heute spürbar. Von Madame de Sévigné zu Madame de Staël, George Sand, Simone de Beauvoir und Marquerite Yourcenar haben Frauen in der französischen Literatur einen herausragenden Platz eingenommen.

Obwohl weiblicher Intellekt und Scharfsinn in Ausnahmefällen anerkannt wurden, erhielten Frauen vorerst keine politischen Rechte. Mit dem neu entstehenden Kult der ,,Natur" in der Aufklärung wurde auch die intellektuelle Bildung der Frau als unangemessen betrachtet. In seinem einflußreichen Buch ,,Emile" konstatierte Rousseau zum Beispiel schlicht: ,,Also muß alle Erziehung der Frau auf die Männer bezogen sein. Uns zu gefallen und nützlich zu sein, sich bei uns beliebt und geehrt zu machen, uns in unserer Jugend zu erziehen und als Erwachsene zu umsorgen, uns zu raten und uns zu trösten, uns das Leben angenehm zu machen und zu versüßen, – das sind die Pflichten der Frauen zu allen Zeiten, und man muß sie sie von Jugend an lehren." Dies war lange Zeit die akzeptierte Meinung. Bei Ausbruch der Französischen Revolution im Jahre 1789 wurden vereinzelte Versuche unternommen, den Frauen Gleichberechtigung und gleiche Chancen auf Bildung zu sichern. Da-

Frauen als Herrscher
In der Geschichte Europas gab es eine Reihe bemerkenswerter Frauen als Staatsoberhäupter, deren Erfolge sich unbedingt mit denen ihrer männlichen Gegenspieler vergleichen lassen.

(Oben) **Elisabeth I.** (1533–1603), Königin von England

(Mitte) **Maria Theresia** (1717–1780), Erzherzogin von Österreich, Königin von Ungarn und Böhmen, Kaiserin des Heiligen Römischen Reichs

(Unten) **Katharina II. die Große** (1729–1796), Kaiserin von Rußland.

Frauen als Soldaten
Einer der erfolgreichsten Heerführer aller Zeiten war ein junges Mädchen: Die „Jungfrau von Orléans" (Jeanne d'Arc, 1412–1431). Im Laufe der Geschichte spielen insgesamt Frauen beim Militär jedoch kaum eine aktive Rolle. Merkwürdigerweise berichten dennoch Mythen und Legenden vieler Kulturen von Frauen als Soldaten oder sogar von ganzen Frauenarmeen.

(Oben) Antike römische Skulptur einer kämpfenden Amazone. Die Amazonen sind ein legendäres Volk kriegerischer Frauen.

(Unten) Ein den Amazonen vergleichbares Motiv findet sich auch in der japanischen Kunst, wie auf diesem alten Holzschnitt eines unbekannten Künstlers zu sehen ist.

bei tat sich 1790 insbesondere der Marquis de Condorcet durch seine Abhandlung ,,Die Gewährung der vollen Staatsbürgerschaft an Frauen" hervor. Leider wurde Condorcet bald selbst Opfer der revolutionären Schreckensherrschaft, und sein Vorschlag wurde, zusammen mit anderen, rasch verworfen. 1793 verbot die Nationalversammlung sogar alle Frauenklubs, Frauengesellschaften und ,,Salons" und versagte Frauen alle politischen Rechte. Inzwischen hatte Talleyrand die neue Erziehungspolitik definiert, die Mädchen bis zu ihrem achten Lebensjahr eine Grunderziehung zusicherte; danach hatten sie zu Hause zu bleiben.

Die englische Schriftstellerin Mary Wollstonecraft, die die Französische Revolution aus nächster Nähe beobachtet hatte und die Rousseau und Talleyrand bewunderte, fühlte sich trotzdem berufen, gegen die reaktionären Strömungen zu protestieren. In ihrem Buch ,,Verteidigung der Frauenrechte" (1792) forderte sie beide männlichen Autoren heraus. Als Antwort auf Rousseau versicherte sie: ,,Die Frau wurde nicht nur geschaffen, um den Mann zu trösten . . . Auf diesem Mißverständnis hinsichtlich der Geschlechtsunterschiede wurde das völlig falsche System errichtet, das unser Geschlecht all seiner Würde beraubt."

Sie forderte daher eine gleichberechtigte, umfassende Erziehung für alle Frauen, damit sie sich aus der sexuellen Unterdrückung befreien könnten. Die Berufung auf die ,,Natur" zur Rechtfertigung der Unterdrückung konnte sie nicht überzeugen. Rousseau hatte in diesem Zusammenhang mit folgender ,,objektiver" Beobachtung zu überzeugen versucht: ,,Jungen sind in ihrem Wesen sportlich, laut und aktiv: sie spielen Brummkreisel, schlagen die Trommel oder ziehen Karren einher. Mädchen hingegen sind mit äußerlichen Dingen und Putz zufrieden, Flitterkram, Spiegel und Puppen." Wollstonecraft ging auf dieses Argument ein: ,,Die Mädchen werden *gezwungen,* stillzusitzen und sich mit Tand zu umgeben. Wer sagt denn, daß sie damit zufrieden sind?" Nach ihrer Auffassung beruhte der Unterschied im männlichen und weiblichen Verhalten auf den von der Gesellschaft erfundenen ,,unnatürlichen" Unterscheidungen, deren Abschaffung sie forderte. Überdies verlangte sie nach gleichen Chancen und gleichen Rechten für die Frauen. Alle Berufe sollten ihnen offenstehen, sie sollten sich auch aktiv an der Politik beteiligen können. So wurde der Kampf um die ,,Menschenrechte" erweitert zu einem Kampf um die ,,Rechte der Menschheit".

Mary Wollstonecraft wurde durch ihr Buch zwar zu Lebzeiten berühmt – oder eher berüchtigt –, nach ihrem frühen Tod aber alsbald vergessen. Nachfolgende Generationen beschäftigte vor allem das große feministische Manifest von John Stuart Mill ,,Die Hörigkeit der Frau" (1869). Der scharfsinnige Essay eines der hervorragendsten englischen Denker gewann erheblichen Einfluß auf die Frauenbewegung. Mill schrieb ihn nach dem Tod seiner Frau, die den Anstoß dazu gab und die man eigentlich als seine Mitautorin betrachten muß. Mill, der sich nicht damit zufrieden gab, Frauen gleiche Berufschancen einzuräumen, forderte das Wahlrecht für Frauen und begründete zusammen mit anderen die erste Gesellschaft zur Erkämpfung des Frauenwahlrechts. Nach heftigen Kämpfen, an denen sich ,,Suffragetten" wie Lydia Bekker und Emmeline Pankhurst und ihre Töchter beteiligten, dauerte es dennoch bis in unser Jahrhundert, bis die Frauen in England das Wahlrecht erhielten.

9.3.2 Die Frauenbewegung in Deutschland

Die emanzipatorischen Forderungen zur Gleichstellung der Frau, wie sie in Frankreich und England entwickelt wurden, gewannen erst verspätet, Anfang des 19. Jahrhunderts, auch in Deutschland an Einfluß. Im Gegensatz zu diesen Ländern gab es in Deutschland allerdings zunächst keine organisierten Frauenvereinigungen. Die Diskussion um eine neu zu definierende Rolle der Frau fand in literarischen Zirkeln einiger Romantikerinnen wie Karoline Schlegel-Schelling (1763–1809), Rahel Varnhagen (1771–1833) und Bettina von Arnim (1785–1859) statt.

Unter Emanzipation der Frau wurde dabei zunächst ganz allgemein die „Befreiung des weiblichen Geschlechts von den Schranken, mit welchen es Naturverhältnisse und gesellschaftliche Einrichtungen umgeben" (so im „Brockhaus" von 1844) verstanden.

Nach dieser vorwiegend literarischen Auseinandersetzung und nach spontanen Vereinsbildungen der Frauen in der Revolution von 1848 kam es erst 1865 zu einer übergreifenden und kontinuierlichen Organisation der deutschen Frauenbewegung. Luise Otto-Peters (1819–1895) gründete den „Allgemeinen deutschen Frauenverein", der die Aufgabe haben sollte, „für die erhöhte Bildung des weiblichen Geschlechts und die Befreiung der weiblichen Arbeit von allen ihrer Entfaltung entgegenstehenden Hindernissen mit vereinten Kräften zu wirken".

Die Forderungen der Frauenbewegung wurden auch von männlichen Förderern wie den liberalen Politikern Adolf Lette (1799–1868) und Hermann Schulze-Delitzsch (1808–1883) auf Bestrebungen zur Förderung der weiblichen Erwerbstätigkeit reduziert. Die politische Gleichberechtigung der Frauen trat zunächst als Fernziel zurück.

1866 wurde der „Lette-Verein" zur Vermittlung weiblicher Arbeit gegründet, um den Frauen bisher verschlossene oder noch nicht entdeckte Berufswege zu öffnen. Der Verein errichtete kaufmännische und gewerbliche Fortbildungsschulen, organisierte Schreibbüros und Stellenvermittlungen für Frauen. Er setzte sich für die Professionalisierung der Krankenpflege ein und versuchte, bessere Ausbildungs- und Anstellungsbedingungen für die traditionellen weiblichen Beschäftigungen in Erziehung und Hauswirtschaft durchzusetzen.

In den siebziger und achtziger Jahren des 19. Jahrhunderts setzte eine rege Vereinsbildung ein. 1894 schlossen sich diese Vereine im „Bund deutscher Frauenvereine" zusammen. Der Dachverband wurde bald mit ca. 2500 angeschlossenen Vereinen und ca. einer halben Million Mitglieder einer der quantitativ stärksten Interessenverbände im deutschen Kaiserreich und die drittgrößte Organisation im „International Women's Council", dem internationalen Verband der Frauenbewegung.

Trotz dieser quantitativen Bedeutung blieben die realen Erfolge der Frauenvereine, gemessen an den europäischen Nachbarstaaten und den USA, in Deutschland gering.

Erst 1893 wurde die Zulassung für Frauen zum Abitur, erst um 1900 zu den Universitäten erkämpft. Im familienrechtlichen Teil des Bürgerlichen Gesetzbuches wurde noch 1896 die untergeordnete Rolle der Frau in der Ehe erneut juristisch fixiert.

Auch begriff nur eine Minderheit der in der zweiten Hälfte des 19. Jahrhunderts in der praktischen Arbeit engagierten Frauen und Männer die ökonomische Unabhängigkeit der Frau als Voraussetzung für ihre Emanzipation. Selbst für Luise Otto-Peters, Helene Lange, Gertrud Bäumer und andere bekanntgewordenen Agitatorinnen des „Allgemeinen deutschen Frauenvereins" blieben Ehe und Mutterschaft die „natürliche" Bestimmung der Frau. Berufstätigkeit der Frau wurde nur dann als Alternative gesehen, wenn diese „natürliche" Möglichkeit nicht gegeben war. Nur vom Zwang zur „unmoralischen", das heißt nicht auf gegenseitige Zuneigung gegründeten Versorgungsehe wollte man die Frau befreien und den wirtschaftlichen und sozialen Status der „alten Jungfer" aufwerten. Dabei verengte sich der von der Frauenemanzipation angesprochene Adressatenkreis. Die Frauenbewegung blieb

unter dieser Prämisse mehr oder weniger eine Bewegung der bürgerlichen Mittelklasse. Die Arbeits- und Rollenverteilung in der Ehe wurde nicht grundsätzlich in Frage gestellt. Erst nach 1900 begann die Diskussion über die Vereinbarkeit von Ehe und Beruf. Für die Mehrheit des ,,Bundes deutscher Frauenvereine" war aber nicht die Ebenbürtigkeit der Frau mit dem Mann, sondern das ,,Wesen" der Frau, vorwiegend als Mütterlichkeit begriffen, Basis für die Forderungen der Frauenbewegung.

Politische Ansprüche – zum Beispiel das Wahlrecht – wurden nicht mit der Gleichheit der Geschlechter begründet, sondern mit der Andersartigkeit der Frau. Die Schulbildung der Mädchen sollte nicht durch Gleichsetzung mit den Jungen, sondern durch mehr Fraueneinfluß in höheren Mädchenschulen verbessert werden. Die Mehrheit des Bundes lehnte auch die Reform des Paragraphen 218 (Verbot der Abtreibung) ab. Die Begründung war nicht nur, daß das Gebären ,,rassehygienische Pflicht" der Frau sei. Sie hielten diese Forderung auch für unemanzipatorisch, weil der Frau die Selbstverwirklichung in der Mutterschaft – auch gegen ihren Willen – nicht genommen werden dürfe. Der linke Flügel des Bundes, darunter so radikale Vorkämpferinnen der Frauenemanzipation wie Hedwig Bohm (1833–1919) und Anita Augspurg (1857–1943), griff zwar diese Geschlechterpolarisation an, konnte sich aber gegenüber der bürgerlich-konservativen Mehrheit im ,,Bund deutscher Frauenvereine" nicht durchsetzen.

Eine kritische Auseinandersetzung mit den gesellschaftlich tabuisierten Sexualnormen wurde in dieser spezifisch bürgerlichen Frauenbewegung nur im Sonderfall der Prostitution geführt. Die Sittlichkeitsvereine, ein bedeutender Teil des ,,Bundes deutscher Frauenvereine", erkannten zwar die Prostituierten als Opfer wirtschaftlicher Not und der herrschenden Doppelmoral und wandten sich deshalb gegen die einseitige Bestrafung und polizeiliche Kontrolle der Frauen, vor allem gegen die ,,Kasernierung der Prostitution"; die sie erzeugenden Normen des Sexualverhaltens blieben jedoch unangetastet. Die Männer sollten zu der gleichen Tugendhaftigkeit erzogen werden, die auch den Frauen üblicherweise abverlangt wurde.

Der Übernahme des traditionellen Weiblichkeitsbegriffes entsprach es auch, daß sich in dem Jahrzehnt vor dem Ersten Weltkrieg die Sozialarbeit als eines der wichtigsten Aufgabengebiete der bürgerlichen Frauenbewegung entwickelte.

Trotz dieser relativ starken Begrenzung der bürgerlichen Emanzipationsforderungen war die Bedeutung und die persönliche Tragweite des emanzipativen Engagements der einzelnen Frau, die aufgrund ihrer Forderungen und Lebensweise gegen die meisten familiären und sozialen Normen verstieß, nicht zu unterschätzen. Gleichzeitig gaben die Erfolge der Bewegung im Bildungsbereich der bürgerlichen Frau eine Chance zur selbständigen Persönlichkeitsentwicklung und die Möglichkeit zu verschiedenen Bildungs- und Berufskarrieren. So findet sich bis in die Zeit der Weimarer Republik kaum eine Frau in Wissenschafts- oder Bildungsberufen, die nicht im Kontakt zur Frauenbewegung stand und sich zumindest zeitweise mit ihr identifizierte.

Im Unterschied zu diesem bürgerlichen Teil der Frauenbewegung kämpften die Ende des 19. Jahrhunderts entstandenen Arbeiterinnenvereine um die

---

Die bürgerliche Frauenbewegung

(Oben) **Rahel Varnhagen von Ense** (1771–1833). Ihr Salon war der Mittelpunkt des literarischen und künstlerischen Berlin. In diesem Kreis trat sie besonders für die Emanzipation der Frau ein.

(Mitte) **Luise Otto-Peters** (1819–1895). Sie gründete den ,,Allgemeinen Deutschen Frauenverein" als die erste Organisation der deutschen Frauenbewegung.

(Unten) Frauenversammlung um 1890 in Berlin.

Die proletarische Frauenbewegung

(Oben links) **Clara Zetkin** (1857–1933). Sozialistische Politikerin und Führerin der proletarischen Frauenbewegung.

(Oben rechts) **Rosa Luxemburg** (1870–1919). Sozialistische Schriftstellerin und Politikerin. Ihre Verhaftung wegen Aufreizung zum antimilitaristischen Kampf führte 1914 zu großen Solidaritätskundgebungen der Frauenbewegung gegen den Krieg.

(Unten links) Entwurf eines Plakates zum „Frauentag“ 1914.

politische Emanzipation und für ökonomische und soziale Verbesserungen mit Forderungen, die die Herrschaftsverhältnisse der damaligen Zeit grundsätzlich in Frage stellten. Unterschiede zur bürgerlichen Frauenbewegung zeigten sich vor allem auch in der Einstellung zu Ehe und Familie. Für proletarische Frauen war die Verbesserung ihrer Lage nur durch entscheidende wirtschaftliche Veränderungen herbeizuführen, wobei die Übertragung eines Teils der familiären Aufgaben auf die Gesellschaft eine Voraussetzung war. Auch die politischen Zielsetzungen unterschieden sich grundsätzlich von den Zielen der bürgerlichen Frauenbewegung und beruhten auf ganz anderen ideologischen Voraussetzungen. Wie die ökonomische Gleichberechtigung wurde auch die politische Gleichstellung der Frau als ein Teil der gesamten gesellschaftlichen Umwälzung gesehen, die in der Zusammenarbeit mit Männern innerhalb der Arbeiterbewegung und der Arbeiterparteien erreicht werden sollte.

1879 erschien die erste Auflage von August Bebels Schrift ,,Die Frau und der Sozialismus", die zum meistgelesenen Werk der Sozialdemokratie wurde und alleine bis 1909 fünfzig Auflagen erlebte. Ausgehend von der zentralen These, daß die Frauenfrage mit dem grundsätzlichen Problem der Beseitigung der sozialen und ökonomischen Unterdrückung zusammenfällt, bestimmte Bebel die Aufgaben der proletarischen Frauenbewegung in der Agitation und Organisation der Arbeiterinnen für die Sozialdemokratie, in der gewerkschaftlichen Interessenvertretung, in der Durchsetzung von Forderungen nach Arbeiterinnenschutz und rechtlicher Gleichstellung. 1891 wurde auch die Forderung des Frauenwahlrechts in das Parteiprogramm der Sozialdemokraten aufgenommen. Von der offiziellen Parteimitgliedschaft waren Frauen allerdings bis 1908 aufgrund des bestehenden Vereinsrechts ausgeschlossen.

Nach der Reorganisation der Sozialdemokratischen Partei nach Aufhebung der Sozialistengesetze (1890) begannen auch die Versuche, diese vereinsrechtlichen Beschränkungen zu umgehen, indem die Partei Frauen in die Organisation der SPD mit einbezog und ihnen die Repräsentation auf den Parteitagen ermöglichte.

Die Entwicklung einer eigenständigen Position der proletarischen Frauenbewegung innerhalb der SPD war dabei vor allem dem agitatorischen und schriftstellerischen Wirken von Clara Zetkin (1857–1933) zu verdanken. Sie präzisierte und erweiterte nicht nur die theoretischen Erkenntnisse der Sozialdemokratie zur Frauenemanzipation, sondern gab auch von 1890–1917 die Frauenzeitschrift der SPD ,,Die Gleichheit" heraus; sie war maßgeblich an der politischen Umsetzung der von ihr entwickelten Prinzipien zur Agitation und organisatorischen Erfassung der Industriearbeiterinnen beteiligt. Über die sozialistische Fassung des Begriffs einer ,,Befreiung der Arbeit" verwandelte sich für die SPD auch die Frauenfrage in eine Klassenfrage. Clara Zetkin setzte in einer Resolution auf dem Gothaer Parteitag 1896 eine grundsätzliche Trennung von der bürgerlichen Frauenbewegung durch. ,,Die kleinere und mittlere Bourgeoisie" schüre nur den ,,wirtschaftlichen Interessenkampf zwischen Männern und Frauen". Die proletarische Frauenbewegung habe dagegen ,,nicht spezielle Frauenagitation, sondern sozialistische Agitation unter den Frauen zu betreiben. Nicht die kleinlichen Augenblicksinteressen der Frauenwelt dürfen wir in den Vordergrund stellen, unsere Aufgabe muß es sein, die moderne Proletarierin in den Klassenkampf einzureihen."

Die Parteibindung und auch die politisch-ideologischen Gegensätze in der Frauenbewegung führten schon gegen Ende des 19. Jahrhunderts zu einem endgültigen Bruch der Beziehungen zwischen bürgerlicher und proletarischer Frauenbewegung. Das Interesse des ,,Bundes deutscher Frauenvereine" an den Arbeiterinnen verschwand zwar nie völlig, ging aber nicht über die karitative Fürsorge für die ,,ärmeren Schwestern" hinaus.

Neben Forderungen nach beruflicher Gleichstellung und verstärkten Arbeitsschutzmaßnahmen für Frauen gewann innerhalb der proletarischen Frauenbewegung vor allem die Agitation für das Frauenwahlrecht seit der Jahrhundertwende eine massenwirksame Bedeutung. Begründet wurde dieses Recht mit der wirtschaftlichen Tätigkeit und ökonomischen Selbständigkeit der Frau. Die Radikalisierung der Wahlrechtsforderungen führte dabei auch zu einer Radikalisierung der Kampfformen für das Frauenwahlrecht. Auf der Frauenkonferenz in Mannheim 1906 und dem ersten internationalen Frauenkongreß in Stuttgart 1907 wurde die Wahlrechtsfrage zu dem agitatorischen Schwerpunkt der Frauenbewegung. Die in Deutschland mit zahlreichen Agitationsprogrammen einsetzende Wahlrechtskampagne wurde dabei auch von sozialdemokratischen Frauen wie Clara Zetkin, Ottilie Baader (1847–1925) und Lily Braun (1865–1916) getragen.

Am 19. März 1911 fand ein erster internationaler Frauentag gleichzeitig in Deutschland, Österreich und in der Schweiz statt. Auf allen Kundgebungen wurde eine Resolution verabschiedet, die in Deutschland den Anträgen der sozialdemokratischen Fraktion auf Einführung des Frauenwahlrechts den nötigen Nachdruck verschaffen sollte. Die Verurteilung Rosa Luxemburgs (1870–1919) zu einem Jahr Gefängnis wegen „Aufreizung zum antimilitaristischen Kampf" führte 1914 zu großen Solidaritätskundgebungen und -demonstrationen, besonders unter den sozialdemokratischen Frauen.

Der internationale Frauentag von 1914 wurde dabei nicht nur eine wichtige Kundgebung für das Frauenwahlrecht, sondern auch ein demonstratives Bekenntnis für den Frieden.

Nach Beendigung des Ersten Weltkrieges erhielten Frauen 1918 das aktive und passive Wahlrecht in Deutschland. 1919 zogen 41 weibliche Abgeordnete (9,6 Prozent) in die Weimarer Nationalversammlung ein. Aufgrund der durch den verlorenen Krieg bedingten wirtschaftlichen Krisen der Nachkriegszeit kam es zu erheblichen Einschränkungen der Frauenerwerbstätigkeit. Die radikalen Forderungen der Vorkriegsfrauenbewegung hinsichtlich sozialer und wirtschaftlicher Gleichstellung ließen sich in der schlechteren wirtschaftlichen Situation der zwanziger Jahre nicht massenwirksam vertreten oder durchsetzen.

Für die Frauenbewegung war die soziale Fürsorge und die Agitation zur Abschaffung des Abtreibungsparagraphen das Hauptaktionsfeld der Nachkriegszeit. Mitte der zwanziger Jahre entwickelte sich im Kampf gegen den Paragraphen 218 eine Massenbewegung, in der sowohl unorganisierte als auch parteigebundene Frauenrechtlerinnen die Verfügung über den eigenen Körper als allgemeines Interesse postulierten und die Trennung der bürgerlichen und proletarischen Frauenbewegung in dieser zentralen Frage aufhoben.

Die vielleicht bedeutendste Frauenrechtlerin dieser Zeit war Helene Stöker (1869–1943). Als Leiterin des Bundes für Mutterschutz kämpfte sie unablässig für die Rechte unehelicher Mütter und Kinder, für eine menschlichere Sexualethik und „das Recht auf den eigenen Körper". Von vielen konservativen Frauen als zu radikal abgelehnt, wandte sie sich nach dem Ersten Weltkrieg zunehmend dem Pazifismus zu. Mit Beginn der nationalsozialistischen Herrschaft mußte sie aus Deutschland fliehen und gelangte über die Schweiz, England, Schweden, die Sowjetunion und Japan in die USA, wo sie, fast vergessen, starb. Ihr Werk ist aber sehr wohl eine Wiederentdeckung wert. Besonders als Herausgeberin der Zeitschriften „Mutterschutz" und „Die neue Generation" war sie sehr wichtig für die Sexualreform. Persönlich stand sie auch vielen Sexualforschern nahe, so besonders Iwan Bloch und Magnus Hirschfeld.

Nach der nationalsozialistischen Machtergreifung (1933) wurden die bestehenden Frauenorganisationen aufgelöst und alle politische und parlamentarische Betätigung der Frauen verboten. An die Stelle der alten Frauenvereine

Helene Stöcker (1869–1943) Mitbegründerin und Leiterin des „Bundes für Mutterschutz". Sie kämpfte für die Rechte unehelicher Mütter und Kinder, „das Recht auf den eigenen Körper" (Abschaffung des § 218) und eine neue, menschlichere Sexualmoral. Als Pazifistin verließ sie Deutschland bei Hitlers Machtergreifung.

traten nationalsozialistische Frauenorganisationen (NS-Frauenschaft, Frauenwerk, Bund Deutscher Mädel [BDM]), in denen im Lauf der dreißiger Jahre etwa ein Drittel der weiblichen Bevölkerung zusammengefaßt wurde. Die Ideologie des Nationalsozialismus schrieb der Frau die Rolle der Mutter und der gehorsamen Helferin ihres Mannes zu. Die Sphäre der Frau sollte allein die Familie sein; dabei war es ihre Pflicht, über die rassische Reinheit zu wachen. Die Vorstellung von der Gleichberechtigung der Frau und die emanzipative Frauenbewegung wurden von den Nationalsozialisten als „undeutsch" abgelehnt.

Nach Kriegsende hatten die Frauen zunächst die Männer zu ersetzen, die in Gefangenschaft geraten oder gefallen, krank oder arbeitsunfähig waren, umlernten oder studierten. Oft waren sie der Haushaltsvorstand, der die Familie zu ernähren hatte. Die Probleme dieser besonderen Situation führten schon direkt nach dem Krieg zur Gründung der ersten Frauenvereinigungen (1945 der „Berliner Frauenbund"; 1947 die „Notgemeinschaft 1947").

Durch die Teilung Deutschlands wurde die historische Trennung der Frauenbewegung in eine bürgerliche und eine proletarische Richtung zur politischen Realität. Die DDR proklamierte die Emanzipation der Frau in Anlehnung an August Bebel und Clara Zetkin als notwendige Folge der gesellschaftlichen und politischen Veränderungen. Dem Gesetz nach wurden die Frauen in der DDR von Anfang an den Männern gleichgestellt. Artikel 7 der Verfassung von 1949 legte fest: „Mann und Frau sind gleichberechtigt. Alle Gesetze und Bestimmungen, die der Gleichberechtigung der Frau entgegenwirken, sind aufgehoben." Die praktische Verwirklichung dieser gesetzlichen Festlegung konnte in der DDR trotz aller Verbesserungen der Stellung der Frau (zum Beispiel Integration und Gleichstellung der Frau im Berufsleben, Entlastung der Frauen von häuslichen und familiären Pflichten durch den Staat) bisher noch nicht voll durchgesetzt werden. So sind in der DDR Frauen zum Beispiel in den politischen Entscheidungsgremien des Staates und der SED, gemessen an ihrer Bedeutung für die Volkswirtschaft, stark unterrepräsentiert.

Eine ähnliche eindeutige Stellung zur Emanzipation der Frau findet sich in Artikel 3 („Gleichheit vor dem Gesetz") des Grundgesetzes für die Bundesrepublik Deutschland von 1949: „Männer und Frauen sind gleichberechtigt" (Abs. 2) und „Niemand darf wegen seines Geschlechtes . . . benachteiligt oder bevorzugt werden" (Abs. 3). Im Gegensatz zur DDR blieben in der Bundesrepublik in den fünfziger und sechziger Jahren die Frauenvereine der Tradition der alten bürgerlichen Frauenbewegung verhaftet. Dabei wurde versucht, die Forderungen nach Beteiligung der Frau in den Entscheidungsgremien in Politik, Wirtschaft und Gesellschaft vor allem durch Frauenverbandsarbeit in den verschiedenen Interessengruppen durchzusetzen. Als Kritik für diese Vorgehensweise der etablierten Frauenverbände, die die Mitbeteiligung der Frauen durchgesetzt haben, entstand in den späten sechziger Jahren in Verbindung mit der Studentenbewegung auch eine neue autonome Frauenbewegung.

1968 bildete sich in Berlin mit dem „Aktionsrat zur Befreiung der Frauen" und in Frankfurt/Main mit dem „Weiberrat" eine neue feministisch orientierte Frauenbewegung, die nicht mehr in den Agitations- und Organisationsformen der tradierten Frauenverbände wirken wollte. 1971, als die Journalistin Alice Schwarzer eine nach französischem Vorbild initierte Selbstanklagekampagne „Ich habe abgetrieben" führte, die die Illustrierte „Stern" in großer Aufmachung veröffentlichte, schlossen sich Tausende von Frauen spontan in Gruppen zusammen, die sich für die ersatzlose Streichung des Paragraphen 218 des Strafgesetzbuchs einsetzten.

Anfang der siebziger Jahre bildeten sich in fast allen größeren Städten der Bundesrepublik Frauenzentren, Frauenforen und Frauenhäuser, in denen die

Die Frauenbewegung der achtziger Jahre
Frauendemonstration zur „Walpurgisnacht“ 1982 in Berlin.

Isolation der Frauen in Familie und Beruf aufgebrochen und ein frauenspezifisches Selbstbewußtsein aufgebaut werden sollte. In Selbsterfahrungsgruppen nach dem Vorbild der amerikanischen Frauenbewegung wurde versucht, auch auf konkreter Basis Frauen zu helfen, aus ihrer Vereinzelung herauszukommen und sich von der Ideologie zu befreien, sie seien minderwertig.

Aus den USA wurde auch die kritische Auseinandersetzung der entstandenen „neuen“ feministischen Bewegung aufgenommen, wobei vor allem die Bücher von Betty Friedan und Kate Millet in der Diskussion um eine Neuorientierung der bundesdeutschen Frauenbewegung großen Einfluß hatten. Seit 1976 gibt es eine Anzahl von Zeitschriften von Frauen für Frauen, die sich mit den verschiedensten frauenspezifischen Themen befassen. Bekannteste und auflagenstärkste Publikationen sind die von Alice Schwarzer herausgegebene „Emma“ und die Berliner Frauenzeitschrift „Courage“.

Die „neue“ Frauenbewegung in der Bundesrepublik ist dabei keine homogene Bewegung mit einheitlicher Zielsetzung. Es lassen sich zwei Hauptströmungen ausmachen:

Einerseits Frauengruppen, die in der Tradition der proletarischen Frauenbewegung stehen und die politische und gesellschaftliche Gleichstellung der Frau nur im Zusammenhang mit der grundsätzlichen Veränderung des kapitalistischen Gesellschaftssystem für erreichbar halten. Andererseits eine radikal-feministische Bewegung, die gegen die Unterdrückung der Frau durch die bestehenden Sexualnormen und patriarchalischen Verhaltensweisen den Kampf aufgenommen hat. Die Feministinnen fordern, daß Frauen sich auf ihr Geschlecht und auf ihren spezifischen Beitrag in der Gesellschaft besinnen sollten. Dabei wird davon ausgegangen, daß eine von weiblicher Kultur und weiblichen Verhaltensweisen bestimmte Gesellschaft humaner sei als die bestehende, von Männern dominierte, patriarchalische Gesellschaft. Eine konkrete Forderung der Feministinnen ist das Recht auf Selbstbestimmung der Frau, wozu auch die Verfügung über den eigenen Körper, das Bekenntnis zu Homo- und Ambisexualität und das Recht, die Häufigkeit des Geschlechtsverkehrs selbst zu bestimmen, gezählt werden.

Die feministische Richtung stellt heute die quantitativ größere Gruppierung innerhalb der neuen Frauenbewegung in der Bundesrepublik dar.

Neben diesen Hauptströmungen der Frauenbewegung gibt es heute in der Bundesrepublik noch eine Anzahl von Aktivitäten zur Gleichstellung der Frau, die sich weitgehend der ideologischen Auseinandersetzung zwischen den verschiedenen Richtungen der neuen Frauenbewegung entziehen. Hierzu sind vor allem alle Bestrebungen von Frauengruppen innerhalb der Parteien und der Gewerkschaften zur politischen und ökonomischen Gleichstellung von Frau und Mann zu zählen.

9.3.3 Der Status der Frau – heute

Seit den frühen Anfängen der Industriellen Revolution haben Frauen in Europa und Nordamerika im Kampf um Gleichberechtigung mit den Männern bedeutende Fortschritte erzielt, wenngleich hier noch viel zu tun bleibt. Natürlich hat die Industrialisierung die Stellung der Frau zunächst nicht verbessert, sondern sie eher verschlechtert, indem man Frauen und ihre Kinder ausnutzte und als billige Arbeitskräfte in die Fabriken schickte. In den vorhergehenden bäuerlichen und handwerklichen Gesellschaften hatten Frauen auf fast gleicher Basis mit den Männern gearbeitet und in vielen Berufen gewirkt. Die Familie galt noch als ,,Produktionseinheit“, Frauen fanden Anerkennung, weil sie einen wesentlichen Arbeitsbeitrag leisteten. Dies alles wurde durch das arbeitsteilige Fabriksystem verändert, das die traditionelle Großfamilie mit ihrem umfangreichen Haushalt auflöste, und die Menschen zwang, monotone Arbeiten an ständig laufenden Maschinen zu verrichten. Frauen und Kinder wurden für ihre Arbeit wesentlich schlechter bezahlt als Männer, und so sank ihr wirtschaftlicher ,,Wert“. Es bedurfte eines jahrzehntelangen Kampfes, bis Gewerkschaften und rechtliche Reformen die schlimmsten Auswüchse dieser Diskriminierung beendeten.

Gleichzeitig waren die Frauen der Mittel- und Oberschicht zunehmend an das Haus gebunden, wo sie außer der Kinderbetreuung wenig zu tun hatten. Ihre Ehemänner arbeiteten nun nicht mehr zu Hause, sondern waren fast den ganzen Tag abwesend. Diese unausgelasteten Frauen spielten oft die Rolle überempfindlicher, zerbrechlicher Wesen, die ihre ,,Vapeurs“ hatten und in jeder ,,unfeinen“ Situation in Ohnmacht fielen. Aber viele von ihnen standen ihrer Stellung in der Gesellschaft auch kritisch gegenüber. In Nordamerika fanden sie Zeit, sich religiösen und philosophischen Fragen zu widmen und setzten sich zunehmend für die Abschaffung der Sklaverei und die Frauenrechtsbewegung ein. Schließlich verlangten Frauen der Arbeiterklasse und der Bourgeoisie gemeinsam nach Veränderungen und trugen damit zum Erfolg des Feminismus bei. Dieser Erfolg ist immer noch nicht vollständig. Wie wir wissen, kämpfen noch heute Frauen, selbst in industrialisierten Ländern, um die Gleichberechtigung. Neben wirtschaftlichen Fragen treten jedoch heute auch Fragen der sexuellen Selbstbestimmung in den Vordergrund.

Dabei muß man sich vor Augen halten, daß die relativ emanzipierten Frauen Europas und Nordamerikas nur eine kleine Minderheit der Frauen in der Welt von heute darstellen. Frauen in vielen nicht-westlichen Ländern und der sogenannten Dritten Welt leben allgemein im Zustand der Unterdrükkung und des Elends. Ihre Kräfte werden weitgehend für den harten und unerbittlichen Kampf ums nackte Überleben verbraucht. Für sie klingt daher die Diskussion um die ,,sexuelle Befreiung“ im westlichen Sinne bestenfalls irrelevant und schlechtestenfalls makaber. Ihre Sorgen sind elementarer und dringlicher. Das wurde zum Beispiel erschreckend deutlich, als die Vereinten Nationen 1975 zu einer ,,Internationalen Frauenkonferenz“ in Mexico City einluden. Diese Konferenz zeigte eine ernste Kommunikationslücke zwischen den Frauen der Industriegesellschaften und denen der Dritten Welt. Sie offenbarte gleichzeitig ein düsteres Bild: Mehr als eine Milliarde Frauen (das ist die überwiegende Mehrheit der weiblichen Weltbevölkerung) leben in armen ländlichen Gebieten. Die meisten von ihnen sind Analphabeten, unterernährt, erschöpft oder krank. Sie sind gezwungen, viele Stunden täglich für wenig Lohn zu arbeiten. Natürlich müssen die Männer diese Härten teilen, aber die Frauen tragen immer noch die größte Last. In nahezu allen „unterentwickelten" Ländern werden die Jungen den Mädchen von Geburt an vorgezogen, da Eltern Söhne immer noch als Garantie wirtschaftlicher Sicherheit im Alter betrachten. Die Töchter hingegen heiraten in andere Familien. So werden selbst bei äußerster Verarmung Jungen besser genährt, gekleidet und erzogen als Mädchen. In Notlagen oder im Falle von Naturkatastrophen stehen die Bedürfnisse der Frauen gleichfalls an zweiter Stelle. Darüber hinaus haben in vielen armen Ländern Frauen wenig Rechte, sie werden früh verheiratet und haben dabei kaum ein Mitspracherecht. Zermürbende Arbeit und häufige Schwangerschaften erhalten sie in einem schwachen und abhängigen Zustand. Bemühungen der Regierungen und internationaler Organisationen, den allgemeinen Lebensstandard in den armen Ländern zu heben, können sehr wohl für die Frauen eine entgegengesetzte Wirkung zeitigen, indem sich ihre Arbeitsbelastung noch erhöht. Unter derart deprimierenden Umständen gewinnt das Wort „Frauenbefreiung" eine ganz besondere Bedeutung und stellt eine Herausforderung an die reichen und mächtigen Industrieländer dar.

Unterdessen haben einige der armen Länder große wirtschaftliche Fortschritte erzielt. In einigen Fällen, so in der Volksrepublik China, wurde auch ein bedeutendes Maß an sexueller Gleichberechtigung erreicht. Interessant ist auch, daß in jüngster Zeit in einigen Entwicklungsländern wie Indien und Sri Lanka Frauen zu Staatsoberhäuptern gewählt wurden. Insgesamt gesehen könnte man sagen, daß die Emanzipation der Frau nicht mehr eine ausschließliche Angelegenheit der Industrieländer ist und daß ihre weltumfassende Bedeutung zunehmend sichtbarer wird. Es besteht auch kaum Zweifel daran, daß die Forderung auch nach sexueller Gleichberechtigung nicht verstummen wird, bis sie überall garantiert ist.

Weiterführende Literatur

Beauvoir, S. de: Das andere Geschlecht. Sitte und Sexus der Frau (Le deuxième sexe, dt.). Reinbek (Rowohlt), 1980.

Bebel, A.: Die Frau und der Sozialismus. (1883). Berlin/DDR (Dietz), 1974.

Bornemann, E. (Hrsg.): Arbeiterbewegung und Feminismus. Berichte aus vierzehn Ländern. Berlin (Ullstein), 1982.

Boswell, J.: Dr. Samuel Johnson. Leben und Meinungen (Life of Samuel Johnson [1791], dt.). Zürich (Diogenes), 1981.

Dietze, G. (Hrsg.): Die Überwindung der Sprachlosigkeit. Texte aus der neuen Frauenbewegung. Neuwied (Luchterhand), 1979.

Frederiksen, E. (Hrsg.): Die Frauenfrage in Deutschland 1865–1915. Stuttgart (Reclam), 1981.

Friedan, B.: Der Weiblichkeitswahn (The female mystique, dt.). Reinbek (Rowohlt), 1980.

Green, R.: Sexual identity conflict in children and adults. New York (Basic Books), 1974.

Janssen- Jurreit, M.: Sexismus. Über die Abtreibung der Frauenfrage. Frankfurt/M. (Fischer), 1979.

Kloehn, E.: Typisch weiblich? Typisch männlich? Geschlechterkrieg oder neues Verständnis von Mann und Frau? Reinbek (Rowohlt), 1981.

Lange, H., Bäumer, G. (Hrsg.): Handbuch der Frauenbewegung. Bd. I–IV. Weinheim (Beltz), 1970 (fotomechanischer Nachdruck der Originalausgabe, erschienen Berlin [Moeser], 1901–1915).

Mead, M.: Geschlecht und Temperament in drei primitiven Gesellschaften (Sex and temperament in three primitive societies [1933], dt.). München (dtv), 1979.

Menschik, J. (Hrsg.): Grundlagentexte zur Emanzipation der Frau. Köln (Pahl-Rugenstein), 1976.

Mill, J. S.: Die Hörigkeit der Frau und andere Schriften zur Frauenemanzipation (On the subjection of women [1869], dt.). Frankfurt/M. (Syndikat), 1976.

Millet, K.: Sexus und Herrschaft (Sexual politics, dt.). 2. Aufl., München (dtv), 1977.

Money, J., Tucker, P.: Sexual signatures. On being a man or a woman. Boston (Little, Brown), 1975.

Oakley, A.: Sex, gender and society. New York (Harper & Row), 1972.

Rousseau, J.-J.: Emile oder über die Erziehung. (1762). Stuttgart (Reclam), 1965.

Schenk, H.: Geschlechtsrollenwahl und Sexismus. Zur Sozialpsychologie geschlechtsspezifischen Verhaltens. Weinheim (Beltz), 1979.

Schwarzer, A.: Der „kleine Unterschied" und seine großen Folgen. Frankfurt/M. (Fischer), 1976.

Sprenger, J., Institoris, H.: Der Hexenhammer (Malleus maleficarum [1486], dt.). München (dtv), 1982.

Stoller, R. J.: Sex and gender. On the development of masculinity and femininity. 2 Bände. New York (Aronson), 1976.

Wiggershaus, R.: Geschichte der Frauen und der Frauenbewegung. Wuppertal (P. Hammer), 1979.

Wollstonecraft, M.: Verteidigung der Rechte der Frauen (Vindication of the rights of woman [1792], dt.). 2 Bände. Zürich (Ala), 1978.

Zetkin, C.: Zur Geschichte der proletarischen Frauenbewegung Deutschlands. (1928). Berlin/DDR (Dietz), 1958.

10. Anpassung und Abweichung

Jede Gesellschaft entwickelt für das Sexualverhalten ihrer Mitglieder Maßstäbe, Regeln und Normen. Von einer Gesellschaft zur anderen und je nach der historischen Situation können diese Normen sehr verschieden sein. Sie teilen aber in jedem Fall die Menschen in zwei Gruppen: diejenigen, die sich den Normen anpassen, das heißt die „normalen" Menschen, und diejenigen, die von diesen Normen abweichen, das heißt die „nicht-normalen" oder „devianten" Menschen. Daraus wiederum ergeben sich Probleme von Anpassung und Abweichung oder, anders ausgedrückt, von Konformität und Devianz.

Bis zum Beginn unseres Jahrhunderts war es beispielsweise bei den Siwah in Nordafrika selbstverständlich, daß alle „normalen" Männer homosexuellen Geschlechtsverkehr hatten. Wer sich dem entzog, galt als Sonderling. Die Rwala-Beduinen, die auf der arabischen Halbinsel lebten, betrachteten demgegenüber homosexuelle Praktiken als so „abnorm" und empörend, daß sie die Beteiligten hinrichteten.

Wenden wir uns unserer eigenen Gesellschaft zu, stellen wir fest, daß im 19. Jahrhundert angenommen wurde, „normale" Frauen hätten keinen Orgasmus. Wenn sie dennoch Orgasmen hatten oder darauf bestanden, Orgasmen zu haben, wurden sie oft als unmoralisch oder sogar als krank bezeichnet. Heute ist es die Frau, die keinen Orgasmus hat, die man für „nicht normal" oder „funktionsgestört" hält und der man eine Behandlung empfiehlt.

Diese Beispiele zeigen nicht nur, daß sexuelle Normen relativ sind, sondern auch, daß die Abweichung von diesen Normen zu sehr unterschiedlichen gesellschaftlichen Reaktionen führt. Was in einer Kultur als sexuelle Anpassung aufgefaßt wird, kann in einer anderen als sexuelle Abweichung gelten. Diejenigen, die gegen die Normen verstoßen, können deshalb sehr unterschiedliche Schicksale haben.

Wie man sieht, kann sexuelle Devianz oder Abweichung zu mindestens vier verschiedenen sozialen Reaktionen führen:

- Sie kann als Absonderlichkeit belächelt werden (wie beim rein heterosexuellen männlichen Siwah).
- Sie kann als Unsittlichkeit verdammt werden (wie bei der Frau des 19. Jahrhunderts, die einen Orgasmus hat).
- Sie kann als Verbrechen bestraft werden (wie beim homosexuellen männlichen Rwala-Beduinen).
- Sie kann als Krankheit behandelt werden (wie bei der modernen Frau, die keinen Orgasmus hat).

Beim ersten der obigen Fälle hat die sexuelle Abweichung keine besonderen Folgen. Der Abweichende gilt lediglich als wunderlicher Kauz, den man aber gut ertragen kann. Die anderen drei Fälle sind erheblich schwerwiegender. Ist die Abweichung erst einmal in moralische, juristische oder medizinische Begriffe gefaßt, dann wird sie zur Angelegenheit der Kirche, des Gerichts und der Medizin. Nun ist der Abweichende nicht mehr der harmlose Nonkonformist, der ein Recht hat, in Frieden gelassen zu werden, sondern er wird zum

Sünder, den man retten, zum Verbrecher, den man bestrafen, oder zum Patienten, den man heilen muß.

Es gibt natürlich auch Gesellschaftsformen, in denen die hier aufgeführten vier Beispiele sexuellen Verhaltens keine besondere Aufmerksamkeit erhalten und wo diese nicht als deviant betrachtet werden. In solchen ,,permissiven" Gesellschaften sind sexuelle Normen weit genug gefaßt, um viele Arten sexueller Besonderheiten zuzulassen und hetero- und homosexuelle Männer, Frauen mit und ohne Orgasmus als normale Menschen anzusehen.

Andererseits können in einer Gesellschaft mit besonders strengen sexuellen Normen solche Gruppen von Menschen nicht nur einer, sondern mehreren Kategorien der Devianz oder Abweichung zugeteilt werden. Es wurde bereits erwähnt, daß im Europa und Nordamerika des 19. Jahrhunderts sexuelle Ansprüche bei Frauen häufig als unmoralisch und krank angesehen wurden. Sie mußten sich also nicht nur fromme Predigten anhören, sondern auch psychiatrische Behandlungen über sich ergehen lassen. In ähnlicher Weise betrachten heute manche Länder Homosexualität nicht nur als Sünde, sondern auch als Verbrechen und Krankheit. Homosexuelle sehen sich in diesen Ländern also einer dreifachen Verurteilung durch die Gesellschaft ausgesetzt – eine wahrlich niederdrückende Erfahrung.

Allerdings sind sexuelle Normen in der modernen Gesellschaft relativ rasch wandelbar, so daß eine solche dreifache oder zweifache Abweichung auch rasch auf eine einfache Abweichung oder auf absolute Anpassung reduziert werden kann. Ein Beispiel so drastischer Veränderungen ereignete sich in jüngerer Vergangenheit in den Vereinigten Staaten, wo die Psychiater Homosexualität aus der Liste der Geisteskrankheiten strichen und verschiedene Bundesstaaten die traditionellen Gesetze gegen homosexuelles Verhalten abschafften. Außerdem entschlossen sich einige christliche Kirchen, dieses Verhalten nicht mehr als sündhaft zu verurteilen. So wurden innerhalb relativ kurzer Zeit viele amerikanische Homosexuelle von gesellschaftlichen Außenseitern zu angesehenen Bürgern. Nur diejenigen, die konservativen Kirchen angehören, die in konservativen Bundesstaaten leben oder die bei konservativen Psychiatern in Behandlung sind, sehen sich noch in der Rolle von Abweichenden, die man korrigieren muß.

Das führt uns zu einem weiteren wichtigen Gesichtspunkt dieses Problems. In unserer rasch sich verändernden Welt müssen die moralischen, gesetzlichen und medizinischen Normen für das Sexualverhalten nicht immer in Übereinstimmung bleiben, sie können sich sogar gegenseitig ausschließen. Das heißt, gerade die Anpassung an eine bestimmte Norm kann die Abweichung von einer anderen bedeuten. Ein Beispiel: eine Frau, die keinen Orgasmus hat, wird heute möglicherweise von ihrem Therapeuten aufgefordert, regelmäßig zu masturbieren, um ihre sexuelle ,,Funktionsfähigkeit" wiederherzustellen. Derselben Frau könnte von ihrem Geistlichen gesagt werden, daß Masturbation eine Sünde sei, die Gott bestrafen wird. Sie hat also die Wahl, entweder gesund und unmoralisch zu sein oder moralisch und krank. Wie immer sie sich entscheidet, sie wird eine sexuelle Norm verletzen. Der Therapeut, der einer Frau zur Masturbation rät, verstößt damit unter Umständen gegen das Gesetz. (Mindestens ein Bundesstaat der USA bestraft die Aufforderung zur Masturbation als Vergehen.) Dennoch kann sein Berufsethos es verlangen, diesen Ratschlag zu geben. Er steht also vor der Wahl, entweder gesetzestreu und unethisch oder ethisch und kriminell zu handeln. Auch er befindet sich also in einem Dilemma. Wir könnten natürlich diese Konflikte zwischen Normen noch weiter untersuchen, indem wir die religiösen Auffassungen des Therapeuten und die medizinischen Ansichten des Geistlichen in die Überlegung einbeziehen, aber das Ziel dieser Ausführungen sollte klar sein: Abweichung und Anpassung sind relative Begriffe, ihr konkreter Inhalt hängt vom gesellschaftlichen Zusammenhang ab.

Leider hat man diese einfache Tatsache in der Vergangenheit nicht immer verstanden. Sie mag uns heute sehr einleuchtend erscheinen, sie wurde aber selbst von hervorragenden Gelehrten in der Geschichte oft nicht begriffen. Sie sahen statt dessen sexuell abweichendes Verhalten als konstante Eigenschaft an, die bei einem Menschen entstehen kann und die durch die Gesellschaft kontrolliert werden muß. Entsprechend nahmen sie auch an, es gäbe eine ,,abweichende" oder ,,deviante Persönlichkeit", und sie konzentrierten ihre Bemühungen auf die Beschreibung dieser Persönlichkeit und die Erklärung ihrer Entstehung. Auf der Grundlage solcher Befunde entwickelten sie verschiedene Methoden, um deviante Menschen zur Wiederanpassung zu zwingen. Dies war viele Jahrhunderte lang die einzige Antwort auf sexuelle Abweichung. Es ergaben sich hie und da unterschiedliche Schwerpunkte und Methoden, die Resultate waren sich jedoch immer bemerkenswert ähnlich:

- Im Mittelalter, als die herrschende soziale Macht die Religion war, wurde das Problem in der Hauptsache in religiöse und moralische Begriffe gefaßt. Der Unterschied zwischen sexueller Anpassung und sexueller Abweichung wurde daher als Unterschied zwischen Rechtschaffenheit und Sünde angesehen. Sexuell Abweichende waren vom Teufel oder von bösen Geistern besessen. Nur Gebete und Bußfertigkeit konnten sie wieder in ,,normale" Menschen verwandeln. Um sexuelles Abweichen unter Kontrolle zu halten, brauchte die Gesellschaft mehr Priester und Kirchen. (Das bedeutet letzten Endes nichts anderes, als daß der beste Garant sexueller Anpassung der Kirchenstaat ist.)
- Mit Beginn der Moderne verlor die Kirche nach und nach an Einfluß zugunsten weltlicher Mächte. Daher begann man, das Problem in der Hauptsache in juristische Begriffe zu fassen. Der Unterschied zwischen sexueller Anpassung und sexueller Abweichung wurde nun als Unterschied zwischen Gesetzestreue und Verbrechen gesehen. Sexuell Abweichende waren ,,geborene Verbrecher". Nur Strafe und Wiedereingliederungsmaßnahmen konnten sie wieder in ,,normale" Menschen verwandeln. Um sexuelles Abweichen unter Kontrolle zu halten, brauchte die Gesellschaft mehr Polizisten und Gefängnisse. (Das bedeutet letzten Endes nicht anderes, als daß der beste Garant sexueller Anpassung der Polizeistaat ist.)
- Schließlich schwand im 19. und 20. Jahrhundert das Vertrauen in politische Autorität, und es wuchs die Achtung vor der Wissenschaft. Daher begann man, das Problem in der Hauptsache in medizinische Begriffe zu fassen. Der Unterschied zwischen sexueller Anpassung und sexueller Abweichung wurde als Unterschied zwischen geistiger Gesundheit und Krankheit gesehen. Sexuell Abweichende waren ,,Psychopathen". Nur psychiatrische Behandlung konnte sie wieder in ,,normale" Menschen verwandeln. Um sexuelles Abweichen unter Kontrolle zu halten, brauchte man mehr Psychiater und Irrenhäuser. (Das bedeutet letzten Endes nichts anderes, als daß der beste Garant sexueller Anpassung der ,,Therapiestaat" ist.)

In allen drei Fällen können wir die gleiche grundsätzliche Ideologie feststellen: die herrschenden sexuellen Normen dürfen nicht in Frage gestellt werden. Sexuell abweichendes Verhalten ist nicht zu tolerieren. Der Abweichende hat kein Recht auf seine Abweichung. Bestimmte soziale Funktionsträger und Institutionen sind mit besonderen Machtbefugnissen auszustatten, um Abweichende wieder ,,in Reih und Glied" zu bringen und eine umfassende sexuelle Anpassung zu gewährleisten. Menschen können ganz allgemein ihr ,,bestes" sexuelles Verhalten nur erreichen und beibehalten, wenn sie in irgendeiner Form unter totalitärer Kontrolle stehen.

Darüber hinaus ist noch eine zweite Feststellung zu treffen: Die Kontrolle des Sexualverhaltens durch die Gesellschaft kann im Namen ,,Gottes", des ,,Rechtsstaats" oder der ,,medizinischen Wissenschaft" stattfinden. Wie immer man sie aber rechtfertigt, sie wird immer als objektiv, unparteiisch und

„natürlich" dargestellt. Gesellschaften geben niemals gerne zu, daß dies in der Tat nichts anderes ist als die Kontrolle einer Gruppe von Menschen durch eine andere. Der soziale und politische Aspekt dieser stillschweigenden Vereinbarung wird selten problematisiert, sondern er wird meist hinter dem Rauchvorhang religiöser, juristischer und medizinischer Fachterminologie versteckt.

Wenn man jedoch das Problem der Abweichung wirklich verstehen will, bedarf es einer umfassenderen Sichtweise. Es reicht nicht aus, den einzelnen Abweichenden zu betrachten und sich Gedanken darüber zu machen, wie man ihn in eine akzeptable, „normale", angepaßte Person verwandeln kann. Man muß diejenigen kritisch betrachten, die diese Anpassung fordern und die jemanden überhaupt erst als einen Abweichenden definiert haben. Dabei kann oft bewiesen werden, daß die Rechtschaffenheit, Ehrbarkeit und geistige Gesundheit der angepaßten Mehrheit in erheblichem Maße durch die offensichtliche Präsenz von Sündern, Rechtsbrechern und Geisteskranken stabilisiert oder bestätigt wird. Das bedeutet: die Abweichenden haben eine wichtige soziale Funktion. Sie stellen willkommene „warnende Beispiele" dar und dienen damit dem sozialen Zusammenhalt und der Stabilität der übrigen Bevölkerung. Ihre Existenz bestätigt – negativ – das vorherrschende gesellschaftliche Wertsystem: Die Existenz gottloser Menschen bestätigt die Bedeutung der Religion; die Existenz gesetzloser Menschen bestätigt die Bedeutung von Recht und Ordnung; die Existenz geisteskranker Menschen bestätigt die Bedeutung der Psychiatrie.

Daher bedingen sich Konformität und Devianz, Abweichung und Anpassung gegenseitig; sie haben einen gemeinsamen Ursprung. Es ist kurzsichtig zu glauben, abweichendes Verhalten trete plötzlich bei bestimmten Menschen auf und zwinge erst dann die Gesellschaft, bestimmte Maßnahmen zu ergreifen. Richtiger ist es zu sagen, daß die Gesellschaften sich so organisieren, daß ein bestimmtes Maß an Abweichung produziert wird und dann hilft, die aufgestellten Normen zu bestätigen. Das bedeutet, daß Gesellschaften ihre eigene Abweichung und ihre eigene Anpassung erzeugen. Darüber hinaus wäre es zu einfach, davon auszugehen, daß bei manchen Menschen ein objektiv abweichendes Verhalten vorliegt, oder daß es so etwas wie eine an sich abweichende Persönlichkeit oder an sich abweichende Handlung gibt. Abweichung ist keine Charaktereigenschaft von Menschen und kein definierter Verhaltenszug, sondern sie ist das Ergebnis der Interaktion zwischen Menschen. Sie wird durch soziale Beziehungen erzeugt, aufrechterhalten, aber auch aufgehoben. So kann man insgesamt Abweichung am besten als soziale Rolle erklären.

Menschen werden zu Abweichenden, das heißt deviant, wenn sie als solche durch andere oder durch sich selbst etikettiert werden. Jemand wird zum Ketzer, wenn seine Glaubensauffassung von der offiziellen Religion als falsch oder gefährlich bezeichnet wird. Diese offizielle Religion wird ihn dann exkommunizieren und, wenn es in ihrer Macht steht, mit Gewalt zum Schweigen bringen. In ähnlicher Weise wird jemand zum Verbrecher, wenn die Justiz der Ansicht ist, er habe gegen das Gesetz verstoßen. Die Justiz wird ihn dann für schuldig erklären und bestrafen. Schließlich kann jemand zum Geisteskranken werden, weil sein Verhalten nach offizieller Auffassung auf einen Mangel an geistiger Gesundheit hinweist. Die Psychiatrie erklärt ihn dann für krank und unterwirft ihn einer Behandlung.

Entsprechend gelten Menschen nicht mehr als deviant oder abweichend, wenn andere oder sie selbst das Etikett der Devianz entfernen. Sie können zum Beispiel die Vertreter der Macht zufriedenstellen, indem sie der Ketzerei abschwören und Buße tun, eine Strafe verbüßen und ihre kriminelle Laufbahn beenden oder indem sie sich von ihrer Geisteskrankheit heilen lassen. Die Etiketten „Ketzer", „Krimineller" und „Geisteskranker" werden dann offiziell entfernt, die früheren Abweichenden werden wieder in die angepaßte Mehrheit aufgenommen. Sie werden in die Arme der Kirche aufgenommen, werden wieder geachtete Bürger der Gesellschaft und gehören wieder zur Welt der Gesunden.

Dies ist in groben Zügen das Prinzip der Bestimmung von Anpassung und Abweichung. Im täglichen Leben wird die Sache allerdings durch einige zusätzliche Faktoren kompliziert. Einer von ihnen wurde bereits kurz erwähnt: Es ist keineswegs ungewöhnlich, daß Menschen sich selbst als Abweichende etikettieren, daß sie also offen zugeben, Ketzer, Verbrecher oder Geisteskranke zu sein. Umgekehrt werden Menschen in bestimmten Situationen die Rolle des Abweichenden ablehnen, die ihnen aufgezwungen wird, und sie bezeichnen sie dann als schrecklichen Irrtum. Sie werden dann selbst nach der Exkommunikation sich noch als prinzipientreue Gläubige bezeichnen, sie werden selbst im Gefängnis ihre Unschuld beteuern und werden sogar in der psychiatrischen Anstalt auf ihrer geistigen Gesundheit bestehen. Auch aus anderen Gründen kann es sein, daß Mensch die Rolle des Abweichenden ablehnen: Sie geben dann zwar möglicherweise zu, offizielle Normen verletzt zu haben, bezeichnen diese jedoch als unberechtigt und unwesentlich. Sie bezeichnen dann die traditionellen Glaubenssätze als gottlos, das Strafgesetz als Unrecht und den Katalog psychiatrischer Erkrankungen als unwissenschaftlich.

Die Vertreter der offiziellen Macht zögern andererseits manchmal, die Devianz bestimmter Menschen zu bestätigen. Es kann sein, daß sie nichts Besonderes an einem bestimmten Verhalten finden, selbst wenn es relativ ungewöhnlich ist. Wenn dann die Person selbst darauf besteht, deviant zu sein, wird ihr möglicherweise erklärt, sie habe in diesem Punkt unrecht. Das Etikett des Abweichenden kann durch die Vertreter der offiziellen Macht auch auf zwei andere Weisen entfernt werden: Sie können zum einen einfach einen offiziellen Fehler übereifriger Inquisitoren, korrupter Richter oder unwissender Ärzte zugeben. Ein Mensch, der als Ketzer verbrannt wurde, wird so unter Umständen später ein Heiliger, ein Krimineller wird offiziell rehabilitiert, ein Patient der Psychiatrie wird möglicherweise als unglückliches Opfer einer falschen Diagnose bezeichnet. Zum anderen können die Vertreter der offiziellen Macht beschließen, ihre Glaubenssätze zu überdenken, ihr Gesetz zu verändern und ihre Krankheitsdefinition zu revidieren. In keinem dieser Fälle verändert der Abweichende sein Verhalten, seine Anpassung wird dennoch wiederhergestellt.

Dieser Gedanke führt zu einem weiteren wichtigen Punkt: Nicht jeder, der offizielle Normen verletzt, wird als deviant bezeichnet, nicht jeder, der dieses Etikett trägt, hat offizielle Normen verletzt. Nicht alle Ungläubigen werden der Kirche bekannt, nicht alle Gesetzesbrecher werden gefaßt und verurteilt, nicht alle Menschen mit merkwürdigem Verhalten kommen mit einem Psychiater in Berührung. Statt dessen werden diese Nonkonformisten möglicherweise von ihrer Umgebung als mehr oder weniger „normal" akzeptiert. Andererseits können vollkommen „normale" Menschen zu Unrecht in die Rolle von Ketzern, Kriminellen oder Geisteskranken gedrängt werden. Sie akzeptieren diese Rolle oder lehnen sie ab, ihre Devianz wird aber auf alle Fälle zur unleugbaren sozialen Tatsache, und sie haben unter den Folgen zu leiden. Sie haben den wahren Glauben vielleicht gar nicht verloren, und doch sind sie nun deviant. Sie haben das Gesetz vielleicht gar nicht gebrochen, und doch sind sie nun deviant. Sie haben sich vielleicht gar nicht „verrückt" verhalten, und doch sind sie nun deviant.

Angesichts solcher Beobachtungen hat die moderne Forschung über abweichendes Verhalten ihre Sichtweise erweitert und begonnen, den sozialen Gesamtzusammenhang einzubeziehen. Sie stellt nicht mehr nur die Frage nach den Gründen für abweichendes Verhalten einzelner Menschen, sondern sie stellt weitergehende Überlegungen an: Warum und wie werden bestimmte Menschen als deviant aus der Mehrheit herausgelöst, warum und wie wird ihnen die Rolle des „Abweichenden" zugesprochen? Wie reagieren diese Menschen auf eine solche Rollenzuweisung? Wie reagiert die übrige Gemeinschaft darauf? Unter welchen Bedingungen können Menschen die Rolle des Abweichenden ablehnen oder aufgeben? Was ist Nutzen und Nachteil der neuen Rolle für den Abweichenden? Was ist Nutzen und Nachteil für die anderen?

Natürlich ist es in diesem Buch nicht möglich, alle diese Fragen ausführlich zu diskutieren. Es reicht aus, wenn wir uns ihrer Differenziertheit bewußt sind. Für die vorliegenden, begrenzten Zwecke können wir uns auf eine kurze, relativ oberflächliche Übersicht beschränken und die bisherigen Ausführungen mit einer kurzen Bemerkung abschließen: Wenn Menschen einmal von anderen oder durch sich selbst zu Abweichenden gestempelt worden sind, bleibt ihnen oft keine andere Wahl, als diese Rolle so zu spielen, wie sie von der betreffenden Gesellschaft definiert wird. Oft wird eine solche Rolle so vollständig übernommen, daß diese Menschen, gemeinsam mit anderen Devianten, eine besondere „Subkultur" entwickeln. So kann der Ketzer als Führer einer neuen Sekte eine neue Aufgabe finden, der Kriminelle zum gewohnheitsmäßigen Verbrecher werden und sich der Unterwelt anschließen, der Geistesgestörte sich in seiner „Verrücktheit" sonnen und eine private Gefolgschaft aufbauen. Schließlich können auch solche Subkulturen von Menschen mit abweichendem Verhalten ihrerseits bestimmte Menschen als deviant bezeichnen, die dann eine neue Subkultur entwickeln usw.

Wie lassen sich nun die bisherigen Ausführungen auf den besonderen Fall sexuell devianten Verhaltens anwenden? Dies läßt sich am besten anhand der oben bereits erwähnten Beispiele darlegen. Erinnern wir uns daran, daß im 19. Jahrhundert Frauen, die ihre sexuellen Bedürfnisse äußerten und Orgasmen hatten, als sündig und krank angesehen wurden und daß Priester und Psychiater versuchten, sie zu „retten". Solche Frauen wurden nicht nur moralisch verurteilt, sondern wenn sich herausstellte, daß sie masturbierten, mußten sie sich wegen „Masturbationswahnsinn" auch noch in ärztliche Behandlung begeben. Waren sie sexuell mit ihren Ehemännern nicht zufrieden, behandelte man sie wegen „Nymphomanie" oder „Erotomanie". Diese Behandlungen konnten ein erhebliches Ausmaß annehmen und bis zur Klitoridektomie reichen. Auch noch radikalere Operationen waren nicht ausgeschlossen. Trat durch die Behandlung keine Besserung ein, wurde diesen Patientinnen oft eine deviante Karriere aufgezwungen, die sie zu „leichten Mädchen" oder zu Insassen von Irrenanstalten werden ließ.

Aber keineswegs alle orgasmusfreudigen Frauen erlitten dieses Schicksal. Wenn sie unentdeckt blieben oder ihre Ehemänner mit ihnen Schritt halten konnten, wurden sie niemals zu devianten Individuen gestempelt und lebten ein einigermaßen normales Leben. Als schließlich die Ansicht der Religion und Psychiatrie sich änderte, wurden selbst besonders orgasmische Frauen für absolut normal gehalten. Das Problem „exzessiver" weiblicher sexueller Begierde verschwand vollkommen, die Situation hatte sich zwischenzeitlich sogar fast umgekehrt. Nun wurden den anorgasmischen Frauen Schuldgefühle vermittelt. Nun sind sie es, die sich möglicherweise in psychiatrischer Behandlung wiederfinden, wo ihnen vielleicht sogar Nachhilfe in wirkungsvollerem Masturbieren gegeben wird. Wenn sie demgegenüber ein Leben in Enthaltsamkeit führen wollen oder ihre Männer lieber wollen, daß sie keinen Orgasmus haben, laufen sie wenig Gefahr, als deviant bezeichnet zu werden.

Noch lehrreicher ist das Beispiel homosexueller Männer. Wie wir bereits gesehen haben, gibt es Gesellschaften, die von Homosexualität wenig Aufhebens machen. Sie tolerieren homosexuelles Verhalten oder unterstützen es sogar. Bei ihnen gibt es jedoch keine „Homosexuellen". Unsere eigene Gesellschaft weist demgegenüber Homosexuellen eine besondere soziale Rolle zu, und Menschen werden mehr oder weniger willkürlich in dieses Rollenschema gepreßt. Die Kinsey-Skala hat gezeigt, daß Heterosexualität und Homosexualität ineinander übergehen, sich nicht gegenseitig ausschließen und keine unveränderlichen Eigenschaften darstellen. Daher ist die Frage, ob eine bestimmte Person homosexuell ist oder nicht, nicht ein für alle Male zu beantworten, sondern sie entscheidet sich im jeweiligen sozialen Bezug. Ein Soldat, der bei einer einzelnen homosexuellen Handlung überrascht wird, wird unter Umständen dauerhaft in das homosexuelle Rollenschema gepreßt, während ein junger Prostituierter von sich selbst und von anderen vielleicht als heterosexuell betrachtet wird. Da er seine homosexuellen Handlungen „nur des Geldes wegen" ausübt, „zählen" sie nicht wirklich. Wenn Probleme mit der Polizei ausbleiben, kann er schließlich heiraten und das Leben eines „normalen" Familienvaters führen.

Ist ein Mann jedoch erfolgreich zum Homosexuellen abgestempelt, hat er sich selbst als „anders herum", als „Tunte" oder als „Schwulen" begriffen und wird er als solcher von anderen bezeichnet, dann lernt er diese Rolle so spielen, wie es jeder von ihm erwartet. Diese Erwartungen sind natürlich in verschiedenen Gesellschaften und Situationen unterschiedlich. Manchmal ist die Rolle des Homosexuellen positiv definiert: man kann in ihm einen Schamanen oder heiligen Mann sehen (wie bei bestimmten Urvölkern), einen musterhaften Bürger (wie im alten Japan) oder einen gefühlvollen Schöngeist (wie manchmal in der westlichen Tradition). Zu anderen Zeiten ist diese Rolle ausschließlich negativ. Man kann ihn zum Ketzer erklären (wie im Europa des Mittelalters), zum Verbrecher (wie in der heutigen Sowjetunion) oder zum „Psychopathen" (wie noch in einigen Staaten der USA). Darüber hinaus muß man daran denken, daß selbst in ein und derselben Gesellschaft sich der positive oder negative Charakter der homosexuellen Rolle im Laufe der Zeit ändern kann. Das bedeutet, daß Menschen die Rolle selbst zwar annehmen, aber dennoch ihren Bedeutungsgehalt verändern können. So kann eine Gesellschaft zwar weiterhin der Auffassung sein, Homosexuelle seien „anders", aber dennoch das moralische Werturteil modifizieren. Das gilt auch für die Homosexuellen selbst. Sie können sich zum Beispiel in Übereinstimmung mit der öffentlichen Meinung als ohnehin „verdorben" betrachten und soziale Normen für sich grundsätzlich nicht akzeptieren. Nach einiger Selbstprüfung können sie aber auch zu der Überzeugung kommen, daß „Schwulsein" schön ist, und sich dann wie selbstbewußte Bürger verhalten.

Ähnliches läßt sich in der homosexuellen Subkultur beobachten. Gesellschaften, die aus Homosexualität kein Problem machen, haben weder „Schwule" noch eine „schwule Subkultur". In unserer Gesellschaft sind beide vorhanden. Innerhalb der amerikanischen homosexuellen Subkultur gibt es sogar eine Reihe „Unter-Subkulturen", wie die der „Leder-Männer", der „Motorrad-Männer", der homosexuellen Transvestiten, der Strichjungen usw. jede dieser Gruppen hat ihre spezifischen sozialen und sexuellen Verhaltensweisen. Innerhalb der letzten Jahre haben sich dennoch in all diesen Gruppen bestimmte Veränderungen vollzogen. Früher hatten sie zum Teil den Anschein von Geheimbünden, sie waren mißtrauisch und intolerant, sie forderten innerhalb der Gruppe vollständige Anpassung. Heute sind sie wesentlich lockerer und offener geworden. Darüber hinaus haben sie Unterstützung in einer neuen selbstbewußten und freien „Schwulen"-Subkultur gefunden, zum Beispiel in schwulen Emanzipationsgruppen, Studentenverbänden, Sportvereinen, kirchlichen Gemeinden, Parteiorganisationen und Berufsverbänden.

Im Ergebnis solcher Entwicklungen haben sich die Selbsteinschätzung der Homosexuellen und ihr Bild in der Öffentlichkeit erheblich verbessert. Die

Menschen begreifen zunehmend, daß an der homosexuellen Rolle nichts in sich Besonderes oder Dauerhaftes ist. Abgesehen von ihrer sexuellen Orientierung haben Homosexuelle wahrscheinlich wenig untereinander gemeinsam, außer den Eigenschaften, die sie sich unter dem Druck der Gesellschaft im Laufe der Zeit angeeignet haben. So brechen in den Vereinigten Staaten die alten Mechanismen, die den Begriff des homosexuellen Abweichens erst schufen, nach und nach zusammen. Zumindest einige der offensichtlicheren traditionellen Strategien greifen heute nicht mehr. Man anerkennt heute zum Beispiel, daß die Erforschung von Ursachen für Homosexualität in der Psychiatrie niemals ein wertfreies wissenschaftliches Vorhaben war. Es war vielmehr der Versuch, die Kontrolle Homosexueller und die neuen Methoden, die dabei angewandt wurden, zu rechtfertigen. Tatsächlich glich daher ein Psychiater, der die Ursachen der Homosexualität erforschte, eher einem katholischen Inquisitor, der nach den Ursachen des Protestantismus suchte. Er war kein objektiver Beobachter, der versuchte, theoretische Einsichten zu gewinnen, sondern war Parteigänger einer etablierten Ordnung, der bemüht war, Verirrungen auszurotten. Entsprechend wurde im Laufe der Zeit klar, daß Homosexualität – wie der Protestantismus – nicht auf einzelne „Ursachen" zurückgeführt werden kann. Man kann solche Phänomene nicht auf einen einzelnen Sachverhalt zuspitzen, da Homosexuelle – oder Protestanten – in einer unermeßlichen Vielfalt von Abstufungen, äußeren Erscheinungsbildern und Ausprägungen auftreten. Alles in allem ist es daher kaum möglich, religiöse und sexuelle Ketzereien für sich alleine zu untersuchen. Sie sind ein natürliches Produkt konservativer Einstellungen in religiösen oder sexuellen Dingen.

Bedeutet das, daß alle sexuellen Normen unerheblich sind und daß man sie alle aufgeben sollte? Besteht Abweichung nur in den Augen des Betrachters? Gibt es überhaupt keine sexuellen Richtlinien? Sollen wir aufhören, Menschen wegen sexueller Unmoral zu rügen, sie für sexuelle Verbrechen zu bestrafen oder ihre sexuellen Probleme zu behandeln? Selbstverständlich nicht! Wir haben das Recht und die Pflicht, all dies zu tun. Schließlich sehen oder hören wir fast täglich von schweren sexuellen Störungen, die zu Gewalt und Elend führen. Auf der anderen Seite verlangen die Opfer sexueller Gewalttaten Schutz; Menschen, die unter schweren sexuellen Hemmungen, Zwängen oder destruktiven Neigungen leiden, suchen Hilfe durch Fachleute. Weder die einen noch die anderen dürfen auf lange Sicht übersehen werden. Keine Gesellschaft kann ohne ein Mindestmaß sexueller Normen, vielleicht sogar sexueller Idealvorstellungen, existieren. Die Art und Weise, in der solche Normen durchgesetzt und solche Idealvorstellungen verfolgt werden, ist unmittelbar Ausdruck des moralischen Werts einer Gesellschaft.

Das bedeutet aber auch, daß jede Gesellschaft ihre sexuellen Wertvorstellungen immer wieder im Licht der Erfahrung überprüfen muß. Darüber hinaus sollte sie auch offen die Verantwortung für solche Normen übernehmen, statt sich hinter einer angeblich „natürlichen" Ordnung zu verstecken. Geschichtliche Studien und vergleichende Untersuchungen verschiedener Kulturen haben bewiesen, daß sexuelle Gewalt und sexuelles Elend oft unmittelbar aus unsinnigen, unreflektierten und unnötigen sozialen Vorschriften entspringen. Unsere westliche Zivilisation hält in dieser Beziehung leider einen traurigen Rekord. Die Geschichte der sexuellen Abweichung in Europa und Nordamerika weist eine Fülle erschreckender Beispiele von Heuchelei, Grausamkeit und Fanatismus auf, die uns allen als traurige Lektion dienen sollten.

In den folgenden Kapiteln werden die traditionellen westlichen religiösen, gesetzlichen und medizinischen Normen für das Sexualverhalten des Menschen genauer untersucht. Die sich daraus ergebenden Formen sexueller Abweichung und die unterschiedlichen Methoden des Umgangs mit ihnen werden ausführlich besprochen. Einzelne Aspekte werden darüber hinaus durch den Vergleich verschiedener Kulturen vertieft. Zum besseren Verständnis wurde der Text in drei parallel gegliederte Einzelabschnitte aufgeteilt.

10.1 „Natürlich" – „Widernatürlich"

Wo die Verletzung sexueller Normen als religiöses oder ethisches Problem definiert ist, erscheinen sexuelle Anpassung und sexuelle Abweichung als Tugendhaftigkeit und Sünde. Angepaßtes Sexualverhalten wird als „moralisch", „sittlich" und „natürlich" beschrieben; abweichendes Verhalten bezeichnet man als „unmoralisch", „unsittlich" oder „widernatürlich".

Besonders die Begriffe „natürlich" und „widernatürlich" waren bei Moralisten aller Zeiten sehr beliebt, weil das Beschwören der Natur sehr viel eindrucksvoller ist als die Berufung auf Anstand oder Moral. Die Natur scheint unabhängig von menschlichen Launen zu sein. Daher kann sie als objektive, wirklich unparteiische Autorität, als unbestechlicher Schiedsrichter in Fragen von Gut und Böse herangezogen werden. Eine „natürliche" Moral kann daher den Anspruch erheben, unveränderlich, ewig und allgemeingültig zu sein. Daher können diejenigen, die ihre moralischen Werturteile auf die Natur gründen, sich selbst als vorurteilsfrei darstellen. In ihren Augen finden sich in der Natur selbst die Regeln, nach denen man zu leben hat. Richtig betrachtet, können die Absichten der Natur herausgefunden werden; haben wir sie einmal gefunden, müssen wir ihnen auch folgen. Nur „natürliche" Handlungen sind daher moralisch.

Diese Schlußfolgerung beruht indes auf einem fundamentalen Mißverständnis von Natur und Moral. Die Natur verfolgt keine Absichten, und es wäre grundlegend unmoralisch, würden wir leugnen, daß wir für unsere Wertsysteme selbst verantwortlich sind. Der Mensch ist der Herr der Natur; er formt sie nach eigenen wechselnden Interessen. So unterstützt oder verhindert er natürliche Ereignisse, wie er es für richtig erachtet, und er benutzt ein bestimmtes Naturgesetz, um damit ein anderes auszuschalten. Sogar sein eigenes Leben ist von der Weigerung abhängig, der Natur ihren Lauf zu lassen. Würde der Mensch nur anerkennen, was sich „von Natur aus" ergibt, würde es ihm gehen wie dem Säulenheiligen Simeon, der Seife und Wasser verschmähte und dessen ganzer Körper schließlich mit eitrigen Geschwüren übersät war. Als die Maden, die sich in seinen Wunden nährten, herabfielen, sammelte er sie wieder auf, setzte sie an ihren Platz zurück und sagte: „Esset, was Gott euch gegeben hat!"

Zum Glück sind die meisten Menschen vernünftig genug, dieses fromme Beispiel nicht nachzuahmen. Sie wissen, daß der Fortschritt des Menschen von jeher davon abhing, die Natur, „so wie sie ist", nicht zu akzeptieren. Die Geschichte der Menschheit ist die Geschichte der Veränderung der Natur. Man kann deshalb sagen, daß der Mensch als zivilisiertes Wesen in einer Welt lebt, die er sich selbst geschaffen hat.

Ein wichtiger Aspekt dieser von Menschen gemachten Welt sind die moralischen Werte, die das menschliche Verhalten regeln. Das wird besonders deutlich, wenn wir die unterschiedlichen früheren und neuen sexuellen Wertsysteme betrachten. Wie wir wissen, herrschte in der jüdischen und christlichen Kultur lange der Glaube, die „Natur" der Sexualität sei die Fortpflanzung und jede sexuelle Handlung, die nicht diesem Ziel diente, sei „widernatürlich". Religiöse Dogmen, mythische Vorstellungen, Sitten und Gebräuche, Zivil- und Strafrecht, selbst unser eigener Sprachgebrauch spiegeln diese Ansicht noch heute wider. Wenn wir zum Beispiel die Geschlechtsorgane des Menschen als „Genitalien" (Zeugungsorgane) bezeichnen oder als „Reproduktionssystem", drücken wir damit gleichzeitig aus, daß ihre „natürliche" Funktion die Fortpflanzung sei. Das ist jedoch eine sehr eingeschränkte Sichtweise, denn die Geschlechtsorgane haben auch andere Funktionen. Wissenschaftler sind sich dessen selbstverständlich bewußt, und sie nehmen diese alten Begriffe nicht wörtlich. Nicht-Wissenschaftler versuchen jedoch noch heute, die „wahre" Funktion dieser Organe aus ihrer Bezeichnung abzuleiten. Nach dieser Auffassung verbieten es Gott, die Natur und die Logik, daß die „Fortpflanzungsorgane" irgendwelchen anderen Zwecken dienen. Das ist allerdings genauso unsinnig, als würde man den Mund, die Zähne, die Zunge und den Hals als „Ernährungsorgane" bezeichnen und den Menschen das Sprechen, Singen, Pfeifen oder Küssen verbieten.

Es ist eine Frage der Redlichkeit des Denkens, sich von solchen vorgefaßten, engstirnigen und unzulässig vereinfachenden Begriffen freizumachen. Wir sollten uns statt dessen daran erinnern, daß es nie die „Natur", sondern der menschliche Wille ist, der über den Umgang mit dem menschlichen Körper entscheidet. Ein Mensch benutzt den Mund zum Essen, aber auch zum Sprechen, Singen, Küssen oder Rauchen. Er benutzt seine Beine zum Gehen und Laufen, aber auch zum Seilspringen, zum Himmel- und Hölle-Spielen und zum Tangotanzen. Er benutzt seine Geschlechtsorgane, um sich fortzupflanzen, aber auch um Lust zu erleben und um seinem Partner Lust zu bereiten.

Jede dieser Handlungen ist gleich „natürlich" oder „widernatürlich" wie die andere. Die Freiheit, die Natur abzuwandeln oder zu vervollkommnen, ist Teil menschlicher Existenz. Sie ist aber auch die wesentliche Grundlage der Kultur. Menschen lassen sich heute ihr Haar und ihre Fingernägel nicht „natürlich" wachsen, sondern sie schneiden und färben sie je nach Mode. Sie essen ihre Nahrung nicht „natürlich" roh, sondern kochen, braten oder bakken sie. Schmerzen ertragen sie nicht „natürlich", sondern sie nehmen schmerzstillende Mittel. Sie geben sich nicht mit der „natürlichen" Vielfalt von Pflanzen und Tieren zufrieden, sondern züchten neue Obstsorten und Viehrassen. Die „Natur" hat nicht vorgesehen, daß Menschen fliegen, sie hat sie deshalb nicht mit Flügeln ausgestattet. Aber die Menschen haben diese „natürliche" Behinderung ganz „natürlich" überwunden, indem sie Ballons, Luftschiffe, Flugzeuge, Raketen und Raumschiffe erfanden.

Insgesamt bedeutet dies also, daß der Mensch alleine entscheidet, was für ihn „natürlich" ist; er allein stellt seine moralischen Wertsysteme auf. Er überträgt dann diese moralischen Wertsysteme auf die natürliche Welt, die ihn umgibt und die keine eigenständigen Moralwerte besitzt. Natur als solche ist wertfrei, sie kennt keine Bevorzugung, keine Richtung, kein Endziel. Sowohl Wachstum als auch Verfall, sowohl Gesundheit als auch Krankheit, sowohl Leben als auch Tod sind natürlich. Die Natur sorgt für Sonne und Regen, Hitze und Kälte, genießbare und giftige Pflanzen, Fruchtbarkeits- und Verhütungsmittel. Der Mensch ist es, der unter ihnen auswählt und der verschiedene Moralsysteme und ethische Ordnungen schafft, mit denen er lebt. Früher erklärte man diese Ordnungen als unmittelbar aus der Natur abgeleitet, und man glaubte deshalb fälschlicherweise, diese Wertsysteme und Ordnungen seien objektive Tatsachen. Heute ist diese Auffassung nicht mehr aufrechtzuerhalten. Es ist an der Zeit, die ernüchternde Wahrheit zu akzeptieren, daß wir alle für unsere Überzeugungen und für das, was wir in ihrem Namen unseren Nächsten antun, selbst verantwortlich sind.

10.1.1 Sexualität und Religion

Mehrere Jahrtausende lang wurden Fragen der Moral ausschließlich nach religiösen Grundsätzen entschieden. Menschen konnten Gut und Böse, Recht und Unrecht unterscheiden, weil sie den Unterschied durch eine übermenschliche Macht vermittelt bekamen. Die Geister, Götter oder Gott zeigten ihnen den rechten Weg und bestraften ihren Ungehorsam. Moral und Religion waren also im Grunde identisch. Atheistische Moralvorstellungen tauchten in der Geschichte der Menschen erst spät auf, sie sind ein Produkt der fortschreitenden Zivilisation.

Dennoch versuchten die meisten Moralordnungen der Vergangenheit – ob sie sich nun auf religiöse Grundlagen bezogen oder nicht –, als allgemeingültig zu erscheinen und den Anspruch zu erheben, frei von menschlicher Einflußnahme zu sein. Nicht nur die Kirche, sondern auch autoritäre weltliche Regierungen hatten von jeher eine merkwürdige Abneigung dagegen, unmittelbare moralische Verantwortung zu übernehmen. Während sie bemüht waren, ganz bestimmte moralische Normen durchzusetzen, waren sie gewöhnlich nicht bereit, diese als ihre eigenen anzuerkennen. Religiöse Moralisten verwiesen dann auf den ,,Willen Gottes" oder die ,,Vorsehung der Natur"; atheistische Moralisten beschworen die ,,Logik der Geschichte", die ,,Gesetze des dialektischen Materialismus" oder andere unbesiegbare mystische Mächte. Daher wurde auch Abweichung entweder in religiöse Begriffe gefaßt und als ,,Sünde", ,,Blasphemie", ,,Götzendienst" und ,,Ketzerei" bezeichnet, oder man bezeichnete sie mit weltlichen Begriffen als ,,Verrat", ,,reaktionäres Verhalten", ,,Subjektivismus" und ,,bürgerliche Dekadenz". Menschen mit abweichendem Verhalten mußten hier zur Beichte gehen oder dort öffentlich Selbstkritik üben. In jedem Fall wurden sie ,,umerzogen" und gezwungen, ihre persönlichen Interessen offiziellen Dogmen zu opfern.

Was hier über die Moral im allgemeinen gesagt wurde, gilt selbstverständlich auch für die sexuelle Moral. Auch hier haben religiöse und atheistische Dogmatiker die Handlungen der Menschen nicht nach ihren ,,subjektiven" Ergebnissen wie Freude, Befriedigung und Glück beurteilt, sondern nach ihren angeblich ,,objektiven" Eigenschaften. Sexualverhalten hatte sich einem ,,höheren", transzendenten Recht anzupassen. Dieses Recht war in manchen Fällen wohlwollend, freizügig, flexibel und gegenüber Sexualität positiv eingestellt. In anderen Fällen war es repressiv, engstirnig, streng und gegenüber Sexualität negativ eingestellt. Im ersten Fall fand die Mehrheit der Menschen sexuelle Befriedigung, im zweiten war dies nur einer kleinen Minderheit möglich. Alle anderen blieben sexuell in unterschiedlichem Ausmaß frustriert. Sie führten ein freudloses, unmenschliches Leben unter Zwang, waren mit sich selbst unglücklich und intolerant gegenüber anderen.

Wir wissen nicht genau, weshalb einige Gesellschaften von ihren Mitgliedern sexuelle Askese verlangen und andere nicht. Große Autoren wie Friedrich Engels, Sigmund Freud und Wilhelm Reich haben ganz unterschiedliche Theorien über ,,den Ursprung der Familie, des Privateigentums und des Staats", ,,das Unbehagen an der Kultur" und ,,den Einbruch der sexuellen Zwangsmoral" formuliert, und sie versuchten so, die Ursachen sexueller Unterdrückung in einer fernen Vergangenheit zu finden, als die Menschheit einen ,,falschen Weg" einschlug. So eindrucksvoll diese Theorien auch sind, das Problem bleibt weitgehend ungeklärt. Zum gegenwärtigen Zeitpunkt können wir uns nur einer Sache gewiß sein: der Mensch selbst schafft sich seine sexuelle Moral; er hat daher auch das Recht, sie zu ändern, wenn sie sein Wohlergehen zu bedrohen beginnt. Dieses Recht kann unter bestimmten Bedingungen sogar zu einer moralischen Pflicht werden.

In den folgenden Abschnitten werden die Lehren vergangener und gegenwärtiger Religionen zusammengefaßt. Vorab sei noch einmal daran erinnert, daß moderne, nicht-religiöse Moralsysteme in ihrer Einstellung zur Sexualität ebenso vielfältig sind.

Der historische Hintergrund

Die Wurzeln unserer westlichen Zivilisation reichen bis weit in die Antike zurück. Ob wir uns dessen bewußt sind oder nicht, geben viele unserer heutigen moralischen Überzeugungen Ereignisse, Umstände oder kollektive Erfahrungen aus längst vergangenen Zeiten wieder. Vom Heidentum der Antike bis zum Judentum und Christentum wurde unsere sexuelle Moral zum Beispiel von einer Vielzahl religiöser Glaubensvorstellungen beeinflußt. Häufig wurde dieser Einfluß nicht nur direkt und offen wirksam, sondern auch indirekt, unterschwellig und verdeckt. In vielen Fällen blieb dieser Einfluß bestehen, auch wenn die Glaubensvorstellungen selbst überholt oder abgewandelt waren. Es scheint daher sinnvoll, zumindest einen flüchtigen Blick auf die wesentlichen westlichen Religionen zu werfen und besonders ihre Aussagen zum menschlichen Sexualverhalten zu betrachten.

Das klassische Griechenland und Rom

Allgemein gesprochen waren die alten europäischen Kulturen der Sexualität gegenüber sehr positiv eingestellt. In unserem Zusammenhang können wir die nordeuropäischen Kulturen jedoch überspringen und uns auf die Kulturen des Mittelmeer-Raumes konzentrieren, da nur sie einen dauerhaften Einfluß auf die moralischen Grundwerte der westlichen Zivilisation hatten.

Im klassischen Griechenland wurde Sexualität als eine elementare Lebenskraft angesehen, alle sexuellen Gefühle wurden daher als grundsätzlich gut aufgefaßt. Viele Götter und Göttinnen der Fruchtbarkeit, der Schönheit und der sexuellen Freuden wurden in besonderen Tempeln oder zu besonderen Anlässen in oft orgiastischen Feiern verehrt. Die Griechen glaubten auch, daß fast alle ihrer Götter ein lebhaftes und vielseitiges Liebesleben hätten. Daher erachteten sie es nur als angemessen für die Sterblichen, diesem göttlichen Beispiel zu folgen.

Den Griechen lag sexuelle Abstinenz so fern, daß ihre Sprache nicht einmal ein besonderes Wort für Keuschheit enthielt. Sie gaben sich statt dessen dem hin, was sie hedoné (sinnliche Freude in all ihren Erscheinungsformen) nannten. Dieser „Hedonismus“ im klassischen Griechenland war jedoch keinesfalls die Rechtfertigung sexueller Zügellosigkeit. Er war statt dessen Ausdruck heiterer Lebensfreude, dankbarer Würdigung des menschlichen Körpers und besonders seiner Geschlechtsfunktion. Lust wurde niemals von der Vernunft getrennt, sondern stand immer mit ihr im Einklang. Nie wurde der Körper um der Seele willen gestraft oder vernachlässigt. Da die Griechen nicht an ein glückliches Leben nach dem Tode glaubten, fühlten sie sich verpflichtet, jeden Augenblick auf dieser Welt voll zu genießen.

Da man Jugend und körperliche Schönheit aufs höchste bewunderte, wurden junge Körper nicht immer durch Kleider bedeckt, sondern häufig mit Stolz gezeigt. Nacktheit in der Öffentlichkeit war bei religiösen Festen, Feierlichkeiten in den Städten und bei Schönheitswettbewerben üblich. Junge Männer trainierten im „Gymnasion“ („dem Ort, wo man nackt ist“), sportliche Wettkämpfe (einschließlich der Olympischen Spiele) wurden nackt ausgetragen, wobei allerdings hier weibliche Zuschauer nicht zugelassen waren. In Sparta fanden demgegenüber „nackte“ Ringkämpfe zwischen Jungen und Mädchen statt. Nackte männliche und weibliche Tänzer erfreuten die Gäste bei Festen und anderen feierlichen Zusammenkünften. Tempel, Theater, öffentliche Plätze und Privathäuser waren mit Statuen und Gemälden nackter Männer und Frauen verziert. Die sexuellen Bezüge dieser Nacktheit wurden offen zugegeben. Viele Kunstwerke gaben sogar sexuelle Reaktionen und Handlungen wieder. Die Griechen fühlten ein beständiges Bedürfnis nach Schönheit, und in ihren Augen war nichts schöner als ein junger, gesunder, nackter menschlicher Körper.

Natürlich war das klassische Griechenland eine von Männern beherrschte

Die Umarmung des Eros
(nach einem alten griechischen Vasenbild)

Die Griechen schrieben jedes sexuelle Verlangen dem Wirken des jungen, verspielten mächtigen Gottes Eros zu. Seiner Umarmung sich zu widersetzen wäre nicht nur sinnlos sondern auch ein Frevel gewesen.

Gesellschaft; während des „Goldenen Zeitalters" war ihr Schönheitsideal männlichen Geschlechts. Wenngleich die Männer sich gewöhnlich zur Heirat und zur Gründung einer Familie verpflichtet fühlten, verhielten sie sich Frauen gegenüber eher nüchtern. Ihre höheren Empfindungen und Leidenschaften blieben oft ihren homosexuellen Beziehungen vor und außerhalb der Ehe vorbehalten. Auch hier wurden sie wiederum von der Religion bestätigt. Von Göttern wie Zeus und Apollo und von Halbgöttern wie Herakles glaubte man, daß sie sich in schöne junge Männer verliebt hätten. Es besteht kein Zweifel, daß diese erhabenen Vorbilder für viele Griechen eine dauernde Quelle der Inspiration waren.

Im klassischen Griechenland versinnbildlichte der junge, kraftvolle und unberechenbare Gott Eros Liebe und sexuelles Verlangen. Er nahm je nach Laune von den Menschen Besitz; jeder Widerstand wäre nicht nur frevelhaft, sondern auch sinnlos gewesen. Alle Formen der Liebe waren göttlichen Ursprungs und hatten respektiert zu werden. Dieser grundsätzliche Glaube erklärt, weshalb die Griechen so außerordentlich tolerant in sexuellen Dingen waren und weshalb es bei ihnen keine Verfolgung abweichenden Verhaltens gab. Auf alle Fälle waren die meisten unserer modernen, zum Teil merkwürdigen Erscheinungsformen menschlicher Sexualität nahezu unbekannt. Schmerz und Lust wurden niemals in Zusammenhang gebracht. Sexuelle Grausamkeiten, sadomasochistische Beziehungen und andere derartige Praktiken entwickelten sich daher so gut wie nie.

In diesem Punkt unterschied sich das klassische Griechenland ganz deutlich von Rom, wo – vor allem in der Kaiserzeit – sexuelle Grausamkeiten und Brutalität recht verbreitet waren. Im Laufe der Zeit wurde Sexualität bei den Römern wesentlich roher und vulgärer, als sie dies bei den Griechen je gewesen war. Abgesehen von bestimmten Exzessen der Reichen, war jedoch im antiken Rom die allgemeine Einstellung zur Sexualität ebenfalls ausgesprochen vernünftig und realistisch.

In Rom wie in Griechenland reflektierte der religiöse Glaube ursprünglich die Wertvorstellungen einer Agrargesellschaft. Die Bauern beteten zumeist für eine große Familie, das Wachstum der Viehherden und reiche Ernten. Die ältesten religiösen Zeremonien waren daher Fruchtbarkeitsriten. Im Laufe der Zeit wurden viele dieser Riten natürlich verändert und verfeinert, aber selbst das urbane Rom der Kaiserzeit kannte verschiedene orgiastische religiöse Feiern und sexuell ausschweifende Festlichkeiten. Felder und Gärten wurden von Statuen des Gottes der Fruchtbarkeit, des Priapus, beschützt, der einen gewaltigen erigierten Penis zur Schau trug. In Prozessionen führte man kunstvolle Darstellungen männlicher Geschlechtsorgane mit, oder man trug sie als glückbringenden Schmuck.

Die Römer betrachteten wie die Griechen Sexualität und Fortpflanzung nie als untrennbar, sondern sie akzeptierten alle Formen der Sexualität als von den Göttern vorbestimmt und daher gut. Mit der Ausdehnung ihres Reiches auf Gebiete, in denen die griechische Kultur vorherrschte, wurden von den Römern viele griechischen Sitten und Vorstellungen übernommen. So wurden die griechischen Gottheiten Eros und Aphrodite in Rom als Amor und Venus verehrt. Demgegenüber scheinen die Ideale der griechischen homosexuellen Liebe für die meisten Römer nicht nachvollziehbar gewesen zu sein. Zwar wurden homosexuelle Beziehungen als normal und natürlich angesehen, kaum aber als höherer ideeller Wert. Insgesamt gesehen war die Einstellung der Römer zur Sexualität eher unmittelbar, nüchtern und praktisch.

Insgesamt kann man sagen, daß die Religion der Griechen und der Römer das gesamte Spektrum der sexuellen Möglichkeiten des Menschen zuließ. Der Kontrast zu unseren heutigen religiösen Vorstellungen ist bemerkenswert. Der größte Unterschied zwischen den alten und modernen Einstellungen ist wohl dieser: In der alten Welt lag die Betonung auf dem sexuellen Verlangen selbst, nicht auf seinem Objekt. Daher wurden Männer und Frauen nicht geliebt, weil sie selbst begehrenswert schienen, sondern die Liebe, die jemand zu ihnen empfand, machte sie begehrenswert. Die Liebe war eine treibende Kraft, die dem Liebenden entsprang, sie wurde auf andere hingelenkt, aber ihre Intensität oder ihr Wert hingen nie von der Reaktion des anderen ab. Diese Ansicht wird in einem griechischen Sprichwort deutlich: „Der Gott der Liebe wohnt im Liebenden, nicht im Geliebten." Das bedeutete, daß man in jeder sexuellen Handlung den Gott der Liebe mehr verehrte als den sexuellen Partner.

Aufgrund dieser religiösen Verherrlichung körperlicher Liebe empfanden die Griechen und Römer zumeist wenig Bewunderung für Menschen, die sexuell abstinent lebten. Erst später, in der hellenistischen Zeit (ungefähr zur Zeit Jesu), fanden bestimmte asketische Philosophen eine breitere Anhängerschaft. Diese Philosophen vertraten die Ansicht, es bestehe ein Widerspruch zwischen dem sterblichen Körper und der unsterblichen Seele, und sie lehnten deshalb jeden materiellen Besitz und jede sinnliche Freude zugunsten von „Reinheit" und „Tugend" ab. Es ist nicht ganz deutlich, weshalb diese asketischen Philosophien plötzlich so beliebt wurden. Sie übten auf alle Fälle auf die Denker des frühen Christentums eine große Anziehungskraft aus.

Das alte Israel

Geschichte, Sitten, Rechte und religiöse Vorstellungen des alten Israel sind in der Bibel sorgfältig und ausführlich dokumentiert. Daher weiß man in den westlichen Ländern, wo die Bibel noch viel gelesen wird, wesentlich mehr über das Volk Israel als über alle anderen Völker des Altertums. Wir können uns deshalb hier auf eine kurze Übersicht beschränken.

Im Gegensatz zu ihren polytheistischen Nachbarn glaubten die Juden nur an einen Gott, Jahwe, den Schöpfer und Herrscher der Welt. Er hatte sie als

Adam und Eva verbergen ihre Nacktheit
(Deutsches Gemälde aus dem 14. Jahrhundert)

Die Bibel erzählt, daß die ersten Menschen ihre Nacktheit erkannten, als sie Gott ungehorsam geworden waren, und daß sie sich ihrer schämten. Zur Strafe für ihre Sünden wurden sie aus dem Paradies vertrieben. Für die Israeliten galt deshalb Nacktheit als verboten, in der Öffentlichkeit „bloß"gestellt zu werden war die schlimmste Demütigung.

sein Volk erwählt und ihnen durch Mose Gesetze gegeben. Sie fühlten sich daher verpflichtet, nach seinen Geboten zu leben und alle anderen Gesetze und fremden Einflüsse abzulehnen.

Für das Volk Israel war das Hauptziel der Sexualität die Fortpflanzung. „Seid fruchtbar und mehret euch" war für Männer und Frauen eine Pflicht, und es gab keinen größeren Segen als eine große Familie. Daher sagte Gott zu Abraham, als er ihn belohnen wollte: „. . . darum will ich dich segnen und dein Geschlecht so zahlreich machen wie die Sterne des Himmels und wie den Sand am Gestade des Meeres . . ." (1. Mose 22,17). Entsprechend war sexuelle Abstinenz in den Augen Gottes nicht nur ein Vergehen, sie verriet auch eine unsoziale Einstellung. Ein Mensch, der sich entschloß, keine Kinder zu haben, wurde deshalb kaum für besser gehalten als jemand, der Blut vergoß.

Da für das Volk Israel Fruchtbarkeit von entscheidender Bedeutung war, sah man die männlichen Geschlechtsorgane als unverletzlich, fast als heilig an. Als zum Beispiel Abraham seinen Knecht aussandte, um eine passende Frau für seinen Sohn Isaak zu finden, forderte er ihn auf, einen heiligen Schwur abzulegen. Also legte der Diener seine Hände um Abrahams ,,Hüften" (eine Umschreibung für die Geschlechtsorgane) und schwor zu Gott, er werde dafür sorgen, daß sein Sohn keine Nicht-Jüdin heiraten müsse (1. Mose 24, 2–4). – Dieses Ritual ist einem Brauch der alten Römer ähnlich, wo man die Hoden berührte, während man einen Schwur tat. Das lateinische Wort ,,testis" (,,Zeuge der Wahrheit") ist noch heute in unserem medizinischen Begriff für Hoden (Testis) enthalten. – Die Geschlechtsorgane verdienten auch einen besonderen Schutz. Wenn eine Frau ihrem Mann im Kampf mit einem anderen Mann helfen wollte und diesen dabei an Penis oder Hoden berührte, wurde ihr die Hand abgeschlagen (5. Mose 25, 11–12). Sexuell verstümmelte Männer wurden aus der Gemeinschaft ausgeschlossen.

Viele Passagen der Bibel (darunter auch das sexuell eindeutige ,,Hohe Lied Salomos") machen ganz deutlich, daß die Israeliten eine sehr hohe Meinung von sexueller Lust hatten. Sexualität wurde als normaler Bestandteil eines gesunden Lebens betrachtet, und es galt als Tugend, sich daran zu erfreuen. Nach dieser Ansicht hatten junge Paare ein Anrecht auf ausgedehnte Flitterwochen: ,,Wenn jemand vor kurzem erst ein Weib genommen hat, so muß er nicht mit in den Krieg ziehen, und man soll ihm nichts auflegen: er soll ein Jahr lang für sein Haus frei sein, daß er mit seinem Weibe fröhlich sei, das er genommen hat" (5. Mose 24, 5).

Andererseits sollten sich Männer und Frauen möglichst nicht nackt zeigen. Nacktheit galt als beschämend und peinlich. Eine ehebrecherische Frau wurde zum Beispiel von ihrem Mann öffentlich ausgezogen, um sie zu demütigen. Man versuchte mit zahlreichen Bräuchen und Vorschriften sogar, ein unbeabsichtigtes Zeigen der Geschlechtsorgane zu verhindern. (Wenn in späteren Zeiten ein Jude in einem griechischen Gymnasion Sport trieb, betrachtete man ihn als seinem Glauben abtrünnig.)

Dennoch wäre es falsch anzunehmen, die Israeliten seien prüde oder puritanisch gewesen. Ihre Einstellung zur Sexualität war weitgehend positiv. Aber dadurch, daß sie die Fortpflanzung für die zentrale Funktion hielten, war der Koitus die einzig annehmbare Form sexueller Handlungen. Jede Sexualität, die nicht dem Ziel der Fortpflanzung diente (einschließlich sexueller Selbstbefriedigung), wurde – da sie im Widerspruch zum Willen Gottes stand – als ,,widernatürlich" betrachtet. Homosexueller Geschlechtsverkehr und sexueller Kontakt mit Tieren wurden mit dem Tode bestraft (3. Mose 20, 13 u. 15).

Es ist wichtig, sich der religiösen Grundlage dieser sexuellen Intoleranz bewußt zu sein. Zu einer Zeit, als das Volk Israel um sein nationales und religiöses Überleben kämpfte, war es von Völkern umgeben, die zahlreiche Götter und Götzen verehrten und bei denen es üblich war, jede Form sexueller Handlungen zum Bestandteil dieser Verehrung zu machen. Aus dem Buch der Könige und den Büchern der Propheten wissen wir, daß auch die Israeliten im Tempel in Jerusalem und an verschiedenen heiligen Stätten über männliche und weibliche Prostituierte verfügten. Da es jedoch notwendig war, die reine monotheistische Religion zu bewahren, wurde diese ,,geheiligte Prostitution" zusammen mit anderen polytheistischen Bräuchen schließlich geächtet. So begannen die Menschen, Sexualität ohne das Ziel der Fortpflanzung dem Götzendienst gleichzusetzen und wie eine schwere religiöse Verfehlung zu behandeln.

Dennoch waren sexuelle Freuden innerhalb des relativ engen Rahmens des ehelichen Beischlafs durchaus anerkannt, sie wurden sogar unterstützt. Erst spät in der Geschichte Israels (etwa zur Zeit Jesu) entwickelten bestimmte extreme Religionsgemeinschaften wie die Essener strenge asketische Ideale. Für die jüdische Kultur als solche war sexuelle Askese jedoch niemals kennzeichnend.

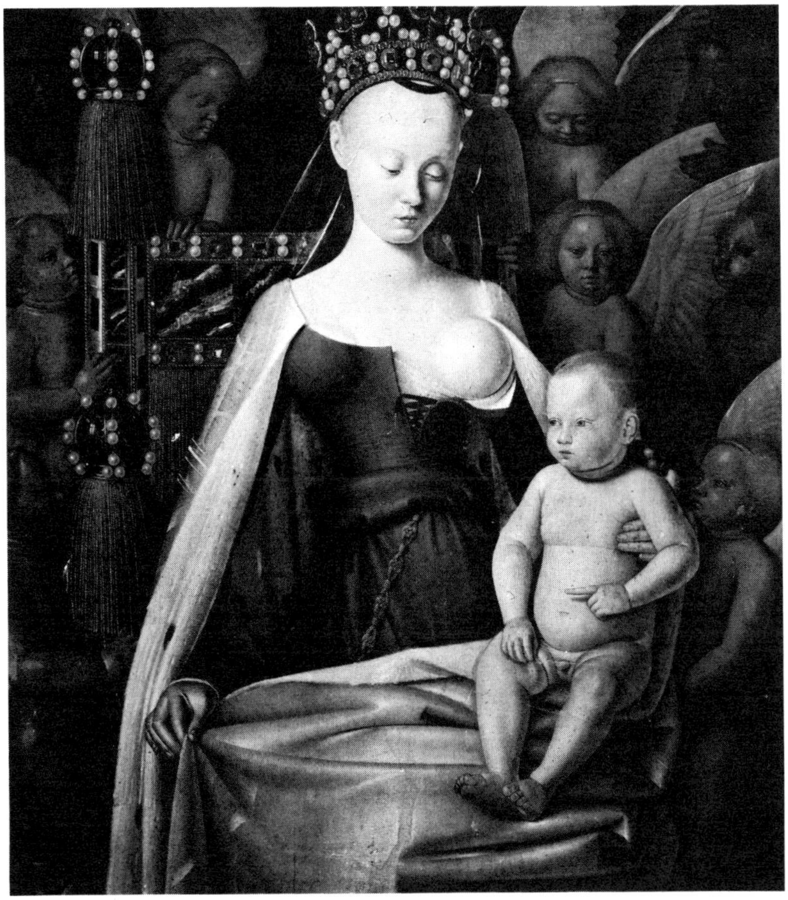

Madonna und Kind
(Gemälde von Fouquet, 15. Jahrhundert)

Das paradoxe Bild von der jungfräulichen Mutter Maria, das die Ideale der Keuschheit und der Fruchtbarkeit in sich vereinigt, gibt die Auffassung der mittelalterlichen katholischen Kirche zur Sexualität wohl am besten wieder.

Die Katholische Kirche

Zu Zeiten Jesu Christi entstanden im Römischen Reich zahlreiche asketische religiöse Bewegungen. Es gab nicht nur besonders strenge jüdische Sekten (wie die Essener), die allen sexuellen Freuden entsagten, sondern auch viele heidnische Kulte, die den menschlichen Körper als „unrein" bezeichneten und die verlangten, ihn zu mißachten, zu mißhandeln oder, um der „reinen" Seele willen, darben zu lassen. Jesus selbst scheint sich keiner dieser Ideen verschrieben zu haben, sondern er folgte eher den traditionellen jüdischen Lehren, die gegenüber Sexualität eine positivere Einstellung hatten. Im Grunde genommen ist über seine Ansichten zu einzelnen sexuellen Fragen wenig bekannt. Er selbst blieb unverheiratet, rühmte oder verdammte sexuelles Verlangen jedoch niemals. Seine Einstellung gegenüber sexuellen Außenseitern war mitfühlend und verzeihend (Lukas 7, 36–50; Johannes 8, 1–11).

Bei Paulus wird die menschliche Sexualität ausführlicher erörtert. Paulus, einer der ersten und erfolgreichsten christlichen Missionare, der nicht zu den Jüngern Jesu zählte, war offensichtlich mehr von der negativen Einstellung seiner Zeit gegenüber der Sexualität beeinflußt. Seine strenge Verurteilung der Homosexualität kann natürlich noch als traditionell jüdisch erklärt werden (Römer 1, 26–27; 1. Korinther, 7, 38). Er geht jedoch weit über diese Traditionen hinaus, indem er das sexuelle Verlangen selbst als eine eher bedauerliche Schwäche ansieht. Er erklärt sogar – und das steht im deutlichen Widerspruch zur jüdischen Lehre –, das Zölibat sei über die Eheschließung erhaben (1. Korinther 7, 8–9 u. 38).

Diese asketische Einstellung gegenüber der Sexualität wurde bald von dogmatischen Gelehrten wie Tertullian, Jeremias und Augustinus übernommen.

Diese ,,Kirchenväter" hatten von sinnlicher Lust eine besonders schlechte Meinung. Vor allem Augustinus, ein hervorragender Denker und Schriftsteller, erlangte erheblichen Einfluß. Augustinus wurde in Nordafrika geboren, wo er auch verstarb, verbrachte aber seine mittleren Lebensjahre in Italien und schulte sein Denken in bestimmten damals verbreiteten asketischen Glaubensauffassungen und Philosophien. Er hatte während seiner Jugend und im frühen Erwachsenenalter ein recht aktives Geschlechtsleben geführt. Nach seiner Bekehrung zum Christentum begann er jedoch, Sexualität als beschämend und entwürdigend anzusehen. Nach seiner Auffassung waren die willentlich nicht zu beeinflussenden Körperreaktionen beim Geschlechtsverkehr ein erschreckendes Zeichen für die Versklavung des Fleisches. Sie bewiesen, daß der Mensch nicht Herr seines Körpers war, wie Gott es bestimmt hatte. Statt dessen hatte der Sündenfall von Adam und Eva sie und alle ihre Nachkommen einer hinreichenden Selbstkontrolle beraubt und sie so der ,,Fleischeslust" ausgeliefert – dem lüsternen Begehren, das um jeden Preis Befriedigung sucht. Ein ,,neues" christliches Leben verlangte daher die strikte Unterdrückung solcher Bedürfnisse. Die Ehe selbst war nicht gottlos, weil sie den Partnern erlaubte, das drängende Verlangen in den erhabenen Dienst der Zeugung zu stellen. Dennoch war jeder sexuelle Akt, auch unter Eheleuten, verderbt; jedes Kind, das als Ergebnis solcher Handlungen geboren wurde, mußte daher in der Taufe gereinigt werden. Aber selbst dann blieb das unglückselige, von Adam und Eva ererbte Streben nach körperlicher Lust bestehen.

Die von Augustinus hergestellte Verbindung von Sexualität, Erbsünde und Schuld hatte dauernde, verhängnisvolle Auswirkungen auf das christliche Denken. Man muß dabei jedoch berücksichtigen, daß auch das gesamte intellektuelle und moralische Klima der frühen Kirche für ein offenes Verhältnis zur Sexualität nachteilig war. Die ersten Christen glaubten, daß das Ende der Welt unmittelbar bevorstünde, und selbst als es nicht eintrat, blieben ihre allgemeinen Lebensaussichten eher trübe und freudlos. Jungfräulichkeit, vollständige Abstinenz und die systematische Mißachtung des Körpers galten als Merkmale der Tugend. Mönche und Einsiedler wurden wegen ihres schonungslosen Fastens und ihres Kampfes gegen sexuelle Versuchung gepriesen. Sogar Selbstkastration wurde als moralischer Akt gewürdigt. Gleichzeitig erreichten Intoleranz und religiöser Fanatismus einen neuen Höhepunkt. Als das Christentum schließlich im Römischen Reich zur offiziellen Religion erklärt wurde, führte die Regierung strikte Gesetze ein, die bestimmte sexuelle Handlungen als heidnische Relikte verboten. Besonders Homosexuelle und andere Menschen, die von der christlichen Sexualmoral abwichen, wurden als Kapitalverbrecher bezeichnet und öffentlich hingerichtet. So begannen die Christen, kurz nach dem Ende ihrer eigenen Verfolgung, andere zu verfolgen. (Vgl. a. Kap. 10.2.1 ,,Sexualität und Gesetz – der historische Hintergrund".)

Als sich die christliche Kirche über ganz Europa ausbreitete, wich die fanatische Askese einer gemäßigteren Einstellung. Viele Mitglieder des Klerus heirateten und hatten Kinder, ein Brauch, der bis weit ins Mittelalter überlebte, wo er von der kirchlichen Obrigkeit abgeschafft wurde. Im Laufe der Zeit verlagerte sich die Rechtsprechung über sexuelle Vergehen von weltlichen zu kirchlichen Gerichten, die jetzt alle Fälle verhandelten, die mit dem Seelenheil des Angeklagten zu tun hatten. (In bestimmten Fällen wurde der Angeklagte allerdings zur Bestrafung der Regierungsgewalt übergeben.)

Das Vorgehen der mittelalterlichen Kirche im Hinblick auf sexuelles Verhalten ist in sogenannten Bußbüchern dokumentiert, in Büchern, die als Anleitung für Beichtende geschrieben wurden und lange Sündenregister mit den dazugehörigen angemessenen Strafen enthielten. In diesen Bußbüchern wurde im allgemeinen wenig Toleranz für ,,abweichendes" sexuelles Verhalten oder sogar für ein lebhaftes ,,normales" eheliches Geschlechtsleben gezeigt. Erst später, als Thomas von Aquin und seine Anhänger einen stärkeren Einfluß innerhalb der Kirche gewannen, wurde die Einstellung gegenüber der Sexualität ausgeglichener und realistischer.

Thomas von Aquin, der bedeutendste mittelalterliche Theologe, bemühte sich, die Sexualität systematisch und logisch zu untersuchen. Sein logischer Ausgangspunkt war folgender: Die ,,Natur" des menschlichen Geschlechtsverkehrs ist die Zeugung von Kindern. Daher ist jede sexuelle Handlung, die diesem Ziel nicht dient, ,,widernatürlich", das heißt gegen den Willen Gottes gerichtet und sündig.

Seine gesamte Sexualphilosophie läßt sich aus dieser Grundannahme ableiten. ,,Natürliche" sexuelle Handlungen finden nur mit dem ,,richtigen" Ziel und dem ,,richtigen" Partner in ,,richtiger" Weise statt, das heißt zum Zwecke der Zeugung, mit dem Ehepartner und durch Koitus. Sexuelle Handlungen sind in dem Maße ,,widernatürlich" und sündig, in dem sie von dieser dreifachen Moralvorschrift abweichen. Das schwerste Verbrechen wider die Natur besteht darin, mit falschem Vorsatz (nur um der sexuellen Freude willen) und dem falschen Partner (zum Beispiel einen Partner gleichen Geschlechts) in falscher Weise (zum Beispiel mit Oral- oder Analverkehr) Kontakt zu haben. Auch sexuelle Handlungen mit Tieren oder Selbstbefriedigung sind schwere Sünden. Etwas weniger sündig ist Sexualität mit dem falschen Partner des anderen Geschlechts, zum Beispiel bei Vergewaltigung, Ehebruch oder Inzest. Auch einfache ,,natürliche" Unzucht ist, solange sie nicht zur Schwangerschaft führt, eine geringfügige Übertretung. Bei eingetretener Schwangerschaft wird sie jedoch zum schweren ,,widernatürlichen" Akt, weil das Kind nicht ehelich sein wird und der Fürsorge und Aufmerksamkeit des Vaters entbehrt.

Anders als Augustinus sah Thomas von Aquin die ,,richtige" sexuelle Handlung, den ehelichen Koitus, nicht als von Fleischeslust befleckt an. Er bedauerte eigentlich nur, daß mit ihm der Verlust verstandesmäßiger Kontrolle verbunden war. So hatte er im Grunde genommen einen mäßigenden Einfluß auf das theologische Denken über die Sexualität. Aber dennoch blieb selbst für ihn sexuelle Abstinenz moralisch über die Eheschließung erhaben.

Das Beharren auf sexueller Anpassung an die ,,Natur", wie es bei Thomas von Aquin zum Ausdruck kommt, also sein Glaube an ein sogenanntes ,,Naturrecht", ist noch bis zum heutigen Tag für die katholische Glaubenslehre von entscheidender Bedeutung. Freilich hat die Katholische Kirche für bestimmte Fälle ihre mittelalterlichen Ansichten zur Sexualität verändert. Besonders in unserem Jahrhundert hat eine gewisse Liberalisierung eingesetzt. Dennoch vertritt die Katholische Kirche nach wie vor im Grunde genommen Auffassungen, nach denen das Sexualverhalten der meisten heutigen Menschen als ,,abweichend" bezeichnet werden müßte. Sexuelle Selbstbefriedigung, nichtehelicher heterosexueller Geschlechtsverkehr, homosexueller Geschlechtsverkehr und sexueller Kontakt mit Tieren werden von der Kirche nach wie vor als ,,unnatürlich" und mehr oder weniger sündig abgelehnt. Künstliche Befruchtung, Sterilisation, Schwangerschaftsabbruch und die meisten Arten von Verhütungsmitteln werden ebenfalls abgelehnt. (Nur die sogenannten Rhythmus-Methode ist unter bestimmten Voraussetzungen erlaubt.) Schließlich sollte noch angemerkt werden, daß die Katholische Kirche Ehescheidungen nicht anerkennt. Insgesamt kann man sagen, daß der katholische Glaube in bezug auf Sexualität unter allen Weltreligionen wohl am restriktivsten ist.

Ein göttliches Gebot für alle Eheleute
(Holzschnitt aus Nordamerika, 17. Jahrhundert)

Die ersten Protestanten lehnten das traditionelle Zölibat der Priester, Mönche und Nonnen ab und rieten jedem zur Eheschließung. Die englischen und nordamerikanischen Puritaner griffen sogar auf die Vorschriften des Alten Testaments zurück und definierten Fortpflanzung als oberste Ehepflicht und einziges zulässiges Ziel sexueller Betätigung.

Die Protestantischen Kirchen

Die protestantische Reformation im 16. Jahrhundert teilte die einst geschlossene Kirche in Westeuropa und brachte zahlreiche neue Kirchen, Glaubensgemeinschaften und -bewegungen hervor. Die ersten protestantischen Führer, Luther und Calvin, lehnten die Autorität des Papstes und andere katholische Glaubensgrundsätze ab. Hinsichtlich der Sexualität behielten sie jedoch die meisten traditionellen Auffassungen bei. Die Einrichtung des Zölibats und die Glorifizierung sexueller Abstinenz griffen sie demgegenüber an. Luther, ein ehemaliger Mönch, ging mit eigenem Beispiel voran und heiratete eine Nonne; Calvin entschloß sich ebenfalls zur Heirat, um ein geregeltes, produktives Leben führen zu können. Beide betrachteten Frauen als notwendige, aber untergeordnete Gefährtinnen des Mannes. Besonders Calvin sah die Rolle der Ehefrau als die der lebenslangen, engen Verbündeten des Mannes an. Sie mußte mehr sein als nur die Mutter seiner Kinder. Aus diesem Grunde war der Zweck der Ehe auch nicht nur das Hervorbringen und Erziehen von Nachkommen, sondern sie hatte einen eigenen Wert als soziale Institution zum Wohl der Partner. Sexuelle Freuden innerhalb der Ehe waren daher moralisch und richtig, vorausgesetzt, sie arteten nicht in exzessive Leidenschaft oder reinen Lustgewinn aus.

Calvins Theologie übte einen großen Einfluß auf die englischen Puritaner aus, denen die Reformation Heinrichs VIII. noch nicht weit genug gegangen war und die im Laufe der Zeit in großer Zahl in die neuen englischen Kolonien der amerikanischen Ostküste auswanderten. Angesichts der harten Bedingungen, die sich ihnen dort boten, maßen die Puritaner der Integrität der Familie einen hohen Stellenwert bei. Obwohl sie sich nicht gegen Sexualität insgesamt wandten, standen sie jeder sexuellen Handlung außerhalb der Ehe ausgesprochen intolerant gegenüber. Vor- und außereheliche Sexualität wurde hart bestraft, ebenso Homosexualität und sexueller Kontakt mit Tieren. Um der Versuchung zu widerstehen, entwickelten die Puritaner strenge Vorschriften für Kleidung und öffentliches Verhalten. Es mußte alles abgewendet werden, was die Sinne hätte verführen können. Es überrascht unter diesen Umständen kaum, daß ihr Leben bald eintönig, freudlos und bedrückend wurde. Gelegentliche Ausbrüche von Massenhysterie, wie beim Hexenprozeß von Salem, hatten zweifelsohne einen sexuellen Hintergrund

und bewiesen, daß die Sexualmoral der Puritaner unrealistisch, fanatisch und zerstörerisch geworden war. Zum Glück mischte sich diese strenge Kultur in den folgenden Jahrhunderten mit einer großen Anzahl neuer Einwanderer, die ein liberaleres Erbe mit sich brachten. Dennoch lebte die puritanische Anschauung in vielen amerikanischen Gesetzen weiter, insbesondere in den Strafgesetzbüchern der einzelnen Bundesstaaten.

In der Zwischenzeit waren die verschiedenen Protestantischen Kirchen in Europa ihrerseits unter den Einfluß asketischer Glaubenslehren geraten. Besonders in der zweiten Hälfte des 19. Jahrhunderts – zur Zeit der englischen Königin Viktoria – erlebten die meisten westlichen Gesellschaften eine nie dagewesene Flut der Prüderie, die einen erheblichen Einfluß auf die Einstellung der Christen zur Sexualität hatte. Ursprünglich war diese Prüderie außerhalb der Kirche weit verbreitet gewesen, wo sie durch Ärzte, Psychiater und Erzieher gefördert worden war. Nach anfänglichem Sträuben folgten jedoch bald die meisten Geistlichen diesem Vorbild. Als schließlich die Wissenschaft begann, sich von so engen Anschauungen zur Sexualität zu lösen, sahen sich viele Kirchenführer aber außerstande, diesem Beispiel zu folgen. Für sie waren die pseudowissenschaftlichen Theorien des 19. Jahrhunderts zum festen Bestandteil ihrer religiösen Anschauungen geworden.

Die verschiedenen Protestantischen Kirchen von heute unterscheiden sich hinsichtlich ihrer Sexuallehren zum Teil erheblich. Einerseits gibt es fundamentalistische Kirchen, die die strengstmöglichen Vorschriften beibehalten haben und jede sexuelle Handlung, mit Ausnahme des ehelichen Koitus, als sündig verdammen. Einige dieser Kirchen mißbilligen sogar modische Kleidung, Schminken, Tanzen, Küssen oder Umarmungen oder andere enge Körperkontakte zwischen unverheirateten Partnern. Einige moderne Kirchen treten demgegenüber offen für vollkommene sexuelle Erfüllung für jeden ein, ohne Berücksichtigung von Familienstand oder sexueller Orientierung. Manche Kirchen ermutigen nicht nur Frauen, Geistliche zu werden, sie vollziehen auch Eheschließungen zwischen Partnern gleichen Geschlechts. In neuerer Zeit haben einige protestantische Religionsgemeinschaften, wie die „Vereinigte Kirche Christi“ und die Episkopalkirche, ihre ersten offen homosexuellen Geistlichen geweiht.

Gegenwärtig nehmen die meisten größeren Protestantischen Kirchen zwischen diesen Extremen eine mittlere Position ein. Viele von ihnen anerkennen das sexuelle Verlangen des Menschen als eine Gabe Gottes, die nicht nur dem Zweck der Zeugung dient, sondern auch einen Gewinn für jeden Menschen bedeutet, weil sie eine starke körperliche und geistige Bindung zwischen den Ehepartnern darstellt. Die nichtkoitalen Formen des Geschlechtsverkehrs, Verhütung und Sterilisation können daher moralisch gerechtfertigt, unter bestimmten Umständen sogar erforderlich sein. Unglückliche Ehen können durch Scheidung aufgehoben werden. Voreheliche Sexualität ist nur unter Würdigung der Umstände zu beurteilen; sie ist nicht unbedingt eine Sünde. Allgemein werden Menschen, die von den traditionellen Normen abweichen, mit Nachsicht und Verständnis behandelt. Es wird in jedem Fall für unmoralisch gehalten, sie zu verfolgen, solange sie anderen keinen Schaden zufügen. So hat der leitende Ausschuß des amerikanischen Kirchenrates jetzt offiziell verlangt, solche Verfolgungen einzustellen. Gleichzeitig unterstützt der Ausschuß die Gewährleistung gleicher Rechte für alle Bürger, ungeachtet ihrer emotionalen oder sexuellen Neigungen.

Andere Kulturen im Vergleich

Wie in unserer westlichen Zivilisation beeinflußten auch in anderen Kulturen religiöse Anschauungen die Einstellung der Menschen in sexuellen Fragen. Diese Einstellungen konnten von völliger sexueller Freiheit bis zu strikter Askese reichen. Einige asiatische Religionen teilen so bestimmte negative

Die Sinnesfreuden des Paradieses
(Türkische Miniatur des 14. Jahrhunderts)

Der Islam hat von seinen Gläubigen niemals die Unterdrückung sexueller Bedürfnisse gefordert. So sind eine Reihe von Dokumenten der islamischen Literatur ausgesprochen erotisch. Das hier gezeigte Bild stellt das glückliche Leben nach dem Tode dar, das die Gerechten erwartet, die dann in schattigen Gärten sitzen und von himmlischen schönen Mädchen (Huris) bedient werden.

westliche Einstellungen zur Sexualität. Ganz allgemein kann man jedoch sagen, daß die nicht-westliche religiöse Tradition immer eine größere Vielfalt sexuellen Ausdrucks zugelassen hat. So ist in Afrika und Asien die Verurteilung von sexuell Abweichenden selten auch nur annähernd so fanatisch gewesen wie in Europa und Amerika. Da die eigentlichen Ziele des vorliegenden Buches eine umfassende und eingehende Betrachtung nicht zulassen, sollen hier lediglich einige ausgewählte Beispiele nicht-abendländischer Religionen dargestellt werden.

Der Islam

Der Islam, dessen Ursprung ins frühe 7. Jahrhundert nach Christus zurückreicht, ist die jüngste der großen Weltreligionen. Ihr Begründer Mohammed wurde stark von jüdischen und in geringem Ausmaß von christlichen Glaubensauffassungen beeinflußt. Daraus folgt, daß der Koran – die Heilige Schrift des Islam – viele moralische Ansichten wiedergibt, die denen der jüdisch-christlichen Tradition ähnlich sind. Neben dem Koran anerkennen die Moslems die moralische Autorität der Sharia, einem Gesetzestext, der nach dem Tode Mohammeds entstand. (Die Funktion der Sharia entspricht etwa der des Talmud im Judentum.)

Der Islam ist keine asketische Religion; zeitlich begrenzte Ehen (mut'ah-Ehen), einige Formen der Polygamie und rasche Scheidungen sind zugelassen. Es gibt keine Lehre über die Erbsünde oder über die „Fleischeslust", wenngleich bestimmte Handlungen als sündig gelten. Empfängnisverhütung und Schwangerschaftsabbruch waren deshalb in den meisten moslemischen Ländern, die ein Bevölkerungswachstum wünschten, verboten. Darüber hinaus wurden aufgrund historischer und kultureller Traditionen (besonders in Arabien und Nordafrika) Ehebruch und vorehelicher Geschlechtsverkehr moslemischer Frauen oft schwer bestraft. Andererseits ist aber die moslemische Einstellung sexuellen Abweichungen gegenüber verhältnismäßig nachsichtig. Die biblische Geschichte von Sodom und Gomorrha wird im Koran wiederholt, und sie scheint besonders homosexuelles Verhalten zu verbieten (Koran XXVII 165–166, XXVII 54–58, XXIX 28–29, LIV 37–38). Moslems haben deshalb zu bestimmten Zeiten (und in bestimmten Gegenden) sogar gefordert, homosexuelle Vergehen mit dem Tode zu bestrafen. Solche Verurteilungen waren jedoch insgesamt sehr selten. Eigentlich haben die meisten islamischen Gesellschaften homosexuelle und ambisexuelle Handlungen praktisch toleriert. Wo Gesetze gegen die Homosexualität in Kraft waren, hatten sie nur selten Konsequenzen, da nach dem Willen Mohammeds zumindest zwei Zeugen für einen Schuldspruch notwendig waren. Es scheint daher, daß einvernehmliche Sexualität, solange sie verborgen blieb, wenig Einschränkungen unterworfen war. Insgesamt weist die Religion des Islam in bezug auf die Sexualität eine realistische und relativ liberale Einstellung auf, die einen erheblichen Spielraum für menschlichen sexuellen Ausdruck zuläßt.

Der Hinduismus

Der Hinduismus, eine der ältesten noch existierenden Religionen der Welt, hat keinen historischen Religionsgründer. Von den frühen Lehren, die ungefähr 1000 Jahre vor Christus in vier heiligen Büchern, den Veden, festgelegt wurden, wird angenommen, daß sie weisen Männern offenbart wurden, die an den Ufern des Ganges und Indus lebten. Das Wort „Hindu" wird von der persischen Bezeichnung für den Fluß Indus abgeleitet. Eine Reihe heiliger Bücher wurde im Laufe der Jahrhunderte hinzugefügt: die Upanishaden, die Manu-Gesetze, die Bhagavadgita und Heldengedichte wie die Mahabharata und die Ramayana.

Diese Bücher unterscheiden sich erheblich in Inhalt, Stil und Zielsetzung, wenngleich sie alle in der einen oder anderen Form die zentrale Annahme des Hinduismus wiedergeben – den Glauben an ein höheres Wesen, an einen höchsten Geist oder eine Weltseele, mit der sich schließlich alle Seelen vereinen müssen. Da dieses Ziel innerhalb eines Lebens nicht erreicht werden kann, sind Reinkarnation und Seelenwanderung notwendig. Und die Taten eines Menschen in dem einen Leben entscheiden über seinen Status im nächsten Leben. Aber selbst das niedrigste Wesen hat eine Seele und verdient es daher, verehrt zu werden.

Praktisch bedeutet dies, daß einerseits im Hinduismus die Askese der heiligen Männer und anderer frommer Menschen, die alle körperlichen Freuden und Bequemlichkeiten als Hindernis für die mögliche Vereinigung mit einem höheren vollkommenen Wesen betrachten, eine große Rolle spielt. Andererseits gab es aber auch Religionsbewegungen im Hinduismus, die sexuelle

Lingam und Yoni
(Indisches Gemälde des 18. Jahrhunderts)

Für die Inder hatte Geschlechtsverkehr oft eine religiöse Bedeutung. Man kann daher in vielen Hindutempeln ausgesprochen erotische Darstellungen finden. Auch eher nüchtern ausgestattete Tempel zeigten meist das hier dargestellte Symbol. Es handelt sich dabei um das Lingam (das männliche Geschlechtsorgan) in der Yoni (dem weiblichen Geschlechtsorgan), als Symbol einer zweigeschlechtlichen Gottheit. Auf diesem Bild sind außerdem verschiedene Opfergaben und ein zerbrochener Ehrenschirm abgebildet.

Lust in all ihren Formen zelebrierten und darin einen Schritt zum Göttlichen sahen. Viele berühmte Kunstwerke mit eindeutig sexuellem Inhalt sind Beweis dieser Anschauung. Selbst eines der bekanntesten frühen Büchern über Sexualität, das ,,Kamasutra" (das zwischen dem 1. und 6. Jahrhundert nach Christus geschrieben wurde), betrachtet den Geschlechtsverkehr als geistige Erbauung und damit als legitimen Ausdruck der hinduistischen Kultur. Zeitweilig waren auch Polygamie und ,,geheiligte Prostitution" in den Tempeln Bestandteil dieser Kultur. Der Kult des ,,Lingam", einer künstlerischen Darstellung des Penis, wurde bis heute beibehalten. Wir wissen, daß in Indien die Ablehnung und tatsächliche Verurteilung sexuell abweichender Menschen nie beständig oder schwerwiegend waren. Ausnahmen waren Ehebruch und Vergewaltigung. Homosexuelle Handlungen wurden ebenfalls allgemein abgelehnt, obwohl es vielerorts erlaubt war, daß Gruppen von homosexuellen Prostituierten öffentlich ihrem Gewerbe nachgingen.

Unter diesen Umständen ist es schwierig, den Einfluß des Hinduismus auf sexuelle Einstellungen abzuschätzen. Im Laufe seiner langen Geschichte haben viele unterschiedliche und oft einander widersprechende Philosophien verschiedene Epochen der hinduistischen Kultur beeinflußt. Alles in allem

Tantra-Darstellung
(Gemälde des 18. Jahrhunderts aus Radschasthan)

Die Einstellung der Menschen in Asien zur Sexualität war lange Zeit eher positiv und tolerant. In vielen Gegenden Asiens hatte die Darstellung offen erotischer Bilder auch eine religiöse Bedeutung. Eine Vermischung sexueller und geistig-religiöser Elemente fand in der Bewegung des Tantraismus statt, den man sowohl im Buddhismus als auch im Hinduismus finden kann.

scheinen sich die Hindus jedoch eine positive Einstellung zur Sexualität erhalten zu haben, positiver als die Menschen in den meisten anderen Weltreligionen.

Der Buddhismus
Die Grundlagen des Buddhismus wurden im 6. Jahrhundert vor Christus in Nepal von Siddharta Gautama gelegt, den man später Buddha („der Erleuchtete") nannte. Gautama war überzeugt, Leid werde vom Begehren des Menschen verursacht, der Mensch müsse sich also selbst von diesem Begehren (einschließlich des sexuellen Begehrens) befreien. Das sollte durch rechtschaffenes, liebevolles und intensives geistiges Leben geschehen. Ein „erhabener achtfacher Pfad" des rechten Glaubens, rechten Strebens, rechter Sprache, rechter Handlung, rechten Lebensunterhaltes, rechter Leistung, rechter Gedanken und rechter Meditation würde ins „Nirwana", das heißt zum höchsten Geisteszustand der vollkommenen Einsicht und zum Frieden ohne Leidenschaft führen.

Während sich die Auffassungen Gautamas über ganz Ostasien ausbreiteten, teilten sich seine Anhänger in zwei Hauptgruppen, von denen die eine, die Hinayana („kleines Gefährt"), einfache und anspruchsvolle Regeln der Disziplin einhielt; die andere Gruppe, die Mahayana („größeres Gefährt"), erweiterte seine Lehren beträchtlich, indem sie verschiedene örtliche Religionen mit einbezog und ausführlichere Lehren über Himmel, Hölle und Seelenheil entwickelte. Innerhalb der zwei Hauptgruppen gibt es zahlreiche Untergruppen und Sekten. Die ursprünglichen Lehren Gautamas waren im eigentlichen Sinne nicht religiös, da sie nichts über ein höheres Wesen oder Gott aussagten. Er zeigte nur einen Weg zur Erleuchtung durch angemessene Lebensführung. Selbsterkenntnis, Disziplin und Güte führten nach und nach zur Befreiung von Begierde und endlich zur vollkommenen Ruhe des Nirwana. Erst nach dem Tod Gautamas wandten sich verschiedene Religionen und Mythologien seiner Lehre zu. Dieser Prozeß wiederum brachte verschiedene Religionsbewegungen und Gruppen hervor, die mit der Kirche des Abendlandes verglichen werden können. Es gab jedoch nie eine besondere Lehre über die Sexualität. Die Einstellung der Buddhisten zur Sexualität änderte sich je nach Kultur und Bräuchen. Im allgemeinen war sie positiv, praktisch und human. Sexuelle Handlungen unter mündigen Partnern wurden als Privatsache betrachtet. Die Verurteilung sexuell abweichender Menschen war in den Ländern Asiens niemals verbreitet. Masturbation, nichtkoitaler heterosexueller Geschlechtsverkehr und homosexuelles Verhalten mögen zeitweise belacht oder mißbilligt worden sein, haben aber die Öffentlichkeit nie beunruhigt. Prostitution wurde vielfach öffentlich ausgeübt. In manchen Fällen sah man sie als sinnvolle Einrichtung an oder sogar als angesehenen Beruf. Bevor sie in den Einfluß der abendländischen Sexualmoral gerieten, waren die buddhistischen Gesellschaften Ostasiens in sexuellen Dingen sehr tolerant. Einiges von dieser Toleranz ist in diesen Ländern bis heute erhalten geblieben.

Indianische Religionen in Amerika

Die Ureinwohner Amerikas hatten außerordentlich unterschiedliche religiöse Glaubensauffassungen. Sie unterschieden sich auch in ihrer Einstellung zur Sexualität. Die alten Hochkulturen Süd- und Zentralamerikas hatten selbstverständlich mit den einfacheren Kulturen Nordamerikas nur wenig gemeinsam, wenngleich die europäischen Eroberer sie alle fälschlicherweise als „Indianer“ bezeichneten. Dennoch ist es möglich, eine zumindest allgemeine Übersicht der eingeborenen Religionen Amerikas und deren Ansicht über die Sexualität des Menschen wiederzugeben.

Die meisten amerikanischen Indianer glaubten an verschiedene höhere und niedere Göttinnen und Götter, in manchen Fällen an ambisexuelle oder hermaphroditische Gottheiten. Einige Indianer beteten ein männliches Höheres Wesen an, andere eine große Mutter Erde oder andere weibliche Gestalten. Bei denen, die sich von der Landwirtschaft ernährten, waren Fruchtbarkeitsriten gebräuchlich, die jedoch kaum sexuellen Charakter trugen. Sexualität spielte jedoch bei einigen anderen Zeremonien eine Rolle. Die peruanischen Indianer begruben ihre Toten oft zusammen mit eindeutig sexuellen Tonfiguren und Keramiken, die fast alle möglichen Formen des Geschlechtsverkehrs darstellten. Auch scheint es eine Art institutionalisierter, „geheiligter“ Homosexualität gegeben zu haben. (Andererseits scheint homosexuelles Verhalten jedoch in einigen zentralamerikanischen Kulturen, zumindest bei den unteren sozialen Schichten, scharf verurteilt worden zu sein.) Während die meisten amerikanischen Indianer bestimmte strenge Tabus gegenüber Inzest und Geschlechtsverkehr mit menstruierenden Frauen einhielten, gab es keine religiöse Forderung nach Enthaltsamkeit. Vorübergehende sexuelle Abstinenz wurde jedoch zu bestimmten Gelegenheiten gefordert. Sexuelle Spiele von Kindern wurden mit Toleranz betrachtet. Da Ehen schon in jungen Jahren geschlossen wurden, litten auch die Jugendlichen wenig unter sexueller Frustration. Unverheirateten Männern wurden oft sexuelle Privilegien gegenüber Frauen ihrer Brüder oder männlicher Verwandter zugestanden. Einem verheirateten männlichen Gast der Familie wurden vom Gastgeber manchmal ähnliche Privilegien eingeräumt. Sexuell abweichendes Verhalten wurde als die Offenbarung der besonderen „Natur“ oder „Berufung“ eines Menschen

Die Wiederbekräftigung des Lebens
(Skulptur der Mochica)

In verschiedenen Kulturen amerikanischer Indianer blühte die erotische Kunst. Die hier abgebildeten Tonfiguren stammen aus Peru. Solche erotisch eindeutigen Keramiken wurden oftmals als Grabbeigaben verwandt, sie dienten als Abschiedsgeschenk, aber auch als Symbol der Wiederbekräftigung des Lebens.

respektiert. Ein Junge, der feminines Verhalten zeigte, wurde zum Beispiel nicht „korrigiert", sondern man gestattete ihm, wie eine Frau zu leben und sogar „Ehefrau" eines anderen Mannes zu werden. Daher hatten Transsexuelle und Hermaphroditen nur selten soziale Probleme. Im wesentlichen waren alle Indianerkulturen Amerikas also in sexuellen Angelegenheiten ausgesprochen großzügig. Sexuelle Freuden waren ein notwendiger Bestandteil des Lebens, jeder hatte darauf ein Recht.

Alte polynesische Religionen

Bis zur Berührung mit der abendländischen Zivilisation gehörten die Inselbewohner Polynesiens zu den sexuell freiesten Menschen der Welt. Während verschiedene polynesische Kulturen unterschiedliche religiöse Lebensanschauungen und soziale Bräuche entwickelten, betrachtete keine jemals die Sexualität als schlecht, beschämend oder schmutzig. Im Gegenteil, ihre Götter, Göttinnen und Priester selbst waren Muster sexueller Kraft. Sinnliche Lust und körperliche Schönheit wurden sehr hoch bewertet, Tanzen, Singen sportliche Wettkämpfe, Schönheitswettbewerbe und sexuelle Darbietungen waren regelmäßiger Bestandteil des gesellschaftlichen Lebens der Polynesier. Auf Tahiti gab es sogar einen besonderen religiösen Orden, die Arioi-Gesellschaft, deren Mitglieder von Insel zu Insel reisten und die Öffentlichkeit mit rituellen sexuellen Aufführungen unterhielten.

Polynesische Kinder wurden von klein auf zu sexuellen Handlungen angehalten. Es war ihnen normalerweise auch freigestellt, sexuelle Handlungen Erwachsener zu Hause oder bei öffentlichen Festen zu beobachten. (Sexueller Kontakt zwischen kleinen Kindern und Erwachsenen wurde allerdings abgelehnt, schien jedoch nur selten vorzukommen.) Besondere Riten für die Pubertierenden gab es nicht, aber es war den Jugendlichen erlaubt, mehrere sorglose und sexuell aktive Jahre in einer Gruppe mit anderen Jugendlichen zu verbringen, die die Gemeinschaft mit musikalischer, sportlicher und sexu-

Zweigeschlechtliche Ahnenfigur
(Bemalte Skulptur aus Melanesien)

Viele der sexuell ungehemmten pazifischen Inselbewohner drückten ihre Verehrung für die allumfassende Lebenskraft durch die Schaffung von Ahnenfiguren aus, die männliche und weibliche Geschlechtsmerkmale aufweisen.

eller Unterhaltung versorgten. Voreheliche Schwangerschaften wurden als Zeichen der Fruchtbarkeit begrüßt und erhöhten die Chance eines Mädchens, einen Ehemann zu finden. Da die polynesische Großfamilie ein zusätzliches Kind leicht aufnehmen konnte, entstand die Frage der ,,Unehelichkeit" erst gar nicht. Ehen waren meist monogam. (Nur einige Stammesoberhäupter hatten mehrere Frauen.) Bei gegenseitigem Einverständnis konnte eine Ehe jedoch leicht aufgehoben werden, eine Wiederverheiratung war genauso einfach. Man muß allerdings verstehen, daß die polynesische Ehe nicht wirklich monogam war, da die Ehefrauen oft den männlichen Verwandten, Freunden und Hausgästen des Ehemanns sexuelle Privilegien zugestanden.

Angesichts der allgemein toleranten Einstellung der Polynesier in sexuellen Fragen überrascht es nicht, daß auch homosexuelle und ambisexuelle Handlungen bei ihnen ganz offen ausgeübt werden konnten und als natürlich angesehen wurden. Transsexuelle konnten ihren Neigungen entsprechend leben, daher nahmen einige Männer Frauenrollen an. Unter diesen Umständen ist es wohl fraglich, ob die Bezeichnung ,,sexuell abweichendes Verhalten" im Hinblick auf die Polynesier überhaupt einen Sinn ergibt. Es gab natürlich gewisse sexuelle Tabus. (Das Wort ,,Tabu" selbst ist polynesischen Ursprungs.) Sie hatten indes eher mit gesellschaftlichen Schranken und Fragen des Ranges zu tun als mit der sexuellen Handlung selbst. Bei der Wahl der Ehepartner gab es feste Regeln, aber sie verhinderten kaum eine sexuelle Erfüllung. Verschiedene Tabus gegen den Inzest sind in diesem Zusammenhang ebenfalls zu erwähnen, obwohl auch hier Ausnahmen existieren: Auf Hawaii und Rarotonga heirateten die Brüder und Schwestern der königlichen Familien untereinander. (Offensichtlich hatte dieser Brauch keine negativen Folgen.) Man kann daher zusammenfassend sagen, daß die alten polynesischen Kulturen wohl der beste Beweis dafür sind, daß eine realistische, positive und humane Einstellung zur Sexualität möglich ist und sozial produktiv sein kann.

10.1.2 Naturrecht und Naturgesetz

In der Geschichte des menschlichen Denkens haben wohl wenig Wörter so viel Verwirrung gestiftet wie die Wörter ,,Natur" und ,,Gesetz". Sie können sehr unterschiedliche Bedeutungen haben; diese Bedeutungen werden nicht immer hinreichend erklärt. Selbst wenn Menschen in einer Diskussion diese Begriffe verwenden, wechseln sie oft von einer Bedeutung zur anderen, ohne sich dessen bewußt zu sein, und sie verwickeln sich so in logische Widersprüche.

Es erscheint daher angebracht, kurz darzustellen, wie die Begriffe ,,Natur" und ,,Gesetz" entstanden sind, wie sie sich im Laufe der Jahre entwickelt haben und wie wir sie heute am besten verstehen können.

Die Naturrechtslehre

In der westlichen Zivilisation besteht seit langem die Vorstellung, daß es über dem fehlbaren Recht menschlicher Gesetzgeber ein höheres, unfehlbares, ungeschriebenes ,,Naturrecht" gibt, das göttlichen Ursprungs ist. Menschliches Recht ist nur dann gültig, wenn es dem Naturrecht entspricht, und jeder kann für sich selbst ergründen, was dieses Naturrecht fordert, wenn er seinen Verstand gebraucht.

Diese Auffassung wurde vor 2000 Jahren von dem römischen Schriftsteller und Politiker Cicero in seinem Buch ,,Über die Gesetze" so ausgedrückt: ,,Es ist aber das wahre Gesetz die richtige Vernunft, die mit der Natur in Einklang steht, sich in alle ergießt, in sich konsequent, ewig ist, . . . Noch wird in Rom ein anderes Gesetz sein, ein anderes in Athen, ein anderes jetzt, ein anderes später, sondern alle Völker wird zu allen Zeiten ein einziges, ewiges und unverändertes Gesetz beherrschen, und einer wird der gemeinsame Meister gleichsam und Herrscher aller sein: Gott, der Schöpfer dieses Gesetzes, sein Schiedsrichter, sein Antragsteller. Wer ihm nicht gehorcht, wird sich selber fliehen und das Wesen des Menschen verleugnend wird er gerade dadurch die schwersten Strafen büßen, auch wenn er den übrigen Strafen, die man dafür vorsieht, entgeht."

In diesem kurzen Abschnitt faßt Cicero alle charakteristischen Merkmale des Naturrechts zusammen: Erstens ist es der Ausdruck göttlichen Willens und daher allumfassend, ewig und unanfechtbar. Zweitens können und müssen seine Regeln mit Hilfe des Verstandes gefunden werden. Drittens ist es eine heilige Pflicht des Menschen, diese Regeln zu befolgen. Wann immer er sie übertritt, schändet er seine eigene ,,wahre Natur" und straft sich damit selbst.

Die Vorstellung von einem Naturrecht bedeutet also, daß der Natur bestimmte moralische Grundprinzipien innewohnen und daß sie uns zeigen, wie wir uns verhalten sollen. Solange wir sie befolgen, erfüllen wir unsere wesentliche Bestimmung. All unsere Handlungen werden dann nicht nur natürlich, sondern auch moralisch richtig sein. Wenn jeder sich seiner Natur entsprechend verhielte, könnte die Welt für immer in Harmonie, Gerechtigkeit und Frieden leben.

Cicero war natürlich nicht der erste, der diese einleuchtende Idee hatte.

Lange vor ihm wurde das gleiche schon von einer griechischen Philosophenschule, den Stoikern, und vor ihnen von Aristoteles und Platon gesagt, aber auch sie griffen lediglich eine alte Philosophie erneut auf. Wie wir sehen werden, hat die Lehre vom „Naturrecht" ihre Wurzeln in allerfrühesten religiösen Vorstellungen der Menschen.

Die älteste und ursprünglichste Form von Religion wird als „Animismus" bezeichnet. Auf sehr frühen Stufen der Zivilisation glauben die Menschen, natürliche Dinge – Bäume, Flüsse, Berge und die Sterne am Himmel – hätten eine Seele, die zu Gefühlen und Intelligenz fähig sei. Sie glauben, daß Geister oder Seelen in den Dingen wohnen, die mit dem gleichen Respekt behandelt werden müßten wie ihre Mitmenschen. Ja, man müsse ihnen sogar noch mehr Respekt erweisen, weil sie übermenschliche Kräfte besäßen, mit denen sie belohnen oder strafen könnten. Alle Naturereignisse können so einfach erklärt werden: Der Mais wächst, weil der „Maisgeist" den Menschen für seine Rechtschaffenheit belohnen will. Der Mais wächst nicht, weil dieser Geist den Menschen für eine Übertretung strafen will. Der Fluß trägt ein Boot, weil der „Flußgeist" mit dem Menschen in Frieden ist. Das Boot wird in die Tiefe gerissen und versinkt, weil der Geist erzürnt worden ist.

Diese animistische Interpretation der Natur kann natürlich auch als soziale Interpretation angesehen werden. Anders ausgedrückt, sind die ersten Erfahrungen des Menschen mit der Natur nur eine Erweiterung seiner gesellschaftlichen Erfahrungen. Die Geister, die ihn überall umgeben, verhalten sich ähnlich wie mächtige Herren, Häuptlinge oder Weise, sie müssen daher in ähnlicher Weise behandelt werden. Im Gegenzug bieten sie Schutz und Hilfe. Somit entspricht die Beziehung zwischen Mensch und Natur im Kern einer sozialen Beziehung, beherrscht vom Prinzip beiderseitiger Verpflichtung. Solange der Mensch seinen Verpflichtungen nachkommt, wird er von der Natur toleriert und sogar unterstützt. Versagt er jedoch, wird die Natur zornig und bestraft ihn.

Mit Fortschreiten der Zivilisation verfeinern sich auch die religiösen Anschauungen der Menschen. Der ursprüngliche Animismus verwandelt sich in Polytheismus (den Glauben an viele Götter). Die große Anzahl mächtiger Geister wird nach und nach auf eine kleinere Zahl noch mächtigerer Götter reduziert, von denen jeder ein umfangreiches Gebiet der Natur beherrscht. Der Gott oder die Göttin der Fruchtbarkeit ist nicht mehr nur für eine einzelne Pflanze zuständig, sondern für die gesamte Ernte. Die Schiffahrt hängt nicht mehr vom Geist eines einzelnen Flusses oder Ozeans ab, sondern von einem großen Gott aller Gewässer. Natürlich vereinfacht diese entwickelte Religion das Leben erheblich. Die Grundeinstellung des Menschen zur Natur verändert sich jedoch nicht. Diese Beziehung kann selbst auf der nächsten Stufe der Entwicklung noch unverändert bestehen, in der sich der Polytheismus in Monotheismus (den Glauben an einen Gott) verwandelt.

Für unsere Ausführungen ist es nicht von Relevanz, ob der Mais auf Geheiß eines Maisgeistes, eines Geistes der Vorfahren, eines Fruchtbarkeitsgottes oder des allmächtigen Gottes wächst. Wichtig ist, daß dieses Wachstum durch eine übermenschliche Macht als Reaktion auf das Verhalten des Menschen interpretiert wird. Sonne und Regen, gute und schlechte Ernten sind Lohn oder Strafe für das Verhalten des Menschen. Alles, was sich in der Natur ereignet, hat eine persönliche Bedeutung für den Menschen und ist in irgendeiner Form mit seinem Schicksal verbunden. Alle Naturereignisse haben die gleiche Ursache und dienen dem gleichen Ziel. Die Naturgesetze sind göttlicher Wille. Eine Unterscheidung zwischen kausalem und normativem Recht wird nicht gemacht, Erklärung und Rechtfertigung sind identisch.

Darüber hinaus offenbart sich in diesen frühen Phasen religiöser Entwicklung der Wille Gottes nicht nur in den Naturgesetzen, sondern auch in den Gesetzen der Gesellschaft. Der Mensch macht noch keinen deutlichen Unterschied zwischen Natur und Gesellschaft. Beide gehorchen den gleichen Regeln und werden vom Menschen in gleicher Weise erfahren. Alle Dinge dieser Welt (deren untrennbarer Bestandteil der Mensch ist) werden von mächtigen, übermenschlichen Mächten regiert, die persönlichen, strikten Gehorsam verlangen. Diese übermenschlichen Mächte – die Geister, die Götter oder Gott – sind daher der Ursprung aller Gesetze: erklärter und unausgesprochener Gesetze, allgemeiner und besonderer Gesetze, bekannter und unbekannter Gesetze, geschriebener und ungeschriebener Gesetze. Der Gegensatz zwischen dem unvollkommenen „künstlichen" Recht des Menschen und dem vollkommenen „natürlichen" Recht besteht noch nicht. Selbst die einfachsten sozialen Gebräuche, Regeln und Vorschriften haben einen göttlichen Ursprung.

Aus diesem Grunde glauben viele Naturvölker, daß die Existenz ihrer politischen und rechtlichen Einrichtungen dem Wirken von Gottheiten oder durch Götter inspirierter Führer zu danken sei. Bei manchen Völkern erheben die Herrscher Anspruch darauf, selbst Götter oder zumindest göttlicher Abstammung zu sein. Erst auf einer höheren Kulturstufe, wenn sich die alten Gewohnheitsrechte und Gesetze ändern, wenn Menschen ein historisches Bewußtsein entwickeln und lernen, fremden Ideen mit Toleranz zu begegnen, erkennen sie, daß ihre Gesellschaftsordnung ein Produkt fehlbarer Menschen ist. Zu diesem Zeitpunkt wird der Unterschied zwischen geschriebenem, unvollkommenem menschlichem Recht und ungeschriebenem, vollkommenem Naturrecht deutlich. Von diesem Zeitpunkt an ist vollkommene Gerechtigkeit nur noch in der natürlichen Ordnung möglich.

Freilich verbleiben bei den großen monotheistischen Religionen einige geschriebene Gesetze, die als direkt von Gott gegeben betrachtet werden. Es sind dies Gesetze, die für alle Zeiten in den heiligen Büchern aufgezeichnet sind – im Alten und Neuen Testament und im Koran. Diese Gesetze haben indes eher allgemeinen Charakter, sie befassen sich nur mit einigen bestimmten Bereichen des Lebens; sie müssen daher durch viele weltliche Gesetze ergänzt werden. Diese von Menschen gemachten Gesetze können sich unter Umständen sehr wohl als unklug und ungerecht erweisen. Daher ist es immer notwendig, sie mit dem göttlichen Recht, das die Heilige Schrift offenbart, und dem Naturrecht, das in der Natur selbst begründet ist, zu vergleichen.

In unserer westlichen Kultur wurde diese Philosophie selbstverständlich am Ende mit den Lehren des christlichen Glaubens verbunden. (Die jüdischen und islamischen Rechtstraditionen entwickelten sich etwas anders.) So wurde die Katholische Kirche vom Altertum bis weit ins Mittelalter als Hüterin und Auslegerin aller „höheren" Gesetze betrachtet. In seiner „Summa Theologica" hat der bedeutendste Theologe des Mittelalters, Thomas von Aquin, vier verschiedene Arten von Gesetzen unterschieden:

1. das ewige Recht (die Gerechtigkeit Gottes, die mit seinem Urteil fast identisch ist)
2. das Naturrecht (das ewige Recht, von Gott in die Natur und den menschlichen Geist eingesetzt)
3. das göttliche Recht (Gottes Offenbarung seines Willens)
4. das menschliche Recht (abgeleitet vom Naturrecht).

Die ersten drei Arten von Recht und Gesetz drücken den Willen eines himmlischen Gesetzgebers aus, sie fallen daher deutlich in den Aufgabenbereich der Theologie. Nur die vierte Art, das menschliche Recht, hat offenbar einen weltlichen Ursprung. Da es jedoch vom Naturrecht abgeleitet wird (und unter bestimmten Umständen dem göttlichen Recht untersteht, wird seine letzte Gültigkeit dennoch nach theologischen Grundsätzen entschieden.

Diese von Thomas von Aquin stammende Auffassung beherrschte das europäische Denken viele Jahrhunderte lang. Sie wird selbst heute noch von katholischen Theologen vertreten. Wie Thomas von Aquin gehen diese Theo-

Thomas von Aquin
Thomas von Aquin (1224–1274) war der bedeutendste Theologe des Mittelalters und einer der hervorragendsten Verfechter der Naturrechtslehre.

Die Wirkung der Reformation
Die Protestantische Reformation des 16. Jahrhunderts führte zur Teilung der bis dahin einheitlichen Westlichen Kirche und bereitete den Weg für neue und oft widerstreitende religiöse und moralische Anschauungen. Infolgedessen wurde es für Christen immer schwieriger, den ,,wahren" Willen Gottes und die tatsächlichen ,,Absichten der Natur" zu erkennen.

(Links) Eine protestantische Karikatur aus dem 16. Jahrhundert stellt den Papst Alexander VI. als Teufel dar.

(Rechts) Eine katholische Karikatur des 16. Jahrhunderts stellt Martin Luther als Dudelsack dar, der von Teufel gespielt wird.

logen davon aus, daß es nur eine einzige richtige Interpretation der Natur und der Heiligen Schrift geben kann – die Interpretation der Katholischen Kirche. Diese Auffassung wird jedoch heute nicht mehr von allen Christen geteilt.

Die protestantische Reformation im frühen 16. Jahrhundert ließ eine große Anzahl neuer, unabhängiger christlicher Kirchen entstehen, die eine Vielzahl unterschiedlicher, sich zum Teil widersprechender Interpretationen der Heiligen Schrift gaben. Viele dieser Kirchen weigerten sich überdies, irgendwelche offiziellen Dogmen ausführlicher zu formulieren. Sie bestärkten ihre Mitglieder darin, die Bibel nach ihrem eigenen Verständnis zu deuten. Die exakten Bedeutungen einzelner göttlicher Offenbarungen wurden daher eine Frage der Anschauung.

Daher überrascht es auch nicht, daß die Interpretation des Naturrechts unter modernen Christen gleichfalls unterschiedlich ist. Anstelle einer einigen Kirche, die mit einer Stimme spricht, hören wir jetzt viele Kirchen und eine große Zahl von Einzelpersonen, die ihre eigenen Anschauungen über die Bedeutung der Schöpfung Gottes haben. In den letzten Jahrzehnten hat diese Vielfältigkeit sich fast bis zur Verworrenheit gesteigert. So ist die ,,wahre Natur" des Menschen, die in der Vergangenheit so klar schien, zu einem immer schwerer faßbaren Phantom geworden.

Angesichts dieser Entwicklung hat die Naturrechtslehre viel von ihrem früheren Einfluß verloren. Die Gesetzgeber beachten sie heute kaum noch, sondern rechtfertigen ihre Gesetze mit dem Willen des Volkes, ohne sich auf eine ,,höhere" Macht zu berufen.

Die zunehmende Vernachlässigung der ,,Natur" als Quelle des Rechts ist besonders in England und Amerika zu beobachten, die ein Rechtserbe haben, das sich von dem anderer westlicher Länder stark unterscheidet. Die englischen Könige gaben einen Teil ihrer ,,natürlichen" Rechte bereits im Jahre 1215 auf, als sie die Magna Carta unterschrieben. In den folgenden Jahrhun-

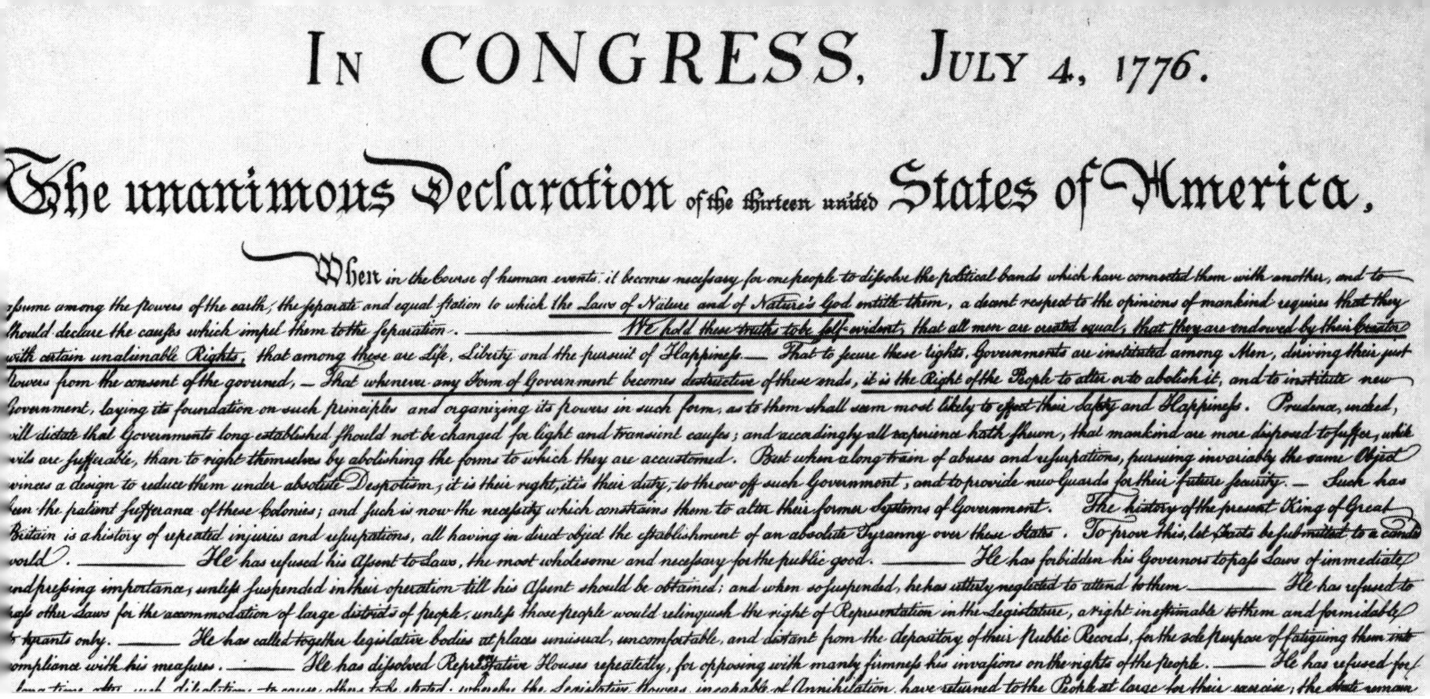

IN CONGRESS, JULY 4, 1776.

The unanimous Declaration of the thirteen united States of America,

When in the Course of human events, it becomes necessary for one people to dissolve the political bands which have connected them with another, and to assume among the powers of the earth, the separate and equal station to which the Laws of Nature and of Nature's God entitle them, a decent respect to the opinions of mankind requires that they should declare the causes which impel them to the separation. — We hold these truths to be self-evident, that all men are created equal, that they are endowed by their Creator with certain unalienable Rights, that among these are Life, Liberty and the pursuit of Happiness. — That to secure these rights, Governments are instituted among Men, deriving their just powers from the consent of the governed, — That whenever any Form of Government becomes destructive of these ends, it is the Right of the People to alter or to abolish it, and to institute new Government, laying its foundation on such principles and organizing its powers in such form, as to them shall seem most likely to effect their Safety and Happiness. Prudence, indeed, will dictate that Governments long established should not be changed for light and transient causes; and accordingly all experience hath shewn, that mankind are more disposed to suffer, while evils are sufferable, than to right themselves by abolishing the forms to which they are accustomed. But when a long train of abuses and usurpations, pursuing invariably the same Object evinces a design to reduce them under absolute Despotism, it is their right, it is their duty, to throw off such Government, and to provide new Guards for their future security. — Such has been the patient sufferance of these Colonies; and such is now the necessity which constrains them to alter their former Systems of Government. The history of the present King of Great Britain is a history of repeated injuries and usurpations, all having in direct object the establishment of an absolute Tyranny over these States. To prove this, let Facts be submitted to a candid world. — He has refused his Assent to Laws, the most wholesome and necessary for the public good. — He has forbidden his Governors to pass Laws of immediate and pressing importance, unless suspended in their operation till his Assent should be obtained; and when so suspended, he has utterly neglected to attend to them. — He has refused to pass other Laws for the accommodation of large districts of people, unless those people would relinquish the right of Representation in the Legislature, a right inestimable to them and formidable to tyrants only. — He has called together legislative bodies at places unusual, uncomfortable, and distant from the depository of their Public Records, for the sole purpose of fatiguing them into compliance with his measures. — He has dissolved Representative Houses repeatedly, for opposing with manly firmness his invasions on the rights of the people. — He has refused for a long time, after such dissolutions, to cause others to be elected; whereby the Legislative Powers, incapable of Annihilation, have returned to the People at large for their exercise; the State remain

Die Amerikanische Unabhängigkeitserklärung
Die Amerikanische Unabhängigkeitserklärung von 1776 bezieht sich noch in vielen Prinzipien und Sätzen auf die Naturrechtslehre. Das Dokument zeigt aber auch eine gewisse Ambivalenz gegenüber dieser Lehre. – Abgebildet ist die Einleitung. Die Passagen, die sich auf die Naturrechtslehre beziehen, sind hier unterstrichen.

derten wurde ihre Macht durch das Parlament noch weiter eingeschränkt. Überdies verpflichtete ein Gewohnheitsrecht, das sich auf praktische Erfahrungen und Präzedenzfälle gründete, sowohl die Minister des Königs als auch seine Untertanen. So nahm, anders als auf dem europäischen Festland, das englische Recht bald einen eher pragmatischen Charakter an. Juristische Auseinandersetzungen wurden schlicht als die Streitereien zwischen Menschen erkannt. Der Schlüssel zur Gerechtigkeit wurde nicht mehr so sehr in der Bibel gesucht, sondern im Gesetzbuch.

Damit soll freilich nicht gesagt werden, daß England und Nordamerika die Naturrechtsphilosophie ganz aufgaben. Als sich im späten 18. Jahrhundert die amerikanischen Kolonien gegen die englische Krone erhoben, benutzten sie eben diese Philosophie, um ihren Aufstand zu rechtfertigen. So kommt es, daß in der Unabhängigkeitserklärung von 1776 ausdrücklich auf „selbstevidente Wahrheiten" und „die Gesetze der Natur und des Gottes der Natur" hingewiesen wird. Bei genauer Betrachtung erkennt man jedoch, daß die Autoren dem Prinzip des Naturrechts ambivalent gegenüberstanden, und daß sie an seiner traditionellen Grundlage sogar einige Zweifel hatten. Im Gegensatz zu älteren Traditionen erklären sie zum Beispiel auch, daß die Regierungsmacht nicht von Gott im Himmel kommt, sondern „aus der Übereinstimmung der Regierten". Daher haben die Menschen, wenn es notwendig sein sollte, das Recht, neue Regierungen einzusetzen und „ihre Macht in der Weise zu organisieren, daß sie ihnen die aussichtsreichste Möglichkeit für Sicherheit und Glück bietet". Das bedeutet, das Regierung und Gesetz hauptsächlich als Werk des irdischen Menschen angesehen werden. Der Mensch allein trägt also die politische und rechtliche Verantwortung.

Im heutigen Amerika spielt die Lehre vom Naturrecht eigentlich keine wichtige Rolle mehr. Was noch davon übriggeblieben ist, sind einige seltsame Spuren, die am eindrucksvollsten in den nicht revidierten, alten Strafgesetzen zu finden sind. Zum Beispiel gibt es in einer Reihe von Staaten immer noch „Verbrechen wider die Natur", das heißt Verbrechen, bei denen es keine Opfer gibt, sondern die im Widerspruch zu dem stehen, was Juden und Christen einstmals als den Willen Gottes ansahen. (Vgl. a. Kap. 10.2 „Legal – Illegal".) Die Rechtsgültigkeit dieser Gesetze wird heute nicht nur von Theologen, sondern auch von Wissenschaftlern in Frage gestellt. Man kann heute sogar sagen, daß inzwischen der gesamte Begriff einer normativen Naturordnung durch den Fortschritt der Naturwissenschaften überholt ist.

Naturwissenschaft und Naturgesetz

Wie bereits erwähnt, sieht der primitive Mensch einen engen Zusammenhang von Natur und Gesellschaft und deutet alle Naturereignisse als gesellschaftliche Phänomene, das heißt zuallererst nach dem Vergeltungsprinzip. Sonne und Regen, gute und schlechte Ernten, Gesundheit und Krankheit, Leben und Tod werden von mächtigen Geistern, Göttern oder Gott als Reaktion auf menschliches Verhalten veranlaßt. Rechtschaffenheit wird umgehend belohnt, Sünde auf alle Fälle bestraft. Es gibt keinen Unterschied zwischen normativem und kausalem Gesetz. Alles was sich in der Natur ereignet, ist direkter Ausdruck eines übermenschlichen, persönlichen Willens. Erklärung und Rechtfertigung sind also ein und dasselbe.

Dieses vorwissenschaftliche Naturverständnis kann natürlich leicht anhand der antiken Mythen und religiösen Glaubensanschauungen aus aller Welt demonstriert werden. Im gegenwärtigen Zusammenhang können wir uns jedoch auf die jüdisch-christliche Kultur beschränken und nur einige Beispiele aus dem älteren Teil der Bibel – den fünf Büchern Mose im Alten Testament – anführen.

Im 3. Buch Mose sagt Jahwe zum Beispiel dem Volks Israel, daß ihm bestimmte sexuelle Beziehungen mißfallen und sie daher nicht ungestraft bleiben werden. So erklärt er unter anderem: ,,Wenn einer das Weib seines Bruders nimmt, so ist das eine Schändlichkeit; er schändet damit seinen Bruder, die sollen kinderlos bleiben" (3. Mose 20, 21). Mit anderen Worten, religiöse Übertretungen und leibliche Gebrechen werden einfach als Ursache und Wirkung beschrieben. Eine ,,unreine" Ehe bleibt unfruchtbar. Selbst wenn sowohl der Mann als auch die Frau vorher fruchtbar waren, unterbindet die Sünde sofort und unvermeidlich ihre normalen Körperfunktionen und macht Fortpflanzung unmöglich. (Vielleicht handelt es sich hier um Vorschriften gegen Ehebruch; denn es war im alten Israel durchaus üblich, daß ein Mann die Witwe seines verstorbenen Bruders heiratete. Im 1. Buch Mose [38, 8–10] wird sogar berichtet, daß Onan von Gott bestraft wurde, weil er sich weigerte, die Witwe seines Bruders zu schwängern.)

Jahwe straft aber auch, wenn Geschlechtsverkehr unter den ,,richtigen" Partnern zum ,,falschen" Zeitpunkt stattfindet: ,,Wenn ein Mann bei einem Weibe liegt zur Zeit ihres Monatsflusses und mit ihr Umgang pflegt und so ihren Blutfluß aufdeckt und sie ihren Blutfluß entblößt, so sollen beide aus ihrem Volke ausgerottet werden" (3. Mose 20, 18). Der letzte Satz wird oft als die Androhung von Exil oder Verbannung interpretiert. Theologen sind jedoch heute der Ansicht, daß dies falsch ist und daß der Ausdruck ,,aus ihrem Volk ausgerottet werden" sich auf Krankheit und frühen Tod bezieht, den der allmächtige Gott schickt. Damit sorgt das Verbrechen unabwendbar für seine eigene Bestrafung.

Im 5. Buch Mose wird Jahwe noch deutlicher: Die Natur wird seinem Volk nichts geben, was es nicht verdient. Wer rechtschaffen ist und seine Gebote befolgt, wird gesegnet sein mit Wohlstand, Fruchtbarkeit, Regen zu seiner Zeit und guten Ernten (5. Mose 28, 8 ff.). Wer jedoch seine Gebote mißachtet, wird mit Krankheiten, Siechtum, Fieber, Hitze, Feuersbrunst, Geschwüren, Beulen, Skorbut, Krätze, Wahnsinn, Blindheit, Geistesverwirrung, Dürre, Heuschreckenplagen und verdorbenen Speisen bestraft werden (5. Mose 28, 20 ff.).

Natürlich vertraut Jahwe in vielen Fällen auch darauf, daß der Mensch ihm bei der Bestrafung hilft. So gebietet er dem Volk Israel: ,,Wenn einer mit einem Tiere Umgang hat, so soll er getötet werden und auch das Tier sollt ihr umbringen“ (3. Mose 20, 15). Dennoch sind in diesen wie in allen anderen Fällen die irdischen Vollstrecker lediglich Instrumente göttlichen Willens. Wenn sie versagen, werden sie selbst gestraft. Tun sie jedoch, was ihnen befohlen wurde, werden sie umgehend belohnt. Ein Beispiel ist Pinehas, der dafür belohnt wurde, daß er ein sündiges Paar tötete (4. Mose 25, 6 ff.). Auf jeden Fall spielen in Fragen der göttlichen Gerechtigkeit Menschen niemals mehr als eine untergeordnete Rolle. Jahwe mag sich ihrer bedienen, ist aber nie von ihnen abhängig. Mit oder ohne ihre Hilfe wird sein Wille geschehen – in der Natur wie in der Gesellschaft.

Bei den Juden des Altertums folgten also Moral- und Naturgesetze einem gemeinsamen Prinzip. Es gab im Grunde genommen nur ein Gesetz, das gleichzeitig präskriptiv und deskriptiv war. Das heißt, es stellte nicht nur fest, was geschehen sollte, sondern auch, was in jedem Fall tatsächlich geschah. Vergeltung konnte aufgeschoben nicht aber verhindert werden. Am Ende würde alle Unschuld und alle Schuld offenbar werden, und jeder würde seinen gerechten Lohn empfangen.

Diese Rechtsphilosophie beschränkte sich jedoch keineswegs nur auf Israel. Viele Völker der Antike hatten ähnliche Ansichten. Die ältesten griechischen Philosophen sahen sowohl Natur als auch Gesellschaft von der doppelten Macht des Schicksals einerseits (der Moira) und der Notwendigkeit andererseits (der Ananke) regiert. Die Griechen hatten die Vorstellung von einer unfehlbaren Gerechtigkeit in der Ehrfurcht gebietenden Göttin Dike personifiziert, die als Göttin der Vergeltung, als höchster Richter all derer galt, die gegen die göttliche Ordnung der Dinge handelten. In einem berühmten Fragment des griechischen Philosophen Heraklit heißt es: „Die Sonne wird ihre Bahn nicht verlassen; wenn sie es dennoch tut, wüßten die Erinnyen, die Dienerinnen der Dike, sie wohl zu finden.“ Mit anderen Worten, selbst die Himmelskörper folgen den Geboten der Gerechtigkeit. Kommen sie von ihrer vorgeschriebenen Bahn ab, dann wird ihr Vergehen entdeckt und bestraft. Die Naturgesetze sind grundlegende Moralvorschriften, die von einem folgsamen Universum erfüllt werden müssen.

Die Tendenz, die Naturgesetze denen der Moral gleichzustellen, ist für vorwissenschaftliches Denken charakteristisch; dieses Denken änderte sich erst langsam mit dem Fortschreiten der Zivilisation. Es bedurfte einer langen Zeit, bis die Menschheit entdeckte, daß die Umlaufbahnen der Sterne, Sonne und Regen, Stürme und Erdbeben, Geburtsfehler, Epidemien und das Verhalten von Heuschrecken und Würmern nicht von der Sünde des Menschen oder seiner Rechtschaffenheit abhingen. Im alten Griechenland entwickelten einige Philosophen (die Atomisten) relativ früh den Begriff objektiver Kausalität, mit dem Aufstieg der christlichen Kirche wurden ihre Ergebnisse jedoch zunehmend vergessen. Erst zu Beginn des modernen Zeitalters, als Männer wie Kopernikus, Bacon, Kepler und Galilei die „wissenschaftliche Revolution“ auslösten, betrachtete man die Natur wieder unabhängig von göttlichen und menschlichen Belangen.

Wenn Wissenschaftler ein natürliches Phänomen untersuchen, lassen sie bewußt dessen unterstellte soziale oder moralische Dimension außer acht. Statt dessen versuchen sie, das Phänomen ausschließlich aus sich selbst zu erklären. Fragen von gut und böse, gerecht und ungerecht sind für sie zunächst nicht von Interesse. Sie fällen keine Werturteile, sondern stellen Tatsachen fest. Das bedeutet also, sie bestimmen nicht, was sein sollte, sondern sie beschreiben, was ist.

Ein Wissenschaftler geht von der Voraussetzung aus, daß die natürliche und die gesellschaftliche Ordnung von unterschiedlichen Prinzipien bestimmt werden, und daß man daher sehr wohl Naturereignisse erklären kann, ohne sie gleichzeitig rechtfertigen zu müssen. Er schreibt der Natur keine „höheren Ziele“ mehr zu, sondern behandelt sie lediglich als ein System von Elementen, die im Zusammenhang von Ursache und Wirkung stehen. Dieser Zusammenhang ist unabhängig von irgendeinem menschlichen oder übermenschlichen Willen.

Wer mit der Wissenschaftsgeschichte vertraut ist, weiß natürlich, daß diese wissenschaftliche ,,Objektivität" nicht über Nacht erreicht wurde. Viele Jahrhunderte lang blieben das neue, moralisch neutrale Prinzip der Kausalität und das ältere Prinzip der Vergeltung auf vielen Ebenen indirekt miteinander verbunden. So nahmen beispielsweise die ersten modernen Wissenschaftler an, daß – wie bei menschlicher Sünde und göttlicher Bestrafung – Ursache und Wirkung in einer gesetzmäßigen Folge verliefen und immer in direktem Verhältnis zueinander stünden. Man nahm an, stärkere Ursachen bewirkten größere Folgen. Weiter glaubte man, daß eine Ursache nur eine Wirkung haben könne und eine Wirkung nur eine Ursache.

Inzwischen sind solche Reste des Vergeltungsprinzips aus dem wissenschaftlichen Konzept der Kausalität verschwunden. Heute haben Wissenschaftler erkannt, daß Ursache und Wirkung nur Teile eines zusammenhängenden Ganzen sind und daß sie als solche oft nichts weiter darstellen als eine Folge von Ereignissen. Jede Ursache ist die Wirkung einer anderen Ursache und jede Wirkung ist die Ursache einer anderen Wirkung. Es erscheint daher oft willkürlich, eine bestimmte Ursache für eine bestimmte Wirkung nennen zu wollen. Daher wird die Verbindung von Ursache und Wirkung nicht mehr als absolut zwangsläufig erachtet, sondern als eine Frage der Wahrscheinlichkeit. Manche Wissenschaftler haben die Begriffe ,,Ursache" und ,,Wirkung" ganz und gar fallengelassen, sie sprechen heute statt dessen allgemeiner von ,,Bedingungen", ,,Faktoren" und ,,Resultanten" eines Ereignisses.

Diese schwierigen Fragen der modernen Wissenschaftstheorie können in dem hier vorliegenden Buch nicht weiter diskutiert werden. Für unsere Zwecke reicht es aus, folgende grundlegende Annahme im Gedächtnis zu behalten: Die natürliche und die soziale Ordnung sind verschieden. Natur, also die natürliche Realität, die uns umgibt, kann und muß ohne Bezug auf soziale Normen erklärt werden. Die Naturgesetze unterscheiden sich grundlegend von den Religions-, Moral-, Straf- und Zivilgesetzen der Gesellschaft.

Man kann diesen Gedanken auch auf andere Weise zusammenfassen: Mit dem Fortschritt der Naturwissenschaft hat das Wort ,,Gesetz" zwei sehr verschiedene Bedeutungen gewonnen. Wo es einst nur ein Gesetz gab – den Willen Gottes, der alles, sowohl in der Natur als auch in der Gesellschaft, regierte –, wird jetzt eine scharfe Trennung zwischen normativem und kausalem Gesetz gemacht. In der Formulierung von Kausalgesetzen wird heute von Wissenschaftlern jeder Hinweis auf eine göttliche Absicht bewußt vermieden.

Die folgenden beiden ,,Gesetze" können diesen Punkt erläutern:

1. Wenn eine Frau Ehebruch begeht, dann wird sie bestraft.
2. Wenn Wasser unter eine bestimmte Temperatur gekühlt wird, dann gefriert es.

Im Sinne der vorwissenschaftlichen Betrachtungsweise beschreiben beide Gesetze nur das Wirken eines göttlichen Willens. Gott straft Ehebruch, Gott läßt Seen und Flüsse gefrieren. Er tut das eine genauso unfehlbar wie das andere. (Wenn er will, kann er jedoch in beiden Fällen eine ,,Ausnahme" machen. Er kann gnädig sein und den Ehebruch ungestraft lassen, er kann ein Wunder vollbringen und einen bestimmten Fluß weiterhin fließen lassen, während alle anderen Flüsse gefroren sind.)

Im Sinne der wissenschaftlichen Betrachtungsweise haben beide Gesetze dagegen nur eine oberflächliche Ähnlichkeit. In ihrer grammatikalischen Struktur sind sie gleich, in einem ganz allgemeinen und abstrakten Sinn drücken sie auch denselben Grundgedanken aus, das heißt sie verbinden eine bestimmte Bedingung mit einer bestimmten Konsequenz. Es ist jedoch heute offensichtlich, daß diese Verbindung in beiden Fällen sehr unterschiedlich ist. Das erste Gesetz verbindet eine Tatsache (Ehebruch) mit ihrer Konsequenz (Strafe) nach Art einer Vorschrift, indem festgestellt wird, daß der Tatsache die Konsequenz folgen sollte. Das zweite Gesetz verbindet eine Tatsache (eine bestimmte niedrige Temperatur) mit ihrer Konsequenz (Verwandlung von Wasser in Eis) nach Art einer Beschreibung, indem festgestellt wird, daß der Tatsache die Konsequenz folgen wird. Das erste Gesetz kennzeichnet eine zwingende Regel, die von irgendeiner gesetzgebenden Gewalt niedergelegt wurde. Das zweite Gesetz kennzeichnet nichts weiter als eine Beobachtung. Das erste Gesetz muß von einer übermenschlichen oder menschlichen Macht durchgesetzt werden (von einem Geist, von Göttern, von Gott oder von der Polizei). Das zweite Gesetz „setzt sich selbst durch". Es nimmt seinen Lauf, ohne auf irgendeine Meinung oder Handlung Rücksicht zu nehmen. Eine Frau, die Ehebruch begeht, muß nicht immer bestraft werden. Wasser, das unter eine bestimmte Temperatur gekühlt wird, wird immer zu Eis.

Der Unterschied zwischen normativen und kausalen Gesetzen wird vielleicht noch deutlicher, wenn man untersucht, in welcher Weise diese sich im Laufe der Zeit verändern können. Normative Gesetze können auf dem Wege der Gesetzgebung verändert oder widerrufen werden. Abänderung oder Widerruf ersetzen die alte Norm durch eine neue. Kausale Gesetze hingegen ändern sich in anderer Weise, ihre Veränderung hat eine andere Bedeutung. In gewissem Sinn kann man sogar sagen, daß kausale Gesetze unveränderlich sind und daß sich nur unsere Wahrnehmung von ihnen verändert. Wissenschaftler können zum Beispiel ein bestimmtes kausales Gesetz formulieren und dann, angesichts neuer Beobachtungen, gezwungen sein, es zu revidieren. Eine solche Revision wird in der Regel ein höheres Maß an Genauigkeit in der Beschreibung des beobachteten Phänomens mit sich bringen, daher entkräftet sie die ursprüngliche Zielrichtung des Gesetzes selbst nicht.

Schließlich muß man sich auch vor Augen halten, daß es viele normative Systeme in der Welt gibt, aber nur ein kausales System. Im Laufe der Geschichte haben Menschen eine beachtliche Anzahl von Gesellschaftsordnungen mit erheblichen Unterschieden und sogar widersprüchlichen Normen gegründet. Handlungen, die zu einer Zeit gefordert waren, waren zu einer anderen verboten; Eigenschaften, die in der einen Gesellschaft gelobt wurden, wurden von einer anderen getadelt. Im Gegensatz dazu hat es nie mehr als eine natürliche Ordnung gegeben, und sie ist noch heute überall dieselbe. Der Grund ist einfach: Die natürliche Ordnung war in ihrer Funktion nie dem Einfluß von Menschen unterworfen und wird es auch nie sein. Menschen können sie erforschen und zu ihrem Vorteil nutzen, ändern können sie sie nicht.

„Natur" als Ideologie

Blicken wir heute auf die Geschichte der Zivilisation zurück, dann sehen wir, daß die strikte Unterscheidung zwischen normativen und kausalen Gesetzen eine große Leistung war. Ohne diese Unterscheidung wäre die Entwicklung der Naturwissenschaft mit allen ihren Errungenschaften unmöglich gewesen. Erst als der Mensch sich entschied, die göttlichen und menschlichen Aspekte der Dinge, die er untersuchte, außer acht zu lassen, begann die Wissenschaft. Der Mensch mußte also zunächst die Erklärung von Naturereignissen von deren Rechtfertigung trennen. Nur so wurde es ihm möglich, die Natur unvoreingenommen zu betrachten. Er ging nicht mehr davon aus, die Natur habe irgendwelche augenscheinlichen oder versteckten persönlichen Bezüge zu ihm, sondern er versuchte, sie in ihren eigenen Ausdrucksformen zu verstehen. Merkwürdigerweise war es eben diese Loslösung, die neutrale, objektive Einstellung, die ihn fähig machte, immer mehr über die Natur zu erfahren und sie für seine eigenen Ziele zu nutzen.

Diese Objektivität der Wissenschaft beruht auf der Erkenntnis, daß Naturereignisse keinem „höheren Ziel" dienen und keine moralischen Werte ausdrücken oder darstellen. Wissenschaftlern ist bekannt, daß es keine logischen Rückschlüsse von der Realität auf ethische Normen, vom „Ist" auf das „Sollte" gibt. Aus der Tatsache, daß ein Ereignis geschieht, ist nicht zu folgern, ob es hätte geschehen sollen oder nicht. Die Tatsache, daß in der Natur Wasser zu Eis wird, wenn es unter eine bestimmte Temperatur gekühlt wird, besagt nicht, daß niedrige Temperaturen gut oder schlecht seien oder daß Wasser besser oder schlechter sei als Eis. Die Tatsache, daß große Fische kleine fressen, bedeutet weder, daß ihr Verhalten richtig ist, noch daß es falsch ist. Die Tatsache, daß manche Pflanzen wuchern und andere zerstören, sagt nichts über den moralischen Wert des Lebens von Pflanzen aus.

Während die Natur an sich also wertfrei ist, können Menschen nicht ohne Wertsysteme leben und ziehen daher immer bestimmte natürliche Phänomene anderen vor. Männer auf Schiffen bevorzugen ungefrorene Seen, Flüsse und Ozeane gegenüber zugefrorenen, während sich dies bei Männern auf Schlitten umgekehrt verhält. Ein Fischer fängt gerne große Fische, der andere lieber kleine. Bauern und Gärtner kultivieren ein Leben lang Pflanzen einer Sorte und jäten andere als Unkraut aus, obwohl sie sehr wohl wissen, daß das, was sie vernichten, für andere eine Ernte darstellen könnte. Das bedeutet, daß Menschen ständig bestimmte Dinge oder Ereignisse der Natur auswählen und als nützlich empfinden, während sie andere als nutzlos ablehnen. Auf jeden Fall wird dieses Auswählen immer von ihrem wechselnden Eigeninteresse gesteuert, nicht von Werten oder Normen, die in der Natur selbst liegen.

Nichts desto weniger gibt es auch heute noch Menschen, die behaupten, die Natur baue sich auf moralischen Prinzipien auf oder, was auf dasselbe hinausläuft, alle Naturereignisse dienten einem höheren Ziel. Des weiteren sei dieses höhere Ziel mit Hilfe des „gesunden Menschenverstandes" aus der Natur selbst ersichtlich. Jeder, der die Natur eingehend untersucht, könne so die Gesetze finden, nach denen er selbst leben soll. Dieses „Naturrecht" garantiere ihm eine Lebensführung, die den Absichten der Natur entspricht und damit moralisch einwandfrei und gerecht ist.

Die Annahme, die Natur könne Absichten haben, besagt, daß sie ein übermenschliches Wesen mit Intelligenz und Willen ist oder daß sie zumindest von einem solchen Wesen regiert wird. Daraus folgte, daß die Naturgesetze nicht nur beobachtete Verläufe beschreiben, sondern feste Vorschriften darstellen würden, die von einer gesetzgebenden Macht verordnet worden wären. Dieser oberste Gesetzgeber wäre dann entweder die Natur selbst oder Gott, der die Natur nach seinem Willen geschaffen hat. Es liegt dann im richtig verstandenen Eigeninteresse des Menschen, wenn er die Gesetze Gottes oder den Willen der Natur befolgt. Sir William Blackstone, der berühmte englische Rechtsgelehrte des 18. Jahrhunderts, hat diesen Gedanken in seinen „Kommentaren zu den englischen Gesetzen" so zusammengefaßt: „Da der Mensch in allem von seinem Schöpfer abhängig ist, muß er sich in allen Dingen nach dem Willen des Schöpfers verhalten. Dieser Wille seines Schöpfers heißt Naturgesetz."

Wie oben dargelegt, beruht die Lehre vom Naturrecht nicht auf wissenschaftlicher Erkenntnis. Sie trägt im wesentlichen religiöse Züge und ist Ausdruck einer vorwissenschaftlichen, mythischen Sicht der Welt. Diese Tatsache wird auch von den meisten christlichen Verfechtern der Naturrechtslehre offen zugegeben und sogar von Anhängern nicht-christlicher Religionen kaum bestritten. Dessen ungeachtet hat es auch in der modernen Zeit wiederholte Versuche gegeben, „objektive" Normen aus der Natur abzuleiten, ohne sich dabei auf religiöse Inhalte zu beziehen. Selbst atheistische Philosophen haben versucht, die Grundlage ihres moralischen Wertsystems in der „Natur" zu finden.

Die modernen, nicht-religiösen Anhänger eines „Naturrechts" bestehen zum Beispiel darauf, daß „endliches Leben immer unvollkommen ist" und daß alles Lebendige „immer nach Vervollkommnung und Erfüllung strebt". Menschen haben daher auch ein besonderes Bestreben nach „natürlicher" Lebensführung, die es ihnen ermöglicht, sich zu vervollkommnen oder ihr angeborenes Potential zu verwirklichen. Jede Handlung, die diesem Ziel dient, ist gut, jede Handlung, die davon abhält oder hinderlich ist, ist schlecht. Der Staat oder die Gesellschaft ist daher verpflichtet, jeden zu „natürlichem" Verhalten aufzufordern.

Die Auffassung, alles in der Natur strebe in irgendeiner Weise nach Vervollkommnung und Erfüllung, ist sehr alt. In der „Metaphysik" des Aristoteles wird das so definiert: „Nach dem Dargelegten bedeutet also Natur im ursprünglichen und eigentlichen Sinne das Wesen der Dinge, die das Prinzip einer Bewegung in sich enthalten." Das „Wesen der Dinge" ist eine einzigartige Eigenschaft, die etwas von anderen Dingen unterscheidet und zu dem macht, was es wirklich ist. Das Wesen einer Nuß ist es, ein Nußbaum zu werden; das Wesen einer Kaulquappe, ein Frosch zu werden und das Wesen eines Fötus, ein Mensch zu werden. Die „Bewegung", die „die Dinge in sich enthalten", ist ihre Tendenz zu Wachstum und Entwicklung, um ihre gesamte Fähigkeiten zu verwirklichen. Diese Bewegung ist es, die den Nußbaum aus der Nuß, Frösche aus Kaulquappen und Menschen aus einem Fötus entstehen läßt. Mit anderen Worten, Nuß, Kaulquappe und Fötus werden immer das werden, wozu sie bestimmt sind, es sei denn, sie würden durch eine außenstehende Kraft daran gehindert. In diesem Fall würden ihre „natürlichen" Neigungen unterbrochen, ihre Entwicklung käme zu einem „unnatürlichen" Stillstand. Ihrer „Natur" bliebe Vervollkommnung und Erfüllung versagt.

Diese Ansicht der Natur, so alt und anschaulich sie auch sein mag, ist jedoch mit den Forderungen naturwissenschaftlicher Objektivität nicht zu vereinbaren. Das Wachstum eines Nußbaums, eines Froschs oder eines Menschen stellt für einen Wissenschaftler nur ein Beispiel für Veränderungen dar, eine wahrscheinliche und bis zu einem gewissen Grade vorhersehbare Entwicklung. Diese Veränderung erfüllt keine eigenen Bedürfnisse und zeigt auch kein Bestreben nach „Vervollkommnung". Für jemanden, der die Natur lediglich beschreiben will, ohne sie zu werten, sind immer alle Dinge, so wie sie eben sind, vollkommen.

Wenn dagegen jedes Stadium natürlicher Entwicklung als ein Stadium der Unvollkommenheit betrachtet wird, dann sind alle Dinge unvollkommen. Ein Fötus ist unvollkommen, weil er noch nicht geboren ist, ein Säugling ist unvollkommen, weil er noch nicht erwachsen ist, und ein Erwachsener ist unvollkommen, weil er noch nicht alt ist, ein alter Mensch, weil er noch nicht tot ist. Wird eine dieser möglichen Veränderungen als die Verwirklichung einer „Tendenz" bezeichnet, dann kann man sie alle in derselben Weise beschreiben. Dann gibt es nicht nur eine Tendenz zum Leben, sondern auch eine Tendenz zum Tode, und beide müssen gleichermaßen „natürlich" und gut sein. Solche Schlußfolgerungen machen natürlich niemanden klüger.

Richtiger ist es zu sagen, daß keine unvoreingenommene Beobachtung uns erkennen läßt, ob und wann ein bestimmtes lebendes Wesen „vollkommen" oder „unvollkommen" ist. Im Laufe seiner Existenz ist alles vielen verschiedenen Veränderungen ausgesetzt, und zu behaupten, daß einige dieser Veränderungen zum besseren (seiner Vollendung zuträglich) oder zum schlechteren (seiner Vollendung abträglich) seien, würde eine subjektive Einstellung wiedergeben, nicht eine wissenschaftliche Tatsache. Schon der Begriff der „Vollkommenheit" gibt ein positives Werturteil wieder, genauso wie der Begriff ,,Unvollkommenheit“ negativ wertet. Die Behauptung, etwas sei unvollkommen, kann nur bedeuten, daß es Mängel hat, daß etwas fehlt, das noch hinzugefügt werden muß. Wenn Menschen erklären, daß die Vollkommenheit natürlicher Dinge gut sei und ein Mangel an Vollkommenheit schlecht, verlieren sie sich schlicht in Tautologien.

Deshalb muß jeder objektive Beobachter zugeben, daß die Natur selbst keine Tendenzen, Neigungen, Absichten, Bedeutungen oder Endziele hat. Man kann sie daher auch nicht als moralische Richtschnur betrachten. So bedauerlich das für manche Menschen sein mag, es gibt einfach keine redliche Methode, mit der man auf die Natur ein ,,gerechtes“ Moral- oder Rechtssystem gründen könnte. Bislang sind alle Versuche, in der Natur umfassende und verbindliche Werte zu finden, erfolglos geblieben. Im schlimmsten Fall haben solche Versuche zu engstirnigen und repressiven Dogmen geführt. Im besten Fall waren ihre Ergebnisse hohle Schlagwörter und bedeutungslose Maximen, die allen möglichen Zwecken dienen und jede nur denkbare Handlung rechtfertigen konnten.

So hat man behauptet, die ,,Natur“ verlange, daß jeder erhält, was ihm zusteht. Moralisten im alten Rom glaubten, sie hätten ein natürliches moralisches Gesetz entdeckt, als sie forderten ,,suum cuique!“, das heißt ,,Jedem das Seine“. Aus diesem Gesetz kann jedoch niemals wirkliche Gerechtigkeit erwachsen, weil es die Kernfrage nicht beantwortet: ,,Was ist das Seine?“ Diese Frage, die einzige, die wirklich zählt, muß bereits durch ein anderes, vorhandenes Gesetz oder politisches System vorentschieden sein. Der Satz ,,Jedem das Seine“ kann in jedem solchen System als Rechtfertigung herangezogen werden, im Sklavenhalterstaat, im Feudalismus, im Kapitalismus oder im Sozialismus.

Ein anderes, ebenso unbrauchbares Konzept ist die goldene Regel ,,Was du nicht willst, daß man dir tu, das füg auch keinem anderen zu“. Das mag zunächst wie ein allgemeingültiges, ,,natürliches“ Gesetz klingen. Es würde aber jedem, der gerne Schmerzen erleidet, erlauben, anderen Schmerzen zuzufügen, selbst wenn diese eine solche Behandlung ablehnten. So könnte auch jeder Alkoholiker seinen Tischnachbarn zu alkoholischen Getränken nötigen. Und wenn jemand diese Regel verletzt, sollte man sie dann auch ihm gegenüber verletzen? Schließlich läßt sich niemand gerne bestrafen, selbst wenn er schuldig sein mag. Nimmt man diese Regel wörtlich, bedeutet sie eigentlich die Abschaffung von Gesetz und Moral.

Ein anderes Beispiel ist der sogenannte ,,kategorische Imperativ“ des Philosophen Kant: ,,Handle so, daß die Maxime deines Willens jederzeit zugleich als Prinzip einer allgemeinen Gesetzgebung gelten könnte!“ Mit anderen Worten: Jedermann sollte nur nach den Prinzipien handeln, von denen er sich wünscht, daß sie auch für andere verbindlich sind. Aber was für Prinzipien sind dies? Es können sowohl die Prinzipien liberaler Demokratie sein als auch jene des Faschismus, des Kommunismus oder jeder beliebigen anderen Gesellschaftsordnung.

Tatsächlich wurde im Verlauf der Geschichte das sogenannte Naturrecht oft dazu verwendet, um alle möglichen moralischen und politischen Positionen zu rechtfertigen. So erklärte Aristoteles, daß einige Menschen von der Natur dazu bestimmt seien, Sklaven zu sein. Auch die Bibel fand an der Sklaverei nichts Falsches. Interessanterweise argumentierten jedoch auch die Gegner der Sklaverei mit dem Naturrecht. Unter Zurückweisung der geschriebenen Gesetze ihrer Zeit appellierten sie an ein ,,höheres“, ungeschriebenes Recht, nach dem alle Menschen gleich geschaffen seien und das ihnen ihre unveräußerlichen ,,natürlichen“ Menschenrechte garantiere. Die Sklavenhalter blieben hiervon jedoch unbeeindruckt und drehten den Beweis einfach um. Nach ihrer Auffassung hatte Gott die Natur geschaffen und die Natur das Los der Menschheit geprägt. Die Geschichte bewies, daß der Fortschritt des Menschen nur möglich war, weil höherstehende Menschen die Freiheit zur Entwicklung ihrer Fähigkeit erlangten, indem sie über andere herrschten. Daher fordere die Natur selbst als Preis der Zivilisation die Sklaverei.

Im Laufe der Jahrhunderte wurden ähnliche, nicht wesentlich überzeugendere Argumente für die wahre ,,natürliche" Form der Herrschaft angeführt. Monarchisten pflegten beispielsweise auf die hierarchische Ordnung des Himmels hinzuweisen, wo sich Monde um Planeten und Planeten um die Sonne drehten. Deshalb schien es nur natürlich, daß gewöhnliche Bürger im Dienste der Adligen standen, die ihrerseits einem König oder Kaiser dienten. Demokraten setzten dem entgegen, daß die Himmelskörper dem selben Gesetz der Schwerkraft unterworfen seien und die Natur daher für die Menschheit auch Gleichheit vor dem Gesetz vorschreibe. Diese Ansicht wiederum mißfiel den Anarchisten, die das Universum als einen Ort unaufhörlichen, unbeschränkten Kampfes zwischen den Naturgewalten ansahen. Jede gesetzliche Beschränkung des Menschen, selbst eine Beschränkung im Namen der Gleichheit, stellte für sie daher nur einen Eingriff in die eigentlichen Abläufe der Natur dar.

Das Problem bei dieser Kontroverse ist nicht, daß die eine oder andere Seite die letzte und ,,eigentliche" Bestimmung der Natur mißverstehen würde. Man kann auch nicht annehmen, daß mit etwas ,,mehr Nachdenken" man sich auf eine Position hätte einigen können. Sondern es gilt, daß es eine solche Bestimmung der Natur nicht gibt und daß die streitenden Parteien ihr eigenes Wertsystem in die Natur hineinprojizierten, um es auf diesem Wege als logisch auszuweisen. Dies ist genau deshalb möglich, weil die Natur keine eigene moralische Dimension hat. Wenn das Wort ,,Natur" in Auseinandersetzungen um die Moral verwendet wird, kann es jede beliebige Bedeutung haben. Es ist deshalb das klassische Beispiel einer ,,Leerformel", eines semantischen Gefäßes, in das jede Gesellschaft oder jede Gruppe ihre eigenen Wertvorstellungen gießt. ,,Natur" ist hier also im wesentlichen ein ideologischer Begriff.

Das wird nirgendwo deutlicher als im Bereich der Sexualmoral. Für die alten Griechen war die ,,Natur" der Sexualität Freude und persönliche Erfüllung. Der Sexualtrieb war eine Frage göttlicher Inspiration, die zwei Liebende zusammenführte. Jede Handlung, die diesem Ziel diente, war ,,natürlich". Im Gegensatz dazu glaubten die alten Israeliten und frühen Christen, die ,,Natur" der Sexualität sei die Zeugung, und es sei daher nur ein bestimmtes Sexualverhalten, der Koitus, ,,natürlich". Jede andere sexuelle Handlung war dann ,,widernatürlich" und eine gerechte Gesellschaft hatte die Pflicht sie zu unterbinden. Die Indianer in Amerika und die Polynesier früherer Jahrhunderte sahen demgegenüber auch Homosexualität, Transvestismus und Transsexualität als ,,Natur" bestimmter Individuen an und brachten ihnen daher Respekt entgegen. Jeder gesellschaftliche Eingriff hätte für sie größtes Unrecht oder sogar ein Verbrechen wider die Natur bedeutet.

Dennoch, wie immer man ,,Verbrechen wider die Natur" definiert – als eine besondere Form nichtkoitalen Geschlechtsverkehrs oder als dessen Verhinderung –, die Definition ist immer willkürlich und subjektiv. Objektiv betrachtet kann man die Natur nicht verletzen, weil selbst dieses Verletzen absolut natürlich sein würde. Ein berühmter Sexualforscher hat es einmal so ausgedrückt: ,,Die einzige unnatürliche sexuelle Handlung ist diejenige, die nicht vollzogen werden kann."

Die Feststellung, daß einige sexuelle Handlungen ,,widernatürlich" seien, ist daher nie eine Tatsachenbehauptung, sondern immer ein Werturteil. Eine solche Feststellung bedeutet nicht, daß die Natur solche Handlungen verhindert, denn schließlich ereignen sie sich dauernd. Sie meint vielmehr, daß die Natur solche Handlungen mißbilligt oder daß sie nicht im eigentlichen Interesse der Natur sind. Tatsächlich hat die ,,Natur" jedoch keine ,,Meinung" in solchen Fragen. ,,Meinung" ist ein Begriff, der sich nur auf Menschen anwenden läßt. Das Mißfallen ist kein Ausdruck der Natur, sondern die Meinung einzelner Personen, die ihre eigenen persönlichen Werturteile abgeben.

Die Begriffe ,,natürlich" und ,,widernatürlich" sind Worte des Lobes und des Tadels. Sie geben uns keine objektive Beschreibung irgendwelcher Sachverhalte. Menschen, die die Wirklichkeit wertfrei beschreiben wollen, verwenden diese Worte nicht. In der neutralen Betrachtung eines Wissenschaftlers ist zum Beispiel alles natürlich, weil alles Bestandteil der Natur ist. Für ihn ist Schmerz so natürlich wie Freude, Krankheit so natürlich wie Gesundheit und Tod so natürlich wie Leben. Selbstverständlich ist das Wort ,,natürlich", wenn es so neutral angewendet wird, praktisch bedeutungslos. Wissenschaftler haben es daher aus ihrem Sprachschatz entfernt und dem Bereich der Moral zugewiesen.

Wenn wir untersuchen, in welchen Fällen heute die Begriffe ,,natürlich" und ,,widernatürlich" verwendet werden, stellen wir immer fest, daß sie dazu dienen, moralische Werturteile zu untermauern. Diese Werturteile variieren natürlich, je nach den Vorurteilen des Sprechers. Historische und anthropologische Untersuchungen haben ergeben, daß in verschiedenen geschichtlichen Zeitabschnitten und geographischen Regionen Gesellschaften mit sehr unterschiedlichen moralischen Wertsystemen gelebt haben. Diese Unterschiede bestehen noch heute. Dennoch betrachtet bis zum heutigen Tage jede Gesellschaft ihre eigenen Moralvorstellungen als allgemeingültig, ewig und unveränderlich, das heißt als einzig ,,natürlich". Der Grund dafür ist einfach: die Berufung auf die ,,Natur" verleiht einem subjektiven Wertsystem den Schein der Objektivität. Sie gestattet den Menschen, die persönliche Verantwortung für ihren moralischen Standpunkt abzugeben. Wenn daher jemandem das Sexualverhalten seines Nachbarn mißfällt, ist es einfacher, ihn im Namen der ,,Natur" zu verurteilen als im eigenen Namen. Das heißt, daß wir alle in der Versuchung sind zu behaupten, unser eigener Geschmack und unsere persönliche Moral stimmten mit den Forderungen der ,,universalen Gerechtigkeit", dem ,,Allgemeinwohl", dem ,,göttlichen Willen" oder der ,,natürlichen Ordnung" überein.

Solche Behauptungen sind jedoch immer fromme Selbsttäuschung, manchmal sogar zynischer Schwindel. Objektiv kann man immer nachweisen, daß angeblich ,,göttlicher Wille" oder eine angeblich ,,natürliche Ordnung" nichts als die Interessen bestimmter Individuen, Gruppen oder sozialer Schichten widerspiegeln. Das ist auch der hauptsächliche Grund dafür, daß derselbe Gott und dieselbe Natur zitiert werden können, um die unterschiedlichsten gesellschaftlichen Systeme zu rechtfertigen. Wie wir gesehen haben, unterscheiden selbst die großen monotheistischen Religionen – Judentum, Christentum und Islam – sich erheblich in ihrer Interpretation dessen, was göttlicher Wille und damit ,,natürlich" ist. Darüber hinaus gibt es innerhalb des Christentums zahllose Kirchen, Sekten und Bewegungen, die in ihrer Auslegung des Naturrechts erheblich divergieren. So benutzen die verschiedenen Kirchen immer die gleiche Bibel, um entweder Scheidungen zu gestatten oder sie zu verbieten, um Empfängnisverhütung zu verbieten oder zuzulassen, um Homosexualität zu verurteilen oder offen homosexuelle Priester zu weihen und homosexuellen Ehen ihren Segen zu geben.

Auf alle Fälle gibt es heute auch Kirchen, die den traditionellen jüdisch-christlichen Glauben nicht mehr teilen, die ,,Natur" der Sexualität sei die Fortpflanzung. Viele Christen scheint dieser Glaube heute auf einer überholten, eingeschränkten und willkürlichen Auffassung zu beruhen, und sie versuchen daher, eine neue, offenere Sexualmoral zu entwickeln. Dabei wird ihnen jedoch bewußt, daß es nicht ausreicht, eine willkürliche Behauptung durch eine andere zu ersetzen und die Lösung in irgendeiner modernisierten Naturrechtslehre zu suchen. Sie beginnen statt dessen zu begreifen, daß sie selbst die Verantwortung für ihre moralischen Werte tragen müssen.

Das bedeutet aber nicht, daß die moralischen Forderungen früherer Vertreter der Naturrechtslehre geringgeschätzt oder vergessen werden sollten. Denn selbst ihre erbittertsten Kritiker erkennen an, daß die Naturrechtslehre häufig dazu benutzt wurde, repressive, religiöse und weltliche Herrschaft anzugreifen und daß sie also der Befreiung der Menschen auch dienlich war. So hat im Laufe der Geschichte der Glaube an ein Naturrecht nicht nur der jeweils herrschenden Ordnung gedient, sondern auch die Vision von einer kommenden besseren Ordnung artikuliert. Das Wort „Natur" mag eine Leerformel sein, manchmal drückten sich in ihm aber auch die Hoffnungen und Wünsche der Menschheit aus. Menschen haben vielleicht kein gottgegebenes „natürliches" Recht auf Leben, Freiheit und Streben nach Glück, aber sie haben in einigen modernen Gesellschaften die „Natur" erfolgreich angerufen, um für diese Rechte zu kämpfen und sie zu schützen. Der Begriff eines Naturrechts hat daher auch einen utopischen, humanistischen Aspekt, der es verdient, hervorgehoben und gewürdigt zu werden. In diesem Sinne kann eine kritische Untersuchung der Tradition der Naturrechtslehre uns viel über eine wirklich menschliche Sexualmoral lehren.

10.2 Legal – Illegal

Wo die Verletzung sexueller Normen als juristisches Problem definiert wird, erscheinen sexuelle Anpassung und sexuelle Abweichung als Rechtsbeachtung und Rechtsverletzung. Angepaßtes Sexualverhalten ist „ehrbar", „gesetzestreu" und „legal". Abweichendes Verhalten ist „anstößig", „kriminell" und „illegal".

Es steht außer Frage, daß bestimmte Arten sexuellen Verhaltens von Gesetzes wegen verboten werden müssen, weil sie mit Gewalt, Betrug oder Ausbeutung verbunden sind oder vor unfreiwilligen Zeugen stattfinden. Die Opfer solchen Verhaltens verdienen gesetzlichen Schutz, und in nahezu allen Gesellschaften wird versucht, diese Forderung zumindest für ihre „wichtigen" Mitglieder zu erfüllen. Das bedeutet, daß keine Gesellschaft ohne ein bestimmtes Minimum von Sexualgesetzen bestehen kann. Es hat indes Gesellschaften gegeben, in denen eine große Anzahl von Menschen absichtlich ungeschützt blieb, auch gegen die brutalsten Formen sexueller Gewalt. In diesen Gesellschaften diente das Gesetz nur den Herrschenden und Privilegierten und war nichts weiter als das Werkzeug einer Klassenjustiz. Sklaven und Diener waren für ihre Herren oft Freiwild. Manchmal wurden auch Mitgliedern religiöser oder rassischer Minderheiten die elementarsten Menschenrechte versagt, und sie konnten von der Mehrheit sexuell mißbraucht werden, ohne daß diese Strafe fürchten mußte. Dagegen wird in den meisten modernen Gesellschaften große Mühe darauf verwandt, sexuellen Mißbrauch ohne Ansehen der Person zu bestrafen. In der Absicht, die Welt für jedermann „sicher" zu machen, sind sie in der Gesetzgebung häufig übereifrig und sehen sexuelle Missetaten auch da, wo kein neutraler, nüchterner Beobachter sie finden würde. Das führt dann dazu, daß sie nicht nur die Guten vor den Bösen schützen und die Bösen voreinander, sondern auch die Guten vor sich selbst. Denn wenn sich das Sexualstrafrecht bis zum „Verbrechen ohne Opfer" ausdehnt, wird es im Kern totalitär und macht womöglich seinerseits viele rechtschaffene Menschen zu Opfern.

Dennoch muß selbst der eifrigste Gesetzgeber viele Formen sexuell destruktiven Verhaltens ungestraft lassen. So können zum Beispiel Eheleute, die Sexualität dazu benutzen, sich gegenseitig zu entwürdigen; Eltern, die Kinder sexuell nicht aufklären, Lehrer, die ihren Schülern Lügen über Masturbation erzählen, und Geistliche, die zur Verfolgung sexueller Nonkonformisten aufrufen, eine Menge Unheil anrichten, und sie werden dennoch nicht eines Vergehens oder Verbrechens bezichtigt. Es ist auch fraglich, ob sie durch irgendein besonderes Gesetz zu kontrollieren wären.

Diese Überlegungen lassen folgende Schlußfolgerungen zu:

1. Gesetz und Moral sind nicht das gleiche. Sie stehen zweifellos in Beziehung, allerdings in keiner direkten. Bestimmte unmoralische sexuelle Handlungen können völlig legal sein, während bestimmte moralische sexuelle Handlungen illegal sind.
2. Man kann nicht einfach davon ausgehen, daß es Zweck des Sexualstrafrechts ist, körperlichen und emotionalen Schutz zu gewährleisten. Denn wir haben festgestellt, daß gefährdendes Verhalten unter Umständen legal sein kann und harmloses illegal.

Wie können dann die unserem Sexualstrafrecht zugrundeliegenden Motive ergründet werden? Was ist die reale Basis, auf der Gesellschaften beschließen, welches sexuelle Verhalten legal oder illegal ist? Die Beantwortung dieser Fragen wird vielleicht durch einen kurzen historischen Rückblick erleichtert.

10.2.1 Sexualität und Gesetz

Zu Beginn der Zivilisation waren alle Gesetze religiöse Gesetze, das heißt sie drückten den Willen einer übermenschlichen Macht aus. Geister, Götter oder Gott wünschten, daß die Menschen sich in bestimmter Weise verhielten und sie straften Ungehorsam sofort. Daher setzten sich die Gesetze praktisch von selbst durch.

Die ältesten bekannten Sexualstrafgesetze machten hier keine Ausnahme. Ursprünglich waren Sünde und Verbrechen ein und dasselbe. Sexuelle Übeltäter waren deshalb Sünder und Verbrecher, eine Bestrafung war ihnen sicher. Wo die Durchsetzung der Gesetze durch Menschen notwendig war, führten sie im Grunde genommen nur göttlichen Willen aus.

Dies war fast während der gesamten Menschheitsgeschichte die vorherrschende Auffassung. Tausende von Jahren waren religiöse Glaubensanschauungen Grundlage für die Gesetzgebung. Die ersten großen Gesetzgeber der Alten Welt machten noch offen geltend, sie seien Instrumente eines ,,höheren" Willens. Hammurabi empfing seine Gesetze vom Sonnengott, Mose wurden die Zehn Gebote auf dem Berg Sinai von Jahwe gegeben. Mohammed wurde der Koran vom Erzengel Gabriel diktiert.

Natürlich unterschieden sich diese ,,göttlich inspirierten" Gesetzestexte erheblich voneinander, besonders im Hinblick auf die Behandlung des Sexualverhaltens. Wenn wir jedoch die ersten historischen Bemühungen um eine Gesetzgebung zur Sexualität vergleichen, ist zumindest eine Gemeinsamkeit festzustellen: Sie alle betreffen sowohl soziale als auch religiöse Übertretungen. Sexualverhalten wurde nicht nur bestraft, wenn es anderen Menschen schadete, sondern auch, wenn es von Unglauben zeugte. Letzteres zog sogar gewöhnlich härtere Bestrafungen nach sich. Denn göttliches Mißfallen fürchteten die Menschen mehr als irgendeinen persönlichen Schaden.

Daher konnten Ketzer auf sexuellem Gebiet auch nicht behaupten, sie seien gesellschaftlich harmlos. Selbst wenn sie niemand bestimmten zu Schaden brachten, stellten sie doch eine indirekte Bedrohung für die Gemeinschaft dar. Schon ihre Existenz beleidigte Gott und verlangte nach Vergel-

Der göttliche Ursprung der Gesetze
Die ersten großen Gesetzgeber der Menschheit beriefen sich darauf, daß ihre Gesetze göttlichen Willen ausdrückten.

(Oben) Stein in der Form eines erigierten Penis mit den Gesetzen des Hammurabi, die vom Sonnengott inspiriert sein sollten. Das Relief an der Spitze der Stele zeigt den Gott auf seinem Thron, wie er dem vor ihm stehenden Hammurabi Anweisungen gibt. (Louvre, Paris)

(Mitte) Mose erhält die Gesetzestafeln von Jahwe auf dem Berg Sinai. (Karolingische Miniatur aus dem 9. Jahrhundert)

(Unten) Illustration aus einer persischen Handschrift, die den Erzengel Gabriel zeigt, wie er dem Propheten Mohammed den Koran diktiert.

tung. Man konnte solche Menschen daher nicht tolerieren, ihre Verurteilung war eine religiöse Pflicht, und jedes Mittel, das gegen sie angewandt wurde, war moralisch gerechtfertigt.

Dies war die grundlegende Auffassung der Juristen vom Altertum bis ins Mittelalter. Die Hauptfunktion des Gesetzes war es, Gottes ,,natürliche Ordnung" zu erhalten oder wiederherzustellen. So wurde die Kontrolle über das Sexualverhalten im Laufe der Jahrhunderte ausschließlich Aufgabe der Kirche. Religion war die einflußreichste moralische Macht im privaten wie im öffentlichen Leben.

Auch in der Neuzeit, nachdem die Kirche im Laufe der Zeit dem Staat ihre Macht abgetreten hatte, blieben die alten Verbote bestehen. Überall in Europa wurden die Kirchengerichte durch weltliche Gerichte, Sündenregister durch Strafgesetze, Bußen durch Strafen ersetzt; die allgemeine Einstellung gegenüber sexuell abweichendem Verhalten blieb jedoch die gleiche. Der Staat übernahm die traditionellen moralischen Normen, setzte sie jedoch nun aus eigener Macht durch. Auch harmloses abweichendes Verhalten ohne Opfer wurde weiterhin verfolgt. Es verwandelte sich lediglich von einem ,,ketzerischen" Verhalten in ein weltliches ,,subversives" Verhalten. In den Augen des Gesetzes bedrohte es aber nach wie vor das Wohlergehen der Nation.

Erst mit der Französischen Revolution erklärte ein Staat seine völlige Trennung von der Kirche. Das hatte unter anderem zur Folge, daß die Sexualgesetze nicht mehr direkt an biblischen Vorschriften orientiert blieben, sondern auf rationale und empirische Grundlagen zurückgeführt wurden. Viele sexuelle Handlungen, die zuvor als Vergehen galten, wurden nun toleriert. Die ,,aufgeklärte" Bevölkerung entzog sich ihrer früheren moralischen Bevormundung und erreichte neue bürgerliche Freiheiten. Es wurde ein neuer ,,privater Freiraum" geschaffen, der außerhalb der Reichweite von Gesetzen lag. Diese demokratischen Errungenschaften wurden in der Gesetzesreform Napoleons zusammengefaßt, die mittelbar oder unmittelbar auch die Gesetzgebung der meisten westeuropäischen und lateinamerikanischen Länder beeinflußte. Auch in der Verfassung der Vereinigten Staaten wurde die Unabhängigkeit von religiösen Anschauungen festgelegt. Der Kongreß erhielt die ausdrückliche Anweisung, ,,keine Gesetze zu verabschieden, die der Etablierung einer Religion dienen können". (s. Zusatz zur U.S. Verfassung, 1791.)

Allerdings war der tatsächliche christliche – oder eher der puritanische – Einfluß auf das öffentliche Leben in den USA nicht so leicht zurückzudrängen. Der Staat verfolgte noch lange Zeit nicht nur gefährliche Verbrechen, sondern auch einfache Sünden und Laster ohne Opfer. Man nahm einfach keine Notiz von der wachsenden Zahl der Nichtpuritaner, für die solche Laster als Tugenden galten und die so daran gehindert wurden, ihre Sexualität ihrem Glauben gemäß voll auszuleben. Bis auf den heutigen Tag vergessen amerikanische Gesetzgeber, wenn es um sexuelle Dinge geht, noch immer häufig diese Bestimmungen der Verfassung.

Zum Glück ist die allgemeine Öffentlichkeit in jüngster Zeit kritischer geworden und beginnt zu verstehen, daß sexuelle Freiheit ebensosehr Gegenstand einer Verfassung sein sollte wie beispielsweise die Meinungsfreiheit. Verschiedene Staaten in den USA haben ihr Sexualstrafrecht bereits gelokkert, andere sind im Begriff, dies zu tun. Es hat den Anschein, daß zumindest auf diesem Gebiet die Versprechen der Amerikanischen Revolution endlich in Erfüllung gehen.

Dies alles soll nicht bedeuten, daß die Religion das einzig mögliche Hindernis für eine vernünftige Sexualgesetzgebung wäre. Selbst eine noch so strenge Trennung von Kirche und Staat bietet nicht unbedingt auch eine Garantie für sexuelle Freiheit aller Bürger. Letzten Endes sind offen atheistische Staaten, wie die UdSSR, die Volksrepublik China oder Kuba, in Fragen sexueller Abweichung ebenso intolerant wie ein christliches Königreich im Mittelalter. Diese Länder verbieten unter anderem nach wie vor „Pornographie", Prostitution, homosexuelle Handlungen und das Tragen andersgeschlechtlicher Kleidung, obwohl es bei keinem dieser „Verbrechen" Opfer gibt. Die Verbote werden natürlich nicht mehr mit religiösen Argumenten gerechtfertigt. Sie werden mit neuen Dogmen über „westliche Unmoral", „kapitalistische Korruption" oder „bourgeoise Dekadenz" begründet. Bei näherer Betrachtung könnte man in diesen Dogmen vermutlich einen längst vergessenen religiösen Ursprung finden. Vielleicht ist aber auch der Wunsch, sich Ketzer zu schaffen, um sie dann zu bestrafen, so tief in einigen Gesellschaften verwurzelt, daß ihnen dafür jede Entschuldigung, religiös oder weltlich, recht ist. Zusammenfassend läßt sich sagen, daß heute in vielen Teilen der Erde noch sexuelle Intoleranz vorherrscht und daß der Kampf um sexuelle Rechte für alle Menschen noch lange nicht gewonnen ist. (Vgl. a. Kap. 12 „Die sexuell Unterdrückten".)

Der historische Hintergrund

Im folgenden Abschnitt wird die Entwicklung des Sexualstrafrechts in Europa und in bestimmten nicht-westlichen Kulturen kurz zusammengefaßt. Dabei wird allerdings die Gesetzgebung zum Sexualrecht im weiteren Sinne, zu Ehe, Ehescheidung, Empfängnisverhütung, Schwangerschaftsabbruch, Unehelichkeit, Geschlechtskrankheiten usw. aus Platzgründen unerwähnt bleiben. Die Diskussion beschränkt sich auf gesetzliche Vorschriften, die sich auf das menschliche Sexualverhalten im engeren Sinne beziehen.

Die jüdische Rechtstradition

Die Geschichte des alten Israel ist eine Geschichte des Kampfes um nationale Identität und um das Überleben. Umgeben und ständig bedroht von fremden Völkern, kostete es die Israeliten erhebliche Anstrengungen, ihren „wahren" Glauben zu bewahren. In diesem Zusammenhang muß man ihre Gesetze und Bräuche sehen.

Die frühe Gesetzgebung zur Sexualität versuchte, das „auserwählte Volk" vor vier schweren „Übeln" zu schützen: Bevölkerungsrückgang, Verletzung der männlichen Besitzerrechte, religiöse Ketzerei und „Verunreinigung" durch Fremde oder fremde Gebräuche. So förderte das Gesetz ehelichen Koitus auf Kosten aller anderen sexuellen Handlungen und verbot jede Form der Sexualität, die nicht der Fortpflanzung diente, wie sie bei den benachbarten Stämmen üblich war. Wer sich der Fortpflanzung entzog, zeigte damit ein gesellschaftsschädigendes Verhalten und verletzte die gesamte Nation. Vergewaltigung, Ehebruch und illegitime Schwangerschaften verletzten das Recht des einzelnen Mannes, der seine Frauen und Töchter als persönlichen Besitz betrachtete und für jede „Beschädigung" Ersatz verlangte. Homosexuelles Verhalten und sexueller Kontakt mit Tieren wurden als Götzendienst interpretiert. Sie waren Zeichen der Abgötterei oder – wie die Bibel es bezeichnet – „Greueltaten", also Verbrechen gegen Jahwe selbst.

Obwohl im Laufe der Zeit bestimmte Gesetze abgeändert und andere angesichts veränderter Umstände neu formuliert wurden, blieb die jüdische Rechtsauffassung zur Sexualität selbst in der Zeit Christi unverändert bestehen.

Die frühen christlichen Lehren

Die ersten Christen übernahmen größtenteils die jüdische Rechtstradition. Offiziell galten für sie zwar die milderen Gesetze des „heidnischen" römischen Reiches, aber im Privatleben hielten sie sich strikt an die Vorschriften der Bibel. Der Apostel Paulus hatte sogar eine ausgesprochen geringe Meinung von sexuellem Begehren und verlangte jede nur mögliche Zurückhaltung. Diese Einstellung wurde von Augustinus und anderen asketischen Kirchenvätern noch weiterentwickelt. Als das Christentum schließlich in Rom die offizielle Religion wurde, fand diese neue Askese auch Ausdruck im Strafrecht. Die christlichen Kaiser Theodosius (390 n. Chr.) und Justinian (538 und 544 n. Chr.) brachten drakonische Gesetze ein, die bestimmte sexuelle Handlungen als Relikte des Heidentums verurteilten. Besonders die Gesetze von Justinian, die im Byzantinischen Reich 1000 Jahre überdauerten, standen sexuellen Abweichungen ausgesprochen intolerant gegenüber. Justinian erklärte zum Beispiel, daß heidnische Schandtaten wie homosexueller Geschlechtsverkehr und sexueller Kontakt zu Tieren immer nach Gottes Strafe durch Sturm, Feuer, Hungersnot, Pestilenz und Erdbeben schrien und daß der Staat daher die heilige Pflicht habe, zum Schutz des Landes alle Missetäter zu töten. Sie wurden dann meist auf dem Scheiterhaufen verbrannt oder lebendig begraben. Oft gingen der Hinrichtung auch noch Folter und Verstümmelung voraus. Das Strafgesetz Justinians war einer der Eckpfeiler der westlichen Rechtsgeschichte und hatte einen erheblichen Einfluß auf das Denken mittelalterlicher Juristen.

Das germanische und deutsche Recht bis zum Ende des Mittelalters

Das frühe germanische Recht – soweit aufgrund der spärlichen Quellen überhaupt Kenntnisse darüber vorhanden sind – kannte die öffentliche Strafe nur bei Vergehen gegen das Gemeinwesen (den sogenannten ,,Friedensbruch"), nicht jedoch bei Verletzung der Rechte des einzelnen oder der Sippe. Allerdings verwischten sich die Grenzen oft. Das germanische Recht kannte bereits öffentliche Strafen für Friedensbrüche, wie zum Beispiel für Frauenraub und Notzucht. Wurde bei schweren Friedensbrüchen zumeist ,,Friedlosigkeit", das heißt Ausschluß des Täters aus der Gemeinschaft, verhängt, so sah das germanische Recht bei Notzucht die Enthauptung des Täters vor. Der römische Schriftsteller Tacitus spricht in seinem Werk ,,Germania" von Menschen ,,corpore infames" (das heißt ,,körperlich schändlich"), die es bei den Germanen gäbe. Wahrscheinlich ist damit ,,widernatürliche Unzucht" gemeint, das heißt homosexuelles Verhalten oder sexueller Kontakt mit Tieren. Nach Tacitus waren die Täter im Moor zu versenken: Allerdings kann es sein, daß dabei allein von Vergehen die Rede ist, die während eines Kriegszustandes vorkamen und gegen die Heeresdisziplin verstießen. Andererseits sehen einige neue Forschungen eine allgemeine, systematische Homosexuellenverfolgung bei den Germanen, die, aus religiöser Furcht gespeist, sich über sehr lange Zeiträume hinzog.

Waren die Rechte einzelner oder der Sippe betroffen – wie das Recht auf Familiengewalt über Frau, Kind und Knecht –, unterlag die Tat der Privatrache der verletzten Sippe oder dem Recht der Sippe selbst. Dazu scheinen auch viele der klassischen Unzuchtsdelikte zu zählen. Hierbei trat das Gemeinwesen der damaligen Zeit allenfalls als Vermittler zur Beilegung des Streites auf.

In vorchristlicher und frühchristlicher Zeit, zum Beispiel unter der Herrschaft der Merowinger, bildete sich zunehmend eine zentrale Staatsgewalt heraus, die auch solche Taten, die ursprünglich Anlaß einer Privatfehde waren, öffentlich ahndete. Diese Entwicklung gewann besonders unter den Karolingischen Herrschern an Bedeutung und erreichte unter Karl dem Großen ihren vorläufigen Höhepunkt. Das fränkische Recht dieser Epoche kannte die Strafe der ,,Verknechtung" für Frauen, die mit einem Knecht Unzucht getrieben hatten. Sie wurden also unfrei und der Sippe des ,,Geschädigten" übergeben. Häufig wurden sie jedoch auch ausgepeitscht und anschließend auf dem Scheiterhaufen verbrannt. Ein freier Mann, der sich mit einer freien Frau einließ, unterlag dem Racherecht der Verwandten der Frau; er konnte sich nur durch Zahlung einer Buße entlasten. Eheliches Zusammenleben ohne „rechte Ehe“ war bis ins frühe Mittelalter als Kebs-Ehe anerkannt. Mit dem Erstarken der Kirche in der Karolingerzeit und ihrer Ablehnung des Konkubinats unterlag dies jedoch zunehmend der kirchlichen Strafgewalt. Notzucht und Frauenraub gehörten auch in der fränkischen Zeit zu den schwersten Vergehen. Den jeweils regional verschiedenen weltlichen Strafgesetzen entsprechend, wurden die Täter entweder enthauptet, verbrannt, verfielen der Friedlosigkeit oder wurden ausgepeitscht und an die Sippe der geschändeten Frau verknechtet. Manchmal hatten sie auch hohe Bußen zu zahlen. Die Summe hing davon ab, ob die Geraubte entehrt worden war oder unversehrt zu ihrer Sippe zurückkehren konnte. Nach dem Regensburger Stadtrecht wurden dem Täter die Augen ausgestochen. Entführung und Eheschließung ohne Einwilligung der Muntgewalt, das heißt des Erziehungsberechtigten, wurden milder als Frauenraub bestraft. Der Täter mußte zumeist eine empfindliche Geldbuße zahlen, wurde verbannt oder in den Kerker geworfen, die Frau verlor ihre Erbberechtigung. Entführung einer fremden Ehefrau oder eines Mädchens unter zwölf Jahren war selbst bei Einwilligung der Verführten ein Verbrechen, auf das die Todesstrafe stand. Gleiches galt für Blutschande, homosexuelles Verhalten und Geschlechtsverkehr mit Tieren. Letztere wurden jedoch durch den wachsenden Einfluß der Kirche zum Ausgang der fränkischen Zeit zunehmend als religiöse Vergehen betrachtet. Damit fielen sie unter die kirchliche Strafgewalt. Dies galt bis ins späte Mittelalter. Ausnahmen wie das Augsburger Stadtrecht von 1276, das den Feuertod für „widernatürliche Unzucht“ androhte, waren selten.

Erst gegen Ende des Mittelalters beginnt das weltliche Recht, sich erneut mit „widernatürlicher Unzucht“ zu befassen. 1496 wird in Frankfurt am Main ein Mann, der mit seiner Schwiegermutter Unzucht getrieben hatte, enthauptet. 1477 wird in Speyer eine Prostituierte wegen lesbischer Beziehungen ertränkt.

Die kirchlichen Gerichtshöfe des Mittelalters

Bis zum Hochmittelalter hatte in Deutschland das kirchliche Sexualstrafrecht das weltliche fast vollständig bestimmt. Das kirchliche Recht beruhte auf Sammlungen päpstlicher Dekrete und weltlicher Gesetze sowie entsprechender Beschlüsse einzelner Konzile, wie zum Beispiel der Konzile von Elvira (um 300), Ancyra (314), Tours (576), Toledo (693), Reims (1049) und London (1175). Die eigens hierfür eingesetzten kirchlichen Gerichtshöfe befaßten sich mit Vergehen wie Ketzerei, Gotteslästerung, Hexerei und sexuell abweichendem Verhalten. Diese Gerichtshöfe hatten anfangs nicht die Macht, eine weltliche Bestrafung anzuwenden, sondern sie durften lediglich bestimmte Bußen verordnen. Dazu gehörten Fasten, Enthaltung vom ehelichen Geschlechtsverkehr, Verzicht auf Waffentragen oder die Entrichtung von Almosen. Wer nicht geständig war oder keine Buße tat, wurde exkommuniziert.

Die kirchlichen Gerichte fühlten sich nicht an die üblichen Beweisregeln gebunden, sondern hielten sich in der Hauptsache an freiwillige Bekenntnisse. Verbrecher bekannten ihre Sünden zumeist, da sie um ihr Seelenheil fürchteten. Nur das kirchliche Gericht konnte sie vor ewiger Verdammnis schützen. Die Richter ihrerseits fühlten sich dazu berufen, nicht nur die Taten, sondern auch bloße sündige Gedanken zu verurteilen. Die verschiedenen Arten und Härtegrade der Bestrafungen wurden in eigens dafür angefertigten Bußbüchern niedergeschrieben. Heute geben uns diese ein relativ genaues Bild der Kirchenjustiz im Mittelalter.

Die Einstellung der Kirche gegenüber der Sexualität war ausgesprochen negativ. Selbst der eheliche Geschlechtsverkehr war nach Ansicht der Kirche so weit wie möglich einzuschränken. Nach der Hochzeit durfte er drei Tage lang nicht stattfinden, ebensowenig während der Menstruation, der Schwangerschaft und mehrere Wochen nach der Geburt. Geschlechtsverkehr war auch am Donnerstag verboten (am Tag der Gefangennahme Jesu), am Freitag (am Tag der Kreuzigung) und am Sonntag (am Tag der Auferstehung), ebenso während der Fastenzeit (40 Tage vor Ostern und vor Weihnachten). Frauen durften während der Menstruation die Kirchen nicht betreten. Auf Vergewaltigung stand Buße bis zu einem Jahr, auf Ehebruch bis zu sieben Jahren. Masturbation und unbeabsichtigter Orgasmus im Schlaf wurden mit weniger harten Bußen belegt. Homosexuelles Verhalten und sexueller Kontakt mit Tieren konnten demgegenüber mit Bußen von 22 Jahren bis lebenslänglich geahndet werden.

Es mag heute seltsam anmuten, daß die vorgeschriebenen Bußen so unterschiedlich waren, zum Beispiel für Ehebruch und homosexuelle Handlungen. Es ist jedoch zu berücksichtigen, daß diese Sünden nach der Vorstellung des Mittelalters ganz verschiedenen Kategorien zuzuordnen waren. Sexualität, die nicht der Fortpflanzung diente, war ein Verbrechen wider die ,,natürliche Ordnung“ und damit gegen Gott selbst. Sünden ,,natürlicher“ Wollust, wie Verführung, Ehebruch oder sogar Vergewaltigung, die sich lediglich gegen andere Menschen richteten, waren vergleichsweise nicht so schwerwiegend.

Büßer hatten in weiße Tücher gehüllt, barfuß und unbedeckten Hauptes an der Kirchentür zu erscheinen. Sie mußten eine schwere Kerze tragen und wurden durch das Seitenschiff vor die Gemeinde geführt, wo sie ein öffentliches Geständnis abzulegen hatten. Wenn die Frist der Buße verstrichen war, nach einigen Wochen oder Jahren, erhielten sie hierüber ein schriftliches Dokument. Sünder, die ein Geständnis vor dem kirchlichen Gerichtshof verweigerten oder die die vorgeschriebene Buße nicht erfüllten, wurden exkommuniziert.

Im Laufe der Jahrhunderte wurden die Bußen jedoch immer häufiger pauschal abgegolten und allein durch Almosen oder Geldleistungen erfüllt. Teilweise bestand sogar die Möglichkeit, sich gegen Bezahlung von anderen in seiner persönlichen Buße vertreten zu lassen. Die Einführung der Beichte mit anschließender Absolution verringerte ebenfalls den praktischen Wert der Bußbücher zusehends. Mit zunehmender Verschmelzung von kirchlicher und weltlicher Macht fanden auch Strafen mit gemischt geistlich-weltlichem oder vorwiegend weltlichem Charakter Eingang in das kirchliche Strafsystem. Dazu gehörten unter anderem die Prügel- und Geldstrafe, Haft, Ausweisung, Bann, Acht, Brandmarkung, das Haarescheren und die Verknechtung. Für besonders schwere Verbrechen wie homosexuelle Handlungen und ,,Unzucht mit Tieren“ sahen die Kapitulare des Benedictus Levita die Todesstrafe durch Verbrennen vor. Sie bezogen sich dabei auf gefälschtes historisches Material und insbesondere auf Justinians Theorie der grauenhaften Folgen jeder sexuellen Abartigkeit. Diese kirchliche Rechtssammlung gewann im Laufe des Mittelalters zunehmend an Bedeutung. Im Spätmittelalter wurde sie auch von den weltlichen Gerichten anerkannt.

Kirchenstrafen wurden wegen Unzucht zwischen Unverheirateten, Konkubinat, Ehebruch, Bigamie und Blutschande verhängt. Dabei machte sich, in bezug auf die drei letzten Vergehen, die Tendenz der Säkularisierung des Rechts frühzeitig bemerkbar. Unzucht mit Kindern, wie sie das moderne Recht kennt, ist in den kirchlichen Rechtsquellen des Mittelalters nicht zu finden. Dort wo Fälle bekannt sind, läßt die Strafart der Pfählung vermuten, daß die Täter wegen Unzucht verurteilt wurden, jenem Verbrechen, das von jeher der Zuständigkeit der weltlichen Gerichte unterlag. Es wurde als das schwerste Sexualdelikt des Mittelalters betrachtet.

Kirchliches und weltliches Strafsystem existierten von jeher nebeneinander. Aber im Mittelalter wurde aus dem ursprünglichen kirchlichen Monopol in Sachen Sexualstrafrecht ein weltliches Recht in den Händen weltlicher Gerichte. Die Gründe dafür sind vielfältig. Zum einen wurde mit der Zeit die

Abgrenzung zwischen beiden Bereichen in mannigfacher Weise verwischt, indem der Staat die kirchlichen Strafen zu vollziehen hatte oder – später – neben oder unabhängig von den kirchlichen Strafen eigene, weltliche Strafen verhängte. Die Auffassungen der Kirche von der Sexualität waren überdies in Anbetracht der tatsächlichen Lebensverhältnisse völlig unrealistisch. Selbst die Kirchenmänner verstießen offen gegen die kirchlich geforderte Sexualmoral. Aber nicht nur auf der Ebene des Sexualstrafrechts gerieten die kirchlichen Gerichtshöfe in Konkurrenz zu den weltlichen Gerichten. Den Feudalherren des Mittelalters stand zum Beispiel eine finanzielle Belohnung zu, wenn sie den Töchtern ihrer Untertanen zu heiraten erlaubten. Verwirkte die Tochter ihre Heiratschance dadurch, daß sie in lockeren sexuellen Verhältnissen lebte, so brachte dies den Feudalherrn um seine Belohnung. In solchen Fällen war es Aufgabe der weltlichen Gerichte, den entstandenen Schaden einzuklagen. Da aber die Kirche durch ihre Gerichte selbst Geld einnahm, war es den Beklagten oft nicht möglich, eine zweite Zahlung an die weltliche Obrigkeit oder an ihre Opfer zu leisten. Im Gefolge dieser Entwicklung wurde das gesamte System der kirchlichen Gerichtshöfe zunehmend in Frage gestellt.

Die Säkularisierung des Sexualstrafrechts kam in Deutschland im wesentlichen mit der Reformation und der katholischen Gegenreformation zum Abschluß. Im Zusammenhang mit jenen Ereignissen erfuhr das Sexualstrafrecht grundlegende Veränderungen.

Reformation, Hexenverfolgung und Aufklärung

Die im Jahre 1517 mit dem Anschlag der 95 Thesen durch Martin Luther begonnene Reformation schwächte den Einfluß der Römischen Kirche und damit auch der kirchlichen Gerichtshöfe erheblich. Luthers Forderung nach Rückbesinnung auf die zentralen, im Evangelium offenbarten Glaubenswahrheiten und auf urchristliche Verhältnisse bedeutete gleichzeitig die Forderung nach Rückzug des Glaubens aus weltlichen Machtsphären. Insbesondere betraf dies das kirchliche Buß- und Strafsystem und damit auch die Sexualdelikte. Mit dem Übertritt vieler deutscher Landesfürsten zum Protestantismus, spätestens aber mit dem Augsburger Religionsfrieden von 1555 war diese Entwicklung nicht mehr rückgängig zu machen. Die in den protestantischen Landesteilen durchgeführte Eherechtsreform verlangte die kirchliche Trauung, das Heraufsetzen des Mindestalters für die Eheschließung und ein Vetorecht der Eltern.

Im Rahmen der katholischen „Gegenreformation" nach dem Ende des Trienter Konzils (1563) erfolgte die katholische Eherechtsreform, die gleichfalls kirchliche Trauung forderte und alle nicht kirchlichen „Konsensehen" für nichtig erklärte. Um dem kirchlichen Ehegebot Geltung zu verschaffen, mußte die weltliche Macht zunehmend vor- und außereheliche Beziehungen unter Strafe stellen und durch besondere Verordnungen zu verhindern suchen, daß es zu solchen „Unzuchthandlungen" kam. So breitete sich ein zunehmend sexualfeindliches Klima aus. In Trier verbot eine Verordnung den Frauen „all zu gemeinen, freien und verdächtigen Umgang" mit Soldaten, Handwerksburschen und anderen ledigen Männern. In Köln wurde das Baden im Rhein verboten. Beim Viehhüten, in der Schule, selbst bei der Totenwache mußte streng auf die Trennung der Geschlechter geachtet werden.

Nicht unwesentlicher sozialer Hintergrund war die Tatsache, daß große Teile Europas an einer im Vergleich zu den gegebenen wirtschaftlichen Möglichkeiten zunehmenden Überbevölkerung litten und die herrschenden Stände – besonders in den städtischen Zentren – zur Verteidigung ihrer Privilegien mit dem neuen Eherecht Bevölkerungspolitik betrieben. Wer heiraten wollte, hatte in vielen Fällen ein Mindestvermögen nachzuweisen. Zur

Verhinderung ,,wilder" Ehen, unehelicher Geburten und der zunehmenden Kindestötung mußte ein strenges Sexualrecht geschaffen werden. Das weltliche Recht, das sogenannte ,,gemeine Recht" des ausgehenden Mittelalters, lehnte sich an das römische Recht und die daraus entwickelte italienische Rechtslehre an und bezog darüber hinaus eher theokratische, dem ,,göttlichen Recht" und dem orthodoxen Luthertum verbundene Auffassungen ein. Letztere wurden insbesondere von dem in Leipzig lebenden Juristen Benedict Carpzov bis zur Mitte des 17. Jahrhunderts vertreten. In dieser Rechtslehre wurden die Rechtstheorien Justinians und des Benedictus Levita zum Teil wörtlich übernommen, die Gott als vornehmsten Schöpfer des Rechts betrachteten, der seinen Willen in der Bibel und im Mosaischen Recht offenbart hatte. Danach war Gott jede außereheliche, nicht zur Zeugung führende sexuelle Handlung ein Greuel. Der Staat hatte solcher Art Unzucht mit strengsten Strafen zu begegnen.

Nach Artikel Nummer 116 der ,,Peinlichen Gerichtsordnung" des Kaisers Karl V. aus dem Jahre 1532, die bis Mitte des 18. Jahrhunderts als Rechtsgrundlage des gemeinen Rechts galt, waren homosexuelle Handlungen von Männern und Frauen und sexueller Umgang mit Tieren als ,,Verbrechen wider die Natur" mit dem Feuertod zu bestrafen. Darüber hinaus kannte das gemeinte Recht die gleiche Bestrafung für heterosexuellen Analverkehr. Sogar Masturbation und sexuelle Handlungen mit Figuren aus Holz oder Stein wurden zumindest mit Landesverweisung oder schwerem Kerker bestraft.

Diese unbarmherzigen und grauenvollen Strafen für jedes von der kirchlichen oder staatlichen Moral abweichende Sexualverhalten sind allerdings nicht zu verstehen, ohne die Ereignisse um die Ketzer- und Hexenverfolgung des Mittelalters vor Augen zu haben. Sie erreichten in Mitteleuropa ihren Höhepunkt im 15. Jahrhundert und dauerten bis zur Mitte des 17. Jahrhunderts. Sie haben nach Schätzungen fast eine Million Opfer gefordert. In Deutschland fand der letzte Hexenprozeß 1749 in Nürnberg, in Europa der letzte bekannte im Jahre 1782 im Schweizer Kanton Glarus statt. Die Ketzer- und Hexenprozesse hatten den Begriff der Sodomie entscheidend ausgeweitet. Bis ins 16. Jahrhundert bedeutete der Vorwurf der Sodomie oft gleichzeitig die Anklage der Hexerei oder umgekehrt. Unter den Begriff ,,Sodomie" fielen alle Formen außerehelicher, nicht der Zeugung dienender sexueller Handlungen. Begonnen hat diese Entwicklung im 12. Jahrhundert mit den Ketzerprozessen gegen die religiösen Sekten der Katharer und Waldenser, die insbesondere in Frankreich – in den Alpenländern Savoyen und Piemont – sowie in den oberen Rheingebieten lebten. Der Glaube der Katharer an den Teufel als bösen Gott und Weltenherrscher gab der Römischen Kirche Anlaß, den Ketzern Verehrung des Teufels an Gottes Statt, Verhöhnung der Sakramente und allerlei Greueltaten bei ihren Versammlungen vorzuwerfen. So sollten diese Ketzer fürchterliche Unzucht aller erdenklicher Art untereinander getrieben, kleine Kinder geschlachtet und deren Fleisch gegessen und zudem einen Pakt mit dem Teufel durch einen Kuß besiegelt haben. Waren die Ketzersekten bis zur Mitte des 13. Jahrhunderts so gut wie ausgerottet, ,,entdeckten" die Kirchenmänner nun eine geheime Hexensekte, deren Mitglieder Schadenszauberei betrieben, mit dem Teufel buhlten und Unzucht trieben, indem sie ihn unter anderem auf den Anus küßten. Man traf sich auf dem geheimen Hexensabbat, wohin man sich durch die Lüfte begab, und bei wüsten Orgien, wo einschließlich Inzest alles erlaubt und geboten war, wo man Kinderfleisch aß und über die letzten Schadenszauberwerke berichtete. Der Teufel, ob in Menschengestalt – dann auf jeden Fall mit einem zumeist linken Pferdefuß – oder in verschiedenen Tiergestalten, war anwesend.

Hatte die Kirche noch bis zum Ende des 13. Jahrhunderts mit verschiedenen Dekreten versucht, jedem Glauben an dämonische Zauberei und nachtfahrende Personen entgegenzutreten (wodurch es vereinzelt zu kirchlichen

Das Verbrechen der Sodomie
Die meisten Staaten der USA haben noch heute Gesetze gegen ,,Sodomie" oder ,,Verbrechen wider die Natur". Diese Gesetze stellen oralen oder analen Geschlechtsverkehr, auch unter Ehepartnern, unter schwere Strafen. Ursprünglich verstand man unter ,,Sodomie" allerdings ein religiöses Verbrechen, das nur Männer verüben konnten.

(Oben) **Die Zerstörung von Sodom**
Die ersten Christen glaubten, die biblische Stadt Sodom sei von Gott zerstört worden, weil ihre männlichen Einwohner homosexuellen Geschlechtsverkehr hatten. Die moderne Bibelforschung hat dies zwar in Frage gestellt, auf alle Fälle hat diese Interpretation aber die christliche Einstellung über 1500 Jahre lang beeinflußt. (Mosaik aus dem Dom von Monreale)

(Mitte) **Der christliche Kaiser Justinian und seine Ratgeber**
Um die Zerstörung ihrer Städte durch Gott abzuwenden, erließen die christlichen römischen Kaiser die ersten Gesetze in Europa gegen ,,Sodomie", d. h. gegen homosexuelles Verhalten bei Männern. Verstöße wurden mit dem Tod auf dem Scheiterhaufen bestraft. Im 6. Jahrhundert schrieb der oströmische Kaiser Justinian (hier mit einem Heiligenschein) die Todesstrafe für männliche Homosexuelle in seinem berühmten Gesetzeswerk offiziell fest, das die gesamte westliche Rechtsprechung nachhaltig beeinflussen sollte. (Mosaik aus der Kirche von San Vitale in Ravenna)

(Unten) **Hinrichtung von Ketzern im Spanien des Mittelalters**
Im Europa des Mittelalters wurde ,,Sodomie" sehr oft mit Ketzerei und Unglauben gleichgesetzt. Die spanische Inquisition verfolgte beispielsweise Juden, Ketzer und ,,Sodomiten" mit gleichem Nachdruck. 1479 verfügten König Ferdinand und Königin Isabella offiziell, daß Sodomiten öffentlich zu verbrennen und ihre Habe zu beschlagnahmen seien. Das Bild des zeitgenössischen Malers Pedro Berruguete zeigt die Art der Hinrichtung. Dem heutigen Betrachter fällt ein merkwürdiges Detail auf: Der Pfahl in der Mitte des Scheiterhaufens hat einen Pflock in der Form eines Penis, der zwischen den Beinen des Verurteilten hervorragt und den Körper während des Verbrennens aufrecht hält. (Prado, Madrid)

Anklagen wegen Hexerei gekommen war), so war zu Beginn des 14. Jahrhunderts eine entscheidende Wende eingetreten. Von fanatischen Predigern angetrieben – Zweifler wurden mit gewaltig ausgemalten Höllenvisionen eingeschüchtert –, griff der Hexenglaube alsbald von den Alpenländern nach Norden in Deutschland um sich und rief kirchliche und weltliche Gerichte auf den Plan. Während in Frankreich der Hexenverfolgung durch weltliche Mächte bald Einhalt geboten wurde, kam es in Deutschland auch gegen den Widerstand vieler regionaler Mächte im 15. Jahrhundert zunehmend zu Hexenprozessen.

Leider ist es unabweislich, daß der Hexenwahn und die grauenhaften Umstände der Hexenverfolgung über Jahrhunderte das Verhältnis der Menschen zu jedem nicht der Zeugung dienenden Sexualverhalten negativ geprägt haben. Das schlug sich natürlich im jeweils geltenden Sexualstrafrecht nieder. Insbesondere die negative Einstellung zur Sexualität der Frau und zu homosexuellem Verhalten sind bis auf den heutigen Tag deutlich.

Neben den grauenvollen Strafen für jedwede Art ,,widernatürlicher Unzucht" entwickelte das gemeine Recht im ausgehenden 16. Jahrhundert in Ansätzen die Strafbarkeit für Unzucht mit abhängigen, wehrlosen und gefangenen Frauen sowie eine Unterscheidung bei sexuellen Handlungen mit minderjährigen Mädchen. War ein Mädchen unter sieben Jahre alt, dann lag nach damaligem Recht Notzucht vor. Der Täter wurde zumeist enthauptet. Bei Mädchen im Alter von sieben bis zwölf Jahren kam es für die Frage, ob Todesstrafe zu verhängen sei, entscheidend darauf an, ob der Täter gegen den Willen des Mädchens gehandelt hatte.

Erst durch die im 17. Jahrhundert entstehende Aufklärungsbewegung wurde das zum Teil grausame Denken des Mittelalters abgelöst. Begründet auf die zunehmenden naturwissenschaftlichen Kenntnisse und die wachsende Forderung des erstarkten Bürgertums nach gesellschaftlicher und rechtlicher Anerkennung, wurde der Versuch unternommen, die Notwendigkeit der Strafe nicht mehr aus einem göttlichen Recht, sondern aus der menschlichen Natur und der auf sie gegründeten Gemeinschaft herzuleiten. Das Recht jedes Menschen auf Leben, die Verteidigung seiner Menschenwürde sowie die Feststellung der von Natur aus bestehenden Gleichheit aller Menschen waren Hauptbestandteile der Naturrechtslehre der Aufklärung, die schließlich in der Französischen Revolution 1789 ihren weltgeschichtlichen Höhepunkt erreichte. Die Forderung nach Schutz der Interessen des einzelnen vor staatlicher Willkür ließ die Vorstellung von einer Privatsphäre des Bürgers gegenüber dem Staat entstehen, in die der Staat nur dann eingreifen durfte, wenn dies den Interessen der Gemeinschaft oder dem Schutz der Rechte anderer Personen diente. Der Versuch, das Zusammenleben der Menschen auf der Grundlage der Vernunft zu bestimmen, mußte zu einer deutlichen Kritik des Irrationalismus, des Aberglaubens und der gottbezogenen Weltanschauung des Mittelalters führen. Dies galt auch für die Strafrechtslehre – und da besonders für die Hexerei – und Sodomiedelikte. Während sich jedoch bis Ende des 18. Jahrhunderts die Straflosigkeit der Hexerei allgemein durchgesetzt hatte, fiel dies den Juristen in Deutschland bei der ,,Sodomie", das heißt der ,,widernatürlichen Unzucht", weiterhin schwer. Langsam und vorsichtig milderte sich wenigstens die Strafzumessung; die angeblichen Sodomiten wurden nun nicht mehr auf dem Scheiterhaufen verbrannt, sondern enthauptet; Masturbation und heterosexueller Analverkehr wurden, ohne begrifflich von der Unzucht mit Tieren unterschieden zu werden, mit Prügel, Kerker oder Zwangsarbeit bestraft. Handelte es sich um jugendliche Täter, konnten die Richter Milde walten lassen. Die Anwendung von Folter wurde zunehmend auf Ausnahmen – zu denen der Vorwurf der Sodomie nicht mehr gehörte – eingeschränkt und schließlich 1740 in Preußen durch Friedrich den Großen und 1773 in Österreich durch Maria Theresia abgeschafft.

Die strafrechtlichen Schlußfolgerungen aus den Gedanken der Aufklärung wurden bis zum Ende des 18. Jahrhunderts fast ausschließlich der Rechts- und Gerichtspraxis überlassen. Dabei brach die deutsche Strafrechtslehre der deutschen Aufklärung durchaus nicht mit den grausamen und sexualfeindlichen Vorstellungen des mittelalterlichen Strafrechts, das weiterhin auf der „peinlichen Gerichtsordnung" des Kaisers Karl V. (aus dem Jahre 1532) beruhte.

10.2.2 Das moderne Recht

Während das auf den Gedanken der Französischen Revolution beruhende französische Revolutionsstrafgesetz und der französische Code Pénal aus dem Jahre 1810 Masturbation, homosexuelles Verhalten, sexuellen Kontakt mit Tieren und einfache, außereheliche Unzucht bis in die Gegenwart für straflos erklärten, blieb die deutsche Sexualgesetzgebung dieser Zeit außerordentlich restriktiv. Unter teilweiser Aufrechterhaltung des umfassenden „Sodomie"-Begriffes der Hexenverfolgung fanden sich im Allgemeinen Preußischen Landrecht von 1794 und im österreichischen Strafgesetz von 1803 weiterhin Strafbestimmungen gegen „widernatürliche Unzucht". Die Täter wurden zum Teil zu empfindlichen Zuchthausstrafen verurteilt. Inzest, Ehebruch, Bigamie, Vergewaltigung und Notzucht, sexueller Mißbrauch Abhängiger und Gefangener, jede sexuelle Handlung mit Kindern unter zwölf Jahren sowie „grobe Unsittlichkeit an öffentlichen Orten" wurden nach dem Allgemeinen Preußischen Landrecht strafrechtlich verfolgt.

Prostitution war straflos, solange sich Prostituierte in Bordellen aufhielten. Alleine das bayerische Strafgesetz von 1813, unter der maßgeblichen Beteiligung von Anselm von Feuerbach, sah Straflosigkeit für „widernatürliche Unzucht" – und damit auch für homosexuelles Verhalten – vor, nach dem Grundsatz des französischen Rechts, daß „widernatürliche Unzucht" zwar die Gesetze der Moral überschreite, nicht jedoch Rechte Dritter verletze. Auch die Königreiche Württemberg und Hannover sowie die Herzogtümer Braunschweig und Baden kannten diesbezüglich nur dann eine Strafverfolgung, wenn eine Klage verletzter Personen oder Erregung öffentlichen Ärgernisses vorlag. Für außerehelichen Geschlechtsverkehr hatte sich in Deutschland fast ausnahmslos Straflosigkeit durchgesetzt. Ganz besonders hatte dazu die mit viel Emotionen öffentlich geführte Diskussion um das Schicksal von Kindesmörderinnen beigetragen, in denen man vielfach die eigentlichen Opfer des Verbotes sah. Die Verbreitung „unzüchtiger Schriften" wurde erstmalig durch eine preußische Verordnung aus dem Jahre 1849 unter Strafe gestellt, in Anlehnung an den Code Pénal. Das preußische Strafgesetz von 1851 führte den neuen Straftatbestand der sexuellen Handlung mit Kranken und Hilflosen in Anstalten ein; auch verbot es jegliche gewohnheitsmäßige und eigennützige Kuppelei. Das Reichsstrafgesetz von 1871 übernahm zum großen Teil die Sexualbestimmungen des preußischen Strafgesetzes. Damit bedeutete es aufgrund der reichseinheitlichen Geltung des Gesetzes und der Strafbarkeit sexuellen Kontakts zwischen Männern und mit Tieren eine erhebliche Verschärfung des Sexualstrafrechts in weiten Teilen Deutschlands. Eine Strafbarkeit von sexuellen Handlungen unter Frauen hatte schon das preußische Strafgesetz nicht gekannt.

Seit der Verabschiedung des Reichsstrafgesetzes von 1871 hat das deutsche Sexualstrafrecht bis zur Großen Reform 1969 und 1973 nur wenig Änderungen erfahren. Im Jahre 1900 wurde der Tatbestand der Zuhälterei eingeführt. Im Jahre 1935 kam es unter der nationalsozialistischen Herrschaft zu einer erheblichen Verschärfung der Strafbarkeit homosexuellen Verhaltens unter Männern. Diese Regelung aus dem Jahre 1935 hatte in der Bundesrepublik Deutschland bis 1969 Gültigkeit.

Das Verbrechen der Prostitution

Anders als die meisten westeuropäischen Staaten bestrafen die meisten Bundesstaaten der USA noch heute Prostitution als Verbrechen. In der Antike und im Mittelalter war Prostitution demgegenüber weitgehend toleriert, und Bordelle waren in den meisten Städten üblich. Im Europa des Mittelalters befanden sich Bordelle häufig in der Nähe der Kirchen. Auch in den USA gab es im 19. Jahrhundert noch an vielen Orten legal betriebene Bordelle.

(Oben) Antike römische Bordellmünze

(Mitte) Mittelalterliches Bordell

(Unten) Prostituierte in einem Bordell in New Orleans, etwa 1912.

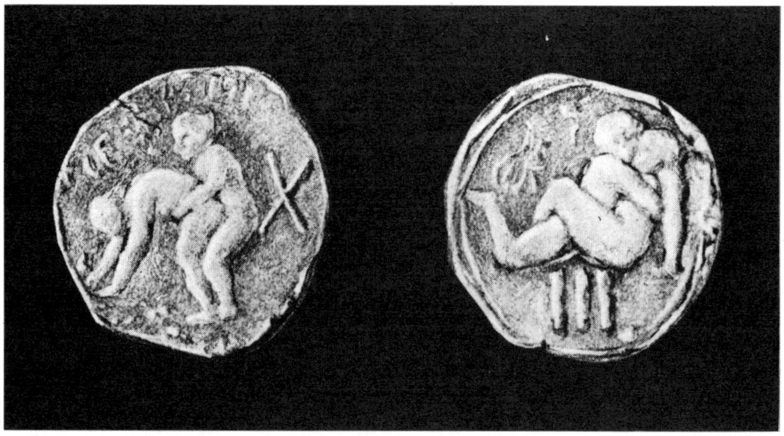

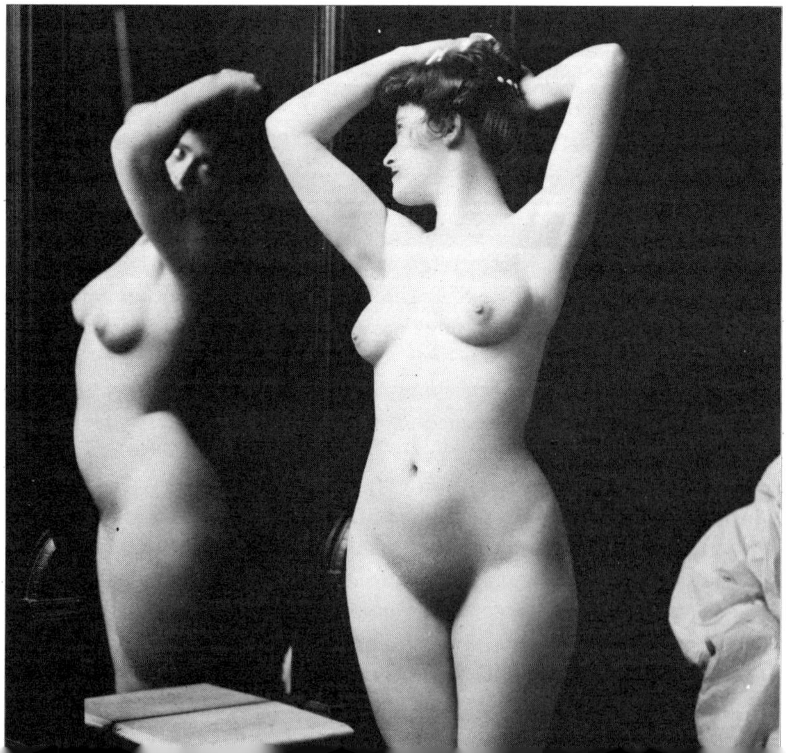

Das Verbrechen der Obszönität

„Pornographie“ als Unterhaltung ist keine Erfindung unserer Zeit. In Europa lassen sich sexuell eindeutige und oft obszöne Darstellungen auf der Bühne bis in das antike Griechenland und Rom zurückverfolgen. Vor etwa 250 Jahren ließen europäische Adelige solche Bühnenstücke in ihren privaten Theatern aufführen.

(Oben) Szene aus einer klassischen griechischen Komödie. Man beachte den großen künstlichen Penis (Phallos) der Schauspieler. (Alte griechische Vasenmalerei)

(Mitte) Titelblatt und Liste der Darsteller einer Komödie von John Wilmot, Earl of Rochester, aus dem 17. Jahrhundert.

(Unten) Private Vorstellung in einem höfischen Theater des 18. Jahrhunderts.

SODOM

or The Quintessence Of Debauchery

by John Wilmot, Earl of Rochester

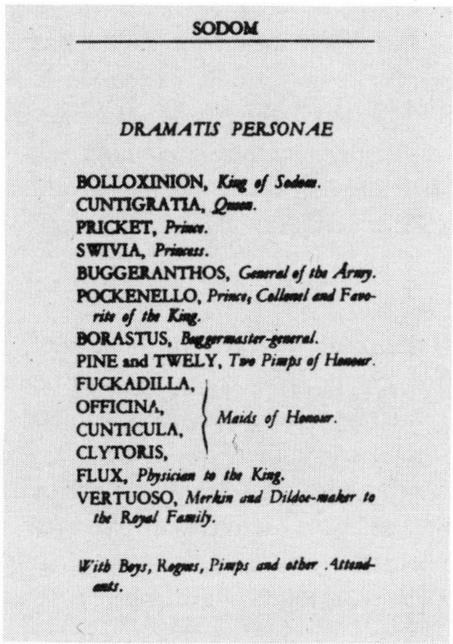

SODOM

DRAMATIS PERSONAE

BOLLOXINION, *King of Sodom.*
CUNTIGRATIA, *Queen.*
PRICKET, *Prince.*
SWIVIA, *Princess.*
BUGGERANTHOS, *General of the Army.*
POCKENELLO, *Prince, Collonel and Favorite of the King.*
BORASTUS, *Buggermaster-general.*
PINE and TWELY, *Two Pimps of Honour.*
FUCKADILLA, OFFICINA, CUNTICULA, CLYTORIS, *Maids of Honour.*
FLUX, *Physician to the King.*
VERTUOSO, *Merkin and Dildoe-maker to the Royal Family.*

With Boys, Rogues, Pimps and other Attendants.

Die Bemühungen um eine Abschaffung der Strafbarkeit homosexueller Handlungen waren seit Verkündung des Reichsstrafgesetzes nicht abgerissen. Vor allem die Aufklärungsarbeit des Berliner Arztes Magnus Hirschfeld hatte bis zum Ende der Weimarer Republik zu verschiedenen parlamentarischen Initiativen und Gesetzentwürfen zur Entschärfung oder Beseitigung der Strafbarkeit geführt. Diese Bemühungen wurden durch die Machtergreifung der Nationalsozialisten unterbrochen. Die Verurteilungen wegen homosexuellen Verhaltens nahmen ab 1935 erheblich zu. Waren es 1933 noch insgesamt 853 Verurteilte, stieg diese Ziffer bereits 1935 auf 2106 und 1937 auf 8271 an. In den Jahren 1933 bis 1944 waren davon ungefähr 50 000 Männer betroffen. Unter dem Zeichen des ,,Rosa Winkels" verschwanden Tausende in den Konzentrations- und Arbeitslagern der Nationalsozialisten. Viele wurden dort grausam ermordet oder starben geschwächt an Unterernährung, Zwangsarbeit unter unvorstellbaren Bedingungen und körperlicher Folter. Neben den Roma und Sinti, den ,,Zigeunern", sind auch diesen Männern – sofern sie den Lagern entkommen konnten – für ihre Leiden niemals Entschädigungen im Rahmen der Wiedergutmachung geleistet worden.

Die Sexualgesetzgebung im Kulturvergleich

In fast allen Ländern und Gesellschaften werden nicht nur Handlungen als Straftaten verfolgt, bei denen Menschen zu Schaden kommen, sondern es gibt darüber hinaus bestimmte Handlungen, bei denen für eine Strafbarkeit nicht notwendig ein Opfer vorhanden sein muß. Besonders im Bereich der Sexualgesetzgebung ist es daher sinnvoll, zwischen ,,Straftaten mit Opfern" und ,,Straftaten ohne Opfer" zu unterscheiden.

Straftaten mit Opfern

Nahezu alle Länder stellen sexuelle Handlungen unter Strafe, die Gewalt, Täuschung, Verletzung oder Ausbeutung beinhalten oder die vor unfreiwilligen Zeugen vorgenommen werden. In all diesen Fällen gibt es ein klar bestimmbares Opfer, das Anzeige erstattet (oder jedenfalls Anzeige erstatten würde), und diese Menschen haben natürlich ein Recht auf gesellschaftlichen Schutz. Eine Gesellschaft, die nicht willens oder unfähig ist, einen solchen Schutz zu gewährleisten, kann nicht sehr lange überleben. Deshalb haben die meisten Staaten Gesetze gegen sexuelle Straftaten mit Opfern, und diese Gesetze werden fast immer energisch durchgesetzt.

An diesen Gesetzen bleibt jedoch noch vieles zu verbessern. In manchen Fällen sind sie in so archaischer Sprache und so ungenau abgefaßt, daß sie kaum mehr umgesetzt werden können. In anderen Fällen implizieren sie wirklichkeitsfremde und sinnlose Strafen, oder die Praxis der Rechtsprechung straft das Opfer in gleicher Weise wie den Täter. Ein gutes Beispiel hierfür sind die traditionellen Gesetze gegen Vergewaltigung in einigen Bundesstaaten der USA, die nun in diesen Bundesstaaten reformiert werden, weil sich die Bewegung zur Frauenemanzipation gegen sie wendet.

Solche Gesetze können jedoch auch in anderer Hinsicht problematisch sein. Bei dem Versuch, mögliche Opfer zu schützen, werden oft auch eigentlich unschädliche Handlungen unter Strafe gestellt, und diese Gesetze schaffen so eine ohne sie nicht vorhandene ,,Kriminalität". Andererseits gibt es natürlich auch Fälle, in denen die Gesetzgeber nicht genügend Schutz vorsehen. Im Ergebnis ist dann offensichtlich gefährliches Sexualverhalten nicht von entsprechender Strafe bedroht.

Straftaten ohne Opfer

In vielen Ländern gibt es bestimmte Straftaten, bei denen keine der beteiligten Personen als ,,Opfer" identifiziert werden kann, sondern die in Handlungen bestehen, die unter einvernehmlichen Partnern vorgenommen werden und bei denen keiner sich geschädigt fühlt. Diese sogenannten Straftaten ohne Opfer schaden also in der Tat niemandem. Man kann sie vielleicht am ehesten definieren als Austausch von Waren oder Dienstleistungen zwischen Menschen zu ihrem gegenseitigen Vorteil. Dieser Austausch betrifft nur die unmittelbar an der Handlung Beteiligten und soll ausdrücklich keine Dritten einbeziehen. Für die Beteiligten erfüllen diese Handlungen ein dringendes Bedürfnis, das ihnen jedoch vom Gesetzgeber verweigert wird. Keiner der Beteiligten hat daher ein Interesse an der Durchsetzung der Strafbestimmungen. Kein Beteiligter wird Anzeige erstatten oder vor Gericht als Zeuge aussagen.

Hieraus folgt, daß zur Durchsetzung solcher Strafbestimmungen über Straftaten ohne Opfer oftmals ungewöhnliche und fragwürdige Methoden angewandt werden müssen. Solche Methoden können das Ausspionieren des Privatlebens von Menschen einschließen, heimliche Überwachung, den Einsatz von Informanten der Polizei und das Herbeiführen kompromittierender Situationen. In der Regel führen solche Anstrengungen jedoch nur zu mageren Erfolgen und sind den Aufwand eigentlich nicht wert. Denn gerade weil es sich um Straftaten ohne Opfer handelt, bleiben die meisten von ihnen unentdeckt. Die wenigen entdeckten und verurteilten Straftäter sind niemals mehr als eine kleine Minderheit, die „Pech“ gehabt hat. Da auch die Polizei sich hierüber im klaren ist, wird die Durchsetzung solcher Strafbestimmungen auch meist eher locker gehandhabt. Man führt lediglich zeitlich begrenzte Kampagnen gegen bestimmte Individuen oder Gruppen durch und schafft so eine Atmosphäre der Ungerechtigkeit und Heuchelei. Unter solchen Bedingungen entstehen dann neue Verbrechen wie Erpressung und Bestechung, woraus im Laufe der Zeit eine ernste Gefahr für den Rechtsfrieden resultieren kann.

In den USA beispielsweise haben die berüchtigsten Strafbestimmungen gegen Handlungen ohne Opfer mit sexuellem Verhalten zu tun. Infolge bestimmter religiöser und kultureller Traditionen sind in den meisten Bundesstaaten der USA nur zwei spezielle sexuelle Handlungen gesetzlich gestattet: Masturbation des einzelnen und ehelicher Koitus in privatem Rahmen. Jede andere Form menschlichen Sexualverhaltens, selbst zwischen Ehepartnern, ist ein Verbrechen. Dies macht natürlich die meisten Amerikaner zu „Verbrechern“. Würden die nordamerikanischen Sexualgesetze strikt und ohne Ausnahme durchgesetzt, säßen so viele Sexualverbrecher im Gefängnis, daß es nicht mehr genügend Menschen gäbe, um sie zu bewachen.

So sind Strafbestimmungen wie die Gesetze der USA gegen Sexualstraftaten ohne Opfer absurd und gefährlich. Sie schaffen eine Kriminalität, wo es sie anderenfalls nicht gäbe. Sie nötigen Menschen mit harmlosen sexuellen Verhaltensweisen zur Heimlichkeit und führen zur Entstehung ungesunder sexueller Subkulturen. Sie brandmarken unzählige ehrenwerte Menschen und stempeln sie zu Kriminellen. Sie begünstigen Erpressung, Betrug und Korruption. Im Kern sind sie daher irrational, unmoralisch und destruktiv. Sie schaffen sich viele eigene Opfer und schützen niemanden.

Solche Gesetze werden dennoch manchmal verteidigt, mit der Begründung, sie würden wenigstens bestimmte Menschen schützen und es gäbe eigentlich keine „Straftaten ohne Opfer“. Man argumentiert beispielsweise, daß Ehebruch oft zu unerwünschten Schwangerschaften führe oder Geschlechtskrankheiten verbreite. Das Verbot des Inzests wird damit gerechtfertigt, daß man die Nachkommenschaft vor der Übertragung genetischer Schäden schützen müsse. Prostituierte werden als Opfer ihrer Zuhälter dargestellt. Homosexuelle sieht man durch ihren eigenen Lebensstil gefährdet, weil sie von ihren häufig wechselnden Partnern beraubt, mißhandelt oder sogar getötet werden könnten. Büchern und Filmen sexuellen Inhalts schreibt man eine schädigende Wirkung gegenüber denen zu, die sich an ihnen erfreuen usf.

Es ist allerdings schwierig, solche Argumente ernst zu nehmen. Denn wenn schließlich eine der genannten einvernehmlichen Verhaltensweisen unerwünschte soziale Nebenwirkungen hat, resultieren diese ausschließlich aus der Tatsache, daß die Gesellschaft solche Verhaltensweisen als Straftaten interpretiert. Mit anderen Worten, wären solche Verhaltensweisen legal, würden die Nebenwirkungen entweder nicht auftreten oder doch zumindest erheblich vermindert. Unerwünschte Schwangerschaften sind durch den Gebrauch von Empfängnisverhütungs-Mitteln gut zu vermeiden. Wenn unsere Sexualgesetzgebung vernünftiger wäre, verfügten die Menschen über bessere sexuelle Informationen, und sogar Geschlechtskrankheiten könnten schließlich verschwinden. Prostituierte, die ihrem Gewerbe legal nachgehen können, brauchen keine Zuhälter. Homosexuelle, die vor dem Gesetz nichts zu fürchten haben, sind nicht auf zufällige Begegnungen mit Fremden angewiesen. Ohne das Verbot der ,,Pornographie" wären solche Materialien von besserer Qualität, und ihre Zahl würde möglicherweise von selbst zurückgehen.

Es wäre daher vernünftig, wenn auch die Gesetzgeber der USA den Beispielen anderer westlicher Staaten folgten, die die meisten oder alle Gesetze gegen einvernehmliche Sexualität im privaten Bereich abgeschafft haben. Dies wurde auch von verschiedenen amerikanischen Berufsverbänden und Gesetzgebungs-Kommissionen so vorgeschlagen.

Die Sexualgesetzgebung in einigen ausgewählten Ländern

Die juristische Einstellung gegenüber sexuell abweichendem Verhalten war in Europa und Nordamerika immer besonders streng. Dies wird deutlich, wenn man sie mit der Sexualgesetzgebung anderer Gesellschaften vergleicht, die meist wesentlich toleranter sind. Einige dieser Länder haben seit Hunderten von Jahren nur eine sehr begrenzte Sexualgesetzgebung, und sie wissen heute sehr wohl, was praktikabel ist und was nicht. Ohne Bezug auf diese Gesellschaften bleibt die Diskussion in Europa und in den USA, selbst unter Juristen, zum großen Teil provinziell, so als könne man aus den Erfahrungen anderer nichts lernen.

Im Rahmen des vorliegenden Buches ist es nicht möglich, eine detaillierte Beschreibung der verschiedenen Gesetzgebungen anderer Länder zu geben. Eine kurze Auswahl muß hier genügen. Eine umfassendere Darstellung des Sexualstrafrechts der Bundesrepublik Deutschland findet sich in Kap. 10.2.3.

Die gegenwärtige Rechtslage in den Vereinigten Staaten von Amerika

Jeder Bundesstaat der USA hat im Hinblick auf das Sexualverhalten seiner Bürger eigene Gesetze. Diese Gesetze weisen einen erstaunlichen Mangel an Übereinstimmung auf, sowohl bezogen auf die Straftaten als auch auf das Strafmaß. Bestimmte sexuelle Handlungen können zum Beispiel in einem Staat eine lebenslängliche Gefängnisstrafe nach sich ziehen, während sie in einem anderen überhaupt nicht strafbar sind. Was die Terminologie in der Definition von Sexualverbrechen angeht, herrscht eine heillose Verwirrung. Die verschiedenen auf diesem Gebiet angewandten Rechtsbegriffe sind zum großen Teil vorwissenschaftlich, ihre Auslegung kann sich von einem Staat zum anderen unterscheiden.

Ganz allgemein kann man sagen, daß die amerikanische Sexualgesetzgebung noch stark das puritanische Erbe reflektiert und sich überhaupt auf englische Rechtsvorbilder stützt. Andererseits haben gewisse amerikanische Bundesstaaten wie Hawaii und Kalifornien ihr Strafrecht so weit reformiert, daß, mit Ausnahme der Prostitution, praktisch jedes private, einvernehmliche Sexualverhalten unter Erwachsenen straffrei ist. Diese Reformen gehen weiter und sind bisher in etwa der Hälfte der 50 Bundesstaaten durchgeführt.

Zusätzlich zu den üblichen Gesetzen haben einige Staaten Sondergesetze, die die Zwangsverwahrung und psychiatrische Zwangsbehandlung von Sexualstraftätern erlauben. Diese Gesetze erklären bestimmte Sexualtäter zu „sexuellen Psychopathen", die einer „Behandlung" bedürfen. Das hat zur Folge, daß Straftäter, die vielleicht nur eine Strafe auf Bewährung oder eine kurze Gefängnisstrafe bekommen hätten, für unbestimmte Zeit oder auch lebenslänglich in eine psychiatrische Anstalt eingewiesen werden können. In manchen Staaten ist es sogar üblich, sie ohne ein Gerichtsverfahren einzuweisen.

Diese merkwürdigen Gesetze wurden unter Berufung auf die Wissenschaft erlassen, obwohl es nie einen wissenschaftlichen Beweis gegeben hat, der die ihnen zugrundeliegenden Annahmen gestützt hätte. Schon die Bezeichnung „sexueller Psychopath" ist unwissenschaftlich, sie entspricht keinem heute in der Psychiatrie anerkannten Krankheitsbild. So kann eine und dieselbe Person vor dem Gesetz in einem Staat krank und in einem anderen gesund sein. So wenig haltbar diese Art von Gesetzgebung ist, sie bleibt in Kraft, weil sie der uninformierten Öffentlichkeit den Eindruck vermittelt, so könnten sexuelle Gewaltanwendungen verhindert werden. Die heute angewandten diagnostischen Techniken in der Psychiatrie erlauben jedoch keine Differenzierung zwischen potentiell gefährlichen Sexualtätern und solchen, die völlig harmlos sind. Nur sehr wenige Sexualtäter sind gewalttätig. Insgesamt werden außerdem Sexualtäter weniger häufig rückfällig als andere Straffällige. Schließlich gibt es kaum Beweise, daß eine psychiatrische Zwangsbehandlung eine wirksame Maßnahme zur gesellschaftlichen Wiedereingliederung der Täter ist.

Die Rechtslage in der Sowjetunion

Es ist relativ schwierig, die gesetzlichen Bestimmungen zum Sexualverhalten in der Sowjetunion zusammenzufassen. Zum einen haben die verschiedenen Sowjetrepubliken ihre eigenen Gesetze, die besonders im Bereich des Sexualstrafrechts unterschiedlich sind. Zum anderen werden sexuell Abweichende oft ohne formelle Verhaftung oder Anklage „zur Vernunft" gebracht. Sie werden statt dessen Opfer von Sanktionen, die nicht strafrechtlich begründet sind. Obwohl solche Sanktionen ausgesprochen schwer sein können, wird der sexuell Abweichende hierdurch nicht im eigentlichen Sinne zu einem „Straftäter". Menschen, von denen man der Auffassung ist, sie führten ein „parasitäres Leben", werden beispielsweise umgesiedelt oder zu zeitlich begrenzter Zwangsarbeit verurteilt. Dies alles kann weitgehend im Verborgenen geschehen und bedarf keines ausdrücklichen Bezuges auf das Strafrecht.

Einen Hinweis auf das allgemeine Rechtsverständnis hinsichtlich der Sexualität in der Sowjetunion kann man aus den Strafgesetzen der russischen SSR gewinnen, der größten der 15 Sowjetrepubliken. Nach diesem Strafrecht ist Vergewaltigung das schwerste sexuelle Verbrechen. Das Gesetz unterscheidet zwischen verschiedenen Formen der Vergewaltigung, die sich nach dem Ausmaß der angewandten Gewalt richten. Einfache Vergewaltigung kann danach mit bis zu drei Jahren Gefängnis geahndet werden, schwere Fälle sind mit wesentlich härteren Strafen (bis zu zehn Jahren) bedroht. Bei gemeinschaftlich begangener Vergewaltigung und der Vergewaltigung Minderjähriger kann das Strafmaß auch über zehn Jahre hinausgehen, in bestimmten Fällen auch die Todesstrafe nach sich ziehen. Sexueller Kontakt mit Kindern ist strafbar und kann mit Gefängnis bis zu drei Jahren geahndet werden. Das gleiche Vergehen im Zusammenhang mit „Perversionen" ist mit Strafen bis zu sechs Jahren bedroht. Homosexuelle Handlungen zwischen Männern gelten als schwere Straftat, die mit Gefängnis bis zu sechs Jahren bestraft werden kann. (Das zaristische Gesetz gegen Homosexualität unter

Männern war nach der Revolution abgeschafft worden, es wurde jedoch im Jahre 1934 wieder eingeführt. Damals wie heute bezieht sich dieses Gesetz jedoch nicht auf homosexuelle Handlungen unter Frauen.) Weitere strenge Gesetze bestehen gegen die Herstellung und Verbreitung von Pornographie (drei Jahre Gefängnis). ,,Zuhälterei aus Gewinnsucht" und ,,Verführung Abhängiger" können mit fünf Jahren Gefängnis bestraft werden. Ein schweres Verbrechen ist es darüber hinaus, wenn Minderjährige zu ,,kriminellen Handlungen" verführt werden, wie ,,Betteln, Glücksspiel und Prostitution".

Die Rechtslage in den skandinavischen Ländern

Norwegen, Dänemark und Schweden koordinieren seit langem ihre Gesetzgebung. Deshalb haben diese drei Länder auch sehr ähnliche Ansichten darüber, welche sexuellen Handlungen als kriminell anzusehen sind.

Verglichen mit den Vereinigten Staaten ist die gesetzliche Kontrolle des Sexualverhaltens eher zurückhaltend. Schwerstes Verbrechen ist die Vergewaltigung, die unter bestimmten Umständen mit lebenslanger Haft geahndet werden kann. Es werden jedoch verschiedene Grade der Vergewaltigung unterschieden. So wird bei Fällen ohne Gewaltanwendung und beim Geschlechtsverkehr mit geistig Behinderten oder geisteskranken Frauen das Strafmaß wesentlich milder bemessen. Sexueller Kontakt mit Kindern ist strafbar, wenn das Kind unter 15 Jahre alt ist (in Norwegen unter 14 Jahre). Als Inzest gilt Geschlechtsverkehr mit direkten Verwandten in aufsteigender oder absteigender Linie oder zwischen Geschwistern. Inzest gilt zwar als schweres Vergehen. Täter unter 18 Jahren können jedoch straffrei ausgehen. Es gibt keine Gesetze gegen Prostitution oder ,,widernatürliche Unzucht". Ehebruch und sexuelle Handlungen mit Tieren sind nur in Norwegen strafbar, Verurteilungen sind indes ausgesprochen selten. Homosexuelle Handlungen sind unter Erwachsenen und sofern sie sich einvernehmlich gestalten, nicht strafbar. (Demgegenüber sind homosexuelle Handlungen mit Jugendlichen unter 16 Jahren in Norwegen, unter 15 Jahren in Schweden und Dänemark strafbar.) Prostitution ist legal, Prostituierte können aber nach den gesetzlichen Bestimmungen wegen Landstreicherei festgenommen und anderen Tätigkeiten zugewiesen werden. Unzüchtiges und obszönes Verhalten in der Öffentlichkeit wird bestraft, im Privatbereich interessiert es den Gesetzgeber nicht. Die allgemein freizügige Einstellung der Skandinavier gegenüber der Pornographie ist bekannt. Dänemark hat sogar die letzten übriggebliebenen Einschränkungen aufgehoben und erlaubt die Herstellung und Verbreitung jeder Art von Materialien sexuellen Inhalts.

Die Rechtslage in Japan

Im 19. Jahrhundert öffnete sich das bis dahin isolierte Japan westlichen Einflüssen und erlebte im Gefolge der sogenannten Meiji-Restauration grundlegende politische und soziale Veränderungen. Bis zu dieser Zeit gab es vergleichsweise wenige und milde Sexualstrafgesetze. Man brauchte sich homosexueller Beziehungen nicht zu schämen, sondern sie wurden – ähnlich wie im alten Griechenland – von der Gesellschaft anerkannt. Prostitution blühte öffentlich in bestimmten Bezirken, die keineswegs so trostlos waren wie vergleichbare Gegenden in Europa oder Nordamerika. Unter dem Einfluß der westlichen Welt wurden die sexuellen Freiheiten der Japaner jedoch zunehmend eingeschränkt. Heute teilen die japanischen Strafgesetze bestimmte negative westliche Auffassungen über die Sexualität, wenngleich sie insgesamt betrachtet immer noch sehr viel weniger repressiv sind.

Es gibt keine Gesetze gegen homosexuelles Verhalten, Ehebruch, Unzucht, wilde Ehe oder sexuelle Handlungen mit Tieren. Unterstützung von Prostitution, Zuhälterei und Kuppelei sind jedoch heute strafbar. Prostituierte können in ein „Umerziehungslager" geschickt werden, um dort für sechs Monate „geschützt und wieder eingegliedert" zu werden. Überdies gibt es ein Gesetz gegen das öffentliche Zurschaustellen und den Verkauf „obszönen" Materials. (Die japanische Definition von „Obszönitäten" ist allerdings von der westlichen recht verschieden.) Als schwerstes Sexualdelikt gilt auch in Japan Vergewaltigung, die entsprechend der ausgeübten Gewalt bestraft wird. Dieses Delikt führt in einfachen Fällen zu Strafen von zwei Jahren Haft, wird es jedoch an einem Kind begangen oder ist es mit Körperverletzung oder gar mit Todesfolge verbunden, kann lebenslange Haftstrafe verhängt werden. Sexuelle Belästigung wird unter dem Begriff des „anstößigen Aktes" zusammengefaßt. Er wird, wenn er unter Anwendung oder Androhung von Gewalt vollzogen wurde, als „Notzucht unter Zwang" bestraft. Gleiches gilt für gewaltsame sexuelle Handlungen mit Kindern (das heißt wenn das Opfer unter 13 Jahre alt ist). Das Strafmaß sieht für diesen Fall sechs Monate bis sieben Jahre Haft vor. „Öffentliches anstößiges Verhalten" wird mit höchstens sechs Monaten Haft bestraft. Andere Delikte, die zum Beispiel in den USA schwer bestraft würden, wie „Zurschaustellung des nackten Körpers in anstößiger Weise", „Voyeurismus" oder ähnliches, werden mit kurzen Haftstrafen oder mit Geldstrafe bedroht. Solche Handlungen werden im japanischen Strafgesetz zusammen mit weniger schweren Vergehen wie Hausfriedensbruch, Auslösen blinden Alarms oder „Erschrecken von Pferden und Kühen und Verscheuchen derselben" aufgeführt und entsprechend bestraft.

10.2.3 Das geltende Sexualstrafrecht in der Bundesrepublik Deutschland

Die bundesdeutschen Sexualgesetze sind – ähnlich wie in Österreich und der Schweiz – in einem gesonderten Abschnitt des Strafgesetzbuches unter der Bezeichnung „Straftaten gegen die sexuelle Selbstbestimmung" zusammengefaßt (die frühere Bezeichnung „gegen die Sittlichkeit" ist heute noch in Österreich und der Schweiz üblich). Diese Bezeichnung deutet auf einen wesentlichen Schwerpunkt der neuesten bundesdeutschen Sexualgesetzgebung hin: Sexuelles Verhalten ist dann strafbar, wenn es die persönliche Freiheit und die Gesundheit von Menschen in Ausdruck und Entwicklung verletzt. Die sexuelle Selbstbestimmung liefert jedoch nur einen einzelnen Aspekt des Sexualstrafrechts. Andere geschützte Rechtsgüter sind – mit vermutlich gleichbedeutender normativer Kraft – Ehe und Familie und damit die geltende Sexualverfassung. Toleranz und Achtung der Menschenwürde des anderen, ungestörte sexuelle Entwicklung des jungen Menschen sowie der Schutz vor schwerwiegenden Belästigungen in sexueller Hinsicht. Die Inzestregelung (Verbot sexueller Handlungen zwischen Verwandten) des Strafgesetzbuches erfolgt unter der gesonderten Bezeichnung „Straftaten gegen Personenstand, Ehe und Familie". Der Tatbestand der „Straftaten gegen die persönliche Freiheit" wird durch die Entführung einer Frau unter 18 Jahren mit ihrem Willen, aber gegen den Willen ihrer Eltern oder Erziehungsberechtigten, um sie zu außerehelichen sexuellen Handlungen zu bringen, erfüllt.

Die bundesdeutsche Sexualgesetzgebung hat sich zwar ausdrücklich der These verschrieben, daß ein Verhalten nicht schon um seiner Unmoral willen Strafe verdient, sondern erst dann, wenn es für den einzelnen oder für die Gemeinschaft unerträglich und sozial schädigend ist. Dabei wird jedoch eingeräumt, daß es „im Hinblick auf einen großen Teil der für die Entscheidung erheblichen Fragen an gesicherten wissenschaftlichen Erkenntnissen fehlt". Ist dies der Fall, so entscheiden die geltenden Sexual- und Moralvorstellungen mit über Inhalt und Form abweichenden Sexualverhaltens.

Das Sexualstrafrecht der Bundesrepublik hat 1969 mit Abschaffung des Straftatbestandes des Ehebruches, der Unzucht mit Tieren, der Erschleichung außerehelichen Beischlafs und der Homosexualität zwischen Erwachsenen (in Österreich seit 1971, in der Schweiz seit 1943) eine entscheidende Veränderung erfahren. Seit der Strafrechtsreform des Jahres 1973 gelten insgesamt neu überarbeitete Strafvorschriften.

Nicht jede der geltenden Sexualnormen hat allerdings die gleiche Bedeutung. Nach der Verurteilungsstatistik aus dem Jahre 1980 wurden von 6114 Tätern insgesamt 31,1 Prozent wegen sexuellen Mißbrauchs von Kindern, 20,5 Prozent wegen Vergewaltigung, 14,3 Prozent wegen exhibitionistischer Handlungen und Erregung öffentlichen Ärgernisses verfolgt. Die Verurteilung wegen sexuellen Mißbrauchs von Abhängigen und Widerstandsunfähigen spielte mit 2,7 Prozent eine vergleichsweise geringe Rolle. Auffallend ist darüber hinaus, daß von den insgesamt 23 488 von der Staatsanwaltschaft ermittelten Sexualtatverdächtigen 11,8 Prozent 17 Jahre und jünger und 11,5 Prozent zwischen 18 und 21 Jahre alt waren. Nur 2,7 Prozent der Verurteilten waren Frauen, dabei ist allerdings die Ausübung verbotener, jugendgefährdender Prostitution nicht berücksichtigt.

Das bundesdeutsche Sexualstrafrecht unterscheidet die Tathandlung in ,,Beischlaf" und ,,sexuelle Handlungen"; unter ,,Beischlaf" ist ausschließlich das Eindringen des Penis zumindest in den Scheidenvorhof zu verstehen. Es spielt keine Rolle, ob es zur Ejakulation kommt.

Für das Vorliegen strafbarer Tatbestände im Sinne des Sexualstrafrechts müssen ,,sexuelle Handlungen" ,,im Hinblick auf das jeweils geschützte Rechtsgut von einiger Erheblichkeit" sein. Der Begriff der ,,sexuellen Handlung" hat dabei den alten Gesetzesbegriff der ,,unzüchtigen Handlung" abgelöst. Das große Problem der Eingrenzung dieses Handlungsbegriffes ist jedoch geblieben. Grundsätzlich muß die sexuelle Handlung ihrem äußeren Erscheinungsbild nach Sexualbezogenheit, das heißt eine ,,Beziehung zum Geschlechtlichen", beinhalten. Dazu zählen unter anderem: Eindeutiges Berühren der Geschlechtsorgane oder der weiblichen Brüste, sexuelle Praktiken wie Oral- und Analverkehr sowie der sogenannte Zungenkuß zwischen Männern und Kindern. Eine Erregung des Täters muß nicht deutlich werden. Der von der sexuellen Handlung Betroffene muß die ,,Sexualbezogenheit" oft gar nicht erkannt haben.

Inzest

Mit Freiheitsstrafe bis zu drei Jahren oder Geldstrafe wird bedroht, wer mit einem leiblichen Abkömmling, mit Freiheitsstrafe bis zu zwei Jahren oder Geldstrafe, wer mit einem Verwandten in aufsteigender Linie Beischlaf vollzieht. Letzteres gilt auch für leibliche Geschwister. Der Beischlaf unter Verschwägerten ist straflos. Für Abkömmlinge und Geschwister unter 18 Jahren ist die Tat straffrei. (In Österreich gehen dabei die Verführten unter 18 Jahren, in der Schweiz unter 20 Jahren straffrei aus.)

Sexueller Mißbrauch von Kindern und Schutzbefohlenen

Wer mit einem Kind unter 14 Jahren Beischlaf vollzieht, wird in der Regel mit Freiheitsstrafe zwischen einem und zehn Jahren bestraft (Österreich 14 Jahre, Schweiz 16 Jahre). Eine Ausnahme würde ein echtes Liebesverhältnis zum Beispiel zwischen einem 18jährigen und einer 13jährigen sein. Aber auch hier bleibt es bei der Strafandrohung von bis zu fünf Jahren Freiheitsstrafe.

Ebenso sind sexuelle Handlungen mit Personen unter 16 Jahren von Strafe bedroht, die dem Täter zur Erziehung, Ausbildung oder Betreuung in der Lebensführung anvertraut sind (sogenannte ,,Schutzbefohlene"; in Österreich liegt die Altersgrenze bei 19 Jahren, in der Schweiz bei 18 Jahren). Bestraft wird, wer sexuelle Handlungen mit Personen unter 18 Jahren unter

Mißbrauch einer mit Erziehungs-, Ausbildungs-, Betreuungs-, Dienst- oder Arbeitsverhältnis verbundenen Abhängigkeit vornimmt und wenn es sich bei der Person um das leibliche oder angenommene Kind handelt.

Unter Strafe stehen auch sexuelle Handlungen mit Gefangenen, behördlich Verwahrten, Kranken in Anstalten, seelisch und körperlich Widerstandsunfähigen (hier ausschließlich außereheliche Handlungen) sowie sexuelle Handlungen, die unter Mißbrauch einer Amtsstellung geschehen. Außerdem macht sich in Fällen mit Kindern und Schutzbefohlenen strafbar, wer diese dazu bestimmt, sexuelle Handlungen vor dem Täter vorzunehmen. Das gilt auch, wenn er sexuelle Handlungen in deren Gegenwart an sich selbst vornimmt. Bei Kindern reichen das Vorzeigen pornographischer Bilder und Darstellungen und entsprechende ,,Reden" für eine Strafbarkeit aus, wenn der Täter sich, das Kind oder eine andere Person dadurch sexuell erregen will. Der Kinderschutz ist hier weit gefaßt. Da die Schuldfähigkeit und damit die Strafbarkeit nur bei Kindern unter 14 Jahren ausgeschlossen ist, kann bereits der 14jährige Junge, der eine 13jährige bestimmt, sexuelle Handlungen an einer anderen 13jährigen vorzunehmen, in den Bereich strafrechtlicher Verfolgung gelangen.

Homosexuelle Handlungen

Strafbar sind sexuelle Handlungen eines Mannes über 18 Jahren mit einem Mann unter 18 Jahren (das gilt auch für Österreich, in der Schweiz ist die Altersgrenze 20 Jahre), wobei das Gericht von einer Strafe absehen kann, wenn der Täter noch nicht 21 Jahre alt ist oder das ,,Unrecht der Tat" unter Berücksichtigung des Verhaltens des ,,Opfers" (zum Beispiel männliche Prostituierte) gering ist.

Diese Altersgrenze für homosexuelle Handlungen unter Männern von 18 Jahren – das Strafmaß beträgt Freiheitsstrafe bis zu fünf Jahren oder Geldstrafe – steht in deutlichem Gegensatz zu den entsprechenden Bestimmungen für heterosexuelle Handlungen. Die Altersgrenze für Mädchen beträgt hier 16 Jahre.

Vergewaltigung, sexuelle Nötigung und Verführung

Wer eine Frau mit Gewalt oder durch Drohungen mit gegenwärtiger Gefahr für Leib und Leben zum außerehelichen Beischlaf nötigt, wird mit Freiheitsstrafe nicht unter zwei Jahren bestraft. Wird der Tod der Frau dabei leichtfertig verursacht, beträgt die Freiheitsstrafe nicht unter fünf Jahren. Der Ehemann kann nur dann Täter sein, wenn er seine Ehefrau zum Beischlaf mit Dritten nötigt. Von einem bis zu zehn Jahren reicht die Strafandrohung für denjenigen, der eine körperlich oder seelisch widerstandsunfähige Frau zum außerehelichen Beischlaf unter Ausnutzung ihres Zustandes mißbraucht.

Haftstrafe bis zu einem Jahr oder Geldstrafe droht demjenigen, der ein Mädchen unter 16 Jahren (Schweiz 18 Jahren) zum Beischlaf verführt. Dabei wird unter ,,Verführung" ein Willfährigmachen verstanden, das über das bloße Bestimmen an Intensität hinausgeht, oder eine Widerstrebende oder Unentschlossene durch Mittel wie Geschenke, Alkohol und sexuelle Berührungen ,,verführt". Die Tat wird nur auf Antrag verfolgt; eine Verfolgung entfällt, wenn der Täter die ,,Verführte" heiratet. Auch wenn der Täter unter 21 Jahren alt ist, kann auf Strafe verzichtet werden.

Förderung der Prostitution und Zuhälterei

Wie bereits dargestellt, steht jede Nötigung zu außerehelichen sexuellen Handlungen unter Strafe. Dabei spielt es keine Rolle, ob Täter oder Opfer Männer oder Frauen sind. Prostitution selbst ist grundsätzlich straflos, es sei denn, sie wird entgegen einem behördlichen Aufenthaltsverbot oder in jugendgefährdender Art und Weise ausgeübt.

Verboten sind alle Handlungen, die gewerbsmäßig über das bloße Gewähren von Wohnung, Unterkunft oder Aufenthalt für volljährige Prostituierte hinausgehen, die Prostituierte in persönlichen und wirtschaftlichen Abhängigkeitsverhältnissen halten, sie ausbeuten oder ihre Arbeit überwachen und bestimmen. Jedwede Förderung der Prostitution minderjähriger Personen, Vermittlung und Zwang zur Prostitution sind unter Strafe gestellt. Hier können Freiheitsstrafen bis zu zehn Jahren verhängt werden.

Förderung sexueller Handlungen Minderjähriger
Wer sexuelle Handlungen eines anderen mit einer Person unter 16 Jahren (in Österreich unter 19 Jahren, in der Schweiz unter 18 Jahren) durch seine Vermittlung oder durch Gewähren oder Verschaffen von Gelegenheit Vorschub leistet, wird bestraft. Das gilt indes nicht für die Eltern oder Erziehungsberechtigten Minderjähriger, wenn diese dabei ihre Erziehungspflicht nicht wirklich verletzen. Bestraft wird ebenfalls, wer Personen unter 18 Jahren bestimmt, gegen Entgelt sexuelle Handlungen mit anderen Personen vorzunehmen. Handelt es sich dabei um Schutzbefohlene, braucht die betreffende Handlung nicht entgeltlich zu geschehen.

Entführung mit Willen und gegen den Willen der Entführten
Es wird bestraft, wer eine unverheiratete Frau unter 18 Jahren (in Österreich unter 19 Jahren, in der Schweiz unter 20 Jahren) mit deren Willen, aber gegen den Willen der Erziehungsberechtigten entführt, um sie zu außerehelichen sexuellen Handlungen zu veranlassen. Gleiches gilt für denjenigen, der mit demselben Ziel eine Frau gegen deren Willen durch List, Drohung oder Gewalt entführt. Geschieht dies darüber hinaus mit einem Fahrzeug, so erschwert das den Tatbestand. In beiden Fällen kann der Täter nur ein Mann sein. Die Tat wird ausschließlich auf Antrag verfolgt. Strafbarkeit ist dann ausgeschlossen, wenn der Täter sein ,,Opfer“ heiratet.

Verbreitung pornographischer Schriften und Erregung öffentlichen Ärgernisses
Erlaubt sind Anbieten, Überlassen und Zugänglichmachen pornographischer Bücher, Hefte, Fotographien, Filme, Tonbänder und sonstiger Darstellungen, soweit dies nicht in irgendeiner Form in der Öffentlichkeit (zum Beispiel in öffentlichen Filmvorführungen) und an öffentlichen und allgemein – auch gegen Entgelt – zugänglichen Orten und unter Ausschluß von Personen unter 18 Jahren geschieht. Das Überlassen pornographischer Schriften an Minderjährige durch Eltern oder Erziehungsberechtigte ist straflos.

Verboten sind jedoch Herstellung, Verbreitung in jeder Form, Anpreisen und Zugänglichmachen von Pornographie, die Gewalttätigkeit oder sexuelle Handlungen von Menschen mit Tieren zum Gegenstand haben. Bei unerlaubter Verbreitung von Pornographie droht Freiheitsstrafe bis zu einem Jahr oder Geldstrafe.

Das gilt auch für Personen, die öffentlich sexuelle Handlungen vornehmen und dadurch Ärgernis erregen. Belästigt ein Mann eine Person durch exhibitionistische Handlungen, macht er sich ebenfalls strafbar. Verfolgt wird die Tat jedoch nur auf Antrag der Belästigten oder wenn ein öffentliches Interesse an einer Strafverfolgung vorliegt. In diesen Fällen kann die Strafe auch zur Bewährung ausgesetzt werden, wenn zu erwarten ist, daß der Täter nach Heilbehandlung keine derartigen Handlungen mehr vornehmen wird.

Strafrechtsbestimmungen bei Tätern unter 21 Jahren
Handelt es sich bei den Tätern um Personen, die zur Tatzeit unter 21 Jahren sind, so ist für Jugendliche im Alter von 14 bis unter 18 Jahren Jugendrecht anzuwenden, für Heranwachsende im Alter von 18 bis 21 Jahren gilt Jugend-

recht dann, wenn der Täter bei Gesamtwürdigung seiner Persönlichkeit einem Jugendlichen gleichzustellen ist. Das gilt auch, wenn es sich nach der Art, den Umständen und den Beweggründen der Tat um eine typische Jugendverfehlung handelt. Das bedeutet, daß anstelle der Freiheitsstrafe oder der Geldstrafe das Jugendgericht auf Erziehungsmaßregeln, wie Weisungen, Erziehungsbeistandschaft, Fürsorgeerziehung, auf Verwarnung und Jugendarrest erkennen kann. Der Freiheitsentzug als Jugendstrafe kommt nur in Betracht, wenn bei dem Täter schweres Verschulden oder besonders schädliche Neigungen zu erkennen sind. In diesen Fällen sieht das Jugendrecht einen erheblich erweiterten Rahmen der Strafaussetzung zur Bewährung vor.

Abweichende Strafrechtsbestimmungen in Österreich, der Schweiz und der DDR

Sexueller Kontakt mit Tieren, Erschleichung außerehelichen Beischlafs und heterosexuelle Prostitution sind in der Bundesrepublik Deutschland wie in Österreich und der Schweiz straflos. In diesen beiden Ländern sind allerdings Vergewaltigung, Notzucht, Schändung, Kuppelei, Zuhälterei, Menschenhandel, Herstellung und Verbreitung von Pornographie (in Österreich nur die sogenannte „harte" Pornographie), gleichgeschlechtliche Prostitution und Ehebruch (allerdings nur auf Antrag) noch heute strafbar.

Das Sexualstrafrecht der DDR ist bezüglich des Kinder- und Jugendschutzes, der Homosexualität (auch der weiblichen), der Vergewaltigung, der Notzucht und des sexuellen Mißbrauchs mit dem der Bundesrepublik Deutschland vergleichbar. Sexueller Kontakt mit Tieren und Ehebruch sind straflos. Verboten sind Prostitution, gewerbsmäßige Kuppelei, Zuhälterei, Menschenhandel und Beischlaf zwischen Verwandten in gerader Linie und zwischen Geschwistern.

10.3 Gesund – Krank

Wo die Verletzung sexueller Normen als medizinisches oder psychiatrisches Problem definiert wird, erscheinen sexuelle Anpassung und sexuelle Abweichung als geistige Gesundheit oder geistige Krankheit. Angepaßtes Sexualverhalten wird als „reif", „produktiv" und „gesund" bezeichnet; abweichendes Sexualverhalten gilt als „unreif", „destruktiv" und „krankhaft".

Dies ist historisch gesehen eine relativ neue Betrachtungsweise. Ihre Ursprünge liegen im Zeitalter der Aufklärung, und ihre ersten Verfechter waren hauptsächlich daran interessiert, Menschen mit abweichendem Verhalten eine bessere Behandlung zu gewährleisten. Bis zu diesem Zeitpunkt waren sexuell Abweichende als Ketzer oder Verbrecher betrachtet und daher gehaßt, verbannt, gefoltert oder bedenkenlos ermordet worden. Schließlich zweifelte niemand daran, daß ihr Verhalten einem bösen Vorsatz entsprang. Die Behauptung, daß sie in Wirklichkeit Patienten seien, machte aus ihrem abweichenden Verhalten plötzlich eine Krankheit, für die sie keine Verantwortung trugen. Statt einer Bestrafung hielt man nun eine Therapie für erforderlich.

Es besteht kein Zweifel, daß diese „aufgeklärten" Ärzte überlegter und mitfühlender vorgingen als die Inquisitoren und Kerkermeister – zumindest zu Beginn. Statt sexuell deviante Menschen dem Scheiterhaufen oder dem Rad zu überantworten, verschrieben sie ihnen Diäten, frische Luft, kalte Bäder und mäßige Gymnastik. Statt dunkler schmutziger Kerker sorgten sie für saubere Krankenhäuser. Darüber hinaus entwickelte sich alsbald ein be-

Normal – Abnorm?
Dieses alte griechische Vasenbild stammt aus dem 6. Jahrhundert vor Christus, zu Beginn des ,,Goldenen Zeitalters" in Griechenland. Fünf Personen üben hier Formen des Geschlechtsverkehrs aus, die in späteren Zeiten von christlichen Theologen und von Psychiatern als ,,abnorm" oder ,,pervers" bezeichnet wurden. Die beiden Männer links beginnen gerade mit Analverkehr, der Mann in der Mitte führt gerade einen doppelten ,,olisbos" (einen künstlichen Penis oder ,,Dildo") in die Vagina der Frau ein, die Frau und der Mann rechts haben Oralverkehr. Was immer spätere Betrachter von dieser Szene denken mögen, aus dem historischen Zusammenhang ist deutlich, daß sie keinen ,,moralischen Verfall" und keine ,,Dekadenz" ausdrückt.

sonderer Bereich in der Medizin, der sich ausschließlich abweichendem Verhalten widmete: ,,Seelen-Heilkunde" oder ,,Psychiatrie". Im Vergleich zu früher schien sich damit die Situation der Menschen mit abweichendem Verhalten erheblich verbessert zu haben.

Es wurde indes im Laufe der Jahre deutlich, daß eine derartige medizinische Deutung abweichenden Verhaltens auch ihre Nachteile hatte. So wurden unter dem wachsenden Einfluß der Psychiatrie wesentlich mehr Menschen als sexuelle ,,Psychopathen" bezeichnet, als es jemals sexuelle Ketzer oder Verbrecher gegeben hatte. Die Psychiater behandelten nicht nur Fälle von ,,Sodomie", ,,Bestialität", Vergewaltigung und Inzest, sondern auch viele andere Arten abweichenden Verhaltens, die von der Inquisition und den Gerichtshöfen niemals beachtet worden waren. Menschen, die ihre sexuellen Partner häufig wechselten, bezeichnete man nun als von ,,Promiskuität" befallen; Frauen, die Freude am Geschlechtsverkehr hatten, wurden der ,,Nymphomanie" bezichtigt; Kinder und Jugendliche, die sich ,,selbst befleckten", mußten vor dem ,,Masturbationswahnsinn" gerettet werden; Menschen, die sich zu Partnern des eigenen Geschlechts hingezogen fühlten, litten – selbst wenn sie sich niemals diesen Gefühlen entsprechend verhalten hatten – an einem krankhaften Zustand, den man ,,Homosexualität" nannte. Alle Menschen, die den sexuellen Konventionen nicht entsprachen, wurden zu Anwärtern auf psychiatrische Behandlung, und es war ihre moralische Pflicht, sich dieser Behandlung zu unterziehen, um ,,gesund" zu werden. Sie waren zwar für ihr sexuelles Verhalten nicht mehr selbst verantwortlich, hatten jedoch die

Pflicht, mit ihren Psychiatern bei einer ,,Korrektur" zusammenzuarbeiten. Wenn sie sich dem widersetzten, zwang man sie, sich ,,zu ihrem eigenen Besten" behandeln zu lassen.

Mit dem Katalog sexueller Krankheiten wuchs auch das therapeutische Arsenal. Im 18. Jahrhundert wurden zum Beispiel masturbierende Menschen in der Regel mit moralischer Ermahnung, niedriger Raumtemperatur und ständiger Überwachung ,,behandelt". Später – mit der Vervollkommnung chirurgischer Techniken – wurden sie beschnitten oder infibuliert. Im 19. Jahrhundert wurden ihre Geschlechtsorgane verätzt oder verbrüht, die Nerven des Penis durchtrennt oder die Klitoris herausgeschnitten. Letztere Operation wurde auch bei ,,übertrieben" orgasmusfreudigen und ,,nymphomanen" Frauen angewandt. Die Entwicklung noch feinerer Operationstechniken erlaubte es später, Hoden oder Eierstöcke zu entfernen. Die Behandlung der Masturbation wurde schließlich so drastisch, daß sie immer mehr den mittelalterlichen Foltermethoden zu ähneln begann, die sie eigentlich hatte ersetzen sollen. Einst fortschrittliche Mediziner wurden so zu Gehilfen sexueller Unterdrückung.

Heute lassen uns solche Grausamkeiten schaudern und wir tun sie vielleicht vorschnell als Verirrungen oder Horrorgeschichten aus der medizinischen Steinzeit ab. Wir teilen heute ja tatsächlich nicht mehr den Glauben an Masturbationswahnsinn und wissen, daß selbst ,,exzessives" Masturbieren nicht gesundheitsschädlich ist. Manche Psychiater empfehlen Masturbation sogar zur Behandlung sexueller Funktionsstörungen. Wenn wir aber etwas weiter in die Vergangenheit blicken, stellen wir fest, daß das Problem sehr vielschichtig ist. Wir können dann feststellen, daß schon im antiken Rom Ärzte die Masturbation als Therapie empfahlen und daß selbst die islamischen Ärzte des Mittelalters diese Ansicht teilten. Das heißt, daß der medizinische Kreuzzug gegen die Masturbation eine durchaus moderne Erscheinung war, die sich ausschließlich auf die westliche Welt beschränkte.

Ähnliche Beobachtungen sind in bezug auf homosexuelles Verhalten zu machen. Wir wissen, daß dieses Verhalten im alten Griechenland und im antiken Rom als gesund und moralisch betrachtet wurde und daß die spätere Verurteilung ihre Ursachen vor allem in der jüdisch-christlichen religiösen Tradition hat. Es ist jedoch kaum bekannt, daß es gelegentlich selbst im christlichen Europa im Rahmen medizinischer Behandlungen akzeptiert wurde. Als Wilhelm von Oranien, der spätere König Wilhelm III. von England, im 17. Jahrhundert an Pocken erkrankte, schlugen seine Ärzte ihm vor, mit einem seiner Pagen zu schlafen, um so ,,animalische Geister" von dem jungen, gesunden Körper aufzunehmen. Da man wußte, daß der Patient gerne mit seinen Pagen schlief, konnte die Anweisung leicht befolgt werden. Natürlich wurde der junge Mann von seinem Herrn angesteckt, aber schließlich wurden beide wieder gesund. Wilhelm vergaß nicht, seine Dankbarkeit zu zeigen, und machte den Pagen später zum Herzog von Portland. Weniger als 200 Jahre später wurde die Homosexualität zur Geisteskrankheit erklärt, und man begann, homosexuelle Menschen von Psychiatern behandeln zu lassen. Selbstverständlich mußten die Patienten, um geheilt zu werden, jeder weiteren homosexuellen Handlung abschwören. Erst in unserem Jahrhundert haben ,,radikale" Psychiater erneut die ,,Krankheitstheorie" zurückgewiesen. Sie raten statt dessen Homosexuellen, sich durch eine Beteiligung an der ,,Schwulenbefreiung" und durch glückliche gleichgeschlechtliche Beziehungen von ihren eigenen psychischen Problemen zu befreien. So ist homosexueller Geschlechtsverkehr – weit davon entfernt, als krankhaft zu gelten – wieder zur therapeutischen Maßnahme geworden. Der Berufsverband der Psychiater der USA hat diesen Schritt inzwischen nachvollzogen, indem Homosexualität als solche aus dem Verzeichnis psychiatrischer Krankheiten gestrichen wurde.

Diese Beispiele zeigen, daß die Auffassung von sexueller Gesundheit und Krankheit im Laufe der Jahrhunderte erhebliche Veränderungen erfahren hat. Ein Verhalten, das zu einer Zeit als gesund betrachtet wurde, galt zu einer anderen als krankhaft; diejenigen, die solches Verhalten zeigten, mußten sich von der offiziellen Medizin einmal loben und einmal tadeln lassen. Man könnte den Eindruck gewinnen, daß die ,,Pathologie" sexueller Handlungen zu keiner Zeit mehr als eine Frage der Mode war und daß die Ärzte im Verlauf der Geschichte Sexualverhalten ausschließlich auf der Basis allgemeiner Vorurteile gebilligt oder verurteilt haben.

Ein so sarkastischer Standpunkt wäre freilich falsch. Natürlich kann die Medizin nicht außerhalb des allgemeinen Rahmens moralischer Normen arbeiten, sie kann aber in vielen Einzelfällen eigene Normen setzen und diese Normen der breiten Öffentlichkeit vermitteln. Das bedeutet, daß Ärzte zu bestimmten Zeiten der breiten Öffentlichkeit den Weg weisen können. Die Geschichte der Medizin weist viele solcher Fälle auf, und die Verwandlung sexueller Ketzer und Straftäter in Patienten ist vielleicht das treffendste Beispiel.

Dennoch kann auch der fortschrittlichste Arzt oder Psychiater, der sich mit sexuell abweichendem Verhalten befaßt, es nicht vermeiden, über die Rolle der Sexualität im Leben des Menschen Werturteile zu fällen. Dabei können diese erheblich von denen der öffentlichen Moral abweichen, sie werden jedoch seine Handlungen entscheidend beeinflussen. Das trifft auch dann zu, wenn er sich entschließt, überhaupt nicht zu handeln. Darüber hinaus beinhaltet jede ärztliche oder psychiatrische ,,Behandlung" bestimmte grundlegende, manchmal sogar unbewußte Voraussetzungen und Annahmen. Solche Annahmen beziehen sich vor allem auf die Kriterien für Gesundheit und Krankheit, auf die Wahl von Modellen der Krankheitsentstehung, die Wahl der Therapieform, die Möglichkeit und Dringlichkeit einer Heilung.

Dieses ganze Spektrum von Annahmen ist es, das untersucht werden muß, wenn man den medizinischen oder psychiatrischen Ansatz gegenüber abweichendem Sexualverhalten beurteilen will. Eine solche kritische Beurteilung ist für Arzt und Patienten gleichermaßen wichtig. Wenn beide bemüht sind, Vorurteile beiseite zu lassen, können sie in vielen Fällen entdecken, daß ein bestimmtes Problem keine medizinischen Ursachen hat und daher auch keiner ärztlichen Behandlung bedarf. Sie können aber auch zu der Erkenntnis kommen, daß in bestimmten schwierigen Lebenssituationen Medizin und Psychiatrie oft neue Perspektiven bieten.

In den folgenden Abschnitten wird beschrieben, wie bestimmte medizinische und psychiatrische Auffassungen über abweichendes Sexualverhalten entstanden sind, wie sie sich in Europa und Nordamerika entwickelt haben und inwieweit diese Auffassungen heute in anderen Ländern akzeptiert werden.

10.3.1 Sexualität und Psychiatrie

Das Wort Psychiatrie kommt aus dem Griechischen und bedeutet soviel wie ,,Geistes-" oder ,,Seelenheilkunde". Die Bezeichnung wird jedoch in der heutigen Bedeutung erst seit etwa Mitte des 19. Jahrhunderts verwendet, obwohl die Vorstellung vom gestörten oder verwirrten Geist sehr viel älter ist. In der Vergangenheit sprach man indes weniger von ,,Geisteskrankheit" als von ,Besessenheit", ,,Entäußerung", ,,Wahnsinn", ,,Irrsinn", ,,Narretei" oder ,,Verrücktheit". Dies waren ursprünglich keine medizinischen Begriffe, sondern sie beschrieben lediglich jede Art ,,abnormen" menschlichen Verhaltens, das seine Beobachter verwirrte oder beängstigte. Menschen, die ,,besessen", ,,wahnsinnig" oder ,,verrückt" geworden waren, wurden daher ursprünglich nicht von medizinisch ausgebildeten ,,Seelenärzten", sondern von Exorzisten, Inquisitoren, Richtern, Kerkermeistern und manchmal von Scharfrichtern ,,behandelt". Erst zu Beginn der Moderne wurden die Kerker, Narrentürme, Asyle und Irrenhäuser der Vergangenheit durch ,,Psychiatrische Anstalten" ersetzt. Die Insassen waren nun ,,Geisteskranke", und die neue Berufsgruppe der ,,Nervenärzte", ,,Psychiater" oder ,,Psychologen" nahm sich ihrer Behandlung an.

Damit soll nicht ausgedrückt werden, daß die Ärzte im Mittelalter den Verrückten keine Beachtung schenkten. Im Gegenteil, oft suchten sie sehr gründlich nach den Ursachen und nach Heilmethoden für den Wahnsinn, weil sie vermuteten, er sei die Folge irgendeiner körperlichen Krankheit. So glaubten sie, daß in vielen Fällen die Heilung des Körpers auch die des Geistes zur Folge haben würde. Stellte sich dann heraus, daß die Behandlung nicht erfolgreich war, schlossen sie sich in der Regel der kirchlichen Auffassung an, wonach ein Teufel, ein Dämon oder ein böser Geist für das Versagen verantwortlich zu machen sei und daß darauf mit religiösen Mitteln reagiert werden müsse.

Im heidnischen Europa war die religiöse Reaktion auf die Besessenheit durch einen Geist normalerweise das Gebet, manchmal wurden magische Beschwörungen und sogar lautes Schreien von Obszönitäten als hilfreich betrachtet. Besessene wurden gelegentlich auch gezwungen, übelriechende Arzneien zu trinken, sie wurden geschlagen, gefoltert oder mußten hungern. Derartige Mittel wurden angewandt, um die Dämonen aus dem Körper ihrer Opfer auszutreiben.

Das Christentum machte diesen grausamen und unnützen Behandlungen kein Ende. Im Gegenteil, zu Beginn des späten Mittelalters wurde der Glaube an Besessenheit von den Theologen unterstützt, und man fand mehr Opfer von Dämonen als je zuvor. Eine ständig wachsende Anzahl von alten, jungen, kranken, einfältigen oder sonst hilflosen Personen wurde zu ,,Hexenmeistern" oder ,,Hexen" erklärt, die vom Teufel besessen waren. Sie wurden von berufsmäßigen Hexenjägern verfolgt, offiziell überführt und dann getötet. Im Laufe der Jahre opponierten jedoch einzelne Ärzte gegen dieses systematische Hinschlachten und verlangten statt dessen nach neuen medizinischen Behandlungsmethoden. Nach ihrem Dafürhalten war eine Hexe nur eine Person mit krankem Geist, die man mit zunehmendem medizinischem Wissen vielleicht heilen könnte. Nach mehreren Jahrhunderten ideologischen Kampfes siegte diese neue Einstellung. Die Kirche verlor ihre Macht an den Staat, und der alte Glaube an Hexerei wurde durch die moderne Auffassung von der Geisteskrankheit ersetzt.

Heute wissen wir, daß dieser ,,Sieg der Wissenschaft" lange Zeit mehr Schein als Wirklichkeit war. Zwar glaubten die Psychiater nicht mehr an den Teufel, aber ihre Normen vom ,,korrekten" Verhalten des Menschen unterschieden sich von denen der Kirche nur unwesentlich. Das wurde im Bereich des Sexualverhaltens besonders deutlich. Im wesentlichen wurden alle früher als Sünden bezeichneten Tatbestände in neue, medizinische Begriffe gefaßt und zu Geisteskrankheiten erklärt. Die verschiedenen Formen nichtkoitaler Handlungen wurden von religiösen ,,Greueltaten" zu medizinischen ,,Perversionen" umdefiniert. Die medizinischen Lehrbücher wiesen sogar eine merkwürdige Ähnlichkeit mit den mittelalterlichen Bußbüchern auf, in denen lediglich die Therapieanweisungen die Bußvorschriften zu ersetzen schienen. Der einzige wirkliche Unterschied war folgender: Wo man einst annahm, Menschen mit sexuell abweichendem Verhalten hätten ihre Seele verloren, bekundete man jetzt, sie hätten den Verstand verloren.

Vor der Jahrhundertwende stellten nur wenige Psychiater diese religiösen Grundlagen ihrer Sexualtheorie in Frage. Als jedoch im Gefolge des Ersten Weltkrieges in Europa und Nordamerika die ,,sexuelle Revolution" begann, wurde auch die Psychiatrie gezwungen, sich kritischer mit ihren Grundannahmen auseinanderzusetzen. Die früheren sexuellen ,,Perversionen" und ,,Deviationen" wurden als normale ,,Varianten" des menschlichen Sexualverhaltens neu klassifiziert. Das psychiatrische Verzeichnis zulässiger sexueller Handlungen begann umfangreicher zu werden. Viele, die vorher geisteskrank genannt worden waren, wurden plötzlich als eigentlich ganz gesund bezeichnet.

Andererseits nahm die Zahl und der Einfluß der Psychiater erheblich zu. Selbst mit ihrem gekürzten Katalog sexueller ,,Perversionen" fanden sie noch mehr als genügend Patienten. Es gab schließlich in unserer sexualfeindlichen Gesellschaft noch Millionen Männer und Frauen mit sexuellen Schwierigkeiten, für die eine psychiatrische Behandlung die beste Hilfe zu bieten schien. Außerdem blieben die Regierungen nach wie vor um sexuelle Devianz besorgt, und sie sicherten sich die Dienste der Psychiater, um solche Devianz wo immer möglich zu entdecken und zu korrigieren. So traten Psychiater immer häufiger als ,,Experten" in Gerichtssälen, Gefängnissen, Schulen und beim Militär in Erscheinung. Die Gesetzgeber der meisten Staaten erließen spezielle Gesetze gegen ,,sexuelle Psychopathen", die – trotz fehlender wissenschaftlicher Grundlage – einen Bedarf an noch mehr psychiatrischer Fachkenntnis zur Folge hatten. Im Laufe der Jahre wurde die Nutzung der Psychiatrie durch den Staat so umfassend, daß kritische Beobachter begannen, sich um die individuelle Freiheit Sorge zu machen und einen totalitären ,,Therapiestaat" entstehen sahen.

Angesichts dieser Entwicklung haben heute zahlreiche Psychiater die Forderung nach einer umfassenden Überprüfung der Grundannahmen der Psychiatrie erhoben. Manche weisen sogar das Konzept der ,,Geisteskrankheiten" insgesamt zurück, bezeichnen es als einen Mythos und erforschen neue Wege zum besseren Verständnis abnormen Verhaltens.

Die folgenden Seiten sollen diese Kontroverse und einige weitere Streitpunkte näher erläutern, indem zunächst der historische Hintergrund erläutert und dann ein Kulturvergleich angestellt wird.

Der historische Hintergrund

Die heutige Einstellung der Psychiatrie gegenüber abweichendem Sexualverhalten ist ohne Kenntnis des historischen Hintergrundes kaum zu verstehen. Leider haben selbst viele Psychiater auf diesem Gebiet nur geringe Kenntnisse und sind daher nicht in der Lage, die sozialen Auswirkungen ihres beruflichen Handelns richtig einzuschätzen. Sie sind sich daher oft nicht bewußt, daß manche ,,therapeutischen" Eingriffe nicht nur für ihre Patienten schädlich sind, sondern auch für die Gesellschaft insgesamt ungünstige Folgen haben können. Das bedeutet aber auch, daß mögliche nützliche Aspekte psychiatrischer Kenntnisse wenig untersucht werden. Es wäre daher wünschenswert, daß auch Psychiater lernen würden, über den Rahmen ihrer unmittelbaren Gegenwart hinauszublicken.

Natürlich ist es nicht möglich, im Rahmen dieses Buches die Geschichte der Psychiatrie darzustellen. Daher beschränkt sich diese Darstellung auf einen einzigen Aspekt. Einige ausgewählte Beispiele sollen veranschaulichen, wie über Jahrhunderte ,,gewöhnliche" Ärzte und Psychiater hinsichtlich sexuell abweichenden Verhaltens gedacht und gehandelt haben.

Das Altertum

Im Altertum machten die Menschen keinen Unterschied zwischen geistiger und körperlicher Krankheit oder zwischen Ärzten, die für den Körper oder den Geist zuständig waren. Nicht einmal zwischen Medizin, Magie und Religion wurde eine strikte Unterscheidung getroffen. Jedes menschliche Leiden wurde Geistern, Göttern oder Gott zugeschrieben, und keine Behandlung konnte erfolgreich sein, wenn sie sich nicht mit diesen übermenschlichen Mächten befaßte. Wurde jemand krank oder benahm er sich seltsam, dann wurde er zum Priester, Schamanen, Medizinmann oder Zauberer gebracht, der eine bestimmte heilige Handlung vollzog. Diese Rituale waren häufig mit der Verabreichung von ,,Medizin" verbunden, dennoch war immer deutlich, daß Handlungen von Menschen keinen Einfluß auf den Erfolg der Behandlung hatten. Krankheit und Gesundheit waren vom göttlichen Willen abhängig. Jahwe sagte daher zum Beispiel den Israeliten: ,,Ich, der Herr, bin dein Arzt" (2. Mose 15, 26) und: ,,Ich bin's, der tötet und der lebendig macht; ich habe zerschlagen, ich werde auch heilen . . ." (5. Mose 32, 39).

Zur Bestärkung dieser Ansicht beschreibt die Bibel, wie Jahwe Plagen über Ägypten kommen läßt und den Israeliten, die seine Gebote nicht befolgen, verschiedene Krankheiten schickt. König Saul schickt er einen ,,bösen Geist", so daß er schwermütig wird und schließlich Selbstmord begeht (1. Samuel). Ein ähnliches Schicksal kann jedem widerfahren, der Jahwe erzürnt, und die Bibel warnt: ,,Der Herr wird dich schlagen mit Wahnsinn, mit Blindheit und mit Sinnesverwirrung" (5. Mose 28, 28). Es fällt jedoch auf, daß in der Bibel abweichendes Sexualverhalten als solches kein Hinweis auf Wahnsinn ist. Es kann indes durch den Verlust bestimmter körperlicher und geistiger Fähigkeiten bestraft werden. Für einige Formen sexuell abweichenden Verhaltens scheint allerdings der Bibel die Todesstrafe angemessen.

Die Griechen der vorklassischen Zeit nahmen an, Krankheiten hätten einen übernatürlichen Ursprung, und sie gingen daher in ihre Tempel, um Heilung zu suchen. Asklepios, dem Gott der Medizin, galt der früheste wichtige ,,Gesundheitskult". Mit dem ,,goldenen Zeitalter" Griechenlands begann jedoch eine kritischere Geisteshaltung sich durchzusetzen; der alte religiöse Glaube wurde nach und nach durch systematisches Beobachten modifiziert oder ersetzt. Der berühmteste der neuen griechischen Ärzte, Hippokrates (460–377 v. Chr.), setzte sich zum Ziel, die natürlichen Ursachen von körperlichen und geistigen Krankheiten zu erforschen. So erklärte er, daß Epilepsie, die bis dahin als ,,heilige" oder ,,göttliche Krankheit" gegolten hatte, durch ein krankes Gehirn verursacht würde. Daher seien magische Beschwörungen für die Behandlung nutzlos. Hippokrates und seine Anhänger gingen davon aus, daß die normalen Gehirnfunktionen von der vollkommenen Ausgewogenheit zwischen vier wesentlichen Körpersäften abhängig sei: Blut, schwarze Galle, gelbe Galle und Schleim. (Diese wurden mit den ,,vier Elementen" – Luft, Erde, Feuer und Wasser – und diese wiederum mit den ,,vier Temperamenten" – sanguinisch, melancholisch, cholerisch und phlegmatisch – in Verbindung gebracht.) Jede Unausgewogenheit zwischen den vier Körpersäften konnte zu verschiedenen Krankheiten und zu abnormem Verhalten führen. Zur Heilung bedurfte es einer passenden Diät, Ruhe und manchmal auch sexueller Abstinenz. Andererseits empfahl man sexuelle Aktivität als Mittel gegen die ,,Hysterie" bei Frauen, einen Zustand, der angeblich durch einen ,,wandernden Uterus" verursacht wurde. (Die Ansichten der alten Griechen über die Anatomie waren zum Teil noch eher phantastisch als faktisch.)

Ein anderer berühmter Arzt des Altertums war Claudius Galenus, besser als Galen bekannt (129–199 n. Chr.). Galen wurde in Pergamon geboren, verbrachte jedoch den größten Teil seines Lebens in Rom, wo er erfolgreich wirkte und besonders als Verfasser von medizinischen Abhandlungen berühmt wurde. Seine Lehren lehnten sich stark an die von Hippokrates an, denen er jedoch auch eigene Entdeckungen hinzufügte. Obwohl er an einen göttlichen Schöpfer glaubte, war er davon überzeugt, daß körperliche und geistige Störungen rational erklärbar seien. Aus diesem Grunde wies er wiederholt auf die Bedeutung des Gehirns und die Balance der wesentlichen Körpersäfte hin. Galen entwickelte auch erstaunliche Theorien über Fortpflanzung und sexuelle Gesundheit. Zum Beispiel glaubte er, daß beide Geschlechter Samenflüssigkeit produzieren und daß Männer und Frauen diese Flüssigkeiten im Schlaf ejakulieren könnten. Er betrachtete diese spontanen Reaktionen als natürlich und notwendig, weil er annahm, Samen werde giftig, wenn er nicht ausgeschieden würde. Längere sexuelle Abstinenz könnte daher zu ernstlichen Störungen wie Hysterie, Tollwut, Zittern, Krämpfen oder Wahnsinn führen. Aus diesem Grunde empfahl Galen mäßige, aber regelmäßige sexuelle Betätigung. War Koitus unmöglich, wurde Masturbation empfohlen. Besonders lobend hob Galen den berühmten griechischen Philosophen Diogenes hervor, von dem überliefert war, daß er um der Gesundheit willen häufig masturbiert hatte.

Selbstverständlich betrachteten weder Hippokrates noch Galen nicht-koitalen Geschlechtsverkehr als Zeichen von Geisteskrankheit. Die Griechen und Römer der Antike waren in sexuellen Dingen äußerst tolerant, und diese Toleranz drückte sich auch in ihren medizinischen Ansichten aus. Interessanterweise überdauerten viele dieser Ansichten bis ins Mittelalter und darüber hinaus. Tatsächlich blieb Galen für über 1500 Jahre die führende medizinische Kapazität der westlichen Welt. Aufgrund der Verdammung der „Sinneslust" durch die christliche Kirche wurden seine Sexualtheorien dann aber wenig berücksichtigt, später aufgegeben und schließlich vergessen.

Das Mittelalter

Mit dem Ende des römischen Reiches und dem Beginn des frühen Mittelalters ging ein großer Teil des traditionellen medizinischen Wissens verloren. Statt dessen geriet Europa wieder unter den Einfluß von magischen Vorstellungen und Dämonenglauben. Die christlichen Kirchen predigten die alten biblischen Auffassungen von Gesundheit und Krankheit. Normabweichendes Verhalten wurde zur teuflischen Besessenheit erklärt, gegen die Exorzismus, Gebet, Beichte und Buße die einzig wirksamen Mittel waren. Sexuelles Verhalten war nur dann normal, wenn es zur Fortpflanzung führen konnte. Die „abweichenden" Formen sexuellen Verhaltens wie Selbstbefriedigung, homosexueller Geschlechtsverkehr und sexueller Kontakt mit Tieren wurden nicht unter medizinischen, sondern unter religiösen Aspekten betrachtet. Es handelte sich hier um schwere Sünden.

Seit dem 7. Jahrhundert verbreitete sich der islamische Glaube über den Mittleren Osten, Nordafrika und schließlich Spanien. Die Moslems legten großen Wert auf umfassende Bildung und hüteten und studierten daher die Werke ihrer griechischen und römischen Vorläufer. Besonders im Bereich der Medizin prüften sie den gesamten Stoff der klassischen Schriften und brachten bald selbst hervorragende Ärzte hervor. Die beiden wohl bekanntesten von ihnen sind Rhazes (860–930), der „persische Galen", der die erste „Abteilung für Psychiatrie" im Krankenhaus von Bagdad einrichtete, und Abu Ali Al-Hussein Ben Abdallah Ibn Sina, heute eher unter seinem latinisierten Namen Avicenna (980–1037) bekannt. Avicenna glaubte wie Galen, daß mäßige sexuelle Aktivität zur Erhaltung der Gesundheit notwendig sei und daß Samen, der nicht ausgeschieden wurde, möglicherweise giftig würde. Er erklärte außerdem, der Penis eines Mannes schrumpfe, wenn man ihn nicht durch regelmäßigen Gebrauch stärke. Andererseits könne exzessiver Geschlechtsverkehr zur Beeinträchtigung des Seh- oder Hörvermögens führen, aber auch zu Zittern, Schlaflosigkeit, Haarausfall und Epilepsie. Die genaue Definition von „exzessiv" war individuell verschieden festzusetzen, da die Menschen unterschiedlich stark seien. Avicenna verfaßte auch eine erste kurze Aufstellung von Krankheiten, die die normalen Geschlechtsfunktionen beeinträchtigen könnten. Dazu gehörten Hermaphroditismus, Priapismus (eine dauerhafte, schmerzhafte Erektion) und „passive" männliche Homosexualität. Letztere wurde nach seiner Ansicht durch eine körperliche

Schwäche verursacht, die angeboren oder erworben sein konnte und normalen Koitus unmöglich machte. ,,Passive" Homosexuelle waren boshaft, jähzornig, weibisch und unfähig, ihre Manneskraft wiederzuerlangen. Jeder Versuch einer Heilung schien daher zum Scheitern verurteilt.

Vorurteilsbelastete Auffassungen dieser Art zeigen, daß die medizinische Forschung im Islam nicht ganz frei von religiösen Einflüssen war. Denn für die islamischen Ärzte war der Koran die oberste Instanz in allen wichtigen Fragen. Erhebliche Behinderungen resultierten auch aus dem Verbot, den Körper des Menschen zu öffnen oder zu sezieren. Islamische Ärzte durften auch keine nackten Frauen betrachten. Unter diesen Umständen mußten ihre wissenschaftlichen Fortschritte begrenzt bleiben. Dennoch waren sie – verglichen mit ihren christlichen Kollegen – erstaunlich objektiv und aufgeschlossen. In der Behandlung ihrer ,,Irren" waren sie mit Sicherheit humaner, da sie glaubten, der ‚Irrsinn" sei von Allah gegeben und nicht von irgendwelchen bösen Geistern oder Teufeln.

Der hohe Stand islamischer Gelehrsamkeit und medizinischer Kunst wurde selbst im christlichen Europa anerkannt, dies vor allem, als im 13. Jahrhundert der gebildete Stauferkaiser Friedrich II. Gelehrte verschiedener Länder an seinem Hof versammelte und begann, sich für die Schriften der Araber zu interessieren. Er unterstützte die Universität von Salerno tatkräftig und gab ihr allein das Recht, im Heiligen Römischen Reich medizinische Titel zu verleihen. In Salerno ausgebildete Ärzte profitierten von den durch die Araber erhaltenen Hippokratischen Erkenntnissen und sahen daher keine Veranlassung, sich erneut Zauber- oder Religionszeremonien zu bedienen. Die Wiederentdeckung der antiken wissenschaftlichen Erkenntnisse und eine zunehmende Achtung der Wissenschaft führten bald zur Gründung neuer Universitäten in Europa. Innerhalb der nächsten zwei Jahrhunderte wurden unter anderem die Universitäten in Padua, Paris, Wien, Oxford, Cambridge, Prag und Heidelberg gegründet. So schien insgesamt eine rationale Einstellung gegenüber den Problemen des Menschen Fuß zu fassen.

Tatsächlich war der Fortschritt jedoch mühselig und langsam. Hervorragende christliche Ärzte, die versuchten, den vorherrschenden Teufelsglauben aufgrund griechischer, römischer und arabischer klinischer Beobachtungen zu widerlegen, wurden der Ketzerei bezichtigt oder durch die Inquisition zum Tode verurteilt. Die meisten Mitglieder des Klerus, wie auch des Laienstandes, blieben abergläubisch und ungebildet. Zur gleichen Zeit traten auch verschiedene merkwürdige Massenbewegungen auf, wie der Tarantismus (,,Tanzwahnsinn") und der Flagellantismus (das ,,Geißlertum"): Große Menschenmassen tanzten überall in Europa wild durch die Straßen oder peitschten sich in öffentlichen Orgien der Selbsterniedrigung blutig. Ein Gefühl von Schuld und Sünde durchzog alle Lebensbereiche und führte gelegentlich zu gewalttätigen Ausschreitungen gegenüber Juden, Zigeunern, Ketzern und anderen ,,Sündenböcken" der Gesellschaft. Auch scheint es, daß im späten Mittelalter eine seltsame Angst und ein Haß gegen Frauen entstand, die man zunehmend als das gemeine, niederträchtige und lüsterne Geschlecht bezeichnete, als eine Versuchung des Mannes und als sein Ruin. Frauen galten oft als Instrumente des Teufels, und das führte im Laufe der Zeit zusammen mit anderen angstvollen Phantasien zur Entwicklung eines neuen, weit verbreiteten Hexenwahns.

Die Neuzeit

Heute wird der Hexenwahn oft als Erscheinung des Mittelalters betrachtet. Die ausgedehntesten Hexenverfolgungen in Europa begannen jedoch in der Renaissance und dauerten bis weit ins 18. Jahrhundert an. Zwar läßt sich der Hexenglaube bis ins Mittelalter oder sogar in die Antike zurückverfolgen, er wurde jedoch erst gegen Ende des 15. Jahrhunderts zu einer zusammenhän-

Seltsame Massenbewegungen im Europa des Mittelalters
Im Europa des Mittelalters entstanden einige Massenbewegungen, die man später als symptomatisch für bestimmte Geisteskrankheiten betrachtete.

(Links) **Flagellanten**
Flagellanten waren Menschen, die in Gruppen von Ort zu Ort zogen und sich in öffentlichen Orgien der Selbsterniedrigung blutig schlugen. Man kann annehmen, daß dies für viele von ihnen auch eine sexuelle Bedeutung hatte. Die Flagellation erlebte eine zweite Blüte im 18. und 19. Jahrhundert, als die Kunden englischer Bordelle erhebliche Beträge bezahlten, um sich von Prostituierten auspeitschen zu lassen. Man hat deshalb die sexuelle Vorliebe für das Auspeitschen auch als ,, englisches Laster" bezeichnet. (Holzschnitt aus der Nürnberger Chronik)

(Rechts) **Hexenverbrennung**
Der Glaube an Hexerei und die Verfolgung von Hexen erreichten gegen Ende des Mittelalters einen Höhepunkt, dauerten jedoch bis zum 18. Jahrhundert an. Frauen, die man verdächtigte Hexen zu sein, wurden gefoltert, bis sie gestanden, und anschließend verbrannt. Die Gerichtsakten zeigen bei näherer Betrachtung, daß der Hexenwahn starke sexuelle Komponenten hatte. (Holzschnitt des 16. Jahrhunderts)

genden Doktrin ausgestaltet. Im Jahre 1486, kurz bevor Kolumbus Amerika entdeckte, veröffentlichten zwei deutsche Dominikanermönche, Jakob Sprenger und Heinrich Krämer, das endgültige Handbuch über Hexen unter dem Titel ,,Malleus Maleficarum" (Der Hexenhammer). Dieses Werk fand bald die offizielle Unterstützung der Kirche, des Staates und aller Gelehrten. In allen europäischen Ländern wurde es gelesen und anerkannt und erfuhr innerhalb der folgenden 250 Jahre über 30 Neuauflagen.

Dieses Buch kann hier nicht im einzelnen erörtert werden. Der Hinweis möge genügen, daß es eines der traurigsten Dokumente der Bigotterie, der Grausamkeit und Ignoranz in der Geschichte ist. Zunächst ,,beweist" der Text, daß es Hexen gibt (wer das bezweifelt, ist selbst eine Hexe). Dann beschreibt er, wie man sie aufspüren kann, und legt schließlich die Regeln fest, nach denen sie abgeurteilt und getötet werden müssen. Abgesehen von einem verdächtigen Interesse an sexuellen Dingen zeigen die Verfasser einen geradezu besessenen Haß auf Frauen. Sie weisen ausdrücklich darauf hin, daß eine Frau viel eher eine Hexe sein kann als ein Mann. Überdies erklären sie, daß ,,alle Hexerei der Fleischeslust entspringt, die bei Frauen unersättlich ist" und daß unter den ,,ehrgeizigen Frauen diejenigen noch stärker befallen seien, die ihre schmutzige Sinneslust am ungehemmtesten befriedigen".

Hexen waren vom Teufel besessen und hatten oft Geschlechtsverkehr mit ihm. Sie konnten Mißernten, Viehseuchen, den Tod kleiner Kinder, Unfruchtbarkeit bei Frauen, Impotenz beim Mann und viele andere Störungen, Katastrophen und Unheil verursachen. Die Entlarvung und Ausrottung von Hexen war daher für die Sicherheit und Gesundheit der Gesellschaft unerläßlich. Außerdem war die Bibel selbst in dieser Angelegenheit ganz eindeutig: „Eine Zauberin sollst du nicht am Leben lassen" (2. Mose 22, 18). Innerhalb weniger Jahre begannen Hexenverfolger, oft mit Unterstützung von Ärzten, die in der Suche nach „Teufelsmalen" besonders geschult waren, das Land zu durchstreifen, um Dutzende, Hunderte und schließlich Tausende unschuldiger Männer, Frauen und Kinder als Hexen zu verhaften. Diese Unglücklichen wurden gefoltert, bis sie ein Geständnis ablegten, und danach öffentlich verbrannt. Das Geständnis betraf meist auch Verwandte, Nachbarn und Freude, und so nährte sich die Schreckensbewegung selbst.

Es ist wichtig anzumerken, daß diese Bewegung in katholischen und protestantischen Ländern gleich stark ausgeprägt war. Der Hexenwahn wurde wirklich ökumenisch und international, es gab kaum je eine Stimme des Zweifels oder des Protestes. Nur ein paar mutige Einzelgänger versuchten, sich gegen diese neue Welle der Barbarei zu wehren, sie führten dabei meist medizinische Argumente ins Feld. Der deutsche Arzt Johann Weyer veröffentlichte zum Beispiel im Jahre 1563 eine Abhandlung „De Praestigiis Daemonum" (Von der Täuschung der Dämonen), in der er ausführte, daß Krankheiten, die der Hexerei angelastet wurden, in Wirklichkeit natürlichen Ursprungs seien. Viele „arme, bestürzte Frauen", die man als Hexen bezeichnete, seien einfach geisteskrank. Man sollte sie daher heilen und nicht ermorden. Von den meisten seiner Zeitgenossen wurde diese Ansicht jedoch zurückgewiesen, und die Kirche setzte Weyers Buch auf den Index. Lediglich die spanische Inquisition, die genug damit zu tun hatte, Ketzer, Juden und Sodomiten zu verfolgen, beteiligte sich kaum an der Hexenverfolgung. In Spanien war die islamische Überlieferung noch lebendig, Geistesgestörte zu pflegen, daher wurden Menschen, die der Hexerei angeklagt waren, oft einfach für verrückt erklärt und in ein Kloster oder ein Asyl verbracht.

Diese Einstellung fand im 18. Jahrhundert breitere Anerkennung und wurde schließlich von der zunehmend in Erscheinung tretenden Psychiatrie übernommen. Die neuen „Seelenärzte" übernahmen Weyers Ansicht und betrachteten den Hexenwahn als medizinisches Phänomen. Nach eigenen Bekenntnissen hatten die „Hexen" ohnehin meist behauptet, die unglaublichsten Taten vollbracht zu haben, zum Beispiel in Gestalt von Tieren durch die Lüfte geflogen zu sein oder mit einem Fluch oder dem „bösen Blick" Menschen töten zu können. Dies und der deutlich sexuelle Charakter vieler Geständnisse schienen hinreichend zu beweisen, daß es sich in der Tat um unerkannte „Geisteskranke" gehandelt hatte und ihre „Hexerei" nichts weiter als ein mißverstandenes und falsch behandeltes „psychiatrisches Problem" gewesen war.

Nicht-Psychiater wiesen darauf hin, daß alle Geständnisse unter Folter oder der Androhung von Folter abgelegt und die Gerichtsakten von den Inquisitoren und nicht von deren Opfern geführt worden waren. Die grotesken sexuellen Phantasien oder „Halluzinationen", die man den Hexen zuschrieb, sagten daher weniger über sie selbst als über ihre Ankläger aus. Dieses Argument wurde von einigen Medizinhistorikern dankbar aufgegriffen, die schließlich erklärten, alle Beteiligten an den Hexenprozessen – Hexenjäger, Hexen und Henkersknechte – seien „geisteskrank" gewesen.

Ohne Zweifel waren die frühen „Nervenärzte" oder „Psychiater" von echtem Mitgefühl mit den Außenseitern der Gesellschaft bewegt. Sie retteten nicht nur viele „Besessene" aus den Klauen der Inquisition und erklärten sie zu ihren Patienten, sondern sie behandelten diese Patienten auch freundlicher, als es bis dahin üblich gewesen war. Aufgeklärte Männer wie Pinel in Frankreich, Chiarugi in Italien, Langermann in Deutschland und Rush in den

Vom ,,Irren" zum ,,Geisteskranken"
In Europa wurden ,,Irre" jahrhundertelang in Gefängnisse geworfen und in Ketten und Fesseln geschlossen. Auch die ersten ,,Hospitäler" für Geisteskranke waren wenig besser als Gefängnisse, denn sie boten kaum medizinische Behandlung. Erst gegen Ende des 18. Jahrhunderts führten einzelne Ärzte Reformen ein und legten so den Grundstein der modernen Psychiatrie.

(Oben) **Das ,,Bedlam"**
Das Hospital ,,St. Mary of Bethlehem", das im Volk als das ,,Bedlam" bekannt war, war das erste Asyl für Geisteskranke in England. Wie ein moderner Zoo war es für schaulustige Bürger ein beliebter Ort, wo man sich an den ,,Possen" der Insassen weidete. Tatsächlich wurden die Insassen des ,,Bedlam" und vergleichbarer ,,Irrenhäuser" oft schlechter behandelt als Tiere. (Gemälde von William Hogarth, frühes 18. Jahrhundert)

(Unten) **Pinel befreit die Geisteskranken**
Der Franzose Pinel war einer der ersten ,,modernen" Psychiater. Während der französischen Revolution wurde ihm das Bicêtre, ein großes Asyl in Paris, unterstellt, wo er sofort daran ging, die Insassen von ihren Fesseln zu befreien. Er betonte auch die Notwendigkeit einer intensiven psychiatrischen Beobachtung der Patienten und eines strikt medizinischen Zugangs zu geistigen Krankheiten. (Gemälde des 19. Jahrhunderts)

Vereinigten Staaten reformierten die Asyle, befreiten ihre Insassen von Ketten und Fesseln und traten für humanere Therapieformen ein. Für die Behandlung sexueller Devianz erwies sich jedoch die neue psychiatrische „Aufklärung" als weniger nützlich. Im Verlauf des 18. Jahrhunderts entdeckten die Ärzte die angebliche Gesundheitsgefährdung durch Masturbation, und zur Zeit der Amerikanischen und Französischen Revolution war man bereits überzeugt, diese Gefahren seien sehr erheblich. Wo Galen regelmäßige Samenergüsse aus gesundheitlichen Gründen empfohlen hatte, erklärte man dies jetzt zur Ursache nahezu aller körperlichen und geistigen Gebrechen. Masturbation schwächte den Körper, erweichte das Gehirn und führte zu Impotenz, allgemeiner Lethargie, zum Wahnsinn und schließlich zum Tode. Innerhalb weniger Jahrzehnte wurde der „Masturbationswahnsinn" zur schwersten Bedrohung für die Menschheit und daher ein weiterer zwingender Grund für vorbeugende psychiatrische Behandlung. So wurden Psychiater noch unentbehrlicher und gewannen einen nie zuvor gehabten Einfluß. (Einzelheiten über diesen Kreuzzug gegen die Masturbation vgl. Kap. 7.1 „Formen des Sexualverhaltens – sexuelle Selbststimulierung".)

Das prüde 19. Jahrhundert ließ verschiedene neue psychiatrische Theorien über die Gefahren der Masturbation und andere Formen sexueller Devianz entstehen. Man begann zum Beispiel zu glauben, die schwächende Angewohnheit der „Selbstbefleckung" werde ihrerseits durch eine angeborene psychische Schwäche verursacht. Mit anderen Worten: wer masturbierte, war bereits krank geboren und kaum in der Lage, dem Fortschreiten dieses bedauerlichen Zustandes Einhalt zu gebieten. 1843 veröffentlichte ein russischer Arzt namens Kaan ein Buch unter dem Titel „Psychopathia Sexualis" (Sexuelle Geisteskrankheit), in dem er diese doppelte Gefahr der Masturbation erläuterte. (Dieses Buch war zwar in Moskau geschrieben und dem Leibarzt des Zaren gewidmet, es wurde jedoch in Deutschland gedruckt und hatte hier einen erheblichen Einfluß auf die Psychiatrie. Mehr als 40 Jahre später griff der österreichische Psychiater von Krafft-Ebing auf den Titel Kaans zurück, um eine neue, noch berühmtere Studie abweichenden Sexualverhaltens zu veröffentlichen.)

Nach der Auffassung Kaans litten nahezu alle Menschen unter einer bestimmten „phantasia morbosa" (krankhafter Phantasie), die sie für sinnliche Exzesse anfällig machte. Es bedurfte nur der zufällig falschen Diät, einer zu weichen Matratze, zu enger Kleidung oder auch nur des Müßiggangs, um die unvermeidliche Kette von Ereignissen auszulösen. Zusätzlich zu dieser absonderlichen Theorie bot Kaan die erste Liste sexueller „Aberrationen"; er zählte dazu Knabenliebe, gegenseitige homosexuelle Masturbation, Leichenschändung, Koitus mit Tieren und sexuellen Kontakt mit Statuen.

Diese kurze Liste sexueller „Psychopathologien" wurde bald von anderen Psychiatern ergänzt. Darüber hinaus verwies die ständig wachsende Zahl der „Aberrationen" die einst so überaus wichtige Krankheit der Masturbation auf einen niedrigeren Rang. Dennoch behielt die Theorie der möglichen Vererbung sexuell abweichenden Verhaltens, wie sie von Kaan angenommen wurde, ihre Anziehungskraft bei, und sie wurde sogar in der Folge weiter ausgestaltet.

Bevor wir uns diesen weiteren „wissenschaftlichen" Entwicklungen zuwenden, erscheint es sinnvoll, den Begriff der „sexuellen Psychopathologie" kurz zu erklären. Er bedeutet zunächst nichts weiter als eine weltliche Version eines alten religiösen Dogmas. Es kann kein Zufall sein, daß Kaans sexuelle „Aberrationen" mit den „Greueltaten" der Bibel im Grunde genommen identisch sind. Auch die Parallelen zwischen der erblichen „phantasia morbosa" und der „Konkupiszenz" oder „Fleischeslust" bei Augustinus ist auffallend. Kaans Bemühungen verdeutlichen also, daß die Wissenschaft als eine Art „neuer Religion" noch immer um die Verteidigung der alten sexuellen

Tabus besorgt war. (Vgl. a. Kap. 10.1.1 ,,Sexualität und Religion – Der historische Hintergrund".)

Dieses unerkannte religiöse Vorurteil der Psychiatrie wurde 1857 noch deutlicher, als der französische Psychiater Morel den Begriff der ,,dégénérescence" als Erklärung für den Wahnsinn einführte. Morel, der zuvor theologische Studien betrieben hatte, kam zu dem Ergebnis, daß fortschreitende ,,Degeneration" oder ,,Entartung" die Ursache der meisten körperlichen und geistigen Gebrechen sei. Der erste Mensch (der biblische Adam) war von gesunder, ,,primitiver Art". Da jedoch seine Natur schon in frühen Phasen der Menschheitsgeschichte ungünstigen inneren und äußeren Einflüssen ausgesetzt war, wurde der Mensch zunehmend geschwächt. Daher gibt es heute den ursprünglich vollkommenen Menschen der ,,primitiven Art" nicht mehr, sondern verschiedene unvollkommene Menschenrassen und viele ,,Entartete". Diese ,,Entarteten" leiden unter angeborener sexueller ,,Perversion" und sind zum Aussterben bestimmt.

Es überrascht nicht, daß die Theorie Morels vielen seiner Kollegen zu enge Bezüge zur Bibel hatte; deshalb faßten sie sie in modernere, ,,objektivere" Begriffe. Man ging nun davon aus, daß Degeneration oder Entartung auch im Laufe eines sonst positiven Entwicklungsprozesses auftreten könne. Die Entarteten behielten dennoch ihre grundlegenden Eigenschaften bei, sie und ihre Nachkommen waren unweigerlich dem Untergang geweiht. Diese Ansichten wurden auch von berühmten Dramatikern des 19. Jahrhunderts, wie Ibsen und Hauptmann, übernommen und verbreitet, die die Auswirkungen der Entartung in höchst bedrückenden Einzelheiten beschrieben. Der Schriftsteller Emile Zola schilderte sogar die ,,natürliche und soziale Geschichte" einer ganzen Familie, der Rougon-Macquart, als einen Fall erblichen, fortschreitenden Verfalls. Der Begriff von einer angeborenen pathologischen Veranlagung zum Wahnsinn und zu sexueller Abweichung beherrschte das Denken in der Psychiatrie bis zur Zeit Freuds, der ihn schließlich durch das Konzept der traumatischen (und weitgehend unbewußten) individuellen Lebensgeschichte ersetzte.

In diesem Zusammenhang sollte nicht unerwähnt bleiben, daß die ,,wissenschaftlichen" Grundlagen des modernen Rassismus ebenfalls im 19. Jahrhundert entstanden. Die Bezeichnung ,,Entartung" ließ sich leicht auf ganze soziale und ethnische Gruppen anwenden, die aus irgendwelchen Gründen unbeliebt waren und die man jetzt als biologisch minderwertig abstempeln konnte. Selbstverständlich wurden sie gleichzeitig der sexuellen ,,Perversion" bezichtigt. Logisch aus dem Rassismus abgeleitet waren ,,eugenische" (,,rassenhygienische") Maßnahmen, das heißt offizielle Schritte, um die biologische Gesundheit der Bevölkerung zu verbessern, indem man die Fortpflanzung Entarteter verhinderte. Andererseits war man der Meinung, daß die ,,höherstehenden Rassen" sich nicht ausreichend vermehrten. Es gab die weitverbreitete Furcht, daß die gesamte Menschheit entarten oder aussterben könnte. Diese Furcht mutet heute besonders unangebracht an, wenn man die Bevölkerungsstatistik zwischen 1800 und 1900 betrachtet. Jedenfalls veranlaßten wachsender Rassenstolz, Nationalismus, Militarismus und eine schnell wachsende Industrie viele Regierungen, Bevölkerungswachstum zu fördern. Fortpflanzung erwies sich erneut als das einzig ,,richtige" Ziel des Geschlechtsverkehrs.

Die Psychiatrie machte einen weiteren wichtigen Schritt nach vorn, als der deutsche Psychiater Kraepelin im Jahre 1883 eine erste systematische Klassifikation der Geisteskrankheiten veröffentlichte. Wenngleich er überzeugt war, daß alle diese Krankheiten eine körperliche Ursache hatten, legte er großen Wert darauf, jede Krankheit als eigenständige Erscheinung mit eigenen Symptomen und Heilungschancen zu beschreiben. Die Arbeit Kraepelins wurde zum Grundstein aller späteren psychiatrischen Klassifikationen. Nach seinem Beispiel fühlten sich bald andere Psychiater berufen, noch detaillierter zu werden. So entwickelten sie unter anderem noch spezifischere Verzeichnisse sexueller ,,Abnormitäten" und ,,Perversionen". Diese Verzeichnisse erreichten manchmal eine erhebliche Länge, und sie machten manchmal den Eindruck von Werken mittelalterlicher Scholastik. Auf jeden Fall teilten sie die grundlegende Auffassung der traditionellen christlichen Moral: Nur der Koitus zwischen ,,anerkannten" Partnern ist richtig; alle anderen Formen sexuellen Ausdrucks sind falsch. Als Zugeständnis an die moderne Welt wurden diese Werturteile jedoch nun in medizinische, nicht mehr in religiöse Begriffe gefaßt.

Merkwürdigerweise verlor der psychiatrische Kreuzzug gegen die Masturbation zum Ende des 19. Jahrhunderts an Intensität. Dafür richtete sich die Aufmerksamkeit jetzt auf eine neue Gruppe sexuell abweichender Menschen – auf die, die sich von Menschen gleichen Geschlechts angezogen fühlten. Gleichgeschlechtliches Verhalten war natürlich seit langem von Juden und Christen verurteilt worden, nie zuvor hatte man es jedoch als Symptom geistiger Krankheit interpretiert. (Avicenna, der islamische Arzt des Mittelalters, hatte es einer körperlichen Störung zugeschrieben.) Nun wurde dieses Verhalten als Folge eines besonderen krankhaften psychischen ,,Zustandes" entdeckt. Für diesen Zustand wurde ein neuer Begriff eingeführt: ,,Homosexualität". Eine Zeitlang wurde darüber gestritten, ob denn Homosexualität eine ,,Perversion", ein Zeichen von ,,Entartung" oder nur eine leichte ,,Persönlichkeitsstörung" sei. Freud betrachtete sie nicht als ,,Krankheit", sondern als Symptom einer irgendwie gehemmten Entwicklung. Einige seiner Nachfolger waren da unnachsichtiger und bezeichneten sie als Symptom von ,,Unreife" und neurotischer Angst vor dem anderen Geschlecht. In den Vereinigten Staaten wurde Homosexualität zum Beispiel noch bis 1973 offiziell als ,,krankhafter Zustand" bezeichnet und in der medizinischen Literatur als solcher geführt. Erst neuerdings gelten amerikanische Homosexuelle auch offiziell wieder als ,,gesund". Nun geht man davon aus, daß nur diejenigen einer psychiatrischen Behandlung bedürfen, die unter iher Homosexualität leiden, und man bezeichnet diesen Zustand als ,,sexuelle Orientierungsstörung". (Vgl. hierzu a. Kap. 8.1.1 ,,Sexuelle Störungen – Unbefragte Voraussetzungen".)

Der Stand der Psychiatrie im internationalen Vergleich

Psychiater anderer Länder teilen nicht in allen Fällen die fachlichen Auffassungen ihrer nordamerikanischen Kollegen. Besonders in bezug auf sexuell abweichendes Verhalten gehen die Einstellungen und Praktiken der Psychiater in verschiedenen Ländern deutlich auseinander. Die geringsten derartigen Unterschiede finden sich natürlich in den westlichen Ländern. Sie haben das gleiche kulturelle Erbe und eine den Vereinigten Staaten vergleichbare Ideologie. In den sogenannten ,,sozialistischen" Ländern beispielsweise werden der Psychiatrie oft Funktionen zugewiesen, die von den meisten westlichen Ärzten abgelehnt würden. Die psychiatrische Behandlung von Menschen mit sexuell abweichendem Verhalten gibt auch hier ein überraschendes Beispiel. Dem westlichen Beobachter wird in diesem Zusammenhang deutlich, daß die kommunistischen Gesellschaften der Gegenwart, wie immer ihre ökonomischen oder politischen Ansprüche auch lauten mögen, den sexuellen Normen der kapitalistischen Bourgeoisie des 19. Jahrhunderts anhängen.

Eine eingehende Erörterung dieser Frage ist beim Umfang des vorliegenden Buches leider nicht möglich, dennoch sollen die folgenden kurzen Beobachtungen erste Eindrücke vermitteln.

Westeuropa

Der Stand der westeuropäischen Psychiatrie ist dem der Psychiatrie in den USA sehr ähnlich; es gibt in Westeuropa weniger Psychiater, daher ist ihr gesellschaftlicher Einfluß insgesamt auch nicht so groß. Dabei muß man sich daran erinnern, daß in der Folge des Faschismus in Europa viele Psychiater gezwungen waren, ins Exil zu gehen. Besonders psychoanalytisch orientierte Ärzte wurden von den Nationalsozialisten in Deutschland und in allen besetzten Ländern verfolgt. Die psychoanalytische Theorie selbst wurde offiziell als ,,jüdische Wissenschaft" verurteilt, alle psychoanalytischen Schriften wurden verboten oder öffentlich verbrannt. Außerdem wurden die verschiedenen europäischen Bewegungen zur Sexualreform brutal zerschlagen.

Erst nach dem Ende des Zweiten Weltkrieges konnten die europäischen Psychiater versuchen, ihre ehemals führende Position wiederzuerlangen. Zunächst mußten sie allerdings ihre eigene Vergangenheit wiederentdecken, und so ereignete sich in den fünfziger und sechziger Jahren eine Renaissance der Psychoanalyse, die zumindest in bezug auf abweichendes Sexualverhalten das Denken der europäischen Psychiatrie nach wie vor beherrscht. Das wird besonders deutlich, wenn man die offiziellen und halboffiziellen europäischen Bücher und Programme zur Sexualerziehung betrachtet. Auch heute noch vertreten einige von ihnen die Freudsche Theorie. Interessanterweise halten die meisten europäischen Psychoanalytiker sich an die ursprünglich gesellschaftskritische Auffassung Freuds, und zögern daher, abweichendes Sexualverhalten einfach als ,,Krankheit" abzustempeln. (Insgesamt betrachten sie Freud eher als einen Philosophen und Sozialkritiker, weniger als einen klinischen Psychiater.) Gleichzeitig fühlen sie sich auch verpflichtet, die bestehenden sexuellen Normen in Frage zu stellen.

Diese liberale Einstellung findet sich zum Teil in der toleranteren europäischen Rechtsauffassung zur Sexualität wieder. Sexuelle Handlungen ohne Opfer werden kaum verfolgt. Daher bleibt auch psychiatrisches Eingreifen staatlicherseits auf ein Minimum beschränkt. Wo Sexualverbrechen Opfer fordern, kann dennoch eine psychiatrische Behandlung des Täters gerichtlich angeregt oder angeordnet werden. Diese Behandlung erfolgt dann selten auf psychoanalytischer Grundlage, sondern man greift hier eher zu pharmakologischen oder sogenannten verhaltensmodifizierenden Therapieformen, aber auch zu Kastration und neuen Formen der Gehirnchirurgie (der sogenannten ,,Psychochirurgie"). Inzwischen wird diesen Behandlungen immer skeptischer begegnet, seit die Theorien ,,radikaler" amerikanischer Psychiater allmählich an Einfluß gewannen. Weitere Einwände gegen die tradierte psychiatrische Auffassung kommen von den Europäern selbst. Die wahrscheinlich bekannteste dieser neuen Kritiken stammt von dem britischen Psychiater Ronald D. Laing.

Die Sowjetunion

Es ist bekannt, daß die Psychiatrie heute in der Sowjetunion oft dazu benutzt wird, um Druck auf politische Dissidenten auszuüben. Viele von ihnen würden in westlichen Ländern nicht als krank angesehen. Überdies wissen wir, daß die derzeitige Sowjetunion eine äußerst repressive sexuelle Moral vertritt.

Das war nicht immer so. Im Gegenteil, die Sowjetunion verfolgte in den ersten Jahren nach der Revolution eine Sexualpolitik, wie es sie liberaler und progressiver nirgends auf der Welt gab. Unter anderem wurden die repressiven zaristischen Sexual- und Ehegesetze abgeschafft und durch eine neue umfassende Gesetzgebung ersetzt, die auf den damals verfügbaren Kenntnissen westlicher Sexualwissenschaft basierte. Darüber hinaus war die Kommunistische Partei bemüht, sexuelle Vorurteile zu überwinden. Dem Artikel über abweichendes Sexualverhalten in der großen sowjetischen Enzyklopädie beispielsweise lagen die Arbeiten von Freud und Hirschfeld zugrunde. Gleichzeitig betrieben sowjetische Wissenschaftler eigene Forschungen und unternahmen Versuche in nicht-repressiver Erziehung. Das bekannteste dieser Experimente ist wahrscheinlich das der Psychoanalytikerin Vera Schmidt, die in Moskau ein Kinderhaus gründete. Dort durften Kinder zum Beispiel ganz frei ihre sexuelle Neugier befriedigen oder masturbieren, wann immer sie wollten. Sie wuchsen daher ohne irgendwelche sexuellen Schuldgefühle auf und entwickelten eine freundliche und verantwortungsvolle Einstellung zueinander.

In den ersten Jahren war das sowjetische Beispiel für die westlichen Sexualreformer Grund genug, es ihren eigenen Regierungen zur Nachahmung zu empfehlen. Leider fanden diese Bestrebungen bald ein Ende. In den frühen dreißiger Jahren wurde das verhaßte zaristische Gesetz gegen die Homosexualität wieder eingeführt, die alte bürgerliche Moral wiederbelebt. Man lobte Keuschheit vor der Ehe und die Kleinfamilie mit ihren traditionellen Geschlechtsrollen. Unter Stalin begann eine Welle allgemeiner politischer Repression, deren Auswirkungen bis auf den heutigen Tag zu spüren sind.

Gegenwärtig erlaubt die Sowjetunion ihren Bürgern nur wenig sexuelle Freiheit. Insbesondere Freud wird von der sowjetischen Psychiatrie ausdrücklich abgelehnt, die Existenz sexueller Interessen bei ,,normalen" Kindern wird geleugnet. Masturbation im Kindesalter und sexuelle Spiele von Kindern betrachtet man als Zeichen einer ,,Frühentwicklung", die gegen die Norm verstößt. Masturbation bei Jugendlichen oder Erwachsenen wird nach wie vor als ,,Onanismus" bezeichnet und als ,,Laster" gesehen, das korrigiert werden muß, da es einen nachteiligen Einfluß auf den Geist hat und den Körper schwächt. Homosexuelles Verhalten unter Männern wird als kriminell und krankhaft zugleich betrachtet, während homosexuellem Verhalten unter Frauen nach wie vor wenig Beachtung geschenkt wird.

Kuba

Eines der erklärten Ziele der sozialistischen Revolution in Kuba ist die volle Gleichberechtigung von Männern und Frauen und eine rationale und humane Einstellung gegenüber sexuellen Problemen. In der Praxis bleiben jedoch das spanische kulturelle Erbe der sexuellen Doppelmoral und das männliche Rollenschema (machismo) große Hemmnisse für den Fortschritt in diesen Bereichen. Überdies werden selbst harmlose sexuelle Abweichungen offiziell kaum toleriert. Ziel solcher Repressionsmaßnahmen sind vor allem Prostitution, ,,Pornographie", das Tragen andersgeschlechtlicher Kleidung und Homosexualität. Kubanische Homosexuelle wurden in der Vergangenheit sogar häufig in besondere Arbeitslager geschickt, wo man sie zur ,,Besserung" brutal behandelte. Als nordamerikanische und europäische Besucher Kubas über diese Maßnahmen in ihren Heimatländern berichteten, brachte dies die kubanische Regierung genügend in Verlegenheit, um diese Politik zu lockern. Im Prinzip hat sich die Einstellung jedoch bis auf den heutigen Tag nicht geändert. Homosexualität wird immer noch als ansteckende ,,Aberration" betrachtet, die korrigiert werden muß. So sind nach einer Verlautbarung des kubanischen Nationalkongresses für Erziehung und Kultur ,,homosexuelle Abweichungen pathologisch für die Gesellschaft", daher muß ,,ihre Ausbreitung verhindert werden". Homosexuelle beweisen einen ,,antisozialen Charakter", daher muß man ihnen jeden Einfluß auf die Jugend, und in Kunst oder Kultur versagen. Vielmehr müssen sie ,,kontrolliert", ,,umgesiedelt" und ,,neuorientiert" werden – je nachdem, wie sehr sie ,,heruntergekommen" sind. Das bedeutet, daß die kubanische Regierung selbst heute noch sich pseudo-medizinischer Argumente bedient, um Homosexuelle zu zweitklassigen Bürgern zu machen und ihnen die elementarsten Bürgerrechte zu versagen.

Die Volksrepublik China

Die Behandlung ,,psychiatrischer Patienten" in der Volksrepublik China kombiniert Elemente der traditionellen chinesischen Medizin, der westlichen Medizin und neue politisch-ideologische Aspekte. Kliniken für Geisteskranke werden nicht ausschließlich von Ärzten und medizinischem Personal geführt, sondern auch von sogenannten Revolutionskomitees, die sich aus Mitgliedern des Militärs und politischen Funktionären zusammensetzen. Die Therapie besteht daher nicht nur in der Anwendung von Medikamenten und Akupunktur, sondern auch in ideologischer Schulung. Man erwartet die Teilnahme an ,,produktiver Arbeit", aber auch an Gruppenaktivitäten und ,,kollektiver Hilfe". Dabei werden die sozialen und politischen Aspekte der Geisteskrankheit höher bewertet als die medizinischen, die Psychiater zögern deshalb nicht, ,,die Politik an die erste Stelle zu setzen".

Zum gegenwärtigen Zeitpunkt ist schwer feststellbar, inwieweit die Chinesen sexuell abweichendes Verhalten mit Geisteskrankheit gleichsetzen. Es ist jedoch bekannt, daß sie Freud und die psychoanalytische Theorie ablehnen. Man weiß auch, daß beispielsweise homosexuelles Verhalten offiziell nicht geduldet wird, wenngleich dies eher als moralisches denn als medizinisches Problem betrachtet wird. (Der letzte Kaiser von China, der später in der Volksrepublik als gewöhnlicher Bürger lebte, war homosexuell. Daher ist es möglich, daß in der öffentlichen Meinung jetzt Homosexualität mit Feudalismus assoziiert wird.) Außerdem gibt es in China eine offizielle Kampagne gegen die Masturbation. Allem Anschein nach ist sie mit den Propagandafeldzügen in westlichen Ländern vor ungefähr 100 Jahren zu vergleichen. Ähnlich wie im 19. Jahrhundert in Europa, wird der Öffentlichkeit erklärt, daß Masturbation eine ,,Überstimulierung des Gehirns, Schwindelanfälle, Schlaflosigkeit und allgemeine Schwächezustände" nach sich ziehe. Obendrein wird jedoch nun noch ausgeführt, sie ,,untergrabe den revolutionären Willen". Um dieser Gefahr zu begegnen, rät man Jugendlichen, sich ausreichend körperlich zu betätigen, lockere Unterwäsche zu tragen und sich in die Werke von Marx und Engels und in die Schriften des Vorsitzenden Mao zu vertiefen. Aus dem gleichen puritanischen Denken resultiert die Warnung an jung verheiratete Paare, nicht zu häufig Geschlechtsverkehr zu haben. So wurde in einer offiziellen chinesischen Zeitung vor einigen Jahren in der Beratungskolumne einer jungen Frau empfohlen, mit ihrem Ehemann nicht häufiger als ein- bis dreimal in jeder Woche Geschlechtsverkehr zu haben, weil ,,die Leidenschaft sonst die Gesundheit untergräbt".

10.3.2 Das medizinische Modell sexueller Abweichung

Wie wir bereits festgestellt haben, hört eine Gesellschaft immer dann auf, sexuell deviante Menschen als harmlose Individualisten zu behandeln, wenn sie sich ernsthaft Sorgen um sexuelle Konformität zu machen beginnt. Menschen mit abweichendem sexuellem Verhalten werden dann als sündig, kriminell oder krank eingestuft. Mit anderen Worten, wo abweichendes Sexualverhalten zur sozialen Frage wird, wird es entweder als religiöses, als juristisches oder als medizinisches Problem diskutiert.

In zwei vorangegangenen Kapiteln wurde bereits beschrieben, wie religiöse und juristische Bezugssysteme die Vorstellungen derer beeinflussen, die sich ihrer bedienen. Wir haben auch gesehen, daß in jüngerer Zeit dieser traditionelle Zugang zum Problem zunehmend ersetzt oder ergänzt wurde durch medizinische oder psychiatrische Ansätze. Die folgenden Seiten sollen diese Entwicklung weiter erläutern und einige ihrer Konsequenzen verdeutlichen.

Die Funktion von Erklärungsmodellen

Wenn Menschen mit Unbekanntem oder Unerwartetem konfrontiert werden, versuchen sie in der Regel, es zumindest teilweise zu begreifen, indem sie es mit Bekanntem vergleichen. Ein Mann, der an den Funktionen des Gehirns herumrätselt, wird sie beispielsweise mit denen eines Computers vergleichen, um sie besser zu verstehen. Indem er diese Analogie herstellt, behauptet er natürlich nicht, das Gehirn sei tatsächlich ein Computer, der aus elektronischen Schaltungen, Speicherplatten, Drucker usw. besteht. Er benutzt den Computer vielmehr als Modell oder als Mittel des Vergleichs. Er entschließt sich also, das Gehirn so zu behandeln, *als ob* es ein Computer sei. Er kann so besser begreifen, wie es funktioniert.

Ebenso kann jemand, der merkwürdigem menschlichem Verhalten begegnet, versuchen, es zu verstehen, indem er sich ein begriffliches Modell oder ein Bezugssystem schafft, in das er seine verwirrenden Beobachtungen einordnen kann. Er kann zum Beispiel ,,wahnsinniges" Verhalten auf dämonische Besessenheit zurückführen oder es als Strafe Gottes für ein sündiges Leben betrachten. Er entscheidet sich also, Wahnsinn so zu beurteilen, als ob er übernatürliche Ursachen habe. Er stellt dann fest, daß infolge dieser Annahme bis dahin unbegreifliche Handlungen eines Wahnsinnigen plötzlich einen Sinn ergeben und erklärbar werden. Zu dieser sonst unerreichbaren Einsicht kommt er, indem er ein **religiöses Erklärungsmodell** des Wahnsinns benutzt.

Ein anderer Beobachter glaubt indes vielleicht nicht an Götter und Dämonen, und nimmt statt dessen an, Wahnsinnige seien einfach Opfer unglücklicher persönlicher Erlebnisse, die sie im Laufe ihres Lebens ,,um den Verstand gebracht" hätten. Dieser Beobachter entscheidet sich, Wahnsinn als erlerntes Verhalten aufzufassen. Er betrachtet ihn unter Verwendung eines **lerntheoretischen Erklärungsmodells.**

Ein dritter Beobachter mag beide Modelle ablehnen und eher davon ausgehen, wahnsinniges Verhalten entstehe durch einen Mangel von Gesundheit. Deshalb betrachtet er Wahnsinn als Krankheit. Er benutzt also ein **medizinisches Erklärungsmodell.**

Natürlich gibt es eine ganze Reihe weiterer Erklärungsmodelle des Wahnsinns, und auf einige werden wir später noch zurückkommen. Selbst die hier aufgeführten drei Modelle können anhand bestimmter Unterschiede in verschiedene untergeordnete Erklärungsmodelle eingeteilt werden. Zum Beispiel können Christen, Hindus, Buddhisten und polytheistische ,,Naturvölker" unterschiedliche religiöse Erklärungsmodelle des Wahnsinns haben, selbst wenn sie alle daran glauben, daß er einen übernatürlichen Ursprung hat. Daher können verschiedene moderne Wissenschaftler auch unterschiedliche lerntheoretische Modelle zur Erklärung von Wahnsinn verwenden, von der psychoanalytischen Theorie bis zur operanten Konditionierung. Darüber hinaus haben Ärzte im Verlaufe der Geschichte zumindest zwei medizinische Konzepte für Wahnsinn entwickelt je nachdem, ob sie nach körperlichen oder psychischen Ursachen forschten. Entsprechend schrieben sie Wahnsinn einmal körperlichen und ein anderes Mal geistigen Ursachen zu.

Menschen wählen ein bestimmtes Erklärungsmodell, das ihrer eigenen vorgefaßten Meinung, ihren Bedürfnissen und Zwecken entspricht, und sie benutzten es gewöhnlich, solange es ihnen als einleuchtende Erklärung ausreicht. Es ist allerdings nicht ungewöhnlich, daß ein Phänomen bei näherer Betrachtung so viele neue Fragen aufwirft, daß das bis dahin akzeptierte Erklärungsmodell nicht mehr paßt und ersetzt werden muß. Wenn zum Beispiel Menschen nicht mehr an übernatürliche Kräfte glauben und sie entdekken, daß Formen ,,wahnsinnigen" Verhaltens auf eine Gehirnschädigung zurückzuführen sind, verwerfen sie das religiöse Erklärungsmodell zugunsten eines medizinischen.

Hier sollte jedoch angemerkt werden, daß der Ersatz eines Modells durch ein anderes nicht seinen ursprünglichen Zweck ändert, sondern vielmehr das Grundprinzip aller Modellbildungen bestätigt. Erklärungsmodelle sind unentbehrlich, aber sie sind nie mehr als vorübergehende Festlegungen. Sie sollen Fremdes vertraut machen, sollen Sinnlosem einen Sinn geben. Sobald sie diese Funktion nicht mehr erfüllen, haben sie sich überlebt, und wir müssen uns nach einem anderen, umfassenderen oder präziseren Modell umsehen, das zu besseren Erklärungen führt. Man kann dies auch so zusammenfassen, daß Modelle immer nur „auf Probe" entwickelt werden.

Modelle werden auch entwickelt, um sie mit anderen Modellen zu vergleichen. Ein Modell bringt immer bestimmte Konzepte, Ideen, Theorien und Standpunkte in einen solchen Zusammenhang, daß Vergleiche mit anderen Konzepten, Ideen, Theorien und Standpunkten möglich werden. So drücken beispielsweise das religiöse und das medizinische Modell des Wahnsinns aus, wodurch er verursacht wird, was man dagegen tun kann, wer das tun kann und in welchem Maße der Wahnsinnige für seinen Zustand verantwortlich ist:

- Nach dem religiösen Modell wird Wahnsinn durch böse Geister verursacht und ist daher durch Exorzismus zu bekämpfen. Der Exorzismus sollte von einem Priester oder einer anderen religiösen Autorität durchgeführt werden. Der Wahnsinnige ist wahrscheinlich für seinen Zustand verantwortlich, weil er Gott mißfallen hat. Sobald er allerdings Reue empfindet und der böse Geist ihn verlassen hat, ist er gerettet.
- Nach dem medizinischen Modell wird Wahnsinn durch eine Krankheit verursacht und ist daher durch medizinische Behandlung zu bekämpfen. Die Behandlung sollte von einem Arzt durchgeführt werden. Der Wahnsinnige ist fast nie für seinen Zustand verantwortlich, er hat nur „Pech gehabt". Sobald er positiv auf Medikamente, Elektroschocks, Psychochirurgie usw. reagiert, ist er geheilt.

Natürlich kann man diesen Vergleich nach Belieben weiterführen, da beide Modelle auch in vielen anderen Punkten übereinstimmen. Wo die Vertreter des religiösen Erklärungsmodells von Dämonen, der menschlichen Seele, göttlichen Geboten, Versuchung, Sünde, Reue, Vergebung, Glauben und Erlösung sprechen, ist bei den Verfechtern des medizinischen Erklärungsmodells von Bakterien, Viren, Parasiten, der menschlichen Psyche, Hygienevorschriften, Infektion, Verletzung, Trauma, Pathologie, Therapie, Gesundheit und Rehabilitation die Rede.

Die Tatsache, daß sich dieser Vergleich Punkt für Punkt weiterführen läßt, bedeutet natürlich nicht, daß alle Modelle gleich sind oder daß es gerechtfertigt wäre, jedes beliebige Modell zu wählen, solange es nur konsistent ist. Wir erkennen im Gegenteil gerade beim Vergleich verschiedener Modelle deren Stellenwert und spezifische Bedeutung. Wir müssen auch daran denken, daß es in der Geschichte viele Fälle gegeben hat, in denen eine bestimmte Erklärung sich als die einzig „richtige" erwies. Damit waren dann alle anderen Modelle widerlegt. Im Hinblick auf bestimmte Formen des Wahnsinns zum Beispiel wurden vormals provisorische medizinische Erklärungsansätze durch wissenschaftliche Entdeckungen später so eindeutig bestätigt, daß sie ihren Modellcharakter verloren und zu einer unbestrittenen Tatsache wurden. (Ein bekanntes Beispiel hierfür ist wohl der Wahnsinn, der in der Folge von Syphilis auftreten kann.) Es gab allerdings auch Fälle, in denen ein medizinisches Erklärungsmodell für die Entstehung von Wahnsinn nicht bestätigt werden konnte, sondern von der Wissenschaft ausdrücklich verworfen wurde. (Ein bekanntes Beispiel hierfür ist wohl der ehemals unbezweifelte Masturbationswahnsinn.)

Ein eingehender Vergleich verschiedener Modelle kann uns auch helfen, jeden Erklärungsansatz für sich zu verstehen und ihn von Verfälschungen freizuhalten. Das bedeutet, indem wir die Unterschiede zwischen verschiedenen Erklärungsansätzen deutlich machen, können wir uns vor begrifflicher Verwirrung schützen, wie sie in der Wissenschaft hier und da vorgekommen ist. Modelle dürfen nicht miteinander vermischt werden. Sie können keinesfalls sinnvoll angewandt werden, wenn sie nicht in sich logisch sind. Ein Durcheinander unzusammenhängender Vermutungen oder ein Mischmasch heterogener Modelle kann unmöglich zu sinnvollen Einsichten führen.

So einfach und einleuchtend diese Feststellung auch scheint, in der Praxis wird sie leider oft nur unzureichend gewürdigt. Wiederum ist das Beispiel des ,,Masturbationswahnsinns" wohl das einleuchtendste: Im 18. und 19. Jahrhundert erklärten viele europäische und amerikanische Ärzte, daß Masturbation das Gehirn erweiche und zu einem geistigen Zusammenbruch führe. Manche versicherten, daß die schädliche Gewohnheit die Folge angeborener körperlicher oder geistiger Veranlagung sei. Damit wurde Masturbation zugleich als Ursache und als Folge des Wahnsinns betrachtet. Wer masturbierte, war auf alle Fälle krank, die Krankheit erforderte strenge therapeutische Maßnahmen, wie Infibulation, Entfernung der Klitoris und Kastration.

Die Vertreter dieser Ansicht glaubten natürlich, sie hätten ein modernes, ,,aufgeklärtes" medizinisches Erklärungsmodell geschaffen. Bei genauer Betrachtung kann man jedoch feststellen, daß dieses Modell eine ganze Reihe ,,unaufgeklärter" religiöser Elemente enthielt. Schon allein die Wortwahl, der sich die Ärzte bei dem angeblich medizinischen Problem bedienten (,,Onanismus", ,,Selbstbefleckung" oder ,,einsames Laster"), waren entweder direkt der Bibel entnommen oder trugen einen offensichtlich wertenden Charakter. Die nutzlose und grausame ,,medizinische" Behandlung war darüber hinaus ganz eindeutig viel eher als Bestrafung denn als Heilmethode geeignet. Anders als richtige medizinische Patienten wurden Masturbierende noch immer moralisch verurteilt und für ihren Zustand selbst verantwortlich gemacht. Daher war das vermeintlich medizinische Erklärungsmodell des ,,Masturbationswahnsinns" in Wahrheit ein religiöses oder moralisches Modell in medizinischer Verkleidung.

Diese Vermischung von Modellen ist jedoch keineswegs eine Angelegenheit der Vergangenheit. Sie bleibt zu jeder Zeit (oft unbewußt) eine mächtige Versuchung. Jedem Beobachter der gegenwärtigen psychiatrischen Szene wird das offenbar. Heute gehen an ein und derselben Klinik oft verschiedene Psychiater von sehr unterschiedlichen Voraussetzungen aus. Sie behandeln daher die gleiche ,,Krankheit" mit sehr unterschiedlichen ,,Behandlungsmethoden", von der Chirurgie, medikamentösen Therapie und Elektroschockbehandlung bis zu Verhaltenstherapie, Gruppendiskussionen, Gruppentherapie und Psychoanalyse. Außerdem ist es gar nicht ungewöhnlich, daß Psychiater in der Beurteilung eines bestimmten Patienten zu ganz unterschiedlichen Ergebnissen kommen, nicht nur bezogen auf die Art der Erkrankung, sondern auch bezogen auf die Frage, ob der Patient überhaupt als krank zu bezeichnen ist. Dies führt natürlich oft zu Verwirrungen, nicht nur in der breiten Öffentlichkeit, sondern auch unter den Psychiatern selbst. Einige verzweifelte Psychiater fordern deshalb heute eine radikale Abkehr von der Tradition und verkünden den ,,Tod der Psychiatrie".

Obgleich die Nachricht von ihrem Tod übertrieben sein mag, zeichnet sich ab, daß die moderne Psychiatrie in ernsten Schwierigkeiten steckt. Um eine ihr gemäße Metapher zu verwenden, könnte man sagen, die moderne Psychiatrie leide an einer sich vertiefenden Identitätskrise. Es ist sogar möglich, daß sie auf lange Sicht nicht als medizinisches Fachgebiet überleben kann. Der Grund hierfür liegt wieder darin, daß fortgesetzt wahllos Modelle vermischt werden. Das Grundproblem ist einfach zu umreißen: Wenn sich Psychiater mit abweichendem Verhalten befassen, geht man davon aus, daß sie eine Art Medizin praktizieren. Es wird indes immer deutlicher, daß ihre berufliche

Tätigkeit oft kaum in ein medizinisches Erklärungs- und Handlungsmodell paßt. Sie ist innerhalb anderer Modelle wesentlich besser zu verstehen. Die oben genannten therapeutischen Techniken wie Verhaltenstherapie, Gruppentherapie oder Gesprächstherapie sind zum Beispiel nicht wirklich medizinische Behandlungsmethoden, und es besteht kein notwendiger Grund, warum Menschen, die sich einer solchen Behandlung unterziehen wollen, einen Arzt aufsuchen müßten. Heute gehen viele Menschen deshalb tatsächlich bereits zu Psychologen, nicht-ärztlichen Analytikern und Familien-, Ehe-, Sexual-, Drogen- oder Jugendberatern. Viele dieser ,,Experten" haben keine medizinische Vorbildung und sie verfolgen keine medizinischen Ziele. Das bedeutet aber auch, daß Menschen, die zu ihnen kommen, nicht als krank bezeichnet werden und daher nicht Patienten, sondern ,,Klienten" heißen. Ihre Schwierigkeiten werden nicht als Symptome einer Krankheit definiert, sondern als ,,Anpassungsprobleme", ,,emotionale Probleme", ,,unterentwickelte soziale Kompetenz" oder ganz allgemein ,,Lebensschwierigkeiten".

Heute ist die bekannteste und wichtigste nicht-medizinische psychiatrische Technik natürlich die Psychoanalyse. Es ist richtig, daß ihr Gründer, Sigmund Freud, Arzt war und daß er seine Theorien im Rahmen der Behandlung von Patienten entwickelte. Im Verlauf der Jahre stellte er jedoch fest, daß diese Theorien eine wesentlich umfassendere Bedeutung hatten und nicht auf den medizinischen Rahmen beschränkt bleiben konnten. Er stellte zunehmend fest, daß er ein völlig neues System kritischer Erziehung und Forschung geschaffen hatte. Er schloß deshalb, daß es für Psychoanalytiker nicht notwendig sei, ein Medizinstudium zu absolvieren. Er hoffte statt dessen, sie würden ein interdisziplinäres Studium betreiben, das Elemente der Biologie, Psychologie, Soziologie, Kulturgeschichte, Mythologie, Literatur und anderer geisteswissenschaftlicher Fachgebiete in sich vereinigte. Er erkannte die Bedeutung der Psychoanalyse für den nicht-medizinischen Bereich und empfahl sie daher auch für Menschen, die nicht krank waren, wie Künstler, Schriftsteller und Analytiker in der Ausbildung. Leider wurden aufgrund historischer Umstände Freuds Absichten von seinen Nachfolgern nicht verwirklicht. Nach seinem Tode wurde Psychoanalyse zu einem medizinischen Fachgebiet erklärt und im Umfeld der modernen Psychiatrie angesiedelt. Dies vergrößerte nur die allgemeine Verwirrung.

Was hier über ,,Wahnsinn" oder ,,Geisteskrankheit" gesagt wurde, ist natürlich allgemein auch auf abweichendes Sexualverhalten anwendbar, soweit dieses als psychiatrisches Problem definiert wird. Moderne Psychiater haben zum Teil sehr unterschiedliche Erklärungen für abweichendes Sexualverhalten und unterscheiden sich auch erheblich in ihren Behandlungsmethoden. Die einen sehen jede Art abweichenden Sexualverhaltens als krank an und verordnen verschiedene traditionelle medizinische Therapien. Andere sind der Auffassung, sexuell deviante Menschen seien vollkommen gesund und weigern sich, eine Behandlung einzuleiten. Wieder andere sind der Auffassung, man müsse Menschen mit abweichendem Verhalten auch dann behandeln, wenn sie nicht krank sind, und man müsse dabei jede erfolgversprechende Methode anwenden. Der scheinbar medizinische Charakter der Psychiatrie ist also keine Garantie dafür, daß sich Psychiater wie ,,normale" Ärzte verhalten oder daß sie mit sexuell devianten Menschen wie mit ,,normalen" Patienten verfahren.

Es ist deshalb vielleicht sinnvoll, das medizinische Erklärungsmodell und seine Konsequenzen etwas eingehender zu betrachten.

Die Implikationen des medizinischen Modells

Das medizinische Erklärungsmodell für sexuelle Devianz geht davon aus, daß sich Abweichung am besten als Krankheit erklären läßt. Verschiedene Formen abweichenden Sexualverhaltens sind wie unterschiedliche Krankheiten, die eigene Ursachen und Symptome haben und medizinisch behandelt werden können. Das bedeutet auch, daß Menschen mit abweichendem Verhalten Patienten sind, daß das Einordnen ihres Verhaltens nach den Prinzipien einer ärztlichen Diagnose geschieht, daß dieses Verhalten von einem Arzt behandelt werden sollte und daß dessen Behandlungsversuche eine Therapie sind. Weiterhin geht man davon aus, daß sexuelle Anpassung mit Gesundheit gleichzusetzen sei und daß die Rückkehr zu sexueller Anpassung einer Heilung entspricht.

Menschen, die solche Auffassungen vertreten, drücken damit nicht notwendig aus, daß sexuell abweichendes Verhalten „geisteskrank“ sei oder daß es so etwas wie „Geisteskrankheit“ gebe. Sie können statt dessen ebensogut annehmen, daß alle Menschen mit abweichendem Sexualverhalten körperlich krank sind und daß jede Krankheit eine körperliche Ursache hat. Das medizinische Erklärungsmodell abweichenden Verhaltens impliziert also nicht unbedingt die Notwendigkeit einer „Seelenmedizin“ oder Psychiatrie. Man kann dies mit einigen Beispielen veranschaulichen:

Körperliche Krankheiten werden traditionell je nach ihrer Entstehung in drei Kategorien eingeteilt:

1. Infektiöse Erkrankungen, das heißt Krankheiten, die durch Bakterien, Viren oder andere Erreger hervorgerufen werden, wie zum Beispiel Gonorrhoe, Syphilis, Tuberkulose oder eine gewöhnliche Erkältung.
2. Systemerkrankungen, das heißt Krankheiten, die durch Funktionsstörungen in Organen oder Organsystemen hervorgerufen werden, wie zum Beispiel Verkalkung der Arterien, Prostataleiden oder Zuckerkrankheit.
3. Traumatische Erkrankungen, das heißt Krankheiten, die durch äußerliche Einwirkungen auf den Körper hervorgerufen werden, wie zum Beispiel ein gebrochenes Bein, eine Schnittverletzung oder eine Verbrennung.

Jede dieser Kategorien wurde – in unterschiedlichen Phasen der Geschichte – auch als Erklärung für abweichendes Verhalten verwendet. Hierfür einige Beispiele:

- Als man entdeckte, daß eine Syphilisinfektion schließlich auch das Gehirn betreffen und bei dem Patienten zu unerklärlichem Verhalten führen kann, vermutete man, jedes abweichende Verhalten habe möglicherweise eine ähnliche Ursache. (In dieser Sichtweise war abweichendes Verhalten Symptom einer Infektionskrankheit.)
- Als man an „Degeneration“ oder „Entartung“ glaubte, wurde abweichendes Verhalten einer ererbten Körperschwäche, einer fortschreitenden Verschlechterung des genetischen Materials zugeschrieben, die sich in „Nervenschwäche“ und in sexueller Übererregtheit und Fehlorientierung ausdrückte. (In dieser Sichtweise war abweichendes Verhalten Symptom einer Systemerkrankung.)
- Als man an den „Masturbationswahnsinn“ glaubte, wurde abweichendes Verhalten auf die schädliche Gewohnheit der „Selbstbefleckung“ zurückgeführt, die das Gehirn überhitzte und die den Körper bestimmter wichtiger Flüssigkeiten beraubte. (In dieser Sichtweise war abweichendes Verhalten Symptom einer traumatischen Erkrankung.)

Es ist sehr wichtig festzustellen, daß in allen drei Beispielen das abweichende Verhalten ausschließlich körperlichen Ursachen zugeschrieben wurde. Das Verhalten eines Menschen war also „falsch“, weil sein Körper krank war. Wäre sein Körper gesund gewesen, wäre auch sein Verhalten „richtig“ gewesen, und es würde wieder „richtig“ werden, sobald sein Körper geheilt würde. (Das Verhalten würde allerdings „falsch“ bleiben, wenn der Körper sich als unheilbar erweisen sollte.) Man bezog sich in diesem Zusammenhang nicht auf einen „Geist“ oder eine „Psyche“, „Geisteskrankheit“ oder „Psychiatrie“. Das ganze Problem wurde ausschließlich in den

Begriffen körperliche Krankheit und körperliche Behandlung interpretiert. Der Patient benötigte ganz einfach einen Arzt.

Aus unseren historischen Darstellungen der vorausgegangenen Kapitel wird jedoch noch erinnerlich sein, daß in moderner Zeit abweichendes Verhalten zunehmend nicht körperlichen, sondern mehr und mehr geistigen Krankheiten zugeschrieben wurde. Nach dieser Interpretation ist der Körper des devianten Menschen völlig gesund, es fehlt ihm nur an geistiger Gesundheit. Daraus folgt, daß kein gewöhnlicher Arzt ihn behandeln kann und daß er statt dessen der Hilfe eines ,,Seelenarztes" oder Psychiaters bedarf. Da jedoch alle Psychiater auch eine medizinische Ausbildung haben, teilen sie bestimmte grundlegende Annahmen mit anderen Ärzten und unterscheiden möglicherweise ebenso zwischen infektiösen, systemischen und traumatischen geistigen Erkrankungen.

Leider hat es sich gezeigt, daß dieser Ansatz in der Praxis nicht sehr hilfreich ist. Besonders in bezug auf abweichendes Sexualverhalten haben die traditionellen medizinischen Einteilungskriterien oft zu verwirrenden und widersprüchlichen Lösungen geführt. So wurde beispielsweise die Geisteskrankheit ,,Homosexualität" allen drei verschiedenen Arten von Ursachen zuzuordnen versucht. Im einzelnen wurden folgende Theorien vorgeschlagen:

- Menschen sind homosexuell, weil sie von anderen, vor allem älteren Homosexuellen verführt wurden. Homosexuelle müssen also von jungen Menschen ferngehalten werden. (In dieser Sichtweise ist Homosexualität eine Infektionskrankheit.)
- Menschen sind homosexuell, weil sie mit einer ,,schwachen Persönlichkeit" geboren wurden, weil sie senil geworden sind oder weil ,,ihr Charakter zerfallen ist". (In dieser Sichtweise ist Homosexualität eine Systemerkrankung.)
- Menschen sind homosexuell, weil neurotische Eltern oder frühe traumatische sexuelle Erlebnisse eine normale sexuelle Entwicklung verhindert haben. (In dieser Sichtweise ist Homosexualität eine traumatische Krankheit.)

Natürlich haben die Psychiater, die diese Theorien aufstellten, ihre Grundannahmen nicht immer offengelegt; in vielen Fällen waren sie sich ihrer gar nicht bewußt. Manche Psychiater waren sogar ausgesprochen entsetzt, wenn kritische Beobachter diese Annahmen aufdeckten. Schließlich wirkt die direkte Gleichsetzung körperlicher und geistiger Krankheiten medizinisch ungebildet und plump. Es erscheint einfältig zu unterstellen, daß der Geist eine greifbare, konkrete Sache sei, ein Organismus, der sich infizieren und als System zusammenbrechen oder Verletzungen erleiden kann. Wenn man solche Bezeichnungen in psychiatrischen Verlautbarungen findet, sind sie eben nicht wörtlich, sondern eher bildlich gemeint. Die Begriffe der Infektion, des systemischen Zusammenbruchs und des Traumas können auf geistige Krankheiten nur im übertragenen Sinne angewandt werden. Es gibt keine ,,geistigen Bakterien" oder verletzliche ,,geistige Organe". Wenn man daher geistige Krankheit den gleichen Kategorien zuordnen will wie körperliche Krankheiten, muß man sich mit bildhaften Ausdrücken behelfen.

Wenn man aber die Bezeichnung ,,Geisteskrankheit" genauer betrachtet, wird deutlich, daß das Wort selbst ein bildlicher Ausdruck ist. Genaugenommen kann ein Geist ebensowenig erkranken, wie ein Intellekt übergewichtig sein kann oder ein Instinkt an Krebs erkranken könnte. Man kann zwar vom ,,kranken Geist" sprechen, aber nur in der Weise, wie man von einer ,,kranken Wirtschaft" oder einer ,,kranken Firma" spricht. Auch die Begriffe ,,Wirtschaft" und ,,Firma", ähnlich wie der Begriff ,,Geist", sind hier in einem abstrakten Sinn verwendet. Der Geist ist ein Begriff, ein Konzept, eine Idee, die die Wirkung und Tätigkeit des menschlichen Gehirns zusammenfaßt. Er ist offensichtlich nicht das Gehirn selbst. (Eine „Gehirnerkrankung" ist eindeutig eine körperliche Erkrankung.) Wenn wir daher sagen, der Geist eines Menschen sei erkrankt, drücken wir damit aus, daß „die Funktion seines Gehirns" krank ist. Im Grunde genommen können wir damit – je nach Lage des Falles – auch ausdrücken, daß die Funktion des Gehirns krank sei, wenn das Gehirn selbst vollkommen gesund ist.

Man muß nicht unbedingt Logik studiert haben, um einzusehen, daß eine solche Feststellung auf den ersten Blick unsinnig erscheint. Es ist, als würde man sagen, die Funktion eines Autos wäre zusammengebrochen, der Motor sei allerdings völlig in Ordnung – ein hoffnungsloser Widerspruch. Allerdings ist gerade diese Art Widerspruch nicht zu vermeiden, wenn man einen konkreten Zustand mit einem abstrakten Konzept erklären will oder solange man ernsthaft behauptet, daß „der Geist auf gleiche Weise erkranken kann wie der Körper" und daß „geistige Krankheit eine Krankheit wie jede andere" ist. Solche Behauptungen hätten nur dann einen Sinn, wenn der Geist wirklich eine Sache wäre und unter den gleichen logischen Prämissen betrachtet werden könnte wie der Körper. Wir haben jedoch gesehen, daß kein moderner Wissenschaftler davon noch ausgeht.

Die Situation war anders im Altertum, als die Menschen noch glaubten, nicht nur der Körper, sondern auch der Geist sei konkret. So bedeutete die alte griechische Bezeichnung für Geist, „Psyche", ursprünglich vor allem „Atem" und erst später „Seele". Von dieser Seele nahm man an, sie liege in einem bestimmten Bereich des Körpers (im Herzen, im Zwerchfell, in der Leber oder im Gehirn). Man glaubte auch, die Seele sei eine Art ätherisches Wesen oder ein Geist, und sie könne daher auch von anderen Geistern beeinflußt oder gar besessen werden. Kein Arzt, nicht einmal ein Psychiater, glaubt aber heute noch an Geister oder Seelen. Das Wort „Psyche" ist heute ein abstrakter, ein technischer Begriff geworden, der sich nicht mehr auf ein lebendiges oder atmendes unsichtbares Wesen bezieht. Wenn heutige Psychiater von einer „Geisteskrankheit" sprechen, meinen sie nicht die konkrete Krankheit eines konkreten Organs, sondern die metaphorische Krankheit einer theoretischen Konstruktion.

Es erscheint wichtig, diesen einfachen Punkt immer wieder zu betonen, da man aus Erfahrung weiß, wie leicht er vergessen wird. Darüber hinaus ist die von der Psychiatrie benutzte Fachsprache oft „neoarchaisch", ungenau und irreführend. So hören wir ständig nicht nur von „Psychiatrie" (Heilung des Geistes), „Psychotherapie" (Behandlung des Geistes) und „Psychopathologie" (Krankheit des Geistes), sondern auch von „psychotropen Medikamenten" (Medikamenten, die auf den Geist einwirken) und „Psychochirurgie" (Operationen, die am Geist vorgenommen werden). Diese Bezeichnungen bedeuten jedoch nicht wirklich, was sie auszudrücken scheinen, und jeder, der ihren symbolhaften Charakter vergißt, versteht sie notwendig falsch. Mit anderen Worten: da der Geist nur im metaphorischen, symbolhaften Sinne krank sein kann, kann er auch nur metaphorisch geheilt oder behandelt werden. Psychoaktive Medikamente wirken nicht wirklich auf den Geist, sondern auf das Gehirn und wahrscheinlich auf andere Teile des Körpers; Psychochirurgie ist in Wahrheit immer Gehirnchirurgie.

Man kann sich natürlich fragen, aus welchem Grunde eine derart unklare Terminologie immer noch von Fachleuten benutzt wird, die es eigentlich besser wissen sollten. Man könnte sich fragen: „Wenn ein Psychochirurg tatsächlich ein Gehirn operiert, warum sagt er das nicht auch? Warum bezeichnet er seine Arbeit nicht einfach als Gehirnchirurgie?" Die Antwort des Psychochirurgen ist, daß er nicht direkt mit dem Gehirn befaßt ist, sondern daß er es operiert, um auf etwas anderes indirekt Einfluß zu nehmen. Seine Bemühungen zielen nicht so sehr darauf ab, das Gehirn zu verändern, sondern das Verhalten, das vom Gehirn gesteuert wird. Er betrachtet das Gehirn selbst vielleicht als durchaus gesund und nur das Verhalten als krank. In diesem Sinn operiert er dann in Wahrheit das Verhalten. Er hält sich deshalb selbst eher für einen ,,Verhaltenschirurgen" als für einen Gehirnchirurgen. Gehirnchirurgen operieren gewöhnlich nur kranke Gehirne und sehen keine Veranlassung, ein gesundes Gehirn zu operieren. Die Operation eines gesunden Gehirns kann daher nur gerechtfertigt werden, indem man sie als ,,Psychochirurgie", das heißt Chirurgie des Geistes, bezeichnet. Sie wird dann sozusagen zu einer ,,stellvertretenden" Chirurgie. Ist dieser Grundsatz einmal akzeptiert, ergibt der ganze Vorgang erstmals einen Sinn: Ein gesundes Gehirn kann operativ verletzt werden, weil diese Verletzung die Heilung des kranken Geistes bewirken kann.

Es ist ein merkwürdiger Zufall, daß zu einer Zeit, in der ,,Psychochirurgie" in der westlichen Welt bekannter wird, es auch Berichte westlicher Patienten mit bestimmten körperlichen Erkrankungen gibt, die in ferne Länder reisen, um sich Operationen zu unterziehen, die man ,,psychische Operationen" nennt. Diese Art Operationen, die in Europa und in den USA verboten sind, werden von ,,Geisterheilern" in Form imaginärer Operation im Rahmen magischer Rituale durchgeführt. Es kommen keine chirurgischen Instrumente zur Anwendung, es wird kein Einschnitt vorgenommen und der Heiler behauptet dennoch am Ende, er habe das erkrankte Organ kraft seiner geistigen Fähigkeiten entfernt, als habe er es mit einem Messer herausgeschnitten. Als Beweis zeigt er dem Patienten gewöhnlich ein Stück blutiges Gedärm, das scheinbar übriggeblieben ist.

Für moderne westliche Ärzte ist natürlich ein solches magisches Ritual nichts als kriminelle Quacksalberei und ein empörender Betrug. Trotzdem muß man, wenn auch nur aus theoretischen Erwägungen, die Ideologie, die sich hinter diesem ,,Schwindel" verbirgt, in die Betrachtungen einbeziehen, wenn man die Konzepte körperlicher und geistiger Krankheiten erörtert. Denn das Beispiel wirft ein Licht auf den Unterschied zwischen körperlichen und geistigen Therapieformen. Im Licht dieser neuen aufschlußreichen Perspektive kann das terminologische Problem nun in folgender Weise verdeutlicht werden:

Die in unserem Kulturkreis angewandte Chirurgie zur Verhaltensänderung ist in Wahrheit immer Gehirnchirurgie, das heißt einfache Chirurgie, die an einem tatsächlichen Organ durchgeführt wird. Der Begriff ,,Psychochirurgie" für solche Operationen ist irreführend, weil er vorgibt, man könne den Geist operieren, ein insgesamt imaginäres Organ. Der Begriff ,,psychische Chirurgie" bezieht sich demgegenüber auf imaginäre Chirurgie, vorgenommen an einem tatsächlichen Organ, wie dem Gehirn, dem Magen, der Leber oder dem Herzen. Schließlich gibt es als vierte theoretische Möglichkeit imaginäre Chirurgie, die an einem imaginären Organ wie dem Geist vorgenommen wird. Dies könnte als ,,psychische Psychochirurgie" bezeichnet werden.

Man kann den Problemkomplex vielleicht am ehesten so zusammenfassen: Wenn man der Vorstellung folgt, daß ein tatsächliches Organ (wie das Gehirn) und ein imaginäres Organ (wie der Geist) an operierbaren Krankheiten leiden können, kann man sich ebenso tatsächliche und imaginäre Formen der Chirurgie vorstellen. Man würde dann logischerweise zu vier verschiedenen Kombinationen kommen:

1. *Herkömmliche Chirurgie,* das heißt tatsächliche chirurgische Verfahren, die an einem tatsächlichen Organ vorgenommen werden (zum Beispiel dem Gehirn).
2. *Psychochirurgie,* das heißt tatsächliche chirurgische Verfahren, die an einem imaginären Organ vorgenommen werden (zum Beispiel dem Geist).
3. *Psychische Chirurgie,* das heißt imaginäre chirurgische Verfahren, die an einem tatsächlichen Organ vorgenommen werden (zum Beispiel dem Gehirn).

4. ,,*Psychische Psychochirurgie*", das heißt imaginäre chirurgische Verfahren, die an einem imaginären Organ vorgenommen werden (zum Beispiel dem Geist.)

Die erste und letzte dieser Klassifikationen sind in sich einheitlich, sie beruhen auf stimmigen Konzepten von Theorie und Praxis und sind daher logisch konsistent. ,,Psychische Psychochirurgie" ist natürlich nichts weiter als ein Zeremoniell, ein rein magisches Ritual und als solches in wissenschaftlichen Überlegungen fehl am Platz. In der einen oder anderen Form mag sie unter alten ,,Naturvölkern" vorgekommen sein, sie hat aber heute keine praktische Bedeutung mehr. Gewöhnliche Chirurgie, die bereits seit Tausenden von Jahren bekannt ist, wird heute noch anerkannt und hat inzwischen an Wunder grenzende Leistungen vollbracht. Sie ist jedem bekannt und stellt keine konzeptionellen Probleme. Wirklich problematisch sind nur die zweite und die dritte der zuvor aufgeführten Kategorien, weil sie logisch uneinheitlich sind. Heute wird ,,psychische Chirurgie" glücklicherweise meist als Betrug entlarvt, mit ,,Psychochirurgie" ist das allerdings anders. Wir kennen beispielsweise den steinzeitlichen Brauch des Trepanierens, bei dem man Menschen Löcher in die Schädeldecke bohrte, damit die bösen Geister entweichen konnten. Wir wissen auch, daß bereits die primitivsten Werkzeuge (scharfkantige Steine) zu chirurgischen Eingriffen verwendet wurden, um imaginäre Kräfte zu beeinflussen. Diese alte Hoffnung besteht noch immer und sie wird heute durch ständige Vervollkommnung chirurgischer Werkzeuge und Techniken eher noch bestärkt. Der Glaube an Geister ist vielleicht verschwunden, die modernen Chirurgen sind jedoch nach wie vor überzeugt, daß das richtige Skalpell oder die passende Elektrode, an der richtigen Stelle in den Schädel des Patienten eingeführt, dessen ,,Psyche" unter Kontrolle bringen kann.

Die Ergebnisse der ,,Psychochirurgie" sind in der Tat bemerkenswert: Ehemals gewalttätige Patienten werden gefügig, sexuell aggressive Patienten verlieren jedes Interesse an Sexualität usw. Dies gilt allerdings auch für andere Formen körperlicher Verstümmelung, wie etwa für Kastration, die bislang noch niemand dem Bereich der Psychochirurgie zugeordnet hat. Viele kritische Beobachter lassen sich daher nicht vorschnell beeindrucken und erwarten eine bessere Dokumentation der Ergebnisse und überzeugendere theoretische Rechtfertigungen. Die schwersten Einwände gegen die heute geübte Praxis beziehen sich jedoch auf die Tatsache, daß Psychochirurgie oft ohne Einwilligung des Patienten oder bei wehrlosen Patienten, wie Gefangenen oder Insassen von psychiatrischen Krankenhäusern durchgeführt wurde und daß man bei einigen Patienten zweifeln kann, ob sie überhaupt als schuldig oder krank hätten bezeichnet werden dürfen. Besonders in den letzten Jahren wird die öffentliche Entrüstung gegen ,,Psychochirurgie" immer unüberhörbarer, sie ist so stark geworden, daß Verfechter dieser Techniken vorsichtiger geworden sind und die Anzahl derartiger Operationen – zumindest in den Vereinigten Staaten – rapide abgenommen hat.

Ein weiterer wichtiger Grund für diese Veränderung ist die Entwicklung neuer ,,psychotroper" Medikamente, die heute immer häufiger verwendet werden, um gewalttätige, unruhige, depressive und schizophrene Patienten zu behandeln. Menschen mit sexuellen Problemen können heute ,,chemisch kastriert" werden, indem man ihnen Medikamente verordnet, die die Testosteronbildung im Körper herabsetzen und so das sexuelle Verlangen reduzieren. Anders als die chirurgische Kastration ist die chemische Kastration nicht dauerhaft, sondern durch Absetzen des Medikaments rückgängig zu machen. Man ist also heute in der Lage, menschliches Verhalten durch Medikamente zu provozieren, zu verhindern, zu ändern oder wiederherzustellen. Wie im Fall der Psychochirurgie ist es jedoch wissenschaftlich nicht korrekt zu behaupten, diese Eingriffe würden auf den ,,Geist" wirken, wirken sie doch ganz eindeutig auf den Körper. Die resultierenden körperlichen Veränderungen bewirken dann eine Veränderung des Verhaltens. So haben tatsächlich die sogenannten psychotropen Medikamente und die Psychochirurgie dazu geführt, daß viele Psychiater sich heute wenig um die ,,Psyche" Gedanken machen und ihre Aufmerksamkeit wieder dem Körper schenken. Denn wenn schließlich eine Krankheit durch körperliche Behandlungen wie Chirurgie und Medikamentenverordnungen geheilt werden kann, handelt es sich vermutlich wirklich nur um eine körperliche Erkrankung. Warum sollte man sich dann noch um so ein zweifelhaftes Konstrukt wie den ,,Geist" Gedanken machen. Der alte Glaube an die rein körperliche Ursache ,,geistiger" Krankheit ist so wieder aufgetaucht und wird in der Zukunft vielleicht weiter bestätigt. Jedenfalls fordern einige der kritischen modernen Psychiater neue Schwerpunkte der Forschung auf ausschließlich medizinischer und biologischer Grundlage. Gleichzeitig wurden sie ausgesprochen bescheiden, was ihre Zuständigkeit für moralische Probleme und soziale Sachverhalte angeht.

Diese neue Demut drückt sich auch in neueren Konzepten über das Wesen von Krankheiten aus. Man nimmt nicht mehr an, daß es so etwas wie einen fest umrissenen, unveränderlichen Zustand der Gesundheit gibt, der gelegentlich durch einen ähnlich fest umrissenen Zustand des Krankseins ersetzt wird. Man geht statt dessen heute davon aus, daß Menschen sich im Laufe ihres Lebens anpassen und verändern müssen und daß diese Anpassung und Veränderung kein Anlaß zur Beunruhigung ist, solange sie die normale (das heißt die gewöhnliche) Funktion nicht beeinträchtigt. Das bedeutet gleichzeitig, daß in dem Ausmaß, in dem körperliche und psychische Funktionen behindert werden, das heißt, in dem Ausmaß, in dem die normalen Veränderungen zu Fehlanpassung führen, medizinisches Eingreifen erforderlich werden kann. In diesem Sinn sind Gesundheit und Krankheit keine klar getrennten Alternativen oder unvereinbare Gegensätze, sondern Abschnitte auf einem Kontinuum, Teile eines umfassenden Lebensprozesses.

Dies alles bedeutet, daß in der Medizin, ähnlich wie in anderen wissenschaftlichen Disziplinen, kein Platz für Dogmatismus ist. Besonders im psychologischen Bereich hängt die Entscheidung über das, was als fehlangepaßt zu bezeichnen ist oder nicht, in hohem Maße von individuellen und sozialen Faktoren ab, die in ihrer Gesamtheit zu betrachten sind. Darüber hinaus dürfen diejenigen, die anderen Diagnosen und Therapien anbieten, nicht vergessen, ihre eigenen Wertvorstellungen mit zu berücksichtigen. Schließlich hat der Mißbrauch der Medizin und Psychiatrie in der Vergangenheit auch dem durchschnittlichen Laien deutlich gemacht, daß er seine eigene Urteilsfähigkeit nicht aufgeben darf, wenn er sich in eine Therapie begibt. Auch er weiß, daß entgegen mancher übertriebenen früheren Behauptungen nicht jedes seiner Probleme eine medizinische Lösung hat.

Kritik des medizinischen Erklärungsmodells

Wie wir gesehen haben, führte die Entwicklung des Konzepts von ,,geistigen Krankheiten" in der Medizin zu vier verschiedenen diagnostischen Möglichkeiten: Ein Mensch konnte sich erweisen als

1. körperlich und geistig gesund,
2. körperlich krank und geistig gesund,
3. körperlich krank und geistig krank und
4. körperlich gesund und geistig krank.

Im ersten Fall bedurfte es keiner medizinischen Behandlung. Im zweiten Fall war ein ,,Körperarzt" nötig. Im dritten Fall mußte der ,,Körperarzt" sich der Hilfe eines ,,Seelenarztes" bedienen, und im letzten Fall hatte nur das Tun eines ,,Seelenarztes" Aussicht auf Erfolg.

Diese Situation drückte sich auch in einer zunehmenden Spezialisierung der Medizin aus. Psychiatrie, die ,,Seelenheilkunde", entwickelte sich als gesondertes Fach, obwohl Psychiater nach wie vor eine medizinische Ausbildung erhielten. Sie lernten also nicht nur körperliche, sondern auch geistige Krankheiten zu behandeln und wurden ,,Superärzte" mit größeren Fähigkeiten und größerer Autorität als ihre traditionellen Kollegen. Andererseits traten nach und nach auch viele nicht-medizinische ,,Psychotherapeuten" auf den Plan, die keine Qualifikation hatten, den Körper zu behandeln und die ausschließlich den Geist therapierten. In eine mittlere Position traten die Jünger der ,,psychosomatischen Medizin", die Krankheit gleichberechtigt unter geistigen und körperlichen Aspekten zu betrachten suchten.

Eine solche Einteilung findet sich auch im Handbuch der Diagnosen der amerikanischen Vereinigung für Psychiatrie (Diagnostic and Statistical Manual [DSM II] of the American Psychiatric Association). Ausgehend von Kraepelins Systematik geistiger Störungen, wurde es mehrfach überarbeitet, ohne daß seine grundlegende Ausrichtung im wesentlichen verändert worden wäre. In der Ausgabe von 1968 waren sechs Hauptkategorien abnormen Verhaltens verzeichnet. Die ersten beiden (,,geistige Unterentwicklung" und ,,hirnorganische Syndrome") bezogen sich auf physische Störungen. Die folgenden drei Kategorien (,,körperlich nicht begründbare Psychosen", ,,Neurosen" und ,,Persönlichkeitsstörungen") beschrieben rein psychische Störungen. Die letzte Kategorie (,,psychophysiologische Störungen") umfaßte Krankheitsbilder mit körperlichen und psychischen Aspekten.

Es muß jedoch darauf hingewiesen werden, daß selbst Psychiater dieses System häufig kritisierten, weil sie es für teilweise nicht begründet und überholt betrachteten. ,,Psychosen" waren zum Beispiel nicht nur ein Oberbegriff, sondern erschienen auch als Spezifizierung ,,organischer Psychosyndrome", Störungen wie ,,Neurosen" wurden weitgehend auf der Basis psychoanalytischer Theorien definiert, diese Kategorie gehörte deshalb in einen völlig anders gearteten theoretischen Zusammenhang. Die Kategorie ,,Persönlichkeitsstörungen" umfaßte ganz verschiedene Untergruppen wie ,,sexuelle Abweichung", ,,Alkoholismus" oder ,,Drogenabhängigkeit". Wenn man einmal die Frage außer acht läßt, ob Alkoholismus nicht auch eine Art Drogenabhängigkeit ist, muß man sich dennoch fragen, ob diese Begriffe wirklich einen wissenschaftlichen Sinn haben. Selbst wenn man davon ausgeht, daß sexuell deviantes Verhalten und Drogenabhängigkeit Symptome von Krankheiten sind (und dies ist eine sehr fragwürdige Annahme), geben hierüber die Klassifikationen keine wesentliche Auskunft. Es ist so, als würden Mediziner plötzlich Diagnosen verwenden wie ,,Schwäche", ,,Müdigkeit", ,,Fieber", ,,Husten" oder ,,Kopfschmerz". Solche Beschwerden können viele verschiedene Ursachen haben, ähnlich wie die sogenannten Persönlichkeitsstörungen. Darüber hinaus ist kaum einsehbar, daß sie sich von Neurosen so grundsätzlich unterscheiden sollen.

In der Folge vielfältiger Kritik wurde das ,,Handbuch" im Jahre 1980 nochmals überholt. Die neue Ausgabe, die unter der Bezeichnung ,,DSM III" bekannt ist, versucht, ausschließlich zu beschreiben und enthält daher die frühere Einteilung in große Kategorien nicht mehr. Sie führt statt dessen lange Listen sehr heterogener ,,Störungen", die von ,,Substanzenmißbrauch" über ,,Angstzustände", ,,Anpassungsschwierigkeiten" bis zu ,,Persönlichkeitsstörungen reichen. Auch diese Klassifikation ist reichlich willkürlich und erklärt eigentlich nichts, sie scheint aber vorsichtiger und zurückhaltender zu sein als die vorhergehende. Die neue Gruppe ,,psychosexueller Störungen" bleibt dennoch eine fragwürdige Mischung medizinisch verkleideter Werturteile. ,,Homosexualität" als solche wurde zwar aus der Liste gestrichen, es finden sich jedoch immer noch Mängel und Fehler, wie etwa die ungerechtfertigte Gleichsetzung von männlichem Orgasmus mit Ejakulation und die deutliche ideologische Bezeichnung ,,Paraphilie". Ernstzunehmende Sexualwissenschaftler müssen daher auf das ,,DSM IV" warten, um festzustellen, ob die Psychiatrie mit Sexualität wirklich wissenschaftlich umgehen kann. (Eine ausführliche Kritik dieser Frage findet sich in Kap. 8.1 ,,Grundprobleme der Sexualtherapie".)

Die Erfahrung zeigt jedenfalls, daß eine psychiatrische Diagnose mehr ist als eine ,,neutrale" medizinische Feststellung. Sie hat oft unmittelbare, weitreichende soziale Konsequenzen. Menschen, die als ,,geisteskrank" abgestempelt wurden, werden möglicherweise zwangseingewiesen, zwanzsbehandelt und möglicherweise Opfer drastischer Eingriffe. Dies gilt insbesondere für diejenigen, die wegen ihres abweichenden Sexualverhaltens geisteskrank genannt werden. Ihre ,,Krankheit" kann sehr leicht zum Vorwand dafür werden, sie zu isolieren, zu unterdrücken, zu verunglimpfen und zu strafen. Die Frage, ob sie wirklich krank sind oder nicht, ist dabei oft unerheblich. Die einzig wichtige Frage ist, welche moralische oder soziale Bedeutung wir ihren ,,Symptomen" beimessen. Ein humpelnder, asthmatischer, schielender oder kurzsichtiger Mann ist sicherlich abnorm und krank. Wir lassen ihn dennoch in Ruhe und achten seine persönlichen Rechte. Selbst wenn seine Gebrechen sich verschlimmern sollten, würden wir ihn niemals gegen seinen Willen behandeln. Im Gegensatz dazu ist ein sexuell devianter Mann womöglich gar nicht krank. Dennoch bestehen wir darauf, daß er sein Verhalten ändert, und wir behandeln ihn als minderwertigen Menschen. Es scheint daher, daß sexuelle Devianz, ähnlich wie andere Fälle ,,geistiger Krankheit", im Kern eher ein moralisches als ein medizinisches Problem ist.

Dies ist jedenfalls die Haltung, die heutige Kritiker des medizinischen Erklärungsmodells für Devianz einnehmen. In den USA wurde diese Kritik am deutlichsten von den Soziologen Goffman und Scheff und von dem Psychiater Szasz artikuliert.

Goffman schrieb 1959 eine wichtige Abhandlung über ,,Die moralische Karriere des psychiatrischen Patienten", in der er sich mit den Erfahrungen eines Menschen befaßt, der wegen ,,Geisteskrankheit" stationär behandelt wird. Diese Erfahrungen erwiesen sich als von Erniedrigung und Vertrauensbruch geprägt. Es stellte sich heraus, daß die sogenannten therapeutischen Maßnahmen in Wahrheit Teil eines Rituals zu sein schienen, in dem die Gesellschaft einige ihrer Mitglieder brandmarkt.

Zur gleichen Ansicht kam Scheff einige Jahre später in seinem Buch ,,Das Etikett Geisteskrankheit". Er beschrieb Geisteskrankheit als eine soziale Rolle, in der der Patient zum Sündenbock und Opfer wird. Bestimmten Leuten mit andersartigem Verhalten wurde ein Stempel aufgedrückt, der dazu führte, daß sie ausgegrenzt und ihnen die Bürgerrechte entzogen werden konnten. Diese Etikettierung hatte nur das Ziel, mögliche Verletzer gesellschaftlicher Normen unter Kontrolle zu halten. Der medizinische Jargon und der Sprachgebrauch der Psychiatrie dienten dabei als Mittel der Irreführung, um das Gewissen der Gesellschaft zu beruhigen.

Der schärfste Angriff auf das medizinische Modell der Devianz kam aus dem psychiatrischen Umfeld selbst. In seinen Büchern ,,Geisteskrankheit – ein moderner Mythos" und ,,Die Fabrikation des Wahnsinns" nannte Szasz Geisteskrankheit einen Mythos und verglich die Behandlung von Patienten durch die Psychiatrie mit der der Hexen durch die Inquisition. Für ihn ist der Glaube an Geisteskrankheit ebenso falsch und gefährlich wie der Glaube an Hexerei, beide führen zu denselben Exzessen. Psychiater befassen sich nicht mit Geisteskrankheit und deren Behandlung, sondern mit ,,persönlichen, sozialen und ethischen Lebensproblemen". Indem man diese Probleme fälschlich mit Krankheiten identifiziert und damit die Schuld für destruktives Verhalten irgendwelchen äußeren Kräften zuschiebt, wird das Prinzip der persönlichen Verantwortlichkeit untergraben und die Vorstellung gefördert, man könnte soziale Konflikte mit medizinischer Wissenschaft lösen.

Solche Forderungen, die eine kritische Neuorientierung zum Ziel haben,

haben zwischenzeitlich ein erstaunliches Echo nicht nur in der Öffentlichkeit, sondern in allen therapeutischen Berufen gefunden. Selbst viele konservative Psychiater, die diese Kritik in der Hauptsache zurückweisen, mußten zugeben, daß sie sich teilweise getroffen fühlten. Sie sahen sich gezwungen, ihren Blickwinkel zu erweitern, und erkannten – vielleicht zum ersten Male – die soziale Dimension ihrer beruflichen Tätigkeit. Statt sich ausschließlich auf ,,Patienten" und ,,Krankheiten" zu konzentrieren, mußten sie ihre eigene Rolle als Vertreter sozialer Kontrolle hinterfragen. Sie wurden deshalb vorsichtiger in ihren Erklärungen und toleranter gegenüber abweichendem Verhalten.

Besonders abweichendes Sexualverhalten wird heute in psychiatrischen Kreisen nachsichtiger behandelt als noch vor wenigen Jahrzehnten. Sowohl die empirischen Analysen Kinseys als auch unzählige neuere Untersuchungen haben ergeben, daß solche Verhaltensweisen wesentlich verbreiteter sind, als ursprünglich angenommen worden war. Viele Formen angeblich abweichenden Sexualverhaltens haben sich sogar als ,,normal" und keineswegs deviant erwiesen. Wenn auch unsere Strafgesetze diese Einsichten noch nicht immer widerspiegeln, so ist dies doch nicht mehr die Schuld der Psychiater, die heute oft zu den entschiedensten Verfechtern von Reformen zählen.

Zusammenfassend kann man sagen, daß diejenigen, die sich immer noch des medizinischen Erklärungsmodells für abweichendes Verhalten bedienen, dies heute mit wesentlich mehr Überlegtheit tun. Andere (unter ihnen einige ausgewiesene Psychiater) haben sich indes in der Praxis neuen, nicht-medizinischen Erklärungsmodellen zugewandt.

Neue Erklärungsmodelle

Oben wurde von dem über die Medizin hinausführenden Ansatz der Psychoanalyse gesprochen, und wir haben die Hoffnung Freuds erwähnt, daß sie nicht ausschließlich auf den Bereich der Medizin beschränkt bleiben möge. Jede neutrale Beschreibung des psychoanalytischen Prozesses erweist, daß er im Grunde auf einem lerntheoretischen Modell beruht. Der Analysand (das heißt die Person, die analysiert werden soll) versucht, sich in freier Assoziation und durch das Erzählen von Träumen an längst vergessene Erfahrungen zu erinnern. Die Berichte werden vom Analytiker dann daraufhin untersucht, ob sie bestimmte Anhaltspunkte, wiederkehrende Themen oder Muster enthalten, die Hinweise auf frühere traumatische Erfahrungen enthalten könnten. Sobald diese Erfahrungen erkannt und bewußt gemacht sind, hat der Analysand die Möglichkeit zurückgewonnen, in rationaler, angemessener Art und Weise mit ihnen umzugehen. Die Psychoanalyse ist also im Kern eine historische, genauer eine autobiographische Methode. Die betroffene Person lernt aus ihrer eigenen Lebensgeschichte, daß sie einmal eine ,,falsche" Lektion gelernt hat. Diese Einsicht ermöglicht es dann, zukünftige Erfahrungen besser zu verarbeiten. Psychoanalyse ist in den Vereinigten Staaten und in Europa seit langem verbreitet und hat eine große Zahl prominenter Anhänger gefunden. Einige von ihnen haben die psychoanalytische Technik sogar dazu verwandt, historische Persönlichkeiten wie Edgar Allan Poe oder Martin Luther zu interpretieren. (Freud selbst hat einmal eine Studie über Leonardo da Vinci geschrieben.) So ist heute die nicht-medizinische Anwendung von Psychoanalyse durchaus anerkannt. Das bedeutet aber auch, daß viele Menschen, die früher die Hilfe eines Psychoanalytikers in Anspruch genommen hätten, heute ganz andere nicht-medizinische Behandlungsmethoden wählen, wie Yoga, Meditation, ,,Biofeedback" und andere. Trotz ihrer Unterschiede haben all diese Behandlungen eines gemeinsam: sie gehen nicht unbedingt von der Annahme einer Krankheit aus und sie sind – während sie leidenden Menschen durchaus helfen können – ebenso für diejenigen anwendbar, die lediglich ihr persönliches Potential erweitern wollen.

Eine weitere Methode, die sich zunehmender Beliebtheit erfreut, ist die „Verhaltenstherapie". Sie beruht ebenfalls auf einem lerntheoretischen Modell für menschliches Verhalten und bedient sich verschiedener Belohnungs- und Bestrafungstechniken, um erwünschtes Verhalten zu verstärken und unerwünschtes zu beseitigen. Auch hier geht man nicht unbedingt von einem bestimmten Krankheitsbegriff aus. Das Verfahren ist ausgesprochen pragmatisch: „Falsch Gelerntes" wird ohne Spekulationen über seinen möglichen Hintergrund in einem kontrollierten Lernprozeß korrigiert. Es überrascht indes nicht, daß dieses unkritische Vorgehen viele freiheitsliebende Menschen abschreckte, die die dabei „therapeutisch" angewendeten Strafen als ausgesprochen abschreckend empfanden. In den Anfangsjahren der Anwendung dieser Methoden bediente man sich ihrer darüber hinaus häufig auch in Fällen, in denen es besser gewesen wäre, nicht einzugreifen. So wurden zum Beispiel Homosexuelle merkwürdigen und empörenden Behandlungsversuchen unterworfen, die sie in Heterosexuelle verwandeln sollten. (Das Umgekehrte wurde bislang nicht versucht.) Solcher Mißbrauch hat inzwischen zu berechtigter Ablehnung geführt. Zweifellos ist „Verhaltenstherapie" unter strikter Einhaltung bestimmter Regeln und in den Händen gewissenhafter Fachleute eine echte Hilfe und moralisch vertretbare Methode.

In jüngerer Vergangenheit wurden noch andere nicht-medizinische Modelle für abweichendes Verhalten vorgeschlagen. Szasz schlug zum Beispiel für richtiges und falsches Verhalten des Menschen ein Modell des „Regelnbefolgens" oder des „Spielens" vor. Seine Überlegung besteht darin, daß Menschen im Laufe der Zeit die Regeln des Lebens wie Spielregeln lernen und daß sie lernen, welche Spiele in welchen Situationen den Vorrang haben. Konflikte entstehen dann, wenn Menschen sich über die Regeln uneins sind, aber auch wenn sie Regeln während des Spiels verändern oder sich weigern, für neue Spiele neue Regeln zu akzeptieren. Ein Teil dieser Konflikte wird offen ausgetragen und drückt sich in sozialen Auseinandersetzungen, Kämpfen oder Revolutionen aus. Andere Konflikte bleiben im Inneren des einzelnen verschlossen und verändern das „normale" Verhalten des Individuums. Diese Veränderungen werden oft fälschlich für „Geisteskrankheit" gehalten, wo sie doch in Wahrheit einfach Lebensprobleme sind, Ausdruck der Unfähigkeit, in einer schwierigen Situation erfolgreich sich zu behaupten. In anderen Fällen werden Menschen als geisteskrank bezeichnet, um sie aus dem sozialen Spiel auszuschließen, in dem sie den anderen lästig geworden sind.

Natürlich läßt sich das Modell von Szasz mit dem „Etikettierungsmodell" von Wissenschaftlern wie Goffman und Scheff gut vereinbaren. Wie bereits beschrieben, kann jede Art abweichenden Verhaltens am besten als Etikett beschrieben werden, das dem Abweichenden von der angepaßten Mehrheit zugewiesen wird. Jede Untersuchung oder Behandlung abweichenden Verhaltens muß daher zugleich die sozialen Zusammenhänge berücksichtigen. Diejenigen, die abweichendes Verhalten (einschließlich von „Geisteskrankheit") als individuelles Problem betrachten, erfassen das Problem nur zum Teil. Auf alle Fälle ist dies nach dem Etikettierungsmodell nicht ein medizinisches Problem.

Die bekanntesten heute gebräuchlichen Erklärungsmodelle für abweichendes Verhalten wurden eingehend von zwei Psychiatern, M. Siegler und H. Osmond, in einer ausführlichen Studie vorgenommen. Durch den Vergleich unterschiedlicher Modelle für „Wahnsinn", Drogenabhängigkeit und Alkoholismus konnten sie die relativen Vorzüge, Grenzen und Implikationen jedes einzelnen Modells darstellen und damit der gegenwärtigen Verwirrung in diesem Bereich zumindest teilweise ein Ende setzen. Die Bedeutung ihrer Untersuchungen reicht jedoch noch weiter: Obwohl sie selbst in dieser Richtung keine Versuche unternahmen, kann man ihre Methode gut auf das Problem abweichenden Sexualverhaltens anwenden. Daher scheint es sinnvoll, eine vereinfachte Darstellung einer ihrer Übersichten in den vorliegenden Text aufzunehmen. Sie ist aus sich heraus verständlich und bedarf keines weiteren Kommentars (vgl. die Tabelle ,,Modelle sexueller Abweichung").

Siegler und Osmond gehen keineswegs grundsätzlich von einem medizinischen Erklärungsmodell ab. Sie sind im Gegenteil der Meinung, es habe einzigartige Vorteile und in der Zukunft wichtige Möglichkeiten der Anwendung. Natürlich fordern sie von ihren Kollegen eine höhere Kritikfähigkeit und eine gewisse therapeutische Zurückhaltung. Psychiater müssen lernen, daß nicht jeder, der ihre Hilfe sucht oder der ihnen zugewiesen wird, geisteskrank ist. Das Herausfinden solcher vorgeblicher Patienten gehört zu den beruflichen Pflichten. In vielen solcher Fälle bietet eine nicht-medizinische Behandlung die besten Aussichten und sollte daher vorgeschlagen werden. Dennoch verbleibt eine hinreichende Anzahl individueller und sozialer Probleme, die mit Hilfe einer medizinisch orientierten Psychiatrie gelöst werden können. Es scheint tatsächlich, daß viele Psychiater in der Vergangenheit vor allem deshalb gescheitert sind, weil sie nicht genügend Vertrauen in das medizinische Erklärungsmodell hatten und sich nicht eng genug daran gehalten haben. Auch hier bietet die Betrachtung sexuell abweichenden Verhaltens interessante Hinweise.

Im 19. Jahrhundert wurden angebliche Geisteskranke, die unter ,,Masturbationswahnsinn", ,,Nymphomanie" oder ,,Homosexualität" litten, häufig nicht nur für krank, sondern auch von ihren eigenen behandelnden Ärzten für unmoralisch gehalten. Im wohlverstandenen medizinischen Erklärungsmodell ist jedoch kein Raum für moralischen Tadel. Ganz im Gegenteil: es ist die besondere Vollmacht eines Arztes, jemanden für krank zu erklären und ihn so von der Verantwortung für seinen Zustand freizustellen. Im engeren Sinn ist daher ein ,,Patient" per Definition kein ,,Deviant". Er weicht zwar vielleicht von den akzeptierten Normen ab, er tut dies jedoch mit offizieller Genehmigung, denn als Kranker ,,kann er nichts dafür". Das heißt, daß ein Psychiater als Arzt die Macht hat, sexuelle Nonkonformisten von ihrer moralisch negativ bewerteten Rolle des Devianten zu befreien und ihnen die moralisch neutrale Rolle des Kranken zuzuweisen. Diese Entscheidung kann sie bereits vor Verfolgung und Verurteilung schützen. Das ist auch der Grund, weshalb ein Psychiater, der in solchen Fragen keine klaren Entscheidungen fällt, die Grundlage seines Berufes untergräbt. Jede Ambivalenz, jedes Verwechseln von medizinischen mit moralischen Betrachtungsweisen ist nicht nur dem Patienten abträglich, sondern auch der Psychiatrie selbst. Die Tatsache, daß ,,psychiatrische Patienten" jemals als Devianten betrachtet und behandelt werden konnten, weist auf ein historisches Versagen der Psychiater hin.

Andererseits kann man durchaus verstehen, daß es bestimmten Menschen schwerfällt, ihr moralisches Urteil angesichts ,,abnormen" Sexualverhaltens außer Kraft zu setzen. Zunächst sind in unserer Kultur Moral und sexuelle Anpassung fast synonym geworden. Darüber hinaus – und das ist besonders wichtig – weiß die Allgemeinheit, daß die psychiatrische Diagnose oft eine Hilfskonstruktion darstellt, die es dem Arzt ermöglicht, moralische Fragen außer acht zu lassen. Schließlich muß man auch daran erinnern, daß viele sexuelle Nonkonformisten zu Recht die Rolle des Kranken zurückweisen, die ihnen von wohlmeinenden, aber vorurteilsbeladenen Ärzten zugewiesen wird. Um zu unserem Beispiel zurückzukehren, haben Masturbierende, ,,Nymphomaninnen" und ,,Homosexuelle" sich erfolgreich nicht nur gegen das negative Etikett der Sünde und des Verbrechens zur Wehr gesetzt, sondern auch gegen das gutartigere Etikett der Krankheit.

Solche Beobachtungen scheinen die Kritiker des medizinischen Modells zu unterstützen, die darauf bestehen, das Problem moralisch zu beurteilen, ob-

Modelle sexueller Abweichung

	religiöses Modell	**juristisches Modell**	**medizinisches Modell**	**psychoanalytisches Modell**	**Etikettierungs-Modell**
Ursache der Abweichung	Besessenheit durch Dämonen, Versuchung durch den Teufel, Sündhaftigkeit	„krimineller Charakter" des Abweichenden	nicht immer bekannt, aber oft natürliche Ursache (Krankheit) angenommen	persönliche, weitgehend unbewußte Erfahrungen, gestörte psychosexuelle Entwicklung	Etikettierung durch Kräfte der Intoleranz
Bedeutung der Abweichung	Sünde, Ketzerei. Der Abweichende ist besessen oder böse.	Straftat, Verbrechen	Symptom einer Krankheit	symbolisches Ausagieren von unbewußten und ungelösten Kindheitskonflikten	wird bestimmt durch diejenigen, die die Etikettierung vornehmen. (In heutiger Sicht meist Verbrechen oder Krankheit.)
Formen der Intervention	Exorzismus, Reue, Beichte	Bestrafung, manchmal auch „Wiedereingliederung"	medizinische Behandlung, Medikamente, Elektroschocks, Psychochirurgie usw.	Psychoanalyse. Der Abweichende wird sich seiner bisher verborgenen Konflikte bewußt mit Hilfe freier Assoziation, Traumdeutung usw.	gerichtliche Bestrafung oder psychiatrische Behandlung; oft unfreiwillig.
Intervenierende Autorität	Priester oder religiöse Autorität; manchmal nach Wahl des Betroffenen, manchmal nach Wahl der Gesellschaft	Polizei, Richter, Strafvollzugsbeamter; immer nach Wahl der Gesellschaft	Arzt, Psychiater; manchmal nach Wahl des Betroffenen, meist nach Wahl der Gesellschaft	Psychoanalytiker; immer nach Wahl des Betroffenen	heute gewöhnlich Richter oder Psychiater; nach Wahl des Etikettierenden
Rechte und Pflichten des Betroffenen	Recht auf Exorzismus; Pflicht zur Buße	Recht als unschuldig zu gelten bis zum Schuldbeweis; Pflicht, die Strafe anzunehmen und zu sühnen	Recht als krank, nicht als böse angesehen zu werden; Pflicht, Genesung zu suchen und ärztlichen Rat anzunehmen	Recht, sein Verhalten nicht moralisch verurteilt sondern symbolisch interpretiert zu bekommen; Pflicht zur Zusammenarbeit mit dem Analytiker	Keine Rechte; keine Pflichten
Rechte und Pflichten der Gesellschaft	Recht, Sünder zu verdammen und auszustoßen; Pflicht, Reumütigen zu helfen	Recht auf Schutz vor Straftätern; Pflicht zur Strafe	Recht zum Schutz vor gefährlichen Kranken; Pflicht, ihnen medizinische Behandlung zu ermöglichen	Keine Rechte; Pflicht, abweichendes Sexualverhalten als Ausdruck einer seelischen Störung aufzufassen	Recht auf Sanktion gegen sozial schädliche Abweichende; Pflicht, alle anderen Abweichenden in Ruhe zu lassen
Zielvorstellung des Modells	Seelenrettung	Verbrechensbekämpfung	Heilung von Krankheit, den Abweichenden von persönlicher Schuld freizusprechen	Lösung unbewußter seelischer Konflikte des Abweichenden	Für die Intoleranz: das schlechte Bestehende durch Etikettierung und Korrektur von Abweichenden zu schützen. Für die Toleranz: Befreiung der Unterdrückten.

Diese Übersicht ist die Bearbeitung und Erweiterung einer vergleichbaren Tabelle von M. Siegler und H. Osmond (Models of Madness, Models of Medicine, New York, 1974, S. 16–18) wohl ihre Moral durchaus unterschiedlich von traditionellen Maßstäben sein kann. Letztendlich muß man deshalb auf vorurteilsfreie weitere Untersuchungen zur menschlichen Sexualität hoffen, auf intensive Diskussionen aller Beteiligten und auf die Zusammenarbeit aller Seiten. So schwierig es manchmal sein mag, die Verpflichtung auf die Vernunft bietet offensichtlich die besten Grundlagen für den Umgang mit nichtkonformem Sexualverhalten.

Weiterführende Literatur

Alexander, F.G., Selesnick, S.: Geschichte der Psychiatrie (The history of psychiatry, dt.), Konstanz (Dama), 1969.
Balluseck, H.v.: Abweichendes Verhalten und abweichendes Handeln. Frankfurt/M. (Campus), 1978.
Barnett, W.: Sexual freedom and the constitution. An inquiry into the constitutionality of repressive sex laws. Albuquerque (University of New Mexico Press), 1973.
Becker, H.S.: Außenseiter. Zur Soziologie abweichenden Verhaltens (Outsiders. Studies in the sociology of deviance, dt.). Frankfurt/M. (Fischer), 1981.
Bloch, E.: Naturrecht und menschliche Würde. 2. Aufl., Frankfurt/M. (Suhrkamp), 1980.
Ellis, A., Abarbanel, M. (Hrsg.): Encyclopedia of sexual behavior, New York (Hawthorne), 1967.
Foucault, M.: Sexualität und Wahrheit. Bd. 1 (Historie de la sexualité, dt.). Frankfurt/M. (Suhrkamp), 1977.
Foucault, M.: Wahnsinn und Gesellschaft. Eine Geschichte des Wahns im Zeitalter der Vernunft (Histoire de la folie, dt.). Frankfurt/M. (Suhrkamp), 1973.
Fraser, E. (Hrsg.): Sex, schools, society. International perspectives. Nashville, 1972.
Goffmann, E.: Asyle. Über die soziale Situation psychiatrischer Patienten und anderer Insassen (Asylums, dt.). Frankfurt/M. (Suhrkamp), 1973.
Hanack, E.W.: Zur Revision des Sexualstrafrechts in der Bundesrepublik. Ein Rechtsgutachten. Reinbek (Rowohlt), 1969.
Jay, K., Young, A. (Hrsg.): Out of the closets. Voices of gay liberation. New York, 1974.
Kelsen, H.: Was ist Gerechtigkeit. 2. Aufl., Wien, 1975.
Kerscher, K.-H.: Emanzipatorische Sexualpädagogik und Strafrecht. Neuwied (Luchterhand), 1973.
Kittrie, N.N.: The right to be different. Deviance and enforced therapy. Baltimore (Penguin), 1973.
Laing, R.D.: Die Politik der Familie (The politics of the family, dt.). Köln (Kiepenheuer & Witsch), 1974.
Leibbrand, A., Leibbrand, W.: Formen des Eros. 2 Bände. Freiburg (Alber), 1972.
Lüderssen, K., Sack, F. (Hrsg.): Seminar: Abweichendes Verhalten. Bd. IV: Kriminalpolitik und Strafrecht. Frankfurt/M. (Suhrkamp), 1975.
Nathan, T.: Ideologie, Sexualität und Neurose. Frankfurt/M. (Suhrkamp), 1979.
Sagarin, E.: Deviants and deviance. An introduction to the study of disvalued people and behavior. New York (Praeger), 1975.
Scheff, T.J.: Das Etikett „Geisteskrankheit". Soziale Interaktion und psychische Störung (Being mentally ill, dt.). Frankfurt/M. (Fischer), 1980.
Schur, E.M.: Abweichendes Verhalten und soziale Kontrolle. Etikettierung und gesellschaftliche Reaktion (Labeling deviant behavior, dt.). Frankfurt/M. (Herder & Herder), 1974.
Schur, E.M., Bedau, H.A.: Victimless crimes. Two sides of a controversy. Englewood Cliffs, N.J. (Prentice-Hall), 1974.
Siegler, M., Osmond, H.: Models of madness, models of medicine. New York (Macmillan), 1974.
Szasz, T.S.: Die Fabrikation des Wahnsinns. Gegen Macht und Allmacht der Psychiatrie (The manufacture of Madness, dt.). Frankfurt/M. (Fischer), 1976.
Szasz, T.S.: Geisteskrankheit. Ein moderner Mythos (The myth of mental illness, dt.). München (Kindler), 1975.
Zillboorg, G., Henry, G.W.: A history of medical psychology. New York (Norton), 1941.

11. Ehe und Familie

Heute wie eh und je warten die meisten jungen Menschen auf den Zeitpunkt, an dem sie ,,heiraten und eine Familie gründen" können. Sie suchen deshalb nach einer Person des anderen Geschlechts, mit der sie ein Leben lang glücklich sein können und mit der sie die Freuden der Elternschaft im eigenen Haus oder in einer eigenen Wohnung teilen.

All diese Erwartungen scheinen so natürlich und selbstverständlich, daß man kaum glauben kann, junge Menschen zu anderen Zeiten und in anderen Kulturen hätten ganz anders empfunden. Von Historikern und Anthropologen wissen wir jedoch, daß die heutigen Formen der Ehe und Familie relativ neu und keineswegs allgemeingültig sind. In einigen nicht-westlichen Gesellschaften können Menschen einen Partner gleichen Geschlechts oder mehrere Partner des anderen Geschlechts heiraten. Die Ehe muß nicht unbedingt mit Glück, Liebe, Geschlechtsverkehr oder Fortpflanzung gleichgesetzt werden, sie braucht nicht zur Gründung eines gemeinsamen Haushalts zu führen, und sie kann durchaus von Anfang an als zeitlich begrenzte Übereinkunft geplant sein.

So bestand auch in manchen Gesellschaften der Vergangenheit die Familie nicht nur aus Eltern und Kindern, sondern schloß nahe und entferntere Verwandte, Diener, Freunde und Gäste ein. Andererseits wurde manchmal der leibliche Vater oder die leibliche Mutter der Kinder aus dem Familienverband ausgeschlossen und blieb ein unbeachteter ,,Außenseiter". In manchen Fällen waren die ,,offiziellen" Eheleute selbst noch Kinder und jünger als ihre gesetzlichen Nachkommen.

Solche Beobachtungen machen deutlich, daß es wenig sinnvoll ist, über Ehe und Familie so allgemein zu sprechen, als hätten diese Begriffe für alle die gleiche Bedeutung. Es gibt einfach zu viele Formen der Ehe und Familie auf der Welt. Es gibt so viele Ausnahmen, daß man keine allgemeine Regel aufstellen kann. Ehe und Familie sind tatsächlich sehr schwer zu definieren und noch schwerer zu erklären.

Wissenschaftler haben dies dennoch oft versucht, indem sie auf einige offensichtliche Funktionen von Ehe und Familie hinwiesen. Es ist schließlich eine biologische Tatsache, daß durch Geschlechtsverkehr zwischen Männern und Frauen Kinder gezeugt werden können, und daß diese Kinder Fürsorge und Schutz durch Erwachsene brauchen, bevor sie ,,auf eigenen Füßen stehen" können. Daher schloß man, daß Ehe und Familie, in welcher Form auch immer, natürliche und unverzichtbare Institutionen seien, die dafür Sorge tragen, daß Kinder angemessen erzogen werden und so das Überleben der Menschen gewährleistet wird. Es zeigte sich überdies, daß Ehe und Familie daneben weitere wichtige Funktionen haben, wie die der sexuellen Befriedigung, der Partnerschaft und der ökonomischen Sicherung der Familienmitglieder. Man fand auch, daß die beiden Institutionen für die Gesellschaft insgesamt günstig seien, da die Ehe das menschliche Sexualverhalten regelt und beschränkt, das anderenfalls promisk und sittenlos werden könnte. Außerdem sah man im stabilen Familienleben häufig die beste Garantie für sozialen Frieden.

Bei näherer Betrachtung wird jedoch deutlich, daß all diese hohen Ziele durchaus auch ohne Ehe und Familie erreicht werden können. Kinder sind nicht unbedingt von ihren Eltern abhängig, sie können ebenso von anderen Erwachsenen in Krippen, Horten, Schulen und ähnlichen Einrichtungen erzogen werden. Partnerschaft und sexuelle Befriedigung kann man auch außerhalb der Ehe finden, eine ökonomische Sicherung kann in vielerlei Weise erreicht werden. Das Sexualverhalten läßt sich durch religiöse und weltliche Vorschriften regulieren. Der soziale Frieden schließlich kann auch in einer Gesellschaft gewährleistet werden, die die Familie als Institution nicht anerkennt und jeden einer direkten autoritären Kontrolle unterstellt.

Demgegenüber hat die Institution Ehe, wie bereits angedeutet, in einigen Gegenden der Welt so merkwürdige Formen angenommen, daß moderne westliche Beobachter lange ihren Sinn nicht verstanden. Zum Beispiel wird die Annahme, die Ehe gewährleiste immer das Erziehen der Kinder durch ihre Eltern, in bestimmten Gesellschaften dadurch widerlegt, daß die ,,Vaterschaft" nach sehr seltsamen Regeln bestimmt wird. Bei den biblischen Israeliten zum Beispiel, die das Levirat praktizierten (das heißt die Verpflichtung des Mannes, die Witwe seines Bruders zu heiraten), wurde der verstorbene Ehemann Vater auch derjenigen Kinder, die die Witwe von seinem Bruder empfangen hatte. Bei den Nayar in Südindien wurden junge Mädchen für kurze Zeit mit einem Mann verheiratet, der nie Gelegenheit bekam, mit ihr Geschlechtsverkehr auszuüben, der aber dennoch der legitime Vater all ihrer Kinder wurde. Unter den Nuer im südlichen Sudan konnte eine Frau eine andere Frau heiraten und ,,Vater" der Kinder werden, die diese Frau von einem außenstehenden Mann empfing. Die Vorstellung, daß Geschlechtsverkehr Grundlage oder Ziel der Ehe sei, verliert an Überzeugungskraft, wenn man sich das Beispiel der Mojave-Indianer vor Augen führt, bei denen es erwachsenen Männern gestattet war, Mädchen zu heiraten, die noch im Kindesalter standen. Oder, um ein letztes Bespiel zu geben, bei den sibirischen Tschuktschen mußte eine Frau den Mann, von dem sie schwanger geworden war, nicht heiraten, sondern sie heiratete möglicherweise einen kleinen Jungen im Alter ihres eigenen Kindes. Das konnte dazu führen, daß sie beide gemeinsam stillte.

Sucht man nach einer Erklärung für all diese Bräuche, findet man schließlich trotz aller Verschiedenheit einen gemeinsamen Nenner: den ökonomischen Faktor. Das bedeutet, daß in allen hier beschriebenen Fällen die Ehe nur wenig mit biologischer Elternschaft oder sexueller Partnerschaft zu tun hat, sondern es geht hier um soziale Legitimität, offizielle Familienzugehörigkeit, Besitz- und Erbschaftsrechte. Sie ist in vielen Fällen eine Methode zur ordnungsgemäßen Übertragung und Aufrechterhaltung von Besitztum und Stand. Die besondere Form der Ehe hängt von der jeweiligen politischen Organisation der entsprechenden Gesellschaft ab. Diese Beobachtung veranlaßte nun ihrerseits manche Wissenschaftler, den Ursprung und die ,,wirkliche" Basis der Ehe als ökonomisches Phänomen zu beschreiben. Friedrich Engels' Untersuchung ,,Der Ursprung der Familie, des Privateigentums und des Staates" ist wohl das bekannteste Beispiel eines solchen Ansatzes.

Obwohl ökonomische Faktoren zweifellos eine wichtige Rolle bei der Entwicklung von Ehe und Familie gespielt haben, sind sie keine hinreichende Erklärung für deren Existenz. Sollten rein ökonomische Gesichtspunkte ausschlaggebend gewesen sein, wäre gleichgeschlechtliche Ehe inzwischen sicher sehr viel verbreiteter. Die Partner waren aber nahezu in allen Fällen verschiedenen Geschlechts. Ein weiterer Punkt sollte noch hervorgehoben werden: Während es in der Ehe meist zur Arbeitsteilung zwischen Männern und Frauen kommt, kann man nicht mit Gewißheit vorhersagen, wie sich dies in der Praxis darstellen wird. Was in der einen Gesellschaft als ,,Männerarbeit" bezeichnet wird, ist in einer anderen ,,Frauenarbeit". Es trifft auch nicht zu, daß alle Ehefrauen und Mütter ihr Leben als Hausfrauen mit der Versorgung der Kinder verbringen und alle Ehemänner außerhalb als ,,Ernährer" ihrer

Familie arbeiten. Ethnologen haben in jüngerer Zeit Kulturen entdeckt, bei denen diese Rollen umgekehrt übernommen wurden.

Wir sehen uns also vor der Notwendigkeit, nach weiteren Erklärungen zu suchen. Wissenschaftler haben daher den Vorschlag gemacht, über eine Analyse der Beziehungen der Eheleute untereinander und zwischen Eltern und Kindern hinauszugehen. Es scheint in der Ehe um mehr zu gehen als nur hierum. Es scheint im Gegenteil, daß solche individuellen Aspekte der Frage unwesentlich sind. Der französische Anthropologe Lévi-Strauss zitiert ein interessantes Beispiel von den Eingeborenen Neu-Guineas, die behaupten, daß ,,es nicht so sehr der Zweck der Ehe ist, eine Frau, sondern einen Schwager zu gewinnen". Entsprechend beschreibt Lévi-Strauss Ehemann und Ehefrau als Objekte in einem größeren gesellschaftlichen Spiel, das von beiden Herkunftsfamilien gespielt wird, weil sie durch eine Eheschließung beide neue Verwandte bekommen. Das bedeutet, daß wir es eigentlich mit einem Paradoxon zu tun haben: Zwar trifft es zu, daß durch Ehen Familien entstehen, es ist aber auch umgekehrt wahr, daß durch Familien Ehen entstehen, die so neue Verbindungen schaffen. Solche wachsenden Verbände sind die Voraussetzung jeder Zivilisation. Sozialer Fortschritt wäre unmöglich gewesen, wenn die Menschen nicht einen Weg gefunden hätten, sich systematisch mit anderen Menschen zu verbinden, mit denen sie in keiner unmittelbaren Blutsverwandtschaft stehen. Das Inzesttabu gewährleistete, daß jeder außerhalb seiner eigenen Familie zu heiraten hatte. So wurden Familien zu größeren Gruppen verbunden, und der Fortschritt der menschlichen Rasse war sichergestellt.

Lévi-Strauss' Begründung des Inzesttabus ist nicht allgemein anerkannt. Seine Schlußfolgerung über die Rolle der Familie in der Gesellschaft ist demgegenüber unbestritten: Die Kleinfamilie von Eltern und Kindern ist nicht der natürliche elementare Baustein der Gesellschaft, wie so oft gedankenlos angenommen wird. Die Gesellschaft besteht in der Tat weder aus Familien noch aus Einzelpersonen. Das früher übliche Modell der Gesellschaft oder Nation, die aus Menschen oder Menschengruppen besteht, ist falsch. Gesellschaften, Staaten oder Nationen bestehen nicht aus Personen, sondern aus Beziehungen, und diese Beziehungen sind nicht durch einfaches Addieren begreiflich zu machen. Was die Familie betrifft, so ist die Beziehung ihrer Mitglieder zum Rest der Gesellschaft keineswegs statisch. Familien sind notwendig, das heißt aber nicht, daß sie auch dauerhaft sein müssen. Im Gegenteil, die Gesellschaft kann einzig und allein dadurch überleben, daß ständig Familien neu entstehen, auseinanderbrechen und durch neue Eheschließungen wieder neue Familien entstehen. Erwachsene leben mit Kindern in einem zeitlich begrenzten Familienverband, um diese dann für eine neue Ehe freizugeben, die nun ihrerseits eine Familieneinheit gründet usw. So bricht jede Eheschließung die Familien des Bräutigams und der Braut auf, bildet einen neuen Bund zwischen beiden und legt damit die Grundlage für eine dritte, neue Familie. Der Sinn des ganzen liegt in der fortgesetzten Neuordnung und dem fortgesetzten Austausch sozialer Verpflichtungen. Lévi-Strauss faßt dies mit einem Zitat aus der Bibel zusammen: ,,'Du wirst Vater und Mutter verlassen' bildet das eherne Gesetz für das Bestehen und Funktionieren jeder Gesellschaft."

Interessanterweise haben viele frühere und heutige Denker gefordert, dieses ,,eherne Gesetz" noch strikter anzuwenden als von Lévi-Strauss vorgeschlagen. In der Geschichte haben große Utopisten von Plato bis K'ang Juwei immer wieder die Abschaffung von Ehe und Familie gefordert. Kinder sollten deshalb am Tage ihrer Geburt den Eltern weggenommen werden. In seiner ,,Politeia" empfiehlt Plato den Männern, Frauen und Kinder in Gemeinschaft zu besitzen, so daß ,,die Eltern nicht wissen, welches ihre eigenen Kinder, die Kinder nicht, welches ihre eigenen Eltern sind". So würden die Gefühle für die Familie auf die ganze Gemeinschaft übertragen. K'ang Ju-wei schreibt in seinem ,,Buch der großen Gleichheit" (1935), Kinder sollten in öffentlichen Einrichtungen erzogen werden, weil die Familien ein Hindernis für die ,,Vervollkommnung der menschlichen Natur" seien. Ähnliche Äußerungen wurden auch von religiösen Führern gemacht. Es ist bemerkenswert, wie viele Weltverbesserer sich in ihren Bemühungen durch Ehegemeinschaften und Familienverbände behindert sahen. So können wir der Bibel entnehmen, daß selbst Jesus Ehe und Familie als sozialen Institutionen gleichgültig gegenüberstand. Er zog obdachlos durch das Land, blieb ledig, verließ seine eigenen Verwandten und schenkte ihnen keine besondere Beachtung (Matthäus 12, 46-50). Die jungen Männer, die ihm folgen wollten, mußten ihre Familien verlassen und sich ganz der heiligen Sache widmen. Er riet sogar einem von ihnen, keine Zeit mit dem Begräbnis des Vaters zu verlieren, sondern sagte ihm, er solle ,,hingehen und das Reich Gottes verkünden" (Lukas 9, 59-60). Die frühen Christen maßen deshalb familiären Beziehungen keine besondere Bedeutung zu. Das Konzept einer engen ,,christlichen Familie" oder das idyllische Vorbild von der ,,Heiligen Familie" in Nazareth sind Produkte späterer historischer Perioden.

Es besteht natürlich kein Zweifel, daß die Familie einen einzelnen unterdrücken, seinen Ehrgeiz bremsen, Initiativen im Keim ersticken, die persönliche Entwicklung hemmen oder das Erreichen bestimmter Ideale vereiteln kann. Gelegentlich kann eine Familie geradezu destruktiv sein. Es ist auch richtig, daß feste Familienverbände unter Umständen fortgesetzter Ungerechtigkeit Vorschub leisten. Die Familie ist eine konservative Institution und sie dient in der Regel der vorherrschenden sozialen Ordnung, wie immer diese auch gerade beschaffen sein mag. Aus diesem Grunde verlieren Revolutionäre, Reformer und soziale Utopisten oft die Geduld mit ihr. Familiäre Bindungen haben es an sich, soziale Veränderungen zu blockieren, selbst wenn sie zum besten aller Beteiligten geplant sind.

Andererseits beeinflussen größere soziale Veränderungen früher oder später auch die Familie. Diese Tatsache wird in unserer Gesellschaft am deutlichsten durch die ,,Krise", in der sich angeblich Ehe und Familie zur Zeit befinden. Es wird häufig gesagt, die technischen und politischen Veränderungen der jüngsten Zeit hätten zum ,,Zusammenbruch" der Familie geführt, dies wiederum werde schließlich im Zusammenbruch der Gesellschaft selbst enden. Solche Prophezeiungen müssen sich indes nicht bewahrheiten, sie gehen unter Umständen auch von falschen Voraussetzungen aus. Wie bereits erwähnt, stehen Familie und Gesellschaft in keinem starren Verhältnis zueinander, sondern befinden sich immer in einem Zustand dynamischer Spannung, fast in einer Konfrontation, in einem Zustand kreativen Gleichgewichts, das einer regelmäßigen Korrektur bedarf. So ist es möglich, daß wir gegenwärtig nur eine Phase durchleben, in der die Anforderungen der Familie und der Gesellschaft in ein neues Gleichgewicht gezwungen werden.

Die folgenden Kapitel sind einer eingehenderen Untersuchung dieses Themas gewidmet. Zum besseren Verständnis werden Ehe und Familie in zwei getrennten Abschnitten behandelt. Beide Abschnitte enthalten jedoch historische Überlegungen und Vergleiche verschiedener Kulturen. Auch zukünftige Möglichkeiten werden aufgezeigt.

11.1 Formen und Bedeutung der Ehe

Das Wort ,,Ehe" geht auf das althochdeutsche Wort ,,êwa" (Gesetz) zurück. Damit wird bereits auf einen wichtigen Aspekt der Ehe hingewiesen: Es handelt sich um eine Art Vertrag oder Versprechen, das die Beziehung zwischen Menschen auf einer allgemein anerkannten Grundlage regelt.

Wenn man Ehen in verschiedenen Gesellschaftsformen und verschiedenen historischen Zeitabschnitten miteinander vergleicht, entdeckt man sogleich, daß die Partner überall ganz bestimmte Pflichten einander gegenüber zu erfüllen haben. Diese Pflichten, die nicht immer im einzelnen festgeschrieben sind, werden dennoch wohl verstanden und in jedem Fall durchgesetzt. Will man also nach einem gemeinsamen Nenner für alle Formen der Ehe suchen, die aus der Menschheitsgeschichte bekannt sind, dann ist dieser leicht in der gegenseitigen Verpflichtung zu finden. Die eheliche Verpflichtung selbst kann unterschiedlichster Art sein. Sie kann einer einfachen stillen Vereinbarung entspringen oder bei einer öffentlichen Feierlichkeit lautstark proklamiert werden. Sie kann sich auch über das Paar und seine Nachkommen auf beide Familien, sogar auf die ganze Gemeinschaft erstrecken. Sie kann als dauerhaft betrachtet werden, aber auch in gemeinsamem Übereinkommen oder formloser Handlung beendet werden. All dies ist hier nicht ausschlaggebend: Eine offiziell anerkannte gegenseitige Verpflichtung besteht jedenfalls, solange die Partner verheiratet sind. Bei Männern und Frauen, die zusammen leben und Kinder haben, ohne miteinander verheiratet zu sein, sprechen wir von einer Affäre, einem ,,Verhältnis", einem Abenteuer oder von ,,wilder" Ehe.

Man sieht also, daß die Ehe etwas Besonderes ist, das mehr umfaßt als einen gemeinsamen Haushalt, Geschlechtsverkehr oder Fortpflanzung. Diese ,,natürlichen" Umstände begründen aus sich heraus noch keine Ehe. Sinnvoller erscheint es daher, die möglichen Formen und Funktionen der Ehe zu beschreiben, und es ist im vorliegenden Zusammenhang am besten, mit einer einfachen Einteilung zu beginnen.

Traditionsgemäß unterscheiden Wissenschaftler vier grundlegende Formen der Ehe:

1. **Monogamie** (das heißt: ein Mann – eine Frau)
2. **Polygynie** (das heißt: ein Mann – mehrere Frauen) } **Polygamie**
3. **Polyandrie** (das heißt: mehrere Männer – eine Frau) } **Polygamie**
4. **Gruppenehe** (das heißt: mehrere Männer – mehrere Frauen)

Monogamie ist heute die vorherrschende Form der Ehe. Polygynie und Polyandrie (mit dem Oberbegriff Polygamie bezeichnet) wurden früher in vielen Teilen der Welt praktiziert, scheinen jedoch immer seltener zu werden. Gruppenehen waren von jeher selten.

Im 19. Jahrhundert nahm man an, diese vier Grundarten der Ehe entsprächen verschiedenen Stadien des menschlichen Evolutionsprozesses. Danach hätten die ersten Menschen in einer Art wahlloser Promiskuität miteinander gelebt, aus der sich so etwas wie eine Gruppenehe herausgebildet habe. Auf der nächsten Kulturstufe der matriarchalischen Phase, entwickelte sich dann die Polyandrie. Dieser wiederum folgte eine patriarchalische Phase mit der Polygynie, aus der schließlich die Monogamie als krönende Errungenschaft menschlichen Fortschritts hervorging. Diese zunächst einleuchtende Theorie ist indes bis heute nicht bewiesen worden. Im Gegenteil, es hat sich erwiesen, daß alle vier Formen schon seit den frühesten Zeiten unter verschiedenen sozialen, ökonomischen und technischen Bedingungen vorkamen. Bei einigen sehr frühen ,,Naturvölkern" wurde Monogamie von jeher praktiziert, während andere ,,zivilisierte" Menschen selbst heute noch polygame Ehen führen. Außerdem ist bekannt, daß jede der vier Grundformen in mehreren Variationen vorkommen kann. Es besteht zum Beispiel ein erheblicher Unterschied zwischen Monogamie in lebenslanger, sakramentaler Verbindung und Monogamie im Sinne eines zeitlich begrenzten, bürgerlichen Vertrages. Polygynie kann unter verschiedenen Umständen sehr Unterschiedliches bedeuten, wenn sich zum Beispiel ein Mann eine Konkubine nimmt, die Witwe seines Bruders heiratet oder wenn alle seine Frauen Schwestern sind, die mit ihm unter einem Dach leben, oder wenn sie, aus verschiedenen Familien stammend, jeweils einen eigenen Haushalt führen. Polyandrie kann bedeuten, daß eine Frau mehrere Brüder heiratet, von denen nur der älteste der offizielle Vater ihrer Kinder ist. Es kann aber auch bedeuten, daß sie mehrere Männer heiratet, die nicht miteinander verwandt sind, die aber alle gleiche Rechte besitzen. Gruppenehe kann ein zufälliges Produkt polygamer Praktiken oder ein bewußtes ,,wissenschaftlich-rationales" Experiment sein.

Dennoch ist zweifellos heute Monogamie in der einen oder anderen Variante die verbreitetste Form der Ehe. Gruppenehe und Polyandrie wurden nur in wenigen Kulturen gefunden, Polygynie war zwar in vielen Gesellschaftsformen erlaubt, blieb jedoch meist den Wohlhabenderen vorbehalten. Denn es ist noch nie billig gewesen, mehr als eine Frau zu unterhalten. Manchmal haben sicherlich Frauen durch ihre Arbeit mehr verdient, als sie kosteten, aber auch dann mußten ihre Ehemänner machtvoll und einflußreich sein, um sich solche Vorteile verschaffen zu können. Andere Männer hätten sonst das gleiche Privileg beansprucht, was ihnen aber hätte versagt bleiben müssen, da statistisch nur etwa eine Frau für jeden Mann verfügbar ist. Das biologische Gleichgewicht zwischen Männern und Frauen ist fast ausgeglichen, daher kann sich Polygamie nur unter außergewöhnlichen Bedingungen entwickeln. Solche Bedingungen können die Folge bewußter Beeinflussung der Nachkommenschaft sein (zum Beispiel durch das Töten von männlichen oder weiblichen Kindern), von Kriegen, in denen viele Männer getötet werden, oder von politischen und religiösen Anschauungen, die einigen wenigen Menschen besondere Rechte verleihen. Wo jedoch die Umstände ,,normal" sind und alle Menschen ungefähr die gleichen Chancen haben, neigen sie dazu, der Monogamie den Vorzug zu geben.

So könnte man die Monogamie die eigentlich ,,natürliche" Form der Ehe nennen, obwohl man daraus nicht schließen darf, daß in ihr immer alle Beteiligten glücklich sind oder daß sie in jeder Situation praktikabel ist. Selbst in Gesellschaften, die sehr streng auf die Einhaltung der Monogamie achten, wird inoffiziell oft vor- oder außerehelicher Geschlechtsverkehr toleriert, etwa in Form von Prostitution, Ehebruch oder homosexuellen Kontakten. Andere Gesellschaften sind toleranter und definieren die monogame Ehe von vornherein als flexible, ,,offene" Institution. Zusätzlich können sie beim Scheitern der Ehe die Möglichkeit der Scheidung anbieten. Auf alle Fälle zeigt die Erfahrung, daß man nicht eine einzelne Form der Monogamie, nicht einmal eine einzige Form der Ehe allen Männern und Frauen überall vorschreiben könnte. Selbstverständlich kann man die eine oder andere Form zum Ideal erheben, aber im wirklichen Leben muß immer Raum für Improvisation und Experimente bleiben.

Dennoch bleibt, auch wenn den Eheleuten größte sexuelle Bewegungsfreiheit zugestanden wird, die Ehe immer eine wichtige Einrichtung, sie unterscheidet sich deutlich von nichtehelichen Verbindungen. Es ist also im allgemeinen nicht ausschlaggebend, wie Menschen ihre Ehen einrichten, führen oder modifizieren, solange sie überhaupt heiraten. Die Einzelheiten können von einer Kultur zur anderen unterschiedlich sein, das Prinzip wird jedoch nirgends in Zweifel gezogen: Die Ehe als solche ist gut und muß unterstützt werden. Sie muß auch nach außen hin vertreten und verdeutlicht werden. In bestimmten Gesellschaften ist es verheirateten Personen gestattet oder vorgeschrieben, sich ,,würdiger" zu kleiden als ledige Frauen oder Junggesellen. Gleichzeitig bringt der Ehestand oft besondere Privilegien mit sich und wird mit einer Hochzeitsfeier besiegelt. Diese Feierlichkeiten gehen nach einem festen Zeremoniell vonstatten, bei dem zum Beispiel eine bestimmte Kleidung getragen wird. Das alles zeigt, daß es mit der Ehe eine besondere Bewandtnis hat, die sie von allen anderen menschlichen Beziehungen unterscheidet. Es zeigt auch, daß die Ehe nicht nur privaten, persönlichen Bedürfnissen dient und daß sie nicht allein zum Wohl der Eheleute besteht. Vielmehr hat auch die Gesellschaft ein deutliches Interesse an ihr. Dieses Interesse richtet sich nicht nur auf die Form, sondern auch auf die Bedeutung der Ehe. Letztere wird aber nur verständlich, wenn man sowohl ihre individuellen als auch ihre sozialen Aspekte betrachtet.

Wenn wir im täglichen Leben von Ehe sprechen, denken wir gewöhnlich kaum über genaue Definitionen oder mögliche Implikationen nach. Selbst Fachleute drücken sich oft bewußt ungenau aus, wenn sie versuchen, die verschiedenen Aspekte dieses Phänomens zu betrachten. Daher wird die Ehe, je nach dem Zusammenhang, in sehr unterschiedliche Begriffe gefaßt und von sehr unterschiedlichen Gesichtspunkten aus beschrieben. Nach der Gesetzgebung der USA kann die Ehe zum Beispiel als Institution, als Status oder als vertragliche Regelung definiert werden. Entsprechend rühmen die Politiker in diesem Land die ,,Institution der Ehe", Bürokraten fragen Personen nach ihrem ,,ehelichen Status" und Rechtsanwälte arbeiten ,,Eheverträge" für vorsichtige Mandanten aus, wobei sie die zukünftigen ehelichen Rechte und Pflichten im voraus festlegen.

Eheverträge sind jedoch weder neu noch typisch für die Vereinigten Staaten. In vielen Gesellschaften der ganzen Welt waren Ehevereinbarungen bekannt, entweder zwischen Braut und Bräutigam oder zwischen den entsprechenden Familien. Im Feudalismus konnten ganze Stämme oder Nationen durch Eheverträge Bündnisse schließen. Gegenwärtig finden wir diese Motive in etwas abgeschwächter Form bei unserer Oberschicht. Eheverträge sind dort üblich, wo ein möglicher Verlust oder die Vereinigung umfangreichen Familienbesitzes im Spiel sind. Schließlich kann von einer solchen Heirat nicht nur das Schicksal von zwei Personen, sondern von Dutzenden oder Hunderten von Menschen abhängen. Dennoch umfassen solche Verträge in der Regel nur Äußerlichkeiten wie Mitgift, Vergütung, finanzielle Versorgung, Erbansprüche usw. Sie besagen selten etwas über die Führung der Ehe im eigentlichen Sinn und befassen sich nicht mit Fragen des intimen Zusammenlebens. Deshalb sind sie eigentlich nur Sicherheitsmaßnahmen. Sie begleiten und schützen die Ehe, sind aber nicht ihr Fundament.

Dieser grundlegende Unterschied ist nicht immer richtig erkannt worden. Im Gegenteil, die Tatsache, daß eheliche Verbindungen durch Verträge geschützt und begleitet werden können und daß die Ehe selbst bestimmte vertragliche Elemente enthalten kann, hat bei manchen modernen Beobachtern den Eindruck entstehen lassen, die Ehe selbst sei ganz einfach ein Vertrag. Diese Ansicht scheint durch bestimmte Gebräuche und Gepflogenheiten anderer Kulturen bestätigt zu werden. Im islamischen Recht wird die Ehe (nikāh) zum Beispiel ausdrücklich als ,,Vertrag zur Legalisierung des Geschlechtsverkehrs und der Zeugung von Kindern" definiert. Als solche ist die Ehe also ausschließlich Privatangelegenheit, erfordert keine religiösen Handlungen und kann unter bestimmten Umständen beendet werden. Diese Erklärung ist jedoch unzureichend, und man sollte sie nicht dogmatisch sehen. Denn der Brauch der sogenannten mut'ah-Ehen zeigt, daß die Zeugung von Kindern für die Gültigkeit des Vertrages nicht ausschlaggebend ist. Da es in islamischen Ländern möglich war, daß Väter ihre Töchter durch einen Vertrag zur Ehe zwangen, kann man auch nicht annehmen, die Vertragspartner seien immer Bräutigam und Braut gewesen. Ähnlich war es im frühen Mittelalter in Europa, wo durch die Ehe die Machtbefugnis über eine Frau vom Vater auf den Ehemann überging. Die Braut war also nicht Vertragspartner, sondern eher Vertragsgegenstand. Ihr Los wurde erst durch den Einfluß der Kirche gewendet, die der Ehe einen religiösen Inhalt gab und sie zum Sakrament erhob.

Natürlich konnte man die Ehe, nachdem sie einmal den Charakter eines Sakraments bekommen hatte, unmöglich als Vertrag bezeichnen. Jetzt war sie in erster Linie Träger göttlicher Gnade, und damit lag ihr wesentlicher

Inhalt nicht in ihrer formellen Bedeutung, sondern in der gemeinsamen Entscheidung beider Partner, durch sie zu „einem Fleisch" zu werden (Markus 10, 8). Das verminderte sowohl den Einfluß der Eltern als auch die Bedeutung ökonomischer Überlegungen. Im Ergebnis waren für eine bestimmte Zeit sogar heimliche Ehen gestattet. Darüber hinaus spiegelte die eheliche Gemeinschaft die Beziehung Christi zu seiner Kirche wider, sie konnte daher nicht aufgelöst werden: „Was denn Gott zusammengefügt hat, soll der Mensch nicht scheiden" (Markus 10, 9). Diese letztere Ansicht erwies sich jedoch im Laufe der Zeit als wenig praktikabel, daher kehrte die protestantische Reformation wieder zum Konzept der Ehe als Zivilvertrag zurück und ermöglichte es auch Christen, sich unter Umständen scheiden zu lassen. Im England der Puritaner nannte Milton die Ehe einen „Bund", der die Partner nicht auf ewig aneinander ketten muß.

Die Säkularisierung der Ehe wurde natürlich vom aufsteigenden Bürgertum besonders begrüßt. Der Bürger lebte in einer zunehmend nüchternen Welt rechtlicher und ökonomischer Beziehungen, die sich mit Verkauf, Übereignung, Verträgen und Vorschriften befaßte und daher immer weniger Sympathie für mythische oder übernatürliche Gedanken hegte. Im 18. Jahrhundert schließlich betrachtete Kant die Sache in völliger Nüchternheit und definierte die Ehe als „die Verbindung zweier Personen verschiedenen Geschlechts zum lebenswierigen wechselseitigen Besitz ihrer Geschlechtseigenschaften". Über diese Definition könnte man sehr viel sagen. Hier sei nur darauf hingewiesen, daß sie offensichtlich nicht ganz allgemeingültig ist. Der Hinweis auf „zwei" Personen und „lebenswierige" (also lebenslange) Dauer weist darauf hin, daß Kants Definition nur die besondere Form der abendländischen Ehe zugrunde liegt. Überdies ist festzustellen, daß von einem Vertrag keine Rede ist. Schließlich paßten unauflösliche persönliche Verträge im Zeitalter der Aufklärung nicht mehr zu den neuen Forderungen nach persönlicher Freiheit. Der lebenslange Besitz eines Menschen durch einen anderen entspricht auch unserem heutigen Rechtsdenken nicht mehr. Menschen können sich nicht mehr rechtmäßig wie Sklaven „verkaufen" oder jemand anderen für ein ganzes Leben als Leibeigenen verpflichten. Im Falle der Ehe wären solche Verträge noch weniger annehmbar. Selbst im antiken Rom hatte das eheliche Treuegelöbnis vor Gericht keine Gültigkeit. Daher ist die von Kant erwähnte „Verbindung" wohl mehr als nur eine vertragliche Vereinbarung.

Es ist jedoch deutlich, daß auch unsere heutige, auflösbare Ehe nicht wirklich als Vertrag beschrieben werden kann. Die Beziehung, die zwischen Eheleuten besteht, kann nicht durch schriftliche Festlegungen, Klauseln oder Zusatzvereinbarungen, auch nicht durch die Unterschrift unter ein Dokument geschaffen, gelenkt oder bewahrt werden. Diese Beziehung ist so intim, daß kein umfassender oder verbindlicher Vertrag für sie auch nur im Ansatz erfunden werden könnte, wobei nicht ausgeführt werden muß, daß nur ein verbindlicher Vertrag Gültigkeit hat. Der gesunde Menschenverstand sagt den Brautleuten, daß sie nicht legalistisch miteinander umgehen sollten, wenn sie nicht ihre Ehe von Anfang an gefährden wollen. Andererseits wissen sie auch, daß eine Ehe, wenn sie erst einmal gescheitert ist, nicht durch das Gesetz gerettet werden kann.

Diese Beobachtungen sollten verdeutlichen, daß das Thema Ehe zu kompliziert für leichtfertige Verallgemeinerungen ist. Die wirkliche Natur der Ehe ist schwer faßbar, und ihre Rolle in der Gesellschaft ändert sich mit dem Wandel der äußeren Bedingungen. So kann eine einzelne Definition weder alle denkbaren Bedeutungen der Ehe erfassen noch auf alle möglichen Formen zutreffen. Dennoch können wir zu einer gewissen Einsicht gelangen, wenn wir das Thema unter verschiedenen historischen oder kulturellen Aspekten betrachten. In den folgenden Abschnitten wird daher ein kurzes zusammenfassendes Bild der Ehe im Hinblick auf ihre historische Entwicklung und ihren derzeitigen Stellenwert in westlichen und einigen nichtwestlichen Gesellschaften aufgezeichnet. Eine abschließende Betrachtung befaßt sich mit möglichen Perspektiven für die Zukunft.

11.1.1 Die Geschichte der Ehe im Abendland

Die Ehe, wie wir sie heute in westlichen Ländern kennen, hat eine lange Geschichte, die durch mehrere Kulturepochen zurückverfolgt werden kann. Die wichtigsten sind die römische, jüdische und germanische Kultur. Darüber hinaus wurde die Ehe durch die Doktrin und Politik der christlichen Kirche des Mittelalters, die Forderungen der protestantischen Reformation und die sozialen Auswirkungen der Industriellen Revolution geformt.

Betrachten wir die Ehebräuche unserer Vorfahren, entdecken wir eine Reihe erstaunlicher Tatsachen. Zum Beispiel war eine Ehe meist keine Angelegenheit, die nur den Mann und die Frau anging, sondern eher das Geschäft ihrer beiden Familien, die so in Verbindung kamen. Daher wurden die meisten Ehen vorherbestimmt oder arrangiert. Überdies hatte die Ehefrau meist weniger Rechte als der Mann. Von ihr wurde erwartet, daß sie dem Mann untertan sei. Eine Ehe war, in gewissem Sinne, auch ein ökonomisches Arrangement. Für romantische Liebe oder einfache Zuneigung blieb wenig Raum, man hielt sie auch nicht für besonders wichtig. Fortpflanzung und gemeinsame Lebensgestaltung waren die obersten Pflichten der Ehe.

Andererseits sind sicher viele moderne Ehepaare überrascht, wie einfach früher eine Scheidung durchgeführt werden konnte. Auch hier hatten die Männer den Vorteil, daß sie ihre Ehefrauen einfach aus der Ehe entlassen konnten. Aber auch Frauen konnten die Scheidung erreichen. Im gegenseitigen Einvernehmen konnten Eheleute im antiken Rom sich sogar selbst scheiden, eine Möglichkeit, die es bis heute noch nicht wieder in allen europäischen Ländern gibt. Eine andere bemerkenswerte historische Tatsache ist der Nachdruck, mit dem man auf die Notwendigkeit der Ehe verwies, und der daraus resultierende Druck auf den einzelnen Menschen zu heiraten. Unter den Christen wurde dieser Druck teilweise gelockert, da diese, zumindest eine Zeitlang, im Zölibat eine besondere Tugend sahen. Die christlichen Lehren haben natürlich auch ihre Auswirkungen auf die Ehe selbst gehabt, auf die weiter unten noch näher eingegangen wird.

Die Ehe im antiken Griechenland und Rom

Im Griechenland der Antike wurde die Ehe als fundamentale soziale Einrichtung betrachtet. Der berühmte Gesetzgeber Solon erwog einst sogar, eine Ehepflicht einzuführen. In Athen wurden unter Perikles unverheiratete Männer von wichtigen öffentlichen Ämtern ausgeschlossen. In Sparta, wo man sexuelle Beziehungen zwischen Männern durchaus förderte, bestand man dennoch darauf, daß sie heirateten und Kinder zeugten. Ledige und kinderlose Männer wurden verachtet.

Obwohl man die Ehe für wichtig hielt, betrachtete man sie in der Regel unter praktischen Aspekten und maß ihr keine ausgesprochen romantische Bedeutung bei. Ein Vater arrangierte die vorteilhafteste Ehe für seinen Sohn und ließ den Vertrag dann vor Zeugen unterzeichnen. Kurz danach hielt man eine Hochzeitsfeier ab und begleitete sodann das junge Paar (das sich womöglich nie zuvor gesehen hatte) in das Ehebett. Alle Ehen waren monogam. In der Regel war der Bräutigam Anfang Dreißig und die Braut unter zwanzig Jahre alt. Zu diesem Altersunterschied kamen die ungleiche Erziehung und die unterschiedlichen politischen Rechte. Man betrachtete Frauen als den Männern unterlegen, und so blieben sie ans Haus gebunden. Ihre Hauptaufgabe als Ehefrauen bestand darin, Kinder zu gebären und den Haushalt zu versorgen, während sich der Mann öffentlichen Angelegenheiten zuwandte. Für ihre erotischen Bedürfnisse bedienten sich Männer Prostituierter oder Konkubinen. Der Redner Demosthenes erklärt das so: „Zu unserem Vergnügen haben wir Hetären, Konkubinen für die Gesundheit und Ehefrauen, damit sie uns rechtmäßige Nachkommen gebären." Viele Männer pflegten auch intensive emotionale und sexuelle Beziehungen zu jungen Männern. Die gesetzliche Ungleichheit zeigte sich auch im damaligen Scheidungsrecht. Es war immer einfacher, sich als Mann von seiner Frau scheiden zu lassen als umgekehrt. Da jedoch eine geschiedene Frau ihre Mitgift mitnehmen durfte, ließen sich Männer meist nur dann scheiden, wenn ihre Frauen Ehebruch begangen hatten oder unfruchtbar waren.

Die Ehegesetze und Heiratsbräuche im antiken Rom sind nicht einfach zusammenzufassen, da sie relativ unterschiedlich waren und im Laufe der Zeit erheblichen Veränderungen unterlagen. Dennoch kann man, ohne den Zusammenhang zu sehr zu vereinfachen, sagen, daß Ehe und Ehescheidung immer private Abkommen zwischen den Beteiligten waren. Es bedurfte keiner offiziellen Erlaubnis staatlicher oder religiöser Einrichtungen. In der frühen römischen Geschichte hatte der Ehemann erhebliche Machtbefugnisse über seine Frau und Kinder, die er nach eigenem Gutdünken züchtigen, verkaufen oder sogar töten durfte. Im Laufe der Entwicklung erlangten die Frauen jedoch eine günstigere Rechtsposition, man gestand ihnen nach und nach größere Autonomie über ihr Leben und ihren Besitz zu. So erreichten die Eheleute in der römischen Kaiserzeit eine annähernde rechtliche Gleichstellung. Gleichzeitig schien aber in dieser Zeit die Zahl der Eheschließungen und Geburten zu sinken, denn der Kaiser Augustus hielt es für erforderlich, drastische Gesetze zu erlassen, die eine Ehepflicht verfügten und Ledige bestraften. Es gab verschiedene Formen der Ehe, die erste (durch „usus") bedurfte keinerlei Zeremonie. Sie war dadurch begründet, daß das Paar ein Jahr lang zusammenlebte. Die Scheidung verlief ebenso formlos. Eine formellere Art der Ehe (durch „coemptio") wurde in einer Zeremonie vor Zeugen geschlossen und konnte durch eine Zeremonie auch wieder aufgelöst werden. Die Mitglieder höherer Stände bevorzugten meist ausgedehnte Feierlichkeiten (durch „confarreatio"), bei denen zehn Zeugen und ein Priester anwesend sein mußten. Im Falle einer Scheidung bedurfte es ebenfalls eines umfangreicheren Zeremoniells. Alle drei Arten der Ehe und Scheidung hatten gleiche Gültigkeit. Alle Ehen waren monogam. Männer und Frauen gingen im Normalfall ihre erste Ehe vor dem 20. Lebensjahr ein.

Die Römer tolerierten Prostitution und Konkubinat und hatten keine Bedenken gegen homosexuelle Beziehungen. Ihre Ehegesetze waren erstaunlich gerecht gegenüber Frauen und trugen erheblich zu ihrer Emanzipation bei.

Die Ehe im alten Israel

Wie man der Bibel entnehmen kann, war die Familienstruktur im alten Israel patriarchalisch. Der Status der Frauen war niedrig – man betrachtete sie als Besitz des Vaters oder Ehemannes, und sie konnten ohne deren Einwilligung kaum Entscheidungen treffen. Hauptzweck der Ehe war die Fortpflanzung und der Fortbestand des männlichen Namens. Von jedem gesunden Menschen wurde erwartet, daß er heiratete. Ledige Männer und Frauen wurden verachtet. Ein Mann konnte mehrere Frauen und Konkubinen haben (Jakob heiratete zwei Schwestern, Lea und Rahel; Salomo hatte 700 Frauen und 300 Konkubinen). Scheidungen wurden nicht gefördert, einem Mann jedoch gestattet, wenn er eine „Unreinheit" an seiner Frau fand. Er schickte ihr dann einen Scheidungsbrief und verstieß sie aus seinem Hause (5. Mose 24, 1). Für eine Frau war es demgegenüber nahezu unmöglich, sich scheiden zu lassen.

Die Bibel überliefert, daß die Eherechte und Heiratssitten sich im Laufe der Zeit ein wenig änderten. So wurden Scheidungen zunehmend mißbilligt, die Tendenz zur Monogamie wurde stärker. In der Regel war es der Patriarch, der die Braut für seinen Sohn auswählte und an deren Vater einen ,,Braut-Preis" zahlte. Die Entgegennahme dieses Braut-Preises besiegelte eine rechtsgültige Verlobung, der, wenn die Braut zu ihrer neuen Familie zog, die Hochzeitsfeierlichkeiten folgten. Männer und Frauen heirateten kurz nach der Pubertät. Theoretisch entstand daher für beide Geschlechter keine längere Zeitspanne sexueller Frustration. Dennoch hatten Männer infolge einer ganz offen bestehenden sexuellen Doppelmoral wesentlich bessere Möglichkeiten zu sexueller Erfüllung als Frauen.

Die Ehe im europäischen Mittelalter

Der Aufstieg des Christentums hatte eine grundlegende Änderung der Ehegesetze und Heiratssitten in Europa zur Folge, wenngleich sich diese Veränderungen auch nur langsam vollzogen. Die ersten christlichen Kaiser übernahmen die traditionellen römischen Gesetze ziemlich unverändert. Unter wechselndem politischem und religiösem Druck wurden die Scheidungsvorschriften teils erweitert, teils eingeschränkt. Es wurden auch ältere Gesetze aufgehoben, die Ledige und Kinderlose bestraften, denn die neue christliche Askese stellte Jungfräulichkeit und sexuelle Abstinenz über die Ehe. Zu weiteren Veränderungen kam es indes nicht. Ehe und Scheidung blieben auch weiterhin private Angelegenheiten.

In den folgenden Jahrhunderten geriet die Ehe indes zunehmend unter den Einfluß der Kirche. Im Vergleich zu Rom hatten die gerade christianisierten Länder Nordeuropas eher barbarische Ehebräuche und behandelten die Frauen kaum besser als Haussklaven. Im germanischen Recht war die Ehe im Grunde ein Geschäft zwischen dem Bräutigam und dem Brautvater (,,Ehehandel"). Als Symbol des erfolgreichen Brauthandels wurde der Ring (als Anzahlung) der Braut gegeben. Durch die Annahme des Ringes kam die Verlobung zustande. Die volle Bezahlung des Braut-Preises erfolgte bei Übergabe, das heißt dann, wenn die eigentliche Hochzeit stattfand. (Seit damals werden dem Ring auch andere symbolische Bedeutungen beigemessen, die selbst bei unseren modernen Eheschließungen noch eine Rolle spielen.) Der zivilisierende Einfluß der Kirche veränderte bald diese primitiven Bräuche. Nach römischem Recht und dem christlichen Glauben konnte eine Ehe nur auf dem freiwilligen Einverständnis beider Partner begründet werden. Diese Lehre verbesserte den Status der Frau. Darüber hinaus maßen die Theologen der Ehe zunehmend religiöse Bedeutungen bei und definierten sie am Ende als Sakrament. Dies gab der vormals eher prosaischen Übereinkunft neue Würde.

Zugleich schuf die Kirche jedoch zwei neue Probleme: Sie schaffte die Scheidung ab, indem sie die Ehe für unauflöslich erklärte (es sei denn durch Tod eines Ehepartners), und sie erweiterte die Anzahl der Ehehindernisse erheblich. Jetzt gab es drei grundlegende Hindernisse für eine Eheschließung: ,,Blutsverwandtschaft", ,,Verschwägerung" und ,,Geistlicher Verwandtschaft". ,,Blutsverwandtschaft" wurde sehr weit, bis zum sechsten oder siebten Grad, ausgelegt. Das heißt, daß man niemanden heiraten durfte, dem man näher verwandt war als einer Cousine/einem Cousin dritten Grades. ,,Verschwägerung" bezog sich auf eine metaphysische Nähe zwischen den beiden Familien des Ehemannes und der Ehefrau. Da man von den Letztgenannten glaubte, sie seien ,,ein Fleisch" geworden, waren die Verwandten auf beiden Seiten auch miteinander verwandt; dies machte es unmöglich, untereinander Ehen zu schließen. ,,Geistliche Verwandtschaft" nahm man zwischen den Paten und ihren Patenkindern sowie deren Familien an.

Im Ergebnis dieser neuen Vorschriften verstärkte sich der Einfluß der Kir-

Kinderehen im europäischen Adel
In den europäischen Herrscherhäusern waren Eheschließungen oft ein Mittel um Bündnisse zu schließen, die eigene Macht zu sichern oder den Frieden zu wahren. Nicht selten wurden daher Ehen bereits zwischen Kindern geschlossen, wenn dies den politischen Absichten ihrer Familien diente.

(Oben) Wilhelm II. von Oranien (im Alter von 14 Jahren) und seine Frau Maria Stuart (im Alter von 10 Jahren), die Tochter von Karl I. von England. Gemälde von van Dyck, 1641.

(Unten) Hochzeit von Marie Adélaide von Savoyen (im Alter von 12 Jahren) und dem Herzog von Burgund (im Alter von 14 Jahren) in Versaille im Jahre 1697. Rechts ist Ludwig XIV., der Großvater des Bräutigams, zu sehen.

che auf die Ehe erheblich. Häufig waren ausgedehnte kirchliche Untersuchungen erforderlich, um mögliche Ehehindernisse festzustellen. Ehen, die in Unkenntnis oder trotz solcher Ehehindernisse geschlossen worden waren, wurden für nichtig erklärt. In solchen Fällen war die Kirche gewillt, eine ,,Annullierung" auszusprechen. Da eine Scheidung nicht mehr zulässig war, konnte nur eine Annullierung zur Auflösung der Ehe führen. Viele verheiratete Paare, die einander später überdrüssig wurden, entdeckten dann irgendein passendes Ehehindernis, das sie zuvor angeblich übersehen hatten. Die Kirche begann auch, jeder Eheschließung ein sogenanntes Heiratsaufgebot vorausgehen zu lassen, in dem jeder, der um mögliche Ehehindernisse des betreffenden Paares wußte, aufgefordert wurde, sich zu Wort zu melden. Der zunehmende Einfluß der Kirche auf die Ehe war auch in der Entwicklung besonderer religiöser Hochzeitsfeiern zu erkennen. In den ersten christlichen Jahrhunderten wurde die Ehe noch als ausschließlich private Übereinkunft betrachtet. Bis ins 10. Jahrhundert fand der wesentliche Teil der Eheschließung außerhalb der Kirche statt. Erst im 12. Jahrhundert nahm auch ein Priester am Heiratszeremoniell teil, und es dauerte bis ins 13. Jahrhundert, bis er den Ablauf der Handlung selbst weitgehend bestimmte. Dennoch herrschte weiterhin die Auffassung, daß die Ehe, selbst als Sakrament, vom Einvernehmen der Partner untereinander abhing und daß daher weder die Eltern noch der Priester oder die Regierung ihre Gültigkeit beeinflussen konnten. Es wurde auch möglich, daß Paare heimlich heirateten, wenn sie von ihren Familien keine Bewilligung bekamen. Auch Kinder konnten jetzt in jungen Jahren heiraten, wenn die Eltern sie dazu überreden konnten. Insbesondere adlige Familien bedienten sich dieser Möglichkeit, wenn sie in der Verbindung ihrer kleinen Söhne und Töchter einen politischen Vorteil sahen. Im allgemeinen heirateten Männer im Alter von 20 bis 30 Jahren, Mädchen jedoch kurz nach Beginn der Pubertät (meist kurz nach ihrer ersten Menstruation).

Heute ist die Versuchung groß, mittelalterliche Ehen im Licht romantischer Verklärung und des Minnesangs zu sehen. Die Ehe blieb jedoch fast im gesamten Mittelalter für den überwiegenden Teil der Bevölkerung eine praktische, ökonomische Angelegenheit. Für romantische Liebe war da kaum Platz. Überdies war die soziale und rechtliche Stellung der Frau, obwohl in einigen Ländern etwas verbessert, weiterhin ausgesprochen niedrig.

Die Ehe im modernen Europa und Nordamerika

Die protestantische Reformation des 16. Jahrhunderts wandte sich gegen die vorherrschende Auffassung von der Ehe, ebenso wie gegen viele andere katholische Dogmen. Nach Martin Luther war die Ehe ,,ein weltlich Ding", das in den Geltungsbereich der Regierung gehörte. Eine ähnliche Einstellung vertrat auch der Schweizer Reformator Calvin. Die englischen Puritaner verabschiedeten im 17. Jahrhundert sogar ein Gesetz, in dem festgehalten wurde, daß ,,die Ehe kein Sakrament ist", bald danach wurde die Ehe auch in England eine ausschließlich weltliche Angelegenheit. Sie mußte nicht länger von einem Geistlichen geschlossen werden, sondern von einem Friedensrichter. Die Restauration schaffte dieses Gesetz zwar wieder ab und führte das alte System wieder ein. Die Puritaner brachten jedoch ihre Vorstellung von der Ehe mit nach Nordamerika, wo sie überlebte. Luther und die Protestanten verringerten auch die Anzahl der Ehehindernisse. Verschwägerung und Geistliche Verwandtschaft wurden nicht mehr als Hindernis betrachtet. Blutsverwandtschaft wurde in sehr viel engerem Sinne interpretiert. Dadurch wurden Ehen zwischen Vettern und Basen ersten Grades möglich.

Als Reaktion auf die protestantischen Änderungen berief die Katholische Kirche 1563 das Konzil von Trient ein, auf dem sie ihre bisherigen Lehren erneut bekräftigte. Alle Eheschließungen mußten nun vor einem Priester und

Ungewöhnliche Formen der Ehe in den Vereinigten Staaten des 19. Jahrhunderts
Ehe-Experimente sind nichts Neues. Besonders in den Vereinigten Staaten haben Versuche zur Reform der Ehe eine interessante Geschichte.

(Oben) **Die Oneida-Gemeinschaft**
Die 1848 von John Noyes gegründete Oneida-Gemeinschaft im US-Bundesstaat New York pflegte eine Form der Gruppenehe, die man ,,komplexe Ehe“ nannte und in der theoretisch jede Frau mit jedem Mann verheiratet war. Die Gemeinschaft praktizierte auch eine Form ,,wissenschaftlicher Fortpflanzung“, bei der die zukünftigen Eltern nach Gesichtspunkten der körperlichen und geistigen Gesundheit von der Gemeinschaft festgelegt wurden. Das Bild zeigt eine Gruppe dieser besonderen Kinder und ihre stolzen Eltern.

(Unten) **Polygamie bei den Mormonen**
Die Mitglieder der Mormonenkirche wurden wegen der bei ihnen praktizierten Polygamie gnadenlos verfolgt, belästigt und lächerlich gemacht. Sie gaben diesen Brauch deshalb wieder auf. Das Bild zeigt eine Karikatur anläßlich des Todes von Brigham Young im Jahre 1877: Zwölf Witwen in einem einzigen Ehebett betrauern den Tod ihres Ehemannes.

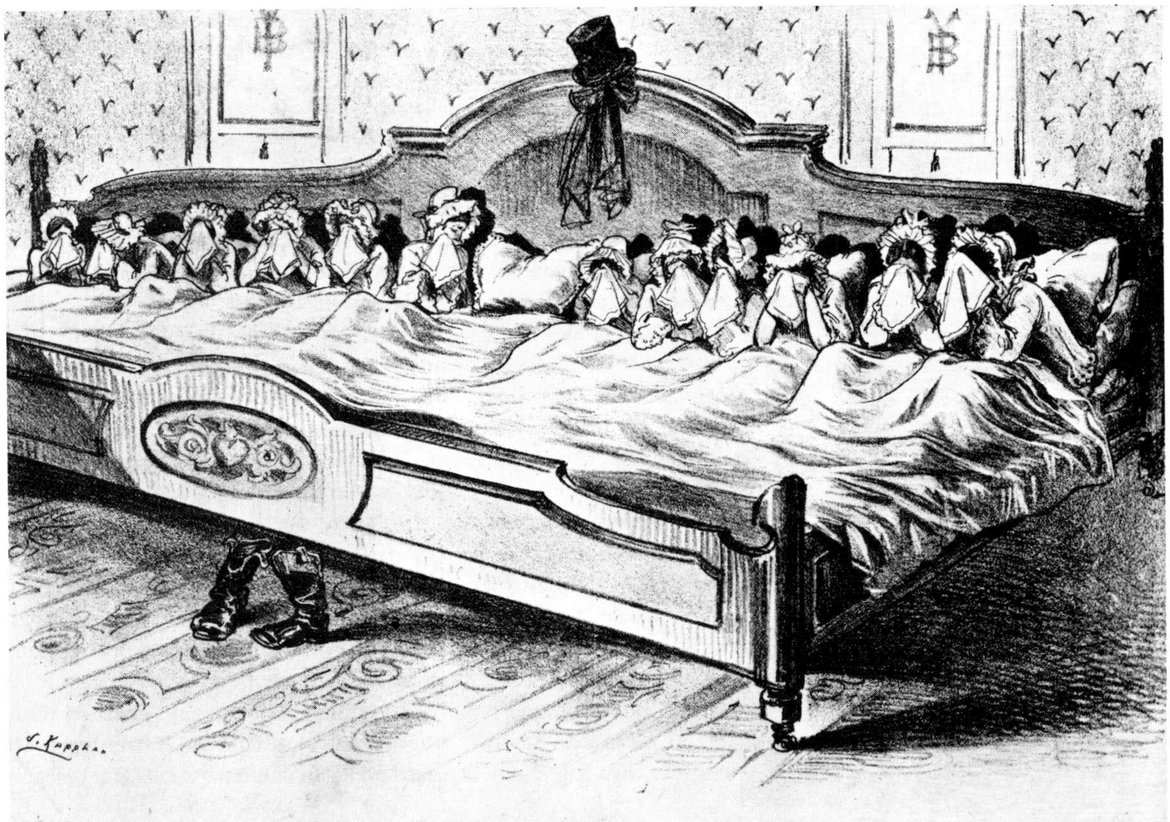

IN MEMORIAM BRIGHAM YOUNG.

zwei Zeugen stattfinden. Außerdem wurde nicht nur die heimliche Eheschließung nahezu unmöglich gemacht, sondern auch die bis dahin üblichen formlosen Ehen. Diese waren ähnlich wie die römischen Ehen durch „usus", einfach im gegenseitigen Einvernehmen ohne besondere Feierlichkeiten geschlossen worden. In England kannte man sie unter dem Begriff „common law marriages", und infolge des Bruchs zwischen Heinrich VIII. und Rom waren sie weiterhin gestattet, bis im Jahre 1753 die Anglikanische Kirche die Verantwortung für alle Eheschließungen übernahm (einschließlich der Eheschließungen zwischen Katholiken, aber unter Ausschluß von Eheschließungen zwischen Quäkern und Juden). Diese Entwicklung hatte keinen Einfluß auf die englischen Kolonien, und so blieben in Nordamerika die „common law marriages" gestattet. (Sie wurden bis in das Jahr 1970 in einigen Bundesstaaten der USA noch anerkannt.)

Fast überall in Europa bedurfte es zur Eheschließung einer religiösen Zeremonie, bis die Französische Revolution 1792 eine obligatorische zivile Eheschließung einführte. Deutschland folgte diesem Beispiel im 19. Jahrhundert, als Bismarck im „Kulturkampf" den Einfluß der Katholischen Kirche einschränkte. Schließlich wurde die Eheschließung vor einem Magistrats- oder Regierungsbeamten die einzige in der westlichen Welt gültige Form der Eheschließung. Zwar waren religiöse Eheschließungen nach wie vor gestattet, aber nur dann, wenn vorher eine bürgerliche Trauung stattgefunden hatte.

Weiter umstritten war das Problem der Ehescheidung. Im Gegensatz zum katholischen Dogma hielten die protestantischen Reformatoren die Ehe nicht für unauflöslich, sondern waren unter bestimmten Bedingungen für eine Scheidung. Der Puritaner Milton befürwortete in seinem Buch „Doctrine and Discipline of Divorce" (1643) sogar die Selbstscheidung ohne Beteiligung von Kirche oder Staat. Für ihn hing die Ehe ausschließlich vom Verständnis zwischen beiden Partnern ab. Wo es an gegenseitiger Liebe mangelte, wurde die Ehe zur Heuchelei und sollte gelöst werden. Mit dieser Auffassung war er seiner Zeit jedoch viel zu weit voraus. Das englische Parlament bewilligte zwar einige Scheidungen, die Verfahren waren aber so teuer und verliefen so schleppend, daß nur wenige Paare davon Gebrauch machen konnten. Bis zur Mitte des 19. Jahrhunderts gab es keine wirklich funktionierenden Scheidungsgerichte. In den amerikanischen Kolonien gestatteten die Puritaner in einigen besonderen Fällen Scheidungen, in allen katholischen Ländern blieben sie jedoch verboten, bis die Französische Revolution und das Napoleonische Recht sie in Frankreich einführten. Nach Napoleon wurde das Scheidungsrecht durch die wieder eingesetzte Monarchie erneut abgeschafft, um dann 1884 in der Zweiten Republik wiederum in Kraft zu treten. In Italien, Portugal und Spanien blieb die Scheidung jedoch weiterhin unmöglich, in Italien wurde sie erst 1970 legalisiert.

In katholischen und protestantischen Ländern ist Monogamie die einzig anerkannte Form der Ehe. Luther war allerdings der Polygynie gegenüber in Ausnahmefällen nachsichtig. (So gestattete er „inoffiziell" dem Landgrafen Philipp von Hessen, zwei Frauen zu nehmen.) Insgesamt waren aber solche alten biblischen Bräuche den meisten Christen zuwider, und als die Mormonen im 19. Jahrhundert in Amerika die Polygynie wieder einführten, wurden sie so unnachsichtig verfolgt, daß sie sie wieder aufgaben.

Die allmähliche Emanzipation der Ehe- und Scheidungsrechte aus der Kontrolle der Kirche brachte größere individuelle Freiheiten mit sich. Auch der Status der Frau wurde dadurch aufgewertet. Der Einfluß der Eltern auf die Partnerwahl der Kinder ging zurück, romantische Liebe wurde zum wichtigen Faktor für die Heirat. Dennoch blieb die Ehe für die meisten Paare bis weit ins 19. Jahrhundert im Kern eine ökonomische Angelegenheit. Überdies war es meist der Ehemann, der daraus den größten Nutzen zog, denn er wurde „Oberhaupt der Familie" und kontrollierte auch den Besitz seiner

Frau. Verglichen mit seiner Frau, besaß er wesentlich mehr Rechte, und die herrschende doppelte Moral gestand ihm erhebliche sexuelle Freiheiten zu. Frauen forderten daher immer dringlicher weitere Reformen; dieser Prozeß hat sein Ziel bis heute noch nicht endgültig erreicht.

11.1.2 Die Ehe in nichtwestlichen Gesellschaften

Viele abendländische Christen glauben, ihre Form der Ehe sei die einzig „natürliche" oder mögliche. Alle anderen Formen seien nicht nur sündig, sondern geradezu barbarisch. Christen, die außerhalb westlicher Länder „exotische" Ehebräuche aus der Nähe miterleben, können jedoch feststellen, daß die Angelegenheit nicht ganz so einfach ist. Der Mensch ist in einem hohen Maße anpassungsfähig und entwickelt in der Regel bestimmte Eheformen, die seinen sozialen und ökonomischen Lebensumständen entsprechen. Verändern sich diese Umstände, verändern sich auch meist die Ehebräuche. Die folgenden drei Beispiele sollen diesen Gedanken verdeutlichen. Die erste hier beschriebene Form der Ehe ist infolge westlicher Einflüsse nahezu verschwunden. Die zweite hat zwar überlebt, wird aber unter zunehmendem Druck nach und nach „modernisiert". Die dritte stellt einen radikalen Bruch mit veraltet erachteten Gewohnheiten dar.

Die Ehe im alten Polynesien

Bis zum Kontakt mit der westlichen Zivilisation hatten die Bewohner vieler polynesischer Inseln ihre eigenen Ehegesetze und -bräuche, die – bei gewissen Unterschieden – vieles gemeinsam hatten. Sie unterschieden sich deutlich von denjenigen in Europa und Nordamerika. Die Polynesier lebten sexuell ausgesprochen ungehemmt, und sie legten auf sexuelle Befriedigung größten Wert. Die Ehe galt als ausgesprochen erstrebenswert, und nur wenige Erwachsene blieben ledig. Verwitwete oder geschiedene Personen gingen so bald wie möglich eine neue Ehe ein. Jungen und Mädchen heirateten gewöhnlich, sobald sie erwachsen wurden.

Die Polynesier waren allerdings sehr standesbewußt, und die Heiratsbräuche der verschiedenen Stände unterschieden sich deutlich von denen der gewöhnlichen Bürger. Auf einigen Inseln lebten die Hochgestellten polygyn (oder polyandrisch, wie zum Beispiel auf den Marquesas-Inseln). Manchmal vereinbarten die Adligen auch Ehen zwischen Kindern, wenn sie darin politische Vorteile sahen. Auf jeden Fall waren die höhergestellten Schichten in der Wahl ihrer Partner durch soziale Konventionen relativ eingeschränkt. Die unteren Schichten hatten in dieser Hinsicht mehr Freiheiten, obwohl auch bei ihnen die meisten Ehen arrangiert wurden, zumindest jedoch der Zustimmung der Eltern bedurften. Ehen unter Blutsverwandten bis zu mehreren Graden waren ebenso verboten wie Ehen außerhalb der eigenen sozialen Schicht. Andererseits ging eine Eheschließung ohne besondere Formalitäten vonstatten. Braut und Bräutigam begannen einfach, miteinander zu leben. Ehen waren monogam, Treue galt als selbstverständlich. Dennoch war oft dem Ehemann eine sexuelle Beziehung zu seinen Schwägerinnen erlaubt, der Ehefrau zu ihren Schwägern (man behandelte in diesem Zusammenhang auch Vettern als verschwägert. Der Ehemann konnte gelegentlich seinem „Namensbruder" (das heißt seinem besten Freund) und seinen männlichen Gästen erlauben, mit seiner Frau zu schlafen. Unter diesen Umständen kann man die eheliche Beziehung nicht als restriktiv bezeichnen. Verlief eine Ehe dennoch nicht zufriedenstellend, konnte sie im gegenseitigen Einverständnis einfach gelöst werden. Der Besitz und die Kinder wurden aufgeteilt, wobei der Mann meist die älteren Jungen übernahm und die Frau die kleinen Kinder und Mädchen. Ebenso einfach war eine Wiederverheiratung. Man kann also allgemein sagen, daß die Ehe im alten Polynesien eine flexible Einrichtung war, bei der keiner der Ehepartner für längere Zeit unzufrieden sein mußte. Die Polynesier betrachteten die Ehe als eine erfreuliche Notwendigkeit. Diese Grundeinstellung spiegelt ihr realistisches und unmittelbares Verhältnis zur Sexualität und die große Bedeutung körperlicher Zufriedenheit wider.

Die Ehe in islamischen Ländern

Der islamische Glaube hat Eheschließung von jeher nachdrücklich unterstützt, Ehelosigkeit galt als unerwünscht und außergewöhnlich. In der islamischen Tradition gibt es weder Klöster noch lebenslange Keuschheitsgelübde. Die islamische Auffassung von der Ehe ist der des Alten Testaments ganz ähnlich. So gestattet beispielsweise der Koran Polygynie. Seit der Zeit Mohammeds konnte ein Mann bis zu vier Frauen heiraten, vorausgesetzt, er konnte sie angemessen unterhalten und allen ,,gerecht werden". Zusätzlich durfte er mehrere Konkubinen haben, die jedoch die Rechte der Ehefrauen nicht teilten. Die islamische Polygynie ist noch heute in vielen Teilen der Welt verbreitet. Sie war indessen auch in früheren Zeiten eher eine Ausnahme denn die Regel. Für die meisten Moslems war und ist Monogamie die normale Form der Ehe.

In bestimmten Epochen gab es in der islamischen Kultur auch die Form der zeitlich begrenzten Ehe unter der Bezeichnung mut'ah (arab.: Freude). Ein Mann heiratete für eine zuvor festgelegte Zeitspanne eine Frau (gelegentlich nur für eine Nacht), und er bezahlte ihr dafür einen annehmbaren Preis oder eine ,,Mitgift". Am Ende der festgelegten Zeit galt die Ehe automatisch als gelöst. Abgesehen von der vereinbarten Abfindung, hatte die Frau keine Ansprüche mehr an den Mann oder seinen Besitz. Mut'ah-Ehen wurden gewöhnlich von Männern geschlossen, die sich auf einer Pilgerreise nach Mekka befanden oder die unter anderen Umständen von zu Hause fort waren. Viele fromme Moslems bekämpften diesen Brauch jedoch als Prostitution, so daß er offiziell mißbilligt wurde und schließlich an Verbreitung verlor.

Der Koran verbietet Ehescheidung nicht, daher war sie in allen islamischen Gesellschaften üblich. Eine Form der Scheidung war ein gemeinsames Übereinkommen, bei dem die Frau ihrem Ehemann für die Freilassung einen Preis zahlen mußte. Die andere war die Verstoßung, bei der der Ehemann seiner Frau einfach dreimal sagte, daß er sich von ihr scheiden wollte. Dies war seine Privatangelegenheit, die er niemandem zu erklären brauchte. Wenn hingegen eine Frau die Scheidung wünschte, so mußte sie dies vor Gericht mit bestimmten Begründungen beantragen, zum Beispiel wegen Grausamkeit, böswilligen Verlassens oder mangelndem Unterhalt.

Diese kurze Zusammenfassung zeigt bereits, daß das islamische Eherecht und die islamischen Ehebräuche dem Mann eine deutlich privilegierte Position einräumen. Frauen blieben rechtlich benachteiligt. Es hat indessen den Anschein, daß Industrialisierung und Modernisierung in jüngerer Zeit auch einen Einfluß in islamischen Ländern haben, was hinsichtlich des Eherechts zu bedeutenden Veränderungen führen dürfte.

Die Ehe in China

Im chinesischen Kaiserreich wurde Ehe nachdrücklich gefördert, ledige Personen wurden kaum respektiert. Eine Eheschließung wurde indes eher von zwei Familien vereinbart als von zwei Individuen. Väter suchten die beste Partie für ihre Kinder, die sich bis zur Hochzeit kaum kennenlernten. Zweck der Eheschließung war die Fortpflanzung, das heißt der Fortbestand der Sippe. Romantische Liebe zwischen den Eheleuten wurde kaum erwartet, sie galt als durchaus unerheblich. Dem Ehemann kam ein privilegierter Status zu, der ihn über seine Familie herrschen ließ, während die Rechte der Frau eher gering waren. Sie hatte nicht nur ihrem Ehemann, sondern auch dessen

Mutter zu gehorchen. Zur sexuellen Befriedigung konnten Ehemänner sich Konkubinen nehmen, während den Ehefrauen Liebhaber nicht gestattet waren. Scheidung war möglich, besonders wenn der Mann sie begehrte, das Vorgehen war jedoch kompliziert. Da außerdem beide Familien von einer Scheidung betroffen waren, mißbilligte man sie und versuchte meist, sie abzuwenden. Praktisch blieben daher selbst unglückliche Ehen oft weiterbestehen.

In den ersten Jahrzehnten unseres Jahrhunderts – nach Ende des Kaiserreichs – wurden die chinesischen Ehegesetze reformiert. Die Gründung der Volksrepublik China führte 1950 zur Verabschiedung neuer, moderner Gesetze. Die 27 Artikel des neuen Gesetzes sind schon wegen ihrer Einfachheit bemerkenswert. Sie erklären die freie Partnerwahl und Gleichberechtigung für Männer und Frauen. Ältere Bräuche wie Konkubinat, Verlobung im Kindesalter, Geldforderungen und Mitgift in Verbindung mit Eheschließungen sind verboten. Die Gesetze stellen ausdrücklich fest, daß „eine Eheschließung vom vollkommen freiwilligen Einverständnis beider Partner abhängt" (Art. 3). Folglich ist für die Eheschließung nichts weiter erforderlich als die Eintragung bei der regionalen Verwaltung, die daraufhin die Heiratsurkunde ausstellt. Beiden Partnern ist es freigestellt, den Familiennamen der Frau oder des Mannes zu tragen. Einer Scheidung wird stattgegeben, wenn beide Partner dies wünschen. Sie treffen lediglich eine Übereinkunft hinsichtlich der Kinder und des Besitzes, melden dies der Verwaltung und erhalten die Scheidungsurkunde. Will nur ein Partner sich scheiden lassen, bemüht man sich offiziell um eine Beilegung der Auseinandersetzung. Wenn dies nicht gelingt, wird der Scheidung stattgegeben. Die geschiedenen Eltern bleiben für ihre Kinder verantwortlich, und sie sind verpflichtet, für den Unterhalt gemeinsam aufzukommen. Wenn sie sich nicht einigen können, wird vom Gericht eine Übereinkunft angeordnet. Das Sorgerecht kann wahlweise jedem von beiden Eltern übertragen werden.

Es ist für auswärtige Beobachter heute schwierig einzuschätzen, wie diese Gesetze praktisch angewendet werden, man muß aber zugeben, daß sie – zumindest theoretisch – sehr vernünftig zu sein scheinen. Den europäischen und amerikanischen Ehegesetzen sind sie mit Sicherheit weit voraus. Sie enthalten jedoch auch zwei etwas merkwürdige Vorschriften, die der Erläuterung bedürfen. Artikel 5 verbietet eine Ehe, wenn „ein Partner aufgrund bestimmter körperlicher Mängel sexuell impotent ist" oder wenn ein Partner unter besonderen Krankheiten leidet. Die englische Übersetzung dieses Artikels ist zumindest nicht eindeutig, er scheint jedoch Behinderten oder chronisch kranken Personen das Recht auf Eheschließung abzusprechen, ein Recht, das sie in den meisten westlichen Ländern haben. Die gesetzliche Altersgrenze für die Ehe ist in China für Männer 20 Jahre, für Frauen 18 Jahre; junge Menschen werden jedoch angehalten zu warten, bis sie älter sind.

11.1.3 Die Ehe – heute

Wir haben oben bereits über die schrittweise Emanzipation der Frauen in moderner Zeit und ihre Auswirkungen auf das tägliche Leben gesprochen. Obwohl der Emanzipationsprozeß noch lange nicht abgeschlossen ist, hat er bereits grundlegende Veränderungen in der Familienstruktur und der Bedeutung der Ehe bewirkt. In der Vergangenheit war es Frauen nicht erlaubt, Verträge abzuschließen, sie wurden gesetzlich daran gehindert, Besitz zu verwalten, auch wenn sie ihn vor der Ehe erworben hatten. Sie konnten daraus kein eigenes Einkommen beziehen, sondern sie mußten den gesamten Besitz aus der Zeit vor der Ehe ihrem Mann übertragen.

Inzwischen sind Frauen nach dem Wortlaut der Gesetze Männern fast gleichgestellt. Viele Frauen sind berufstätig, machen selbst Karriere und verdienen nicht selten mehr als ihre Ehemänner. Dennoch besteht die sexuelle Doppelmoral nach wie vor, besonders in der Sexualgesetzgebung, aber auch hier sind zumindest die deutlichsten Verstöße gegen den Gleichheitsgrundsatz beseitigt worden. Die Scheidungsgesetze sind gelockert und vereinfacht worden, sie sind heute auch gerechter. So haben Frauen inzwischen ein höheres Maß an Unabhängigkeit von ihren Männern erlangt, und dies hat zu einer Reihe von Veränderungen in den traditionellen Geschlechtsrollen geführt.

Gleichzeitig haben sich einige Funktionen der Familie verändert. Während Familien früher meist Produktionseinheiten waren, wo jeder zum gemeinsamen Handel oder Geschäft beitrug, sind sie heute oft nur noch Konsumeinheiten. Die Familienmitglieder leben und essen miteinander, kaufen den täglichen Bedarf gemeinsam ein, sie gehen jedoch ansonsten ihre eigenen Wege. Die Kinder verbringen viele Stunden täglich außer Haus, wie es die allgemeine Schulpflicht verlangt. Sie können nach diesen Schulstunden ihre Freizeit in Jugendclubs, beim Spielen auf der Straße oder auf Sportveranstaltungen zubringen. In vielen Familien arbeiten beide Eltern außer Haus. Großeltern, kranke oder behinderte Verwandte leben in Alters- oder Pflegeheimen, sie beziehen Renten oder staatliche Unterstützungen. Die finanziellen und moralischen Verpflichtungen der Familie ihnen gegenüber sind also stark zurückgegangen.

In der Folge solcher Entwicklungen hat die Ehe heute eine ganz andere Bedeutung als noch vor einem Jahrhundert. Materielle Überlegungen sind in den Hintergrund getreten. Es ist eher die sexuelle Anziehung, die Partner heute zur Eheschließung veranlaßt. Außerdem wissen sie, daß sie sich scheiden lassen können. Sie können sich auch meist darauf verlassen, daß sie nach einer Scheidung finanziell gesichert sind und im Alter ihren Kindern nicht zur Last fallen werden. Der Fortschritt in der gesundheitlichen Versorgung und die höhere Lebenserwartung erlaubt es den Eheleuten heute, sich auf viele Jahrzehnte intimen Umgangs zu freuen, selbst wenn die Kinder erwachsen sind. Die ehemals seltenen silbernen und goldenen Hochzeiten werden heute für alle jungverheirateten Paare eine realistische Perspektive.

Dennoch entscheiden sich viele Partner dafür, nicht so lange zusammen zu leben. Ihnen erscheint die Forderung, 20, 30 oder 50 Jahre lang in strikter Monogamie zu verbringen, als schwer erfüllbar. Früher oder später lassen sie sich dann scheiden. Die Häufigkeit von Scheidungen nimmt in unserem Jahrhundert ständig zu. In der Bundesrepublik kommt jährlich auf drei Eheschließungen ungefähr eine Scheidung, in West-Berlin auf zwei Eheschließungen mehr als eine Scheidung. In der Bundesrepublik ist die Zahl der Eheschließungen seit 1960 um 34 Prozent zurückgegangen, in West-Berlin sogar um fast 50 Prozent. Hohe Scheidungsziffern besagen aber nicht, daß die Ehe überholt ist, denn es heiraten insgesamt heute eher mehr Menschen als in vergangenen Jahrhunderten. Sie bedeuten nur, daß die Vorstellung, sich für ein ganzes Leben zu binden, in Frage gestellt wird. Männer und Frauen stellen zunehmend den Wert individueller Lebensplanung und persönlichen Glücks nicht nur im öffentlichen, sondern auch im privaten Leben über die Aufrechterhaltung einer traditionellen Einrichtung. Es überrascht deshalb nicht, daß immer mehr Kinder in Ein-Eltern-Familien leben, wenn auch oft nur vorübergehend. Geschiedene und unverheiratete Eltern ziehen es oft vor, ihre Kinder alleine zu erziehen, statt „Schutz" in einer überstürzten Eheschließung zu suchen. In Großstädten wird heute in der Bundesrepublik fast jedes fünfte Kind von einer alleinstehenden Mutter geboren.

Obwohl die Ehe-, Scheidungs- und Familiengesetze geändert worden sind, tragen sie noch immer den sozialen Veränderungen nicht ausreichend Rechnung. Das könnte einer der Gründe sein, weshalb Beobachter gelegentlich äußern, die moderne Ehe stecke in einer ,,Krise". Dabei kann sich allerdings auch herausstellen, daß diese Krise im Grunde genommen nichts ist als die Wahrnehmung der Widersprüche zwischen alten gesetzlich definierten Fiktionen und der neuen sozialen Wirklichkeit.

11.1.4 Die Zukunft der Ehe

Die Institution der Ehe, wie sie sich heute darstellt, ist für viele Menschen nicht zufriedenstellend, und sie überlegen daher, wie man ihr eine ,,neue", positivere Form geben könnte. Zahlreiche Bücher befassen sich heute mit ,,Ehekrisen" und versuchen, Lösungen anzubieten. Manche Autoren schlagen zum Beispiel eine ,,Vertragsehe" vor (das heißt eine Ehe, die auf einem einfach zu lösenden privaten Vertrag basiert). Andere empfehlen eine ,,offene Ehe" (das heißt eine Ehe, die beiden Partnern außereheliche Beziehungen gestattet). Wieder andere raten zur ,,Gemeinschaftsehe" (das heißt einer Gruppenehe in einer Gemeinschaft) oder zu einer ,,Ehe zu viert" (das heißt einer Lebensgemeinschaft zwischen zwei Ehepaaren und ihren Kindern). Solche Verbindungen werden oft für angemessener und stabiler gehalten als unsere traditionelle Ehe, von der man annimmt, sie sei überholt.

So radikal solche Vorschläge manchen Menschen auch erscheinen mögen, wirklich Neues enthalten sie nicht. Tatsächlich haben alle ,,futuristischen" Eheformen, die heute befürwortet werden, irgendwann schon einmal existiert. Sie haben sich allerdings nicht durchsetzen können. Die relativ ausschließliche Monogamie hat sie entweder abgelöst oder ist im Begriff, dies zu tun. Das bedeutet, daß unsere gegenwärtige Form der Ehe vermutlich auf einem sehr viel stabileren Fundament ruht als nur einer unbestrittenen Tradition. Es scheint etwas ausgesprochen Erstrebenswertes zu sein, das zwei Partner dazu bringt, ein gemeinsames Leben aufzubauen und eigene Kinder zu haben. Monogamie scheint auch die einzige Form der Ehe zu sein, in der die Partner wirkliche Gleichberechtigung finden können.

Allerdings muß man zugeben, daß es Jahrtausende lang auch in monogamen Ehen keine Gleichberechtigung gegeben hat. Frauen sind lange unterdrückt worden, selbst wenn sie nur einen Ehemann hatten. Dennoch haben Frauen im Zuge ihrer Emanzipation keine Wiedereinführung von Polygynie gefordert. Auch emanzipierte Männer hat es offensichtlich nie nach Polyandrie verlangt. Eine Gruppenehe schließlich erfordert so viel Disziplin, daß sie nie sehr verbreitet war. Das heißt, wenn es in Zukunft endlich zu sexueller Gleichberechtigung kommen sollte, kann dies die Grundlage der monogamen Ehe nur bestärken.

Damit soll nicht gesagt werden, es könne keine Veränderungen geben. Die gegenwärtige Idealvorstellung von der Ehe wird wahrscheinlich zu Recht als zu streng und restriktiv empfunden. Denn sie hat in der Praxis nicht jedem vollständige Erfüllung geboten. Es mußte immer bestimmte ,,Sicherheitsventile", ,,Hintertüren" oder ,,Fluchtwege" geben. Das heißt, daß immer ein Bedürfnis nach Bewegungsfreiheit in der Ehe bestanden hat. In dieser Hinsicht könnte es in Zukunft zu erheblichen Fortschritten kommen. Die Ehe- und Scheidungsgesetze könnten praktischer und gerechter werden, die Diskriminierung unverheirateter Menschen könnte ein Ende haben. Ehestatus und eheliche Vereinbarungen könnten reine Privatsache werden. Es könnte auch mehr Freiraum für persönliche Neigungen geben. Einige der Möglichkeiten werden im folgenden kurz beschrieben.

Flexible Monogamie

Man kann sich gut flexiblere Formen der Monogamie vorstellen, als die derzeit bei uns herrschenden. Inoffiziell gibt es bereits eine Vielzahl von Ehen in unserer Gesellschaft, die nicht mehr den traditionellen Normen entsprechen. Die folgenden Beispiele sollen mögliche Entwicklungen der Zukunft aufzeigen.

Die offene Ehe

Die Bezeichnung ,,offene Ehe" wird heute oft benutzt, um eine nicht ausschließlich monogame Beziehung zu beschreiben. In einer solchen Ehe lieben sich die Partner, sie leben zusammen, gestatten einander aber gleichzeitig außereheliche sexuelle Beziehungen und dulden gelegentlich sogar einen dritten und vierten Partner im Ehebett. Letzteres wird im Volksmund heute auch als ,,Partnertausch" bezeichnet. Das ist natürlich nichts Neues. Viele Völker haben in der Geschichte solche Gebräuche gehabt. Unter den amerikanischen Indianern und Eskimos war es zum Beispiel üblich, daß Ehemänner ihren männlichen Gästen ihre Frauen anboten. Auch polynesische Männer verhielten sich so, sie räumten dieses Privileg auch ihren eigenen Brüdern ein. Dafür durften auch Brüder mit ihrer Schwägerin sexuell verkehren. (In Hawaii nannte man diese Beziehung ,,punalua".) Abgesehen von diesen gesellschaftlich akzeptierten Formen ,,offener Ehe" wurden in vielen anderen Gesellschaften außereheliche sexuelle Beziehungen – besonders bei Männern – stillschweigend toleriert. Frauen wurde dieses Recht seltener gewährt, wenngleich im 18. Jahrhundert die Ehemänner der gehobenen Klassen ihren Frauen oft einen ,,offiziellen" Liebhaber gestatteten. Diese alten Bräuche können in der einen oder anderen Form sicher auch in Zukunft überleben.

Die Ehe auf Zeit

Wie bereits beschrieben, waren zeitlich begrenzte Ehen in islamischen Ländern zu bestimmten Epochen üblich (mut'ah-Ehen). Auch aus dem alten Japan weiß man, daß Ehen für fünf oder weniger Jahre vereinbart werden konnten. Zu Beginn des 19. Jahrhunderts beschrieb Goethe in seinem Roman ,,Die Wahlverwandtschaften" (Teil 1, Kap. 10) das Angebot einer Ehe auf fünf Jahre. Die freiwillige Fortsetzung einer solchen Ehe war möglich und wurde meist vereinbart, wenn sich beide Partner verstanden. Seitdem man sich in den meisten westlichen Ländern leichter scheiden lassen kann, sind Ehen – zwar nicht kraft Gesetzes, aber doch in der Wirklichkeit – für viele Paare mehr oder weniger zu zeitlich begrenzten Vereinbarungen geworden. Es ist heute nicht selten, daß Menschen innerhalb weniger Jahre zwei- oder dreimal heiraten und sich wieder scheiden lassen. Deshalb wurde bereits der Vorschlag gemacht, offiziell ein gesetzliches Datum festzulegen, zu dem eine Ehe jeweils beendet ist. Zu diesem Datum könnte die Ehe natürlich für eine wiederum festgesetzte Zeitspanne verlängert oder ohne Schwierigkeiten aufgelöst werden. Auf diese Weise wären Scheidungsprozeduren überflüssig. Kritiker dieses Vorschlags weisen jedoch darauf hin, daß festgelegte zeitliche Begrenzungen eine Ehe erheblich belasten können und daß vernünftigere Scheidungsgesetze – zum Beispiel unter Verzicht auf ein Schuldprinzip – der Sache zuträglicher wären.

Die Ehe auf Probe

Früher hat vor allem die ländliche Bevölkerung in Europa Kindern voreheliche sexuelle Erfahrungen zugestanden, um sicherzugehen, daß die Partner zueinander passen, und um die Fruchtbarkeit der angehenden Braut auf die Probe zu stellen. Dieser Brauch, der weit bis in die moderne Zeit praktiziert wurde, wurde in England als ,,bundling", ,,tarrying" oder ,,sitting up", in Deutschland als ,,Kiltgang" und später als ,,Fensterln" bezeichnet. Bei diesem Brauch konnte ein Mädchen zu nächtlicher Stunde einen jungen Mann in ihrem Schlafzimmer empfangen, wenn die Eltern ihn für einen ernsthaften Bewerber hielten. Diese nächtlichen Besuche bedeuteten dabei zu Anfang nicht unbedingt auch körperliche Intimität. Erschien der Mann jedoch häufiger, war auch Geschlechtsverkehr zulässig. Viele solcher Beziehungen dauerten lange Zeit, das Ziel war indes immer die Ehe, besonders wenn das Mädchen schwanger wurde, da beide Partner sich ihrer Verpflichtungen vollauf bewußt waren. In manchen Gegenden wurde dieser Brauch darüber hinaus durch eine „Verlobung" formalisiert, das heißt einer Eheschließung auf Probe, einige Monate oder Jahre vor der „offiziellen" Heirat. Diese Bräuche hatten alle für die ländliche Bevölkerung jahrhundertelang eine wichtige Funktion, bis sie im Laufe der Zeit verschwanden, als sich Ortsfremde diese Gepflogenheiten zunutze machten, ohne ihren tieferen Sinn zu verstehen. In unserem Jahrhundert forderten Sexualreformer wiederholt die Einführung ähnlicher Bräuche. Obwohl sich solche Vorschläge in Einzelheiten unterschieden, sollten sie alle dazu beitragen, die Schwierigkeiten der Ehescheidung durch eine einfache Trennung im gegenseitigen Einvernehmen zu vermeiden.

Die „Probeehe" und die „Ehe auf Zeit" sind sich natürlich sehr ähnlich, sie unterscheiden sich nur insofern, als letztere nur vorübergehend besteht, die Probeehe hingegen den Partnern die Hoffnung auf dauernde Verbindung gibt. Es hat indes den Anschein, daß keine dieser Reformen der Ehe notwendig wäre, würde man die Scheidungsgesetze vereinfachen. Heute leben jedenfalls viele junge Paare bereits vor der Ehe für einige Zeit zusammen und praktizieren damit auch eine Art Probeehe. Solche privaten, formlosen Vereinbarungen werden weiterhin existieren, sie werden in Zukunft vermutlich sogar eher beliebter werden.

Die Zwei-Stufen-Ehe

Eine besondere Variante der Probeehe wurde von der nordamerikanischen Ethnologin Margaret Mead vorgeschlagen. Nach diesem Vorschlag gäbe es zwei Arten der Ehe: eine mit und eine ohne Kinder. Die Ehe würde in zwei Stufen geschlossen, wobei die zweite Stufe nie erreicht werden muß. Die erste Stufe soll die Partner in einer „individuellen Ehe" zusammenbringen. Dabei binden sie sich für eine beliebige Zeit, in der sie allerdings kein Recht auf Kinder haben. Die nächste Stufe, die sogenannte „Elternehe", könnte erst dann betreten werden, wenn beide Partner sich als fähig erwiesen haben, Kinder zu erziehen und zu versorgen. Für diese Ehe der zweiten Stufe würde es daher einer besonderen Erlaubnis und eines besonderen Zeremoniells bedürfen.

Eine solche Reform erscheint allerdings wenig praktisch, da „individuelle Ehen" immer Gefahr laufen würden, „uneheliche" Kinder zu zeugen, obwohl dies verboten ist, wodurch das gesamte Konzept der zweistufigen Eheschließung ständig durchbrochen würde. Theoretisch ist der Vorschlag von M. Mead jedoch durchaus von Nutzen, indem er jungen Menschen zeigt, wieviel Verantwortung Eheleute als Eltern haben.

Die nicht-monogame Ehe

Während die monogamen Formen der Ehe in Zukunft wahrscheinlich weiter überwiegen werden, kann es durchaus sein, daß auch nicht-monogame Ehen wieder neues Gewicht bekommen. Wenn das der Fall sein sollte, können sie nur auf vollständiger sexueller Gleichberechtigung beruhen. Die folgenden Beispiele sollen dies darstellen.

Polygamie

Beide Formen der Polygamie (Polygynie und Polyandrie) haben eine lange Tradition. Sowohl das Alte Testament als auch der Koran standen der Polygynie nachsichtig gegenüber. Unter dem Einfluß des Christentums und des Strebens nach sexueller Gleichberechtigung ist diese Form der Ehe in der westlichen Zivilisation jedoch seit langem verschwunden, in anderen Teilen der Welt ist sie heftigen Angriffen ausgesetzt. Die Mormonen führten sie im 19. Jahrhundert in den USA wieder ein, wurden aber bald gezwungen, sie wieder abzuschaffen – zumindest offiziell. Für manche Menschen hat die Polygamie dennoch ihren Reiz beibehalten. Es wird manchmal sogar die Ansicht vertreten, viele Menschen in unserem Kulturkreis praktizierten inzwischen etwas, das man als „Serien"-Polygamie bezeichnen könnte, indem sie im Laufe ihres Lebens mehrmals heiraten und sich scheiden lassen. Es ist deshalb für die Zukunft nicht ganz undenkbar, daß Männer mehrere Frauen und Frauen mehrere Männer heiraten würden, wenn dies gesetzlich erlaubt wäre. Bigamisten werden schließlich auch heute noch immer wieder angeklagt; andere leben in einer sogenannten „Dreiecksbeziehung" mit einem offiziellen und einem inoffiziellen Ehepartner. Es ist gut möglich, daß solche Formen des Zusammenlebens in Zukunft offiziell anerkannt werden. Es muß nicht weiter betont werden, daß dann jeder Partner einer solchen Ehe die gleichen gesetzlichen Rechte haben müßte.

Gruppenehe

In einer Gruppenehe sind mehrere Ehemänner mit mehreren Ehefrauen verheiratet, das heißt alle Männer sind mit allen Frauen der Gruppe verheiratet. Üblich sind solche Ehen niemals gewesen, wenngleich man sie von einigen „Naturvölkern" kennt. Ein bekanntes und relativ erfolgreiches Experiment mit einer Gruppenehe wurde im 19. Jahrhundert in Nordamerika von J. H. Noyes und seiner Oneida-Gemeinschaft versucht. In dieser Gruppe war theoretisch jede Frau mit jedem Mann verheiratet, ein System, das man die „komplexe Ehe" nannte. Geschlechtsverkehr konnte uneingeschränkt praktiziert werden. Zeugung war jedoch außer bei bestimmten „wissenschaftlich" festgelegten „Paarungen" zu vermeiden. Diese Art planmäßiger Fortpflanzung (die von der besonderen Form der Ehe getrennt betrachtet werden muß) war als „Stirpikultur" bekannt (von lat. stirps: Stamm, Familie). Nach dem Tod des charismatischen Führers der Gemeinschaft löste sich die Gruppe auf. In jüngster Zeit sind jedoch mehrere Experimente mit weniger anspruchsvollen Zielen unternommen worden. Zur Zeit gibt es bestimmte Gruppenehen in „Kommunen". Hier ist indes die emotionale Anforderung an die Partner oft so groß, daß eine Rückkehr zu traditionellem Eheverhalten festzustellen ist. Dennoch werden Versuche von Gruppenehen sicher auch in Zukunft erfolgen, und gelegentlich werden sie sicher auch erfolgreich sein. Ob sie rechtlich anerkannt werden sollten, ist eine andere Frage.

Homosexuelle Ehe

Eine früher unaussprechliche Angelegenheit, die in jüngerer Zeit intensiv diskutiert wird, ist die Eheschließung von Partnern gleichen Geschlechts. Zwar konnten von jeher zwei Homosexuelle einander heiraten, wenn sie verschiedenen Geschlechts waren. Einige solcher Ehen verliefen auch für beide Teile durchaus zufriedenstellend. Ein berühmtes Beispiel ist die Ehe zwischen dem britischen Diplomaten Harold Nicolson und der Schriftstellerin Victoria Sackville-West. Beide suchten sexuelle Erfüllung außerhalb des Ehebettes, aber Liebe und gegenseitiger Respekt hielten sie dennoch zusammen.

Ehen zwischen Partnern gleichen Geschlechts sind jedoch in der westlichen Zivilisation bis heute kaum je gestattet gewesen. Die bekanntesten Ausnahmen finden sich im alten Rom, besonders bei gewissen kurzfristigen Eskapaden römischer Kaiser. In einigen anderen Kulturkreisen war man da großzügiger. Bei verschiedenen amerikanischen Indianerstämmen konnten Männer die Rolle von Frauen übernehmen und einen anderen Mann heiraten. Unter den Siwa in Nordafrika heirateten viele Männer männliche Heranwachsende und bezahlten sogar einen höheren „Braut-Preis" für sie als für ein Mädchen. Dennoch waren solche Bräuche insgesamt recht selten, da die Ehe in der Regel in Verbindung zur Fortpflanzung gesehen wurde. Daher blieben homosexuelle Beziehungen, auch wenn sie gesellschaftlich gefördert wurden, meist vor- oder außerehelich.

Die traditionelle Bedeutung der Ehe begann sich erst in jüngerer Zeit in einigen Industriegesellschaften zu verändern. Infolge der Entwicklung neuer zuverlässiger Verhütungsmethoden ist Fortpflanzung eine Angelegenheit freier Entscheidung geworden. Heute heiraten Männer und Frauen, auch wenn sie keine Kinder haben wollen oder können. Sie suchen in der Ehe andere Werte, wie Liebe, Partnerschaft, finanzielle Sicherheit oder berufliche Zusammenarbeit, und es werden dagegen, wie wir wissen, von Gesetzes wegen keinerlei Einwände erhoben. Man unterstützt all dies im Gegenteil bereitwillig. Die gleichen Gründe für eine Eheschließung könnten natürlich auch von Partnern gleichen Geschlechts genannt werden. Wenn man daher unfruchtbaren heterosexuellen Ehepaaren die Ehe gestattet, erscheint es ausgesprochen ungerecht, dieses Recht homosexuellen Paaren zu versagen. Viele Homosexuelle haben natürlich gar nicht den Wunsch zu heiraten, aber es gibt unter ihnen auch viele, die in dauerhaften, oft lebenslangen Beziehungen leben. Diese Menschen müssen erhebliche Nachteile hinnehmen, weil ihre Beziehung nicht durch eine Ehe legalisiert werden kann. Steuern, Erbrecht und Einwanderungsgesetze – um nur einige zu nennen – diskriminieren sie, ihr verantwortungsbewußtes Verhalten wird nicht honoriert. Man kann deshalb sagen, daß unsere Gesellschaft nach wie vor daran interessiert ist, Homosexuelle in unstabilen, promisken Beziehungen leben zu sehen.

In den USA gibt es gegenwärtig mehrere christliche Kirchen, die Eheschließungen (oder einen „heiligen Bund") von Homosexuellen vornehmen. Dieses Zeremoniell begründet zwar keine legale Ehe, aber für Partner, die sich eine feste Zusage machen möchen, bedeutet es zumindest eine Art Anerkennung. Im dänischen und niederländischen Parlament sind Gesetzesvorlagen eingebracht worden, die Partnern gleichen Geschlechts offiziell das Recht zur Heirat verschaffen sollen. Bis jetzt ist allerdings keine dieser Gesetzesvorlagen verabschiedet worden.

11.2 Die Familie in historischer Sicht

Das Wort „Familie" (von lat. famulus: Haussklave) bezeichnete ursprünglich eine Gruppe von Sklaven, die einem Mann gehörten. In Erweiterung des Begriffs waren dann später alle Personen gemeint, die von einem Mann abstammten oder abhängig waren, schließlich alle Personen, die im Haushalt eines Mannes lebten, wie Sklaven, Frauen, Kinder, Eltern, Großeltern, andere nahe und entferntere Verwandte, Freunde und Gäste.

Diese Bedeutungen waren im Englischen des Mittelalters noch sehr lebendig. Bis weit in die Renaissance hinein benutzte man das Wort „family" noch, um sowohl die Dienerschaft oder das Gefolge eines Adligen als auch eine Gruppe Blutsverwandter oder eine Gruppe zusammenlebender Menschen zu bezeichnen. Erst im 16. und 17. Jahrhundert wurden die zwei letztgenannten Bedeutungen zusammengefaßt, um damit ein neues soziales Phänomen zu beschreiben: eine geringe Anzahl naher Verwandter, die zusammen unter einem Dach wohnten und die eine enge emotionale Beziehung zueinander hatten. Im frühen 19. Jahrhundert hatte diese Bedeutung alle anderen verdrängt. Seither bezieht sich das Wort „Familie" meist auf eine enge Hausgemeinschaft aus Eltern und ihren Kindern. Wir stellen deshalb heute fest, daß die Bedeutung des Wortes sowohl im weiteren als auch im engeren Sinn benutzt wird als zuvor. Eine solche semantische Verschiebung findet sich sowohl beim deutschen Wort ,,Familie" als auch beim französischen Wort ,,famille".

Das bedeutet unter anderem, daß der gegenwärtige Begriff ,,Familie" nicht einfach auf andere Kulturen, nicht einmal auf unsere eigene Vergangenheit übertragbar ist. Zum richtigen Verständnis müssen zumindest drei Erscheinungsformen unterschieden werden:

1. Die **Sippe**, also Menschen, die verwandt sind, auch wenn sie nicht zusammen wohnen.
2. Der **Haushalt**, also Menschen, die zusammen wohnen, auch wenn sie nicht verwandt sind.
3. Die **Familie**, also Menschen, die verwandt sind und zusammen wohnen.

In unserer heutigen Gesellschaft geht es in der Diskussion um die ,,Familie" meist um die dritte der genannten Formen. Sippensystem und verschiedene Formen des ,,Haushalts" spielen gesellschaftlich kaum noch eine Rolle. Das Hauptinteresse gilt statt dessen dem einen Fall, bei dem alle drei Definitionen zusammenfallen: So wurde zum Beispiel für eine Volkszählung in den USA der Begriff der ,,Familie" offiziell definiert als ,,zwei oder mehr blutsverwandte, verheiratete oder adoptierte Menschen, die zusammen in einem Haushalt wohnen".

Verglichen mit den früher sehr weitreichenden Bedeutungen des Begriffs ist die gegenwärtige Definition von ,,Familie" sehr begrenzt. Dennoch läßt sich bei näherer Betrachtung eine überraschende Vielfalt möglicher Kombinationen feststellen. Selbst im einfachsten Fall, wo eine Familie aus nur zwei Personen besteht, ist wenigstens ein Dutzend verschiedener Beziehungen denkbar:

1. ein kinderloses Ehepaar
2. eine Frau und ihr leibliches Kind
3. eine Frau und ihr adoptiertes Kind
4. ein Mann und sein leibliches Kind
5. ein Mann und sein adoptiertes Kind
6. eine Frau und ihr leibliches Enkelkind
7. eine Frau und ihr adoptiertes Enkelkind
8. ein Mann und sein leibliches Enkelkind
9. ein Mann und sein adoptiertes Enkelkind
10. Bruder und Schwester
11. zwei Schwestern
12. zwei Brüder.

Diese Liste könnte natürlich beliebig erweitert werden, indem man Urgroßeltern, Onkel, Tanten, Cousins, Schwiegereltern, Schwager, Schwägerin und andere Personen einbezieht, die ,,durch Blutsverwandtschaft, Heirat oder Adoption" dazugerechnet werden können. Nach der Definition der genannten Volkszählung in den USA sind alle diese sozialen Einheiten, auch wenn sie nur zwei Personen umfassen, als Familien zu betrachten, solange sie in irgendeiner Form zusammenleben.

Wenn also die Verwaltungsbürokratie das Wort ,,Familie" in diesem Sinn benutzt, wird damit eine eingeschränkte moderne und ,,neutrale" Auffassung ausgedrückt. Es wird keine bestimmte Form, kein Ideal der Familie vorausgesetzt. Vielmehr werden vorliegende Tatsachen in pragmatischer Weise beschrieben. Das Ziel sind einfache beschreibende Statistiken. Für die Verwaltung sind daher alle zuvor genannten Möglichkeiten von Familienverbänden selbständige Einheiten für sich, nicht Fragmente größerer Familien, die einmal ,,zerrüttet" wurden oder ,,zerbrachen".

Für den Durchschnittsbürger stellt sich dies oft ganz anders dar. Für ihn ist die ,,Zwei-Personen-Familie" vielleicht gar keine ,,richtige" Familie. Er sieht sie möglicherweise als bedauerliche Ausnahme an oder hält sie für den traurigen Rest dessen, was einst eine Familie war. Er wird annehmen, daß Ehemann und Ehefrau, Bruder und Schwester beispielsweise noch keine Familie darstellen und daß eine Familie zumindest aus drei Personen zweier Generationen zu bestehen habe: Vater, Mutter und Kind.

Andererseits würden die meisten Menschen heute nur sehr zögernd über diese Grunddefinition hinausgehen. Sie würden selbstverständlich auch eine größere Zahl weiterer Kinder einbeziehen, wären aber wohl bereits unsicher, ob Großeltern, Urgroßeltern, Vettern, Onkel, Tanten, Neffen und Nichten wirklich zur Familie im eigentlichen Sinn zählen. Wie erwähnt, wird dies bei Volkszählungen ganz anders bewertet. Dort wird nichts über die Größe oder den Verwandtschaftsgrad einer Familie ausgesagt. Entscheidend ist nur der gemeinsame Haushalt. Die Definition des US-Volkszählungen umfaßt also nicht nur die kleinste, sondern auch die größte denkbare „Familie".

Die meisten Familien liegen indes zwischen diesen beiden Extremen. In der Regel bestehen sie aus mehr als zwei Personen, selten jedoch aus mehr als zwei Generationen. Sehr große Familien sind ebenso wie sehr kleine eher selten geworden. Es hat den Anschein, daß die allgemeine Tendenz sich in Richtung einer reduzierten Familienform entwickelt, zu einer „natürlichen" elementaren Gruppe oder einem „Kern", bestehend aus einem verheirateten Paar und dessen Nachkommen. Daher scheint die Bezeichnung „Familie" für eine eingehendere Betrachtung zu allgemein. Wenn Familien in unterschiedlicher Gestalt und Größe vorkommen können und davon eine besondere Kombination heute bevorzugt wird, erscheint es sinnvoll, präzisere Formulierungen zu wählen. Eine solche Unterscheidung wird von Soziologen gemacht, die allgemein zwei Grundformen unterscheiden:

1. Die **Kleinfamilie**, die nur aus Eltern und deren Kindern besteht und
2. Die **Großfamilie**, die aus einer Kleinfamilie und verschiedenen weiteren Verwandten besteht.

(Die Großfamilie ist, selbst wenn sie eine enge soziale Einheit bildet, nicht immer eine „Familie" in dem Sinne, daß alle Mitglieder eine Hausgemeinschaft bilden. Sie leben jedoch fast immer in enger Nachbarschaft und pflegen intensive Beziehungen.)

Als diese Definitionen erstmals vorgeschlagen wurden, nahm man an, sie beinhalteten auch eine historische Entwicklung. Man nahm an, die Evolution der Familie entspreche derjenigen der Ehe als Institution. Ähnlich wie Monogamie sich angeblich aus Polygamie entwickelt habe, habe sich die Kleinfamilie aus der Großfamilie entwickelt. Selbstverständlich haben polygame Ehen immer auch die Form der Großfamilie mit sich gebracht. Aber nach dieser Theorie waren auch monogame Ehen früher nur im großen Familienverband denkbar, bis sie sich in der modernen Industriegesellschaft verselbständigten.

Diese einfache und plausible Vorstellung wurde viele Jahre nicht in Frage gestellt, und man muß zugeben, daß sie der Wahrheit sehr nahe kommt. Dennoch, ebenso wie die Theorie von der Entwicklung der Monogamie, erwies sie sich bei näherer Betrachtung als nicht ganz haltbar. Historiker konnten beweisen, daß Kleinfamilien in der westlichen Welt bereits lange vor der Industrialisierung existierten und daß Großfamilien noch lange danach weiterbestanden. Man hat darüber hinaus festgestellt, daß beide Familienformen mit dem Fabriksystem vereinbar sind und daß es keine direkte evolutionäre Linie von der einen Form zur anderen gibt.

Dennoch ist es richtig, daß es in der Neuzeit zu drastischen Veränderungen der Familienstrukturen in Europa und Nordamerika gekommen ist und daß Großfamilien zunehmend seltener wurden. Die Kleinfamilie hat für ihre Mitglieder eine neue Bedeutung erhalten, und wir haben es deshalb mit einem neuen und einmaligen Phänomen zu tun.

Die Entwicklung der modernen Familie
Die Kleinfamilie als solche ist kein neues Phänomen, es gab sie seit langem in vielen Kulturen. In ihrer heutigen Form wurde sie jedoch nachhaltig durch die Industrielle Revolution geprägt, in der sie von einer Produktions- zu einer Konsumptions-Einheit wurde.

(Oben) **Schweizer Mittelschicht-Familie im Jahre 1559**
Das Bild wurde 20 Jahre nach dem Tod von Erasmus gemalt, es zeigt jedoch die typische Familie der damaligen Zeit, für die er seine „Colloquia Familiaria" schrieb. Besonders gut zu sehen ist das Zusammenleben mehrerer Generationen und verschiedener Verwandter unter einem Dach und die ernsten Mienen der Kinder, die wie kleine Erwachsene dargestellt sind.

(Mitte) **Amerikanische Mittelschicht-Familie des 19. Jahrhunderts**
Das Bild zeigt die „ideale" neue Kleinfamilie, wie sie in der Industriellen Revolution entstand. Der Vater, der das Familieneinkommen außer Haus verdient, kommt abends nach Hause und wird von seinen Kindern begrüßt, die ihn den ganzen Tag nicht gesehen haben. Die Mutter, die gerade ihr jüngstes Kind stillt, versorgt die Kinder und den Haushalt. Die Familie umfaßt keine Großeltern und anderen Verwandten mehr.

(Unten) **„Typische" nordamerikanische Familie des 20. Jahrhunderts**
In den USA unserer Tage gilt die Kleinfamilie mit ihrem Eigenheim am Stadtrand als das einzige akzeptierte Modell. Zahllose Plakate, Werbeanzeigen, Werbefilme, Fernsehserien und Kinderbücher propagieren diese Form der Familie als ideale Lebensform. Unser Bild stammt aus einem Kinderbuch des Jahres 1972.

Deshalb sollen im folgenden die traditionelle Großfamilie und die moderne Kleinfamilie detaillierter dargestellt werden. Eine abschließende Betrachtung befaßt sich mit möglichen zukünftigen Familienformen in unserer Gesellschaft.

11.2.1 Die traditionelle Großfamilie

Eine Großfamilie kann verschiedene Formen haben, die Position und Funktion ihrer Mitglieder kann ganz unterschiedlich sein. Die Großfamilie kann zum Beispiel Ergebnis von Polygamie oder Gruppenehe sein, sie kann Ausdruck sexueller Gleichberechtigung oder Ausdruck der Unterwerfung unter ein „Familienoberhaupt" sein. Im vorliegenden Zusammenhang beschränken wir uns auf die traditionelle Großfamilie, wie sie im Westen vor der industriellen Revolution bestand.

Im christlichen Europa war Monogamie natürlich die einzige zulässige Form der Ehe. Daher bestand eine Großfamilie in der Regel aus einem Ehepaar, deren ältestem Sohn und seiner Frau und manchmal auch Enkelkindern. Sie lebten und arbeiteten mit verschiedenen anderen nahen Verwandten zusammen. Es war also meist eine Familie von drei oder mehr Generationen, die einem gemeinsamen Geschäft nachging. Man sollte allerdings wissen, daß diese Familienstruktur zwar sehr verbreitet war, aber keinesfalls die einzig mögliche Form der Familie darstellte. Unter ungünstigen Lebensumständen, bei fehlendem eigenem Land und fehlender Möglichkeit zum Erwerb eigenen Besitzes waren kleine Familien typischer. Die Größe und Struktur der Familien veränderte sich so oft infolge sozialer Veränderungen. Verbesserten sich die ökonomischen Gegebenheiten, wurden Kleinfamilien größer, wurden reich und gewannen an sozialem Einfluß. Wenn dann wieder finanzielle Schwierigkeiten auftauchten, paßten sie sich diesen an und versuchten, durch die Auflösung in Einzelhaushalte wirtschaftliche Sicherheit zurückzugewinnen. Die arme Bevölkerung im Europa des Mittelalters konnte aber nie auf ein gesichertes Leben im großen Familienverband hoffen. Sie lebte in kleinen Gruppen in einzelnen Katen oder Hütten, während die großen Landsitze, Herrenhäuser, Paläste und Schlösser ausschließlich den Reichen vorbehalten blieben.

Zu Beginn der Neuzeit und mit der Ausweitung der Handelstätigkeit entwickelte sich eine neue Mittelschicht, die es sich leisten konnte, große und bequeme Wohnhäuser zu bauen. So standen die ärmlichen Ein- und Zweizimmerbehausungen der Armen in den großen Städten bald in deutlichem Gegensatz zu den solide gebauten, mehrstöckigen Häusern der reichen Ratsherren, Kaufleute und Handwerker und ihrer Frauen, Kinder, Eltern, Freunde, Diener, Boten und Lehrlinge. Diese „Bürgerhäuser" verfügten über den Platz, der für eine ideale Großfamilie erforderlich war. Man bezeichnete diese Familienform deshalb auch als „klassische Familie westlicher Nostalgie".

Sicherlich hatte eine solche Familie große Vorteile. Menschen wußten, wo sie hingehörten und was man von ihnen erwartete. Sie aßen, tranken, schliefen, lernten, arbeiteten und spielten gemeinsam unter einem Dach. Von der Wiege bis zur Bahre waren sie Teil eines organischen Ganzen. Sie wuchsen unter vertrauten Personen auf und wurden mit ihnen alt. Sie arbeiteten für ein gemeinsames Ziel, teilten Freuden und Sorgen miteinander. Wenn ihre Kräfte nachließen, wurden sie unterstützt und versorgt; waren sie krank oder hilfsbedürftig, fanden sie Fürsorge und Pflege. Kurzum, sie waren niemals einsam, ihr Leben hatte immer „seinen Sinn".

Dieses Gefühl der Sicherheit ist es, das heute die Großfamilie so erstrebenswert erscheinen läßt. Historische Studien haben jedoch gezeigt, daß die-

Familienleben im 17. Jahrhundert
Das große „Bürgerhaus" des 17. Jahrhunderts bot keinen vor der übrigen Gemeinschaft geschützten Raum, sondern wurde von der Familie und von Freunden, Nachbarn und anderen Besuchern aller Altersgruppen gemeinsam genutzt. Üppige Feste zu kirchlichen Feiertagen waren häufig. (Gemälde von Jan Steen, 1626–1679)

ses „Miteinander" nicht unbedingt zu wirklicher emotionaler Verbundenheit führte. Die Hauptfunktion des großen Haushalts war ökonomischer Art. Zuneigung und Zärtlichkeit kamen erst an zweiter Stelle. Individuellen Bedürfnissen und Interessen wurde wenig Beachtung geschenkt. Schließlich hatten schon die Eltern nicht aus Liebe geheiratet, sondern aus materiellen, praktischen Gründen. Darüber hinaus war der Status der Frau niedriger als der des Ehemannes, dessen Wünsche und Interessen immer Vorrang hatten. Oft bestand unter den Eheleuten ein erheblicher Altersunterschied, da viele Frauen im Kindbett starben und die Männer sich dann mit jüngeren Partnerinnen wieder verheirateten. Starb der Herr des Hauses, heiratete die Witwe oft seinen engsten Mitarbeiter, damit das Geschäft fortbestehen konnte. Eine gewisse Anzahl von Kindern wurde zur Mitarbeit im Geschäft für wichtig gehalten, die Eltern widmeten ihnen jedoch wenig Zeit. Sie wurden von Ammen oder Dienern großgezogen und früh als Lehrlinge aus dem Haus gegeben. Die Söhne von Adligen wurden dann Pagen anderer Adelsfamilien. Viele Kinder wurden jedoch vernachlässigt, die Säuglings- und Kindersterblichkeit war hoch. So erreichte im frühen 18. Jahrhundert in London nur eines von drei lebend geborenen Kindern das Alter von fünf Jahren. Unter solchen Verhältnissen wurde die Beziehung der Eltern zu ihren Kindern nie besonders eng. Mittelbare oder unmittelbare Kindstötung war nicht selten. Eltern ließen ihre Kinder einfach im Bett ersticken oder übergaben sie Ammen oder Pflegemüttern, von denen man wußte, daß sie die Kinder verhungern ließen oder einfach umbrachten. Selbst der ,,aufgeklärte" Jean-Jacques Rousseau, der so gefühlvoll über die Unschuld der Kinder schrieb, überließ seine eigenen fünf Kinder einem Waisenhaus. In diesen Institutionen, aus denen sich ein gern gesehener Nachschub an Hauspersonal und Soldaten rekrutierte, lag die Sterblichkeitsrate oft zwischen 80 und 90 Prozent.

Man muß auch daran denken, daß die Bürgerhäuser des späten 17. und frühen 18. Jahrhunderts in der Regel laut und überfüllt waren. Sie boten kein Privatleben und glichen eher halböffentlichen Plätzen. Menschen gingen zu jeder Tageszeit in allen Räumen ein und aus. Besucher erschienen unangemeldet, Freunde, Bekannte, Geschäftspartner, Kunden und Bittsteller jeder Art traten ein oder blieben auch über Nacht. Außer verschiedenen Dienern gehörten zum Haushalt deshalb auch meist mehrere Dauergäste. Ein Unterschied zwischen Privaträumen, Werkstatt oder Büro bestand im Grunde nicht. Je nach Bedarf wurden Betten und Tische auf- oder abgebaut. Es gab keine regelmäßigen gemeinsamen Mahlzeiten. Essen wurde häufig improvisiert oder bei einem Gastwirt bestellt. Ein Familienleben im eigentlichen Sinn existierte nicht. Alle Handlungen waren Teil eines weiterreichenden sozialen Lebens. Die Familie war gegenüber der Gemeinschaft und ihren Einflüssen immer offen.

Es überrascht daher nicht, daß die Beziehungen zwischen den Familienmitgliedern der Mittel- und Oberschicht eher formell und kühl waren. In Frankreich redeten sich Eheleute mit ,,Monsieur" und ,,Madame" an, in England mit ,,Sir" und ,,Madam". Diese offiziellen Titel benutzten auch Kinder gegenüber ihren Eltern. Adlige Kinder nannten ihre Eltern ,,Milord" und ,,Milady". Untereinander waren Kinder nicht weniger förmlich. Anstelle des Vornamens nannten sie einander ,,Bruder", ,,Schwester", ,,Vetter" und ,,Base". Vornamen, Kosenamen oder das vertraute ,,Papa" und ,,Mama" wurden erst im späten 17. Jahrhundert üblich.

Jahrhundertelang hegten also die Mitglieder der europäischen Großfamilien offenbar wenig sentimentale Gefühle füreinander. Wirklich intime und emotionale Nähe entwickelte sich erst nach und nach mit der Entstehung des bürgerlichen Mittelstandes und dem zunehmenden Einfluß seiner Wertbegriffe. Mit zunehmendem Wohlstand wurde der solide Bürger betriebsamer, dienstbeflissener, disziplinierter und häuslicher – er entwickelte sich zu der heute bekannten Figur des ,,Bourgeois". Dieser Prozeß war im späten 17. Jahrhundert in vollem Gange und beschleunigte sich in den folgenden 100 Jahren. Das ,,Bürgerhaus" begann, sich zu verändern. Wo einst ineinanderübergehende, offene Allzweckräume waren, gab es jetzt abgeschlossene, separate Räume zum Essen, Schlafen, Lesen oder Musizieren. Die Dienerschaft wurde in die ,,unteren" Räume oder Dachkammern verbannt. Es entstanden Privatbereiche. Geschäfte und Feste wurden nicht mehr miteinander vermischt, Arbeits- und Lebensbereich wurden klar voneinander getrennt. Jedes Haus hatte ein ,,Allerheiligstes", zu dem zufällige Besucher keinen Zutritt hatten. Unangemeldete Besucher wurden sogar oft abgewiesen. Die Familie ,,empfing" nur an bestimmten Tagen, den ,,jours fixes". An allen anderen Tagen pflegte die Familie ihr privates Beisammensein. Man versammelte sich um die ,,Familientafel", spielte ,,Gesellschaftsspiele", las ,,Familienzeitschriften" und pflegte ,,Hausmusik". Eltern nahmen intensiven Anteil am Wohlergehen und der Erziehung ihrer Kinder, die man jetzt als ,,reine" und hilflose Geschöpfe betrachtete und die zu beschützen waren. Diesen Schutz fanden sie im Kreise der Familie. Das neue Ideal wurde also das geborgene, wärmende und idyllische ,,traute Heim".

Dieses Ideal, das sich nur langsam entwickelte, war natürlich keineswegs überall anzutreffen. Das Leben der oberen und unteren Gesellschaftsschichten unterschied sich deutlich. Die Aristokratie lebte weiterhin in ihren offenen Schlössern und Palästen, umgeben von einer großen Schar Verwandter,

Bittsteller, Diener und Gäste. Arme Familien und gewöhnliche Arbeiter lebten hingegen nach wie vor allein mit Frau und Kindern in engen, kleinen Häusern, Hütten oder Katen. Die Bourgeoisie selbst wich oft von ihren Normen ab, da sie zunehmend mobiler und unternehmungsfreudiger wurde. Viele Männer hatten nicht viel für die ,,gemütlichen" Abende im Kreis ihrer Familie übrig. Daher verwandelten sich ihre Häuser zunehmend in eine Art ,,Frauenwelt". Männer führten ihr eigenes geselliges Leben in Cafés, Kneipen, Vereinen, Logen, Verbindungen, Bruderschaften und Klubs. Funktion und Form der Familie veränderten sich daher erneut. Außerdem wurde klar, daß die Tendenz zum ,,Beisammensein" in der Familie auch eine Tendenz zur Verringerung der Familiengröße bedeutete. Die ständige Gegenwart der älteren Generation oder entfernter Verwandter wurde zunehmend als lästig empfunden. So machte mit Beginn der Industrialisierung die traditionelle Großfamilie Platz für die moderne Kleinfamilie.

11.2.2 Die moderne Kleinfamilie

Die Kleinfamilie ist keine neue Erscheinung, sondern hat in vielen Kulturen im Laufe der Menschheitsgeschichte existiert. Tatsächlich findet sich der aus mehreren Generationen bestehende Typ der Großfamilie meist in fortgeschrittenen, stabilen und begüterten, noch nicht industrialisierten Gesellschaften. Das Modell der Kleinfamilie kommt demgegenüber eher in sehr primitiven und in sehr hoch entwickelten Gesellschaften vor.

Kleinfamilien unterscheiden sich jedoch im Ausmaß ihrer Isolation und Geschlossenheit. So war die Kleinfamilie zum Beispiel vor der industriellen Revolution im Westen häufig von einer größeren sozialen Einheit umgeben. Das konnte ein Hof, ein Gut, ein Adelsanwesen oder ein Dorf sein. Viele ältere Stadtviertel hatten ebenfalls enge familiäre Bande, die sich zusammenhielten, so daß die kleinen Familien gegenüber einer größeren Gemeinschaft offen waren. Gegenseitige Besuche der Familien waren häufig und ausgedehnt. Kinder konnten nach Belieben ihre Verwandten besuchen und sich überall zu Hause fühlen.

Andererseits hat das Verlangen nach mehr familiärer Vertrautheit, wie wir bereits festgestellt haben, im späten 17. Jahrhundert dazu geführt, daß sich der Umfang der großen Haushalte verringerte und sich die Beziehungen der verbleibenden Familienmitglieder zueinander veränderten. Man war nun mehr aufeinander angewiesen. Das idyllische Haus des ,,Bourgeois" wurde so zu einer Insel des Glücks im aufziehenden Sturm der Modernisierung, ein sicherer Hafen vor der Welt ,,da draußen", vor Aggression, Wettbewerb und Klassenkampf. Wir haben ebenfalls festgestellt, daß dieses Heim Frauen und Kinder behütete und ihnen Schutz vor sexuellen und anderen Versuchungen bot. Die häßliche soziale Realität wurde von ihnen ferngehalten. Der Unterhalt der Familie wurde nicht mehr im Hause, sondern draußen verdient. Die Arbeitsteilung zwischen den Geschlechtern wurde dadurch deutlicher, daß Männer immer mehr von ihren Familien getrennt waren und ihre Zeit als Lohnempfänger in Fabriken, Läden oder Büros verbrachten. Frauen waren die einzigen Bezugspersonen kleiner Kinder, deren Fürsorge und Erziehung jetzt ihre vornehmste Aufgabe war. (Diese Aufgaben hatten sich bislang Mütter, Großmütter, Kindermädchen, Ammen und Diener geteilt.) Die einzigen Männer aus der Mittelschicht, die noch zu Hause arbeiteten, waren Ärzte oder Rechtsanwälte mit privater Praxis. Die bürgerliche Familie sah ihr ,,Oberhaupt" nur noch abends, wenn der Mann von der Arbeit kam. Diese Arbeit selbst blieb für Frau und Kinder oft völlig abstrakt.

Die Verlagerung produktiver Arbeit aus dem Haus in Fabriken und Büros hatte natürlich für alle Familienmitglieder spürbare Konsequenzen. Niemand

Familienleben im 19. Jahrhundert
Im 19. Jahrhundert war das Heim der Mittelschicht ein Heiligtum geworden, ein trauter Ort des Friedens. Unser Bild zeigt einen Vater, der seiner Frau und seinem Kind aus der Bibel vorliest. Zwei Frauen (Hausmädchen?) hören im Hintergrund zu. (Anonyme Radierung, 19. Jahrhundert)

mußte sich mehr an eine bestimmte Gemeinschaft oder ein bestimmtes Haus gebunden fühlen. Es stand ihnen statt dessen frei umzuziehen, im Zuge industrieller Entwicklung den Wohnsitz zu wechseln und „auf Arbeitssuche" dorthin zu gehen, wo Arbeit zu finden war. Familiäre Bindungen wurden weniger wesentlich, da die Arbeit in der Fabrik zunehmend rationalisiert und leistungsorientiert wurde. Gab man früher bei Anstellung und Beförderung bewußt Familienangehörigen den Vorzug, wurde nun ausschließlich nach Leistung entschieden. Aus diesem Grunde konnte sich auch der neue Arbeiter, Geschäftsmann oder Bürokrat nicht mehr um weiter entfernte Verwandte kümmern. Er arbeitete jetzt ausschließlich für seine kleine Familie, was ihn umso fleißiger machte. In der bürgerlichen Mittelschicht konnte er rasch vorankommen, da sein Verdienst nur für eine geringe Anzahl Menschen ausreichen mußte. Der einzelne Ehemann und Vater wurde also von Traditionen oder umfangreichen sozialen Verpflichtungen zunehmend entbunden. Darüber hinaus begann der Staat, sich um die Erziehung seiner Kinder und die Fürsorge für seine alten oder kranken Eltern zu kümmern.

Diese Entwicklung ließ verschiedentlich Beobachter einen inneren Zusammenhang vermuten zwischen Industrialisierung und der Entstehung der Kleinfamilie. Kleine, intime und nicht ortsgebundene Familien schienen der Industrialisierung am angemessensten zu sein; und diese wiederum schien die Bildung kleiner Familien zu begünstigen. In modernen Industriegesellschaften besteht schließlich ein genereller Trend zur Gleichheit und persönlichen Unabhängigkeit. Dies ermöglicht die freie Wahl eines Ehepartners, des Wohnsitzes und der Beschäftigung. (In der Großfamilie waren diese Freiheiten insofern eingeschränkt, als eine „falsche" Entscheidung zugleich auch viele Verwandte in Mitleidenschaft ziehen konnte.) Menschen, die die neuen Möglichkeiten für sich nutzen wollten, heirateten daher spät und hielten ihre Familie klein. Aber auch zu dieser Regel gab es Ausnahmen. Manchmal sind große Familien vorteilhaft, weil sie einen Rückhalt bieten und in kritischen Situationen Schutz und Hilfe leisten können. Besonders für die unteren Schichten, die aufsteigen wollen, kann das wichtig sein; aber auch die oberen Klassen unterhalten oft enge familiäre Bande. So findet man selbst in hochindustrialisierten Gesellschaften Männer und Frauen, die auf eine große Familie, zumindest jedoch auf einen großen Verwandtenkreis, ausgesprochenen Wert legen.

Heute hat sich die Kleinfamilie in der westlichen Welt seit mehreren Generationen eine zentrale Stellung erobert. Das hat zu der allgemeinen Auffassung geführt, daß eine Familie folgendermaßen auszusehen habe: Ein Mann und eine Frau heiraten einander aus gegenseitiger Zuneigung, bekommen zwei bis drei Kinder, mit denen sie in einem Haus oder einer Wohnung zusammenleben. Der Mann begibt sich morgens zur Arbeit, während die Frau sich um Kinder und Haushalt kümmert. Sie kocht das Essen und umsorgt den Mann, wenn er erschöpft von der Arbeit kommt. Ein- oder zweimal im Jahr, zu Ostern oder Weihnachten, versammeln sie sich mit anderen Verwandten „bei Großmutter". Ansonsten hält jeder Distanz und kümmert sich um seine eigenen Angelegenheiten. Nach diesem „idealen" Modell leben die Mitglieder der Familie relativ isoliert von der übrigen Sippe und vom Rest der Gemeinschaft. Diese Isolation wird jedoch durch eine größere emotionale Wärme innerhalb der Kleinfamilie kompensiert. Vater, Mutter und Kinder müssen einander „alles" bedeuten. Vertrauen und Zuneigung zueinander sollen sie zusammenhalten, ihnen Mut und Kraft geben, gegenüber anderen Kleinfamilien ökonomisch standzuhalten. Wie jedoch viele Familien erfahren mußten, verlaufen die Dinge leider nicht immer so. Der Mangel an weiteren Kontakten wird oft als zu starke Einschränkung empfunden, die große Nähe der Familienmitglieder kann bedrückend werden, die unentrinnbare Vertrautheit kann zu Geringschätzung führen. So war die Kleinfamilie fast von Anfang an auch der Kritik ausgesetzt.

Im 19. Jahrhundert, als der Kult des „trauten Heims" seinen Höhepunkt erreichte, wurde diese Kritik in der Hauptsache von den großen bürgerlichen Dichtern wie Flaubert, Ibsen und Strindberg ausgedrückt. Sie beklagten die Heuchelei, Seichtheit und Stumpfsinnigkeit im Leben der Mittelschicht und enthüllten die Leiden und tückischen seelischen Kämpfe hinter der Fassade der Ehrbarkeit. Friedrich Engels kritisierte die Familie unter philosophischen und politischen Aspekten, indem er ihren Ursprung auf das Entstehen und Aufrechterhalten des Privateigentums zurückführte. Freud schließlich erhob, wenn auch versteckt, die heftigste Anklage, indem er den „glücklichen" Hausstand der Kleinfamilie als Brutstätte für Neurosen und sexuelle Perversion beschrieb.

Gegen Ende des 19. Jahrhunderts wurden auch vielen Durchschnittsmenschen die Nachteile der bürgerlichen Familie deutlich. Die emotionale Treibhausatmosphäre des trauten Heims begann, stickig zu werden. Was einst als Heiligtum gepriesen worden war, wurde nun zunehmend als Gefängnis verdammt. In der traditionellen Großfamilie hatten Kinder sich an verschiedenen männlichen und weiblichen Erwachsenenrollen orientieren können, nun hatten sie nur noch ihre Eltern als Vorbilder. Früher wurden sie von verschiedenen Erwachsenen unter vielerlei Einflüssen erzogen, jetzt waren sie vollständig von ihren Eltern abhängig. Der Vater stand dabei oft gar nicht mehr zu Verfügung. Da er nun nicht mehr zu Hause arbeitete, wurde seine soziale Rolle den Kindern nicht mehr deutlich. Er wurde schlicht zum ,,Ernährer" und Ordnungshüter, eine undurchschaubare, ferne Autoritätsfigur. Manchmal wurde er geliebt, häufig gefürchtet, aber selten verstanden. Seine Ehefrau, die Mutter, sah sich mehr denn je eingeschränkt. Zunehmende mütterliche Verpflichtungen begrenzten sie immer mehr auf die eigenen vier Wände. Nur zum Kirchgang oder zum Einkaufen konnte sie sich ins Freie wagen. Ihre Welt wurde eng, ihre Funktionen waren klar umschrieben. Sie hatte sich weiblich, mütterlich, gefühlvoll und ,,ordentlich" zu geben und in allen wichtigen Angelegenheiten ihren Mann zu fragen.

So wird verständlich, daß die meisten Frauen im 19. Jahrhundert begannen, die Kleinfamilie und die ihnen darin zugewiesene Rolle zu hassen. Ein Hinweis auf zukünftige Entwicklungen findet sich in Ibsens Schauspiel ,,Nora – ein Puppenheim", in dem die Hauptfigur Nora ihren Mann und ihre Kinder einfach verläßt. Frauen begannen zunehmend, vollständige Gleichberechtigung mit den Männern und die Möglichkeit freier Entfaltung zu fordern. Sie begannen, für ein Wahlrecht und für neue Ehe- und Scheidungsgesetze zu kämpfen. Sie nahmen auch zunehmend am Arbeitsprozeß teil. Schließlich stellten sie im Ersten Weltkrieg ihre Fähigkeiten unter Beweis, indem sie viele, bis dahin für sie unzugängliche Arbeiten übernahmen. Dadurch emanzipierten sie sich zunehmend aus ihrer bis dahin gültigen Rolle als Hausfrauen.

Dieser Trend hat sich in den letzten Jahrzehnten fortgesetzt. In vielen Familien sind beide Ehepartner berufstätig, Kinder verbringen einen Großteil der Zeit in Krippen, Kindertagesstätten, Kindergärten und Schulen. Daraus hat sich oft eine weniger enge emotionale Bindung zwischen den Familienmitgliedern ergeben, die einander nun mehr Toleranz entgegenbringen können. Der Einfluß gleichaltriger Gruppen hat nicht nur bei Kindern zugenommen, sondern auch bei ihren Müttern. Die traditionelle Rolle des Mannes und der Frau wird überdacht. Die Massenmedien ermöglichen es jedem, am gesellschaftlichen Leben und seinen Veränderungen teilzuhaben. Dennoch hat sich der Familienkreis nur wenig erweitert. Großeltern leben nur selten mit in der Familie, sondern oft in ,,Altersheimen", ,,Seniorenstiften" oder Pflegeheimen. Unverheiratete Verwandte ziehen in ein ,,Ein-Zimmer-Appartement". Es gibt heute sogar eine große Anzahl von Familien, in denen die Mutter oder der Vater die Kinder alleine erziehen.

Ein-Eltern-Familien werden heute oft als ,,unvollständige" Kleinfamilien bezeichnet und damit als sozial unerwünscht definiert. Das Fehlen der ,,Vaterfigur" wird für die Entwicklung eines Kindes als nachteilig angesehen, und es wird leichtfertig vor einem ,,unangemessenen" weiblichen Einfluß in der Erziehung der Kinder gewarnt. In den Vereinigten Staaten haben derlei Vorurteile oft geradezu rassistische Untertöne, da man diese Mutter- und Kind-Familien am häufigsten in der armen schwarzen Bevölkerung antrifft. Mit steigenden Scheidungsraten nimmt dieser Familientyp allerdings insgesamt zu. In den Vereinigten Staaten lebt gegenwärtig eins von sechs Kindern mit nur einem Elternteil zusammen. Die Zahl dieser Haushalte wird sich in der Zukunft noch erhöhen. In der Bundesrepublik waren 1976 13,5 Prozent aller Familien mit Kindern unter 18 Jahren Ein-Eltern-Familien. In West-Berlin liegt dieser Anteil sogar bei 20 Prozent. Dennoch kann man nicht behaupten, Familien mit nur einem Elternteil seien in ihrer Erziehungsfunktion generell schlechter zu bewerten. In den Jahren nach den Weltkriegen haben Millionen Frauen ihre Kinder erfolgreich alleine erzogen. Dieses eindrucksvolle Beispiel sollte uns vor vorschnellen Urteilen warnen. Überdies weiß man, daß viele dieser ,,unvollständigen" Familien in enger Verbindung zu weiteren Verwandten oder Partnern stehen und so wesentlich offener und entwicklungsfähiger sind als man manchmal annahm. Schließlich gibt es eine zunehmende Anzahl von Vater-und-Kind-Familien, denen man bislang nur wenig Beachtung geschenkt hat.

Es stellt sich darüber hinaus die Frage, ob die Kleinfamilie, auch wenn sie ,,vollständig" ist, die beste Lösung darstellt. Heute sind viele Menschen davon überzeugt, daß kleine Haushalte unökonomisch und unrentabel sind und daß in ihnen oft ein ungesundes psychisches Klima herrscht. Man wirft ihnen vor, überkommene, stereotype Geschlechtsrollen zu verewigen, egoistische und leistungsbesessene Kinder hervorzubringen in einem Zeitalter, in dem einzig intensive Kooperation die Zukunft der Menschheit sichern zu können scheint. Es wird auch gelegentlich vorgebracht, daß die moderne Familie keine andere Funktion mehr hat, als Liebe und Geborgenheit zu vermitteln und daß dies keineswegs ausreicht, ihre Existenz zu rechtfertigen. Da die Familie ihre erzieherischen, schützenden und zum Teil auch ökonomischen Funktionen weitgehend an den Staat abgegeben hat, verbleiben fast ausschließlich sexuelle und reproduktive Belange als Basis für eine Eheschließung – und diese Basis ist häufig zu schwach. Scheidungen und Wiederheiraten mögen wohl für Erwachsene praktisch sein, sie liegen aber keineswegs im Interesse der Kinder. Unter diesen Umständen ist es nur richtig, daß eine Reihe von nachdenklichen Männern und Frauen weiterhin nach stabileren und ,,neueren" Familienmodellen sucht.

11.2.3 Neue Familienmodelle

Die Nachteile der modernen Kleinfamilie haben viele Kritiker dazu angeregt, nach Alternativen zu suchen. Einige Reformer schlagen vor, wieder zur traditionellen Großfamilie zurückzukehren, wie sie vor der industriellen Revolution bestand. Es ist aber unklar, wie dieser Familientyp unter den gegenwärtigen sozialen Bedingungen wieder herzustellen sein sollte. Darüber hinaus hat er – wie wir gesehen haben – auch erhebliche Nachteile. Das Bedürfnis nach Privatsphäre und individueller Freiheit, wie wir es heute für uns in Anspruch nehmen, dürfte dabei sicherlich kaum gewährleistet sein. Andererseits kann auch eine leicht vergrößerte Kleinfamilie individuell gestaltet und verbessert werden, ohne daß es drastischer sozialer Veränderungen bedürfte. Kaum jemand ist allerdings davon überzeugt, daß solche geringen Verbesserungen viel ausrichten würden. Das wirkliche Problem liegt tiefer. Viele Menschen glauben, daß sie ihre Fähigkeiten nicht verwirklichen können, ohne daß die Gesellschaft selbst sich verändert. Sie sind der Auffassung, daß erst ein ,,neuer Mann" und eine ,,neue Frau" entstehen müssen, bevor man ein besseres Familiensystem schaffen kann. Nach dieser Ansicht ist vor allem die vorherrschende soziale Ordnung schuld, daß niemand wirklich glücklich werden kann. Sie erleben die Natur des Menschen als durch die gegenwärtige ungesunde Zivilisation deformiert und fordern daher einen Neubeginn und einen vollkommenen Bruch mit allen Traditionen. Die Bereitschaft zum Experiment ist eigentlich nicht neu, sie ist jedoch in der jüngeren Geschichte deutlich verbreiteter als je zuvor. Heute wird in verschiedenen Ländern der Welt eine Reihe alternativer Familienmodelle erprobt. Die beiden folgenden Beispiele sollen die Möglichkeiten auf diesem Gebiet darstellen.

Der Kibbuz

Der Kibbuz (hebr.: Gruppe, Mehrz. Kubbuzim) ist eine Form gemeinschaftlicher landwirtschaftlicher Siedlung, die in Israel häufig anzutreffen ist. Die Mitglieder arbeiten für das Kollektiv und haben allen Besitz gemeinsam. Ehepaare haben eine eigene Wohnung, essen aber zusammen mit den anderen im gemeinsamen Speisesaal. Alle Kinder leben im gemeinsamen ,,Kinderhaus" zusammen. Sie werden von Fachkräften beaufsichtigt und unterrichtet und dürfen ihre Eltern abends für ein paar Stunden besuchen. Es bleibt also ein gewisser Freiraum für eine besondere Beziehung zwischen Eltern und Kindern. Da unverheiratete Erwachsene ebenfalls für den Unterhalt der Kinder sorgen, können sie diese auch als ,,die ihren" ansehen. So entsteht ein neuer, erweiterter Familiensinn, den man außerhalb eines Kibbuz kaum finden wird. Die Ehen sind monogam. Sie werden offiziell dadurch anerkannt, daß man dem jungen Paar einen eigenen Raum zuweist. Geschlechtsverkehr zwischen unverheirateten jungen Leuten wird toleriert, führt jedoch früher oder später zu einer festen Bindung. In der Regel kommt ein Ehepartner nicht aus dem eigenen Kibbuz. Die Frauen behalten ihren Mädchennamen und bleiben (oder werden) selbständiges Mitglied der Gemeinschaft.

In diesem sozialen Modell gibt es also keine Familien im traditionellen Sinne, da Eltern und Kinder nicht beieinander wohnen. Überdies arbeiten die Eltern weder für sich selbst noch für ihre eigenen Nachkommen oder Verwandten. Statt dessen teilt man Arbeit, Erziehung und soziale Einrichtungen im Kollektiv, ,,von jedem nach seinen Fähigkeiten und jedem nach seinen Bedürfnissen". Der Kibbuz verdankt seine Entstehung dem Idealismus jüdischer Siedler, die eine humanere Gesellschaft aufbauen wollten. Es hat sich jedoch manchmal als schwierig erwiesen, mit wachsendem Wohlstand diesen Idealismus lebendig zu halten. Darüber hinaus gab und gibt es auch in Israel Menschen, die von diesem Experiment nicht viel hielten. Bis heute ist dieser Gedanke jedenfalls in anderen Ländern kaum nachgeahmt worden.

Die ,,Kommune"

Das Wort ,,Kommune" wird heute für eine ganze Reihe verschiedener Formen gemeinsamer Haushaltsführung verwendet, die von ,,Hippiefarmen" bis zu bestimmten Wohn- und Lebensformen zur Verminderung der Lebenshaltungskosten bei der urbanen Mittelschicht reichen. Es ist unmittelbar einleuchtend, daß Wohnen, Kochen, Waschen, Einkaufen, Kinderbetreuung usw. einfacher und billiger sind, wenn sie gemeinsam von mehreren Kleinfamilien besorgt werden. Einige Familien haben daher begonnen, ihre Mittel zusammenzulegen und auf diese Weise Geld zu sparen. Ihre ,,Kommune" besteht möglicherweise nur aus einem gemeinsamen Haus und der gemeinschaftlichen Nutzung von Haushaltsgeräten. Besonders in den letzten 15 Jahren ist eine Reihe junger Menschen, die eine gewisse Distanz zur Gesellschaft hatten, ,,ausgestiegen", um gemeinsam auf dem Lande oder in bestimmten Stadtteilen einen alternativen Lebensstil zu entwickeln. Dieses Streben nach einer ,,natürlicheren" Lebensweise hat, auch in den Vereinigten Staaten, eine lange, eindrucksvolle Geschichte. Heute sind Kommunen in den USA in den verschiedensten Formen zu finden, abhängig vom jeweiligen Ziel ihrer Gründer. Die einen sind auf streng religiösen Glaubensvorstellungen aufgebaut, andere sind eher weltlich und dem Leben zugewandt. In einigen werden monogame Ehen geführt, bei anderen wird eine Art improvisierte Polygamie oder Gruppenehe praktiziert. In manchen schicken Eltern ihre Kinder zur Schule, in anderen versuchen sie, sie selbst zu unterrichten. Manche Kommunen haben gemeinsamen Besitz und sind ökonomisch unabhängig, andere sind von zusätzlichen Einkommen wie Sozialhilfe oder andere finanzielle Unterstützung abhängig. Einige Kommunen haben jahrelang relativ stabil überlebt, andere haben sich aufgelöst oder schlagen sich mehr schlecht als recht durch, als warnendes Beispiel für naive Nachahmer.

Aus dieser wechselvollen Perspektive betrachtet, ist es äußerst schwierig, zu einem schlüssigen Urteil über die heutigen Kommunen zu kommen. Sicherlich erfüllen sie in vielen Fällen wichtige menschliche Bedürfnisse, die in der Familie gewöhnlich nicht erfüllt werden. Das Scheitern vieler Kommunen sagt nichts über ihre oftmals respektablen Absichten aus. So werden solche

Experimente sicher auch in Zukunft fortgeführt. Es ist auch möglich, daß aus solchen Experimenten eines Tages wichtige Alternativen erwachsen, die mit Erfolg auf breiterer Basis nachgeahmt werden können.

Weiterführende Literatur

Ariès, P.: Geschichte der Kindheit (L'enfant et la vie familiale sous l'ancien régime, dt.). München (dtv), 1979.

Flandrin, J.-L.: Familie. Soziologie – Ökonomie – Sexualität (Familles – parenté, maison, sexualité dans l'ancienne société, dt.). Berlin (Ullstein), 1978.

Goode, W. J.: Soziologie der Familie (The family, dt.). 6. Aufl., München (Juventa), 1976.

Horkheimer, M.: Autorität und Familie in der Gegenwart. In: Claessens, D. (Hrsg.): Familiensoziologie. Frankfurt/M. (Fischer), 1973.

Lévi-Strauss, C.: The family. In: Shapiro, H. L. (Hrsg.): Man, culture and society. New York, 1956.

Murstein, B. I.: Love, sex and marriage through the ages. New York (Springer), 1974.

Rosenbaum, H. (Hrsg.): Seminar: Familie und Gesellschaftsstruktur. Materialien zu den sozioökonomischen Bedingungen von Familienformen. Frankfurt/M. (Suhrkamp), 1980.

Shorter, E.: Die Geburt der modernen Familie (The making of the modern family, dt.). Reinbek (Rowohlt), 1977.

Skolnick, A. S., Skolnick, J. H. (Hrsg.): Family in transition. Rethinking marriage, sexuality, childrearing and family organization. Boston (Little, Brown), 1971.

Weber-Kellermann, I.: Die deutsche Familie. Versuch einer Sozialgeschichte. Frankfurt/M. (Suhrkamp), 1981.

12. Die sexuell Unterdrückten

Im 18. Jahrhundert soll einmal ein Philosoph einem seiner Gegner gesagt haben: ,,Ich teile Ihre Meinung nicht, ich werde aber bis zum Tode Ihr Recht verteidigen, sie auszusprechen". Dieser Grundsatz faßt den Geist der Aufklärung sehr treffend zusammen, einer Zeit, als die Menschen versuchten, sich von ihren intellektuellen und moralischen Fesseln zu befreien, und als erstmals in der Geschichte der Ruf nach Freiheit, Gleichheit und Brüderlichkeit für alle erscholl. Von diesem Geist wurden auch die Gründer der Vereinigten Staaten geleitet, als sie in der Verfassung jedem Bürger die Freiheit der Rede, der Religionsausübung und der Presse garantierten.

Diese Freiheitsrechte sind in der Zwischenzeit in vielen Teilen der Welt anerkannt. Die Ideale der Toleranz und des Individualismus, das Recht auf Selbstbestimmung und die Freiheit der Person haben im Verlauf der vergangenen 200 Jahre Aufnahme in die Verfassungen und die Gesetzgebung der meisten modernen Staaten gefunden. In unserem Jahrhundert wurde die ,,Allgemeine Erklärung der Menschenrechte" durch die Vereinten Nationen verabschiedet, durch die alle Mitgliedsstaaten sich auf die Durchsetzung dieser Rechte verpflichten. Damit ist – zumindest theoretisch – die Befreiung der Menschen weitgehend abgeschlossen.

Leider sind die Dinge in Wirklichkeit wesentlich weniger ermutigend. Offiziell unterschreiben die meisten Regierungen zwar die Worte des zitierten Philosophen, inoffiziell behandeln jedoch immer noch viele von ihnen jede abweichende Meinung als Verrat. Einige moderne Staaten sind so tatsächlich – trotz aller freiheitlichen Phrasen – wesentlich repressiver als das schlimmste mittelalterliche Königreich.

All dies ist natürlich hinreichend bekannt und soll an dieser Stelle nicht weiter vertieft werden. Was jedoch nicht jedem bewußt wird, ist, daß selbst in den toleranteren westlichen Ländern diese Toleranz nur für bestimmte Bereiche des menschlichen und sozialen Lebens gilt. Besonders zwei Verhaltensformen werden weiterhin irrational und oft einschneidend beschränkt: Drogengebrauch und sexuelle Aktivität. Niemand in öffentlicher Funktion ist bislang bereit zu sagen: ,,Ich billige Deinen Konsum von Drogen nicht, aber ich werde bis zum Tode Dein Recht verteidigen, sie einzunehmen", oder ,,Ich billige Deine sexuellen Interessen nicht, aber ich werde bis zum Tode Dein Recht verteidigen, ihnen nachzugehen." Die meisten Menschen würden solche Äußerungen nach wie vor skandalös und unverantwortlich finden. Drogen und Sexualität bleiben weiterhin die großen Tabus unserer Gesellschaft.

In letzter Zeit sind so auch früher tolerante Gesellschaften unter westlichem Einfluß Drogen und Sexualität gegenüber sehr ängstlich geworden. Daher überrascht auch die Feststellung nicht, daß in der ,,Allgemeinen Erklärung der Menschenrechte" nichts über das Recht des Menschen über seinen eigenen Körper zu lesen ist. Das Dokument formuliert lediglich ein ,,Recht, zu heiraten und eine Familie zu gründen" und ein Recht auf freie Wahl des Ehepartners (Art. 16). Über das Recht auf sexuelle Aufklärung und sexuelle Erfüllung, die freie Wahl des Geschlechtspartners und der sexuellen Handlung, das Recht auf Verhütungsmittel und Schwangerschaftsabbruch wird nichts gesagt. Diese Liste wäre noch erheblich zu erweitern. Leider kann auch kaum ein Zweifel darüber bestehen, daß die Vollversammlung der Vereinten Nationen eine offizielle Erklärung, die diese Rechte zu fordern wagte, mit überwältigender Mehrheit ablehnen würde. Zu viele Mitgliedsstaaten akzeptieren Sexualität nach wie vor nur innerhalb der Ehe und nur zum Zweck der Fortpflanzung.

Dabei sollte man sich immer vor Augen halten, daß Gesellschaften, die Sexualität nur zum Zwecke der Fortpflanzung gestatten, dadurch die meisten heute üblichen Formen menschlichen Sexualverhaltens als abnorm und falsch verurteilen. So werden Masturbation, Sexspiele unter Kindern, sexuelle Experimente Jugendlicher, vorehelicher Geschlechtsverkehr, nichtkoitale Formen des ehelichen Geschlechtsverkehrs, homosexuelle Handlungen, sexueller Kontakt mit Tieren, Sexualität nach der Menopause und noch viele andere Formen des Sexualverhaltens als ketzerische Praktiken angesehen, die unterdrückt werden müssen. Diese Unterdrückung erzeugt ihrerseits ein weitverbreitetes Gefühl der Schuld und der Angst. Überdies sind, da die Unterdrükkung nie in vollem Maß gelingen kann, sexuelle Doppelmoral und weit verbreitete Heuchelei unvermeidbar. Eng gefaßte sexuelle Dogmen führen daher immer zu sozialem Konflikt und zu großem menschlichen Elend.

Wie oben bereits festgestellt, ist unsere westliche, jüdisch-christliche Kultur hinsichtlich der Sexualität immer besonders repressiv gewesen, und daher findet sich hier auch mehr sexuelle Heuchelei und mehr sexuelles Elend als in den meisten anderen Ländern der Erde. Unsere frommen Vorväter haben uns ein Vermächtnis der Intoleranz hinterlassen, das bis auf den heutigen Tag unser Leben vergiftet. Es war ihnen niemals genug, die Tugenden der Fortpflanzung zu preisen, sondern sie bedienten sich darüber hinaus der grausamsten Mittel, um alle Laster zu bestrafen, die der Fortpflanzung nicht dienten. Sexuelle Nonkonformisten, die man in anderen Gesellschaften ohne Probleme tolerierte oder sogar schätzte, wurden im alten Israel gesteinigt und im christlichen Europa gefoltert, verstümmelt, verbrannt, gehenkt oder lebendig begraben.

So wurden im heidnischen Griechenland männliche Homosexuelle als musterhafte Bürger betrachtet, während sie für die Gläubigen Jahwes und Jesu immer als Abschaum der Menschheit galten. Im Alten Testament wird für Geschlechtsverkehr unter Männern die Todesstrafe verlangt, ähnlich wie bei den getauften römischen Kaisern, den spanischen Inquisitoren, den englischen Monarchen und den amerikanischen Kolonialherren. Mit dem Rückgang des öffentlichen Einflusses der Religion erklärten Psychiater Homosexuelle für krank und machten sich daran, sie – häufig gegen ihren Willen – mit Schock- oder Aversionstherapien, mit Psychochirurgie und Kastration zu behandeln. Während der nationalsozialistischen Herrschaft in Deutschland ließ es das „gesunde Volksempfinden" zu, daß Homosexuelle in Konzentrationslager geschickt wurden, wo sie ein rosa Dreieck (den „Rosa Winkel") auf der Anstaltskleidung tragen mußten. Sie wurden zu Tausenden getötet, und nur wenige überlebten. Im Gegensatz zu den anderen Opfern der Nationalsozialisten haben Homosexuelle (und bis vor kurzem auch Sinti und Roma) niemals eine Wiedergutmachung erhalten. Homosexuelle blieben weiterhin geächtet und wurden sogar erneut ins Gefängnis gesteckt. In verschiedenen Ländern, auch in einigen Staaten der USA, werden Homosexuelle noch heute wie Schwerverbrecher behandelt, jahrelang ins Gefängnis gesperrt oder als „sexuelle Psychopathen" in Irrenhäuser eingewiesen. Selbst wenn sie nie wegen eines Vergehens verurteilt wurden, können Homosexuelle zum Beispiel nicht in die Vereinigten Staaten einwandern, sie können keine Bürgerrechte erwerben und nicht in die Armee eintreten. Darüber hinaus gibt es immer noch christliche Kirchen, die sich gegen eine Reform des Sexualstrafrechts wenden und die aktiv gegen die Gewährung von Bürgerrechten für Homosexuelle arbeiten.

Unmenschlichkeit dieser Art hat es immer gegeben und sie wird in vollem Bewußtsein von ,,ehrbaren" Menschen mit hohen Idealen weiterhin begangen. Sexuelle Unterdrückung, so grausam und ungerechtfertigt sie auch sein mag, hat immer eine ,,Begründung" gehabt. Diese kann vom einfachen religiösen Dogma bis zur pseudo-wissenschaftlichen Theorie reichen, aber ganz gleich wie sie aussieht, sie hat eine grundlegende Eigenschaft: Einer rationalen Auseinandersetzung ist sie nicht zugänglich. Selbst wenn sie keinerlei Sinn ergibt und viele Male widerlegt wurde, wird sie dennoch immer wiederholt. Ihre wirkliche Funktion ist schließlich nicht so sehr, Skeptiker zu überzeugen, als das Gewissen ihrer Verfechter zu beruhigen, eine Funktion, die sie stets bemerkenswert gut erfüllt. Um bei unserem Beispiel zu bleiben, kann man heute, neben den Zitaten aus der Bibel, oft die Behauptung von ,,Fachleuten" hören, Homosexuelle bedrohten irgendwie ,,das Überleben der Art" oder sie schadeten ,,der Institution der Ehe und Familie". Die Absurdität solcher Behauptungen verhindert nicht ihre Verbreitung. Man hat oft darauf hingewiesen, daß die islamischen und buddhistischen Gesellschaften Afrikas und Asiens, die sich Homosexualität gegenüber tolerant verhalten, ebenfalls für hohe Geburtenziffern bekannt sind, für beständige Ehen und stabile Familien. Jeder weiß, daß unsere Welt von Überbevölkerung bedroht ist. Der Institution der Ehe ist kaum damit gedient, wenn man sie Homosexuellen aufzwingt, die an ihr kein Interesse haben (ganz zu schweigen von der Ungerechtigkeit, die man den heterosexuellen Partnern damit antäte). Überdies hat es niemals vernünftige Argumente gegeben, warum Homosexuelle keine engen Beziehungen zu ihren Verwandten unterhalten und damit einen wertvollen Beitrag zum Familienleben leisten sollten. Aber all dies spielt für die Intoleranten keine Rolle. Da ihr Glaube nicht auf Einsicht beruht, kann Einsicht ihn auch nicht erschüttern. Wenn es also um sexuelle Unterdrückung dieser Art geht, haben wir es nicht mit sachlichen, wohlüberlegten Schlußfolgerungen, sondern einfach mit Vorurteilen zu tun.

Die Unterdrückung Homosexueller ist wahrscheinlich das eindrucksvollste und lehrreichste Beispiel, es ist aber natürlich nur eines unter vielen. Das ,,Fortpflanzungsvorurteil" in unserer Sexualmoral hat von jeher dazu geführt, daß Minderheiten unterdrückt wurden. Menschen mit besonderen sexuellen Interessen, Menschen in Anstalten, Behinderte und Invalide, alte Menschen, Kinder und Jugendliche, sogar Ehepaare, die Verhütungsmittel benutzten oder nicht-koitalen Geschlechtsverkehr praktizierten, wurden zu verschiedenen Zeiten in unterschiedlichem Ausmaß Opfer dieser Moral. Darüber hinaus hat die sexuelle Doppelmoral während Tausenden von Jahren das weibliche Geschlecht insgesamt diskriminiert. Wenn wir dies alles bedenken, stellen wir fest, daß die sexuell unterdrückten Gruppen in unserer Gesellschaft in der Tat die weit überwiegende Mehrheit der Bevölkerung darstellen.

Diese Feststellung sollte uns zu ernsthafter Selbstprüfung Anlaß geben. Sie wirft eine Vielzahl grundsätzlicher und sehr verwirrender Fragen auf. Zum Beispiel: Warum sollte eine Gesellschaft sexuelle Normen schaffen und aufrechterhalten, die mit Sicherheit von den meisten ihrer Mitglieder verletzt werden? Warum sollte also die Mehrheit einer Bevölkerung sich selbst unterdrücken? Oder, um ein realistisches Beispiel zu geben, warum braucht die Mehrheit der Bevölkerung der USA eine Sexualgesetzgebung, die praktisch jedermann hinter Gitter bringen würde, wenn man sie wirklich anwendete? Warum sollte sich ein ganzes Volk als Volk von Sexualverbrechern definieren wollen? Woher kommt unser verzweifeltes Bedürfnis nach sexuellen Schuldgefühlen? Was steckt hinter diesem allgemeinen Bedürfnis nach Strafe?

Wenn solche Fragen gestellt werden, sind die üblichen ,,Experten" mit vorgefertigten Antworten sogleich zur Stelle. Die religiösen Dogmatiker sprechen schlicht von ,,Erbsünde", und da dies eine reine Glaubensfrage ist, gibt es darüber keine Debatten. Die weltliche Version dieser Ansicht wird manchmal von Menschen geäußert, die von der angeboren perversen, destruktiven und aggressiven „Natur des Menschen" sprechen. Sexuelle Unterdrückung und Selbstunterdrückung wären dann nichts anderes als der Ausdruck allgemein-menschlicher Neigungen, bedauernswert vielleicht, aber kaum vermeidbar. Diese Hypothese kann jedoch keinesfalls erklären, warum viele andere Gesellschaften so viel toleranter sind. An diesem Punkt wird oft eine dritte Erklärung gegeben, die besagt, daß alle sexuellen Probleme Ausdruck unseres politischen und ökonomischen Systems seien. Kapitalismus, so lautet das Argument, produziert ganz von sich aus und unvermeidlich sexuelle Unterdrückung. Die Abschaffung des Kapitalismus bedeutet also auch sexuelle Befreiung. Diese naive Vorstellung wird allerdings von der anhaltenden und sogar zunehmenden sexuellen Intoleranz in den kommunistischen Ländern widerlegt, von Albanien bis Kuba, von der Sowjetunion bis zur Volksrepublik China. Die bloße Tatsache, daß die Produktionsmittel von der Regierung kontrolliert werden, bedeutet also noch keine sexuelle Freiheit. Die soziale Befreiung der Arbeiterklasse und ihre fortdauernde sexuelle Unterdrückung können sehr wohl Hand in Hand gehen.

Das letzte Beispiel zeigt auch einmal mehr, daß sexuelle Intoleranz sich nicht notwendig auf göttliche Offenbarungen berufen muß. Religiöse Anschauungen als Ursache sexueller Unterdrückung zu bezeichnen, führt daher nicht sehr weit. Es bleibt dann jedoch nach wie vor zu erklären, warum einige Religionen in sexuellen Dingen repressiv sind und andere nicht. Selbst die Bibel enthält genügend Argumente für eine tolerantere Einstellung, und diese Argumente werden auch von liberalen Juden und Christen häufig vorgebracht. Trotzdem werden weit und breit die positiven Äußerungen der Bibel zur Sexualität verleugnet, während die negativen betont werden. Die Mosaischen Ernährungsvorschriften werden heute weitgehend als veraltet betrachtet, ähnlich wie einige mosaische Sexualgesetze. Andere werden jedoch heftig verteidigt, obwohl sie ebenso archaisch sind. Der tiefere Grund für diese Auswahl ist wie eh und je ein Rätsel.

Unter diesen Umständen bleibt kaum eine andere Wahl, als auf neue Forschungsergebnisse zu warten. Wir müssen aber die Ursachen sexueller Unterdrückung auch nicht wirklich verstehen, um sie zu mißbilligen und sie zu bekämpfen. Ihre schlimmen Folgen sind schon zu lange offensichtlich. Es war auch immer eher die Beobachtung solcher Folgen als irgendeine radikale Veranlagung, die aufgeklärte Menschen veranlaßte, sexuelle Toleranz zu fordern. Zu Beginn dieses Kapitels haben wir einen Philosophen des 18. Jahrhunderts zitiert und die Gründer der Vereinigten Staaten erwähnt. Sie stehen stellvertretend für eine freiheitliche Tradition in unserer Geschichte, die uns noch heute die Mittel für unsere eigene Emanzipation bietet. Die Urheber der Verfassung der Vereinigten Staaten wußten um die Gefahr religiöser und politischer Tyrannei, und sie waren daher bemüht, die Rechte von Andersdenkenden und Andershandelnden zu schützen. Seit damals sind diese Rechte weiter gestärkt und geschützt worden. In den letzten Jahrzehnten hat sich dieser Schutz von Minderheiten auch auf das Gebiet der Sexualität ausgedehnt. Die sexuellen Rechte sind zwar in vielen Bundesstaaten der USA noch relativ begrenzt, sie bieten jedoch eine Basis, auf die andere Rechte gegründet werden können. Auf jeden Fall besteht die Forderung nach mehr sexueller Freiheit weiter und sie wird zunehmend dringender. Selbst wenn die Gesetzgeber vorübergehend versuchen sollten, diesen Prozeß aufzuhalten, so werden sie am Ende doch nachgeben müssen, wenn sie die Prinzipien erhalten wollen, denen sie ihre Existenz verdanken. Demokratische Regierungen brauchen autonome Bürger, und wenn es absurd ist, diesen Bürgern ihre Meinungsfreiheit zu versagen, dann ist es ebenso absurd, ihnen das Recht auf Selbstbestimmung über ihren eigenen Körper abzusprechen.

Die Freuden des Bades
Öffentliche Bäder waren seit jeher in vielen Kulturen sehr beliebt. In der Vergangenheit badeten Männer und Frauen meist gemeinsam und genossen dies auch als erotisches Erlebnis. Im europäischen Mittelalter waren Badehäuser sogar oft Bordelle, und auch ohne dies boten sie Möglichkeiten zur sexuellen Begegnung. Mit dem Ende der Renaissance führte jedoch eine zunehmende Prüderie und sexuelle Unterdrückung in Europa und Nordamerika zum Verbot des öffentlichen gemeinsamen Bades.

(Oben) Zeichnung aus dem 14. Jahrhundert, die die Freuden des sexuell gemischten Bades darstellt. Links sieht man drei Paare im Garten, hinter dem offenen Fenster sitzen zwei Männer und eine Frau in einem gemeinsamen Zuber, eine zweite Frau kommt gerade dazu. Andere Gäste haben sich bereits in bequeme Privaträume in der oberen Etage zurückgezogen.

(Unten) Kupferstich aus dem 16. Jahrhundert, der eine Szene in einem öffentlichen Bad darstellt. Der Mann am Fenster links wird von einem Barbier rasiert, zu seinen Füßen ruht sich eine Familie mit Kindern aus. Die Frau in der Mitte des Bildes steigt über ein sich umarmendes Paar, der Mann hinter ihnen umwirbt eine Frau, und im Hintergrund ziehen sich verschiedene Männer und Frauen in Privaträume der oberen Etage zurück.

(Oben) Ein Freibad des 16. Jahrhunderts, in dem verschiedene Paare beim Essen, Trinken, Musizieren und bei verschiedenen Formen des Liebesspiels zu sehen sind. besonders zu beachten ist das ungehemmte Verhalten des Paares unten rechts, das in einem Notenbuch liest.

(Unten) Japanischer Holzschnitt aus dem 19. Jahrhundert, der ein öffentliches Bad darstellt. Der Mann links bewundert die körperlichen Reize einer Frau, im Vordergrund sieht man ein Paar in liebender Umarmung.

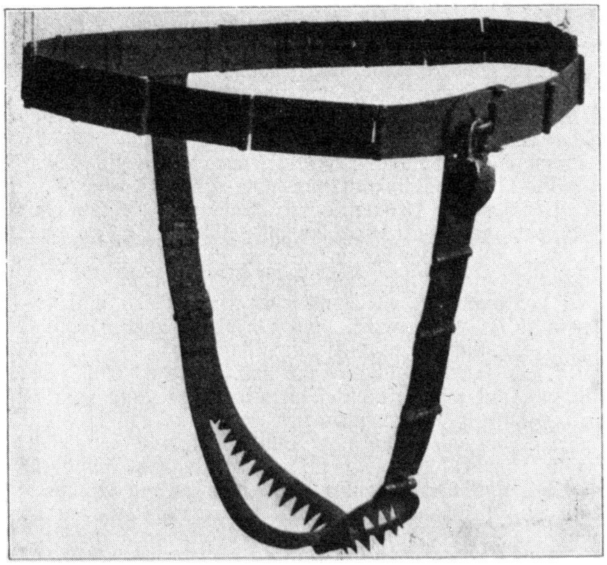

Symbole der sexuellen Unterdrückung
Obwohl sexuelle Unterdrückung sich meist durch äußerliche Zwänge ausdrückt, führt sie oft auch zu inneren Ängsten und Hemmungen. So werden Menschen oft zu ihren eigenen Unterdrückern. Ein Beispiel hierfür sind die sogenannten „Keuschheitsgürtel", die von manchen Männern des späten Mittelalters ihren Frauen angelegt wurden, um einen Ehebruch zu verhindern. Diese Sitte, die bis ins 19. Jahrhundert anhielt, verdeutlicht, wie sehr Frauen als Besitz der Männer betrachtet wurden, die das Recht hatten, sie „unter Verschluß" zu halten. Das Bild zeigt einen Keuschheitsgürtel, der 1885 in Würzburg gefunden wurde.
Ähnliche Konstruktionen gab es auch für Männer. Sie wurden vor allem im 19. Jahrhundert Jungen angelegt, um sie an der Masturbation zu hindern und so dem „Masturbationswahnsinn" vorzubeugen. Lange Zeit wurden solche und andere absurde psychiatrische Theorien zur Rechtfertigung sexueller Unterdrückung herangezogen.

Im Laufe der letzten Jahre haben verschiedene sexuelle Minderheiten ihre Forderung nach bestimmten Rechten artikuliert und die Mehrheit dazu herausgefordert, Vorurteile zu überwinden. Solche Dokumente enthalten viele Einzelforderungen; gerade dadurch machen sie aber auch das Ausmaß der sexuellen Unterdrückung in unserer Gesellschaft deutlich. Diejenigen, die beruflich mit sexuellen Problemen umzugehen haben, fühlten sich in den USA schließlich verpflichtet, diese Gedanken in einer allgemeinen Erklärung zusammenzufassen. Auf die Initiative des Sexualwissenschaftlers Kirkendall hat vor einigen Jahren eine Reihe prominenter Sexualwissenschaftler eine „neue Erklärung über sexuelle Rechte und Pflichten" unterzeichnet. In dieser Erklärung wird unter anderem verlangt, daß das „Fortpflanzungsvorurteil" beseitigt wird. Sie bestätigt auch das Recht der Menschen auf freie sexuelle Entfaltung, solange sie damit anderen nicht schaden oder deren Rechte verletzten. Das heißt, es wird in dieser Erklärung die gleiche Freiheit im Hinblick auf die Sexualität gefordert, die wir heute für Rede, Religion und Presse für selbstverständlich erachten.

Natürlich besteht gegen die sexuelle Befreiung noch immer erheblicher Widerstand. Autoritäre Politiker, konservative Richter, orthodoxe Psychiater, konservative Bürger und puritanische Kirchen behaupten, daß jede Lokkerung der sexuellen Normen zu moralischem Verfall und am Ende zum Niedergang unserer Zivilisation führen würde. Diese Behauptung wird in der Regel mit dem Beispiel des Untergangs des Römischen Reiches untermauert. Kein kompetenter Historiker nimmt jedoch diese Argumente ernst, da sie nicht zu beweisen sind. Es gibt zum Beispiel keinerlei Statistiken, die eine Änderung des Sexualverhaltens vom frühen Rom bis in die späte Kaiserzeit belegen könnten. Das wenige, das wir wissen, zeigt keine entscheidenden Veränderungen zwischen der Regentschaft Neros (1. Jahrhundert n. Chr.) bis zu der Constantins (5. Jahrhundert n. Chr.). Auf alle Fälle fiel Rom erst unter Romulus Augustulus (5. Jahrhundert n. Chr.), also mehr als 100 Jahre nachdem das Christentum zur Staatsreligion erklärt und seine asketische Sexuallehre übernommen worden war. Die siegreichen heidnischen Barbaren waren andererseits sexuell sehr viel weniger gehemmt. Sicher waren das klassische Griechenland, Italien in der Renaissance und das Elisabethanische England relativ „freizügig", gemessen an anderen, weniger glanzvollen Zivilisationen. Daher darf wohl bezweifelt werden, daß sexuelle Unterdrückung jemals irgend jemandem zuträglich war. Sie war vielmehr oftmals das Kennzeichen steriler und repressiver Gesellschaften, wie etwa des Stalinistischen Rußlands oder des nationalsozialistischen Deutschlands. Länder, die sich der individuellen Freiheit verschrieben haben, werden kaum den rechten Weg verfehlen. Früher oder später werden sie erkennen, daß Freiheit zur hohlen Phrase wird, wenn sie sich nicht auch auf das Sexuelle erstreckt.

In den folgenden Kapiteln werden die Probleme verschiedener sexuell unterdrückter Gruppen in unserer Gesellschaft beschrieben. Man kann natürlich auch Frauen unter die sexuell Unterdrückten rechnen. Da sie jedoch mehr als die Hälfte aller Menschen ausmachen und ihre Unterdrückung einer eingehenderen Analyse bedarf, wurde dieses Thema im Kapitel 9 „Die sozialen Rollen von Mann und Frau" diskutiert. Schließlich sollte noch darauf hingewiesen werden, daß viele Menschen mehr als einer unterdrückten Gruppe zugeordnet werden können. Dazu gehören zum Beispiel körperbehinderte Jugendliche, Gefangene mit besonderen sexuellen Neigungen oder alternde Homosexuelle, die in Anstalten leben müssen. In jedem dieser Fälle ist die sexuelle Unterdrückung um so gravierender.

12.1 Kinder und Jugendliche

Kinder sind von Geburt an sexuelle Wesen. Säuglinge beiderlei Geschlechts sind zu sexuellen Grundreaktionen fähig und können Lust empfinden. Ihre Sexualität ist zunächst eher ungerichtet, erst mit zunehmendem Alter wird ihr Ziel konkreter. Kinder können schon sehr früh zu masturbieren beginnen und lernen, sexuellen Kontakt zu verschiedenen Partnern angenehm zu finden. Wo sexuelle Spiele bei Kindern nicht gehemmt werden, dauern sie an, bis die Pubertät eine erhebliche und ziemlich plötzliche Intensivierung des sexuellen Interesses mit sich bringt. Heranwachsende Jugendliche haben ein großes sexuelles Reaktionsvermögen, wenngleich in unserer Kultur diese Reaktionsfähigkeit bei Jungen früher auftritt und ausgeprägter ist als bei Mädchen.

In unserer modernen Gesellschaft haben Jugendliche jedoch meist kein Recht auf sexuelle Befriedigung. In den letzten Jahrhunderten sind Kindheit und später auch Jugend als besonders schutzwürdige Lebensabschnitte definiert worden, in denen sexuelle Handlungen entweder als „unnatürlich" oder als gefährlich angesehen werden. Sehr viele Menschen in Europa und Nordamerika bleiben so sexuell frustriert, bis sie heiraten können, d. h. meist über das Alter von 20 Jahren hinaus. Schlimmer noch: sie werden systematisch ihrem eigenen Körper entfremdet und zu strengen puritanischen Verhaltenformen erzogen, die sie in ihrem emotionalen Reifungsprozeß behindern. Daher werden viele von ihnen gefühlskalt und intolerant und schließlich zu sexuellen Konformisten. Ihre erotischen Fähigkeiten bleiben unterentwickelt und unkultiviert. Diese negative Lernerfahrung beginnt bereits im Säuglingsalter, wo Mütter ihren Kindern eine besonders intime Kommunikation versagen, indem sie ihnen die Flasche geben oder indem sie, wenn sie stillen, jedes lustvolle Gefühl unterdrücken. Mit diesem Entzug fahren sie fort, indem sie ihre Kinder in Windeln wickeln, in Kleidung und Decken, statt ihnen Hautkontakt oder gelegentliches Nacktsein zu ermöglichen. Dieser Schaden wird durch strenge Sauberkeitsvorschriften, das Vorenthalten sexueller Information, die Bestrafung für Masturbation und das Verhindern forschender sexueller Spiele mit anderen Kindern noch verschlimmert. Solche direkten und indirekten Zwänge können dazu führen, daß alle sexuellen Interessen und Erfahrungen durch das Kind verdrängt werden. Das führt zum Verlust wichtiger Schlüsselerlebnisse und erzeugt einen langen Zeitabschnitt sexueller „Latenz". (Psychoanalytiker führen diese Entwicklung auf den „ödipalen

Ungehemmte Kinder
Europäer und Nordamerikaner schreiben heute oft Sigmund Freud das Verdienst zu, die erotischen Fähigkeiten kleiner Kinder entdeckt zu haben. In nicht-westlichen Kulturen und vor Beginn des 19. Jahrhunderts hatte man jedoch solche Fähigkeiten immer als selbstverständlich angenommen.

(Oben) Europäische Maler der Renaissance malten oft kleine Kinder beim Kuß oder in zärtlicher Umarmung. Das Gemälde von Jos van Cleve (1464–1540) zeigt Jesus und Johannes den Täufer als Kinder.

(Unten) Ein Junge und ein Mädchen versuchen den Koitus. Rollenmalerei des japanischen Künstlers Maruyama Okyo (18. Jahrhundert).

Konflikt" zurück.) Die Pubertät erscheint diesen Jugendlichen dann als unerwartete und unliebsame Zeit der Prüfung. Das plötzliche Einsetzen der Menstruation bei Mädchen, häufigere Erektionen und die erste Ejakulation bei Jungen werden möglicherweise als Krankheitssymptome mißdeutet. So kann der Mangel an sexuellem Wissen Angst und Verwirrung erzeugen. Selbst wenn genügend theoretisches Wissen vorhanden ist, bleibt ein grundlegendes Problem ungelöst: Die steigenden sexuellen Fähigkeiten Jugendlicher können nicht erprobt werden. Moderne Jugendliche werden natürlich über die „Dinge des Lebens" aufgeklärt; gleichzeitig belehrt man sie aber darüber, daß regelmäßiger Geschlechtsverkehr für sie nicht in Frage kommt. So sehen sich Jugendliche auf Masturbation und verschiedene Formen des „petting" beschränkt, aber selbst diese Praktiken werden nicht als erstrebenswert betrachtet und manchmal sogar als sündig, ungesund oder unreif mißbilligt.

Das alles hat für das emotionale und moralische Klima in unserer Gesellschaft ernste Folgen. Immerhin sind etwa 40 Prozent der Bevölkerung geschlechtsreif und unverheiratet. Da unsere offizielle Moral ihren sexuellen Bedürfnissen nicht Rechnung trägt, entsteht so unter uns ein Höchstmaß an Unzufriedenheit, Feindseligkeit und manchmal sogar Gewalt. Bei vielen jungen Menschen führt das zu offener Rebellion und zum „Aussteigen" aus dem etablierten System. Diejenigen, die sich anpassen, bleiben oft ein Leben lang gestört. Sie können vor einer Eheschließung nicht glücklich sein, danach sind sie enttäuscht. Der Grund hierfür liegt ganz einfach darin, daß sie keine erotische Kompetenz erwerben können. Unsere Kinder und Jugendlichen lernen es einfach nicht, Liebhaber zu werden, zärtlich zu sein, körperliche Lust zu geben und zu empfangen, zufriedenstellende sexuelle Beziehungen aufzubauen und zu erhalten. Statt dessen werden sie mit einem erheblichen Maß sexueller Scham- und Schuldgefühle erzogen, bis dann eine zauberhafte Hochzeitsfeier sie irgendwie in hingebungsvolle, sinnliche und zufriedene Ehemänner und Ehefrauen verwandeln soll. Im täglichen Leben sind derlei Wunder allerdings selten. Unsere sexuellen Normen für Jugendliche sind daher nicht nur absurd, sondern inhuman und destruktiv.

Viele nicht-westliche Kulturen haben bewiesen, daß diese Art sexueller Unterdrückung überflüssig ist. In den Gesellschaften mancher amerikanischer Indianerstämme und der Polynesier wurden Kindern sexuelle Spiele erlaubt, manchmal wurden sie ausdrücklich befürwortet. Bei den Muria in Zentralindien wurde eigens zu diesem Zweck ein besonderes Haus gebaut, das Ghotul, in dem Kinder beiderlei Geschlechts die Nächte zusammen verbrachten. (Ähnliche Bräuche sind von den Einwohnern der Trobriand-Inseln und den Massai in Afrika bekannt.) Kinder übernachteten in der Regel vom sechsten oder siebten Lebensjahr an im Ghotul, zu dem die Eltern keinen Zutritt hatten. Innerhalb des Hauses waren die Kinder also weitgehend auf sich selbst gestellt. Die älteren Kinder ermunterten die jüngeren zu sexueller Aktivität und unterwiesen sie in allen sexuellen Praktiken. Regelmäßiger und häufiger Geschlechtsverkehr war so wesentlicher Bestandteil der Kindheit und bildete den wichtisten Aspekt des Lebens im Ghotul. So waren die Kinder der Muria freundlich, herzlich, wohlerzogen, selbstbewußt und kooperativ. Als Erwachsene führten sie monogame, stabile und glückliche Ehen. Erst in neuerer Zeit, mit der Einführung der Schulpflicht in Schulen der Regierung, wurde dieser alte Brauch verlassen. Die „neuen" Kinder der Muria scheinen nun allerdings genauso ängstlich und gehemmt zu sein wie ihresgleichen in der übrigen modernen Welt.

So hat die „Verwestlichung" der Welt neben deutlichen Verbesserungen auch viel sexuelles Elend über bis dahin sexuell zufriedene Völker gebracht. Wie bereits oben erwähnt, sind heute viele Länder der Dritten Welt puritanischer als die christlichen Kolonialherren. Die allgemeine Erklärung der

Menschenrechte besagt so auch nichts über sexuelle Rechte. Sie werden auch in der Erklärung der Vereinten Nationen über die Rechte des Kindes von 1959 nicht erwähnt. In diesen zehn Grundprinzipien wird das Recht auf Namen, Nationalität, Nahrung, Wohnung, ärztliche Betreuung und Schulpflicht (!) festgelegt, es wird jedoch mit keiner Silbe ein Recht auf sexuelle Aufklärung, sexuelle Handlungen und die Freiheit von sexuellen Rollenklischees erwähnt. Das Dokument stellt lediglich fest, daß „ein Kind . . . Liebe und Verständnis braucht" und daß es „wo möglich, im Schutze seiner Eltern aufwachsen sollte" (Grundsatz Nr. 6). Leider besteht gegenwärtig wenig Hoffnung, daß diese Erklärung in nächster Zeit ergänzt werden wird.

In den westlichen Ländern, denen am Prinzip der individuellen Freiheit gelegen ist, besteht allerdings eine zunehmende Bereitschaft, diese Freiheit auch Kindern zuzugestehen. In jüngerer Zeit haben in Europa und Nordamerika immer mehr Autoren eine positive seuxelle Aufklärung und einen neuen Katalog der „Kinderrechte" gefordert, der auch sexuelle Rechte einschließen soll. Diese Vorschläge unterscheiden sich zwar in Einzelheiten, stimmen aber in den grundlegenden Aussagen überein: Kinder sollten ebenso wie Erwachsene ein Recht auf sexuelle Information und sexuelle Aktivität haben und nicht in vorgefertigte Geschlechtsrollen gezwungen werden dürfen. Das bedeutet nicht nur, daß sie über Empfängnisverhütung, Schwangerschaftsunterbrechung und Geschlechtskrankheiten informiert werden müßten, sondern daß sie auch den gleichen Zugang wie Erwachsene zu Büchern, Zeitungen, Zeitschriften, Filmen und Vorführungen haben würden, auch sogenannten „pornographischen". Das bedeutet auch, daß Kinder ihre Partner frei wählen könnten (also auch erwachsene Partner), solange sie sich an allgemeine Regeln des Anstandes halten. „Unzucht mit Kindern" und Inzest wären dann keine Verbrechen mehr, es sei denn, die Kinder hätten nicht einvernehmlich daran teilgenommen. (Selbstverständlich müßte man gleichzeitig das Recht und die Fähigkeit bei Kindern fördern, sexuelle Aufforderungen abzulehnen.) Schließlich müßte jede Form sexueller Diskriminierung von Gruppen von Kindern aufhören. Jungen und Mädchen hätten das gleiche Recht auf alle Spiele, Sportarten, Schulen, Lernprogramme und Berufe.

Zweifelsohne werden selbst im heutigen „freizügigen" moralischen Klima viele Eltern der Meinung sein, solche Vorschläge gingen wirklich zu weit. Es wird immer noch befürchtet, die meisten Kinder würden eine solche vollständige sexuelle Freiheit mißbrauchen oder sie würden von skrupellosen Älteren ausgenutzt. Solche Befürchtungen können nicht einfach beiseite geschoben werden, denn in unserer Gesellschaft werden schließlich sogar viele Erwachsene ausgebeutet, und Kinder mit ihrer begrenzten Erfahrung sind so um so verletzlicher. Wir sollten uns allerdings fragen, ob es sinnvoll ist, daß sexuelle Handlungen bei Kindern auch dann verurteilt werden müssen, wenn es zu keinerlei Ausbeutung oder zu anderem Unrecht kommt. Das gilt auch für den sexuellen Kontakt zwischen Kindern und Erwachsenen. Diese Kontakte sind bei weitem nicht immer schädlich, und es scheint unvernünftig, sie alle in Bausch und Bogen zu verurteilen.

Die sexuelle Befreiung Jugendlicher ist demgegenüber sicher weniger kontrovers. Man ist sich allgemein darüber im klaren, daß Jungen und Mädchen spätestens mit Beginn der Pubertät eingehende Informationen über sexuelle Anatomie und Physiologie benötigen, über Fortpflanzung, Empfängnisverhütung, Schwangerschaftsabbruch und Geschlechtskrankheiten. Es erscheint auch selbstverständlich, daß theoretisches Wissen nicht ausreicht und daß Verhütungsmittel, Schwangerschaftsabbruch und Behandlung von Geschlechtskrankheiten allen geschlechtsreifen Menschen unabhängig von ihrem Alter verfügbar sein sollten. (Jugendliche, die Verhütung und Schwangerschaftsabbruch ablehnen, sollten natürlich auch dieses Recht haben.) Es wäre sehr problematisch, wenn Mädchen, die schwanger werden können, oder Jungen, die Schwangerschaften mitverursachen können, nicht auch über ihre eigenen Körper frei verfügen könnten. In keinem Fall kann man die Entscheidung in sexuellen Dingen allein ihren Eltern überlassen. Jugendliche, die alt genug sind, sich fortzupflanzen, sind auch alt genug zu entscheiden, ob, wann und wie sie sexuell aktiv werden wollen. Pflicht der Gesellschaft ist es, ihre Jugendlichen so zu erziehen, daß sie diese Entscheidung verantwortlich treffen können.

Wenn diese Grundrechte akzeptiert werden – und Tendenzen in diese Richtung sind erkennbar –, kann es nur noch eine Frage der Zeit sein, bis Sexualerziehung in allen öffentlichen Schulen Pflichtfach wird. Bereits heute können Jugendliche sich weitgehend der ärztlichen Schweigepflicht sicher sein, und Eltern haben nur ein sehr begrenztes Recht, Schwangerschaftsabbrüche bei ihren Töchtern zu verbieten. Über kurz oder lang werden so auch die Gesetze über das „Schutzalter" und andere Verbote aus dem Sexualstrafrecht abgeschafft werden. Heranwachsende Jungen und Mädchen werden sich ihre Geschlechtspartner unabhängig von Alter und Geschlecht frei wählen können. Man wird sie nicht mehr länger allein aufgrund bestimmter sexueller Gewohnheiten als „verwahrlost" oder „delinquent" bezeichnen.

Bei diesen Ausführungen über die sexuelle Freiheit Jugendlicher stellen wir natürlich fest, daß noch ein weiter Weg zu gehen ist. Die Mehrheit der Erwachsenen in unserer Gesellschaft zieht es wohl bei weitem vor, am Gegebenen festzuhalten und Veränderungen nur zögernd zuzulassen. Ihre Sorgen sind sicher aufrichtig gemeint, und viele von ihnen wollen nur das Beste für ihre Kinder. Daher kann es nur sinnvoll sein, auch konservativen Stimmen hinreichendes Gehör zu geben. Sexuelle Freizügigkeit kann leicht zur Entschuldigung für emotionale Vernachlässigung werden. Eltern, die es nicht interessiert, was ihre Kinder tun, interessieren sich oft in Wahrheit einfach nicht für ihre Kinder. Sexuelle Freiheit bedeutet sexuelle Verwantwortung, nicht Anarchie und Zügellosigkeit. Heranwachsende Jugendliche brauchen und wollen eine feste Orientierung. Schließlich wiederholt sich in der Entwicklung eines Menschen vom ichbezogenen Säugling zum modernen Bürger gewissermaßen der lange und mühsame Prozeß der menschlichen Zivilisation. Dieser Prozeß verläuft nicht automatisch. Spontaneität allein genügt nicht. Ein gewisses Maß von Hemmung, Zwang und Entsagung wird immer notwendig sein.

Das mögen Binsenweisheiten sein, sie werden indes von allzu eifrigen Verfechtern der Freiheit manchmal übersehen. Wir tun unserer Jugend keinen Gefallen, wenn wir sie ganz sich selbst überlassen. Nur wenn diese elementare Wahrheit verstanden wird, können wir den Jugendlichen nach und nach sexuelle Freiheiten zugestehen. Wir haben andererseits aber auch kein Recht, ihnen diese Freiheiten zu versagen, denn wir wissen, daß unsere gegenwärtigen sexuellen Normen repressiv sind. Es wäre unentschuldbar, unsere Kinder und Jugendlichen zur blinden Übernahme einer Moral zu zwingen, die lange reformbedürftig ist.

12.2 Ältere Menschen

Wie in einem früheren Abschnitt bereits erwähnt, können Männer und Frauen bis ins hohe Alter – eigentlich solange sie leben – sexuell aktiv sein. Natürlich kann es infolge schwerer Krankheiten oder Verletzungen zu einer Beeinträchtigung ihrer sexuellen Funktionsfähigkeit kommen oder zu einem Verlust des Interesses an sexuellen Dingen, das gilt aber auch für andere Altersstufen. Die Tatsache, daß die sexuelle Reaktion bei älteren Menschen weniger kraftvoll ist, bedeutet nicht, daß sie sich ihrer nicht erfreuen könnten und sollten. Unter normalen Umständen endet das Sexualleben eines Menschen erst mit seinem Tod.

In der westlichen Welt werden jedoch ältere Menschen, manchmal sogar schon Menschen mittleren Alters, von sexuellen Handlungen abgehalten. Sie werden wegen ihrer sexuellen Interessen getadelt oder lächerlich gemacht, weil man meint, Sexualität im Alter sei abnorm, unschicklich oder ekelhaft. So geraten Witwer und Witwen mit ihren eigenen erwachsenen Kindern in Streit, weil sie wieder heiraten wollen; Bewohner von Pflegeheimen werden nach Geschlechtern getrennt und durch das Personal ihrer Privatsphäre beraubt; älteren Patienten wird von ihrem Arzt oder den Schwestern gesagt, sie sollten sich darauf vorbereiten und damit abfinden, daß ihre sexuelle Befriedigung nachlasse; älteren Homosexuellen wird der Zutritt zu ,,schwulen" Bars und Saunen verweigert. Besonders stark ist das allgemeine Vorurteil gegenüber sexuellen Beziehung zwischen Partnern mit sehr unterschiedlichem Alter. Wenn eine Frau einen erheblich jüngeren Ehemann oder Freund hat, behandelt man sie mit unverhohlener Verachtung. Einen Mann mit einer wesentlich jüngeren Ehefrau oder Freundin bezeichnet man oft als ,,Lüstling". Den jüngeren Partnern hält man vor, sie litten unter ,,Neurosen" oder seien ,,Gerontophile". Abgesehen von der Belästigung durch die Öffentlichkeit können solche Beziehungen jedoch für beide Partner sehr zufriedenstellend sein.

Da alle Menschen dazu bestimmt sind, entweder früh zu sterben oder alt zu werden, und da alle, solange sie leben, ein Bedürfnis nach Liebe und Zuneigung haben, ist die sexuelle Diskriminierung Älterer unter uns unmenschlich und barbarisch. Niemand, der in solcher Weise andere diskriminiert, kann sich als zivilisierten Menschen bezeichnen. Glücklicherweise bestehen solche Vorurteile nicht in allen Gesellschaften. Selbst bei uns gibt es Anzeichen, daß ein Wandel zum Besseren eintritt. Junge Männer und Frauen nicht-westlicher Herkunft sind oft nicht so versessen auf Jugend und Vitalität; sie genießen statt dessen die Erfahrung und emotionale Stabilität älterer Geschlechtspartner. Sie sind sich auch eher dessen bewußt, daß das Alter keinen Einfluß auf die Fähigkeit hat, sexuelle Befriedigung zu geben. Vor allem in den USA, die ein Land von Einwanderern mit unterschiedlichen ethnischen Gruppen und Subkulturen sind, findet sich hie und da eine solche offene, vernünftige und realistische Einstellung zur Sexualität. Es gibt viele soziokulturelle ,,Nischen", in denen aktives Sexualleben älterer Menschen als selbstverständlich angesehen wird. Überdies hat die neuere Sexualforschung die sexuellen Bedürfnisse älterer Menschen wiederentdeckt und bestätigt, und es gibt heute immer mehr Fachleute, die die Öffentlichkeit hiervon in Kenntnis zu setzen suchen. Ihre Bemühungen richten sich in erster Linie an Ärzte, Schwestern, Sozialarbeiter und andere Berufe, die sich mit älteren Menschen befassen. Sie wollen aber auch eine breitere Öffentlichkeit ansprechen. Es besteht eine dringende Notwendigkeit für eine allgemeine Neuorientierung. Sexuelle Aktivität kann erheblich dazu beitragen, im Alter bei guter Gesundheit zu bleiben, daher sollte sie unterstützt werden. Pflegeheime, Altenheime und ähnliche Einrichtungen müssen sich auf die sexuellen Bedürfnisse ihrer Bewohner einrichten und dafür Sorge tragen, daß sie nicht unterdrückt werden. Häufig können Hormonbehandlungen und verschiedene körperliche Therapien angewendet werden, um das sexuelle Interesse zu bewahren. Natürlich ist viel Takt und Diskretion gegenüber jedem einzelnen sehr wichtig. Obwohl es unbillig ist, sexuelle Bedürfnisse älterer Menschen zu ignorieren, wäre es ebenso falsch, irgendwelchen Druck auf sie auszuüben und neue sexuelle Leistungsnormen für die Älteren aufzustellen. Schließlich müssen sie, genau wie alle anderen, über ihre Sexualität selbst bestimmen können und die Möglichkeit haben, so zu leben, wie sie es für richtig und angemessen halten.

12.3 Homosexuelle

Viele Menschen haben gerne Geschlechtsverkehr mit Partnern gleichen Geschlechts, gelegentlich oder häufig, in manchen Fällen auch ausschließlich. Besonders in unserer Kultur wird dieses Verhalten jedoch allgemein als schlecht betrachtet und manchmal schwer bestraft. Deshalb sehen sich alle diejenigen, die eine erotische Neigung zum gleichen Geschlecht haben (und sie stellen einen erheblichen Teil der Bevölkerung dar), in ihren Entfaltungsmöglichkeiten eingeschränkt, frustriert, verleumdet und verfolgt – also unterdrückt.

Diese Unterdrückung beginnt bereits in unserem Sprachgebrauch, der diese Menschen heute als ,,Homosexuelle" bezeichnet. Es wurde bereits an anderer Stelle darauf hingewiesen, daß es ausgesprochen fragwürdig ist, dieses Wort auf Menschen anzuwenden und daß wir es in diesem Buch nur unter großen Vorbehalten tun. Tatsächlich trifft diese Bezeichnung eine fundamentale, falsche Vorentscheidung. Die Bezeichnungen des Altertums und des Mittelalters für gleichgeschlechtliches Verhalten (Päderastie, griechische Liebe, Sodomie usw.) sagten immer nur etwas über ein Verhalten aus, nicht über einen Zustand. Sie bezeichnen Handlungen, die eigentlich von jedem ausgeführt werden konnten, und sie implizierten nicht die Existenz eines bestimmten Menschentyps. Wenn man also jemanden als Päderasten oder Sodomiten bezeichnete, charakterisierte man ihn damit als einen Menschen, der bestimmte Dinge tat, nicht als einen Menschen, der unter irgendeiner Besonderheit litt. Man konnte deshalb kein ,,latenter Päderast" sein oder in der Jugend durch eine ,,sodomitische Phase" gehen. Es gab auch keinen Zustand, der als ,,Pseudo-Päderastie" bezeichnet werden konnte. Mit dem modernen Wort ,,Homosexueller" ist es anders. Der österreichische Schriftsteller Benkert (der unter dem Namen Kertbeny schrieb) prägte das Wort ,,homosexuell" im Jahre 1869. Benkert, der selbst gleichgeschlechtlich empfand, glaubte, daß solche Neigungen einem mysteriösen Zustand entsprangen, der nur für eine kleine Menschengruppe typisch sei und daß diese Gruppe sich daher von der übrigen Menschheit deutlich unterscheide. Bei dem Versuch, diesen Zustand zu beschreiben, erfand er das halb-griechisch halb-lateinische Wort ,,Homosexualität". Zur Beschreibung des ,,normalen" Zustandes der Mehrheit der Menschen bot sich dann das entsprechende Gegenwort ,,Heterosexualität" an, und da beide Wörter leicht in andere Sprachen übernommen werden konnten, waren sie bald in ganz Europa verbreitet.

Heute wissen wir, daß die beiden Begriffen zugrundeliegenden Grundannahmen falsch sind. Homosexuelle und heterosexuelle Vorlieben sind vor allem eine Frage des Ausprägungsgrades, und sie schließen sich nicht gegenseitig aus. ,,Homosexuelle" leiden nicht an einem besonderen inneren Zustand, sondern sie spielen eine bestimmte soziale Rolle. Nicht alle Gesellschaften kennen eine solche Rolle, und selbst in unserer Gesellschaft ist gleichgeschlechtliches Verhalten nicht auf ,,Homosexuelle" begrenzt. Das heißt, das tägliche Leben ist für so einfache Unterscheidungen zu vielseitig. Es gibt zwischen den Extremen unzählige Abstufungen, und viele Menschen fühlen sich zu beiden Geschlechtern hingezogen. Diejenigen, die man als ,,Homosexuelle" bezeichnet, haben unter Umständen außer dieser Kennzeichnung nur wenig gemeinsam. ,,Homosexualität" ist also kein besonderes Merkmal bestimmter Personen, sondern eher ein devianter Status, der ihnen von anderen zugewiesen wird. Per Definition ist diese Art von Abweichung nur in bestimmten Gesellschaften möglich, die gleichgeschlechtliches Verhalten als problematisch betrachten.

Leider leben wir selbst in einer solchen Gesellschaft, und die überholten Begriffe des 19. Jahrhunderts haben bei uns nach wie vor Geltung. Autoren der Gegenwart versuchen, ihnen einen neuen Inhalt zu geben, aber die Mißverständnisse bleiben bestehen. Progressive Menschen in den Vereinigten Staaten, die für die soziale Anerkennung gleichgeschlechtlichen Verhaltens kämpfen, benutzen deshalb heute häufig Begriffe wie ,,gay people" oder ,,gayness" (,,Schwule" und ,,Schwulsein"). Dies ist allerdings eine zweifelhafte Verbesserung. Das Wort ,,gay" ist älter als der Begriff ,,homosexuell", es war schon im Mittelalter bekannt und bedeutete damals nichts weiter als ,,heiter" oder ,,farbenfroh". Zu Beginn des 17. Jahrhunderts wurde es dann benutzt, um eine lockere Lebensweise zu kennzeichnen. Im 19. Jahrhundert schließlich benannte es auch weibliche Prostituierte (a ,,gay woman"). In den USA hatte das Wort noch eine andere merkwürdige Bedeutung. Wie Bertrand Russell in seiner Autobiographie beschreibt, benutzten die Quäker Philadelphias im späten 19. Jahrhundert das Wort ,,gay" für alle ,,inhaltslosen", starren religiösen Bräuche von Nicht-Quäkern. Für sie waren zum Beispiel alle rituellen Gebete, das Vaterunser und die Zehn Gebote ,,gay". Erst in unserem Jahrhundert wurde das Wort gleichbedeutend mit ,,homosexuell", aber zunächst nur innerhalb der ,,schwulen" Subkultur. Erst im Verlauf der letzten zehn bis fünfzehn Jahre erhielt es seine heute verbreitete Bedeutung. Auf alle Fälle zieht der Begriff ,,gay" heute, ähnlich wie der Begriff ,,schwul", eine klare Trennungslinie zwischen zwei sexuellen Lagern: ,,Schwulen" und ,,Nicht-Schwulen", den sogenannten ,,Normalen". So bleiben die alten Zwänge zur Polarisierung erhalten.

In den letzten Jahrzehnten gab es darüber hinaus auch eine Polarisierung zwischen männlichen und weiblichen ,,Schwulen". Bis weit in die moderne Zeit hinein hat gleichgeschlechtliches Verhalten unter Frauen kein besonderes Interesse bei Kirche, Gesetzgebern und Medizinern erregt; daher kannte man dafür keine besondere Bezeichnung. Lediglich das Wort ,,Tribadismus" (von griech. tribein: reiben) verwies auf ein Aneinanderreiben der Körper und auf manuellen Geschlechtsverkehr (Masturbation) zwischen Frauen. Im 19. Jahrhundert bezeichnete man den oralen Geschlechtsverkehr (Cunnilinctus) zwischen Frauen mit zwei neuen Begriffen: ,,Sapphismus" und ,,Lesbianismus" (nach der klassischen griechischen Dichterin Sappho und der Insel Lesbos, auf der sie lebte). Die Bedeutung aller drei Begriffe wurde jedoch nach und nach erweitert, und es wurde üblich, jede Form gleichgeschlechtlichen Verhaltens bei Frauen als ,,tribadisch", ,,sapphisch" oder ,,lesbisch" zu bezeichnen. Das Wort ,,lesbisch" ersetzte schließlich die beiden anderen Begriffe, und es gilt das Wort ,,Lesbierin" heute als die üblichste Bezeichnung für weibliche Homosexuelle. ,,Lesbierinnen" wurden so zur weiblichen Teilgruppe der Kategorie der ,,Homosexuellen", also zur besonderen Minderheit innerhalb einer Minderheit. (In der griechischen und römischen Antike gab es die Wörter ,,Lesbisch" und ,,Lesbianisieren" bereits, sie bezeichneten jedoch ausschließlich das Saugen am Penis [,,aktive" und ,,passive" Fellatio]. Sie wurden deshalb meist auf Männer angewendet.)

Diese moderne sprachliche Entwicklung war aus verschiedenen Gründen unvermeidbar und vielleicht sogar erstrebenswert; bevor wir sie jedoch besprechen, müssen wir uns nochmals deutlich vor Augen führen, daß die gegenwärtigen Bezeichnungen auf veralteten engen Konzepten beruhen und daher im Kern einen repressiven Charakter haben. Wenn es falsch ist, von ,,Homosexuellen" als einer besonderen Menschengruppe zu sprechen, ist es ebenso falsch, von ,,Lesbierinnen" als einer besonderen Gruppe von Frauen zu sprechen. Es gibt für all diese Kennzeichnungen nur eine mögliche Rechtfertigung, und zwar diejenige, daß damit Opfer gesellschaftlicher Diskriminierung gekennzeichnet werden. Wenn diese Diskriminierung einmal verschwindet, werden auch die besonderen Begriffe entfallen.

Inzwischen haben ,,homosexuelle" Frauen besondere Probleme, denn sie sind – neben ihrem abweichenden sexuellen Verhalten – auch Frauen in einer

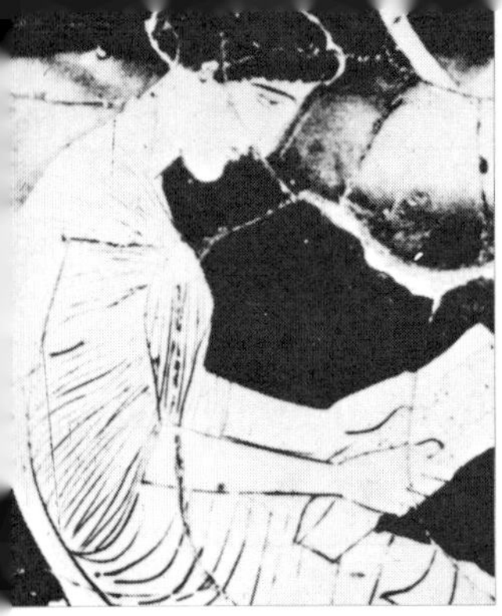

appho (etwa 600 v. Chr.)
Griechische Dichterin

Sophokles (496?–406 v. Chr.)
Griechischer Dramatiker

Sokrates (470?–399 v. Chr.)
Griechischer Philosoph

Platon (427?–347 v. Chr.)
Griechischer Philosoph

lexander d. Gr. (356–323 v. Chr.)
Griechischer Feldherr und Eroberer

Gaius Julius Caesar (100–44 v. Chr.)
Römischer General und Staatsmann

Hadrian (77–138 n. Chr.)
Römischer Kaiser

Richard I. (Löwenherz) (1157–119
Englischer König

Montezuma II. (1480–1520)
Aztekischer Kaiser

Leonardo da Vinci (1452–1519) Italienischer Künstler und Wissenschaftler

Michelangelo Buonarroti (1475–1564)
Italienischer Maler und Dichter

Sixtus IV. (Francesco della Rove
(1414–1484) Italienischer Papst

Prinz Eugen von Savoyen (Der Edle
Ritter) (1663–1736) Österr. Offizier

Johann Joachim Winckelmann
(1717–1768) Deutscher Archäologe

August Wilhelm Iffland (1759–1814)
Deutscher Schauspieler

Alexander von Humboldt (1769–185
Deutscher Naturforscher

Berühmte ,,Homosexuelle''. Nach Auffassung Kinseys ist es problematisch, das Wort ,,homosexuell" zur Beschreibung von Menschen zu verwenden. Eine solche Etikettierung ist oft willkürlich und viel zu pauschal. Manche Menschen haben daher völlig verzerrte Vorstellungen davon, wie ,,Homosexuelle" sind oder sich verhalten. Im Verlauf der Geschichte gab es jedoch viele – zum Teil sehr berühmte – Männer und Frauen, die sich gelegentlich oder häufig, manchmal auch ausschließlich, von Menschen des gleichen Geschlechts angezogen fühlten. Manche

ugust Graf von Platen (1796–1835)
eutscher Schriftsteller

Nikolai Gogol (1809–1852)
Russischer Schriftsteller

Walt Whitman (1819–1892)
Amerikanischer Dichter

Friedrich Alfred Krupp (1854–1902)
Deutscher Erfinder und Industrieller

eter I. Tschaikowski (1840–1893)
ussischer Komponist

Ludwig II. (1845–1886)
König von Bayern

Camille Saint-Saëns (1835–1921)
Französischer Komponist

Arthur Rimbaud (1854–1891)
Französischer Dichter

André Gide (1869–1951)
ranzösischer Schriftsteller

Marcel Proust (1871–1922)
Französischer Schriftsteller

W. Somerset Maugham (1874–1965)
Englischer Schriftsteller

Gertrude Stein (1874–1946)
Amerikanische Schriftstellerin

hn Maynard Keynes (1883–1946)
nglischer Wirtschaftswissenschaftler

Harold Nicolson (1886–1961)
Englischer Diplomat

Federico Garcia Lorca (1898–1936)
Spanischer Dichter

Thornton Wilder (1897–1975)
Amerikanischer Schriftsteller

handelten nach diesem Gefühl und waren stolz darauf; andere unterdrückten es und führten ein unglückliches Leben. Viele wurden von ihren Mitmenschen verfolgt und endeten tragisch. Die hier gezeigten Portraits stellen einige historische Persönlichkeiten dar, von denen bekannt ist, daß sie starke homosexuelle Neigungen hatten. Diese Liste hat natürlich nicht den Zweck nachzuweisen, daß solche Neigungen Menschen in irgendeiner Form überlegen machen. Sie kann jedoch vielleicht helfen, falschen Klischeevorstellungen entgegenzuwirken.

In den letzten Jahren haben Homosexuelle in den Vereinigten Staaten und in Europa begonnen, jährliche „Schwulendemonstrationen“ zur Erinnerung an die „Stonewall-Krawalle“ abzuhalten, die sich 1969 in der New Yorker Christopher Street ereigneten. Damals hatte eine Razzia in einer Homosexuellen-Bar (dem „Stonewall“) zu den ersten militanten Auseinandersetzungen zwischen Homosexuellen und der Polizei geführt, ein Ereignis, das als Beginn der heutigen Emanzipationsbewegung der Schwulen gewertet wird. Das Bild zeigt die „Christopher-Street-Day“-Demonstration in West-Berlin im Juni 1982.

ÖTV ARBEITSKREIS
HOMOSEXUALITÄT
GEGEN
DISKRIMINIERUNG
AM ARBEITSPLATZ
AUTOMATEN

von Männern beherrschten Gesellschaft. Wenn ihr Verhalten auch von der Gesellschaft im allgemeinen eher toleriert wird, bietet es dennoch einen Vorwand für viele Benachteiligungen. „Lesbischsein" ist oftmals in Familiengerichten ein Grund, einer Mutter das Sorgerecht für ihre Kinder zu verweigern. Darüber hinaus ist sie natürlich bei der Wohnungssuche und am Arbeitsplatz den gleichen Ungerechtigkeiten ausgesetzt wie alle übrigen „Homosexuellen". Ihre Zwangslage wird jedoch jedesmal dadurch erschwert, daß sie eine Frau ist. Lesbierinnen sind daher doppelter Diskriminierung ausgesetzt, und viele von ihnen sind deshalb der Meinung, daß ihr Kampf um sexuelle Befreiung sich von dem der männlichen „Schwulen" unterscheidet.

An anderer Stelle wurde bereits beschrieben, in welcher Weise in der westlichen Welt religiöse Glaubensvorstellungen, juristische Grundsätze und psychiatrische Theorien für lange Zeit harmlose Menschen mit abweichendem Sexualverhalten, und besonders Homosexuelle, unterdrückten. Einzelheiten müssen hier nicht wiederholt werden. Es sollte allerdings nochmals betont werden, daß die Homosexuellen in der Welt heute immer noch die größte und am stärksten unterdrückte sexuelle Minderheit sind. Angesichts der Tatsache, daß das Wort „homosexuell", auf Menschen angewendet, unpräzise, irreführend und letztendlich unzutreffend ist, ist es unmöglich, irgendwelche sinnvollen Angaben über die Zahl der Homosexuellen zu machen. Die Studien Kinseys haben aber gezeigt, daß selbst eine sehr begrenzte, konservative und traditionelle Definition allein in den Vereinigten Staaten bereits über zwanzig Millionen Menschen betrifft, die unter der Abscheu und der Angst ihrer Mitbürger vor gleichgeschlechtlichem Verhalten zu leiden haben.

Neutrale Beobachter haben diese Angst oft als Zeichen einer weit verbreiteten, irrationalen Angst vor körperlicher Liebe in unserer Zivilisation interpretiert, also als eine Form von „Erotophobie". In jüngerer Zeit haben manche Autoren sogar das Wort „Homoerotophobie" oder „Homophobie" benutzt, um auf die irrationale Furcht vor gleichgeschlechtlicher Liebe im besonderen hinzuweisen. Zweifellos sind viele Menschen von solcher Furcht geradezu besessen. Dabei ist bezeichnend, daß diese Menschen meist keine Homosexuellen persönlich kennen und auch nicht kennenlernen wollen, sie jedoch kontrolliert, abgesondert, eingesperrt oder ausgelöscht sehen möchten. Entdecken sie einen Homosexuellen in ihrer eigenen Familie, verstoßen sie ihn. Dabei leben sie häufig jahrelang sehr eng mit Homosexuellen zusammen, etwa zu Hause, in der Schule oder bei der Arbeit, ohne sich dessen bewußt zu sein. Dies geschieht, weil „Homophobie" ein völlig verzerrtes Bild des gefürchteten Gegners schafft und aufrecht erhält. So gilt beispielsweise heute in den Vereinigten Staaten der „typische" männliche Homosexuelle als weibisch, schwächlich und unreif (man bezeichnet ihn dann als „Tunte" oder „Schwuchtel" usw.). Tatsächlich sind solche Menschen jedoch unter Homosexuellen nur selten anzutreffen. In der Mehrheit sind sie ganz einfach „durchschnittlich", das heißt sie unterscheiden sich nicht von anderen Leuten, und wenn sie wollen, bleiben sie ganz unauffällig. Für eine solche Lösung entscheiden sich tatsächlich viele. Sie bleiben entweder im Verborgenen oder führen ein kompliziertes Doppelleben. Sie stehen daher nicht zur Verfügung, wenn es darum geht, falsche Vorstellungen in der Öffentlichkeit zurechtzurücken.

Diese Maskerade des „Normalseins" und die erzwungene Heuchelei fordern selbstverständlich ihren Tribut nicht nur von den Unterdrückten, sondern auch von den Unterdrückern. Die Unterdrückten brauchen viel Kraft, um sich zu verstellen; die Unterdrücker werden Opfer ihrer lächerlichen Phantasien und überflüssigen Befürchtungen. Dies wiederum zwingt alle in einen erdrückend engen sexuellen Rahmen. Eine solche Situation kann niemand moralisch oder gut nennen. Vernünftige Beobachter haben daher seit langem die Emanzipation der Homosexuellen befürwortet. Es gibt inzwischen eine Reihe selbstbewußter ,,schwuler" Menschenrechtsorganisationen und Gruppen, die sich die Emanzipation der Homosexuellen zum Ziel gesetzt haben. Darüber hinaus gibt es eine zunehmende Anzahl ,,schwuler" Zeitschriften, die sowohl ihrer Zielgruppe den Rücken stärken als auch das breite Publikum über die Wirklichkeit des ,,schwulen" Lebens informieren. Mancherorts haben Homosexuelle auch einen gewissen politischen Einfluß gewonnen, da ihre Wählerstimmen nicht länger ignoriert werden können. Solche Bemühungen haben in der jüngeren Vergangenheit in manchen Ländern zu erheblichen Fortschritten geführt.

Es bleibt zu hoffen, daß die Diskriminierung von Homosexuellen ein baldiges Ende finden wird. Sexuelle Orientierung sollte ebensowenig wie Geschlecht, Rasse, Religion und Nationalität ein Grund sein, irgendjemandem gleiche Rechte zu versagen. Daher verdient der Kampf der Homosexuellen um Gleichberechtigung, ebenso wie derjenige anderer unterdrückter Menschen, vollen Erfolg. Es wäre allerdings eine unglückliche Entwicklung, wenn im Verlauf dieses Kampfes eine ,,schwule" Minderheit sich noch deutlicher definieren und dauernd als getrennte soziale Gruppe hervortreten würde. Sexueller Separatismus, selbst auf der Basis völliger Gleichheit, hätte an sich einen repressiven Charakter, denn er würde immer noch künstliche Trennungslinien schaffen und Menschen in falsche Alternativen zwingen. Letztendlich kann die Befreiung von Homosexuellen und Heterosexuellen nur darin liegen, daß jedes Etikett abgelegt und jedem die Freiheit zugestanden wird, seine eigenen sexuellen Fähigkeiten zu entwickeln, wo immer sie liegen mögen.

12.4 Geistig und körperlich Behinderte

Wir haben oben gesehen, daß die sexuellen und reproduktiven Funktionen des Menschen körperlich und psychisch gestört sein können. Diese Funktionen können darüber hinaus auch indirekt durch eine Vielzahl von ,,nichtsexuellen" Krankheiten, Verletzungen, Behinderungen und Störungen beeinträchtigt werden. Diese Beeinträchtigung kann dann durch Unwissenheit und negative Einstellungen der Gesellschaft noch verschlimmert werden. Körperlich und geistig behinderte Menschen sehen sich so mit sexuellen Problemen ganz besonderer Art konfrontiert.

In unserer Gesellschaft erhalten körperbehinderte Menschen, Menschen mit amputierten Gliedern, Querschnittsgelähmte, Menschen mit spastischen Lähmungen meist ausgezeichnete medizinische Betreuung, aber sehr wenig Hilfe bei der Verwirklichung ihrer sexuellen Bedürfnisse. Im Gegenteil, mit dem Argument, sie beschützen zu wollen, wird ihnen oft von ihren Familien, Freunden, Ärzten, Pflegern und Lehrern jede Möglichkeit versagt, sexuell aktiv zu werden, oder man rät ihnen sogar ausdrücklich davon ab. Viele Menschen nehmen einfach an, daß schwere körperliche oder geistige Behinderungen gleichzeitig ein befriedigendes Geschlechtsleben ausschließen. Diese Annahme ist jedoch falsch. Abgesehen von sehr schweren Fällen von Krankheit oder Behinderung, ist irgendeine Form sexueller Lust immer möglich. Die Tatsache, daß dies nicht allgemein anerkannt wird, zeugt nur von der sinnlichen Armut unserer Zivilisation.

Für behinderte Menschen, die in Krankenhäusern, Pflegeheimen oder ähnlichen Institutionen leben, ist die Situation besonders schwierig. Dort haben Patienten in der Regel kaum eine private Sphäre und selten Möglichkeiten,

Menschen von außerhalb kennenzulernen. Sie leben oft in separaten Männer- oder Frauenabteilungen. Das Personal ist darüber hinaus oft prüde und intolerant. Viele Ärzte schließen die Möglichkeit sexueller Aktivität bei ihren Patienten von vornherein aus und kommen deshalb gar nicht auf die Idee, das Thema anzusprechen. Die Menschen, für deren Behandlung sie verantwortlich sind, bleiben hier also ohne Gesprächspartner, und viele mögliche sexuelle Alternativen werden nicht erwogen. Dies gilt natürlich nicht nur für Langzeitpatienten, sondern auch für kurze Aufenthalte. Viele Menschen sind nur für einige Wochen oder Monate im Krankenhaus, und ihnen werden auch in dieser Zeit unnötige sexuelle Beschränkungen auferlegt. Nicht jede Erkrankung bedarf der sexuellen Abstinenz, aber kaum ein Krankenhaus bietet seinen Patienten die Möglichkeit intimen Umgangs mit Ehepartnern oder Freunden. Andererseits wird oftmals bei schweren Erkrankungen Freunden oder Freundinnen ein Besuch überhaupt verweigert, weil sie nicht offiziell als „Familienmitglieder" betrachtet werden. Solche Regelungen sind gegenüber homosexuellen Patienten besonders gefühllos.

Glücklicherweise greifen in jüngerer Zeit menschlichere und offenere Einstellungen Platz. Die klinische Sexualforschung hat gezeigt, daß viele auch schwer behinderte Menschen Geschlechtsverkehr haben können, wenn sie ein Bewußtsein für ihre eigene Sexualität entwickeln und mit den üblichen Konventionen brechen. Dabei stellt sich oftmals heraus, daß ihre Partner glücklich sind, dies mit ihnen gemeinsam zu tun. Inzwischen gibt es ausgesprochen offene Bücher und Filme, die die sexuellen Möglichkeiten körperbehinderter Menschen aufzeigen. Solche Materialien sind nicht nur für Patienten und ihre Familien eine große Hilfe, sondern sie können auch in der Fortbildung des Klinikpersonals eine wichtige Rolle spielen. Manche Einrichtungen haben daher ihre bisherige Gewohnheit geändert und gestatten ihren Patienten sexuellen Umgang mit anderen Patienten oder mit regelmäßigen Besuchern von außen.

Ganz besonders schwierigen Problemen sehen sich geistig Behinderte gegenüber, vor allem wenn sie in geschlossenen Einrichtungen leben. Dennoch trifft im Prinzip das zuvor Gesagte auch auf sie zu. Bisher hat man sie oft so behandelt, als hätten sie kein sexuelles Interesse und keine sexuellen Rechte. „Schwachsinnige" oder „Zurückgebliebene" erhielten als Kinder keine sexuelle Erziehung, als Heranwachsende und Erwachsene mußte man sie daher mit Gewalt daran hindern, sexuell aktiv zu werden. Manchmal sterilisierte man sie sogar gegen ihren Willen. Wenn sie heiraten wollten, war dies aus rechtlichen Gründen oft nicht möglich. Heute wird jedoch zunehmend anerkannt, daß so gefühllose Strenge unangebracht ist. Geistig behinderte Kinder müssen ebenso wie alle anderen Kinder über Empfängnis, Empfängnisverhütung und Geschlechtskrankheiten informiert werden. Sie brauchen Liebe und körperliche Zuwendung und sollten daher das Recht auf sexuelle Aktivität nach eigener Wahl haben, solange dies einvernehmlich und im privaten Bereich geschieht. Die notwendige Privatsphäre muß durch die Familie oder die Einrichtungen, in denen sie leben, gewährleistet werden. Andererseits müssen geistig Behinderte aber auch vor sexueller Ausbeutung geschützt werden. Dies kann durch aufmerksame Beobachtung geschehen, durch vernünftige Regelungen in den Einrichtungen und durch akzeptable gesetzliche Regelungen. (Gesetze, die jeden sexuellen Kontakt mit geistig Behinderten unter Strafe stellen, machen in Wahrheit diejenigen zu Opfern, die eigentlich geschützt werden sollen.) Soweit eine Sterilisation ratsam scheint, sollte das Einverständnis nach eingehender Aufklärung eingeholt werden. Aber auch in einem solchen Fall muß jederzeit dafür Sorge getragen werden, daß die am wenigsten einschränkende Alternative gewählt wird. Solange anderen kein Schaden entsteht, haben alle körperlich und geistig behinderten Menschen nach ihren Möglichkeiten ein Recht auf sexuelle Erfüllung.

12.5 Menschen mit besonderen sexuellen Neigungen

Da das Sexualverhalten des Menschen nicht von einem Instinkt geleitet wird, sondern durch eine Vielzahl sozialer Einflüsse geprägt ist, entwickeln verschiedene Menschen auch verschiedene sexuelle Neigungen und ein unterschiedliches Sexualverhalten. Eigentlich müssen hieraus nicht notwendig Probleme entstehen, aber die meisten Gesellschaften stellen bestimmte sexuelle Normen auf, durch die – wenn sie einengend und rigide sind – das Verhalten einer großen Anzahl von Menschen als abweichend definiert wird.

In unserer eigenen Gesellschaft sind die sexuellen Normen traditionell sehr eng und unrealistisch gewesen. Es gab daher immer viele Menschen mit ,,sexuellen Problemen" oder, genauer gesagt, mit sozialen Problemen, die aus ihrem Bedürfnis nach sexuellem Ausdruck entstanden. Ihr Verhalten paßte sich den vorgeschriebenen Normen nicht an und sie sahen sich daher eingeschränkt, frustriert, diffamiert und verfolgt.

Ein gewisses Maß an Beschränkung durch die Gesellschaft ist natürlich dann notwendig, wenn sexuelle Handlungen gegen den Willen eines Partners geschehen, das heißt wenn es ein eindeutiges Opfer gibt. Das ist bei Vergewaltigung der Fall und bei anderen Formen sexueller Gewalt und Belästigung. Wo jedoch sexuelle Handlungen einvernehmlich und im privaten Rahmen vorgenommen werden, besteht kein Anlaß – und auch keine Berechtigung – für eine Einmischung seitens der Gesellschaft. Jedes derartige Einschreiten, auf rechtlicher oder auf psychiatrischer Basis, wäre im Gegenteil in sich repressiv, wie gut es auch immer gemeint sein sollte. Sicherlich ist der eine oder andere sexuelle Nonkonformist oder Exzentriker als gestört zu bezeichnen und er könnte vielleicht von einer Therapie Nutzen haben, diese sollte jedoch nicht zwangsweise verordnet werden. Auch kann man nicht sexuelle Abstinenz verlangen, bis eine ,,Heilung" eingetreten ist. Solange solche Menschen niemandem Schaden zufügen, verdienen sie es, nach eigenen Maßstäben leben zu dürfen. Selbst wenn wir sie für sexuelle Krüppel halten (und diese Meinung kann sehr wohl falsch sein), haben wir kein Recht, ihnen ihre Krücken zu nehmen. Es wäre schließlich eine doppelte Ungerechtigkeit seitens der Gesellschaft, zunächst durch sexualfeindliche Lehren, seelische Vernachlässigung oder unwürdige Lebensbedingungen solche Krüppel zu schaffen und sie dann nochmals zu bestrafen, indem man ihnen das wenige an sexueller Befriedigung nimmt, das ihnen geblieben ist.

Eines ist unbestritten: viele Menschen in unserer Gesellschaft haben, ohne eigene Schuld sexuelle Neigungen entwickelt, die weit von unserer offiziellen Norm wegführen. In der Vergangenheit nannte man solche Menschen Sünder oder Ketzer, heute werden sie oft als ,,Perverse" oder ,,sexuelle Psychopathen" bezeichnet. Welches Etikett man ihnen auch immer anheftet, sie werden in der Regel ihrer sexuellen Selbstverwirklichung beraubt, selbst wenn sie in keiner Weise Rechte anderer verletzen. Manche Menschen lassen sich beim Geschlechtsverkehr zum Beispiel gerne erniedrigen oder beleidigen, andere beherrschen gerne ihren Partner, spielen mit Urin oder Exkrementen, führen ,,obszöne" Reden oder sehen anderen beim Masturbieren zu. Wieder andere tragen gerne Kleidung des anderen Geschlechts oder sind sexuell von einem Stück Unterwäsche, einer Puppe, einem Motorrad oder anderen leblosen Objekten abhängig. Die Variationen sind endlos, und es ist unnötig, sie einzeln aufzuführen. Es geht lediglich darum, daß all diese Menschen mit ihren ganz besonderen sexuellen Neigungen von der Gemeinschaft wenig Unterstützung bekommen. Oft ist es schwer für sie, geeignete Partner zu finden, und daher bleiben sie oft unbefriedigt. Für viele von ihnen kommt eine Eheschließung nicht in Frage und sie leben deshalb alleine in völliger Isolierung. Nicht selten schämen sie sich ihrer Neigungen und fühlen sich schuldig, wagen es jedoch nicht, mit anderen darüber zu sprechen. Das heißt, auch wenn sie nicht unmittelbar mit dem Gesetz in Konflikt kommen, führen diese Menschen oft ein sehr unglückliches Leben.

Wenn unsere Gesellschaft etwas toleranter wäre, müßte all dies nicht so sein. Wir können tatsächlich davon ausgehen, daß selbst die außergewöhnlichsten sexuellen Neigungen befriedigt werden könnten, wenn jedermann die Möglichkeit hätte, sich offen nach geeigneten Partnern umzusehen. In manchen Fällen könnte es wohl notwendig sein, diese Partner für ihre Dienste zu bezahlen, aber abgesehen von besonders merkwürdigen oder destruktiven sexuellen Wünschen brauchte es keinen Mangel an Erfüllung zu geben. Dazu könnte auch die Gesellschaft beitragen, indem sie einen geeigneten Freiraum schafft. So schlug beispielsweise im Jahre 1964 der schwedische Arzt Lars Ullerstam gesetzliche Reformen vor, die eine Einrichtung von Kontaktbüros für sexuelle Minderheiten erlauben würden. Er schlug auch bereits damals persönliche „Sex-Anzeigen“ in Zeitungen vor und befürwortete Klubs, in denen sich sexuelle Exzentriker treffen und ihren besonderen Phantasien nachgehen könnten. Es sollten besondere Kinos eingerichtet werden, in denen „Sex-Filme“ für bestimmte Zuschauergruppen gezeigt werden könnten, Bordelle sollten eingerichtet werden, in denen besonderen sexuellen Bedürf-

„Sex-Anzeigen“
In einer Vielzahl von Zeitungen und Zeitschriften in den Vereinigten Staaten und Europa gibt es heute persönliche Anzeigen sexuellen Inhalts. Viele richten sich an Menschen mit besonderen sexuellen Interessen, manche sind kaum versteckte Angebote männlicher oder weiblicher Prostituierter (aus einer West-Berliner Tageszeitung, 1982).

Tag u. Nacht, Hausbesuch
3 Modelle v. 10-10 Uhr. 851 95 91

Teeny, BH 10, blond
Haus-/Hotelbesuch. 211 80 59. Modell

!! Rassige Domina !!
Tolerantes Citymodell: 891 52 81

Gabi und Rosi
2 aparte Modelle. 1/51. Residenzstr. 33. bei Christa. 10-19 Uhr

BH 14
anschmiegsames. nettes Modell mit viel Zeit erwartet 9–16.00 U. 345 24 18

Neu, bis 4 Uhr früh
Neues Ufer 12
Die Adresse in Moabit. In gepflegter Atmosphäre erwarten Sie 3 hübsche Modelle. die Sie auch gerne besuchen (bei Schwarz). 345 22 56. ab 9 Uhr

= Mommsenstr. 61, City =
französische Sklavia, 38
u. Rosi. BH 16. zart/dominant. 35 J. (Modell) 10-19 Uhr. 882 14 87

Charmante 28jährige
frauliches Modell kommt. 213 72 33

Maria
Amateurmodell 32 J.. erwartet Sie tagsüber. Privatatmosphäre. einfach anrufen. 781 70 37

Zartes-Teenymodell, 18 J.
für Haus u. Hotel. 211 80 59

Modelle. auch dominant. u. Hausbesuche. 10-19 U.. 323 97 21

1/44, Reuterstr. 68
Neu. 3 hübsche. vielseitige Modelle erwarten u. besuchen Sie von 10–20 U.. Mo.-Stg. 623 55 63 bei Diamant

Vera, Privatmodell
Bastianstr. 7. 10–18 U.. 461 11 58

Nur dominant, Topmodell
blond. langhaarig. 687 38 06

Sunshine-Modell Ramona
23 J.. schwarzhaarige Venus. nett u. feurig. 10-19 U.. 15. Pariser Str. 58. linker Seitenfl. part. rechts

Eva-Maria
Amateurmodell. 31 J.. erwartet Sie in privater Atmosphäre. 211 59 59

Wir haben Ideen u. Sie?
3 vielseitige Modelle. 854 66 40

Forststr. 12, 10-24 Uhr
3 vielseitige Modelle erwarten und besuchen. Nebeneing. links. 821 55 85

Neu, Ines, 45 J., Modell
von 10-19 U.. vielseitig. B. 44. Pannierstr. 5. Sonnenallee. Durchfahrt

1/62, Grunewaldstr. 17
Margit. zierlich. Sonja. vielseitig. heute 10-19 U.. Sbd. -16 U.. Modelle

Neu, Negerin Queen, neu!
Urbanstr. 87. li. Stfl. part. links. 10-19 U.. BH 10. Modell mit Zeit

1/12. Pestalozzistr. 66

Dominant, apart
Mannequin, 10-20 U., 826 43 72

Neu! Pia, BH 9! 10-18 U.
Gela, langbeinig, Eva, 24 J., Modelle, Wollankstr. - Nordbahnstr. 3 „Stern“

Topmodell, BH 12
Haus-, Hotelbesuch, 12-21 U., 395 17 93

Was glauben Sie??!!
Wieviel Phantasie 3 Modelle haben können. 1/41, Schmiljanstr. 8, Studio, 10-19 Uhr, 851 95 91

Süße Sommersprossen
19 J., BH 10, Modell, 822 65 47

1/44, Silbersteinstr. 71
Ecke Hermannstr., 3 Modelle, Mo.–Fr. 10–19 U., Sbd. u. Stg. 10–15 U.

Gotenstr. 70, Sandrq, BH 8
sehr vielseitig, 781 20 66, Modell

Dressman, 28 J.
v. 7-10 U. und 16-20 U., 462 41 56

Nettes Modell
Hausbesuche, 312 93 87

= Brünettes Modell =
18 J., mit toller Figur u. schöner Oberweite, erwartet in Privatatmosphäre. Rufen Sie mich an: 305 78 52

Für alle Fälle, 492 41 61
Modell, 35 J., üppig, rothaarig, BH 10

20 J.. BH 9. Katja, zierlich

nissen Rechnung getragen werden könnte. Ullerstam verlangte sogar die Einrichtung mobiler Bordelle, die in Vororte, abgelegene Wohnbezirke, Krankenhäuser oder Pflegeheime kommen sollten. Die Angestellten dieser Bordelle sollten als ,,erotische Samariter" bezeichnet und gesellschaftlich in hohem Ansehen gehalten werden.

Selbstverständlich wurden diese Vorschläge zunächst in der Öffentlichkeit nur wenig unterstützt. Einige von ihnen wurden jedoch im Laufe der Zeit in einigen westlichen Ländern stillschweigend eingeführt. Manche europäischen Länder haben inzwischen männliche und weibliche Prostitution legalisiert und ,,pornographische" Filme, Bücher und Zeitschriften zugelassen. Selbst in den Vereinigten Staaten gibt es heute in vielen Städten ,,Erwachsenen"-Theater, ,,Peep-Shows", Sexshops und entsprechende Buchläden. Die Zahl der Zeitschriften und Zeitungen, in denen ,,Sex-Anzeigen" erscheinen, nimmt ständig zu. Saunabäder bieten sexuelle Möglichkeiten für homosexuelle Besucher, neuerdings auch für heterosexuelle. Bestimmte ,,Massagesalons" bieten Entspannung für einsame Kunden, und ,,Sex-Kliniken" bieten Ersatzpartner (,,sexuelle Surrogate"), um sexuell funktionsgestörte Menschen zu behandeln. Es gibt ,,Kontaktklubs", in denen vor allem Orgien, sexuelle ,,Wochenendfahrten" oder Ferienreisen organisiert werden. Schließlich gibt es auch Hotels und Feriengebiete, die sich auf sexuelle Entspannung spezialisiert haben.

Diese Entwicklung bedeutet sicherlich nicht nur für Millionen ,,durchschnittlicher" Menschen eine große Hilfe, sondern auch für die sexuellen Minderheiten, und das allein ist bereits Grund genug, sie zu begrüßen. Sie ist kein Beweis für eine ,,Degeneration" unserer Kultur, sondern zeigt im Gegenteil, daß unsere Gesellschaft aufgeklärter und menschlicher geworden ist. Wenn manche dieser neuen Einrichtungen immer noch ein Hauch von Geschmacklosigkeit und Ausbeutung umgibt, ist dies vor allem die Folge überholter Gesetzgebungen, die sie in den ,,Untergrund" zwingen und damit in die Arme skrupelloser Geschäftemacher oder sogar des organisierten Verbrechens. In Europa finden sich jedoch elegante, gut ausgestattete und keineswegs düstere ,,Sexshops", ,,Pornotheater" und ,,Sexklubs", die von angesehenen Personen geführt werden. Sie befinden sich oft in der besten Geschäftslagen, neben Modehäusern und teuren Juweliergeschäften. Prostituierte können in angenehmer Umgebung und ohne Zuhälter arbeiten. Es besteht also keine Notwendigkeit mehr, Sexualität für schmutzig zu halten. Wenn die Öffentlichkeit es wirklich wollte, könnten solche Verbesserungen auch in anderen Ländern eingeführt werden.

12.6 Menschen in psychiatrischen Anstalten

Die Zahl der Menschen, die jährlich in psychiatrische Einrichtungen aufgenommen werden, ist erschreckend hoch. In der Bundesrepublik Deutschland können Menschen, die sich selbst oder andere Menschen gefährden, auf richterlichen Beschluß befristet in psychiatrische Kliniken eingewiesen werden. Das setzt im allgemeinen voraus, daß die betreffende Person sich im Zustand der Handlungsunfähigkeit befindet, also juristisch für ihre Taten nicht verantwortlich gemacht werden kann. In psychiatrischen Anstalten finden sich jedoch nicht nur solche Menschen oder Patienten, die man als ,,psychisch krank" im weiteren Sinn bezeichnen könnte. Es finden sich dort auch Epileptiker, Alkoholiker, Drogenabhängige und viele andere gesellschaftliche Nonkonformisten. Man sollte daher die Bezeichnung ,,psychiatrische Anstalt" nicht zu wörtlich nehmen. In Wahrheit haben diese Institutionen oft mehrere Funktionen: die von Krankenhäusern, von Gefängnissen, von Armenhäusern und von Altenheimen.

Dies ist besser verständlich, wenn man die Geschichte der psychiatrischen Anstalten betrachtet. Bis in die moderne Zeit haben westliche Gesellschaften nur wenig Unterschiede gemacht zwischen Schwachsinnigen, Landstreichern, Verbrechern oder Mittellosen, sondern unterwarfen sie alle einer ähnlichen Behandlung. Sie wurden jahrhundertelang exekutiert, verstümmelt, vertrieben oder in Knechtschaft gehalten; schließlich ging man dazu über, sie allesamt einzusperren. Die ersten solchen Einrichtungen wurden deshalb für eine Vielzahl verschiedener Insassen gebaut. Die älteste derartige Anstalt in den Vereinigten Staaten wurde 1727 im Staate Connecticut gegründet, und sie war dazu bestimmt, ,,alle Schelme und Vagabunden oder Müßiggänger, die in der Stadt und im Land betteln, gemeine Trunkenbolde, gemeine Schlafwandler, Diebe, wollüstige und laszive Personen . . ., aber auch verwirrte Personen, die frei herumzulaufen außerstande sind" aufzunehmen. Als später richtige Irrenhäuser und psychiatrische Anstalten gegründet wurden, gab man sich Mühe, die Armen nicht aufzunehmen (da sie sonst in den Genuß freier Kost und Wohnung gekommen wären), jeder andere unglückliche Mensch konnte jedoch auf die schlichte Bestätigung des Anstaltsleiters hin eingewiesen werden, er sei geistig krank. Oftmals war ein Beweis der Geisteskrankheit nicht erforderlich, wie zum Beispiel im Staat Illinois, wo noch Mitte des 19. Jahrhunderts ungehorsame Frauen auf Wunsch ihrer Ehemänner eingewiesen werden konnten. So extremer Mißbrauch führte schließlich zu strengeren gesetzlichen Regelungen, es gab jedoch eine Reihe von Rückfällen, vor allem in den dreißiger und vierziger Jahren dieses Jahrhunderts, wo eine Reihe von Bundesstaaten die zwangsweise Unterbringung von ,,Psychopathen", vor allem von ,,sexuellen Psychopathen" zuließ. Wie die ,,wollüstigen und lasziven Personen" des 18. Jahrhunderts sind auch diese ,,sexuellen Psychopathen" eine kaum definierte gemischte Gruppe der verschiedensten harmlosen oder gefährlichen Menschen mit sexuell abweichendem Verhalten, auf die eine bestimmte psychiatrische Diagnose kaum zutreffen würde. Viele von ihnen kann man daher im medizinischen Sinne nicht als krank bezeichnen. Ihre ,,Hospitalisierung" und ihre ,,Behandlung" sind nichts als eine Ausrede dafür, sie irgendwo einzusperren, da sie unter strafrechtlichen Gesichtspunkten freigesprochen oder nur zu kurzen Haftstrafen verurteilt werden würden.

Menschen, die in psychiatrische Anstalten eingewiesen werden, werden offiziell zu ihrem ,,eigenen Besten" behandelt, nicht bestraft. Es ist daher für sie ausgesprochen schwierig, ihre Rechte zu wahren, da diese im Sinne einer Vormundschaft zum Beispiel auf die Krankenhausleitung übertragen werden. Sie werden erst dann entlassen, wenn sie seitens der Ärzte als ,,geheilt" oder ,,ungefährlich" erklärt werden. Überdies werden sie möglicherweise eingreifenden und verstümmelnden ,,Therapien", vom Elektroschock bis zur ,,Psychochirurgie" und ,,chemischen Kastration" unterworfen. Im Gegensatz zu den Verhältnissen in den Vereinigten Staaten kann dies jedoch in der Bundesrepublik nicht gegen ihren Willen geschehen. Dennoch sind solche Eingriffe sicher besonders bedenklich in Fällen von sozial harmlosen sexuellen Exzentrikern oder anderen ungefährlichen ,,Psychopathen".

Hinsichtlich ihrer sexuellen Rechte gilt für alle in Anstalten untergebrachten psychiatrischen Patienten das gleiche: sie haben keine Rechte. Nicht nur Menschen mit sexuell abweichendem Verhalten, sondern auch die ,,normalen" Insassen sind daher großen Frustrationen ausgesetzt. Wie in allen übrigen Krankenhäusern und Pflegeheimen, gibt es keine Privatsphäre und keine Gelegenheit zum Geschlechtsverkehr. Das oben zu alten Menschen und Körperbehinderten Gesagte trifft auch hier zu. Es gibt im Grunde genommen keinen einleuchtenden Grund, diesen Menschen ihre sexuellen Rechte so umfassend zu versagen. Bei vielen Patienten könnte im Gegenteil sexuelle

Erfüllung zur Gesundung beitragen und ihnen helfen, sich später in der Welt außerhalb der Klinik wieder besser zurechtzufinden. Für viele von ihnen wäre es sicherlich günstig, ihre sexuellen Beziehungen zu Freunden und Ehepartner aufrechtzuerhalten. Selbst innerhalb der Anstalten wären sexuelle Beziehungen sehr wohl denkbar, solange Schwangerschaften verhindert werden. Auch homosexuelle Patienten müßten nicht abstinent bleiben, wenn sie die richtigen Partner finden. (Geschlechtsverkehr zwischen Patienten und dem Personal müßte allerdings weiterhin tabu bleiben, da die letzteren sich in einer fast uneingeschränkten Machtposition gegenüber den ersteren befinden. Das könnte zu sexueller Ausbeutung führen.) Es ist jedoch deutlich, daß man in psychiatrischen Anstalten entscheidende sexuelle Reformen erreichen könnte, wenn die Psychiater selbst gegenüber der Vielfalt menschlicher Sexualität toleranter würden und aufhörten, jeden Menschen mit abweichendem Verhalten gleich als geisteskrank zu bezeichnen. Dies würde eine Vielzahl der heute durchgeführten „Therapien“ überflüssig machen und könnte oftmals eine Zwangseinweisung in eine Anstalt überhaupt verhindern.

12.7 Strafgefangene

Insassen von Gefängnissen haben in der Regel keine Möglichkeiten für heterosexuelle Aktivität. In der Öffentlichkeit ist man zum Teil der Auffassung, dies sei Bestandteil der Strafe. Bis heute hat man sich daher in der Bundesrepublik Deutschland wie in den meisten anderen Staaten zu einschneidenden Reformen noch nicht durchringen können, obwohl viele Reformvorschläge und Reformbeispiele (in Skandinavien) eine Änderung des Strafvollzugs gerade auch hinsichtlich größerer sexueller Freiräume in den Strafanstalten nahegelegt haben. Daher ist das einzige in Anstalten übliche Sexualverhalten die Masturbation und der homosexuelle Geschlechtsverkehr. Dies gilt für Frauen wie für Männer.

Man könnte sich vorstellen, daß zumindest Homosexuelle in den Gefängnissen sexuelle Befriedigung finden, das trifft jedoch nicht zu. Auch bei den Gefangenen sind, wie in der Bevölkerung insgesamt, Heterosexuelle in der Mehrzahl, und deren sexuelle Frustration ist enorm. Dieser Frustration entledigen sich viele dadurch, daß sie jüngere und schwächere Mitgefangene vergewaltigen und sie zu anderen gewaltsamen homosexuellen Handlungen zwingen. So ist die in Gefängnissen weit verbreitete homosexuelle Aktivität keineswegs wirklich befriedigend, sondern im Grunde repressiv und destruktiv. Sie ist häufig mit Gewalt verbunden und drückt oft Haß und Verachtung für die Opfer aus. Dies bestärkt paradoxerweise die für unsere Gesellschaft typische Homophobie. So führen, kurz gesagt, ungeachtet ihrer sexuellen Orientierung die meisten Gefangenen während ihrer Gefangenschaft ein entwürdigendes und unmenschliches Sexualleben, das für ihr weiteres Leben in Freiheit sicherlich nicht ohne Folgen bleibt. Überdies sind es oftmals nicht nur die Gefangenen, die man ihrer sexuellen Freiheiten beraubt, sondern auch deren Ehepartner und Freunde. Ehepartnern wird es oftmals sehr schwer fallen, ihre Ehen aufrechtzuerhalten, während sie auf die Entlassung ihres Partners warten. Darüber hinaus ist es nicht allen entlassenen Häftlingen möglich, die Beziehung zu ihren bisherigen Partnern wieder aufzunehmen. Ehe- und Partnerbeziehungen scheitern deshalb oft noch nach der Entlassung.

All dies deutet darauf hin, daß der sexuelle Entzug und die daraus entstehende Brutalität in den Gefängnissen nicht im Interesse der Gesellschaft sein kann. Einige Länder, wie Schweden, Mexico und Kanada, haben inzwischen

Versuche unternommen, Gefangenen zumindest eine gewisse sexuelle Entspannung zu verschaffen. In der Bundesrepublik erhalten Strafgefangene nach der Verbüßung des größten Teils ihrer Strafe tageweise Urlaub. Sie haben dadurch die Möglichkeit, gelegentlich bei ihren Partnern zu übernachten. Später können sie als Freigänger tagsüber einer Arbeit nachgehen und haben dabei auch Gelegenheit, neue Partner kennenzulernen. Allerdings müssen sie jeden Abend in die Strafanstalt zurückkehren. Diese Reformen mögen zwar nicht immer den Bestand einer Ehe oder Partnerschaft garantieren, aber sie tragen vielleicht dazu bei, sexuelle Spannungen abzubauen und homosexuelle Gewalttaten unter Gefangenen zu verringern.

Da jedoch nur ein geringer Teil der Gefangenen davon betoffen ist, sind keine allzu umfassenden Veränderungen zu erwarten. Ausführungen und der Status des Freigängers sind immer noch daran gebunden, daß ein erheblicher Teil der Strafe verbüßt ist, ,,Ehebesuche", die in manchen Ländern gestattet sind, schließen die unverheirateten und homosexuellen Partner aus. Darüber hinaus gibt es diese ,,Ehebesuche" nicht für gefangene Frauen. Aus diesen Gründen sind die bisher unternommenen bescheidenen Versuche völlig unzureichend. Sie sind allenfalls erste Schritte auf dem Weg zu durchgreifenderen Reformen. Die allgemeine sexuelle Unterdrückung der Gefangenen kann nur dadurch beendet werden, daß das gesamte Strafvollzugsrecht reformiert wird.

Weiterführende Literatur

Altman, D.: Homosexual: Oppression and liberation. New York (Avon), 1973

Bleibtreu-Ehrenberg, G.: Tabu Homosexualität. Die Geschichte eines Vorurteils. Frankfurt/M. (Fischer), 1981

Boggan, C. E. u. a.: The rights of gay people. New York (Avon), 1975

Butler, R. N., Lewis, M. I.: Sex after sixty. A guide for men and women for their later years. New York (Harper & Row), 1976

Dannecker, M., Reiche, R.: Der gewöhnliche Homosexuelle. Eine Untersuchung über männliche Homosexuelle in der Bundesrepublik. Frankfurt/M. (Fischer), 1974

Dechesne, B. u. a. (Hrsg.): . . . aber nicht aus Stein. Medizinische und psychologische Probleme von körperlicher Behinderung und Sexualität. Weinheim (Beltz), 1981

De la Cruz, F. F., La Veck, G. D.: Geistig Retardierte und ihre Sexualität. Soziokulturelle und medizinische Aspekte (Human sexuality and the mentally retarded, dt.). München (Reinhardt), 1975

Farson, R.: Menschenrechte für Kinder (Birthrights, dt.). München (Desch), 1975

Gochros, H. L., Gochros, J. (Hrsg.): The sexually oppressed. New York (Association Press), 1977

Grüttner, T.: Zwischen Angst und Lust. Umgang mit der Sexualität der Kinder. Reinbek (Rowohlt), 1982

Heuer, G.: Problem Sexualität im Strafvollzug. Stuttgart (Klett-Cotta), 1978

Hohmann, J. S. (Hrsg.): Pädophilie heute. Berichte, Meinungen, Interviews zur sexuellen Befreiung der Kinder. Frankfurt/M. (Foerster), 1980

Hohmann, J. S. (Hrsg.): Der unterdrückte Sexus. Historische Texte zur Homosexualität. Lollar (Achenbach), 1977

Katz, J.: Gay american history. Lesbian and gay men in the U.S.A. New York (Crowell), 1976

Lautmann, R. (Hrsg.): Seminar: Homosexualität und Gesellschaft. Frankfurt/M. (Suhrkamp), 1980

Mooney, T. O. u. a.: Sexual options for paraplegics and quadriplegics. Boston (Little, Brown), 1975

Offenhausen, H.: Behinderung und Sexualität. Probleme und Lösungsmöglichkeiten. Bonn-Bad Godesberg (Rehabilitationsverlag), 1981

Ullerstam, L.: Die Abartigen (De erotiska minoriteterna, dt.). München (Lichtenberg), 1970

Ussel, J. van: Sexualunterdrückung. Geschichte der Sexualfeindschaft. 2. Aufl., Gießen (Focus), 1977

13. Die „sexuelle Revolution“

Nach dem Zweiten Weltkrieg machte Wilhelm Reich seine nordamerikanischen Leser mit einigen seiner früheren Arbeiten durch ein Buch bekannt, das 1945 unter dem Titel „Die sexuelle Revolution“ erschien. Darin erklärte er, daß diese Revolution bis an die „Wurzeln“ der emotionalen, sozialen und ökonomischen Existenz des Menschen reiche und stellte sich selbst als einen „Radikalen“ (lat. radix: Wurzel) vor, also als einen Menschen, der die Wurzeln untersucht und dann furchtlos die befreiende Wahrheit ausspricht.

Diese Wahrheit war nach Reich, daß die westliche Zivilisation den Menschen krank gemacht hatte, indem sie ihm eine unnatürliche, verkrüppelnde sexuelle Moral aufzwang. Dank der modernen sozialen und wissenschaftlichen Entdeckungen seien jedoch nun die natürlichen menschlichen Lebensfunktionen nach jahrtausendelangem Schlaf wieder erwacht. Die Zukunft würde nun erstmals sexuelle Gesundheit und die völlige Autonomie des Menschen mit sich bringen.

Reich ließ keinen Zweifel daran, daß er im Interesse des menschlichen Glücks auf durchgreifende politische Veränderungen hoffte und daß er also den Begriff der „Revolution“ durchaus wörtlich meinte. Mit dieser Ansicht stellte er sich in die Tradition vieler früherer Autoren. Denn schon lange vor ihm hatten die Kämpfer für sexuelle Freiheit sich selbst als Rebellen und Revolutionäre bezeichnet. Besonders die nordamerikanische Frauenbewegung hatte sich nie gescheut, solche Begriffe zu verwenden. Während des Ersten Weltkrieges gab beispielsweise Margaret Sanger eine Zeitschrift unter dem Titel „The Woman Rebel“ heraus, und bereits 1868 veröffentlichten Elizabeth Cady Stanton und Susan B. Anthony die Suffragetten-Zeitung „The Revolution“. Schon im Jahre 1776, dem Jahr der amerikanischen Unabhängigkeit, drohte Abigail Adams ihrem Ehemann John, dem späteren Präsidenten der USA, mit einer „Rebellion“ der Frauen, wenn ihnen keine politischen Rechte gewährt würden.

Diese kurze Einleitung sollte ausreichen, um zu verdeutlichen, daß die sogenannte sexuelle Revolution kein plötzliches, isoliert auftretendes Phänomen ist, sondern daß sie mit vielen anderen Umwälzungen der Moderne verbunden ist, vor allem mit der industriellen Revolution, die im 18. Jahrhundert in England begann, und den nachfolgenden politischen Revolutionen in Europa und Nordamerika. Zwar wurde in der nordamerikanischen Revolution sexuelle Befreiung nicht ausdrücklich thematisiert, nicht einmal die Frauenemanzipation, sie legte jedoch den Grundstein für spätere Veränderungen, indem sie das natürliche Recht auf „Streben nach Glück“ proklamierte. In der Französischen Revolution von 1789 wurden viele Fragen der Sexualität sogar direkt angesprochen; und obwohl viele der besten neuen Impulse bald im Sande verliefen, gelang es, das Sexualstrafrecht dem Einfluß der Kirche zu entziehen.

Im 19. Jahrhundert versuchten verschiedene „kleine“ Revolutionen in Frankreich und Deutschland, den Prozeß der Modernisierung zu beschleunigen und die Rechte des Individuums zu erweitern, sie scheiterten jedoch. Eine repressive Ehe- und Familiengesetzgebung und die Verweigerung des Stimmrechts für Frauen fesselten diese an Heim und Herd. Pressezensur behinderte den freien Meinungsaustausch und sorgte dafür, daß die Öffentlichkeit sexuell unaufgeklärt blieb. Als jedoch die technische Entwicklung die Massenproduktion von Kondomen ermöglichte, begannen viele Menschen, die Größe ihrer Familie zu planen; es begann eine heimliche „Revolution durch Empfängnisverhütung". So erhielten die Menschen zumindest eine gewisse sexuelle Selbstbestimmung, selbst wenn diese zunächst vom Staat offiziell nicht bemerkt wurde. Schließlich wuchs die Kluft zwischen der offiziellen Ideologie und der praktischen Wirklichkeit aber so sehr, daß eine einschneidende Neuorientierung unvermeidbar wurde. Diese Neuorientierung ereignete sich im Zusammenhang des Ersten Weltkrieges, der den Zusammenbruch der alten sozialen Ordnung mit sich brachte. Im Jahre 1917, in der russischen Oktoberrevolution, wurden ausdrücklich gleiche Rechte für Frauen und umfassende sexuelle Freiheit gefordert. Damit wurde die „sexuelle Revolution" erstmals Gegenstand einer offiziellen Regierungspolitik.

Leider verriet die russische Revolution bereits nach wenigen Jahren ihre freiheitlichen Ziele und wurde sexuell repressiv. Reaktionäre Gesetze wurden wieder eingeführt, und zusammen mit anderen Bürgerrechten verschwand das Recht auf freie sexuelle Selbstbestimmung. Wilhelm Reich schloß in seinem Buch aus dieser Beobachtung, daß die bloße Übertragung der Macht von einer sozialen Klasse auf die andere nicht genüge und daß tiefgreifendere Veränderungen erforderlich seien. Solche Veränderungen sah er in den Vereinigten Staaten und anderen westlichen aufgeklärten Demokratien bereits in vollem Gange. So sei es nicht mehr eine Frage von Reichtum oder Armut, Kapitalismus oder Kommunismus, sondern ganz einfach eine Frage individueller Autonomie oder, wie er sich ausdrückte, einer „selbst regulierten Charakterstruktur". Dies war ein Ideal, das man mit Hilfe der Naturwissenschaften im Widerstand gegen alle bestehenden politischen Systeme durchsetzen mußte.

Das selbstregulierte, autonome Individuum ist natürlich im Kern ein bürgerliches Ideal. Es ist ein Modell menschlicher Existenz, das die Interessen und Hoffnungen der heutigen westlichen Mittelschicht widerspiegelt und dem alle von den Mittelschichten ausgehenden Veränderungen der Vergangenheit entsprangen. Die politischen Veränderungen unseres Jahrhunderts scheinen jedoch diesem Muster nicht länger zu folgen. Die russische, chinesische und kubanische Revolution beispielsweise dienten nicht den Zielen des Bürgertums und waren dem Individualismus gegenüber nicht gerade aufgeschlossen. Es ist daher kaum verwunderlich, daß diese Bewegungen auch keine vermehrte sexuelle Freiheit gewährleisten konnten. Manche von ihnen hoben sogar Freiheitsrechte wieder auf, die bereits bestanden hatten. (Dies kann gut am Beispiel Kubas dargestellt werden, wo, wie in den meisten katholischen Ländern, die Gesetze gegen „Sodomie" im Gefolge der Französischen Revolution und der Napoleonischen Gesetzesreformen abgeschafft worden waren. Nach der „sozialistischen" Revolution der jüngeren Vergangenheit begann man jedoch in Kuba erneut, Homosexuelle zu verfolgen.)

Gleichzeitig hält in den westlichen Ländern, in denen individuelle Freiheit einen besonderen Wert darstellt, die sexuelle Revolution an. Das Recht auf sexuelle Selbstbestimmung wird zunehmend anerkannt, und viele Gruppen kämpfen für eine Erweiterung dieses Rechts. Das beste Beispiel sind vielleicht die Vereinigten Staaten, wo der Kampf um Gleichberechtigung der Geschlechter, legalen Schwangerschaftsabbruch, die Aufhebung der Sodomie-, Prostitutions- und Pornographieverbote und um die Beendigung der Diskriminierung von Homosexuellen fortgesetzt wird. Gleichzeitig nehmen immer mehr Menschen die bereits zugestandenen sexuellen Rechte auch in Anspruch. So wird die Bewegung für sexuelle Emanzipation zunehmend stärker.

Zeitgenössische Beobachter sind jedoch nicht der Ansicht, daß diese heutige Bewegung Teil einer bürgerlichen oder irgendeiner anderen Revolution ist. Sie sprechen lieber von einer Evolution, einer allmählichen Entwicklung ohne abrupte oder dramatische Veränderungen. Um diese Vorstellung zu stützen, weisen sie auf den Fortbestand überkommener Verhaltensmuster in Brautschaft und Ehe hin, auf das Überleben vieler traditioneller moralischer Wertvorstellungen und das gleichfalls ganz konventionelle Verhalten „durchschnittlicher" Männer und Frauen. Sie weisen auch darauf hin, daß vor- und außerehelicher Geschlechtsverkehr, Empfängnisverhütung, Schwangerschaftsabbruch, homosexuelles Verhalten, Prostitution und „Pornographie" nichts Neues sind. Diese Normabweichungen waren unter unseren Vorvätern möglicherweise ebenso verbreitet wie bei uns. Da es für die Vergangenheit keine verläßlichen Statistiken gibt, wissen wir nicht, ob tatsächlich irgendwelche „revolutionären" Veränderungen stattgefunden haben. Die vorherrschende Meinung, sexuelle Sitten würden sich verändern, ist möglicherweise kein Beweis für verminderte sexuelle Unterdrückung, sondern eher ein Beweis für größere Ehrlichkeit.

Diese Vermutung hat einiges für sich. Im allgemeinen sind die Menschen heute in bezug auf ihre sexuellen Bedürfnisse weniger heuchlerisch als früher. Verhaltensweisen, die früher verschwiegen oder in Abrede gestellt wurden, werden heute offen diskutiert. Hieraus kann allerdings auch ein irreführendes, idealisiertes Bild der Vergangenheit entstehen. Aber selbst wenn wir davon ausgehen, daß unsere Vorfahren sich ganz ähnlich verhielten wie wir, bleibt doch ein sehr wichtiger Unterschied bestehen: Wenn sie traditionelle sexuelle Normen verletzten, litten sie meistens unter Schuldgefühlen. Sie sprachen sicherlich nicht offen davon, daß sie Normen übertraten, und bestanden nicht auf einem Recht, dies zu tun. Sie akzeptierten die Moral, selbst wenn sie nicht umhin konnten, gegen sie zu verstoßen, während wir uns heute berechtigt fühlen, eigene, bequemere Normen aufzustellen.

Es ist diese veränderte Einstellung, mehr als alles andere, die heutigen Veränderungen den Charakter einer Revolution gibt. Statt sich blindlings herkömmlichen Normen anzupassen, entscheiden wir jetzt für uns selbst, welche sexuelle Handlung richtig ist. Selbst wenn unser Verhalten objektiv gesehen sich also nicht verändert hat, hat es heute eine andere Bedeutung. Wir haben gelernt, daß es Alternativen gibt, daß in bezug auf die sexuelle Moral nichts ewig oder heilig ist. Wir unterwerfen uns nicht mehr unbedingt allen Tabus oder halten mit unserer Meinung zurück. Wir haben also gelernt, die Legitimität unserer Tradition in Frage zu stellen.

Zumindest in diesem Sinne ist es gerechtfertigt, von einer „sexuellen Revolution" zu sprechen. Soziale Veränderungen traten nicht nur dann auf, wenn Menschen anders handeln als früher. Es kann schon ausreichen, wenn sie anders über ihre Handlungen denken. Es kann schon ausreichen, wenn sie unterschiedliche Verhaltensweisen für vertretbar halten, wenn moralische Alternativen entstehen, die es vorher nicht gab. Die alten sexuellen Normen erschienen so lange unantastbar, wie wir sie kritiklos akzeptierten. Radikale Veränderungen sind heute jedoch vorstellbar geworden und sie sind selbst für Menschen nachvollziehbar, die traditionelle Einstellungen bislang kritiklos hingenommen hatten. So sind Vergangenheit und Gegenwart nicht mehr unbedingt Richtlinien für die Zukunft. Religiöse Dogmen wurden durch wissenschaftliche Hypothesen ersetzt, Tatsachenbehauptungen haben Fragen Platz gemacht. Gleichzeitig haben sich unsere Auswahlmöglichkeiten vermehrt, unsere Verantwortung hat zugenommen. Es besteht Grund zu großer Freude, aber auch zu großer Furcht. Im Bereich der Sexualität, wie in vielen anderen Lebensbereichen, scheint heute nahezu alles möglich geworden zu sein.

Natürlich kann hier die „sexuelle Revolution" nicht in allen ihren Aspekten untersucht werden. Daher werden auf den folgenden Seiten nur drei Probleme kurz angesprochen, die in heutiger Zeit besondere Aufmerksamkeit verdienen: die Sexualforschung, die Sexualerziehung und die Schwierigkeit, neue sinnvolle sexuelle Normen zu entwickeln. Im übrigen wird auf die Literaturangaben am Ende dieses Kapitels und im Anhang des Buches verwiesen.

13.1 Die Sexualforschung

Die Untersuchung der Sexualfunktionen und des Sexualverhaltens hat eine lange Geschichte, die bis ins Altertum reicht. Griechische Philosophen wie Platon und Aristoteles zum Beispiel diskutierten bereits die Ursachen und Vorteile von Homosexualität, Ärzte wie Hippokrates entdeckten wichtige Fakten über die menschliche Fortpflanzung. Weitere Entdeckungen gehen auf den römischen Arzt Soranus zurück, der die erste Abhandlung über Schwangerschaftsverhütung schrieb, und durch Galen, der eine erste zusammenhängende Theorie über das Sexualverhalten entwickelte. Mit dem Niedergang des Römischen Reichs und dem Sieg der nordeuropäischen ,,Barbaren" gingen viele alte Kenntnisse verloren. Einige wurden jedoch durch die islamischen Ärzte im Mittleren Osten und in Afrika bewahrt, die ihr Wissen später in das mittelalterliche Spanien und durch den Stauferkaiser Friedrich II. nach Italien brachten. Gegen Ende des Mittelalters entstand in verschiedenen Ländern Europas die moderne experimentelle Wissenschaft. Gelehrte und Künstler der Renaissance zeigten ein neues Interesse am menschlichen Körper und begannen, ihn genauer zu untersuchen. Ein berühmtes Beispiel stellen die Skizzenbücher von Leonardo da Vinci dar, die sehr genaue Darstellungen der sexuellen Reaktion, des Koitus, der Entwicklung des Fötus usw. enthalten. Diese Skizzen, die eigentlich nur durch direkte Beobachtung entstanden sein können, beweisen, daß Leonardo sich nicht mehr mit dem Studium der Schriften von Wissenschaftlern des Altertums zufriedengab, sondern eigene anatomische Studien unternahm. Sein Werk wurde dann von nicht weniger berühmten Anatomen, wie Fallopio, Berthelsen (Bartholinus) und de Graaf, fortgesetzt, die menschliche Leichen sezierten und so einen Beitrag zum besseren Verständnis der inneren Geschlechtsorgane leisteten.

Die zunehmende Kenntnis der Anatomie im 16. und 17. Jahrhundert war natürlich von großem medizinischem Wert, da Ärzte nun ihre Patienten wirksamer behandeln und ihnen selbst bei bestimmten Fortpflanzungsproblemen helfen konnten. Leider ging die Medizin im 18. Jahrhundert einen erheblichen Schritt zurück und erzeugte viel sexuelles Elend, indem sie die angeblichen gesundheitlichen Schäden der Masturbation ,,entdeckte". Ärzte des Altertums wie Galen waren davon überzeugt gewesen, daß Masturbation manchmal notwendig und gesund sei, weil sie annahmen, der Samen könne giftig werden, wenn er nicht ejakuliert würde. Diese alte Therapie wurde jetzt von der ,,aufgeklärten" Medizin in eine moderne Krankheit verwandelt, indem erklärt wurde, der ständige Verlust von Samen führe zur Schwächung des Körpers oder sogar zum Tode.

Paradoxerweise begann der medizinische Kreuzzug gegen die Masturbation im selben Augenblick, als freidenkende Philosophen die asketischen christlichen Lehren in Zweifel zu ziehen anfingen und als verschiedene Forscher mit neuen Informationen über das ungehemmte Sexualverhalten bei Naturvölkern aus den entferntesten Winkeln der Erde zurückkehrten. Der französische Kapitän Bougainville und Kapitän Cook aus England fanden auf Tahiti und anderen Pazifikinseln glückliche, sinnenfrohe Menschen, und diese Entdeckungen ließen erhebliche Zweifel an der europäischen Sexualmoral aufkommen. Schriftsteller wie Voltaire und Diderot kritisierten diese Normen offen als inhuman, und in der Französischen Revolution wurde er-

Frühe Sexualforschung
Im Mittelalter blieben die antiken medizinischen und sexologischen Kenntnisse vor allem durch islamische Ärzte erhalten, die daneben auch eine Reihe neuer Theorien entwickelten. Später, im Zeitalter der europäischen Renaissance, begannen Künstler und Gelehrte dann mit systematischen Studien der menschlichen Anatomie.

(Links) Abbildung aus der Handschrift eines islamischen Chirurgen, die eine Operation der männlichen Geschlechtsorgane zeigt (15. Jahrhundert).

(Unten) Zwei Seiten aus dem Skizzenbuch des Leonardo da Vinci: Studie des Koitus (links) und der Entwicklung des Fötus (rechts).

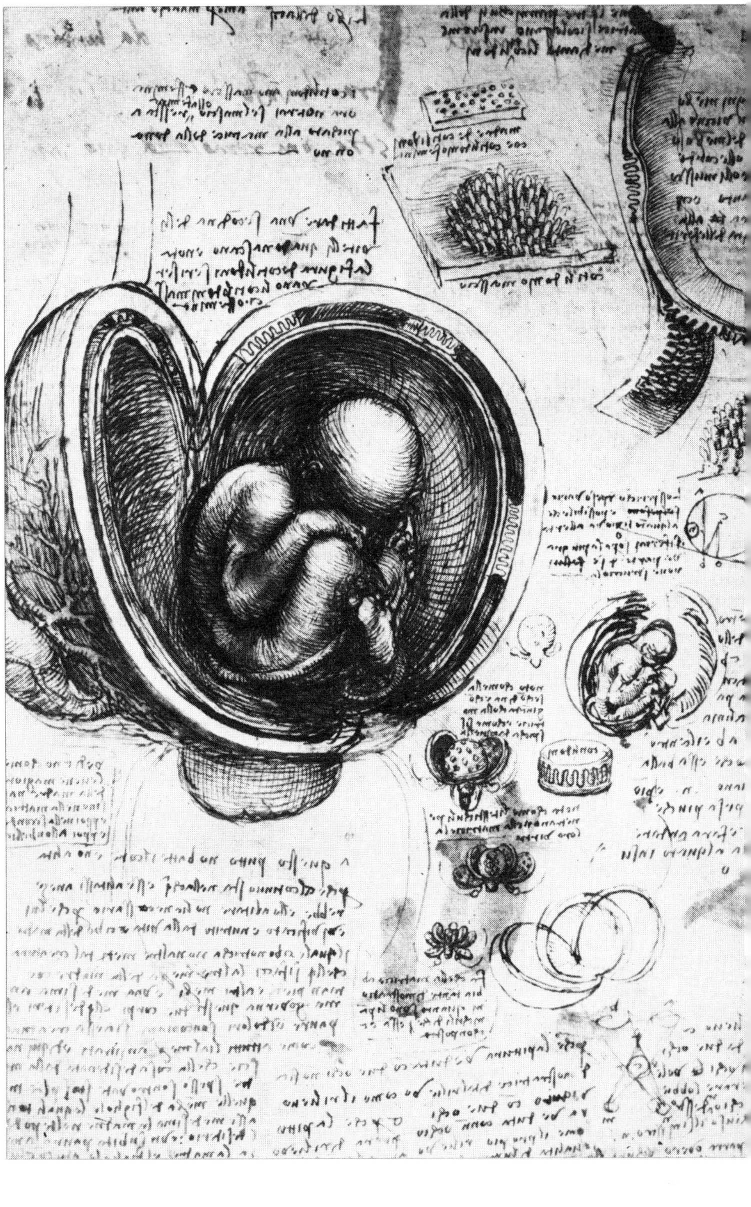

neut der Ruf nach Gesetzesreform und größerer sexueller Freiheit laut. In England wurde die traditionelle Überbewertung der Fortpflanzung durch den frommen, aber pragmatischen Thomas A. Malthus in seinem ,,Essay on the Principle of Population" (1798) in Frage gestellt. Er prophezeite, daß die Bevölkerung schneller wachsen würde als der Nahrungsvorrat. Um dieses Unglück abzuwenden, empfahl er ,,Selbstbeherrschung" und späte Heirat. Derlei Vorschläge wurden jedoch bald von aufgeklärteren Autoren zurückgewiesen, die statt dessen Verhütungsmittel propagierten. Den wichtigsten Versuch in dieser Hinsicht unternahm der nordamerikanische Arzt Knowlton in seinem Buch ,,The Fruits of Philosophy, Or the Private Companion of Young Married People" (1832). Dieses Werk bot, obgleich es ausgesprochen nüchtern und reichlich moralistisch geschrieben war, eine sehr umfassende Beschreibung von Verhütungsmethoden seit der Zeit des Soranus. Trotz der wissenschaftlichen Qualitäten des Buches mißfiel es den Behörden: Knowlton wurde bestraft und ins Gefängnis gesperrt.

Das war ein deutliches Zeichen dafür, daß die bestehende Ordnung bereit war, sich zu verteidigen. Die westlichen Kirchen und Regierungen hatten kein Interesse am Fortschritt der Sexualforschung und wollten auf keinen Fall, daß deren Ergebnisse der allgemeinen Öffentlichkeit zugänglich würden. Die folgenden Jahrzehnte bewiesen, daß das Signal richtig verstanden worden war. Viele Wissenschaftler wurden selbst äußerst intolerant und begnügten sich damit, den Status quo zu verteidigen. Das war auch die Phase, in der die Psychiatrie als neue medizinische Wissenschaft entstand. Psychiater nahmen den Kampf gegen die ,,Selbstbefleckung" auf und entwickelten immer phantastischere Theorien über ihre Ursachen und Konsequenzen. Die französischen Psychiater Morel, Magnan und Charcot bestärkten die überkommene Moral, indem sie ungewöhnliches Sexualverhalten einer ,,Entartung" oder ,,Degeneration" zuschrieben, die die Ursache aller ,,Perversionen" sei. Russische, deutsche und österreichische Ärzte entwickelten das Konzept der ,,sexuellen Psychopathie", die für alle sexuellen Abweichungen verantwortlich zu machen sei. 1886 führte der Wiener Psychiater Richard von Krafft-Ebing viele dieser Abweichungen auf und ordnete sie verschiedenen Kategorien zu. Dies geschah in seinem einflußreichen Handbuch ,,Psychopathia Sexualis". Ebenso wie der Titel waren auch lange Textpassagen in lateinischer Sprache verfaßt, um dem gewöhnlichen Leser einen Zugang zum Text zu verwehren.

Erst zu Beginn unseres Jahrhunderts konnte sich eine kritischere Einstellung durchsetzen. Iwan Bloch verwarf das Konzept der ,,Entartung". Sigmund Freud folgte ihm und erklärte ,,abnormes" Sexualverhalten aus traumatischen Kindheitserlebnissen. Gleichzeitig erarbeitete er eine scharfsinnige und wenig schmeichelhafte Analyse der modernen Zivilisation. Eher praxisorientierte Studien wurden von Havelock Ellis, Albert Moll und Magnus Hirschfeld durchgeführt, die mit ihrem Werk den Grundstein zu einer neuen Forschungsrichtung legten: der Sexualwissenschaft oder ,,Sexologie". Diese Studien wurden später von nordamerikanischen Wissenschaftlern wie Kinsey, Masters und Johnson fortgesetzt.

Wichtige Forschungsbemühungen galten auch den Geschlechtskrankheiten. 1906 entwickelte Wassermann seine berühmte Nachweisreaktion für Syphilis, 1910 entdeckten Ehrlich und Hata die erste erfolgreiche Behandlungsmethode. Fleming entdeckte 1928 das Penicillin und ebnete damit den Weg zu den heutigen wirkungsvollen Heilmethoden.

Der Erste Weltkrieg (1914-1918) erschütterte die herrschende moralische Ordnung und führte zu zunehmender sexueller Freiheit. Frauen emanzipierten sich zusehends und wiesen ihre tradierten Geschlechtsrollen zurück. Zusammen mit anderen unterdrückten Gruppen fanden sie neue Argumente in den Veröffentlichungen von Anthropologen, die Sexualität im Kulturvergleich untersuchten. Hier boten die Pazifischen Inseln einmal mehr das Material für eine moralische Lektion. In den zwanziger und dreißiger Jahren untersuchten Bronislaw Malinowski und Margaret Mead das Sexualverhalten der Einwohner der Trobriand-Inseln und Samoas. Auch das Studium anderer Naturvölker bewies, daß weder unsere westlichen Sexualnormen noch unsere Konzepte von Maskulinität und Femininität allgemeingültig sind. Sie beweisen auch, daß umfassende sexuelle Toleranz nicht zum moralischen Verfall führen muß. 1951 faßten Clellan S. Ford und Frank A. Beach in ihrem Buch „Patterns of Sexual Behavior" noch einmal eine große Zahl anthropologischer Forschungsergebnisse zusammen und kamen zum gleichen Ergebnis.

Heute wird die Sexualforschung auf vielen Gebieten fortgeführt und ist als Wissenschaft zunehmend anerkannt.Gelegentlich nimmt man sie sogar zu ernst und erwartet zu viel von ihr. Laien sind zum Beispiel oft der Meinung, die moderne Sexualforschung habe zu völlig neuen Einsichten geführt. Dies trifft jedoch nur teilweise zu. Denn die „revolutionären" Entdeckungen Freuds (kindliche Sexualität), Kinseys (Ausmaß homosexuellen Verhaltens in der Bevölkerung und Sexualität Jugendlicher) und Masters' und Johnsons (das überlegene Orgasmuspotential von Frauen) waren teilweise schon im Altertum und Mittelalter allgemeines Wissen. Dieses Wissen war lediglich in den letzten Jahrhunderten in der westlichen Welt unterdrückt worden. So haben moderne Sexualforscher in vielen Fällen nur sehr alte Erkenntnisse reaktiviert.

Das soll jedoch die Bedeutung dieser Erkenntnisse nicht abwerten, sondern zeigen, daß es sinnvoll ist, sie auch unter historischen Gesichtspunkten zu betrachten. Auf den folgenden Seiten werden die Arbeiten einiger herausragender Sexualforscher dargestellt.Ein abschließender Teil befaßt sich mit den heutigen Problemen der Sexualforschung und möglichen Entwicklungen in der Zukunft.

13.1.1 Pioniere der Sexualforschung

Sexualforschung im heutigen, engeren Sinne gibt es seit dem 19. Jahrhundert. Diese Forschung begann in verschiedenen westlichen Ländern, sie wurde von Menschen verschiedener Herkunft mit unterschiedlicher Methodik betrieben. Die meisten Pioniere der Sexualforschung führten einen langen und harten Kampf um öffentliche Anerkennung, einige wurden selbst von ihren Kollegen totgeschwiegen und verstoßen oder von ihren Regierungen verfolgt. Dennoch erwies sich ihre Tätigkeit am Ende als sinnvoll, und wir verfügen heute über einen allgemein anerkannten Wissensstand auf dem Gebiet der Sexualität, der sich täglich vermehrt.

Beim begrenzten Umfang des vorliegenden Buches können nur einige der hervorragendsten Wissenschaftler genannt werden. So unvollständig die Liste auch sein mag, kann sie vielleicht doch zu einem besseren Verständnis der Geschichte und der Probleme der Sexualforschung beitragen.

Sigmund Freud (1856-1939)
Sigmund Freud, der österreichische Arzt und Begründer der Psychoanalyse, begann seine Laufbahn als Neurologe in Wien, wo er viele sogenannte hysterische Patienten behandelte. Das waren Menschen, die unter „unerklärlichen" körperlichen Funktionsstörungen litten, das heißt, die nach allen herkömmlichen diagnostischen Klassifikationen gesund waren und deren Funktionen hätten eigentlich normal sein müssen. In langen Aussprachen mit diesen Patienten entdeckte Freud, daß ihre merkwürdigen Störungen durch unbewußte sexuelle Konflikte verursacht waren. Erfahrungen bei der Behandlung dieser Patienten führten schließlich zur Entwicklung einer besonderen

Sigmund Freud

Form der Therapie, der Psychoanalyse (griech. wörtl.: Untersuchung der Seele oder des Geistes), bei der der Patient durch ,,freie Assoziation" nach und nach die verborgenen Quellen seiner Probleme für den Analytiker und für sich selbst (was noch wichtiger war), wiederentdeckte und bearbeitete. War der Konflikt erst einmal ,,an die Oberfläche gebracht", das heißt bewußt geworden, konnte er intellektuell bearbeitet werden. Im Verständnis der Psychoanalyse war der Patient damit ,,geheilt" oder wenigstens wieder funktionsfähig gemacht.

Bei der Zielsetzung des vorliegenden Buches kann die Psychoanalyse als Theorie nicht eingehend erörtert werden. Freud erweiterte sie im Laufe der Jahre und überarbeitete sie wiederholt, sein umfangreiches Schrifttum und seine komplexen Gedanken für eine breite Öffentlichkeit zusammenzufassen, bleibt bis zum heutigen Tage ein schwieriges Unternehmen. Einige Aspekte der Freudschen Theorien sind jedoch an anderer Stelle kurz zusammengefaßt (vgl. Einleitung zum Kap. 6 ,,Die Entwicklung des Sexualverhaltens").

Freud war ein wirklich kultivierter Mensch mit weitreichenden Interessen, ein Meister der Sprache und ein scharfsinniger Denker. Das trug zweifellos zu seinem späteren Erfolg und seinem internationalen Ruf bei. Zunächst fanden Freuds Theorien jedoch nur wenig Zustimmung.Die große Bedeutung, die er der Sexualität, insbesondere der infantilen Sexualität, beimaß, verursachte einen Sturm der Entrüstung und machte ihn selbst unter seinen Kollegen zum Außenseiter. An der Wiener Universität wurde er zwar Dozent und erhielt später Professorentitel, aber kein Ordinariat. Dennoch konnte er sich durch seine therapeutische Praxis, seine Vorlesungen und seine wichtigsten Abhandlungen (,,Die Traumdeutung" (1900), ,,Drei Abhandlungen zur Sexualtheorie" (1905), ,,Totem und Tabu" (1913) sowie ,,Jenseits des Lustprinzips" (1919)) eine große Anhängerschaft sichern. Darüber hinaus versammelte er eine Reihe junger, äußerst begabter Schüler um sich. Im Laufe der Jahre konnte Freud so erleben, wie sich die psychoanalytische Bewegung über ganz Europa ausbreitete, wenngleich einige seiner früheren Studenten sich von ihm abwandten und eigene psychoanalytische Schulen begründeten. Gegen Ende seines Lebens schien allerdings der größte Teil seines Schaffens vergeblich gewesen zu sein. Unter dem nationalsozialistischen Regime wurde die Psychoanalyse als ,,jüdische Wissenschaft" verboten, Freuds Bücher wurden öffentlich verbrannt und seine Anhänger verfolgt. Als Hitler schließlich 1938 in Österreich einmarschierte, war Freud gezwungen, nach England ins Exil zu gehen, wo er im darauffolgenden Jahr an Krebs starb.

Freuds Einfluß ist seit seinem Tode ständig gewachsen. Wenngleich viele seiner Auffassungen umstritten sind und manche seiner Behauptungen widerlegt wurden, nimmt sein Gesamtwerk einen hervorragenden Platz im westlichen Denken ein. Freud näherte sich in einem Zeitalter der Prüderie und Heuchelei Fragen der Sexualität mit einer wissenschaftlich-nüchternen Einstellung. Dadurch, daß er das Sexualverhalten offen und in klaren Begriffen besprach, trug er dazu bei, es zu einem wissenschaftlichen Untersuchungsgegenstand zu machen. Er erweiterte den Begriff der Sexualität und legte so den Grundstein für wichtige spätere Forschungen.

Havelock Ellis

Havelock Ellis (1859-1939)

Der englische Gelehrte und Essayist Henry Havelock Ellis interessierte sich schon in jungen Jahren für die wissenschaftliche Erforschung sexueller Probleme. Er studierte Medizin und promovierte, hatte aber nie eine ärztliche Praxis. Statt dessen wandte er sich dem Schreiben zu und leistete im Laufe der Jahre wichtige Beiträge zum besseren Verständnis der menschlichen Sexualität. Sein wichtigstes Werk ist ,,Studies in the Psychology of Sex", das er zwischen 1896 und 1928 in sieben Bänden veröffentlichte. Als der erste Band in England erschien, wurde er von Kritikern als obszön bezeichnet; und der öffentliche Skandal rief alsbald die Gesetzeshüter auf den Plan. Ein angeklagter Buchhändler verwies auf den wissenschaftlichen Wert des Werkes, aber der Richter verwarf diese Argumentation mit der Bemerkung, sie sei nichts weiter als ,,ein Vorwand, um eine schmutzige Publikation zu verkaufen". Die Folge war, daß das Werk in England und den USA nicht legal in den Handel gebracht werden konnte und der Öffentlichkeit bis 1935 vorenthalten blieb. Nur Ärzte durften es lesen.

Dennoch nahm der Ruf und Einfluß des Autors in vielen Ländern zu. Er korrespondierte mit Freud (der einige seiner wissenschaftlichen Begriffe und Ausdrücke übernahm), und er beteiligte sich aktiv an der Bewegung zur Sexualreform. Er war einer der entschiedensten Verfechter allgemeiner Sexualerziehung und der Frauenemanzipation.

Albert Moll

Albert Moll (1862-1939)

Albert Moll, ein Berliner Nervenarzt, war einer der bedeutendsten Pioniere der Sexualwissenschaft. Als einer der ersten medizinischen Autoren schrieb er grundlegende Studien zur Homosexualität, zum ,,Sexualtrieb" und zur kindlichen Sexualität: ,,Die conträre Sexualempfindung" (1891), ,,Untersuchungen über die Libido sexualis" (1897) und das ,,Sexualleben des Kindes" (1909). Diese Werke hatten einen erheblichen, wenn auch nicht immer offen zugegebenen Einfluß auf Sigmund Freud. Moll lehnte allerdings die Psychoanalyse ab und war bald mit Freud persönlich verfeindet. Auch mit Bloch und Hirschfeld stand er nicht auf gutem Fuße. Dennoch erreichte er eine wohlverdiente Prominenz durch die Herausgabe seines Handbuchs der Sozialwissenschaft (2 Bde., 1911 und 1926) und durch die Gründung einer ,,Internationalen Gesellschaft für Sexualforschung" (1913), die 1926 einen großen Kongreß in Berlin abhielt. Ein zweiter Kongreß fand 1930 in London statt.

Obwohl er schließlich als Jude verfolgt und geächtet wurde, blieb er in Berlin und starb am gleichen Tag wie Freud.

Iwan Bloch (1872-1922)

Iwan Bloch arbeitete als Arzt in Berlin und spezialisierte sich auf Geschlechtskrankheiten. Seine medizinischen, historischen und literarischen Forschungen verschafften ihm bald breite Anerkennung.Er veröffentlichte umfangreiche Schriften über sexuelle Fragen, war Mitbegründer der ersten Ärztlichen Gesellschaft für Sexualwissenschaft und Eugenik (1913) und arbeitete aktiv in der Bewegung zur Sexualreform. Seine beiden Hauptwerke ,,Das Sexualleben unserer Zeit" (1907) und das von ihm herausgegebene ,,Handbuch der gesamten Sexualwissenschaft in Einzeldarstellungen" (1912-1925) erwiesen Bloch als einen Pionier der modernen Sexualforschung. Bloch prägte auch den neuen Begriff der Sexualwissenschaft, als deren eigentlicher Begründer er gilt.

Iwan Bloch

Magnus Hirschfeld (1868-1935)

Magnus Hirschfeld arbeitete zunächst als praktischer Arzt, dann als Spezialist für ,,Sexualstörungen" in Berlin. In seiner medizinischen Praxis und durch eigene wissenschaftliche Forschungen wurde er sich der psychischen und sozialen Probleme Homosexueller bewußt und kam bald zu der Erkenntnis, daß deren gesetzliche Verurteilung ungerechtfertigt, irrational und inhuman sei.

1897 begründete er das ,,wissenschaftlich-humanitäre Komitee" mit dem Ziel der Förderung wissenschaftlicher Untersuchungen zur Homosexualität. Dieses Komitee setzte sich unter anderem auch das Ziel, einzelnen Homosexuellen individuelle Hilfe zu bieten. Im Rahmen seiner wissenschaftlichen und humanitären Arbeit gab Hirschfeld gleichzeitig das ,,Jahrbuch für sexu-

Magnus Hirschfeld

elle Zwischenstufen" heraus, in dem versucht wurde, sowohl die Fachwelt als auch die breite Öffentlichkeit über Fragen der Homosexualität und andere sexualwissenschaftliche Themen aufzuklären. In dieser Zeitschrift wurden im Laufe der Jahre Beiträge vieler bedeutender Autoren wie Havelock Ellis, v. Krafft-Ebing und Bloch veröffentlicht. Ein in allen Beiträgen immer wiederkehrendes Thema ist der Kampf für die Abschaffung der Gesetze gegen homosexuelles Verhalten in Deutschland.

Hirschfeld gab die erste Zeitschrift für Sexualwissenschaft heraus (1908) und veröffentlichte eine große Zahl umfangreicher Schriften. Die wichtigsten seiner Bücher sind „Die Transvestiten" (1910; der Begriff stammt von ihm), „Die Homosexualität des Mannes und des Weibes" (1914), „Sexualpathologie" (3 Bände, 1916-1920) und „Geschlechtskunde" (5 Bände, 1926-1930). Darüber hinaus war er an der Produktion einer Reihe von Stummfilmen beteiligt, die von Sexualreform und -erziehung handelten. Der bekannteste von ihnen ist „Anders als die anderen" (1919), ein eindringlicher Aufruf zur Reform der deutschen Gesetze gegen homosexuelles Verhalten. Hirschfeld selbst tritt in diesem Film gemeinsam mit dem berühmten Schauspieler Conrad Veidt auf. Teile des Films sind noch heute in verschiedenen Archiven zu finden.

Nach dem Ersten Weltkrieg gründete Hirschfeld das erste „Institut für Sexualwissenschaft", das im Jahre 1919 der neuen demokratischen Regierung Deutschlands übereignet wurde. Das Institut hatte Laboratorien, ein großes Archiv und eine wissenschaftliche Bibliothek. Es bot darüber hinaus Beratungen und Behandlungen für die Öffentlichkeit. Mittellose Patienten wurden kostenlos behandelt. 1921 organisierte Hirschfeld in Berlin den ersten „Internationalen Kongreß für Sexualreform auf wissenschaftlicher Grundlage", dem sieben Jahre später die Gründung der „Weltliga für Sexualreform" folgte. Zu den Mitgliedern und Gönnern zählten Auguste Forel, Havelock Ellis, Helene Stöcker, Norman Haire, Benjamin Lindsey und andere Sexualreformer.

Im Mai 1933, wenig mehr als drei Monate nach der Machtübernahme Hitlers, plünderten die Nationalsozialisten Hirschfelds Institut in Berlin, verwüsteten die Sammlung und verbrannten die Bücher. Hirschfeld selbst befand sich bereits seit über zwei Jahren im Ausland, da er schon vorher seines Lebens in Berlin nicht mehr sicher war. Er verstarb zwei Jahre später in Frankreich.

Unter der nationalsozialistischen Herrschaft wurde die Verfolgung Homosexueller und anderer „Devianten" weitergeführt und erreichte bald nie gekannte Ausmaße. Viele von ihnen starben in Konzentrationslagern. Nach dem Zweiten Weltkrieg wurde den wenigen Überlebenden in Deutschland keine Wiedergutmachung für ihre erlittenen Qualen zugestanden. Erst Ende der sechziger Jahre sollte Hirschfelds Arbeit Früchte tragen: die Gesetze der Bundesrepublik Deutschland gegen homosexuelles Verhalten wurden überarbeitet, und zumindest Verkehr zwischen erwachsenen Homosexuellen wurde nicht länger verfolgt.

Max Marcuse

Max Marcuse (1877-1963)

Max Marcuse, ein Berliner Arzt, gehörte mit Helene Stöcker zu den Gründern des „Bundes für Mutterschutz" (1905) und gab für einige Jahre dessen Zeitschrift unter dem Namen „Sexual-Probleme" heraus.

Wichtiger war seine Herausgabe der von Iwan Bloch und Albert Eulenburg begründeten Zeitschrift für Sexualwissenschaft von 1919 bis zu ihrem Ende 1932. Marcuse selbst schrieb mehrere einflußreiche sexualwissenschaftliche Werke, er wurde aber zu Recht am meisten geschätzt als der Herausgeber des einbändigen Handwörterbuchs der Sexualwissenschaft (1923 und 1926), zu dem u. a. Sigmund Freud Originalbeiträge lieferte.

Marcuse mußte 1933 aus Deutschland fliehen. Er entkam nach Palästina und starb in Israel, nachdem 1962 noch sein letztes Buch, ein ,,ABC-Führer durch Sexualität und Erotik", in Deutschland erschien.

Wilhelm Reich

Wilhelm Reich (1897-1957)
Wilhelm Reich studierte in Wien Medizin und praktizierte, unter dem Einfluß Sigmund Freuds, als Psychoanalytiker. Seine Arbeit an der Wiener Freien Psychoanalytischen Klinik führte zu Kontakten mit vielen armen Patienten. Dadurch wurde sein Interesse an ihren sozialen und ökonomischen Lebensfragen geweckt. Er kam bald zu der Überzeugung, daß Freud und seine Anhänger diese Probleme zu wenig beachtet hätten und daß im Interesse allgemeiner sexueller Gesundheit politische Veränderungen notwendig seien. Er beschäftigte sich daher mit marxistischer Theorie und trat, als er 1930 nach Berlin umzog, in die Kommunistische Partei Deutschlands ein. Er war an der Gründung einer kommunistischen, sexualpolitischen Organisation beteiligt (,,Sexpol") und hielt viele Vorträge über sexualpolitische Themen vor Arbeitern.

In dieser Zeit schrieb Reich eine große Zahl von Veröffentlichungen zu sexuellen und politischen Themen. Seine wichtigsten Bücher sind: ,,Die Funktion des Orgasmus" (1927), ,,Der Einbruch der Sexualmoral" (1932), ,,Charakteranalyse" (1933) und ,,Die Massenpsychologie des Faschismus" (1933). In diesen Schriften befaßte sich Reich unter anderem mit sexuellen Funktionsstörungen, dem Ursprung sexueller Unterdrückung, und den psychischen Mechanismen, die Menschen für den Faschismus empfänglich machten.

Aufgrund seiner radikalen Auffassungen wurde Reich bald zu einer umstrittenen Person. Den Kommunisten wurde er mit seinen Bemühungen um sexuelle Befreiung immer lästiger, 1933 schlossen sie ihn förmlich aus der Partei aus. Auch unter seinen Fachkollegen hatte er sich inzwischen viele Feinde gemacht: 1934 wurde er aus der internationalen psychoanalytischen Vereinigung ausgeschlossen. Auch im nationalsozialistisch beherrschten Deutschland konnte er nicht länger bleiben. Seine Bücher wurden öffentlich verbrannt, Reich floh nach Dänemark, später nach Schweden und Norwegen. Schließlich ließ er sich 1939 in den Vereinigten Staaten nieder.

Ende der dreißiger Jahre wandelten sich Reichs politische Interessen zunehmend in ein Interesse für Biologie. Einst hatte er versucht, die Theorien von Marx und Freud in Einklang zu bringen, nun begann er, beide gleichermaßen abzulehnen. Statt dessen behauptete er, er habe die ,,Orgonenergie" entdeckt, eine elementare Lebensenergie, die er für die Erhaltung und Wiederherstellung der Gesundheit als notwendig erachtete und die man zu therapeutischen Zwecken in speziell dafür hergestellten Kästen konzentrieren könne.

Fast alle Wissenschaftler, die von dieser neuen Theorie hörten, verwarfen sie sofort als unsinnig. Leider wurden Reichs wissenschaftliche Behauptungen immer phantastischer, er wurde auch im täglichen Leben zunehmend irrational. Es war daher schwierig, ihn weiterhin ernst zu nehmen. Im Jahre 1954 kam die staatliche Nahrungs- und Arzneimittelverwaltung in Washington (FDA) zu dem Ergebnis, die Arbeit Reichs sei gefährliche Quacksalberei, und verfügte die Einziehung und Vernichtung aller ,,Orgon-Akkumulatoren" und fast aller seiner Schriften. Die Beschlagnahmeverordnung verbot darüber hinaus jede weitere Diskussion über die Orgontheorie, selbst die Verwendung des Begriffs ,,Orgon" wurde (zumindest für Reich und seine Anhänger) strafbar. Auf der Liste der Bücher, die vernichtet werden sollten, standen nicht nur Reichs neuere biologistische Schriften, sondern auch fast alle früheren Werke wie ,,Charakteranalyse" und ,,Die Massenpsychologie des Faschismus", in denen die ,,Orgon-Theorie" noch nicht erwähnt war. Reich widersetzte sich den behördlichen Anordnungen und sagte, wissenschaftliche Fragen könnten und dürften nicht vor Gericht entschieden werden. Daraufhin wurde er wegen Mißachtung des Gerichts zu zwei Jahren Gefängnis verurteilt, seine Bücher wurden – genau wie im nationalsozialistischen Deutschland – offiziell verbrannt. Reich selbst starb kurz danach im Gefängnis von Lewisburg im Bundesstaat Pennsylvania.

Heute haben die Arbeiten Reichs (mit Ausnahme der Orgon-Theorie) wieder eine gewisse Anerkennung gefunden. Seine therapeutischen Ansätze, in denen verbale Kommunikation und bestimmte Massagetechniken verbunden werden, werden von vielen heutigen Therapeuten als sinnvoll erachtet. Auch seine ursprüngliche Idee, sexuelle Probleme als politische zu sehen, findet erneut Anerkennung. Insgesamt betrachtet man Reich heute als einen der wichtigsten Autoren in Fragen der Sexualität.

Alfred C. Kinsey (1894-1956)

Alfred C. Kinsey war Professor für Zoologie an der Universität Bloomington im US-Bundesstaat Indiana, als man ihn 1938 aufforderte, Vorlesungen über biologische Aspekte von Sexualität und Ehe zu halten. Beim Studium der zu diesem Thema verfügbaren Veröffentlichungen stellte er fest, daß viele ausgesprochen spekulativ und statistisch wenig gesichert waren. Auch wurde deutlich, daß die vorhandene Literatur nicht einmal die einfachsten Fragen beantworten konnte, die ihm seine Studenten stellten.

Kinsey begriff, daß ein enormes Bedürfnis nach neuen, umfassenden Untersuchungen der menschlichen Sexualität bestand, und er begann mit Hilfe Freiwilliger aus der Universität, die ersten von vielen sexuellen Lebensgeschichten zusammenzutragen. 1939 setzte er seine Arbeiten außerhalb der Universität fort und befragte Menschen in Kleinstädten der Umgebung sowie die Insassen der Gefängnisse des Bundesstaats. Bald wurde deutlich, daß das gesamte Projekt viele Jahre dauern und erhebliche Mittel erfordern würde. Diese Mittel wurden schließlich durch die Universität und verschiedenen öffentliche oder private Stiftungen bereitgestellt. So konnten Kinsey und seine Mitarbeiter Pomeroy, Martin und Gebhard ihre Studien fortsetzen. 1947 wurde das ,,Institut für Sexualforschung" gegründet, bis zum Jahr 1959 wurden über 18 000 Fallstudien zusammengetragen, die alle auf persönlichen Interviews beruhten.

Alfred C. Kinsey

Das umfangreiche Material bildete die Grundlage zweier Bücher: ,,Das sexuelle Verhalten des Mannes" (1948, deutsche Ausgabe 1955) und ,,Das sexuelle Verhalten der Frau" (1953, deutsche Ausgabe 1954). Diese großen Studien enthielten detaillierte Statistiken über das Sexualverhalten der durchschnittlichen Nordamerikaner aller Altersklassen, aller Bildungsgrade und aus allen Teilen des Landes. Die Ergebnisse zeigten eine erstaunliche Vielfalt von Verhaltensformen und machten deutlich, daß die Sexualgesetzgebung der Vereinigten Staaten vollkommen unrealistisch war. Es war zum Beispiel für die Öffentlichkeit (und für Kinsey selbst) ausgesprochen überraschend, daß homosexuelles Verhalten keineswegs eine Ausnahme, sondern weit verbreitet war und daß andere, angeblich von der Norm abweichende Handlungen unter sonst ,,normalen" Männern und Frauen häufig vorkamen. Das Buch enthielt überdies viele neue Einsichten in die Physiologie der sexuellen Reaktion und gab eine kritische Übersicht über Ergebnisse vorausgegangener Studien.

Natürlich war die Veröffentlichung dieser Arbeiten eine Sensation. Bald wurde Kinsey einerseits als mutiger Wissenschaftler gepriesen, andererseits auch als gedankenloser und schamloser Zerstörer der Intimsphäre angegriffen. Wie oft in solchen Fällen, machten sich viele seiner Kritiker nicht die Mühe, den gesamten Text zu lesen. So sind tatsächlich bis heute viele der

Erkenntnisse Kinseys noch nicht in das Bewußtsein der Öffentlichkeit gedrungen. Seine Pionierarbeit stellt noch immer ein hervorragendes Beispiel wissenschaftlicher Genauigkeit und verständlicher wissenschaftlicher Sprache dar. Bis heute gibt es weltweit keine vergleichbare Untersuchung.

Nach dem Tode Kinseys wurde die Leitung des Institus von Paul H. Gebhard übernommen. Eine Reihe neuer Veröffentlichungen sind inzwischen erschienen, und weitere größere Studien werden derzeit durchgeführt. Das Institut steht auch externen Wissenschaftlern offen, die die große Bibliothek und die umfangreichen Materialsammlungen nutzen können. Alle Fallstudien bleiben jedoch vertraulich und sind außer den Mitarbeitern des Institutes niemandem zugänglich.

William H. Masters (geb. 1915) und Virginia E. Johnson (geb. 1925)

William H. Masters war noch ein junger Mann, als er sich für die Sexualforschung entschied. Er studierte Medizin, wurde Facharzt für Gynäkologie und Geburtshilfe und Professor an der medizinischen Fakultät der Washington Universität in St. Louis im Bundesstaat Missouri. Mit Forschungsarbeiten über Hormone fand er erste Anerkennung. 1954 begann er dann mit der direkten Beobachtung der sexuellen Reaktion des Menschen. Ab 1957 beteiligte sich an diesem Vorhaben auch seine spätere Frau, Virginia E. Johnson.

Da auf diesem Gebiet bis dahin nur wenig Forschung betrieben worden war, sah Masters sich zunächst vielen Schwierigkeiten gegenüber. Seine Probanden waren zunächst meist Prostituierte, erst später konnte er eine ausreichende Zahl freiwilliger ,,durchschnittlicher" Männer und Frauen für seine Arbeit gewinnen. Diese Freiwilligen wurden während verschiedener sexueller Handlungen im Labor beobachtet, ihre Reaktionen wurden mit komplizierten Instrumenten gemessen und aufgezeichnet. In vielen Fällen wurden sie auch gefilmt.

Ungefähr zehn Jahre lang wurden die Forschungen innerhalb der Universität durchgeführt, bis Masters 1964 seine eigene Forschungsgesellschaft, die ,,Reproductive Biology Research Foundation", in der Nähe der Universität gründete. Diese Stiftung wird von vielen einzelnen Geldgebern und gemeinnützigen Organisationen getragen. Zwei Jahre später veröffentlichten Masters und Johnson ihre erste große Studie ,,Die sexuelle Reaktion" (1966, deutsche Ausgabe 1970).

Die Autoren widerlegten viele weit verbreiteten Mythen und Trugschlüsse in bezug auf die Sexualität und stellten auch traditionelle Lehrmeinungen in Frage. Insbesondere bestimmte psychoanalytische Grundannahmen über die weibliche Sexualität erwiesen sich als unvereinbar mit den physiologischen Fakten. Da die Ergebnisse der Forschungen von Masters und Johnson weiterhin von außergewöhnlichem Interesse sind, wurden sie an anderer Stelle dieses Buchs ausführlich referiert (vgl. Kap. 2.2 ,,Die sexuelle Reaktion beim männlichen Geschlecht" und Kap. 3.2 ,,Die sexuelle Reaktion beim weiblichen Geschlecht").

Im Ergebnis ihrer Arbeiten erlangten Masters und Johnson wichtige Erkenntnisse über die Sexualfunktionen des Menschen. Sie begannen daher 1959 mit der Behandlung von sexuellen Problemen bei Ehepaaren. Schließlich begannen sie auch, unverheiratete Personen und ihre Partner zu behandeln, in einigen Fällen wurden auch ,,Ersatzpartner" gestellt. Das Programm erwies sich als überraschend erfolgreich, und die beiden Therapeuten veröffentlichten ihre Erfahrungen in einem zweiten Buch ,,Impotenz und Anorgasmie – zur Therapie funktioneller Sexualstörungen" (1970, deutsche Ausgabe 1973). Da diese Studie ebenfalls sehr wichtig ist, wurde sie ebenfalls teilweise in einem Kapitel dieses Buches dargestellt (vgl. Kap. 8 ,,Sexuelle Störun-

William H. Masters und Virginia E. Johnson

gen“). Die Therapieprogramme von Masters und Johnson werden bis zum heutigen Tage fortgeführt. Darüber hinaus werden einige großangelegte Langzeitstudien durchgeführt. Das Institut selbst heißt nun „Masters and Johnson Institute“.

13.1.2 Die Zukunft der Sexualforschung

Die moderne Sexualforschung hat erheblich dazu beigetragen, daß wir nicht nur Sexualität und Fortpflanzung besser verstehen, sondern auch das menschliche Verhalten allgemein. Trotzdem bleibt noch vieles zu erforschen. Viele Wissenschaftler sind sich darin einig, daß nur die ersten Schritte in einem unermeßlich weiten und unbekannten Gebiet getan sind. Niemand kann vorhersehen, wohin uns diese Schritte letztendlich führen werden.

Es ist noch viel über die Anatomie, Physiologie und Biochemie der sexuellen Reaktion zu lernen. So werden neue Forschungen über die Rolle der Hormone und anderer Drüsensekretionen (zum Beispiel über die paraurethralen Drüsen bei der Frau) unternommen. Darüber hinaus ist zu hoffen, daß weitere Studien über die Fortpflanzungsfunktion zu besseren Behandlungsmethoden der Unfruchtbarkeit führen, zu einer Verminderung von angeborenen Mißbildungen und zu besseren Empfängnisverhütungsmethoden. Darüber hinaus versuchen Wissenschaftler, Impfstoffe oder andere Vorbeugungsmaßnahmen zu entwickeln, um das epidemische Ausmaß der Geschlechtskrankheiten einzudämmen. Einige Forscher wenden ihre Aufmerksamkeit den sexuellen Problemen behinderter Menschen zu oder untersuchen die Auswirkungen sexueller Aktivität bei älteren oder kranken Menschen. Im systematischen Vergleich zwischen jungen Menschen mit sexuellen Funktionsstörungen und alten Menschen, die solche Funktionsstörungen hatten und sie bewältigt haben, können Sexualtherapeuten lernen, erfolgreicher zu behandeln und vielleicht sogar Methoden zu entwickeln, um sexuellen Funktionsstörungen insgesamt vorzubeugen.

Die Untersuchung des Sexualverhaltens im weitesten Sinn ist ebenso wichtig. So wäre es zum Beispiel sicherlich sinnvoll, Kinseys ursprünglichen Ansatz heute zu wiederholen und ähnlich umfangreiche statistische Untersuchungen auch in anderen Ländern durchzuführen. Solche Forschungsansätze könnten zur besseren Klärung von Problemen der sexuellen Anpassung und Devianz führen. Wenn wir eine rationalere Einstellung der Öffentlichkeit und eine akzeptable Sexualgesetzgebung erreichen wollen, müssen wir wesentlich mehr über sexuelle Minderheiten (aber auch über Sexualstraftäter) wissen. Daneben mangelt es nach wie vor an genaueren Erkenntnissen über die Problematik der Geschlechtsidentität, des Transvestismus und der Transsexualität. Nur wenige Studien haben sich bis heute mit weiblichen Homosexuellen beschäftigt, wie überhaupt der Gesamtkomplex der Homosexualität nach wie vor oftmals mit Ratlosigkeit und Verwirrung behandelt wird. Dabei scheint es, daß bislang oft nur die falschen Fragen gestellt worden sind. Anthropologen, Soziologen, Ökonomen und sogar Politologen könnten vielleicht neue Wege zur Klärung dieser Fagen finden. Aber es sind nicht nur die sexuellen Minderheiten, die es zu untersuchen und zu interpretieren gilt. Die vermeintliche Mehrheit bleibt ebenso unverstanden. Wir müssen daher selbst unsere harmlosesten Postulate in Frage stellen. Ein solcher kritischer Ansatz kann uns nicht nur zu neuen Erkenntnissen über uns selbst verhelfen, sondern auch verhindern, daß wir selbstgerecht und intolerant werden. Wir dürfen darüber hinaus nie vergessen, daß Sexualität zwar ein faszinierendes Thema, jedoch immer nur ein kleiner Teil eines größeren Ganzen ist. Wir werden kaum viel über Sexualität verstehen können, solange wir uns nicht bewußt machen, daß sie allenfalls ein Aspekt der Gesamtpersönlichkeit ist. Letzten Endes müssen deshalb der Mensch und die menschliche Existenz insgesamt untersucht werden. Sexualforschung muß, richtig verstanden, über die engen Grenzen jeder wissenschaftlichen Einzeldisziplin hinausgehen.

13.2 Sexuelle Aufklärung und Erziehung

Sexuelle Aufklärung im heutigen Sinn war noch vor 200 Jahren ganz unbekannt. Im Altertum und Mittelalter betrachtete man Sexualität als festen Bestandteil des Lebens und nicht als einen besonderen, problematischen Komplex, der besondere Aufmerksamkeit verdient hätte. Sexuelles Wissen wurde ganz selbstverständlich wie jedes andere Wissen erworben. Kinder lebten nicht in einer eigenen, geschützten Welt, sondern nahmen an fast allen Arbeits- und Freizeitaktivitäten der Erwachsenen teil. Da die Mehrheit der Bevölkerung auf dem Lande lebte, hatten Kinder genügend Gelegenheit, Tieren bei der Paarung zuzusehen. Auch war es keineswegs ungewöhnlich, daß Mensch und Tier unter einem Dach lebten. Weder in Ober- noch in Unterschichten gab es eine ausgesprochene Privatsphäre, und es herrschte wenig Schamhaftigkeit und Verlegenheit in bezug auf die natürlichen Körperfunktionen. Familien badeten und schliefen gewöhnlich unbekleidet gemeinsam. Brautwerbung und Schwangerschaft wurden offen diskutiert, Frauen gebaren ihre Kinder zu Hause. Sexuelle Dinge blieben für niemanden ein Geheimnis, und man hielt Jungen und Mädchen mit Beginn der Pubertät für heiratsfähig.

Selbst zu Beginn der Neuzeit, als die städtische Mittelschicht begann, wichtige Informationen in gedruckter Form zu verbreiten, wurde Sexualität noch nicht als Thema für sich behandelt. In Lehrbüchern für Kinder, wie beispielsweise den ,,Colloquia Familiaria" des Erasmus von Rotterdam (1522), wurde Sexualität offen und einfach als fester Bestandteil des täglichen Lebens behandelt, dem man nicht mehr und nicht weniger Bedeutung zumaß als allen anderen Dingen von allgemeinem Interesse.

Im Laufe der folgenden Jahrhunderte entwickelten die Menschen jedoch eine völlig andere Einstellung. Kindheit und später auch Jugendalter wurden als besondere, ,,unschuldige" Lebensphasen definiert, in denen es galt, die jungen Menschen vor den Versuchungen der Erwachsenenwelt zu schützen. Eine zunehmende Prüderie interpretierte alles Sexuelle als schmutzig und gefährlich. Masturbation wurde zum allgemeinen Problem und zu einer ernsthaften Gefahr für die Gesundheit erklärt. Als Rousseau in seinem Buch ,,Emile" (1762) seine ,,aufgeklärten" Erziehungskonzepte veröffentlichte, war Sexualität bereits zu einem mysteriösen und zutiefst verwirrenden Gegenstand geworden.

Rousseau war der Auffassung, jedes Kind werde in einem ,,natürlichen" Zustand ,,heiliger Unschuld" geboren, der möglichst lange zu erhalten sei. Für ihn war sexuelle Unwissenheit – zumindest in der Kindheit – gleichbedeutend mit Reinheit. Nach der Pubertät sollten Informationen über sexuelle Dinge nur auf direkte Fragen vermittelt werden. Selbst dann schien es jedoch ratsam, jede weitere Neugier im Keim zu ersticken, indem man Jugendlichen das Thema als schmutzig und ekelerregend darstellte. Es schien sogar ratsam, daß Erzieher bei der Beschreibung der Geschlechtsorgane und Geschlechtsfunktionen ,,schmutzige Wörter" verwendeten und deutlich auf deren Verbindung zu den abstoßenden Ausscheidungsfunktionen hinwiesen. Andererseits mußte man sich hüten, zu deutlich zu werden, um nicht etwa frühreife Interessen zu wecken. Der Erzieher bewegte sich in jedem Fall auf einem sehr schmalen Grat. Eine einzige unüberlegte Bemerkung konnte das Leben seines Schützlings zerstören.

In vielerlei Hinsicht drückte Rousseau die Einstellung seiner Zeit aus. Es gab aber auch andere einflußreiche Erzieher, besonders in Deutschland, die andere Ansichten vertraten. Sie teilten zwar die Meinung Rousseaus, Kinder seien unschuldige Wesen und Sexualität sei gefährlich, glaubten aber andererseits, daß man den Gefahren nur durch frühzeitige ,,sexuelle Aufklärung" begegnen könne. Nach ihrer Ansicht war sexuelle Unwissenheit gefährlicher als sexuelles Wissen, da es zu schädlichen Mißverständnissen und Phantasien führen könne. Es schien überdies unmöglich, Masturbation zu bekämpfen, wenn man darüber nicht frei sprechen konnte. Wenngleich also Sexualerziehung ihre unangenehmen Seiten hatte, war sie dennoch ein notwendiges Übel.

Entsprechend dieser allgemeinen Auffassung wurden an einigen ,,progressiven" Schulen erstmals Aufklärungsunterricht gegeben. Dabei wurde zuerst darauf gezielt, Sinn für Sittsamkeit und eine gesunde Scheu vor sexuellen Dingen zu vermitteln. Alles hatte sich in einer Atmosphäre großen Ernstes abzuspielen. Jeder Anschein von Spaß oder Freude war zu vermeiden. Es wurde sogar vorgeschlagen, die Schüler auf die Sexualerziehung vorzubereiten, indem man ihnen magere Kost verabreichte, die den Körper schwächen sollte, um damit gefährliche Gelüste zu unterbinden. Als zusätzliche Sicherheitsmaßnahme wurde ein indirekter Zugang zum Problem empfohlen. Nach der Beschreibung von Pflanzen und Tieren sollten die Lehrer langsam zu den Fragen menschlicher Fortpflanzung überleiten. Dabei sollten sie auf keinen Fall zu sehr ins Detail gehen. Es erschien völlig ausreichend, darauf hinzuweisen, daß Frauen ihre Kinder ,,unter dem Herzen tragen" und sie unter großen Schmerzen gebären. Mit besonderem Nachdruck sollte auf die lebensbedrohenden Gefahren des Kindbetts hingewiesen werden. Ebenso feinsinnig zogen manche Lehrer es vor, ihren Schülern Anschauungsunterricht im Leichenschauhaus zu erteilen, um ihnen anatomische Unterschiede zwischen Mann und Frau zu erklären. Zusätzlich führten sie die Schüler in Krankenhäuser und Siechenheime, wo sie ihnen Syphilitiker und Wahnsinnige als Opfer der Masturbation vorführten. In manchen Schulen benutzte man Lehrbücher mit angeblich wahren Geschichten von Jugendlichen, die infolge von ,,Selbstbefleckung" trotz hervorragender medizinischer Behandlung eines schrecklichen Todes starben. Die Schüler wurden auch angehalten, Abhandlungen über Verführung, Verwahrlosung, Kindesmord und ähnlich grausige Dinge zu lesen. Kurzum, der eigentliche Zweck des gesamten Unternehmens war nicht so sehr, die Jugend über sexuelle Dinge aufzuklären, als sie vor Versuchungen zu warnen.

Die ersten Aufklärungsprogramme wurden, wie schon gesagt, in einigen wenigen Modellschulen entwickelt. Sie erreichten nur die Kinder der bürgerlichen Mittelschichten und des niederen Adels. Sexuelle Erziehung für jedermann gab es erst nach der Französischen Revolution von 1789. Damals wurde der neuen demokratischen französischen Regierung von fortschrittlichen Erziehern der Vorschlag unterbreitet, Sexualerziehung zur Pflicht zu machen und insbesondere für Mädchen medizinische Informationen über Menstruation, Schwangerschaft, Geburt und Säuglingspflege vorzusehen. Wenn man diese Pläne durchgeführt und zu Ende gedacht hätte, wäre die Emanzipation der Frau mit Sicherheit wesentlich rascher möglich gewesen. Leider schwächte sich der revolutionäre Impuls rasch wieder ab. Nicht nur in Frankreich, sondern überall in Europa, wurde das Bürgertum immer mächtiger und zunehmend konservativer. Selbst die früheren Experiment mit beschränkter sexueller Aufklärung wurden wieder abgeschafft. Das Thema ,,Sexualität" verschwand also wieder aus den Lehrplänen, kaum, daß es richtig eingeführt worden war.

Dennoch hatten Erwachsene im frühen 19. Jahrhundert noch freien Zugang zu brauchbaren Informationen über Sexualität. Sowohl in Europa als auch in Amerika erschien eine Anzahl ernstzunehmender ,,Ehehandbücher", die in sexuellen Dingen einen sehr vernünftigen Standpunkt einnahmen und auch verschiedene Verhütungsmethoden beschrieben. Diese Bücher waren wissenschaftlich nicht immer zutreffend, da einige wichtige Fakten über die menschliche Fortpflanzung noch nicht entdeckt waren; sie versuchten jedoch, brauchbare Hilfen zu geben. Seit der Mitte des 19. Jahrhunderts wurde auch die Massenproduktion von Kondomen technisch möglich. In der Folge begannen daher immer mehr Menschen, die Größe ihrer Familie selbst zu bestimmen. Den christlichen Kirchen blieb natürlich diese Entwicklung nicht verborgen, sie nahmen jedoch nicht offiziell dazu Stellung. Auch die meisten katholischen Bischöfe hüllten sich lieber in Schweigen und instruierten ihre Priester, zwischen den Gemeindemitgliedern, die in guter Absicht handelten, keinen Unfrieden zu stiften. Erst später, als die rasche Industrialisierung und ein zunehmender Nationalismus die Regierungen auf schnelleren Bevölkerungszuwachs drängen ließen, wurden auch die Kirchen deutlicher. Schließlich traten den Politikern und Geistlichen bestimmte Bürgergruppen zur Seite, die um die Überlebenschancen der Menschheit besorgt waren und zu einem ,,christlichen" Kreuzzug gegen Verhütungsmittel und andere ,,unmoralische" Praktiken aufriefen.

Am erfolgreichsten in diesen Kampagnen war in den Vereinigten Staaten ein gewisser Anthony Comstock, der Sekretär der New Yorker ,,Gesellschaft zur Unterdrückung des Lasters". Seine Karriere hatte er als Kämpfer gegen den ,,Dämon Alkohol" begonnen, widmete aber sein späteres Leben ganz der Ausrottung der ,,Obszönität". Unter dem Grundsatz ,,Moral, nicht Kunst oder Wissenschaft!" machte er sich daran, die Verbreitung sexueller Information zu verhindern und die öffentliche Diskussion über Sexualität für immer zu beenden. Er übte so viel öffentlichen Druck aus, daß er 1873 den Kongreß überzeugen konnte, ein Gesetz (den sogenannten ,,Comstock-Act") zu erlassen, das jeden Postversand von ,,obszöner, unzüchtiger oder wollüstiger Literatur in Form von Büchern, Flugblättern, Bildern, Schriften, Blättern oder anderen Publikationen ,unanständiger Art' " verbot. Comstock selbst erhielt eine besondere Funktion bei der Postverwaltung, die es ihm erlaubte, die Briefe fremder Menschen zu öffnen, und so entfachte er alsbald ein wahres puritanisches Schreckensregime.

Nach Comstocks Auffassung stellte Empfängnisverhütung die größte Obszönität dar. Unter dem neuen Gesetz war es daher nicht mehr erlaubt, Verhütungsmittel auf staatlichen Transportwegen zu versenden, selbst das Versenden von Information über Empfängnisverhütung war verboten. So konnte Comstock auch die Ärzteschaft herausfordern, und wie jeder Fanatiker hatte er keine Skrupel, unmoralische Mittel für seine ,,moralischen" Zwecke einzusetzen. Wenn beispielsweise er oder seine Anhänger die Adresse eines gutmütigen Arztes in die Hände bekamen, schrieben sie ihm einen klagenden Brief und gaben vor, eine arme, kranke Mutter mit vielen Kindern zu sein, die im Begriff sei, sich umzubringen, wenn er ihr nicht irgendeinen Rat gäbe, wie

Die Einschränkung des sexuellen Wissens
Mit dem Aufstieg der Mittelschichten in Europa und Nordamerika wurde die Verbreitung sexuellen Wissens zunehmend eingeschränkt. Diese Entwicklung, die bis in unser Jahrhundert anhielt, wird im Wirken dieser drei Männer deutlich.

(Oben) **Erasmus von Rotterdam** (1466?–1536) schrieb sehr offen über Sexualität in seinem Kinderbuch ,,Colloquia Familiaria".

(Mitte) **Jean-Jacques Rousseau** (1712–1778) befürwortete in seinem Buch ,,Emile" die ,,Unschuld" und Unwissenheit von Kindern.

(Unten) **Anthony Comstock** (1844–1915) versuchte sogar Erwachsene vor jeder ,,Obszönität" zu schützen und befürwortete zu diesem Zweck die Postzensur, wie sie in den USA im ,,Comstock Act" eingeführt wurde.

sie weitere Schwangerschaften verhüten könne. Antwortete der Arzt darauf, wurde er umgehend verhaftet und ins Gefängnis gesteckt. Das bedeutete natürlich gleichzeitig das Ende seiner beruflichen Karriere.

Als Margaret Sanger im Jahre 1914 begann, über Empfängnisverhütung zu schreiben, ließ Comstock sie anklagen. Sie ging jedoch vorübergehend außer Landes, so daß er sie nicht verurteilen lassen konnte, und er beschloß daher, statt dessen ihren Mann zu bestrafen. Dieser wurde auf die bewährte Weise in eine Falle gelockt: Einem Geheimagenten Comstocks gelang es, von dem ahnungslosen Sanger eine Schrift über Empfängnisverhütung zu kaufen, der dafür ins Gefängnis ging. Im Kampf um die ,,guten Sitten" war dies allerdings die letzte Heldentat Comstocks. Er starb, noch bevor Sanger seine Strafe verbüßt hatte.

Es wurde bereits wiederholt darauf hingewiesen, daß die meisten westlichen Staaten in der zweiten Hälfte des 19. Jahrhunderts von einer Prüderie ungekannten Ausmaßes erfaßt wurden. Unwissenheit und Heuchelei breiteten sich aus, und viele schwer erkämpften bürgerlichen Freiheiten gingen rasch wieder verloren. Diese zunehmende sexuelle Unterdrückung war eine internationale Erscheinung. England (wo man diese Entwicklung mit der Regierungszeit der Königin Viktoria in Verbindung bringt) oder die Vereinigten Staaten waren hier nicht besser oder schlechter als andere Länder. Die Ursachen dieser historischen Entwicklung sind nie ganz geklärt worden. Sie sind jedoch wohl im Zusammenhang mit der allgemeinen Industrialisierung zu sehen.

Obwohl wir die Gründe der Angst vor Sexualität im späten 19. Jahrhundert nicht kennen, wissen wir dennoch, wie es möglich war, daß sich diese Angst verbreitete und mehrte. Ein wichtiger Faktor war die Pressezensur. Da man davon ausging, sexuelle Information sei schädlich für Kinder und Jugendliche, war es nur eine Frage der Zeit, bis solche Informationen auch für Erwachsene bewußt zurückgehalten wurden. Die Öffentlichkeit wurde einfach im Laufe der Jahre in diesen Fragen immer empfindlicher. Im 16. und 17. Jahrhundert waren die ersten ,,Kinderbücher" herausgebracht worden, aber selbst diese fand man später zu unfein. Im 18. Jahrhundert wurde eine ,,bereinigte" Kinderbibel verfaßt, die aber im 19. Jahrhundert nochmals überarbeitet werden mußte. Selbst die traditionellen Katechismen erschienen nicht länger keusch genug und mußten daher umgeschrieben werden. Andere klassische Werke wurden der gleichen Behandlung unterzogen. Die antiken griechischen und lateinischen Autoren erschienen in neuen, zensierten Ausgaben. In England wurde ein ,,Shakespeare für die ganze Familie" herausgebracht, in dem alle ,,unanständigen" Wörter und Sätze gestrichen worden waren. So wurden nicht nur Kinder, sondern auch deren Eltern geschützt. Die neuen Bücher für Erwachsene mußten natürlich den gleichen moralischen Ansprüchen genügen. Jung und Alt lebten in einer künstlichen Welt, aus der jeder Hinweis auf sexuelle Dinge verschwunden war.

Andererseits waren die Menschen insgeheim von Sexualität besessen. Da man sich nicht mehr offen darüber unterhalten konnte, wurde Sexualität zur finsteren, drohenden Macht. Überall lauerten unbekannte Gefahren. Selbst die harmlosesten Wörter und Handlungen hatten oft eine versteckte sexuelle Bedeutung. Jeder gebildete Mensch mußte diese Nebenbedeutungen wahrnehmen, sie jedoch gleichzeitig ignorieren. Der Preis der Keuschheit war ewige Wachsamkeit. Am Ende wurde der ,,gute Geschmack" so weit getrieben, daß ein ,,ordentlicher" Bürger die Bücher männlicher und weiblicher Autoren in getrennten Bücherschränken aufbewahrte, damit man ihn nicht beschuldigen konnte, er leiste sexueller Promiskuität Vorschub.

Diese ,,Verschwörung des Schweigens" im 19. Jahrhundert schuf eine Atmosphäre ständiger Panik. Jeder glaubte, Ehrbarkeit, Sittsamkeit, Unschuld und Reinheit seien fortwährend bedroht und jede Maßnahme zu deren Verteidigung sei gerechtfertigt. Jungen und Mädchen wuchsen daher in völliger Unwissenheit über die elementarsten biologischen Fakten auf. Häufig wurden sie sogar absichtlich falsch informiert. Gelegentlich hörten sie vage Äußerungen über die verschiedenen Krankheiten, die durch Masturbation verursacht werden könnten. Viele Jugendliche wurden grausamen und überflüssigen ,,Behandlungen" unterworfen, um sie von diesem ,,einsamen Laster" zu heilen. Manche entwickelten so große Schuldgefühle, daß sie Selbstmord begingen. Diejenigen, die erwachsen wurden, blieben in der Regel uninformiert und abergläubisch. Angst vor Sexualität bestimmte ihr ganzes Leben. Es gab gleichzeitig niemanden, der sie aufklären oder beruhigen konnte. Mit der Anerkennung der Zensur von schriftlichen Materialien hatten sie das Recht aufgegeben, die Funktionen ihrer eigenen Körper zu verstehen. Frank Wedekinds ,,Kindertragödie" Frühlings-Erwachen (1891) gibt uns noch heute einen erschütternden Einblick in die damalige repressive Atmosphäre.

Die sexuelle Unwissenheit forderte im Laufe der Jahre einen schrecklichen Preis von der Gesellschaft durch eine Vielzahl unglücklicher Ehen, unerwünschter Kinder und frustrierter Lebensläufe. Niemand wird je das ganze Ausmaß menschlichen Elends, das dadurch verursacht wurde, ermessen können. Am Ende des 19. Jahrhunderts wurden jedoch bestimmte Aspekte dieses Elends so deutlich, daß sie nicht mehr übersehen werden konnten. Immer mehr Menschen wurden nervös, depressiv oder sogar körperlich krank infolge ihrer sexuellen Probleme, und jede Behandlung war erfolglos, solange diese Probleme verleugnet blieben. Ärzte wie Freud, Bloch und Hirschfeld, die solchen Patienten zu helfen versuchten, kamen deshalb zu der Überzeugung, daß das Schweigen gebrochen werden müsse und Reformen einzuleiten seien. So begannen sie, zunächst ihre Kollegen, später ein größeres Publikum von Erwachsenen über Sexualität zu informieren. Als die Ängste der Erwachsenen schließlich überwunden waren, konnte man auch Jugendliche und Kinder wieder in die Diskussion einbeziehen. Hierdurch wurde der Weg für eine neue und umfassende sexuelle Erziehung frei.

13.2.1 Pioniere der Sexualerziehung

Zu Beginn unseres Jahrhunderts wurde das Recht auf sexuelles Wissen erneut öffentlich zur Sprache gebracht. Besonders nach dem Ersten Weltkrieg begann man in vielen westlichen Ländern zu diskutieren, ob es nicht sinnvoll sei, jede Zensur von sexueller Information für Erwachsene aufzuheben und Sexualerziehung in die Lehrpläne der Schulen aufzunehmen. Sexualforscher und Ärzte schrieben neue Bücher zum Thema Sexualität und hielten öffentlich Vorträge. Es überrascht jedoch kaum, daß die ersten Verfechter der neuen Sexualerziehung auf erheblichen Widerstand stießen. Dennoch führten ihre beharrlichen Bemühungen im Laufe der Zeit zu einer rationaleren Einstellung in der Öffentlichkeit. Beispielhaft für viele sollen an dieser Stelle drei Personen aus verschiedenen Lebensbereichen und eine Organisation dargestellt werden. Die Personen gehören der jüngsten Vergangenheit der Vereinigten Staaten an, die Organisation ist noch heute aktiv.

Benjamin B. Lindsey (1869-1943)
Benjamin B. Lindsey war Jugendrichter in Denver im Bundesstaat Colorado, wo ihm die Zusammenhänge von Armut und Jugendkriminalität deutlich wurden. Er brachte zahlreiche Gesetzesvorschläge ein und leistete erhebliche Beiträge zur Verbesserung des Jugendstrafvollzuges im Staat Colorado und in anderen Bundesstaaten.

Sein soziales Engagement führte dazu, daß er überall im Land Vorträge hielt. Im Jahre 1925 schrieb er gemeinsam mit dem Journalisten Wainwright

Benjamin B. Lindsey

Evans eine Serie von Aufsätzen über sexuelle Probleme Jugendlicher, die unter dem Titel ,,The Revolt of Modern Youth" (Die Revolte der modernen Jugend) als Buch erschienen. Dieses Buch führte zu erheblichen Kontroversen, denn Lindsey behandelte unkonventionelles sexuelles Verhalten in rationaler und vorurteilsfreier Weise. Viele konservative Politiker und religiöse Führer beschuldigten ihn daher, die Moral der Jugend zu untergraben. Sein zweites Buch ,,The Companionate Marriage" (Die Kameradschaftsehe), das er ebenfalls mit Evans zusammen schrieb, führte 1927 zu noch heftigeren Diskussionen in der Öffentlichkeit. In diesem Buch sprach sich Lindsey unter anderem für Sexualerziehung und Information über Geburtenkontrolle an den Schulen aus. Angesichts der anhaltenden sexuellen Unterdrückung der Jugend schlug er eine neue Form der Ehe vor, die ,,Kameradschaftsehe", die er definierte als ,,rechtsgültige Ehe, mit legaler Geburtenkontrolle und dem Recht auf Scheidung im gegenseitigen Einvernehmen bei kinderlosen Paaren, gewöhnlich ohne gegenseitige Unterhaltszahlungen".

Mit diesem Buch gewann Lindsey internationale Anerkennung. Während seine gemäßigten und sinnvollen Vorschläge in den Vereinigten Staaten und in Europa weitgehend unterstützt wurden, beschuldigten ihn einige konservative religiöse Gruppen offen der Unmoral. Von seinen politischen Gegnern wurde er bald aus seinem Richteramt in Colorado entfernt. Lindsey ging dann nach Kalifornien, wo er bis zu seinem Tode als Richter in Los Angeles arbeitete.

Heute ist der Richter Lindsey fast vergessen, er war jedoch zu seiner Zeit ein weltweit bekannter engagierter und erfolgreicher Verfechter der Sexualreform.

Margaret Sanger (1883-1966)

Als Krankenschwester in den ärmeren Stadtteilen New Yorks sah Margaret Sanger vor allem bei Frauen viel sexuelles Elend. Sie erkannte bald, daß sie ihren Patientinnen nur dann sinnvoll helfen konnte, wenn sie sie über die Verhütung unerwünschter Schwangerschaften informierte. Sie begann deshalb, über dieses Thema zu schreiben. Von ihr stammt auch der Begriff der ,,Geburtenkontrolle".

Margaret Sanger war davon überzeugt, daß jeder Frau das Recht über ihren eigenen Körper zustehe, und sie vertrat ab 1914 diese Ansicht in ihrer Zeitschrift ,,The Woman Rebel". Von den neun erschienenen Ausgaben wurden sieben von den Bundesbehörden konfisziert, Margaret Sanger selbst wurde wegen ,,Versands obszöner Literatur durch die Post" angeklagt. Da ihre Arbeit in der Öffentlichkeit eine erhebliche Unterstützung fand, wurde ihr Fall jedoch im Jahre 1916 niedergeschlagen.

Margaret Sanger

Im gleichen Jahr eröffneten Margaret Sanger und ihre Schwester eine Klinik für Geburtenkontrolle in Brooklyn. Diese Klinik wurde als ,,öffentliches Ärgernis" von der Regierung sofort wieder geschlossen. Man klagte die Schwestern wegen Verletzung der Sittengesetze des Staates New York an und verurteilte sie zu 30 Tagen Arbeitshaus. Nach Verbüßung ihrer Strafe setzte Margaret Sanger ihre Arbeit unbeirrt fort, bis die Klinik im Jahre 1929 durchsucht und alle Unterlagen konfisziert wurden. Wieder führte entschiedene öffentliche Unterstützung dazu, daß der Fall niedergeschlagen wurde. 1936 bestätigte schließlich das oberste Bundesgericht Ärzten das Recht, Verhütungsmittel zu verschreiben, ,,um Leben zu erhalten und zum besseren Wohle der Patientinnen".

1921 gründete Margaret Sanger die ,,Amerikanische Liga für Geburtenkontrolle", 1929 rief sie ein ,,Nationalkomitee für eine Bundesgesetzgebung zur Geburtenkontrolle" ins Leben. Zehn Jahre später vereinigte sich die ,,Liga" mit einer weiteren Organisation, um die ,,Amerikanische Förderation für Geburtenkontrolle" zu gründen, aus der 1942 die noch heute bestehende

„Planned Parenthood Federation of America" hervorging. 1953 wurde Margaret Sanger die erste Präsidentin der „International Planned Parenthood Federation", und sie widmete die ihr verbleibende Zeit und Energie vor allem den Problemen der Geburtenkontrolle in Asien.

Trotz ihres großen persönlichen Erfolgs und der Durchsetzung einer Reihe ihrer Forderungen blieben auch nach ihrem Tode weiterhin juristische Hindernisse für die Verbreitung von Informationen über Geburtenkontrolle in den Vereinigten Staaten bestehen. Bundesgesetze verhinderten weiterhin die Versendung entsprechender Informationen auf dem Postwege, und viele Bundesstaaten hielten Gesetze gegen Benutzung und Verkauf von Verhütungsmitteln aufrecht. Bis 1965 gab es im Bundesstaat Connecticut ein Gesetz, das die Verwendung von Verhütungsmitteln selbst bei verheirateten Paaren verbot. Dieses Gesetz wurde schließlich für verfassungswidrig erklärt, was dazu führte, daß der Staat Massachusetts im Jahre 1966 sein Gesetz dahingehend änderte, daß Verhütungsmittel nach ärztlicher Verordnung zulässig waren, allerdings nur bei Ehepaaren. Es dauerte weitere sechs Jahre, bis auch dieses abgeänderte Gesetz für verfassungswidrig erklärt wurde. Erst im Jahre 1970 beseitigte der Kongreß der Vereinigten Staaten die letzten staatlichen Beschränkungen im Zusammenhang mit Empfängnisverhütung.

Bertrand Russell (1872-1970)

Bertrand Russell, der englische Mathematiker und Philosoph, leistete im Laufe seines langen Lebens erhebliche Beiträge in vielen verschiedenen Wissensbereichen und setzte sich für eine große Zahl humanitärer Initiativen ein. Dies alles ist bekannt und muß hier nicht wiederholt werden. Besonderen Dank schulden ihm jedoch die modernen Sexualpädagogen für seinen mutigen Kampf um sexuelle Rechte und seine vernünftige Einstellung zu sexuellen Problemen.

Als Russells eigene Kinder heranwuchsen, gründete er zusammen mit seiner Frau eine gemischte Schule, die den Schülern erhebliche Freiheiten zugestand. Seine Erfahrungen in dieser Schule (1927-1932) prägten seine Auffassung in Erziehungsfragen ganz erheblich. 1929 veröffentlichte er das Buch „Ehe und Moral" (deutsche Ausgabe 1951), das sich mit sexuellen Beziehungen innerhalb und außerhalb der Ehe befaßte. Er forderte in diesem Buch eine intensivere und sachkundigere Sexualerziehung der Jugend, Geschlechtsverkehr von der Ehe, die Freiheit zu außerehelichen Beziehungen für beide Partner sowie die Scheidung im gegenseitigen Einvernehmen für kinderlose Paare. Er macht diese Vorschläge, weil er an die soziale Funktion der Ehe glaubte und sie dadurch stärken wollte, daß er gegen Ignoranz, Heuchelei und sexuelle Ausbeutung kämpfte. In mancher Hinsicht war seine Situation der des Richters Ben Lindsey sehr ähnlich. Ebenso wie dieser vor ihm wurde er bald als unmoralisch beschimpft, und als er während des Zweiten Weltkrieges nach Amerika ging, versuchten empörte konservative Gruppen sich an ihm zu rächen.

1940 wurde Russell Philosophieprofessor an der Universität New York. Einige Eltern seiner Studenten gingen jedoch vor Gericht und versuchten, seine Berufung rückgängig zu machen. Der Rechtsanwalt dieser Eltern brachte vor, die Bücher Russells seien „wollüstig, zotig, lüstern, geil, erotoman, geschlechtlich erregend, atheistisch, respektlos, engstirnig, unwahr und bar jeder Moral". Russell sei persönlich tolerant gegenüber Homosexualität und habe in England eine nudistische Vereinigung geleitet. Seine philosophischen Schriften seien „billig, geschmacklos und abgenutzt, gespickt mit Fetischen und unbewiesenen Behauptungen, Werkzeuge um die Menschen in die Irre zu führen".

Der Richter teilt die Ansicht, daß Russells Bücher „Schmutz und unmoralische Lehren" enthielten und verbot Russell umgehend, Vorlesungen zu hal-

Bertrand Russell

ten. Nach Ansicht des Gerichts war schon seine Berufung der Versuch, einen ,,Lehrstuhl für Unanständigkeiten" einzurichten, was gegen die ,,öffentliche Gesundheit, Sicherheit und Moral" verstoße. Da Russell selbst an dem Prozeß nicht beteiligt war, hatte er auch keine Gelegenheit zu widersprechen oder die Dinge ins rechte Licht zu rücken. Die Behörde für Höhere Bildung in New York legte keinen Widerspruch ein, weil der Bürgermeister La Guardia politische Folgen befürchtete. Bertrand Russell hielt daraufhin Vorlesungen in Harvard und später an der Barnes Foundation bei Philadelphia. Die New Yorker Erfahrungen warfen jedoch einen Schatten auf seinen weiteren Aufenthalt in den Vereinigten Staaten.

Die ,,Internationale Organisation für Familienplanung"
Es ist den Bemühungen von Margaret Sanger und anderen Verfechtern der Geburtenkontrolle zu danken, daß 1942 die Organisation ,,Planned Parenthood Federation of America" gegründet werden konnte. Neben dem Hauptsitz in New York gibt es mehrere regionale Büros überall im Lande.

Die Organisation ist im Laufe der Zeit stark gewachsen. Sie bietet Informationen zur Fortpflanzung an und ermöglicht freiwillige Geburtenkontrollen. Fach- und Hilfskräfte werden für die Arbeit in den Familien ausgebildet.

Die ,,International Planned Parenthood Federation" ist eine weltweite Organisation, in der Organisationen zur Familienplanung aus 79 Ländern vertreten sind und die in über 100 Ländern in der Geburtenkontrolle tätig ist. Die Aktivitäten von ,,Planned Parenthood" sind heute wohl die umfangreichsten organisierten Bemühungen, um Männern und Frauen überall in der Welt zumindest ein gewisses Maß theoretischen und praktischen Wissens in sexuellen Fragen zu vermitteln.

Die Deutsche Gesellschaft für Sexualberatung und Familienplanung e. V., ,,Pro Familia", ist eine Tochtergesellschaft von ,,Planned Parenthood". Sie unterhält in der Bundesrepublik Deutschland 145 Haupt- und Nebenberatungsstellen, deren Anschriften am Ende dieses Buches verzeichnet sind. Die kostenlosen Beratungen verfolgen Ziele im Sinne von ,,Planned Parenthood".

13.2.2 Die Zukunft der Sexualerziehung

Im Jahre 1970 erstattete die ,,Bundeskommission gegen Obszönität und Pornographie" gegenüber dem Präsidenten und dem Kongreß der Vereinigten Staaten einen Bericht mit der Anregung, ,,sich mit Nachdruck der Sexualerziehung zu widmen . . . Sie muß vermitteln, daß Sexualität ein normaler und natürlicher Bestandteil des Lebens und jeder Mensch ein sexuelles Wesen ist. Sie sollte sich nicht an orthodoxen Vorbildern orientieren, statt dessen sollte sie eine größere Vielfalt von Wertvorstellungen zulassen. Sie sollte sich auf die Vermittlung von Tatsachen beziehen und nicht nur biologische und physiologische Kenntnisse vermitteln, sondern auch soziale, psychologische und religiöse Tatsachen beinhalten . . . Sie sollte sich in der jeweils angemessenen Form an alle Gruppen der Bevölkerung wenden, an Erwachsene ebenso wie an Kinder und Jugendliche." Diese Sätze beschreiben sehr genau die Ziele und Methoden moderner Sexualerziehung und geben sinnvolle Richtlinien für die Zukunft. So stimmt man heute allgemein darin überein, daß Sexualerziehung positiv – nicht negativ, wie so oft in der Vergangenheit – orientiert sein muß. Menschen müssen lernen, ihre Sexualität anzunehmen – nicht abzulehnen. Darüber hinaus wird deutlich, daß man es sich heute in unserer westlichen Kultur in der Sexualerziehung, wie in jedem anderen Erziehungsbereich, nicht leisten kann, dogmatisch zu sein. Ebenso deutlich ist, daß sie

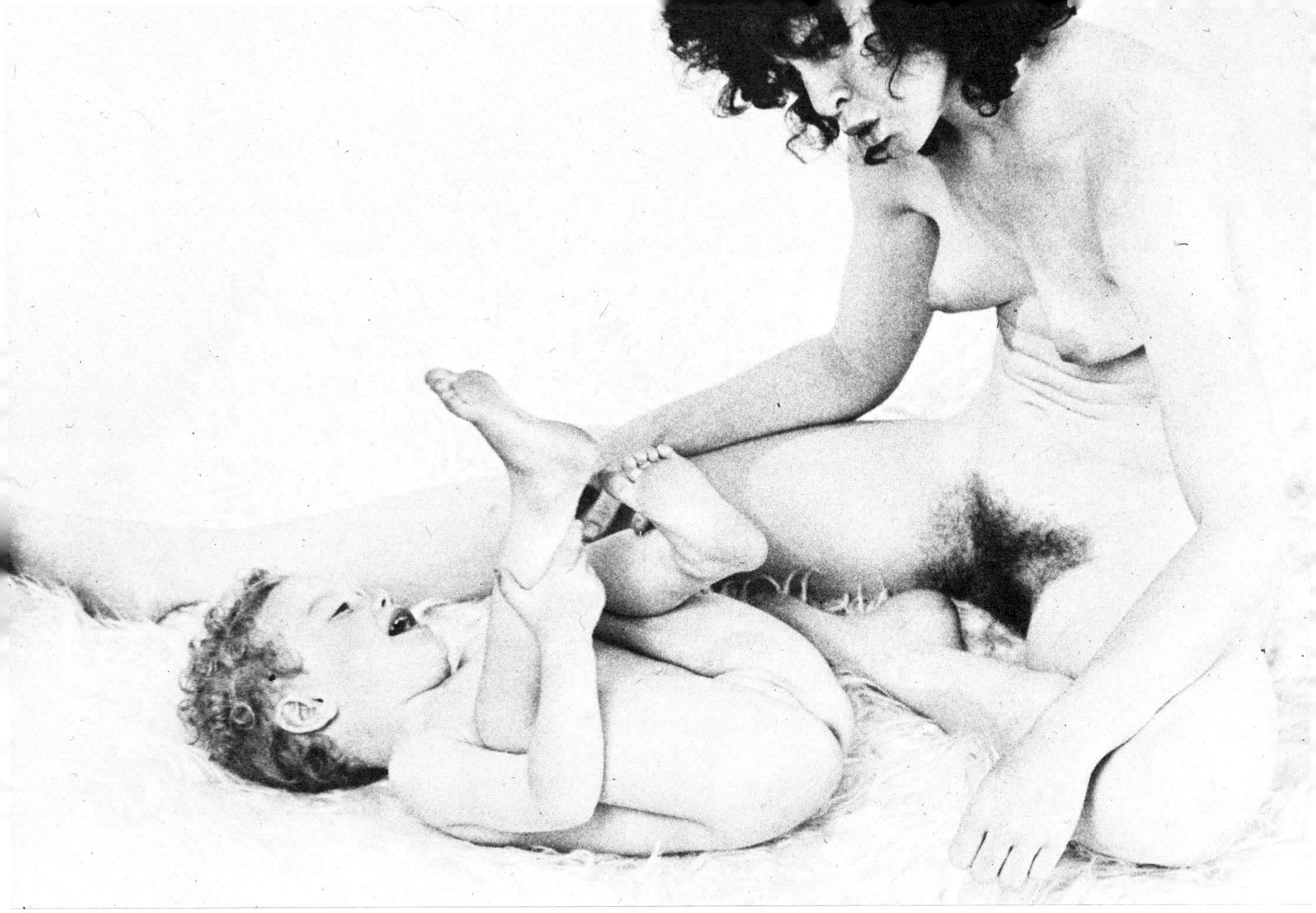

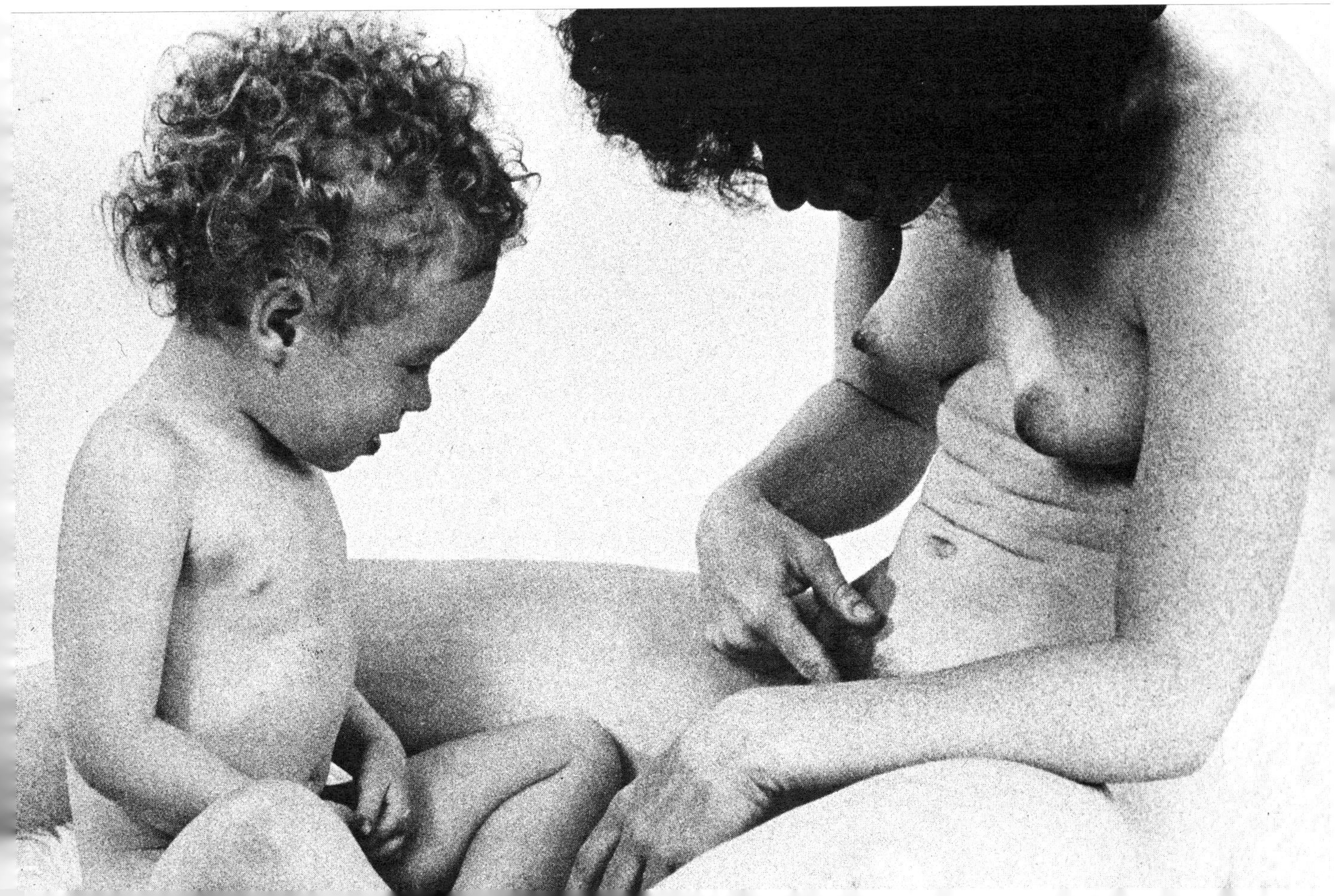

über die biologischen Grundtatsachen oder eine mechanistische Beschreibung der Fortpflanzung hinausgehen muß. Sexualerziehung muß heute wesentlich weiter greifen und Diskussionen über sexuelle Gefühle und Phantasien, Lust, Anschauungen, Aberglauben und Funktionsstörungen einschließen. Sie muß die Einstellungen verschiedener Gesellschaften und historischer Phasen gegenüber der Sexualität einschließen, erotische Kunst, Sexualstrafrecht und insgesamt die ,,Sexualpolitik" von Gesellschaften. Schließlich darf sie sich nicht nur auf Kinder beschränken, sondern muß sich an die gesamte Bevölkerung wenden.

Erziehung ist ja genaugenommen ein lebenslanger Prozeß. Menschen lernen während ihres ganzen Lebens. Und sie lernen nicht nur als Individuen – Familien, Gemeinschaften, Berufsgruppen, politische Parteien, selbst ein ganzes Volk können als Ergebnis von Sexualerziehung ihre sexuelle Einstellung ändern. Sie können sich gesündere Lebensformen aneignen, vernünftigere moralische Wertmaßstäbe und eine größere Toleranz gegenüber sexuellen Minderheiten. Dies wiederum kann dazu führen, daß der einzelne und die Gemeinschaft glücklicher werden.

Zweifellos liegt eine der Ursachen des gegenwärtigen sexuellen Elends in der Unwissenheit. Manche sexuellen und gesellschaftlichen Probleme sind das Ergebnis schlichter Fehlinformationen. Menschen, die die normalen Körperfunktionen und das einfachste menschliche Verhalten nicht verstehen, werden leicht Opfer lähmender Ängste oder Hemmungen, die ihre zwischenmenschlichen Beziehungen erheblich belasten. Das war Sexualerziehern immer bewußt, und auch Ärzte haben sich in der Praxis an diese Einsicht gehalten. Wie wir bereits gesehen haben, wurde so das medizinische Modell der sexuellen Abweichung in vielen Fällen durch ein lerntheoretisches Modell ersetzt. Ärzte und Psychiater haben spezielle Therapieformen entwickelt, die man sehr wohl auch als eine Form der Erziehung beschreiben kann. Die Psychoanalyse zum Beispiel kann als autobiographisch verfahrende Methode bezeichnet werden, als Erziehungsprozeß in dem der Analysand sich unter der Anleitung des Analytikers über seine eigene Lebensgeschichte aufklärt.

Viele moderne ,,Sexualtherapien" können ebenfalls als Formen der Erziehung bezeichnet werden. In der Behandlung sexueller Funktionsstörungen verbinden beispielsweise Masters und Johnson Sachinformation mit praktischen Übungen, die es Männern und Frauen ermöglichen, befriedigendes Sexualverhalten zu erlernen oder wieder zu erlernen. Auch ein von der nordamerikanischen Organisation ,,National Sex Forum" entwickeltes Programm, S. A. R. (Sexual Attitudes Restructuring) genannt, vermittelt den Teilnehmern Einsichten in ihr eigenes Verhalten und lehrt sie so ein besseres Verständnis und größere persönliche sexuelle Erfüllung. All diese Entwicklungen erhärten eine frühere Feststellung: Sexualerziehung ist mehr als nur theoretische Unterweisung über die Geschlechtsorgane, ihre Funktion und ihren Gebrauch. Vielmehr verbindet sie Theorie und Praxis in einem fortwährenden Prozeß der Entwicklung aller körperlichen und geistigen Fähigkeiten des Menschen. Sexualerziehung im eigentlichen Wortsinn ist also die Erziehung des ganzen Menschen als sexuelles Wesen.

Deshalb sollte verantwortungsbewußte Sexualerziehung bereits im frühen Kindesalter beginnen. Kinder müssen mit ihren Körperfunktionen vertraut gemacht werden. Sie müssen lernen, Zuneigung zu geben und anzunehmen, man muß ihnen dazu verhelfen, ihre männliche oder weibliche Geschlechtsidentität zu finden. Gleichzeitig muß dafür gesorgt werden, daß sie nicht in überholte, enge Geschlechtsrollen gezwängt werden. Voreilig Kinder in sexuelle Klischees zu pressen ist ungerecht und kann sie oft daran hindern, ihre menschlichen Fähigkeiten voll zu entwickeln. Natürlich darf man Kindern zu keinem Thema, das sie interessiert, die Antwort verweigern. Das gilt auch für das Thema Sexualität. Private, persönliche Dinge sollten privat bleiben, aber sonst muß kein Thema ausgeklammert bleiben. Alle im vorliegenden Buch behandelten Themen können zum Beispiel mit Kindern durchaus besprochen werden, wenn einfache Begriffe gewählt werden und man sich den Erfordernissen ihrer Altersgruppe anpaßt.

Da Sexualerziehung sich notwendig auch mit moralischen Wertvorstellungen befaßt, ist sie natürlich vorrangig das Privileg und die Pflicht der Eltern. Aber wie in allen anderen Wissensgebieten kann die Schule einen sehr wichtigen Beitrag leisten, wenn sie ein breiteres biologisches, psychologisches, juristisches, historisches und kulturelles Wissen vermittelt. Das kann Kindern auch zeigen, daß eine nüchterne, realistische Einstellung zur Sexualität (wie zu vielen anderen umstrittenen Themen) ihre Vorzüge hat. Dies kann im Laufe der Zeit einen guten Einfluß auf das Niveau öffentlicher Auseinandersetzungen haben.

Die Vermittlung von Wissen über Sexualität muß sich indessen nicht auf Elternhaus und Schule beschränken. Auch die Kirchen, Jugendorganisationen, das Rote Kreuz, Pro Familia, öffentliche Bibliotheken, Museen und Zoologische Gärten können Sonderprogramme anbieten, die sich mit den verschiedenen Aspekten der Sexualität bei Mensch und Tier befassen. Verlage könnten bessere sexualpädagogische Bücher, Broschüren, Zeitschriften, Comics und Schallplatten für Kinder herausgeben. Filmproduzenten könnten unterhaltende und zugleich erziehende Filme über Sexualität für die ganze Familie, besonders aber für Jugendliche, anbieten. Das Fernsehen sollte eigene Sexualerziehungsprogramme für verschiedene Altersstufen senden. Es gibt unzählige Möglichkeiten, an die bislang zu wenig gedacht wurde. Tagespresse und Schülerzeitungen könnten sich mehr sexuellen Problemen von Jugendlichen widmen, der Sexualerziehung vielleicht feste Kolumnen zuweisen. Bestimmte Verhütungsmittel könnten noch viel häufiger in öffentlich zugänglichen Automaten verkauft werden. Man könnte ihnen gleichzeitig Informationsblätter über Empfängnisverhütung und Geschlechtskrankheiten beilegen. Solche Informationen könnten auch jeder Packung Hygienebinden oder Tampons beigefügt werden.

Solche Aufklärungskampagnen würden sich natürlich zum Teil mit allen Aspekten der Fortpflanzung befassen, sie könnten aber auch ihr Schwergewicht auf die emotionalen Aspekte der Sexualität legen. Die Fähigkeit zu lustbetonter sexueller Aktivität sollte unbedingt unterstützt werden. Leider stoßen all diese Bemühungen immer noch auf erheblichen Widerstand in der Öffentlichkeit. Sexuelle Erfahrungen Jugendlicher, wie wir sie an anderer Stelle bereits besprochen haben, werden in unserer Gesellschaft nur von wenigen Erwachsenen geduldet oder unterstützt. Unter diesen Umständen kann es wohl noch eine Weile dauern, bis auch an die praktische Seite der Sexualerziehung gedacht werden kann. Dennoch muß jedem klar sein, daß in fehlender Praxis ein ernstzunehmendes Problem jedes Erziehungsprogramms liegt. Es erwartet schließlich niemand, daß Schüler tanzen lernen, indem sie nur Vorlesungen hören oder Bücher lesen. Ebensowenig kann man Auto fahren lernen, indem man nur die Gebrauchsanleitung liest. Die Sexualerziehung, wie sie heute existiert und befürwortet wird, ist also nach wie vor grundlegenden Beschränkungen ausgesetzt wie kein anderes Erziehungsfach. Selbst dort, wo Studenten genug Informationen erhalten, gestattet man ihnen niemals, die Lerninhalte in die Praxis umzusetzen. Sie können sich nicht in konkreten Situationen mit wirklichen Sexualpartnern selbst beweisen, ihre eigenen Eindrücke sammeln und prüfen oder durch Versuch und Irrtum lernen. Diese merkwürdigen Beschränkungen geben aller offiziellen Sexualerziehung eine seltsame Aura der Unwirklichkeit, wenn nicht gar der Unaufrichtigkeit, und sie untergraben die Glaubwürdigkeit jedes noch so kompetenten Pädagogen.

Natürlich haben viele junge Menschen inoffiziell Geschlechtsverkehr und versuchen so, praktisches Wissen zu gewinnen. Da sie dies jedoch meist ohne die Zustimmung von Erwachsenen tun müssen, sind ihre Erfahrungen nicht immer so angenehm, lohnend oder lehrreich, wie sie es unter anderen Umständen sein könnten. Ihre Partner sind überdies häufig gleichen Alters und ebenso unerfahren und unsicher. In vielen früheren und heutigen Gesellschaften war man der Ansicht, Jungen und Mädchen sollten gleich in der Pubertät durch ältere Partner ins Sexualleben eingeführt werden. Aber von Gesetzes wegen wird ein solcher Kontakt zwischen Jugendlichen und Erwachsenen in den meisten Ländern Europas und Amerikas verboten.

Die meisten Schüler haben heute, wenn sie die Schule verlassen, bereits praktische sexuelle Erfahrungen und seien sie noch so unbefriedigend. Auf der Universität oder in der Ausbildung finden sie dann meist erweiterte sexuelle Möglichkeiten. Viele Universitäten und Ausbildungsstätten bieten heute spezielle Beratungsdienste für Empfängnisverhütung an. Hierzu sind auch Aktivitäten von „Pro Familia" oder anderer öffentlicher oder privater Einrichtungen zu zählen. In den letzten Jahren hat die Anzahl solcher Beratungsstellen deutlich zugenommen. Verfügbare Materialien, zum Beispiel Filme, Videobänder und Bücher sind in guter Qualität und großer Zahl verfügbar.

Eine andere Quelle der Sexualerziehung für Erwachsene sind Massenmedien jeder Art. Manche Zeitschriften sexuellen Inhalts haben erheblich dazu beigetragen, das allgemeine Wissen um sexuelle Techniken, erotische Kunst, juristische und philosophische Aspekte der Sexualität sowie die Geschichte sexueller Bräuche zu erweitern. Diese Zeitschriften werden oft von offizieller Seite als „obszön" oder „pornographisch" bezeichnet. Man muß jedoch anerkennen, daß sie oftmals sinnvolle sexuelle Information in einfacher Sprache enthalten. Sie schließen oft die Lücke, die von den „seriöseren" Veröffentlichungen gelassen wird. Dies gilt auch für sogenannte „pornographische" Filme. Viele von ihnen sind sicher als Schund zu bezeichnen, weil sie einen abstoßenden Inhalt haben und sexuelle Ausbeutung propagieren, aber einige der drastischsten „Pornofilme" haben ihren positiven, erzieherischen Effekt bei manchem schüchternen oder unerfahrenen Zuschauer gehabt.

Andererseits wird häufig zu Recht darauf hingewiesen, daß die heutige „Pornographie" ein höchst unrealistisches Bild der menschlichen Sexualität wiedergibt und so viele naive Betrachter in die Irre führt. Sexualpädagogen halten diese Gefahr für ernst genug, um darin einen Grund für Zensur oder für ein Verbot des entsprechenden Materials zu sehen. Wir sollten jedoch nicht vergessen, daß in den vergangenen Jahrhunderten wesentlich schädlichere Fehlinformationen in medizinischen und psychiatrischen Lehrbüchern, Enzyklopädien, Ehehandbüchern, Schulungsmaterialien der Polizei, Katechismen, Hirtenbriefen und Erbauungsschriften verbreitet wurden. Selbst heute noch werden mancherorts in Heftchen an den Kirchentüren gefährliche sexuelle Irrtümer verbreitet. Für junge Menschen können solche Schriften in hohem Maße schädlich sein. Darüber hinaus fördern sie Vorurteile und sexuelle Intoleranz. Im Vergleich dazu scheint die „Pornographie" meist relativ harmlos.

Zensur kann jedenfalls hier kaum die Antwort sein. In einer pluralistischen Gesellschaft kann das „beste" sexuelle Wissen nur durch ungehindertes Suchen in allen Richtungen gefunden werden, und die „korrekten" sexuellen Werte können nur in lebendiger öffentlicher Diskussion gefunden werden, die alle Meinungen zu Wort kommen läßt.

Im großen und ganzen umschreibt dies schon die heutige Situation und wird vermutlich auch für die Zukunft gelten. Wir können daher hoffen, daß wir letztendlich an einen Punkt gelangen, wo „Sexualität" kein bedrohliches besonderes Problem mehr darstellt. Statt dessen wird sie wieder ein natürlicher

Aspekt des menschlichen Lebens werden, dem nicht zu viel und nicht zu wenig Bedeutung zugemessen wird. Wie in früheren, weniger repressiven Zeiten wird Sexualerziehung dann einfach Teil der allgemeinen Erziehung jedes Menschen sein.

13.3 Das Problem der Sexualethik

Schon immer haben sich Menschen mit sexueller Ethik befassen müssen, das heißt mit der Frage, ob ihr eigenes Sexualverhalten oder das anderer Menschen gut oder schlecht sei. Diese Frage ist heute genauso wichtig wie früher, sie zu beantworten ist jedoch weitaus schwieriger geworden.

Alle ethischen Normen basieren auf bestimmten Glaubensvorstellungen, Überzeugungen oder Grundannahmen, und die sexuelle Ethik jeder Gesellschaft reflektiert ihre Grundannahmen über den Sinn oder die „Natur" der Sexualität. So hat es zum Beispiel Völker gegeben, denen der kausale Zusammenhang zwischen Sexualität und Fortpflanzung nicht bekannt war. Diese Völker entwickelten natürlich andere Normen für das Sexualverhalten als solche, bei denen man in der Fortpflanzung den einzigen Sinn der Sexualität sah.

Die letztere Auffassung wurde in unserer eigenen Gesellschaft lange Zeit von den Vertretern der Kirche vertreten und hat unsere traditionelle Sexualmoral nachhaltig beeinflußt. Durch den wissenschaftlichen und technischen Fortschritt, den schwindenden Einfluß der Kirche und einem zunehmenden kulturellen Austausch ist in der heutigen Zeit aber eine früher nie gekannte Vielfalt der Wertvorstellungen entstanden. Wir sehen uns daher heute in einer neuen historischen Situation. Im Verlauf unseres Lebens werden wir mit einer Vielzahl sich widersprechender Ansichten über den Sinn der Sexualität konfrontiert und müssen zwischen einer Reihe von sich gegenseitig ausschließenden Wertsystemen wählen.

Auf den folgenden Seiten wird diese Entwicklung kurz dargestellt. Außerdem werden einige unserer heutigen und zukünftigen Möglichkeiten beschrieben.

13.3.1 Die religiöse Tradition

Unser moralisches Erbe wird oft als „jüdisch-christlich" beschrieben. Das bedeutet, daß unsere Wertvorstellungen aus der jüdischen und christlichen Religion stammen, und diese Erklärung ist zu einem gewissen Grade richtig. Aber diese beiden Religionen selbst sind, auch wenn wir uns dessen oft nicht bewußt sind, durch viele andere alte Glaubensvorstellungen mitgeprägt. Direkt oder indirekt sind unsere Einstellungen auch durch nahöstliche Mythen, griechische Philosophie, römische Gesetze und germanische Gebräuche beeinflußt worden. Selbst wenn wir uns nur mit der „christlichen" Tradition beschäftigen, stellen wir fest, daß sie zu verschiedenen Zeiten unterschiedlich ausgelegt wurde. So beweisen historische Untersuchungen zum Beispiel, daß die Einstellung des Christentums gegenüber Sexualität im Laufe der Jahrhunderte sehr unterschiedlich war und daß diese Unterschiede keineswegs so leicht zu erklären sind, wie wir oft annehmen. Um nur ein Beispiel zu geben: Wir sind es gewohnt, Religiosität mit Schamhaftigkeit gleichzusetzen, obwohl das mittelalterliche England Chaucers, mit all seinen Unflätigkeiten und Anzüglichkeiten, ein wesentlich frömmeres Land war als das prüde England der Königin Victoria. Dennoch kann man im großen und ganzen sagen, daß die jüdisch-christliche Doktrin lange Zeit unser Leben beherrscht hat, und daß viele ihrer Anschauungen willkürlich und engstirnig waren. Fast immer haben Juden und Christen geglaubt, der einzige Zweck der Sexualität sei die Fortpflanzung.

Im alten Israel wurde nach dem Gesetz „Seid fruchtbar und mehret euch" jedermann zur Fortpflanzung angehalten. Koitus zwischen Ehepartnern wurde gefördert, jede andere Form sexuellen Ausdrucks war tabu. Sogar Geschlechtsverkehr zwischen Ehepartnern wurde als sündig erachtet, wenn die Frau ihre Menstruation hatte, also nicht schwanger werden konnte. Die „schlimmsten" nicht auf Fortpflanzung gerichteten Sünden waren homosexueller Geschlechtsverkehr und sexueller Kontakt mit Tieren, die als „Greueltaten" und Götzendienst galten. So wurden sie zu religiösen Verbrechen. Sie verletzten Gottes „natürliche Ordnung", und jeder, der solche Verbrechen beging, galt gleichzeitig auch als Ketzer. Unter den Gläubigen konnte er nicht toleriert werden, man mußte ihn daher töten.

Die ersten Christen verwarfen viele jüdische Auffassungen und Traditionen, aber hinsichtlich der Sexualität richteten sie sich mehr oder weniger nach dem Mosaischen Gesetz. Bald entwickelten sie sogar noch strengere eigene Gesetze. Eine Zeitlang wurden allen sexuellen Freuden zugunsten der Keuschheit abgelehnt. Zeugung innerhalb der Ehe wurde als legitim anerkannt, Enthaltsamkeit wurde jedoch als der höhere moralische Wert gepriesen. Diese neue Askese nahm zwar im Laufe der Zeit etwas ab, die negative Grundeinstellung blieb jedoch bestehen. Die einzige „natürliche" Funktion der Sexualität blieb, nach Ansicht der Kirche des Mittelalters, die Fortpflanzung.

Auch die protestantische Reformation zeigte wenig sexuelle Toleranz. Im Gegenteil, während die Protestanten das Zölibat angriffen, hielten sie an der Fortpflanzungsfunktion der Sexualität fest und verurteilten jede sexuelle Handlung außerhalb der Ehe. Sie scheuten sich nicht, die Gesetze des Alten Testaments gegen alle sexuelle Ketzerei wieder aufleben zu lassen, und diese bildeten dann die Grundlage der modernen Sexualgesetzgebung in England und Nordamerika.

13.3.2 Die moderne Herausforderung

Gegen Ende des Mittelalters wurden die alten jüdisch-christlichen Normen erstmals in Frage gestellt. Die Renaissance des griechischen und römischen Gedankenguts, der Wechsel vom feudalistischen zum kapitalistischen Wirtschaftssystem, technische Neuerungen, die ersten Entdeckungsreisen, zunehmender Handel und die Geburt der modernen Wissenschaft machten den Menschen Mut, unabhängiger zu werden und viele traditionelle Glaubensvorstellungen in Frage zu stellen. Im Ergebnis der protestantischen Reformation verschwand darüber hinaus die frühere religiöse Einheit und Unumstößlichkeit. Eine wachsende Zahl neuer christlicher Gemeinschaften verbreitete ihre eigene Interpretation vom Willen Gottes, und obwohl sie sich in Fragen der sexuellen Ethik weitgehend einig waren, konnte ihre Uneinigkeit auf anderen Gebieten nur dazu führen, ihren Einfluß insgesamt zu vermindern. Schließlich gerieten sie sogar in Fragen der Sexualität in Widerspruch und beriefen sich alle auf die Bibel, um weit auseinanderliegende Meinungen und widerstreitende Auffassungen zu verteidigen. Viele Männer und Frauen wandten sich daher von der Kirche ab und orientierten sich in ihren moralischen Werten an anderen Vorbildern. Werte, die als absolut betrachtet worden waren, wurden im allgemeinen Prozeß der Säkularisierung zunehmend relativiert.

Die „Verhütungs-Revolution"

Ein zunehmendes Wissen auf dem Gebiet der menschlichen Sexual- und Fortpflanzungsfunktionen machte die bewußte Kontrolle der Fortpflanzung einfacher als je zuvor. Irgendwann im späten 17. oder frühen 18. Jahrhundert konnte man Kondome aus Tiereingeweiden im freien Handel kaufen. (Die Meinungen über den genauen Ursprung der Kondome ist unterschiedlich. In der einen oder anderen Form sind sie unseres Wissens wahrscheinlich bereits in der Antike benutzt worden.) Anfangs wurden die Kondome wahrscheinlich vor allem als Schutz vor Geschlechtskrankheiten benutzt, es dauerte jedoch nicht lange, bis man auch ihren Wert als Empfängnisverhütungsmittel schätzen lernte. Schließlich wurde im 19. Jahrhundert die Massenproduktion von Kondomen aus Gummi möglich. Das ermutigte immer mehr Menschen, bewußte Schwangerschaftsverhütung zu praktizieren. Nach und nach kamen andere Verhütungsmethoden hinzu, wie das Diaphragma (Pessar) um 1880, die Spirale (um 1930) und die „Pille" in den fünfziger Jahren. Gleichzeitig entwickelten sich private und öffentliche Organisationen, die versuchten, solche Mittel auch der breiten Bevölkerung zugänglich zu machen. In den meisten Ländern können heute Männer und Frauen Schwangerschaften bewußt vermeiden.

Die „Bevölkerungsexplosion"

Die Einführung sicherer Verhütungsmittel und der zunehmende Wille, sie anzuwenden, gaben den Menschen insgesamt neue Hoffnung, da sie sich ganz unvermittelt mit einem neuen Problem konfrontiert sahen – der drohenden Überbevölkerung.

Eigentlich war dieses Problem bereits gegen Ende des 18. Jahrhunderts von Thomas R. Malthus beschrieben worden, aber als in den folgenden Jahrzehnten das Bevölkerungswachstum in einigen europäischen Ländern nicht in dem für die Industrialisierung erforderlichen Umfang stattfand, nahmen religiöse und politische Führer die Warnung nur wenig ernst und forderten hohe Geburtenraten. Inzwischen hat sich die Auffassung von Malthus als richtig erwiesen: Das Bevölkerungswachstum auf unserem Planeten hat explosive Formen angenommen und ist an einem Punkt angelangt, wo die vorhandenen Rohstoffe und Nahrungsmittel nicht mehr ausreichen.

Man nimmt an, daß es die Spezies Mensch seit mindestens drei Millionen Jahren gibt, vor drei Jahrhunderten zählte die Menschheit jedoch erst etwa 500 Millionen Menschen (also etwas mehr als das Doppelte der gegenwärtigen Bevölkerung der Vereinigten Staaten). Kaum zwei Jahrhunderte später hatte sich diese Zahl bereits auf eine Milliarde verdoppelt. Bis 1930 waren es schon zwei Milliarden. Bis 1960 war die Zahl auf drei Milliarden angewachsen; nur 15 Jahre später, 1975, zählte die Weltbevölkerung bereits vier Milliarden Menschen. Das bedeutet, daß von allen Menschen, die jemals gelebt haben, ein Viertel heute am Leben ist. Es bedeutet auch, daß der heutige Trend dazu führen würde, daß in weiteren 35 Jahren die Weltbevölkerung sich abermals verdoppelte und die erschreckende Anzahl von acht Milliarden Menschen erreichte.

Ohne auf die Ursachen und Folgen dieser Entwicklung näher einzugehen, besteht kein Zweifel, daß wir die Forderung nach reproduktiver Sexualität neu überdenken müssen. Es gibt keine andere Lösung: Wenn Männer und Frauen einfach fortfahren, sich zu vermehren wie bisher, dann wird das Leben auf dieser Erde bald nur noch unter sehr großen Opfern möglich oder sogar ganz unmöglich sein. Wenn wir dagegen die derzeitigen Geburtenziffern auf ein erträgliches Maß senken wollen, dann muß eine weitgehende Trennung zwischen Sexualverhalten und Fortpflanzungsabsicht erfolgen. Vollständige sexuelle Abstinenz für Milliarden von Menschen kann nicht als realistische Alternative betrachtet werden.

Der Kampf um die Rechte des Einzelnen

Die Bewegung für die Selbstbestimmung des Menschen, die mit dem Ende des Mittelalters begann, hat inzwischen zu grundlegenden sozialen und politischen Veränderungen geführt. Zunächst religiöse Reformer, dann Wissenschaftler und Philosophen, schließlich gewöhnliche Bürger stellten sich gegen die absolutistische Herrschaft. Päpste und Könige wurden offen herausgefordert, der Wunsch nach ,,Aufklärung" ließ es jedem geraten sein, seinen eigenen Verstand zu gebrauchen und alle etablierten Herrschaftsstrukturen in Frage zu stellen. Individualismus, Gleichheit und Unabhängigkeit waren die neuen Ideale, und um sie zu verwirklichen, wurden demokratische Regierungsformen in den Vereinigten Staaten und Europa durchgesetzt.

Der ,,aufgeklärte", autonome Mensch pochte auf gewisse ,,natürliche Menschenrechte", zu denen er das Recht auf Leben, Freiheit und Streben nach Glück zählte. Darüber hinaus forderte er Glaubensfreiheit und das Recht auf freie Meinungsäußerung. Es wurde jedoch bald deutlich, daß an diesen Rechten nichts ,,natürlich" war. Im Gegenteil, sie konnten nur durch bewußten Kampf erreicht werden. Sie waren nicht wirklich ,,Geschenke der Natur", sondern Errungenschaften des Menschen. Man mußte für sie streiten, und wenn man sie einmal erlangt hatte, mußte man sie verteidigen, um sie nicht wieder zu verlieren. Außerdem wurde diese neugewonnene Freiheit zunächst nur den Männern der weißen Mittel- und Oberschicht gewährt. Frauen, Sklaven, die Armen und bestimmte ethnische Minderheiten wurden in unterschiedlichem Ausmaß von ihnen ausgeschlossen. Erst als auch diese unterdrückten Gruppen begannen, für ihre Bürgerrechte zu kämpfen, gewannen sie eine gewisse Autonomie.

Der Kampf um die Verwirklichung von Menschenrechten hält weiterhin an und nimmt an Ausmaß und Intensität zu. In den Vereinigten Staaten haben Frauen, Schwarze und andere ethnische Gruppen noch immer nicht den Eindruck, daß ihre Diskriminierung ein Ende hat und sie kämpfen daher weiter. Darüber hinaus werden ihre Forderungen heute von anderen Minderheiten wiederholt, die sich bisher kaum zu Wort gemeldet hatten. Dazu gehören die alten Menschen, die Jugend, alleinstehende Erwachsene, Homosexuelle, Körperbehinderte, Menschen in psychiatrischen Einrichtungen und Strafgefangene. Jede dieser Minderheiten verfolgt eigene Ziele, wir können jedoch hier einen gemeinsamen Punkt hervorheben: Sie alle sind seit langer Zeit Opfer sexueller Unterdrückung.

Sexuell unterdrückte Gruppen ergeben sich heute jedoch nicht mehr in ihr Schicksal, sondern fordern dieselbe Freiheit wie alle anderen. Sie entschuldigen sich nicht länger für ihre Bedürfnisse und weigern sich, den ihnen zugewiesenen minderen Status zu akzeptieren. Das bedeutet auch, daß diejenigen, die diese Unterdrückung fortsetzen wollen, heute neue Erklärungen und Rechtfertigungen für ihr Vorgehen finden müssen, was zunehmend schwieriger wird, da sie meist religiöse Gründe ohne rationale Basis anführen. Unter diesen Umständen können wir hoffen, daß der Kampf um sexuelle Befreiung erfolgreich sein wird. Er ist Teil des allgemeinen Kampfes um die individuelle Freiheit und stellt daher einen wichtigen, positiven Faktor für die Entwicklung zu einer offeneren, gerechteren und freieren Gesellschaft dar. Wenn mehr Menschen größere Rechte zugestanden werden, bedeutet dies ja schließlich nicht die Abschaffung jeder moralischen, juristischen und politischen Ordnung; eine Gesellschaft wird hierdurch nur demokratischer.

13.3.3 Eine ,,neue Moral" für die Zukunft

Die moderne Herausforderung an religiöse Traditionen wird von vielen Menschen als bedrohlich empfunden und sie sind daher versucht, in ihr ein Zeichen für das Ende unserer Zivilisation zu sehen. Sie wollen keine Veränderungen, insbesondere im Hinblick auf die sexuelle Ethik, und glauben hier nicht an den Fortschritt. Statt dessen sind sie der Auffassung, daß jede Lokkerung früherer Einschränkungen zu sexuellem Chaos führt und daß sexuelle Normen wertlos sind, wenn sie ihren absoluten Charakter verlieren. Inzwischen haben jedoch selbst strenggläubige Menschen eingesehen, daß gewisse alte Dogmen unmoralische Auswirkungen haben, und sie haben begonnen, nach einer neueren, menschlicheren Moral zu suchen. Sie überwinden ihre traditionelle Ängstlichkeit und setzen sich mit dem neuen Ideal des Individualismus und der Selbstbestimmung auseinander, sie begrüßen eine strengere Trennung von Kirche und Staat. Sie wollen deshalb beispielsweise religiöse Glaubensanschauungen nicht mehr strafrechtlich verteidigt sehen. Selbst im Bereich der Sexualität akzeptieren sie heute das Prinzip, das John Stuart Mill in seinem berühmten Aufsatz „On Liberty" (1859) formuliert hat: „Der einzige Grund, aus dem Gewalt gegen ein Mitglied der Gesellschaft gegen dessen Willen zu Recht ausgeübt werden kann, ist der Schutz anderer vor Schaden. Sein eigenes – körperliches oder moralisches – Wohlergehen ist keine hinreichende Rechtfertigung. Jeder Mensch ist treuer Hüter seiner eigenen – körperlichen, geistigen oder seelischen – Gesundheit."

Dieses Prinzip bricht allerdings mit der traditionellen Moral von Jahrtausenden. Zu fast allen Zeiten waren Menschen nicht ihre eigenen „Hüter", sondern legten alle Entscheidungen über ihre seelische Gesundheit in die Hände religiöser und politischer Obrigkeiten. Nur diese „höheren" Obrigkeiten konnten entscheiden, was am Verhalten eines jeden gut oder schlecht war, sie hatten das Recht, jeden Andersdenkenden zum Schweigen zu bringen. Erst seit relativ kurzer Zeit wagen es einige demokratische Gesellschaften, ihre moralischen Grundsätze kritisch zu überprüfen und öffentlich zu diskutieren.

Diese Entwicklung wurde vor allem durch zwei Faktoren beeinflußt: durch den verstärkten Kampf um individuelle Rechte und durch die Feststellung, daß auch das selbstloseste Motiv keine Rechtfertigung für moralischen Despotismus darstellt. Der große christliche Schriftsteller C. S. Lewis hat es einmal so formuliert: „Von aller Tyrannei ist die Tyrannei, die zum Wohl ihrer Opfer geschieht, oft die grausamste." Selbstsüchtige, wollüstige und habgierige Tyrannen werden manchmal müde, aber ein Mensch, der andere „zu ihrem eigenen Besten" verfolgt, tut dies im vollen Bewußtsein, ohne Ausnahmen, ohne Rast und ohne Rücksicht auf die Folgen. Eine demokratische Gesellschaft verteidigt daher nur ihre eigenen Grundlagen, wenn sie die Autonomie ihrer Bürger respektiert und sie davor schützt, von omnipotenten moralischen Wichtigtuern belästigt zu werden.

Selbst dort, wo demokratische Werte theoretisch anerkannt sind, bedeutet das noch nicht, daß sie auch praktisch angewandt werden. Wenngleich beispielsweise die Verfassung der Vereinigten Staaten für individuelle Freiheit eintritt, besteht im Bereich der Sexualität immer noch ein hohes Maß an Unterdrückung. Die Tyrannei der Puritaner versucht immer wieder, jedermann in eine sexuelle Zwangsjacke zu stecken. So erließen amerikanische Gesetzgeber im späten 19. Jahrhundert den „Comstock-Act" gegen den Postversand „obszönen" Materials. Im frühen 20. Jahrhundert kriminalisierten sie den Ehebruch, der vorher straffrei gewesen war, und schlossen die lange bestehenden Bordelle. Nach dem Ersten Weltkrieg führte eine neue Kampagne gegen das „Laster" zum allgemeinen Verbot von Alkohol. In den dreißiger und vierziger Jahren führte die weitverbreitete Hysterie über „Perversion" zur Verabschiedung von Gesetzen gegen „sexuelle Psychopathen". In den fünfziger Jahren führte die Zwangsidee von einer kommunistischen und homosexuellen Verschwörung („Homintern") zu einer Welle repressiver Gesetzgebungen gegen Homosexuelle. Selbst in den siebziger Jahren wurden immer neue Anstrengungen unternommen, „Pornographie" zu beseitigen und Prostitution zu beenden, indem man die Kunden der Prostituierten verhaftete.

Die Erfahrung lehrt jedoch, daß solche moralischen Kreuzzüge noch nie den gewünschten Erfolg hatten und daß sie die Dinge wahrscheinlich nur schlimmer machen. Comstocks Fanatismus versagte Frauen über Generationen ausreichende Sexualinformationen über Empfängnisverhütung und war damit für das große Elend verantwortlich, das Margaret Sanger und andere zu beseitigen suchten. Die Strafbestimmungen gegen außereheliche sexuelle Beziehungen führten zu unendlicher Heuchelei der Gerichte, die Tausende von Ehen wegen Ehebruchs schieden und dabei niemals den ,,schuldigen" Partner verfolgten. Die Schließung von Bordellen zwang viele Prostituierte, auf die Straße zu gehen und sich in den ,,Schutz" von Zuhältern zu begeben. Die Prohibition des Alkohols führte zu einem immensen Anstieg des organisierten Verbrechens, die Gesetzgebung gegen ,,sexuelle Psychopathen" und die gesetzliche Diskriminierung Homosexueller hatte das Entstehen einer neuen unterdrückten Bevölkerungsgruppe zur Folge, ohne daß hieraus der Allgemeinheit ein Nutzen erwachsen wäre. Der derzeitige ,,Krieg gegen Pornographie" verursacht Verluste enormer Summen von Steuergeldern, indem in juristisch eher fragwürdigen Verfahren diejenigen Verleger angeklagt werden, deren Produkte Millionen Leser regelmäßig kaufen. Diese Leser werden gleichzeitig die Opfer einer immer größeren Anzahl von Gewaltverbrechen.

Aber das Problem liegt tiefer. Die überkommene puritanische Tyrannei unterdrückt nicht nur ein paar sexuelle Sünder und Ketzer, sondern auch eine Vielzahl rechtschaffener, ,,durchschnittlicher" Bürger. Sexualforscher und Therapeuten haben festgestellt, daß rigide Moralvorstellungen Menschen buchstäblich krank machen und eine Vielzahl sexueller und sozialer Funktionsstörungen nach sich ziehen können. Diese Auffassungen können darüber hinaus Menschen möglicher Lust berauben und Frustration, Mißgunst oder sogar Gewalt erzeugen. Die biologischen Fakten lassen sich jedenfalls nicht leugnen: Die Pubertät beginnt in der heutigen Zeit in immer jüngeren Jahren, während die durchschnittliche Lebenserwartung lange Zeit gestiegen ist. Die Folge ist allgemein eine beachtliche Zunahme der Jahre, in denen Menschen sexuell aktiv, aber nicht fortpflanzungsfähig sind.

Unter diesen Umständen ist es weniger gerechtfertigt denn je, die strenge Verbindung von Sexualität und Fortpflanzung in unserer Sexualmoral aufrechtzuerhalten. Es macht keinen Sinn, Menschen Schuldgefühle zu vermitteln über Bedürfnisse, die statt dessen auch eine Quelle des Glücks, der Gesundheit und der gegenseitigen Achtung sein könnten. Es wäre ,,anständiger", eine menschlichere, flexible Ethik zu entwickeln. Geschlechtsverkehr muß nicht nur als Mittel zur Fortpflanzung gutgeheißen werden, sondern auch als möglicher Wert an sich.

Wenn wir Lustgewinn und Selbstverwirklichung als legitime Zwecke der Sexualität akzeptieren, werden viele unserer traditionellen Normen, Gesetze und psychiatrischen Grundannahmen gegenstandslos. Dann gibt es zum Beispiel keinen vernünftigen Grund mehr, Geschlechtsverkehr auf die Ehe zu beschränken. Die moralische Verurteilung und Kriminalisierung der Sexualität zwischen unverheirateten Partnern ist dann nur noch willkürlich und ungerecht. Die früheren sexuellen ,,Ketzereien", ,,Greueltaten" oder ,,Perversionen" müssen dann nach ihren tatsächlichen gesellschaftlichen Auswirkungen beurteilt werden, und in manchen Fällen können sie sich als durchaus positiv erweisen. Außerdem, wenn man den Geschlechtsverkehr um seiner selbst willen gelten läßt, so müssen auch Verhütungsmittel für jeden von der Pubertät an verfügbar sein. Die Vorbehalte gegen Werbung für Verhütungsmittel in Radio, Fernsehen und Presse entfallen dann. Tatsächlich hat inzwischen die ,,Bevölkerungsexplosion" in vielen Ländern die Regierungen bereits dazu veranlaßt, breit angelegte Kampagnen für Empfängnisverhütung durchzuführen. In manchen Ländern werden Verhütungsmittel sogar jedem, auch unverheirateten Jugendlichen, kostenlos zur Verfügung gestellt.

Es ist an dieser Stelle nicht erforderlich, auf die vielfältigen Möglichkeiten einer neuen Sexualmoral im Detail einzugehen. Es genügt hier festzustellen, daß drastische Veränderungen in jedem Fall unumgänglich sind, und daß wir in sexuellen Dingen uns daran gewöhnen müssen, möglicherweise ,,das Undenkbare zu denken“. So sehen sich beispielsweise einige Regierungen heute bereits gezwungen, im Kampf gegen die Überbevölkerung zusätzliche Steuern oder Strafen für große Familien einzuführen und die Möglichkeit der Zwangssterilisierung zu diskutieren. Andere Länder empfehlen sexuelle Abstinenz vor der Ehe, setzen das Heiratsalter herauf und verurteilen jede Sinnlichkeit innerhalb der Ehe selbst. Konsequent angewandt, können solche Ansätze zwar die Geburtenziffern senken, sie führen aber mit Sicherheit gleichzeitig zu unerträglichen staatlichen Eingriffen. Daher werden sich demokratische Regierungen eher für den umgekehrten Weg entscheiden. Vielleicht kann tatsächlich nur vollkommene sexuelle Freiheit erfolgreich das Bevölkerungswachstum aufhalten.

Diese kurzen Ausführungen lassen bereits erkennen, daß die ,,sexuelle Revolution“ noch lange nicht vorbei ist und daß nicht alle Experimente auf dem Gebiet der Sexualität und Ehe nutzlose Irrwege sind. Wie wir aber auch feststellen können, sind die dabei gemachten Erfahrungen keineswegs alle positiv zu bewerten. Einige zeigen unter Umständen durchaus negative Ergebnisse, die uns zwingen, sie zu verwerfen und neue Möglichkeiten zu erwägen. Auf alle Fälle scheint sicher, daß negative und positive Auswirkungen solcher Experimente immer mehr aus praktischen Erwägungen heraus beurteilt werden. Erst die Erfahrung wird eine endgültige Entscheidung bringen, nicht irgendwelche unbefragten religiösen Dogmen. Das bedeutet, daß unsere Sexualmoral viel mehr als bisher rationaler Überprüfung ausgesetzt sein wird.

Das soll jedoch keineswegs bedeuten, daß moralische Normen ganz und gar rational sein können. Die Wissenschaft allein kann uns nicht sagen, was wir sexuell tun oder nicht tun sollen. Sie kann uns bestenfalls wachsam und kritisch machen, kann aber nicht aus sich heraus ethische Normen aufstellen. Werturteile sind immer im Kern unwissenschaftlich. Es gibt keinen objektiven Weg, moralische Entscheidungen zu treffen. Wenn es um Fragen von Gut oder Böse geht, werden wir immer von unserem Glauben, von Gefühl und Traditionen abhängen.

Daher spielen die großen Religionen, auch unsere eigene, noch immer eine entscheidende Rolle in unserer Einstellung zur Sexualität. Solange wir vorsichtig und zurückhaltend bleiben, kann unser Glaube uns Kraft geben und uns zeigen, was für uns und unseren Nächsten ,,gut“ ist. Die Religion wird uns sicher keine fertigen Lösungen aller moralischen Probleme mehr bieten können, aber sie kann uns allgemeine Richtlinien vermitteln. Auch die Tatsache, daß in der Vergangenheit Religion oft dazu mißbraucht wurde, um Grausamkeit und sexuelle Unterdrückung zu rechtfertigen, kann heute unserer Aufklärung dienen. Wenn wir begreifen, wieviel menschliches Elend religiöse Fanatiker auf dem Gewissen haben, werden wir mit unseren eigenen moralischen Ansprüchen bescheidener sein.

Weiterführende Literatur

Bloch, I.: Das Sexualleben unserer Zeit. Berlin (L. Marcus), 1913.
Brecher, E. M.: Vom Tabu zum Sex-Labor. Die Geschichte der Sexualforschung (The sex researchers, dt.). Reinbek (Rowohlt), 1971
Ellis, H.: Geschlecht und Gesellschaft (Sex in relation to society, dt.). Würzburg (Kubitsch), 1910–1911.
Ford, C. S., Beach, F. A.: Formen der Sexualität. Das Sexualleben bei Mensch und Tier (Patterns of sexual behavior, dt.). 3. Aufl., Reinbek (Rowohlt), 1971.
Freud, S.: Sexualleben. Bd. V der Studienausgabe in 10 Bänden und 1 Erg.-Band. Frankfurt/M. (Fischer), 1982.
Freud, S.: Zwang, Paranoia und Perversion. Bd. IX der Studienausgabe in 10 Bänden und 1 Erg.-Band. Frankfurt/M. (Fischer), 1982.
Fromm, E.: Die Kunst des Liebens (The art of loving, dt.). Berlin (Ullstein), 1980.
Guyon, R.: The ethics of sexual acts. New York (Knopf), 1958.
Kinsey, A. C. u. a.: Das sexuelle Verhalten des Mannes (Sexual behavior in the human male, dt.). Frankfurt/M. (Fischer), 1970.
Kinsey, A. C. u. a.: Das sexuelle Verhalten der Frau (Sexual behavior in the human female, dt.). Frankfurt/M. (Fischer), 1970.
Kirkendall, L., Whitehurst, E. (Hrsg.): The new sexual revolution. Buffalo (Prometheus Books), 1971.
Knowlton, C.: The fruits of philosophy, or the private companion of young married people (1832). In: Chandrase, K. S. (Hrsg.): A dirty, filthy book. Berkeley, 1981.
Krafft-Ebing, R. v.: Psychopathia sexualis. (1886). 15. Aufl., Stuttgart (Enke), 1918.
Lindsey, B. B.: Die Revolution der modernen Jugend (The revolt of the modern youth, dt.). Stuttgart (DVA), 1928.
Lippmann, W.: A preface to morals. New York (Macmillan), 1929 (wiederveröffentlicht 1964, Time-Life Books).
Malinowski, B.: Das Geschlechtsleben der Wilden in Nordwest-Melanesien. (1929). Schriften in vier Bänden; Bd. 2. Frankfurt/M. (Syndikat), 1979.
Malthus, T. A.: Eine Abhandlung über das Bevölkerungsgesetz (Essay on population (1798), dt.). Jena (G. Fischer), 1924–1925.
Maskus, R. (Hrsg.): Sexualität und Sexualerziehung. St. Augustin (Richarz), 1980.
Mead, M.: Geschlecht und Temperament in drei primitiven Gesellschaften (Sex and temperament in three primitive societies (1933), dt.). München (dtv), 1979.
Mead, M.: Kindheit und Jugend in Samoa (Coming of age in Samoa (1928), dt.). 3. Aufl., München (dtv), 1974.
Pomeroy, W. B.: Dr. Kinsey and the Institute for Sex Research. New York (American Library), 1973.
Reich, W.: Der Einbruch der sexuellen Zwangsmoral. Zur Geschichte der sexuellen Ökonomie. (1951). Frankfurt/M. (Fischer), 1975.
Reich, W.: Die Entstehung des Orgons. Die Funktion des Orgasmus. (1927/1940). Frankfurt/M. (Fischer), 1972.
Reich, W.: Die sexuelle Revolution. Zur charakterlichen Selbststeuerung des Menschen (erschien 1936 unter dem Titel: Die Sexualität im Kulturkampf). Frankfurt/M. (Fischer), 1971.
Reich, W.: Massenpsychologie des Faschismus. Zur Sexualökonomie der politischen Reaktion und zur proletarischen Sexualpolitik. (1934). 3. Aufl., Frankfurt/M. (Fischer), 1974.
Rousseau, J.-J.: Emile oder über die Erziehung. (1762). Stuttgart (Reclam), 1965.
Rotterdam, E. v.: Vertraute Gespräche (Colloquia familiaria (1522), dt.). Köln, 1947.
Russell, B.: Ehe und Moral (Marriage and morals (1929), dt.). Stuttgart (Kohlhammer), 1951.

Anhang (Aktuelle Themen)

AIDS

AIDS (engl. *Acquired Immuno-Deficiency Syndrome* oder „*A*ufgegriffenes" *I*mmun-*D*efekt-*S*yndrom) ist das häufige, lebensbedrohende Ergebnis einer neuen Virusinfektion.

Das betreffende, sehr gefährliche Virus war vor wenigen Jahren in Europa noch völlig unbekannt. Es ist höchstwahrscheinlich in Zentralafrika von der grünen Meerkatze (einer Affenart) auf den Menschen übergesprungen und hat erst dann seine krankheitserregende Wirkung entfaltet. In dieser Ursprungsgegend sind Männer und Frauen in gleicher Weise befallen, da das Virus meist auf dem Wege des Geschlechtsverkehrs weitergegeben wird. (Durch einfachen gesellschaftlichen Umgang, Umarmen, Händeschütteln usw. kann man sich nicht anstecken!) Von Afrika aus gelangte das Virus dann wahrscheinlich über Haiti in die USA, wo es zunächst homosexuelle und bisexuelle Männer befiel. Von den Vereinigten Staaten aus verbreitete sich die Ansteckung dann in relativ kurzer Zeit durch alle westlichen Industrienationen.

Die zufällige Verbreitungsgeschichte der Krankheit ließ zunächst den Eindruck entstehen, als handele es sich hauptsächlich um eine „Homosexuellen-Krankheit", aber dies hat sich keineswegs bestätigt. Vielmehr ist AIDS u. a. eine neue Geschlechtskrankheit, die letztlich alle Frauen und Männer gefährdet, die nicht in exklusiven Paarbeziehungen leben. Ebenso wie die Ende des 15. Jahrhunderts unter Heterosexuellen plötzlich auftretende Syphilis schließlich auch die Homosexuellen erfaßte, so wird umgekehrt AIDS nach den Homosexuellen auch die Heterosexuellen erfassen, wenn nicht *alle* Menschen, gleich welcher sexuellen Orientierung, sofort entsprechende Vorbeugungsmaßnahmen ergreifen (siehe Kasten S. 548).

Bei der Erkrankung handelt es sich, wie schon der Name sagt, um eine „aufgegriffene" d. h. erworbene Schwächung und Zerstörung der körpereigenen Abwehrkräfte gegen Krankheitserreger aller Art und gegen Krebszellen. Diese Schwächung macht daher die Betroffenen anfällig für eine Reihe von opportunistischen Infektionen, die dann lebensbedrohend sind. Außerdem können sie das „Kaposi-Sarkom" entwickeln, eine Art Hautkrebs, die man früher nur bei älteren Männern fand und die bei diesen nur langsam fortschritt. Bei Patienten mit AIDS verläuft der Krebs aber fulminant, d. h. er kann in relativ kurzer Zeit zum Tode führen. Ebenso gefährlich ist eine sonst seltene Lungenentzündung, die durch den Erreger *Pneumocystis carinii* verursacht wird, und die bei Menschen mit AIDS vermehrt aufzutreten scheint. Die Reihe der möglichen Erkrankungen ist aber noch länger und reicht von Pilzinfektionen – besonders im Mund – über Tuberkulose bis zu Gehirn- und Gehirnhautinfektionen. Ein Mensch, der das „Aufgegriffene" Immun-Defekt-Syndrom entwickelt hat, ist damit für solche Krankheiten anfällig und äußerst gefährdet.

Die klinische Diagnose AIDS wird aber erst gestellt, wenn eine ganze Gruppe von Symptomen (d. h. ein Syndrom) zusammen auftritt und den Zusammenbruch des Abwehrsystems deutlich macht. Bevor es soweit kommt, können aber schon einzelne Gesundheitsprobleme auftauchen, die auf eine Abwehrschwächung verweisen, und die man als ARC (d. h. *AIDS-Related Complex* oder „AIDS-bezogener Komplex“) bezeichnet. Diese Probleme brauchen sich nicht unbedingt zum vollen Krankheitsbild AIDS zu entwickeln. Schließlich: Selbst bevor es zu ARC kommt, können Menschen mit dem Virus infiziert sein und dabei keinerlei Symptome haben. Die Infektion ist dann nur indirekt nachweisbar durch einen besonderen Test (siehe S. 546).

Das für AIDS verantwortliche Virus ist inzwischen bei infizierten Personen in allen Körperflüssigkeiten (Blut, Samen, Speichel, Urin und Kot) nachgewiesen worden.

Bei folgenden Symptomen ist daran zu denken, daß es sich möglicherweise um einen „aufgegriffenen“ Immun-Defekt handeln könnte, besonders, wenn zwei oder mehr davon zusammen auftreten (die Symptome machen sich jedoch auch bei einer Reihe anderer, harmloserer Erkrankungen bemerkbar!):

- Schwellung der Lymphknoten über längere Zeit
- andauerndes mäßiges Fieber und Nachtschweiß
- ungeklärte Durchfälle
- plötzliche Gewichtsabnahme um mehrere Kilogramm
- Müdigkeit und Mattheit.

Das Kaposi-Sarkom äußert sich in violetten bis rotbraun-bräunlichen, nicht schmerzhaften Flecken oder Knoten auf der Haut oder im Mund, die Lungenentzündung durch *Pneumocystis carinii* ruft trockenen, lange bestehenden Husten ohne Auswurf hervor.

Die Diagnose des Immundefekts ist nicht einfach, denn die oben genannten Symptome können auch bei anderen, weniger gefährlichen Krankheiten auftreten. Besonders in Kombination bieten sie aber Anlaß, den Arzt aufzusuchen und den Verdacht des Immundefekts zu verfolgen. Ein besonderes Problem besteht noch darin, daß beim erworbenen Immundefekt-Syndrom die Zeit zwischen der Ansteckung und dem Ausbruch der Krankheit (die Inkubationszeit) bis zu fünf Jahre und vielleicht noch viel länger betragen kann. Das heißt, jemand kann bereits infiziert sein und andere infizieren, während er sich noch völlig gesund fühlt und von Ärzten sogar ohne einen besonderen Test als gesund diagnostiziert wird. Erst nach Monaten oder Jahren kann die Krankheit dann bei ihm ausbrechen. (Sie muß aber nicht in jedem Fall ausbrechen.) Durch einen neuen AIDS-Virus-Antikörper-Test ist es inzwischen möglich geworden, nachzuweisen, ob jemand mit dem Virus selbst in Berührung gekommen ist (siehe S. 546).

Aus all dem geht hervor, daß es sich um eine sehr gefährliche Krankheit handelt. Eine erfolgreiche Behandlung gibt es bisher nicht, und auch eine Immunisierung (Impfung) ist bisher nicht in Aussicht. Während die Folgekrankheiten des AIDS wenigstens teilweise behandelbar sind, ist der Immundefekt selbst bisher nicht heilbar. Infolgedessen ist die Sterblichkeit unter den Patienten leider sehr hoch.

Inzwischen sucht eine Reihe von hochqualifizierten Forschergruppen in aller Welt nach einer medizinischen Lösung. Bis diese Lösung aber gefunden ist, ist es nützlich, einige Tatsachen und Vernunftregeln im Auge zu behalten:

Die Krankheit ist bisher hauptsächlich unter männlichen Homosexuellen und Bisexuellen, Einwohnern von Haiti, Empfängern von Blut und Blutprodukten sowie Drogenabhängigen, die sich ihre Drogen spritzen, aufgetreten. Durch das Testen von Blutspendern und die Hitzebehandlung von Blutkonserven ist der Schutz von Blutern und Empfängern von Bluttransfusionen mittlerweile gewährleistet. Für Drogenabhängige, die sich ihre Drogen in die Venen spritzen, ergibt sich andererseits klar der Verzicht auf Mitbenutzung von Spritzen und Kanülen anderer.

Die große Anzahl von Erkrankungen unter homosexuellen und bisexuellen

Männern hat leider teilweise zur Reaktivierung älterer Vorurteile geführt und Uninformierte dazu verleitet, von einer „Schwulenpest“ oder „Homoseuche“ zu reden oder sogar die Isolierung von Homosexuellen oder die erneute Strafbarkeit homosexueller Handlungen zu fordern. Wie aber in diesem Buch wiederholt ausgeführt, beruhen solche Ideen auf einer Verkennung der Realitäten. Ein Begriff wie „die Homosexuellen“ ist eine sprachliche Verkürzung, denn in Wirklichkeit gibt es eine solche klar abgrenzbare Gruppe nicht (vgl. auch S. 235–246 und S. 490–491). Die meisten sogenannten Homosexuellen sind nicht ausschließlich homosexuell aktiv, sondern in verschiedenem Ausmaß auch heterosexuell (siehe Tafel auf S. 237). Es ist daher klar, daß ohne die Mitarbeit aller Risikogruppen die Krankheit nicht erfolgreich zu bekämpfen ist. Besonders die Zusammenarbeit mit den „Homosexuellen“ ist entscheidend, wenn das Problem nicht der medizinischen Kontrolle völlig entgleiten soll. Jede neue Kriminalisierung oder auch nur verschärfte soziale Diskriminierung homosexuellen Verhaltens beschwört aber gerade diese Gefahr herauf, denn sie wird die Patienten zögern lassen, ärztliche Hilfe in Anspruch zu nehmen, ihre sexuellen Kontakte vollständig anzugeben usw.

Es ist daher eine glückliche Fügung in dieser ernsten Lage, daß sich in den USA, wo es bisher die meisten Erkrankungen gibt, schon vor Jahren homosexuelle Ärztevereinigungen gebildet haben, die nun mit großer Sachkenntnis ihre anderen Forscherkollegen beraten können. Außerdem besitzen diese offen homosexuellen Ärzte das Vertrauen der homosexuellen Patienten, die nun auf sie hören und die Ratschläge zur Vorbeugung, zur Behandlung und zur Mitarbeit bei der Forschung befolgen.

Für den Durchschnittsmenschen, gleichgültig ob homosexuell oder heterosexuell, ergibt sich in der Zwischenzeit folgende Überlegung: Jede Reduzierung der Anzahl verschiedener Sexualpartner bedeutet offensichtlich auch eine Reduzierung des Ansteckungsrisikos. Ein Paar, das ausschließlich „monogam“ lebt, kann sich gar nicht anstecken.

Da die Ansteckung unter anderem auch durch den „Austausch von Körperflüssigkeit“ (Speichel, Blut, Samenflüssigkeit) erfolgt, sind Formen des Geschlechtsverkehrs risikoärmer, bei denen ein solcher Austausch nicht vorkommt. Das heißt vor allem, daß man keine Samenflüssigkeit schlucken sollte und daß die Benutzung von Kondomen beim Analverkehr und beim Koitus den Schutz vor Ansteckung erhöht (siehe S. 548).

Fellatio und vor allem Anilinctus sind unter diesem Gesichtspunkt besonders risikoreich, und das darüber in diesem Buch zuvor Gesagte ist entsprechend zu korrigieren (vgl. auch S. 215–216, 226–227, 247–249, 252–253).

Vorbeugen gegen AIDS – Das Modell San Francisco

AIDS hat sich innerhalb weniger Jahre zum bedrohlichsten Gesundheitsproblem der Vereinigten Staaten entwickelt. In einigen Großstädten wie New York, Los Angeles und San Francisco spitzt sich die AIDS-Epidemie zu einer finanziellen, verwaltungstechnischen und sozialpolitischen Krise zu.

Das Beispiel der Stadt San Francisco ist in diesem Zusammenhang besonders instruktiv, da es sowohl die Entwicklung einer Krise erhellt als auch mögliche Strategien für die Bekämpfung der Krankheit zeigt. In der Tat kann die Reaktion dieser Stadt auf die Bedrohung durch AIDS als modellhaft gelten, nicht nur für die übrigen Vereinigten Staaten, sondern auch für Europa und besonders für die Bundesrepublik Deutschland, die hinsichtlich der Zahl der Erkrankungen noch etwa drei Jahre hinter der amerikanischen Entwicklung hinterherhinkt. Der damit gegebene zeitliche Vorsprung für Vorbeugungsmaßnahmen sollte unbedingt sofort genutzt werden, und so verdienen die in San Francisco gemachten Erfahrungen ein besonders sorgfältiges Studium. An dieser Stelle kann leider nur ein abrißartiger Überblick gegeben werden. Er kann aber wenigstens einige wichtige Implikationen des Problems deutlich machen, die in Deutschland noch nicht klar genug erkannt sind.

Die Epidemie in Zahlen

San Francisco hat etwa 700 000 Einwohner. Vor etwa 5 Jahren traten dort die ersten, vereinzelten Fälle von AIDS auf – Ende 1981 waren es 24 Fälle. Inzwischen sind daraus bis Mai 1985 über 1100 Fälle geworden. Davon ist etwa die Hälfte bereits verstorben. (Die Gesamtzahl der AIDS-Fälle für die USA liegt bei über 10 000; davon ist ebenfalls etwa die Hälfte verstorben). Heute werden in San Francisco jeden Tag zwei Neudiagnosen und ein Todesfall von AIDS gemeldet. Im Laufe des nächsten Jahres rechnet die Stadt mit einer Verdoppelung der Fälle auf eine Zahl von über 2000, danach, d. h. bis Mitte 1987, mit einer nochmaligen Verdoppelung auf über 4000 und so weiter. Mit anderen Worten: Die Zahl der Erkrankungen schreitet in geometrischer Progression fort, und weder eine Heilung von AIDS noch eine Immunisierung dagegen sind zur Zeit in Aussicht.

Da AIDS das körpereigene Immunsystem zerstört, werden die Erkrankten zu Opfern verschiedener opportunistischer Infektionen oder entwickeln Tumore und eine früher sehr seltene Art von Hautkrebs, das Kaposi Sarkom, das hier aber fulminant verläuft und meist schnell zum Tode führt. Die durchschnittliche Lebenserwartung eines AIDS-Kranken nach seiner Ersteinlieferung ins Krankenhaus liegt unter 250 Tagen; die Behandlungskosten von der Diagnose bis zum Tode schwanken, je nach Einzelfall und örtlichen Verhältnissen, in den USA zwischen 40 000 und 70 000 Dollar. Wenn wir also einen Durchschnittssatz von nur 50 000 Dollar pro Fall für direkte Behandlungskosten annehmen, so ergibt das allein schon Kosten von einer halben Milliarde Dollar für die bisherigen 10 000 amerikanischen AIDS-Fälle. Wahrscheinlich aber liegt diese Schätzung viel zu niedrig, und natürlich enthält sie auch keinerlei andere, indirekte Kosten wie Verdienstausfall, Krankengeld und ähnliches. Diese „Nebenkosten“ dürften noch sehr viel höher liegen. Hinzu kommen nun aber noch Kosten für den neuerlich entwickelten AIDS-Virus-Antikörpertest, der mittlerweile nicht nur zum Schutz von Blutkonserven und zu Forschungszwecken aktiv vermarktet wird, sondern auch zunehmend allgemeine Verwendung findet. Die dabei zu erwartenden Resultate können augenblicklich nur vermutet werden. Schätzungen in den USA variieren heute zwischen etwa 400 000 und 1 Million möglicherweise infizierter Personen. Auch ihre Zahl kann in Zukunft noch sprunghaft anwachsen. Auf keinen Fall ist es aber dann mit den reinen Testkosten getan, sondern darüber hinaus entstehen auf jeden Fall noch erhebliche Kosten für eine individuelle Nachberatung und Betreuung der testpositiven Männer und Frauen. Kurz, schon vom rein finanziellen Standpunkt aus stellt AIDS eine ernsthafte Herausforderung an das Gesundheitswesen dar.

Die Risikogruppen

In den USA insgesamt zeigten sich zunächst nur einige wenige, scheinbar leicht abgrenzbare Risikogruppen für AIDS:

1. Homosexuelle und bisexuelle Männer,
2. intravenös spritzende Drogenabhängige, die Nadeln gemeinsam benutzen,
3. Empfänger von Blut und Blutprodukten,
4. Haitianer.

Dabei machte die erste Gruppe mit über 70% den weitaus größten Anteil aus: bereits die zweite Gruppe mit etwa 14% war sehr viel kleiner. Die dritte Gruppe ist mittlerweile, dank des Antikörpertests und der Behandlung von Blutkonserven, kaum noch gefährdet und wird demnächst wohl nicht mehr aufgeführt werden müssen. Die Haitianer wurden ohnehin inzwischen als Risikogruppe gestrichen, da sich eine Nationalzugehörigkeit als Kriterium logischerweise nicht aufrechterhalten ließ.

Allerdings muß man auch bei den verbliebenen beiden ersten „offiziellen“ Risikogruppen einen logischen Vorbehalt machen: Die Klassifizierung, die von den *Centers for Disease Control* in Atlanta stammt, ist nämlich „hierarchisch“, d. h. sie berücksichtigt nur jeweils einen Risikofaktor auf Kosten von möglichen anderen. So wird z. B. bei bisexuellen Männern ein etwaiger Drogengebrauch ignoriert, und sie werden nur in der ersten Gruppe gezählt. Das heißt aber wahrscheinlich, daß das intravenöse Drogenspritzen mit gemeinsamen Nadeln eine sehr viel größere Rolle bei der AIDS-Ansteckung spielt, als die Zahlen erkennen lassen.

Das ist selbst im Falle San Franciscos zu bedenken, wo bisher 98% der etwa 1100 AIDS-Kranken homosexuelle und bisexuelle Männer sind. Bei diesen war nämlich in ca. 140 Fällen oder 12,5% auch noch intravenöser Drogengebrauch nachweisbar.

Schließlich zeigen die neuesten Zahlen aus San Francisco noch 3 Fälle von Ansteckung durch rein heterosexuellen Kontakt mit einer Person aus den ersten beiden Risikogruppen. Ist diese Zahl mit ca. 0,3% auch noch sehr klein, so befürchtet man doch ihr allmähliches Ansteigen, besonders, da man generell von vielfachen bisexuellen Kontakten weiß und auch von der Straßenprostitution durch drogenabhängige Frauen und „Strichjungen“.

Im Hinblick auf die Zukunft ergibt sich also folgende neue Klassifikation der Risikogruppen:

1. Homsexuelle und bisexuelle Männer (wobei man bedenken muß, daß die bisexuellen *sehr* viel zahlreicher sind als die rein homosexuellen),
2. intravenös spritzende Drogenabhängige, die Nadeln gemeinsam benutzen,
3. die Sexualpartner der beiden ersten Gruppen,
4. die Sexualpartner dieser Sexualpartner (d. h. letztlich die gesamte Bevölkerung, soweit sie nicht völlig abstinent oder in jeweils exklusiven Paarbeziehungen lebt).

Die „San Francisco AIDS Foundation“

Die Stadtverwaltung von San Francisco mußte sehr bald den Ernst der Lage erkennen und entschloß sich daher, nicht nur eine ausreichende medizinische und soziale Versorgung der AIDS-Kranken sicherzustellen, sondern auch ein breit angelegtes Vorbeugungsprogramm zu beginnen.

Zu diesem letzteren Zweck wurde, in Verbindung mit dem städtischen Gesundheitsamt und unter Mitarbeit einer homosexuellen Ärztevereinigung *(Bay Area Physicians for Human Rights)*, eine besondere Aufklärungsorganisation geschaffen – die *San Francisco AIDS Foundation*. Mit eigenen Räumen und eigenem Personal ausgestattet erhält diese Organisation zur Zeit einen Jahreshaushalt von etwa 1 Million Dollar für ihre Arbeit. (Die Gesamtausgaben der Stadt für verschiedene AIDS-Programme belaufen sich zur Zeit auf jährlich 9 Millionen Dollar.)

Die *San Francisco AIDS Foundation* wurde zunächst durch Zeitungs- und Fernsehberichte, öffentliche Anschläge, Abreißzettel bekannt gemacht und begann dann ihre Arbeit. Diese Arbeit ist sehr weit gefächert und umfaßt sowohl allgemeine Aufklärung – z. B. durch eine ständig besetzte Telefonauskunft – als auch die spezielle Betreuung der Risikogruppen für AIDS.

In der ersten Aktionsphase wurde eine Reihe von Plakaten, Flug- und Faltblättern, Merkzetteln und Broschüren hergestellt. Diese wandten sich einerseits an die Gesamtbevölkerung, andererseits aber auch gezielt an verschiedene gefährdete Minderheiten in der „Schwulen- und Drogenszene" sowie an deren potentielle Sexualpartner wie Frauen allgemein und Jugendliche beiderlei Geschlechts. Besonders ausführliche Broschüren boten Information und Beratung für AIDS-Patienten, ihre Freunde und Familienangehörigen. Die Patienten selbst wiederum wurden darin unterstützt, eine eigene Organisation zu bilden *(People with AIDS)*, die nun ihre eigenen Belange vertritt, Öffentlichkeitsarbeit leistet und bei allen Entscheidungen über Vorbeugung und Behandlung beratend hinzugezogen wird.

Allen Beteiligten war von Anfang an klar, daß die bloße Unterrichtung durch Druckschriften für eine wirkungsvolle Vorbeugung nicht ausreicht. Also wurden, ebenfalls von Anfang an, verschiedene Serien von öffentlichen Vorträgen, Diskussionsabenden und Schulungskursen eingerichtet. Auch diese Veranstaltungen versuchten, mehr als allgemeine Aufklärung zu leisten, und behandelten daher meist Spezialthemen wie „Neueste Forschungsergebnisse", „Blutspendewesen", „Datenschutz" und „Ansteckungssichere Sexualpraktiken". Dies letztere, wichtige Thema wurde besonders ausführlich mit Hilfe von Seminaren in der „Schwulenszene" selbst erörtert. Hier war wieder die gut organisierte homosexuelle Ärzteschaft eine unschätzbare Hilfe, und so konnte in Bars, Bädern und Sex-Clubs mit voller Unterstützung der jeweiligen Besitzer eine direkte Aufklärung sozusagen „vor Ort" betrieben werden.

Die Unterstützung durch die „schwule" Geschäftswelt ging so weit, daß die *San Francisco AIDS Foundation* förmliche Kurse für „Bartenders" durchführen konnte, also für Männer hinter der Theke, die den Gästen die Getränke ausschenken und nun dabei gleichzeitig Vorbeugungsmaßnahmen gegen AIDS zur Sprache bringen. Dazu gehört auch die Verteilung von Informationsmaterial und der Hinweis auf Kondome, die nun zum ersten Mal massiv und besonders deutlich in „Schwulentreffs" zugänglich gemacht werden.

Ein weiteres Projekt der *AIDS Foundation* heißt „Stop AIDS" und hat zum Ziel, über eine Telefon-Verteilernummer, die jedermann anrufen kann, Hunderte von kleinen privaten Diskussionsgruppen zu schaffen, in denen ansteckungsfreies Sexualverhalten ausführlich diskutiert und akzeptabel gemacht wird. Diesem Programm liegt die Einsicht zugrunde, daß die notwendige sexuelle Verhaltensänderung individuell kaum zu leisten ist und der Stützung durch eine starke Gruppensolidarität bedarf. Bisher sind auf diese Weise innerhalb weniger Monate über 1000 Einzelpersonen erfaßt worden, die sich in ihren kleinen Gruppen weitertreffen, das Erreichte vertiefen und auch durch immer neue Gruppen an andere weitergeben.

Von dem übrigen, sehr weit gefächerten Aktivitätsspektrum der *San Francisco Foundation* können hier nur die Grundprinzipien der Vorbeugungskampagne angedeutet werden.

Die „Safe Sex"-Kampagne

Sobald erkennbar war, daß AIDS sexuell übertragbar ist, ergriff die erwähnte homosexuelle Ärztevereinigung San Franciscos die Initiative und entwickelte ein Vorbeugungskonzept, das dann auch vom städtischen Gesundheitsamt und der *San Francisco AIDS Foundation* übernommen wurde. Dies Konzept beruht auf einer dreifachen Einteilung der verschiedenen Sexualpraktiken in risikoreich *(„unsafe")*, risikoarm *(„possibly safe")* und risikofrei *(„safe")*. Da man den Versuch, allgemeine sexuelle Abstinenz oder eine ebenso allgemeine sofortige exklusive Paarbildung zu erreichen, für irreal hält, wird der möglichst allgemeine und baldige Übergang von risikoreichem zu risikofreiem, d. h. ansteckungssicherem Sexualverhalten angestrebt.

Ausgehend von der Tatsache, daß das AIDS-Virus in Körperflüssigkeiten wie Blut, Samen, Speichel, Urin und Kot nachgewiesen worden ist, wird nun empfohlen, sich dadurch vor Ansteckung zu schützen, daß man beim Geschlechtsverkehr das Eindringen von fremden Körperflüssigkeiten in den eigenen Körper verhindert, wo die Viren dann über möglicherweise mikroskopisch kleine Verletzungen in die Blutbahn gelangen könnten.

Das heißt in der Praxis, daß jeder Oral-, Vaginal- und Analverkehr ohne Kondom zu vermeiden ist. Andererseits bietet die Benutzung eines Kondoms vermutlich einen gewissen Schutz. Der Austausch von Speichel dagegen, etwa beim Zungenkuß, könnte schon bei leichten Zahnfleischverletzungen, die nicht eben selten sind, ein Ansteckungsrisiko bedeuten. Völlig ansteckungsfrei ist nur die gegenseitige Masturbation, wenigstens solange der Samen dabei nicht mit Hautabschürfungen, Kratzern, Schnittwunden usw. in Berührung kommt. Es ist außerdem deutlich, daß außerhalb von Intimkontakten, d. h. im alltäglichen Umgang beim Händeschütteln, Umarmen usw. kein Ansteckungsrisiko besteht. Diese im Grunde einfachen Überlegungen wurden nun systematisch auf alle möglichen Sexualpraktiken angewandt, und entsprechend detaillierte Merkblätter und -kärtchen wurden zu Zehntausenden in der Stadt verteilt. Anfangs erfaßte man dabei nur die „Schwulenszene“; allmählich aber weitete man die Kampagne immer mehr aus. Dabei wurden die „Safe Sex“-Richtlinien mehrfach revidiert. Heute schließen sie auch den rein heterosexuellen Verkehr außerhalb exklusiver Paarbeziehung mit ein, raten ansonsten von jedem Oralverkehr ab und empfehlen dringend das Kondom selbst beim Koitus. Die *San Francisco AIDS Foundation* ist inzwischen beauftragt, die gesamte Bevölkerung als potentiell gefährdet zu betrachten und hält nun auch „Safe-Sex“-Seminare für rein heterosexuelle Interessenten ab. Mittlerweile hat auch die größte (und sonst sehr konservative) Tageszeitung der Stadt, der *San Francisco Chronicle,* die besonderen „Safe Sex“-Regeln für Heterosexuelle in allen Einzelheiten abgedruckt.

Die Reaktion der Öffentlichkeit

Die zahlreiche homosexuelle Bürgerschaft San Franciscos ist seit vielen Jahren gut organisiert, und so besaß die Stadt auch schon vor der AIDS-Krise eine besondere Abteilung für „homosexuelle Belange“ im Gesundheitsamt, die von Anfang an einer offenen Lesbierin unterstand und noch untersteht. Dank dieser organisierten Vorarbeit war es möglich, die plötzlichen neuen Probleme mit AIDS besonders schnell anzugehen. Die Initialmaßnahmen kamen jedenfalls, für jedermann sichtbar, auf Antrag unter voller Beteiligung der zunächst gefährdeten Homosexuellen zustande, und so blieb auch jede sonst vielleicht denkbare öffentliche „Schwulenhetze“ oder Diskriminierungswelle aus. Im Gegenteil, nicht nur die „schwulen“ Selbsthilfeaktionen, sondern auch das weit publizierte Auftreten der AIDS-Patienten schufen ein Klima, in dem die Stadt ihre finanziellen Ausgaben zur Vorbeugung unbeanstandet laufend und drastisch erhöhen konnte. Der *San Francisco Chronicle* stellte außerdem einen offen homosexuellen Reporter ein, um eine regelmäßige und vorurteilsfreie Berichterstattung zu garantieren.

Eine Kontroverse entzündete sich nur an der Frage, ob die „schwulen“ Bäder und Sex-Clubs als gesundheitsgefährdend geschlossen werden sollten. Auch hier fanden sich Homosexuelle auf beiden Seiten der Argumentation. Das Thema erledigte sich aber im Laufe der Zeit praktisch von selbst, da die Kundschaft ihr Sexualverhalten änderte und zumeist einfach ausblieb. Die heute noch erfolgreich operierenden Sex-Clubs bieten sich nun als „Safe Sex“-Häuser an oder inserieren sogar offen als „Masturbations-Clubs“.

Die Verhaltensänderung in der „Schwulenszene“ wird außerdem durch das schnelle Anwachsen einer Privatindustrie illustriert, die vor der AIDS-Krise so gut wie unbekannt war – „Telefon-Sex“. Dabei ist selbstverständlich jede Ansteckung ausgeschlossen.

Auch auf nicht-sexuellem Gebiet kam es zu wichtigen Neuentwicklungen, von denen hier abschließend noch zwei genannt werden sollen: die „*Shanti-*“ und „Hospiz-“Programme.

Unter dem Namen *Shanti* (Sanskrit: innerer Friede) konzentriert sich eine schon länger bestehende Freiwilligenorganisation nun auf die Betreuung (d. h. Sterbebegleitung) von AIDS-Kranken. Sie findet meist in deren eigener Wohnung statt und schließt Beratungsgespräche, Einkäufe, Hausarbeiten und andere Hilfeleistungen ein. Diese Betreuung hat auch eine starke emotionale, ja spirituelle Komponente. Das gesamte, sehr schnell gewachsene Programm wird ebenfalls von der Stadt mit erheblichen Mitteln unterstützt.

Die „Hospiz“-Bewegung, d. h. professionelle Sterbebegleitung daheim durch besondere Ärzte und Krankenpflegepersonal hat sich in der AIDS-Krise als genauso nützlich, ja eigentlich als unentbehrlich erwiesen. Es ist ja nicht nur wesentlich billiger, AIDS-Patienten zuhause zu behandeln, sondern vor allem ist es in jeder Hinsicht humaner, und so wurde auch die örtliche Hospiz-Organisation in San Francisco schnell ausgebaut. Gerade sie käme zukünftig auch in Deutschland als Modell in Frage.

Der AIDS-Virus-Antikörper-Test

Das AIDS-erregende Virus wird von verschiedenen Forschern verschieden benannt – etwa LAV (Montagnier), HTLV-III (Gallo) oder ARV (Levy) – und kann mit Hilfe komplizierter und kostspieliger Tests direkt nachgewiesen werden. In der Praxis gibt man sich aber meist mit dem leichteren Nachweis von Antikörpern gegen das Virus zufrieden. Dieser letztere Test, dessen Anwendung sich nun schnell verbreitet, erlaubt die notwendige Kontrolle von Blutkonserven und hat auch eine offensichtliche Bedeutung für die epidemiologische Forschung. Die darüber hinausgehende Anwendung des Tests ist aber durchaus umstritten. Selbst von den wichtigen und komplexen Fragen des Datenschutzes einmal abgesehen, ist er in vieler Hinsicht problematisch.

Zunächst einmal ist heute noch unklar, was ein positives Testergebnis wirklich bedeutet. Sind die Betroffenen nun und für den Rest ihres Lebens immer ansteckend? Werden sie selbst an AIDS erkranken? Und wann würde die Erkrankung eintreten? Diese und andere Fragen können zur Zeit noch nicht klar beantwortet werden, und so hat sich in San Francisco ein weitgehender Konsens ergeben, daß eine generelle Durchtestung zum gegenwärtigen Zeitpunkt *nicht* empfohlen wird.

Die „Testpositiven“ haben zwar die verantwortungsvolle Gewißheit erlangt, daß sie andere nicht anstecken dürfen, ansonsten aber bleiben sie mit ihren Ängsten allein. Der schwerstwiegende Einwand gegen die wahllose oder auch nur breitgestreute Anwendung des Tests ist daher das bisherige Fehlen eines entsprechend breitgestreuten Beratungsangebots. Es scheint eigentlich selbstverständlich, daß man niemanden mit einem positiven Testergebnis einfach konfrontieren und dann alleinlassen kann. Vielmehr ist eine Nachsorge unbedingt erforderlich, und diese muß mindestens aus drei Elementen bestehen:

1. Eine genaue Erklärung darüber, was das Testergebnis bedeutet und was es

nicht bedeutet. – Diese Erklärung kann jeder Arzt nach geringer Fortbildung leisten (ggf. anhand eines Merkblattes).

2. Eine psychotherapeutische Stützung des Patienten, der möglicherweise depressiv wird oder andere psychische und psychosomatische Störungen entwickelt. – Diese Stützung kann augenblicklich durchaus nicht jeder Arzt leisten.
3. Eine individuelle, sehr detaillierte und mehrfach wiederholte Beratung über die Sexualpraktiken, die dem Patienten von nun an noch verbleiben, wenn er andere nicht anstecken will. – Diese letztere Beratung kann heute kaum ein Arzt effektiv leisten. Sie ist aber bei weitem die wichtigste vom Standpunkt der öffentlichen Gesundheit aus, denn nur wenn die infizierten Personen ihr Sexualverhalten ändern, kann das Infektionspotential eingedämmt und die weitere Ausbreitung der Krankheit verhindert werden. Inzwischen empfiehlt es sich aber für Alle, testnegativ oder -positiv, ihr Sexualleben ansteckungssicher zu gestalten.

Kurz gesagt, die Einführung des AIDS-Virus-Antikörper-Tests wird selber zum Test des medizinischen Ausbildungs- und Fortbildungssystems. Hier liegt eine neue, riesengroße und bislang noch kaum erkannte Aufgabe für die praktische Sexualmedizin.

Erfolg der Programme

Soweit sich das heute schon beurteilen läßt, sind sowohl die Betreuungsprogramme für AIDS-Kranke als auch die Vorbeugungsprogramme San Franciscos erfolgreich. Die Betreuungsprogramme verdienen unbedingt eine detaillierte Darstellung, die hier aber nicht gegeben werden kann. Der Erfolg der Vorbeugungsprogramme sei aber kurz angedeutet: Wie bereits erwähnt, weisen verschiedene Entwicklungen, wie das Schwinden der Kundschaft für Sex-Clubs und Bäder, deren Umwandlung in „Safe-Sex"-Häuser und die Ausbreitung einer „Telefon-Sex"-Industrie, auf erhebliche Änderungen des Sexualverhaltens in San Francisco hin. Dieser Eindruck verstärkt sich durch persönliche Beobachtung der hier offen zutage liegenden „Schwulenszene", deren Veränderung in den letzten drei Jahren für jeden Bürger leicht erkennbar ist. Örtliche Zeitungs- und Fernsehreportagen bestätigen den Eindruck noch einmal, und inzwischen liegen auch zwei wissenschaftliche Studien dieser Veränderung vor.

Die erste, 1984 von der *San Franciso AIDS Foundation* in Auftrag gegeben, basiert auf 500 Interviews mit homosexuellen und bisexuellen Männern. Davon hatten sich bereits ca. zwei Drittel jeder Ansteckungsgefahr entzogen, sei es durch völlige Abstinenz, durch Beschränkung auf einen Partner oder durch konsequent risikofreies Sexualverhalten. Hauptsächlich bei Männern über 45 Jahren und solchen mit geringer Schulbildung war keine ausreichende Verhaltensänderung eingetreten. Ein besorgniserregender Hinweis auf das bisexuelle Ansteckungspotential lag aber darin, daß 21% der Befragten in den letzten fünf Jahren Sexualkontakt mit zwei und mehr (bis zu zehn) Frauen gehabt hatten.

Eine zweite, fortlaufende Studie der *University of California at San Francisco* stellte bei vielen Homosexuellen und Bisexuellen eine erhebliche Reduzierung der Sexualpartner fest. Die damit theoretisch gegebene Verminderung des Ansteckungspotentials wird aber leider praktisch durch die inzwischen gestiegene allgemeine Infektionsrate weitgehend aufgehoben. Mit anderen Worten, auch wer nur wenige Sexualpartner hat, läuft inzwischen ein großes Risiko, da auch von diesen wenigen jetzt mehr als vorher infiziert sind. So unterstreicht diese Studie wiederum die Notwendigkeit, die „Safe Sex"-Kampagne weiterzuführen.

AIDS – Ansteckungsrisiko und Sexualverhalten

AIDS ist eine u. a. sexuell übertragbare Krankheit. Einer Ansteckung durch Geschlechtsverkehr kann man aber dadurch vorbeugen, daß man sein Sexualverhalten entsprechend ändert.

Das AIDS-erregende Virus ist bei infizierten Personen in allen Körperflüssigkeiten nachgewiesen worden (in Blut, Samen, Speichel, Urin und Kot). Man schützt sich also sehr einfach vor Ansteckung, indem man beim Geschlechtsverkehr das Eindringen von fremden, vielleicht infizierten Körperflüssigkeiten in den eigenen Körper verhindert, wo die in ihnen enthaltenen Viren durch möglicherweise mikroskopisch kleine Verletzungen in die Blutbahn gelangen könnten.

Das heißt in der Praxis, daß man z. B. jeden Oralverkehr vermeiden und bei Vaginal- oder Analverkehr ein Kondom benutzen sollte. Generell kann man die verschiedenen Arten des Geschlechtsverkehrs unter dem Gesichtspunkt der Vorbeugung gegen AIDS in drei Klassen einteilen: *risikoreich, risikoarm* und *risikofrei.* Im folgenden wird eine entsprechende Liste für alle Frauen und Männer abgedruckt, die nicht in exklusiven Paarbeziehungen leben. Andererseits versteht sich von selbst, daß exklusive Paare solche Vorsichtsmaßregeln nicht brauchen, denn zwei Nichtinfizierte können sich niemals gegenseitig anstecken. Jede Durchbrechung der sexuellen Exklusivität bedeutet aber ein gewisses Risiko, und dieses Risiko steigt mit der Anzahl der Sexualpartner.

risikofrei
- einfache (trockene) Küsse auf Wange und Mund
- Streicheln
- Massage
- Umarmungen
- äußerlicher Genitalkontakt
- gegenseitige Masturbation

risikoarm
- Zungenküsse, solange keine Zahnfleischverletzungen bestehen
- Vaginalverkehr mit Kondom
- Analverkehr mit Kondom
- Oralverkehr an der Vulva *(Cunnilinctus),* solange einerseits keine Zahnfleischverletzungen und andererseits keine Verletzungen der Vulva bestehen
- Oralverkehr am Penis, solange kein Sekret der Cowper-Drüsen und kein Samen in den Mund gelangt *(Fellatio interrupta)*
- Kot und Urin auf die unverletzte Haut

risikoreich
- Oral-analer Kontakt (Anilinctus, „Arschlecken")
- Einführung der Hand ins Rektum („Faustficken")
- Blutkontakt, etwa bei sadomasochistischen Praktiken
- Samen, Vaginalschleim oder Urin im Mund
- Vaginalverkehr ohne Kondom
- Analverkehr ohne Kondom

In den USA hat die Öffentlichkeitsarbeit unter Homosexuellen zur Verbreitung „sicherer“ Formen des Geschlechtsverkehrs bei vielen bereits zu einem veränderten Verhalten geführt. Die Abbildung zeigt ein Plakat aus San Francisco.

Ein sehr eindrucksvoller, wenn auch indirekter Beweis für die Änderung des Sexualverhaltens kommt schließlich aus den Statistiken des städtischen Gesundheitsamtes selber. Sie zeigen, daß die Rate der Infektionen mit Rektalgonorrhöe seit Beginn der AIDS-Krise auffällig abgesunken ist und weiter sinkt.

In ihrer Gesamtheit beweisen diese Daten, daß die Vorbeugungsprogramme der Stadt durchaus erfolgreich sind. Daran ändern auch die oben mitgenannten negativen Befunde nichts. Im Gegenteil, sie bestärken die Verantwortlichen in dem Entschluß, auf dem eingeschlagenen Wege fortzufahren. Wenn sie nun also die weiter ansteigende Kurve der AIDS-Erkrankungen betrachten, so sehen sie doch auch gleichzeitig die fallende Kurve der ansteckenden Sexualkontakte.

Die lange Inkubationszeit von AIDS (bis zu 5 Jahren und vielleicht noch mehr) gibt wenig Hoffnung auf ein schnelles Ende der Epidemie, denn alle, die in den nächsten fünf Jahren daran erkranken, sind ja bereits heute infiziert. Selbst im günstigsten Falle braucht ein Vorbeugungsprogramm also sehr viel Sachverstand, Weitblick und Geduld. In San Francisco sind sie glücklicherweise vorhanden.

Ausblick

Die Erfahrungen San Franciscos bieten in der sich schnell verschärfenden AIDS-Krise eine realistische Hoffnung. Die dort für die Vorbeugung bewilligten Ausgaben erscheinen für deutsche Verhältnisse vielleicht noch schokkierend hoch, sind aber, gemessen an den Kosten der Krankheit selbst, eher bescheiden. Es ist auch mehr als zweifelhaft, ob geringere organisatorische und finanzielle Anstrengungen in Deutschland die notwendige Wirkung erzielen können. (San Francisco hat schließlich weniger Einwohner als etwa Hamburg, München oder West-Berlin.) Bei der dichten Besiedelung und dem gut ausgebauten Verkehrsnetz der Bundesrepublik scheint das Infektionspotential hier sogar noch höher als in den Vereinigten Staaten. Wenn der zeitliche Vorsprung in Deutschland also genutzt werden soll, so sind schnelle und drastische Aktionen gefordert. Diese Aktionen müssen sowohl von den Städten wie von den Ländern und der Bundesregierung kommen. Absolut unverzichtbar ist dabei die Einbindung, Mitarbeit und Unterstützung der Risikogruppen. Daraus ergibt sich auch logisch, daß alle Zwangs- und Strafmaßnahmen zu vermeiden sind, denn sie würden die erforderliche Vertrauensbasis zerstören. Das wiederum liefe dem wohlverstandenen Interesse der Gesamtgesellschaft völlig zuwider, denn bei der AIDS-Epidemie ist die Volksgesundheit nicht auf Kosten von Minderheiten zu schützen. Jede Diskriminierung könnte im Gegenteil die Krankheit in den Untergrund abdrängen, und damit würde sie jeder medizinischen Kontrolle entgleiten.

Gerade dies unerwünschte Resultat wird aber mit jedem Tage wahrscheinlicher, an dem nichts für die Vorbeugung unternommen wird. Die Gefahr besteht, daß am Ende unter „Sachzwang“ und „Zeitdruck“ wohlgemeinte, aber schlecht durchdachte und sozialmedizinisch katastrophale Entscheidungen gefällt werden. Außerdem ist zu bedenken, daß AIDS ein internationales Problem darstellt, und daher sind Schritte mindestens zur europäischen Koordination der Vorbeugungsmaßnahmen dringend geboten. Auch Informationsverbindungen zu amerikanischen Programmen sollten so schnell wie möglich hergestellt werden. Die vorhergehende knappe Skizze eines amerikanischen Beispiels kann nicht mehr als ein erster Hinweis sein. Bei regelrechter transatlantischer Zusammenarbeit kann aber das Modell San Francisco deutschen Städten manchen organisatorischen Irrtum, Fehlstart und Fehlschlag ersparen.

Audiovisuelle Hilfsmittel in der Sexualtherapie

Seit den sechziger Jahren hat sich in den Vereinigten Staaten die Anwendung von audiovisuellen Hilfsmitteln nicht nur in der Erziehung allgemein, sondern auch in der medizinischen und speziell in der sexualmedizinischen Ausbildung schnell verbreitet. Gleichzeitig ist die Produktion solcher Hilfsmittel für sexualerzieherische und therapeutische Zwecke sprunghaft angestiegen. Das neueste (und inzwischen schon wieder überholte) Gesamtverzeichnis des verfügbaren Materials von 1979 enthält weit über 3000 Titel (1). Auf jeder Fachkonferenz ist neben der Buch- und Arzneimittelproduktion die Filmproduktion zum festen und unübersehbaren Bestandteil der kommerziellen Begleitausstellungen geworden.

Heute verfügbare Medien

Rein technisch lassen sich die heutigen audiovisuellen Hilfsmittel in fünf Gruppen einteilen:

- *Diapositive* – z. B. von männlichen und weiblichen Geschlechtsorganen oder der sexuellen Reaktion,
- *Tonbänder* – z. B. von anatomischen Erklärungen, Gruppendiskussionen oder therapeutischen Instruktionen,
- *Tonband-Diapositiv-Kombinationen* (meist synchronisiert),
- *Filme* – z. B. von medizinischen Untersuchungen, sexuellen Selbstbekenntnissen oder Aktivitäten,
- *Videokassetten* – z. B. von schmerzfreien Geburtsmethoden, sexualtherapeutischen Gesprächen oder Übungen.

Inzwischen ist sogar noch ein Medium hinzugekommen, nämlich *Video-Computer-Spiele,* z. B. solche, die die sexuelle Kommunikation zwischen den Spielern verbessern oder zu sexuellen Experimenten anregen.

Themenkreise

Wie schon angedeutet, ist der Inhalt des Materials sehr reichhaltig. So ist das oben erwähnte Gesamtverzeichnis in 28 Themenkreise gegliedert, von „Ehe und Familie“ und „Masturbation“ über „Geschlechtskrankheiten“, „Geschlechtsrollen“, „Gesundheitsfragen“, „Schwangerschaft und Geburt“, „Geburtenkontrolle“, „Homosexualität und Strafrecht“ und „Sexuelle Phantasien“ bis zur „Sexualität im Alter“. Es gibt wohl kaum ein sexologisch interessantes Thema, für das heute nicht eine reiche Auswahl audiovisueller Hilfsmittel besteht.

Für die Sexualtherapie im engeren Sinne ist natürlich vor allem Material interessant, das sich direkt mit Sexualstörungen beschäftigt oder etwa Fehlhaltungen, Berührungsscheu oder sexuellen Aberglauben behandelt. Auch hier kann man zwischen Hunderten von Filmen wählen, und so ist es für den einzelnen Therapeuten mittlerweile schwierig geworden, die richtige Entscheidung zu treffen. Aus diesem Grunde sind amerikanische Fachzeitschriften nun dazu übergegangen, nicht nur Buchbesprechungen, sondern auch regelmäßige Film- und Videobesprechungen anzubieten.

Anwendungsgebiete

Ebenso vielfältig wie die Inhalte sind die Anwendungsgebiete des Materials. Ganz allgemein kann man von einer mindestens vierfachen Funktion ausgehen:

1. Das Material kann Informationen liefern, die sonst nur schwer oder gar nicht erreichbar sind.

Das Sexualverhalten körperlich schwer behinderter Personen z. B. ist für viele Unbehinderte schwer vorstellbar, und auch literarische oder verbale Schilderungen sind nicht unbedingt hilfreich. Andererseits ist aber ein gesunder Arzt oder Sexualtherapeut kaum in der Lage, einem schwerbehinderten Patienten wirksam zu helfen, wenn er keinen klaren Begriff von dessen sexuellen Fähigkeiten, Optionen oder Ausweichmöglichkeiten hat. Hier sagt ein expliziter Film von sexuellem Verkehr mit einem behinderten Partner oder gar zwischen zwei behinderten Partnern mehr, als man sich in Jahren anlesen kann. Gleichzeitig kann aber auch der Patient selbst viel aus einem solchen Film lernen.

2. Das Material kann eine positive Einstellungsänderung bewirken.

Ein Therapeut, der z. B. durch Filme mit der sexuellen Aktivität körperlich behinderter Patienten vertraut ist, hat allein dadurch eine sehr viel entspanntere Einstellung solchen Patienten gegenüber, und diese wiederum schöpfen oft neue Hoffnung, nachdem sie einen solchen Film gesehen haben. Das anschauliche Beispiel anderer Menschen in gleicher Lage, die dennoch ein befriedigendes Sexualleben führen, kommt den Patienten – und ihren Partnern – manchmal vor wie eine Erlösung von grundlosen Ängsten.

3. Das Material kann helfen, spezielle therapeutische Probleme zu lösen.

Um weiter bei unserem Beispiel zu bleiben: Querschnittgelähmte Patienten können durch einen entsprechenden Film lernen, sexuelle Alternativen zu entwickeln oder zu akzeptieren, die ihnen und ihren Partnern oder Partnerinnen volle Befriedigung bringen. Dabei lernen sie gleichzeitig, daß diese Alternativen mehr sein können als bloßer „Ersatz".

4. Das Material kann helfen, sexuelle Beziehungen zu bereichern.

Mit andern Worten: Nicht nur kranke, behinderte oder gestörte Personen können profitieren, sondern auch sonst gesunde Männer und Frauen können mit Hilfe von Filmen und Videokassetten verbliebene störende Hemmungen abbauen und so ihre Beziehungen neu beleben oder vertiefen.

Hilfe für den Therapeuten

Audiovisuelle Hilfsmittel in der Sexualtherapie sind aus einem doppelten Grunde bedeutsam: Sie helfen sowohl dem Therapeuten als auch dem Patienten. Der erstere Aspekt verdient zunächst einige Diskussion.

Wie amerikanische und übrigens auch deutsche Untersuchungen gezeigt haben, ist der Wissensstand der Ärzteschaft in sexuellen Dingen häufig mangelhaft (2). Gleiches kann man aber auch wohl für andere Gruppen annehmen, die beruflich mit sexuellen Problemen in Berührung kommen, wie etwa klinische Psychologen, Sozialarbeiter, Pädagogen, Kriminologen, Juristen und Geistliche aller Konfessionen.

Daher haben sich in den Vereinigten Staaten viele medizinische Fakultäten entschlossen, Sexualerziehungskurse einzurichten, und sehr häufig werden dabei Filme und Videokassetten eingesetzt. Diese Entwicklung begann in den späten sechziger und frühen siebziger Jahren, erreichte schnell einen Höhepunkt und ist neuerdings wieder etwas abgeflaut. Außer finanziellen und administrativen Gründen stehen diesen Versuchen heute akademische Richtungskämpfe und andere ideologische Hindernisse entgegen.

Am schärfsten hat sich wohl der bekannte psychiatrische Ketzer und Streiter für individuelle Freiheit *Thomas S. Szasz* gegen diesen Teil der therapeutischen Ausbildung ausgesprochen, den er einfach als medizinisch irrelevante Pornographie bezeichnet (3). Andererseits fordert z. B. der Staat Kalifornien den Nachweis von mindestens zehn Stunden sexologischer Ausbildung von Ehe- und Familienberatern, Sozialarbeitern und klinischen Psychologen, wenn sie ihre Lizenz behalten wollen. Der Grund dafür ist gerade der, den *Szasz* am wenigsten anerkennt: Mit reinem Faktenwissen ist es nicht getan. Eine richtig verstandene Sexualerziehung, selbst auf akademischer Ebene, muß auch seelische Grundhaltungen zu beeinflussen suchen.

Der bedeutendste Vorkämpfer für die sexologische Ärzteausbildung in Amerika, der Psychiater *Harold Lief,* hat kürzlich in einem Interview die Bedeutung dieses Aspektes an einer persönlichen Erfahrung illustriert: „Das *National Sex Forum* in San Francisco liefert einen Film, der ein homosexuelles Paar in einer sehr zärtlichen Begegnung zeigt. Bevor ich diesen Film sah, hatte ich die übliche stereotype Vorstellung, daß homosexueller Verkehr ... oberflächlich und relativ gefühlsarm ist. Ich war verblüfft und entdeckte ..., daß ich meine eigene Einstellung mit dieser neuen Erfahrung in Einklang bringen mußte“ (4).

Man mag sich darüber empören oder lustig machen, daß eine bekannte Autorität in akademisch einflußreicher Position sich trotz jahrelangem Spezialstudium ganz naiv ein populäres Vorurteil bewahrt hatte. Wichtiger ist es jedoch, die verbliebene Lernwilligkeit anzuerkennen und den Mut, einen peinlichen Irrtum einzugestehen. Erfreulicherweise haben der erwähnte Film und viele andere Filme oft eine ähnliche Wirkung, wenn sie richtig eingesetzt werden.

Das ebenfalls erwähnte *National Sex Forum,* das in Verbindung mit dem Institute for Advanced Study of Human Sexuality in San Francisco weiterbesteht, hat auf diesem Gebiet Pionierarbeit geleistet und ein sogenanntes *SAR-(Sexual Attitude Restructuring)* Programm entwickelt, das schon vor über zehn Jahren an der *UC Medical School* in San Francisco eingeführt wurde. (Siehe auch S. 289–290.) Kurz gesagt handelt es sich darum, durch einen sehr sorgfältig geplanten Medieneinsatz die sexuelle Einstellung der Teilnehmer (Therapeuten, Patienten und „Normalbürger“) in Richtung auf größere Toleranz hin zu ändern.

Eine angemessene Besprechung dieses Programms ist hier nicht möglich. Soviel sei aber noch vermerkt: Selbst isolierte Teile des Programms – wie etwa Dokumentarfilme über sozial geächtetes Sexualverhalten – sind für den Therapeuten äußerst wertvoll. Er wird Transvestiten, Fetischisten, Sadomasochisten usw. in bestimmten Problemen sehr viel besser helfen können, wenn er gerade die sexuelle Komponente des entsprechenden Erlebens aus eigener wirklicher Anschauung kennt und daher ohne Vorurteile und emotionale Aufwallung mit ihnen besprechen kann.

Zusammenfassend läßt sich feststellen, daß die audiovisuellen Hilfsmittel in der Aus- und Fortbildung von Sexualtherapeuten eine nützliche Rolle spielen können.

Hilfe für den Patienten

Für die Anwendung des Materials in der sexualtherapeutischen Praxis lassen sich vor allem drei Grundsituationen unterscheiden:

- innerhalb einer Anstalt – z. B. in einem Krankenhaus, in einer Privatklinik, einem Altersheim oder Gefängnis,
- im Sprechzimmer oder sogar Wartezimmer des Therapeuten,
- in der Wohnung des Patienten oder Klienten.

Einige Beispiele mögen diese verschiedenen Anwendungen erläutern: Die institutionelle Anwendung wird allgemein informativer und erzieherischer Natur sein und – wenn irgend möglich – das gesamte Institutspersonal miteinbeziehen, da sonst die Wirkung beschränkt bleibt und schnell neutralisiert wird. So hat es z. B. wenig Zweck, chronisch kranke, behinderte oder alternde Patienten und Heiminsassen über ihre sexuellen Möglichkeiten und Rechte aufzuklären, wenn die Verwaltung und das Pflegepersonal an dieser Aufklärung nicht teilnehmen und an ihren vorherigen, unreflektierten Anschauungen festhalten. Andererseits kann aber ein erfolgreiches Medienprogramm nicht nur ein privates, sondern auch ein institutionelles Umdenken einleiten und so direkt und indirekt sexualtherapeutisch wirken. Als Illustration seien hier vor allem positive Filme über die Alterssexualität erwähnt, die von alten Patienten oft sehr begrüßt werden, den jüngeren Ärzten und Krankenschwestern aber zunächst gefühlsmäßig große Schwierigkeiten bereiten.

Allgemein informierendes Material kann natürlich auch in der ärztlichen Sprechstunde angebracht sein, aber meistens ist der praktische Arzt (und noch mehr der Spezialist) doch mit besonderen Sexualproblemen konfrontiert, die eine gezielte Behandlung erfordern. Nun kann aber nicht jeder Arzt gleichzeitig auch Sexualtherapie betreiben, da dies eine besondere psychotherapeutische Ausbildung erfordert. In vielen Fällen wird er also die Patienten an entsprechend ausgebildete Kollegen überweisen müssen. Immerhin wäre aber die ärztliche Fähigkeit zur richtigen Fallbeurteilung und Überweisung zu fordern. Davon abgesehen bleiben aber immer noch genug Fälle übrig, in denen der Arzt als Sexualberater und Erzieher tätig werden kann und muß. Gerade in dieser Rolle findet er an den audiovisuellen Hilfsmitteln eine hochwillkommene Unterstützung.

Vorausgesetzt, daß er gelernt hat, eine vollständige sexualtherapeutische Anamnese aufzunehmen, kann der Arzt aufgrund der dabei gewonnenen Einsicht einfache Behandlungen selber durchführen. Im einfachsten Fall wird er mit Hilfe von Diapositiven, Tonbändern oder Videokassetten sexuelle Fehlvorstellungen und Mißverständnisse ausräumen und durch korrekte Information ersetzen. Die Apparate dafür lassen sich in einem besonderen Raum der Praxis oder sogar im Wartezimmer aufstellen, wo sie der Patient selber bedienen kann. Als Themen kämen u. a. männliche und weibliche Anatomie, die sexuelle Reaktion, Konzeption und Kontrazeption, Technik der gynäkologischen Untersuchung, Technik des Schwangerschaftsabbruchs usw. in Frage. Außerdem gibt es noch eine ganze Reihe sehr guter humoristischer Filme, sogenannte „Eisbrecher“, die auf behutsame und unterhaltsame Weise sexuelle Ängste abbauen und so den Patienten darauf vorbereiten, über seine sexuellen Probleme offen zu sprechen.

Manchmal lassen sich auch einige einfache Sexualstörungen in der ärztlichen Praxis behandeln. Hier kann ebenfalls ein besonderes Film- oder Videozimmer für Patienten, Paare oder auch kleine Gruppen sehr praktisch sein. Zum Beispiel lassen sich die sogenannten *Sensate-focus*-Übungen nach *Masters* u. *Johnson,* d. h. das gegenseitige, bewußt sinnliche Berühren und Explorieren eines Paares, sehr gut anhand von Videokassetten demonstrieren. Dadurch wird die verbale Instruktion des Arztes vertieft, und einige

Paare mögen es dann viel leichter finden, die geforderten Übungen zu Hause durchzuführen. Nicht nur das: Wenn z. B. die Kontrolle eines Mannes über den Zeitpunkt seines Orgasmus unbefriedigend ist, so kann ein Paar anhand einer speziellen Videokassette bestimmte therapeutische Techniken genau studieren, die ihm möglicherweise die ersehnte Kontrolle verschaffen („Stop-and-start"-Masturbation, „Squeeze").

Für anorgasmische Frauen gibt es eine Serie von drei Filmen, die zusammengenommen ein einfaches Therapieprogramm darstellen, das durch ein begleitendes Handbuch noch wirksamer gestaltet werden kann (5). Für Männer mit Erektionsstörungen wird jetzt eine neue Serie von zwei Filmen angeboten, von denen der erste die Diagnose und der zweite die Therapie schildert. Trotz einiger ernsthafter Mängel sind diese Filme bemerkenswert. Das gilt besonders für den Diagnosefilm, der völlig zu Recht zuerst alle nur möglichen somatischen Ursachen der Erektionsstörung abklärt, bevor eine Verhaltenstherapie auch nur erwogen wird (6).

Alle diese und viele ähnliche Filme sind auch auf Videokassetten lieferbar und können leicht in der ärztlichen Praxis Anwendung finden. Amerikanische Ärzte haben denn auch begonnen, einzelne Patienten und Paare zur Vorführung solcher Kassetten in die Sprechstunde einzuladen. Dort kann die Erfahrung durch ein vorbereitendes und abschließendes Gespräch fallspezifisch ergänzt werden. Wo besondere Übungen notwendig sind, werden diese dann zu Hause durchgeführt. Mittlerweile besitzen aber auch viele Patienten selbst Abspielgeräte in der Wohnung und können daher Kassetten von ihrem Arzt oder Therapeuten entleihen, wenn sie sie nicht sogar ohne jede ärztliche Vermittlung gleich selber kaufen. Im allgemeinen trifft das aber weniger für therapeutisches als für sonstiges sexuell orientiertes Material zu.

Diese neueste Entwicklung weist noch auf ein weiteres Anwendungsgebiet hin: Audiovisuelle Hilfsmittel können nicht nur eine direkte, sondern auch eine indirekte therapeutische und sogar prophylaktische Funktion haben. Zum Beispiel vermögen gutgewählte Videokassetten dazu beizutragen, daß gesunde Familienmitglieder die sexuellen Probleme eines körperlich oder geistig behinderten Patienten besser verstehen und allein dadurch auch verringern. Sie können mit ihren eigenen, oft ambivalenten Gefühlen konfrontiert werden und zu einer neuen, hilfreichen Einstellung finden. Das trifft auch für die Eltern und Geschwister von Homosexuellen, Transsexuellen und Transvestiten zu.

Wenn Homosexuelle, Transsexuelle oder Transvestiten bei ihrem Arzt oder Therapeuten Erleichterung von überstarkem sozialen Konformitätsdruck suchen, so muß dessen Hilfe immer begrenzt bleiben, wenn sie nicht die tägliche nächste Umgebung einbezieht. In einer idealen Gesellschaft sollten solche Maßnahmen nicht nötig sein, aber solange die Massenmedien aus verschiedenen Gründen unfähig bleiben, die Probleme sexueller Minderheiten adäquat darzustellen, muß der Therapeut eben korrigierend einspringen.

Für viele Ärzte mag die Rolle als Sexualerzieher und Berater neu und unbehaglich sein. Sie ist aber nicht an sich unmedizinisch. Selbst wenn er sich nun mit Klienten befassen soll, die nicht eigentlich krank sind, so ist das doch eine heilsame Tätigkeit. Auch bei sexuellen Problemen gilt der alte Satz: Die Prophylaxe ist die beste Therapie. Hat man sich erst einmal von dem Modell einer Notfallmedizin freigemacht, die sozusagen immer nur in letzter Minute eingreift, kann man sich, statt auf die Krankheit, endlich auf die Gesundheit konzentrieren. Die Pflege der Gesundheit, auch der sexuellen Gesundheit, ist aber ein legitimes Anliegen des Arztes. Bei diesem Anliegen sind audiovisuelle Hilfsmittel eine wertvolle Unterstützung.

Ausblick

Wie schon kurz angedeutet, ist bei weitem nicht alles heute verfügbare Material unbedingt zu empfehlen. Vieles ist schon über zehn Jahre alt und einfach überholt, anderes ist experimentell, ausgefallen, inhaltlich falsch, ungeschickt präsentiert oder technisch mangelhaft. Einige Filme und Videokassetten mögen sogar bei manchen Betrachtern neue Probleme erzeugen. Sehr oft ist eine pädagogische oder therapeutische Steuerung unbedingt erforderlich: Es gibt nämlich Patienten, die solches Material nicht ohne gründliche Vorbereitung sehen sollten. Schließlich muß man auch noch bedenken, daß ein großer Teil der hier besprochenen Hilfsmittel kulturgebunden ist. Sie können für amerikanische Verhältnisse nützlich, aber für deutsche Verhältnisse zum Beispiel völlig unangebracht sein.

Auf längere Sicht gesehen ergibt sich aber eine lohnende Aufgabe für den deutschsprachigen Markt. Da die technischen Möglichkeiten nun einmal bestehen, wäre es töricht, sie nicht in den Dienst der Sexualmedizin zu stellen. Man sollte das Feld nicht wohlmeinenden, aber therapeutisch naiven Geschäftsleuten überlassen, sondern sehr bewußt von wissenschaftlicher Seite aus an der Entwicklung Anteil nehmen.

Anmerkungen

Dieser Abschnitt wurde nach einem Beitrag des Autors in der Serie „Praktische Sexualmedizin“, herausgegeben von V. Herms, H.-J. Vogt und W. Eicher (Wiesbaden, Medical Tribune, 1982), verfaßt.

1. Daniel, R. S.: Human Sexuality: Methods and Materials for the Education, Family Life and Health Professionals. Vol. I.: An Annotated Guide to the Audiovisuals. Brea, California (Heuristicus Publ.), 1979, S. 507.
2. Siehe z. B. Lief, H. I. und A. Karlen: Sex Education in Medicine. New York (Spectrum Publ.), 1976. Pacharzina, K.: Der Arzt und die Sexualität seines Patienten. In: Sexualität und Medizin, herausgegeben von V. Sigusch. Köln (Kiepenheuer und Witsch), 1979, S. 17–40.
3. Szasz, T. S.: Sex by prescription. Garden City und New York (Anchor Press/Doubleday), 1980.
4. Lief, H. I.: „Interview“ in Sexual Medicine Today *5* (1): 11 (1981).
5. Becoming Orgasmic: A Sexual Growth Program. Focus International, 1776 Broadway, New York, N. Y., 10019.
6. Diagnosis and Treatment of Erectile Problems. Focus International.

Die Gräfenberg-Zone („G-Spot“)

In jüngster Zeit häufen sich amerikanische Forschungsberichte über die wiederentdeckte sogenannte weibliche Ejakulation. Einige dieser Berichte greifen auch den alten Sammelbegriff „weibliche Prostata“ für die Ursprungsorgane dieser Ejakulation wieder auf und beschreiben dazu noch eine ganz neubenannte Erscheinung: den „Gräfenberg spot“ oder „G-Spot“. Bisher können diese Fragen noch nicht als völlig entschieden betrachtet werden. Es besteht aber kein Zweifel, daß man einem bemerkenswerten Phänomen auf der Spur ist. Es wäre an der Zeit, daß auch in Deutschland weitere Forschungen durchgeführt werden.

Medizinhistoriker wissen, daß viele antike und mittelalterliche Autoren eine Samenmischung beider Geschlechter bei der Zeugung annehmen und sogar von einer Art weiblicher Ejakulation sprechen. Allerdings sind die anatomischen und physiologischen Details in diesen Texten nicht immer klar, so daß ein Vergleich mit den jetzigen neuen Befunden nicht sehr sinnvoll ist (1).

Immerhin läßt sich aber eine relevante Stelle bei dem holländischen Anatomen Regnier de Graaf anführen, der 1672 schrieb: „Die Harnröhre ist in ihrer gesamten Länge völlig von einer weißen, membranartigen, fingerbreiten Substanz umhüllt... Diese Substanz könnte man sehr treffend als weibliche *prostata* oder *corpus glandulosum* bezeichnen... Der Ausfluß von diesen weiblichen *‚prostatae‘* verursacht ebensoviel Wollust wie der von den männlichen *‚prostatae‘*.“ (2)

De Graaf zitiert darauf Galen und Herophilos, die ebenfalls von weiblichen *prostatae* sprechen, und er fügte als eigene Meinung hinzu, daß deren Sekretion teilweise durch Öffnungen in die Harnröhre abgesondert wird.

Im Jahre 1880 beschrieb dann der Schotte Alexander Johnston Chalmers Skene genauer die nach ihm benannten, neben der Harnröhre liegenden Drüsen, erklärte aber gleichzeitig, daß ihm deren Funktion unbekannt sei.

In unserem Jahrhundert schließlich erwähnte Theodor van de Velde in seinem Buch „Die vollkommene Ehe“ (3) eine Ejakulation bei einigen (nicht allen) Frauen, schrieb sie aber den Bartholin'schen Drüsen zu, da, wie er ausdrücklich vermerkte, die Skene-Drüsen dafür zu klein seien.

Der in Deutschland geborene, in die USA exilierte Ernst Gräfenberg war der erste, der die mögliche Bedeutung der hier erwähnten Strukturen für die sexuelle Reaktion untersuchte. In einem heute schwer zugänglichen Aufsatz beschrieb er 1950 die Rolle der Urethra beim weiblichen Orgasmus und stellte fest.:

„Eine erotische Zone konnte immer nachgewiesen werden an der Vorderwand der Vagina entlang der Harnröhre... Analog zur männlichen scheint die weibliche Harnröhre auch von Schwellkörpern umgeben zu sein wie jene des Penis. Im Laufe der sexuellen Stimulation beginnt die weibliche Harnröhre sich zu vergrößern und kann leicht gefühlt werden. Sie schwillt beim Ende des Orgasmus erheblich an. Der stimulierendste Teil liegt an der hinteren Harnröhre, da, wo sie vom Blasenhals austritt.“ (4)

Gräfenberg berichtete weiter, daß bei einigen Frauen gleichzeitig mit dem Orgasmus größere Mengen einer klaren Flüssigkeit aus der Harnröhre herausspritzten. Er schrieb dazu: „In den von uns beobachteten Fällen wurde die Flüssigkeit untersucht, und sie hatte keinen Urincharakter. Ich neige der

Ansicht zu, daß der ‚Urin‘, der angeblich beim weiblichen Orgasmus ausgestoßen wird, kein Urin ist, sondern nur Sekretionen der Drüsen innerhalb der Harnröhre darstellt, die mit der erogenen Zone entlang der Harnröhre an der Vorderwand der Vagina zusammenhängen.“ (5) Der Aufsatz endete mit der wiederholten Behauptung einer besonderen erogenen Zone entlang der Harnröhre und der Mahnung, diesen Befund bei der Therapie weiblicher sexueller Störungen mehr in Betracht zu ziehen.

Gräfenbergs Aufsatz fand zu seiner Zeit offenbar nicht die ihm gebührende Beachtung. Kinsey und seine Mitarbeiter (1953) erwähnten zwar eine Art weibliche „Ejakulation“, schrieben sie aber vaginalen Ausscheidungen zu, die in besonderen Fällen beim Orgasmus durch Muskelkontraktionen gewaltsam nach außen gepreßt werden könnten (6). Danach sprachen nur noch Bors und Comarr (1960) von einer männlichen und weiblichen prostatischen Ausscheidung (7), und ein japanischer Bericht (1961) enthielt den Hinweis auf einen weiblich ejakulierten „Schleim“ (8).

Masters und Johnson dagegen bezeichneten in ihrer epochalen Studie („Die sexuelle Reaktion“, 1966) die weibliche Ejakulation als ein „irrtümliches, wenn auch weitverbreitetes Konzept“ (9). Erst 1978 erschien eine historisch-kritische Untersuchung von Sevely und Bennett, die nach neuen Forschungen rief (10), und diesem Ruf sind inzwischen einige Amerikaner gefolgt.

Die neuesten Forschungen lassen sich kurz etwa so zusammenfassen:

1. Bei vielen (vielleicht allen) Frauen findet sich, etwa in der Mitte entlang der Harnröhre, eine „erogene“ oder sexuell reizempfindliche Stelle, die mit dem Finger durch die Vorderwand der Vagina hindurch gefühlt werden kann. Wenn diese bestimmte Stelle durch Druck oder kräftiges Reiben stimuliert wird, resultiert zunächst ein vorübergehendes Harndranggefühl, das dann in ein sexuelles Lustgefühl übergeht. Gleichzeitig schwillt das stimulierte Gebiet an, wird fester und erreicht eine eiförmige Ausdehnung von etwa 1,5 mal 2 cm. Die amerikanischen Forscher haben diese Stelle nun zu Ehren ihres Entdeckers „Gräfenberg spot“ (wörtl. „Gräfenberg-Flecken“, aber vielleicht besser „Gräfenberg-Zone“) genannt.
2. Der genaue anatomische Charakter der Gräfenberg-Zone ist zur Zeit noch unbestimmt.
3. Als Resultat sexueller Stimulierung dieser Zone sind vielfach Ejakulationen einer prostatischen Flüssigkeit aus der weiblichen Harnröhre beobachtet worden.
4. Nach Berichten einiger Frauen wurde der Orgasmus infolge dieser Stimulierung als besonders befriedigend empfunden (11).

Einer fruchtbaren Diskussion dieser Ergebnisse stehen zunächst einige terminologische Schwierigkeiten entgegen, die man ausräumen muß. Selbst wenn man die hier angesprochene, mit der weiblichen Harnröhre verbundene Struktur als homolog zur männlichen Prostata auffaßt, so bleibt doch die Frage, ob man sie einfach mit dem Sammelnamen „weibliche Prostata“ belegen soll. Vieles spricht dafür, daß man diesen Drüsen einen eigenen Namen gibt. Warum nicht – unter Ausdehnung des eigentlich nur für zwei Drüsen geltenden Begriffes – „Skene-Drüsen“?

Andererseits ist auch zu überlegen, ob der Ausdruck „weibliche Ejakulation“ glücklich gewählt ist. Wahrscheinlich ja, aber man sollte sich über alle Implikationen dieser Bezeichnung klarwerden.

Neben diesen terminologischen Schwierigkeiten gibt es auch noch gewisse ethische Probleme bei der Untersuchung der weiblichen Ejakulation. So hat man zum Beispiel die Befürchtung ausgesprochen, daß allein schon die Bezeichnung „weibliche Prostata“ Ärzte zu ihrer chirurgischen Entfernung verführen könnte (12).

Unmittelbar wichtiger ist wohl eine andere Frage. Masters und Johnson, zum Beispiel, haben für sich selbst, aus berufsethischen Gründen, die Stimulierung der Gräfenberg-Zone bei Forschungssubjekten abgelehnt (13). Es scheint aber festzustehen, daß Frauen normalerweise ihre eigene Gräfenberg-Zone nicht einfach mit dem Finger erreichen können und daher auf eine zweite Person für die Stimulierung angewiesen sind. Nun ist aber diese Stimulierung notwendigerweise immer sexueller Natur, und dies bringt einen untersuchenden Arzt oder Forscher in eine ungewohnte Lage.

Es ist auch nicht unbedingt einfacher, wenn die Stimulierung durch eine Ärztin oder Forscherin vorgenommen wird, weil damit ungewollt homosexuelle Vorstellungen störend ins Spiel kommen können.

Schließlich ist auch noch zu bedenken, daß die wissenschaftlich bestätigte Ejakulationsfähigkeit einiger Frauen zu unpassenden und therapeutisch schädlichen Vergleichen und Selbstvergleichen führen könnte.

Gräfenberg hatte, wie schon bemerkt, mit seinem Aufsatz auch ein therapeutisches Ziel im Auge: Er wollte Frauen helfen, eine genügende sexuelle Stimulation mit folgendem Orgasmus zu erreichen. So empfahl er z. B. den Koitus von hinten, da in dieser Stellung der Penis die richtige erogene Zone um die Harnröhre erreiche. Inzwischen hat man auch speziell geformte Vibratoren gefordert, mit denen Frauen selbst ihre Gräfenberg-Zone erreichen können.

Außer solchen praktischen Vorschlägen gibt es aber noch mehr zu diskutieren. Zum Beispiel werfen die neuesten Forschungen in unerwarteter Weise auch wieder die Frage eines vaginal produzierten Orgasmus auf, den man schon zugunsten eines ausschließlich „klitoralen" Orgasmus hatte abtun wollen.

Angesichts der hier kurz skizzierten Befunde scheinen weitere gründliche Untersuchungen voll gerechtfertigt. Man könnte zu Anfang vielleicht die bisherigen amerikanischen Experimente in größerem Maßstab wiederholen und dann darauf aufbauen. Auch therapeutisch könnte man versuchen, die neuen Erkenntnisse anzuwenden, und zwar nicht nur bei weiblichen Sexualstörungen, sondern auch ganz allgemein zur erotischen Bereicherung relativ ungestörter Beziehungen. Schließlich könnte auch noch die weiter verschärfte begriffliche Unterscheidung von Ejakulation und Orgasmus bei beiden Geschlechtern das therapeutische Vokabular logisch reinigen und so indirekt die Sexualtherapie selbst verbessern.

Anmerkungen

Dieser Abschnitt wurde nach einem Beitrag des Autors in den „Mitteilungen der Gesellschaft für Praktische Sexualmedizin" (Vol. 2, Mai 1982) verfaßt.

1. Vgl. Knight, B.: Discovering the Human Body. New York, 1980, S. 141–142
2. De Graaf, R.: New Treatise Concerning the Generative Organs of Women. Erstveröffentlichung 1672, Nachdruck in J. Reprod. Fertil. [Suppl.] 17: 103–104, 106–107 (1972)
3. Van de Velde, Th.: Die vollkommene Ehe. 41. Aufl., Horw (Montana), 1930.
4. Grafenberg, Ernest (Ernst Gräfenberg): The Role of Urethra in Female Orgasm. Int. J. Sexol. *3:* 146 (1950)
5. Ebenda, S. 147.
6. Kinsey, A. C. et al.: Sexual Behavior in the Human Female. Philadelphia, 1953, S. 634–635
7. Bors, E.; Comarr, A. E.: Neurological Disturbances of Sexual Function with Special Reference to 529 Patients with Spinal Cord Injury. Urol. Survey *10:* 191–222 (1960)
8. Yoshida, H.: Female Sexual Response. Ursprüngliche Publikation japanisch; englische Übersetzung seit 1969 beim Institute for Sex Research, Indiana University, Bloomington, Indiana.
9. Masters, W. H.; Johnson, V.: Human Sexual Response. Boston, 1960, S. 135

10. Sevely, J. L.; Bennett, J. W.: Concerning Female Ejaculation and the Female Prostate. J. Sex Res. *14:* 1–20 (1978)
11. Vgl. Belzer, E. G.: Orgasmic Expulsions of Women: A Review and Heuristic Inquiry. Adiego, F. et al.: Female Ejaculation: A case Study. Perry, J. D.; Whipple, B.: Pelvic Muscle Strength of Female Ejaculators: Evidence in Support of a New Theory of Orgasm. Weisberg, M.: A Note on Female Ejaculation. Alle J. Sex Res. *17* (1981)
12. Curtis, A. H.: Discussion. Am. J. Obstet. Gynecol. *55:* 101 (1948)
13. Unveröff. Vortrag auf der Konferenz der American Association of Sex Educators, Councelors and Therapists. San Francisco, 4. 4. 1981.

Sexualwissenschaft: Neuere Entwicklungen

Die Sexualwissenschaft wurde, nach ihrer zeitweiligen Zerstörung durch den Faschismus in Europa, zunächst besonders in den Vereinigten Staaten wiederbelebt. Wichtig waren hier vor allem die Arbeiten von Kinsey, Masters und Johnson (s. auch S. 516–518). Kinsey brachte außerdem eine bedeutende Sammlung von ursprünglich deutschem Material zusammen, das die Entwicklung und den Umfang der Sexualforschung vor 1933 sehr weitgehend dokumentiert. Sein früher Tod und der Mangel an deutschsprachigen Sexualwissenschaftlern am Ort verhinderten jedoch zunächst die Auswertung.

So ist die Geschichte der ursprünglich in Deutschland entstandenen Sexualwissenschaft bisher ungeschrieben. Die fehlende Verankerung in der eigenen, nun weithin vergessenen Tradition behindert aber bis heute den gesunden Fortschritt der Sexualwissenschaft, die, theoretisch ungeortet und weitgehend mißverstanden, immer noch keine feste Heimstatt im akademischen Alltagsbetrieb gefunden hat. Man begreift zwar, daß die Sexualität eine biologische und eine sozial-historische Seite hat und daß Sexualforschung daher sowohl naturwissenschaftliche als auch geisteswissenschaftliche Aufgaben erfüllen muß. Das Weitere aber bleibt unklar, und dieser Zustand kann sich nicht wirklich ändern, solange die Geschichte und historische Logik dieser Forschung selbst nicht aufgearbeitet sind. Dies bleibt daher das vordringlichste Ziel für die Zukunft.

Ohne die frühere Theoriediskussion wirklich zu kennen, erhob Kinsey allerdings von sich aus die gleiche Forderung, die auch stets von den deutschen Pionieren Bloch, Moll, Hirschfeld und Max Marcuse aufgestellt worden war (vgl. S. 513–515). Es war dies die Forderung nach einem interdisziplinären Vorgehen. So schrieb er im Vorwort zu seinem ersten „Report“:

> „Während der neun Jahre der laufenden Untersuchung waren viele Stunden der Beratung mit Spezialisten, die nicht unserem Arbeitsstab angehören, gewidmet, besonders mit Wissenschaftlern aus folgenden Gebieten:
>
> Anatomie, Anstaltsverwaltung, Anthropologie, Astronomie (statistische), Biologie, Eheberatung, Endokrinologie, Entwicklungsgeschichte, Frauenheilkunde, Fürsorge, Geburtshilfe, Geschlechtskrankheiten, Öffentliche Gesundheitspflege, Kindliche Entwicklungslehre, Medizin (verschiedene Zweige), Meinungsbefragung, Militärwesen, Neurologie, Allgemeine Physiologie, Menschliche Physiologie, Polizeiwissenschaft, Psychiatrie, Psychoanalyse, Allgemeine Psychologie, experimentelle Psychologie, Klinische Psychologie, Sexualerziehung, Soziologie, Statistik, Strafrecht, Strafvollzug, Tierisches Verhalten, Urologie.“

Kinsey erklärte außerdem, daß er nicht erwarte, zukünftige Sexualforscher würden sich auf diese vorläufige Liste beschränken. Er bot daher eine grobe Skizze für eine sexualwissenschaftliche Bibliothek an, die seiner Ansicht nach mindestens die folgenden Gebiete umfassen müßte:

> „Biologie, Psychologie, Soziologie, Anthropologie, Medizin, Eheberatung, Kindliche Entwicklung, Personalführung, Meinungsforschung, Radiosendungen, Philosophie, Ethik, Religion, Pädagogik, Geschichte, Recht, Polizei, Literatur, Kunst und Erotika.“

Wie man sieht, reichten Kinseys Interessen sehr weit und tatsächlich legte er selbst den Grundstock für eine solche Bibliothek, die nach seinem Tod von seinen Nachfolgern weiter ausgebaut wurde. Sie ist heute als Teil des Kinsey

Institute die umfangreichste sexualwissenschaftliche Spezialbibliothek der Welt.

Außer dem *Kinsey Institute,* das auch weiterhin auf verschiedenen Gebieten Sexualforschung betreibt, gibt es inzwischen auch das *Masters-and-Johnson-Institute* in St. Louis, das qualifizierte Bewerber mit entsprechender Vorbildung zu Sexualtherapeuten ausbildet. Schließlich besteht in San Francisco eine private sexualwissenschaftliche Hochschule, das *Institute for Advanced Study of Human Sexuality,* das staatlich anerkannte akademische Grade speziell für Sexualwissenschaft verleiht. Darüber hinaus haben mehrere Universitäten in den Vereinigten Staaten Studienprogramme über menschliche Sexualität eingeführt, so etwa die San Francisco State University, die University of Pennsylvania in Philadelphia, die New York University und die Indiana University in Bloomington/Indiana.

Eine weitere vielversprechende Entwicklung ist die Neuorganisation sexualwissenschaftlicher Weltkongresse. Getragen von einer *World Association for Sexology,* der sexualwissenschaftliche Gesellschaften aus aller Welt angehören, sind diese Kongresse seit 1974 (Paris) in verschiedenen Kontinenten abgehalten worden: 1976 in Montreal, 1978 in Rom, 1979 in Mexico City, 1981 in Jerusalem, 1983 in Washington, D. C. und 1985 in Neu-Delhi. Für das Jahr 1987 ist ein Kongreß in Heidelberg geplant. Die Weltkongresse fördern nicht nur den wissenschaftlichen Austausch und schaffen persönlichm Kontakte, sondern machen auch deutlich, daß die Sexualwissenschaft international rapide wächst. Besonders viele Entwicklungsländer zeigen ein großes Interesse an der wissenschaftlichen Bewältigung sexueller Fragen.

In Europa besteht noch seit 1921 das älteste sexualwissenschaftliche Universitätsinstitut in Prag. Außerdem besitzt die Katholische Universität Leuven (Belgien) eine „Abteilung für familiale und sexologische Wissenschaften" und verleiht darin einen speziellen Doktorgrad. In der Bundesrepublik Deutschland haben die Universitäten Hamburg und Frankfurt/M. ähnliche Abteilungen, und die Universität Kiel besitzt eine sexualmedizinische Forschungs- und Beratungsstelle. Zudem gibt es mehrere deutsche und österreichische wissenschaftliche Gesellschaften, die sich vornehmlich mit sexuellen Fragen befassen. Deutsche Sexualwissenschaftler sind auch Mitglieder einer *Internationalen Akademie für Sexualforschung,* deren Sekretariat seinen Sitz in New York hat. Die wichtigsten hier erwähnten Einrichtungen und Organisationen sind im folgenden mit ihren Adressen aufgeführt:

Institut für Sexualforschung
Abteilung der Psychiatrischen Universitätsklinik
der Universität Hamburg
Martinistraße 52
2000 Hamburg 20

Abteilung für Sexualwissenschaft
der Universität Frankfurt am Main
Theodor-Stern-Kai 1
6000 Frankfurt/M. 10

Sexualmedizinische Forschungs- und Beratungsstelle
Klinikum der Universität Kiel
Hospitalstr. 17/19
2300 Kiel 1

Sexualwissenschaftliche Gesellschaften:

Deutsche Gesellschaft für Sexualforschung
Abteilung für Sexualforschung der Universität
Martinistr. 52
2000 Hamburg 20

Gesellschaft für praktische Sexualmedizin
Vorsitzender: Prof. Dr. Dr. R. Wille
Sexualmedizinische Forschungs- und Beratungsstelle
Klinikum der Universität Kiel
Hospitalstr. 17/19
2300 Kiel 1

Deutsche Gesellschaft für Sozialwissenschaftliche Sexualforschung
Vorsitzender: Prof. Dr. Ernest Borneman
Sekretariat: Gerresheimer Str. 20
4000 Düsseldorf

Sexualwissenschaftliche Zeitschrift:

Sexualmedizin
Verlag Medical Tribune GmbH
Rheinstr. 19
6200 Wiesbaden 1

Sexuelle Menschenrechte

Die Geschichte der Menschenrechte und die Vielzahl bestehender Deklarationen, Konventionen und Verträge sind nicht allgemein bekannt. Der Durchschnittsbürger, selbst in den westlichen entwickelten Staaten, wird es sogar relativ schwierig finden, sich darüber zu informieren. Die verfügbare Literatur ist spärlich und unsystematisch. Die meisten Leute werden daher kaum mit Sicherheit sagen können, inwieweit sexuelle Rechte als Menschenrechte Anerkennung gefunden haben. Sexuelle Freiheit wird tatsächlich in der Regel nicht als Menschenrechtsproblem betrachtet.

Es gibt jedoch durchaus eine historisch und praktisch begründbare Grundlage für eine solche Auffassung. Die Idee der Menschenrechte selbst ist, obwohl man sie teilweise auf die alten griechischen Sophisten, einige Philosophen der Stoa und bestimmte christliche Reformatoren zurückführen kann, im Kern eine moderne Idee. Sie hatte ihren Ursprung in der Renaissance und wurde von religiösen, politischen und juristischen Denkern fortentwickelt, die unter Rückgriff auf die Naturrechts-Doktrin versuchten, die Souveränität „des Volkes" gegen den Machtmißbrauch der absoluten Herrscher zu verteidigen. Das Zeitalter der Aufklärung fügte dem zusätzliche „unveräußerliche" Rechte des Einzelmenschen hinzu, die diesen gegen tyrannische Mehrheiten in den eigenen Reihen schützen sollten. Die amerikanische *Unabhängigkeitserklärung* (1776), die französische *Erklärung über die Menschen- und Bürgerrechte* (1789) und die *„Bill of Rights"* als Teil der Verfassung der Vereinigten Staaten von Amerika (1791) sind die wichtigsten Meilensteine in dieser Entwicklung. Natürlich waren Sklaven, Frauen und andere Gruppen in Wirklichkeit damals noch nicht mitgeschützt. Dennoch wurden im Prinzip allgemeine Rechte auf Eigentum, Religionsfreiheit und Pressefreiheit, Gleichheit vor dem Gesetz usw. erstmals in der Geschichte der Menschheit anerkannt. Die traditionelle Macht der Regierung, die nun diese Rechte zu garantieren hatte, war daher nicht nur begrenzt, sondern in Richtung auf zunehmende Demokratisierung orientiert, ein Prozeß, in dem mehr und mehr Menschenrechte für immer größere Teile der Bevölkerung garantiert wurden.

Die Industrielle Revolution machte jedenfalls klar, daß der ursprüngliche Katalog der Menschenrechte erweitert werden mußte, da ein wachsendes Proletariat von ihnen kaum profitieren konnte, ohne zunächst bestimmte soziale und ökonomische Rechte zu erhalten, wie das Recht auf Erziehung oder auf einen gesunden Arbeitsplatz, das Recht, Gewerkschaften zu organisieren und zu streiken usw. Im 19. und frühen 20. Jahrhundert ist daher eine erhebliche Vergrößerung individueller Rechte festzustellen, die den Belangen einer früher kleinen und vernachlässigten, nun jedoch zunehmend selbstbewußteren „Unterschicht" Rechnung trugen. Die Erfahrungen der Weltwirtschaftskrise veranlaßten schließlich Franklin D. Roosevelt im Jahre 1941 in seine Erklärung der „Vier Freiheiten" ein Recht auf wirtschaftliche Sicherheit aufzunehmen: Redefreiheit, Religionsfreiheit, *Freiheit von materieller Not* und Freiheit von Furcht (2). Diese Forderungen wurden schließlich Teil der Atlantik-Charta und waren geistige Vorläufer der *Allgemeinen Erklärung der Menschenrechte* der Vereinten Nationen (1948), denen im Jahre 1966 eine *Konvention über ökonomische, soziale und kulturelle Rechte* sowie eine *Konvention über bürgerliche und politische Rechte* folgten. Zusätzlich versuchen heute Deklarationen und Konventionen der Vereinten Nationen Flüchtlinge zu schützen, die Rechte von Frauen, Kindern und Häftlingen, sie verurteilen Rassismus, Diskriminierung und Völkermord.

Dennoch ist bemerkenswert, daß diese und andere Menschenrechtsvereinbarungen der Vereinten Nationen in keiner Weise spezifisch auf sexuelle Rechte eingehen, z. B. das Recht auf Sexualerziehung, freie Wahl des Sexualpartners oder sexueller Handlungen, ein Recht auf Empfängnisverhütung und Schwangerschaftsabbruch. Dies ist umso bemerkenswerter, als der Kampf um einige dieser Rechte bereits eine lange internationale Geschichte hat. So ist beispielsweise mindestens seit der Zeit der Neo-Malthusianer des 19. Jahrhunderts das Recht der Frau auf Geburtenkontrolle mit ihrem Recht auf eigene ökonomische Sicherheit verbunden worden. Es wurde auch anerkannt, daß sie dieser Grundlage bedarf, um viele andere Menschenrechte wahrzunehmen, die theoretisch bereits garantiert schienen, aber oft praktisch infolge ökonomischer Abhängigkeit nicht wahrgenommen werden konnten. Viele der frühen Feministinnen hielten daher sexuelle Rechte für ein grundsätzlich politisches Thema, also einen Teil der Menschenrechte. Diese Ansicht wurde von männlichen Mitstreitern weitestgehend geteilt, besonders von denen, die eine neue, besondere Sexualwissenschaft und durch sie allgemeine sexuelle Reformen befürworteten.

Europäische Sexualwissenschaft und Sexualreform

Die Sexualwissenschaft als Wissenschaft mit eigener Berechtigung wurde im Jahre 1906 erstmals von dem Berliner Dermatologen Iwan Bloch konzipiert, der nur sechs Jahre später auch das erste „Handbuch der gesamten Sexualwissenschaft in Einzeldarstellungen“ herausgab (3). In seiner Einleitung des Ersten Bandes (über Prostitution) weist Bloch auf einen berühmten Vorgänger und den ersten Entwurf einer wahrhaft sexualwissenschaftlichen Studie in der westlichen Literatur hin: auf Wilhelm von Humboldt und seine unvollendete „Geschichte der Abhängigkeit im Menschengeschlechte“ (1827/28). Im vorläufigen Entwurf dieser Arbeit, die aus einem noch früheren Plan erwuchs, eine „Geschichte der Hurerei“ zu schreiben (ca. 1790), stellte der Autor der „Geschichte des weiblichen Geschlechts“ und menschlicher Knechtschaft die „Geschichte der Abhängigkeit in männlicher Freiheit“ gegenüber. Für den großen Erziehungsreformer Humboldt war also die soziale Ungleichheit der Geschlechter tatsächlich Hauptanlaß für eine „aufgeklärte“ Untersuchung gewesen (4).

Daß diese Untersuchung zu jener Zeit nicht durchgeführt wurde, ließ sie Bloch und seinen sexualwissenschaftlichen Kollegen umso dringlicher erscheinen, da sie nun glaubten, im Besitz der notwendigen wissenschaftlichen Mittel zu sein. Nach einer Diskussion des Humboldt'schen Entwurfs stellt daher Bloch seinen eigenen vor und erklärt ganz deutlich:

> „. . . wird es die Aufgabe dieses ersten großangelegten Handbuches sein, der ehrlichen, freien und unabhängigen Forschung auf diesem Gebiete den Weg freizumachen und für das gewaltige Werk einer Neugestaltung und Verbesserung der sexuellen Beziehungen auf Grund der veränderten Kulturverhältnisse die exakten Grundlagen zu liefern und die objektiven Richtlinien zu bestimmen. Sexualreform auf der Grundlage der Sexualwissenschaft! Das ist die Aufgabe der Zukunft.“

Bloch zögerte auch nicht, Sexualreformer aktiv zu unterstützen. Gemeinsam mit Max Marcuse, einem weiteren Pionier der Sexualwissenschaft, schloß er sich dem „Bund für Mutterschutz“ an, der, gegründet im Jahre 1905, unter der Führung von Helene Stöcker bald ein wichtiger Motor für die Emanzipation der Frauen wurde. Im Jahre 1911 wurde ein „Internationaler Bund für

Mutterschutz und Sexualreform" in Dresden gegründet, Stöcker und Bloch waren Mitglieder des Leitungsgremiums. Ebenso wie die deutsche Organisation forderte diese weltweite Organisation die rechtliche Gleichstellung nichtehelicher Kinder und die Beseitigung der Diskriminierung ihrer Mütter, eine Reform der Ehe und Sexualerziehung in öffentlichen Schulen. Auch diese Bemühungen unterstützten die Sexualwissenschaftler aufs Nachdrücklichste. Bereits auf dem Gründungskongreß im Jahre 1911 hielt Magnus Hirschfeld, der Gründer der ersten „Zeitschrift für Sexualwissenschaft" (1908) eine vielbeachtete Ansprache über „Sexualwissenschaft als Grundlage der Sexualreform".

Zu dieser Zeit war Hirschfeld selbst allerdings bereits seit 14 Jahren als Gründer und Führer am „Wissenschaftlich-humanitären Komitee" beteiligt (1897), der ersten Organisation für die Rechte Homosexueller, das die Abschaffung der deutschen Strafgesetzbestimmungen gegen homosexuelle Handlungen unter Männern anstrebte. (Dieser Kampf sollte noch viele Jahrzehnte nach Hirschfelds Tod andauern und erst in den späten sechziger Jahren schließlich erfolgreich sein.) Wie dem auch sei, die Sexualreformer Hirschfeld und Stöcker entwickelten bald eine enge Kooperation und unterstützten sich gegenseitig. Hirschfeld war beispielsweise einer der Pioniere der Eheberatung, Stöcker nutzte ihren gesamten Einfluß, gegen eine Ausdehnung des Homosexualitäts-Paragraphen auf Frauen. Obwohl sie als heterosexuelle Frau von diesen Problemen nicht unmittelbar betroffen war, unterstützte sie ihre lesbischen Schwestern sehr nachdrücklich und forderte individuelle Freiheit gegenüber aller Einmischung der Regierenden.

So verwundert es nicht, daß Helene Stöcker auch in der „Weltliga für Sexualreform" engagiert war, die im Jahre 1928 in Kopenhagen gegründet wurde und mehre internationale Kongresse in London (1929), Wien (1930) und Brünn (1932) abhielt und deren drei erste Präsidenten Auguste Forel, Havelock Ellis und Magnus Hirschfeld waren. Diese wichtige und breit angelegte Organisation verfolgte bewußt einen reformistischen (nicht revolutionären) Kurs in ihren Forderungen nach allgemeinen sexuellen Rechten. Einige der linksaktivistischen Sexualwissenschaftler konnten sich daher nicht mit ihr identifizieren, wie beispielsweise Wilhelm Reich, der sie zu halbherzig, „bourgeois" und zahm fand. Mit dem Sieg der Nationalsozialisten in Deutschland wurden jedoch auch andere europäische Länder selbst gegenüber bescheidenen sexuellen Reformen zurückhaltender. Die „Liga" spaltete sich daher in einen vorsichtig taktierenden Flügel unter der Führung von Norman Haire in England und einer radikaleren Fraktion unter J. H. Leunbach in Dänemark. Sie löste sich bald danach auf, ohne daß ihre Hauptforderungen erfüllt worden wären. Dennoch sollen die oft wiederholten Ziele der „Liga" hier nochmals zitiert werden, und sei es nur als historisches Dokument, da sie die Forderungen der gesamten Bewegung für Sexualreform vor dem 2. Weltkrieg zusammenfassen:

1. Gleiche Rechte und Pflichten für Männer und Frauen hinsichtlich ihres sexuellen, aber auch ihres politischen und ökonomischen Lebens.
2. Beseitigung der Dominanz der Kirche in Fragen der ehelichen Beziehung. Reform der Gesetze über Ehe und Ehescheidung.
3. Empfängnisverhütung, damit Fortpflanzung selbstbestimmt und mit der nötigen Verantwortlichkeit geschehen kann.
4. Anwendung eugenischer Erkenntnisse für eine Verbesserung der Rasse durch Geburtenauswahl. (Unterstützung der Fortpflanzung Gesunder und Begabter, Sterilisierung derer, die zur Fortpflanzung nicht geeignet sind.)
5. Schutz der unverheirateten Frau und des nichtehelichen Kindes.
6. Angemessenes, wissenschaftliches Verständnis für Varianten der sexuellen Konstitution (Intersexualität) und eine entsprechend rationale Ein-

stellung, beispielsweise, gegenüber homosexuellen Männern und Frauen.
7. Systematische Erziehung in biologischen Fragen der Sexualität, besonders hinsichtlich der Geschlechtskrankheiten, der Masturbation und der Enthaltsamkeit. Eine gesunde Einstellung gegenüber der Sexualität, einschließlich einer Vermittlung von Kenntnissen über gesundes Sexualleben, die nicht von Schuldgefühlen belastet ist.
8. Gesetzliche und soziale Reformen hinsichtlich der Prostitution, um deren Gefahren (v. a. Geschlechtskrankheiten) zu beseitigen.
9. Störungen und Abnormitäten des Sexualtriebes sind als mehr oder weniger pathologisch zu begreifen und nicht als Verbrechen, Laster oder Sünden.
10. Eine Reform der Strafgesetze zur Sexualität. Nur diejenigen sexuellen Handlungen sollen als kriminell betrachtet werden, die die Rechte einer anderen Person verletzen. Schutz Minderjähriger und Geistesschwacher. Sexuelle Handlungen zwischen Erwachsenen, die diese einvernehmlich verantworten, sollen als ihre Privatangelegenheit betrachtet werden (und nicht zu rechtlichen Konsequenzen führen).
    Unterscheidung zwischen Verbrechen und Laster:
    Ersteres – als antisoziale Handlung – ist Gegenstand der Gesetzgebung, letzteres – als persönliches Problem – aber Gegenstand der Erziehung.

René Guyon – Rechtsphilosoph zwischen Ost und West

Zu einer Zeit, in der Sexualwissenschaftler und Sexualreformer in Europa ihre Vorstellungen und Forderungen propagierten, entwickelte ein Franzose isoliert und unabhängig eine entsprechende Sexualphilosophie im Fernen Osten. René Guyon, geboren in Sedan am 27. Mai 1876, promovierte im Jahr 1902 an der Universität Paris in Rechtswissenschaften und wurde im Jahre 1908, nach wenigen Jahren der praktischen Tätigkeit als Rechtsanwalt und Richter in Frankreich, in das Königreich Siam gerufen, um dort bei der Abfassung eines neuen Gesetzeswerkes behilflich zu sein. Im Laufe der folgenden Zeit wurde er Vorsitzender des „Redaktionskomitees", nach Abschluß der Arbeiten veröffentlichte er einen Bericht „Die Abfassung von Gesetzen in Siam" (1919). Ausgedehnte Reisen führten ihn nach Europa, Nordafrika, Sibirien, China, Indochina, Malaya und Indonesien. Er wurde schließlich legislativer Berater im Justiziministerium in Bangkok und schließlich in dieser Stadt Richter am Obersten Berufungsgericht. Im Jahre 1940 nahm er die Staatsangehörigkeit seines neuen Heimatlandes und den thailändischen Namen „Pichan Bulayong" an. Bereits im Ruhestand, nach 1956, heiratete er eine junge thailändische Frau. Er verstarb im Jahre 1963.

Soweit Guyons Name heute außerhalb Thailands noch bekannt ist, wird er meist mit einer radikalen, heute fast legendären sexualwissenschaftlichen Arbeit in Verbindung gebracht – den neun Bänden seiner „Studien in sexueller Ethik" (1929–1944). Die ersten sechs Bände wurden vor 1939 in Frankreich veröffentlicht, später allerdings durch die Regierung Pétain verboten. Die ersten zwei Bände wurden darüber hinaus in die englische Sprache übersetzt und in Großbritannien und den Vereinigten Staaten veröffentlicht. Die letzten drei Bände wurden niemals veröffentlicht, sind jedoch heute als französisches Originalmanuskript im Kinsey Institute der Universität Indiana in Bloomington/Indiana zugänglich (9).

Die Tendenz seiner Arbeit läßt sich am besten in Guyons eigenen Worten zusammenfassen:

„In meinen ‚Studien in sexueller Ethik' schlug ich die Befreiung der sexuellen Handlungen der Menschen vor, die heute unterdrückt und verfolgt werden, und ihre Eingliederung in eine Lehre, deren wissenschaftliche und logische Grundlage die

Berechtigung und die Freiheit sexueller Handlungen bildet... Die Essenz dieser Lehre von der Befreiung ist, daß sexuelle Organe und sexuelle Handlungen ebenso moralisch oder amoralisch sind als jede andere physiologische Äußerung von Lebewesen und daß sie daher unzweifelhaft für jeden gerechtfertigt sind; und daß jeder das Recht hat, diese Organe zu benützen und alle Handlungen nach eigenem Willen zu vollziehen, solange diese ohne Gewalt, Zwang oder Betrug gegenüber einer anderen Person stattfinden" (10).

Diese Auffassung erscheint vor dem Hintergrund der einzigartigen Erfahrungen des Autors als Richter und Gelehrter ganz natürlich, denn schließlich war er in einem Rechtssystem erzogen worden, das eine wichtige Forderung der Französischen Revolution bewahrt hatte: Die Beseitigung des Einflusses der Kirche auf die Strafgesetzgebung. So enthielt bereits im frühen 19. Jahrhundert der Code Napoléon keine Strafbestimmungen mehr gegen widernatürliche Unzucht, und kümmerte sich nicht mehr um einvernehmliche sexuelle Handlungen zwischen Erwachsenen. Guyon wurde in dieser Grundauffassung bestärkt, als er in ein nicht-koloniales buddhistisches Land gerufen wurde, in dem einvernehmliches Verhalten ohnehin niemals kriminalisiert worden war und wo seit langem sexuelle Toleranz praktiziert wurde. Er empfand daher keine Sympathie für all die „unaufgeklärten" und unreformierten englischen, amerikanischen, deutschen, schweizerischen und österreichischen Sexualgesetze, die nach wie vor die mittelalterliche christliche Sexuallehre widerspiegelten. Nach seiner Auffassung waren sie auch im Hinblick auf die westliche Geistesgeschichte nicht mehr zeitgemäß, Reste eines rechtlichen „ancien régime", das noch auf eine antiklerikale Volkserhebung wartete.

Als Guyon nach Abschluß der ersten seiner „Studien" von der Gründung der Hirschfeld'schen „Weltliga für Sexualreform" erfuhr, begrüßte er dies als späte aber notwendige Konsequenz der großen Revolution von 1789:

„Wir können diese Weltliga als ein eindeutiges Fanal der getretenen und rebellischen Menschheit zum Sturm auf die massive Bastille sexueller Konventionen betrachten... Die Dokumente dieser Volksversammlung der Sexualreform... zeigen sehr beeindruckend, wie breit das Problem gefaßt wird und wie brennend es von allen möglichen Menschen unter sehr verschiedenen Gesichtspunkten in Angriff genommen wird." (11)

Guyon sah auch die entscheidende Bedeutung der Emanzipation der Frauen in diesem Zusammenhang. Ohne von der Existenz Helene Stöckers und ihres „Bundes für Mutterschutz" zu wissen, sah er den Ursprung der europäischen Bewegung für Sexualreform im Kampf um die Rechte, die auch Helene Stöckers Anliegen waren:

„Einige Bemühungen in dieser Richtung (der Sexualreform) wurden in Frankreich bereits im 19. Jahrhundert in Verbindung mit der... Kampagne für die Anerkennung lediger Mütter und den Schutz des nichtehelichen Kindes gemacht." (12)

Unglücklicherweise seien jedoch diese verspäteten Erkenntnisse auf Europa beschränkt, während die übrige Welt dabei sei, erneut in ein sexuelles finsteres Mittelalter einzutreten:

„Durch eine Ironie der Geschichte, die ihresgleichen sucht, wird gerade zu dem Zeitpunkt, wo der Westen zu begreifen beginnt, daß seine enge und fanatische Sexualpolitik insgesamt abgeschafft werden müßte, gerade diese sexualfeindliche Moral... als Zeichen des Fortschritts von einigen Rassen aufgegriffen. Sie wissen nichts von der allgemeinen sexuellen Malaise im Westen und sind nur allzu bereit, ihre eigenen Prinzipien zu verlassen, die unser eigener wachsender Rationalismus nun zu bewundern beginnt." (13)

In dieser historischen Situation sieht sich Guyon in eine paradoxe Rolle gedrängt: Als radikaler französischer Denker im Fernen Osten muß er die Gesetzestradition seines angenommenen Kontinentes gegen neu importierte rückschrittliche Vorstellungen des Westens verteidigen, die, wie er weiß, zu guter Letzt und zurecht am Ort ihrer Herkunft zunehmend unglaubwürdig geworden sind. So sieht er sich als europäisch-asiatischer Rechtsphilosoph doppelt in die Pflicht genommen, ist er progressiv und konservativ zur gleichen Zeit.

Guyons Kritik am Völkerbund

Das Problem, wie Guyon es sah, war nach dem Ersten Weltkrieg besonders dringlich geworden, als ein neu gegründeter „Völkerbund" sich in die sexuellen Bräuche früher permissiver Gesellschaften einzumischen begann. Vorgeblich gegründet, um den Frieden in der Welt zu sichern, verursachte der Völkerbund tatsächlich in erheblichem Ausmaß neue soziale Spannung, Elend und Verbrechen, vor allem in Asien. Viele Jahre später, nach dem unrühmlichen Ende des Völkerbundes, faßte Guyon daher im Rückblick seine Einwände folgendermaßen zusammen:

„Wenn gesagt wird, ‚Sexualverbrechen' nähmen zu, darf man nicht vergessen, daß eine erhebliche Zahl *neuer* sexueller Vergehen durch den modernen Puritanismus, besonders während des letzten Jahrhunderts, überhaupt erst geschaffen wurden. Sie wurden nach überall hin exportiert. Die Länder außerhalb Europas und Amerikas haben dazu ausnahmslos ihre Strafgesetze mehr oder weniger genau nach europäischen Kriterien abgefaßt, um der Welt zu beweisen, daß ihre Zivilisation nicht „minderwertiger" sei als die westliche, die als unstrittiges Modell des Fortschritts akzeptiert wurde . . . In manchen Fällen wurden Völker außerhalb Europas sogar *gezwungen* dies zu tun. Der verstorbene ‚Völkerbund', der in Fragen der Sexualität unermüdliche Aktivität gezeigt und Millionen für Tagungen, Schriften, teure Reisen usw. verpulvert hatte, war schlicht in den Händen von Puritanern. Ihr Einfluß hatte bereits begonnen, als sie die sehr entgegenkommenden Unterzeichner des Vertrags von Versailles (1919) überredeten, in den Völkerbundsvertrag auch die Konventionen über Frauen- und Kinderhandel aufzunehmen. Diese Aufgabenstellung hatte nichts zu tun mit „der Regelung von Fragen hinsichtlich Grenzen, Reparationen, kommerziellen und finanziellen Interessen", wie sie üblicherweise Gegenstand eines Friedensvertrages sind . . . Diese Politik hatte die unmittelbare Konsequenz, daß, während die früheren Konventionen (1910) in dieser Frage ausschließlich zwischen europäischen Staaten vereinbart worden waren (das bedeutet zwischen Menschen mit demselben jüdisch-christlichen kulturellen Hintergrund, vor allem in Fragen der Sexualität), erweiterte der Vertrag von Versailles diese ideologiebelastete Politik auf alle Unterzeichnerstaaten des Paktes, unter Einschluß von Ländern, denen diese Kultur vollkommen fremd war und die Wert darauf legten, sexuelle Fragen als Privatangelegenheiten des Privatlebens zu betrachten (China, Japan, Siam usw.). Darüber hinaus wurden Länder, die sich später dem Völkerbund anschließen wollten (z. B. Persien, Irak usw.) gezwungen, diese Konventionen zu akzeptieren. Die Lehre von der Sünde, die Missionare so viele Jahre lang in diesen Ländern, ohne großen Erfolg, einzuführen versucht hatten, wurde ihnen durch einen Handstreich aufgezwungen, der die große Anzahl sexualfeindlich eingestellter Menschen vollkommen zufriedenstellte." (14)

Praktisch führte dies zur weltweiten Einführung neuer Sexualgesetze und zur immer weitergehenden Entwicklung und Verfeinerung bestimmter Traditionen: „Kuppelei" (auch mit dem Einverständnis der Frauen), „Pornographie" oder „Obszönität" in Wort, Handlung oder Schrift, das „Schutzalter" für Geschlechtsverkehr usw. So entstand bald der Eindruck einer weltweiten Zunahme von Sexualvergehen, ein Eindruck, der sofort überall von einer Presse vermarktet wurde, die ebenfalls nach westlichem Modell entstand. Schließlich – und hier schließt sich ironischerweise der Kreis – wurde diese falsche und oft sensationell aufgemachte Kampagne durch den Völkerbund selbst und seine offiziellen Studien, Befragungen und Berichte unterstützt.

Guyon beobachtete diesen allgemeinen Rückschritt von Bangkok aus, ohne ihm Einhalt gebieten zu können. Zunehmend mutlos, formulierte er seine Anschauungen in einem umfangreichen Aufsatz: „*La Société des*

Nations aux Mains des Puritains" (Der Völkerbund in der Hand der Puritaner). Diese Arbeit, die vermutlich in den vierziger Jahren verfaßt wurde, wurde niemals veröffentlicht, das Original-Manuskript wurde allerdings dem Kinsey Institute überlassen.

In 10 Kapiteln (mit einem Gesamtumfang von 160 Schreibmaschinenseiten) dokumentiert Guyon die Bemühungen, die der Völkerbund in Stellvertretung verschiedener westlicher moralistischer Interessengruppen unternommen hatte:

„Der Grundirrtum des Völkerbundes ... war es, die unzulässige Vermischung von Moral und Gesetz zu akzeptieren und zu institutionalisieren." (15)

Dieser Irrtum war das Resultat sexualfeindlicher Kräfte, die dadurch die potentielle Rolle des Völkerbundes als friedliche Schiedsstelle unmöglich machten:

„Es war von zentraler Wichtigkeit, den Völkerbund davor zu bewahren, seine Neutralität und mit ihr seine Autorität zu verlieren." (16) ... „Er ging bereits zu weit und verließ die ideologische Neutralität, als der Schweizer Delegierte Motta erklärte, die Tätigkeit des Völkerbundes sei ‚ein Werk im Dienste Gottes'." (17)

Eine solche Bemerkung konnte höchstens die Atheisten verletzen, die ebenfalls ein legitimes Recht auf die Mitarbeit im Völkerbund hatten. Darüber hinaus hatten sie das Recht, ihre eigenen Ansichten in sexuellen Dingen zu Gehör zu bringen:

„Die Freiheit des Gewissens besteht nicht nur in Fragen der Philosophie, Religion und Politik – sie sollte auch im Bereich der Moral anerkannt werden ... Es liegt ein Abgrund zwischen der Moral der Entsagung und der Moral der Vernunft. Als der Völkerbund sich für die erstere entschied, beging er Verrat: Verrat gegen die Neutralität, ohne die er seine Daseinsberechtigung verlor." (18)

In diesem Zusammenhang weist Guyon auch darauf hin, daß die bescheidenen Forderungen der „Weltliga für Sexualreform" vom Völkerbund überhaupt nicht zur Kenntnis genommen wurden. Statt dessen wurden lediglich katholische, protestantische und jüdische Auffassungen in Betracht gezogen.

Guyons Kritik an den Vereinten Nationen

Wenn der Völkerbund dem rationalistischen Standpunkt der europäischen Sexualreformer mehr Aufmerksamkeit geschenkt hätte, hätte er die erste Erklärung über Universelle Sexuelle Rechte des Menschen bemerkt. Schon im Jahre 1930, anläßlich des Wiener Kongresses der „Weltliga für Sexualreform", hatte Rudolf Goldscheid gefordert, daß solche Rechte in die Verfassungen und Gesetzeswerke aller Länder aufgenommen werden sollten. Diese allgemeine Forderung wurde jedoch zunächst nicht weiter spezifiziert, Goldscheids früher Tod schwächte die von ihm begonnene Kampagne. Er hinterließ jedoch eine kurze Zusammenfassung seiner Vorstellungen als Vermächtnis an seine Kollegen, und Magnus Hirschfeld veröffentlichte es pflichtgemäß in der Zeitschrift der „Liga für Sexualreform".

„*Magna Charta der sexuellen Menschenrechte*

1. Entwurf zu einer Deklaration der sexuellen und generativen Grund- und Freiheitsrechte.
2. Das sexuelle Selbstbestimmungsrecht und das Recht auf den eigenen Körper. Das Selbstbestimmungsrecht in bezug auf Fortpflanzung.

3. Das Recht auf Befriedigung des Geschlechtstriebes bei Mann und Weib auch außerhalb der Ehe.
4. Die Rechte in bezug auf Eheschließung und Ehelösung.
5. Das Recht auf Mutterschaft und Mutterschutz.
6. Die Rechte der unehelichen Mutter.
7. Die Rechte der ehelichen und unehelichen Kinder.
8. Die vorgeburtlichen Menschenrechte.
9. Das Recht der Geschlechter auf politische, wirtschaftliche und soziale Gleichstellung.
10. Die Rechte der sexuellen Minderheiten.
11. Die sexuellen Grundrechte der generativ Minderwertigen und Geschädigten.
12. Die sexuellen Grundrechte der Strafgefangenen.
13. Die sexuellen und generativen Verantwortlichkeiten der Einzelnen und der Gesellschaft." (20)

Goldscheid wollte eigentlich diese kurzen Stichworte als Grundlage für eine Diskussion innerhalb der „Weltliga für Sexualreform" verwenden, er hatte gehofft, daß die jährlichen Kongresse der „Liga" die Forderung nach sexuellen Menschenrechten spezifizieren und intensivieren würde, bis sie überall anerkannt sein würden. Unglücklicherweise war jedoch kurz nach seinem Tod auch der „Liga" ein frühes Ende beschieden. Nachdem Hitler und die Nationalsozialisten in Deutschland die Macht ergriffen hatten, konnten nirgendwo mehr weitere Kongresse abgehalten werden. Sogar die Zeitschrift der Liga ‚*Sexus*' hatte keine Zukunft mehr. Die Ausgabe, in der Goldscheids Stichworte abgedruckt waren, erschien zu Beginn des Jahres 1933. Sie wurde durch das Hirschfeld'sche Institut für Sexualwissenschaft in Berlin veröffentlicht, das Institut selbst wurde jedoch am 6. Mai 1933 durch eine aufgehetzte Bande junger Nationalsozialisten zerstört.

Ähnlich wie das Ende des Ersten Weltkrieges einen vorgeblich friedensorientierten Völkerbund hervorgebracht hatte, führte das Ende des Zweiten Weltkrieges zur Gründung der Vereinten Nationen als neuer internationaler Körperschaft zur Vermeidung zukünftiger bewaffneter Auseinandersetzungen. Darüber hinaus veröffentlichten die Vereinten Nationen als erstes Ergebnis ihrer Arbeit und als programmatische Erklärung gegenüber der ganzen Welt die *„Allgemeine Erklärung der Menschenrechte"*.

Für Guyon war diese vielgerühmte Erklärung eine große Enttäuschung. Die Mehrzahl der Regierungen der Welt schienen offenbar seine Besorgnis um sexuelle Rechte noch nicht zu teilen und schwiegen daher zu diesem Thema. Enttäuscht und verärgert schrieb daher Guyon einen zweiten langen Aufsatz, ließ ihn privat in Bangkok drucken und versandte ihn an möglicherweise interessierte Personen und Gruppen überall auf der Welt, einschließlich Alfred C. Kinsey, der sich gerade erst einen Namen mit den ersten seiner berühmten „Reports" gemacht hatte.

Dieser Aufsatz, der in englischer Sprache veröffentlicht wurde und den Titel *„Menschenrechte und die Verweigerung sexueller Freiheit"* (1951) trug, führte in der Tat zu intensiven Diskussionen bei den Empfängern, vor allem Sexualwissenschaftlern, die Guyons Schriften aus der Vorkriegszeit gekannt hatten. Es scheint dennoch keine wesentliche Aufmerksamkeit erregt zu haben, jedenfalls nicht unter den Politikern oder Delegierten bei den Vereinten Nationen selbst. Die technisch unzureichend hergestellte Broschüre verschwand jedenfalls rasch aus dem Umlauf. Kinseys Exemplar ist in seinem Institut noch verfügbar. Vor kurzem wurde auch Guyons (etwas längeres) französisches Original-Manuskript dort in die Bestände aufgenommen. Dennoch ist dieser historisch wichtige Aufsatz nicht für jedermann zugänglich, weshalb ein ausführlicheres Zitat gerechtfertigt scheint.

Guyon beginnt seine Kritik mit der Feststellung, daß es ein hoffnungsvolles Zeichen zu vermerken gelte, den Keim sexueller Menschenrechte, ein Rechtsprinzip, das extensiv interpretiert werden könnte:

„Die sexuell versklavten Bürger der modernen Welt haben wohl 1948 Hoffnungen geschöpft, als die Vollversammlung der Vereinten Nationen, die ‚Allgemeine Erklärung der Menschenrechte' abgab. Diese betont in Artikel 18 Freiheit des Denkens und Freiheit des Gewissens. Sexuelle Freiheit ist in dieser Deklaration im Keim enthalten: aber nur im Keim, denn praktisch sehen die sexuell repressiven Länder keine Verpflichtung, infolge dieser Erklärung ihre Verweigerung sexueller Freiheit aufzugeben." (21)

„Die sexuell Versklavten von heute sollten ... mehr fordern als die Erklärung von 1948, die von vornherein auf die Verweigerung ihrer Ziele angelegt ist. Sie sollten fordern, daß das positive Prinzip der sexuellen Freiheit in die Deklaration der Menschenrechte aufgenommen wird ... Sie sollten darauf bestehen, daß die Freiheiten des Artikel 18 um folgenden Zusatz ergänzt werden:

‚Jeder hat das Recht auf sexuelle Freiheit und auf freie Verfügung über seinen Körper; niemand soll belästigt, verfolgt oder von Gesetzes wegen verurteilt werden, wenn er sexuelle Handlungen jeder erdenklichen Art freiwillig ausübt, sofern diese nicht mit Gewalt, Zwang oder Betrug verbunden sind'." (22)

Zweifellos war es für Guyon infolge seines hohen Alters zunehmend schwierig, seinen Argumenten Gehör zu verschaffen. Darüber hinaus erwiesen sich alle Bemühungen, seine früheren wichtigen Werke veröffentlicht oder wiederaufgelegt zu sehen, als erfolglos. Die geographische, kulturelle und altersbedingte Entfernung zu potentiellen Schülern in Amerika und Europa war einfach zu groß. Das ganze Spektrum seiner Vision, der wahre Reichtum seiner lebenslangen Beobachtungen konnten einem angemessenen Publikum nicht mehr mitgeteilt werden.

Dennoch konnte Guyon selbst sich im Bewußtsein trösten, daß er in einer zunehmend unzivilisierten Welt und durch zwei Weltkriege selbst den besten Werten seines doppelten kulturellen Erbes die Treue gehalten hatte. Und vielleicht war der wichtigste Bestandteil dieses Erbes Hoffnung, wie der deutsch-amerikanische Sexualwissenschaftler Harry Benjamin zusammenfaßte:

„Es ist nicht ganz unwahrscheinlich anzunehmen, daß in einer zukünftigen Gesellschaft, die nicht so sehr von den Schatten vergangener Zeiten verdunkelt wird, Guyon zu den unsterblichen Befreiern der Menschheit gezählt wird. Seine tapferen Bemühungen könnten im Laufe der Zeit im Bereich der Sexualität vollbringen, was die Denker aus den Tagen Voltaires im Hinblick auf politische Freiheit erreicht haben." (33)

Anmerkungen

Dieser Abschnitt wurde nach einem Beitrag des Autors in der Zeitschrift „Medicine and Law" (1983, *2:* 159–172) verfaßt.

1. Die beste, allerdings unvollständige Dokumentation findet sich in „The International Bill of Human Rights", Vorwort von Jimmy Carter, Glen Ellen, CA: Entwhistle Books 1981. Die Geschichte der Menschenrechte und die augenblickliche Situation werden in zwei weiteren Büchern gut zusammengefaßt: Menschenrechte I: Historische Aspekte und Menschenrechte II: Ihre Geltung heute (1981/1982) Kurzrock, R. (Hg.) Colloquium, Berlin.
2. Roosevelt, F. D. (1958) Adress to the Joint Session of Congress. In: Hofstadter, R. (ed.) Great issues in American history: a documentary record, vol. 2. AA Knopf, New York, S. 398–399
3. Bloch, I. (1912) Handbuch der gesamten Sexualwissenschaft in Einzeldarstellungen, Bd. 1: Die Prositution. Louis Marcus, Berlin
4. Von Humboldt, W. (1908) Gesammelte Schriften, Bd. 7. Behr, Berlin, S. 654–655
5. Bloch, I. op cit. S. XIV–XV
6. Stöcker, H. (1911) Die beabsichtigte Ausdehnung des § 175 auf die Frau. Neue Generation *2:* 116

7. Die einzige heute verfügbare Studie ist ein Privatdruck von Guttenberg, G. (1982). Das Recht auf den eigenen Körper – Helene Stöcker. Sexualreformerin, Schriftstellerin, Politikerin, Revolutionäre Pazifistin. Frankfurt/Main (erhältlich von Gerda Guttenberg, Postfach 3024, D-6000 Frankfurt/Main 1).
8. Zitat aus einem unveröffentlichten Manuskript von Harry Benjamin (1932), das einige stilistische Vorschläge von Havelock Ellis enthält. Dieser Text sollte frühere Erklärungen ersetzen und als Grundlage weiterer Diskussionen auf einem geplanten Kongreß der „Weltliga für Sexualreform" in Chicago (1933) dienen. Dieser Kongreß fand jedoch nicht statt, da die „Liga" selbst sich kurz darauf auflöste. Die hier zitierte Version kann jedoch als „letztes Wort" der „Liga" zu diesem Thema betrachtet werden. Die Korrespondenz zwischen Benjamin und Ellis, einschließlich dieses Manuskripts, wird im Kinsey-Institut aufbewahrt.
9. „La persécution des actes sexuels: Intermédiaires, Mineurs, La Terreur puritaine" und „Comment organiser une société prosexuelle"
10. Guyon, R. (1951) Human rights and the denial of sexual freedom, Bangkok, S. 1
11. Guyon, R. (1953) Sex life and sex ethics. John Lane the Bodley Head. London, S. XIII
12. Ibid. S. XIII
13. Ibid. S. XIV
14. Guyon, R. (1949) Sex offenses in the future penal law. Sex Education *2*: 55-56
15. Ibid. S. 155
16. Ibid. S. 155–156
17. Ibid. S. 157
18. Ibid.
20. Goldscheids Notizen werden in voller Länge von Magnus Hirschfeld in seinem Aufsatz „Was will die Zeitschrift ‚Sexus'?" (Sexus, Band 1, 1933) wiedergegeben.
21. Guyon, R. (1951) Human rights and the denial of sexual freedom. Bangkok, S. 4
22. Guyon, R. (1951) Human rights and the denial of sexual freedom. Bangkok, S. 7
23. Benjamin, H. Introduction. In: Guyon, R. (1958) The ethics of sexual acts. Knopf, New York, S. 1

Sexualwissenschaftliche Testfragen

Die folgenden 100 Fragen wurden am „Institute for Advanced Study of Human Sexuality“ entwickelt, wo sie während mehrerer Jahre als Teil der Magister- und Doktorprüfungen in Sexualwissenschaft angewandt wurden. In solchen wissenschaftlichen Prüfungen müssen die Prüfungskandidaten selbstverständlich sehr viel mehr wissenschaftlich orientierte Fragen beantworten und eine Reihe zusätzlicher mündlicher und schriftlicher Prüfungen ablegen. Die hier vorgenommene kleine Auswahl eher allgemeiner Fragen kann dennoch für interessierte Leser dazu dienen, das eigene Wissen in sexualwissenschaftlichen Fragen zu prüfen.

Zur Bewertung des Tests

Bei den ersten 75 Fragen, die mit „richtig“ oder „falsch“ zu beantworten sind, wird für jede zutreffende Antwort 1 Punkt gezählt (höchste mögliche Punktzahl: 75 Punkte). Bei den folgenden 25 Fragen, bei denen aus mehreren Antwortvorgaben eine oder mehrere richtige Antworten ausgewählt werden sollen, zählt jede vollständig richtig beantwortete Frage 2 Punkte, jede teilweise richtig beantwortete Frage 1 Punkt (höchste mögliche Punktzahl: 50 Punkte). Die insgesamt höchste mögliche Punktzahl ist also 125 Punkte.

Eine Gesamtzahl von wenigstens 120 Punkten ist hervorragend, eine Zahl von wenigstens 110 Punkten ist gut und eine Zahl von wenigstens 100 Punkten ist noch ausreichend.

Richtig oder falsch?

1. Kondome, spermizide Schäume und Pessare sind Verhütungsmittel, für die keine ärztliche Verordnung erforderlich ist.
2. Voyeure („Spanner“) begehen gewöhnlich keine aggressiven sexuellen Handlungen.
3. Eine Behandlung mit Androgenen ist bei Erektionsproblemen („Impotenz“) meist erfolgversprechend.
4. Exhibitionisten greifen die Menschen, denen sie ihre Geschlechtsteile zeigen, gewöhnlich an.
5. Die sexuelle Orientierung eines Menschen (d. h. der Grad heterosexueller oder homosexueller Interessen) kann sich im Laufe der Zeit verändern.
6. Es ist nicht ungewöhnlich, daß Tiere verschiedener Arten miteinander Geschlechtsverkehr haben.
7. Zwischen beschnittenen und unbeschnittenen Männern sind keine wesentlichen Unterschiede der sexuellen Reaktionsfähigkeit festzustellen.
8. Keine christliche Religionsgemeinschaft hat jemals offen homosexuelle Frauen oder Männer zu Priestern, Pfarrern oder Pfarrerinnen geweiht.
9. Es gibt ungefähr gleich viele männliche und weibliche Transvestiten.
10. Männer können auch ohne Erektion einen Orgasmus haben.

11. Die Befeuchtung der weiblichen Scheide wird vor allem durch die Bartholin-Drüsen bewirkt.
12. Bei sadomasochistischen sexuellen Handlungen hat meist der Sadist die Kontrolle über das Geschehen.
13. Ambisexuelle Menschen können monogam sein.
14. Mädchen erreichen die Pubertät gewöhnlich früher als Jungen.
15. Prostitution ist in der Bundesrepublik Deutschland niemals strafbar.
16. Es gibt mehr Sadisten als Masochisten.
17. Der größere Anteil der Samenflüssigkeit des Mannes wird in den Hoden produziert.
18. Homosexuelle Männer zögern meist, sich anderen Männern sexuell zu nähern, wenn sie nicht hinreichend sicher sind, daß der andere Mann ebenfalls homosexuell ist.
19. Koitus während der Menstruation kann nicht zu einer Schwangerschaft führen.
20. Homosexualität wurde im Europa des Mittelalters nicht als Krankheit betrachtet.
21. Masturbation wird in der Bibel verurteilt.
22. Die Abschaffung der Prostitution würde die Verbreitung von Geschlechtskrankheiten erheblich vermindern.
23. Beim männlichen Geschlecht liegt allgemein die höchste sexuelle Reaktionsfähigkeit im zweiten Lebensjahrzehnt.
24. Beim weiblichen Geschlecht liegt allgemein die höchste sexuelle Reaktionsfähigkeit im zweiten Lebensjahrzehnt.
25. Sigmund Freud entdeckte, daß bereits Kinder zu sexuellen Reaktionen fähig sind.
26. Der Uterus der Frau zieht sich während des Orgasmus zusammen.
27. Analverkehr ist die häufigste sexuelle Praktik bei homosexuellen Männern.
28. Manche Frauen haben eine größere sexuelle Reaktionsfähigkeit als jeder Mann.
29. Der Abstand der Klitoris vom Scheideneingang spielt für die sexuelle Reaktionsfähigkeit einer Frau eine entscheidende Rolle.
30. Man spricht von „ektopischer“ Schwangerschaft, wenn die befruchtete Eizelle irgendwo außerhalb des Uterus wächst.
31. Es gibt ungefähr gleich viele weibliche und männliche Fetischisten.
32. Sexueller Mißbrauch von Kindern wird meist von Freunden oder Verwandten der Opfer verübt.
33. Bei lesbischen Partnerschaften ist meist eine Frau dominant und spielt den „Ehemann“, während die andere passiv ist und die „Ehefrau“ spielt.
34. Jede Form von Pornographie ist – unter bestimmten Beschränkungen des Verkaufs, z. B. an Minderjährige – in der Bundesrepublik Deutschland heute gesetzlich gestattet.
35. Jungen können vor Erreichen der Pubertät ejakulieren.
36. Die Masturbation wurde vor Beginn des 20. Jahrhunderts niemals als Therapie empfohlen.
37. Transsexualität ist häufiger bei Männern zu finden als bei Frauen.
38. Homosexuelles Verhalten ist häufiger bei Männern als bei Frauen.
39. Der Hymen (Teil der weiblichen Geschlechtsorgane) hat keine bekannte physiologische Funktion.
40. Sexuelle Erregung setzt die Fähigkeit des Menschen herab, mit der üblichen Genauigkeit zu hören, zu riechen, zu schmecken oder zu fühlen.
41. Das Alter eines Mannes steht in keiner Beziehung zu seiner sexuellen Erregbarkeit.

42. Die Fruchtbarkeit des Mannes wird im allgemeinen durch fortschreitendes Alter nicht gemindert.
43. Nach dem Strafgesetz der Bundesrepublik Deutschland kann „jugendgefährdende Prostitution" nur durch Frauen ausgeübt werden.
44. Die Klitoris nimmt bei sexueller Erregung nicht an Volumen zu.
45. Die Kastration von Sexualstraftätern beseitigt immer sofort deren sexuelle Bedürfnisse.
46. Frauen können nicht kastriert werden.
47. Wenn Männer lernen wollen, den Zeitpunkt ihres Orgasmus zu kontrollieren, so hilft es ihnen nicht, wenn sie alleine masturbieren.
48. Die Sekrete der Bulbo-Urethraldrüsen (Cowper-Drüsen) des Mannes können keine Samenzellen enthalten.
49. Bei Erwachsenen kann die sexuelle Orientierung durch Hormonbehandlungen verändert werden.
50. Homosexuelle Kontakte in der Kindheit führen zu homosexuellem Verhalten im Erwachsenenalter.
51. Männer, die Frauen vergewaltigen, lesen und sehen meist mehr Pornographie als andere Männer.
52. Jungen und Mädchen sind im ersten Lebensjahr unfähig, einen Orgasmus zu haben.
53. Nach dem Strafgesetz der Bundesrepublik Deutschland können zwei Menschen gleichen Geschlechts miteinander keinen Inzest begehen.
54. Die Hoden des Mannes werden bei sexueller Erregung kleiner.
55. Richtig angewandt, ist Vaginalschaum ein besseres Verhütungsmittel als ein Pessar mit gleichzeitiger Anwendung spermiziden Gels.
56. In manchen Bundesstaaten der USA ist es strafbar, homosexuell zu sein.
57. Nach dem Strafgesetzbuch der Bundesrepublik Deutschland werden Vergewaltigungsdelikte, bei denen Männer Opfer sind, nach einem anderen Paragraphen mit Strafe bedroht als bei weiblichen Opfern.
58. Unter Vaginismus versteht man Schmerzen während des Koitus.
59. Man kann Gonorrhoe (Tripper) ohne bemerkbare Symptome haben.
60. Man kann Syphilis ohne bemerkbare Symptome haben.
61. Ambisexualität ist häufiger als ausschließliche Homosexualität.
62. Die meisten homosexuellen Männer spielen – je nach den Umständen – beim Geschlechtsverkehr abwechselnd die „aktive" oder die „passive" Rolle.
63. Sadistische sexuelle Praktiken bei Männern sind meist ein Hinweis darauf, daß sie sich auch in anderen Lebensbereichen grausam verhalten.
64. Herpes der Geschlechtsorgane reagiert auf Behandlung mit Antibiotika rascher als die meisten anderen Geschlechtskrankheiten.
65. Ehebruch wurde nach germanischem Recht immer mit dem Tode bestraft.
66. Sexuelle Handlungen von Menschen mit Tieren wurden im europäischen Mittelalter mit dem Tode bestraft.
67. Eine erfolgte Ansteckung mit dem für AIDS vermutlich verantwortlichen Virus wird meistens innerhalb weniger Tage wegen subjektiver Krankheitssymptome bemerkt.
68. Mit zunehmender Erregung der Frau tritt die Klitoris nach und nach unter der Vorhaut hervor.
69. Im allgemeinen ist die Fähigkeit von Männern, einen Orgasmus zu erreichen, unabhängig von ihrem Alter.
70. Die heute in den USA bestehenden Sexualgesetze stempeln die meisten Amerikaner zu Sexualstraftätern.
71. Eine operative Entfernung der Klitoris (Klitoridektomie) vermindert die sexuelle Reaktion der Frau nicht.

72. Die meisten weiblichen Tiere haben, im Gegensatz zum Menschen, selten oder nie einen Orgasmus.
73. Man kann das Geschlecht eines Embryo bereits im ersten Schwangerschaftsmonat anhand der primären Geschlechtsmerkmale bestimmen.
74. Nach der heutigen Rechtsprechung der Bundesrepublik Deutschland kann ein Ehemann seine Frau nicht vergewaltigen.
75. Sexualtherapie versucht meist, die Aufmerksamkeit der Klienten vom Verlauf des Geschlechtsverkehrs auf dessen Ziel und Ende hin zu orientieren.

Fragen mit Mehrfachauswahl

(Hinweis: Bei einigen Fragen gibt es mehr als eine richtige Antwort!)

76. Jede normale Körperzelle des Menschen enthält die folgende Anzahl von Chromosomen:
    a. 49
    b. 48
    c. 46
    d. 44
77. Samenzellen werden produziert in:
    a. den Hoden
    b. den Samenbläschen
    c. den Samenleitern
    d. der Prostata.
78. Die Anzahl bei einer durchschnittlichen Ejakulation ausgeschiedener Samenzellen beträgt:
    a. 250 000 000
    b. 2 500 000
    c. 250 000
    d. 25 000
79. Um eine höchstmögliche Fruchtbarkeit zu gewährleisten, sollte die durchschnittliche Temperatur des Hodensacks sein:
    a. höher als im übrigen Körper
    b. niedriger als im übrigen Körper
    c. ungefähr gleich wie im übrigen Körper
    d. die Temperatur hat darauf keinen Einfluß.

80 Die ersten vier – und die entscheidendsten – Phasen der psychosexuellen Entwicklung nach Freud sind (in richtiger Reihenfolge):
    a. anale Phase, orale Phase, Latenzphase, phallische Phase
    b. orale Phase, anale Phase, phallische Phase, Latenzphase
    c. orale Phase, anale Phase, genitale Reife, Latenzphase
    d. Latenzphase, anale Phase, phallische Phase, orale Phase.

81. Die meisten Jungen lernen Masturbation:
    a. durch Probieren
    b. aus Berichten anderer
    c. durch das Beispiel anderer
    d. indem sie darüber lesen.
82. Die meisten Mädchen lernen Masturbation:
    a. durch Probieren
    b. aus Berichten anderer
    c. durch das Beispiel anderer
    d. indem sie darüber lesen.
83. Die biblische Geschichte von Onan wendet sich gegen:
    a. Masturbation
    b. Geburtenkontrolle

c. Umweltverschmutzung
d. Diebstahl am Erbe des Bruders.

84. Welche der fogenden Masturbations-Phantasien sind sozial schädlich?
a. Sadistische Pädophilie
b. Vergewaltigung von Tieren
c. Nekrophilie
d. Keine der genannten Phantasien
e. Alle genannten Phantasien.

85. Eine geeignete Behandlung des Vaginismus ist:
a. Durchschneiden des Hymen
b. Gebrauch von Scheiden-Dilatatoren
c. Psychoanalyse
d. Die „Squeeze"-Technik.

86. Welche der folgenden Faktoren können Ursache für Erektionsunfähigkeit sein?
a. Alkohol
b. Diabetes
c. Unzureichende Blutversorgung des Penis
d. Ängstlichkeit.

87. „Retrograde" Ejakulation bedeutet:
a. Verzögerte Ejakulation
b. Vorzeitige Ejakulation
c. Ejakulation in die Harnblase
d. Schwache Ejakulation.

88. Bei der „Induratio penis plastica" (Peyronie-Krankheit)
a. ist der Penis dauernd erigiert
b. ist die Erektion oftmals schmerzhaft
c. ist oft das Einführen des Penis in die Scheide erschwert
d. wird durch Einpflanzen einer Plastikprothese eine Erektion ermöglicht.

89. Unter Phimose versteht man:
a. einen Zustand, bei dem die Vorhaut nicht zurückgezogen werden kann
b. eine Harnröhrenöffnung unterhalb der Glans des Penis
c. einen unbeschnittenen Penis
d. eine besonders lange Vorhaut.

90. Sexuelle Funktionsstörungen können verursacht sein durch:
a. exzessive Masturbation in der Kindheit
b. körperliche Krankheit
c. eine enge religiöse Erziehung
d. falsche Ratschläge von Ärzten und Beratern
e. keine der genannten Ursachen.

91. Welche Reaktionen beim männlichen und weiblichen Geschlecht sind *nicht* analog?
a. Erektion des Penis – Feuchtwerden der Scheide
b. Sekretion der Cowper-Drüsen – der Bartholin-Drüsen
c. Heranziehen der Hoden an den Körper – Rötung der kleinen Schamlippen
d. Erektion der Brustwarzen – Vergrößerung der Brustwarzen und der Brüste.

92. Der Begriff „sexueller Psychopath" ist:
a. die übliche Diagnose für eine bestimmte Geisteskrankheit
b. ein wissenschaftlich überholter Begriff ohne klar bestimmbaren Inhalt
c. ein Begriff aus dem heutigen deutschen Strafgesetzbuch
d. ein Begriff aus der mittelalterlichen Medizin

e. ein Begriff aus dem klassischen Griechenland und dem alten Rom zur Bezeichnung von Sexualstraftätern.

93. „Pädophilie“ bedeutet Liebe zu:
 a. Füßen
 b. jungen Männern
 c. Prostituierten
 d. Kindern.
94. Das Wort „Urolagnie“ bedeutet:
 a. ursprünglich das gleiche wie Homosexualität
 b. eine Erkrankung der Harnorgane
 c. ein erotisches Interesse an Urin
 d. eine Fachgebietsbezeichnung innerhalb der Urologie.
95. Der heutige Stand der Wissenschaft läßt vermuten, daß Kinder, die von Homosexuellen erzogen werden:
 a. ebenfalls wahrscheinlich homosexuell werden
 b. nicht wahrscheinlicher homosexuell werden als andere Kinder
 c. wahrscheinlich Transvestiten werden
 d. nicht wahrscheinlicher Transvestiten werden als andere Kinder.
96. Die im Mittelalter am häufigsten mit Ketzerei in Verbindung gebrachte Form des Sexualverhaltens war:
 a. Inzest
 b. Geschlechtsverkehr mit Juden oder Jüdinnen
 c. Masturbation
 d. gleichgeschlechtliches Verhalten.
97. Sigmund Freud lieferte einen bedeutenden Beitrag zum Verständnis des Sexuellen in seinem Werk:
 a. Die vollkommene Ehe
 b. Drei Abhandlungen zur Sexualtheorie
 c. Das Sexualleben des Kindes
 d. Die Homosexualität des Mannes und des Weibes
 e. Das Sexualleben in unserer Zeit.
98. Die Bezeichnung für eine Ehe, in der eine Frau zwei oder mehr Ehemänner hat, ist:
 a. Polygamie
 b. Polygynie
 c. Polyandrie
 d. Gruppenehe.
99. Welche der folgenden Methoden zum Schwangerschaftsabbruch bis zum dritten Schwangerschaftsmonat sind medizinisch sinnvoll?
 a. Injektion von Salzlösungen
 b. Kürettage
 c. Hysterektomie
 d. Absaugmethode
 e. Hysterotomie.
100. Ein Mann, der im Alter von 50 Jahren kastriert wird,
 a. verliert die Fähigkeit zur Erektion
 b. verliert seine Fruchtbarkeit
 c. bekommt eine höhere Stimmlage
 d. bekommt Haarausfall.

Lösungen der Testfragen

1. Falsch (Pessare sind nur auf Rezept erhältlich.)
2. Richtig
3. Falsch
4. Falsch

5. Richtig
6. Richtig
7. Richtig
8. Falsch (Die Episkopalkirche, die Methodisten und Unitarier haben es getan.)
9. Falsch (Die übergroße Mehrheit der Transvestiten sind Männer.)
10. Richtig
11. Falsch
12. Falsch (Der Masochist übt meist die Kontrolle aus.)
13. Richtig (Das Interesse an anderen Partnern muß nicht in die Tat umgesetzt werden.)
14. Richtig
15. Falsch („Jugendgefährdende“ Prostitution steht unter Strafe.)
16. Falsch (Das Gegenteil ist richtig.)
17. Falsch (Sie wird größtenteils in der Prostata produziert.)
18. Richtig
19. Falsch (Es ist sehr unwahrscheinlich, aber nicht unmöglich.)
20. Richtig (Aber homosexuelles Verhalten wurde als Sünde betrachtet.)
21. Falsch (Die Bibel erwähnt sie nirgends.)
22. Falsch (Die weitaus meisten Infektionen werden nicht durch Prostituierte übertragen.)
23. Richtig
24. Falsch (Sie erreichen sie im Erwachsenenalter.)
25. Falsch (Sie war vielen Forschern und Laien vor ihm bereits bekannt.)
26. Richtig
27. Falsch (Oralverkehr und manueller Verkehr sind weitaus häufiger.)
28. Richtig
29. Falsch
30. Richtig
31. Falsch (Die große Mehrheit der Fetischisten sind Männer.)
32. Richtig
33. Falsch
34. Falsch (Pornographie, die Gewalttätigkeiten oder sexuelle Handlungen mit Tieren zum Inhalt hat, ist verboten.)
35. Falsch
36. Falsch (Sie galt unter gewissen Umständen als therapeutisch.)
37. Richtig
38. Richtig
39. Richtig
40. Richtig
41. Falsch (Die Erregbarkeit nimmt mit dem Alter ab.)
42. Falsch (Spermienanzahl und Spermienbeweglichkeit nehmen mit dem Alter ab.)
43. Falsch
44. Falsch
45. Falsch (In manchen Fällen nicht)
46. Falsch (Die Beseitigung der Ovarien entspricht der Kastration bei der Frau.)
47. Falsch
48. Falsch
49. Falsch
50. Falsch
51. Falsch
52. Falsch
53. Richtig
54. Falsch (Sie schwellen an.)

55. Falsch (Das Gegenteil ist der Fall.)
56. Falsch (Homosexuell zu *sein* war nirgendwo jemals ein Verbrechen, nur homosexuelle Handlungen.)
57. Richtig
58. Falsch (Vaginismus verhindert den Beginn des Koitus.)
59. Richtig
60. Richtig
61. Richtig
62. Richtig
63. Falsch
64. Falsch (Antibiotika sind unwirksam.)
65. Falsch
66. Richtig
67. Falsch (Die Ansteckung mit dem wahrscheinlich für AIDS verantwortlichen Virus (LAV/HTLV III) kann mehrere Jahre unbemerkt bleiben und ist in dieser Zeit nur mit Hilfe eines Labortests nachweisbar.)
68. Falsch (Sie zieht sich unter die Vorhaut zurück.)
69. Falsch (Die Fähigkeit zu Orgasmen nimmt mit dem Alter ab.)
70. Richtig (Es gibt in vielen Bundesstaaten der USA eine Reihe von Gesetzen gegen Ehebruch, Verführung zum Geschlechtsverkehr, „Sodomie“, unzüchtiges Verhalten und andere Verbote, die sich auf viele sehr verbreitete Formen sexuellen Verhaltens beziehen.)
71. Falsch
72. Richtig
73. Falsch (Der Embryo ist sexuell noch nicht differenziert.)
74. Richtig
75. Falsch (Das Gegenteil ist richtig.)
76. c
77. c
78. a
79. b
80. b
81. b
82. a
83. d
84. d (Phantasien als solche sind harmlos, gleichgültig welchen Inhalt sie haben. Nur wenn sie in die Tat umgesetzt werden, werden sie möglicherweise gefährlich. Bizarre sexuelle Phantasien sind sehr häufig, aber nur wenige Personen führen sie jemals aus. In diesen Fällen sind die Phantasien nicht Ursache, sondern Ausdruck destruktiver Impulse.)
85. b
86. a, b, c, d
87. c
88. b, c
89. a
90. b, c, d
91. c
92. b
93. d
94. c
95. b, d
96. d
97. b (a: van de Velde, 1930; c: Moll, 1909; d: Hirschfeld, 1914; e: Bloch, 1907)
98. c (a ist ebenfalls richtig, aber nicht genau genug.)
99. b, d
100. b (a ist ebenfalls möglich, aber nicht zwingend der Fall.)

Anmerkungen

Anmerkung zu Abschnitt 10.1 „Natürlich – Widernatürlich“

Einige Angaben im vorliegenden Text stammen aus Aufsätzen, die in der „Encyclopedia of sexual behavior“ erschienen sind (Ellis, A. und M. Abarbanel: Encyclopedia of sexual behavior. New York (Hawthorn), 1967. Dieses Buch ist zur weiteren Lektüre sehr zu empfehlen.

Anmerkung zu Abschnitt 10.1.2 „Naturrecht und Naturgesetz“

Eine Reihe von Schlußfolgerungen und Beispielen entstammen den Veröffentlichungen von Hans Kelsen, Karl Popper, Ernst Topitsch und anderer Vertreter der europäischen „Ideologiekritik“. Obwohl diese Autoren sich nicht speziell mit dem Problem sexueller Devianz beschäftigt haben, ist ihre Argumentation hier oftmals anwendbar, und sie werden daher zur weiteren Lektüre empfohlen. So wurde z. B. der utopische Aspekt des Naturrechts ausführlich von Ernst Bloch in seinem Buch „Naturrecht und menschliche Würde“ untersucht (Frankfurt/M., 1961).

Anmerkung zu Abschnitt 10.3.1 „Sexualität und Psychiatrie“

Dieser Abschnitt bezieht sich nicht nur auf die Standardwerke zur Geschichte der Psychiatrie in den USA von Alexander und Selesnik bzw. von Zilboorg und Henry, sondern enthält auch Material aus der Studie von A. und W. Leibrandt: „Formen des Eros“ (Freiburg i. Br., 1972).

Anschriften von AIDS-Beratungsstellen*

AIDS-Hilfeorganisationen:

Bundesverband
Deutsche AIDS-Hilfe e. V.
Bundesplatz 11
1000 Berlin 31
Tel.: 0 30/8 53 10 00

Berlin
Berliner AIDS-Hilfe
Bundesplatz 11
1000 Berlin 31
Tel.: 0 30/8 53 20 00

Braunschweig
Arbeitsgruppe
Homosexualität
Braunschweig – AHB e. V.
Postfach 11 64
3000 Braunschweig
Tel: 05 31/34 31 27

Bremen
Rat + Tat Zentrum
Theodor-Körner-Str. 1
2800 Bremen
Tel.: 04 21/70 41 70
oder 7 48 19

Dortmund
AIDS-Hilfe Dortmund
c/o KCR Dortmund
Braunschweiger Str. 22
4600 Dortmund 1

Düsseldorf
AIDS-Hilfe Düsseldorf
Kölner Str. 216
4000 Düsseldorf 1
Tel.: 02 11/78 68 49

Frankfurt
AIDS-Hilfe Frankfurt im
Verein für sozialpädagogische
Betreuung im Nordend e. V.
Postfach 11 19 03
6000 Frankfurt 1
Tel.: 0 69/7 30 67 67

Göttingen
AIDS-Arbeitskreis Göttingen
c/o Kay W. Goosmann
Robert-Koch-Str. 38/6 25–628
3400 Göttingen
Tel.: 05 51/30 05 47

Hamburg
AIDS-Hilfe Hamburg e. V.
im Magnus Hirschfeld Centrum
Borgweg 8
2000 Hamburg 60
Tel.: 0 40/2 79 00 60 oder 69

Projektgruppe AIDS-Koordination
im Gesundheitsladen Hamburg e. V.
Nernstweg 32
2000 Hamburg 50
Tel.: 0 40/39 40 78

Hannover
Hannover'sche AIDS-Hilfe e. V.
Edenstr. 20
3000 Hannover 1
Tel.: 05 11/66 66 40

Kiel
AIDS-Hilfe Kiel
c/o Ludwig Böckel
Saarbrücker Str. 177
2300 Kiel 1
Tel.: 04 31/68 72 49

Köln
Deutsche AIDS-Hilfe Köln
Postfach 270 501
5000 Köln 1

Mannheim
AIDS-Hilfe Mannheim
c/o Stephan Schilde
Schwetzinger Str. 69
6800 Mannheim 1
Tel.: 06 21/74 57 43

* Stand: Juli 1985

München
Münchner AIDS-Hilfe
c/o Karl Georg Cruse
Albert-Roßhaupter-Str. 69
8000 München 70

Münster
BASG e. V. Münster
Postfach 1924
4400 Münster
Tel.: 02 51/66 58 74

Nürnberg
AIDS-Hilfe Nürnberg
c/o Fliederlich e. V.
Postfach 910 473
8500 Nürnberg 91

Stuttgart
Stuttgarter AIDS-Hilfe
c/o Buchhandlung Erlkönig
Bebelstr. 25
7000 Stuttgart 1
Tel.: 07 11/63 91 39

Beratungsstellen für AIDS-Patienten:

Berlin
Bundesgesundheitsamt
Robert-Koch-Institut
Abteilung Virologie
Prof. M. A. Koch
Dr. L'age-Stehr
Nordufer 20
1000 Berlin 65
Tel.: 0 30/45 03 2 44 oder 2 43

Landesinstitut
für Tropenmedizin
Dr. Bienzle
Königin-Elisabeth-Str. 32
1000 Berlin 19
Tel.: 0 30/3 03 27 01

Prof. Dr. H. Pohle
Chefarzt der II. Inneren Klinik
des Rudolf-Virchow-Krankenhauses
Augustenburger Platz 1
1000 Berlin 65
Tel.: 0 30/45 05 22 62

Düsseldorf
Dr. R. D. Hanrath
Medizinische Klinik
der Universität Düsseldorf
Moorenstr. 5
4000 Düsseldorf
Tel.: 02 11/3 11 78 33

Erlangen
Institut und Poliklinik
für klinische Immunologie
Prof. Kalden
Krankenhausstr. 12
8520 Erlangen
Tel.: 0 91 31/85 33 63

Essen
Prof. W. Pöttgen
Medizinische Klinik
Alfred-Krupp-Str. 21
4300 Essen 1
Tel.: 02 01/4 34 25 25

Frankfurt
Universitäts-Klinik
Zentrum für Innere Medizin
Frau Prof. Dr. E. B. Helm
Theodor-Stern-Kai 7
6000 Frankfurt/Main 70
Tel.: 0 69/61 01 66 13

Freiburg
Medizinische Universitätsklinik
Abt. Klinische Immunpathologie
Hugstetter Str. 55
7800 Freiburg
Tel.: 07 61/2 70 35 28

Hamburg
Bernhard-Nocht-Institut
für Schiffs- und Tropenkrankheiten
Prof. Dr. M. Dietrich
Bernhard-Nocht-Str. 74
2000 Hamburg 4
Tel.: 0 40/31 10 23 90

Hannover
Beratungsstelle des
Gesundheitsamtes der
Landeshauptstadt Hannover
Prof. Dr. P. Volk
Ricklinger Str. 3B
3000 Hannover 1
Tel.: 05 11/1 68 36 90 und 1 68 32 29

Staatliches
Medizinaluntersuchungsamt
Hannover
Dr. Höpken
Roesebeckstr. 4
3000 Hannover 91
Tel.: 05 11/44 43 71

Immunologische Ambulanz der
Medizinischen Hochschule Hannover
Prof. Dr. Deicher

Konstanty-Gutschow-Str. 8
3000 Hannover
Tel.: 05 11/5 32 30 14

Köln
Gesundheitsamt Stadt Köln
Dr. Leidl
Neumarkt 15–21
5000 Köln 1
Tel.: 02 21/2 21 47 28

Dr. Rasokat
Universitäts-Hautklinik
Joseph-Stelzmann-Str.
5000 Köln 41
Tel.: 02 11/4 78 45 43

Mainz
I. Medizinische Klinik
und Poliklinik der
Johannes-Gutenberg-Universität
Prof. Dr. Dr. Meyer zum Büschenfelde
Langenbeckstr. 1
6500 Mainz
Tel.: 0 61 31/17 26 24

München
Dermatologische Klinik und
Poliklinik der Universität
München
Prof. Dr. Ring
(Männerambulanz)
Frauenlobstr. 9–11
8000 München 2
Tel.: 0 89/53 97–6 44

Medizinische Poliklinik
Universität München
Prof. Dr. Goebel
Pettenkoferstr. 8a
8000 München 2
Tel.: 0 89/51 60 35 56

Städt. Krankenhaus Schwabing
Dr. Jäger
Kölner Platz 1
8000 München 40
Tel.: 0 89/3 06 81

Anschriften der Beratungsstellen von PRO FAMILIA

Beratung in Fragen der Sexualerziehung, Empfängnisverhütung und bei sexuellen Problemen bieten im Bundesgebiet und Berlin (West) eine Reihe verschiedener öffentlicher und privater Einrichtungen und Organisationen an. Die bekannteste unter ihnen ist die „Deutsche Gesellschaft für Sexualberatung und Familienplanung e. V. – PRO FAMILIA".

Neben PRO FAMILIA existieren eine Reihe weiterer Einrichtungen, deren Angebote sich örtlich stark unterscheiden. Hier sind vor allem andere Mitgliederorganisationen des Deutschen Paritätischen Wohlfahrtsverbandes, die Caritas, die örtlichen Gesundheitsämter und Institute an den großen Universitäten zu nennen. Daneben bieten auch freie Initiativen Beratung für bestimmte Zielgruppen an (z. B. für sexuelle Minderheiten). PRO FAMILIA unterscheidet Haupt- und Nebenberatungsstellen: Hauptberatungsstellen sind in der Regel anerkannt nach § 218 StGB; Ausnahmen sind mit einem „*" gekennzeichnet. Nebenberatungsstellen sind in der Regel nicht anerkannt nach § 218 StGB; Ausnahmen sind besonders gekennzeichnet.

PRO FAMILIA bittet, sich mit den Beratungsstellen zunächst telefonisch in Verbindung zu setzen, Nebenberatungsstellen verfügen oftmals über keinen eigenen Anschluß, und sind nur über die zugehörigen Hauptberatungsstellen zu erreichen.

Mit „✆" gekennzeichnete Beratungsstellen besitzen einen telefonischen Anrufbeantworter.

Baden-Württemberg

7800 Freiburg
Bertoldstr. 63, Tel. (07 61) 2 68 50✆

7100 Heilbronn
Bürgerhaus Böckingen, Kirchsteige 5,
Tel. (0 71 31) 48 39 69✆

6900 Heidelberg*
Ziegelhäuser Landstr. 1, Tel. (0 62 21)
47 08 07✆

7500 Karlsruhe 1
Kaiserstr. 209, 3. OG., Tel. (07 21) 2 74 41✆
Nebenberatungsstelle:
Siedlung „Kleinseeäcker"

7750 Konstanz
Gütlestr. 8, Tel. (0 75 31) 2 63 90✆
Nebenberatungsstelle:
77 Singen, Schwarzwaldstr. 30 (DGB-Haus, 3. OG.)

7250 Leonberg
Rutesheimer Str. 50/1, Tel. (0 71 52) 2 10 71

7140 Ludwigsburg*
Schloßstr. 9, Tel. (0 71 41) 2 34 44✆

6800 Mannheim
Käfertaler Str. 47, Tel. (06 21) 37 85 08✆

7530 Pforzheim*
Gerberstr. 4 (Emma-Jäger-Bad),
Tel. (0 72 31) 3 41 80✆
Nebenberatungsstelle:
Unteres Enztal (Sozialarbeiterzimmer)

7170 Schwäbisch Hall
Gymnasiumstr. 1, Tel. (07 91) 73 84✆

7000 Stuttgart
Schloßstr. 60, Tel. (07 11) 62 26 18/62 51 05✆
Nebenberatungsstellen:
Ostendstr. 73 a (Ostend-Center)
Hallschlag, Dessauer Str. 1 a
Dürrlewang, Schopenhauerstr. 43 c

7400 Tübingen
Waldhäuserstr. 33, Tel. (0 70 71) 6 62 07✆
Nebenberatungsstelle:
7410 Reutlingen, Urbanstr. 22
(anerkannt nach § 218 StGB)

7730 VS-Villingen
Benediktinerring 7, Tel. (0 77 21) 5 90 88✆

7050 Waiblingen
Bürgermühlenweg 11, Tel. (0 71 51) 5 51 45✆

Bayern

8900 Augsburg
Äußere Uferstr. 49, Tel. (08 21) 44 22 74✆
Nebenberatungsstelle:
Barfüßerstr. 4

8000 München 40
Türkenstr. 103/I, Tel. (0 89) 39 90 79⌀
München 45
Wintersteinstr. 12/14, Tel. (0 89) 3 14 44 25, 3 13 24 25⌀

8500 Nürnberg*
Hintere Insel Schütt 7, Tel. (09 11) 22 12 83
Glogauer Str. 50, Tel (09 11) 80 95 20
Eibacher Hauptstr. 102, Tel. (09 11) 63 47 73 (Postanschrift: Einsteinring 16)
Neumeyer Str. 80, Tel. (09 11) 52 82 63

Berlin

1000 Berlin 30
Schöneberger Ufer 53-55, Tel. (0 30) 2 61 70 40⌀
Berlin 21
Gotzkowskystr. 8, Tel. (0 30) 3 92 60 19⌀
Nebenberatungsstelle:
1 B. 45, Woltmannweg 45

Bremen

2800 Bremen 1
Stader Str. 35. Tel. (04 21) 49 10 90⌀

2850 Bremerhaven-Mitte*
An der Allee 47

Hamburg

2000 Hamburg 1
An der Alster 82, Tel. (0 40) 24 26 20⌀
Nebenberatungsstelle:
2 H. 74, Berzeliusstr. 100
Hamburg 50
Bülowstr. 9 (Frauenklinik), Tel. (0 40) 88 28 61
Hamburg 6
Weidenallee 43 II, Tel. (0 40) 4 39 50 40⌀
Hamburg 60
Gründgensstr. 26, Tel. (0 40) 6 31 73 57⌀
Nebenberatungsstellen:
Wohnunterkunft, Steilshooper Allee 10
Wohnunterkunft, Wegenkamp, Oldenburger Str. 76 a
Wohnunterkunft, Großlohering, Stapelfelder Str. 106
Hamburg 80
Gojenbergweg 30, Tel. (0 40) 7 21 70 81 App. 2 32

2100 Hamburg 90
Lühmannstr. 13, Tel. (0 40) 7 71 70 22 51

2102 Hamburg 93
Rotenhäuserdamm 30

Hessen

6320 Alsfeld
Volkmarstr. 3, Tel. (0 66 33) 62 07⌀

6430 Bad Hersfeld
Kreisgesundheitsamt Eingang 4, Tel. (0 66 21) 8 73 69, 8 73 50

6380 Bad Homburg-Obereschbach
Kirchplatz (Sozialstation), Tel. (0 61 72) 4 14 80

6350 Bad Nauheim
Küchlerstr. 1, Tel. (0 60 32) 8 20 46

6140 Bensheim
Wambolter Hof, Tel. (0 62 51) 6 81 91⌀

6100 Darmstadt
Landgraf-Georg-Str. 120, Tel. (0 61 51) 4 32 64⌀
Nebenberatungsstelle:
Akazienweg (Gemeinschaftshaus)

6057 Dietzenbach-Steinberg
Odenwaldstr. 2, Tel. (0 60 74) 22 65

6000 Frankfurt/Main 1
Auf der Körnerwiese 5, Tel. (06 11) 59 92 86⌀
Nebenberatungsstellen:
Fechenheimer Str. 14, Tel. (06 11) 44 50 89⌀ (anerkannt nach § 218 StGB)
Königsteiner Str. 98 I, Tel. (06 11) 30 20 17 (anerkannt nach § 218 StGB)
Außenstellen:
Ffm-Bonames, Wohnwagen-Standplatz
Ffm-Eckenheim, Sigmund-Freud-Str. 119 II
Ffm-Goldstein, Im Heisenrath 14
Ffm-Griesheim, Ahornstr. 108
Ffm-Nied, Alt Nied 27
Ffm-Nordweststadt, Nidaforum 2 (Bürgerhaus)
Ffm-Preungesheim, Wegscheidstr. 52

Fulda
Marktstr. 21, Tel. (06 61) 7 40 78⌀

6300 Gießen
Frankfurter Str. 48, Tel. (06 41) 7 71 22⌀
Nebenberatungsstelle:
Gemeinschaftszentrum Eulenkopf, Tel. (06 41) 4 14 47

6450 Hanau 1
Römerstr. 13, Tel. (0 61 81) 2 22 84⌀

6370 Oberursel
Dornbachstr. 33, Tel. (0 61 71) 2 35 56

6050 Offenbach/Main
Bismarckstr. 100, Tel. (06 11) 81 77 62⌀
Nebenberatungsstelle:
Holunderweg (Lohwaldsiedlung)

6090 Rüsselsheim
Marktstr. 27, Tel. (0 61 42) 1 21 42∅
Nebenberatungsstelle:
6086 Riedstadt-Goddelau, Frh. v. Stein-Str. 9, (Gesundheitszentrum) Tel. (0 61 58) 16 39 (anerkannt nach § 218 StGB)

6490 Schlüchtern
Ludovica-von-Stumm-Str. 7,
Tel. (0 66 61) 20 71∅

6200 Wiesbaden
Langgasse 36, Tel. (0 61 21) 37 65 16∅
Nebenberatungsstellen:
Mühltal, Haus 3
Wachsackerstr. 5
Schlangenbader Str. 22

Niedersachsen

3300 Braunschweig
Hamburger Str. 226, Tel. (05 31) 32 93 85∅
Katharinenstr. 1 (Studentenberatung),
Tel. (05 31) 34 08 44

2190 Cuxhaven
Kirchenpauerstr. 5, Tel. (0 47 21) 3 60 16/17∅

2970 Emden
Neutorstr. 73

3400 Göttingen
Rote Str. 19, Tel. (05 51) 5 86 27∅

3000 Hannover 1
Bödekerstr. 60, Tel. (05 11) 31 70 44∅

3330 Helmstedt
Papenberg 36, Tel. (0 53 51) 71 74

2120 Lüneburg
Bardowicker Str. 30, Tel. (0 41 31) 3 43 60∅

2900 Oldenburg
Lindenstr. 4, Tel. (04 41) 8 80 95∅

4500 Osnabrück
Krahnstr. 23, Tel. (05 41) 2 39 07∅

3150 Peine
Kantstr. 12, Tel. (0 51 71) 1 80 45

3110 Uelzen 1
Gudestr. 33 a, Tel. (05 81) 1 01 11∅

2940 Wilhelmshaven
Paul-Hug-Str. 60, Tel. (0 44 21) 2 50 80∅

3340 Wolfenbüttel
Holzmarkt 16, Tel. (0 53 31) 2 69 29∅

3180 Wolfsburg 1
Stormhof 2, Tel. (0 53 61) 2 54 57∅

Nordrhein-Westfalen

5100 Aachen
Augustastr. 31 a, Tel. (02 41) 54 13 33∅

4619 Bergkamen-Rünthe
Rünther Str. 58, Tel. (0 23 89) 58 75∅

4800 Bielefeld 1
Stapenhorststr. 5, Tel. (05 21) 6 01 93

4630 Bochum
Windmühlenstr. 25, Tel. (02 34) 1 23 20∅
Nebenberatungsstelle:
Zillertalstr. 152 (anerkannt nach § 218 StGB)

5300 Bonn 1
Prinz-Albert-Str. 39, Tel. (02 28) 21 22 30∅
Nebenberatungsstelle:
Dransdorf, Auf dem Hügel 60,
Tel. (02 28) 61 26 59
(anerkannt nach § 218 StGB)

4930 Detmold
Woldemarstr. 15, Tel. (0 52 31) 2 68 41∅
Nebenberatungsstelle:
4902 Bad Salzuflen, Otto-Kühne-Promenade 1, 2. OG

5160 Düren
Ubierstr. 6, Tel. (0 24 21) 1 61 15∅

4000 Düsseldorf
Gesundheitsamt an der Weberstr. 3,
Tel. (02 11)
8 99 26 46

Düsseldorf-Garath
Fritz-Erler-Str. Tel. (02 11) 8 99-75 56

Düsseldorf-Derendorf
Benedikt-Schmittmann-Str. 13,
Tel. (02 11) 46 41 82, 48 17 82

4100 Duisburg 1
Musfeldstr. 161-163, Tel. (02 03) 66 32 33

Duisburg 11
Victoriastr. 8 (im Gesundheitsamt),
Tel. (02 03)
55 53-52 71

4830 Gütersloh
Roonstr. 2, Tel. (0 52 41) 2 04 50∅

4390 Gladbeck
Grabenstr. 37, Tel. (0 20 43) 2 66 06∅

5000 Köln 1
Hansaring 84-86, Tel. (02 21) 12 20 87∅

Köln 71
Neisse Str. 2, Tel. (02 21) 70 35 11∅

4150 Krefeld
Westwall 90, Tel. (02 15) 77 77 27

5090 Leverkusen
Manforter Str. 184, Tel. (0 21 72) 3 52 53 36

Leverkusen 3
Miselohestr. 4, Tel. (0 21 71) 40 26 15⌀
Nebenberatungsstelle:
Am Sonnenhang 13

4370 Marl
Bergstr. 228, Tel. (0 23 65) 14 77 44⌀

4050 Mönchengladbach 2
Hugo-Preuß-Str. 55, Tel. (0 21 66) 4 87 24⌀

4400 Münster (Westf.)
Papenburger Str. 10, Tel. (02 51) 66 12 99⌀

4200 Oberhausen 1
Langemarkstr. Tel. (02 08) 2 03 79⌀

4350 Recklinghausen
Kaiserwall 37, Tel. (0 23 61) 2 67 01⌀

5630 Remscheid
Südstr. 14, Tel. (0 21 91) 7 76 76⌀

5830 Schwelm
Kaiserstr. 65, Tel. (0 21 22) 7 90 56

5650 Solingen
Baustr. 2, Tel. (0 21 22) 7 90 56

5210 Troisdorf
Pfarrer-Kenntemich-Platz 26,
Tel. (0 22 41) 7 40 61⌀

5810 Witten
Husemannstr. 13, Tel. (02 30) 8 42 99⌀

5600 Wuppertal 1
Dorotheenstr. 2, Tel. (02 02) 30 70 11⌀

Rheinland-Pfalz/Saarland

6750 Kaiserslautern
Kanalstr. 19, Tel. (06 31) 63 19⌀

5400 Koblenz
Hohenstaufenstr. 4, Tel. (02 61) 3 48 12⌀

6700 Ludwigshafen
Wredestr. 17, Tel. (06 21) 51 01 70⌀
Nebenberatungsstellen:
Bayreuther Str. 79, Tel. (06 21) 5 04 34 69
Kropsburgstr. 12, Tel. (06 21) 5 04 29 68

6500 Mainz
Frauenlobstr. 97, Tel. (0 61 31) 67 21 51⌀
Nebenberatungstelle:
Zwerchallee (Sozialstation)

6680 Neunkirchen*
Wilhelmstr. 12, Tel. (0 68 21) 2 76 77⌀

6600 Saarbrücken 5
Grüneichstr. 14 (Hüttenkrankenhaus),
Tel. (06 81) 7 60 28/9⌀
Nebenberatungstellen:
Deutschmühltal, Haus 76
Wackenberg, Rubensstr. 78
Matzenberg, Bürgerhaus

5500 Trier
Walramsneustr. 1 a, Tel. (06 51) 7 34 44

Schleswig-Holstein

2060 Bad Oldeslohe
Hamburger Str. 48, Tel. (0 45 31) 55 30⌀

2390 Flensburg
Wrangelstr. 17, Tel. (04 61) 2 66 25⌀

2300 Kiel
Brunswiker Str. 47, Tel. (03 41) 5 15 68⌀

2400 Lübeck 1
Jürgen-Wullenwever-Str. 1, Tel. (04 51)
6 47 72⌀

2370 Rendsburg*
Wallstr. 16, Tel. (0 43 31) 2 24 56⌀

Ausgewählte Bibliographie

1. Handbücher, Lexika und allgemeine Sammelwerke

Bornemann, E. (Hrsg.): Lexikon der Liebe. Materialien zur Sexualwissenschaft, A–Z. Berlin (Ullstein), 1981.

Bornemann, E. (Hrsg.): Sexualität. Materialien zur Sexualforschung. Sonderband der Zeitschrift: ,,Psychologie heute". Weinheim (Beltz), 1979.

Ellis, A., Abarbanel, M. (Hrsg.): Encyclopedia of sexual behavior. New York (Hawthorne), 1967.

Fischer, J. u. a. (Hrsg.): Wörterbuch zur Sexualpädagogik und ihrer Grenzgebiete. Wuppertal (Aussaat-Verlag), 1969.

Die Frau. Ein Handbuch über Sexualität, Verhütung und Abtreibung, Schwangerschaft und Geburt, Klimakterium und Alter. München (Frauenbuchverlag), 1980.

Giese, H. (Hrsg.): Die Sexualität des Menschen. Handbuch der medizinischen Sexualforschung. Stuttgart (Enke), 1971.

Schmidt, G. u. a. (Hrsg.): Tendenzen der Sexualforschung. Stuttgart (Enke), 1970.

Schmidt, G. u. a. (Hrsg.): Ergebnisse zur Sexualforschung. Arbeiten aus dem Hamburger Institut für Sexualforschung. Berlin (Ullstein), 1976.

Schorsch, E., Schmidt, G. (Hrsg.): Ergebnisse zur Sexualforschung, Berlin (Ullstein), 1977.

Sexualpädagogische Forschung. Aufgaben, Schwerpunkte, Ergebnisse. Stuttgart (UTB), 1981.

Sigusch, V. (Hrsg.): Sexualität und Medizin. Köln (Kiepenheuer & Witsch), 1979.

Taylor, G. R.: Kulturgeschichte der Sexualität. Frankfurt/M. (Fischer), 1977.

2. Allgemeines

Amendt, G.: Sexfront. Reinbek (Rowohlt), 1982.

Bell, A. P., Weinberg, M. S., Hammersmith, S. K.: Der Kinsey Institut-Report über sexuelle Orientierung und Partnerwahl. München (Heyne), 1982.

Brecher, E. M.: Vom Tabu zum Sex-Labor (The sex researches, dt.). Reinbek (Rowohlt), 1971.

Brocher, T.: Psychosoziale Grundlagen der Entwicklung. Opladen (Leske), 1971.

Broderick, C., Bernard, J. (Hrsg.): The individual, sex and society. A SIECUS handbook for teachers and counselors. Baltimore, Md. (Johns Hopkins University Press), 1969.

Comfort, A.: Joy of sex – Freude am Sex (Joy of sex, dt.). 14. Aufl., Berlin (Ullstein), 1981.

Comfort, A.: More joy of sex – Noch mehr Freude am Sex (More joy of sex, dt.). Berlin (Ullstein), 1981.

Ford, C. S., Beach, F. H.: Formen der Sexualität. Das Sexualverhalten bei Mensch und Tier (Patterns of sexual behavior, dt.). Reinbek (Rowohlt), 1971.

Foucault, M.: Sexualität und Wahrheit (Histoire de la sexualité, dt.). Bd. 1: Der Wille zum Wissen. Frankfurt/M. (Suhrkamp), 1977.

Fromm, E.: Die Kunst des Liebens (The art of loving, dt.). Berlin (Ullstein), 1980.

Gagnon, J. H.: Human sexualities. Chicago (Scott, Foresman & Co.), 1977.

Hegeler, I., Hegeler, S.: Living is loving. New York (Stein and Day), 1973.

Hettlinger, R.: Human sexuality. A psychosocial perspective. Belmont, Ca. (Wadsworth), 1975.

Katchadourian, H. A., Lunde, D. T.: Fundamentals of human sexuality. 3. Aufl., New York (Holt, Rinehart and Winston), 1980.

Kirkendall, L., Whitehurst, R. (Hrsg.): The new sexual revolution. Buffalo, N. J. (Prometheus Books), 1971.

Leibbrand, A., Leibbrand, W.: Formen des Eros. 2 Bände. Freiburg (Alber), 1972.

Masters, W. H., Johnson, V. E.: Die sexuelle Reaktion (Human sexual response, dt.). Reinbek (Rowohlt), 1980.

McCrary, J. L.: McCrary's human sexuality. 3. Aufl., New York (van Nostrand), 1978.

McCrary, J. L.: Sexual myths and fallacies. New York (Schokken), 1971.

Mead, M.: Mann und Weib. Das Verhältnis der Geschlechter in einer sich wandelnden Welt (Male and female, dt.). Reinbek (Rowohlt), 1971.

Money, J./Ehrhardt, A.: Männlich, weiblich. Die Entstehung der Geschlechtsunterschiede (Man and woman, boy and girl, dt.). Reinbek (Rowohlt), 1975.

Oakley, A.: Sex, gender and society. New York (Harper & Row), 1972.

Rubin, I.: Sex nach Sechzig (Sexual life after sixty, dt.). Hamburg (Hoffmann und Campe), 1968.

Schofield, M.: Das sexuelle Verhalten junger Leute (The sexual behavior of young people, dt.). Reinbek (Rowohlt), 1969.

Schuhmann, H. J.: Erotik und Sexualität in der zweiten Lebenshälfte. Stuttgart (Hippokrates), 1979.

Selg, H. u. a.: Psychologie des Sexualverhaltens. Stuttgart (Kohlhammer), 1979.

Sex Information and Education Council of the United States (SIECUS): Sexuality and man. New York (Scribner's), 1970.

Sigusch, V., Schmidt, G.: Jugendsexualität. Dokumentation und Untersuchung. Stuttgart (Enke), 1973.

Stoller, R. J.: Sex and gender. On the development of masculinity and femininity. 2 Bände. New York (Aronson), 1976.

Tiefer, L.: Die menschliche Sexualität. Einstellung und Verhaltensweisen. Weinheim (Beltz), 1981.

3. Die Sexualität des Mannes

Diagram Group: Man's body, an owner's manual. New York (Paddington Press – Two Continent Publishing Group), 1976.

Feigen-Fasteau, M.: The male machine. New York (McGraw-Hill), 1974.

Kinsey, A. C. u. a.: Das sexuelle Verhalten des Mannes (Sexual behavior in the human male, dt.). Reinbek (Rowohlt), 1970.

Kloehn, E.: Typisch weiblich? Typisch männlich? Geschlechterkrieg oder neues Verständnis von Frau und Mann. Reinbek (Rowohlt), 1981.

Nitzschke, B.: Männerängste, Männerwünsche. München (Matthes & Seitz), 1980.

Plack, J., Sawyer, J.: Men and masculinity. Englewood Cliffs, N. J. (Prentice-Hall), 1974.

Pomeroy, W. B.: Boys und Sex (Boys and sex, dt.). Oldenburg (Stalling), 1969.

Steinmann, A., Fox, D.: The male dilemma. New York (Jason Ronson), 1974.

Talese, G.: Der Talese-Report. Sexualität und Erotik in der Männergesellschaft. München (Molden), 1981.

Theweleit, K.: Männerphantasien. 2 Bände. Reinbek (Rowohlt), 1980.

4. Die Sexualität der Frau

Addiego, F. u. a.: Female ejaculation. A case study. In: The Journal of Sex Research. Vol. 17. Nr. 1 (Febr. 1981).

Barbach, L. G.: Die Erfüllung weiblicher Sexualität (For yourself, dt.). Berlin (Ullstein), 1977.

Beauvoir, S. de: Das andere Geschlecht. Sitte und Sexus der Frau (Le deuxième sexe, dt.). Reinbek (Rowohlt), 1980.

Belzer, E. G. Jr.: Orgasmic expulsions of women. In: The Journal of Sex Research. Vol. 17. Nr. 1 (Febr. 1981).

Boston Women's Health Book Collective: Unser Körper, unser Leben. Handbuch von Frauen für Frauen (Our bodies, ourselves, dt.). 2 Bände. Reinbek (Rowohlt), 1980.

Cyran, W.: Sexuelle Probleme der Frau. Leitfaden für Ärzte. Köln-Lövenich (Dt.-Ärzte-Verlag), 1981.

Diagram Group: Die Frau und ihr Körper. Ein Handbuch (Woman's body, dt.). München (Goldmann), 1979.

Fischer, S.: Orgasmus. Sexuelle Reaktionsfähigkeit der Frau (The female orgasm, dt.). Stuttgart (Hippokrates), 1976.

Friday, N.: Die sexuellen Phantasien der Frauen (My secret garden. Women's sexual fantasies, dt.). Reinbek (Rowohlt), 1980.

Greer, G.: Der weibliche Eunuch. Aufruf zur Befreiung der Frau (The female eunuch, dt.). Frankfurt/M. (Fischer), 1971.

Hite, S.: Hite-Report. Das sexuelle Erleben der Frau (The Hite-Report, dt.). München (Bertelsmann), 1977.

Kinsey, A. C. u. a.: Das sexuelle Verhalten der Frau (Sexual behavior in the human female, dt.). Frankfurt/M. (Fischer), 1970.

Kline-Graber, G., Graber, B.: Women's orgasm. A guide to sexual satisfaction. New York (Bobbs Merrill), 1975.

Lowry, T. P., Lewry-Snyder, T.: The clitoris. St. Louis (Warren H. Green), 1976.

Millett, K.: Sexus und Herrschaft (Sexual politics, dt.). 2. Aufl., München (dtv), 1977.

Pomeroy, W. B.: Girls and Sex. New York (Dell), 1969.

Sherfey, M. J.: Die Potenz der Frau. Wesen und Evolution der weiblichen Sexualität (The nature and evolution of female sexuality, dt.). Köln (Kiepenheuer & Witsch), 1974.

Sigusch, V.: Physiologie des Orgasmus. Versuch einer Definition. In: Sigusch, V. (Hrsg.): Sexualität und Medizin. Köln (Kiepenheuer & Witsch), 1979.

Smith, C. u. a.: Getting in touch. Selfsexuality for woman. San Francisco (Multi-Media), 1973.

Weisberg, M.: A note on female ejaculation. In: The Journal of Sex Research. Vol. 17. Nr. 1 (Febr. 1981).

5. Die Fortpflanzung

Blume, A.: Andere Umstände. Eine Orientierungshilfe für Vorsorge, Geburtsvorbereitung und Geburt. Reinbek (Rowohlt), 1981.

Boston Women's Health Book Collective: Unser Körper, unser Leben. Handbuch von Frauen für Frauen (Our bodies, ourselves, dt.). 2 Bände. Reinbek (Rowohlt), 1980.

Calderone, M. (Hrsg.): Manual of family planning and contraceptive practice. Baltimore, Md. (Williams & Wilkins), 1970.

Demarest, R., Sciarra, J.: Zeugung, Geburt und Verhütung (Conception, birth and contraception, dt.). Frankfurt/M. (Fischer), 1970.

Dickinson, R. L.: An atlas of human sexual anatomy. 2. Aufl., Baltimore, Md. (Williams & Wilkins), 1949.

Ehrlich, P. A.: Die Bevölkerungsbombe (The population bomb, dt.). München (Hanser), 1971.

Eser, A., Hirsch, H. A. (Hrsg.): Sterilisation und Schwangerschaftsunterbrechung. Eine Orientierungshilfe in medizinischen, psychologischen und rechtlichen Fragen. Stuttgart (Enke), 1980.

Finch, B. E., Green, H.: Contraception through the ages. Springfield, Ill. (C. C. Thomas), 1963.

Goecke, C.: Arbeitsbuch Geburtshilfe. München (Urban und Schwarzenberg), 1981.

Heinrich, J.: Modell Familienplanung. Frankfurt/M. (Pro Familia), 1977.

Schwarz, K. u. a.: Der Kinderwunsch in der modernen Industriegesellschaft. Dokumentation der Jahrestagung 1979 der Dt. Gesellschaft für Bevölkerungswissenschaften. Stuttgart (Kohlhammer), 1980.

Shapiro, H.: Alle Methoden der Empfängnisverhütung (The birth control book, dt.). Rüschlikon–Zürich (Müller), 1980.

6. Sexuelle Probleme und ihre Therapie

Agel, J. (Hrsg.): The radical therapist. New York (Ballantine Books), 1971.

Annon, J. S.: The behavioral treatment of sexual problems. 2 Bände, Honolulu, Hawaii (Enabling Systems), 1975–1976.

Arentewicz, G., Schmidt, G. (Hrsg.): Sexuell gestörte Beziehungen – Konzept und Technik der Paartherapie. Berlin (Springer), 1980.

Belliveau, F., Richter, L.: Understanding human sexual inadequacy. Boston (Little, Brown), 1970.

Bernstein, D. A., Borkovec, T. D.: Entspannungstraining. Handbuch der progressiven Muskelentspannung nach Jacobson (Progressive relaxation training, dt.). München (Pfeiffer), 1978.

Bräutigam, W.: Sexualmedizin im Grundriß. Einführung in sexuelle Konflikte und Störungen. 2. Aufl., Stuttgart (Thieme), 1979.

Brecher, E., Brecher, R.: An analysis of human sexual response. New York (Signet), 1969.

De la Cruz, F. F., LaVeck, G. de (Hrsg.): Geistig Retardierte und ihre Sexualität. Soziokulturelle und medizinische Aspekte (Human sexuality and the mentally retarded, dt.). München (E. Reinhardt), 1975.

Dowing, G.: The massage book. New York (Random House), 1973.

Feinbloom, D.: Transvestites and transsexuals. New York (Delacorte Press), 1976.

Giese, H.: Zur Psychopathologie der Sexualität. Stuttgart (Enke), 1973.

Green, R.: Human sexuality. A health practitioner's text. Baltimore, Md. (Williams & Wilkins), 1975.
Green, R.: Sexual identity conflict in children and adults. New York (Basic Books), 1974.
Hartmann, W. E., Fithian, M. A.: The treatment of sexual dysfunction. Long Beach, Ca. (Center for Marital and Sexual Studies), 1972.
Inkeles, G., Todris, M.: The art of sensual massage. San Francisco (Traight Arrow Books), 1971.
Kaden, R. (Hrsg.): Allgemeine Pathologie der Sexualfunktionen. Störungen der Reproduktion und der Kohabitation. Köln-Lövenich (Dt.-Ärzte-Verlag), 1980.
Kaplan, H. S.: Hemmungen der Lust. Neue Konzepte der Psychosexualtherapie (Discorders of sexual desire and other new concepts and techniques in the sex therapy, dt.). Stuttgart (Enke), 1981.
Kaplan, H. S.: Sexualtherapie. Ein neuer Weg für die Praxis (The new sex therapy, dt.). Stuttgart (Enke), 1979.
Kemper, W.: Die funktionellen Sexualstörungen. München (Kindler), 1974.
Lehrman, N.: Masters and Johnson explained. 2. Aufl., Chicago (Playboy Press), 1976.
Masters, W. H., Johnson, V. E.: Impotenz und Anorgasmie. Zur Therapie funktioneller Störungen (Human sexual inadequacy, dt.). Frankfurt/M. (Goverts), 1973.
McIllvenna, T., Vandervoort, H.: You can last longer. San Francisco (Multi-Media), 1973.
Mezzei, G.: Good vibration. The vibrator owner's manual of relaxation, therapy and sensual pleasure. New York (Hawthorne), 1977.
Money, J., Green, R. (Hrsg.): Transsexualism and sex reassignment. Baltimore, Md. (John Hopkins University Press), 1969.
Montagu, A.: Körperkontakt. Die Bedeutung der Haut für die Entwicklung des Menschen (Touching, dt.). 2. Aufl., Stuttgart (Klett-Cotta), 1980.
Mooney, T. O., Cole, T. M.: Sexual options for paraplegics and quadriplegics. Boston (Little, Brown), 1975.
Rosenberg, J. L.: Orgasmus (Total orgasm, dt.). Berlin (Ki.-Buchvertrieb), 1972.
Rimm, D. C./Masters, J. C.: Behavior therapy. Techniques and empirical findings. New York (Academic Press), 1974.
Sigusch, V. (Hrsg.): Therapie sexueller Störungen. 2. Aufl., Stuttgart (Thieme), 1980.
Sigusch, V. (Hrsg.): Sexualität und Medizin. Köln (Kiepenheuer & Witsch), 1979.
Springer, A.: Pathologie der geschlechtlichen Identität, Transsexualismus und Homosexualität. Berlin (Springer), 1981.
Stoller, R. J.: Perversion. Die erotische Form von Haß. (Perversion. The erotic form of hatred, dt.). Reinbek (Rowohlt), 1979.
Szasz, T. S.: Sex by prescription. Garden City, New York (Anchor Press, Doubleday), 1980.
Wendt, H.: Integrative Sexualtherapie. Am Beispiel von Frauen mit Orgasmusstörungen. München (Pfeiffer), 1979.
Young, Constance: Self massage. New York (Bantam), 1973.

7. Homosexualität

Abbott, s., Love, B.: Sappho was a right-one woman. A liberated view of lesbianism. New York (Stein and Day), 1972.
Altmann, D.: Homosexual. Oppression and liberation. New York (Avon), 1973.
Bell, A. P., Weinberg, M. S.: Der Kinsey Institut-Report über weibliche und männliche Homosexualität (Homosexualities, dt.). München (Bertelsmann), 1978.
Bleibtreu-Ehrenberg, G.: Tabu Homosexualität. Die Geschichte eines Vorurteils. Frankfurt/M. (Fischer), 1981.
Churchill, W.: Homosexual behavior among males. A cross-cultural and cross-species investigation. New York (Hawthorne), 1967.
Dannecker, M.: Der Homosexuelle und die Homosexualität. Frankfurt/M. (Syndikat), 1978.
Dannecker, M., Reiche, R.: Der gewöhnliche Homosexuelle. Eine Untersuchung über männliche Homosexuelle in der Bundesrepublik. Frankfurt/M. (Fischer), 1974.
Frings, M., Kraushaar, E.: Männer. Liebe. Reinbek (Rowohlt), 1982.
Gearhart, S., Johnson, W.: Loving women/Loving men. Gay liberation and the church. San Francisco (Glide), 1974.
Hoffmann, M.: Die Welt der Homosexuellen. Beschreibung einer diskriminierten Minderheit (The gay world, dt.). Frankfurt/M. (Fischer), 1971.
Hohmann, J. (Hrsg.): Der unterdrückte Sexus. Historische Texte zur Homosexualität. Lollar (Achenbach), 1977.
Humphreys, L.: Klappen-Sexualität. Homosexuelle Kontakte in der Öffentlichkeit (Tea room trade. Impersonal sex in public places, dt.). Stuttgart (Enke), 1974.
Lautmann, R. (Hrsg.): Seminar: Homosexualität und Gesellschaft. Frankfurt/M. (Suhrkamp), 1980.
Martin, D., Phyllis, L.: Lesbian love and liberation. San Francisco (Multi-Media), 1973.
Martin, D., Phyllis, L.: Lesbian/Woman. New York (Bantam), 1972.
McNeill, J. J., S. J.: The church and the homosexual. Mission, Ks. (Sheed Andrews & McMeel), 1976.
Perry, T.: The lord is my shepherd and he knows I'm gay. Los Angeles (Nash), 1972.
Rowse, A. L.: Homosexuals in history. New York (Macmillan), 1977.
Siems, M.: Coming out. Hilfen zur homosexuellen Emanzipation. Reinbek (Rowohlt), 1980.
Tripp, C. A. u. a.: The homosexual matrix. New York (McGraw-Hill), 1975.
Weinberg, G.: Society and the healthy homosexual. New York (Doubleday), 1973.
Weinberg, M. S., Williams, C. J.: Male homosexuals. Their problems and adaptions. New York (Oxford University Press), 1974.
Wolff, C.: Psychologie des Lesbischen (Love between women, dt.). Reinbek (Rowohlt), 1973.

8. Sexualität und Sozialisation

Adams, P. u. a.: Children's rights. Towards the liberation of the child. New York (Praeger), 1971.
Ariès, P.: Geschichte der Kindheit (L'enfant et la vie familiale sous l'ancien regime, dt.). München (dtv), 1978.
Balluseck, H. v.: Abweichendes Verhalten und abweichendes Handeln. Frankfurt/M. (Campus), 1978.
Barnett, W.: Sexual freedom and constitution. An inquiry into the constitutionality of repressive sex laws. Albuquerque (University of New Mexico Press), 1973.
Bell, R. R., Gordon, M.: The social dimension of human sexuality. Boston (Little, Brown), 1970.
Benjamin, H., Masters, R.E.L.: Prostitution and morality. New York (Julian Press), 1964.
Bernard, J.: The future of marriage. New York (Bantam), 1973.
Brownmiller, S.: Gegen unseren Willen. Vergewaltigung und

Männerherrschaft (Against our will, dt.). Frankfurt/M. (Fischer), 1978.
Calderone, H. S.: Sexuality and human values. New York (Association Press), 1975.
Commission on Obscenity and Pornography. The illustrated presidential report of the Commission on Obscenity and Pornography. European Edition. Darmstadt (Melzer), 1970.
Constantine, L., Constantine, J.: Group marriage. New York (Collier), 1973.
Croissier, S.: Kognitive und soziale Faktoren in der Entwicklung kindlicher Geschlechtsrolleneinstellung. Weinheim (Beltz), 1979.
Day, B.: Sexual life between black and white. The roots of racism. New York (Apollo Edition), 1974.
Eysenck, H. J.: Sexualität und Persönlichkeit (Sex and personality, dt.). Berlin (Ullstein), 1980.
Flandrin, J. L.: Familie. Soziologie – Ökonomie – Sexualität (Familles – parenté, maison, sexualité dans l'ancienne société, dt.). Berlin (Ullstein), 1978.
Francoeur, A., Francoeur, R.: Hot and cool sex. Cultures in conflict. New York (Harcourt Brace Jovanovich), 1974.
Gagnon, J. H., Simon, W. (Hrsg.): The sexual scene. 2. Aufl., New Brunswick, N. J. (Transaction Books), 1973.
Gebhard, P. u. a.: Sex offenders. New York (Harper & Row), 1965.
Gochros, H., Gochros, J. (Hrsg.): The sexually oppressed. New York (Association Press), 1977.
Gochros, H., Schultz, L.: Human sexuality and social work. New York (Association Press), 1972.
Goode, W. J.: Soziologie der Familie (The family, dt.). 6. Aufl., München (Juventa), 1976.
Guyon, R.: The ethics of sexual acts. (1934). New York (Knopf), 1958.
Guyon, R.: Sexual freedom. New York (Knopf), 1950.
Hernton, C.: Sex and racism in America. New York (Grove Press), 1965.
Jöckel, W.: Gesellschaft und Sexualität. Zur Praxis politischen Unterrichts. Darmstadt (Metzler), 1978.
Kentler, H. (Hrsg.): Texte zur Sozio-Sexualität. Stuttgart (UTB), 1973.
Laing, R. D.: Die Politik der Familie (The politics of the family, dt.). Köln (Kiepenheuer & Witsch), 1974.
Lautmann, R. (Hrsg.): Seminar: Homosexualität und Gesellschaft. Frankfurt/M. (Suhrkmap), 1980.
Lüderssen, K., Sack, F.: Seminar: Abweichendes Verhalten. Bd. I–IV. Frankfurt/M. (Suhrkamp), 1975.
Martin, D.: Battered wives. San Francisco (Glide), 1976.
Morrison, E., Price, M.: Values in human sexuality. New York (Hart), 1975.
Ramey, J.: Intimate friendships. Englewood Cliffs, N. J. (Prentice-Hall), 1975.
Reiss, I. L.: Freizügigkeit, Doppelmoral, Enthaltsamkeit (Premarital sexual standards in America, dt.). Reinbek (Rowohlt), 1970.
Rosenbaum, H. (Hrsg.): Seminar: Familie und Gesellschaftsstruktur. Materialien zu den sozioökonomischen Bedingungen von Familienformen. Frankfurt/M. (Suhrkamp), 1980.
Rupp, K.-J.: Familiensoziologie und Familientherapie. Frankfurt/M. (Campus), 1981.
Schelsky, H.: Soziologie der Sexualität. Über die Beziehung zwischen Geschlecht, Moral und Gesellschaft. 21. Aufl., Reinbek (Rowohlt), 1977.
Schulte, R.: Sperrbezirke. Tugendhaftigkeit und Prostitution in der bürgerlichen Welt. Frankfurt/M. (Syndikat), 1979.
Schur, E.: Abweichendes Verhalten und soziale Kontrolle (Labeling deviant behavior, dt.). Frankfurt/M. (Herder & Herder), 1974.
Schur, E.: Crimes without victims. Deviant behavior and public policy. Englewood Cliffs, N. J. (Prentice-Hall), 1965.
Smith, J., Smith, L.: Beyond monogamy. Baltimore, Md. (John Hopkins University Press), 1974.
Tümmers, H.: Sozialpsychologische Aspekte der Sexualität im Alter. Köln (Böhlau), 1976.
Ussel, J. van: Sexualunterdrückung. Geschichte der Sexualfeindschaft. 2. Aufl., Gießen (Focus), 1977.
Weber-Kellermann, I.: Die deutsche Familie. Versuch einer Sozialgeschichte. Frankfurt/M. (Suhrkamp), 1981.
The Wolfenden Report (on homosexual offenses and prostitution). New York (Stein and Day), 1963.

9. Kulturgeschichte

Brinton, G.: History of western morals. New York (Harcourt Brace), 1959.
Bullough, V. L.: Sexual variance in society and history. New York (Wiley), 1976.
Cole, W. G.: Liebe und Sexus in der Bibel (Sex and love in the bible, dt.). Hamburg (Nannen), 1961.
Danielsson, B.: Love in the South Seas. New York (Reynal), 1956.
Devereux, G.: Baubo. Die mythische Vulva (Baubo, dt.). Frankfurt/M. (Syndikat), 1981.
Edwards, A., Masters, R. L.: Quelle der Erotik (The cradle of erotica, dt.). Flensburg (Stephenson), 1967.
Ellis, H.: Sexual-psychologische Studien (Studies in the psychology of sex, dt.). 2 Bände. Würzburg (Kubitsch), 1910–1911.
Epstein, L. M.: Sex laws and customs in Judaism. Überarbeitete Aufl., New York (Ktav), 1968.
Fielding, W. J.: Strange customs of courtship and marriage. London (Souvenir Press), 1961.
Freud, S.: Studienausgabe in 10 Bänden und 1 Erg.-Band. Insbes. Bd. IX: Fragen der Gesellschaft/Ursprünge der Religion. Frankfurt/M. (Fischer), 1982.
Fromm, E.: Sigmund Freud. Seine Persönlichkeit und seine Wirkung (Sigmund Freud's mission, dt.). Berlin (Ullstein), 1981.
Fuchs, E.: Geschichte der erotischen Kunst. (1908). Berlin (Klaus Guhl), 1977.
Gorsen, P.: Sexualästhetik. Zur bürgerlichen Rezeption von Obszönität und Pornographie. Reinbek (Rowohlt), 1972.
Grimes, A. P.: The puritan ethic and woman suffrage. New York (Oxford University Press), 1967.
Haag, H.: Du hast mich verzaubert. Liebe und Geschlechtlichkeit in der Bibel. Freiburg i. Br. (Benzinger), 1980.
Haller, J. S., Robin, M.: The physician and sexuality in victorian America. Urbana (University of Illinois Press), 1974.
Hare, E. H.: Masturbatory insanity. The history of an idea. In: Journal of Mental Science, 452 (1962), S. 2–25.
Himes, N. E.: Medical history of contraception. New York (Schocken), 1970.
Hoche, K.: Über Liebe. Ihr Kindlein kommet nicht. Geschichte der Empfängnisverhütung. Frankfurt/M. (Bucher), 1979.
Horkheimer, M. u. a.: Authority and the family (Amerikan. Neuausgabe der: „Studien über Autorität und Familie". (1936). New York (Seabury), 1972.
Hyde, H. M.: Geschichte der Pornographie (A history of pornography, dt.). Berlin (Ullstein), 1969.
Jones, E.: Das Leben und Werk von Sigmund Freud (The life and work of Sigmund Freud, dt.). 2. Aufl., 2 Bände. Bern (Huber), 1978.

Kennedy, D. M.: Birth control in America. The career of Margaret Sanger. New Haven, Conn. (Yale), 1970.

Kronhausen, E., Kronhausen, P.: Erotische Kunst im 20. Jahrhundert (Erotic art, dt.). 2 Bände (München (Heyne), 1974.

Kronhausen, E., Kronhausen, P.: Erotische Fantasien. Die erotische Literatur im Lichte der modernen Sexualpsychologie (Erotic fantasies, dt.). München (Heyne), 1972.

Leibbrandt, A., Leibbrandt, W.: Formen des Eros. 2 Bände. Freiburg (Alber), 1972.

Lewisohn, R.: A history of sexual customs. New York (Bell), 1956.

Licht, H.: Sittengeschichte Griechenlands. Reinbek (Rowohlt), 1976.

Loth, D.: The erotic in literature. New York (Madfadden), 1962.

Malinowski, B.: Das Geschlechtsleben der Wilden in Nordwest-Melanesien. (1929). Frankfurt/M. (Syndikat), 1979.

Marcus, S.: Umkehrung der Moral. Sexualität und Pornographie im viktorianischen England (The other victorians, dt.). Frankfurt/M. (Suhrkamp), 1979.

Marcuse, H.: Triebstruktur und Gesellschaft (Eros and civilization, dt.). Frankfurt/M. (Suhrkamp), 1965.

Mead, M.: Geschlecht und Temperament in drei primitiven Gesellschaften (Sex and temperament in three primitive societies, dt.). München (dtv), 1979.

Mead, M.: Kindheit und Jugend in Samoa (Coming of age in Samoa, dt.). München (dtv), 1974.

Mead, M.: Mann und Weib (Male and female, dt.). Reinbek (Rowohlt), 1971.

Meyer, J. J.: Sexual life in ancient India. New York (Barnes & Noble), 1953.

Montagu, A.: Sex, man and society. New York (Putman), 1969.

Morris, D.: Liebe geht durch die Haut. Die Naturgeschichte des Intimverhaltens (Intimate behavior, dt.). München (Droemer, Knaur), 1975.

Murstein, B. J.: Love, sex and marriage through the ages. New York (Springer), 1974.

Nathan, T.: Ideologie, Sexualität und Neurose. Frankfurt/M. (Suhrkamp), 1979.

Noonan, J. T.: Empfängnisverhütung. Geschichte ihrer Beurteilung in der katholischen Theologie und im kanonischen Recht (Contraception, dt.). Mainz (Grünewald), 1969.

Patai, R.: Sitte und Sippe in Bibel und Orient (Sex and family in the bible and the Middle East, dt.)., Frankfurt/M. (Fischer), 1962.

Reiche, R.: Sexualität und Klassenkampf, Frankfurt/M. (Neue Kritik), 1968.

Rougemont, D. de: Die Liebe und das Abendland (L'amour et l'occident, dt.). Köln (Kiepenheuer & Witsch), 1966.

Schneider, M.: Neurose und Klassenkampf. Reinbek (Rowohlt), 1973.

Scott, G. R.: Curious customs of sex and marriage. London (Torchstream), 1953.

Szasz, T. S.: Die Fabrikation des Wahnsinns (The manufacture of madness, dt.). Frankfurt/M. (Fischer), 1976.

Tannahill, R.: Kulturgeschichte der Erotik (Sex in history, dt.). Wien (Zsolnay), 1982.

Taylor, G. R.: Kulturgeschichte der Sexualität (Sex in history, dt.). Frankfurt/M. (Fischer), 1977.

Ussel, J. van: Intimität. Texte zu Sozialgeschichte und Alltagsleben. Gießen (Focus), 1979.

Vatsayana, M.: Das Kamasutra. Rastatt (Moewig), 1980.

Vorberg, G.: Ars erotica veterum. Das Geschlechtsleben in der Antike. Köln (Müller & Kiepenheuer), 1978.

Young, W.: Der verleugnete Eros (Eros denied, dt.). München (Rütten und Loening), 1968.

Bildnachweis

Zeichnungen

Liz Green, Heiner Welz

Photographien

Dieter Bachnick, Berlin: S. 494/495
Coni Beeson: S. 160, 161, 162, 182, 183, 527
Tee A. Corinne: S. 44
Honey Lee Cottrell: S. 109, 204
Dr. Vincent DeFeo: S. 48 li.
Linda Fredrickson: S. 16, 17, 19, 163, 174
Alice Holz, Jerusalem: S. 514 u.
Carla Neumann, Berlin: S. 335
Tom Sikes: S. 90, 91
Christoph Zink: S. 101, 110

Quellen

S. 82/83 Carnegie Embryological Collection, University of California, Davis
S. 97 Population Reference Bureau, Inc., Washington D. C.
S. 106 u. nach: Döring, G. K.: Empfängnisverhütung, Thieme (Stuttgart), 1981, S. 20
S. 130 Newsweek Magazine, 24. 1. 1972
S. 229 o. Bildarchiv Preußischer Kulturbesitz, Berlin
S. 229 m. Bildarchiv Preußischer Kulturbesitz, Berlin
S. 229 u. Hirmer Fotoarchiv, München
S. 230 o. Ajit Moorkerjee
S. 230 u. The National Sex Forum/Kronhausen Collection
S. 231 The National Sex Forum/Kronhausen Collection
S. 232/233 The National Sex Forum/Kronhausen Collection
S. 234 The National Sex Forum/Kronhausen Collection
S. 243 Bildarchiv Preußischer Kulturbesitz, Berlin
S. 245 Musée du Petit Palais, Paris
S. 254 Bildarchiv Foto Marburg
S. 299 Phototrends
S. 314 o. li. The New York Historical Society
S. 314 o. re. New York Public Library Picture Collection
S. 314 u. The Mansell Collection
S. 317 o. National Gallery
S. 317 u. The National Sex Forum/Kronhausen Collection
S. 326 o. The Granger Collection
S. 326 m. The Granger Collection
S. 326 u. The Granger Collection
S. 327 o. New York Public Library Picture Collection
S. 330 o. Bildarchiv Preußischer Kulturbesitz, Berlin
S. 330 m. Bildarchiv Preußischer Kulturbesitz, Berlin
S. 330 u. Bildarchiv Preußischer Kulturbesitz, Berlin
S. 331 o. Bildarchiv Preußischer Kulturbesitz, Berlin
S. 331 m. Bildarchiv Preußischer Kulturbesitz, Berlin
S. 331 u. Bildarchiv Preußischer Kulturbesitz, Berlin
S. 334 Ullstein, Berlin
S. 353 New York Public Library Picture Collection
S. 355 Koninklijk Museum, Antwerpen
S. 360 New York Public Library Picture Collection
S. 362 Ajit Moorkerjee
S. 363 The National Sex Forum/Kronhausen Collection
S. 365 Institute for Sex Research, Bloomington, Indiana
S. 366 Staatliches Museum für Völkerkunde, München
S. 383 o. Bildarchiv Preußischer Kulturbesitz, Berlin
S. 383 m. New York Public Library Picture Collection
S. 383 u. New York Public Library Picture Collection
S. 391 o. Alinari-Scala
S. 391 m. Alinari-Scala
S. 391 u. Museo del Prado, Madrid
S. 394 o. Bildarchiv der Österreichischen Nationalbibliothek, Wien
S. 394 m. Bildarchiv der Österreichischen Nationalbibiliothek, Wien
S. 394 u. The Granger Collection
S. 395 m. New York Public Library Picture Collection
S. 395 u. Bildarchiv der Österreichischen Nationalbibliothek, Wien
S. 406 Museum of Fine Arts, Boston
S. 414 re. Historia-Photo, Bad Sachsa
S. 416 o. Trustees of Sir John Sloane's Museum, London
S. 416 u. The Bettmann Archive
S. 451 o. Rijksmuseum, Amsterdam
S. 451 u. New York Public Library Picture Collection
S. 453 o. Culver Pictures
S. 453 u. Culver Pictures
S. 466 o. Hans Kluber, Familienbild, Kunstmuseum Basel
S. 466 m. Historical Society of Pennsylvania
S. 468 Staatliches Museum für Völkerkunde, München
S. 471 New York Public Library Picture Collection
S. 481 o. Bildarchiv Preußischer Kulturbesitz, Berlin
S. 481 u. Graphische Sammlung Albertina, Wien
S. 482 o. Hans Bock d. Ä., Das Bad zu Leuk, Kunstmuseum, Basel
S. 485 o. Musée d'Art Ancien, Brüssel
S. 485 u. The National Sex Forum
S. 492/493 The Granger Collection: Sappho, Sophokles, Plato, Alexander der Große, Richard I., Leonardo da Vinci, Montezuma II., von Humboldt, Gogol, Whitman, Saint-Saëns, Tschaikowski, Rimbaud, Proust,
Culver Pictures: Julius Cäsar, Michelangelo
Wide World: Gide, Maugham, Stein, Keynes, Nicolson
Spanische Botschaft, Washington, D. C.: Garcia Lorca
Bildarchiv Preußischer Kulturbesitz, Berlin: Eugen v. Savoyen, Winckelmann, Iffland, Platen, Ludwig II., Krupp, Wilder
S. 500 „BZ", Berlin 1982
S. 512 o. The Granger Collection
S. 512 u. The Granger Collection
S. 513 o. aus: Psychologie und Medizin, Nr. 4, 1932
S. 513 u. Sexology Magazine
S. 514 o. Wide World
S. 515 The Granger Collection
S. 516 Wide World
S. 517 Wide World
S. 521 o. The Granger Collection
S. 521 m. The Granger Collection
S. 521 u. The Granger Collection
S. 524 o. Wide World
S. 524 u. Wide World
S. 525 The Granger Collection

Register

Abort 113
–, spontaner 82
Aberration, sexuelle 261, 269, 292, 417
Absaugmethode 117
Abstinenz, sexuelle 412
Abtreibung 114
Abu Nasr al-Isra'ili 262
Abweichung, sexuelle **339 f.**, 341, 422
Acquired Immuno-Deficiency Syndrome, s. AIDS
Acton, Sir William 324
Adamsapfel 20
Aelian 253
Ältere Menschen 488 f.
Ärgernis, Erregung öffentlichen 404
Afrika, erotische Kunst in 228
AIDS 539
– Diagnose 540
– Risikogruppen 540, 542
– Selbsthilfeorganisationen 543 ff.
– Vorbeugung 541, 548
AIDS-Beratungsstellen 585
AIDS-Related Complex, s. ARC
AIDS-Virus-Antikörper-Test 546
Aktionsrat zur Befreiung der Frauen 334
Alexander der Große 492
Algopareunie 266
Allgemeiner deutscher Frauenverein 329
Allgemeines Preußisches Landrecht 393
Amazonen 327
Ambisexualität 152, 335
Ambisexuelle 239, 252, 361
Amerikanische Unabhängigkeitserklärung 371
Amnionhöhle 78, 80
Amöben 131
Ampulla 33
anale Phase 147
Analismus 220, 291
Analverkehr 125, 291, 357, 548
– heterosexueller 226 f.
– homosexueller 252 f., 263
Androgene 23 f., 32, 50
Anilinctus 131, 227, 541, 548
Animismus 368
Annon, Jack 287
Anorgasmie 270 f.
Anpassung, sexuelle 190, **339 f.**, 427
Anschwellung, terminale 41
Anstalten, psychiatrische 502
Anus 13
Applikator 107
Aranda 241
Arbeiterinnenvereine 330
ARC 540
Arioi-Gesellschaft 306
Arnim, Bettina von 329
Aristoteles 196, 321, 377
Astarte 318
Atomisten 373
Audiovisuelle Hilfsmittel in der Sexualtherapie 551
– Anwendungsgebiete 552
Aufklärung 320, 389 f., 405 f.
– sexuelle **519 f.**
Augspurg, Anita 330
Augustinus 304, 356
Ausfluß 128, 131
Ausschabung 117
Austreibungsperiode 88
Autoerotik 291
Avicenna 412, 419

Baader, Ottilie 333
Badehäuser 2, 481 f.
Bäumer, Gertrud 329
Barock 307
Bartholin-Drüsen 49
Basaltemperatur-Methode **102 f.**, 106
Bauchhöhlenschwangerschaft 77
Beauvoir, Simone de 326
Bebel, August 332
Becker, Lydia 328
„Bedlam“ 416
Befruchtung 50, 55, 73, **75 f.**
– künstliche **121**
Behinderte, sexuelle Unterdrückung von 497 f.
Behn, Aphra 326
Bekker 198
Ben-wa 205
Benedictus Levita 388
Benjamin, Harry 573
Benkert 242, 490
Beratungsstellen, von Pro Familia 526, 545, **546 f.**
Berliner Frauenbund 334
Beschneidung 30, 124
– weibliche s. a. Klidoridektomie 45
„Bestialität“ 255, 406
Bevölkerungsexplosion 97, 533, 536
Bhagavadgita 361
Bigamie 388, 393
Billings-Methode 103, 106
Biofeedback 435
Blackstone, Sir William 376
Blastozyste 73, 76 f.
Bloch, Iwan 270, 513, 561, 566
Blutschande s. a. Inzest 388
Blutsverwandtschaft 450
Bohm, Hedwig 330
Boswell, James 320
Bougainville 307
Bourgeois 470
Bradley 87
Braun, Lily 333
Brüste **57 f.**, 167
– Stimulation der 61
Brustwarzen 62
– Erektion der 37, 62
Buddha 363
Buddhismus **363**
Bürgerhäuser 467 f.
Bürgerliches Gesetzbuch 329
Bulbourethraldrüsen **34**, 38
Bund deutscher Frauenvereine 329 f., 332
Bundesrepublik Deutschland 334
– Sexualgesetzgebung in der 401
Bund für Mutterschutz 566
bundling 460
Bußbücher 356, 387
Buße 388

Caesar, Gaius Julius 89, 492
Calvin 358, 452
Candidose 125, 131
Carezza 39, 100, 281
Chauvinismus, männlicher 316
Chiarugi 415
China, erotische Kunst in 231
– Psychiatrie in 422
Chlamydien 131
Choriongonadotropin 80
Christianisierung 306
Christentum 1, 319, 386, 409, 450, 531
Christina von Schweden 326
„Christopher-Street-Day“ 494
Chromosomen 31, 50, 76
– X 32, 50
– Y 32
Cicero 367
Code Napoléon 569
Code Pénal 393
Coemptio 449
Coitus interruptus **101 f.**
– reservatus 39, 100, 198, 281
Colloquia familiaria 171
coming out, homosexuelles 244
Computer-Spiele 551
Comstock-Act 521, 535
Comstock, Anthony 521 f.
Condorcet, Marquis de 328
confarreatio 449
Cook 305
copulatio 220
Corpus cavernosum 29, 37
– luteum 40, 55
– spongiosum 29, 37
Cowper-Drüse 34
Cunnilinctus 84, 217, 249, 548

dating 181
DDR 334
– Sexualgesetzgebung in der 405
Defloration 186, 222
dégénérescence 418
demi-vierges 184
destruktives Verhalten 293 f.
Deutschland, Frauenbewegung in 328 f.
deviante Persönlichkeit 341
Devianz 343, 434
– sexuelle 293, **339 f.,** 426
Deviation, sexuelle 261, 269, 293
Diagnostic and Statistical Manual of the American Psychiatric Association 433
Diana von Poitiers 325
Diaphragma **109,** 533
Diapositive 551
Dick-Read 87
Diderot, Denis 307
Dildo 205, 406
Dokumentarfilme, sexuelle 290
Doppelmoral, sexuelle 175 f., **315 f.,** 324, 450, 458
Dritte Welt, Befreiung der Frauen in der 336
Drüsen, endokrine 22 f.
Dysfunktion, sexuelle 271
Dyspareunie 266

ego-dystonic homosexuality 262
Ehe **440 f.**
– Annullierung der 451
– auf Probe 460
– auf Zeit 460
– Definition von **443 f.,** 446
– Geschichte der 448 f.
– homosexuelle 462
– im antiken Recht 448 f.
– im germanischen Recht 450
– im islamischen Recht 456, 466
– in China 456
– in der jüdischen Tradition 449 f.
– in Polynesien 455
– mut'ah 361, 456
– nichtmonogame 461
– offene 460
– Säkularisierung der 447
– Sexualität in der 190 f.
Ehebruch 388, 393
Eheexperimente 453
Ehehandbücher 6, 521
Ehescheidung 450, 454, 458
Eheschließung, zivile 454
Eichel 30
Eierstöcke 49
Eileiter 51
Einnistung 77
Eisprung 54
Eizelle 74
– Produktion von 49 f.
ejaculatio deficiens 268
– retrograda 268
ejaculatory control, inadequate 267
– incompetence 267
– overcontrol 267
Ejakulation 33, 38, 63, 214
– ausbleibende 266
– fehlende 268
– im Schlaf 176
– ohne Orgasmus 266
– retrograde 39, 268
– sog. weibliche 557
– vorzeitige 266
– weibliche 52
Ejakulationsgang 33
Ejakulationsunfähigkeit 274
Elektra-Komplex 148
Elektroschock 502
Elisabeth I. von England 325
Ellis, Havelock 512 f., 567
Emanzipation der Frau 197, 319, **325 f.,** 457
Emanzipationsgruppen, schwule 345
Embryo 12, 22 f., 79, **88 f.**
Emile 171, 320
Empfängnis **72 f.**
Empfängnisverhütung **96 f.,** 98, 506, 521 f., 525, 529, 536 f.
– Methoden der 99 f.
– Rechtslage 98
– Versagerquoten 100 f.
Endometrium 51, 54, 77
„Entartung" 417
Entbindung **88 ff.**
Entführung 403
d'Éon 314
EPH-Gestose 84
Epididymis 33
Episiotomie 89
Erasmus von Rotterdam 1, 171, 519, 521
Erbfolge 121
Erektion 30, 275, 281
– der Brustwarzen 37 f., 62
– des Penis 37
– fehlende 37
Erektionsdetektor 199
Erektionsstörungen 266
Erklärungsmodell, lerntheoretisches 423
– medizinisches 423 f., 426, 432
– religiöses 422, 424
Eröffnungsperiode 88
erogene Zonen 35, 59, 207, 213, 252
Eros 141, 351
Erotische Kunst in Afrika 228
– in China 231
– in Griechenland 229
– in Indien 230
– in Japan 232, 234
Erotomanie 291, 344
Erotophobie 496
Erregbarkeit 144
Erregung, Fehlen körperlicher 275, 282
– sexuelle 35, 37, 144
Erregungsphase **37,** 41, **60 f.,** 65, 67
Erregungsstörungen 266
Ersatzpartner 274, 517
Erster Weltkrieg 473, 506, 510
Erwachsene, ledige 188
– Sexualität von 187
Erziehung 303
– sexuelle **519 f.,** 526
Eskimos 460
Essener 354
Ethik, sexuelle 531 f., 535
Etikett 342, 434
Etikettierungsmodell 436
Eunuch 24
Exhibitionismus 291, **294 f.**
Extraktion 117

Fähigkeit, sexuelle 143
Familie 440 f., **463 f.**
– bürgerliche 472
– Ein-Eltern-Familie 473
– Definition von 463 f.
– unvollständige 473
Familienmodelle, neue 474 f.
Fehlanpassung, sexuelle 258
Fehlbildung, sexuelle 122
Fehlgeburt 82
Feigwarzen 131
Fellatio **215,** 247, 249, 541, 548
Feministinnen 335
Femininität 152
Feminismus **325 f.**
Fensterln 460
Fetischismus 291 f.
feuchter Traum 176
Feuerbach, Anselm von 393
Filme, sexuelle 289
Filzläuse 133
fistfucking 253, 548
Fixierung 148, 293
Flagellantismus 413 f.
„Fleischeslust" 356
Fötus **79 f.**
Follikel-stimulierendes Hormon 22
Forel, Auguste 567
Fortpflanzung **71 f.**
Fourier, Charles 324
Frauenbewegung 313, 325 f., 329, 333, 335
– in Deutschland 328 f.
– feministische 335
– proletarische 331, 333, 335
Frauenhäuser 334
Frauenorganisationen, nationalsozialistische 334
Frauentag 331
Frauenvereinigungen 329 f.
Frauenwahlrecht 333
Freiheitsrechte 477
Frenulum 30
Freud, Sigmund 147, 157, 420, 435, **511 f.**
Friedan, Betty 335
Frottage 291
Fruchtblase 78, 88
Frühgeburt 80, **83**
Funktionsstörungen, sexuelle 190, 259, 265, **271 f.**
– bei der Frau 282 f.
– beim Mann 274 f.
Furchungskugel 76

Galenus, Claudius 411 f.
Gautama, Siddharta „Buddha" 363
„gayness" 491
Gebärmutter 46, **51**
Geburt **85 f.**
– bewußte 87

- Komplikationen der 89 f.
- natürliche 87
- Phasen der 86, 88
- sanfte 87
Geburtstrauma 87
Gegenreformation 389
Gehirnchirurgie 429 f.
Geistliche Verwandtschaft 450
Gelbkörper 50
Gemeinschaftsehe 459
Genetische Defekte 121
genitale Reife 148, 251
Genitalhöcker 13
Genitalien 27
Genitalkanäle 32
Genitalverkehr 75
- heterosexueller 220 f.
- homosexueller 251 f.
Gerichtshöfe, kirchliche 387, 389
Gerichtsordnung, Peinliche 390
Gerontophilie 291
Geschlecht **311 f.**
- anerzogenes 10
- biologisches 151, 311
- chromosomales 9
- Festlegung des 74
- gonadales 9
- hormonales 9
- operative Umwandlung 300
- zugewiesenes 10
Geschlechtsidentität 124, 259, **312**
Geschlechtskrankheiten **125 f.,** 132, 510
- Meldepflicht 127
- Vorbeugung 127
Geschlechtsmerkmale, primäre 11 f.
- sekundäre 13 f., 21, 174
  - männliche 20
  - weibliche 20
- tertiäre 11
Geschlechtsorgane, äußere 10
- Apposition der 221, 251
- innere 10, 31, 49
- männliche 27 f.
  - äußere 29 f.
  - Entwicklung der 12, 22 f., 53
  - innere 31 f.
- weibliche 46 f.
  - äußere 47 f.
  - Entwicklung der 12, 22 f., 53
  - innere 49
Geschlechtsreife 27, 45
Geschlechtsrolle 151 f., 163 f., 240, **310 f.,** 474
Geschlechtsumwandlung 124, 259, 298, 312
- operative 300
Geschlechtsunterschiede 9 f.
Geschlechtsverkehr, heterosexueller **206 f.,** 364
- homosexueller 235 f.
- manueller 210 f., 246 f.
- nach der Entbindung 95
- nicht-koitaler 207, 273, 364
- Schmerzen bei 124 f.
- während der Menstruation 57
- während der Schwangerschaft 84, 217
Geschlechtszelle, männliche 73
- weibliche 74
Geschlechtszugehörigkeit 9
Gesetz 374, 382
- kausal 375
- normativ 375
Gewalttaten, sexuelle 293, 345, 499
Ghotul 486
Gide, André 493
Glans 30, 48
Gleichberechtigung, sexuelle 5, 311, 326
Gleitflüssigkeit, vaginale 52, 60, 222
Gleitmittel, künstliche 227, 252
Gogol, Nikolai 493
Gonaden 12, 22, 50
Gonadenhormone 22, 50
Gonokokken 89, 128
Gonorrhoe 126, **128**
- anale 132
- Erreger, resistente 127
de Graaf 50
Graaf-Follikel 50
Gräfenberg, Ernst 557
Gräfenberg-Zone 52, 557 ff.
Granuloma venereum 131
Griechenland 350 f.
- erotische Kunst in 229
Großfamilie 465, 467, 469
Grundgesetz für die Bundesrepublik Deutschland 334
Gruppenehe 444 f., 462
G-Spot, s. Gräfenberg-Zone
Guyon, René 568
Gymnasion 350

Hadrian 492
Haire, Norman 567
Handlungen, sexuelle an Minderjährigen 404
-, sexuelle, öffentlich vorgenommene 404
Harnröhre 30, **33**
- unspezifische Entzündung der 133
Hausgeburt 88
Haushalt 464
Hawai 460
Hedonismus 350
Heilige Schar von Theben 241
Hepatitits 131, 227
Heraklit 373
Hermaphrodit 298, 365
Hermaphroditismus 122, 151
Herpesinfektion 132
Herpes simplex 133
Hetären 449
Heterosexualität 152, 238, 242, 345
heterosexuell 239 f.
Hexenhammer 320, 414
Hexenverfolgung **389,** 392, 413
Hinayama 363
Hinduismus 361
Hippokrates 260, 411
Hirschfeld, Magnus 513 f., 561, 567
Hoden 31
Hodenhochstand 122
Hodensack 13, 31
„Homintern" 535
Homophobie 496, 503
Homosexualität 152, 180, **242 f.,** 262, 291, 340, 345, 361, 406 f., 419, 428, 433
- latente 240
- Strafbarkeit 186, 396, 403
homosexuell 239 f.
- Abweichen 345
- Frauen 245 f., 253, 335, 491, 496
- Männer 344
- Verhalten 364, 388, 393
Homosexuelle 271 f., 298, 398, 436, 463, 479, 503, 541, 555
- sexuelle Unterdrückung von 490 f.
Homunculus 318
Hormon 22
- Follikel-stimulierendes 22
- luteinisierendes 22
- Produktion von 32, 50
- Zwischenzellen-stimulierendes 22
Hormonspiegel 24
Humboldt, Alexander von 492
Humboldt, Wilhelm von 566
Huris 360
Hyde, Edward 314
Hymen **48 f.,** 184
Hypophyse 22
Hysterie 147, 324
Hysterotomie 118

Iffland, August Wilhelm 492
Immun-Defekt 540
Implantation 55, 73, **77**
Impotenz 274
inadequate ejaculatory control 267
Incubus 197
Indianer 460
Indien, erotische Kunst in 230
Individualismus 477
Industrialisierung 157, 307, 471
Infibulation 199
Inquisition 415
Insel der Frauen 317
Institute for Sex Research 150
Internationale Gesellschaft für Sexualforschung 513
International Planned Parenthood Federation 526
International Women's Council 329
Intrauterinpessar 110
Inversion 292
„Invertierte" 238
Inzest 291, 366, 393, **402**
- Tabu 442
Isis 318
Islam **360**
Israel 352, 354, 372, 385
Istar 318
IUD 110

Japan, erotische Kunst in 232, 234
- Sexualgesetzgebung in 400
Jeanne D'Arc 309, 325, 327
Johnson, Virginia E. 260, **517 f.,** 561
Jugendliche 484, 486, 487
- heterosexueller Kontakt von 181
- homosexueller Kontakt von 179
- Sexualität von 175 f.

– sexueller Kontakt mit Erwachsenen 186
– sexuelle Unterdrückung von 484 f.
Jugendrecht 404
Jungfernhäutchen 48 f.
Jungfräulichkeit 49, 184
Justinian 391

Kaan 417
Kaiserschnitt 89
Kalendermethode 103
Kamasutra 362
Kameradschaftsehe 524
K'ang Ju-wei 442
Kant 378
Kaposi-Sarkom 539
Kastrat 23
Kastration 23, 32
Kastration, chemische 501
– zwangsweise 24
Katharina II. die Große 326
Katharina von Medici 325
Kebs-Ehe 387
Kegel 286
– Übungen 286, 289
Kehlkopfwachstum 20
Keimblase 76
Keraki 241
Kertbeny 242, 490
Keuschheitsgürtel 199, 483
Keynes, John Maynard 493
Kibbuz 474 f.
Kiltgang 460
Kinder **155 f.**, 168, 484 f.
– Rechte von 487
– Sexualität von 155 f.
– sexueller Kontakt mit Erwachsenen 169, 186, 296
– sexuelle Spiele von **165 f.**, 168, 486
– sexuelle Unterdrückung von 484 f.
Kinderehe 451
Kinsey, Alfred C. 492, **516 f.**, 561
Kinsey Institute 562
Kinsey-Interview 288
Kinsey-Skala 235, 237
Kirche 380, 532
– katholische **355**, 357, 452
– protestantische 358 f.
Kirchenstaat 341
Kirkendall 483
Kitzler 47
Kleidung, andersgeschlechtliche 314
Kleinfamilie 465, 470 f., 472, 474
Kleptolagnie 291
Klimakterium 57
Klitoris 47 f.
Klitoridektomie 45, 200, 260
Knowlton 510
Knox, John 325
Körperbehinderte 497
Koitus 71, **75 f.**, 185, **221 f.**
– ehelicher 357
– ohne Ejakulation 281
– simulierter 251
– Stellungen beim 225 f.
– Überbewertung des 272 f.
Kommunen 462, 475
Konditionierung, gesellschaftliche 150, 242
Kondom **101 f.**, 521, 533
– Anlegen des 104
Kondylome, spitze 131
Konflikt, ödipaler 484
Konformität, sexuelle 339
Konkubinen 449, 456
Konkupiszenz 417
Konsensehe 389
Kontakt, heterosexueller 181
– homosexueller 179
– sexueller mit Tieren 253 f.
Kontrazeption s. a. Empfängnisverhütung 98
Konzentrationslager 478, 514
Koprophilie 291
Kopulation 71, 75
Koran 361, 413
Kraepelin 418
Krätze 133
Krafft-Ebing, Richard v. 270, 510
Krupp, Friedrich Alfred 493
Kuba, Psychiatrie in 421
Kürettage 118
Küssen 181, 185
Kuppelei 393, 570
Kybele 318

Labia maiora 47
Labia minora 47
Labioskrotalwulst 13
Laing, Ronald D. 420
Laktation 95
Lamaze 87
Lange, Helene 329
Langermann 415
„Latenz"-Phase, sexuelle 158, 484
Leboyer 87
Leda 253
Leistung, sexuelle 3, 144
Leonardo da Vinci 492
Lesbierinnen 246, 491, 496
lesbisch 387, 491
Lette, Adolf 329
Lette-Verein 329
Leunbach, J. H. 567
Lévi-Strauss, Claude 442
Levirat 441
Libido 141
Liger 256
Lindsey, Benjamin B. 523 f.
Lingam 361
Linné 136
Lorca, Federico Garcia 493
Ludwig II. 493
Lues **129**
Lustbefriedigung 141
Lustprinzip 147
Luther, Martin 358, 452
Luxemburg, Rosa 331
Lymphogranuloma inguinale 131

Machismo 315
Männlichkeit 151
Mahabharate 361
Mahayana 363
Malinowski, Bronislaw 511
Malleus Maleficarum 320, 414
Malthus, Thomas A. 510
Manu-Gesetz 361
Marcuse, Max 514, 561, 566
Margaret von Roper 325
Margarete von Navarra 325
Maria 319
Maria Theresia 326
Marquesas-Inseln 455
Maskulinität 152
Masochismus 291, 296 f.
Massagegeräte 205
Massagesalons 501
Massai 486
Masters, William H. 260, **517 f.**, 561
Masturbation 150, **157**, 167, 176, 178, 197 f., 200, **202 f.**, 260, 340, 364, 412, 508
– „exzessive" 178
Masturbationsgeräte 203
„Masturbationswahnsinn" 199, 344, 406, 417, 425, 483
Mathilde von Schottland 325
Matriarchat 316
Maudsley, Henry 199
Maugham, W. Somerset 493
Maulesel 256
Mead, Margaret 511
Medikamente, psychotrope 431
Meditation 435
Medizin, psychosomatische 433
Mehrfachschwangerschaft **78**
Menarche 53
Menopause 32, 50, 53, **57**, 64
Menschenrechte, sexuelle 565 f.
Menstruation 51, **55 f.**, 79
Menstruationsregulierung **116**
Menstruationszyklus **53 f.**, 103
– Phasen des 54
Methodus sexualis 136
Michelangelo Buonarotti 492
Milchdrüsen 58
Mill, John Stuart 328
Millet, Kate 335
Minderheiten, sexuelle 483
Minderjährige, Verführung von 173, 186
„Minipille" 111
Minotaurus 253
Mißbrauch, sexueller von Abhängigen 393
– von Kindern 169, 402
– von Schutzbefohlenen 402
Missionarsstellung 225
Mittelschicht, bürgerliche 171, 467, 471
Modell, medizinisches 422 f., 426, 437
– religiöses 423 f.
Mohammed 360
Mojave-Indianer 441
Molière 326
Moll, Albert 513, 561
Monogamie **444 f.**, 467
–, flexible 459
Monotheismus 368
Montezuma II. 492
Moral, doppelte 59, **315 f.**, 324
–, sexuelle 349, 534
Moralsystem, nicht-religiöses 349
Mormonen 453 f.
Morula 76

Mons veneris 47
Motivation, sexuelle 144
Muria 486
mut'ah-Ehen 361
Muttermilch 95
Myometrium 51

Nabelschnur 89
Nachgeburt 79
Nachgeburtsperiode 89
„Nachspiel" 207
Nacktheit 1 f., 350 f.
National Sex Forum 528, 553
Nationalsozialisten 333 f., 393, 396, 420, 514
natürlich 380
Natur 373
Naturgesetz 3, **367 f.,** 372, 376
Naturrecht **367 f.,** 371, 377 f.
Naturrechtslehre **367 f.,** 370, 376, 381
Naturwissenschaft 372
Nayar 441
Nebenhoden 33
Necking 183 f.
Nekrophilie 291
Neigungen, besondere sexuelle 499 f.
Neu-Guinea 442
Neugeborenenmilch 58
„Neunundsechzig" 220, 249
Nicolson, Harold 462, 493
Nirwana 363
Normen, moralische 537
- sexuelle 304, 341, 346
Nötigung, sexuelle **403**
„Notgemeinschaft 1947" 334
Notzucht 393
Nuer 441
Nymphomanie 291, 344, 406, 437

Obszönität 395, 570
Ödipus-Komplex 148
Österreich, Sexualgesetzgebung in 405
Östrogene 24, 32, 50
Oktoberrevolution 506
Onan 372
Onanie 198
„Onanismus" 421
Oneida-Gemeinschaft 453, 462
Oogenese **49 f.,** 74
Oozyt, primärer 49, 50
- sekundärer 50
Oralismus 220, 291
Oralverkehr 84, 291, 357
- heterosexueller 214 f.
- homosexueller 247 f.
Oranien, Wilhelm von 407
orgasmisches Potential 46
Orgasmus 34, 38, 40, 51, 60, 224
- Ausbleiben des 281, 284 f.
- gleichzeitiger 225
- im Schlaf 201 f.
- mehrfacher 39, 64
- Probleme 268
- Schwierigkeiten 266
- Störungen, männliche 267
- unbefriedigende Kontrolle über den Zeitpunkt des 278, **283**
- ungenügende Kontrolle über den Zeitpunkt des 267
Orgasmusphase **38,** 42, **63,** 66, 68
orgastische Manschette 62 f., 67, 224
Orgontheorie 515
Orientierung, sexuelle **151 f.,** 240, 263, 311
Otto-Peters, Luise 329 f.
Ovarien 46, 49
Ovulation **54,** 103
- multiple 78
Ovulationshemmer 110

Päderasten 292
Päderastie 241 f., 243, 490
Pädophilie 291, 295
Pankhurst, Emmeline 328
Paraphilie 261 f.
Pasiphae 253
Patienten, psychiatrische, sexuelle Unterdrückung von 501 f.
Patriarchat 316
Paulus 319
Pearl-Index 100
Peep-Shows 501
Penetration, des Hymen 125, 222
- vaginale 251
Penis **29 f.**
- captivus 283
- Erektion des 37
- künstlicher 251, 253
Perimetrium 51
Periode 56
Perversion, sexuelle 220, 261, 269, 291 f.
Pessar 108, 533
Petting 183 f., 205 f., 269
Pflegeheime 489, 497
Phantasien, sexuelle 178
Phase, infantil-genitale 147
- orale 147
- phallische 147
Phasen der sexuellen Reaktion **36 f.,** 60 f.
Philippa von Hainault 325
Phimose 30, 124
„Pille" 110, 533
„Pille danach" 111
„Pille für den Mann" 113
Pinel 415 f.
Planned Parenthood Federation of America 98, 525 f.
Plateauphase **37 f.,** 41, **62,** 65, 67
Platen, August Graf von 493
Platon 442, 492
Plazenta 79, 89
PLISSIT-Modell 287
Pneumocystis carinii 539
Polizeistaat 341
Polkörperchen 50
Pollution, nächtliche 201
Polyandrie 444 f., 461
Polygamie 362, 444 f., 453, 461
Polygynie 444, 454, 456, 461
polymorph perves 293
Polynesien 365, 486
Polytheismus 368
Pornographie 395, 398, 404, 530, 570
Präputium 13
Präservative s. a. Kondome 102
Priapismus 36
Priapus 1
Primäreffekt 129 f.
Primärfollikel 40, 49
Primärspermatozyt 31
Pro Familia 526, 529 f., **589 ff.**
Progesteron 50
Promiskuität 406
Prostaglandine 113, 116
Prostata 34
„Prostata", weibliche 52, 63
Prostata-Sekret 63
Prostituierte 500
- homosexuelle 362
- männliche 246
Prostitution 150, 393 f.
- Förderung der 403
Proust, Marcel 493
Pseudohermaphrodit, s. a. Hermaphrodit 123
Psychiatrie 342, 406, 408, 410, 429
Psychoanalyse 147 f., 426, 435, 512
Psychochirurgie 429, 430, 502
„Psychochirurgie", psychische 431
„Psychopath", sexueller 399, 502, 535
Psychopathia sexualis 154, 417, 510
Psychopathien, sexuelle 269
Psychopathologie 429
Psychotherapie 429
Pubertät 28, 32, 170, **174**
Pubococcygeus-Muskel 286, 289
Pudenda 45
Puritaner 452
- nordamerikanische 358
Pygmalionismus 291
Pyrolagnie 291

Querschnittslähmung 35, 268
Quetsch-Technik 280 f.

Ramayana 361
Reaktion, sexuelle
- beim männlichen Geschlecht **34 f.,** 41 f.
  - Phasen der 36 f.
  - älterer Männer 40
- beim weiblichen Geschlecht **58 f.** 64, 65 f.
  - Phasen der 60 f.
  - älterer Frauen 64
- bei Kleinkindern 159
Realitätsprinzip 147
Recht, germanisches 386
- modernes 393
Reformation 389
- protestantische 370, 452, 532
Refraktärperiode **39,** 43, **63,** 69
Regelblutung 54
Reich, Wilhelm 505, **515 f.**
Religion 304, 342, 537
- asiatische 359
- indianische **364**
- nicht-christliche 376
- polynesische 365
Renaissance 307

Reproductive Biology Research Foundation 150, 517
Revolution, französische 307, 326 f., 384, 392, 520
–, industrielle 466
–, russische 506
„Revolution", sexuelle 409, **505 f.,** 537
Rhazes 412
Rhesusfaktor 83 f.
Rhythmusmethode (Kalendermethode) 54, **102 f.,** 106
Richard I. 492
Rimbaud, Arthur 493
Rin-no-Tama 205
Röteln-Antikörper 81
Rolle, soziale 309 f., 442
Rollenerwartung 10
Rom 350 f., 378
Roswitha von Gandersheim 325
Rousseau, Jean-Jacques 171, 320, 519, 521
Rückbildungsphase **39,** 42, **63,** 66, 68
Ruhr 131
Rush, Benjamin 198, 415
Russell, Bertrand **525**
Rwala-Beduinen 339

Sacher-Masoch 296
Sackville-West, Victoria 462
de Sade 296
Sadismus 291, 296 f.
Sadomasochismus 296
Säuglingssterblichkeit 87
„Safe-Sex" 544
Saint-Saëns, Camille 493
Salmonellen-Infektion 131
Salvarsan 126
Samenblase 33 f.
Samenerguß, vorzeitiger 274
Samenflüssigkeit 33 f., 76, 541
Samenleiter 33
Samenstrang 31
Samenwege 31
Samenzellen 73
– Produktion von 31
Samoa 511
Sand, George 314, 326
San Francisco AIDS Foundation 543 ff.
Sanger, Margaret 505, 522, **524**
Sapphismus 491
Sapphistinnen 292
Sappho 246, 492
Satyriasis 291
Savoyen, Eugen von 492
Schamanen 298
Schambehaarung 12, 20
Schamlippen, große **47,** 62
– kleine **47,** 62
Schanker, harter 129
–, weicher 130
Scheide **51**
Scheideneingang **48**
Scheidenkrampf 52
Schlegel-Schelling, Karoline 329
Schmidt, Vera 421
Schriften, pornographische, Verbreitung von 404
Schwabenspiegel 170
Schwangerschaft 41, 55, 78 f.
– Anzeichen der 80
– Bauchhöhlenschwangerschaft 77
– Dauer der 78 f., 82
– eingebildete 84
– ektopische 77
– Komplikationen der 82
Schwangerschaftsabbruch **113 f.**
– ethische Problematik 114 f.
– Komplikationen des 116
– Methoden des 116 f.
– Rechtslage 115
Schwangerschaftsdrittel, erstes 81
– zweites 81
– drittes 82
Schwangerschaftstest 81
Schwangerschaftstoxikose 84
Schwarzer, Alice 335
Schweiz, Sexualgesetzgebung in der 405
Schwellkörper 29 f.
„Schwule" 244, **491 f.,** 496
Schulze-Delitzsch, Hermann 329
Segmentation 73, **76**
Sekundärspermatozyt 32
„Selbstbefleckung" 199
Selbstbestimmung, sexuelle 480
Selbsterfahrungsgruppen 335
Selbstidentifizierung, geschlechtliche 10
Selbststimulierung, sexuelle 167, **197 f.,** 203
Selbstuntersuchung 103
sensate-focus-Übungen 269, 554
sensitivity training 6
Sevigne, Madame de 326
Sex 135 f.
– -Anzeigen 500 f.
– -Kliniken 501
„sex flush"-Phänomen 37, 39, 62
Sexologie 510
Sexpol 515
Sexshops 501
Sexual Attitude Restructuring 289, 528
Sexualerziehung 259, 523, 526, 528 f.
Sexualethik 531 f.
– christliche 304
Sexualforschung 5, **508 f.,** 511, 518 f.
Sexualgesetzgebung 384, 398
Sexualhormone 22
Sexualität 9, 137, **303,** 408
– im Alter **191**
– in der Ehe 190
– nach der Menopause 150
– nicht-koitale 220
– von Erwachsenen **187**
– von Jugendlichen 175
– von Kindern 147, **155**
– und Fortpflanzung 72, 96, 348, 353 f., 478
– und Gesetz 382 f.
– und Psychiatrie 408 f.
– und Religion 348 f.
Sexualmoral 381
Sexualstörungen 265
Sexualstrafrecht 381 f.
Sexualtherapie **259 f.,** 528, 559
– audiovisuelle Hilfsmittel in der 551
– Geschichte der 260 f.
– paarweise Therapie 274
– Verfahren der 271, 276, **287 f.**
Sexualtrieb 135, 142
Sexualverhalten **135 f.,** 139 f.
– abweichendes 381 f., 435
– angepaßtes 381 f.
– Beobachtung im Labor 3, 273
– Entwicklung des 146 f., 303
– Formen des 195 f.
– heterosexuelles 237
– homosexuelles 237
– problematisches 290 f.
– zwanghaftes 294
Sexualwissenschaft 270, 510, **513,** 561
sexuelle Menschenrechte 565
Sexus 9
Siam 568
Sippe 464
sitting-up 460
Siwah 241, 339
Sixtus IV. 492
Skabies 133
Skandinavien, Sexualgesetzgebung in 400
Skrotum 31
Smegma 30, 48
„Sodomie 227, 242, 255, 390 f., 392
Sokrates 492
Sophokles 492
Sowjetunion, Psychiatrie in der 420
– Sexualgesetzung in der 399
Soziale Rolle, männliche **309 f.,** 312
– weibliche **309 f.,** 312
Sozialistengesetze 332
Sparta 319
Spermatiden 32, 74
Spermatogenese 74
Spermien 31, 73 f.
Spermizide **106,** 108
Spiele, sexuelle 168
Spirale 533
Spirochäten 129
Spontanabort 82
Sprache 303
Squeeze-Technik 280
Staël, Madame de 326
Stalin 421
Stein, Gertrude 493
Sterilisation 112
– zwangsweise 98
Sterilität 120
Stillen 95
Stimmbruch 23
Stirpikultur 462
Stöcker, Helene 333, 514, 566
Störung, psychosexuelle 262, 433
– sexuelle **258 f.**
Strafgefangene **503 f.**
Straftaten, gegen die Ehe 401
– gegen die Familie 401
– gegen die persönliche Freiheit 401
– gegen den Personenstand 401
– mit Opfern **396**
– ohne Opfer **396 f.**
Subkultur 343
–, schwule 345
Succubus 197
Suffragetten 324

Surrogate, sexuelle 501
Syphilis 2, 126, **129 f.**
System, matrilineares 316
Szasz, Thomas S. 259, 434, 553

Tabu, sexuelles 366
Tahiti 305
Talmud 197, 253
Tampon, Anwendung des 56
Tantrismus 363
Tarantismus 413
tarrying 460
Tastsinn 35
Teiresias 298
Temperaturmessung 102
Tertiärfollikel 50
Testosteron 23
Thailand 568
Thanatos 141
„Therapiestaat" 341
Thomas von Aquin 290, 357, 369
Tiere, sexueller Kontakt mit **253 f.,** 255 f., 388
Tissot 198
Todestrieb 141
Tonbänder 551
total outlets 144
Transsexualität 124, 152, **297 f.**
Transsexuelle 259, 365, 555
Transvestismus 152, **295 f.,** 291
Transvestiten 298, 555
Traum, feuchter 176
Treponema pallidum 129
Tribaden 292
Tribadismus 491
Trichomoniasis 125, 131
Trieb 142 f.
Tripper 128
Trobriand-Inseln 486, 511
Troilismus 291 f.
Troubadour 319
Tschaikowski, Peter I. 493
Tschuktschen 441
Tubenligatur **112**
Tubenschwangerschaft 77
Tubae uterinae 51
Tumeszenz 266
Tumeszenzprobleme 268
Typhus 131

Übungen, körperliche 288
Ulcus molle **130**
Ullerstam, Lars 500 f.
Ultraschalluntersuchung 81
Unfruchtbarkeit **119 f.**
– bei der Frau 120
– beim Mann 120
Unterdrückung, sexuelle 258, 272, **477 f.,** 483, 534
Unzucht 388
– widernatürliche 386 f.
Upanishaden 361
Uranismus 292
Ureier (Oogonien) 49
Urethra 33
Urogenitalspalt 13
Urolagnie 291
Urteil des Paris 317
USA Sexualgesetzgebung in den 398
Uterus 46, 51
Uterusabsaugung 118

Vagina 13, 46, 51 f.
– künstliche 298
Vaginaldusche 101
Vaginalschaum 107
Vaginaltabletten 108
Vaginalverkehr 548
Vaginismus 52, 266, 270, **282 f.**
Varnhagen von Ense, Rahel 329 f.
Vas deferens 31, 33, 75
Vasektomie 31, **112**
Vaughn, Robert 326
Veden 361
Venushügel **47**
„Verbrechen wider die Natur" 210, 252, 357, 379
Vereinte Nationen 565, 571
Verführung **403**
Vergewaltigung 221, 297, 393, 403, 499
Verhalten, ambisexuelles 237
– destruktives 293 f.
– zwanghaftes 293 f.
Verhaltenstherapie 436
Verhütungsmittel 96 f.
„Verhütungs-Revolution" 533
Verknechtung 386
Versagerquote 100
Verschwägerung 450
Vertragsehe 459
Vesicula seminalis 33
Vibrator 205
– elektrischer 286
Videokassetten 551
Völkerbund 570
Volksrepublik China 457
Vorhaut 13
– des Penis 30
– der Klitoris 48
„Vorspiel" 207, 269
Vorsteherdrüse 34
Voyeurismus **294**
Vulva 47

Walpurgisnacht 335
Wehen **88**
Weiberrat 334
Weiblichkeit 151
Westeuropa, Psychiatrie in 418
Whitman, Walt 493
widernatürlich 380 f.
„widernatürliche sexuelle Handlungen" 379
widernatürliche Unzucht 386 f., 392
Wilder, Thornton 493
Wilhelmine von Böhmen 325
Winckelmann, Johann Joachim 492
Wissenschaftlich-humanitäres Komitee 567
Wochenbett 95
Wochenfluß 95
Wollstonecraft, Mary 328

X-Chromosom 32, 50

Y-Chromosom 32
Yoga 435
Yoni 362
Yourcenar, Marguerite 326

Zellteilung 76
Zelt-Phänomen 67
Zervix 46
Zervikalschleim-Methode 103 f.
Zetkin, Clara 331 f., 333
Zilien 51
Zivilisation, westliche 2
Zölibat 355, 448
Zoophilie 255
Zuhälterei 403
Zwangsbehandlung, psychiatrische 399, 503
Zwangssterilisation 98
Zwangsverwahrung 399
Zwei-Stufen-Ehe 461
Zwillinge, eineiige 78
– zweieiige 78
Zwillingsschwangerschaft 78
Zygote 50, 73, 76
Zyklus, weiblicher 53